Auto CAD 2012

김남국 · 정은채 공저

웅보출판사
www.woongbo.co.kr

"AutoCAD 2012"를 내면서

"실무 도면 제작을 위한 AutoCAD 2006"을 펴낸 후 시간이 많이 흘렀습니다. 그 동안에 시스템들의 하드웨어 사양도 좋아졌고 AutoCAD도 2011버전부터 3차원 부분에 많은 판 올림이 있었습니다. 특히, 2012버전에서는 Inventor Fusion 및 렌더링 부분은 전문 3차원 모델링 프로그램 못지않은 품질을 보여 주고 있으며 사회의 흐름이 3차원(3D)으로 나아가는 추세에 따른 당연한 판 올림이라고 생각합니다. 반면에 더 많은 명령어와 복잡한 메뉴 구조로 인해 일반 사용자들의 접근성을 저해하는 요소로도 작용하는 게 아닌가 하는 생각입니다.

반복 복습이 중요합니다.

어떤 공부이던지 다 그렇겠지만 특히 캐드는 반복 복습이 기능을 빨리 익히는 지름길입니다. 본서 내에 있는 예제나 예시를 여러 번 반복하시기 바랍니다. 그러다 보면 요령도 생기고 나름대로 노하우도 생기며 초보자들이 제일 힘들어 하는 개별 명령은 알겠는데 도면을 받으면 어떤 명령을 어떻게 적용해야 할지 난감해 하는 부분도 자연스럽게 해소됩니다. 최소한 10회 이상 반복하셔서 자기 것으로 만드시길 바랍니다.

관련지식을 공부해야 합니다.

전공자들도 경험이 없으면 도면을 잘 읽지 못합니다. 하물며 비전공자들은 더 더욱 도면을 읽지 못합니다. 그래서 관련 책들을 통해서 특히, 현장에서 직접 눈과 몸으로 느껴서 배워야 합니다. 건축은 주변에 있는 문의 크기도 재보고 벽두께도 재보기도 하고 건축 현장에 가보기도 하십시오. 기계는 기계부품을 직접 만져보고 부품을 가공하는 현장도 견학하시기 바랍니다. 그게 불가능하다면 인터넷에서 검색해 보면 동영상 등 많은 자료를 만나실 수 있을 것입니다. 백문불여일견(百聞不如一見)이라 했습니다.

판 올림에 따른 대처 방법

거의 1년에 한번 있는 프로그램 판 올림은 큰 부담이 아닐 수 없습니다. 그러나 큰 흐름은 대동소이합니다. 새로 생겨난 명령이 아니라면 기존의 명령에 옵션이 추가되거나 방법이 개선되는 정도입니다. 어떤 버전의 오토캐드를 쓰던지 기본 명령은 동일하므로 명령어를 키보드 입력으로 할 수 있도록 대비하십시오. 그리고 프로그램 자체에서 지원하는 도움말 기능을 잘 활용하시면 판 올림에 대한 부담을 덜 수 있을 것입니다.

끝으로 이 책은 초, 중급 독자들을 대상으로 저술하였으며 되도록 빨리 기능을 습득함을 목표로 하였습니다. 그로 인해 중요도가 떨어지는 명령어는 제외하거나 기능을 소개하는 정도로 하였습니다. 부디 잘 활용하시어 좋은 성과를 이루시길 바랍니다.

이 책이 나오기까지 애써주신 웅보출판사 관계자 여러분과 격려와 질책을 아끼지 않은 주위의 모든 분과 가족에게 감사의 말씀을 전합니다.

저자 씀(drnk2@naver.com)

"AutoCAD 2012"를 보는 법

1. AutoCAD 2012 한글판을 주 내용으로 다루었으며 AutoCAD 2000 이상 사용자들이라면 어렵지 않게 볼 수 있다.

   AutoCAD 2000부터 같은 포맷에서 버전업되면서 조금씩 변화를 했기 때문에 AutoCAD 2000 이상부터 사용했던 사용자라면 무리 없이 볼 수 있을 것이다.

2. 다음은 본서에 수록한 명령어 표기 예이다.

> ①선 (②L, ③Line) ④
> ⑤ 메인: 그리기 ➠ 선
> 리본: 제도 및 주석 리본 ➠ 홈 ➠ 그리기 ➠ 선
> 도구: 그리기

① 명령어 한글 표기
② 단축 명령어
③ 오리지널 명령어
④ 명령어 Icon
⑤ 메인: AutoCAD 클래식일 때 명령어의 위치

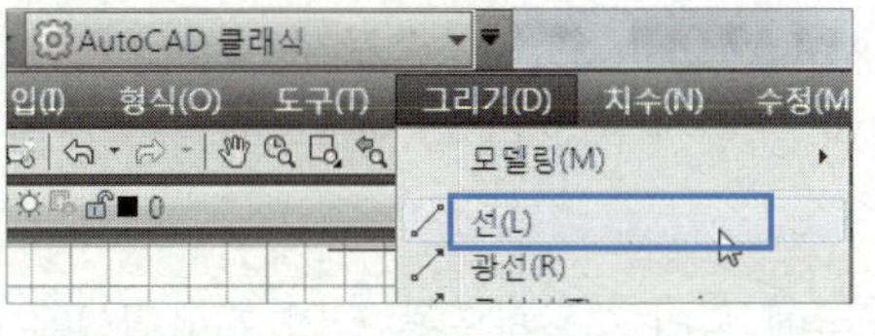

리본: 리본 메뉴에 따른 명령어 위치

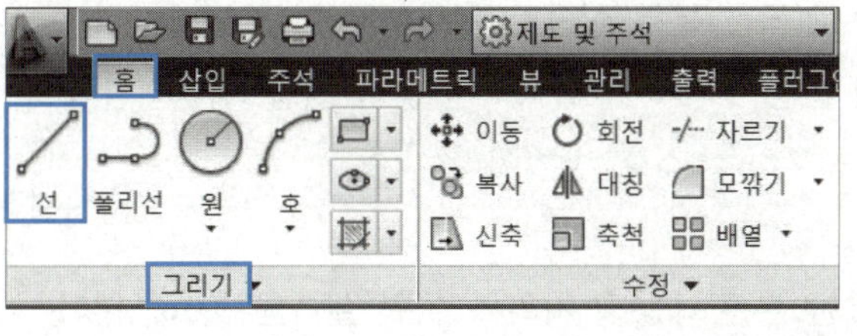

도구: 도구막대에서의 명령어 위치

응용: 응용 프로그램에서의 명령어 위치

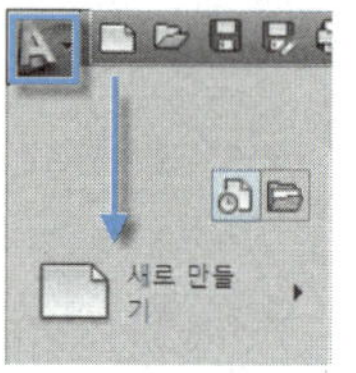

3. 명령 실행 뒤에 행하는 Enter↵는 꼭 필요한 경우 외에 대부분 생략하였다.

예 **명령:** C Enter↵ ← 생략

원에 대한 중심점 지정 또는 [3점(3P)/2점(2P)/Ttr – 접선 접선 반지름(T)]: 2P Enter↵ ← 생략
원 지름의 첫 번째 끝점을 지정:
원 지름의 두 번째 끝점을 지정: @20<90 Enter↵ ← 생략

4. 작업 설명에 쓰이는 명령어는 단축 명령어를 쓰는 것을 원칙으로 하고 단축 명령어 실행 시에 반복되는 내용은 수록하지 않고 생략하였다.

예 **명령:** L ← 단축 명령어
LINE ← 생략
첫 번째 점 지정:

명령: C ← 단축 명령어
CIRCLE ← 생략
원에 대한 중심점 지정 또는 [3점(3P)/2점(2P)/Ttr – 접선 접선 반지름(T)]:

5. 프로그램은 여기서 구한다.

(http://www.autodesk.co.kr) 오토데스크 코리아 홈페이지에 접속하여 요구하는 내용을 입력하면 30일간 사용할 수 있는 체험판을 받을 수 있다.

6. 최대한 실무에 빨리 적용하도록 작업 프로세싱에 맞춰 설명하고자 노력하였다.

7. 마음이 급한 분은 실습도면 해설을 먼저 본다.

급하게 명령어 습득이 필요하신 분은 실습도면 해설을 보시면서 본문에 관련된 내용을 찾아 공부하는 것도 방법이다.

8. 최소한 본문 내용의 따라하기 및 실습은 꼭 해 본다.

눈으로만 보지 말고 꼭 본문 내용대로 직접 실습해야 빨리 익힐 수 있다.

| 차례 |

Ⅰ. 시작이 반이다 / 16

Ⅱ. 따라하다 보면 나도 전문가! / 36

부록 / 550

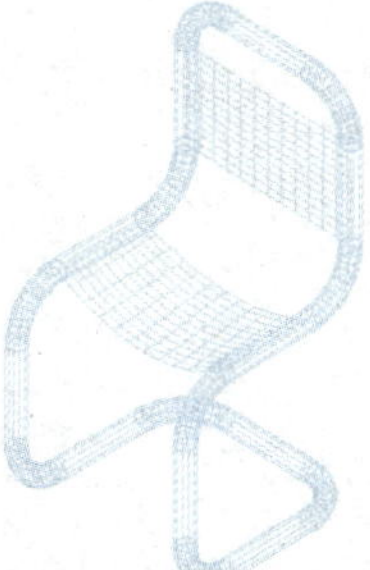

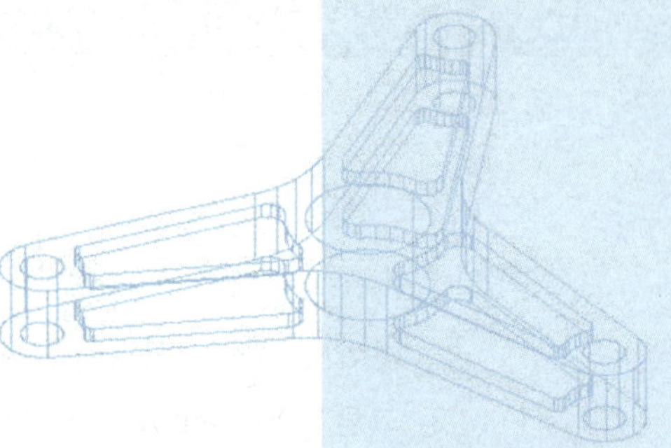

I 시작이 반이다.

1장 AutoCAD의 기본

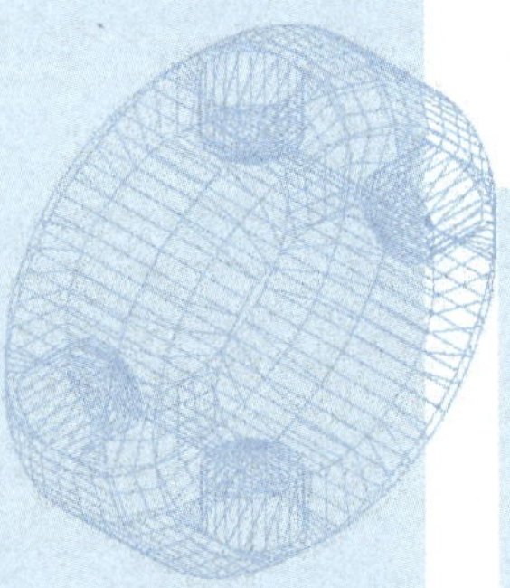

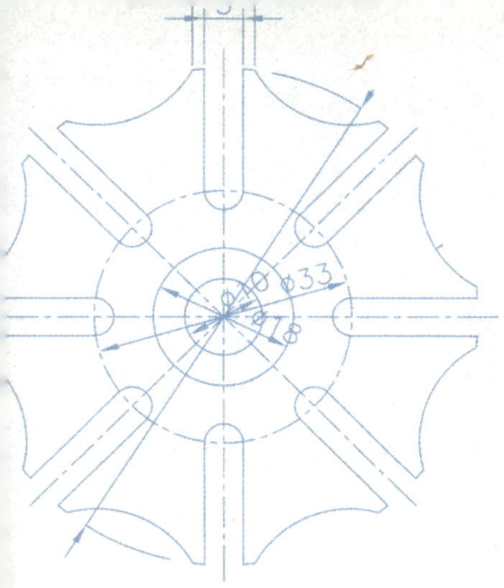

시작이 반이다.
시작 방법,
화면 구성,
마우스 사용법,
끝내기 등
AutoCAD와 친해지자.

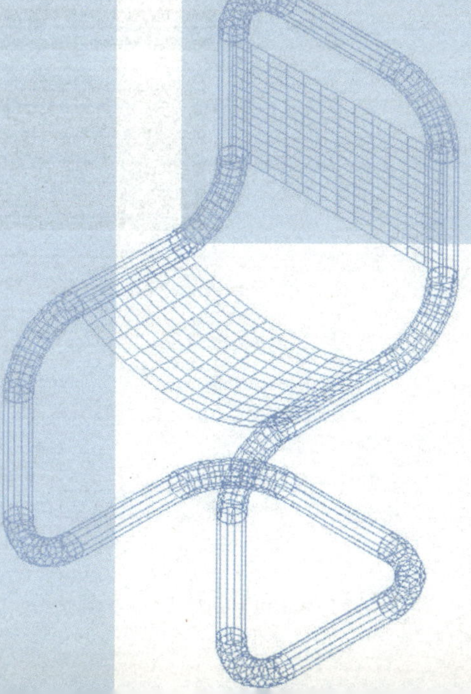

제 1 장 AutoCAD 기본

1 AutoCAD 시작하기

1 AutoCAD 실행

다음 방법 중 하나로 실행한다.

① 윈도우 바탕화면의 "AutoCAD 2012-Korean" 아이콘을 더블 클릭한다.

② 바탕화면의 "AutoCAD 2012-Korean" 아이콘이 없을 때는 좌측 하단부의 윈도우 시작버튼 → 모든 프로그램 → Autodesk → AutoCAD 2012 – Korean → "AutoCAD 2012 – Korean"을 선택한다.

2 환영화면

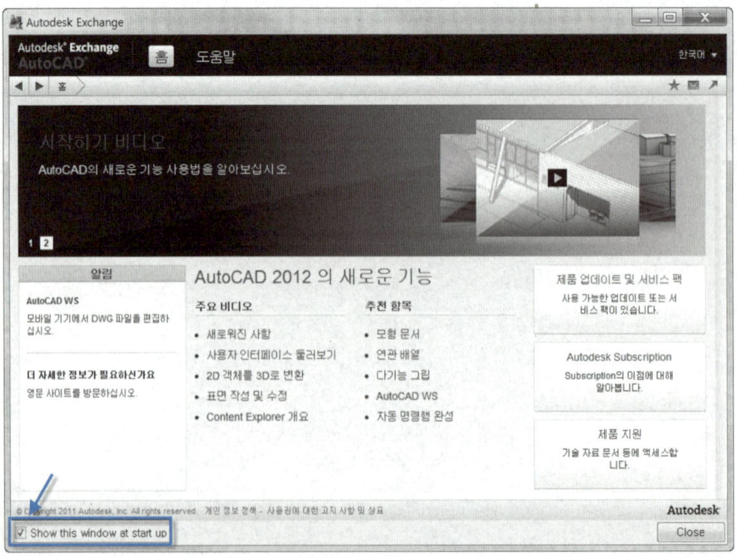

AutoCAD를 실행하면 맨 처음 만나는 화면은 오토캐드를 처음 접하는 사용자들에게 여러 가지 정보(도움말, 업그레이드, 동영상을 통한 사용방법 등)를 제공한다. 다음 실행 시에 더 이상 필요 없다면 좌측 하단부 "Show this windows at start up"을 해제하면 된다.(그림 참조)

작업 중에라도 필요하면 **"메뉴 ➠ 도움말 ➠ 환영화면"**으로 다시 볼 수 있다.

2 AutoCAD 화면 읽기

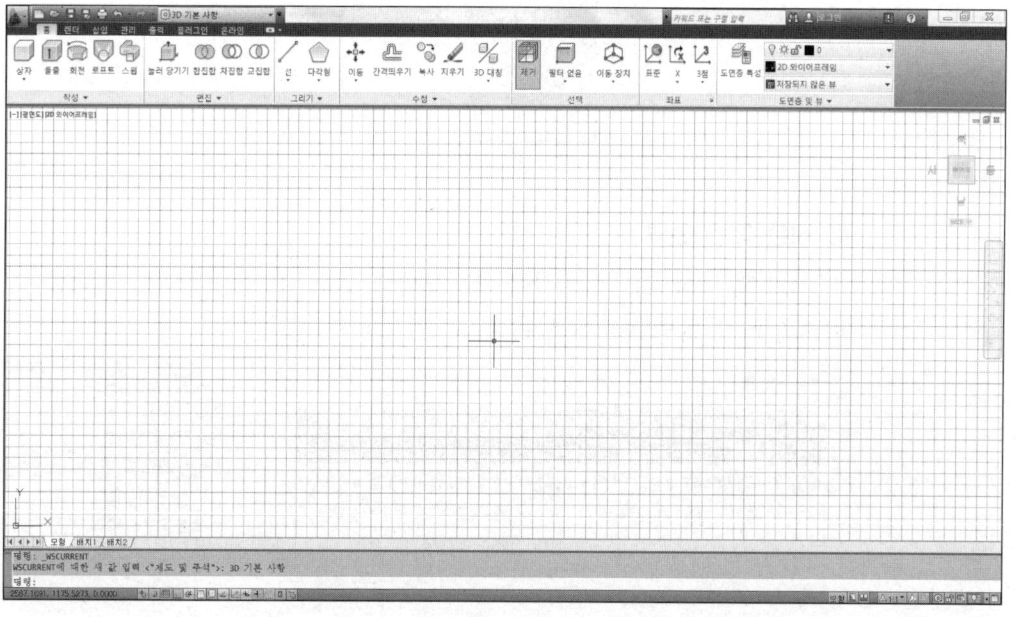

1) 제목 표시줄

화면의 맨 위 부분으로 AutoCAD 버전과 현재 작업 중인 파일이름(Drawing Name)이 표시된다.

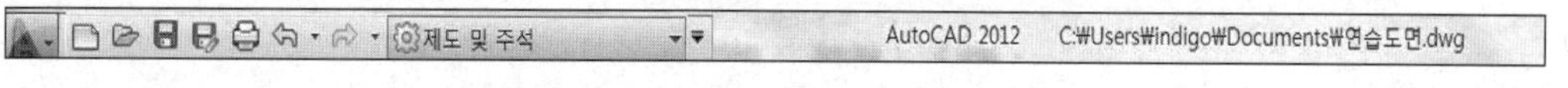

2) 메인 메뉴(Main menu)

화면의 상단에 위치하며 대표 이름으로 분류되어 있다. 마우스로 선택하면 밑으로 펼쳐질 때 보이는 명령을 찾아 실행한다.

3) 응용 프로그램 메뉴

파일 저장, 입·출력 및 옵션 등의 명령들을 실행할 수 있다.

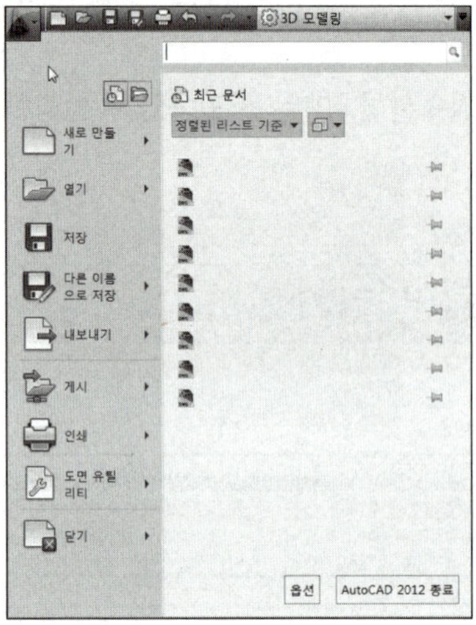

4) 리본 메뉴 선택

"제도 및 주석, 3D 기본 사항, 3D 모델링, AutoCAD 클래식"을 선택할 수 있으며 선택에 따라 리본 메뉴가 달라진다.

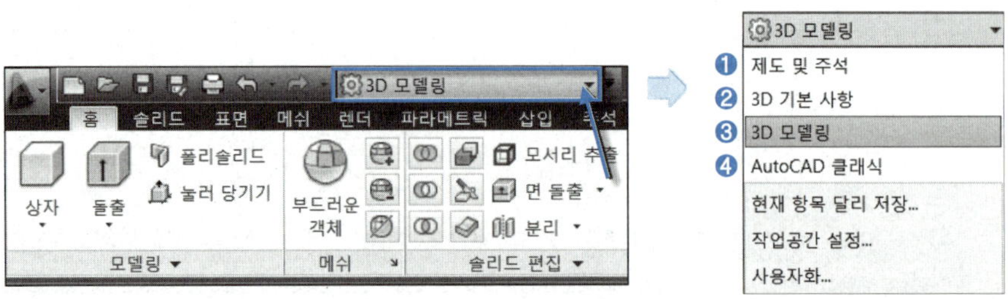

❶ 제도 및 주석 : 2차원 도면 작업을 위한 명령들이다.

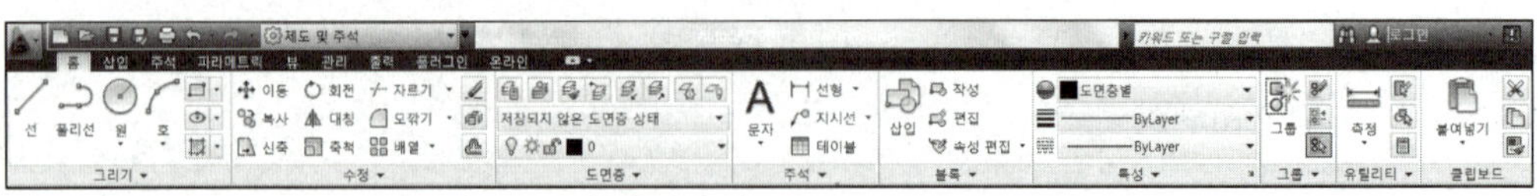

❷ 3D 기본 사항 : 3차원 모형을 구성하는 기본 명령들이다.

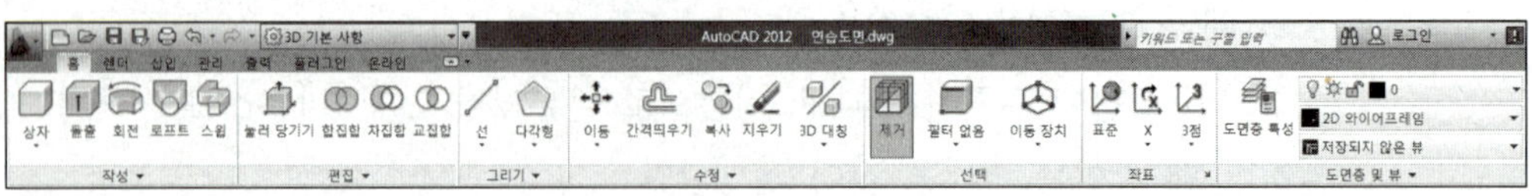

❸ 3D 모델링 : 3차원 작업(표면, 메쉬, 솔리드)에서 편집, 수정을 하는 명령들이다.

❹ AutoCAD 클래식 : 전통적인 오토캐드 명령들이다. 기존 버전 사용자들은 "오토캐드 2012"에서 변경된 메뉴 구조가 익숙하지 않을 때 이 명령 모음을 사용하면 된다.

리본 도구막대는 자리를 많이 차지해서 화면이 좁을 때는 메인 메뉴의 중간의 버튼을 누르면 리본 메뉴의 모양이 3단계로 순환된다.

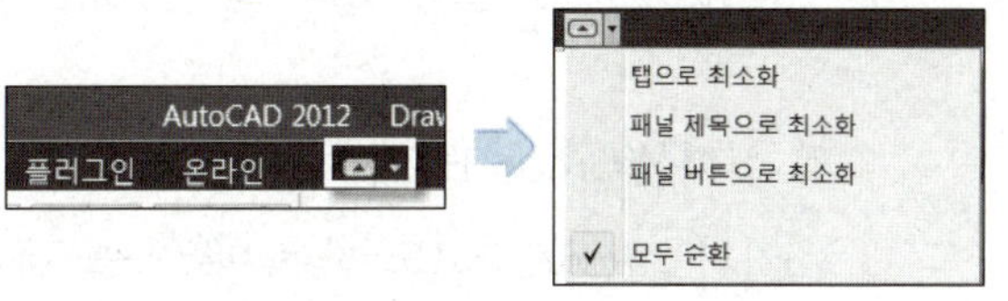

명령으로 비활성화시키려면 "Ribbonclose" 명령을 실행하여 닫고 "Ribbon" 명령으로 다시 활성화시킬 수 있다.

5) 작업 영역

화면상에서 작업이 이뤄지는 영역이다.

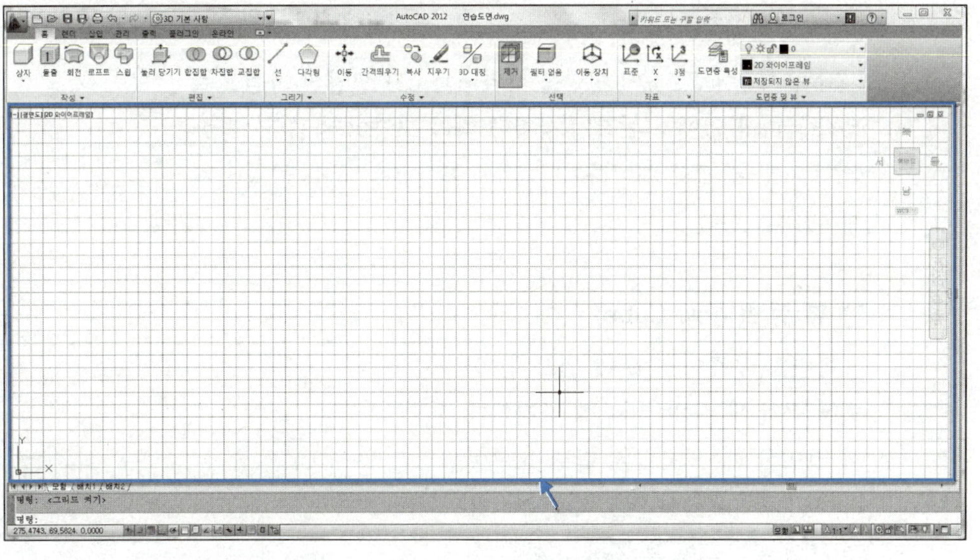

작업 영역을 최대로 확장시키려면 "Cleanscreenon" 명령을 사용한다. 다시 되돌리려면 "Cleanscreenoff" 명령을 사용한다.(단축키 Ctrl + 0 (영))

6) 스크롤 바(Scroll Bar)

마우스로 좌우, 상하 화면을 이동시킨다.

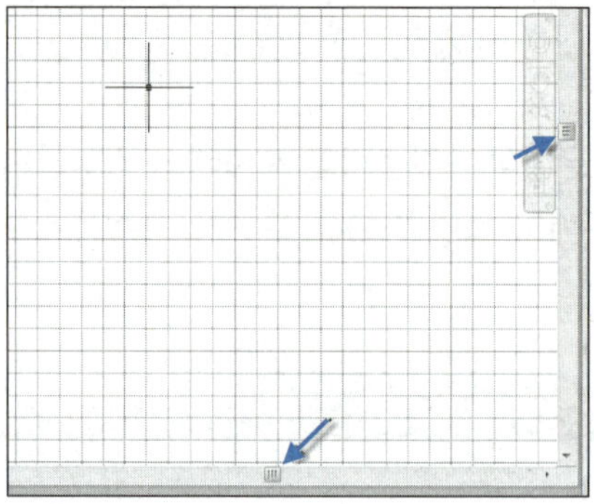

마우스 휠을 누른 채( )로 움직이면 화면 이동(Pan)이 실행된다.

7) 십자선(Cross Hair)

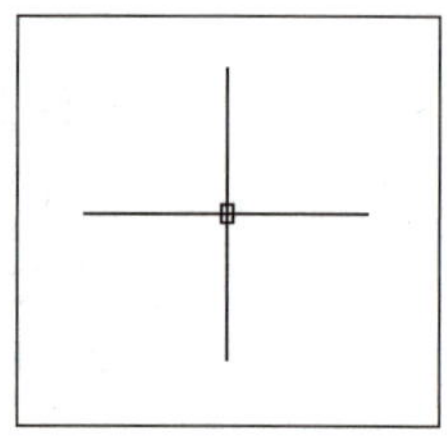

커서(Cursor)라고도 하며 마우스를 움직이면 따라서 움직이며 실제 작업을 하는 펜 역할을 한다.

사용자가 크기를 조정할 수 있다.

명령어 "Cursorsize"에서 수치(1~100)로 조절하거나 『AutoCAD 클래식』 메뉴의 메인 메뉴에서 **도구 ➠ 옵션 대화상자에서 화면 표시 탭 ➠ 십자선 크기**에서 조정한다. 기본 값은 "5"이다.(옵션 대화상자는 "OP" 명령으로도 활성화된다.)

8) Ucs 아이콘(Icon)

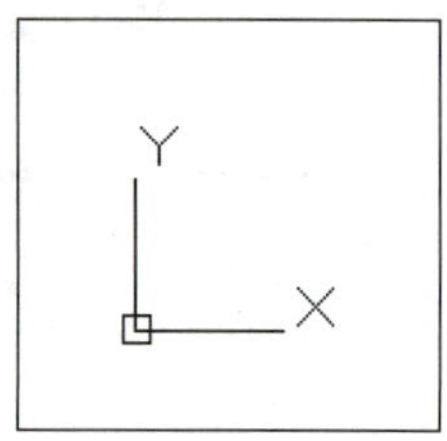

좌측 하단에 XY축의 방향을 나타내는 L자 모양의 그림으로 목적에 따라 없애거나 작업 상황에 따라 모양이 바뀐다. 명령어 "Ucsicon"에서 제어하거나 UCS 아이콘을 직접 클릭하여 제어할 수 있다.

9) 뷰 큐브(View Cube)

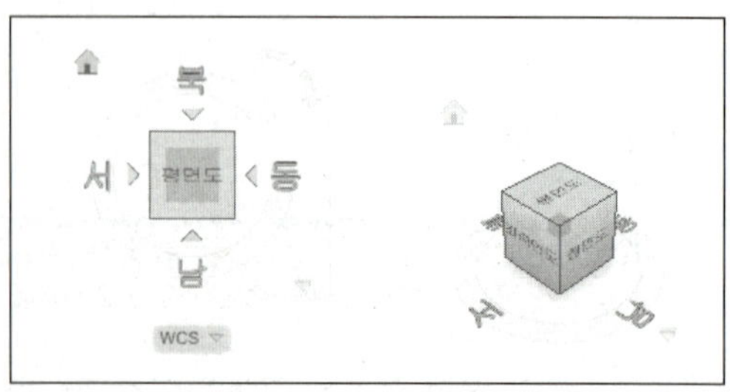

화면의 우측 상단부에 있으며 2D 모형 공간 또는 3D 비주얼 스타일에서 작업할 때 표시되는 탐색 도구이다. "ViewCube" 도구를 사용하여 표준 뷰와 등각투영 뷰 간에 전환을 쉽게 할 수 있다.

ViewCube를 OFF하려면 메인 메뉴의 "**도구 ➡ 옵션 ➡ 3D 모델링 탭 ➡ 뷰포트에 도구 표시**"에 있는 ViewCube 표시 항목 이하 모두를 해제한다.

10) 모형/배치 1/배치 2

작업을 위한 모형 공간과 출력을 위한 배치 공간, 두 가지 형태를 한 화면상에 배치하여 선택적으로 화면 전환을 할 수 있다.

11) 명령 표시줄(Command Line)

"모형/배치 1/배치 2" 탭 아래에 있으며 명령어 입력부터 작업 진행의 모든 내용이 표시되는 영역으로 작업 중 명령 표시줄을 보면서 작업을 해야 실수(Error)를 줄일 수 있으며 짧은 시간에 캐드를 익힐 수 있다.

경계를 상하로 클릭/드래그하면 표시줄의 크기를 조절할 수 있다.

F2는 명령 표시줄에 표시되었던 내용을 따로 창으로 보여주는 『문자 윈도우』를 화면에 ON/OFF한다.

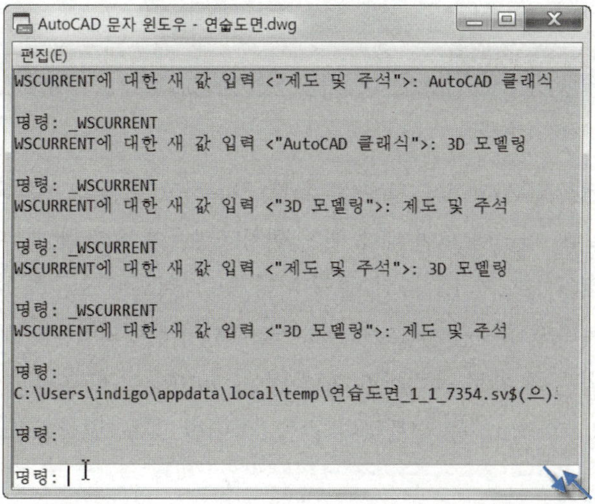

모서리를 대각선방향으로 클릭/드래그하면 문자 윈도우의 크기를 조절할 수 있다.

12) 상태 라인(Status Line)

화면의 맨 아래에 위치하며 현재의 작업 상태와 Cross Hair의 위치를 절대 좌표값 (x, y, z)으로 표시하며 "구속조건 추론, 스냅 모드, 그리드 표시, 직교모드, 극좌표 추적, 객체 스냅, 3D 객체 스냅, 객체 스냅 추적, 객체 스냅, 동적 입력, 선가중치 표시/숨기기, 투명도 표시/숨기기, 빠른 특성, 선택 순환" 등의 기능을 제어할 수 있다.

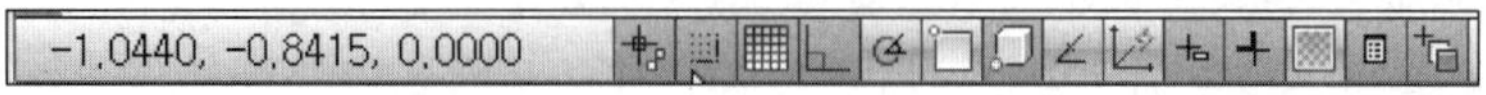

13) 도구 팔레트

작업에 필요한 해치, 각 분야(기계, 건축, 전기, 토목 등)에서 필요로 하는 심벌 등을 모아 놓은 것으로 선택해서 바로 적용할 수 있게 하였다.

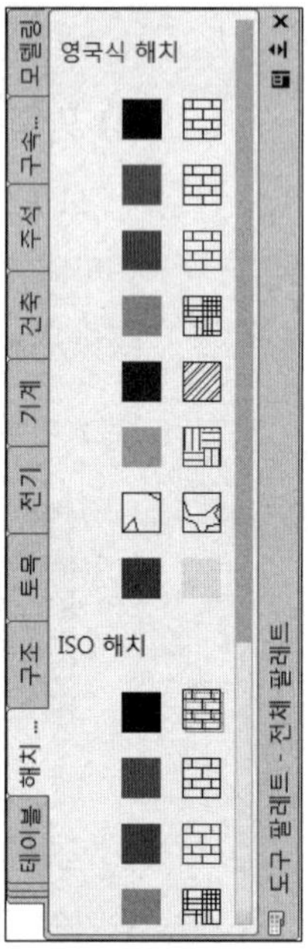

메인 메뉴의 "**도구 ➡ 도구 팔레트**" 또는 Ctrl+3으로 ON/OFF 한다.

3 마우스 사용법

왼쪽 버튼은 선택이나 지정을 할 때 사용하고 오른쪽 버튼은 실행 또는 취소를 할 때 사용한다. 따라서 도면 내에 어떤 위치나 요소를 선택할 때는 왼쪽 버튼을 사용하며, 최종 실행(키보드의 Enter와 동일)이나 도중 취소는 오른쪽 버튼을 사용한다.

휠을 돌리면 실시간 줌(Real time ZOOM)이 실행되어 바로 화면 확대, 축소가 가능하며 휠을 누른 채로 움직이면 화면 이동(Pan)이 실행된다. Pan 기능이 안될 때는 명령어 "Mbuttonpan"을 실행하여 값이 "0"이면 "1"로 변경하면 된다.

4 명령 실행 방법

1 마우스로 선택

메인 메뉴, 각종 도구막대 그리고 마우스 우측 버튼을 클릭했을 때 표시되는 명령을 선택하여 실행한다.

2 키보드로 입력

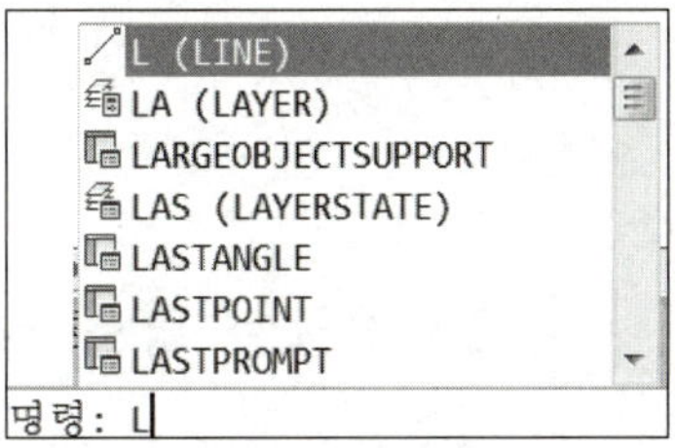

▲ "L"을 입력한 경우

"명령: "처럼 아무 것도 입력되지 않은 상태에서 명령어를 입력해야 한다. 뭔가 입력되어 있다면 다른 명령이 실행 중이므로 명령을 종료시키거나 취소해야 한다. 명령 취소는 키보드의 Esc 키(맨 왼쪽 상단)를 2~3번 눌러주면 된다. 상태 라인의 "구속조건 추론, 스냅 모드, 그리드 표시, 직교모드, 극좌표 추적, 객체 스냅, 3D 객체 스냅, 객체 스냅 추적, 객체 스냅, 동적 입력, 선가중치 표시/숨기기, 투명도 표시/숨기기, 빠른 특성, 선택 순환" 등은 명령 입력과는 별개이므로 취소하지 않고 명령 입력을 해도 된다. 단축 명령을 알면 훨씬 능률적인 작업을 할 수 있다.

AutoCAD 2012는 명령어 자동 완성 기능을 지원한다. 명령 프롬프트에 입력할 때, AutoCAD가 알아서 입력한 부분만 가지고 AutoCAD 명령어 또는 별칭(단축 명령)을 완성해 주거나 입력을 잠시 멈추면 입력한 접두어와 일치한 명령어를 나열해 주므로 해당 목록에서 원하는 것을 선택하여 사용한다.

3 명령 반복

① 그냥 Enter↵를 누르면 바로 직전에 실행되었던 명령이 다시 실행된다. 같은 명령을 연속해서 쓸 경우에는 그냥 Enter↵를 눌러 실행하여 시간을 절약한다.

② 키보드의 스페이스 바는 칸 띄기 기능으로 쓰이지만 문자 쓰기를 할 때를 제외하고 Enter↵와 동일하게 쓸 수 있다.

③ 마우스 우측 버튼을 클릭하여 맨 위에 표시되는 "반복 ~" 명령은 가장 최근에 실행한 명령이고 바로 아래 "최근 입력"을 통하여 누적 기록된 명령을 찾아 반복할 수 있다.

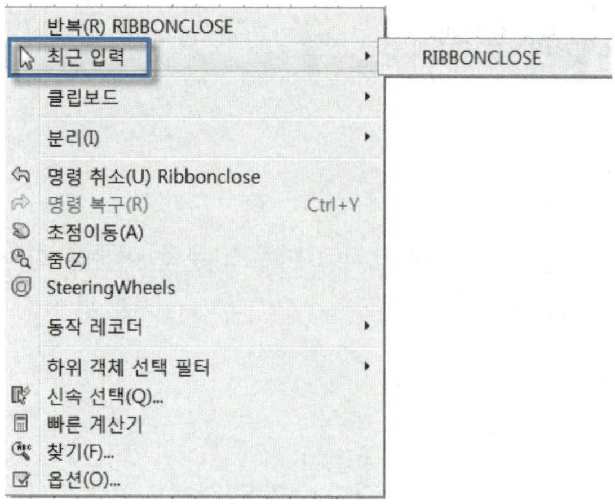

▲ 마우스 우클릭 메뉴

4 종료된 명령 찾아 쓰기

키보드의 ↑를 누르면 키보드로 입력했던 내용을 역순으로 명령 표시줄에 보여준다. ↑, ↓를 눌러서 목적하는 명령이 표시될 때 엔터하여 명령을 실행한다.

5 명령 취소 방법

1 실행 중 명령 취소

키보드 좌측 상단의 Esc 키를 2~3번 누른다.

2 실행된 명령 취소

명령어 「U」를 사용하여 실행되었던 명령을 역순으로 취소한다.

명령: U

계속 엔터를 하다보면 이전 명령이 반복되는 특성으로 인해 원하는 만큼보다 많이 취소되는 경우가 있으니 주의한다. 다양한 형태로 취소하는 "UNDO"라는 명령도 있다.

3 메인 메뉴에서 마우스로 선택하여 취소 또는 복구

메인 메뉴에 있는 Toolbar를 선택하여 저장된 명령 중 취소할 명령을 선택하여 취소한다.

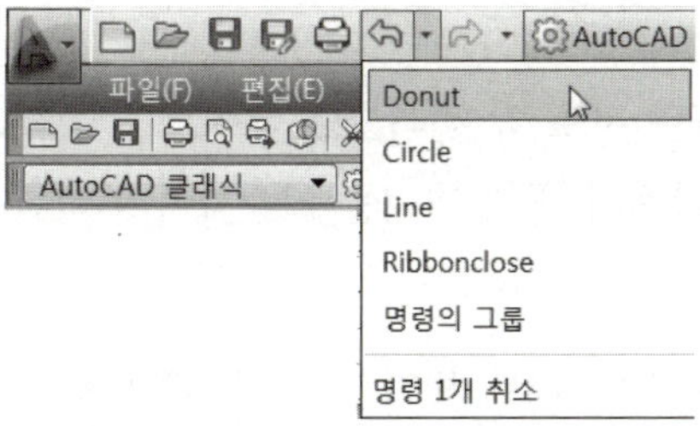

6 취소된 명령 복구 방법

취소된 명령을 복구시킨다.

1 Redo

명령: **Redo**

2 메인 메뉴에서 마우스로 선택하여 실행

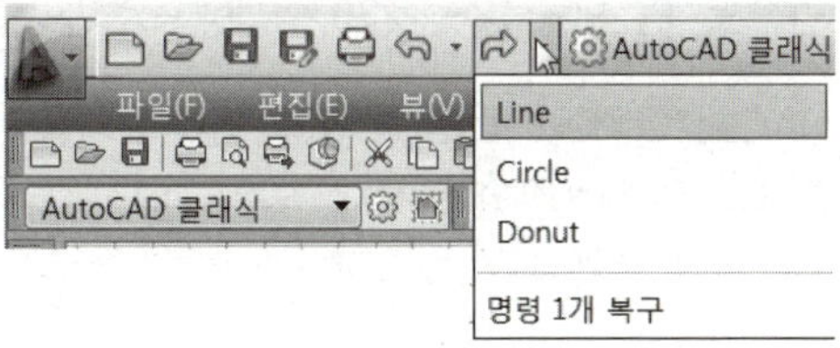

7 좌표 및 각도

명령 진행 중『~점 : 』이라는 메시지가 나오면 아래 세 방법 중 하나를 사용하거나 마우스로 직접 화면상에 한 점을 지정(click)한다.

1) 절대 좌표

절대적인 좌표로 0,0에서부터 계산되어진 좌표이므로 정확한 좌표점을 알고 있는 경우 사용한다.

입력 형식 X, Y 또는 X, Y, Z 점 ← 점「.」이 아니고 컴머「,」임을 주의한다.

2) 상대 좌표

상대적 좌표로 바로 앞 점의 좌표를 「0, 0, 0」으로 가정하고 상대적 변화 길이를 계산하여 입력한다.

입력 형식 @X변화 길이, Y변화 길이 또는 @X변화 길이, Y변화 길이, Z변화 길이

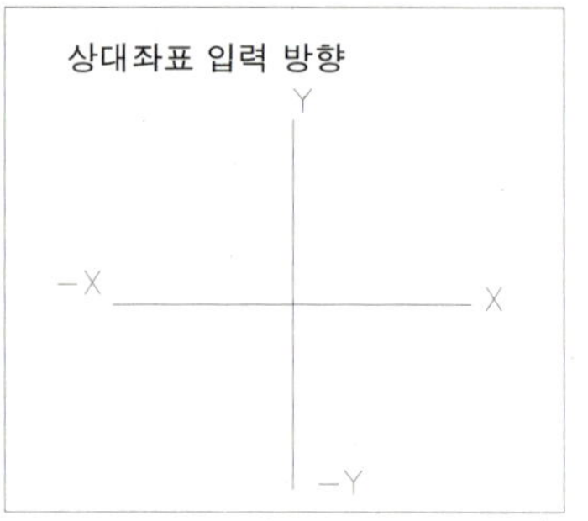

3) 상대 극좌표

변화 길이와 진행 각도로 표현한다. 각도는 반시계방향으로 증가하며 항상 0°에서부터 증분된 값으로 계산하여 입력한다.

입력 형식 @변화 길이 < 진행 각도 ← 「<」는 [Shift] 키와 [,] 키를 함께 누른다.

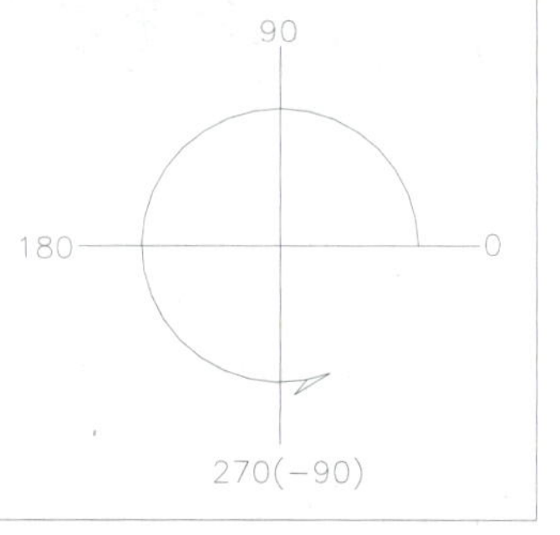

4) 거리 값 직접 입력

커서로 방향(각도)을 잡고 입력된 수치는 거리로 인식되어 Point를 잡는다.

[F8]을 누른 후 마우스를 그리고자 하는 방향으로 놓고 거리 값만 입력하여 그린다. 가장 쉬운 방법으로 0, 90, 180, 270° 방향으로만 정확하게 그릴 수 있다.

@ : 키보드 [Shift] 와 숫자 [2]를 함께 누르며 『At』라고 읽는다. 「그 표시에서부터」 혹은 「최종점」으로 해석하면 되겠다. 보통 『골뱅이』라고 하는데 표준어가 아니므로 사용하지 않는 것이 좋겠다.

우리가 보통 골뱅이라 부르는 '@'를 다른 나라에서는 어떻게 부를까?

스웨덴에선 '원숭이 귀', '코끼리 귀'라고 부르고, 러시아에선 '작은 개', 중국에선 '작은 쥐'라고 부르며, 프랑스, 이탈리아에서는 '달팽이'라고 부른다고 한다.

5) 동적 입력이 활성화된 경우 [F12]

위 3), 4)항의 방법 대신 그림처럼 길이를 먼저 입력하고 [Tab](탭) 키를 눌러서 각도를 입력하는 상대 극좌표 입력을 할 수 있다.

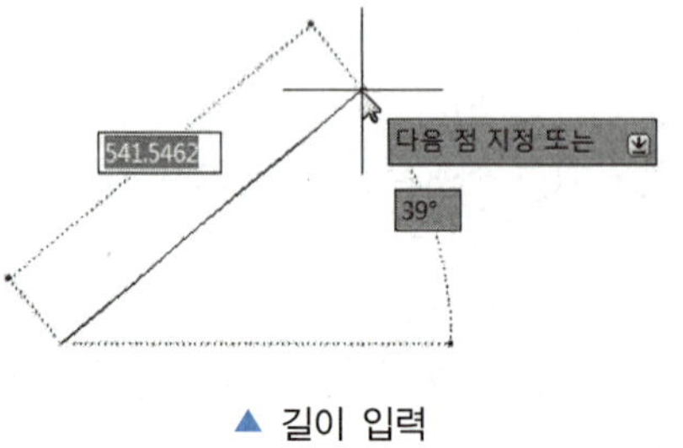

▲ 길이 입력

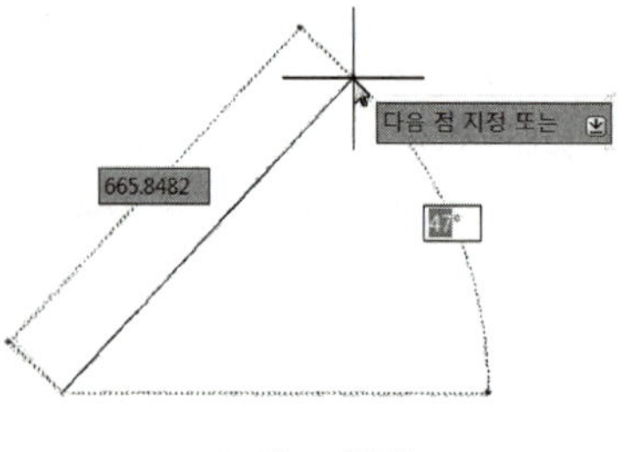

▲ 각도 입력

8 도면 한계(Limits)

메뉴: **형식 ➠ 도면 한계**

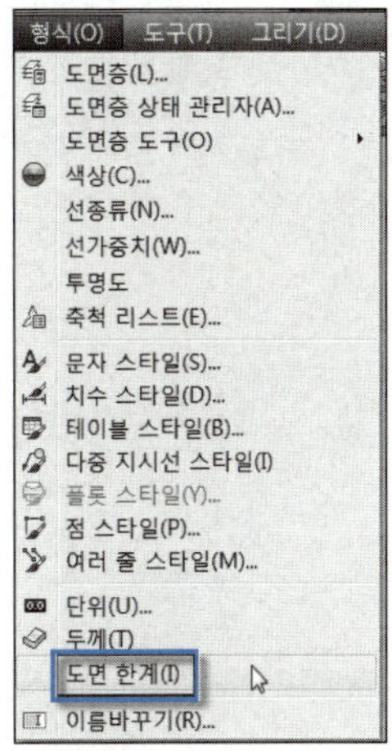

작업할 도면의 크기(작업 영역)를 지정한다. 기본 설정값(Default value) 외의 다른 크기의 작업을 하기 위해서 사용한다. 좌측 하단부 0,0은 무응답으로 [Enter↵]하고 우측 상단부의 좌표값을 입력한다. 연필 제도와 달리 실척(1:1)으로 작업하므로 작업하고자 하는 대상의 크기를 감안하여 범위를 설정한다.

다음 내용은 동적 입력이 비활성화된 상태일 때 내용이다. "동적 입력 활성화/비활성화(ON/OFF)"는 [F12] 또는 상태 라인에서 실행한다.

명령: Limits
모형 공간 한계 재설정:
왼쪽 아래 구석 지정 또는 [켜기(ON)/끄기(OFF)] ⟨0.0000,0.0000⟩:
← 좌측 하단 부는 그냥 [Enter↵] 한다.(A)
오른쪽 위 구석 지정⟨420.0000,297.0000⟩: ← 우측 상단 X좌표, Y좌표를 입력한다.(B)

한번 정하면 변경할 수 없는 것은 아니고 작업 중에 필요에 따라 언제든지 변경할 수 있으며 출력 때에 용지에 대한 출력비(축척비)를 계산해야 하므로 KS 규격 용지를 알고 있어야 한다.

KS 규격 용지 단위 : mm

<table>
<tr><td colspan="3" rowspan="2">A계열(X×Y)</td><td>A0</td><td>A1</td><td>A2</td><td>A3</td><td>A4</td></tr>
<tr><td>1189×841</td><td>841×594</td><td>594×420</td><td>420×297</td><td>297×210</td></tr>
<tr><td rowspan="3">도면의 테두리</td><td colspan="2">최소(C)</td><td>20</td><td>20</td><td>10</td><td>10</td><td>10</td></tr>
<tr><td rowspan="2">최소 (D)</td><td>철하지 않을 때</td><td>20</td><td>20</td><td>10</td><td>10</td><td>10</td></tr>
<tr><td>철할 때</td><td>25</td><td>25</td><td>25</td><td>25</td><td>25</td></tr>
</table>

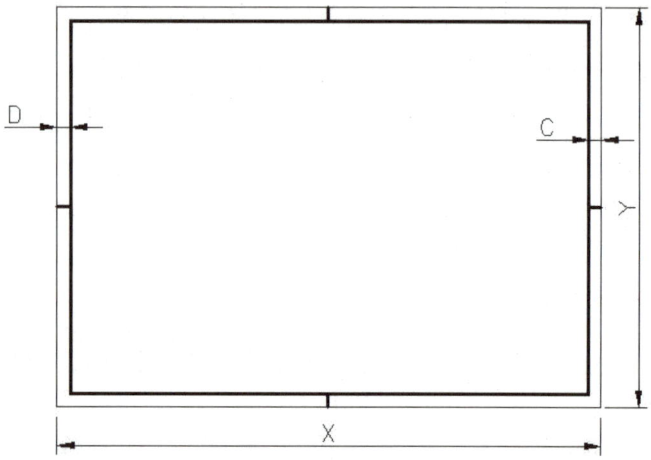

9 AutoCAD 끝내기

작업을 종료할 때는 다음과 같은 방법이 있다.

1) 맨 우측 상단의 닫기 버튼 선택

- A : 프로그램 전체를 종료한다.
- B : 현재 작업 중인 것만 개별 종료한다.

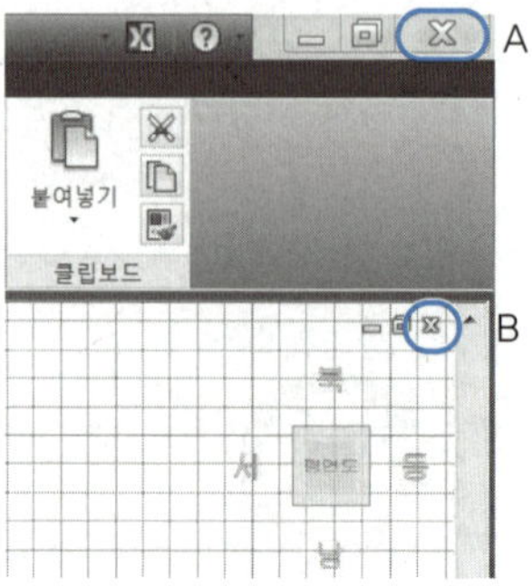

2) 메인 메뉴에서

응용: 닫기

메뉴: 파일 ➠ 종료(x)

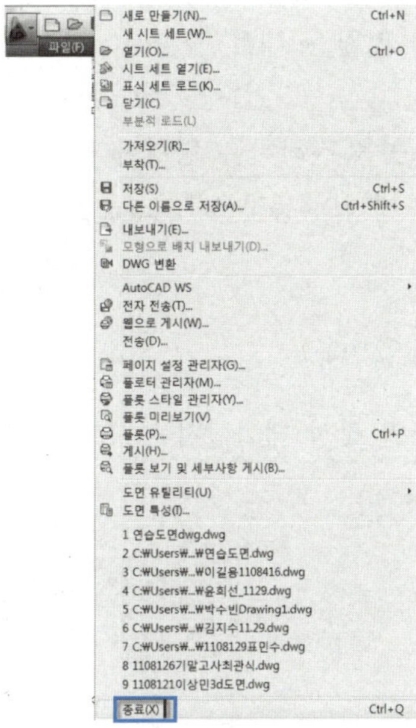

3) Quit 또는 Exit

명령: Quit 또는 Exit

4) Alt + F4 또는 Ctrl + Q를 누른다.

저장을 하지 않았다면 아래와 같은 대화상자가 올라온다.

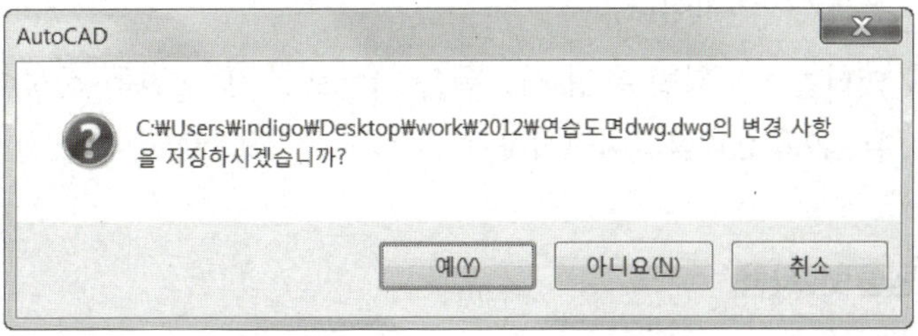

- **예** : 원하는 폴더나 드라이브에 이름을 주어 저장하고 종료한다.
- **아니오** : 저장을 하지 않고 작업을 종료한다.
- **취소** : 명령을 취소하고 계속 작업을 할 수 있다.

10 새 도면 시작하기(New)

응용: 새로 만들기 ➠ 도면
메뉴: 파일 ➠ 새로 만들기

새 도면을 시작하는 명령이다.
NEW 명령의 동작은 "Startup" 시스템 변수에 의해 결정된다.

1 1일 때

새 도면 작성 대화상자를 표시한다.

명령: new

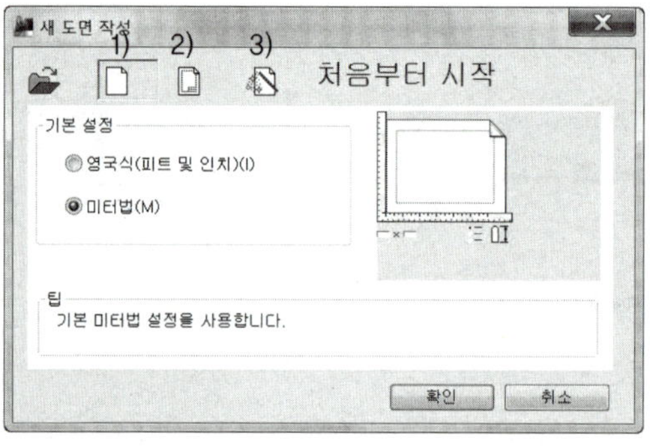

1) 처음부터 시작

① 영국식 : 영국식 측정 시스템을 기반으로 새 도면을 시작한다. 기본 도면 한계는 12×9인치이다.

② 미터법 : 미터법 측정 시스템을 기반으로 새 도면을 작성한다. 기본 도면 한계는 429×297밀리미터이다.

2) 템플릿 사용

템플릿 파일을 기반으로 도면을 시작한다. 템플릿 도면에는 도면의 모든 설정이 저장되어 있으며, 미리 정의된 도면층, 치수 스타일 및 뷰도 포함될 수 있다.

① 템플릿 선택 : 옵션 대화상자에서 지정한 도면 템플릿 파일 위치에 현재 있는 DWT 파일을 모두 나열한다. 새 도면의 출발점으로 사용할 파일을 선택한다.

② 미리보기 : 선택한 파일의 미리보기 이미지를 표시한다.

③ **찾아보기** : 템플릿 파일 선택 대화상자(표준 파일 선택 대화상자)를 표시하여 이 대화상자에서 템플릿 선택 리스트에 나와 있지 않은 템플릿 파일에 액세스할 수 있다.

④ **템플릿 설명** : 선택한 템플릿에 대한 설명을 표시한다.

3) 마법사 사용

단계별 안내를 통해 도면을 설정한다. 두 가지 종류의 마법사, 즉, 신속 설정과 고급 설정 중에서 선택할 수 있다.

① **신속 설정** : 새 도면을 위한 단위 및 영역을 지정할 수 있는 신속 설정 마법사를 표시한다. 신속 설정 마법사는 또한 문자 높이 및 스냅 간격과 같은 설정을 알맞은 축척으로 변경한다.

② **고급 설정** : 새 도면을 위한 단위, 각도, 각도 측정, 각도 방향 및 영역을 지정할 수 있는 고급 설정 마법사를 표시한다. 고급 설정 마법사는 또한, 문자 높이 및 스냅 간격과 같은 설정을 알맞은 축척으로 변경한다.

③ **마법사 설명** : 선택한 마법사에 대해 설명한다.

2 0일 때

NEW는 템플릿 선택 대화상자(표준 파일 선택 대화상자)를 표시한다. 이 대화상자는 저장된 파일을 불러올 때도 동일하게 사용된다.

명령: new

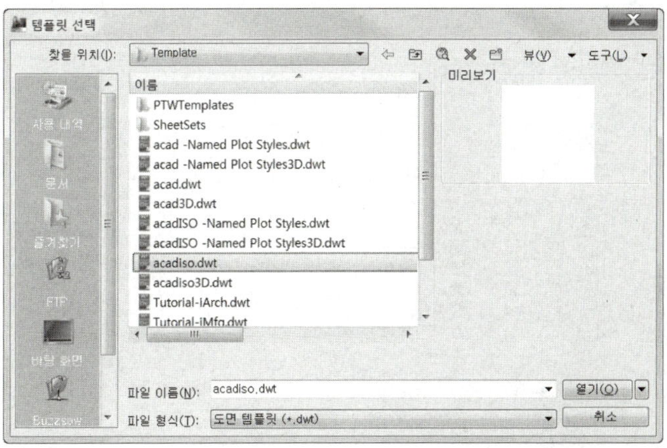

① **사용 내역** : 대화상자에서 가장 최근에 액세스한 파일에 대한 바로 가기 아이콘을 표시한다.

② 개인/내 문서 : 현재 사용자 프로파일의 개인 또는 내 문서 폴더의 내용을 표시한다.

③ 즐겨찾기 : 현재 사용자 프로파일에 대한 즐겨찾기 폴더의 내용을 표시한다.

④ FTP : 표준 파일 선택 대화상자에서 검색이 가능한 FTP 사이트를 표시한다.

⑤ 바탕 화면 : 사용자의 바탕 화면에 있는 내용을 표시한다.

⑥ Buzzsaw : Buzzsaw 프로젝트에 대한 액세스를 제공한다.

⑦ 뷰 : 파일 리스트 또는 폴더 리스트의 모양을 조정하고, 파일 리스트의 경우 파일 선택 시 미리보기 이미지의 표시 여부를 지정한다.

⑧ 도구 : 파일 선택 및 파일 선택 대화상자에서 사용 가능한 다른 동작에 대한 지원 도구를 제공한다.

⑨ 파일 이름 : 파일 리스트에서 선택한 파일의 이름을 표시한다. 파일을 여러 개 선택하면 선택한 각각의 파일이 따옴표로 묶여 파일 이름에 표시된다.

⑩ 파일 유형 : 파일을 저장할 때는 파일 유형은 그 파일이 저장되는 형식을 지정한다.

11 저장된 도면 불러오기(Open)

응용: **열기 ➠ 도면**

메뉴: **파일 ➠ 열기**

도구: **표준**

저장된 도면을 불러온다.

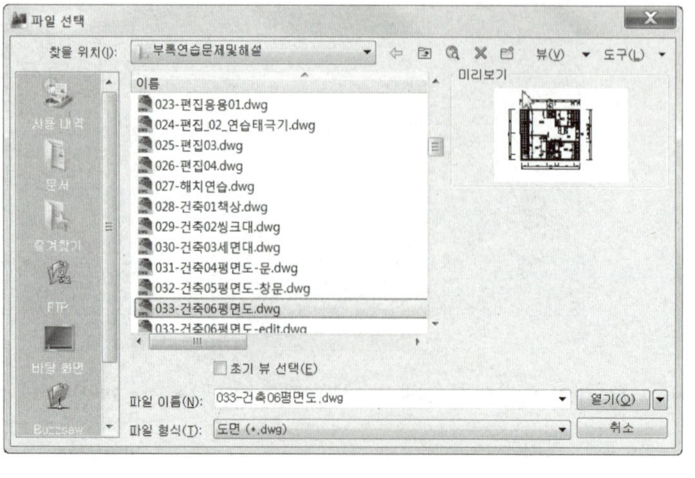

1) 뷰

파일 리스트 또는 폴더 리스트의 모양을 조정하고, 파일 리스트의 경우 파일 선택 시 미리보기 이미지를 표시할지 여부를 지정한다.

- **리스트** : 다중 열 리스트를 표시한다.
- **상세 정보** : 단일 열 리스트를 파일 상세 정보와 함께 표시한다.
- **썸네일** : 각 파일을 썸네일 뷰로 표시한다.
- **미리보기** : 선택한 파일의 비트맵을 표시한다. 도면 파일과 함께 비트맵을 저장하려면, 옵션 대화상자의 열기 및 저장 탭에서 썸네일 미리보기 이미지 저장 옵션을 사용한다.

2) 파일 형식

불러올 수 있는 파일 형식은 "*.dwg, *.dws, *.dxf, *.dwt" 등이 있다.

- **DWG** : Autodesk AutoCAD 도면 표준 포맷
- **DWS** : Autodesk 제도 표준 포맷
- **DXF** : Autodesk 도면 교환 파일
- **DWT** : AutoCAD 템플릿 포맷

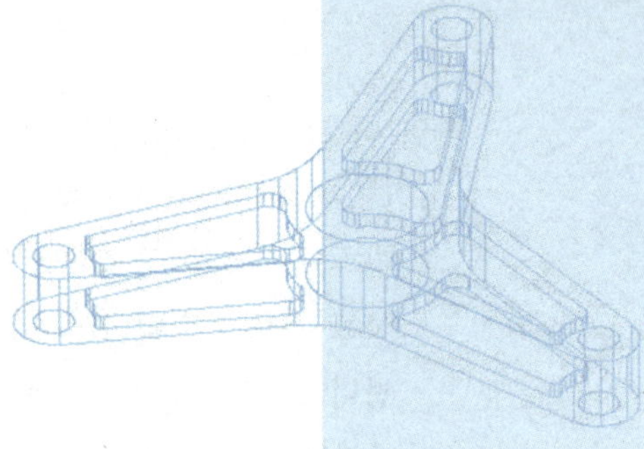

II 따라하다 보면 나도 전문가!

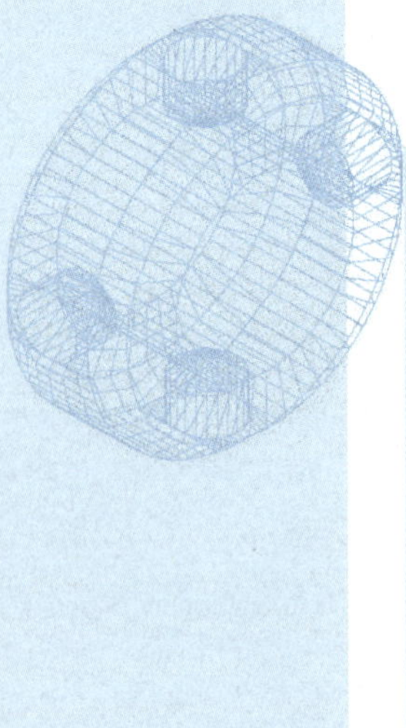

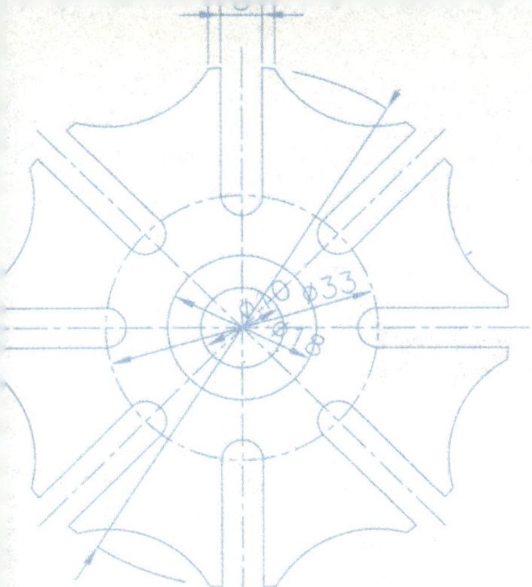

선그리기부터
치수 기입,
출력,
실무 도면까지
따라하다 보면
나도 전문가!

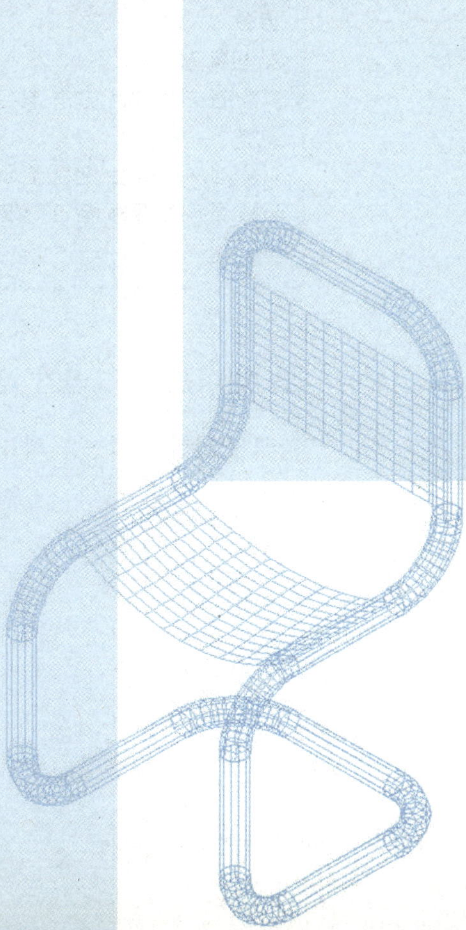

제 2 장 2차원 도면 그리기

1 선(L, Line)

메인: 그리기 ➠ 선

리본: 제도 및 주석 리본 ➠ 홈 ➠ 그리기 ➠ 선

도구: 그리기

직선을 그리며 선분 하나하나가 독립된 개체로 그려진다.

명령: L
첫 번째 점 지정: ← 시작점을 입력 또는 지정(Pick)한다.
다음 점 지정 또는 [명령 취소(U)]: ← 다음 점을 입력 또는 지정하며 잘못된 경우 "U"를 입력하여 취소한다.
다음 점 지정 또는 [명령 취소(U)]:
다음 점 지정 또는 [닫기(C)/명령 취소(U)]: ← 두 변 이상 그리면 "C"를 입력해서 명령을 종료하면서 도형을 닫을 수 있다.

1 테이블을 그리기 위한 사각형 그리기

아래 간단한 사각형을 좌표 및 각도 개념에 준하여 그려보자.

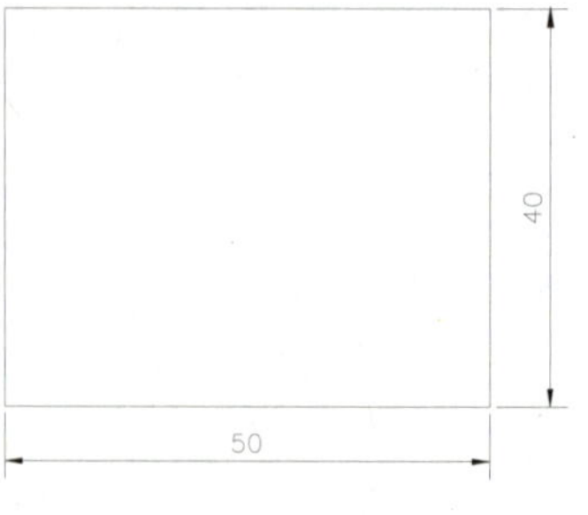

1) 절대 좌표로 그리기

명령: L ← Line의 단축 명령이다.
첫 번째 점 지정: 30,50 ← 시작점을 절대 좌표값으로 입력한다.(A)
다음 점 지정 또는 [명령 취소(U)]: 80,50 ← 시작점 A에서 X축이 50 증가하여 X좌표값은 80이다.(B)
다음 점 지정 또는 [명령 취소(U)]: 80,90 ← B점에서 Y축이 40 증가하여 Y축 좌표값이 90이 된다.(C)
다음 점 지정 또는 [닫기(C)/명령 취소(U)]: 30,90 ← 두 변 이상 작업이 되면 C 옵션으로 도형을 닫음과 동시에 명령을 종료할 수 있다.(D)
다음 점 지정 또는 [닫기(C)/명령 취소(U)]: C ← 변을 닫으면서 명령을 종료한다.

2) 상대 좌표로 그리기

명령: Enter↵ ← 그냥 Enter↵ 하면 방금 사용한 명령(Line)이 다시 실행된다.
첫 번째 점 지정: ← 커서로 임의의 점을 지정(Pick)한다.(A)
다음 점 지정 또는 [명령 취소(U)]: @50,0 ← 첫 점 A에서 X축만 50이 변한다.(B)
다음 점 지정 또는 [명령 취소(U)]: @0,40 ← B점에서 Y축만 40이 변한다.(C)
다음 점 지정 또는 [닫기(C)/명령 취소(U)]: @−50,0 ← 방향이 반대이므로 "−"를 붙여 줘야 한다.(D)
다음 점 지정 또는 [닫기(C)/명령 취소(U)]: C

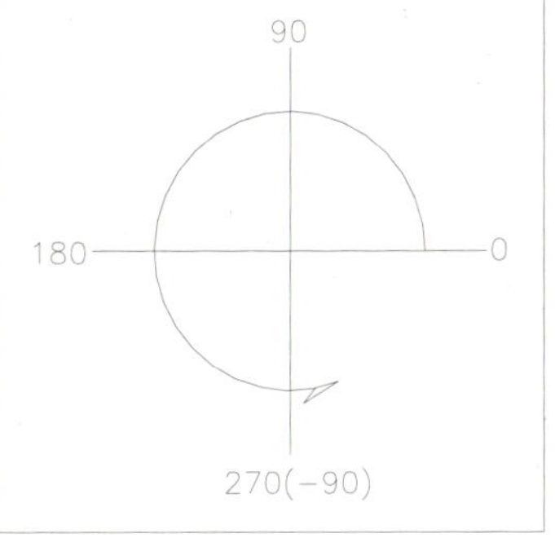

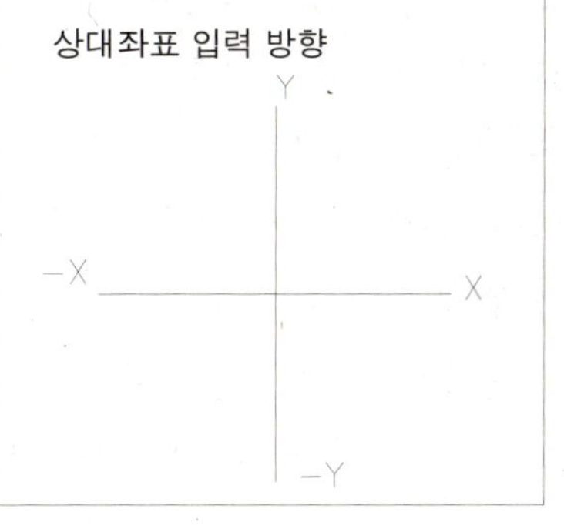

3) 상대 극좌표로 그리기

```
명령: L
첫 번째 점 지정:  ← 커서로 임의의 점을 지정(Pick)한다.(A)
다음 점 지정 또는 [명령 취소(U)]: @50<0   ← 변화 길이 50, 진행 각도 0이다.(B)
다음 점 지정 또는 [명령 취소(U)]: @40<90  ← C
다음 점 지정 또는 [닫기(C)/명령 취소(U)]: @50<180
                ← 진행 각도를 입력하므로 "-" 부호를 붙일 필요는 없다.(D)
다음 점 지정 또는 [닫기(C)/명령 취소(U)]: C
```

4) 마우스로 방향을 잡고 거리 값을 직접 입력하여 그리기

```
명령: L
첫 번째 점 지정:  ← 커서로 임의의 점을 지정(Pick)한다.(A)
다음 점 지정 또는 [명령 취소(U)]: 5 ← 마우스로 진행 방향을 잡되 정확한 직선이 되게
     하려면 직교모드와 극좌표 추적 중 하나를 활성화하면 된다. 이들을 활성화하
     려면 상태 라인 또는 직교모드는 F8, 극좌표 추적은 F10을 사용하는데 이 두 기
     능은 한쪽이 켜지면 다른 한쪽은 자동으로 꺼진다. 직교모드는 커서가 4방향
     (0, 90, 180, 270°)으로만 움직이며, 극좌표 추적은 4방향 외에 여러 각도를
     설정하여 사용할 수 있으면 진행 길이 및 각도가 화면에 표시된다.(B)
다음 점 지정 또는 [명령 취소(U)]: 40 ← 마우스를 90° 방향으로 놓은 상태에서 길이를
     입력한다.(C)
다음 점 지정 또는 [닫기(C)/명령 취소(U)]: 50 ← 마우스를 270° 방향으로 놓은 상태에
     서 길이를 입력한다.(D)
다음 점 지정 또는 [닫기(C)/명령 취소(U)]: C
```

2 모서리가 잘린 사각형 그리기

위 4가지 방법 중 「절대 좌표 입력」은 잘 쓰이지 않고 이하 3가지 방법이 주로 사용되는데, 한 작업에 3가지 방법을 다 혼용해도 관계가 없다. 그러나 꼭 그 방법이 아니면 안 되는 경우가 있다. 예제를 통해 알아보자

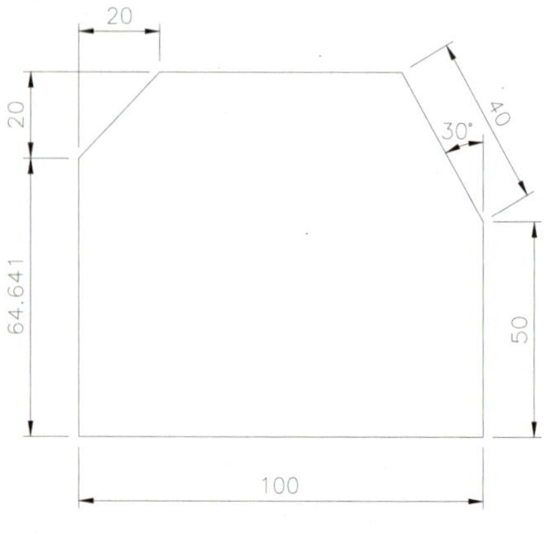

작업하기 전에는 우선 작업물에 대해서 어느 지점에서 시작해서 어떤

방법으로 그려야 할지 미리 머릿속으로 생각을 하고 작업을 해야 실력도 빨리 늘고 시행 착오도 줄일 수 있다.

옆의 도면에서는 A지점을 시작점으로 해야 무리 없이 작업을 완료를 할 수 있다.

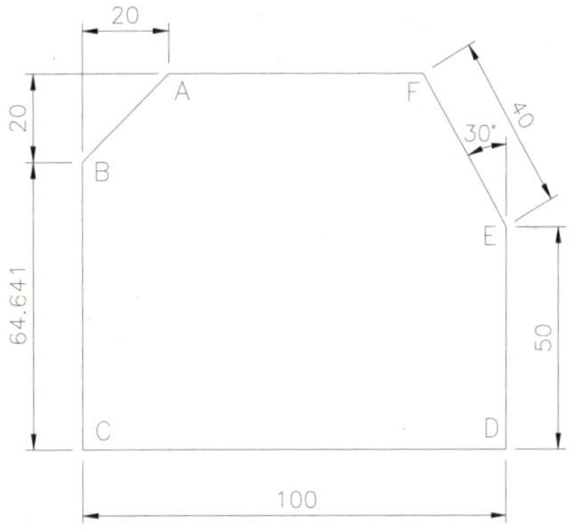

명령: L
Specify first point: ← 마우스로 임의점을 지정한다.(A)
다음 점 지정 또는 [명령 취소(U)]: @-20,-20 ← X, Y 모두 반대방향이다. 상대 좌표(B)
다음 점 지정 또는 [명령 취소(U)]: 〈직교켜기〉 64.641 ← F8 로 직교모드를 켠 후 커서를 270°방향으로 잡은 상태에서 거리를 입력한다.(C)
다음 점 지정 또는 [닫기(C)/명령 취소(U)]: 〈극좌표 켜기〉 100
← F10 으로 극좌표 추적을 켠 후 커서를 0° 방향으로 잡은 상태에서 진행한다.(D)
다음 점 지정 또는 [닫기(C)/명령 취소(U)]: 50 ← 커서를 90° 방향으로 놓고 입력한다.(E)
다음 점 지정 또는 [닫기(C)/명령 취소(U)]: @40<120 ← 길이 40, 진행 각도 90 + 30 = 120, 상대 극좌표(F)
다음 점 지정 또는 [닫기(C)/명령 취소(U)]: C

동적 입력 상태에서는 다음과 같이 그린다.

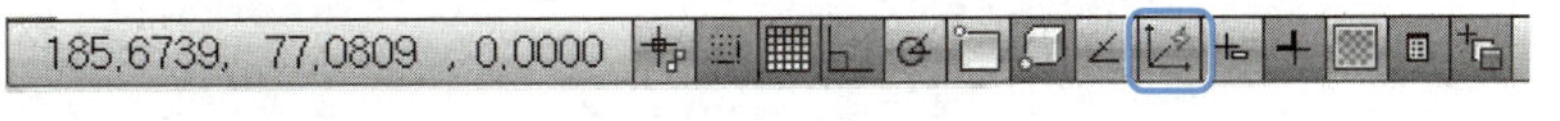

• A ➠ B 구간은 "@"는 생략하고 "-20,-20"을 입력하면 된다.

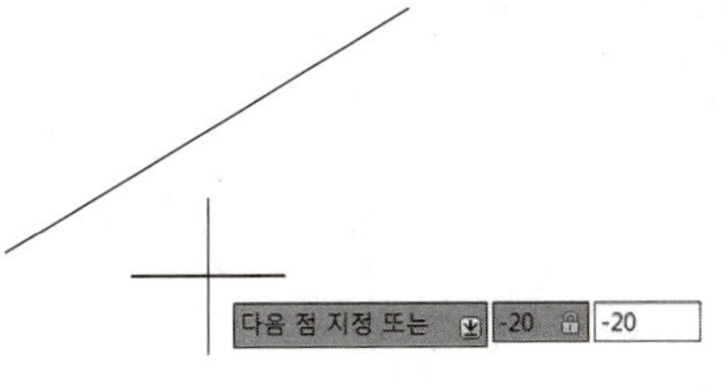

• E ➠ F 구간은 빗변길이 "40"을 입력하고 탭 키를 누르면 각도 입력 칸으로 옮겨질 때 절대각 "120"을 입력한다.

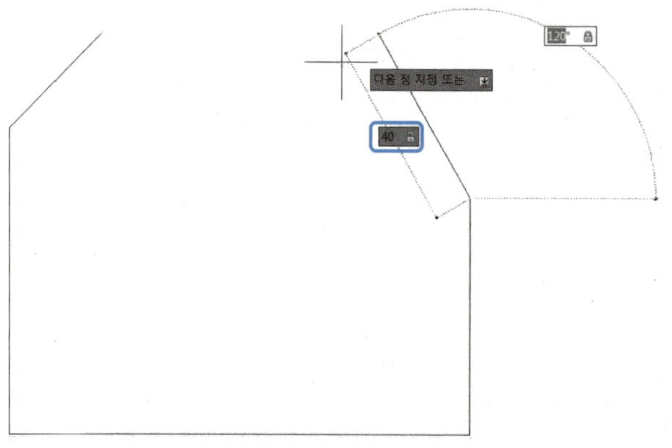

2 지우기(E, Erase)

메뉴: **수정 ➠ 지우기**

리본: **제도 및 주석 리본 메뉴 ➠ 홈수정 ➠ 지우기**

도구: **수정**

도면 요소를 선택하여 지운다.

명령: E ← Erase의 단축 명령이다.
객체 선택: ← 대상을 선택한다. 개별 선택하거나 집단 선택을 한다. 선택이 다 되면 엔터를 눌러 명령을 종료한다.("ALL"을 입력하면 화면 내에 존재하는 모든 것이 선택된다.)

- 「객체 선택: 」 상태에서 커서가 선택 박스(Pick Box)로 변경된다. 이 선택 박스로 대상을 개별 선택할 수 있다.

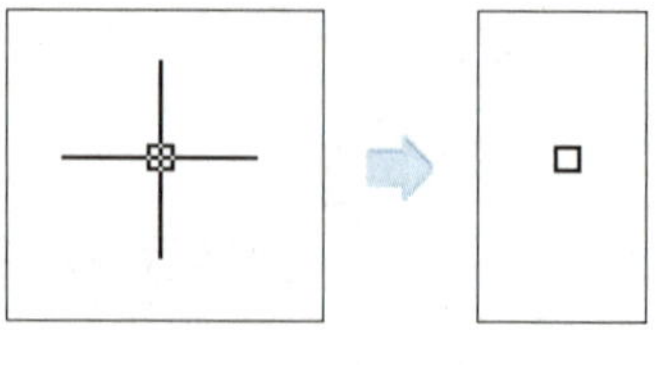

- 아무런 명령이 실행되지 않은 상태에서 삭제 대상을 먼저 선택한 후 Del 키를 눌러도 삭제된다.

3 도면 작업을 위한 보조 명령

1 스냅(Snap) F9

지정한 간격만큼으로 커서(Cross Hair)의 움직임을 제어하며 F9 기능키로 ON/OFF 한다. XY축의 간격(종횡비)을 다르게 하거나 아이소 메트릭(Iso Metric) 커서로 변환 가능하다.

명령: Snap
스냅 간격두기 지정 또는 [켜기(ON)/끄기(OFF)/종횡비(A)/스타일(S)/유형(T)] 〈10.0000〉:
← 수치를 입력하면 스냅 간격으로 설정된다.

- 켜기(ON)/끄기(OFF): Snap을 켜고 끈다.(토글 키 F9)
- 종횡비(A): X축 간격과 Y축 간격을 다르게 지정한다.
- 스타일(S): [표준(S)/등각투영(I)] 〈S〉
  표준 및 등각투영 그리기(Isometric) Snap으로 전환한다.
- 유형(T): [원형(P)/그리드(G)] 〈Grid〉
  Grid 간격을 따라 스냅이 될 것인가 또는 커서의 포인트에 따라 될 것인가를 설정한다.

상태 라인에서 커서를 스냅 모드에 댄 상태로 마우스를 우클릭하여 설정을 눌러서 대화상자에서 설정할 수 있다.(그리드 설정도 같이 할 수 있다.)

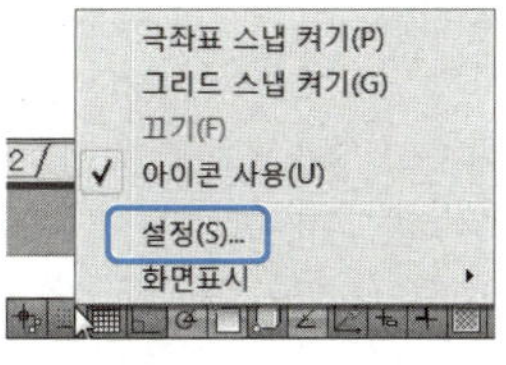

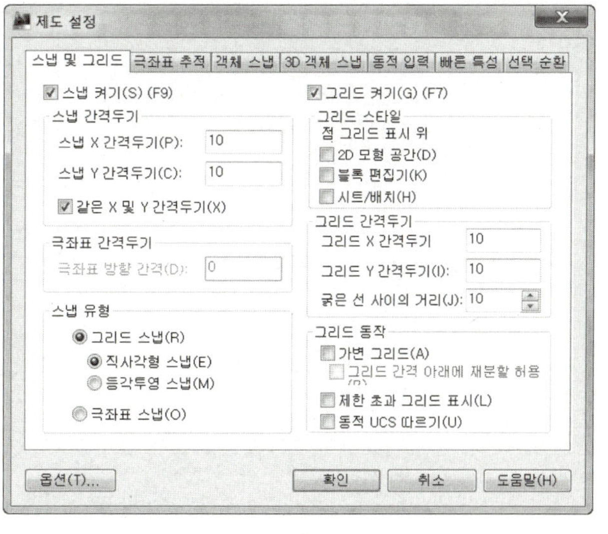

2 그리드(Grid) F7

방안지처럼 격자선을 발생시킨다. 그 격자의 간격을 조정하며 F7 키로 ON/OFF가 가능하다. 화면상에서만 유효하며 종이에는 출력되지 않는다. 옵션에서 "한계(L)"을 OFF 시키면 작업 한계(용지 크기)를 가늠하는 기준이 된다.

명령: Grid
그리드 간격두기(X) 지정 또는 [켜기(ON)/끄기(OFF)/스냅(S)/주(M)/가변(D)/한계(L)/따름(F)/종횡비(A)] ⟨10.0000⟩: ← 수치를 입력하면 그리드 간격으로 설정된다.

- 켜기(ON)/끄기(OFF): GRID를 켜고 끈다.(토글 키 F7)
- 스냅(S): Snap 간격과 동일하게 한다.
- 주(M): 가변 동작을 켜고 그리드 간격 아래에 재분할을 허용했을 때 주요 그리드 선당 그리드 분할의 수를 입력한다.
- 가변(D): 화면 크기에 따라 그리드 간격이 자동 변환하는 가변 동작을 켜고 끌 수 있다.
- 한계(L): 도면 한계를 초과하여 그리드 표시 여부를 결정한다. "OFF"하면 도면 한계 영역에만 그리드가 표시된다.
- 따름(F): 동적 UCS 따름을 결정한다.
- 종횡비(A): X축 간격과 Y축 간격을 다르게 지정한다.

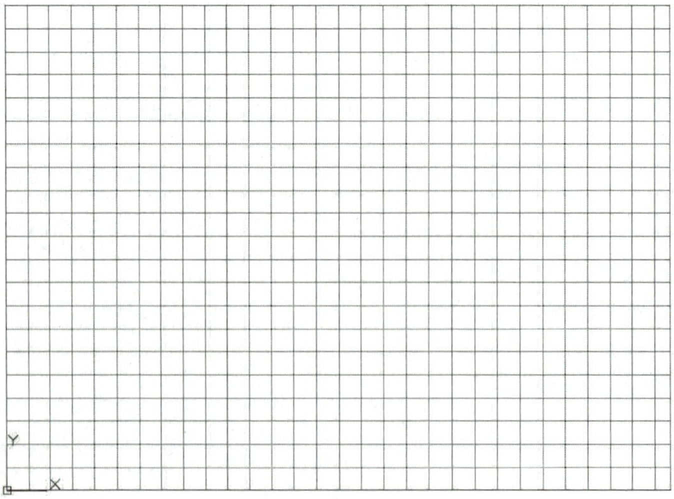

▲ 한계(L)를 OFF한 경우

3 직교 모드(Ortho) F8

ON시키면 4방향(0, 90, 180, 270°)으로만 커서가 움직이게 제어되므로 직선을 그릴 때 편리하다.

> **명령:** Ortho
> 모드 입력 [켜기(ON)/끄기(OFF)] 〈끄기〉:

4 극좌표 추적(Polarsnap) F10

설정한 각도에 따라 커서의 움직임을 제어할 수 있다. Ortho(직교 모드)와 Polar(극좌표 추적) 둘 중 하나가 켜지면 나머지 하나는 꺼진다.

각도를 조정하려면 상태 라인에서 마우스 우측 버튼을 눌러 "설정(s)..."을 선택해 조정한다.

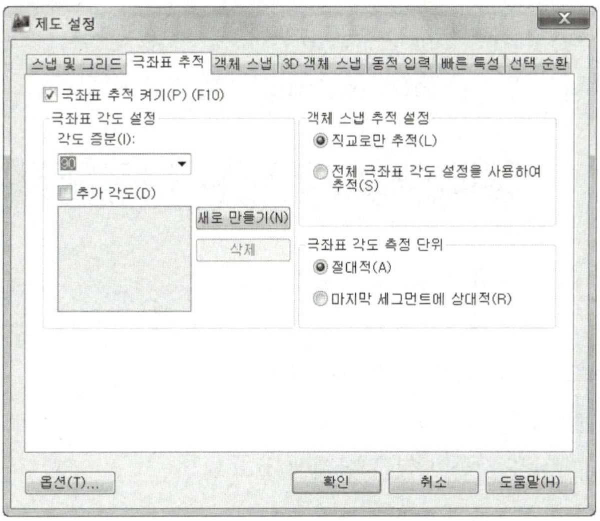

5 객체 스냅(Osnap) F3

특정한 Point를 빠르고 정확하게 찾아주는 도구이다. 상태 라인에서 마우스 우측 버튼을 눌러 "설정(s)..."을 선택해 조정하거나 명령을 입력해 실행한다.

명령: Osnap

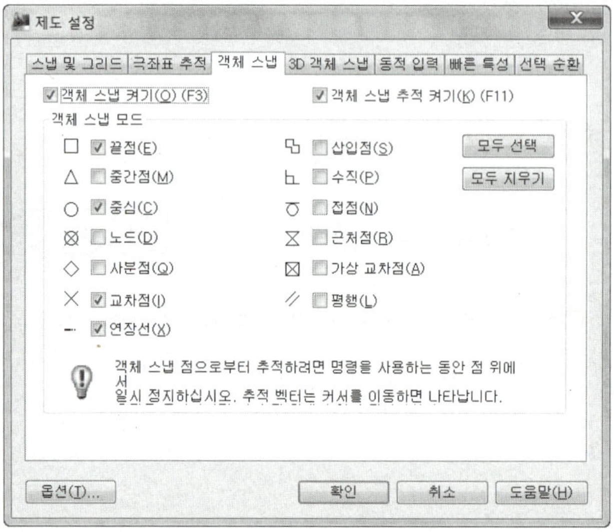

6 객체 스냅 추적(Autosnap) F11

객체에 대해 객체 스냅(Osnap)으로 추적한다.

오른쪽 그림처럼 객체 스냅 추적이 켜져 있으면 1에서 2의 거리를 3에서 4로 그리고자 할 때 4점을 정하지 않은 상태에서 마우스를 1의 방향으로 움직이면 1의 끝점을 추적하여 4의 위치를 찾아준다.

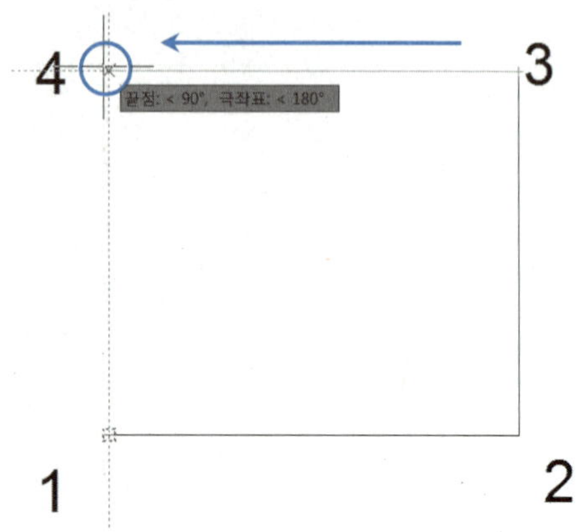

7 동적 입력(Dynmode, Dynpromt) F12

커서 옆에 표시되는 입력 상황 표시를 ON/OFF한다.
상태 라인 동적 입력에서 마우스 우측 버튼을 눌러 설정 값을 변경한다.

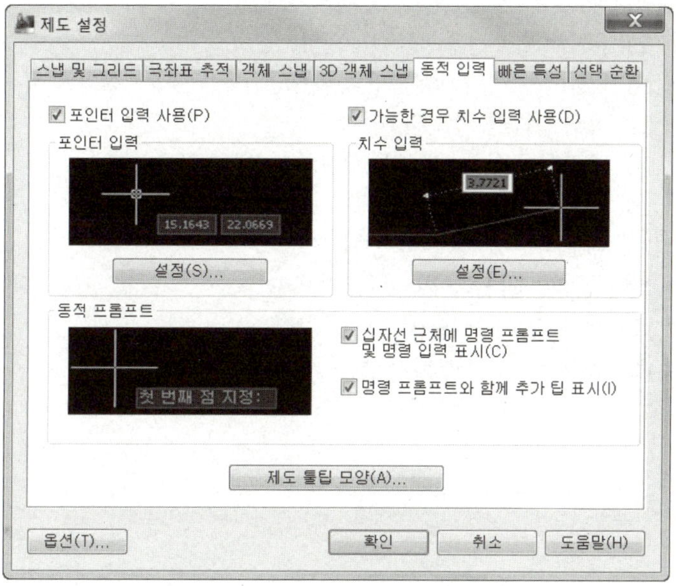

8 선가중치(Lwdisplay)

선의 굵기를 조정하며 화면상에서 표시를 ON/OFF한다. 상태 라인 "선가중치 표시/숨기기"에서 마우스 우측 버튼을 눌러 설정 값을 변경한다.

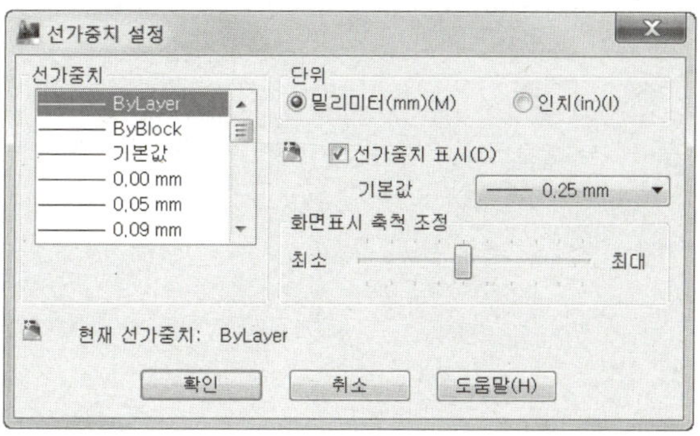

Function Key 정리

『기능 키』라고 하며 작업 중 언제라도 명령어와 무관하게 사용할 수 있다. 대부분 앞에서 설명했던 상태 라인에 표시되어 있는 것들이다.

- F1: 도움말을 보여준다.
- F2: 문자 윈도우를 올리기/내리기한다.
- F3: 객체 스냅을 ON/OFF하며 설정이 전혀 안 되어 있으면 객체 스냅 설정 대화상자를 올린다.
- F4: 3D 객체 스냅을 ON/OFF한다.
- F5: 등각평면 평면도/우측면도/좌측면도로 아이소매트릭 작업시 커서를 전환한다.
- F6: 동적 UCS를 ON/OFF한다.
- F7: 그리드 표시를 ON/OFF한다.
- F8: 직교모드를 ON/OFF한다.
- F9: 스냅 모드를 ON/OFF한다.
- F10: 극좌표 추적을 ON/OFF한다.
- F11: 객체 스냅 추적을 ON/OFF한다.
- F12: 동적 입력을 ON/OFF한다.

연습문제

* Line 명령 익히기

문제 1 | 시작점에 유의하며 상대 좌표 입력 방법을 적용할 곳이 어디인지 생각해 보자.

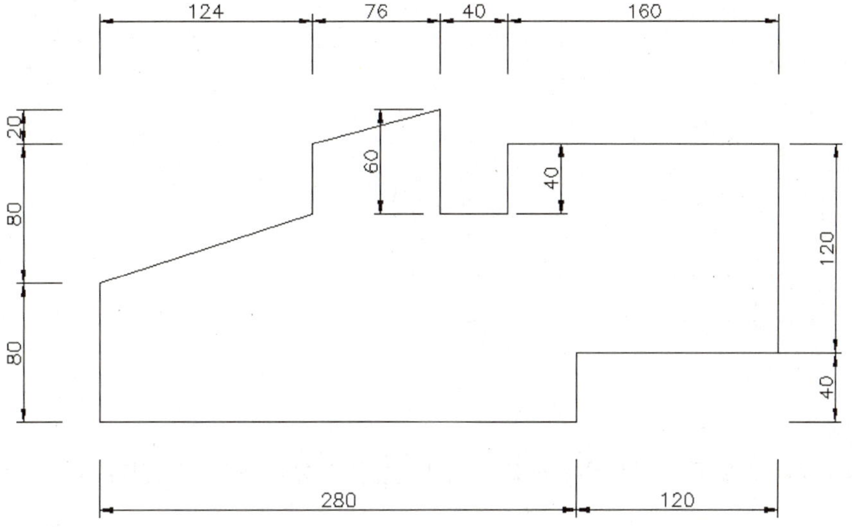

문제 2 | 시작점에 유의하며 상대 극좌표 입력 방법을 적용할 곳이 어디인지 생각해 보자.

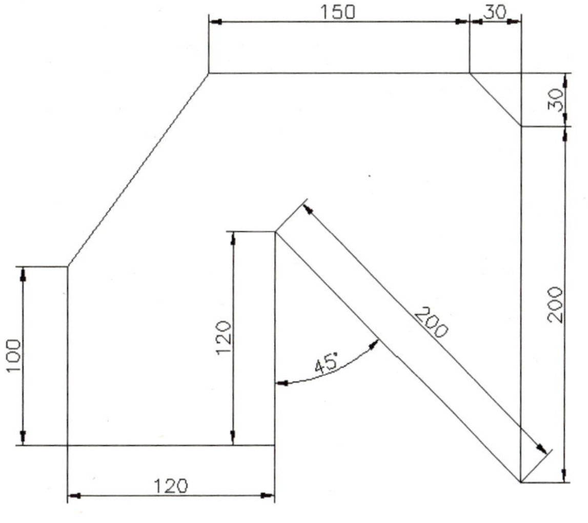

연습문제

문제 3 | 시작점에 유의하며 상대 극좌표 입력 방법을 적용할 곳이 어디인지 생각해 보자.

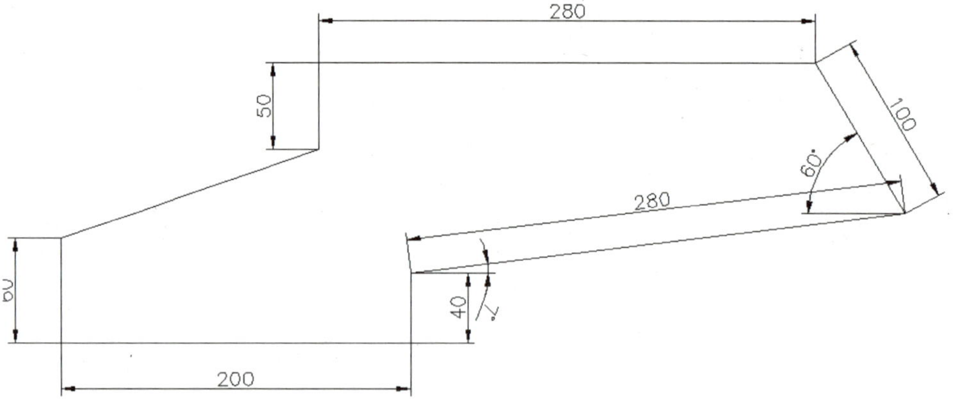

문제 4 | 시작점에 유의하며 상대 극좌표 입력 방법을 적용할 곳이 어디인지 생각해 보자.

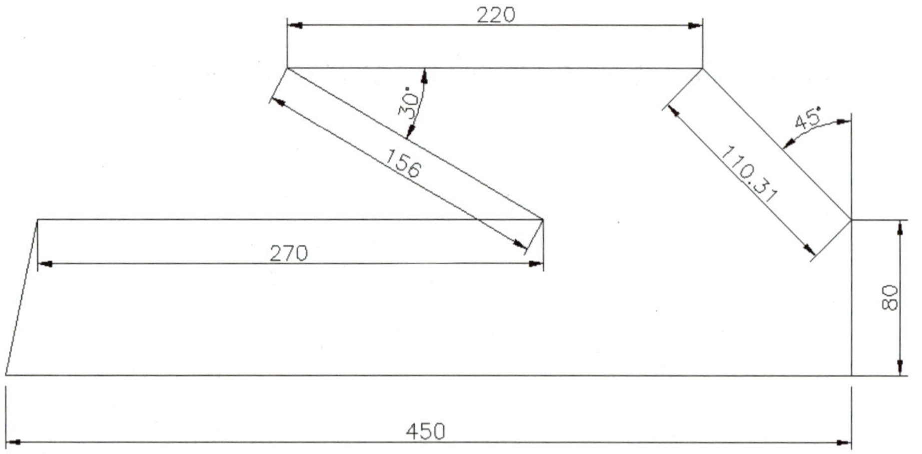

연습문제

문제 5 | 시작점에 유의하며 상대 극좌표 입력 방법을 적용할 곳이 어디인지 생각해 보자.

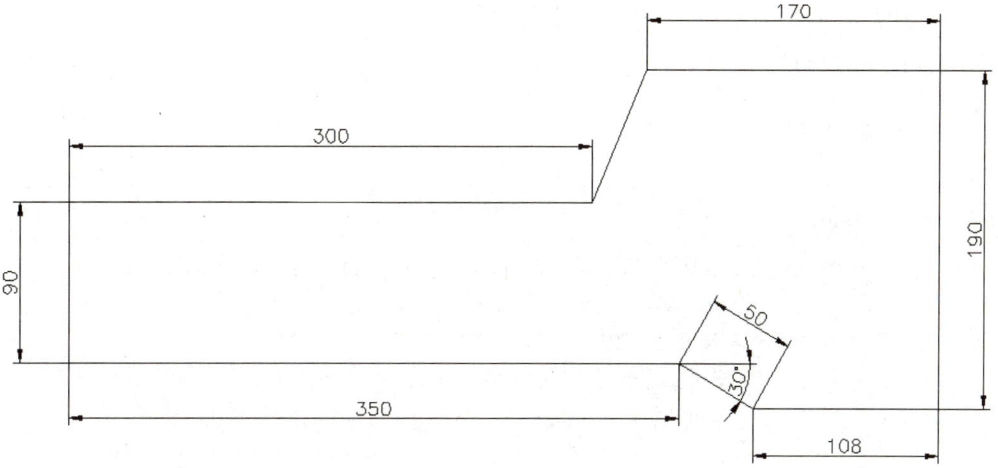

문제 6 | 시작점에 유의하며 상대 극좌표 입력 방법을 적용할 곳이 어디인지 생각해 보자.

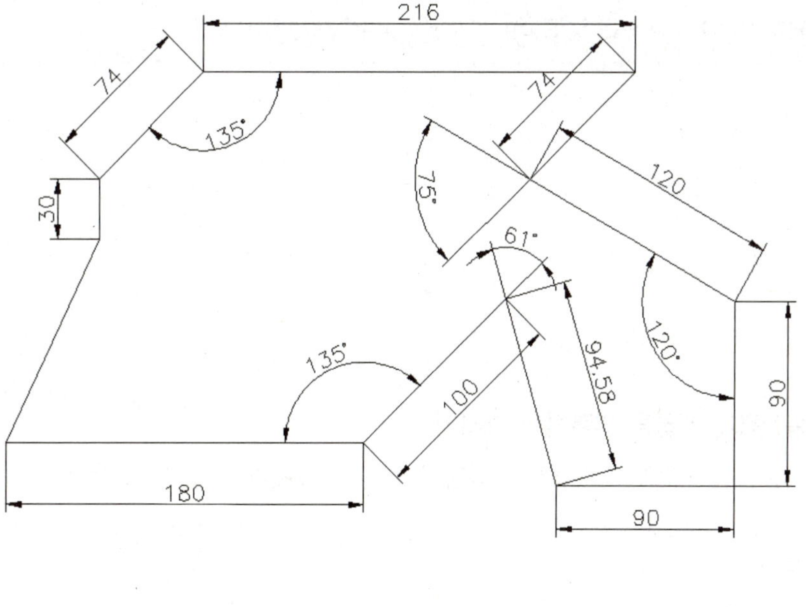

4 원(C, Circle)

메뉴: 그리기 ➠ 원

리본: 제도 및 주석 ➠ 홈 ➠ 그리기 ➠ 원▽

도구: 그리기

원을 그린다.

> **명령:** C
> 원에 대한 중심점 지정 또는 [3점(3P)/2점(2P)/Ttr – 접선 접선 반지름(T)]:
> ← 중심점을 지정하거나 옵션을 선택한다.
> 원의 반지름 지정 또는 [지름(D)] 〈13.0170〉
> ← 반지름 값을 준다. 〈 〉안의 수치는 가장 최근에 작업한 값이 기본 값으로 남아 있다. 그 값을 그대로 사용하려면 그냥 엔터하면 된다.

1) 중심점과 반지름을 입력하여 그리기(그림 1)

> **명령:** C
> 원에 대한 중심점 지정 또는 [3점(3P)/2점(2P)/Ttr – 접선 접선 반지름(T)]: ← 중심점을 지정한다.
> 원의 반지름 지정 또는 [지름(D)]: 30 ← 반지름을 입력한다.

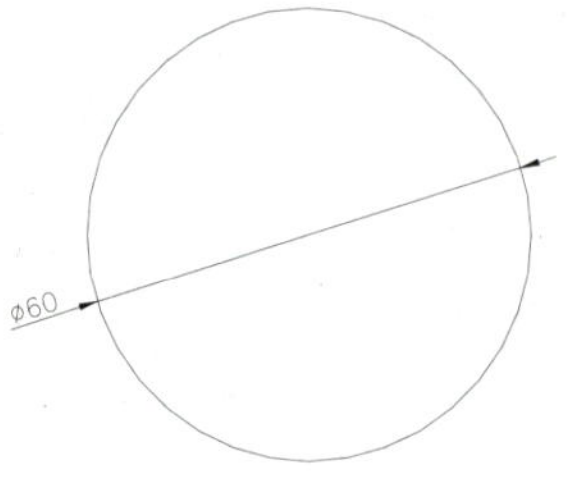

▲ 그림 1

2) 중심점과 지름을 입력하여 그리기

지름을 반지름으로 계산하기 복잡한 경우에 응용하면 좋다.(그림 2)

> **명령:** C
> 원에 대한 중심점 지정 또는 [3점(3P)/2점(2P)/Ttr – 접선 접선 반지름(T)]:← 중심점을 지정한다.
> 원의 반지름 지정 또는 [지름(D)] 〈30.0000〉: D ← 지름으로 그리기 옵션을 입력한다.
> 원의 지름을 지정함 〈60.0000〉: 59.75 ← 그리고자 하는 지름 값을 입력한다.

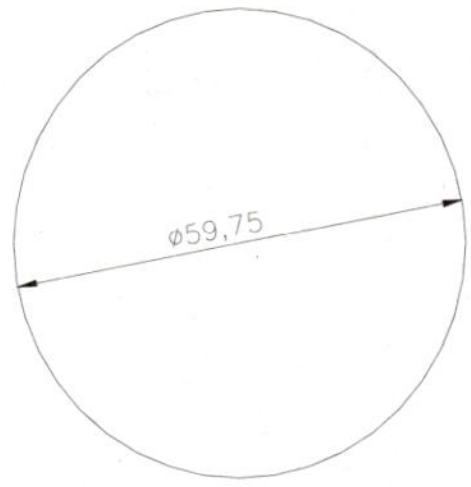

▲ 그림 2

3) 3점을 지정하여 그리기

▶ 예제 1 A선, B선, C선에 내접하는 원을 그려보자.

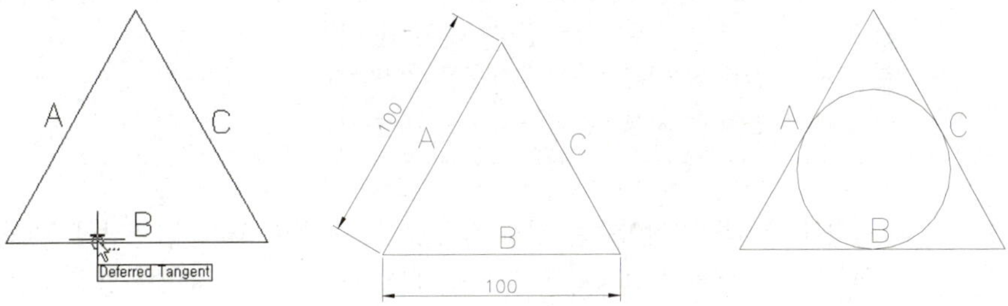

✍ 리본 메뉴에 원 밑에 작은 삼각형을 클릭하면 나오는 하부 메뉴 속에 "접선, 접선, 접선"을 사용하거나 AutoCAD 클래식 메뉴일 때 메인 메뉴 그리기의 원에 있는 "접선, 접선, 접선"을 사용하면 편하다.

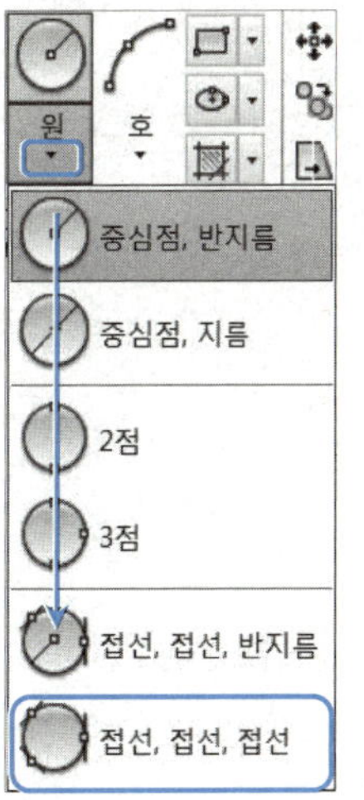

명령: _circle
원에 대한 중심점 지정 또는 [3점(3P)/2점(2P)/Ttr – 접선 접선 반지름(T)]: _3p
원 위의 첫 번째 점 지정: _tan –〉 ← 여기까지 바로 실행된다. 선택한다.(A)
원 위의 두 번째 점 지정: _tan –〉 ← 선택한다.(B)
원 위의 세 번째 점 지정: _tan –〉 ← 선택한다.(C)

▸ 예제 2 A선, B선, C선의 끝점을 통과하는 원을 그려보자.

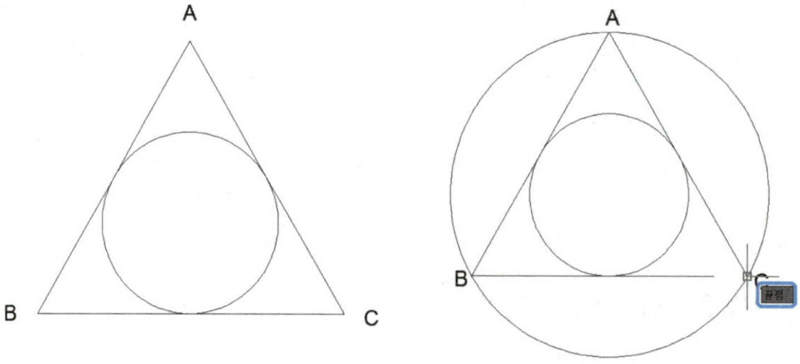

> **명령:** C
> 원에 대한 중심점 지정 또는 [3점(3P)/2점(2P)/Ttr – 접선 접선 반지름(T)]: 3P
> 원 위의 첫 번째 점 지정: ← 끝점 A를 지정한다.
> 원 위의 두 번째 점 지정: ← 끝점 B를 지정한다.
> 원 위의 세 번째 점 지정: ← 끝점 C를 지정한다.

특정한 포인트를 찾아주는 객체 스냅(끝점, 중심점, 교차점, 연장선 등)이 기본적으로 설정되어 있어서 끝점 부근에 커서를 대면 "끝점"이라는 표시와 함께 끝점 위치에 작은 사각형이 표시될 때 클릭하여 끝점을 선택한다. 만약 작동하지 않으면 하단부 상태 라인에서 객체 스냅을 활성화시키거나 F3를 눌러 활성화시킨다.

▸ 예제 3 A는 끝점, B, C는 접점을 통과하는 원을 그려보자.

먼저 객체 스냅을 설정한다, 상태 라인의 객체 스냅에서 마우스 오른쪽 버튼을 클릭하여 "접점" 옵션을 지정하여 활성화시킨다.

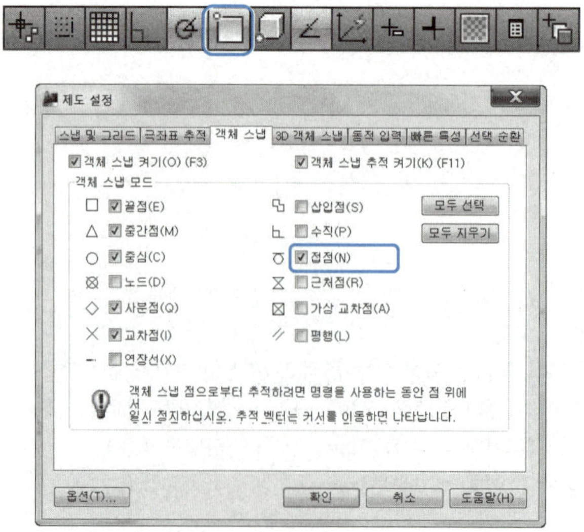

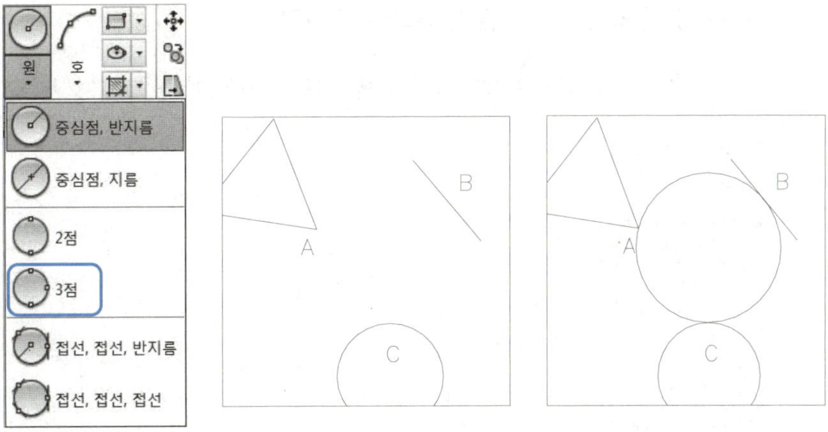

> **명령:** C
> 원에 대한 중심점 지정 또는 [3점(3P)/2점(2P)/Ttr – 접선 접선 반지름(T)]: 3P
> 원 위의 첫 번째 점 지정: ← 끝점 지정(A)
> 원 위의 두 번째 점 지정: ← 접점 지정(B)
> 원 위의 세 번째 점 지정: ← 접점 지정(C)

4) 2점을 지정하여 그리기(지름 값으로 그리면서 방향을 지정할 수 있다.)

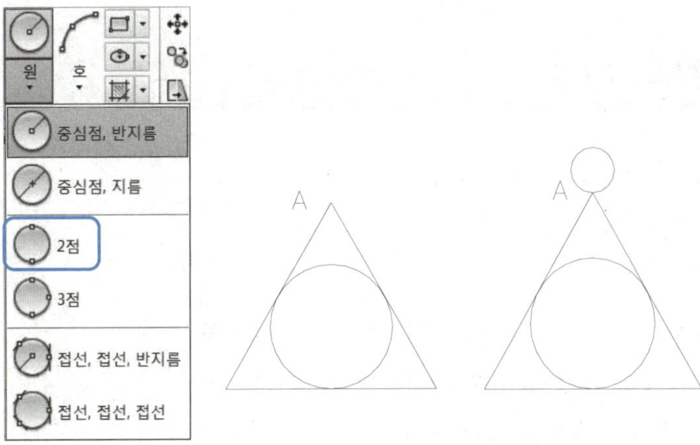

▸ **예제** 꼭짓점 A에서 90˚방향으로 지름 20인 원을 그려보자.

> **명령:** C
> 원에 대한 중심점 지정 또는 [3점(3P)/2점(2P)/Ttr – 접선 접선 반지름(T)]: 2P
> 원 지름의 첫 번째 끝점을 지정: ← 끝점을 지정한다.(A)
> 원 지름의 두 번째 끝점을 지정: @20<90 ← 지름 및 방향을 지정한다.

1) 2곳에 접하고 반지름을 입력하여 그리기

▶ 예제 A선과 B선에 접하는 반지름 50짜리 원을 그려보자.

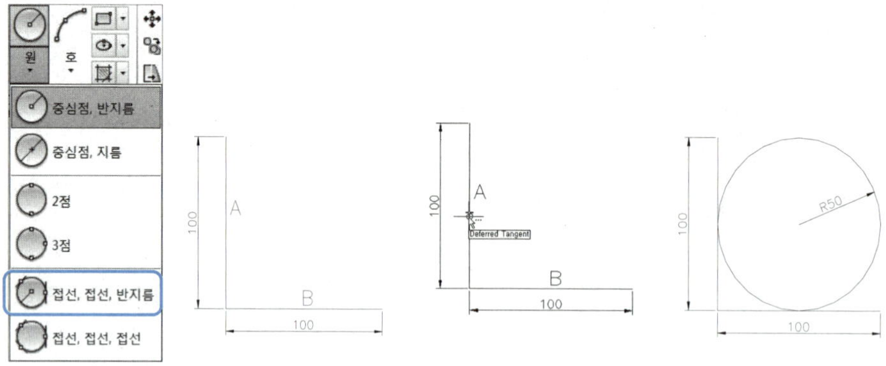

명령: _circle
원에 대한 중심점 지정 또는 [3점(3P)/2점(2P)/Ttr – 접선 접선 반지름(T)]: _ttr
← 여기까지 바로 실행된다.
원의 첫 번째 접점에 대한 객체 위의 점 지정: ← A선을 선택(지정)한다.
원의 두 번째 접점에 대한 객체 위의 점 지정: ← B선을 선택(지정)한다.
원의 반지름 지정: 50 ← 반지름을 입력한다.

5 호(A, Arc)

메뉴: 그리기 ➠ 호
리본: 제도 및 주석 ➠ 홈 ➠ 그리기 ➠ 호▽
도구: 그리기

호를 그린다. 호는 원의 일부분이므로 중심점, 반지름 등의 구성 요소를 생각하면 더 쉽다.

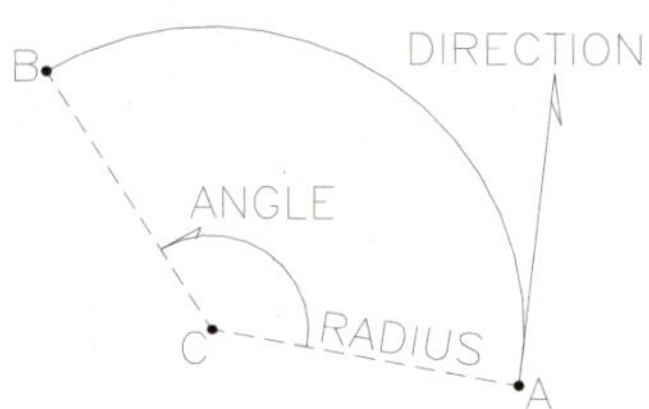

- A : 시작점(Start point)
- B : 끝점(End point)
- C : 중심점(Center point)
- Angle : 내각
- Direction : 접선 방향
- Length : 시작점에서 끝점까지 직선(현)의 길이

✎ 호의 부분 명칭을 알아야 작업하기 쉽다. 그려지는 방향은 항상 반시계방향이지만 각도나 부호에 의해 시계방향으로도 그릴 수 있으며, 3단계에 걸쳐 작업됨을 명심한다.

1) 일반적인 호 그리기(3Point)

명령: A
호의 시작점 또는 [중심(C)] 지정: ← 호의 시작점을 지정한다.
호의 두 번째 점 또는 [중심(C)/끝(E)] 지정: ← 호의 두 번째 점을 지정한다.
호의 끝점 지정: ← 호의 끝점을 지정한다.

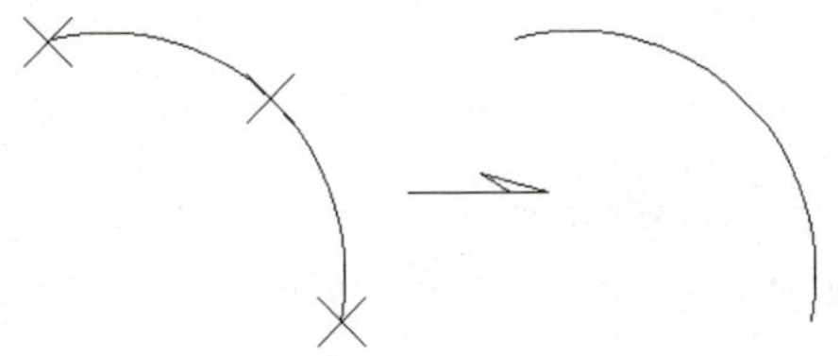

호는 작업 과정이 대부분 3단계로 이뤄지므로 순서를 미리 머릿속에 생각하고 작업하는 것이 좋다.

작업 방법

옵션을 일일이 입력, 선택하며 그려도 되지만 메인 메뉴의 "그리기 ➠ 호"에 있는 순서대로 입력된 명령을 사용하거나 리본 메뉴를 사용하는 것이 편하다. 그리고 객체 스냅이 활성화되어 있어야 정확한 포인트를 잡을 수 있다.

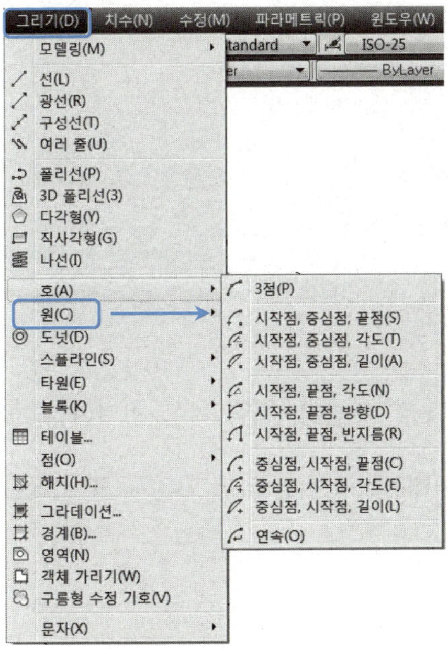

▲ 오토캐드 클래식의 메인 메뉴

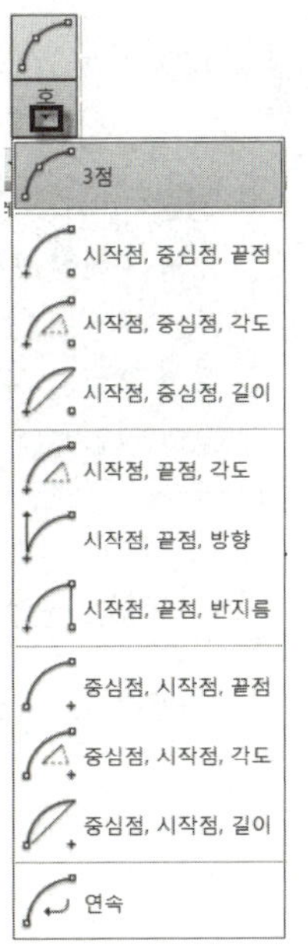

▲ 제도 및 주석의 리본 메뉴

① 3점 : 3점을 지정하여 그린다.(반시계방향으로 그려야 한다.)

아무 옵션 없이 그릴 수 있는 기본 방법이다.

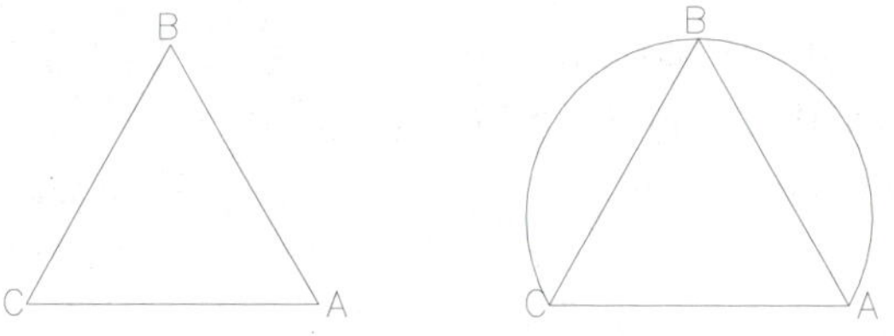

명령: _arc
호의 시작점 또는 [중심(C)] 지정: ← 끝점 A를 지정한다.
호의 두 번째 점 또는 [중심(C)/끝(E)] 지정: ← 끝점 B를 지정한다.
호의 끝점 지정: ← 끝점 C를 지정한다.

② 시작점, 중심점, 끝점 : 시작점, 중심점, 끝점 순으로 그린다.

▶ 예제 직교하는 두 선에 호를 그려보자.

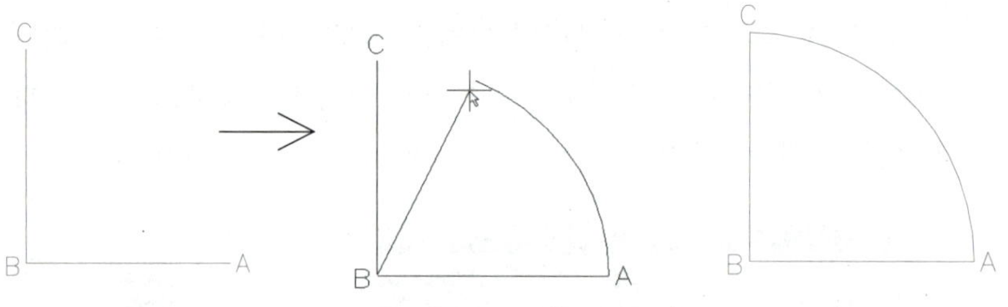

명령: _arc
호의 시작점 또는 [중심(C)] 지정: ← 시작점 A를 지정한다.
호의 두 번째 점 또는 [중심(C)/끝(E)] 지정: _c
호의 중심점 지정: ← 중심점 B를 지정한다.
호의 끝점 지정 또는 [각도(A)/현의 길이(L)]: ← 끝점 C를 지정한다.

③ 시작점, 중심점, 각도 : 시작점, 중심점, 사이 각을 입력하여 그린다.

▶ 예제 반지름이 100이고 내각이 45°(절대 각도)인 호를 그려보자.

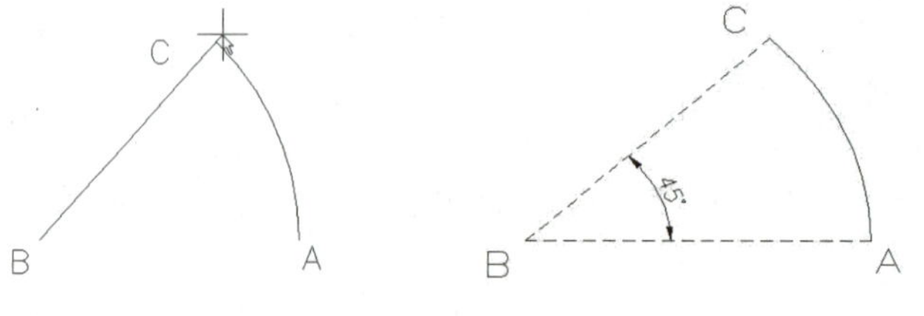

```
명령: _arc
호의 시작점 또는 [중심(C)] 지정:              ← 시작점을 지정한다.(A)
호의 두 번째 점 또는 [중심(C)/끝(E)] 지정: _c
호의 중심점 지정: @100<180                    ← 중심점을 지정한다.(B)
호의 끝점 지정 또는 [각도(A)/현의 길이(L)]: _a
사이 각 지정: 45                              ← 내각을 입력한다.
```

④ 시작점, 중심점, 길이 : 시작점, 중심점, 현의 길이로 그린다. 잘 쓰이지 않는 방법이다.

▸ 예제 지름이 200인 원의 1/4에 해당하는 호를 그려보자.

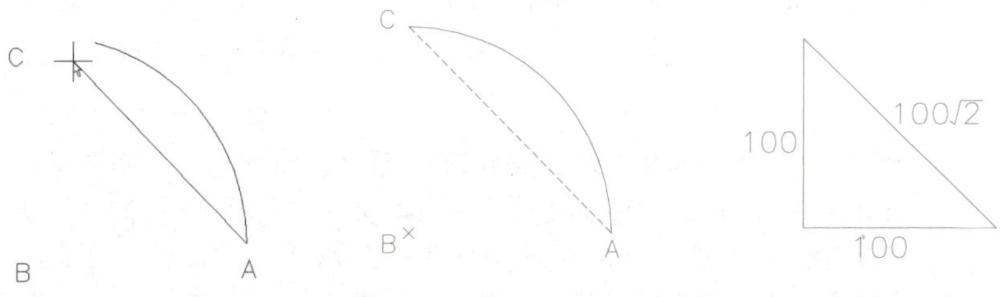


```
명령: _arc 호의 시작점 또는 [중심(C)] 지정: ← 시작점을 지정한다.(A)
호의 두 번째 점 또는 [중심(C)/끝(E)] 지정: _c
호의 중심점 지정: @100<180       ← 중심점을 지정한다.(B)
호의 끝점 지정 또는 [각도(A)/현의 길이(L)]: _l
현의 길이 지정: 141.4213562      ← 시작점에서 끝점까지의 직선거리(반지름이 100이
                                   므로 삼각 함수에 의해 100√2)를 입력한다.(C)
```

⑤ 시작점, 끝점, 각도 : 시작점, 끝점, 사이 각을 지정하여 그린다.

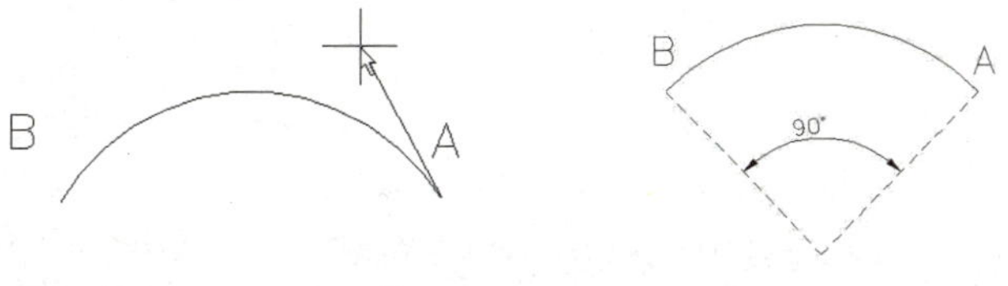


```
명령: _arc 호의 시작점 또는 [중심(C)] 지정: ← 시작점을 지정한다.(A)
호의 두 번째 점 또는 [중심(C)/끝(E)] 지정: _e
호의 끝점 지정: @100<180        ← 끝점을 지정한다.(B)
호의 중심점 지정 또는 [각도(A)/방향(D)/반지름(R)]: _a 사이 각 지정: 90   ← 사이 각을
    입력한다.(사이 각이 작으면 중심점이 멀어지므로 반지름은 반대로 커진다.)
```

⑥ **시작점, 끝점, 방향** : 시작점, 끝점, 시작점에서 접선 방향을 지정하여 그린다.

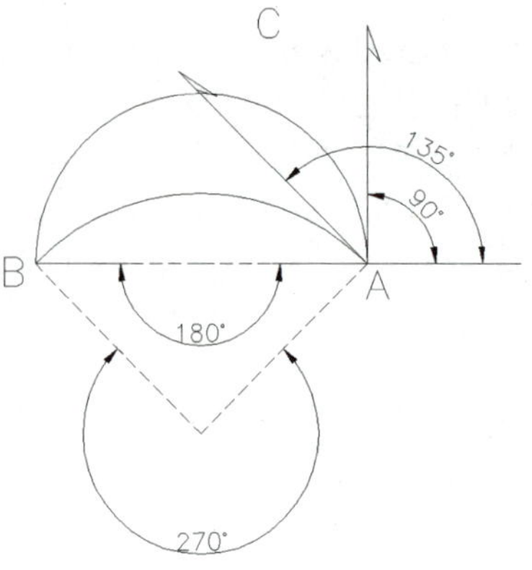

접선 방향과 호의 내각의 여각은 2배 관계가 있다. 접선 방향이 135도이면 호의 사이각의 여각이 270°이므로 원의 1/4에 해당하는 호가 그려진다.

> **명령:** _arc 호의 시작점 또는 [중심(C)] 지정: ← 시작점을 지정한다.(A)
> 호의 두 번째 점 또는 [중심(C)/끝(E)] 지정: _e
> 호의 끝점 지정: @100<180 ← 끝점을 지정한다.(B)
> 호의 중심점 지정 또는 [각도(A)/방향(D)/반지름(R)]: _d
> 호의 시작점에 대해 접선 방향을 지정: 90 ← 시작점에서의 접선 방향(각도)을 지정한다.

⑦ **시작점, 끝점, 반지름** : 시작점, 끝점, 반지름을 입력하여 호를 그린다.

시작점과 끝점을 알고 반지름이 아주 큰 경우에 응용하면 좋다.

- 시작점에서 끝점까지 거리 100, 반지름 500인 경우

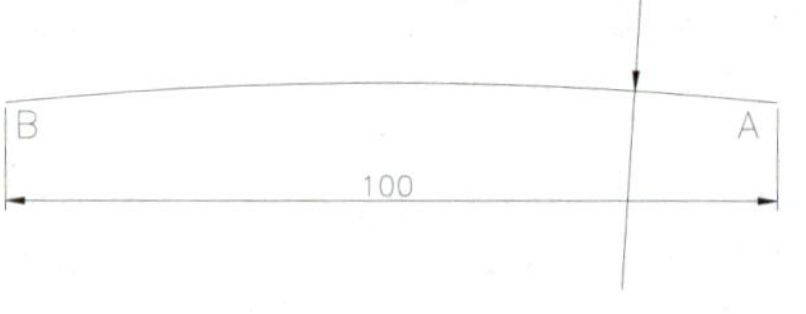

> **명령:** _arc 호의 시작점 또는 [중심(C)] 지정: ← 시작점을 지정한다.(A)
> 호의 두 번째 점 또는 [중심(C)/끝(E)] 지정: _e
> 호의 끝점 지정: @100<180 ← 끝점을 지정한다.(B)
> 호의 중심점 지정 또는 [각도(A)/방향(D)/반지름(R)]: _r
> 호의 반지름 지정: 500 ← 반지름을 입력한다.

다음 호 그리기는 시작점과 중심점의 순서만 다를 뿐 개념은 같으므로 자세한 설명은 생략한다.

⑧ 중심점, 시작점, 끝점 : 중심점, 시작점, 끝점을 지정하여 호를 그린다.

⑨ 중심점, 시작점, 사이 각 : 중심점, 시작점, 내각을 지정하여 호를 그린다.

⑩ 중심점, 시작점, 길이 : 중심점, 시작점, 현의 길이를 입력하여 호를 그린다.

⑪ 연속 : 가장 마지막에 작업했던 요소의 끝점에서 연속적으로 작업이 연결되며 중간 단계 없이 바로 끝점을 물어본다. Line(선) 명령의 "연속"도 마찬가지이다.

2) 호의 연속 그리기

① 호 AB를 그린 직후에 바로 연결해서 호를 그리는 경우

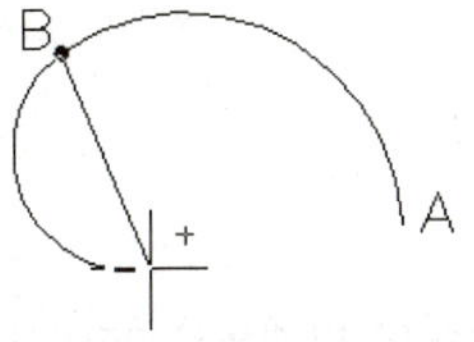

명령: _arc
호의 시작점 또는 [중심(C)] 지정: ← 메뉴에서 "연속"을 선택하지 않고 명령을 직접 입력하여 호를 실행한 경우에는 무응답 즉, 그냥 Enter↵한다.
호의 끝점 지정: ← 끝점을 지정하면 명령이 종료된다.

② Line AB를 그린 직후에 바로 연결해서 호를 그리는 경우

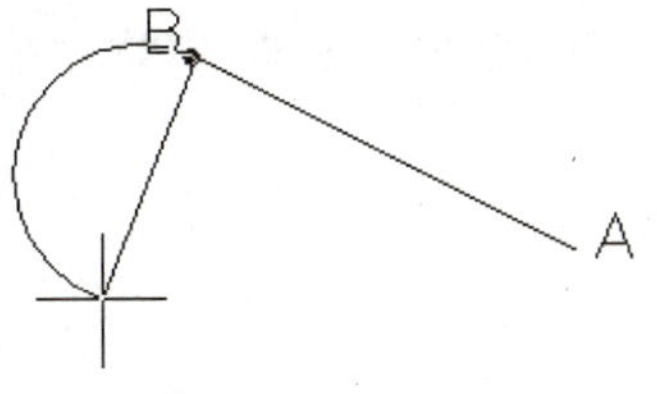

③ 호 AB를 그린 직후에 바로 연결해서 선을 그리는 경우

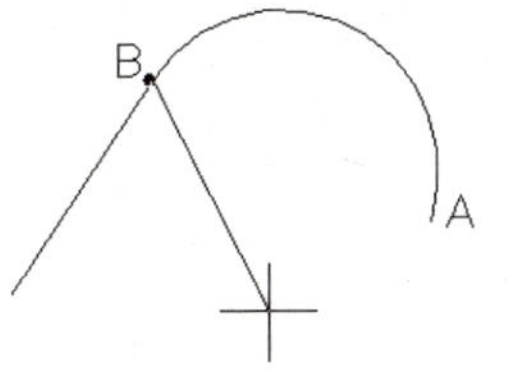

명령: L
첫 번째 점 지정: Enter↵ ← 무응답 즉, 그냥 Enter↵한다.
선의 길이: ← 선의 길이만 입력하면 자동으로 진행 방향을 호의 끝점의 접선 방향을 취한다.

연습문제

문제 1 | 반지름이 50인 다음 도형을 ARC 명령어로 완성해 보자.

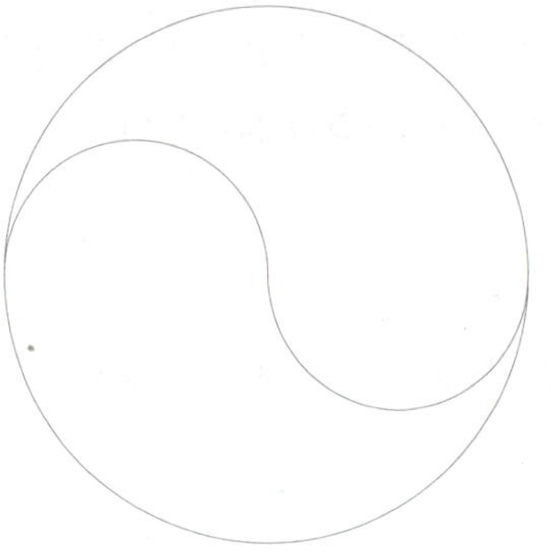

문제 2 | 직선의 길이는 100이고 호의 반지름은 25이다. Line과 Arc를 이용하여 완성해 보자.

문제 3 | 다음을 완성해 보자. 삼각형의 한 변의 길이는 120이다.

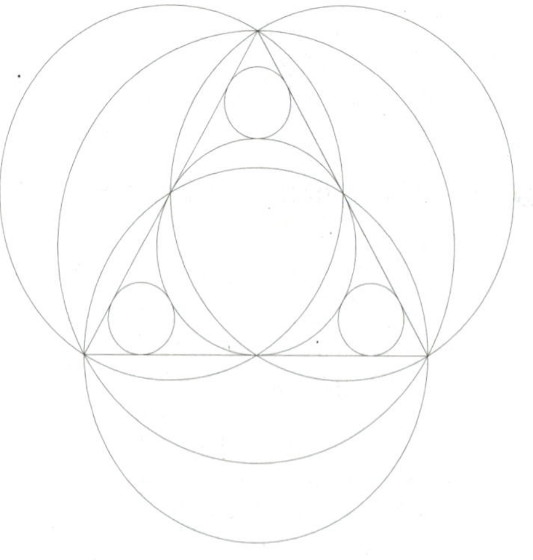

6 특정 Point를 정확하고 빠르게 선택(지정)하는 방법

" ~ 점 : "이라는 메시지에서만 사용 가능하며 명령어 사용 중에만 적용된다.

1 극좌표 추적(Polarsnap)

미리 설정한 각도(기본 값 90°)에서 다음과 같이 추적이 발생된다.(F10 ON/OFF)

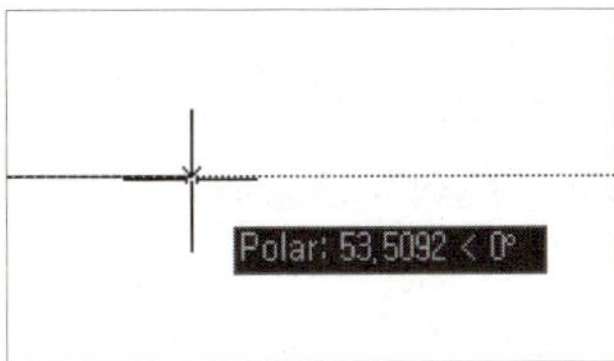

▲ 설정 각도 90°일 때

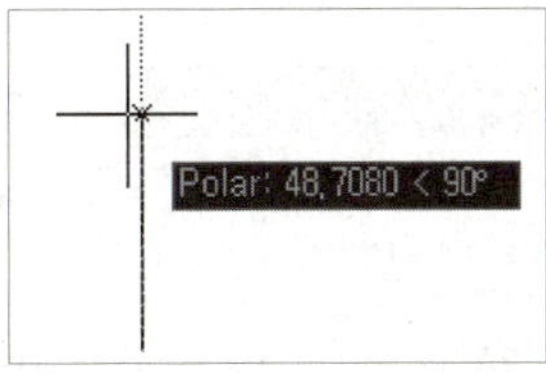

▲ 설정 각도 90°일 때

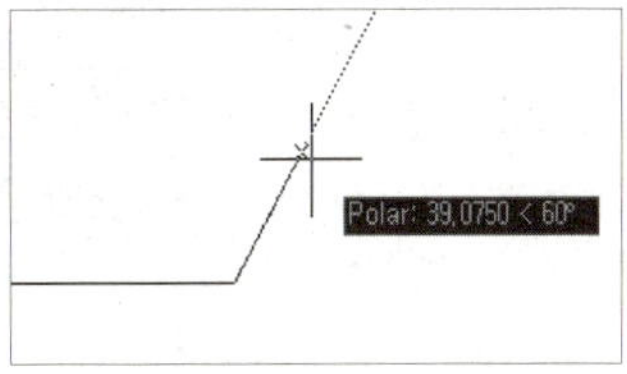

▲ 설정 각도 30°일 때

✎ 극좌표 추적의 각도를 설정 또는 변경하려면 상태 라인에서 "극좌표 추적" 위에 마우스 커서를 올리고 마우스 우측 버튼을 클릭하여 "설정"을 선택하면 나타나는 대화상자에서 변경하면 된다. "각도 증분"에서 기본 각도를 선택하면 선택한 각도의 증분 값에 따라 추적이 활성화된다. 기본 각도 중에 없는 각은 "새로 만들기"에서 추가하여 설정한다. (그림 참조)

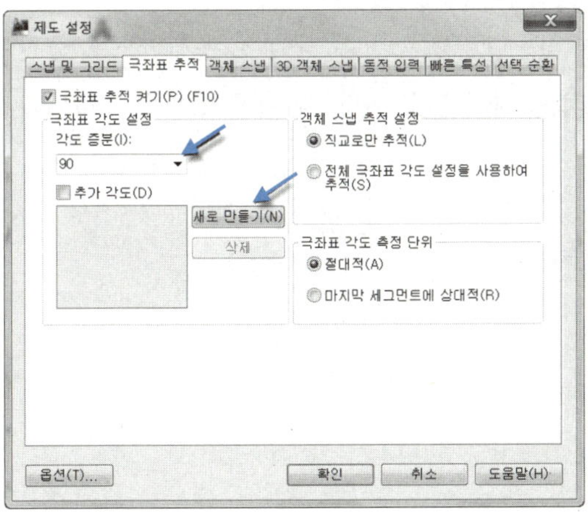

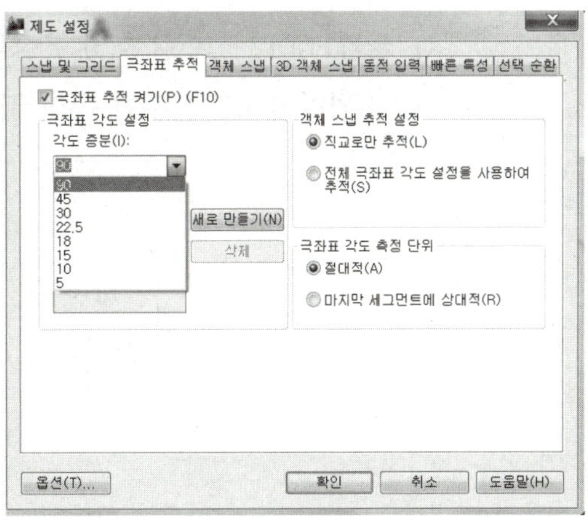

2 객체 스냅(Osnap : Object Snap)

객체 스냅은 작업 요소의 특정한 점을 빠르고 정확하게 찾아주는 도구로써 "끝점, 중심점, 교차점, 연장선" 등이 기본으로 설정되어 있다. 지정하려는 부근에 커서를 대면 지정된 객체 스냅 중 그 상황에 가장 적합한 객체 스냅이 작동한다. 만약 작동하지 않으면 F3를 누르거나 혹은 마우스로 상태 라인의 "객체 스냅"을 클릭하여 활성화시키며, 필요한 객체 스냅을 지정하려면 상태 라인의 "객체 스냅" 위에 마우스 커서를 대고 마우스 우측 버튼을 클릭하여 "설정(S)"을 선택하면 나타나는 대화상자에서 지정, 변경하면 된다.

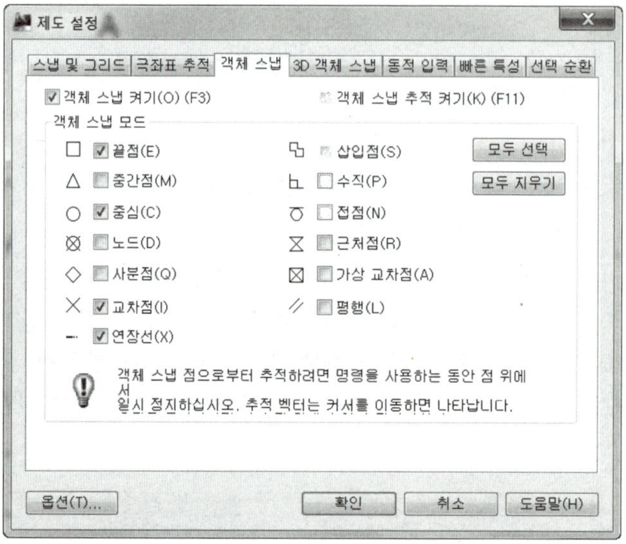

① 끝점(END) : 선이나 호의 끝점을 찾는다. 양쪽 끝 두 군데에 존재하므로 중간에서 약간이라도 치우친 쪽의 끝점을 찾아준다. 해당 위치에 □ 이 표시된다.

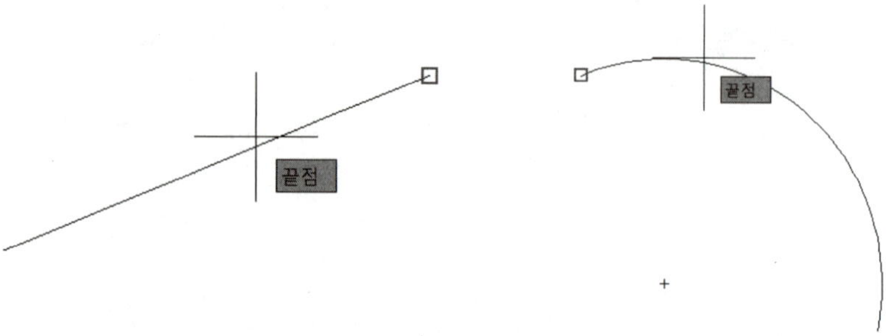

② 중간점(MID) : 선이나 호의 1/2지점을 찾아준다. 한 점 밖에 없으므로 대상물의 아무데나 선택해도 된다. 해당 위치에 △이 표시된다.

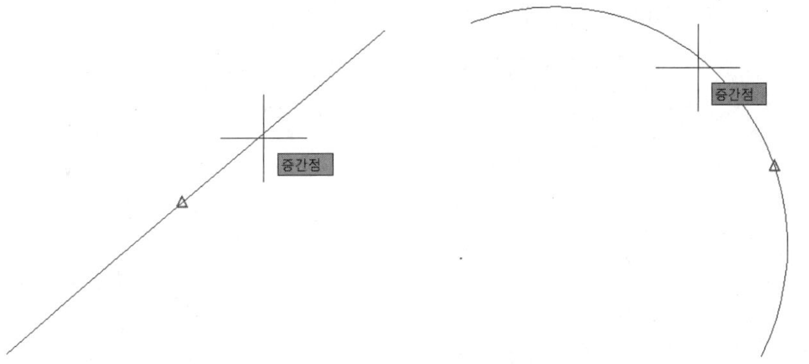

③ **중심점(CEN)** : 원이나 호의 중심을 찾아준다. 눈에 보이는 원이나 호의 예상 중심점에 커서를 갖다 대면 중심점을 표시하는 작은 원이 표시된다. 만약 잘 잡히지 않을 경우에는 원이나 호 위에 커서를 갖다 대면 해당 중심 위치에 ○이 표시된다.

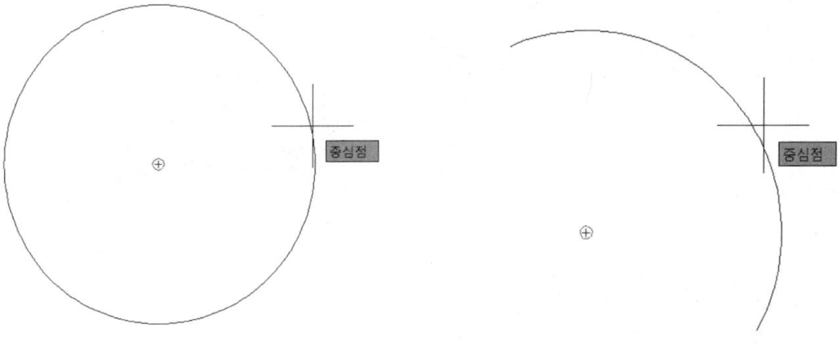

④ **노드(NOD)** : 명령 "Point, Divide, Measure" 등으로 생성된 점을 찾아준다. 찾은 점 위치에 ⊠ 가 표시된다.

⑤ **사분점(QUA)** : 호나 원주상의 0, 90, 180, 270°를 찾아준다. 마우스가 지정하는 가까운 쪽의 사분점을 찾아간다. 해당 위치에 ◇가 나타난다.

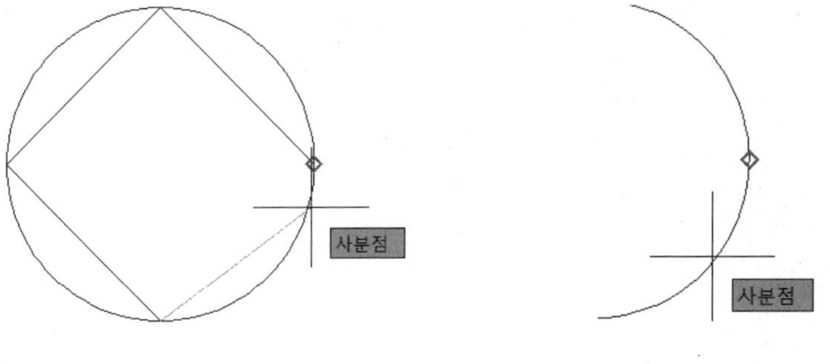

⑥ **교차점(INT)** : 객체와 객체가 교차하는 지점을 찾아 주는데 다른 객체 스냅보다 예상 지점을 적극적으로 지정해야 한다. 해당 위치에 ×가 나타난다. 선과 선이 만나는 정점은 교차점도 해당되나 "끝점" 객체 스냅을 사용하는 것이 효율적이다.

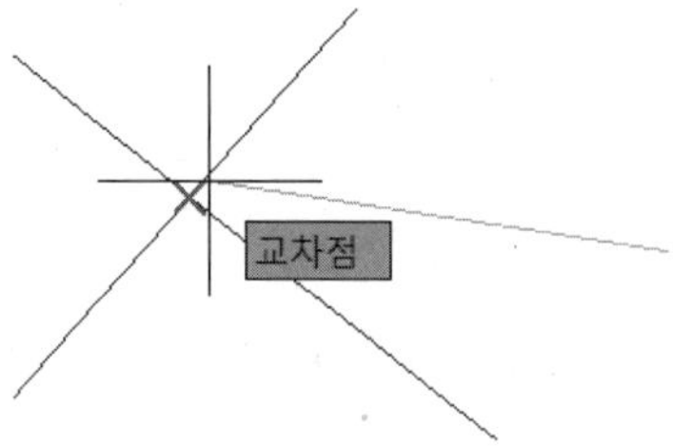

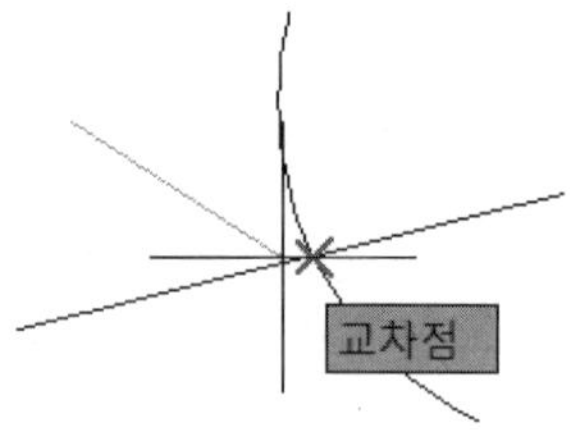

⑦ **연장선(EXT)** : 객체의 끝점에 커서를 가져가면 객체의 연장선상에 위치를 보여준다.

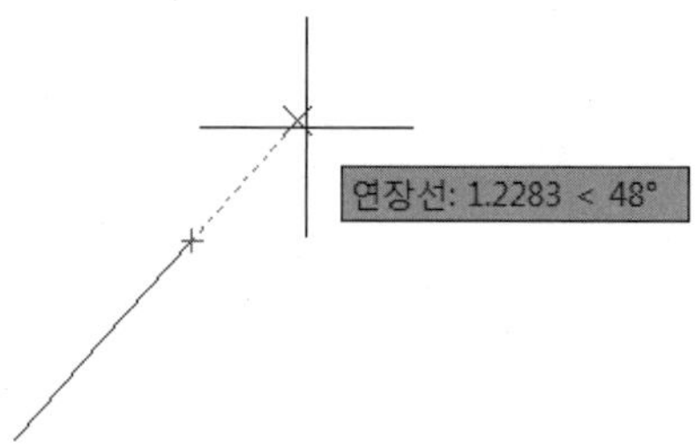

⑧ **삽입점(INS)** : 문자나 블록의 삽입 기준점을 표시한다. 해당 위치에 ⧉ 가 표시된다.

⑨ **수직(PER)** : 수직점을 찾아준다. 해당 위치에 ∟ 가 표시된다.

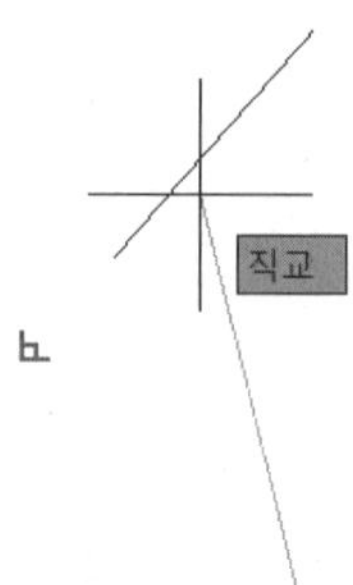

⑩ **접점(TAN)** : 원이나 호에 대한 접점을 찾아준다. 해당 위치에 Ō가 표시된다.

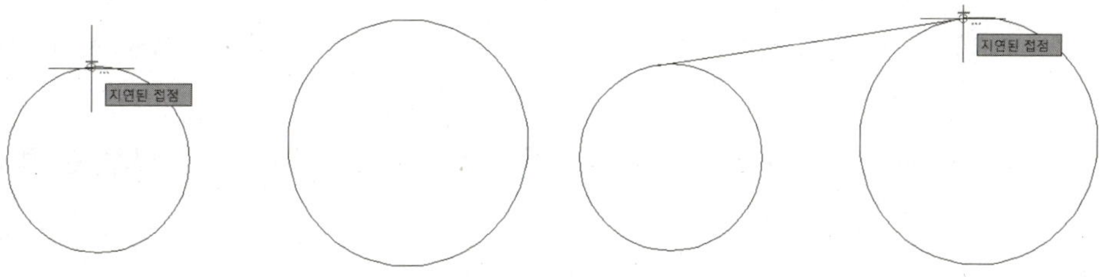

원이나 호에만 반응하는 객체 스냅은 중심점, 사분점, 접점이다.

⑪ **근처점(NEA)** : 선택한 곳에서 가장 가까운 요소의 부위를 지정하여 허공에 위치를 잡는 것을 방지한다. 적용 범위가 가장 광범위하여 다른 객체 스냅보다 우선 작동하여 다른 객체 스냅을 찾을 수 없게 한다. 때문에 필요할 경우에만 설정하여 사용한다. 해당 위치에 ⧖가 표시된다.

⑫ **가상 교차점(APP)** : 한 평면 내에 있지 않은 3차원 공간상의 두 객체의 교차점을 찾아준다. 해당 위치에 ⊠가 표시된다.

⑬ **평행(PAR)** : 선형 객체에 커서를 댄 후 평행 표시가 나타나면(그림 1) 현 위치에서 그리고자하는 방향으로 커서를 진행하면 같은 기울기 값으로 진행된다. (그림 2) 해당 위치에 ⫽가 표시된다.

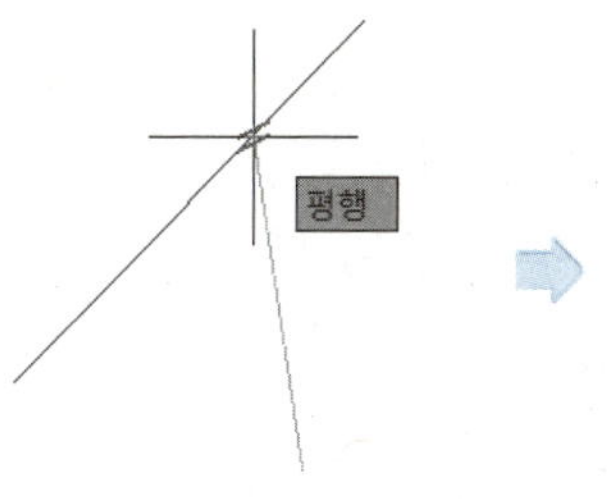

▲ 그림 1

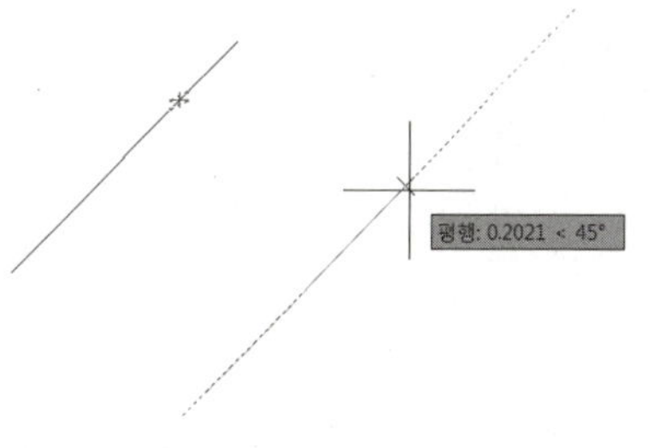

▲ 그림 2

상태 라인의 극좌표 추적, 3D 객체 스냅 등은 비활성화시켜 놓고 적용해 봐야 객체 스냅의 특성을 제대로 알 수 있다. 특히, 3D 객체 스냅은 3차원 작업 시에만 유용하므로 비활성화해 놓는 것이 좋다. 작업 속도 저하의 원인이 될 수 있다.

3 객체 스냅을 작업 중 1회만 적용하는 방법

앞서 설명한 객체 스냅 대화상자에서 지정하는 객체 스냅은 작업 중 계속 적용되지만 다음 방법들은 한번만 적용되고 해제되므로 유의한다.

1) 키보드로 직접 입력하는 방법

「~ 점 : 」에서 객체 스냅의 영문 앞 글자 3글자를 입력 후 엔터한다.

예 끝점을 지정하려면 "~ 점 : End"를 입력한 후 엔터하고 대상 지점을 찾아 준다.

2) Shift 키와 마우스 우측 버튼을 누르면 나오는 메뉴에서 선택하는 방법

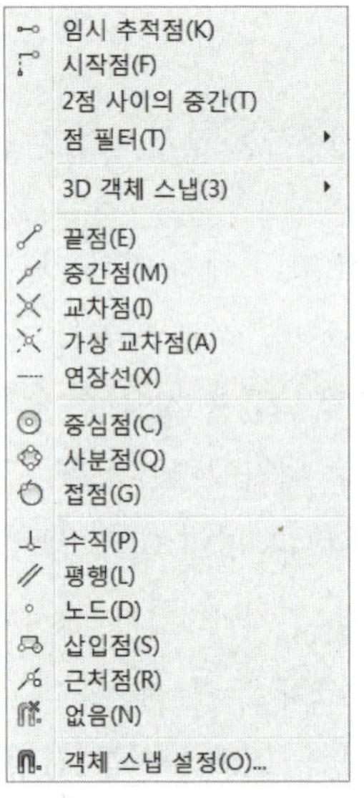

상태 라인의 객체 스냅 위에 커서를 댄 후 마우스 우측 버튼을 눌러 선택하여 적용한다.

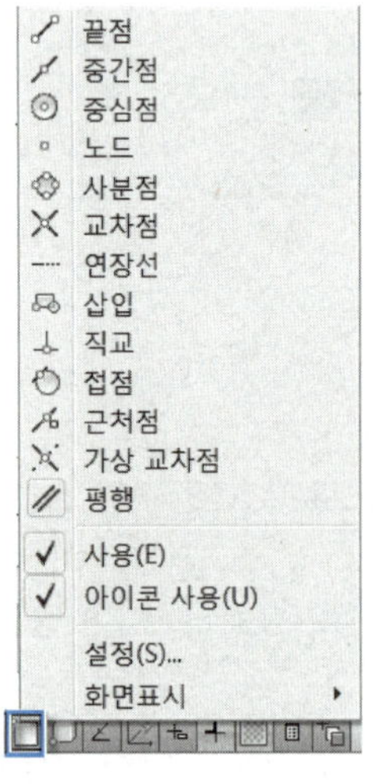

3) 도구막대에서 선택하는 방법

리본 메뉴가 "AutoCAD 클래식"인 경우 객체 스냅 도구막대를 화면에 먼저 올려야 한다. 메뉴의 "도구 ➠ 도구막대 ➠ AutoCAD ➠ 객체 스냅" 또는 커서를 기존 도구막대에 댄 후 마우스 우측 버튼을 클릭하여 객체 스냅을 선택하면 화면에 객체 스냅 도구막대가 나타난다.

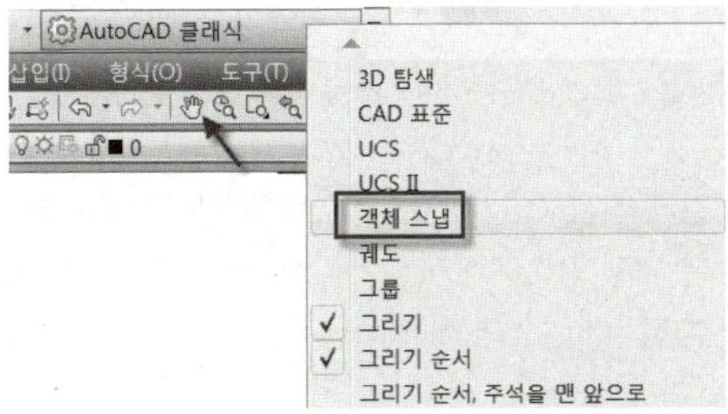

▲ 객체 스냅 도구막대

7 직사각형(Rec, Rectang)

메뉴: **그리기 ➠ 직사각형**

리본: **제도 및 주석 ➠ 홈 ➠ 그리기 ➠ 직사각형**

도구: **그리기**

대각 방향으로 2점을 지정하여 사각형을 그리거나 가로 및 세로 길이를 입력한 후 사각형의 방향을 지정하여 그린다.

1) 대각 방향으로 2점을 지정하여 그리기

명령: Rec
첫 번째 구석점 지정 또는 [모따기(C)/고도(E)/모깎기(F)/두께(T)/폭(W)]:
← 첫 점을 잡는다.(A)
다른 구석점 지정 또는 [영역(A)/치수(D)/회전(R)]: ← 두 번째 점을 잡는다.(B)

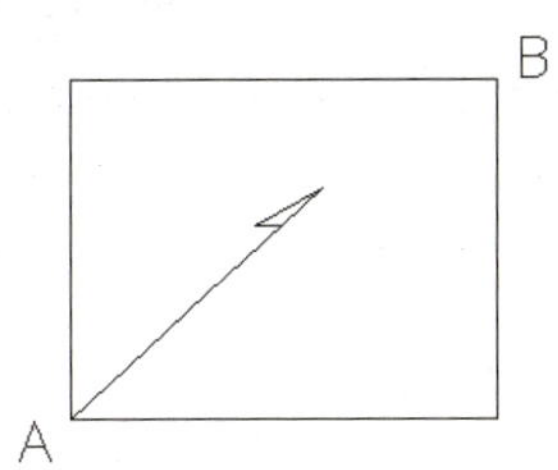

2) 가로 및 세로 길이를 입력하여 그리기

명령: Rec
첫 번째 구석점 지정 또는 [모따기(C)/고도(E)/모깎기(F)/두께(T)/폭(W)]:
← 첫 점을 잡는다.(A)
다른 구석점 지정 또는 [영역(A)/치수(D)/회전(R)]: D ← 치수로 그리는 옵션 "D"를 입력한다.
직사각형의 길이 지정 〈10.0000〉: ← 직사각형의 길이(가로 방향)를 지정한다.
직사각형의 폭 지정 〈10.0000〉: ← 직사각형의 너비(세로 방향)를 지정한다.
다른 구석점 지정 또는 [영역(A)/치수(D)/회전(R)]: ← 직사각형의 그려지는 방향을 지정한다.(4방향 중 하나를 지정한다.)

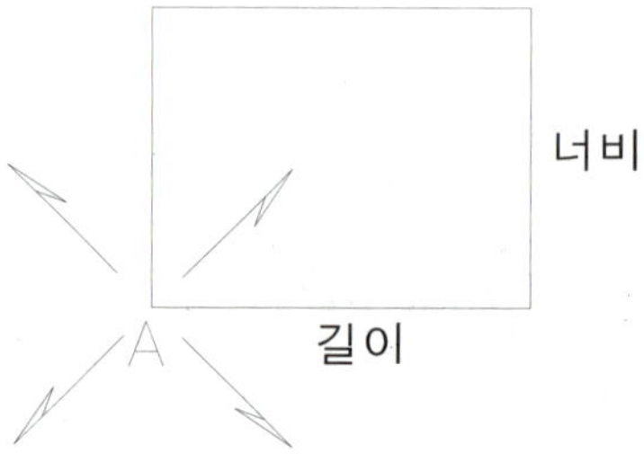

3) 모가 따진 사각형 그리기

① 모따기(C) : 모따기 거리를 입력하여 모가 따진 사각형을 그릴 수 있게 한다.

▸ 예제 가로 150, 세로 100, 모따기 거리 10인 사각형을 그려보자.

명령: Rec
첫 번째 구석점 지정 또는 [모따기(C)/고도(E)/모깎기(F)/두께(T)/폭(W)]: C
← 모따기로 그리는 옵션 "C"를 입력한다.
직사각형의 첫 번째 모따기 거리 지정 〈0.0000〉: 10 ← 첫 번째 모따기 거리를 입력한다.
직사각형의 두 번째 모따기 거리 지정 〈10.0000〉: 10 ← 두 번째 모따기 거리를 입력한다.
첫 번째 구석점 지정 또는 [모따기(C)/고도(E)/모깎기(F)/두께(T)/폭(W)]:
← 첫 점을 잡는다.(A)
다른 구석점 지정 또는 [영역(A)/치수(D)/회전(R)]: @150,100 ← 가로 150, 세로 100을 상대 좌표로 입력한다.(B)

✎ 편집 명령 "Chamfer"도 모따기를 할 수 있다.

4) 모가 둥글게 깎인 사각형 그리기

① 모깎기(F) : 모깎기 반지름을 입력하여 모가 둥글게 깎인 사각형을 그릴 수 있다.

▸ 예제 가로 150, 세로 100, 모깎기 반지름 20인 사각형을 그려보자.

명령: Rec
현재 직사각형 모드: 모따기=10.0000 x 10.0000 ← 최근에 사용했던 수치가 표시된다.
첫 번째 구석점 지정 또는 [모따기(C)/고도(E)/모깎기(F)/두께(T)/폭(W)]: F ← 모깎기로 그리는 옵션 "F"를 입력한다.
직사각형의 모깎기 반경 지정 〈10.0000〉: 20 ← 모깎기 반지름을 입력한다.
첫 번째 구석점 지정 또는 [모따기(C)/고도(E)/모깎기(F)/두께(T)/폭(W)]: ← 첫 점을 잡는다.(A)
다른 쪽 구석점 지정 또는 [영역(A)/치수(D)/회전(R)]: @150,100 ← 가로 150, 세로 100을 상대 좌표로 입력한다.(B)

② 고도(E) : 3차원 상에서 사각형의 Z축으로의 상승/하강 높이를 지정할 수 있다.

③ 두께(T) : 3차원 상에서 사각형의 고유 높이를 지정한다.

④ 폭(W) : 선에 굵기를 지정하여 그린다.

5) 면적으로 사각형 그리기(2006)

사각형의 면적을 먼저 입력하고 그 면적에 맞는 크기의 사각형을 그린다.

▸ 예제 면적이 1000㎟이고, 가로변이 25인 사각형을 그려보자.

명령: Rec
첫 번째 구석점 지정 또는 [모따기(C)/고도(E)/모깎기(F)/두께(T)/폭(W)]:
← 임의의 점을 지정한다.
다른 구석점 지정 또는 [영역(A)/치수(D)/회전(R)]: A ← 면적으로 그리기 옵션 "A"를 입력한다.
현재 단위에 직사각형 영역 입력 〈100.0000〉: 1000 ← 면적 값을 입력한다.
[길이(L)/폭(W)] 〈길이(L)〉를 기준으로 직사각형 치수 계산: ← 그냥 엔터하면 길이(가로 방향)값을 입력하게 된다.
직사각형 길이 입력 〈10.0000〉: 25 ← 길이를 입력한다.

(세로의 길이를 재보면 40인 것을 알 수 있다.)

✍ 한글판에서 옵션에 "영역(A)"은 "면적(A)"을 잘못 표기한 것 같다. 물론 영어 "Area"가 둘 다 의미를 가지지만 여기서는 영역보다는 면적이 맞다. 도움말에는 "면적(A)"으로 표기하고 있다.

6) 기울기를 가지는 사각형 그리기

사각형의 기울기 각도를 먼저 입력하고 사각형을 그린다.

▸ 예제 기울기가 30˚, 가로 25, 세로 30인 사각형을 그려보자.

명령: Rec
첫 번째 구석점 지정 또는 [모따기(C)/고도(E)/모깎기(F)/두께(T)/폭(W)]:
다른 구석점 지정 또는 [영역(A)/치수(D)/회전(R)]: R ← 회전 옵션 "R"을 입력한다.
회전 각도 지정 또는 [선택점(P)] 〈0〉: 30 ← 기울기 각을 입력한다.
다른 구석점 지정 또는 [영역(A)/치수(D)/회전(R)]: D ← 치수로 그리기를 선택한다.(이 부분부터는 사용자가 선호하는 방법으로 진행한다.)
직사각형의 길이 지정 〈10.0000〉: 25 ← 가로 길이를 입력한다.
직사각형의 폭 지정 〈100.0000〉: 30 ← 세로 길이를 입력한다.
다른 구석점 지정 또는 [영역(A)/치수(D)/회전(R)]: ← 그려지는 방향을 잡는다.

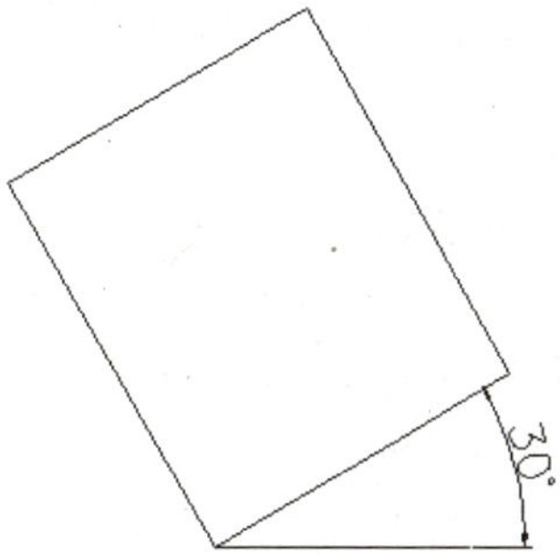

▲ 기울기 30°인 사각형

8 다각형(Pol, Polygon)

메뉴: 그리기 ➠ 다각형

리본: 제도 및 주석 ➠ 홈 ➠ 그리기 ➠ 직사각형▽ ➠ 다각형

도구: 그리기

지정된 수(3~1024각형)의 다각형을 그린다.

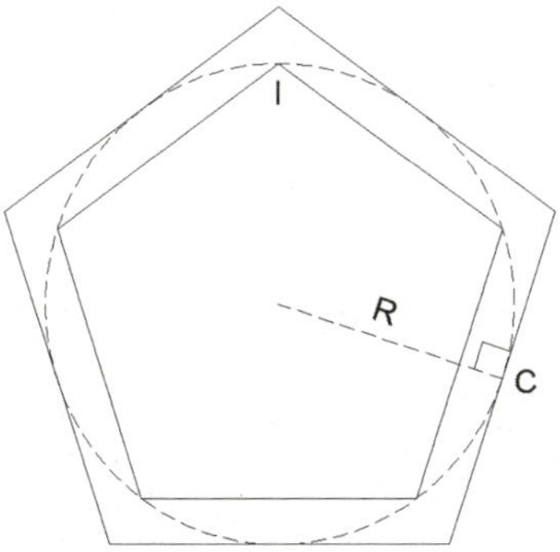

▲ 그림 1

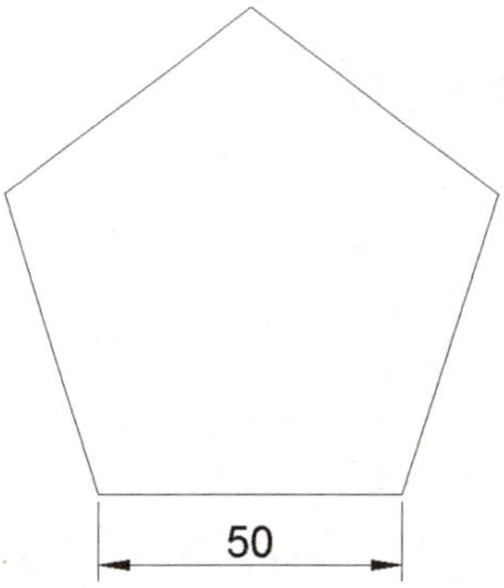

▲ 그림 2

1) 임의의 원에 내접하는 다각형 그리기(그림 1)

명령: POL

POLYGON 면의 수 입력 〈4〉: 5 ← 변의 개수를 지정한다.

다각형의 중심을 지정 또는 [모서리(E)]: ← 다각형의 작업 중심점을 지정한다.

옵션을 입력 [원에 내접(I)/원에 외접(C)] 〈I〉: ← "I"가 기본 값이면 그냥 엔터한다.

원의 반지름 지정: 50 ← 다각형의 꼭짓점들이 이루는 원의 반지름 입력한다.

2) 임의의 원에 외접하는 다각형 그리기(그림 1)

> **명령:** POL
> POLYGON 면의 수 입력 ⟨5⟩: ← 변의 개수를 지정한다.
> 다각형의 중심을 지정 또는 [모서리(E)]: ← 다각형의 작업 중심점을 지정한다.
> 옵션을 입력 [원에 내접(I)/원에 외접(C)] ⟨I⟩: C ← 옵션 "C"를 입력한다.
> 원의 반지름 지정: 50 ← 다각형 변의 접점들이 이루는 원의 반지름을 입력한다.

3) 한 변의 길이로 다각형 그리기(그림 2)

> **명령:** Pol
> POLYGON 변의 수 입력 ⟨5⟩:
> 다각형의 중심을 지정 또는 [모서리(E)]: E
> 모서리의 첫 번째 끝점 지정: ← 한 변의 시작 위치를 지정한다. (P1)
> 모서리의 두 번째 끝점 지정: @50<0 ← 한 변의 길이와 방향을 지정한다. (P2)

9 도넛(Do, Donut)

메뉴: 그리기 ➠ 도넛
리본: 제도 및 주석 ➠ 홈 ➠ 그리기▽ ➠ 도넛

두께(폭)를 가지는 원을 그린다. 전기에서 기판을 그릴 때 유용하다.

> **명령:** DO
> 도넛의 내부 지름 지정 ⟨0.5000⟩: ← 안지름을 입력한다.
> 도넛의 외부 지름 지정 ⟨1.0000⟩: ← 바깥지름을 입력한다.
> 도넛의 중심 지정 또는 ⟨종료⟩: ← 도넛의 위치를 지정한다.

취소할 때까지 연속적으로 그릴 수 있다.

3가지 형태의 도넛을 그릴 수 있다.

① 안지름<바깥지름(그림 A)

안지름을 바깥지름보다 크게 입력하여도 큰 값이 바깥지름으로 적용된다.

② 안지름=0(그림 B)

③ 안지름=바깥지름(그림 C)

원처럼 보이나 원과 다른 점은 면 정보가 없어서 3차원에서 뚫린 형태의 파이프를 그릴 수 있다.

▲ 그림 A

▲ 그림 B

▲ 그림 C

10 채우기(Fill)

두께를 가지는 요소(Donut, 2차원 Solid, Trace, Pline, Hatch, 선가중치 등)의 채움을 제어한다.

> **명령:** Fill
> 모드 입력 [켜기(ON)/끄기(OFF)] 〈ON〉:

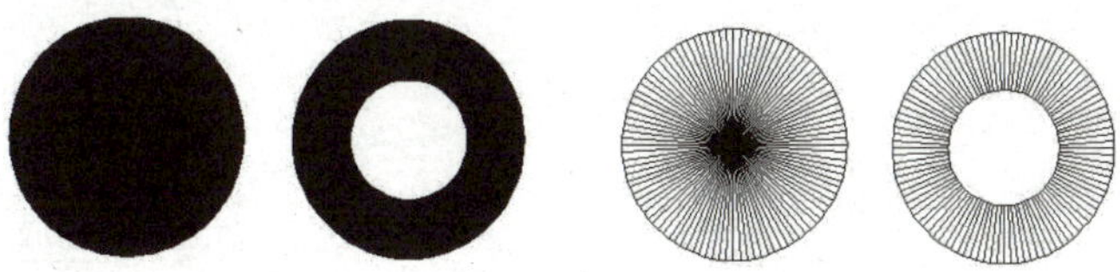

ON OFF

이미 작업된 요소에 변경된 Fill을 적용하려면 재생성(Regen) 명령을 사용하여야 한다.

11 재생성(Re, Regen)

메뉴: **뷰 ➠ 재생성**

도면을 다시 계산하여 재생성한다. 따라서 도면 요소가 많을 때는 시간이 많이 걸린다.

명령: RE

12 타원(El, Ellipse)

메뉴: 그리기 ➠ 타원

리본: 제도 및 주석 ➠ 홈 ➠ 그리기 ➠ 타원

도구: 그리기

타원을 그린다. 좌변기를 그릴 때 응용한다.

1) 한 축의 거리와 다른 축의 거리로 그리기

▸ 예제 수평축이 100이고, 세로축이 40인 타원을 그려보자.

> **명령:** EL
> 타원의 축 끝점 지정 또는 [호(A)/중심(C)]: ← 축의 첫 점을 정의한다.(A)
> 축의 다른 끝점 지정: @100<0 ← 축의 두 번째 점을 정의한다.(B)
> 다른 축으로 거리를 지정 또는 [회전(R)]: 20 ← 중심에서부터 거리이므로 1/2만 입력한다.

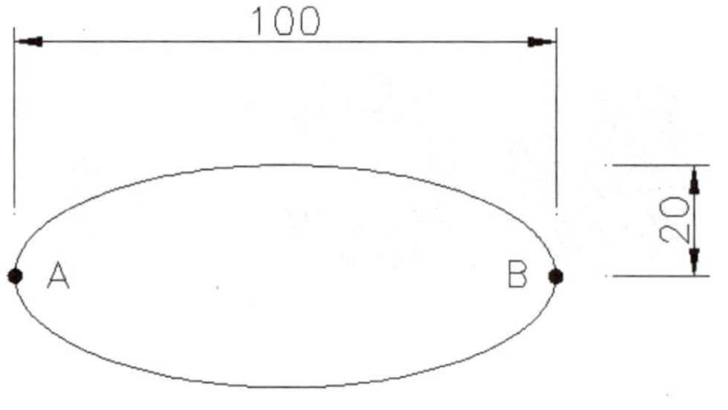

① 중심(C) : 타원의 중심점을 지정한다.

② 회전(R) : 원에서 지정한 축을 중심으로 회전각을 지정하여 타원을 생성한다.(0~89.4°)

③ 등각원(I) : 스냅 명령어에서 스타일을 Isometric으로 지정하였을 때 나타나는 옵션으로 등각원을 그린다.

> **명령:** snap
> 스냅 간격두기 지정 또는 [켜기(ON)/끄기(OFF)/종횡비(A)/스타일(S)/유형(T)] 〈10.0000〉: S
> 스냅 그리드 스타일 입력 [표준(S)/등각투영(I)] 〈S〉: I

✎ 타원 명령을 실행하면 "등각원" 옵션이 생긴다.

명령: EL
[호(A)/중심(C)/등각원(I)]:

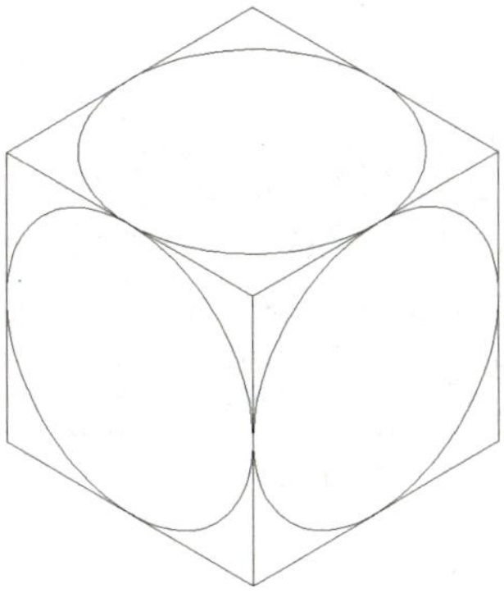

▲ 타원의 등각원

2) 타원의 중심과 한 축의 거리, 다른 축의 거리로 그리기 

▸ 예제 수평축 80, 수직축 30인 타원을 그려보자.

명령: EL
타원의 축 끝점 지정 또는 [호(A)/중심(C)]: C ← 중심점 옵션 "C"를 지정한다.
타원의 중심 지정: ← 타원의 중심점을 지정한다.(A)
축의 끝점 지정: @40<0 ← 타원 축의 끝점을 지정한다.(B)
다른 축으로 거리를 지정 또는 [회전(R)]: 15 ← 중심에서부터 축의 거리이므로 전체 거리의 절반이다.

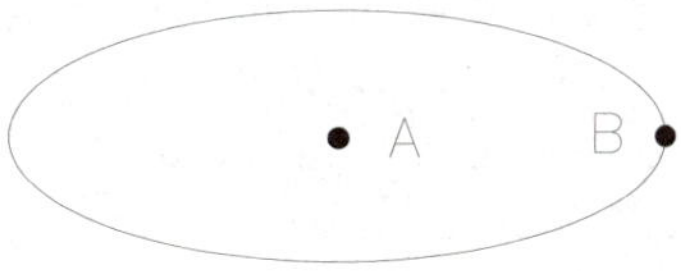

수평축, 수직축 중 어떤 축을 먼저 설정해도 관계없다.

3) 원에서 지정한 축을 중심으로 회전각을 지정하여 타원 그리기

▶ 예제 지름이 100, 중심축이 40° 기울어져 있을 때 그 축이 30° 회전하여 생기는 타원을 그려보자.

> **명령:** EL
> 타원의 축 끝점 지정 또는 [호(A)/중심(C)]: ← 중심축의 첫 점을 지정한다.(A)
> 축의 다른 끝점 지정: @100<40 ← 지름과 중심축의 기울기를 지정한다.(B)
> 다른 축으로 거리를 지정 또는 [회전(R)]: R ← 회전 옵션 "R"을 입력한다.
> 장축 주위로 회전 지정: 30 ← 중심축의 회전 각도를 입력한다.

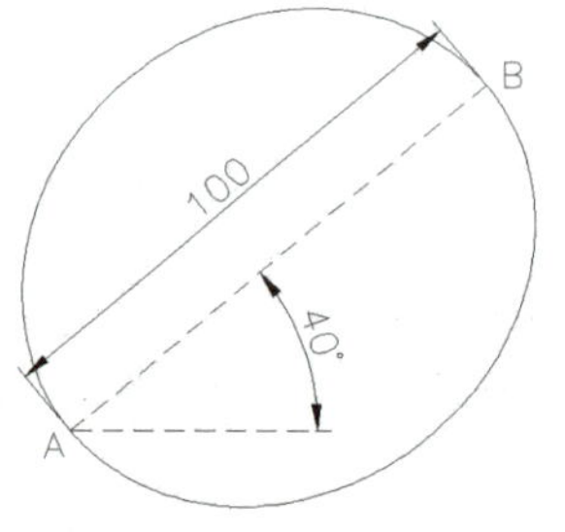

4) 타원형 호 그리기

▶ 예제 수평축 100, 수직축 50에서 1/4 분면만 있는 타원을 그려보자.

> **명령:** EL
> 타원의 축 끝점 지정 또는 [호(A)/중심(C)]: a ← 호 그리기 옵션이다.
> 타원 호의 축 끝점 지정 또는 [중심(C)]: ← 타원의 수평축 첫 점을 지정한다.(A)
> 축의 다른 끝점 지정: @100<180 ← 타원의 수평축 두 번째 점을 지정한다.
> 다른 축으로 거리를 지정 또는 [회전(R)]: 25 ← 다른 축 거리를 입력한다.
> 시작점 지정 또는 [매개변수(P)]: 0 ← ARC가 시작하는 각도를 입력한다.(A)
> 끝각도를 지정 또는 [매개변수(P)/사이 각(I)]: 90 ← ARC가 끝나는 각도를 입력한다.(B)

① 호(A) : 타원형 호를 생성하며, 첫 번째 지정한 축의 각이 타원 호의 각을 결정한다.

- **중심(C)** : 중심점을 지정하는 타원을 생성한다.
- **매개변수(P)** : 각을 매개변수로 바꾸도록 전환한다.
  매개변수 식 벡터 방정식 p(u)=c+a*cos(u)+b*sin(u)을 사용하여 그린다.
  c : 타원의 중심, a와 b는 각각 장축과 단축을 뜻한다.
- **각도(A)** : 매개변수를 각으로 전환한다.
- **사이 각(I)** : 시작 각으로부터의 내부 각을 지정한다.

시작 각도는 첫 점을 어디를 지정하느냐에 따라 달라진다.
- A, B지점은 B지점(0°)에서부터 반시계방향으로 각도가 증분한다.
- C, D지점은 D지점(0°)에서부터 반시계방향으로 각도가 증분한다.

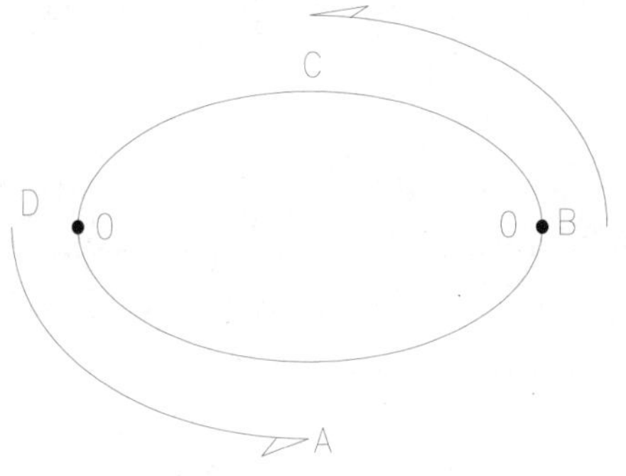

- A, B지점은 B지점(0°)에서부터 반시계방향으로 각도가 증분한다.
- D지점은 D지점(0°)에서부터 반시계방향으로 각도가 증분한다.
- C지점은 A지점(0°)에서부터 시계방향으로 각도가 증분한다.

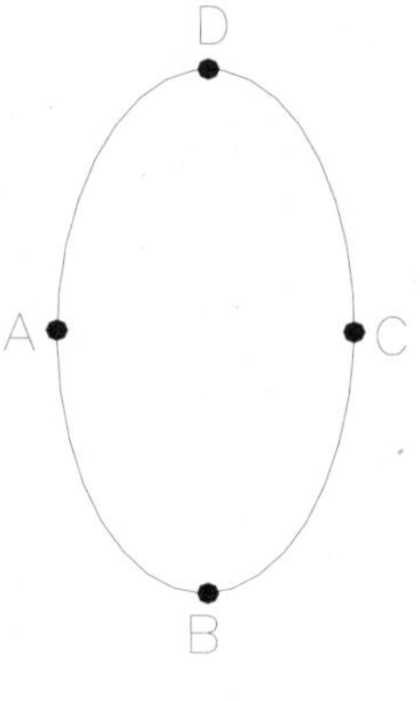

13 Pellipse

타원 명령으로 그려지는 타원의 유형을 결정한다. 「0」일 때 작업한 타원은 원과 동일한 성질을 가지며, 타원 명령의 옵션에 Arc 옵션이 있으며, 「1」일 때 작업한 타원은 여러 개의 Pline이 연결된 형태의 타원으로 타원 명령의 옵션에 Arc 옵션이 없고 "Explode" 명령으로 분해가 가능하며 Pline으로 연결된 부위에서 끝점 찾기가 된다. 초깃값은 "0"이다.

> **명령:** Pellipse
> PELLIPSE에 대한 새 값 입력 〈0〉: ← 0 또는 1을 입력한다.

14 저장하기

1 저장(Save)

응용: 저장

현재 작업 중인 도면을 저장하며 항상 저장할 위치 및 저장 이름을 입력할 대화상자가 뜬다. 단축키: Ctrl + S

명령: SAVE

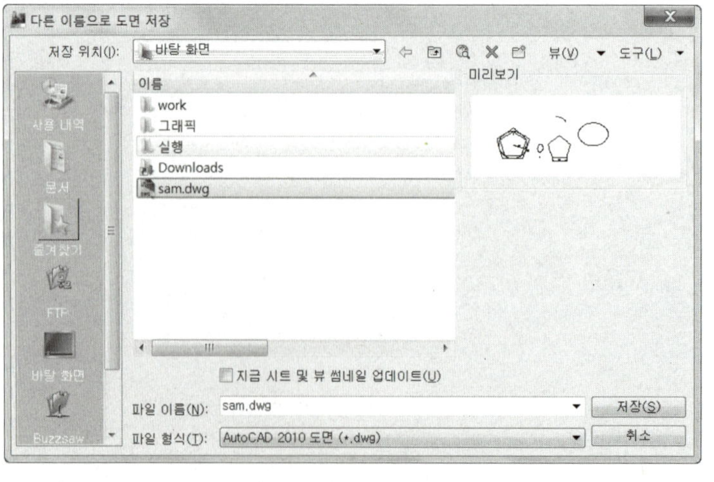

✎ AutoCAD는 상위 버전에서 저장된 도면은 하위 버전에서는 작업을 할 수 없으므로 만약 하위 버전에서 작업할 예정이라면 버전에 맞게 저장 파일 형식을 선택하여 저장한다.

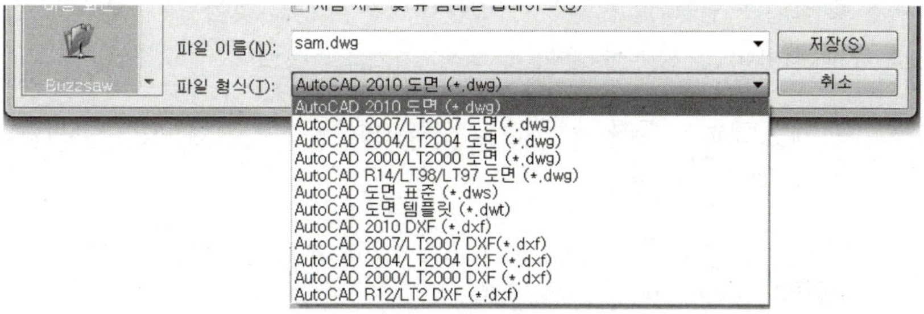

✎ 메인 메뉴의 Save는 Qsave이므로 주의한다.

2 다른 이름으로 저장(Saveas)

응용: 다른 이름으로 저장

메뉴: 파일 ➠ 다른 이름으로 저장

저장 명령과 같은 대화상자가 뜨지만 현재의 도면을 새로운 이름으로 저장하며 이후에 그 이름이 저장되는 기본 이름으로 설정된다.

명령: Saveas

3 Qsave Ctrl+S

메뉴: 파일 ➠ 저장

도구: 표준

가장 빠른 저장 명령으로 이미 설정된 이름으로 대화상자 없이 바로 저장된다. 이미 설정된 이름이 없는, 한 번도 저장하지 않은 상태라면 Save와 같은 저장 대화상자가 뜬다.

- **예** : 저장을 하고 끝낸다.
- **아니오** : 저장을 않고 끝낸다.
- **취소** : 명령 자체를 취소한다.

4 저장 시간(Savetime)

자동 저장 시간을 지정한다. 0분에서 600분까지 지정 가능하다. 0분으로 설정하면 자동 저장 기능이 작동되지 않는다. 저장되는 이름은 "＊.SV$"이며 작업 중 여러 가지 이유로 작업 도면을 잃는 경우가 있는데, 이 파일을 찾아 "＊.SV$"를 "*.DWG"로 변경 후, OPEN하면 최소한의 작업 도면을 건질 수 있다.

> 메인 메뉴의 "도구 ➠ 옵션"을 선택하여 "열기 및 저장" 탭에서 "파일안전예방조치"에서 제어할 수 있다.

명령: Savetime
SAVETIME에 대한 새 값 입력 〈10〉: ← 0분에서 600분까지 지정 가능하다.

15 화면 제어

1 줌(Z, Zoom)

메뉴: 뷰 ➠ 줌
리본: 제도 및 주석 ➠ 뷰 ➠ 2D 탐색 ➠ 줌▽
도구: 표준

도면의 원하는 부분을 확대하거나 축소 등 여러 가지 방법으로 살펴본다.

명령: Z
윈도우 구석을 지정, 축척 비율(nX 또는 nXP)을 입력, 또는
[전체(A)/중심(C)/동적(D)/범위(E)/이전(P)/축척(S)/윈도우(W)/객체(O)] 〈실시간〉:

- 전체(A) : 도면 한계와 확장 영역까지 포함하며 둘 중 최대 한계를 보여준다.
- 중심(C) : 지정하는 점을 중심으로 주어진 높이를 가지고 화면 비율로 보여 준다.
- 동적(D) : 도면 전부를 보여주고 지정한 임의의 부분을 보여준다. 줌 전체와 줌 윈도우를 합쳐 놓은 것 같은 기능으로 화면을 보여 준다.

- 초록색 점선은 이전의 구역을 알려준다.

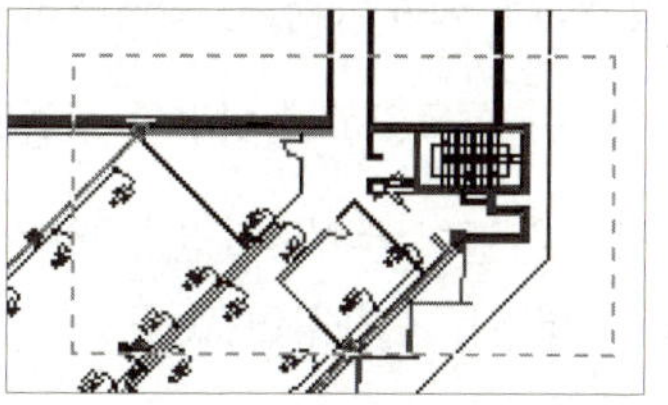

- 확대 크기를 결정하는 창으로 확대하고 싶은 곳으로 옮긴 후 엔터한다.

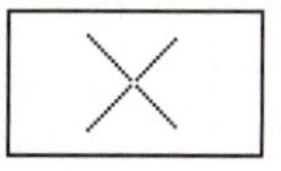

- 마우스의 오른쪽을 누르면 확대창의 크기를 조절하여 확대 범위를 조정할 수 있다.

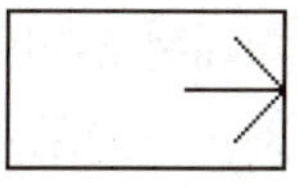

- 범위(E) : 도면 전체를 객체가 꽉 차게 보여 준다.
- 이전(P) : 바로 이전 화면 상태로 되돌아간다.
- 축척(S) : 수치를 입력하여 화면을 확대(1이상 수치) 또는 축소(1이하 수치)한다.
  - 도면 한계 크기에 대한 비율로 계산되어 표시한다.
  - 수치와 문자 "X"를 포함하면 현재 표시된 화면에 대한 비율로 계산되어 표시한다.
  - 수치와 문자 "XP"를 포함하면 모델 공간에서 작업 시 배치 공간에 연관되는 축척 요소이다. 이 XP 옵션을 이용 뷰포트들을 각각 다른 축척으로 동시에 출력 가능하게 한다.
- 윈도우(W) : 사각 범위로 잡으며 지정한 범위를 화면의 비율로 보여 준다.
- 실시간 : 줌 명령의 기본 값으로 그냥 Enter↵ 하여 상태에서 마우스를 화면의 위쪽에서 아래로 클릭/드래그하면 실시간 확대되고, 그 반대로 하면 실시간 축소된다.

휠 마우스는 줌 명령이 실행되지 않은 상태라도 휠을 돌리면 바로 실시간 줌이 실행된다.

2 초점 이동(P, Pan)

메뉴: **뷰 ➠ 초점 이동**

리본: **제도 및 주석 ➠ 홈 ➠ 2D 탐색 ➠ 초점 이동**

도면의 배율을 변경하지 않고 화면에서 이동할 때 사용한다.(요소의 절대 좌표값은 변하지 않는다.) 마우스 휠을 누른 상태로 클릭/드래그해도 초점 이동이 된다.

명령: P

Esc 또는 엔터키를 눌러 종료하거나, 또는 오른쪽 클릭으로 단축 메뉴를 표시한다.

휠 마우스는 "초점 이동(Pan)" 명령이 실행되지 않은 상태에서도 휠을 누르면 나타나는 으로 화면을 클릭/드래그하면 "초점 이동"이 작동한다. 만약 작동하지 않는다면 "Mbuttonpan" 명령을 실행하여 값을 "1"로 변경한다.

초점 이동이나 줌 명령 사용 중에 오른쪽 버튼을 누르면 오른쪽과 같은 메뉴가 올라온다. 줌과 초점 이동 명령을 오가며 사용 가능하다.

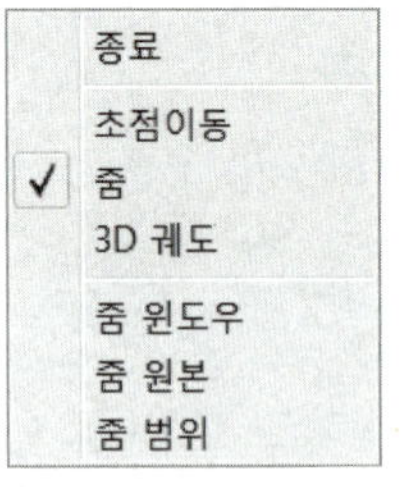

3 Viewres

Zoom 명령을 사용하여 확대된 원이나 호가 다각형으로 보이면 해상도를 조정하여 해결한다. 이 값이 높으면 화면 디스플레이 속도가 느려질 수 있으며 출력은 Viewres의 수치와 무관하게 정상적으로 출력된다.

> **명령:** Viewres
> 고속 줌을 원하십니까? [예(Y)/아니오(N)] 〈Y〉:
> 원 줌 퍼센트 입력 (1-20000) 〈1000〉: ← 원하는 수치를 입력한다.

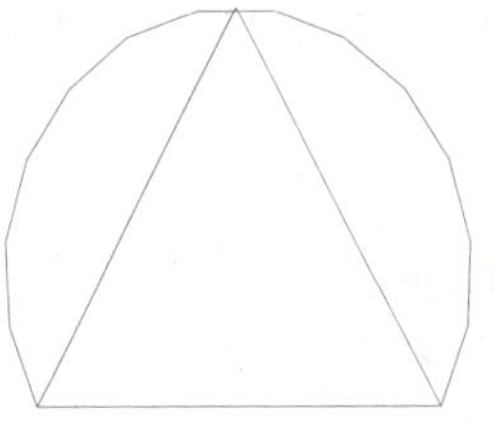

▲ 100일 때

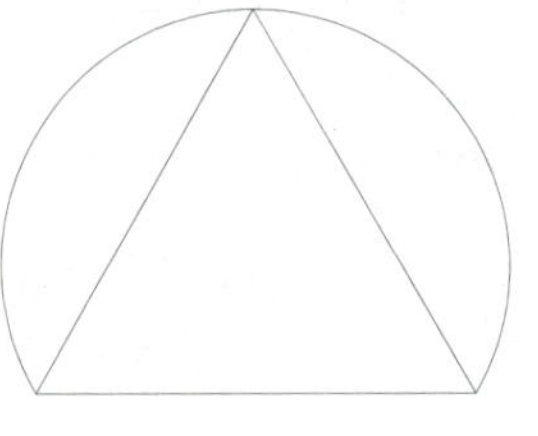

▲ 1000일 때

16 폴리선(Pl, Pline)

메뉴: 그리기 ➠ 폴리선

리본: 제도 및 주석 ➠ 홈 ➠ 그리기 ➠ 폴리선

도구: 그리기

직선과 호를 연속적인 선분으로 그릴 수 있으며 두께를 일정하게 또는 다르게 지정하여 그릴 수 있다

▼ 선(Line)과 폴리선(Pline)의 다른 점

구 분	선(Line)	폴리선(Pline)
선의 폭(두께) 조정	할 수 없다.	폭(W) 옵션으로 가능
ARC와 LINE	한 명령 안에서 불가능	옵션 선(L)과 호(A) 옵션으로 가능
단일 객체 여부	한 번씩 단일 객체	전체가 연결된 단일 객체
변환 명령	PEDIT의 JOIN 옵션(LINE을 PLINE으로)	EXPLODE(PLINE을 LINE으로)

명령: PL
시작점 지정:
현재의 선 폭은 0.0000임 ← 현재 설정된 선의 폭을 알려준다.
다음 점 지정 또는 [호(A)/반폭(H)/길이(L)/명령 취소(U)/폭(W)]:
다음 점 지정 또는 [호(A)/닫기(C)/반폭(H)/길이(L)/명령 취소(U)/폭(W)]:

- 호(A) : 호 그리기로 전환한다.
- 닫기(C) : 현재의 위치에서 시작점까지 선을 그어 닫힌 다각형을 그리며 종료한다.
- 반폭(H) : 폴리선 선 두께(W)의 절반 값을 입력한다.
- 길이(L) : 길이를 지정하여 이전에 그려진 요소와 같은 기울기로 직선을 그린다. 호의 경우는 호와 접선의 방향으로 이어지는 직선을 그린다.
- 명령 취소(U) : 최근에 작업된 요소를 취소한다.
- 폭(W) : 다음에 이어질 선의 폭을 지정한다.
  - 시작 폭 지정 〈0.0000〉: ← 한 구간을 기준으로 출발점 선의 폭을 지정한다.
  - 끝 폭 지정 〈0.0000〉: ← 한 구간을 기준으로 끝점 선의 폭을 지정한다.

1) 그리기 모드일 때 옵션

[각도(A)/중심(CE)/닫기(CL)/방향(D)/반폭(H)/선(L)/반지름(R)/두 번째 점(S)/명령 취소(U)/폭(W)]:

- 각도(A) : 호의 사이 각을 지정한다.
- 중심(CE) : 현재의 방향을 무시하고 새 중심점을 지정할 수 있게 해 준다.
- 닫기(CL) : 호로 폴리선을 닫고 명령을 종료한다.

- 방향(D) : 현재의 호의 방향을 무시하고 새로운 방향을 지정할 수 있게 한다.
- 선(L) : 직선 그리기 모드로 전환한다.
- 반지름(R) : 호의 반경을 지정할 수 있게 한다.
- 두 번째 점(S) : 3점 그리기 호의 두 번째 점을 지정할 수 있도록 해준다.

▲ 폴리선으로 그릴 수 있는 객체들

17 폴리선 편집(Pe, Pedit)

메뉴: 수정 ➠ 객체 ➠ 폴리선 편집

리본: 제도 및 주석 ➠ 홈 ➠ 수정 ➠ 폴리선

도구: 수정Ⅱ

폴리선 편집 명령으로 편집할 수 있는 대상은 2D · 3D Polyline, 3D Polygon, Mesh 등이다.

명령: PE
폴리선 선택 또는 [다중(M)]:
옵션 입력 [열기(O)/결합(J)/폭(W)/정점 편집(E)/맞춤(F)/스플라인(S)/비곡선화(D)/선 종류 생성(L)/반전(R)/명령 취소(U)]:

폴리선 성분이 아닌 것을 선택한 경우에 다음과 같은 메시지가 나오는데 그냥 [Enter↵]하면 폴리선 성분으로 변경된다.
선택된 객체가 폴리선이 아님
전환하기를 원하십니까? 〈Y〉 : [Enter↵] ← 작업을 계속하려면 그냥 [Enter↵]한다.

한 변의 길이가 50인 Pline을 그린 후 폴리선 편집 명령의 옵션을 적용해 본다.

1) 열린 폴리선을 닫기/열기

① 닫기(C)/열기(O) : 선택한 요소가 열려(닫혀) 있을 때 옵션이다. 마지막 세그먼트를 첫 번째 세그먼트에 연결하여 닫힌 폴리선 세그먼트를 생성한다.("닫기"를 실행하면 옵션이 "열기"로 바뀐다.)

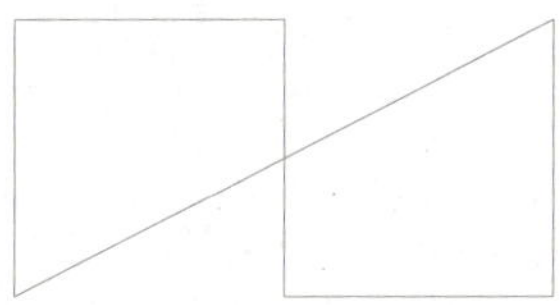

② 결합(J) : Line, Arc, 다른 폴리선과 혹은 폴리선끼리 만나는 부분을 연결하여 하나의 폴리선으로 만든다. 색상이나 선 모양이 다른 요소끼리 결합할 때는 먼저 선택한 객체를 기준으로 결합된다.

③ 폭(W) : 구간마다 다르게 설정된 선의 폭을 전체적으로 동일하게 조정한다.

- 전체 세그먼트에 대한 새 폭 지정: 2 ← 선의 전체 폭(두께)을 지정한다.

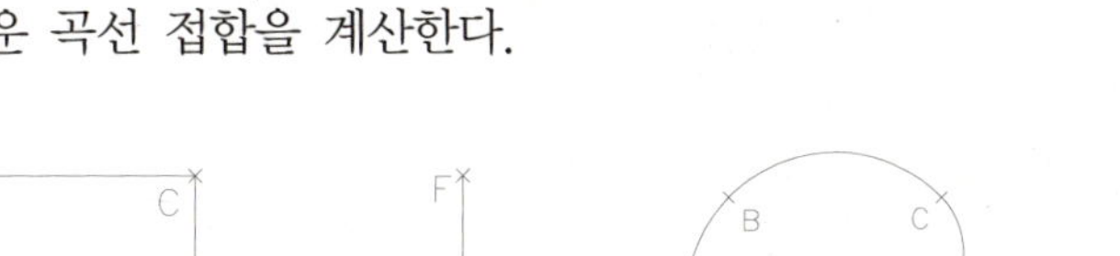

④ 맞춤(F) : 사용자가 명시한 접선 방향을 사용하여 Polyline의 모든 정점에 대한 매끄러운 곡선 접합을 계산한다.

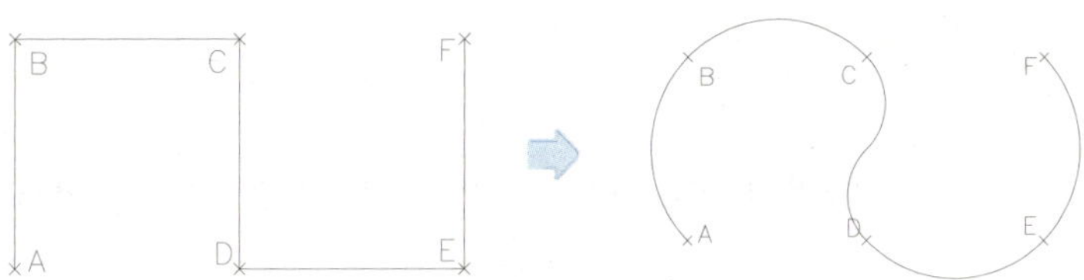

⑤ **스플라인(S)** : 선택된 폴리선을 곡선의 제어점(프레임)으로 사용한다.(Control Point 또는 Frame을 따라 곡선으로 만든다.)

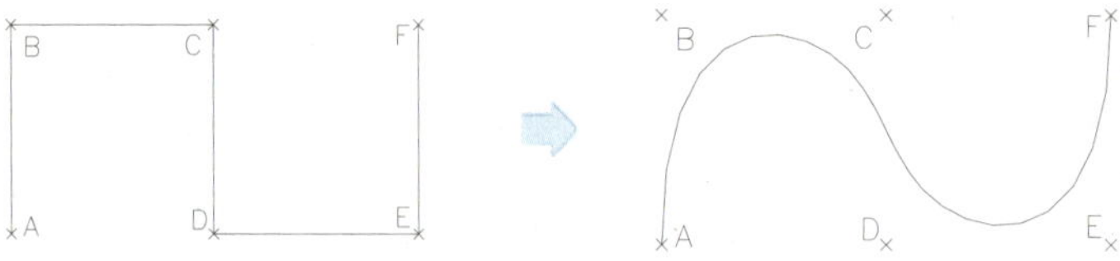

⑥ **비곡선화(D)** : 맞춤이나 스플라인으로 곡선화된 요소를 직선으로 되돌린다.

⑦ **선 종류 생성(L)** : 폴리선의 정점에서 선 종류 처리를 설정한다.

- OFF : 기본 값으로 항상 정점에서 직각을 이룬다.(KS 규격)
- ON : 선 고유의 모양(간격)을 유지한다.

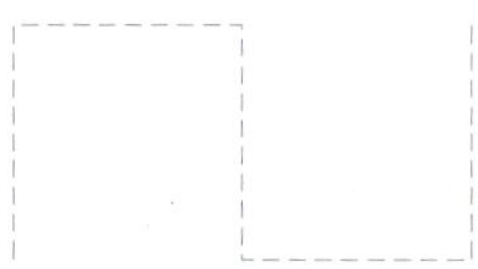

▲ OFF

▲ ON

⑧ **명령 취소(U)** : 가장 최근의 Pedit 편집을 취소시킨다.

⑨ **반전(R)** : 시작점의 위치를 반대로 변경한다.

⑩ **정점 편집(E)** : 폴리선의 한 정점을 선택하고 그 정점과 그것을 따르는 세그먼트에 대해 여러 편집 작업을 할 수 있다.

✻ 정점 편집 옵션 입력

```
[다음(N)/이전(P)/끊기(B)/삽입(I)/이동(M)/재생성(R)/직선화(S)/접선(T)/폭(W)/종료(X)]
〈N〉:
```

(폴리선을 맨 처음 그리기 시작한 시작점에 정점 표시가 나타난다.)

- 다음(N) : 정점을 다음 정점으로 이동한다.
- 이전(P) : 이전의 정점으로 이동한다.
- 끊기(B) : 지정한 정점 사이를 절단하고 절단 후 절단을 시작한 위치로 정점 표시는 복귀한다.
- 삽입(I) : 정점과 정점 사이에 정점을 추가한다.
- 이동(M) : 정점을 다른 위치로 이동한다.
- 직선화(S) : 정점을 삭제하여 직선화시킨다.
- 재생성(R) : 정점 사이의 선 폭을 조정 후 변경된 내용을 화면에 반영시킨다.
- 접선(T) : Fit Curve의 접선 방향을 변경시킨다.
- 폭(W) : 정점 사이의 선의 폭을 변경한다.
- 종료(X) : 정점 편집을 종료하고 상위 옵션으로 복귀한다.

2) 정점 CD 구간을 절단한다.

[다음(N)/이전(P)/끊기(B)/삽입(I)/이동(M)/재생성(R)/직선화(S)/접선(T)/폭(W)/종료(X)]
〈N〉: B ← 정점 절단 옵션 "B"를 입력한다.
옵션 입력 [다음(N)/이전(P)/진행(G)/나가기(X)] 〈N〉: Enter↵ ← 다음 정점으로 이동
옵션 입력 [다음(N)/이전(P)/진행(G)/나가기(X)] 〈N〉: G ← 실행 명령이다.

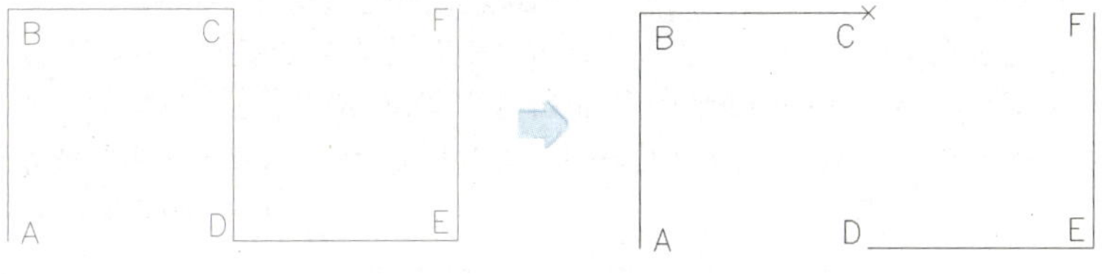

3) 정점 CD 사이에 새로운 정점을 추가한다.

정점 C까지 정점 표시를 이동시킨 다음 옵션 "I"를 입력한다.

[다음(N)/이전(P)/끊기(B)/삽입(I)/이동(M)/재생성(R)/직선화(S)/접선(T)/폭(W)/종료(X)]
〈N〉: I ← 정점을 추가하는 옵션
새 정점의 위치 지정: ← 새로운 정점의 위치를 지정한다.

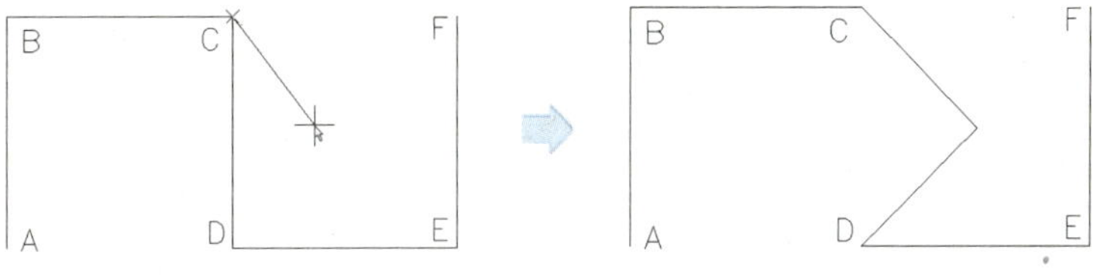

4) 정점 CD 사이에 새로운 정점을 다른 위치로 이동시킨다.

```
[다음(N)/이전(P)/끊기(B)/삽입(I)/이동(M)/재생성(R)/직선화(S)/접선(T)/폭(W)/종료(X)]
<N>: M                                ← 정점을 이동하는 옵션
표시된 정점에 대한 새 위치 지정:          ← 표시된 정점을 새로운 위치로 이동한다.
```

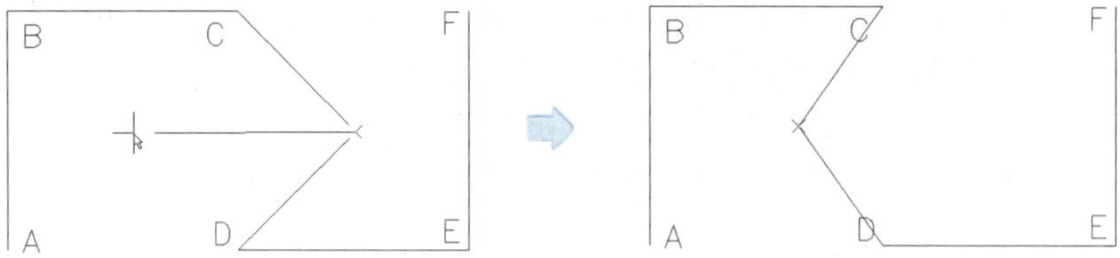

5) 정점을 삭제하여 직선으로 만든다.

정점을 삭제할 구간의 처음이나 끝 정점으로 정점 표시를 이동시킨다.(여기서는 정점 "C"로 이동한 후 직선화 옵션 "S"를 입력한다.)

```
[다음(N)/이전(P)/끊기(B)/삽입(I)/이동(M)/재생성(R)/직선화(S)/접선(T)/폭(W)/종료(X)]
<N>: S                        ← 직선화 옵션이다.
옵션 입력 [다음(N)/이전(P)/진행(G)/나가기(X)] <N>: Enter↵
옵션 입력 [다음(N)/이전(P)/진행(G)/나가기(X)] <N>: Enter↵
옵션 입력 [다음(N)/이전(P)/진행(G)/나가기(X)] <N>: G    ← 끝 위치인 정점 "D"에서 실행한다.
```

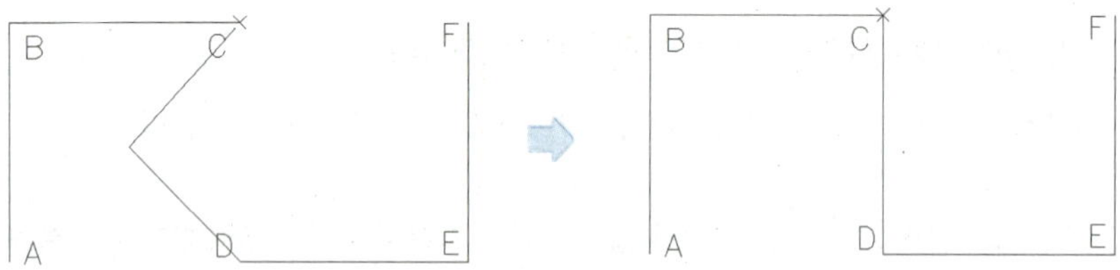

연습문제

문제 1 | 다음 조건에 맞춰 작도하시오.

- 200×200 큰 사각형은 Rectang으로 그린다.
- 가운데 마름모꼴 사각형은 Rectang의 옵션 Rotation을 응용하여 해결한다.
- 나머지 도형(Circle, Arc, Line 등)들은 각각의 옵션 및 Osnap을 사용하여 해결한다.

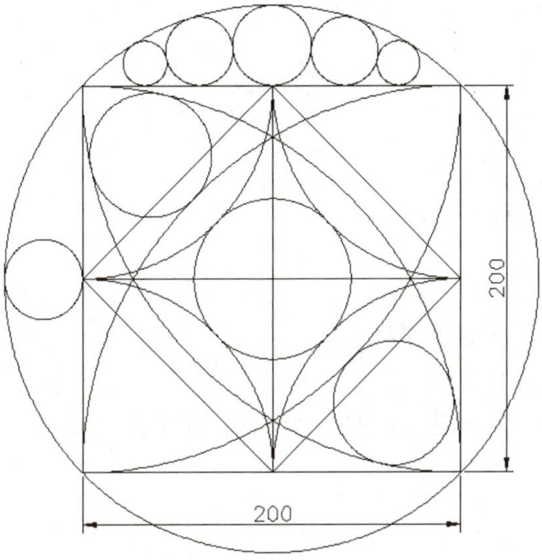

문제 2 | Polygon의 옵션 Edge를 이용하여 그리시오.

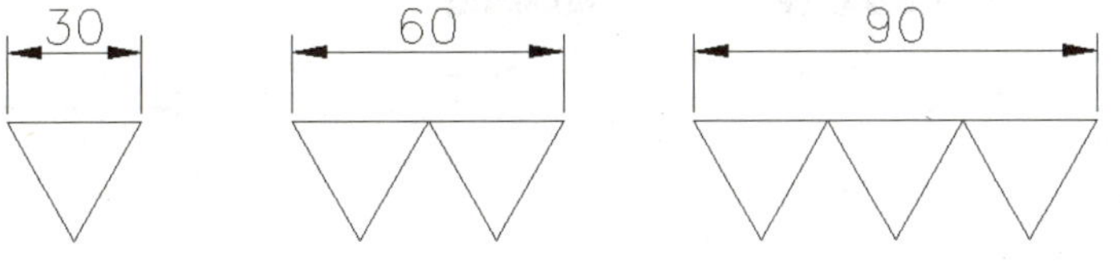

문제 3 | 다음 Polygon을 완성해 보시오.

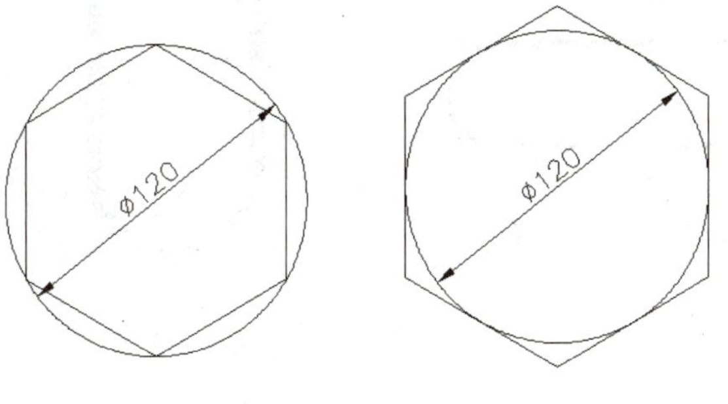

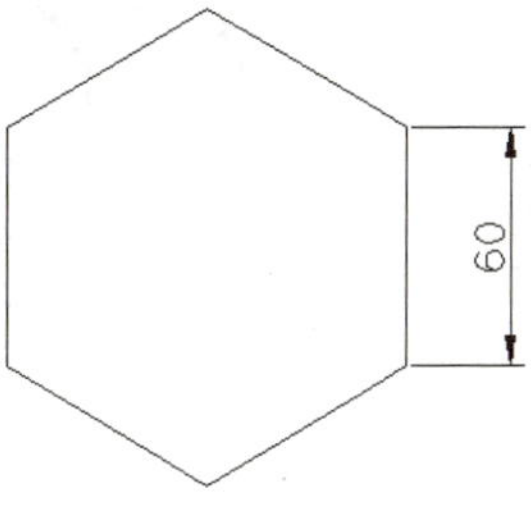

연습문제

문제 4 | 타원 그리기

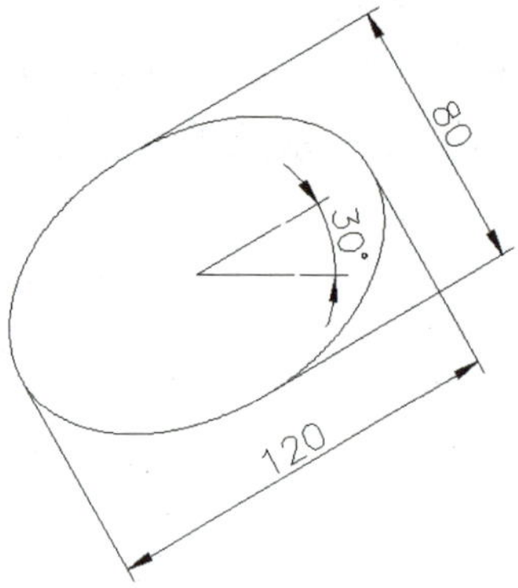

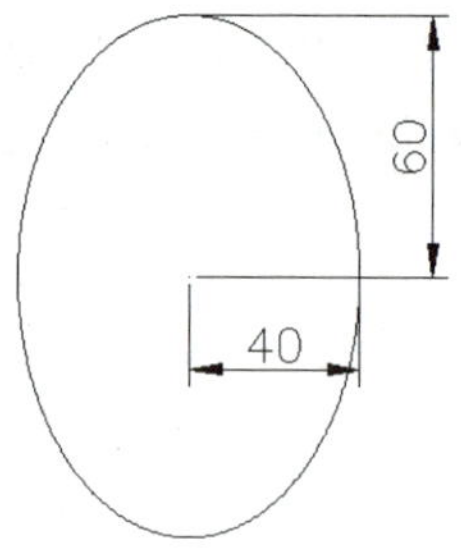

문제 5 | 다음을 Pline으로 완성해 보자.

선의 굵기

- AB구간 : 10, BC구간 : 5, CD구간 : 0, DE구간 : 10
- ab구간 : 0, b : 30, c : 0

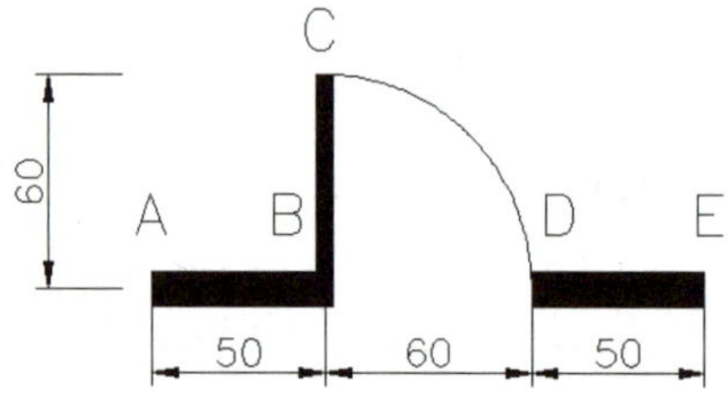

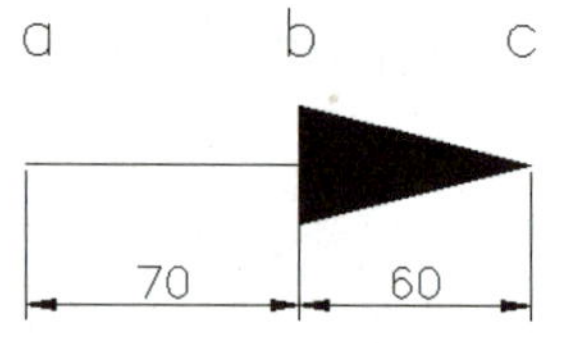

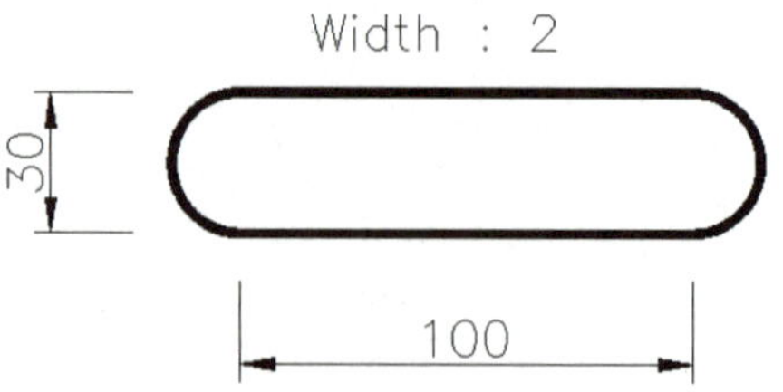

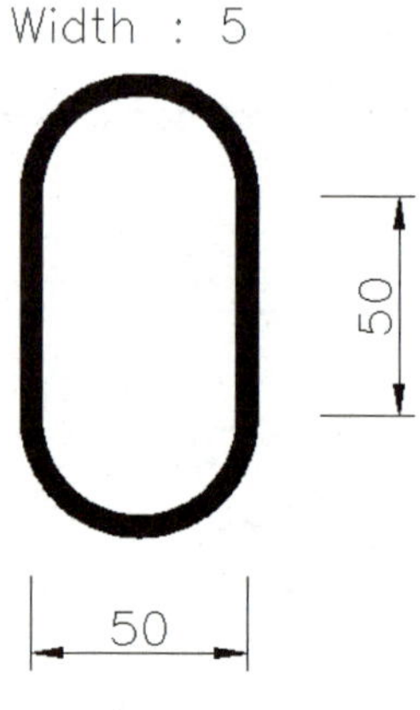

18 결합(J, Join)

메뉴: 수정 ➠ 결합
리본: 제도 및 주석 ➠ 홈 ➠ 수정 ➠ 결합
도구: 수정

폴리선과 폴리선, 폴리선과 선, 선과 선을 결합시켜 폴리선으로 만든다.

명령: J
원본 객체 선택: ← 대상 객체를 선택한다.
원본으로 결합할 선 선택: ← 다음 대상 객체를 선택한다.

19 분해(X, Explode)

메뉴: 수정 ➠ 분해
리본: 제도 및 주석 ➠ 홈 ➠ 수정 ➠ 분해
도구: 수정

폴리선 성분으로 구성된 요소(Pline, Polygon 등)와 Block, Hatch 등을 개별 요소로 분해(해체)시킨다.

명령: X
객체선택: ← 분해 대상을 선택한다.

20 스플라인(Spl, Spline)

메뉴: 그리기 ➠ 스플라인
리본: 3D 모델링 ➠ 홈 ➠ 그리기 ➠ 스플라인
도구: 그리기

지정한 점들을 통과하는 부드러운 곡선을 만든다. 등고선 등의 불규칙한 곡선을 그린다.

명령: SPI
현재 설정: 메서드=맞춤 매듭=현
첫 번째 점 지정 또는 [메서드(M)/매듭(K)/객체(O)]: ← 시작점을 지정한다.(A)
다음 점 입력 또는 [시작 접촉부(T)/공차(L)]: ← 다음 정점을 지정한다.(B)
다음 점 입력 또는 [끝 접촉부(T)/공차(L)/명령 취소(U)]: ← (C)
다음 점 입력 또는 [끝 접촉부(T)/공차(L)/명령 취소(U)/닫기(C)]: ← (D)
다음 점 입력 또는 [끝 접촉부(T)/공차(L)/명령 취소(U)/닫기(C)]: ← (D)
다음 점 입력 또는 [끝 접촉부(T)/공차(L)/명령 취소(U)/닫기(C)]: ← (E)
다음 점 입력 또는 [끝 접촉부(T)/공차(L)/명령 취소(U)/닫기(C)]: C ← Spline으로 닫는다.

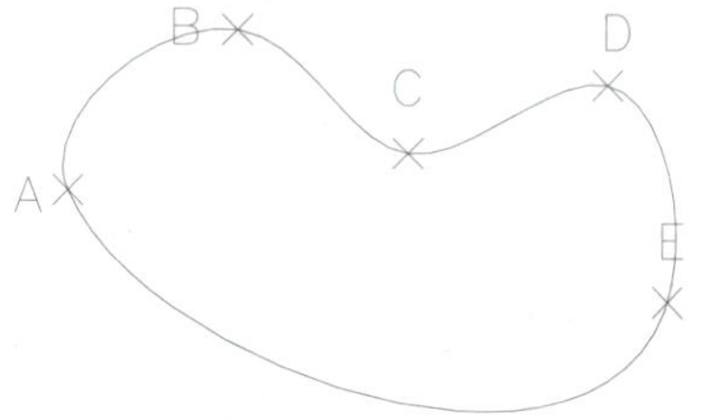

- 메서드(M) : 스플라인의 그리는 방식을 선택한다.
  스플라인 작성 메서드 입력 [맞춤(F)/CV(C)] 〈CV〉:
  - 맞춤(F) : 맞춤은 스플라인과 일치하게 그린다.
  - CV(C) : 조정 정점은 조정 프레임을 정의하여 스플라인을 그린다.

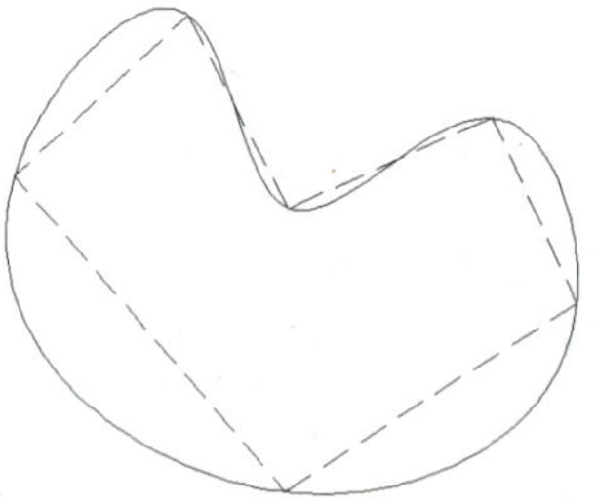
▲ 맞춤 옵션으로 그린 스플라인

▲ CV 옵션으로 그린 스플라인

- 매듭(K) : 스플라인 내의 연속하는 맞춤점 간에 구성 요소 곡선을 혼합하는 방법을 결정하는 여러 계산 방법 중 하나인 매듭 매개변수화를 지정한다.(Splknots 시스템 변수)
- 객체(O) : 스플라인화된 폴리선을 스플라인으로 만든다.
- 공차(L) : 스플라인이 지정된 맞춤점에서 벗어날 수 있는 거리를 지정한다. 공차가 0에 가까울수록 Spline 곡선은 지정한 정점에 가깝게 그려진다.
- 닫기(C) : 시작점과 끝점을 Spline으로 닫으면서 명령을 종료한다.

21 스플라인 편집(Spe, Splinedit)

메뉴: 수정 ➠ 객체 ➠ 스플라인

리본: 3D 모델링 ➠ 홈 ➠ 수정▽ ➠ 스플라인 편집

도구: 수정Ⅱ

Spline을 편집한다.

명령: SPE
스플라인 선택: ← 스플라인으로 그린 요소를 선택한다.
옵션 입력 [열기(O)/맞춤 데이터(F)/정점 편집(E)/폴리선으로 변환(P)/반전(R)/명령 취소(U)/종료(X)] 〈종료〉:

- 맞춤 데이터(F) : Spline의 정점을 기준으로 편집한다.
  - ▸ 옵션 입력
    [열기(O)/맞춤 데이터(F)/정점 편집(E)/폴리선으로 변환(P)/반전(R)/명령 취소(U)/종료(X)] 〈종료〉: F
  - ▸ 맞춤 데이터 옵션 입력
    [추가(A)/열기(O)/삭제(D)/꼬임(K)/이동(M)/소거(P)/접선(T)/공차(L)/종료(X)] 〈종료〉:
  - 추가(A): 정점을 추가한다.

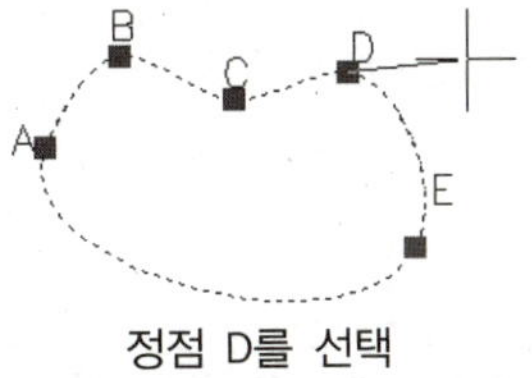

정점 D를 선택

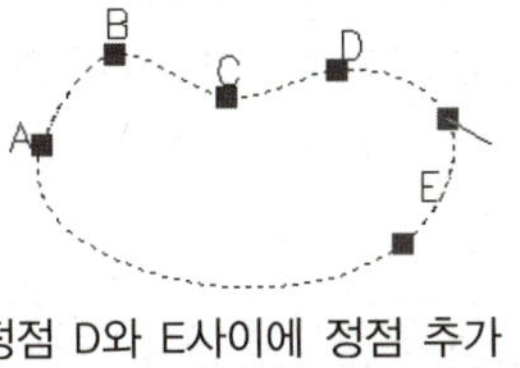

정점 D와 E사이에 정점 추가

정점 D를 선택해도 다음 점인 정점 E도 활성화되며 Osnap이 켜져 있으면 오동작을 하므로 주의한다.

- 열기(O): 선택한 Spline의 상태와 반대로 옵션이 나타나며 닫힌 스플라인은 열고, 열린 것은 닫는다.

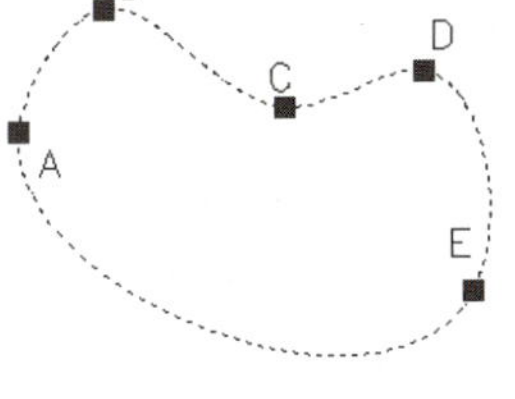

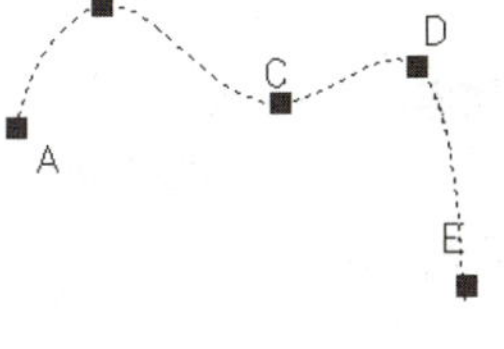

- 삭제(D) : 선택한 정점을 삭제하고 남은 정점을 기준으로 Spline을 재정렬시킨다.

예 정점 C를 삭제하면

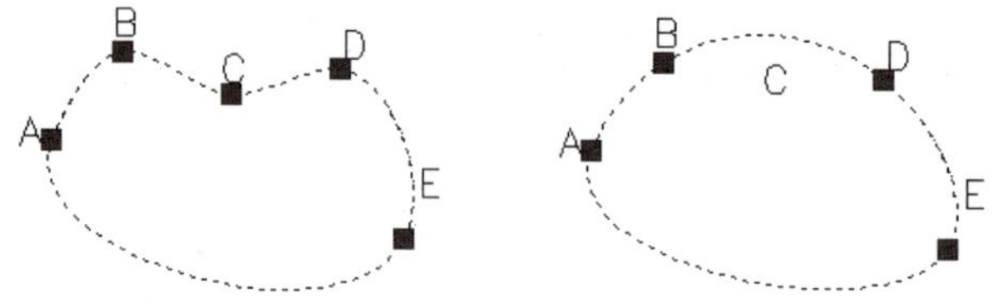

- 이동(M) : 정점을 이동한다.

예 정점 B를 다른 위치 BB로 이동하면

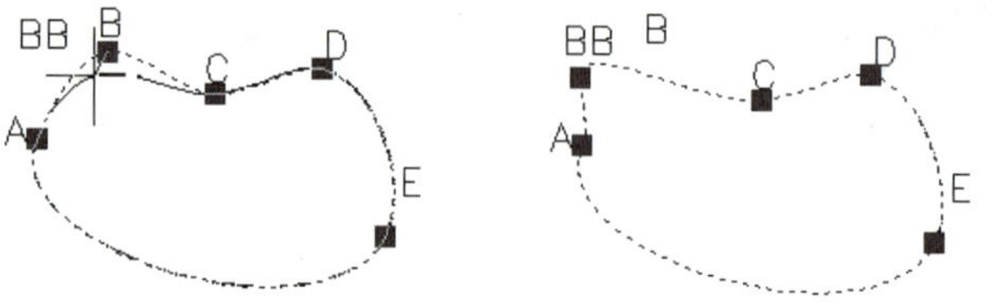

- 소거(P) : 도면 데이터에서 Spline 적정 데이터를 제거한다.
- 접선(T) : Spline의 시작점과 끝점의 접선의 방향을 조정한다.
- 공차(L) : 허용 한계 값을 조정하여 Spline을 조정된 값으로 재정렬시킨다.
- 종료(X) : 맞춤 옵션을 빠져나간다.

• 열기(O) : 선택한 Spline의 상태와 반대로 옵션이 나타난다. 닫힌 Spline은 마지막 닫았던 곳을 열고 열린 것은 닫을 수 있다.
• 정점 편집(E) : 정점을 선택하여 변형시킨다.
• 폴리선으로 변환(P) : 스플라인의 정밀도를 미세 조정하여 폴리선으로 변경한다.
• 반전(R) : 스플라인을 반전시켜 시작점을 변경한다.
• 명령 취소(U) : 가장 최근의 실행을 취소한다.

22 반전(Reverse)

리본: 제도 및 주석 ➡ 홈 ➡ 수정 ➡ 반전

선택한 선, 폴리선, 스플라인 및 나선의 정점을 반전시킨다.

명령: Reverse
← 방향을 반전하려면 선, 폴리선, 스플라인 또는 나선을 선택한다.
객체 선택:

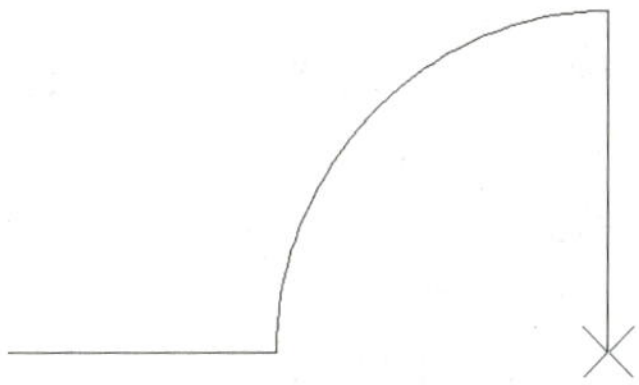

▲ 반전 전

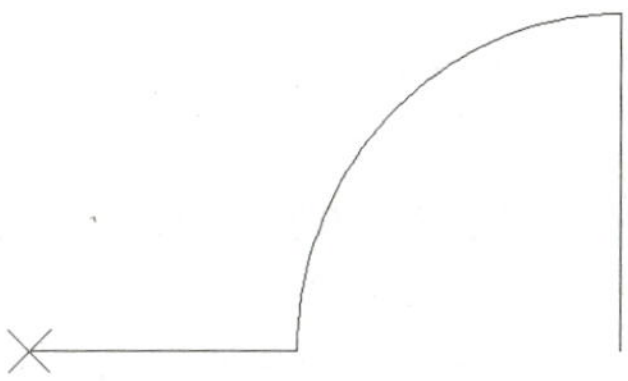

▲ 반전 후

23 구성선(XL, Xline)

메뉴: 그리기 ➠ 구성선
리본: 제도 및 주석 ➠ 홈 ➠ 그리기▽ ➠ 구성선
도구: 그리기

지정한 한 점에서 양쪽 방향으로 무한대 선을 그린다. 평면도와 정면도, 정면도와 측면도의 연관되는 선을 그릴 때 유용하다.

명령: XL
점을 지정 또는 [수평(H)/수직(V)/각도(A)/이등분(B)/간격 띄우기(O)]:

- 수평(H) : 수평선을 그린다.
- 수직(V) : 수직선을 그린다.
- 각도(A) : 입력한 각도로 작업자가 지정한 곳을 지나는 무한대 선을 그린다.
- 이등분(B) : 구성선의 기준점, 각도의 시작점, 끝점이 이루는 각도 2등분 구성 선을 그린다.

점을 지정 또는 [수평(H)/수직(V)/각도(A)/이등분(B)/간격 띄우기(O)]: B
각도 정점 지정: ← 두 구성선이 만나는 정점을 지정한다.(A)
각도 시작점 지정: ← 교차하는 구성선 중 한 선을 지정한다.(B)
각도 끝점 지정: ← 교차하는 구성선 중 또 다른 선을 지정한다.(C)
각도 끝점 지정: ← 계속해서 처음 선택한 선과 교차하는 다른 선을 선택하여 2등분선을 만들 수 있다.

• 간격 띄우기(O) : 이미 작성된 요소를 선택하여 주어진 간격만큼 지정한 방향으로 사이 띄기를 한다.

점을 지정 또는 [수평(H)/수직(V)/각도(A)/이등분(B)/간격 띄우기(O)]: O

- 간격 띄우기 거리 지정 또는 [통과점(T)] 〈통과점〉: 20
- 선 객체 선택: ← 대상을 선택한다.(D)
- 간격 띄우기 할 방향 지정: ← 방향을 지정한다.(E)
- 선 객체 선택: ← 새로 생긴 구성선을 선택해서 계속 건너 띄기를 할 수 있다.

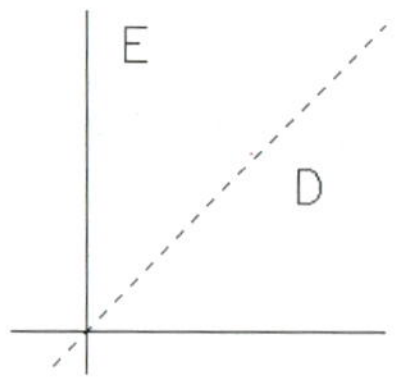

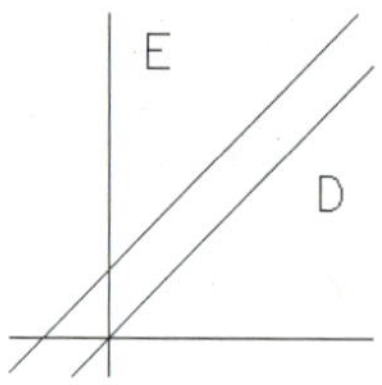

24 광선(Ray)

메뉴: 그리기 ➠ 광선

리본: 제도 및 주석 ➠ 홈 ➠ 그리기▽ ➠ 광선

구성선과 비슷하나 한 쪽 방향(방사선)으로 무한대 선을 그린다. 건축에서 1소점 투시도를 그릴 때 유용하게 사용할 수 있다.

명령: Ray

시작점을 지정: ← 시작점을 지정한다.(A)

통과점을 지정: ← 통과점을 지정한다.(B)

통과점을 지정: ← 통과점을 지정한다.(C)

통과점을 지정: ← 통과점을 지정한다.(D)

통과점을 지정: ← 통과점을 지정한다.(E)

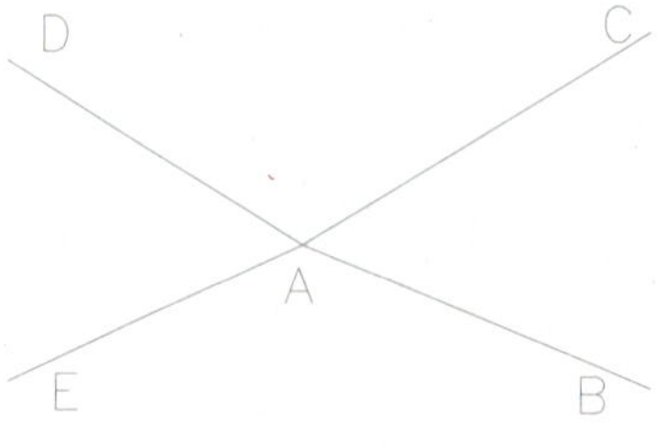

25 구름형 수정 기호(Revcloud)

메뉴: 그리기 ➠ 구름형 수정 기호

리본: 제도 및 주석 ➠ 홈 ➠ 그리기 ➠ 구름형 수정 기호

도구: 그리기

도면 내에 수정할 부분을 표시하기 위한 구름형 수정 기호를 폴리선으로 작성한다.

명령: Revcloud

최소 호 길이: 15　최대 호 길이: 15　스타일: 일반

시작점 지정 또는 [호 길이(A)/객체(O)/스타일(S)] 〈객체(O)〉:

- 호 길이 : 구름형 수정 기호에서 호의 길이를 지정한다. 최대 호 길이는 최소 호 길이의 3배 이상으로 설정할 수 없다.
- 객체 : 구름형 수정 기호로 변환할 객체를 지정한다.
- 스타일 : 구름형 수정 기호의 스타일을 지정한다.

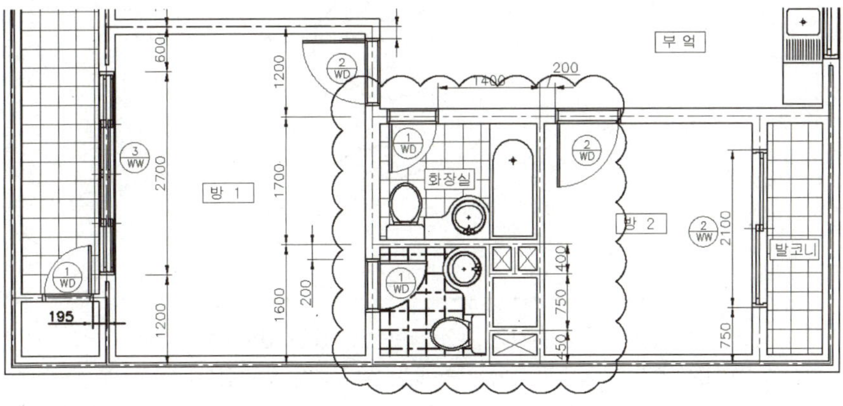

▲ 작성 예

26 나선(Helix)

메뉴: 그리기 ➡ 나선

리본: 제도 및 주석 ➡ 홈 ➡ 그리기 ➡ 나선

도구: 모델링

2D 나선 또는 3D 스프링을 그린다. 스프링, 스레드 및 원형 계단을 작성하려면 나선을 Sweep 명령의 스윕 경로로 사용한다.

명령: Helix
회전수 = 3.0000　　　비틀기=CCW ← 회전수 및 나선의 회전방향(반시계)이다.
기준 중심점 지정:
기준 반지름 지정 또는 [지름(D)] 〈1.0000〉: 10 ← 나선의 밑면 반지름을 입력한다.
상단 반지름 지정 또는 [지름(D)] 〈10.0000〉: ← 나선의 윗면 반지름을 입력한다.
나선 높이 지정 또는 [축 끝점(A)/회전(T)/회전 높이(H)/비틀기(W)] 〈1.0000〉: 50
← 나선의 높이를 지정한다.

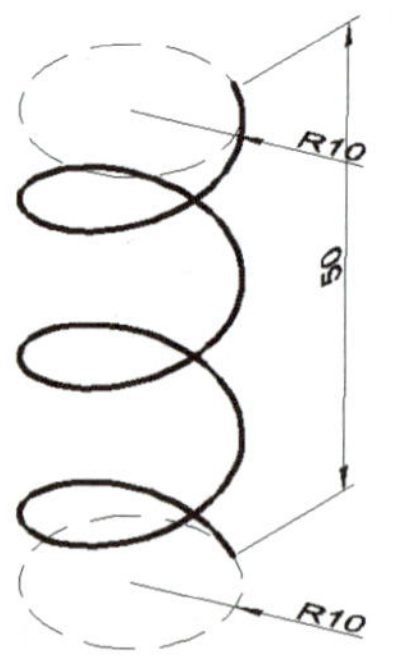

- 지름(기준) : 나선의 기준 지름 또는 반지름을 입력한다.
- 지름(상단) : 나선의 상단 지름 또는 반지름을 입력한다.
- 축 끝점(A) : 나선 축의 끝점 위치를 지정한다. 축 끝점은 3D 공간의 어느 곳에나 위치할 수 있다. 축 끝점은 나선의 길이 및 방향을 정의한다.
- 회전(T) : 나선의 회전(선회)수를 지정한다. 나선의 회전수는 500을 초과할 수 없다. 최초에 회전수의 기본 값은 3이다.
- 회전 높이(H) : 나선 안에서 하나의 완전한 회전의 높이를 지정한다. 나선의 회전수가 지정되는 경우 회전 높이에 값을 입력할 수 없다.
- 비틀기(W) : 나선을 시계방향(CW)으로 그릴지 또는 시계 반대방향(CCW)으로 그릴지 지정한다. 나선 비틀기의 기본 값은 CCW이다.

27 여러 줄

1 여러 줄(ML, Mline)

메뉴: 그리기 ➠ 여러 줄

16개까지의 평행선을 한 번에 그릴 수 있으며 건축물의 벽선이나 도로를 그릴 때 유용하다.

명령: ML
현재 설정: 자리 맞추기 = 맨 위, 축척 = 20.00, 스타일 = STANDARD ← 현재 설정 값을 보여준다.
시작점 지정 또는 [자리 맞추기(J)/축척(S)/스타일(ST)]: ← 시작점을 지정하거나 옵션을 선택한다.

- 자리 맞추기(J) : 그려지는 기준 위치를 설정한다.
  자리 맞추기 유형 입력 [맨 위(T)/0(Z)/맨 아래(B)] 〈맨 위〉:
  - 맨 위(T) : 맨 위로 설정한다.
  - 0(Z) : 중간으로 설정한다.
  - 맨 아래(B) : 맨 아래로 설정한다.

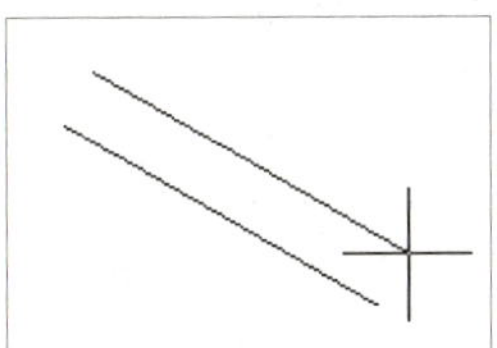
▲ Top

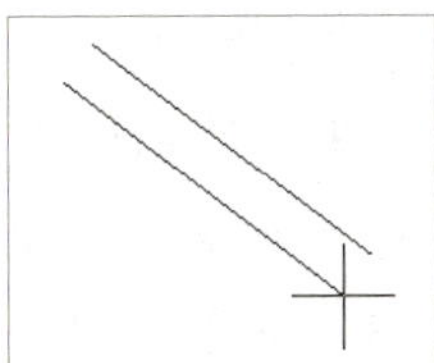
▲ Zero

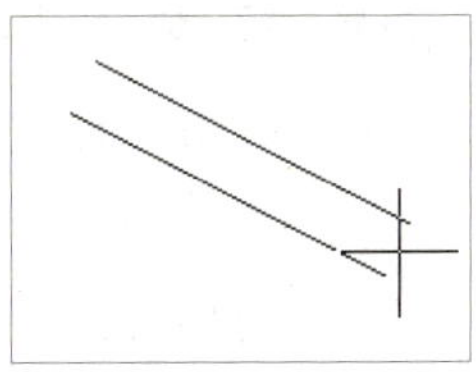
▲ Bottom

- 축척(S) : 다중선의 크기 비율을 조정한다. 기본 값이 "20"이므로 주의한다.
- 스타일(ST) : 설정해 놓은 다중선을 불러와 지정할 수 있다.

일반 선을 그릴 때처럼 작업 종료를 "C"를 입력하면 닫힌 형태로 마무리할 수 있다.

2 여러 줄 스타일(Mlstyle)

메뉴: 형식 ➟ 다중선 스타일

대화상자를 통해 여러 줄(Mline)에서 사용할 선을 작성한다.

명령: Mlstyle

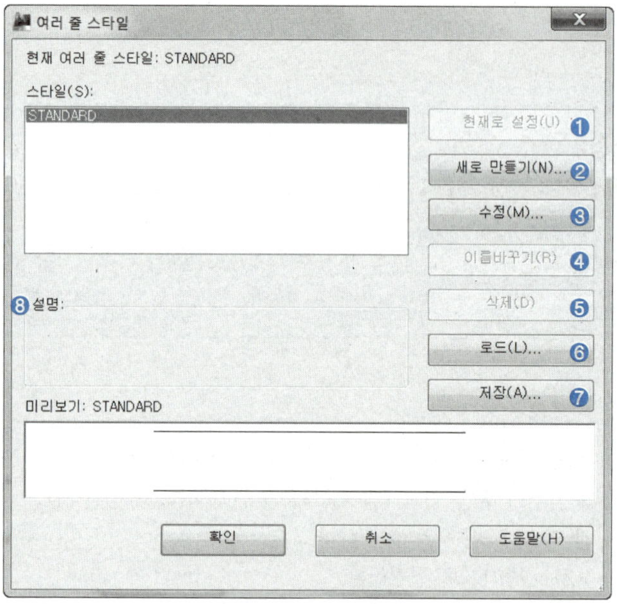

현재 여러 줄 스타일은 현재 여러 줄 스타일을 표시한다.

❶ 현재로 설정(U) : 현재로 선택한 여러 줄을 설정한다.
❷ 새로 만들기(N) : 새 여러 줄을 작성한다.
❸ 수정(M) : 작성된 여러 줄을 수정한다.
❹ 이름 바꾸기(R) : 기존의 여러 줄의 이름을 변경한다.
❺ 삭제(D) : 작성된 여러 줄을 삭제한다.
❻ 로드(L) : 저장된 *.MLN 형식의 다중선 파일을 올린다.
❼ 저장(A) : 현재 여러 줄을 *.MLN 형식으로 저장한다.
❽ 설명 : 현재 사용 중인 여러 줄에 대하여 설명한다.

실습 1 다음과 같은 1.5B 공간 쌓기 벽선을 "여러 줄" 명령으로 만들어 보자.

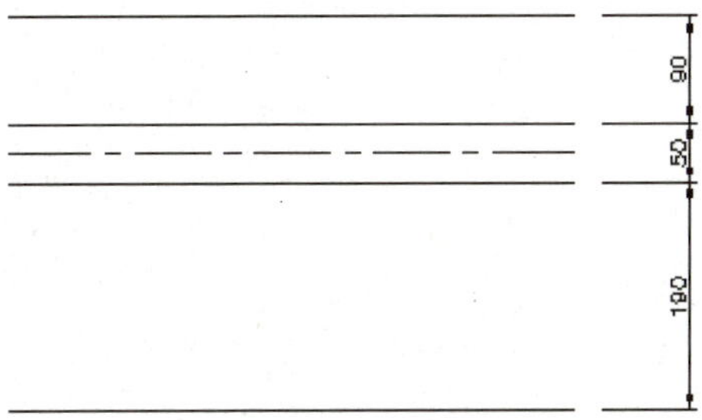

따라하기

1. Mlstyle을 실행하고 "새로 만들기"를 클릭하여 새 여러 줄 작성을 시작한다.

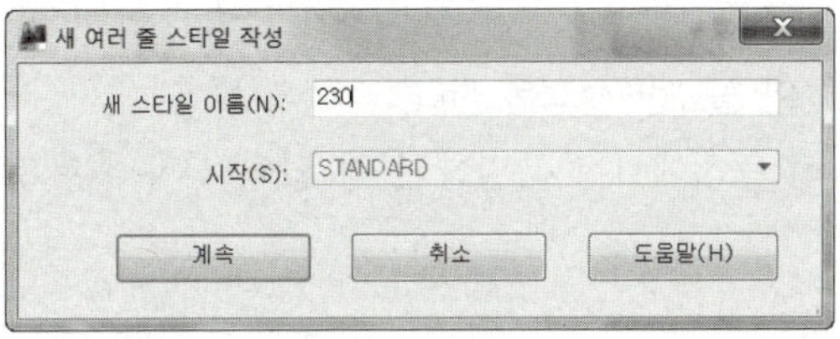

선의 이름을 입력하고 "계속"을 클릭한다.

2. "추가"를 두 번 클릭하여 선 2개를 추가한다.

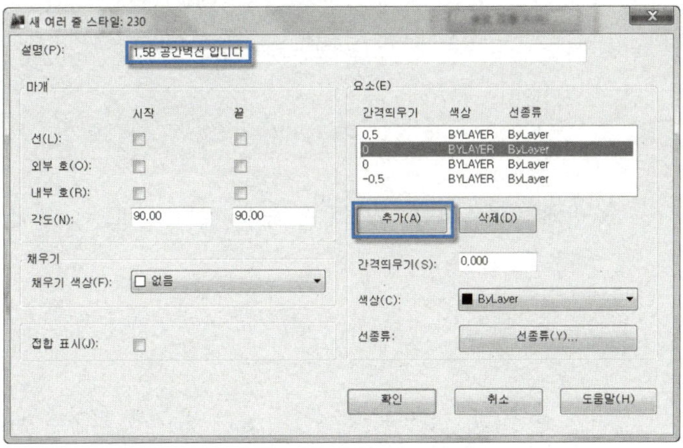

- 설명(P) : 새로 만드는 여러 줄에 대한 설명을 입력한다.

3. 4개의 선 중 변경시킬 선을 먼저 선택하고 아래 간격 띄우기 란에 "115(90+25), 25, −25, −215(25+190)"으로 입력한다.(중심선은 만들지 않는다.)
   중심선을 기준(0)으로 위로는 +, 아래는 −로 작성한다.

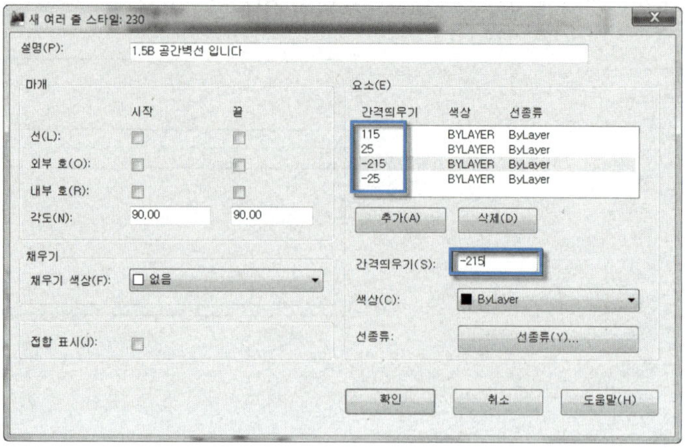

색상을 지정하거나 선 종류를 지정할 수 있다.

4. 그 외 필요한 설정을 한다.
 벽선 구성에서는 특별한 설정 없이 사용하는 것이 좋다.

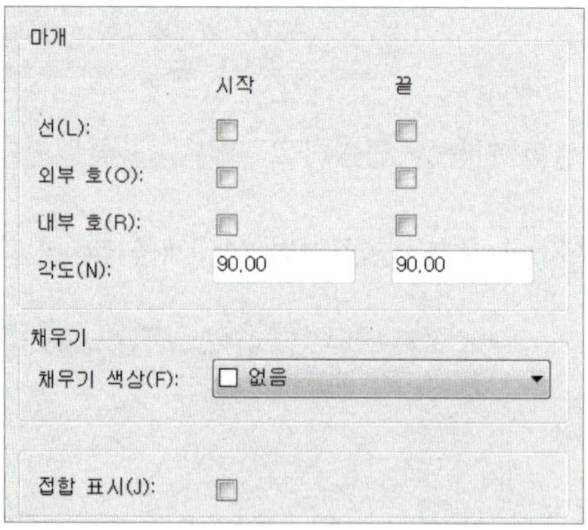

• 마개 : 다중선의 시작과 끝 부분 처리 방법을 지정할 수 있다.

▲ 선(L) : 선으로 막는다.

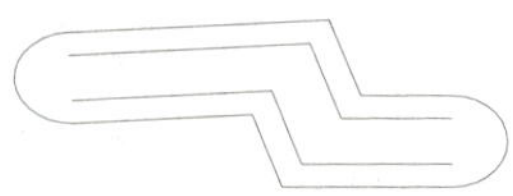

▲ 외부 호(O) : 바깥쪽 선끼리 호를 그린다.

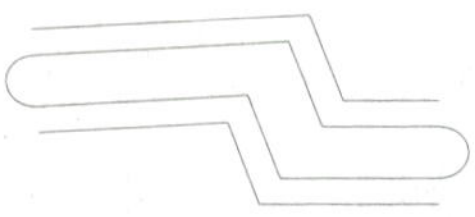

▲ 내부 호(R) : 안쪽 선끼리 호를 그린다.

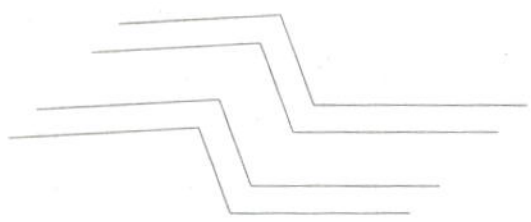

45도인 경우

▲ 각도(N) : 지정한 각도만큼 경사를 가진다.

• 채우기 : 다중선 내부에 색을 채운다.

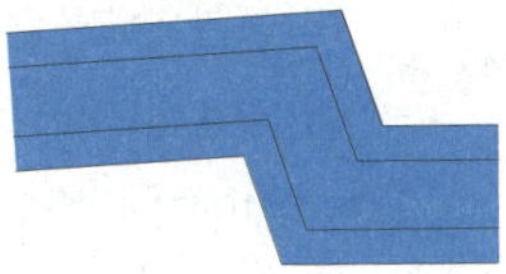

• 접합 표시(J) : 다중선의 정점 연결선 표시 여부 결정

ON　　　　OFF

5. OK를 클릭하여 초기 대화상자에서 작성된 "230" Mline(여러 줄)을 확인하고 "저장"을 선택하여 저장하면 다른 작업에서도 불러들여서 사용할 수 있다.

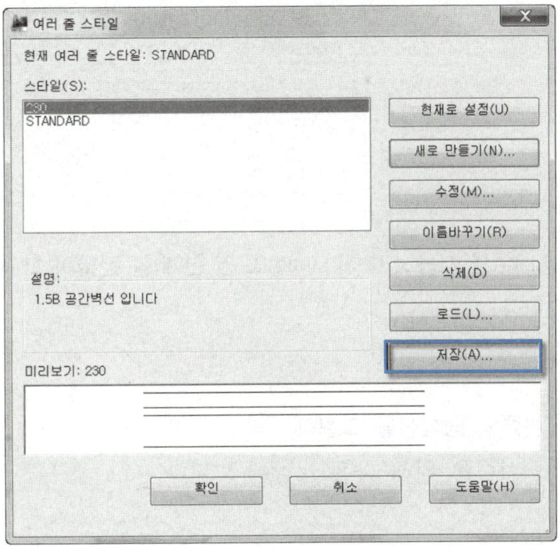

6. 저장할 이름을 입력한다. 여러 형태의 선을 같은 이름으로 저장하면 저장한 만큼 누적된다.

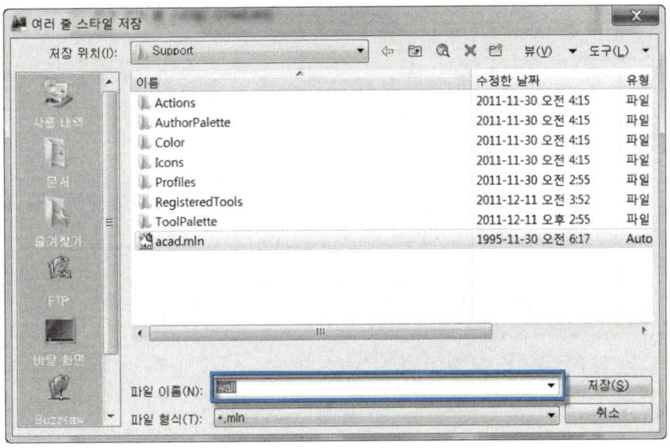

실습1 적용 예

작성된 여러 줄 사용하기

1. 작성한 여러 줄을 불러온다.

Mlstyle 명령을 실행하여 스타일(S)에서 사용할 Mline(230)을 선택 후 "Set Current"를 클릭한 후 "OK"를 눌러 빠져 나온다.

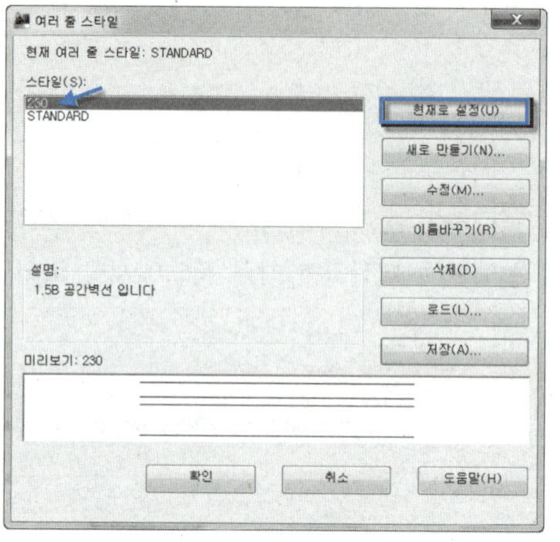

2. Mline을 사용하기 전 Limits(도면 한계)를 건물이 그려질 수 있는 실제 크기로 조정한다.

예 5000,4000

3. 건물의 중심선을 그린다.

- 실습을 위해 다음과 같이 그린다.

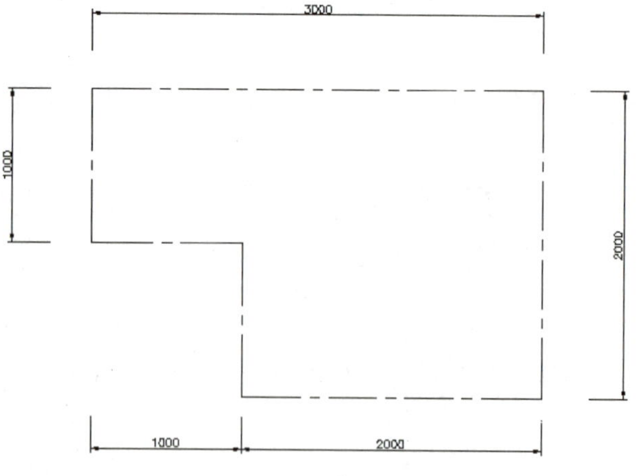

4. 여러 줄을 실행한다.

- 그려놓은 중심선을 따라 그린다.

명령: ml
현재 설정: 자리 맞추기 = 맨 위, 축척 = 20.00, 스타일 = 230
시작점 지정 또는 [자리 맞추기(J)/축척(S)/스타일(ST)]: J ← 다중선의 진행 기준을 변경한다.
자리 맞추기 유형 입력 [맨 위(T)/0(Z)/맨 아래(B)] 〈맨 위〉: Z ← 중심으로 변경한다.
현재 설정: 자리 맞추기 = 0, 축척 = 20.00, 스타일 = 230
시작점 지정 또는 [자리 맞추기(J)/축척(S)/스타일(ST)]: S ← 축척을 변경한다.
여러 줄 축척 입력 〈20.00〉: 1 ← "1"로 변경하지 않으면 20배로 그려지므로 주의한다.
현재 설정: 자리 맞추기 = 0, 축척 = 1.00, 스타일 = 230
시작점 지정 또는 [자리 맞추기(J)/축척(S)/스타일(ST)]:
다음 점 지정:
다음 점 지정 또는 [명령 취소(U)]:
다음 점 지정 또는 [닫기(C)/명령 취소(U)]: ← 시계방향으로 진행한다.
다음 점 지정 또는 [닫기(C)/명령 취소(U)]:
다음 점 지정 또는 [닫기(C)/명령 취소(U)]:
다음 점 지정 또는 [닫기(C)/명령 취소(U)]: c ← "C"를 입력하여 닫기를 한다.

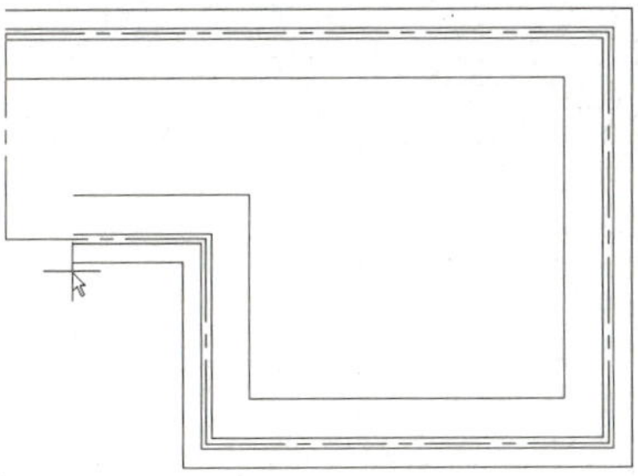

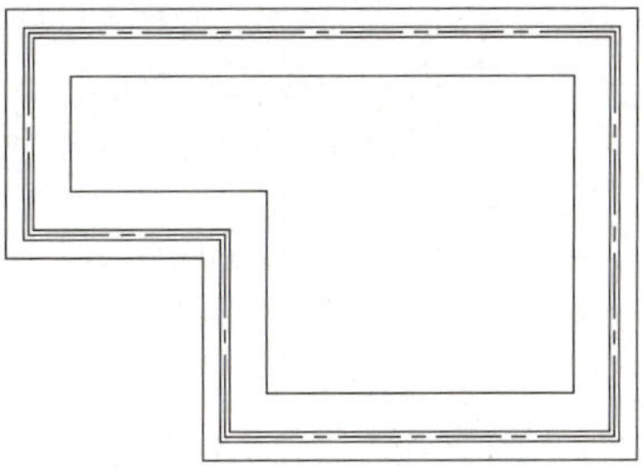

3 여러 줄 편집 도구(Mledit)

메뉴: 수정 ➠ 객체 ➠ 여러 줄

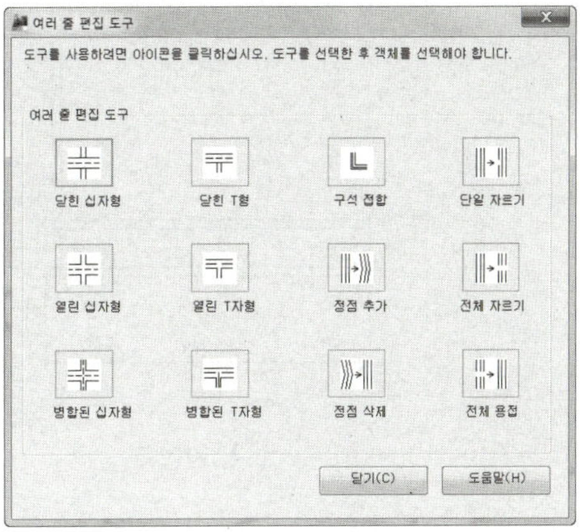

편집 예 1 편집할 때 선택하는 요령

닫힌 십자형 병합된 T자형

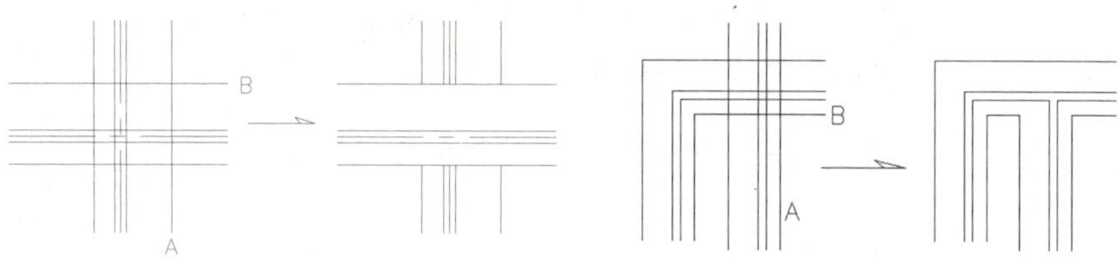

✎ 항상 나중에 선택한 선이 남는다.

"병합된 T자형"에서는 대문 "T"자에서 세로획을 먼저 선택한다고 생각하고 선택하면 된다.

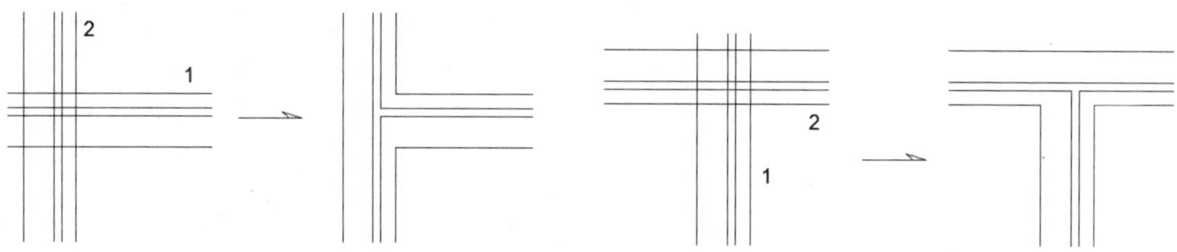

편집 예 2 벽선에 문 넣는 요령

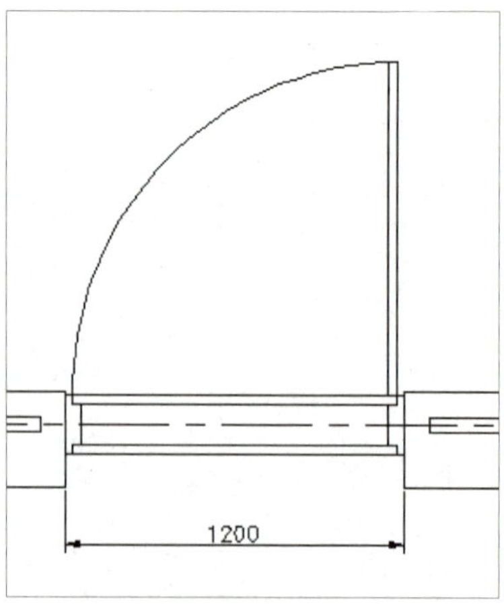

▲ 완성도

① 문이 들어 갈 위치에 문 크기 "1200" 간격으로 선을 그린다.

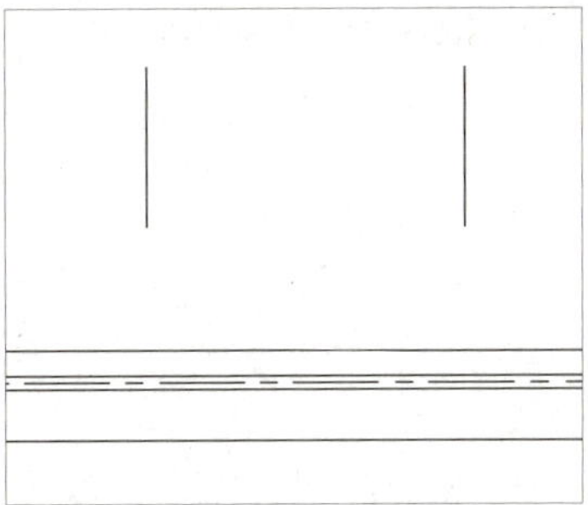

② Mledit 명령을 실행하여 "전체 자르기" 명령을 실행한다.

③ 편집할 여러 줄을 선택하라는 메시지가 프롬프트 되면 Shift +마우스 우측 버튼을 클릭하여 객체 스냅을 활성화하여 "가상 교차점"을 선택한다.

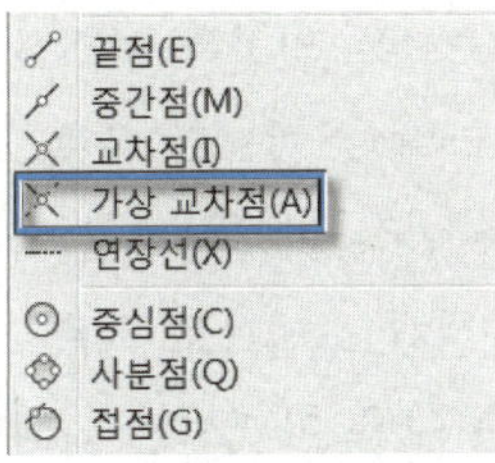

④ 보조선을 선택한 후 바로 아래 여러 줄을 선택한다.

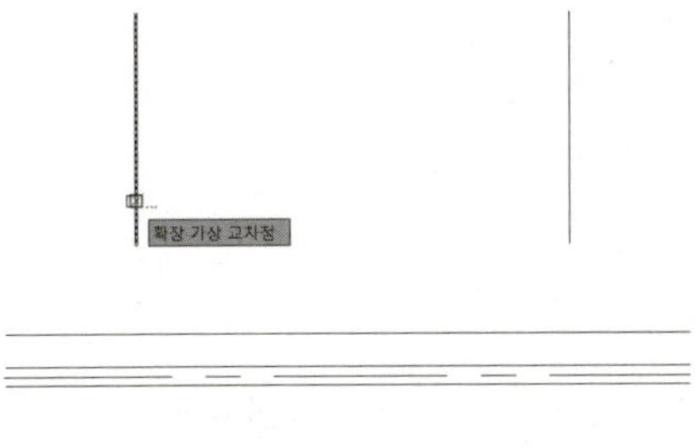

▲ 보조선을 선택한다.

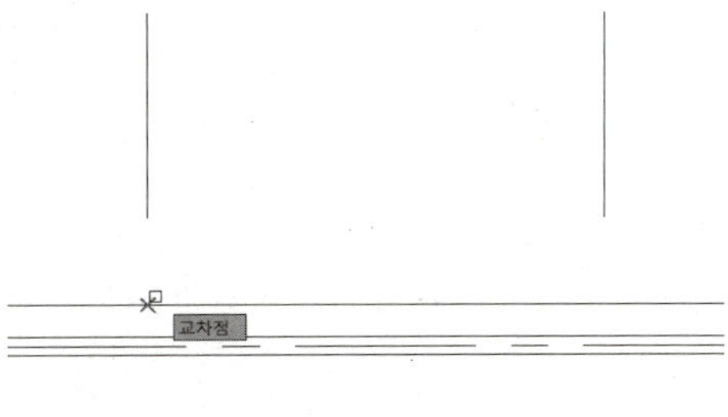

▲ 선택했던 보조선 아래 여러 줄을 선택한다.

⑤ 반대쪽도 같은 방법으로 진행하면 여러 줄이 "1200" 간격으로 절단된다.

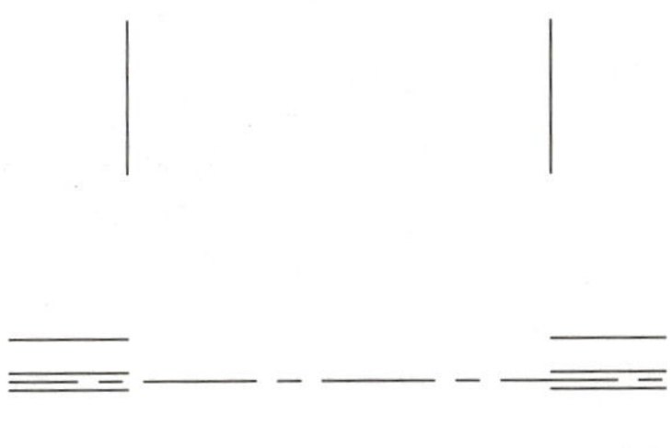

⑥ 뚫린 벽을 마감하기 위해 양쪽으로 벽돌 한 장 두께인 90만큼 Offset 한다.

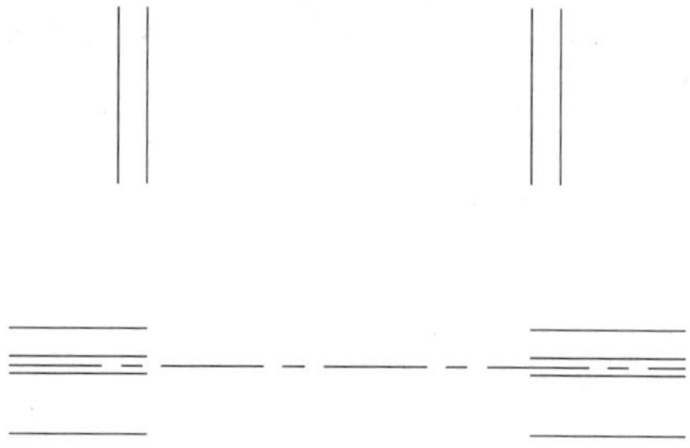

⑦ Mledit의 "단일 자르기" 명령으로 여러 줄의 안쪽 선을 정리한다. 요령은 동일하다.

다음 순서대로 진행한다.

㉠ "가상 교차점" 객체 스냅으로 우측 보조선을 선택한다.
㉡ 여러 줄의 우측 안쪽 윗선을 선택한다.
㉢ "가상 교차점" 객체 스냅으로 좌측 보조선을 선택한다.
㉣ 여러 줄의 좌측 안쪽 윗선을 선택한다.
㉤ "가상 교차점" 객체 스냅으로 우측 보조선을 선택한다.
㉥ 여러 줄의 우측 안쪽 아랫선을 선택한다.
㉦ "가상 교차점" 객체 스냅으로 좌측 보조선을 선택한다.
㉧ 여러 줄의 좌측 안쪽 아랫선을 선택한다.

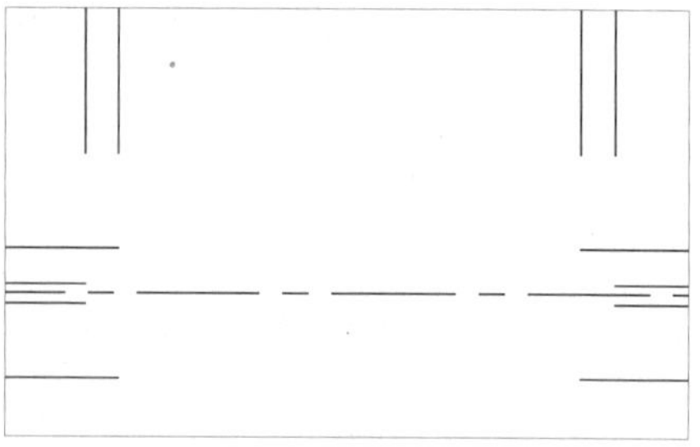

▲ 실행한 결과

⑧ 보조선을 지우지 말고 아래로 이동시켜 Trim 명령으로 정리한다.

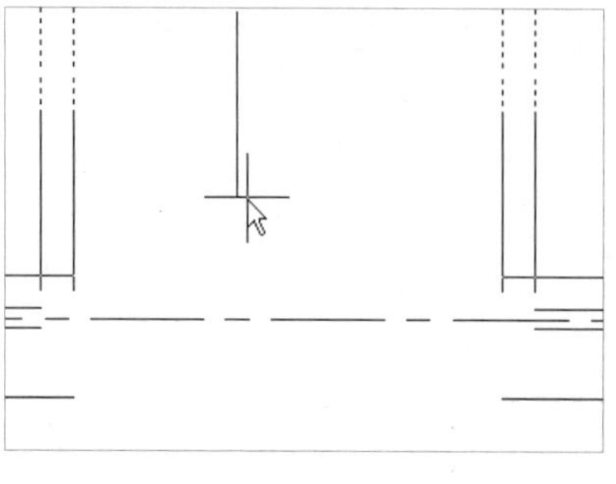

⑨ 문을 벽 사이에 넣는다.

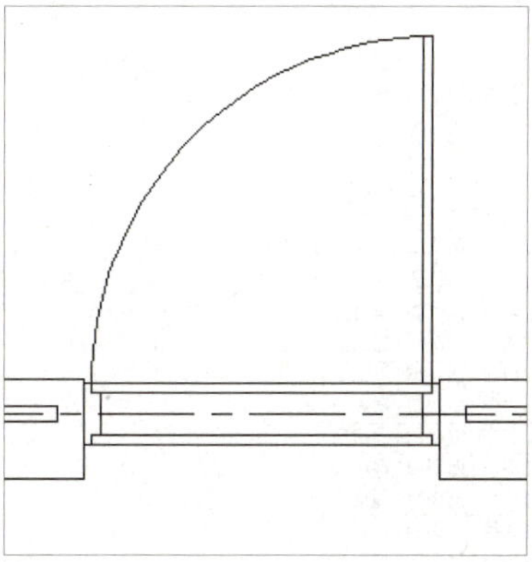

이렇게 작업된 벽선은 문의 위치가 변경되거나 아예 없어졌을 때는 Mledit의 "전체 접합"을 이용하여 뚫린 벽을 복구할 수 있다.

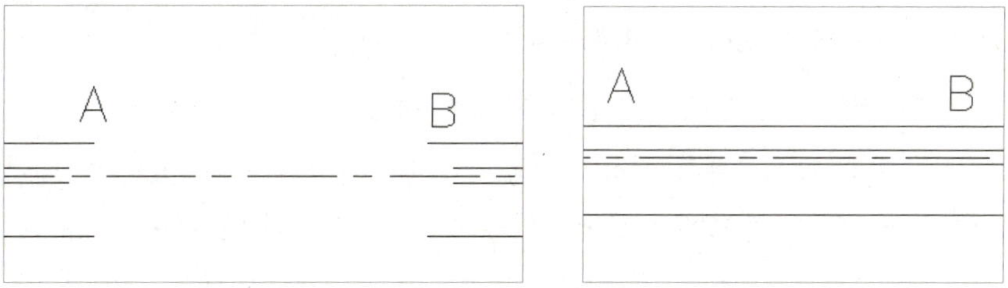

선택 부위에 따라 결과가 다를 수 있으므로 주의한다.

28 테이블(Table)

메뉴: **그리기 ➡ 테이블**
리본: **제도 및 주석 ➡ 홈 ➡ 주석 ➡ 테이블**
도구: **그리기**

도면에 표를 삽입한다.

명령: **Table**

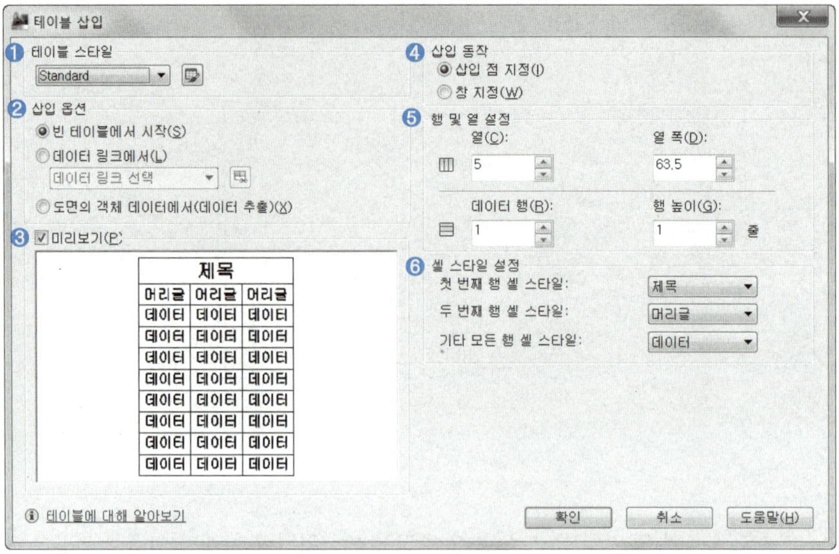

❶ 테이블 스타일 : 테이블을 만들 현재 도면에서 테이블 스타일을 선택한다. 기본 스타일은 Standard이다.

❷ 삽입 옵션 : 테이블 삽입 방법을 지정한다.

- **빈 테이블에서 시작** : 수동으로 데이터를 채울 수 있는 빈 테이블을 만든다.
- **데이터 링크에서 시작** : 외부 스프레드시트의 데이터를 사용하여 테이블을 만든다.
- **도면의 객체 데이터에서 데이터 추출부터** : 데이터 추출 마법사를 실행한다.

❸ 미리보기 : 미리보기의 표시 여부를 조정한다. 빈 테이블에서 시작하면 미리보기에 테이블 스타일 예제가 표시된다. 테이블 링크를 작성하면 미리보기에 결과 테이블이 표시된다. 큰 테이블로 작업할 때 성능을 높이려면 이 옵션의 선택을 취소한다.

❹ 삽입 동작 : 테이블의 위치를 지정한다.

- **삽입 점 지정** : 테이블의 왼쪽 상단 구석 위치를 지정한다. 좌표 입력 장치를 사용하거나 명령 프롬프트에 좌표값을 입력할 수 있다. 테이블 스타일이 테이블의 방향을 상향식(아래에서 위)으로 읽도록 설정할 경우 삽입 점은 테이블의 하단 왼쪽 구석이다.
- **창 지정** : 테이블의 크기와 위치를 지정한다. 좌표 입력 장치를 사용하거나 명령 프롬프트에 좌표값을 입력할 수 있다. 이 옵션을 선택한 경우, 열과 행 수 및 열 폭과 행 높이는 윈도우의 크기와 열 및 행 설정에 따라 달라진다.

❺ 행 및 열 설정 : 열 및 행의 수와 크기를 설정한다.

- **열** : 열 수를 지정한다. 윈도우 지정 옵션을 선택하고 열 폭을 지정한 경우, 자동 옵션이 선택되고 열 수가 테이블의 폭에 따라 조정된다. 시작 테이블을 포함하는 테이블 스타일이 지정되었으면 해당 시작 테이블에 추가할 추가 열 수를 선택할 수 있다.
- **열 폭** : 열 폭을 지정한다. 윈도우 지정 옵션을 선택하고 열 수를 지정한 경우, 자동 옵션이 선택되고 열 폭은 테이블의 폭에 따라 조정된다. 최소 열 폭은 하나의 문자이다.
- **데이터 행** : 행 수를 지정한다. 윈도우 지정 옵션을 선택하고 행 높이를 지정한 경우, 자동 옵션이 선택되고 행 수는 테이블의 폭에 따라 조정된다. 제목 행과 머리글 행을 가지는 테이블 스타일은 최소 세 개의 행을 가진다. 최소 행 높이는 한 줄이다. 시작 테이블을 포함하는 테이블 스타일이 지정되었으면 해당 시작 테이블에 추가할 추가 데이터 행 수를 선택할 수 있다.
- **행 높이** : 행 높이를 줄 수로 지정한다. 행 높이는 테이블 스타일에서 설정되는 문자 높이 및 셀 여백을 기반으로 한다. 윈도우 지정 옵션을 선택하고 행 수를 지정한 경우, 자동 옵션이 선택되고 행 높이는 테이블의 높이에 따라 조정된다.

❻ 셀 스타일 설정 : 시작 테이블을 포함하지 않는 테이블 스타일의 경우 새 테이블의 행에 대한 셀 스타일을 지정한다.

- **첫 번째 행 셀 스타일** : 테이블의 첫 번째 행에 대한 셀 스타일을 지정한다. 기본적으로 제목 셀 스타일이 사용된다.
- **두 번째 행 셀 스타일** : 테이블의 두 번째 행에 대한 셀 스타일을 지정한다. 기본적으로 머리글 셀 스타일이 사용된다.
- **기타 모든 행 셀 스타일** : 테이블의 다른 모든 행에 대한 셀 스타일을 지정한다. 기본적으로 데이터 셀 스타일이 사용된다.

✷ 다음과 같은 설정일 때

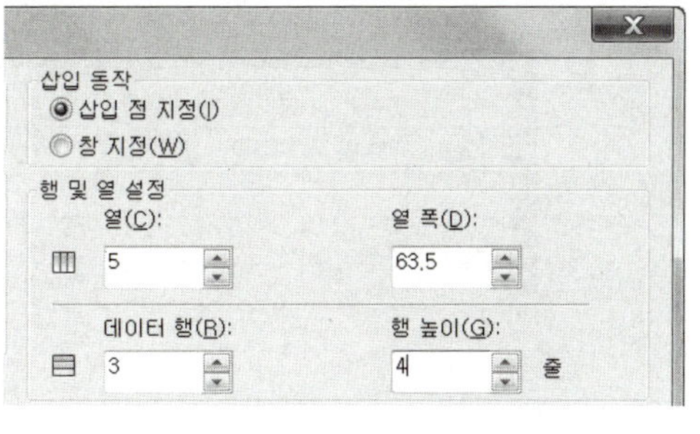

한글 글꼴이 잡혀 있지 않은 상태에서도 한·영 전환 키를 누른 후 한글을 입력하면 되며 다른 칸으로 이동시에 키보드의 Tab키를 사용하여 이동한다.

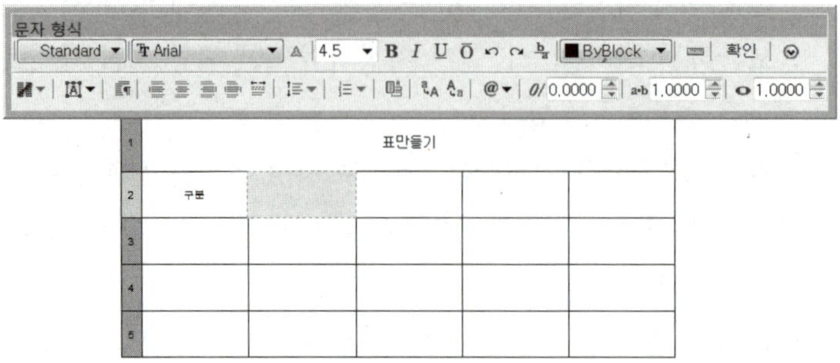

표 만들기				
구분	이름	수량		

작성 결과

✷ 테이블을 수정하는 방법

❶ 표의 크기 등을 변형하려면 표의 외곽을 선택하여 Grip점을 움직여 수정한다.

❷ 표의 내용을 변경하려면 표의 내부를 더블 클릭하면 작성할 때의 문자 입력 창이 표시된다.

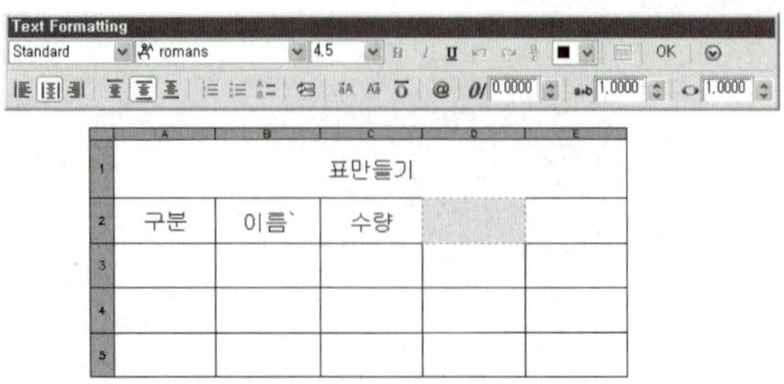

연습문제

문제 1 | 기계 도면에서 사용되는 부품표를 Table 명령으로 작성해 보자.

- 문자 크기 : 4.5
- 삽입 동작을 Specity window(창 지정)으로 하고 Colum을 5, Data Row를 5로 한다.

5	작은 축	SNC415	1	
4	축	SNC415	2	
3	가늠쇠	SM45C	1	
2	받침대	SM45C	1	
1	베이스	SM45C	1	
품 번	품 명	재 질	수 량	비 고

150

문제 2 | 건축 도면에 사용되는 범례표를 Table 명령으로 작성해 보자.

- 문자 크기 : 제목 6, 내용 4.5

140

범례 및 주기		
기호	내용	비고
	국선단자함 SUS-DOOR	FL+500
	중단자함	FL+500
	모듈러잭(4P)	MH:300
	천정매입배관	
	지중배관	

제 3 장 편집 명령

1 이동(M, Move)

메뉴: 수정 ➠ 이동
리본: 제도 및 주석 ➠ 홈 ➠ 수정 ➠ 이동
도구: 수정

객체를 현 위치에서 새로운 위치로 이동시킨다.

명령: M
객체 선택: ← 이동 대상을 선택한다.
객체 선택: ← 이동 대상이 더 이상 없으면 그냥 Enter↵한다.
기준점 지정 또는 [변위(D)] 〈변위〉: ← 선택한 대상의 기준점을 지정한다.
두 번째 점 지정 또는 〈첫 번째 점을 변위로 사용〉: ← 이동해 갈 곳의 위치를 지정한다.

▶ 예제 가로 100, 세로 60인 사각형과 지름이 20인 원을 그린다.

원의 중심을 기준으로 사각형의 우측 상단 모서리 끝점으로 이동시킨다.

명령: M
객체 선택: ← 이동 대상을 선택한다.
객체 선택: ← 이동 대상이 더 이상 없으면 그냥 Enter↵한다.
기준점 지정 또는 [변위(D)] 〈변위〉: ← 원의 중심점을 지정한다.(그림 A)
두 번째 점 지정 또는 〈첫 번째 점을 변위로 사용〉: ← 사각형 모서리 끝점을 지정한다.(그림 B)

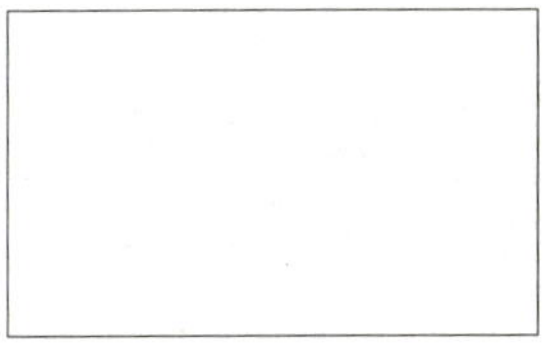

▲ 그림 A

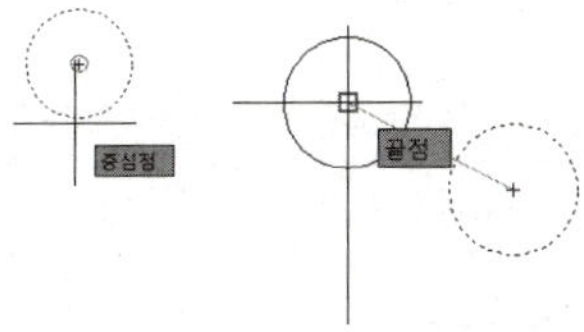

▲ 그림 B

▲ 그림 C

2 복사(Cp, Co, Copy)

메뉴: **수정 ➠ 복사**

리본: **제도 및 주석 ➠ 홈 ➠ 수정 ➠ 복사**

도구: **수정**

Move와 명령의 흐름은 같다. 원본은 그대로 두고 선택한 객체를 특정한 위치에 복사한다.

✹ "이동" 명령에서 사용한 예제를 가지고 실습하며 익혀보자.

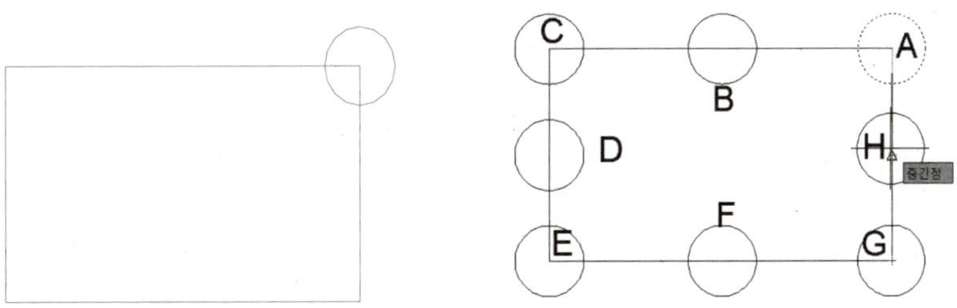

명령: CP
객체 선택: ← 대상을 선택한다.
객체 선택:
현재 설정: 복사 모드 = 다중(M)
기본점 지정 또는 [변위(D)/모드(O)] 〈변위(D)〉: ← 선택 대상의 기준점을 지정한다.(A)
두 번째 점 지정 또는 [배열(A)] 〈첫 번째 점을 변위로 사용〉: ← 복사돼서 갈 곳의 기준점을 지정한다.(B)
두 번째 점 지정 또는 [배열(A)/종료(E)/명령 취소(U)] 〈종료〉: ← (C)
두 번째 점 지정 또는 [배열(A)/종료(E)/명령 취소(U)] 〈종료〉: ← (D)
두 번째 점 지정 또는 [배열(A)/종료(E)/명령 취소(U)] 〈종료〉: ← (E)
두 번째 점 지정 또는 [배열(A)/종료(E)/명령 취소(U)] 〈종료〉: ← (F)
두 번째 점 지정 또는 [배열(A)/종료(E)/명령 취소(U)] 〈종료〉: ← (G)
두 번째 점 지정 또는 [배열(A)/종료(E)/명령 취소(U)] 〈종료〉: ← (H)

객체 스냅 "끝점"과 "중간점"이 활성화되어 있어야 한다.

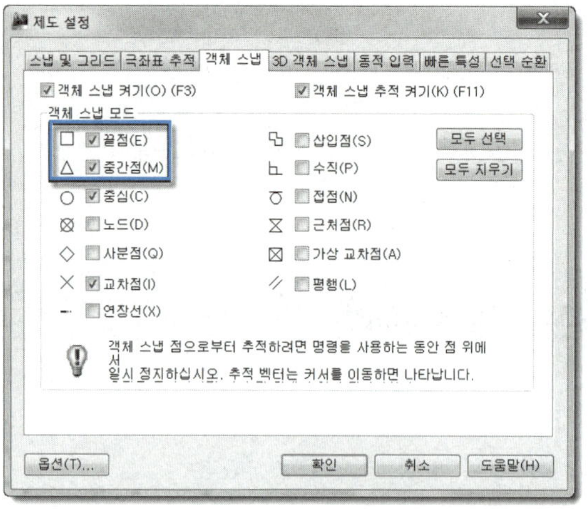

▲ 객체 스냅 설정 창

연습문제

문제 1 | Move 명령을 이용하여 좌측의 그림으로 완성하여 보자.

– 사용 명령 : Polygon, Circle, Move

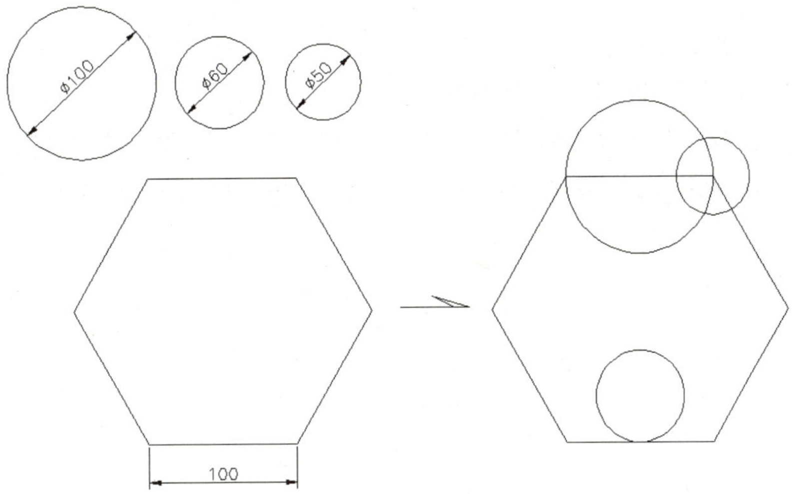

문제 2 | 1번 문제의 결과를 이용하여 다음을 완성하자.

– 사용 명령: Copy

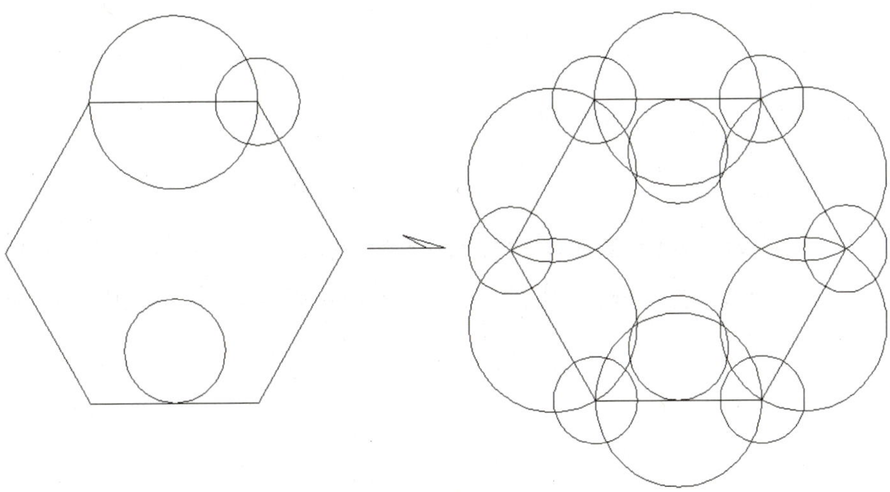

3 선택 방법

1 명령 사용 중 선택 방법

편집 명령 사용 중에 "객체 선택:　"이라는 메시지에서 원하는 요소를 선택하는 방법이다. 선택이 되면 점선으로 변한다.

① All : "All"을 입력하면 화면 내에 존재하는 모든 것이 선택된다.

② 개별 선택 : 선택 상자(Pick Box)로 일일이 하나씩 선택한다.

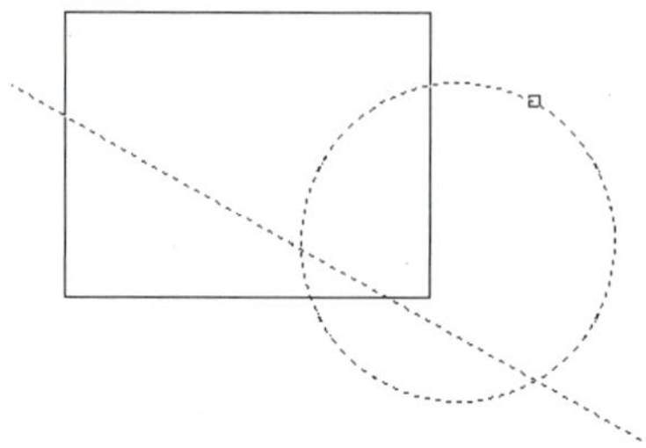

③ Crossing box로 선택 : 허공에 한 점(A)을 찍고 왼쪽 대각선 방향(B)으로 마우스를 이동하면 점선 박스가 그려지는데 그 박스에 포함되거나 걸쳐진 요소를 선택한다.

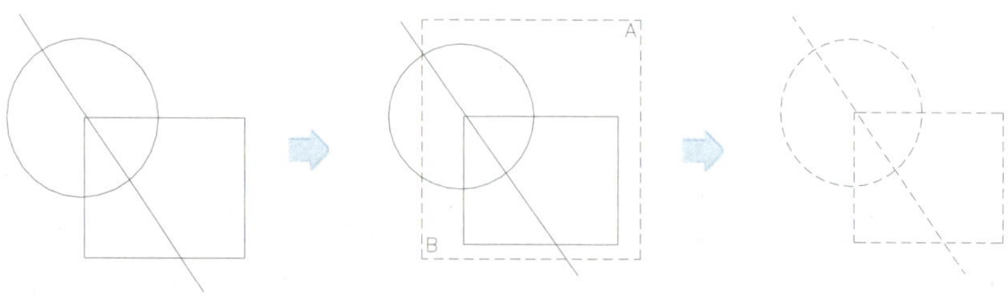

④ Window box로 선택 : 허공에 한 점(A)을 찍고 오른쪽 대각선 방향(B)으로 마우스를 이동하면 실선 박스가 그려지는데 그 박스에 포함된 것만 선택된다.

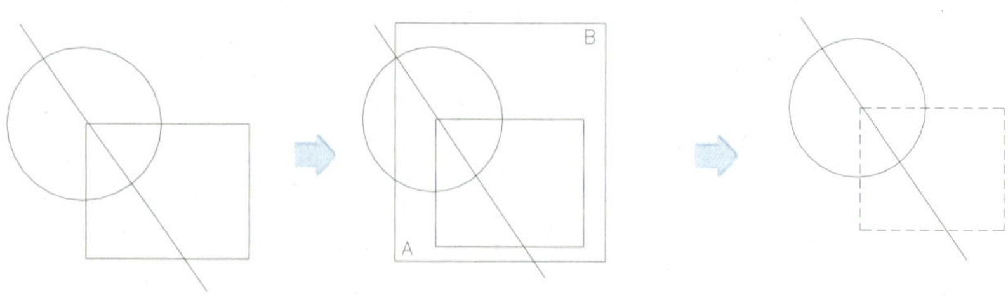

⑤ L(Last) : 가장 최근에 생성된 요소를 선택한다.

예 1 원 A를 복사하여 B를 만든 다음

객체 선택: L Enter↵

1개를 찾음 ← 최근에 생성된 B가 선택된다.

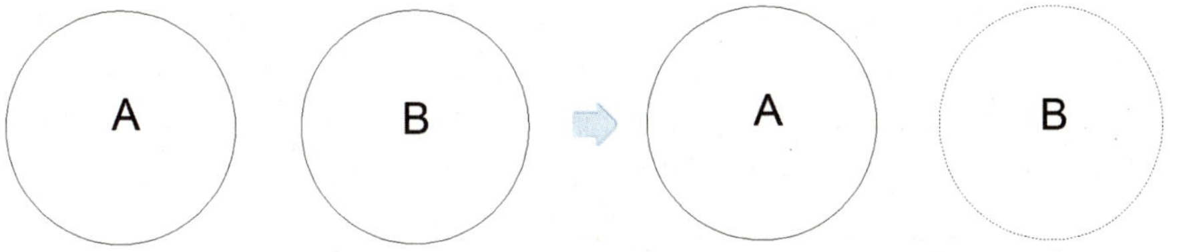

예 2 사각형을 아래 순서로 그렸다면 "객체 선택: L"에서 선분 4가 선택된다.

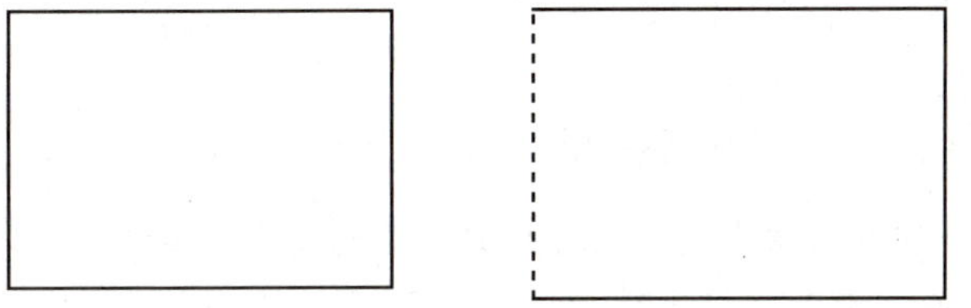

⑥ P(Previous) : 가장 최근(방금 전)에 선택되었던 요소를 선택한다.

예 원 A를 복사하여 B를 만든 다음

객체 선택: P Enter↵ ← 원 A가 선택된다.

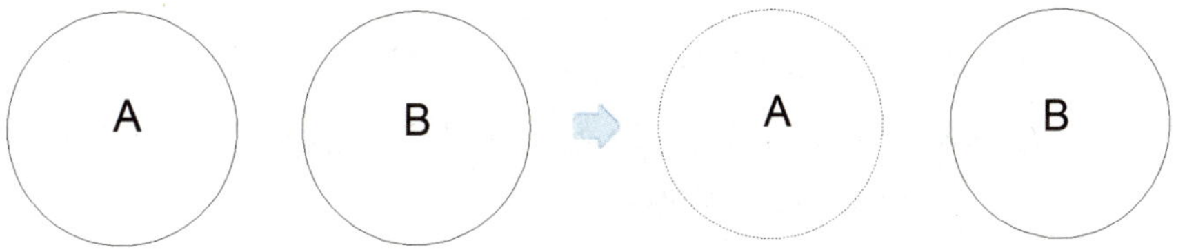

⑦ F(Fence) : 울타리(Fence) 선이 지나간 것을 선택한다.

좁은 부분의 요소를 선택하거나 한 번에 다수를 선택할 때 편리하다.

객체 선택: f
첫 번째 울타리 점 지정: ← P1점을 지정한다.
다음 울타리 점 지정 또는 [명령 취소(U)]: ← P2점을 지정한다.
다음 울타리 점 지정 또는 [명령 취소(U)]: ← P3점을 지정한다.
다음 울타리 점 지정 또는 [명령 취소(U)]: Enter↵

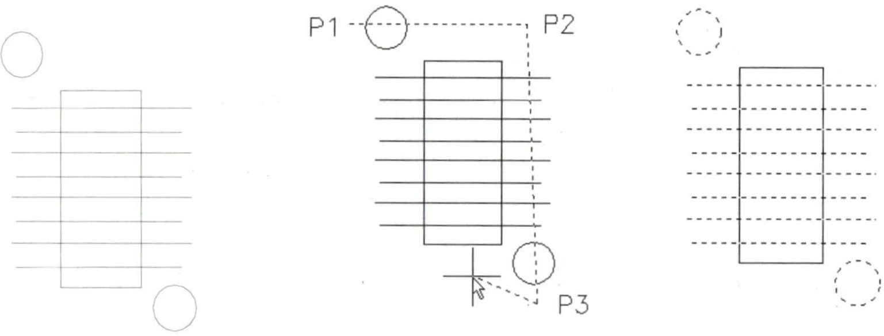

객체 선택: F
첫 번째 울타리 점:
선의 끝점 지정 또는 [명령 취소(U)]:
선의 끝점 지정 또는 [명령 취소(U)]:

⑧ U(Undo) : 선택했던 역순으로 선택을 취소한다.

⑨ WP(Wpolygon) : Window 방법과 동일하나 다각형 모양으로 범위를 지정하여 선택한다.

⑩ CP(Cpolygon) : Crossing 방법과 동일하나 다각형 모양으로 범위를 지정하여 선택한다.

WP와 CP는 범위를 지정할 때 반시계방향으로 진행해야 원하는 범위를 지정하기 쉽다.

⑪ Add : 선택을 추가한다. Remove와 반대이다.

⑫ R(Remove) : 선택을 취소한다.(키보드의 Shift 를 누른 상태로 선택하는 방법을 일반적으로 사용한다.)

⑬ SI(Single) : 단 한번만 선택하게 한다. Lisp 등 프로그램 상에서 응용하며 일반 작업에서는 거의 사용하지 않는다.

2 신속 선택(QSE, Qselect)

메뉴: 도구 ➠ 신속 선택
리본: 제도 및 주석 ➠ 홈 ➠ 유틸리티 ➠ 신속 선택

색상, 선 모양, 선 두께 등의 특성을 이용, 마우스 지정 없이 선택할 수 있으며 Filter 명령과 아주 유사하다.

명령: QSE

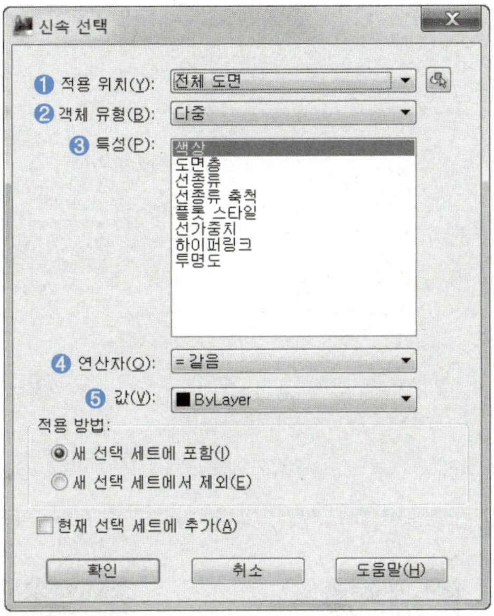

❶ 적용 위치(Y) : 적용 범위 선택

- 전체 도면 : 도면 전체 검색
- [아이콘] : 선택한 범위 내에서만 검색 현재 선택 요소로 바뀐다.

❷ 객체 유형(B) : 선택할 도면 요소의 형태를 지정한다.

❸ 특성(P) : 필터 처리할 객체 특성을 지정한다.

❹ 연산자(O) : 연산자를 이용하여 선택의 범위를 조정한다. 지정한 내용과 일치한 요소를 선택하게 하려면 "=같음", 정반대로 하려면 "<>다름"을 지정한다. ">큼" 현재 설정된 색상 번호보다 큰 번호의 색을 선택한다.

– 1: 빨강색, 2: 노랑색, 3: 초록색, 4: 하늘색, 5: 파랑색, 6: 선홍색, 7: 흰색

❺ 값(V) : 색상을 지정할 수 있다.

3 선택에 따른 시각 효과 설정

메뉴: 도구 ➠ 옵션 ➠ 선택사항 ➠ 시각 효과 설정

객체를 선택할 때 시각 효과를 설정하거나 조정한다.

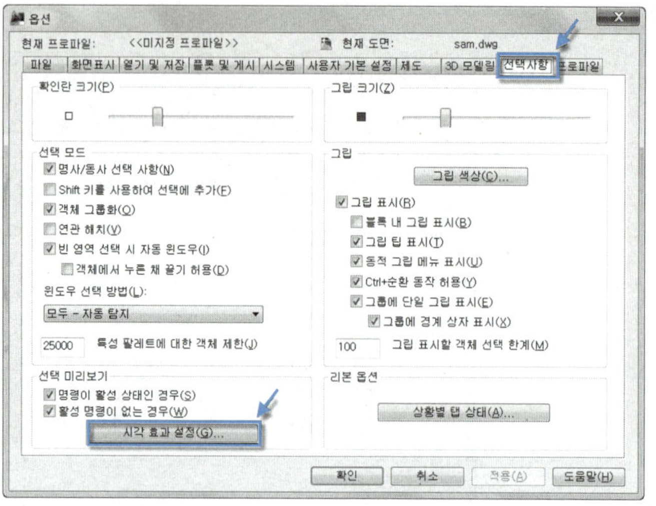

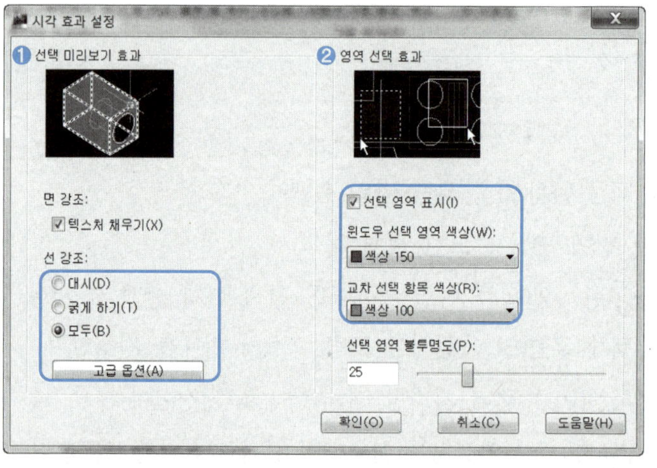

❶ 선택 미리보기 효과

- **대시(D)** : 점선으로 표시한다.
- **굵게 하기(T)** : 굵게 표시한다.
- **모두(B)** : 점선 + 굵게 표시를 동시에 한다.
- **고급 옵션** : 고급 옵션으로 선택 미리보기 필터링을 제어한다.

❷ 영역 선택 효과

- **선택 영역 표시(I)** : 선택 영역에 색상 적용 여부를 설정한다.
- **윈도우 선택 영역 색상(W)** : Window 선택 시 표현되는 색상을 지정한다.
- **교차 선택 항목 색상(R)** : Crossing 선택 시 표현되는 색상을 지정한다.

다음은 설정 값이 기본일 때 객체 선택할 때의 시각 효과이다.

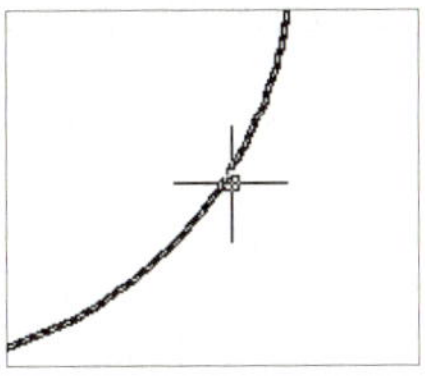

▲ 점선+굵게 표시

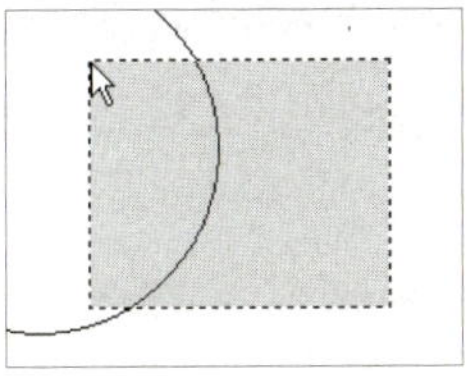

▲ Crossing 선택

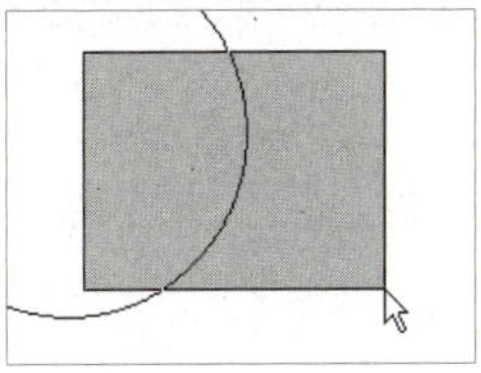

▲ Window 선택

4 간격 띄우기(O, Offset) 

메뉴: 수정 ➠ 간격 띄우기

리본: 제도 및 주석 ➠ 홈 ➠ 수정 ➠ 간격 띄우기

도구: 수정

간격 띄우기, 입력한 간격으로 지정한 방향에 폐각형일 때는 닮은꼴, 단일 선일 때는 복사를 한다.

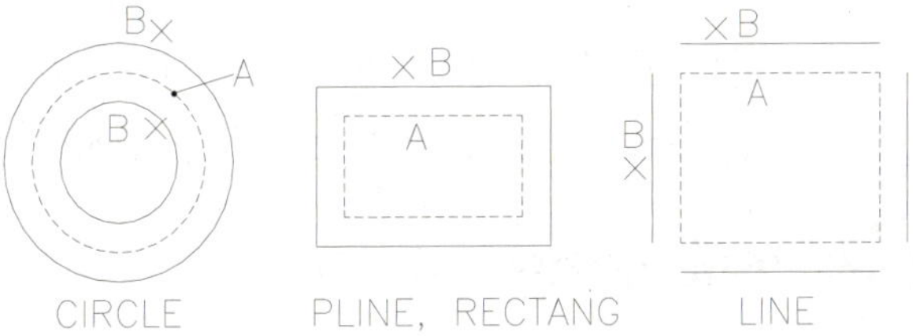

명령: O

현재 설정: 원본 지우기=아니오 도면층=원본 OFFSETGAPTYPE=0

간격 띄우기 거리 지정 또는 [통과점(T)/지우기(E)/도면층(L)] ⟨1.0000⟩: ← 간격값 입력 또는 엔터하여 통과 지점을 지정한다.

간격 띄우기 할 객체 선택 또는 [종료(E)/명령 취소(U)] ⟨종료⟩: ← 간격 띄울 대상을 선택한다.

간격 띄우기 할 면의 점 지정 또는 [종료(E)/다중(M)/명령 취소(U)] ⟨종료⟩: ← 간격 띄울 방향을 지정한다.

- 통과점(T) : 지정한 지점이 간격 값으로 작용하여 간격 띄우기가 실행된다.
- 지우기(E) : 원본의 삭제 여부를 지정한다.(기본 값 No)
  - 예(Y): 삭제, 아니오(N): 삭제하지 않음
- 도면층(L) : 생성되는 객체에 속하는 Layer를 설정한다.(2006)
  - 현재(C): 현재 작업 중인 도면층에 속하게 한다.
  - 원본(S): 원본의 도면층을 유지한다.

5 배열(Ar, Array)

메뉴: **수정 ➠ 배열**
리본: **제도 및 주석 ➠ 홈 ➠ 수정 ➠ 배열▽**
도구: **수정**

사각 배열과 원형 배열로 선택된 대상의 많은 복사본을 만들 수 있다. 배열을 위한 대화상자가 사라지고 더욱 직관적인 방식으로 변경되었으나 기존 사용자들은 불편할 수도 있다. 배열 후 수정은 "Arrayedit" 명령으로 편집한다.(수치 입력 없이 마우스 움직임만으로도 배열이 가능하다. 구 버전의 대화상자가 있는 "array" 명령을 사용하려면 AutoCAD 2012 서비스 팩을 설치하고 "Arrayclassic" 명령으로 사용 가능하다.)

1 사각 배열 Arrayrect

"Arrayrect"을 사용하면 사각 배열로 바로 진행된다.

✵ 한 변이 20인 삼각형을 Polygon으로 그린 다음 Array 명령을 실습해 보자.
열의 수 : 2, 행의 수 : 3, 열의 간격 : 30, 행의 간격 : 40

1) 배열 수와 간격을 입력하여 사각 배열

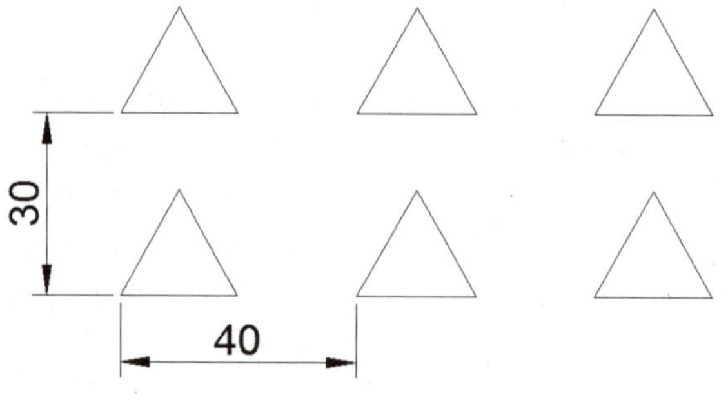

명령: ar
객체 선택: ← 대상 객체를 선택한다.
객체 선택: 배열 유형 입력 [직사각형(R)/경로(PA)/원형(PO)] 〈직사각형〉: ← 엔터한다.
유형 = 직사각형 연관 = 예
항목 수의 반대 구석 지정 또는 [기준점(B)/각도(A)/개수(C)] 〈개수〉: ← 엔터한다.
행 수 입력 또는 [표현식(E)] 〈4〉: 2 ← 행의 수를 입력한다.

반대 구성을 지정하여 항목 간격 조정 또는 [간격(S)] 〈간격〉: ← 엔터한다.
행 사이의 거리 지정 또는 [표현식(E)] 〈10〉: 30 ← 행의 간격을 입력한다. — 부호를 붙이면 방향이 반대로 변경된다.
열 사이의 거리 지정 또는 [표현식(E)] 〈30〉: 40 ← 열의 간격을 입력한다.
Enter 키를 눌러 수락하거나 [연관(AS)/기준점(B)/행(R)/열(C)/레벨(L)/종료(X)]〈종료〉: ← 엔터하여 종료하거나 옵션을 입력하여 설정을 변경한다.

- 연관(AS) : 예(Y)는 연관 객체로 배열하고, 아니오(N)는 독립 개체로 배열한다. 연관 객체로 배열을 하면 배열이 끝난 후 객체가 하나로 묶인다. 이후 배열된 객체의 수정은 리본 메뉴에서 쉽게 할 수 있다. 독립 개체로 하면 원본과 동일한 객체로 남는다. 만약 연관 객체로 완료 후 독립 개체로 만들려면 "X" 명령으로 분해시킨다.

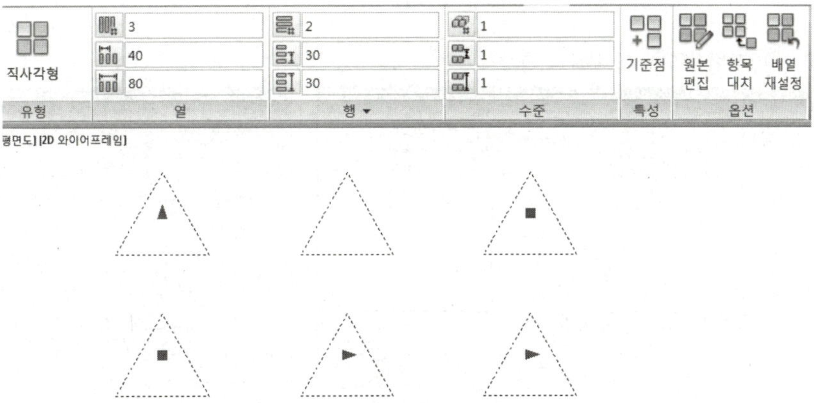

▲ 연관 객체로 배열 후 선택했을 때 리본 메뉴

- 기준점(B) : 기준점을 변경한다.
- 행(R)/열(C) : 행과 열의 배열 수를 변경하고 그에 따른 간격도 변경한다.
- 레벨(L) : 3차원 공간(Z축)으로 배열을 한다.

2) 경사각을 이용한 사각 배열

✱ 30° 기울어진 상태로 사각 배열을 해보자.

Angle of array에 경사각만 입력하면 된다.

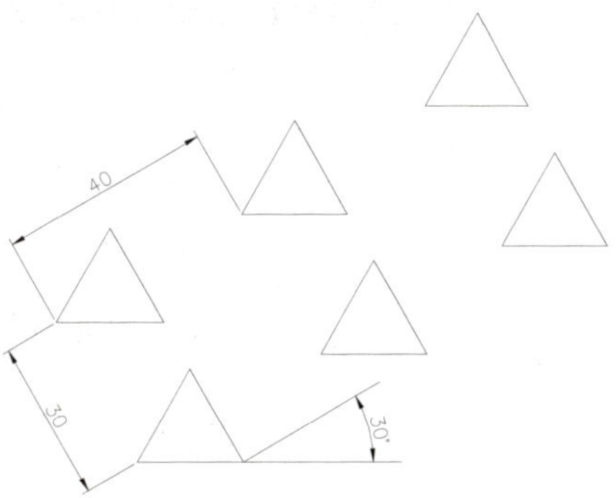

명령: ar
객체 선택: ← 대상 객체를 선택한다.
객체 선택: 배열 유형 입력 [직사각형(R)/경로(PA)/원형(PO)] 〈직사각형〉: ← 엔터한다.
유형 = 직사각형 연관 = 예
항목 수의 반대 구석 지정 또는 [기준점(B)/각도(A)/개수(C)] 〈개수〉: a
행 축 각도 지정 〈0〉: 30 ← 기울기 각을 입력한다.
항목 수의 반대 구석 지정 또는 [기준점(B)/각도(A)/개수(C)] 〈개수〉: ← 엔터한다.
행 수 입력 또는 [표현식(E)] 〈4〉: 2
열 수 입력 또는 [표현식(E)] 〈4〉: 3
반대 구석을 지정하여 항목 간격 조정 또는 [간격(S)] 〈간격〉:
행 사이의 거리 지정 또는 [표현식(E)] 〈25.9808〉: 30
열 사이의 거리 지정 또는 [표현식(E)] 〈30〉: 40
Enter 키를 눌러 수락하거나 [연관(AS)/기준점(B)/행(R)/열(C)/레벨(L)/종료(X)]〈종료〉:

▼ 2012 이전 버전의 사각 배열 대화상자

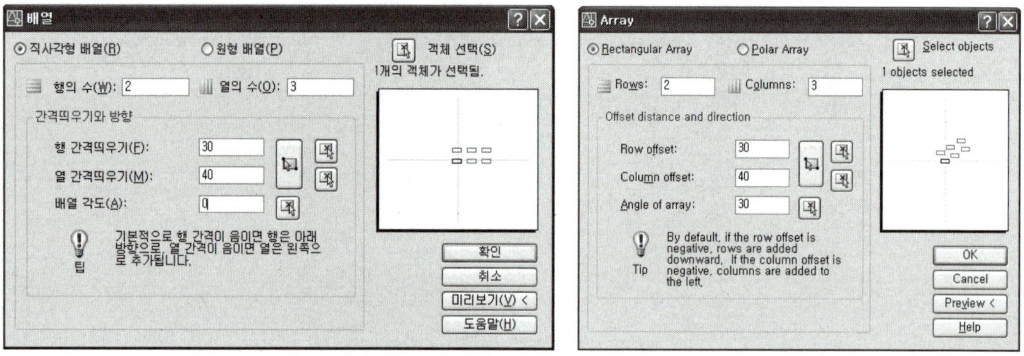

2 원형 배열 Arraypolar

"Arraypolar"을 사용하면 사각 배열로 바로 진행된다.

1) 전체 배열 각도와 배열 수의 입력으로 원형 배열한다.

전체 배열 각도 : 360, 배열 수 : 10

명령: ar

객체 선택: ← 대상 객체를 선택한다.

객체 선택: 배열 유형 입력 [직사각형(R)/경로(PA)/원형(PO)] 〈직사각형〉: po ← 원형 배열 옵션 "PO"를 입력한다.

유형 = 원형 연관 = 예

배열의 중심점 지정 또는 [기준점(B)/회전축(A)]: ← 중심점을 지정한다.

(기준점(B)/회전축(A) ← 3차원 옵션이므로 3차원 단원에서 설명하기로 한다.)

항목 수 입력 [사이의 각도(A)/표현식(E)] 〈4〉: 10 ← 배열 개수를 입력한다.

채울 각도 지정(+=ccw, -=cw) 또는 [표현식(EX)] 〈360〉: ← 360° 배열하므로 그냥 엔터한다.

Enter 키를 눌러 수락하거나 [연관(AS)/기준점(B)/항목(I)/사이의 각도(A)/채울 각도(F)/행(ROW)/레벨(L)/항목회전(ROT)/종료(X)]〈종료〉: ← 항목 회전(ROT) 여부에 따라 결과가 그림과 같이 달라진다.

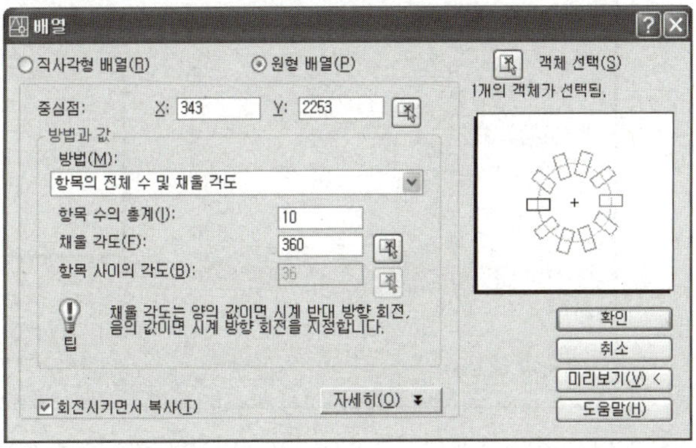

▲ 2012 이전 버전의 전체 배열 각도와 배열 수의 원형 배열 대화상자

2) 항목 사이의 각도 및 전체 배열 수로 배열될 전체 배열 각을 결정한다.

항목 사이의 각도 : 30, 전체 배열 수 : 10

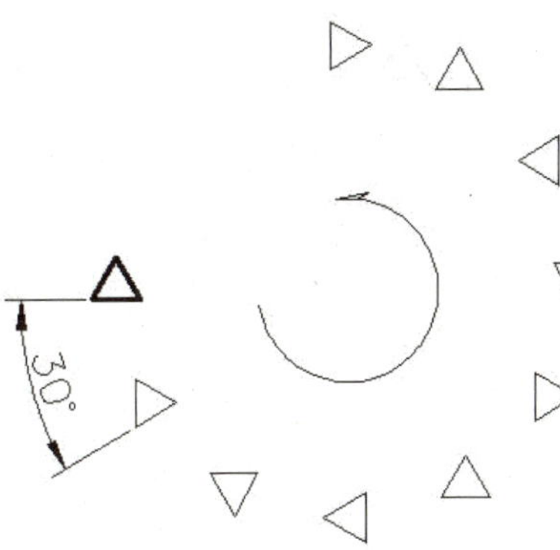

명령: ar
객체 선택: ← 대상 객체를 선택한다.
객체 선택: 배열 유형 입력 [직사각형(R)/경로(PA)/원형(PO)] 〈원형〉: ← 기본 값이 원형이므로 있으면 그냥 엔터한다.
유형 = 원형 연관 = 예
배열의 중심점 지정 또는 [기준점(B)/회전축(A)]: ← 중심점을 지정한다.
항목 수 입력 [사이의 각도(A)/표현식(E)] 〈4〉: a ← 항목 사이의 각을 입력하기 위한 옵션 "A"를 입력한다.
항목 사이의 각도 지정 또는 [표현식(EX)] 〈90〉: 30 ← 항목 사이의 각을 입력한다.
항목 수 지정 또는 [채울 각도(F)/표현식(E)] 〈4〉: 10 ← 전체 배열 수를 입력한다.
Enter 키를 눌러 수락하거나 [연관(AS)/기준점(B)/항목(I)/사이의 각도(A)/채울 각도(F)/행(ROW)/레벨(L)/항목 회전(ROT)/종료(X)]〈종료〉:

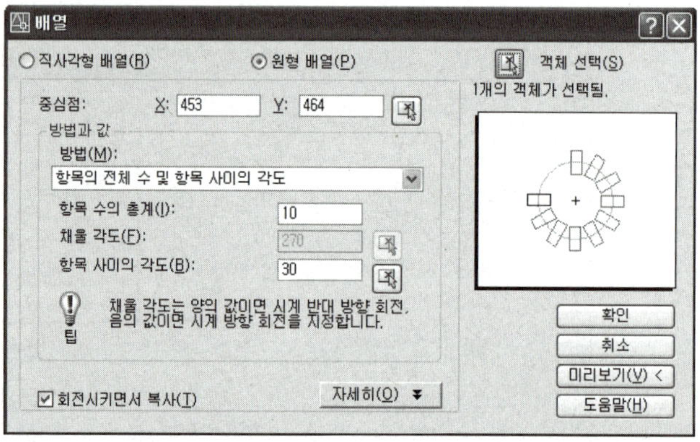

▲ 2012 이전 버전의 항목 사이의 각도 및 전체 배열 수로 회전 배열 대화상자

3) 항목 사이의 각도 및 채울 각도를 입력하여 배열될 물체의 수를 결정한다.

항목 사이의 각도 : 30, 채울 각도 : 180

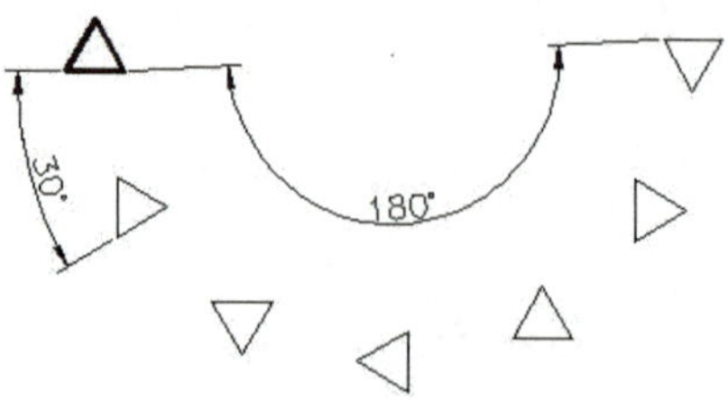

명령: AR
객체 선택: ← 대상 객체를 선택한다.
객체 선택: 배열 유형 입력 [직사각형(R)/경로(PA)/원형(PO)] 〈원형〉:
유형 = 원형 연관 = 예
배열의 중심점 지정 또는 [기준점(B)/회전축(A)]:
항목 수 입력 [사이의 각도(A)/표현식(E)] 〈4〉: a ← 항목 사이의 각을 입력하기 위한 옵션 "A"를 입력한다.
항목 사이의 각도 지정 또는 [표현식(EX)] 〈90〉: 30 ← 항목 사이의 각을 입력한다.
항목 수 지정 또는 [채울 각도(F)/표현식(E)] 〈4〉: f ← 채울 각도를 입력하기 위한 옵션 "F"를 입력한다.
채울 각도 지정(+=ccw, -=cw) 또는 [표현식(EX)] 〈360〉: 180 ← 채울 각도를 입력한다.
Enter 키를 눌러 수락하거나 [연관(AS)/기준점(B)/항목(I)/사이의 각도(A)/채울 각도(F)/행(ROW)/레벨(L)/항목 회전(ROT)/종료(X)]〈종료〉:

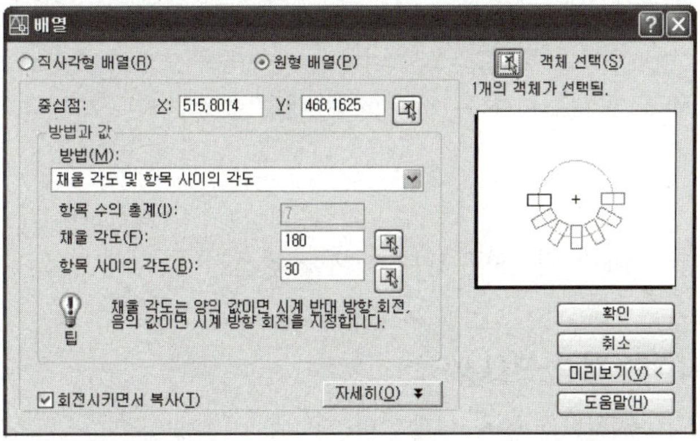

▲ 2012 이전 버전의 항목 사이의 각도 및 채울 각도로 회전 배열 대화상자

4) 경로를 따라 배열하기

3차원에서 회전형 계단을 만들 때 유용하다.

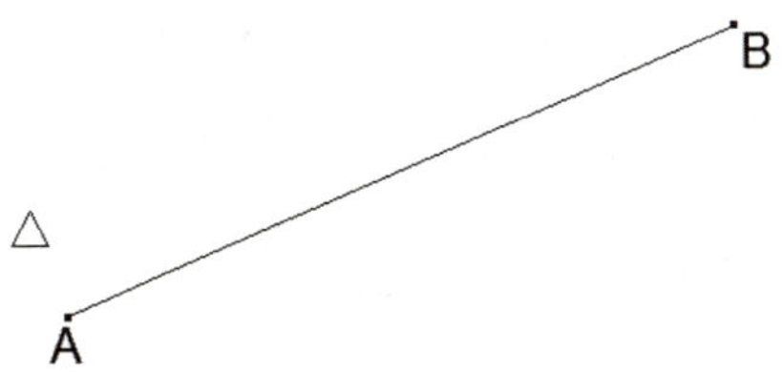

▲ Before

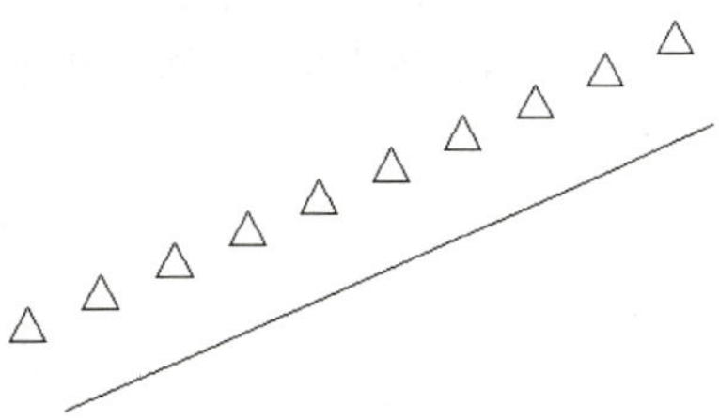

▲ After

명령: AR
객체 선택: 1개를 찾음
객체 선택: 배열 유형 입력 [직사각형(R)/경로(PA)/원형(PO)] 〈경로〉: PA
유형 = 경로 연관 = 예
경로 곡선 선택: ← 경로로 쓰일 선을 A 부근에서 선택한다.
경로를 따라 배열되는 항목 수 입력 또는 [방향(O)/표현식(E)] 〈방향〉: 10 ← 배열할 수를 입력한다.
경로를 따라 배열되는 항목 사이의 거리 지정 또는 [등분할(D)/합계(T)/표현식(E)] 〈경로를 따라 등분할(D)〉: ← 경로를 따라 등분할을 위해 엔터한다.
Enter 키를 눌러 수락하거나 [연관(AS)/기준점(B)/항목(I)/행(R)/레벨(L)/항목 정렬(A)/Z 방향(Z)/종료(X)]〈종료〉:

6 배열 편집(Arrayedit)

리본: **제도 및 주석 ➠ 홈 ➠ 수정 ➠ 배열 편집**
도구: **수정 II**

연관 배열 객체 및 해당 원본 객체를 편집한다.

1) 직사각형 배열 편집 예

① Arrayedit 명령을 실행한다.

명령: Arrayedit
배열 선택: ← 대상을 선택한다. 경고 메시지가 뜨면 "확인"을 누른다.
옵션 입력 [원본(S)/대치(REP)/기준점(B)/행(R)/열(C)/레벨(L)/재설정(RES)/종료(X)] 〈종료〉: S
배열에서 항목 선택: ← 배열 객체 중 하나를 선택한다.(그림 A)
배열 편집 상태를 종료하려면 ARRAYCLOSE를 입력하십시오.

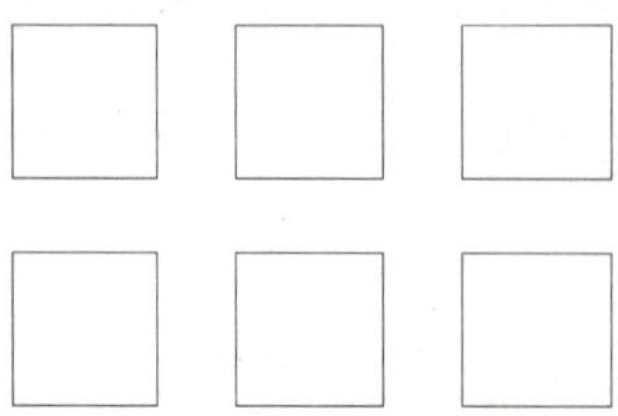

▲ 편집 전

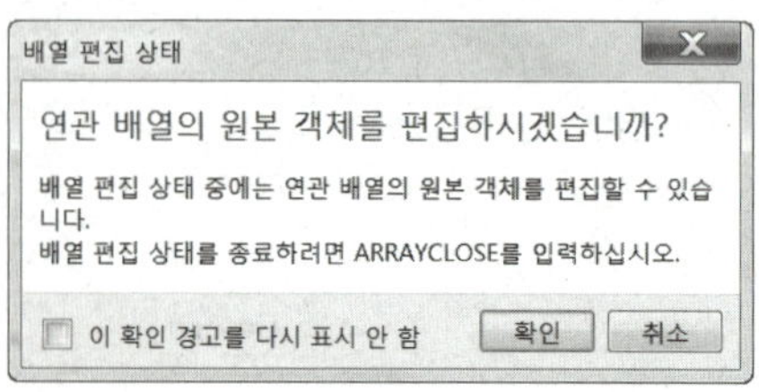

▲ 경고 메시지

② 수정/편집한다.(그림 B)

③ 편집을 완료/저장하려면 리본 메뉴에서 "변경사항 저장"을 눌러 마무리한다.(그림 C)

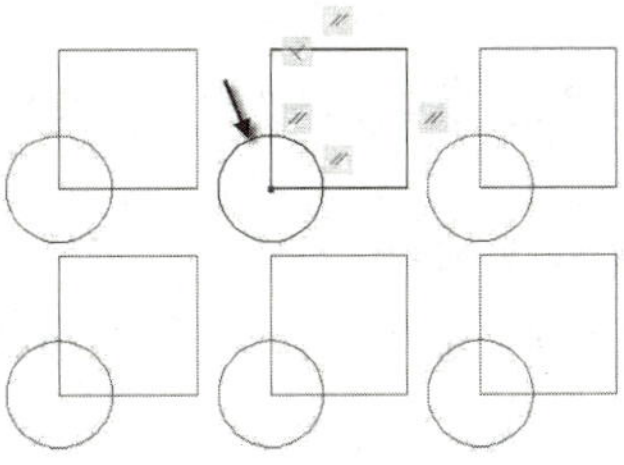

▲ 그림 A

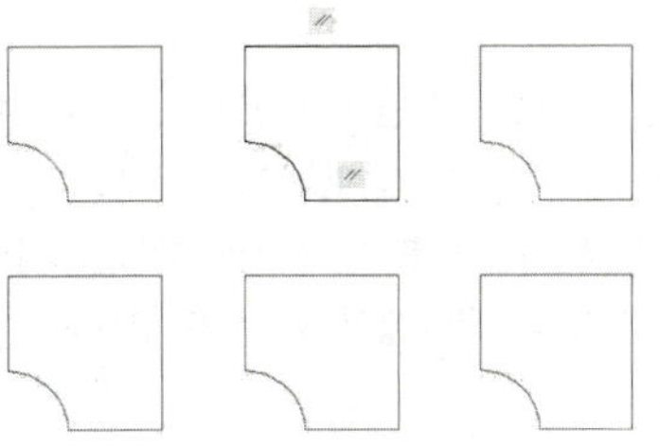

▲ 그림 B

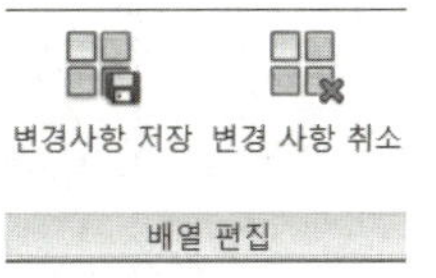

▲ 그림 C

• 직사각형 배열의 경우

옵션 입력 [원본/대치(REP)/기준점(B)/행(R)/열(C)/수준/재설정(RES)/종료(X)] 〈종료〉:

• 경로 배열의 경우

옵션 입력 [원본(S)/대치(REP)/방법(M)/기준점(B)/항목(I)/행(R)/레벨(L)/항목 정렬(A)/Z 방향(Z)/재설정(RES)/종료(X)] 〈종료〉:

• 원형 배열의 경우

옵션 입력 [원본(S)/대치(REP)/기준점(B)/항목(I)/사이의 각도(A)/채울 각도(F)/행(R)/레벨(L)/항목 회전(ROT)/재설정(RES)/종료(X)] 〈종료〉:

- 원본(S) : 선택한 항목에 대해 원본 객체 또는 대치 원본 객체를 편집할 수 있는 편집 상태를 활성화한다. 원본 객체를 수정하면 변경 사항이 동적으로 반영된다.
- 대치(REP) : 선택한 항목 또는 원래 원본 객체를 참조하는 모든 항목에 대해 원본 객체를 대치한다.
  - 대치 객체 : 새 원본 객체를 선택한다.
  - 기준점 : 대치 객체의 기준점을 지정한다.
  - 배열의 항목 : 원본 객체가 대치될 항목을 선택하고 추가 항목을 선택하기 위한 프롬프트를 계속해서 표시한다.
- 기준점(B) : 배열의 기준점을 재정의한다.
- 행(R) : 행의 수 및 간격과 행 사이의 증분 고도를 지정한다.
- 열(C) : 열의 수와 간격을 지정한다. ← 직사각형 배열
- 수준 : 레벨의 수와 간격을 지정한다.

- 방법(M) : 항목 경로 또는 수를 편집할 때 항목을 분산시킬 방법을 조정한다.(경로 배열)
- 항목(I) : 배열 내의 항목 수를 지정한다. ← 경로 및 원형 배열
- 항목 정렬(A) : 각 항목을 경로 방향에 접하도록 정렬할지 여부를 지정한다.(경로 배열)
- Z 방향(Z) : 항목의 원래 Z 방향을 유지할지 아니면 3D 경로를 따라 항목을 자연적으로 뱅크할지를 조정한다.(경로 배열)
- 사이의 각도(A) : 항목 사이의 각도를 지정한다.(원형 배열)
- 채울 각도(F) : 배열에서 첫 번째 항목과 마지막 항목 사이의 각도를 지정한다.(원형 배열)
- 항목 회전(ROT) : 항목이 배열될 때 회전되는지 여부를 제어한다.(원형 배열)
- 재설정(RES) : 지운 항목을 복원하고 항목 재지정을 제거한다.
- 종료(X) : 명령을 종료한다.

7 회전(Ro, Rotate)

메뉴: **수정** ➠ **회전**
리본: **제도 및 주석** ➠ **홈** ➠ **수정** ➠ **회전**
도구: **수정**

기준점을 중심으로 객체를 회전시킨다.

1 다음 예제를 45도 회전시키기

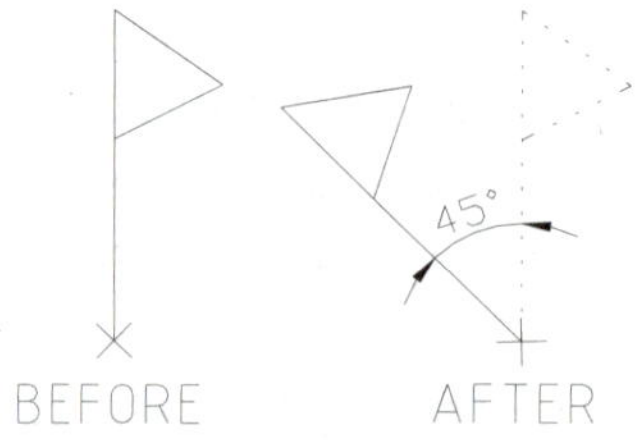

명령: RO
현재 UCS에서 양의 각도: 측정 방향=시계 반대방향 기준 방향=0
객체 선택: ← 대상을 선택한다.
객체 선택: ← 더 이상 선택 대상이 없으면 엔터한다.
기준점 지정: ← 회전 기준점을 지정한다.(아래 끝점)
회전 각도 지정 또는 [복사(C)/참조(R)] 〈0〉: 45 ← 회전 각도를 입력한다.

✎ 복사(C) 옵션을 사용하면 결과물은 새로 만들어진다.

2 참조 각을 이용하여 135° 기울어진 물체를 90°로 원상 복귀

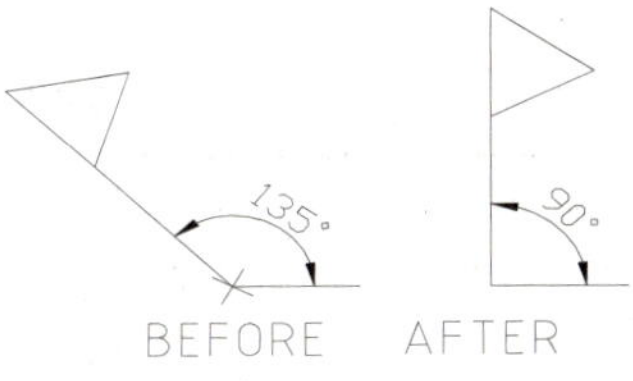

명령: RO
현재 UCS에서 양의 각도: 측정 방향=시계 반대방향 기준 방향=0
객체 선택: ← 대상을 선택한다.
객체 선택:
기준점 지정: ← 회전 기준점을 지정한다.(아래 끝점)
회전 각도 지정 또는 [복사(C)/참조(R)] 〈45〉: r ← 참조 각 옵션 "R"을 입력한다.
참조 각도를 지정 〈0〉: 135 ← 현재 물체의 절대 각을 입력한다.
새 각도 지정 또는 [점(P)] 〈0〉: 90 ← 결과 값(절대 각)을 입력한다.

3 각을 모를 때 원하는 각으로 회전시키는 방법

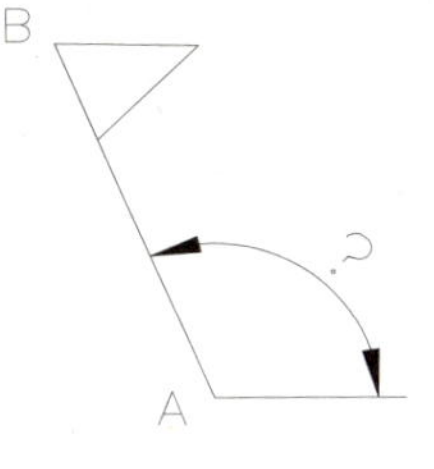

명령: ro
현재 UCS에서 양의 각도: 측정 방향=시계 반대방향 기준 방향=0
객체 선택: ← 대상을 선택한다.
객체 선택:
기준점 지정: ← 회전 기준점을 지정한다.(아래 끝점)
회전 각도 지정 또는 [복사(C)/참조(R)] 〈25〉: r ← 참조 각 옵션 "R"을 입력한다.
참조 각도를 지정 〈135〉: ← 끝점 A를 지정한다.
두 번째 점을 지정: ← 끝점 B를 지정한다.
새 각도 지정 또는 [점(P)] 〈90〉 : ← 원하는 결과 값(절대 각도)을 입력한다.

문제 1 | 다음을 완성하시오.

- 사용 명령: Line, Offset

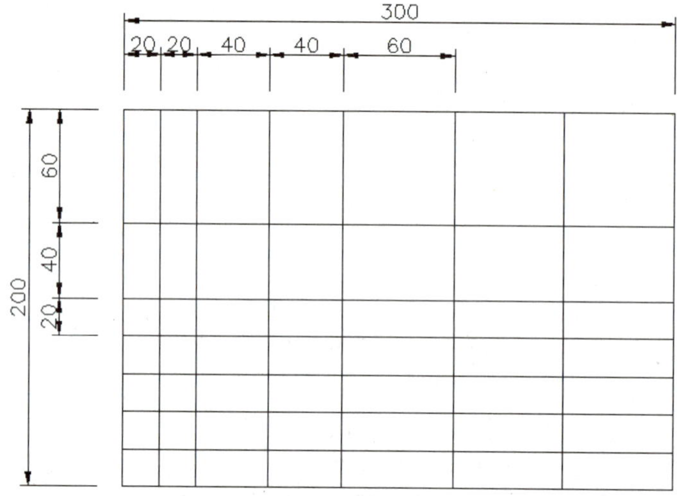

문제 2 | Array 명령을 사용하여 완성하시오.

- 사용 명령: Circle, Array의 원형 배열

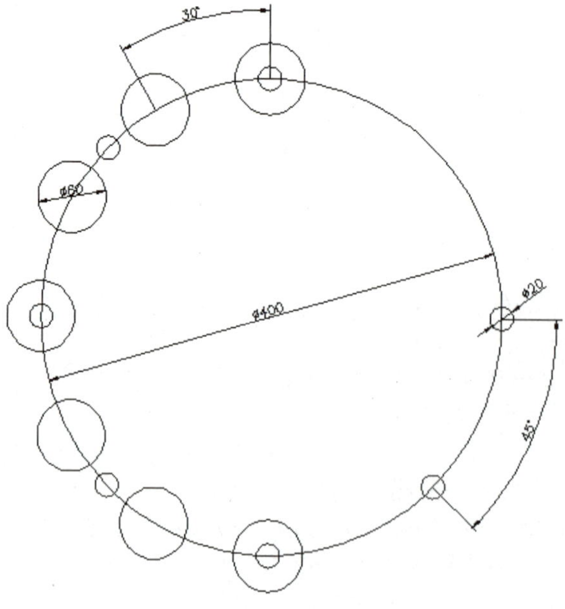

연습문제

문제 3 | Array 명령을 사용하여 완성하시오.

- 사용 명령: Rectang, Array의 사각 배열

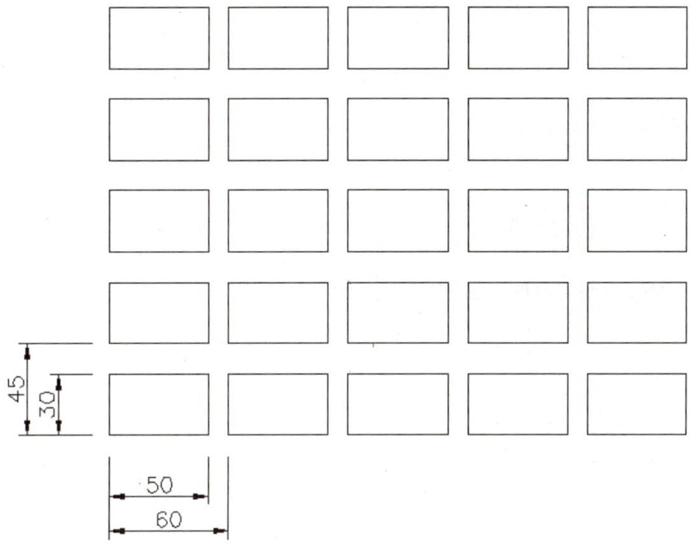

문제 4 | 한 변이 50인 6각형을 그린 다음 45° Rotate시켜 보자.

- 사용 명령: Polygon, Rotate

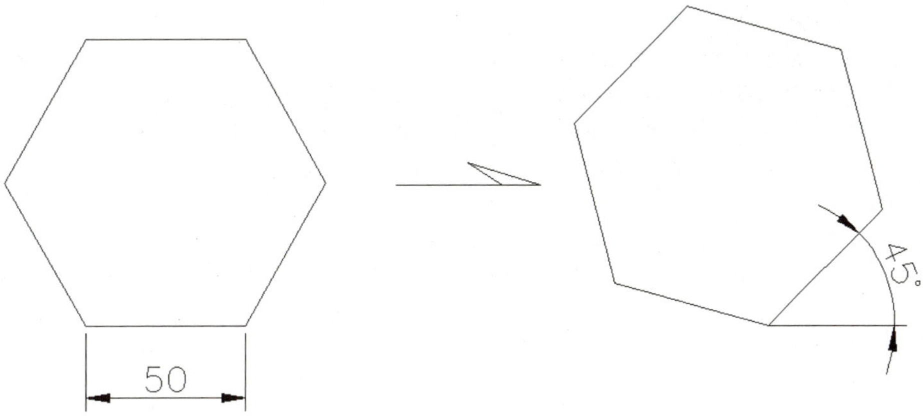

8 축척(Sc, Scale)

메뉴: 수정 ➠ 축척

리본: 제도 및 주석 ➠ 홈 ➠ 수정 ➠ 축척

도구: 수정

크기를 변경한다.

1 비율을 이용한 축척

✷ 다음 도형을 2배 확대해 보자.

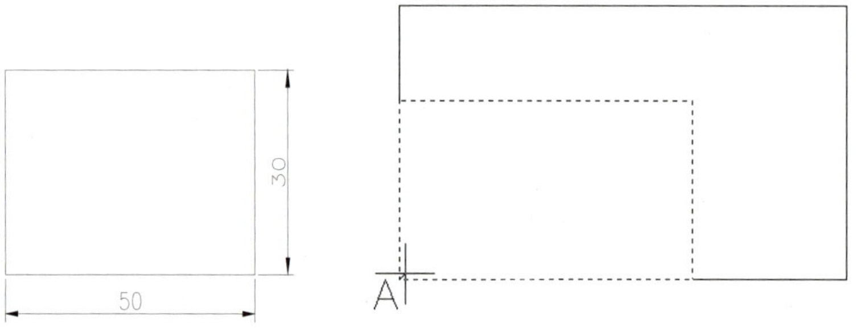

명령: sc

객체 선택: ← 대상을 선택한다.

객체 선택:

기준점 지정: ← 기준점 지정 (A) – 기준점의 위치에 따라 변형 방향이 달라진다.

축척 비율 지정 또는 [복사(C)/참조(R)]: 2 ← 축척 비율을 입력한다.(1보다 크면 확대, 작으면 축소된다.) 복사(C) 옵션을 사용하면 결과물은 새로 만들어진다.

2 참조 길이를 이용하여 가로 변의 길이 100을 78.5로 변경해 보자.

```
명령: sc
객체 선택: ← 대상을 선택한다.
객체 선택:
기준점 지정: ← 변의 1/2 지점을 객체 스냅을 이용해 지정해 본다.(A)
축척 비율 지정 또는 [복사(C)/참조(R)]: r
참조 길이 지정 <1.0000>: 100 ← 현재의 길이를 입력한다.
새 길이 지정 또는 [점(P)] <1.0000>: 78.5 ← 원하는 길이를 입력한다.
```

작업한 도형의 길이를 확인하려면 Dist, Di 명령을 사용한다.

```
명령: Di
첫 번째 점 지정: ← 끝점을 지정한다.(A)
두 번째 점을 지정: ← 끝점을 지정한다.(B)
거리 = 78.5000, XY 평면에서의 각도 = 0, XY 평면으로부터의 각도 = 0
X증분 = 78.5000, Y증분 = 0.0000, Z증분 = 0.0000
```

3 변화된 결과물을 복사본으로 생성하기

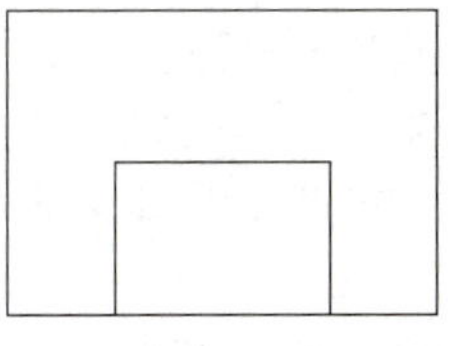

▲ A: 원본, B: 축척이 적용된 복사본

```
명령: Sc
객체 선택:
객체 선택:
기준점 지정: ← 하단부 중간점을 기준점으로 지정해 보자.
축척 비율 지정 또는 [복사(C)/참조(R)] <1.0000>: C ← 복사 옵션 "C"를 입력한다.
선택한 객체의 사본을 축척합니다.
축척 비율 지정 또는 [복사(C)/참조(R)] <1.0000>: 2 ← 축척 비율을 입력한다.
```

9 명령 취소

1 명령 취소(Undo)

여러 가지 형태로 실행했던 명령을 취소한다.

1) 명령어를 입력하여 실행

명령: UNDO
현재 설정: 자동 = 켜기, 조정 = 전체, 결합 = 예, 도면층 = 예
취소할 작업의 수 또는 [자동(A)/조정(C)/시작(BE)/끝(E)/표식(M)/뒤(B)] 입력 〈1〉:

- 자동(A) : 선택한 아이템을 하나의 명령어로 간주할 것인지를 결정한다.
- 조정(C)
  - 모두(A) : Undo 기능을 가능하게 한다.
  - 없음(N) : Undo, U 명령을 사용할 수 없게 한다.
  - 하나(O) : Undo 명령을 단 한번 사용할 수 있게 한다.
  - 결합(C) : 다중, 연속 줌 및 초점 이동 명령을 명령 취소 및 다시 실행 작업에 대한 단일 작업으로 결합할지 여부를 조정한다.
  - 도면층(L) : 도면층 대화상자에서 이루어지는 작업을 하나로 묶어 한 번에 명령 취소가 가능하도록 할지 여부를 조정한다.
- 시작(BE) : 그룹 지정의 처음을 표시한다.
- 끝(E) : 그룹 지정의 끝을 표시한다.
- 표식(M) : 뒤로 가고자하는 곳을 표시한다.
- 뒤(B) : 표식된 곳까지 명령을 취소. 표식 되어 있지 않다면 맨 처음까지 명령을 취소한다.
  - 〈Number〉 : 입력한 수만큼 명령을 취소한다.

2) 메인 메뉴에서 마우스로 선택하여 취소

메인 메뉴에 있는 Toolbar를 선택하여 기록된 실행됐던 명령 중 취소할 명령을 선택하여 취소한다.

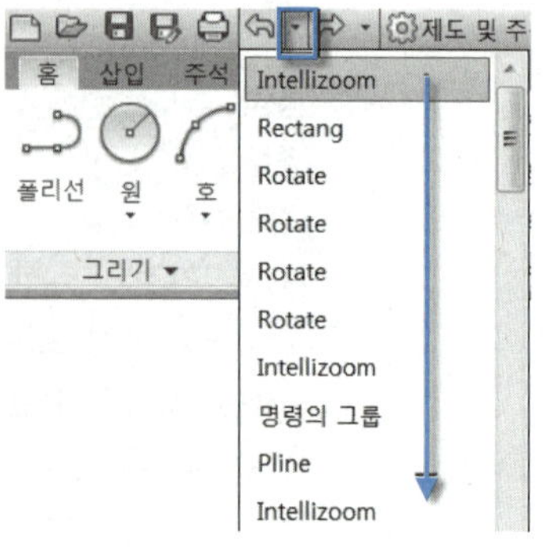

2 U

방금 실행된 명령을 한번 취소하는 것으로 Undo를 한번 한 것과 같다.

명령: U

10 취소 명령 복구

1 명령 복구(Redo)

메뉴: 편집 ➠ 명령 복구
도구: 표준

U, Undo 등으로 취소된 명령 중 가장 마지막에 취소된 명령을 복구하며 U, Undo 명령 바로 다음에 사용해야 한다.

명령: Redo

2 Mredo

몇 가지 이전 Undo 또는 U 명령의 효과를 되돌린다.

1) 명령어를 입력하여 실행

명령: Mredo
작업의 수 또는 [전체(A)/최종(L)] 입력:

- 전체(A) : 이전 작업 모두를 되돌린다.
- 최종(L) : 마지막 작업만을 되돌린다.

2) 메인 메뉴에서 마우스로 선택하여 명령 복구

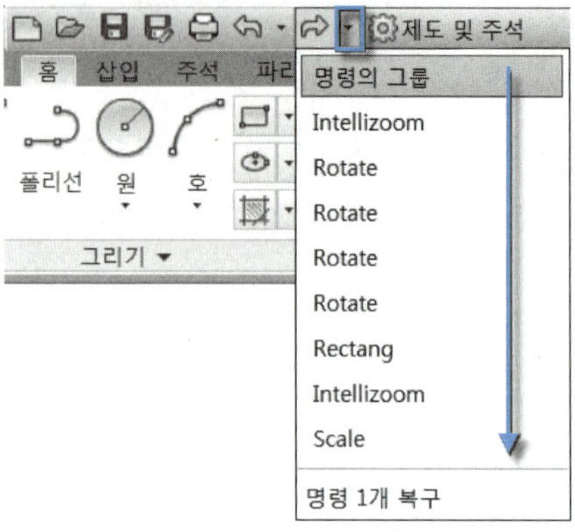

11 Oops

가장 최근에 삭제된 객체를 되살린다. 취소 명령(U, Undo)과는 다르다.

명령: Oops

12 중복 객체 삭제(Overkill)

메뉴: 수정 ➠ 중복 객체 삭제
리본: 제도 및 주석 ➠ 홈 ➠ 수정 패널 ➠ 중복 객체 삭제
도구: 수정 II ➠ 중복 객체 삭제

중복되거나 겹치는 선, 호 및 폴리선을 제거한다. 또한, 부분적으로 겹치거나 연속되는 항목을 결합한다. 비슷한 명령 "Purge"가 있다.

명령: Overkill
객체 선택: ← 대상을 선택한다.

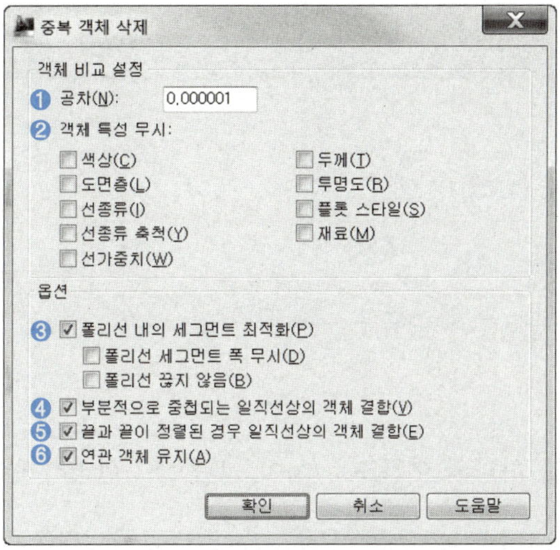

❶ **공차** : Overkill에서 정밀도를 조정한다. 이 값이 0이면 비교 대상인 두 객체가 일치해야 Overkill이 두 객체 중 하나를 수정하거나 삭제한다.

❷ **객체 특성 무시** : 이 설정을 사용하여 비교 중에 무시되는 객체 특성을 결정한다.

- 색상, 도면층, 선 종류, 선 종류 축척, 선가중치, 두께, 투명도, 플롯 스타일, 객체 재료를 무시할 수 있다.

❸ **폴리선 내의 세그먼트 최적화** : 선택하는 경우 선택한 폴리선 내의 개별 선 및 호 세그먼트를 검사한다. 중복된 정점 및 세그먼트는 제거한다. 이 옵션을 선택하지 않으면 폴리선이 별개의 객체로 비교되며 두 하위 옵션을 선택할 수 없다.

- **폴리선 세그먼트 폭 무시** : 세그먼트 폭은 무시하고 폴리선 세그먼트를 최적화한다.
- **폴리선 끊지 않음** : 폴리선 객체가 변경되지 않는다.

❹ **부분적으로 중첩되는 일직선 상의 객체 결합** : 겹치는 객체가 하나의 객체로 결합된다.

❺ **끝과 끝이 정렬된 경우 일직선 상의 객체 결합** : 끝점이 같은 객체가 하나의 객체로 결합된다.

❻ **연관 객체 유지** : 연관 객체가 삭제 또는 수정되지 않는다.

13 그룹

1 그룹(Group)

메뉴: 도구 ➠ 그룹
리본: 제도 및 주석 ➠ 홈 ➠ 그룹패널 ➠ 그룹
도구: 그룹

여러 객체를 하나의 이름으로 묶어 그룹으로 관리하게 한다.

명령: Group
객체 선택 또는 [이름(N)/설명(D)]: ← 그룹으로 만들 대상을 선택한다.

- 이름(N) : 그룹의 이름을 명명한다.
- 설명(D) : 그룹에 대한 설명을 부여한다.(옵션에 대해 아무 것도 하지 않으면 이름 없는 그룹으로 저장된다.)

2 그룹 해제(Ungroup)

메뉴: 도구 ➠ 그룹 해제
리본: 제도 및 주석 ➠ 홈 ➠ 그룹 ➠ 그룹 해제
도구: 그룹

선택한 그룹을 해제한다.

3 그룹 편집(Groupedit)

선택한 그룹에서 객체를 추가 및 제거하거나 선택한 그룹의 이름을 변경한다.

명령: Groupedit
그룹 선택 또는 [이름(N)]: ← 편집할 그룹을 선택하거나 "N"으로 이름을 입력하여 선택한다.
옵션 입력 [객체 추가(A)/객체 제거(R)/이름 바꾸기(REN)]:

- 객체 추가(A) : 현재 그룹에 추가할 객체를 선택한다.
- 객체 제거(R) : 현재 그룹에서 제거할 객체 그룹을 선택한다.
- 이름 바꾸기(REN) : 현재 그룹의 이름을 지정하거나 이름을 변경한다.

4 그룹 선택 켜기/끄기(Pickstyle) 

리본: **제도 및 주석 ➠ 홈 ➠ 그룹 ➠ 그룹 선택 켜기/끄기**

그룹으로 묶여있는 객체를 개별 선택을 할 것인지 그룹 선택을 할 것인지를 조정한다.

명령: Pickstyle
PICKSTYLE에 대한 새 값 입력 〈1〉:

- 1: 그룹 선택을 하게 한다.
- 0: 개별 선택이 가능하게 한다.(명령어 입력 실행보다 버튼으로 실행하는 것이 편하다.)

5 객체 그룹 관리자

리본: **제도 및 주석 ➠ 홈 ➠ 그룹▽ ➠ 그룹 관리자**

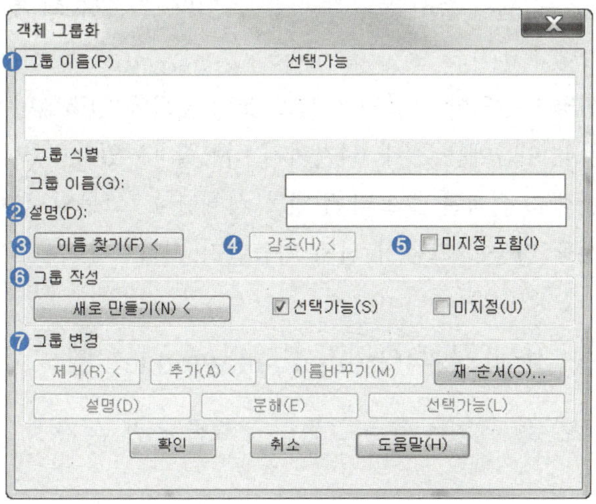

❶ **그룹 이름** : 그룹의 이름을 지정한다. 그룹 이름은 최대 31자까지의 문자를 사용할 수 있다. 공백은 포함할 수 없으며 이름이 대문자로 변환된다.

❷ **설명** : 선택된 그룹에 대한 설명이 있을 경우, 해당 설명을 표시한다.

❸ **이름 찾기** : 객체가 속해 있는 그룹을 나열한다. 그룹 구성원 리스트 대화상자가 나타나며 객체가 속해 있는 그룹이 표시된다.

❹ **강조** : 도면 영역에서 선택된 그룹의 구성원을 표시한다.

❺ **미지정 포함** : 명명되지 않은 그룹을 나열할지 지정하며 선택 해제하면 명명된 그룹만 표시한다.

❻ **그룹 작성** : 새 그룹의 특성을 지정한다.

- **새로 만들기** : 그룹 이름 및 설명 아래의 이름과 설명을 사용하여 선택된 객체에서 새 그룹을 작성한다.
- **선택 가능** : 새 그룹을 선택할 수 있도록 지정한다.
- **명명되지 않음** : 새 그룹이 명명되지 않음을 나타낸다.

❼ **그룹 변경** : 기존 그룹을 수정한다.

- **제거** : 선택된 그룹에서 객체를 제거한다.
- **추가** : 선택된 그룹에 객체를 추가한다.
- **이름 바꾸기** : 선택된 그룹의 이름을 그룹 식별 아래의 그룹 이름 필드에 입력했던 이름으로 변경한다.
- **재정리** : 선택한 그룹 내의 객체 번호 순서를 변경할 수 있는 그룹 순서화 대화상자가 표시된다. 객체에는 그룹에 포함하기 위해 선택한 순서로 번호가 매겨진다. 그룹 구성원의 범위 또는 각 구성원의 번호순 위치를 변경하거나 모든 구성원의 순서를 거꾸로 할 수 있다. 각 그룹의 첫 번째 객체의 번호는 1이 아니라 0이다.
- **설명** : 선택한 그룹의 설명을 설명 필드에 입력했던 이름으로 업데이트한다. 설명 이름에는 최대 64자까지 사용할 수 있다.
- **분해** : 선택된 그룹의 정의를 삭제한다. 그룹의 객체는 도면에 남는다.
- **선택 가능** : 그룹이 선택 가능한지 지정한다.

6 그룹 경계 상자(Groupdisplaymode)

리본: **제도 및 주석 ➠ 홈 ➠ 그룹▽ ➠ 그룹 경계 상자**

그룹 선택 시 그룹의 경계의 표시 여부 및 그립 표시 여부를 지정한다.

- 0: 선택된 그룹의 모든 객체에 그립을 표시한다.(그림 A)
- 1: 객체 그룹의 중심에 단일 그립을 표시한다.(그림 B)
- 2: 중심에 단일 그립이 있는 경계 상자를 표시한다.(그림 C)

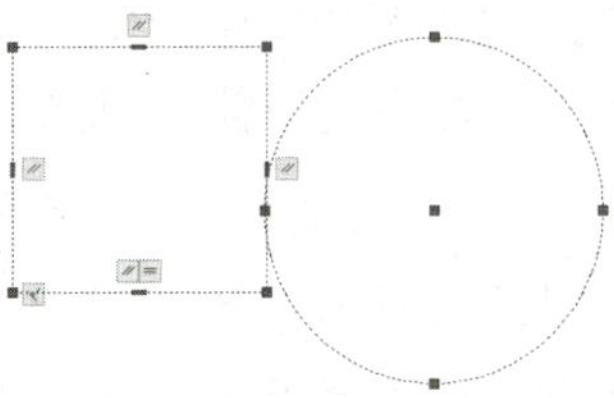

▲ 그림 A

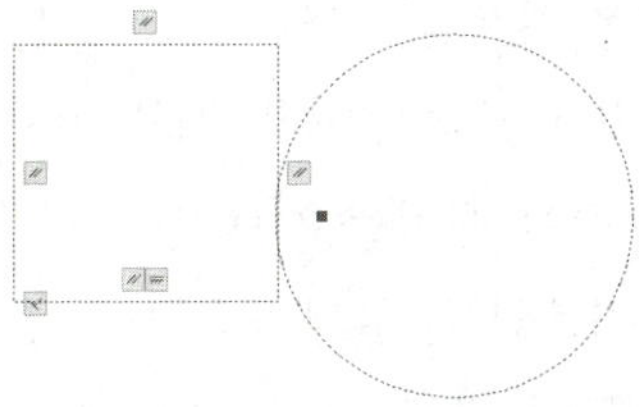

▲ 그림 B

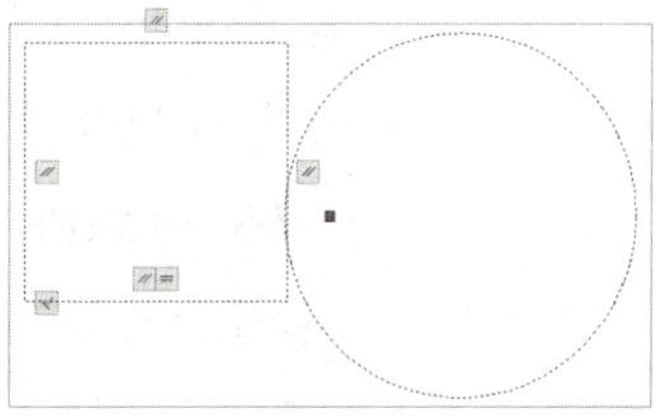

▲그림 C

14 문자 입력 및 편집

1 문자 스타일(St, Style)

메뉴: **형식 ➠ 문자 스타일**

리본: **제도 및 주석 ➠ 홈 ➠ 주석▽ ➠ 문자 스타일**

도구: **문자**

여러 가지의 글꼴 File 이름을 지정하고 Text에서 글자 형태를 변형하여 글씨를 쓸 수 있게 만들어 주는 명령이다. 글자체의 File 이름과 Style 이름과는 동일할 필요는 없다.

명령: **ST**

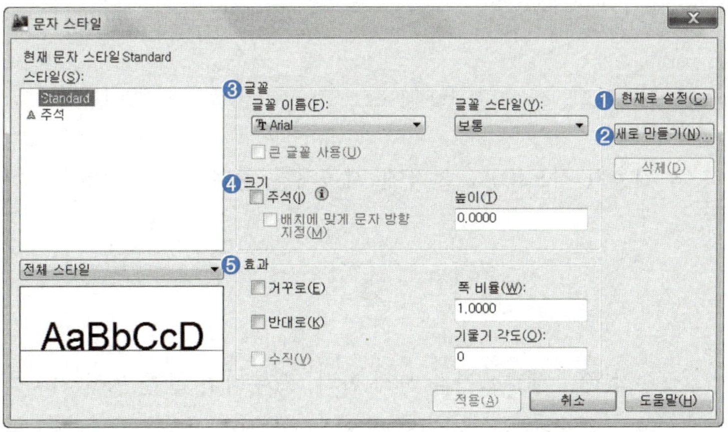

❶ **현재로 설정(C)** : 선택한 문자 스타일을 사용할 문자 스타일로 지정한다.

❷ **새로 만들기(N)...** : 문자 스타일을 새로 만든다.

❸ **글꼴** : 문자 세트를 구성하는 문자들의 쉐입을 정의한다. *.SHX와 윈도우 글꼴인 True Type 글꼴을 사용할 수 있다. True Type 글꼴은 화면상에 항상 채워지게 디스플레이되지만 출력시 폭의 채움 여부를 조정하여 출력할 수 있다.

- **글꼴 이름(F)** : 사용할 문자를 선택한다.
- **글꼴 스타일(Y)** : 기울임꼴, 굵게 또는 보통 같은 글꼴 문자 형식을 지정한다. 큰 글꼴 사용을 선택한 경우, 이 옵션이 큰 글꼴 이름으로 변경되고 큰 글꼴 파일 이름을 선택할 때 사용된다.

❹ **크기** : 문자의 크기를 조정한다.

- **주석** : 문자가 주석임을 지정한다.
- **높이(T)** : 문자의 높이를 지정한다. 그러나 여기에 높이를 지정하면 치수기입 때에 치수문자 크기 조절이 되지 않으므로 주지 않는 것이 좋다. 그리고 일반 문자 입력에서도 문자의 높이를 입력하면서 조정할 수 없다.

❺ **효과** : 문자에 각종 효과를 준다.

- **거꾸로(E)** : 문자를 상하 뒤집어지게(물에 비치는 것처럼) 한다.

- **반대로(K)** : 문자를 앞뒤 뒤집어지게(유리 안쪽, 거울에 비치는 것처럼) 한다.

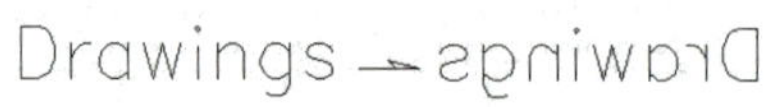

- **폭 비율(W)** : 문자의 폭비(장평)를 지정한다.

▲ 1일 때　　　　▲ 2일 때

- **기울기 각도(O)** : 문자에 기울기를 준다.(−85°~85°)

- **수직(V)** : 세로쓰기를 하게 한다. 트루타입 글꼴은 이 기능을 지원하지 않으며 다른 글꼴에서도 지원되지 않는 글꼴이 많다.

1) AutoCAD에서 지원하는 자체 한글 문자 설정하기

한자가 지원되지 않는다.

① 바탕글을 위한 한글 문자 설정

- "새로 만들기(N)..." 버튼을 눌러 스타일 이름을 "바탕글"로 입력한다. 기본 이름은 "스타일1"이다.

- 글꼴 이름(F)에서 "Romans.shx"를 선택하고 "큰 글꼴 사용"에 체크한 다음 큰 글꼴(B)에서 "whgtxt.shx"를 선택한다.

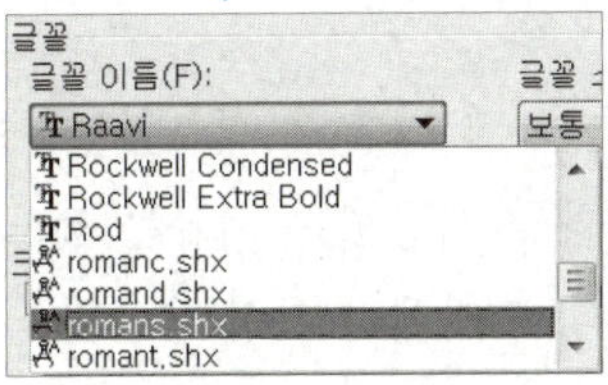

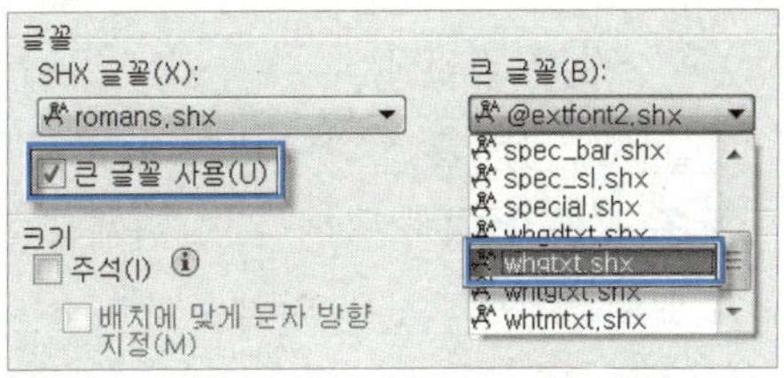

- "적용"을 누르면 글꼴이 생성된다.

② 제목글을 위한 한글 문자 설정

- "새로 만들기(N)..." 버튼을 눌러 스타일 이름을 "제목글"로 입력한다.

- 글꼴에서 "Romant.shx"를 선택하고 "큰 글꼴 사용"에 체크한 다음 큰 글꼴(B)에서 "whgdtxt.shx"를 선택한다.

• "적용"을 누르면 글꼴이 생성된다.

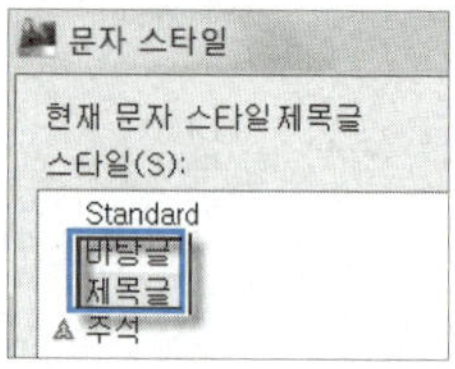

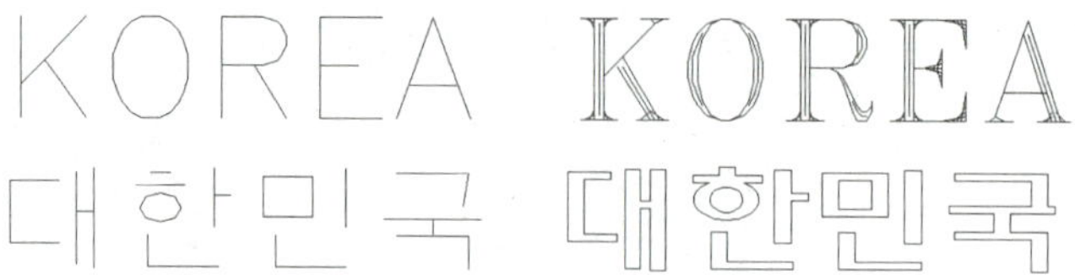

▲ 스타일 "바탕글"과 "제목글"로 쓴 문자

2) Windows가 지원하는 한글 문자 설정하기

한자가 지원된다.

신규 스타일을 지정하고 큰 글꼴 지정을 해제 한 다음, 글꼴 이름에서 "굴림체"나 "돋움체"를 선택하면 된다. 굴림체나 돋움체를 사용하는 이유는 제도 규격에 문자는 "고딕체"를 쓰는 것을 원칙으로 하고 있는데 고딕체와 가장 유사한 Font이기 때문이다.

Font를 지정할 때 "@"가 붙어있는 글꼴은 "문자회전각"이 기본으로 270°가 지정되어 세로쓰기가 된다.

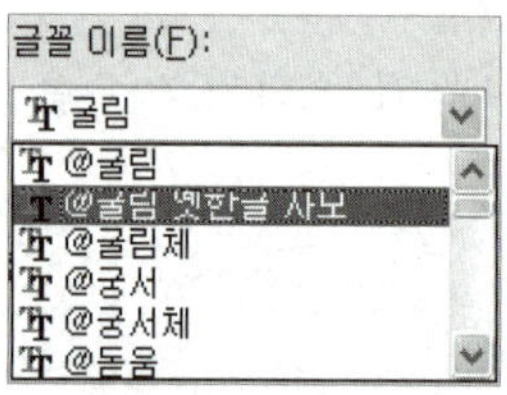

▲ "@"가 붙어 있는 글꼴

2 단일행 문자(Dt, Text, Dtext)

메뉴: 그리기 ➡ 문자 ➡ 단일행 문자

리본: 제도 및 주석 ➡ 홈 ➡ 주석 ➡ 문자▽ ➡ 단일행

도구: 문자

여러 줄 입력이 가능하며 줄 단위로 인식된다.

명령: dt

현재 문자 스타일: "스타일1" 문자 높이: 2.5000 주석: 아니오 ← 현재 문자 유형과 높이를 알려준다.

문자의 시작점 지정 또는 [자리 맞추기(J)/스타일(S)]: ← 문자 쓸 위치를 지정하거나 옵션을 지정한다.

높이 지정 〈2.5000〉: ← 문자의 높이를 입력한다.

문자의 회전 각도 지정 〈0〉: ← 회전 각도를 입력하면 문자가 반시계방향으로 회전되어 쓰여진다.

- 자리 맞추기(J) : 문자를 여러 가지 방법으로 정렬한다. 옵션의 영문을 입력하면 바로 진행된다.
  [정렬(A)/맞춤(F)/중심(C)/중간(M)/오른쪽(R)/좌상단(TL)/상단중앙(TC)/우상단(TR)/좌측중간(ML)/중앙중간(MC)/우측중간(MR)/좌하단(BL)/하단중앙(BC)/우하단(BR)]:
  - 정렬(A) : 지정한 구간(A➡B)내에 입력된 문자가 높이와 폭이 그 구간에 알맞은 크기로 정렬된다.

  - 맞춤(F) : 지정한 구간(A➡B)내에 입력된 문자가 폭만 그 구간에 알맞은 크기로 정렬된다.

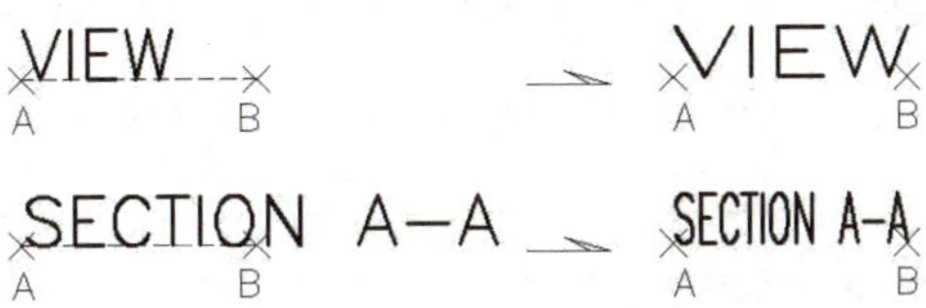

  - 중심(C) : 지정한 곳(A)으로 문자의 하단부 중앙이 정렬한다.

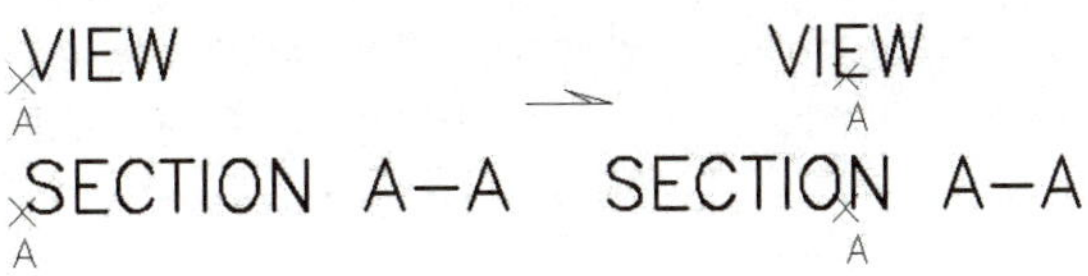

  - 중간(M) : 지정한 곳(A)으로 문자의 정 중앙이 정렬한다.

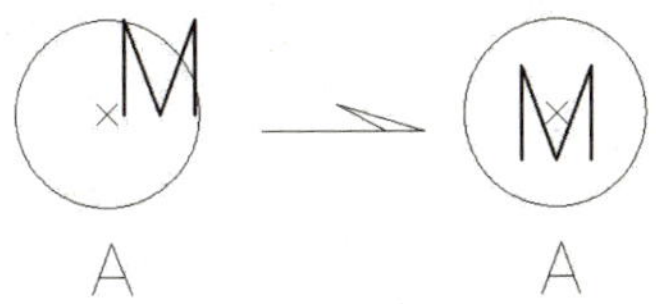

- 오른쪽(R) : 지정한 곳(A)으로 문자의 하단부 오른쪽 끝이 정렬한다.

- 좌상단(TL)/상단중앙(TC)/우상단(TR)/좌측중간(ML)/중앙중간(MC)/우측중간(MR)/좌하단(BL)/하단중앙(BC)/우하단(BR) : 아래 그림 각각의 위치에 정렬된다.

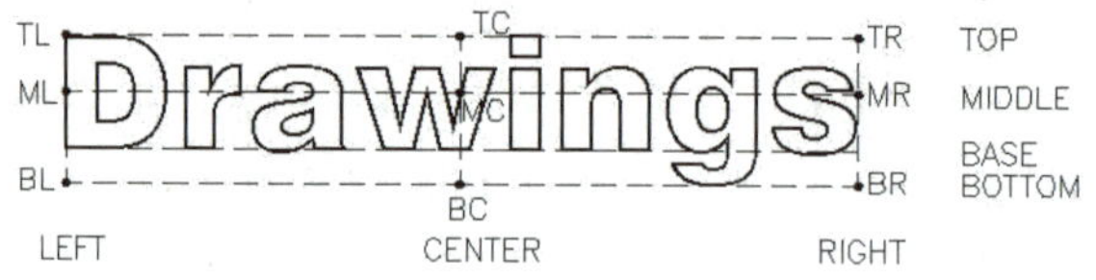

• 스타일(S) : 저장된 다른 스타일을 지정한다.

3 여러 줄 문자(Mt, Mtext) A

메뉴: **그리기 문자 ➠ 여러 줄 문자**

리본: **제도 및 주석 ➠ 홈 ➠ 주석 ➠ 문자▽ ➠ 여러 줄 문자**

도구: **그리기**

여러 줄 입력을 하며 문장 단위로 인식한다. 문서 편집 기능을 가지고 있으며 지정된 가로 폭 내에 제한되어 입력되지만 세로 방향에는 제한 없이 문자를 입력할 수 있다.

```
Command: Mt
Current text style: "Standard" Text height: 2.5
Specify first corner: ← 문장을 입력할 첫 점을 지정한다.(A)
Specify opposite corner or [Height/Justify/Line spacing/Rotation/Style/Width]: ← 대
                    각선 방향으로 문장 입력 범위를 지정한다.(B)
```

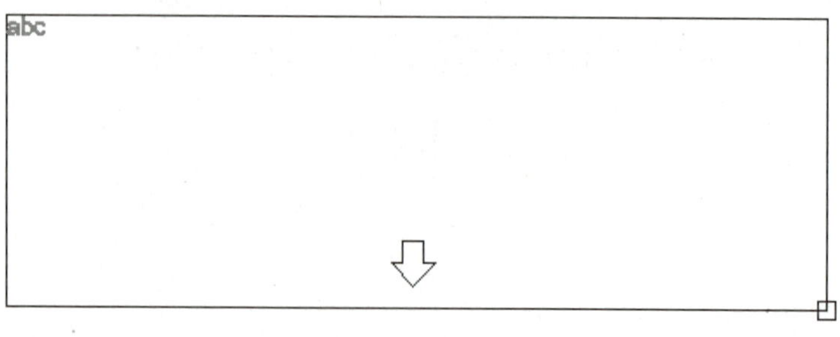

명령: Mt
현재 문자 스타일: "Standard" 문자 높이: 2.5 주석: 아니오
첫 번째 구석 지정:
반대 구석 지정 또는 [높이(H)/자리 맞추기(J)/선 간격두기(L)/회전(R)/스타일(S)/폭(W)/열(C)]:

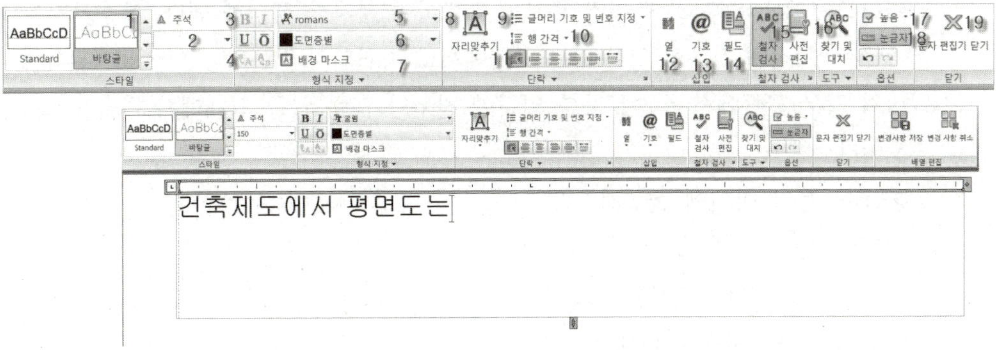

① 문자 스타일을 지정한다.
② 문자의 높이를 조정한다.
③ B 볼드체를 적용한다.(글꼴에 따라 적용되지 않는 경우도 있다.)
I 이탤릭체를 적용한다.(글꼴에 따라 적용되지 않는 경우도 있다.)
U 밑줄을 긋는다.
O 문자에 오버라인을 긋는다.
④ 대문자화/소문자화 : 입력된 문자를 블록으로 지정하여 소문자를 대문자로, 대문자를 소문자로 변경한다.
⑤ 글꼴을 STYLE과 별개로 지정 가능하다.
⑥ 문자의 색상을 변경할 수 있다.
⑦ 문자의 배경색을 넣을 수 있다.
⑧ 문장의 상하 정렬 방식을 지정한다.
⑨ "번호매기기, 글머리기호, 대문자"로 문장 첫머리의 기호를 지정한다.
⑩ 문자의 행간격을 조정한다.
⑪ 문장의 좌우 정렬 방식을 지정한다.
⑫ 문장의 열 설정을 조정한다.
⑬ 특수문자를 사용할 수 있다.
⑭ 여러 가지 필드를 설정한다.
⑮ 맞춤법 검사를 한다.
⑯ 사전을 편집한다.

⑰ 다중행 문자 입력에 관련한 여러 가지 옵션을 지원한다.
⑱ 문자 입력 창 위의 눈금자 표시 여부를 결정한다.
⑲ 문자 입력을 완료한다.

15 특수 문자

키보드에 없는 문자로써 여러 문자를 조합하여 문자를 생성해 낸다. 특수문자는 한글 글꼴이 지정된 경우와 일부 영문 글꼴에서도 지원되지 않는다. "?"만 표시된다면 지원되지 않은 글꼴에서 특수문자를 입력한 경우와 영문 글꼴 상태에서 한글을 입력한 경우이다.

%%U : 문자 아래에 줄긋기
%%O : 문자 위에 줄긋기
%%D : 각도를 나타내는 기호
%%P : 허용오차를 나타내는 기호
%%C : 원의 지름을 나타내는 기호
%%% : %비율을 나타내는 기호

입력	결과
%%UVIEW	VIEW (밑줄)
%%OAB	AB (윗줄)
35.7%%D	35.7°
%%P0.05	±0.05
%%C30	ø30
50%%%	50%

▲ 입력 예

16 한자 입력

한자는 한글을 먼저 입력하고 바로 키보드의 「한자」라고 표시된 키를 누른다.

예 한글로 "남"이라고 입력하고 한자 키를 누르면 우측 하단에 아래 그림처럼 한자표가 나올 때 원하는 한자에 해당하는 수를 입력하거나 마우스로 직접 선택하면 된다.

한자가 지원 되지 않은 글꼴일 경우 한자 입력이 되지 않는다. "굴림체" 또는 "돋움체"는 지원이 된다.

17 문자 편집(Ed, Ddedit)

메뉴: 수정 ➠ 객체 ➠ 문자 ➠ 편집
도구: 문자

입력된 문자의 내용을 수정한다.

명령: ed
주석 객체 선택 또는 [명령 취소(U)]: ← 수정할 문자를 선택한다.

18 특성(Ch, Properties)

메뉴: 수정 ➠ 특성
리본: 제도 및 주석 ➠ 뷰 ➠ 팔레트 ➠ 특성
도구: 표준

입력된 문자의 색상, 도면층, 내용, 스타일, 자리맞춤, 높이, 회전 등 전반적인 수정을 할 수 있다.

명령: Ch

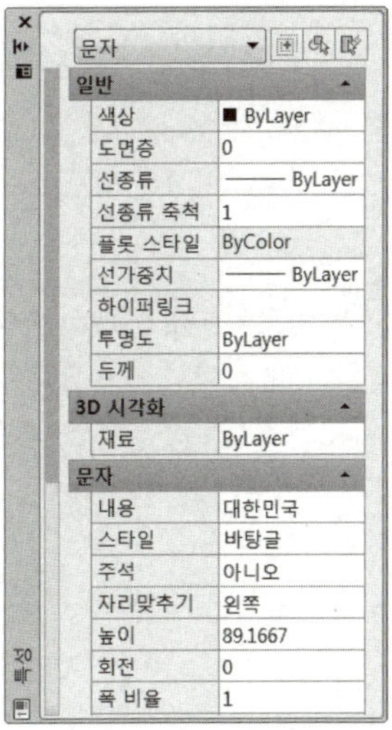

15 대칭(Mi, Mirror)

메뉴: 수정 ➠ 대칭
리본: 제도 및 주석 ➠ 홈 ➠ 수정 ➠ 대칭
도구: 수정

거울에 반사한 것처럼 대칭복사를 한다. 지정한 기준선에 의하여 대칭복사되며 대칭 구조의 도형을 그릴 때 편리하다.

명령: MI
객체 선택: ← 대상을 선택한다.
객체 선택: Enter↵
대칭선의 첫 번째 점 지정: ← 대칭복사의 기준선이 되는 첫 점을 정의한다.(A 또는 C)
대칭선의 두 번째 점 지정: ← 대칭복사의 기준선이 되는 두 번째 점을 정의한다.(B 또는 D)
원본 객체를 지우시겠습니까? [예(Y)/아니오(N)] 〈N〉: ← 원본 삭제 여부를 결정한다.
"Y"를 입력하면 복사본만 남는다.

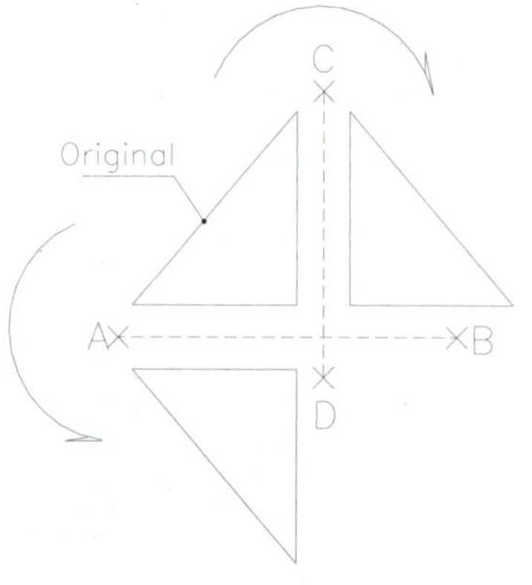

응용 예

하단에 있는 구조물을 우측으로 대칭복사한다.

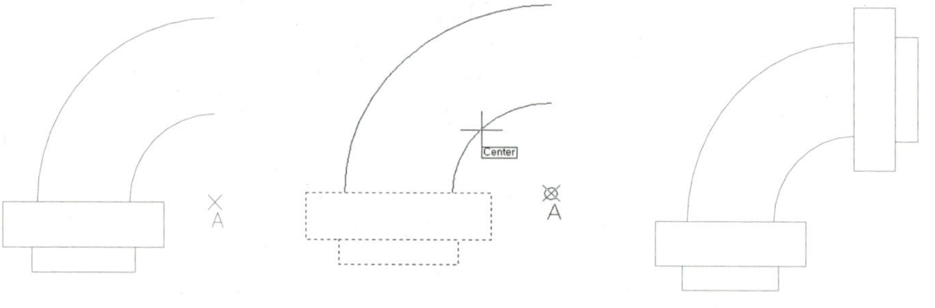

명령: Mi
객체 선택: ← 대상을 선택한다.
객체 선택: Enter↵
대칭선의 첫 번째 점 지정: ← 중심점 A를 지정한다.
대칭선의 두 번째 점 지정: @1<135 ← 길이는 0 이상이면 되고 각도는 90 + 45 = 135°
이다.
원본 객체를 지우시겠습니까? [예(Y)/아니오(N)] 〈N〉: Enter↵

16 Mirrtext

문자가 대칭복사될 때 반사 여부를 설정한다.

> **명령:** Mirrtext
> MIRRTEXT에 대한 새 값 입력 〈0〉:

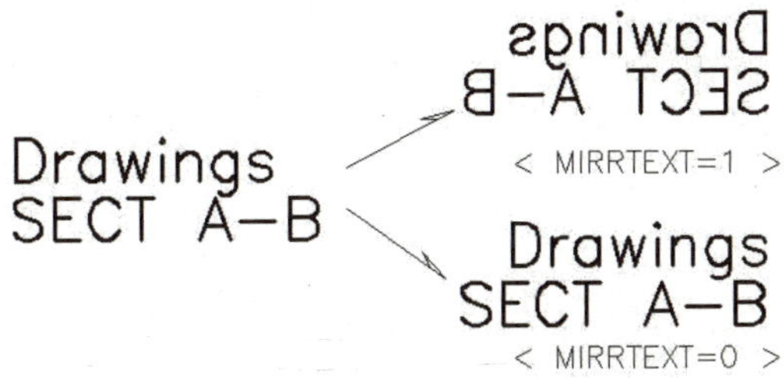

17 모깎기(F, Fillet)

메뉴: **수정 ➠ 모깎기**

리본: **제도 및 주석 ➠ 홈 ➠ 수정 ➠ 모따기 및 모깎기▽ ➠ 모깎기**

도구: **수정**

모서리를 둥글게 깎거나 직각으로 선을 정리한다.

> **명령:** f
> 현재 설정: 모드 = 자르기, 반지름 = 0.0000 ← 현재 설정 값이다.
> 첫 번째 객체 선택 또는 [명령 취소(U)/폴리선(P)/반지름(R)/자르기(T)/다중(M)]: ← 첫 번째 요소를 선택하거나 옵션을 지정한다.
> 두 번째 객체 선택 또는 Shift 키를 누른 채 선택하여 구석 적용 또는 [반지름(R)]: ← 두 번째 요소를 선택하거나 옵션을 지정한다.

☞ Shift를 누른 상태로 첫 번째, 두 번째 객체를 선택하면 반지름이 없는 구석으로 처리된다.

- 명령 취소(U) : 모깎기를 취소한다.
- 폴리선(P) : 폴리선(Pline) 성분의 도형의 모서리를 한 번에 모깎기한다.
- 반지름(R) : 모깎기 반지름을 설정한다.
- 자르기(T) : 모깎기를 실행할 때 선의 잔류 여부를 설정한다.(그림 참조)
  - 자르지 않기(N) : 선이 남은 상태로 모깎기가 실행된다.
  - 자르기(T) : 선이 정리된다.
- 다중(M) : 명령이 종료되지 않고 모깎기를 계속해서 할 수 있게 한다.

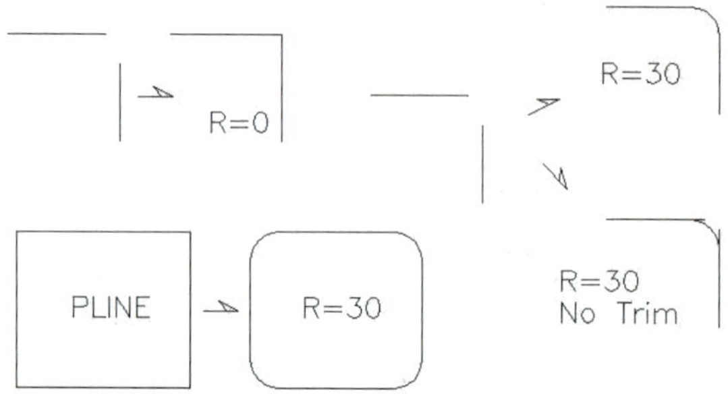

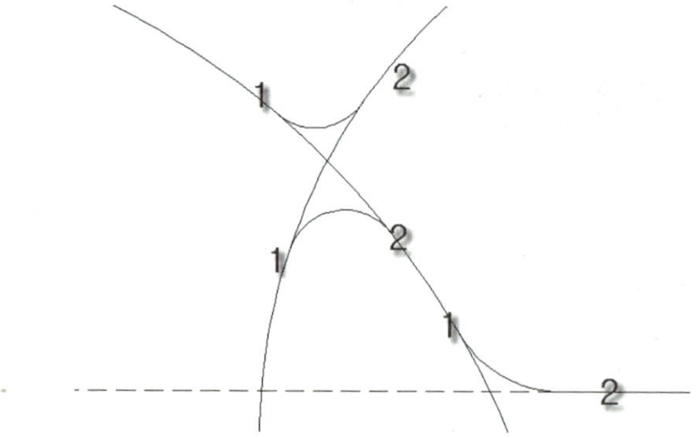

▲ 모깎기 적용 예

서로 마주보는 평행선은 실행하면 설정된 반지름과는 관계없이 반원이 그려진다.

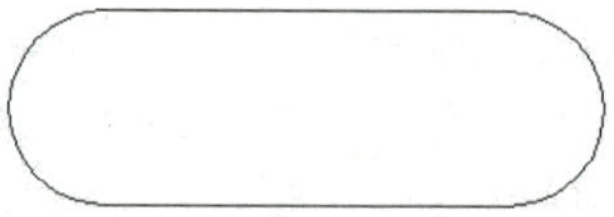

18 모따기(Cha, Chamfer)

메뉴: 수정 ➠ 모따기

리본: 제도 및 주석 ➠ 홈 ➠ 수정 ➠ 모따기 및 모깎기▽ ➠ 모따기

도구: 수정

모서리를 각으로 따낸다. 형식은 모깎기와 동일하다. 선택되는 순서에 따라 첫 번째, 두 번째 길이로 적용된다.

> **명령:** CHA
> (자르기 모드) 현재 모따기 거리1 = 0.0000, 거리2 = 0.0000 ← 현재 설정 값이다.
> 첫 번째 선 선택 또는 [명령 취소(U)/폴리선(P)/거리(D)/각도(A)/자르기(T)/메서드(E)/다중(M)]: ← 첫 번째 요소 선택 또는 옵션을 지정한다.
> 두 번째 선 선택 또는 Shift 키를 누른 채 선택하여 구석 적용 또는 [거리(D)/각도(A)/메서드(M)]: ← 두 번째 요소를 선택한다.

Shift 를 누른 상태로 첫 번째, 두 번째 선택하면 직각으로 처리된다.

- 폴리선(P) : Pline 성분의 도형의 모서리를 한 번에 모따기한다.
- 거리(D) : 모따기 거리 값 첫 번째와 두 번째를 설정한다.
- 각도(A) : 거리 값 하나와 각도 값 하나를 설정한다.
- 자르기(T) : 모따기 실행 시 선의 잔류 여부를 설정한다.(그림 참조)
- 메서드(E) : 모따기 방법을 설정한다.(거리 값 2개로 모따기를 할 것인가 아니면, 거리 값과 각도로 모따기 할 것인가 중에서 선택한다.)
- 다중(M) : 명령을 종료하지 않고 모따기를 계속해서 할 수 있게 한다.

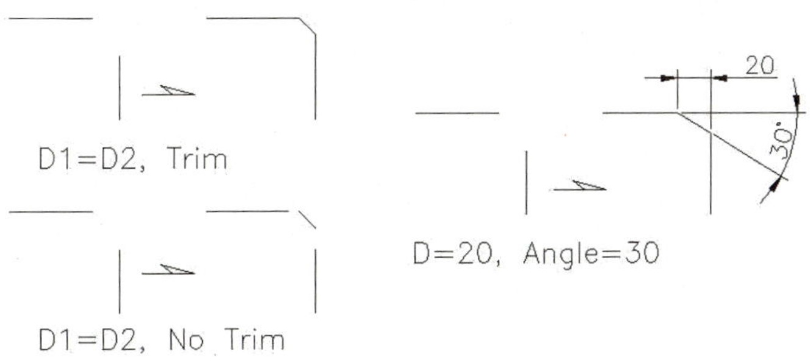

연습문제

문제 1 | 한 변이 50인 5각형을 Scale 명령을 이용하여 60으로 변경해 보자.

- 사용 명령: Polygon, Scale의 Reference(참조)

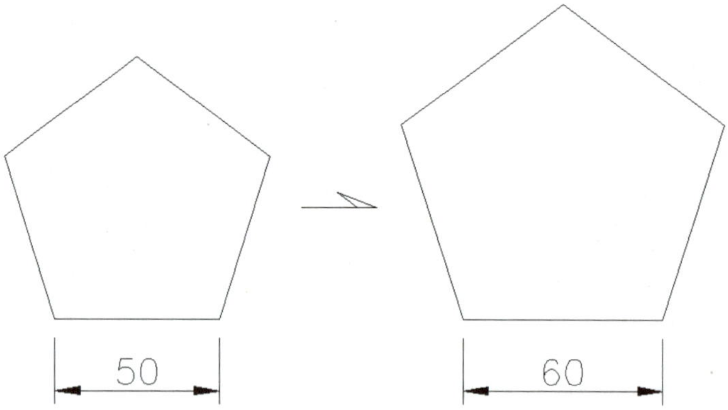

문제 2 | 다음 달력을 조건에 맞춰 작성해 보자.

- 사용 명령: Style, Dtext, Ed

연습문제

문제 3 | Mirror 명령을 사용하여 완성해 보자.

- 사용 명령: Rectang, Circle, Fillet, Mirror

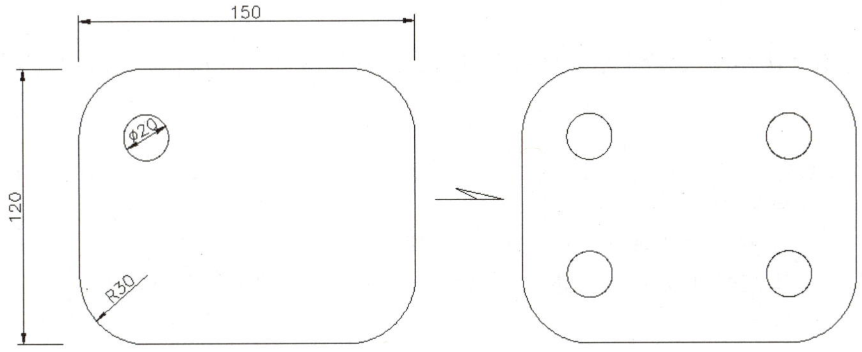

문제 4 | 다음을 완성하시오,

- 사용 명령: Line, Fillet, Chamfer

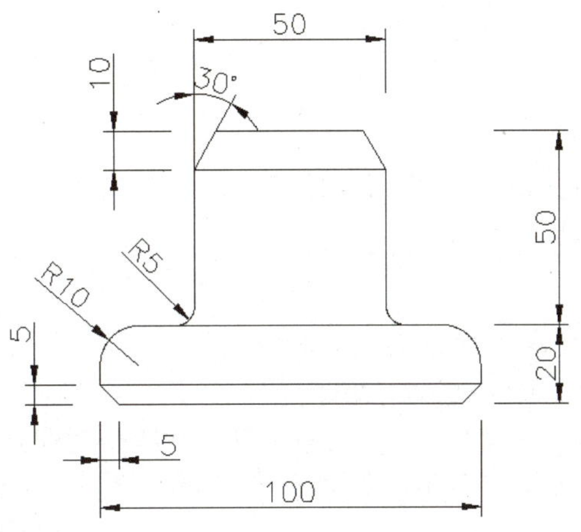

19 등분할(Div, Divide)

메뉴: 그리기 ➠ 점 ➠ 등분할

리본: 제도 및 주석 ➠ 홈 ➠ 그리기 ➠ 등분할

지정한 수(2~32767)만큼으로 등분 표시를 한다. 표시는 Point Type에 의해 달라진다.

> **명령:** Div
> 등분할 객체 선택: ← 등분 대상을 선택한다.
> 세그먼트의 개수 또는 [블록(B)] 입력: ← 등분 수(2~32,767)를 지정한다.

✍ 등분 표시는 기본 값으로 하면 보이지 않으므로 "Ddptype"으로 변경 후 등분한다.

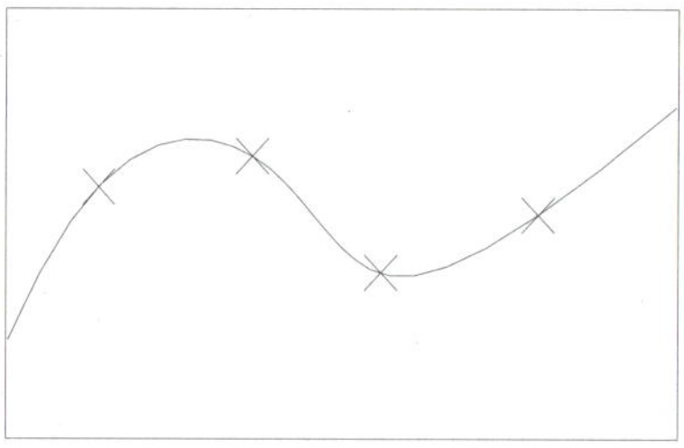

✹ 등분 표시 대신 Block으로 표시할 때

> **명령:** Div
> 등분할 객체 선택: ← 등분 대상을 선택한다.
> 세그먼트의 개수 또는 [블록(B)] 입력 : B
> 삽입할 블록의 이름 입력: b ← 등록된 Block 이름을 입력한다.
> 객체에 블록을 정렬시키겠습니까? [예(Y)/아니오(N)] 〈Y〉: ← 대상에 대한 Block의 정렬 여부를 결정한다.
> 세그먼트의 개수 입력: ← 등분 수(2~32,767)를 지정한다.

✍ Block을 지정할 경우에는 현재 File에 Block이 정의되어 있어야 한다.

20 점 스타일(Ddptype)

메뉴: 형식 ➠ 점 스타일
리본: 제도 및 주석 ➠ 홈 ➠ 유틸리티 패널▽ ➠ 점 스타일

"Divide, Measure, Point" 등에서 나타나는 표식 기호의 형태를 설정한다.

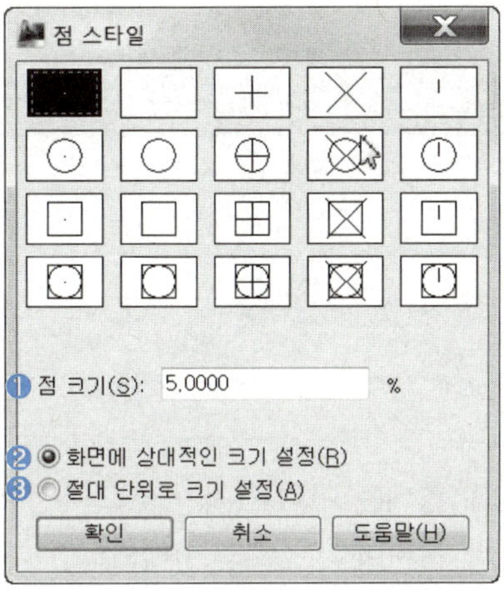

❶ 점 크기 : 점 표시 크기를 설정한다.
❷ 화면을 기준으로 크기 설정 : 화면에 크기에 상대적인 크기로 적용한다.
❸ 절대 단위로 크기 설정 : 절대 단위로 크기를 적용한다.

✎ 모양은 서로 달라도 객체 스냅의 "노드(D)"로 선택된다.

21 길이 분할(Me, Measure)

메뉴: 그리기 ➠ 점 ➠ 길이 분할
리본: 제도 및 주석 ➠ 홈 ➠ 그리기 ➠ 길이 분할

입력한 길이로 측정하여 표시한다.

명령: ME
길이 분할 객체 선택: ← 등분 대상을 선택한다.
세그먼트의 길이 지정 또는 [블록(B)]: ← 원하는 등분 길이를 입력한다.

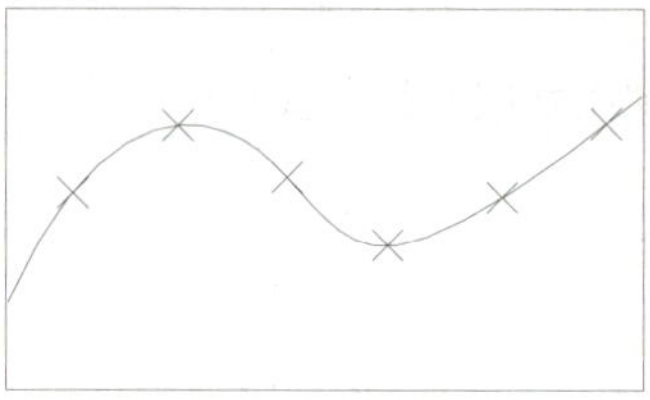

선택한 부분에서부터 측정하여 표시한다.

22 점(Po, Point)

메뉴: 그리기 ➠ 점 ➠ 단일 점
리본: 제도 및 주석 ➠ 홈 ➠ 그리기 ➠ 다중 점
도구: 그리기

점을 그린다. 점의 형태는 여러 가지가 있으며 "Ddptype" 명령으로 지정한다. 모양은 서로 달라도 객체 스냅의 "노드"로 선택된다.

명령: Po
현재 점 모드: PDMODE=3 PDSIZE=0.0000 ← 현재 설정 값을 보여준다.
점 지정: ← 위치를 지정한다.

23 끊기(Br, Break)

지정한 부분을 끊어낸다.

1 사이를 끊기(Break F) 

메뉴: 수정 ➠ 끊기
리본: 제도 및 주석 ➠ 홈 ➠ 수정▽ ➠ 끊기
도구: 수정

명령: Br
객체 선택: ← 대상을 선택한다.(다른 명령과 달리 단일 선택이다.)
두 번째 끊기점을 지정 또는 [첫 번째 점(F)]: F ← 선택한 부위를 첫 점으로 인식하여 부정확하므로 첫 점을 재 지정하기 위해 옵션 F를 입력한다.
첫 번째 끊기점 지정: ← 첫 점을 지정한다.(A)
두 번째 끊기점을 지정: ← 두 번째 점을 지정한다.(B)

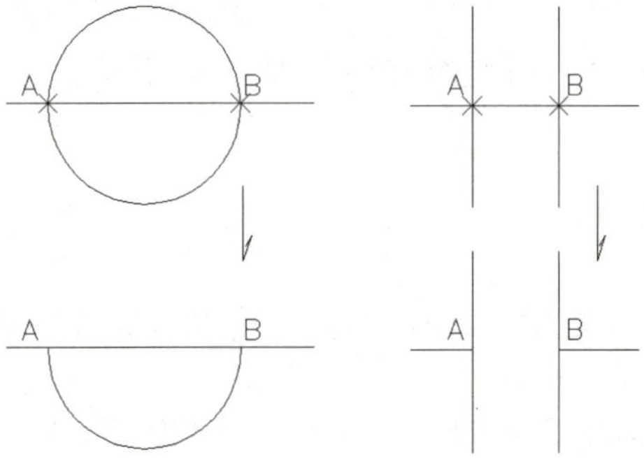

원은 반시계방향으로 끊기가 실행된다.

2 한 점에서 끊기(BREAK @)

메뉴: 수정 ➠ 끊기
리본: 제도 및 주석 ➠ 홈 ➠ 수정▽ ➠ 점에서 끊기
도구: 수정

✸ 선 A를 B점에서 한 점 끊기

명령: Br
객체 선택: ← 선 A를 선택한다.
두 번째 끊기점을 지정 또는 [첫 번째 점(F)]: F
첫 번째 끊기점 지정: ← 교차점 B 지정
두 번째 끊기점을 지정: @ ← 최종점을 지정한다.(B점을 2번 지정한 것과 같다.)

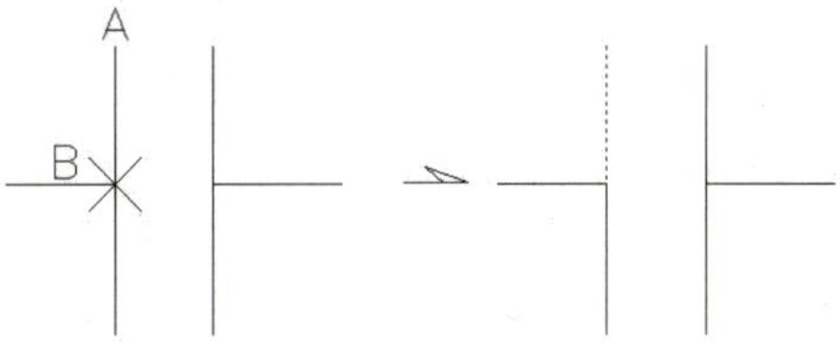

실행 후 편집 명령으로 선택해 보면 지정한 포인트를 기준으로 위아래 분리되어 있음을 확인할 수 있다.

24 자르기(Tr, Trim)

메뉴: **수정 ➠ 자르기**
리본: **제도 및 주석 ➠ 홈 ➠ 수정 ➠ 자르기 및 연장▽ ➠ 자르기**
도구: **수정**

경계를 기준으로 객체를 삭제한다. 칼이 될 경계를 먼저 선택하고 삭제될 부분을 나중에 선택한다.

명령: Tr
현재 설정: 투영=UCS 모서리=연장 ← 현재 설정 값을 보여준다.
절단 모서리 선택 ...
객체 선택 또는 〈모두 선택〉: ← 칼이 될 경계를 선택 또는 그냥 엔터하여 화면 내 모든 요소를 경계로 지정할 수 있지만 자르기와 직접 관련이 없는 도면 요소도 자르기에 영향을 주므로 주의한다.
객체 선택: ← 경계가 다 지정이 되면 엔터를 해야 다음 단계로 진행된다.
자를 객체 선택 또는 Shift 키를 누른 채 선택하여 연장 또는
[울타리(F)/걸치기(C)/프로젝트(P)/모서리(E)/지우기(R)/명령 취소(U)]: ← 그냥 선택하면 자르기가 되고, 칼로 지정한 경계로 교차 범위 내에 있는 요소는 Shift 누른 상태로 선택하면 연장이 된다.(그림 참조)

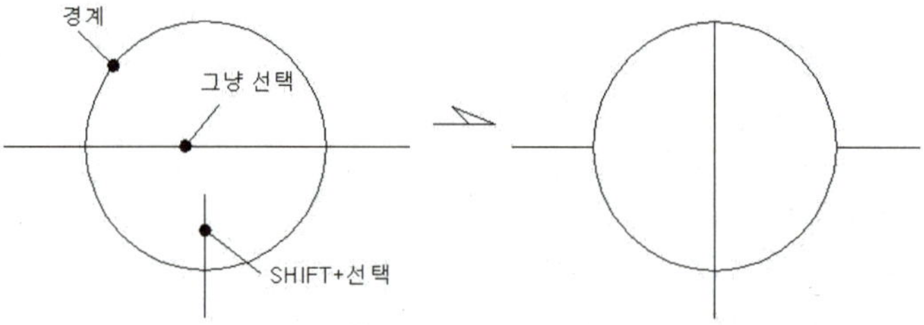

• 울타리(F) : 자르기 대상을 울타리선(B ➠ C)을 지나가게 하여 지정한다.

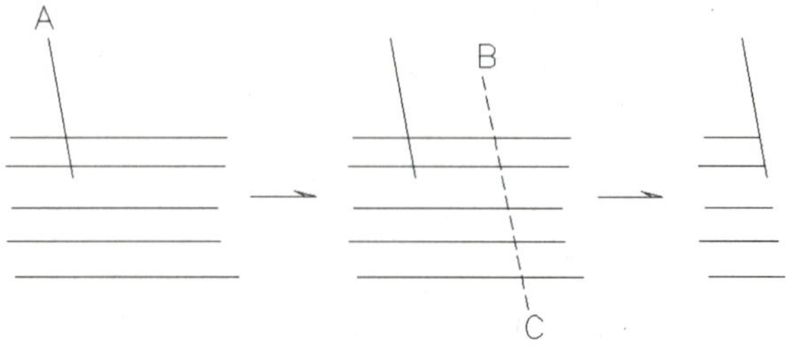

- 걸치기(C) : 자르기 대상의 범위를 잡아 지정한다.
- 프로젝트(P) : 3차원 상에서 투영하여 교차 범위 내에 들면 삭제한다.
- 모서리(E) : 직접 교차하지 않은 경계에 대해서 연장하여 자르기를 할지 지정한다.
  - 연장(E) : 연장하여 인식하기
  - 연장 안 함(N) : 직접 교차할 때만 자르기
- 지우기(R) : 자르기 도중 독립된 개체를 삭제할 수 있게 한다.
- 명령 취소(U) : 실행을 취소한다.

1 경계(칼)와 삭제 부분이 확실한 경우

명령: Tr
현재 설정: 투영=UCS 모서리=연장
절단 모서리 선택 ...
객체 선택 또는 〈모두 선택〉: ← 칼을 지정한다.
객체 선택: ← 경계가 다 지정이 되면 엔터를 해야 다음 단계로 진행된다.
자를 객체 선택 또는 Shift 키를 누른 채 선택하여 연장 또는 [울타리(F)/걸치기(C)/프로젝트(P)/모서리(E)/지우기(R)/명령 취소(U)]: ← ×부위를 지정한다,

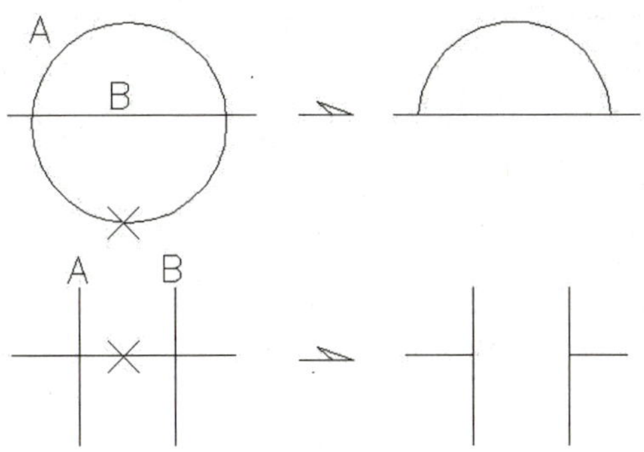

25 연장(Ex, Extend) --/

메뉴: 수정 ➠ 연장

리본: 제도 및 주석 ➠ 홈 ➠ 수정 ➠ 자르기 및 연장▽ ➠ 연장

도구: 수정

경계선까지 object를 연장시킨다. 연장 부위는 경계로 설정한 요소가 있는 쪽을 지정해야 한다.

> **명령:** Ex
> 현재 설정: 투영=UCS 모서리=연장
> 경계 모서리 선택 ...
> 객체 선택 또는 〈모두 선택〉: ← 연장해서 갈 경계를 지정(ㅁ)한다.(그림 1) TRIM과 마찬가지로 연장 경계를 지정하지 않고 Enter↵ 후에 연장할 부위를 지정할 때 범위 내에 존재하면 연장이 실행된다.
> 객체 선택: ← 경계가 다 지정이 되면 엔터를 해야 다음 단계로 진행된다.
> 연장할 객체 선택 또는 Shift 키를 누른 채 선택하여 자르기 또는 [울타리(F)/걸치기(C)/프로젝트(P)/모서리(E)/명령 취소(U)]: ← 그냥 선택(×부분)하면 연장되고(그림 1), 교차 범위에 있는 요소는 Shift+선택하면 자르기가 된다.(그림 2)

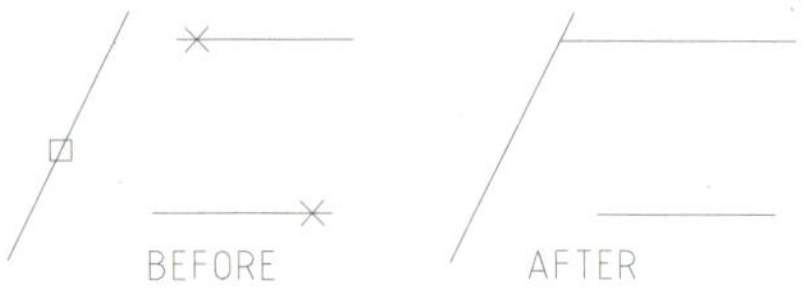

▲ 그림 1

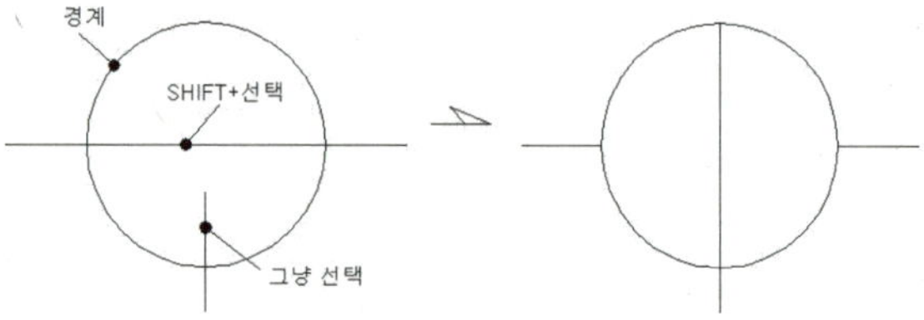

▲ 그림 2

Trim과 Extend는 변경 대상을 Shift를 누르고 선택하면 서로의 기능을 사용할 수 있다.

- 울타리(F) : 연장할 대상을 울타리 선을 지나가게 하여 지정한다.
- 걸치기(C) : 연장할 대상의 범위를 잡아 지정한다.(2006)
- 프로젝트(P) : 3차원 상에서 투영하여 교차 범위 내에 들면 연장한다.
- 모서리(E) : 직접 교차하지 않은 경계에 대해서 연장할 지를 지정한다.

– 연장(E) : 경계를 연장하여 인식하게 한다.
– 연장 안 함(N) : 경계를 직접 교차할 때만 인식하게 한다.

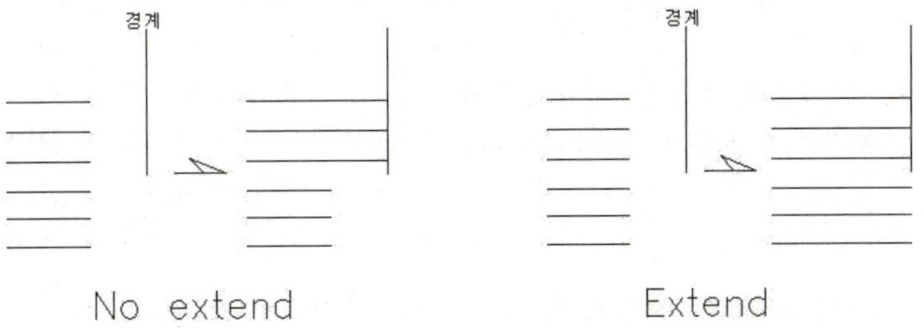

• 명령 취소(U) : 실행을 취소한다.

26 신축(S, Stretch)

메뉴: **수정 ➠ 신축**
리본: **제도 및 주석 ➠ 홈 ➠ 수정 ➠ 신축**
도구: **수정**

잡아 늘인다. 선택은 Crossing으로 선택해야 한다.

✹ 선택된 Object 중 선택 구역 안에

① 포함된 Object는 지정한 방향으로 이동한다.

② 걸쳐있는 Object는 변형된다.

③ 포함되지 않는 Object와 점은 고정된다.

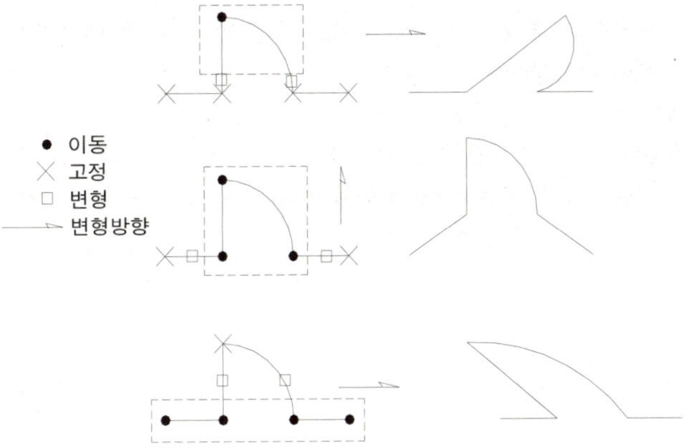

명령: S
걸침 윈도우 또는 걸침 다각형만큼 신축할 객체 선택...
객체 선택: ← 대상을 반드시 "걸침박스(Crossing Box)"로 선택해야 한다.
객체 선택:
기준점 지정 또는 [변위(D)] 〈변위〉: ← 기준점을 설정한다.
두 번째 점 지정 또는 〈첫 번째 점을 변위로 사용〉: ← 변형점을 지정하거나 수치 입력을 한다.

Pline, Solid 등의 명령으로 작업된 것 중에 두께를 가지는 요소는 두께가 다르게 신장될 수 있다.

▸ 예제 아래 도형에서 전체 길이는 그대로 두고 좌측 길이 30 부분을 50으로 변형시켜 보자.

① 그림처럼 선택 범위를 지정한 뒤, A방향으로 20만큼 수평 변형시키면 된다.

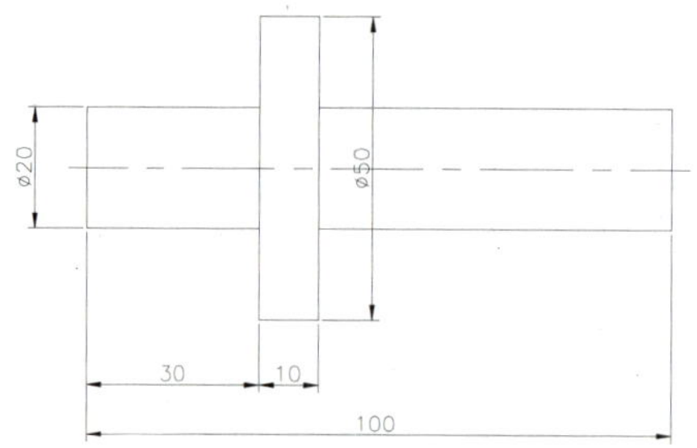

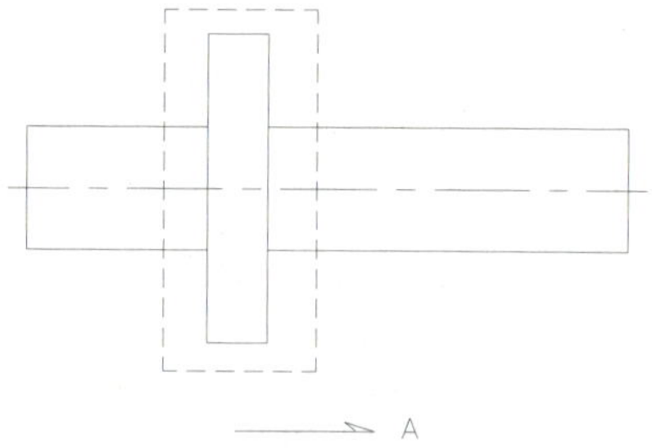

명령: S
걸침 윈도우 또는 걸침 다각형만큼 신축할 객체 선택...
객체 선택: ← 대상을 반드시 "걸침박스(Crossing Box)"로 선택해야 한다.
* 걸침박스 : 우측 빈 공간에 한 점을 지정하고 우측의 대각 방향으로 상자를 그려 대상(범위)을 선택한다.
객체 선택:
기준점 지정 또는 [변위(D)] 〈변위〉: ← 기준점을 임의의 점으로 지정한다.
두 번째 점 지정 또는 〈첫 번째 점을 변위로 사용〉: ← F8 또는 F10을 켜고 A방향으로 커서를 두고 20을 입력한다.

27 길이 조정(Len, Lengthen)

메뉴: 수정 ➠ 길이 조정
리본: 제도 및 주석 ➠ 홈 ➠ 수정▽ ➠ 길이 조정

선의 길이와 호의 내각을 변경시킨다.

명령: LEN
객체 선택 또는 [증분(DE)/퍼센트(P)/합계(T)/동적(DY)]:

- 증분(DE) : 늘리거나 줄이려는 절대 길이를 입력한다.
- 퍼센트(P) : 현재 크기를 100으로 한 백분율로 계산한다.
- 합계(T) : 총 길이(결과치)를 입력한다. 서로 다른 여러 개의 길이를 동일한 길이로 통일할 때 사용한다.
- 동적(DY) : 선택 부위에서 늘리거나 줄이는 다음 점을 커서로 움직이며 지정한다.

28 정렬(Align)

메뉴: 수정 ➠ 3D 작업 ➠ 정렬
리본: 제도 및 주석 ➠ 홈 ➠ 수정 ➠ 정렬

명령: Align
객체 선택: ← 대상을 선택한다.
객체 선택:
첫 번째 근원점 지정: ← P1
첫 번째 대상점 지정: ← P2
두 번째 근원점 지정: ← P3
두 번째 대상점 지정: ← P4
세 번째 근원점 지정 또는 〈계속〉: Enter↵
정렬점을 기준으로 객체에 축척을 적용합니까? [예(Y)/아니오(N)] 〈N〉: Y ← "Y"를 입력하면 크기도 지정한 위치에 맞춰서 정렬된다.

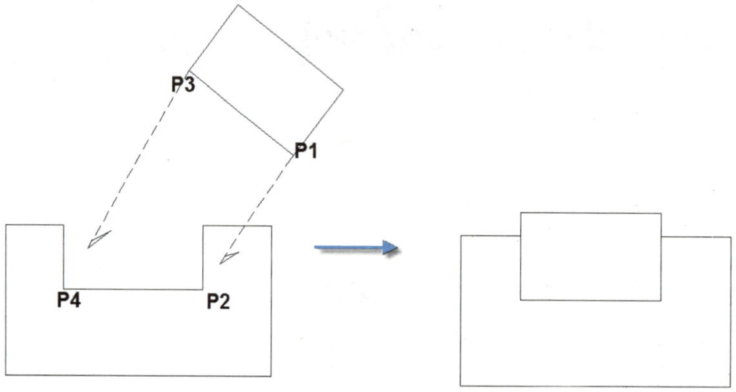

29 그리기 순서

1 그리기 순서(Draworder)

메뉴: 도구 ➠ 그리기 순서

객체의 그리기 순서(표시 및 플로팅 순서)를 변경할 수 있다. 일반적으로 문자, 폭을 가진 폴리선, 솔리드 채움 다각형과 같이 겹치는 객체는 작성된 순서대로 표시되므로 새로 작성한 객체가 기존 객체 앞에 온다.

명령: Draworder
객체 선택: ← 대상을 선택한다.
객체 선택:
객체 순서 옵션 입력 [객체 위로(A)/객체 아래로(U)/앞으로(F)/뒤로(B)] 〈뒤로(B)〉:

- 객체 위로(A) : 선택된 객체를 지정된 참조 객체의 위로 이동한다.
- 객체 아래로(U) : 선택된 객체를 지정된 참조 객체의 아래로 이동한다.
- 앞으로(F) : 도면에서 선택된 객체를 객체 순서의 맨 위로 이동한다.
- 뒤로(B) : 도면에서 선택된 객체를 객체 순서의 맨 아래로 이동한다.

2 문자 및 치수 앞으로 가져오기(Texttofront)

메뉴: 도구 ➠ 그리기 순서 ➠ 문자 및 치수 앞으로 가져오기

도면에 있는 모든 문자 및 치수의 그리기 순서를 변경한다.

명령: Texttofront
맨 앞으로 가져오기: [문자(T)/치수(D)/모두(B)]〈모두〉:

- 문자(T) : 도면의 다른 모든 객체 앞으로 모든 문자를 가져온다.
- 치수(D) : 도면의 다른 모든 객체 앞으로 모든 치수를 가져온다.
- 모두(B) : 도면의 다른 모든 객체 앞으로 모든 문자 및 치수를 가져온다.

3 해치를 맨 뒤로 보내기(Hatchtoback)

메뉴: 도구 ➠ 그리기 순서 ➠ 해치를 맨 뒤로 보내기
도구: 그리기 순서

도면에서 모든 해치, 그라데이션 및 솔리드 채우기의 그리기 순서를 모든 객체의 뒤로 변경한다.

30 객체 가리기(Wipeout)

메뉴: 그리기 ➠ 객체 가리기
리본: 제도 및 주석 ➠ 홈 ➠ 그리기 ➠ 객체 가리기

밑에 있는 객체를 현재 배경 색상으로 가리는 다각형을 그린다. 객체 가리기의 경계는 편집할 때 켰다가 출력할 때 감출 수 있다.

명령: Wipeout
첫 번째 점 지정 또는 [프레임(F)/폴리선(P)] 〈폴리선(P)〉: ← 다각형을 그리거나 "P"를 입력하여 그려놓은 다각형을 가리기 객체로 만든다.
다음 점 지정:
다음 점 지정 또는 [명령 취소(U)]:

- 프레임(F) : 객체 가리기 경계의 감추기(OFF) 여부를 지정한다.(ON/OFF)
- 폴리선(P) : 그려진 다각형을 선택하여 가리기를 실행한다.(폴리선 삭제 여부를 묻는다.)

초점 이동(Pan)시 일시적으로 가려진 안쪽의 형상이 보인다.

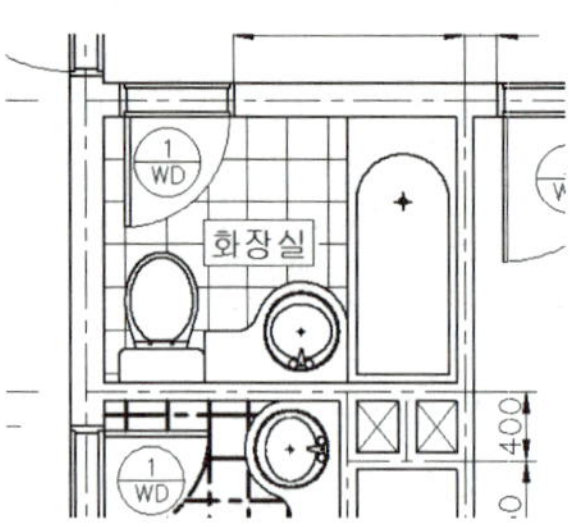

▲ 원본

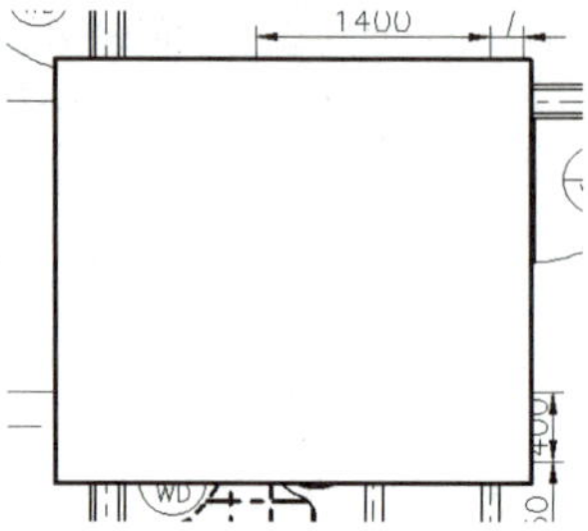

▲ 경계 보이기(ON)

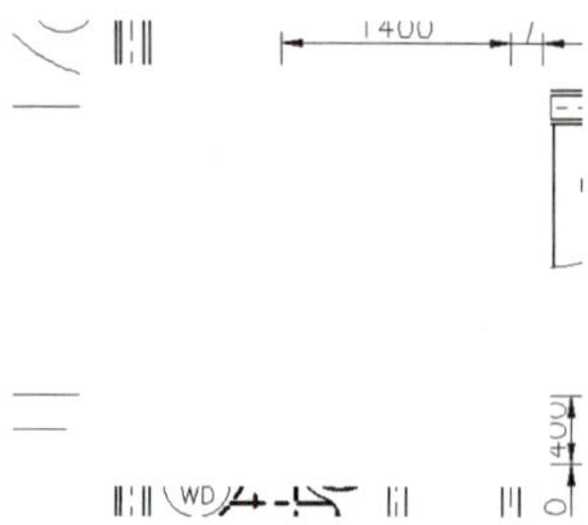

▲ 경계 감추기(OFF)

31 변경하는 명령

1 특성(Ch, Ddchprop, Ddmodify, Mo, Props, Properties)

메뉴: 수정 ➠ 특성

리본: 제도 및 주석 ➠ 뷰 ➠ 팔레트 ➠ 특성

도구: 표준

단축키: Ctrl + 1

Change 명령을 대화상자로 만들어 마우스로 편집을 쉽게 할 수 있게 한다. 먼저 선택하고 이 명령을 실행하거나 실행 후 선택하면 선택한 대상의 정보가 대화상자 안에 표시된다.

1) 대화상자 안에 표시되는 일반적인 특성

❶ 색상 : 객체의 색상을 지정한다. 색상 리스트에서 색상 선택을 선택하면 색상 선택 대화상자가 표시된다(COLOR). 색상 선택 대화상자에서 255개 AutoCAD 색상 색인(ACI), 트루컬러 및 색상표의 색상 중에서 선택하여 객체의 색상을 정의할 수 있다.

❷ 도면층 : 객체의 현재 도면층을 지정한다. 현재 도면의 모든 도면층이 리스트에 표시된다(LAYER).

❸ 선 종류 : 객체의 현재 선 종류를 지정한다. 현재 도면의 모든 선 종류가 리스트에 표시된다(LINETYPE).

❹ 선 종류 축척 : 객체의 선 종류 축척 비율을 지정한다(LTSCALE).

❺ 선가중치 : 객체의 선가중치를 지정한다. 현재 도면에서 사용 가능한 모든 선가중치가 리스트에 표시된다(LWEIGHT).

❻ 투명도 : 객체의 투명도를 지정한다(TRANSPARENCY).

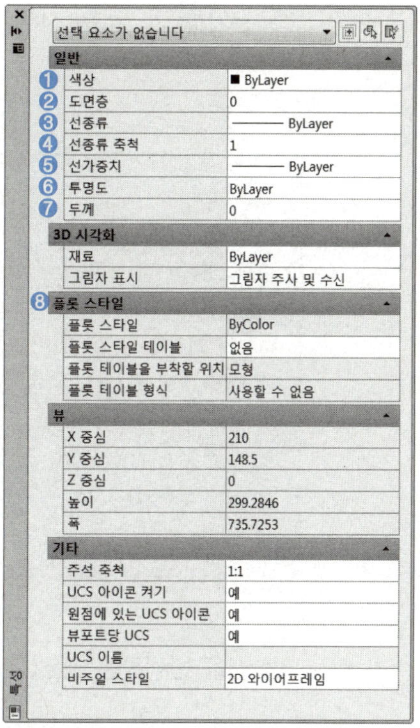

❼ 두께 : 현재 3D 두께를 설정한다. 이 특성이 모든 객체에 적용되는 것은 아니다.

❽ 플롯 스타일 : NORMAL, BYLAYER, BYBLOCK 및 현재 플롯 스타일 테이블에 있는 모든 플롯 스타일을 나열한다(PLOTSTYLE).

❾ 하이퍼링크 : 그래픽 객체에 하이퍼링크를 부착한다. 하이퍼링크에 설명이 지정된 경우 설명이 표시된다. 지정된 설명이 없으면 URL이 표시된다(HYPERLINK).

2 변경(-Ch, Change)

선택한 요소의 POINT(문자, 선의 끝점, 원의 지름)나 특성(색, 고도 값, LAYER 등)을 변경한다.

1) 선택한 요소의 Point(문자, 선의 끝점, 원의 지름) 변경

명령: -Ch
객체 선택: ← 대상을 선택한다.
객체 선택:
변경점 지정 또는 [특성(P)]: ← 점을 지정하거나 Enter↵한다.

① 문자를 변경하는 경우

```
명령: -CH
CHANGE
객체 선택:   ← 대상을 선택한다.
객체 선택:   ← 더 이상 대상이 없으면 엔터한다.
변경점 지정 또는 [특성(P)]: Enter↵ ← 엔터하면 문자의 특성을 변경한다.
새 문자 삽입점 지정 <변경 없음>: ← 위치를 변경할 수 있다.
새 문자 스타일 입력 <Standard>: ← 문자의 스타일을 변경할 수 있다.
새 높이 지정 <25.0000>:         ← 문자의 높이를 변경할 수 있다.
새 회전 각도 지정 <0>:           ← 문자의 회전 각도를 변경할 수 있다.
새 문자를 입력 <Drawings>:       ← 문자의 내용을 변경할 수 있다.
```

② 선을 변경하는 경우(Pline은 Change Point가 되지 않는다.)

```
명령: -CH
객체 선택:   ← 대상을 선택한다.
객체 선택:
변경점 지정 또는 [특성(P)]:  ← 새 위치를 지정한다.(A)
```

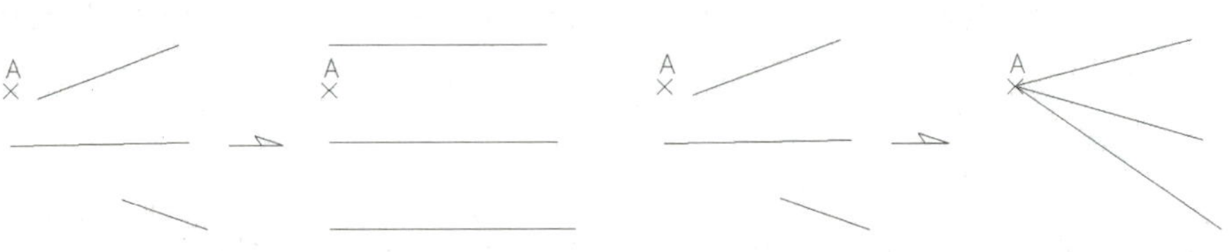

▲ 직교모드(F8)가 ON된 경우 ▲ 직교모드(F8)가 OFF된 경우

③ 원을 변경하는 경우

- 새 Point를 지정하는 경우

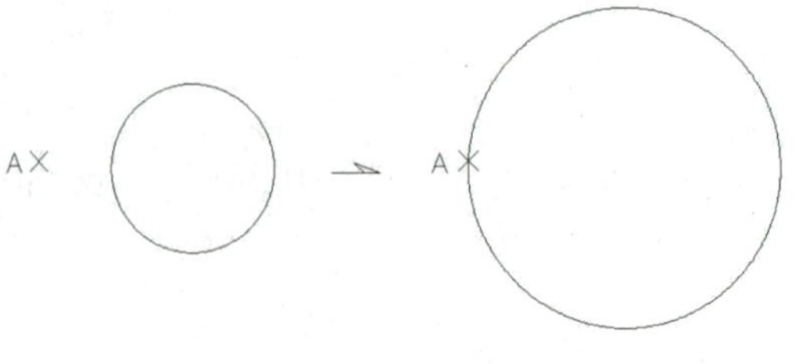

▲ 새 위치 "A"를 지정한다.

• 반지름을 입력하여 변경하는 경우

명령: -CH
객체 선택: ← 원을 선택한다.
객체 선택:
변경점 지정 또는 [특성(P)]: Enter↵
새로운 원 반지름 지정 〈변경 없음〉: ← 새 반지름을 입력한다.

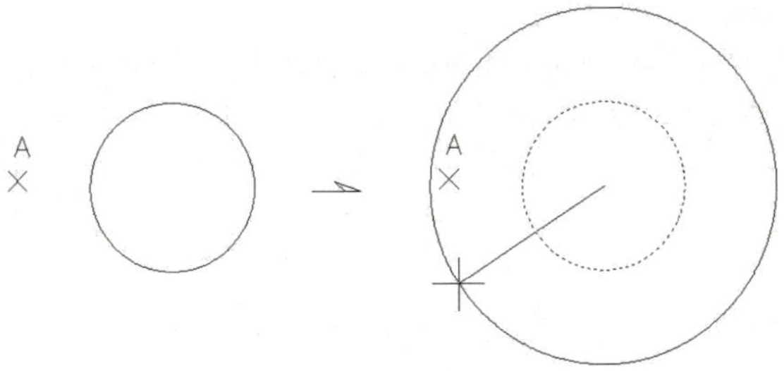

2) 선택한 요소의 특성(색, 고도 값, Layer 등)을 변경하기

명령: -CH
객체 선택: ← 대상을 선택한다.
객체 선택:
변경 점 지정 또는 [특성(P)]: P ← 특성 변경 옵션 "P"를 입력한다.
변경할 특성 입력
[색상(C)/고도(E)/도면층(LA)/선 종류(LT)/선 종류축척(S)/선가중치(LW)/두께(T)/투명도(TR)/재료(M)/주석(A)]:

- 색상(C) : 색을 변경한다.
- 고도(E) : 3차원에서 고도 값을 변경한다.
- 도면층(LA) : 설정된 Layer 중 다른 Layer로 변경한다.
- 선 종류(LT) : Load된 선 중에서 다른 선으로 변경한다.
- 선 종류 축척(S) : 선 크기를 변경한다.
- 선가중치(LW) : 선 굵기를 조정한다.
- 두께(T) : 3차원에서 물체 고유의 높이를 조정한다.
- 투명도(TR) : 선택한 객체의 투명도를 조정한다.
- 재료(M) : 재료가 부착된 경우 선택된 객체의 재료를 변경한다.
- 주석(A) : 선택된 객체의 주석 특성을 변경한다.

3 Chprop

요소의 특성만을 변경하는 명령으로 Change의 옵션에 있는 "고도(E)" 옵션이 없다. 그 외 옵션은 동일하다. 3차원 작업에서 설정된 UCS와 관계없이 Chprop 명령을 사용할 수 있다. Change 명령과 다른 부분이다.

명령: Chprop
객체 선택:
객체 선택:
변경할 특성 입력 [색상(C)/도면층(LA)/선 종류(LT)/선 종류축척(S)/선가중치(LW)/두께(T)/투명도(TR)/재료(M)/주석(A)]:

4 특성 일치(Ma, Matchprop)

메뉴: 수정 ➠ 특성 일치
리본: 제도 및 주석 ➠ 홈 ➠ 클립보드 ➠ 특성 일치
도구: 표준

선택한 객체의 특성을 다른 객체에 적용한다.

명령: ma
MATCHPROP
원본 객체를 선택하십시오: ← 원본을 선택한다.
현재 활성 설정: 색상 도면층 선 종류 선축척 선가중치 투명도 두께 플롯 스타일 치수문자 해치 폴리선 뷰포트 테이블 재료 그림자 표시 다중지시선
대상 객체를 선택 또는 [설정(S)]: ← 원본의 내용을 적용할 대상을 선택한다.

• 설정(S) : 원본의 특성 중 필요한 부분만 선택해서 적용한다.

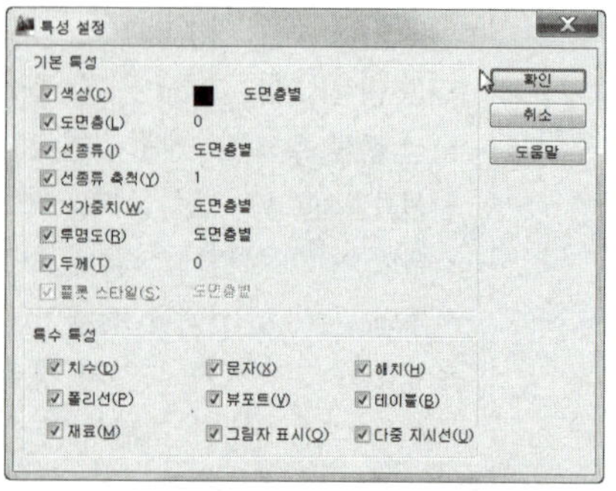

5 Grips

편집 기준점을 선택하여 5가지 명령 중에 하나를 선택하여 편집을 하게 한다. 단, Grip 기능을 사용할 수 있게 하는 변수 Grips가 켜져(1) 있어야 한다.

> **명령:** Grips
> GRIPS에 대한 새 값 입력 〈1〉:

- 0 : 그립을 숨긴다.
- 1 : 그립을 표시한다.
- 2 : 폴리선 세그먼트에 추가 중간점 그립을 표시한다.

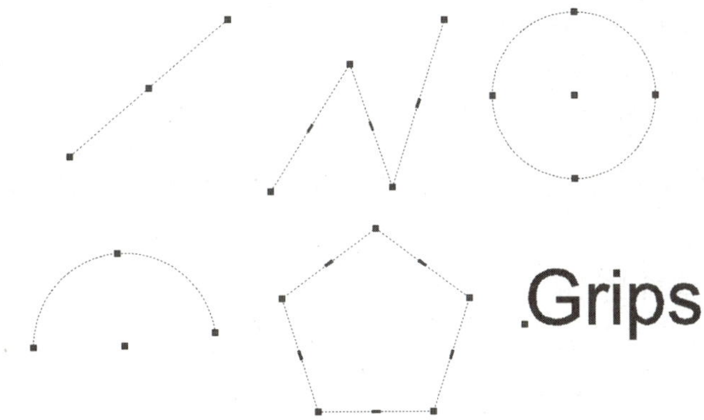

▲ GRIP의 위치(Grips가 2일 때)

Grip 가까이 커서를 대면 자석이 끌어당기듯이 빨려 들어가고, 선택하면 (그림 A)처럼 Grip에 색이 채워지면서 엔터하면 "신축 ➠ 이동 ➠ 회전 ➠ 축척 ➠ 대칭" 순서로 편집 명령이 순환된다. 또는 선택된 상태에서 마우스 오른쪽 버튼을 눌러 메뉴 (그림 B)에서 선택해도 된다.

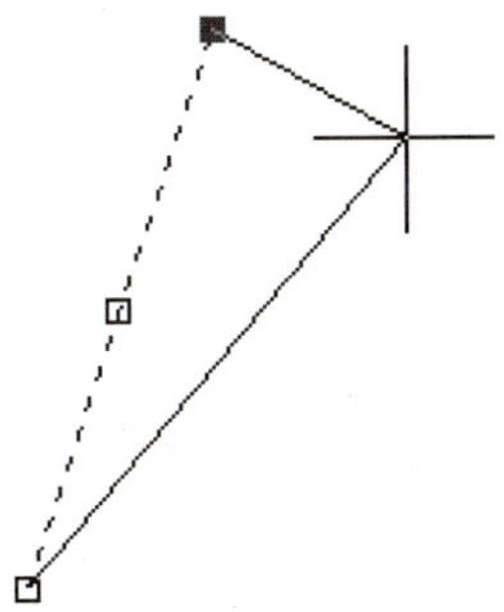

▲ 그림 A

▲ 그림 B

❶ 신축 : 신축점 지정 또는 [기준점(B)/복사(C)/명령 취소(U)/종료(X)]:

❷ 이동 : 이동점 지정 또는 [기준점(B)/복사(C)/명령 취소(U)/종료(X)]:

❸ 회전 : 회전 각도 지정 또는 [기준점(B)/복사(C)/명령 취소(U)/참조(R)/종료(X)]:

❹ 축척 : 축척 비율 지정 또는 [기준점(B)/복사(C)/명령 취소(U)/참조(R)/종료(X)]:

❺ 대칭 : 두 번째 점 지정 또는 [기준점(B)/복사(C)/명령 취소(U)/종료(X)]:

- 기준점(B) : 처음 선택한 곳이 아닌 다른 곳을 기준점으로 다시 지정할 때 사용한다.
- 복사(C) : 원본을 두고 사본을 생성한다.
- 명령 취소(U) : 실행을 취소한다.
- 종료(X) : 명령을 종료한다.

Shift 키를 누른 상태로 작업을 하면 Copy 옵션을 사용한 것과 같이 복사본이 형성된다.

선택을 해제할 때는 Esc를 2~3번 누르면 된다.

제 4 장 도면층(LAYER)

투명한 비닐을 여러 장 겹쳐 놓은 것처럼 기능상이나 표현 상 구분이 필요한 내용을 각 도면층에 분리해서 그려놓고 관리하는 기능이다. 각 도면층에는 이름을 붙일 수 있으며 색상과 선 종류를 각각 다르게 지정할 수 있다. 분류 작업을 할 수 있으므로 작업 능률이 향상된다.

1 도면층(La, Layer)

메뉴: **형식 ➡ 도면층**

리본: **제도 및 주석 ➡ 홈 ➡ 도면층 ➡ 도면층 특성 관리자**

도구: **도면층**

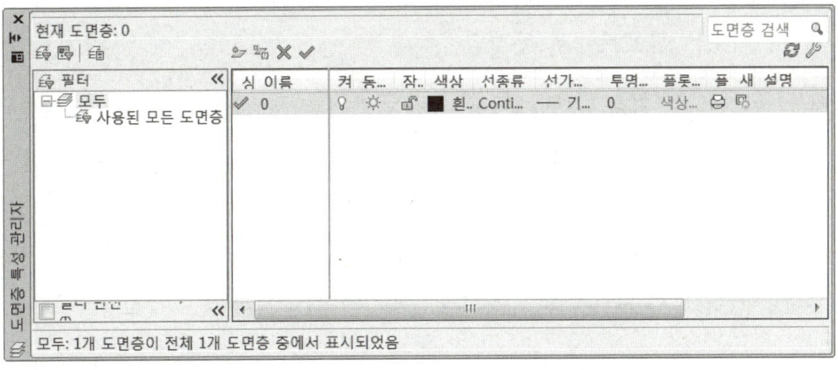

1 도면층 관리 명령

① 새 특성 필터 Alt + P : 도면층 필터 대화상자를 표시하며 하나 이상의 도면층 특성을 기준으로 도면층 필터를 작성할 수 있다.

② 새 그룹 필터 Alt+G : 선택하여 필터에 추가한 도면층이 들어 있는 도면층 필터를 작성한다.

③ 도면층 상태 관리자 Alt+S : 도면층 상태 관리자를 표시하며 명명된 도면층 상태에 있는 도면층에 대해 현재 특성 설정 값을 저장할 수 있으며 저장한 설정 값을 나중에 복원할 수 있다.

④ 새 도면층 Alt+N : 새 도면층을 작성한다. 리스트에 "도면층1"이라는 도면층이 표시되며 이름이 선택된 상태에서 새 도면층 이름을 즉시 입력하여 변경할 수 있다. 새 도면층은 도면층 리스트에서 현재 선택된 도면층의 특성(색상, 선 종류, 켜기 또는 끄기 상태 등)을 상속 받는다.

⑤ 새 도면층 VP가 모든 뷰포트에서 동결된다. : 새 도면층을 작성하고 기존의 모든 뷰포트에서 동결된다.

⑥ 도면층 삭제 Alt+D : 삭제하기 위해 선택된 도면층을 표시한다. 적용 또는 확인을 클릭하면 도면층이 삭제되며 참조되지 않은 도면층만 삭제할 수 있다. 참조된 도면층에는 도면층 0 및 Defpoints, 객체(블록 정의의 객체 포함)가 포함된 도면층, 현재 도면층 및 외부 참조 종속 도면층이 포함된다. 일부가 열린 도면의 도면층은 참조된 것으로 간주되므로 삭제할 수 없다.

⑦ 현재로 설정 Alt+C : 선택된 도면층을 현재 도면층으로 설정한다. 작성한 객체는 현재 도면층에 그려진다.

2 도면층 제어 명령

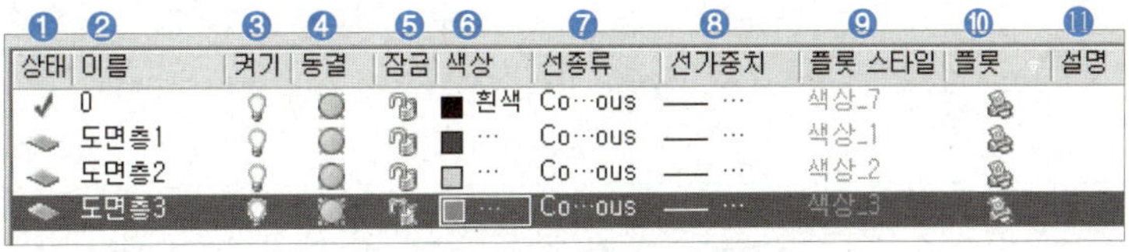

❶ 상태 : 현재 사용 중인 도면층을 표시한다.

❷ 이름 : 도면층의 이름을 나타낸다.

❸ 켜기 : 도면층을 켜고 끈다. 사용 중인 도면층이 OFF된 상태일 때 보이지 않는 상태로 작업이 되므로 주의한다.

❹ 동결 : 도면층을 동결시켜 화면상에 표현되지 않으며, 아예 없는 것으로 연산되므로 작업 속도를 향상시킨다. 프린터로 출력 또한 되지 않으며 사용 중인 도면층은 동결시킬 수 없다.

❺ 잠금 : 도면층을 잠그면 보이지만 선택이 되지 않으므로 편집을 방지할 수 있다.

❻ 색상 : 도면층의 색을 변경한다. 여기서 흰색은 출력에서는 검정색으로 출력된다.

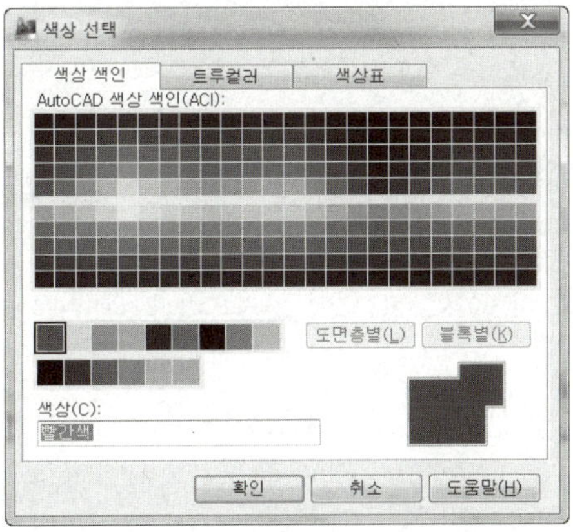

❼ 선 종류 : 선 형태를 불러(Load)오거나 지정한다. 현재 선택된 Layer에 선을 지정한다.

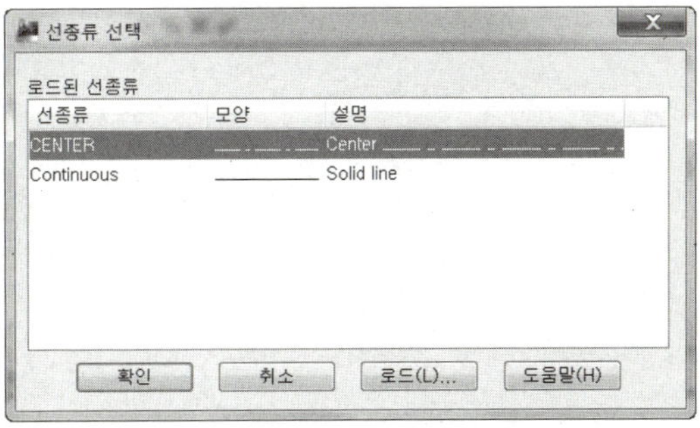

- **로드(L)** : "*.LIN" 파일에서 사용할 선을 가져온다. 기본으로 실선(Continuous)만 있으므로 사용할 선들을 로드해야 한다. 도면에서 기본적으로 쓰이는 선들을 보면 아래 표와 같다.

이 름	모양에 따른 이름	용도에 따른 이름	용 도	선모양
Continuous	실선	외형선	물체의 외형을 그린다.	
Center	일점쇄선	중심선	중심이나, 대칭을 표시한다.	
Hidden	파선	은선	보이지 않는 부분을 표시한다.	
Phantom	이점쇄선	가상선	없는 것을 있는 것처럼 표시할 때 사용하며 운동 전·후, 가공 전·후의 모양을 표시한다.	

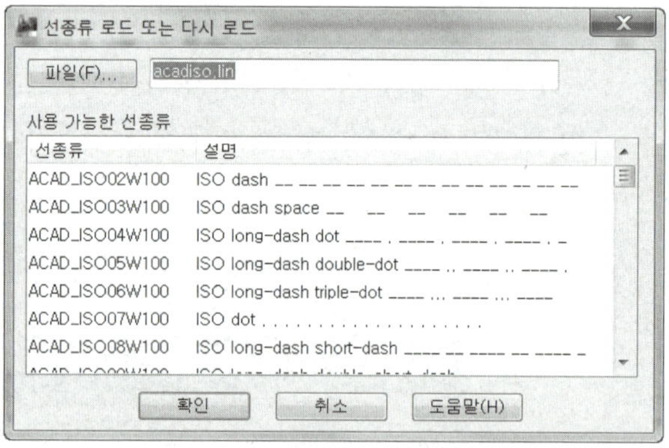

✎ 여러 선을 지정하여 한 번에 가져오려면 Ctrl키를 누른 상태에서 선을 선택한다.

❽ 선가중치 : 선의 굵기를 조정한다.

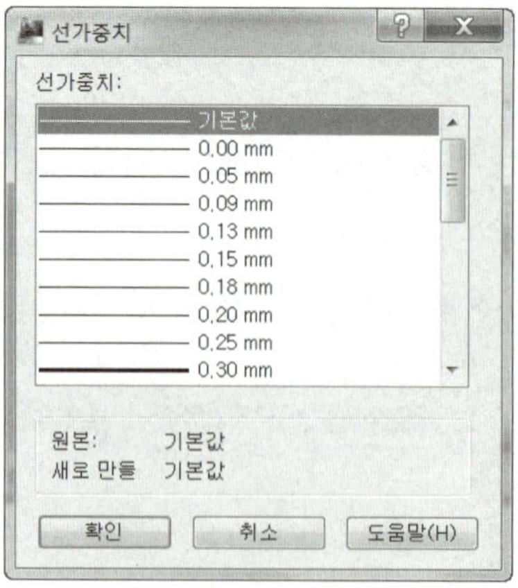

- 설정한 선 굵기가 화면상에 반영되려면 상태 라인의  "선가중치" 버튼을 눌러 활성화시킨다. 선 굵기는 여기에서 설정하는 것도 있지만 출력(Plot)에서 지정하여 출력하는 방법도 있다.

⑨ 플롯 스타일 : 플롯 스타일 설정은 플롯 대화상자에서 설정한 색상을 나타내는데 여기에서는 보여주기만 하고 수정은 할 수 없다.

⑩ 플롯 : 다른 설정에 관계없이 출력 여부를 설정한다.

⑪ 설명 : 도면층에 대한 설명을 기입할 수 있다.

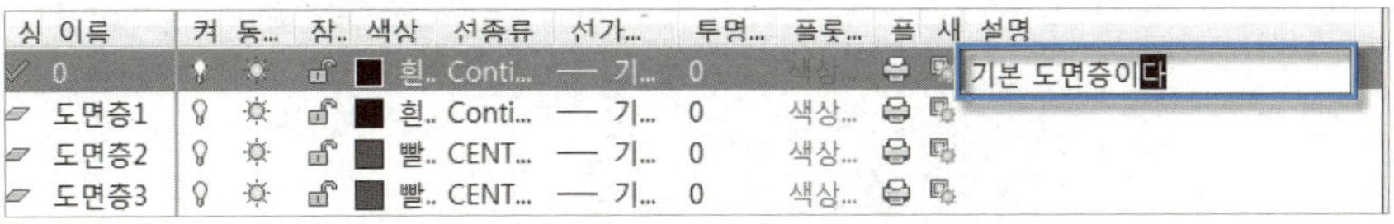

2 도면층 작성 예

1 선 종류(Linetype), 색상(Color)에 따른 도면층 구성

한 도면에 한 부품을 그릴 때 사용하면 좋다. 여러 가지 부품을 한 도면에 그릴 때 부품별로 선 형태를 할당하여 도면층을 구성한다면 도면층의 수가 너무 많아져서 도면층을 관리하기가 너무 복잡해진다.

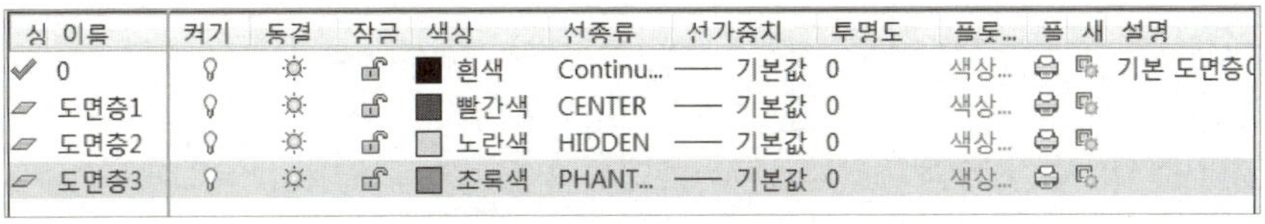

▲ 선 종류 색상에 따른 도면층 작성 예

2 부품에 따른 도면층 구성

한 도면 내에 여러 가지 부품을 그릴 때는 부품별로 도면층을 구성한 다음 각 부품에 사용되는 선, 색상을 구별할 필요가 있을 때에 변경하면 된다. 변경 방법은 "먼저 선택하기(Pickfirst)"를 한 후 도구막대의 객체 특성에서 간단하게 변경시키거나 "Ch (Change)" 명령을 사용해 변경한다.

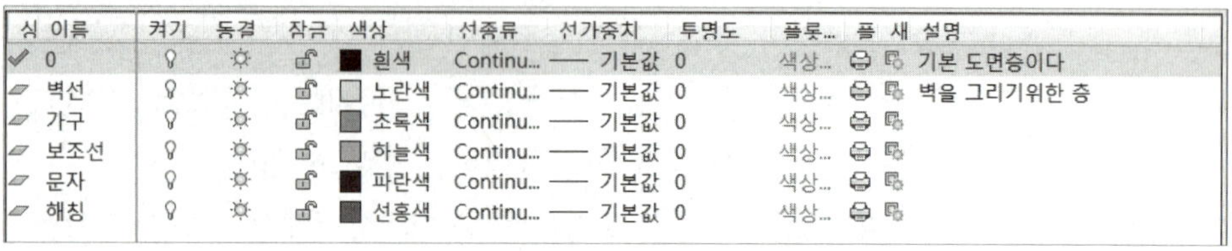

▲ 부품에 따른 도면층 작성 예

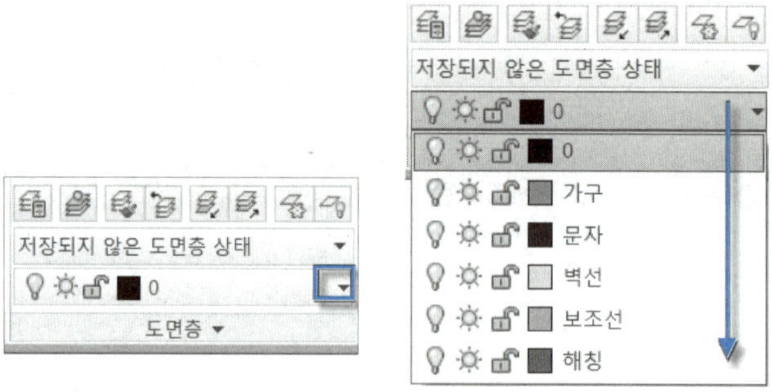

▲ 도구막대의 객체 특성

실습

✹ 작업된 도면 요소의 도면층 변경하기

벽선 도면층에서 가구 도면층으로 변경해 보자.

따라하기

1. 대상을 선택한다.
   선택된 객체가 속한 도면층을 알 수 있다.

2. 변경하고자 하는 도면층을 선택하면 바로 변경된다.
   변경되었는지 확인해 본다.

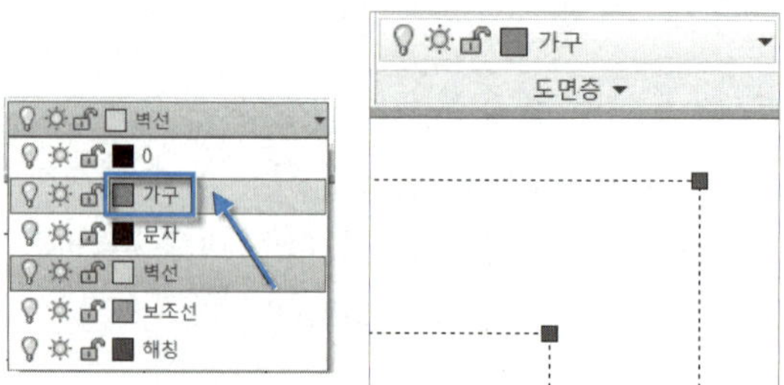

3 도면층 관련 명령

다른 작업에서도 쓰이는 명령이지만 도면층 명령과 밀접하게 쓰이는 명령들이다.

1 색상(Col, Color)

메뉴: **형식 ➠ 색상**

리본: **제도 및 주석 ➠ 홈 ➠ 특성 ➠ 객체 색상**

지정한 색이 도면층에 설정되어 있는 색상보다 우선하여 현재 작업에 적용된다. 명령어보다 리본 메뉴나 도구막대에서 지정하는 것이 편하다.

명령: Col

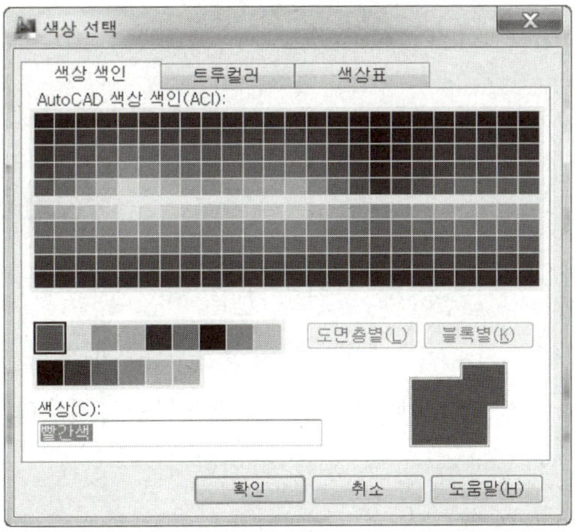

리본 메뉴 특성 안에서도 색상을 변경할 수 있다.

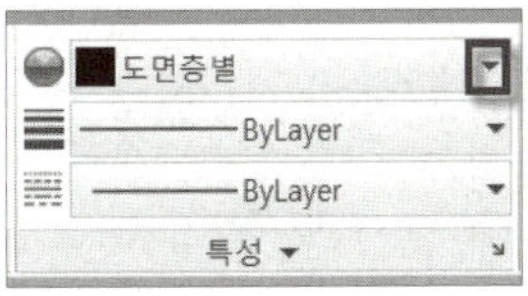

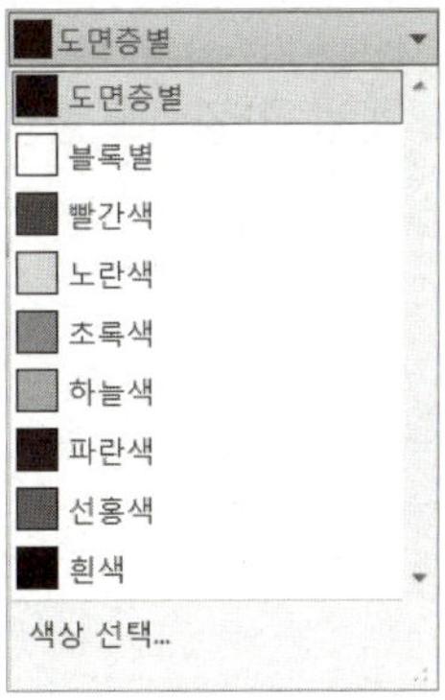

2 선 종류(Lt, Linetype)

메뉴: 형식 ➠ 선 종류
리본: 제도 및 주석 ➠ 홈 ➠ 특성 ➠ 선 종류

지정한 선 모양이 Layer에 설정되어 있는 선 모양에 우선하여 현재 작업에 적용된다. 명령어보다 리본 메뉴나 도구막대에서 지정하는 것이 편하다.

명령: Lt

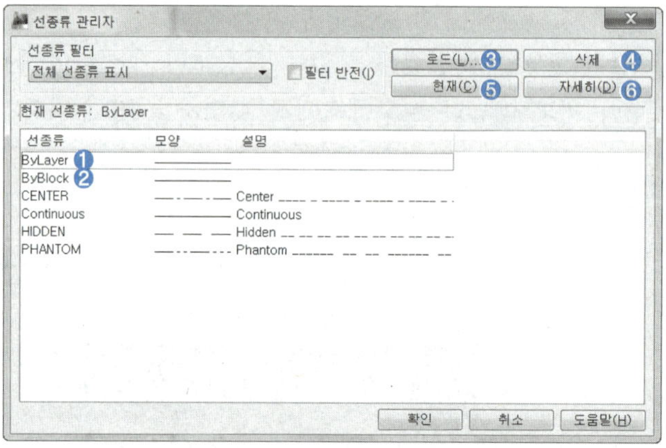

① By Layer : Layer에 설정된 선을 따른다.
② By Block : Block 설정 때 지정된 색을 따른다.
③ 로드(L) : *.LIN 파일에서 사용할 선을 가져온다.
④ 삭제 : 사용하지 않은 선을 삭제한다.
⑤ 현재(C) : 현재 사용되는 선을 표시하고 불러온 선들 중에서 사용할 선을 선택한 후 이 버튼을 선택하면 현재 선(사용될)으로 전환된다.
⑥ 자세히(D) : 선의 세부 사항을 보여준다.

리본 메뉴 특성 안에서도 선 종류를 변경할 수 있다.

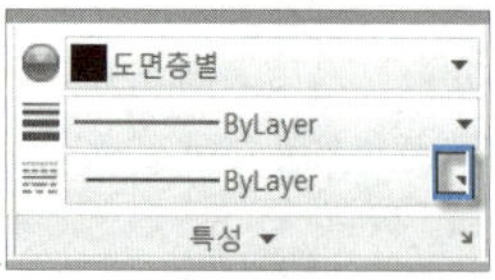

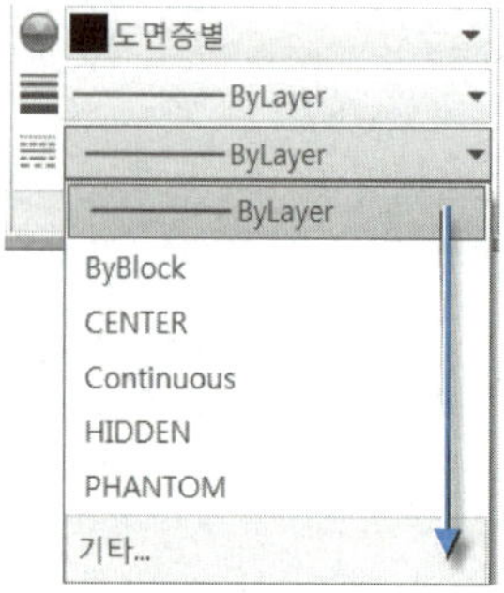

③ 선가중치(Lweight, Lineweight)

메뉴: 형식 ➠ 선가중치

리본: 제도 및 주석 ➠ 홈 ➠ 특성 ➠ 선가중치

선의 굵기를 조정한다.

명령: Lweight

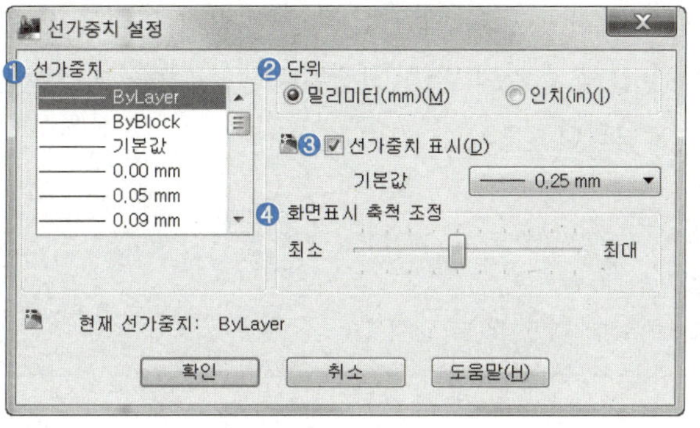

❶ 선가중치 : 선의 굵기를 지정한다.
❷ 단위 : 단위를 밀리미터 또는 인치로 설정한다.
❸ 선가중치 표시(D) : 지정한 선 굵기를 화면에 적용 여부를 결정한다. 하단의 상태 라인의 "선가중치"를 클릭하는 것과 같다.
❹ 화면 표시 축척 조정 : 화면에 표시되는 굵기를 조정한다.

리본 메뉴 특성 안에서도 선가중치를 변경할 수 있다.

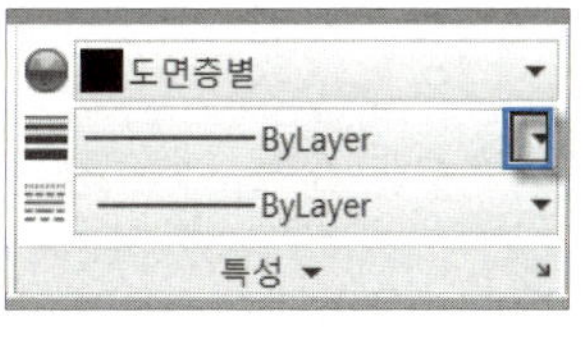

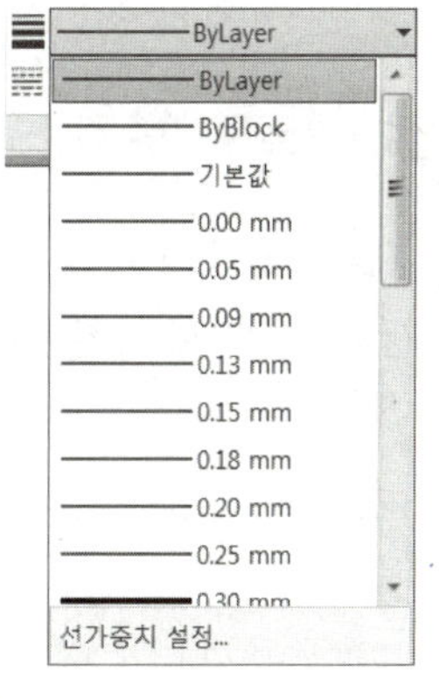

4 선 종류 축척(Lts, Ltscale)

선의 크기를 조정한다.

명령: Lts
새로운 선 종류 축척 비율 입력 〈1.0000〉:

5 Pickfirst

Pickfirst가 켜져(1) 있을 때 편집 대상을 먼저 선택한 후 편집 명령을 실행하면 선택 메시지 "객체 선택: " 없이 바로 진행된다. 도면층을 변경할 때 Pickfirst가 OFF(0) 되어 있으면 불편하다.

명령: Pickfirst
PICKFIRST에 대한 새 값 입력 〈1〉

6 Pickadd

Pickadd가 켜져(1) 있을 때 개별 선택 시 다수 선택이 가능하다. Pickadd가 꺼져(0) 있으면 한 번에 한 객체만 선택되므로 주의한다.

명령: Pickadd
PICKADD에 대한 새 값 입력 〈1〉:

7 ByLayer로 변경(Setbylayer) 

메뉴: 수정 ➠ ByLayer로 변경
리본: 제도 및 주석 ➠ 홈 ➠ 수정 ➠ ▽ ➠ ByLayer로 설정

선택한 객체의 특성을 ByLayer로 변경한다.

명령: Setbylayer
현재 활성 설정: 색상 선 종류 선가중치 투명도 재료
객체 선택 또는 [설정(S)]: ← 대상을 선택한다.
객체 선택 또는 [설정(S)]:
ByBlock을 ByLayer로 변경하시겠습니까? [예(Y)/아니오(N)] 〈예(Y)〉:
블록을 포함하시겠습니까? [예(Y)/아니오(N)] 〈예(Y)〉:

- 설정(S) : 선택된 객체 및 삽입된 블록에 대해 색상, 선 종류, 선가중치, 재료, 플롯 스타일 및 투명도에 대한 특성 재지정을 ByLayer로 변경한다.

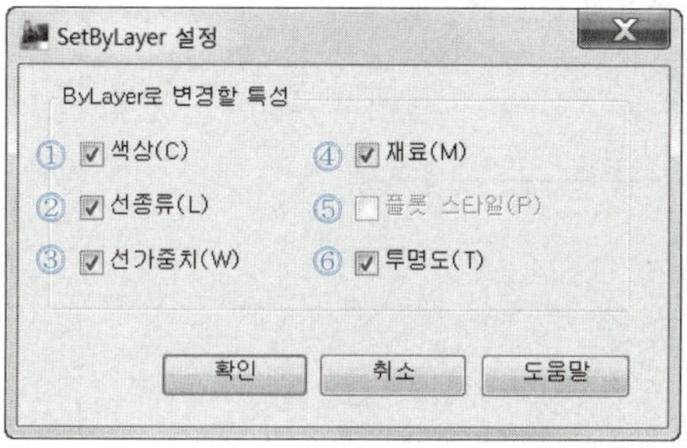

① **색상(C)** : 선택된 객체의 색상을 Bylayer로 변경한다.(Setbylayermode=1)
② **선 종류(L)** : 선택된 객체의 선 종류를 Bylayer로 변경한다.(Setbylayermode=2)
③ **선가중치(W)** : 선택된 객체의 선가중치를 Bylayer로 변경한다.(Setbylayermode=4)
④ **재료(M)** : 선택된 객체의 재료를 Bylayer로 변경한다.(Setbylayermode=8)
⑤ **플롯 스타일(P)** : 선택된 객체의 플롯 스타일을 Bylayer로 변경한다. 이 옵션은 명명된 플롯 스타일 도면에서 사용할 수 있다.(Setbylayermode=16)
⑥ **투명도(T)** : 선택된 객체의 투명도 값을 Bylayer로 변경한다.(Setbylayermode=128)

연습문제

문제 1 | 다음 도형을 세 번 복사하여 Linetype을 Center, Hidden, Phantom으로 변경해 보자.

– 사용 명령: Rectang, Copy, Linetype

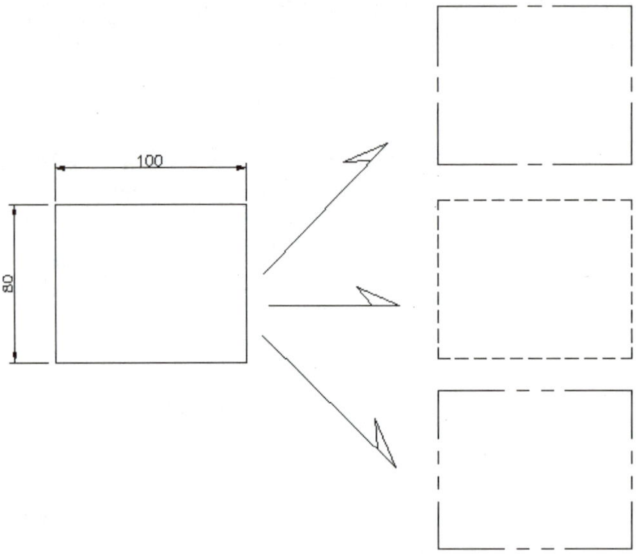

문제 2 | 선 모양을 구별하여 다음 작업을 완성하시오.

– 사용 명령: Line, Offset, Circle, Linetype, Fillet

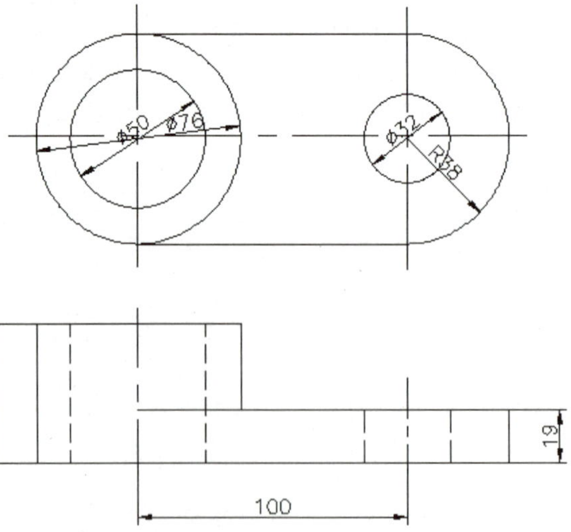

연습문제

문제 3 | 선 모양을 구별하여 다음 작업을 완성하시오.

-사용 명령: Line, Offset, Trim, Linetype, Fillet, Chamfer

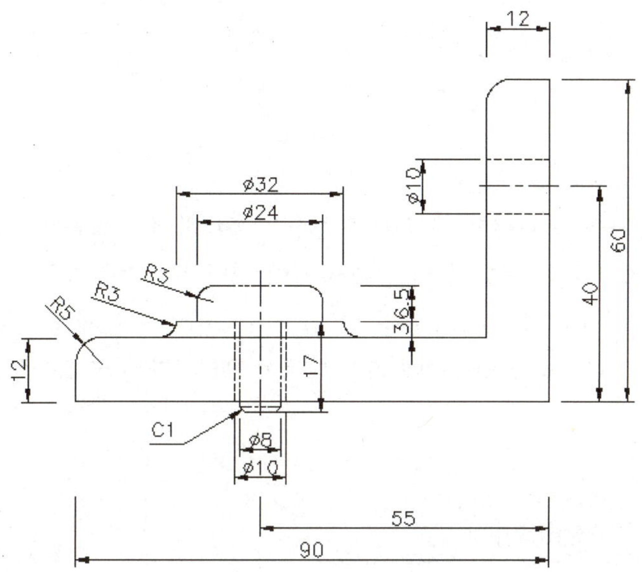

제 5 장 HATCH

도면에서 물체를 표현할 때 내부의 형상을 뚜렷하게 표현하기 위해 단면(가상으로 절단)을 하게 되는데 단면이 된 면에서 칼이 지나가는 면을 빗금(Hatch)으로 채워서 단면임을 표시하고 그 빗금의 문양, 무늬(Pattern)는 그 물체를 이루는 재질, 재료를 의미한다. 각 나라의 공업규격에 따라 다르며 우리나라는 국제표준(ISO)을 사용한다.

1 해치(H, Hatch)

메뉴: 그리기 ➠ 해치
리본: 제도 및 주석 ➠ 홈 ➠ 그리기 ➠ 해치▽
도구: 그리기

영역의 내부를 지정하여 간단한 폐곡선으로 둘러싸인 영역을 해칭할 수 있다. 경계가 없는 해치를 하려면 "-Hatch" 명령을 사용한다.(해치는 클래식 메뉴일 때, 제도 및 주석 리본 메뉴일 때 아래와 같이 대화상자의 모양이 다르다.)

명령: H

▲ 리본 메뉴에서 해치를 실행한 경우

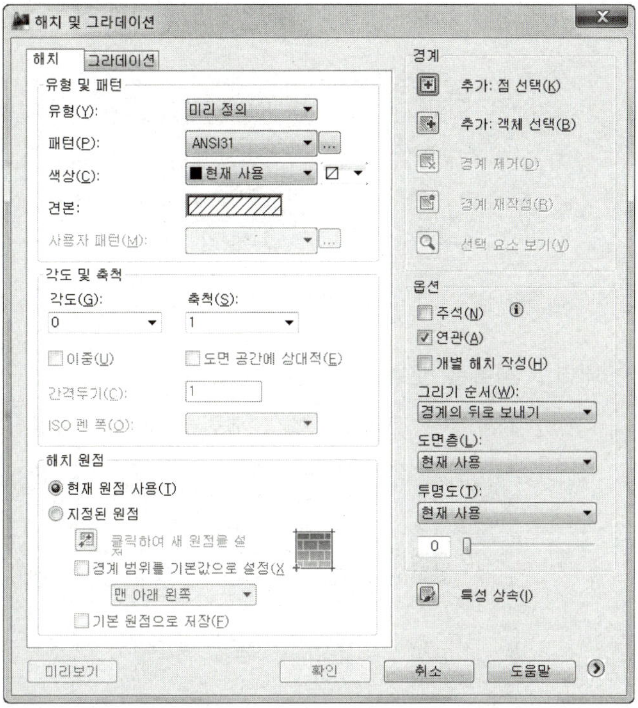

▲ 클래식 메뉴에서 해치를 실행한 경우

1 해치 유형 및 패턴

❶ 유형(Y) : 해치의 "미리 정의, 사용자 정의, 사용자" 등 유형을 선택한다.

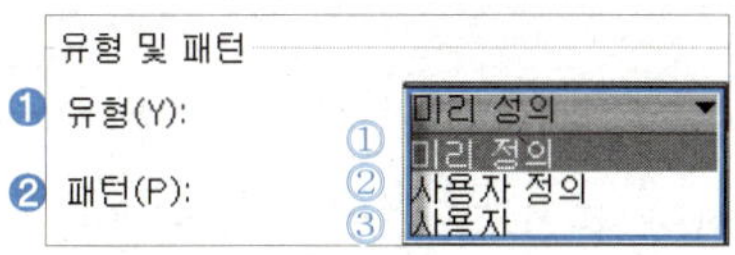

① **미리 정의** : 미리 정의된 "acad.pat" 파일의 해치를 사용한다.

② **사용자** : 사용자가 각도, 간격 등을 절댓값으로 정의하여 사용한다. 패턴은 단일선 또는 "이중"만을 사용할 수 있으며 각도, 간격두기 등이 절댓값으로 적용된다. 정확한 간격으로 해치를 해야 할 경우에는 이 유형을 쓰는 것이 바람직하다.

③ **사용자 정의** : 사용자가 만든 해치를 사용한다.

❷ 패턴(P) : 유형 "미리 정의"에서 해치의 무늬를 지정한다.

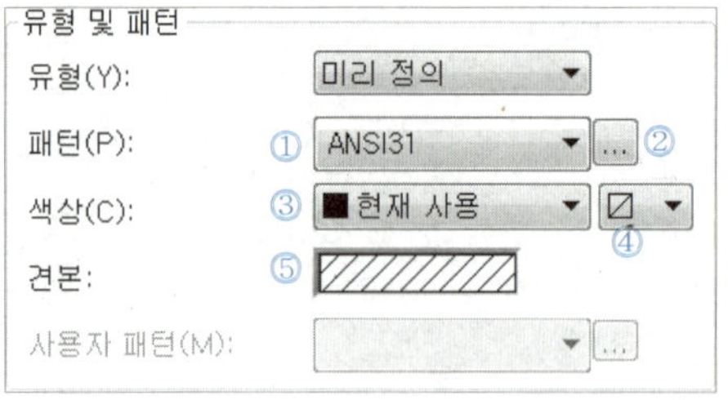

① 패턴의 이름을 보면서 지정한다.

②, ⑤ 아래와 같은 대화상자에서 패턴을 보면서 지정한다.

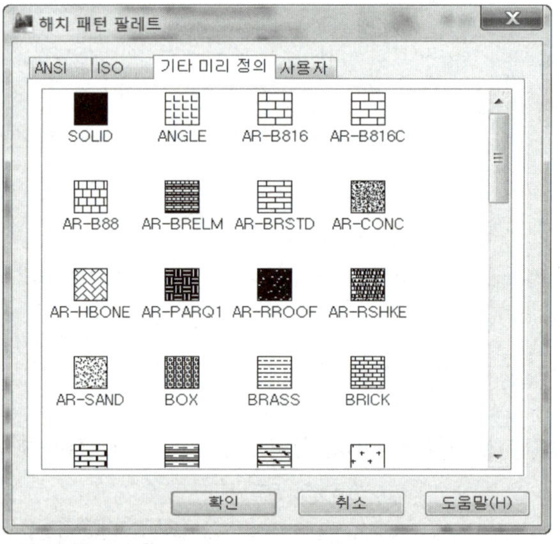

- ANSI : 미국 공업 규격 해치 무늬를 사용한다.
- ISO : 국제 규격 해치 무늬(해치에 선 굵기를 적용할 수 있다.)

③ 해치의 색을 지정할 수 있다.

④ 해치의 배경색을 지정할 수 있다.

2 각도 및 축척

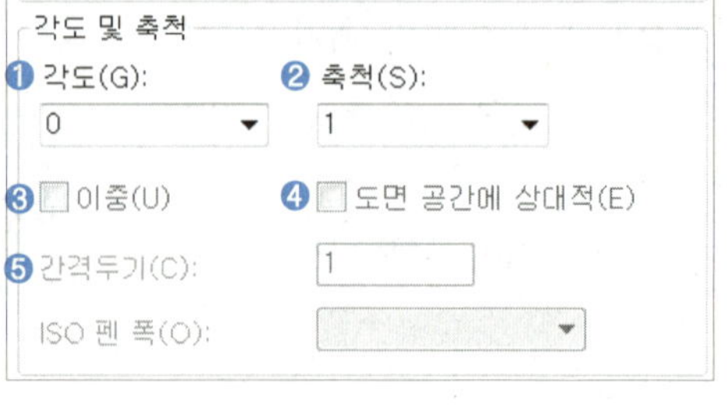

❶ 각도(G) : 해치의 각을 지정한다. 유형이 “미리 정의”일 때는 지정된 패턴에 대해 상대 각이고, 사용자 정의일 때는 절대 각이다.

❷ 축척(S) : 유형이 “미리 정의”일 때 지정된 패턴의 크기 비율을 조정한다.

❸ 이중(U) : 유형이 “사용자 정의”일 때 활성화되며 패턴을 격자로 표현한다.

❹ 도면 공간에 상대적(E) : 배치 공간에서 도면 공간 단위를 기준으로 해치 패턴을 축척한다. 배치에 적절한 축척으로 해치 패턴을 표시할 수 있다.

❺ 간격두기(C) : 유형이 “사용자 정의”일 때 활성화되며 패턴의 간격을 절댓값으로 조정한다.

❻ ISO 펜 폭(O) : ISO 패턴을 지정한 경우 선택한 펜 두께를 기준으로 ISO 미리 정의된 패턴을 축척한다.

3 해치 원점

패턴의 원점을 조정하여 반복되는 패턴의 시작점을 제어한다.

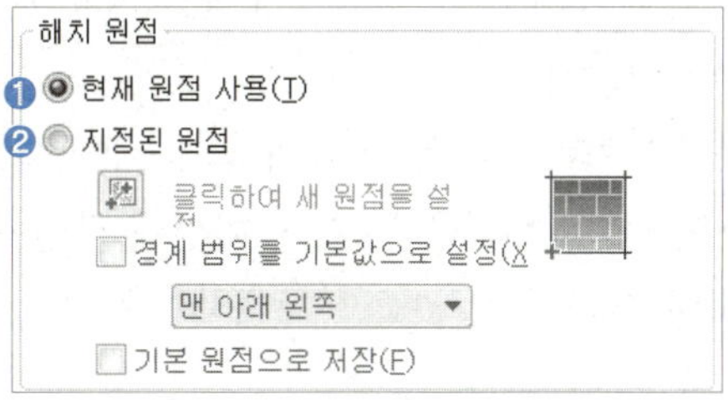

❶ 현재 원점 사용(T) : 현재의 원점을 그대로 사용한다.

❷ 지정된 원점 : 원점을 새로 지정한다. 참고로 기본 원점은 작업 화면상의 UCS 원점이다.

4 경계

❶ 추가: 점 선택(K) : 폐쇄된 영역을 지정하여 해치 구역을 설정한다.

❷ 추가: 객체 선택(B) : 독립된 요소(닫힌 Pline, Polygon, Circle 등)를 선택하여 해치 구역을 설정한다.

❸ 경계 제거(D) : 생성된 해치 경계 내에 있는 해치 경계를 삭제한다.

❹ 경계 재작성(R) : 해치 경계를 다시 생성한다.

❺ 선택 요소 보기(V) : 점 선택이나 객체 선택으로 선택한 경계를 해치하기 전에 다시 확인할 수 있다.

5 옵션

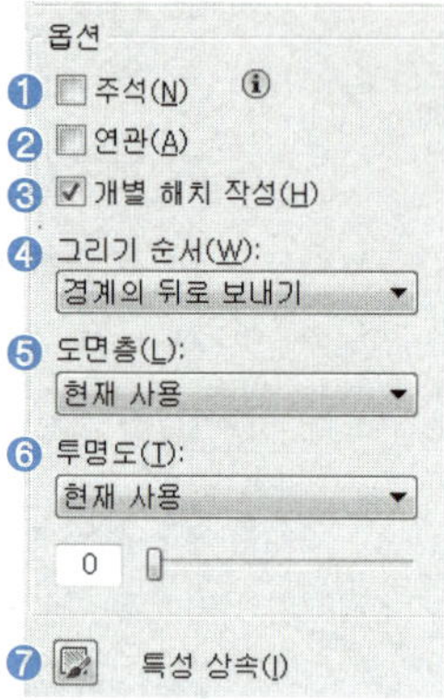

❶ 주석(N) : 해치를 주석으로 지정한다. 이 특성은 주석이 도면에 정확한 크기로 플롯되거나 표시되도록 주석 축척 프로세스를 자동화한다.

❷ 연관(A) : 해치의 구역이 도면 요소와 연관성을 가지고 위치가 변경되면 자동으로 해치도 함께 수정된다. (크게 위치를 벗어나지 않게 하여야 한다.)

❸ 개별 해치 작성(H) : 해치가 개별적으로 인식되도록 한다.

❹ 그리기 순서(W) : 해치 또는 채우기에 그리기 순서를 지정한다. 해치 또는 채우기는 다른 모든 객체의 앞, 뒤 및 해치 경계의 앞, 뒤에 배치할 수 있다.

❺ 도면층(L) : 지정한 도면층에 새 해치 객체를 지정하여 현재 도면층을 재지정한다.

❻ 투명도(T) : 새 해치 또는 채우기에 대해 투명도 레벨을 설정하여 현재 객체 투명도를 재지정한다.

❼ 특성 상속(I) : 이미 작성된 해치의 조건(각도, 크기 비율 등)을 다른 영역에 그대로 적용할 때 이 버튼을 누른 후 화면에 작성된 해치를 선택하고 적용할 구역을 지정하면 된다.

6 자세히 옵션

좌측 하단부 모서리 "〉"를 누르면 자세히 옵션을 볼 수 있게 대화상자가 펼쳐진다. 복잡한 도형에서 경계를 빨리 찾는 기능을 제공한다.

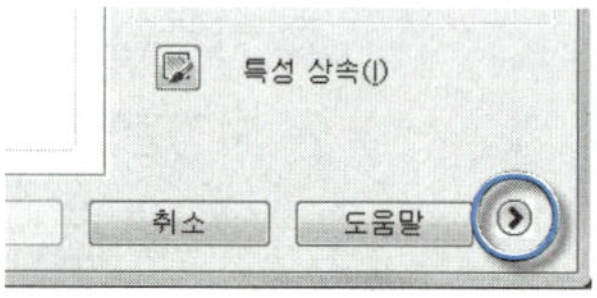

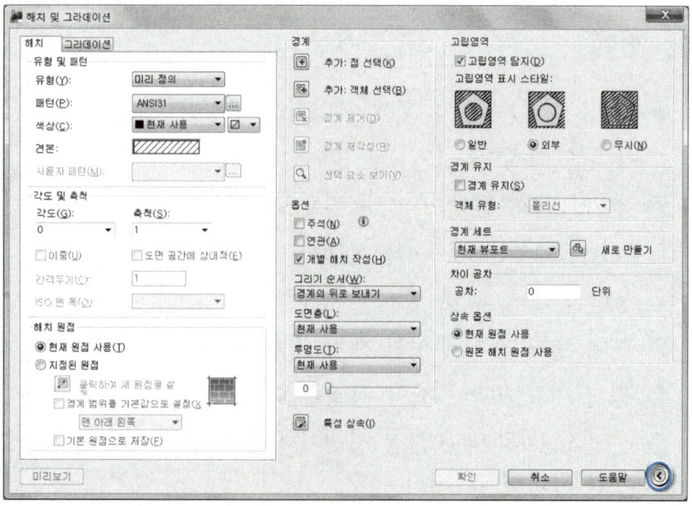

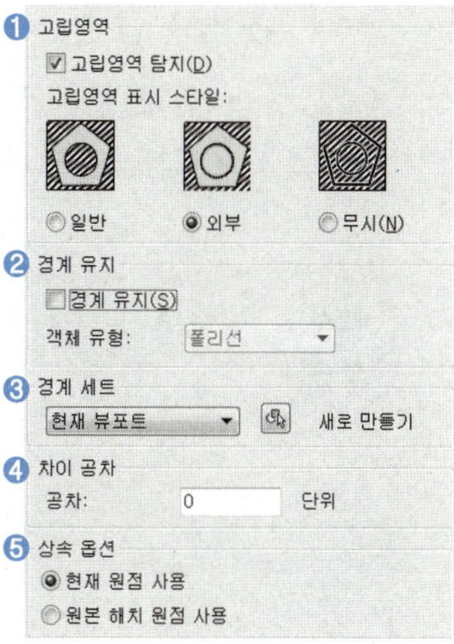

❶ **고립 영역** : 고립 영역을 탐지 여부와 탐지하는 방식을 선택한다.

- **일반** : 최외곽의 경계에서 내부로 가면서 새로운 도면 요소의 경계를 만날 때마다 번갈아 해치한다.
- **외부** : 최외곽의 경계에만 해치한다.
- **무시** : 최외곽에서 내부를 무시하고 모두 해치한다.

❷ **경계 유지** : 경계 유지 여부와 형식을 선택한다.

- **폴리선** : 폴리선으로 경계를 생성한다.
- **영역** : 3차원 평면 솔리드로 경계를 생성한다.

❸ **경계 세트** : 점 선택으로 해치 영역을 선택할 때 도면 전체를 검색하므로 시간이 소요되므로 "새로 만들기" 버튼을 눌러 검색 영역을 지정한다.

❹ **차이 공차** : 닫힌 형태가 아닌 영역에서 열린 부분의 범위 (0~5000)를 설정한다. 지정한 값 이하의 차이는 무시되고 경계는 닫힌 것으로 간주된다. 만약 열린 부분의 차이가 50이고 설정을 51로 했다면 범위 안에 들어가므로 닫힌 영역으로 인식하여 해치가 가능해진다. 기본 값 "0"은 객체가 완벽하게 닫혀 있어야 함을 의미한다.

- 다음과 같은 영역에 해치를 시도할 때 범위 내에 들어 있으면 아래와 같은 경고가 뜬다.

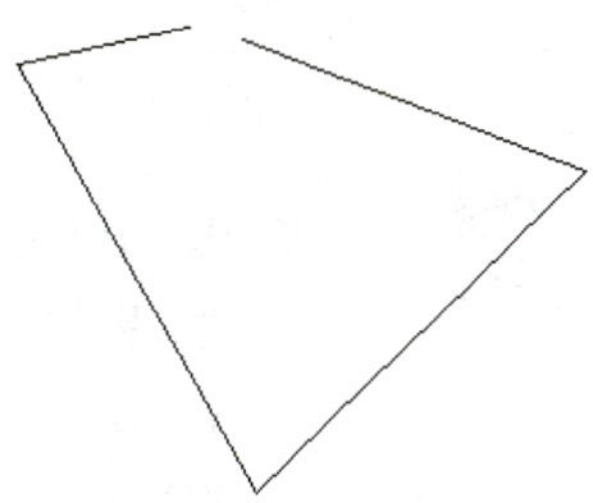

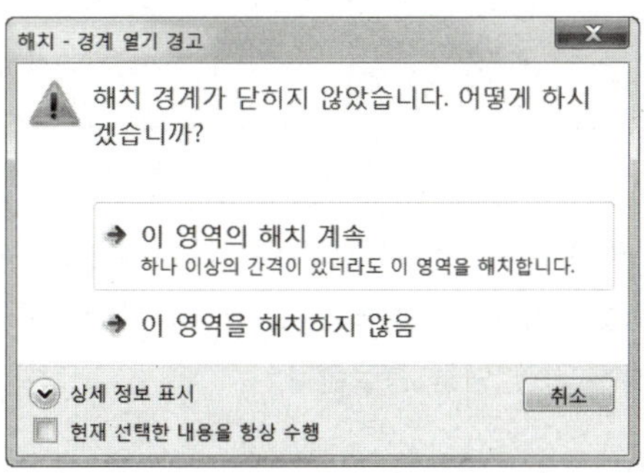

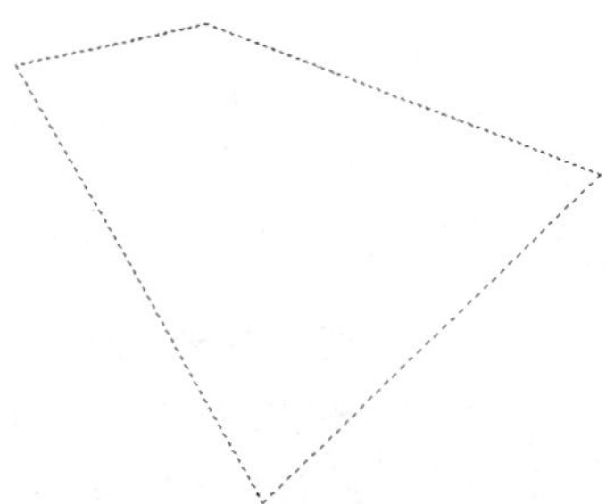

▲ 닫힌 영역으로 인식

"이 영역의 해치 계속"을 선택하면 닫힌 영역으로 인식하여 해치가 가능해진다.

❺ 상속 옵션

- **현재 원점 사용** : 현재 원점을 사용하여 상속한다.
- **원본 해치 원점 사용** : 원본 해치의 원점을 사용하여 상속한다.

해치 실습

다음 도형에 제시한 조건으로 해치를 해 보자.

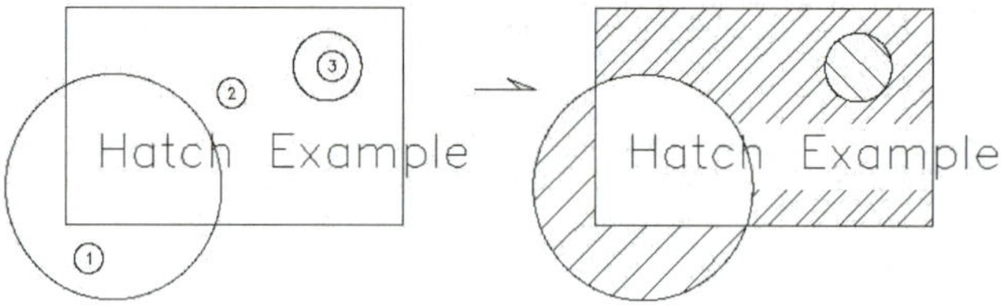

※ 조건

- 구역 ①의 유형 : 사용자 정의, 각도 : 45˚, 간격두기 : 10
- 구역 ②는 유형 : 미리정의, 패턴 : STEEL, 각도 : 0˚, 축척 : 4
  - 도면 한계에 따라 간격과 비율은 달라지므로 유의한다.(위 도형은 A3 용지 크기에서 그린 것임.)
- 구역 ③은 구역 ①에 적용한 해치와 동일하고 각도만 135이다.

따라 하기

1. 도형을 그린다.
2. Hatch 명령을 실행한다.
   ⓐ 유형을 "사용자 정의"로 변경한다.
   ⓑ "각도"를 45˚, "간격두기"를 10으로 변경

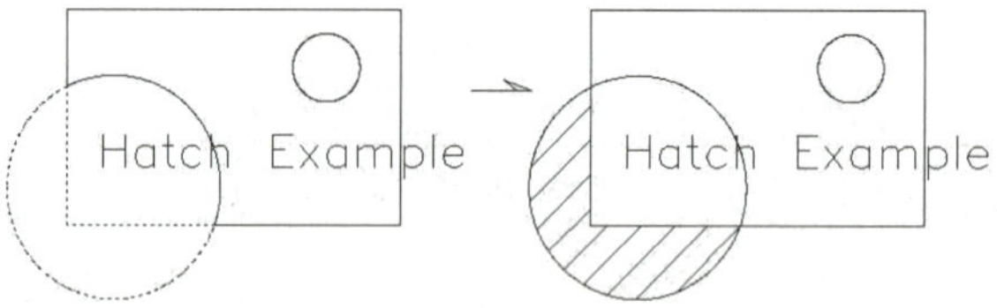

3. "점 선택"을 선택한 후 ① 구역을 커서로 지정하고 더 이상 해치 구역이 없으면 엔터하고, "미리보기" 버튼을 눌러 제대로 적용되는지 확인 후 엔터하고 수정 사항이 없으면 바로 "확인" 버튼을 눌러 명령을 종료한다.

4. 다시 Hatch 명령을 실행한다.
   ⓐ 유형을 "미리정의"로 변경한다.
   ⓑ "각도"를 0˚, 패턴을 "Steel"로 축척을 4로 변경한다.

5. "점 선택"을 선택한 후 ②구역을 커서로 지정하고 더 이상 해치 구역이 없으면 엔터하고, 미리보기 버튼을 눌러 제대로 적용되는지 확인 후 엔터하고 수정 사항이 없으면 바로 확인 버튼을 눌러 명령을 종료한다.

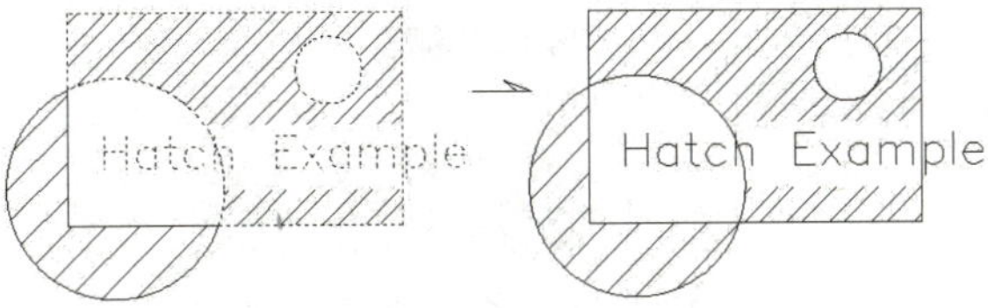

6. 다시 Hatch 명령을 실행한다.
   ⓐ "특성상속"를 선택한다.
   ⓑ ①구역에 채워진 해치를 선택한다.(그림 A)
   ⓒ ③구역을 지정하고 엔터한다.
   ⓓ 각도를 135°로 변경 후 미리보기로 맞으면 확인한다.

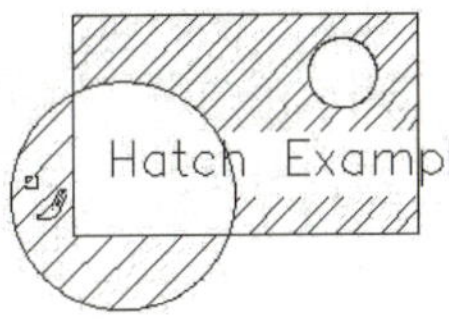

▲ 그림 A

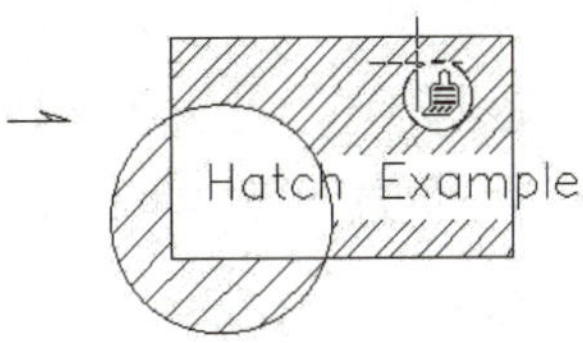

▲ 그림 B

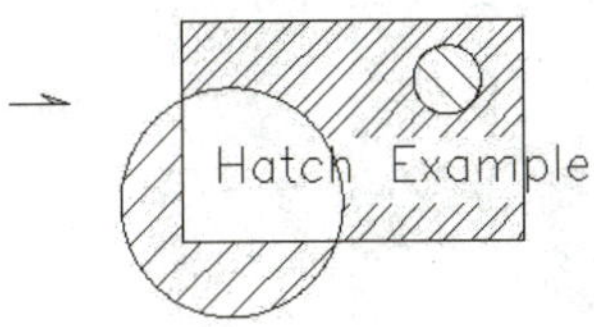

▲ 그림 C

2 그라데이션(Gradient)

메뉴: **그리기 ➠ 그라데이션**

리본: **제도 및 주석 ➠ 홈 ➠ 그리기 ➠ 해치▽ ➠ 그라데이션**

도구: **그리기**

선택한 영역에 그라데이션을 적용한다. 건축, 인테리어 입면도의 유리 표현 등에 유용하다. 해치 명령을 실행하여 그라데이션을 탭을 선택한다.

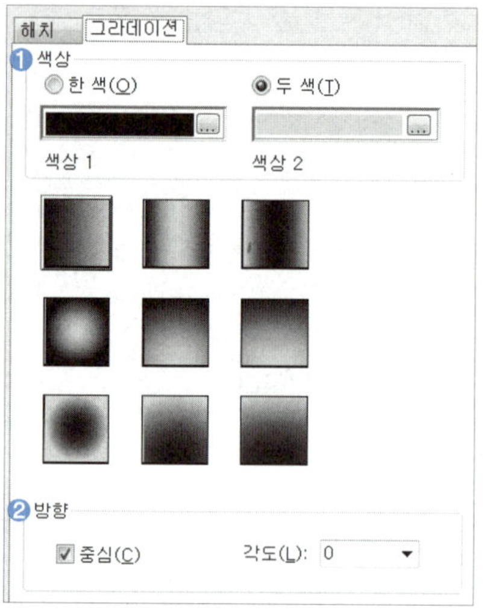

❶ 색상

- **한 색(O)** : 한 가지 색으로 그라데이션을 적용한다.
- **두 색(T)** : 두 가지 색으로 그라데이션을 적용한다.

❷ 방향

- **중심(C)** : 그라데이션을 영역의 중심을 기준으로 적용하게 한다.

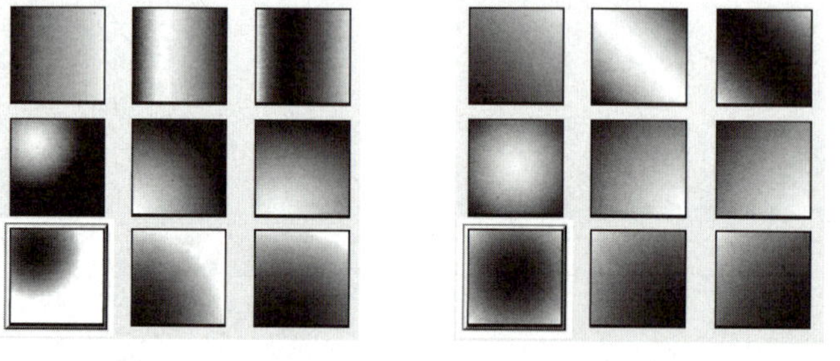

▲ 중심을 적용하지 않음 ▲ 각도 45°일 때

- **각도(L)** : 이미 내정된 각을 선택하여 직선 형태의 그라데이션에 영향을 준다.

3 경계 없는 해치하기(–H, –Hatch)

경계가 없는 해치를 한다.

명령: –H
현재 해치 패턴: ANGLE
내부 점 지정 또는 [특성(P)/객체 선택(S)/경계 그리기(W)/경계 제거(B)/고급(A)/그리기 순서(DR)/원점(O)/주석(AN)/해치색상(CO)/도면층(LA)/투명도(T)]: w ← 경계를 그리기 위하여 옵션 "W"를 입력한다.
폴리선 경계를 유지하겠습니까? [예(Y)/아니오(N)] 〈N〉: ← 지정한 점들을 연결하여 경계선을 남기는지를 물어본다.
시작점 지정: ← 시작점을 지정한다.(A)
다음 점 지정 또는 [호(A)/길이(L)/명령 취소(U)]: ← 다음 점을 지정한다.(B)
다음 점 지정 또는 [호(A)/닫기(C)/길이(L)/명령 취소(U)]: ← (B)
다음 점 지정 또는 [호(A)/닫기(C)/길이(L)/명령 취소(U)]: ← (C)
다음 점 지정 또는 [호(A)/닫기(C)/길이(L)/명령 취소(U)]: ← (D)
다음 점 지정 또는 [호(A)/닫기(C)/길이(L)/명령 취소(U)]: ← (F)
다음 점 지정 또는 [호(A)/닫기(C)/길이(L)/명령 취소(U)]: c ← 닫기 옵션 "C"를 입력하여 닫는다.
새 경계의 시작점 지정 또는 〈수락〉:

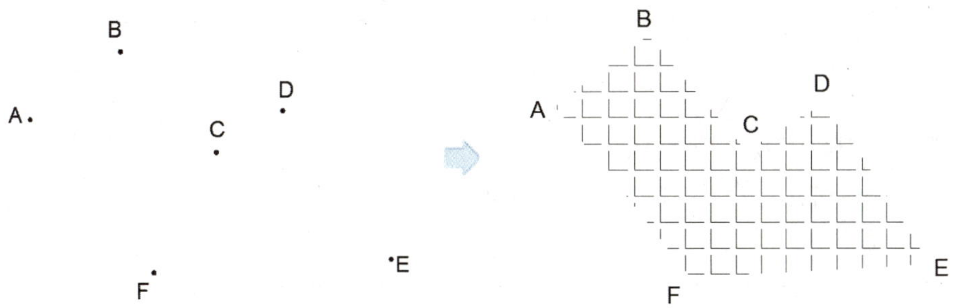

4 해치 편집(He, Hatchedit)

메뉴: **수정 ➡ 객체 ➡ 해치**
리본: **제도 및 주석 ➡ 홈 ➡ 수정 ➡ ▽ ➡ 해치 편집**
도구: **수정Ⅱ**

이미 작성된 해치를 선택하여 패턴, 각도, 축척 등을 변경한다.

명령: HE
해치 객체 선택:

연습문제

문제 1 | 해칭을 적용하여 보자.

- 사용 명령: Line, Offset, Fillet, Pline, Pedit, Break, Hatch

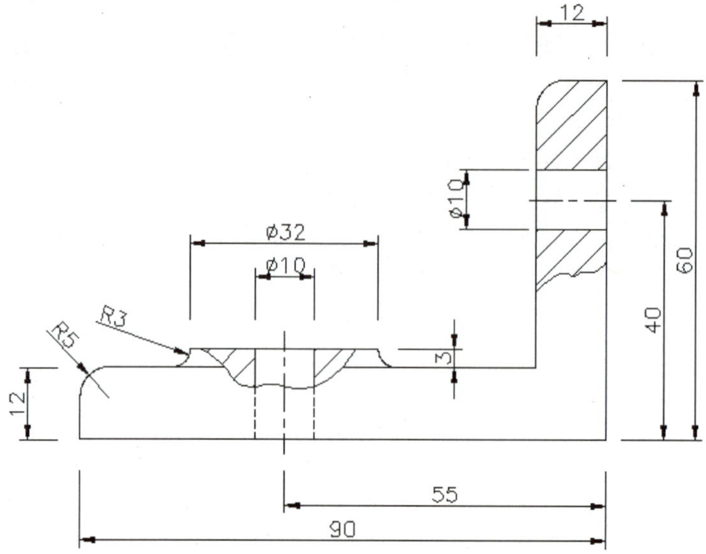

문제 2 | 해칭을 적용하여 보자.

- 패턴/축척 : ANSI31/2, ANSI32/0.5, ANSI34/0.25

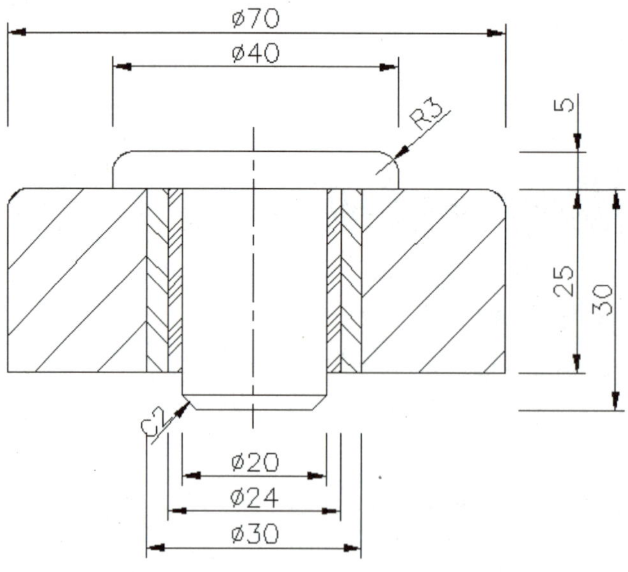

제 6 장 블록 및 외부 참조

여러 개의 요소로 이루어진 도면 요소를 하나의 단위로 만들어 도면상에서 반복적으로 사용할 때 삽입(Insert) 명령으로 도면 작업을 편리하게 한다.

✹ Block의 특징

① 여러 개의 요소를 하나의 그룹으로 처리하여 작업이 쉽다.

② Block에 속성(Attribute)을 첨가시켜 정보를 도면 내로 불러들일 수 있다.

③ 하나의 Entity로 취급되므로 메모리를 적게 차지한다.

④ Custom Library를 구성하는데 사용할 수 있다.

⑤ 특정 부분을 재정의 할 때 편집이 쉽다.

1 블록(B, Block)

메뉴: 그리기 ➠ 블록 ➠ 만들기

리본: 제도 및 주석 ➠ 홈 ➠ 블록 ➠ 작성

도구: 그리기

현재 도면 내에서만 사용할 수 있는 블록을 만든다.

명령: B

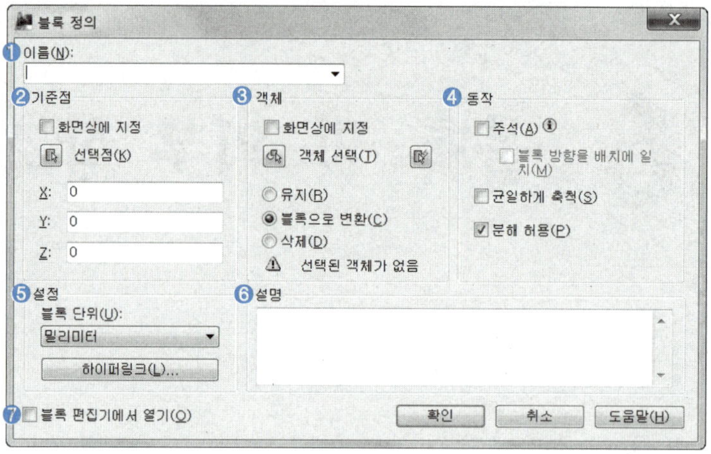

❶ 이름(N) : 설정할 이름을 입력한다.(최대 255자까지 가능하다.)

❷ 기준점 : 삽입 기준점을 지정한다.

- **화면상에 지정** : 대화상자가 닫히면 기준점을 지정하라는 프롬프트가 표시된다.
- **선택점(K)** : 삽입 기준점을 현재 도면에 지정할 수 있도록 대화상자를 임시로 닫는다.
- **X, Y, Z** : X, Y, Z 좌표를 입력하여 삽입 기준점을 지정한다.

❸ 객체 : 블록으로 만들 대상을 선택하는 방법과 블록 변환 후 원본의 상태를 지정한다.

- **화면상에 지정**
- **객체 선택(T)** : 블록으로 만들 대상을 화면상에서 마우스로 선택한다.
- : Quick select 대화상자를 통해 선택한다.
- **유지(R)** : 선택한 도면 요소를 원 상태로 남긴다.
- **블록으로 변환(C)** : 선택한 도면 요소가 블록으로 변환된다.
- **삭제(D)** : 선택한 도면 요소가 Block으로 정의된 후 삭제된다.

❹ 동작

- **주석** : 블록이 주석임을 지정한다.
- **균일하게 축척** : 블록 참조가 균일하게 축척될지 여부를 지정한다.
- **분해 허용** : 블록 참조를 분해할지 여부를 지정한다.

❺ 설정

- **블록 단위(B)** : 사용될 단위를 선택한다. 밀리미터를 선택한다.
- **하이퍼링크(L)** : 하이퍼링크 삽입 대화상자를 활성화시킨다.

❻ 설명 : 블록 검색 때에 구별하기 쉽게 설명문을 첨부하도록 한다.

❼ 블록 편집기에서 열기(O) : 여기를 체크하고 확인을 누르면 블록 제작 팔레트에서 블록을 만들게 한다.

2 블록 쓰기(W, Wblock)

Block 명령으로 생성된 Block은 만든 도면 내에서만 삽입 가능하고 Wblock은 독립된 도면 파일(*.dwg)로 생성되어 다른 도면에서도 삽입 가능한 점이 다르다. Wblock은 Block을 Wblock로 만들거나 객체를 바로 Wblock으로 만들 수 있다. 다른 도면에서도 계속 사용해야 된다면 바로 Wblock을 만들어 사용한다.

명령: W

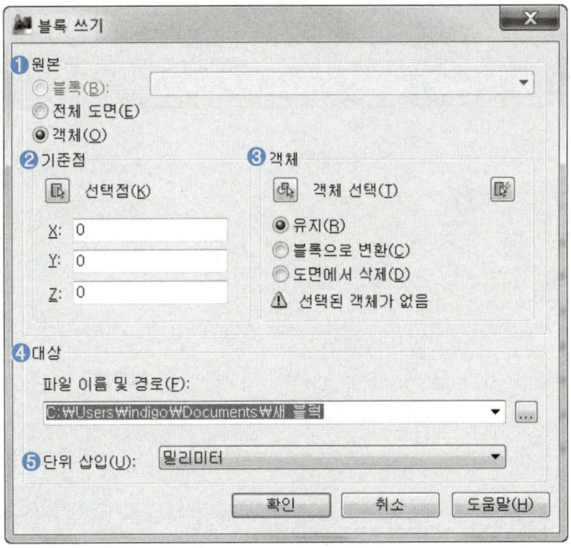

❶ 원본 : 블록으로 만들 도면 요소의 원본 형태를 지정한다.

- **블록(B)** : 현재 도면에서 정의한 Block을 지정한다.
- **전체 도면(E)** : 현재 도면 전체를 지정한다.
- **객체(O)** : 도면 내에 있는 요소를 선택하여 지정한다.

❷ 기준점 : 삽입 기준점을 지정한다.

- **화면상에 지정** : 대화상자가 닫히면 기준점을 지정하라는 프롬프트가 표시된다.
- **선택점(K)** : 삽입 기준점을 현재 도면에 지정할 수 있도록 대화상자를 임시로 닫는다.

- **X, Y, Z** : X, Y, Z 좌표를 입력하여 삽입 기준점을 지정한다.

❸ 객체 : 블록으로 만들 대상을 선택하는 방법과 블록 변환 후 원본의 상태를 지정한다.

- **객체 선택(T)** : 블록으로 만들 대상을 화면상에서 마우스로 선택한다.
- : Quick select 대화상자를 통해 선택한다.
- **유지(R)** : 선택한 도면 요소를 원 상태로 남긴다.
- **블록으로 변환(C)** : 선택한 도면 요소가 블록으로 변환된다.
- **삭제(D)** : 선택한 도면 요소가 Block으로 정의된 후 삭제된다.

❹ 대상

- **파일 이름 및 경로(F)** : 저장될 파일의 경로와 이름을 지정한다.

❺ 단위 삽입(U) : 사용될 단위를 선택한다. 밀리미터를 선택한다.

3 삽입(I, Insert)

메뉴: 삽입 ➠ 블록

리본: 제도 및 주석 ➠ 홈 ➠ 블록 ➠ 삽입

도구: 삽입

설정한 Block이나 Wblock을 도면 내에 삽입시킨다.

명령: I

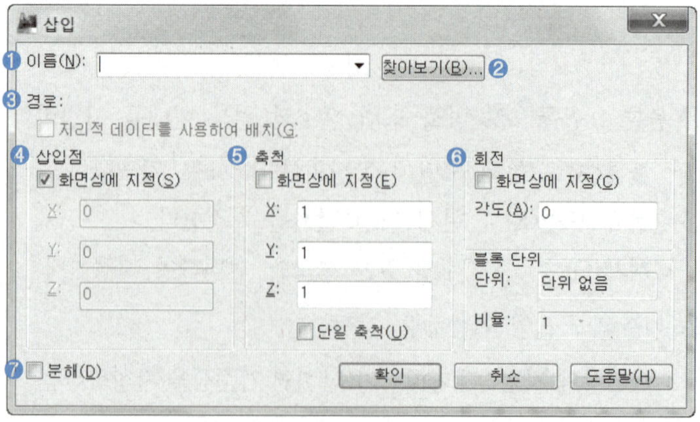

❶ **이름(N)** : 가장 최근에 삽입한 블록의 이름이 기본 이름으로 온다. 현재 도면에 존재하는 Block명을 찾아 선택한다. 한번이라도 삽입된 블록은 이곳 리스트에서 찾아 삽입한다.

❷ **찾아보기(B)...** : 맨 처음에는 이곳에서 삽입될 파일(Wblock)을 찾아 삽입한다.

❸ **경로** : 블록의 경로를 지정한다.

❹ **삽입점** : Block이 삽입될 위치를 X, Y, Z 좌표로 입력하여 지정하던지 화면상에서 마우스로 바로 지정한다.

❺ **축척** : 삽입될 Block의 크기를 X, Y, Z 좌표로 입력하여 지정하던지 화면상에서 마우스로 바로 지정한다.

- 단일 축척(U) : 체크하면 정비례 변형을 하게 한다.

❻ **회전** : 삽입될 Block의 회전 각도를 수치 값에 입력하여 지정하던지 화면상에서 마우스로 직접 지정한다.

❼ **분해(D)** : 개별 요소로 분해하여 삽입되게 한다. 이 버튼을 체크하면 크기 비율은 정비례 변형밖에 할 수 없다.

실습

〈건축〉 문을 Wblock으로 설정하기

도형(WD 900)을 작도하고 Block을 설정한 후, 그 Block을 Wblock으로 만들어 보자.

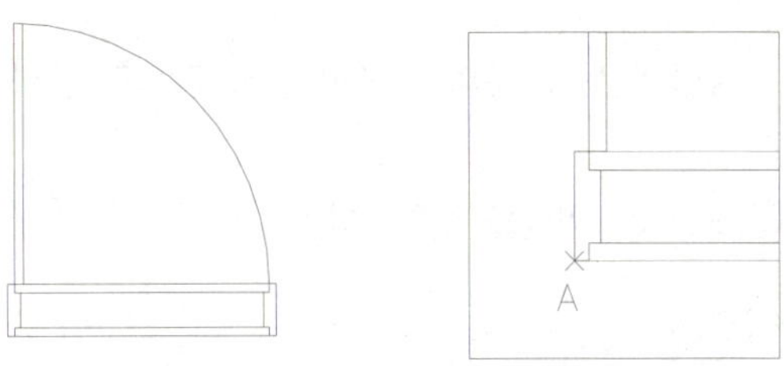

따라하기

① Block 명령을 실행한다.

명령: B

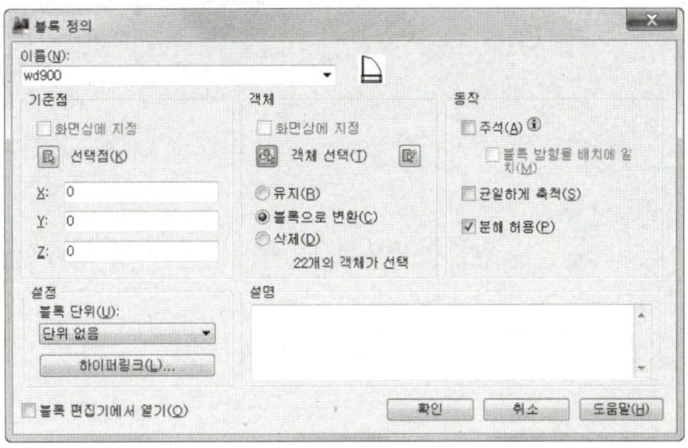

② 이름을 "WD900"이라 한다.(이름은 Block을 잘 나타낼 수 있는 이름으로 입력한다.)

③ "선택점"으로 삽입 기준점(A)을 지정한다.(Block의 쓰임에 따라 작업자가 판단하여 지정하여야 한다.)

④ "객체 선택"으로 도형을 선택한다.

⑤ 나머지 것들은 기본 값으로 한다.

⑥ 제대로 되었는지 삽입(Insert)한다.

명령: I

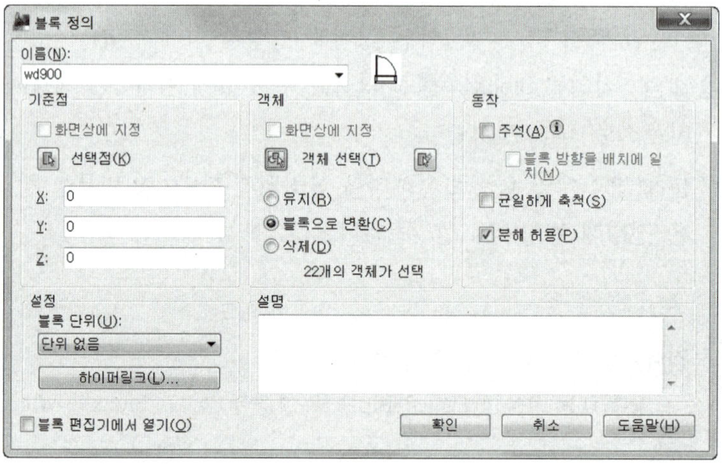

방금 만든 블록의 이름이 기본 값으로 올라와 있음을 알 수 있다.

⑦ Wblock 명령을 실행한다.

명령: W

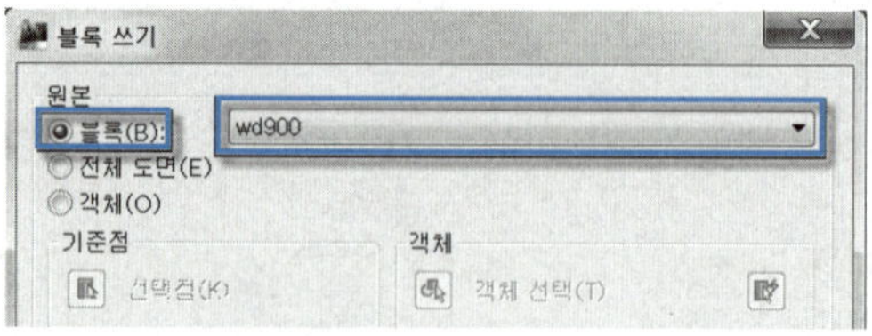

원본을 "블록(B)"을 선택한 후 목록에서 방금 만든 "WD900"을 찾아 선택한다.

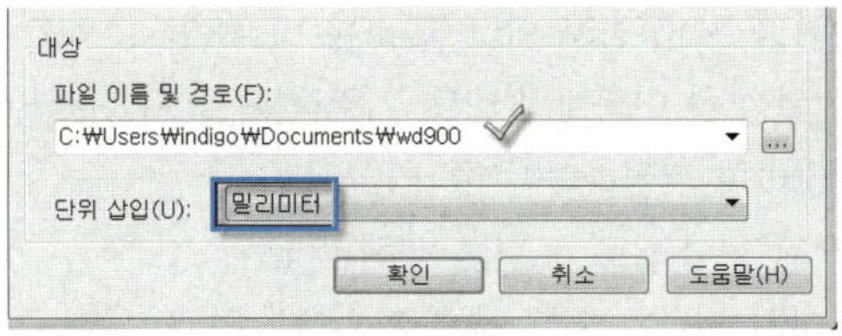

저장될 폴더의 위치 및 블록의 이름을 변경할 수 있다.

단위는 밀리미터로 하고 확인하면 Wblock이 생성되며 작업 완료 후 다른 도면에서도 삽입하여 사용할 수 있다. 대체로 블록 만드는 과정을 생략하고 Wblock으로 바로 만들어 사용한다.

실습

〈기계〉 미터나사를 Wblock으로 설정하기

미터나사 M10×40L을 작도하고 Block을 설정한 후, 그 Block을 Wblock으로 만들어 보자.

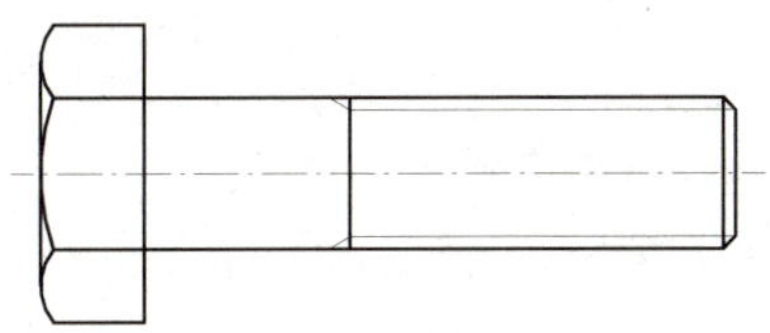

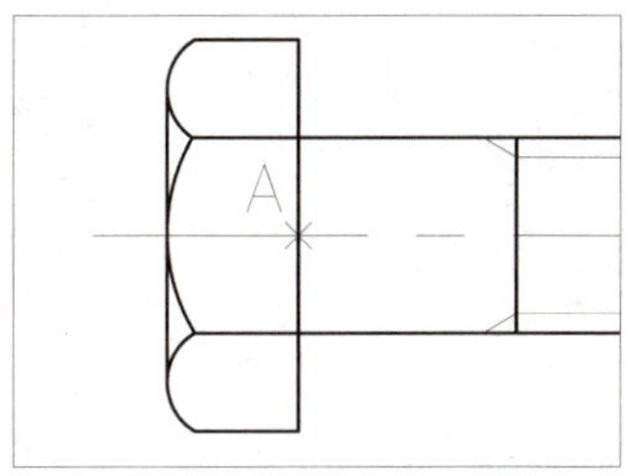

따라하기

① Block 명령을 실행한다.

명령: B

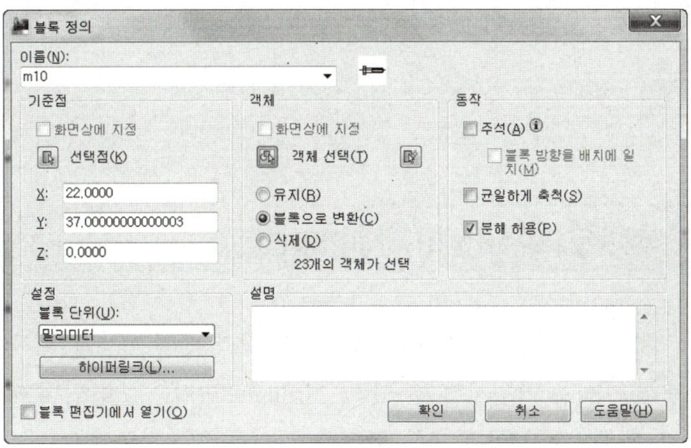

따라 하기

② 이름을 “M10”이라 한다.(이름은 Block을 잘 나타낼 수 있는 이름으로 입력한다.)

③ “선택점”을 이용하여 삽입 기준점(A)을 지정한다.(Block의 쓰임에 따라 작업자가 판단하여 지정하여야 한다.)

④ “객체 선택”으로 도형을 선택한다.

⑤ 나머지 것들은 기본 값으로 한다.

⑥ 제대로 됐는지 삽입(Insert)한다.

⑦ Wblock 명령을 실행한다.

명령: W

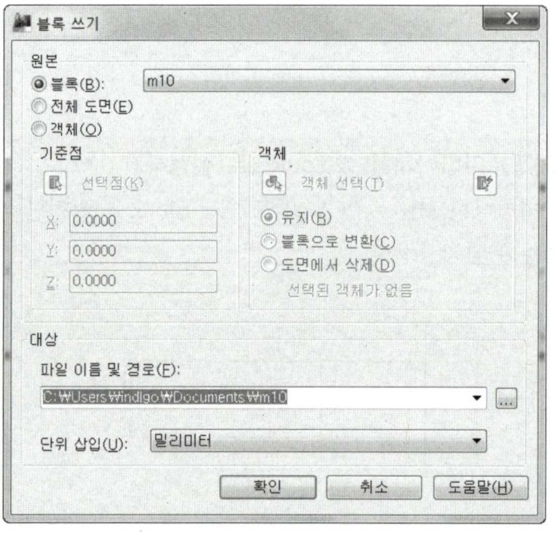

원본을 “블록(B)”을 선택한 후 목록에서 방금 만든 “M10”을 찾아 선택한다. 단위는 밀리미터로 하고 확인하면 Wblock이 생성되며 작업 완료 후 다른 도면에서도 삽입하여 사용할 수 있다. 대체로 블록 만드는 과정을 생략하고 Wblock으로 바로 만들어 사용한다.

4 다중 삽입(Min, Minsert)

Block을 삽입하면서 Array 명령의 사각 배열 기능을 동시에 수행하여 한 번에 많은 블록을 다중 삽입시킬 수 있다. Minsert 명령으로 삽입된 블록은 분해되지 않으며 이미 블록으로 삽입된 블록은 다중 삽입을 할 수 없다.

앞서 만든 블록 “M10”을 다중 삽입시켜 보자.

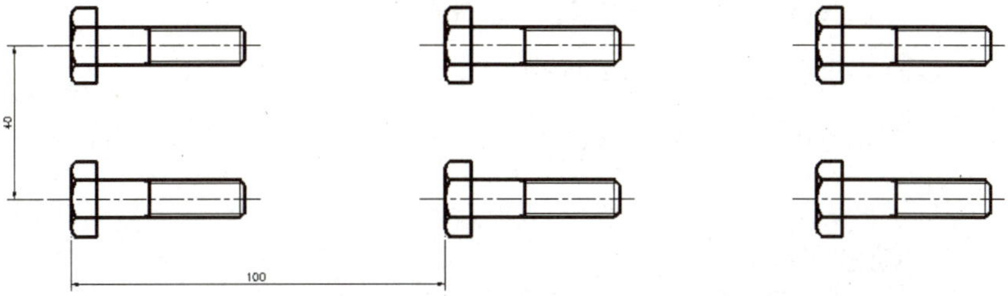

명령: MIN
블록 이름 또는 [?] 입력 〈m10〉: ← 삽입할 Block 이름을 지정한다.
단위: 밀리미터 변환: 1.0000
삽입점 지정 또는 [기준점(B)/축척(S)/X/Y/Z/회전(R)]: ← 삽입할 위치를 지정한다.
X축척 비율 입력, 반대구석 지정, 또는 [구석(C)/XYZ(XYZ)] 〈1〉: ← X축의 축척 값을 지정한다. "1"은 원본 그대로의 크기로 삽입된다.
Y 축척 비율 입력 〈X 축척 비율 사용〉: ← Y축의 축척 값을 지정한다. 그냥 엔터하면 X값의 크기로 삽입된다.
회전 각도 지정 〈0d0'0"〉: ← 삽입할 때 회전 각도를 지정한다.
행 수 입력(---) 〈1〉: 2 ← 배열될 행의 수를 입력한다.
열 수 입력(|||) 〈1〉: 3 ← 배열될 열의 수를 입력한다.
행 사이의 단위 셀 또는 거리(---): 40 ← 행의 간격 값을 입력한다.
열 사이의 거리를 지정(|||): 100 ← 열의 간격 값을 입력한다.

5 Block의 편집

Block을 편집하려면 다음 방법 중 하나를 실행한다.

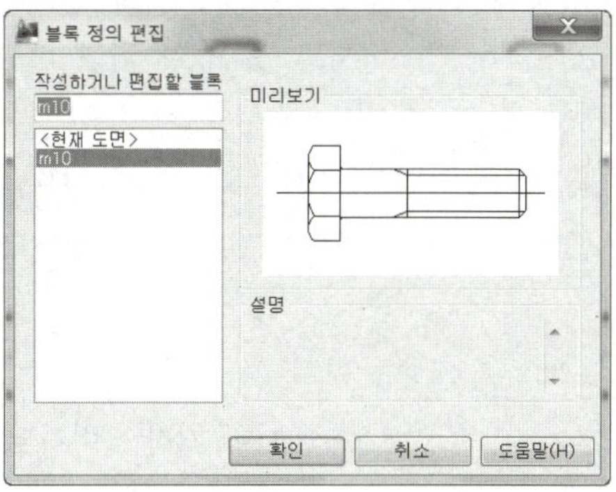

① Explode로 해체시킨 후, 수정하고 다시 Block 설정을 한다.

② WBlock 파일을 Open하여 수정하고 저장한다.

③ Refedit로 해체나 Open 없이 바로 수정 또는 편집한 후 저장한다.
현 작업 화면에 동일한 Block이 삽입되어 있다면 수정/편집한 내용이 반영・갱신된다.

④ 삽입된 블록을 더블클릭하면 "Bedit" 명령이 실행되어 블록을 편집할 수 있다.

✷ Refedit 명령으로 블록을 수정하는 방법

① 수정할 Block을 삽입시킨다.

② Refedit 명령을 실행한다.

명령: Refedit
참조를 선택하십시오:　← 수정할 Block을 선택한다.

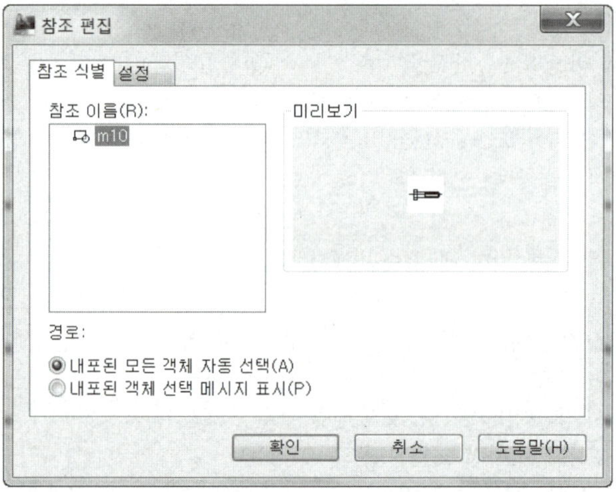

- "확인"을 선택한다.

③ 다음과 같은 편집 상자가 표시된다.

- AutoCAD 클래식 메뉴에서 실행했을 때

- 제도 및 주석 리본 메뉴에서 실행했을 때

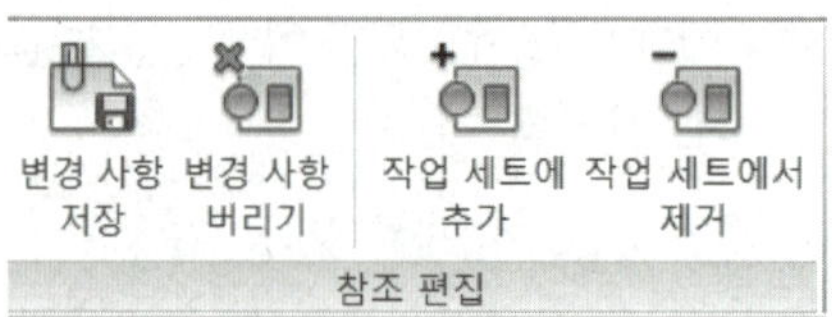

- 변경 사항 저장 : 변경된 내용을 저장하며 Block으로 다시 정의한다.(Refclose)
- 변경 사항 버리기 : 편집을 취소한다.
- 작업 세트에 추가 : Block 정의 대상을 추가한다.
- 작업 세트에서 제거 : Block 정의된 부분에서 삭제한다.

④ Block에서 수정할 부분을 선택한다.

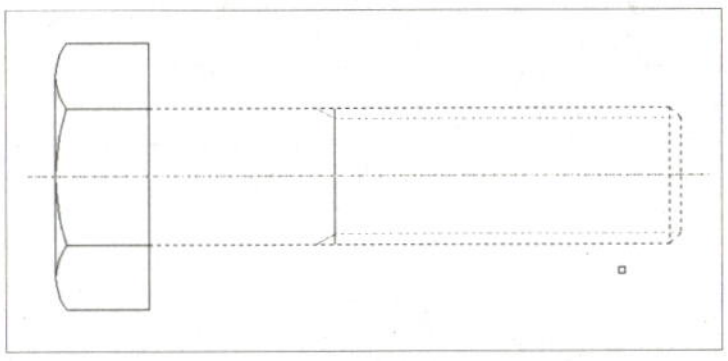

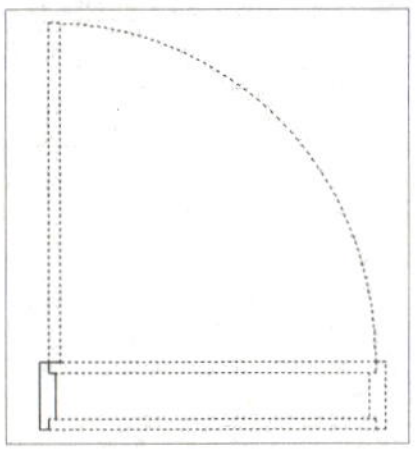

⑤ 수정한다.

⑥ 수정 내용을 저장하며 편집을 종료한다.(Refclose)

 변경된 내용을 저장하며 Block으로 다시 정의한다.

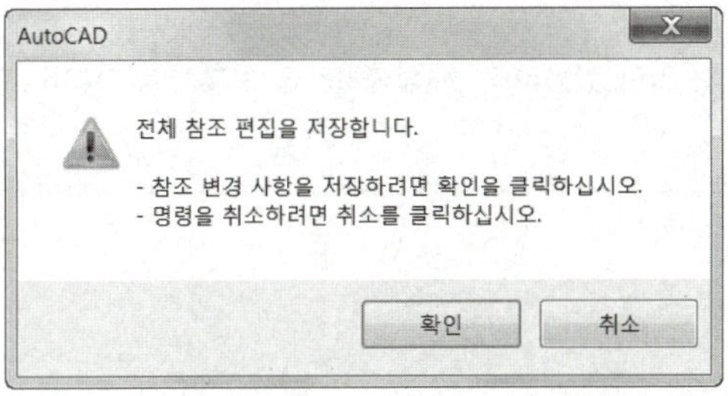

⑦ 확인을 누르면 변경된 내용이 저장되면서 Block이 재정의 된다.

6 기준(Base)

메뉴: **그리기 ➠ 블록 ➠ 기준**

리본: **제도 및 주석 ➠ 홈 ➠ 블록 ➠ ▽ ➠ 기준점 설정**

일반 도면을 WBlock처럼 삽입할 때를 대비하여 삽입 기준점을 설정한다. 일반 도면은 Wblock과 파일 형태가 동일하므로 삽입이 가능하다. 그러나 삽입 기준점이 지정되어 있지 않기 때문에 삽입하면 0,0이 삽입 기준점으로 작동된다.

명령: Base
기준점 입력 ⟨0.0000,0.0000,0.0000⟩: ← 삽입 기준점을 설정한다.

✸ 이미 삽입된 여러 개의 Block을 다른 Block으로 쉽게 대치하는 방법

예 1 기계 도면에서 삽입된 블록 Bolt의 크기를 변경할 때

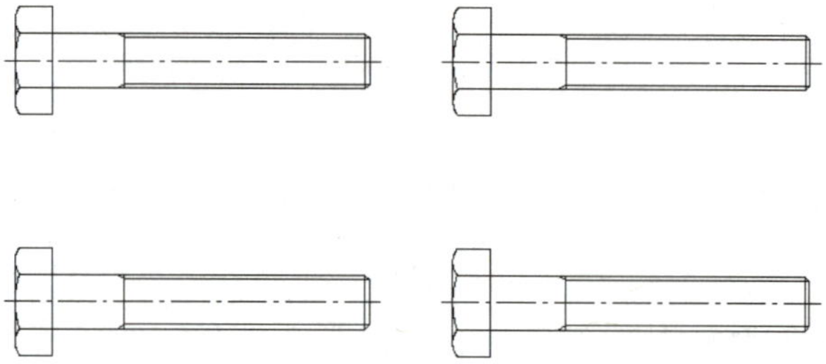

명령: –I ← "–"를 붙여 명령을 실행하면 대화상자가 없는 명령이 실행된다.
–INSERT 블록 이름 또는 [?] 입력 〈m10〉: M10=M12 ← "현재 Blockd 이름=새 Block 이름" 형식으로 입력한다.
m10 블록이 이미 있습니다. 재정의하겠습니까? [예(Y)/아니오(N)] 〈N〉: y ← 재정의 여부를 묻는 답에 "Y"로 입력한다.

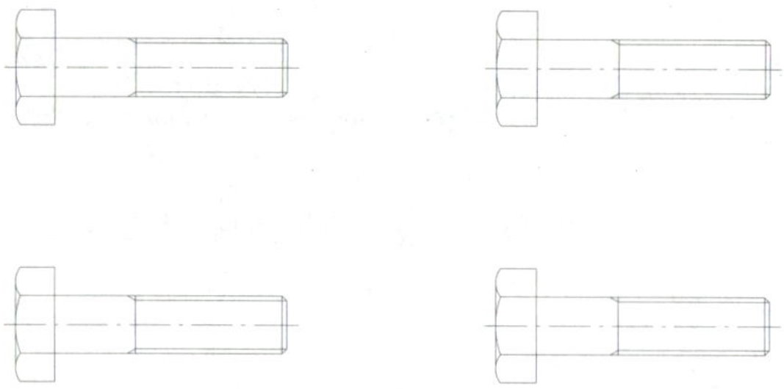

▲ 결과

예 2 건축 도면에서 삽입된 문을 같은 위치에 다른 크기의 문으로 대치할 때

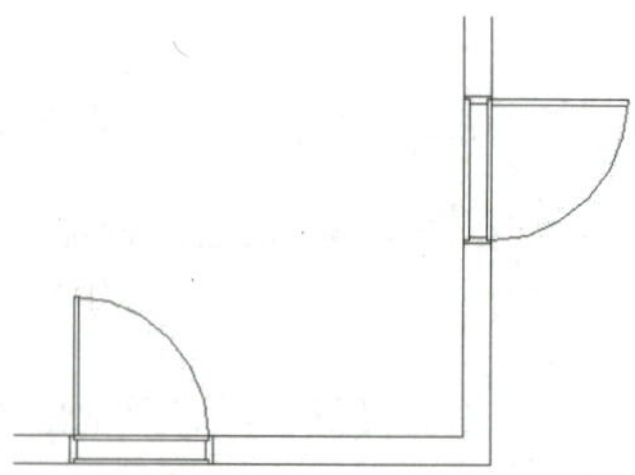

명령: –I ← "–"를 붙여 명령을 실행하면 대화상자가 없는 명령이 실행된다.
–INSERT 블록 이름 또는 [?] 입력〈WD900〉: WD900=WD600 ← "현재 Blockd 이름=새 Block 이름" 형식으로 입력한다.
WD900 블록이 이미 있습니다. 재정의하겠습니까? [예(Y)/아니오(N)] 〈N〉: y ← 재정의 여부를 묻는 답에 "Y"로 입력한다.

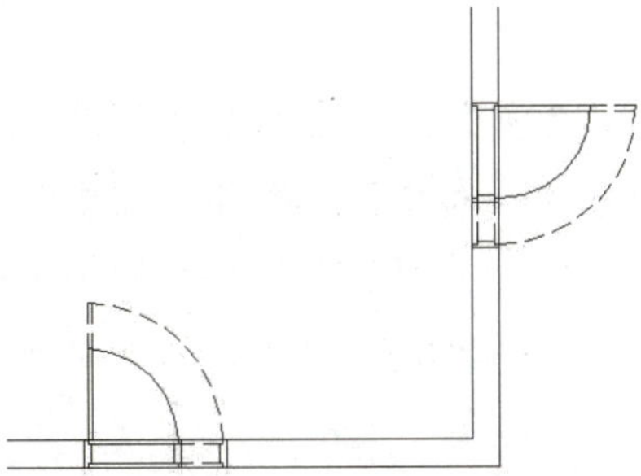

▲ 결과 – 점선은 변경 전 "WD900"이다.

7 속성과 데이터 추출

그림 데이터(Block)에 문자 데이터(속성: Attributes)를 정의(Attdef)하여 Block 정의를 한 후, Block을 삽입(Insert)할 때 그 값들을 보여 주거나 변경(Attedit)할 수 있으며 그 값들을 보이지 않게(Attdisp)하거나 그 내용을 모아서 자료 관리 프로그램의 기본 데이터로 사용할 수 있도록 추출(Attext)할 수 있다.

1 속성 정의(Att, Attdef)

메뉴: 그리기 ➠ 블록 ➠ 속성 정의

리본: 제도 및 주석 ➠ 홈 ➠ 블록 ➠ ▽ ➠ 속성 정의

속성을 정의한다.

명령: Att

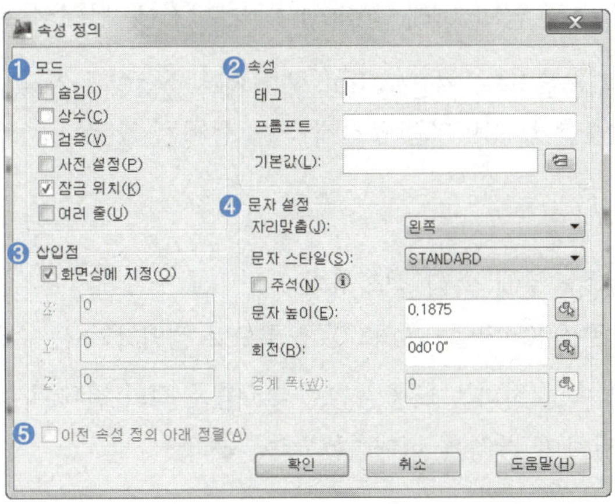

❶ 모드

- **숨김(I)** : 도면에 삽입될 때 속성값을 감춘다.(ON) 추출은 가능하다.
- **상수(C)** : 지정된 값으로 고정되어 수정이 불가능하다.
- **검증(V)** : 삽입시 속성값이 올바른지 묻는다.(ON)
- **사전 설정(P)** : 이 모드가 ON이면 삽입 때에 지정된 값이 속성의 기본 값으로 설정된다.
- **잠금 위치(K)** : 블록 참조 내 속성의 위치를 잠근다. 잠금 해제되었을 경우, 속성은 그립 편집을 사용하는 나머지 블록에 대해 이동될 수 있으며 여러 줄 속성은 크기를 조정할 수 있다.
- **여러 줄(U)** : 속성값이 여러 줄 문자를 포함할 수 있음을 지정한다.

❷ 속성

- **태그** : 속성을 구별하는 꼬리표 역할을 하며 특수 문자와 사이 띄기를 제외한 모든 문자를 사용할 수 있으며 소문자를 입력하여도 대문자로 변환된다. 공란으로 둘 수 없으므로 필요시 하이픈(-)을 사용한다. BLOCK 정의 전에는 이 값이 도형에 표시된다.
- **프롬프트** : Block을 삽입할 때 속성값을 묻는 문장으로 사용되며 사이 띄기, 대·소문자 구별되어 표현되며 공란으로 두면 Tag값이 대치된다.

  ✎ 주의 : 24자 이상이면 대화상자에서 잘린다.
- **기본 값(L)** : 속성값의 기본 값이 되며 입력하지 않아도 된다.

❸ **삽입점** : 속성이 자리할 위치를 마우스로 화면상(Specify on-screen)에서 지정하던지 X, Y, Z 좌표를 입력하여 설정한다.

❹ **문자 설정** : 속성을 표현하는 문자의 정렬 방식, 유형, 높이, 회전 각도 등을 설정한다.

❺ **이전 속성 정의 아래 정렬(A)** : 바로 전에 정의된 속성 밑에 정렬시킨다.

✎ "태그, 프롬프트, 기본 값" 이 세 가지는 속성의 가장 중요한 요소이므로 정확하게 알고 사용한다. 나머지는 무시해도 큰 문제는 없다.

실습

✷ 〈건축〉 문에 속성 정의하기

목재문 900짜리를 "WD900" 블록으로 정의하기 전 속성 정의를 해 보자.

실제 속성 정의는 도형을 그린 후, 블록 정의 전에 속성을 부여할 것인지 아닌지를 판단하여 작업을 진행하는 것이 좋다.

따라 하기

① 목재문 900짜리를 그린다.

② 다음과 같은 형태의 속성을 WD900에 부여해 보자.

태그	NAME	SPEC	MATERIAL
프롬프트	품명은 무엇입니까?	규격은?	재질은 무엇입니까?
기본 값	DOOR	900×2100	WOOD

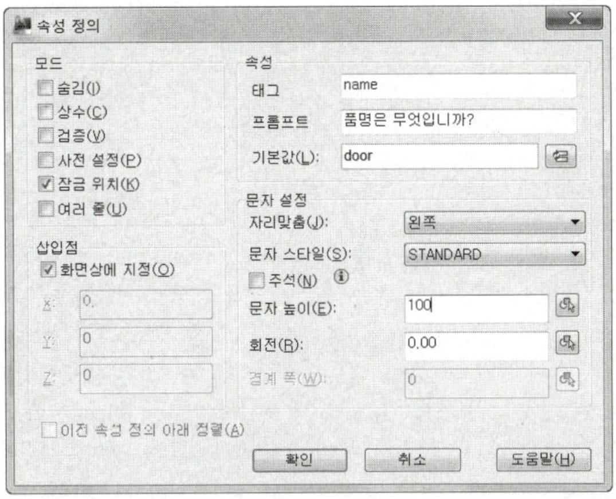

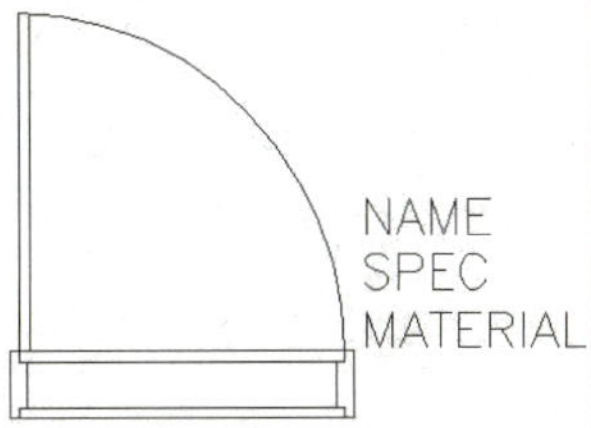

▲ 작성 결과

④ "WD900"이라는 이름으로 Wblock으로 정의한다.

⑤ 저장된 Block을 삽입한다.

프롬프트는 묻는 문장으로 입력한 값이 기본 값(Default)이 된다.

명령: I
삽입점 지정 또는 [기준점(B)/축척(S)/X/Y/Z/회전(R)]:
회전 각도 지정 〈0.00〉:
속성값 입력
재질은 무엇입니까? 〈wood〉:
규격은? 〈900*2100〉:
품명은 무엇입니까? 〈door〉:

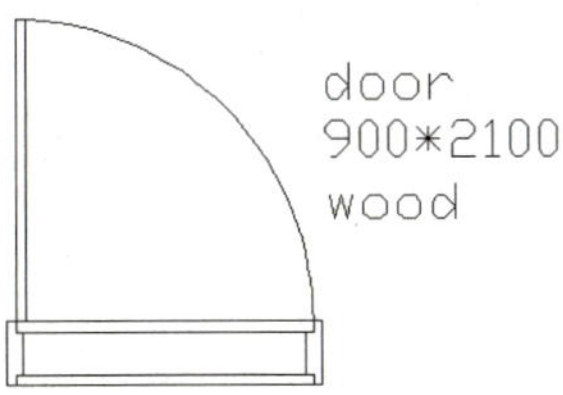

▲ 삽입 결과

2 블록 삽입 시 속성값 대화상자 띄우기

명령: ATTDIA

ATTDIA에 대한 새 값 입력 〈0〉: 1 ← "1"로 변경하면 블록 삽입 시 다음과 같이 대화상자가 뜬다.

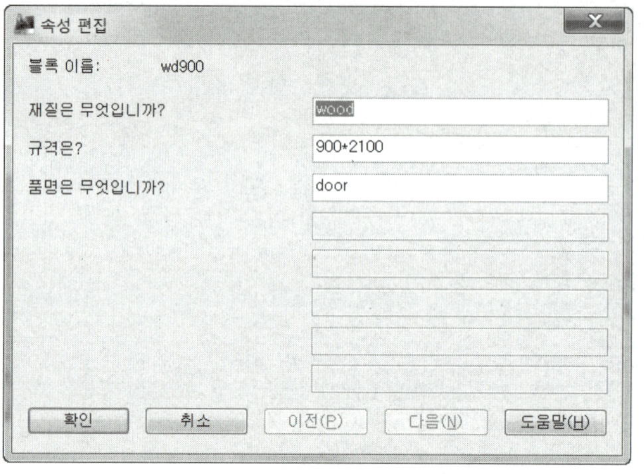

실습

✱ 〈기계〉 볼트에 속성 정의하기

미터나사 M10을 "M1060L" 블록으로 정의하기 전 속성 정의를 해 보자.

실제 속성 정의는 도형을 그린 후, 블록 정의 전에 속성을 부여할 것인지 아닌지를 판단하여 작업을 진행하는 것이 좋다.

따라하기

① 미터나사 M10짜리를 그린다.

② 다음과 같은 형태의 속성을 M10에 부여해 보자.

태그	NAME	SPEC	MATERIAL
프롬프트	품명은 무엇입니까?	규격은?	재질은 무엇입니까?
기본 값	BOLT M10	M10×60L	SM20

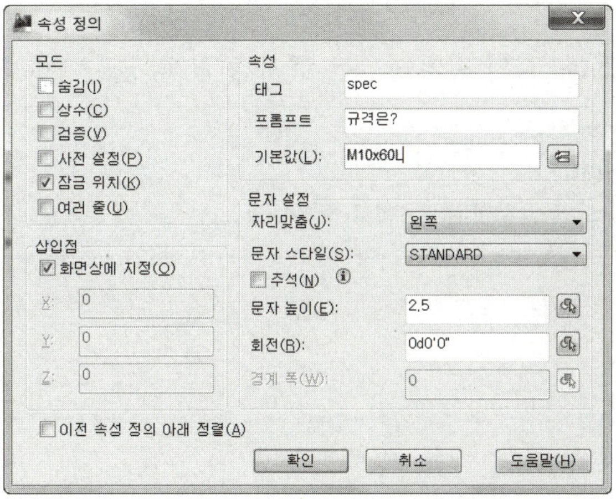

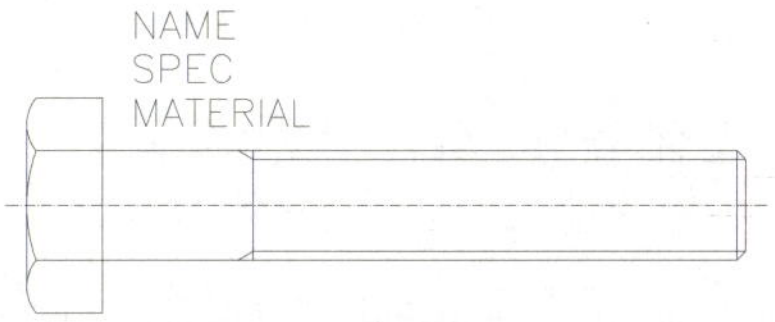

▲ 작성 결과

③ “M1060L:이라는 이름으로 Wblock으로 정의한다.

④ 저장된 Block을 삽입한다.

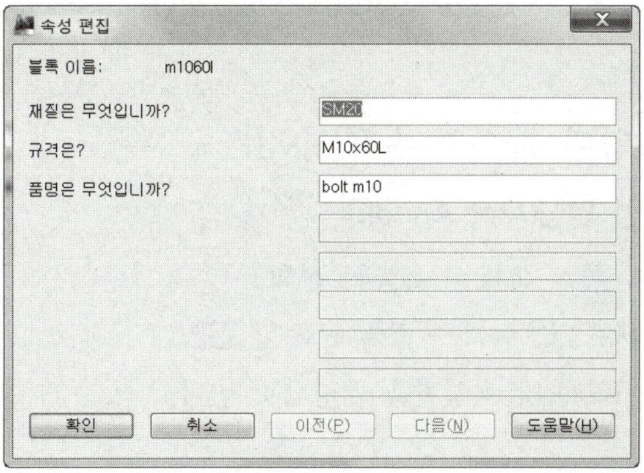

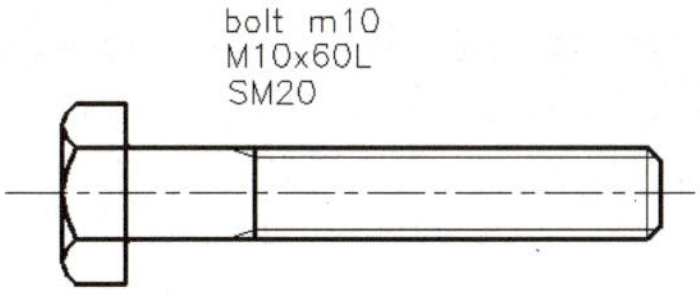

▲ 삽입 결과

3 블록으로 정의하기 전 속성의 수정

Block으로 정의 전의 속성은 문자 편집 명령인 "Ddedit(Ed)"로 편집한다.

명령: Ed
주석 객체 선택 또는 [명령 취소(U)]:

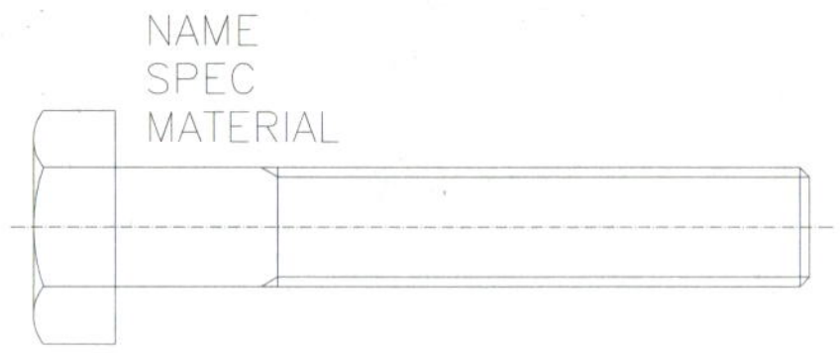

"Material"을 편집 대상으로 선택한 경우

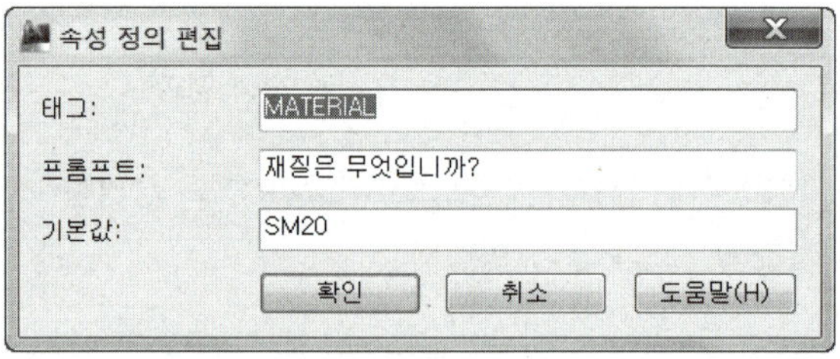

4 삽입된 블록의 속성 수정

가) 속성 편집(Ate, Attedit)

메뉴: 수정 ➡ 객체 ➡ 속성 ➡ 전역

리본: 제도 및 주석 ➡ 블록 ➡ 속성 편집▽

선택한 Block의 속성만을 대상으로 한다.

명령: ATE
블록 참조를 선택하십시오. ← 삽입된 Block을 선택한다.

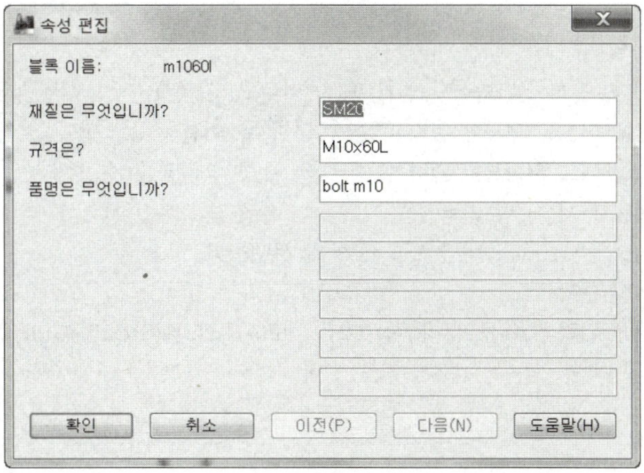

나) Ed

속성 문자 객체를 편집한다.

> **명령:** Ed
> 주석 객체 선택 또는 [명령 취소(U)]: ← 삽입된 블록의 속성을 선택한다.

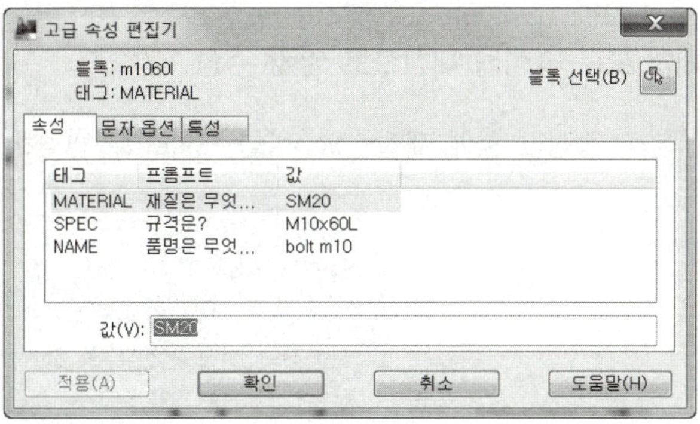

3) 개별 수정

선택한 속성 하나를 대상으로 변경한다. 속성의 내용뿐만 아니라 세부적인 수정이 가능하다.

명령: ATTE 또는 -ate
한 번에 하나씩 속성 편집? [예(Y)/아니오(N)] 〈Y〉: ← 개별적으로 속성을 수정한다.
블록 이름 지정사항 입력 〈*〉: ← 블록 이름을 수정한다.
속성 태그 지정사항 입력 〈*〉: ← 속성 꼬리표를 수정한다.
속성값 지정사항 입력 〈*〉: ← 속성값을 수정한다.
속성 선택: ← 수정할 속성을 선택한다.
속성 선택:
옵션 입력 [값(V)/위치(P)/높이(H)/각도(A)/스타일(S)/도면층(L)/색상(C)/다음(N)] 〈N〉:

- 값(V) : 속성값을 수정한다.
- 위치(P) : 속성값의 삽입 위치를 수정한다.
- 높이(H) : 속성 문자의 높이를 수정한다.
- 각도(A) : 문자열의 회전 각도를 수정한다.
- 스타일(S) : 문자 스타일을 변경한다.
- 도면층(L) : 도면층을 수정한다,
- 색상(C) : 색상을 수정한다.
- 다음(N) : 다음 속성으로 이동한다.

4) 전체의 모든 속성을 대상으로 일괄 수정

▶ 예제 1 속성값 중에 재질 “Wood”를 “Steel”로 변경해 보자.

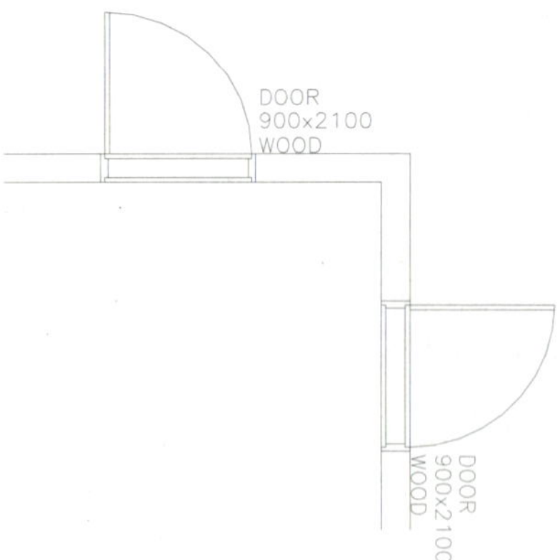

명령: Atte 또는 -Ate
한 번에 하나씩 속성 편집? [예(Y)/아니오(N)] 〈Y〉: N
속성값의 전역 편집 수행 중.
화면상의 가시적인 속성만 편집? [예(Y)/아니오(N)] 〈Y〉:
← Y는 화면에 보이는 속성에 대해서만 편집한다.
블록 이름 지정사항 입력 〈*〉: Enter↵
속성 태그 지정사항 입력 〈*〉: Enter↵
속성값 지정사항 입력 〈*〉: Enter↵
속성 선택: ← 대상을 선택한다.
속성 선택:
변경할 문자열 입력: wood
새 문자열 입력: steel

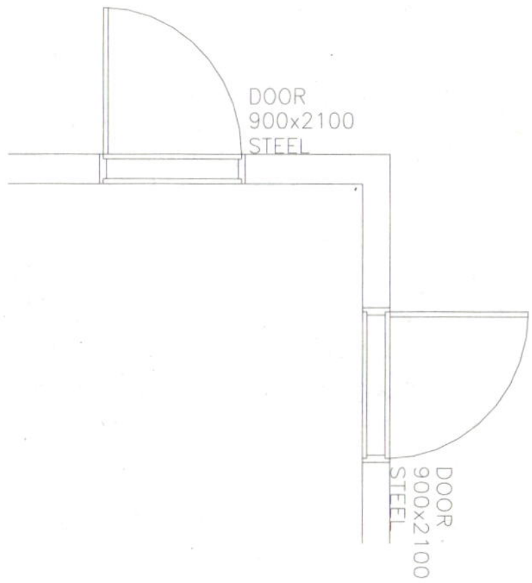

▲ 결과

▸ 예제 2 속성 중 재질 "SM20"을 "SS41"로 변경해 보자.

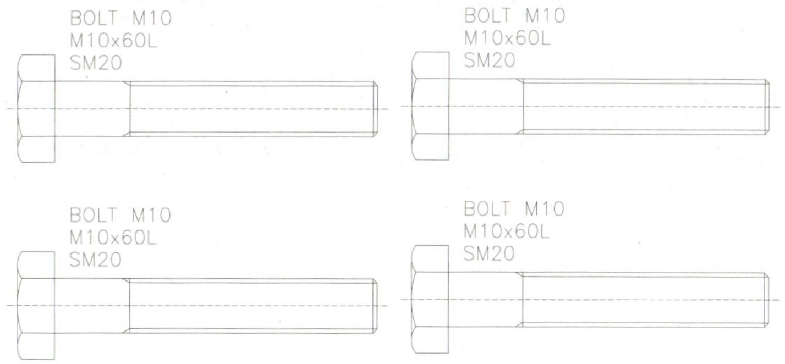

명령: Atte 또는 -Ate
한 번에 하나씩 속성 편집? [예(Y)/아니오(N)] 〈Y〉: N
속성값의 전역 편집 수행 중.
화면상의 가시적인 속성만 편집? [예(Y)/아니오(N)] 〈Y〉: ← Y는 화면에 보이는 속성에 대해서만 편집한다.
블록 이름 지정사항 입력 〈*〉: Enter↵
속성 태그 지정사항 입력 〈*〉: Enter↵
속성값 지정사항 입력 〈*〉: Enter↵
속성 선택: ← 대상을 선택한다.
속성 선택:
변경할 문자열 입력: SM20
새 문자열 입력: SS41

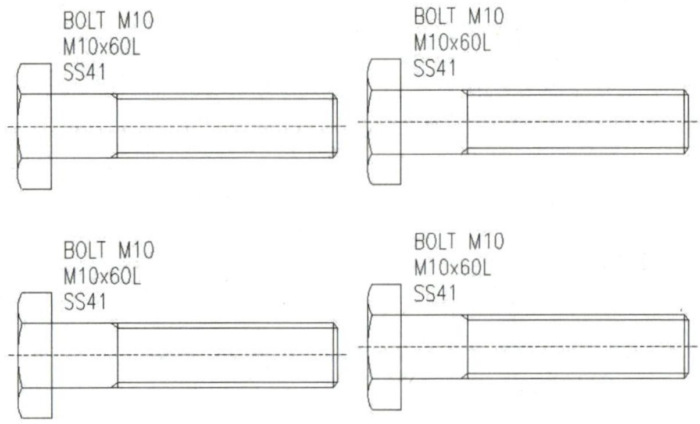

▲ 결과

5 속성의 가시성 제어(Attdisp)

메뉴: **뷰 ➠ 화면 표시 ➠ 속성 화면 표시 유지 ➠ 켜기**

리본: **제도 및 주석 ➠ 홈 ➠ 블록▽ ➠ 속성 화면 표시 유지**

삽입한 BLOCK에 정의된 속성의 표시 여부를 지정한다.

> **명령:** Attdisp
> 속성 화면 표시 설정 입력 [일반(N)/켜기(ON)/끄기(OFF)] 〈일반〉:

- 일반(N) : Invisible 모드를 따른다.
- 켜기(ON) : 속성을 보여준다.
- 끄기(OFF) : 속성을 보여 주지 않는다.

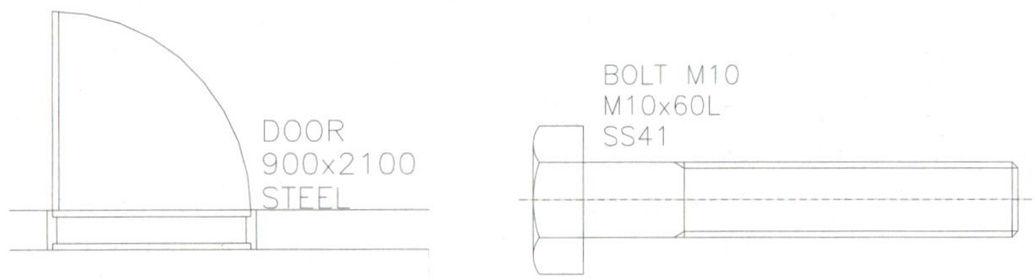

▲ ON일 때

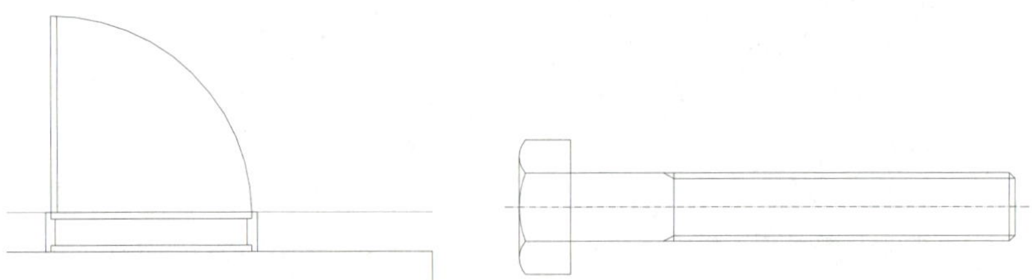

▲ OFF일 때

6 속성값 추출

문자값으로 된 속성을 추출하여 데이터베이스 프로그램에서 활용할 수 있다. 추출하려면 추출 형식(Template)을 먼저 만들어야 한다.

1) Template 파일

추출할 내용의 기준을 구성하는 구성 파일이다. 파일 형식은 "*.TXT"이다.

구 분	형 식	내 용	비 고
BL : LEVEL	Nwww000	블록 내용	비 속성 필드로 BLOCK을 설정할 때에 지정해 놓은 값은 아니지만 템플릿 파일에 정의하면 데이터에 포함시킬 수 있으므로 필요한 필드를 지정한다.
BL : NAME	Cwww000	블록 이름	
BL : X	Nwww000	삽입점의 X좌표	
BL : Y	Nwww000	삽입점의 Y좌표	
BL : Z	Nwww000	삽입점의 Z좌표	
BL : LAYER	Cwww000	LAYER이름	
BL : ORINET	Nwww000	회전 각도	
BL : XSCALE	Nwww000	X축 척도	
BL : YSCALE	Nwww000	Y축 척도	
BL : ZSCALE	Nwww000	Z축 척도	
TAG값	Nwww000		숫자형 속성 데이터
TAG값	Cwww000		문자형 속성 데이터

N(Numeric)은 숫자형 데이터, C(Character)는 문자형 데이터를 의미하며 WWW는 숫자형일 때는 자릿수, 문자형일 때는 문자의 입력 최대 길이를 의미한다. 그리고 000은 숫자형에서는 소숫점 자릿수를 의미하며, 문자형에서는 의미가 없다.

문자형으로 할지 숫자형으로 할지 구분하기 어려울 때는 합산하여 평균을 내는 등의 필요가 있는지를 따져 본다. 예를 들어 생년월일이나 구입날짜는 모양은 숫자지만 문자형으로 정의하여야 한다.

2) Template 파일 작성

문서 편집기(Notepad, Edit 등)를 이용하여 템플릿 파일을 작성하고 적당한 이름(예 : WD900.TXT, 볼트10.TXT)으로 저장하자.

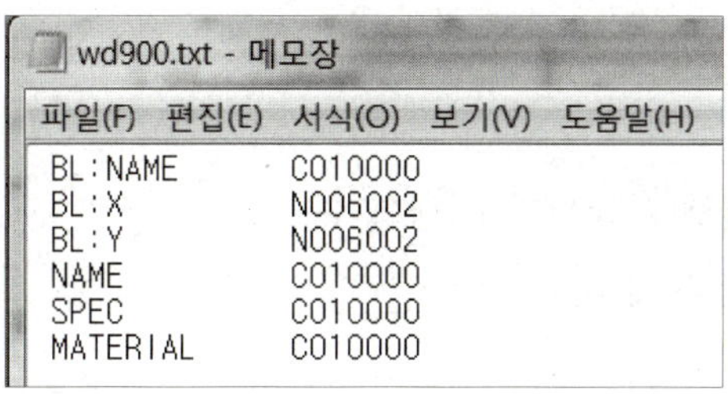

3) 속성 추출(Attext)

블록에서 문자를 추출한다.

명령: Attext

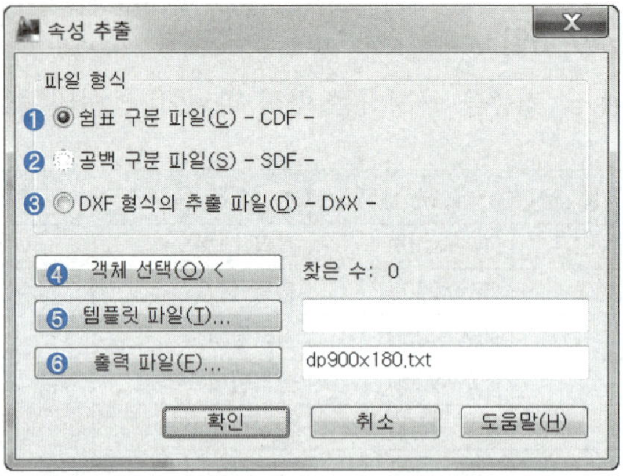

CDF와 SDF만 Template File을 필요로 한다.

❶ **쉼표 구분 파일(C) –CDF–** : 각 기록의 영역에는 분리 기호(,)에 의해 분리되고 글자 영역에는 문자열 구분(' ')이 붙으며 숫자에는 아무 것도 붙지 않는다. Basic 입력 파일로 적당하며 데이터베이스 프로그램에서 이 형식을 그대로 읽어 들일 수 있다. 파일 형식은 "*.TXT"이다.

❷ **공백 구분 파일(S) –SDF–** : 구분 문자는 사용하지 않고 각각 지정된 폭의 길이로 표시한다. Fortran 프로그램 입력 파일로 적당하다. 파일 형식은 "*.TXT"이다.

❸ **DXF 형식의 추출 파일(D) –DXX–** : 블록과 속성의 요소들을 포함하며 좀더 자세한 정보를 포함하지만 일반적으로 SDF보다 복잡하고 어렵다. 다른 프로그램과 호환을 위한 파일로 파일 형식은 *.DXX이다.

❹ **객체 선택(O) 〈** : 추출 대상 Block을 선택한다.

❺ **템플릿 파일(T)...** : 작성해 놓은 템플릿 파일을 지정한다.

❻ **출력 파일(F)...** : 추출되어 저장될 이름을 입력한다.

추출 순서

① 추출 명령 Attext를 실행한다.

② 추출 대상 Block을 선택한다.

③ 파일 형식을 지정한다.

④ 템플릿 파일을 지정한다.(DXX는 템플릿 파일이 필요 없다.)

⑤ 추출 파일의 이름을 입력한다.

✷ CDF 파일인 경우

'WD900',573.77,1958.4,'DOOR','900x2100','STEEL'

'WD900',2292.9,1201.1,'DOOR','900x2100','STEEL'

'WD900',1600.6,2885.7,'DOOR','900x2100','STEEL'

'WD900',3319.8,2128.3,'DOOR','900x2100','STEEL'

'WD900',−2936.,1938.4,'DOOR','900x2100','STEEL'

'WD900',−1217.,1181.1,'DOOR','900x2100','STEEL'

또는

'M1060L',304.02,287.48,'BOLT M12','M10x60L','SS41'

'M1060L',304.02,252.34,'BOLT M10','M10x50L','SS41'

'M1060L',230.61,251.08,'BOLT M10','M10x60L','SM20'

'M1060L',230.61,286.90,'BOLT M10','M10x60L','SS41'

✷ SDF 파일인 경우

```
WD900    1600.62885.7DOOR    900x2100  STEEL
WD900    573.771958.4DOOR    900x2100  STEEL
WD900    -1217.1181.1DOOR    900x2100  STEEL
WD900    -2936.1938.4DOOR    900x2100  STEEL
WD900    3319.82128.3DOOR    900x2100  STEEL
WD900    2292.91201.1DOOR    900x2100  STEEL
```

또는

```
M1060L   304.02287.48BOLT M12  M10x60L  SS41
M1060L   304.02252.34BOLT M10  M10x50L  SS41
M1060L   230.61251.08BOLT M10  M10x60L  SM20
M1060L   230.61286.90BOLT M10  M10x60L  SS41
```

✱ DXX 파일인 경우

```
 0
INSERT
  5
AC
100
AcDbEntity
  8
0
 66
     1
100
AcDbBlockReference
  2
WD900
 10
573.767586
.... ..
```

다음은 엑셀에서 불러들인 결과이다.

	A	B	C	D	E	F
1	WD900	1600.6	2885.7	DOOR	900x2100	STEEL
2	WD900	573.77	1958.4	DOOR	900x2100	STEEL
3	WD900	-1217.1	181.1	DOOR	900x2100	STEEL
4	WD900	-2936.1	938.4	DOOR	900x2100	STEEL
5	WD900	3319.8	2128.3	DOOR	900x2100	STEEL
6	WD900	2292.9	1201.1	DOOR	900x2100	STEEL
7						

A1 = M1060L

	A	B	C	D	E	F
1	M1060L	304.02	287.48	BOLT M12	M10x60L	SS41
2	M1060L	304.02	252.34	BOLT M10	M10x50L	SS41
3	M1060L	230.61	251.08	BOLT M10	M10x60L	SM20
4	M1060L	230.61	286.9	BOLT M10	M10x60L	SS41
5						

SDF나 CDF를 불러오기 전에 미리 정리를 해야 위 그림처럼 보기 좋게 정렬된다.

8 외부 참조(eXternal REFerence)

외부 참조는 Block처럼 현재 도면에 저장된 다른 도면(도형)을 삽입하는 점에서는 동일하지만, 현재 도면에 완전히 기록되는 것이 아니고 단지 참조만 할 뿐이다. 때문에 참조 도면의 내용이 변경되면 참조하고 있는 도면에도 변경된 내용이 자동으로 갱신된다. 때문에 자주 갱신을 요하는 작업 등에서 매우 편리하게 응용할 수 있다. 그리고 원본 도면을 단지 참조만 할 뿐이므로 Data량이 작아 도면의 부피를 줄일 수 있으나, 현 도면을 다른 곳으로 이동할 경우(특히, 디스켓으로 복사하는 경우)에는 참조되고 있는 도면의 원본을 함께 이동해야 한다. 용량이 큰 도면을 참조하는 경우에는 주의한다.

AutoCAD 클래식 메뉴의 도구막대에서 "참조"를 선택하여 사용한다.(도구막대 위에 커서를 대고 마우스 우측 버튼을 클릭하면 나열된 도구막대에서 "참조"를 선택한다.)

앞쪽 5개만 외부 참조 관련 명령이다.

1 외부 참조(Xr, Xref) 

외부 참조를 관리한다.

명령: Xr

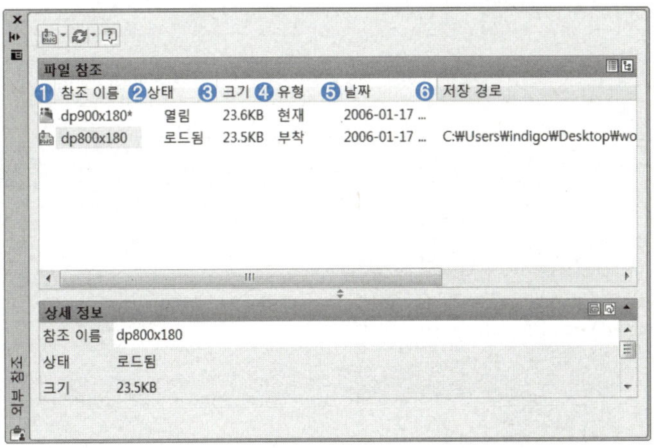

❶ 참조 이름 : 외부 참조된 도면의 이름을 표시한다.

❷ 상태 : 다음과 같이 외부 참조 도면의 상태를 알려준다.

- **로드됨** : 참조된 파일이 도면에 현재 첨부되어 있다.
- **언로드됨** : 참조된 파일이 도면에서 언로드된 것으로 표시되어 있다.
- **찾지 못함** : 참조된 파일이 유효한 검색 경로에 더 이상 존재하지 않는다.
- **해석되지 않음** : 참조된 파일을 읽을 수 없다.
- **고립됨** : 참조된 파일이 해석되지 않음 상태에 있는 다른 파일에 첨부되어 있다.
- **참조되지 않음** : 참조된 파일을 분리하는 대신 삭제 또는 지우기 도구로 제거된다.

❸ 크기 : 외부 참조 도면의 크기를 표시한다.

❹ 유형 : 외부 참조 도면의 부착(Attach) 또는 중첩(Overlay) 상태를 표시한다.

❺ 날짜 : 참조된 파일이 작성되었거나 마지막으로 저장된 날짜이다.

❻ 저장 경로 : 외부 참조 도면의 저장 경로를 보여준다.

❼ 트리 뷰 : 트리 뷰의 맨 위 단계에는 항상 현재 도면이 표시된다.

한 도면(도형)에 대해 Block 삽입과 외부 참조가 중복 적용이 불가능하며 편집이나 수정은 현재 참조되는 작업 공간에서는 불가능하고 원본 도면에서만 가능하다.

2 부착(Xa, Xattach)

메뉴: 삽입 ➠ DWG 참조

리본: 제도 및 주석 ➠ 삽입 ➠ 참조 ➠ 부착

외부 참조로 도면을 삽입한다.

명령: Xa

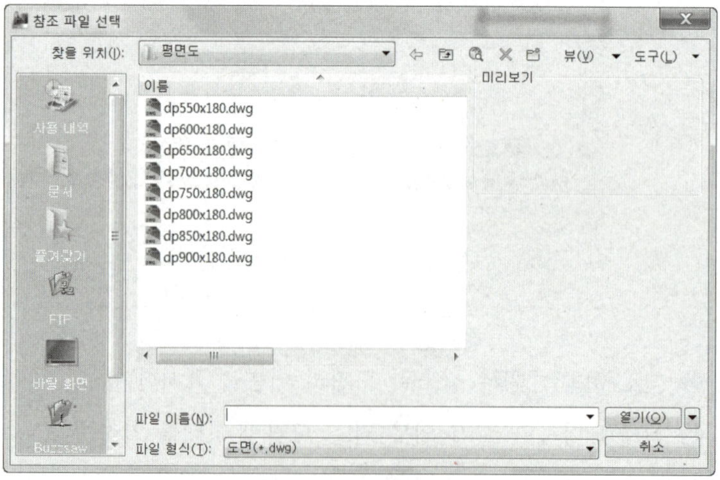

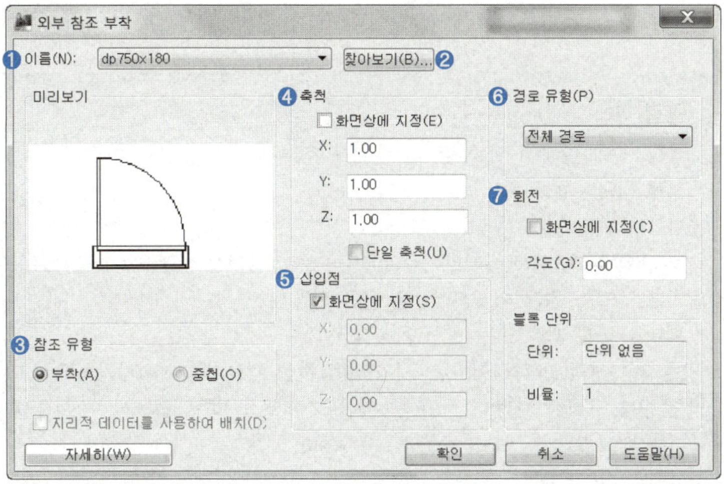

❶ 이름(N) : 부착할 DWG를 나타낸다.

❷ 찾아보기(B) : 부착시킬 도면을 선택할 수 있다.

❸ 참조 유형 : 외부 참조를 부착할지 중첩할지 결정한다.

- **부착(A)** : 외부 참조 도면을 부착 형태로 도입한다.
- **중첩(O)** : 외부 참조를 중첩 형태로 도입한다. 이런 형태는 외부 참조한 것을 다시 다른 도면에 외부 참조시킬 때 맨 처음 것은 보이지 않는다.

❹ 축척 : 외부 참조 도면의 크기를 조정한다.

❺ 삽입점(S) : 외부 참조 도면의 삽입점을 정해 주는 것으로 Block과 같은 개념이다.

❻ 경로 유형(P) : 경로 유형을 결정한다. 외부 참조의 저장된 경로가 전체 경로, 상대 경로, 경로 없음 중 어느 유형일지 지정한다. 경로 유형을 상대 경로로 설정하려면 현재 도면을 저장해야 한다. 내포된 외부 참조의 경우 상대 경로는 항상 직접적인 호스트의 위치를 참조하며 현재 열려 있는 도면의 위치를 참조하지 않을 수 있다. 참조된 도면이 다른 로컬 디스크 드라이브나 네트워크 서버에 있는 경우에는 상대 경로 옵션을 사용할 수 없다.

❼ 회전 : 외부 참조 도면의 회전을 조정한다.

3 Xclip, Xc 

메뉴: 제도 및 주석 ➠ 수정 ➠ 자르기 ➠ 외부 참조

리본: 삽입 ➠ 참조 ➠ 자르기

도구: 참조

외부 참조된 도면의 경계를 설정하여 설정한 범위만 보이게 한다.

명령: xc
객체 선택: 반대 구석 지정:　← 외부 참조된 도형을 선택한다.
객체 선택:
자르기 옵션 입력
[켜기(ON)/끄기(OFF)/자르기깊이(C)/삭제(D)/폴리선 생성(P)/새 경계(N)] 〈새 경계〉: Enter↵
외부 모드 – 경계 밖 객체가 숨겨집니다.
자르기 경계 지정 또는 반전 옵션 선택:
[폴리선 선택(S)/다각형(P)/직사각형(R)/반전 자르기(I)] 〈직사각형(R)〉: Enter↵
첫 번째 구석을 지정:　← A를 지정한다.(대각 방향으로 사각형 지정)
반대 구석 지정:　← B를 지정한다.

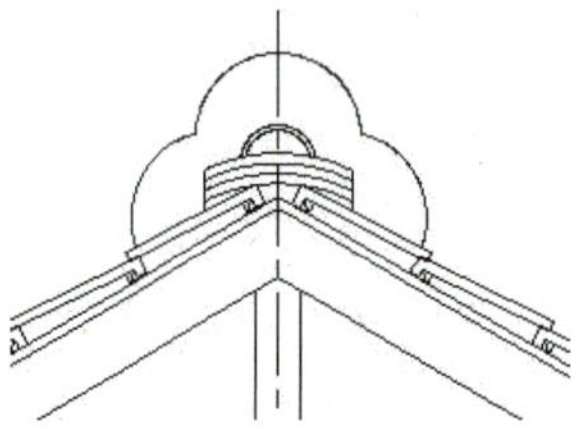

▲ 설정 전

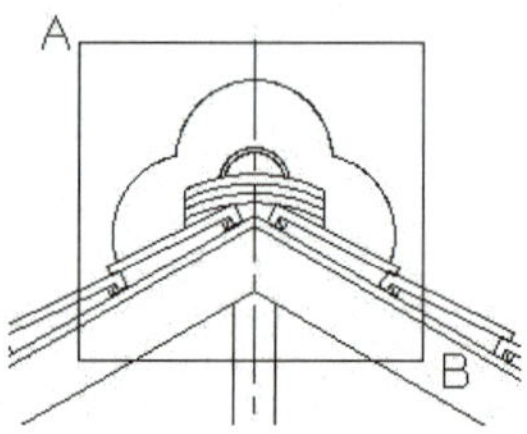

▲ 설정 후

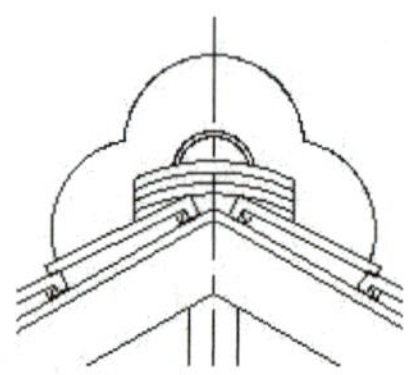

▲ 결과

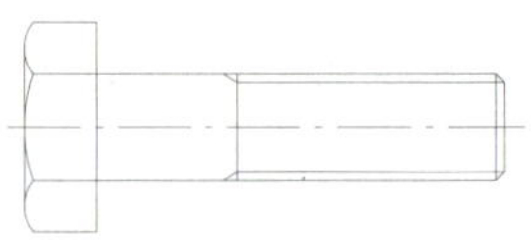

▲ 설정 전

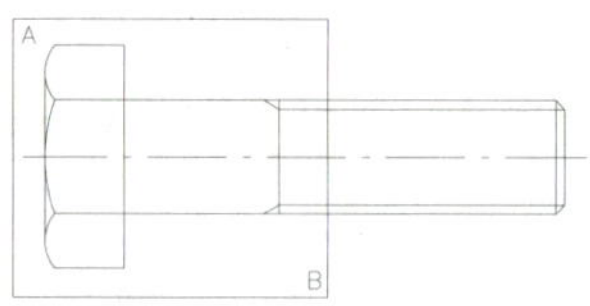

▲ 설정 후

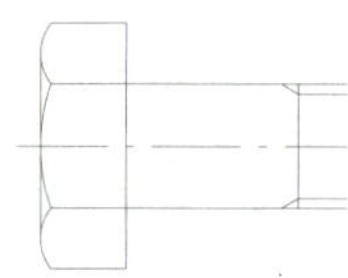

▲ 결과

- 켜기(ON) : 클립 기능을 켠다.
- 끄기(OFF) : 클립 기능을 끈다.
- 자르기 깊이(C) : 3차원 외부 참조 도면이나 Block에서 이용한다.
  - 전면 자르기 점 : 자르기 할 앞쪽 평면의 시작점을 선택한다.
  - 뒷면 자르기 점 : 자르기 할 뒤쪽 평면의 시작점을 선택한다.
  - 거리 : 현재 평면에서 평행하게 거리를 조정한다.
  - 제거 : 클립을 취소한다.
- 삭제(D) : 클립 전 상태로 복원한다. 클립을 이용해 생긴 경계를 삭제한다.
- 폴리선 생성(P) : 클립을 이용해 생긴 경계를 Pline으로 만든다.
- 새 경계(N) : 새로운 경계를 만든다.
  - 폴리선 선택 : 클립 경계로 이용하기 위해 그린 Pline을 이용하여 자른다.

- 다각형 : 클립 경계를 다각형으로 그리면서 직접 선택한다.
- 직사각형 : 클립 경계를 사각형으로 그리면서 직접 선택한다.

4 결합(Xb, Xbind)

메뉴: 수정 ➠ 객체 ➠ 외부 참조 ➠ 결합
도구: 참조

Xref의 Bind는 참조 도면의 모든 내용을 현 도면에 삽입시키지만, Xbind는 사용자가 원하는 정보만을 선택적으로 삽입시킬 수 있다. 원하는 항목을 선택한 후 Add(추가) 버튼을 누르면 된다.

명령: Xb

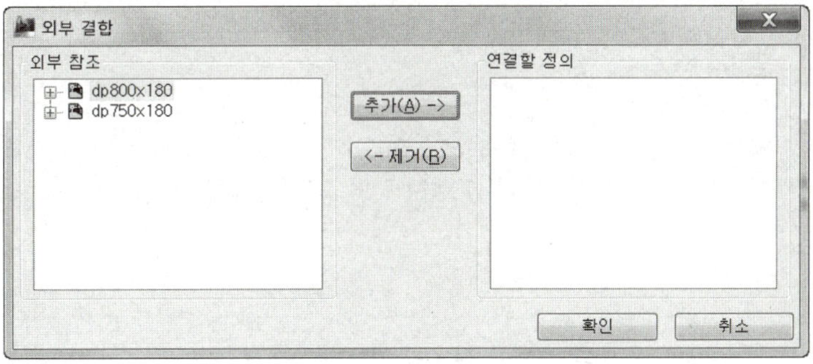

5 Xclipframe

XCLIP으로 자른 부분의 경계의 가시성을 제어한다.

명령: Xclipframe
XCLIPFRAME에 대한 새 값 입력 〈0〉: 1

- 0: 프레임이 표시되지 않으며 플롯 되지도 않는다. 프레임이 일시적으로 선택 미리보기 또는 객체 선택 시 다시 나타난다.
- 1: 잘린 외부 참조 프레임이 표시 및 플롯된다.
- 2: 잘린 외부 참조 프레임이 표시되지만 플롯 되지는 않는다.

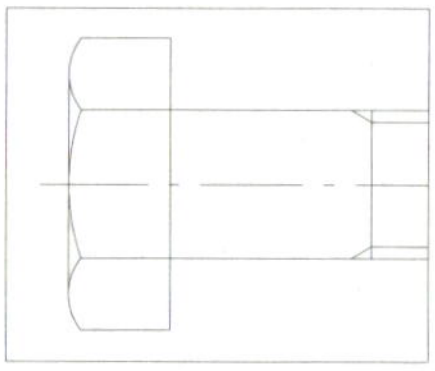

▲ 1일 때

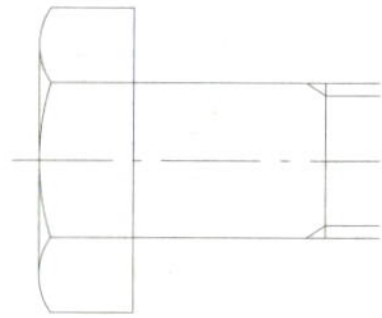

▲ 0일 때

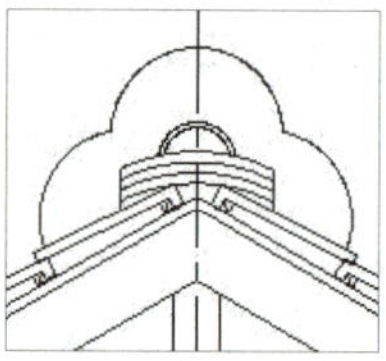

▲ 1일 때

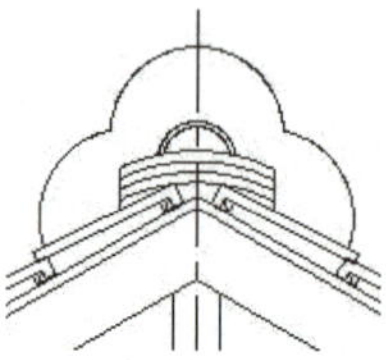

▲ 0일 때

9 Ncopy

리본: **제도 및 주석 ➠ 홈 ➠ 수정 ➠ 복사 중첩된 객체**

외부 참조, 블록 또는 DGN 언더레이 내에 객체를 분해 또는 결합하지 않고 선택한 객체를 직접 현재 도면에 복사할 수 있다.

명령: Ncopy
현재 설정: 삽입
복사할 중첩된 객체 선택 또는 [설정(S)]: s
중첩된 객체를 복사하기 위한 설정 입력 [삽입(I)/결합(B)] 〈삽입〉:

- 설정(S) : 선택된 객체와 연관된 명명된 객체를 도면에 추가할지를 조정한다.
  - 삽입(I) : 명명된 객체와 관계없이 선택된 객체를 현재 도면층에 복제한다. COPY 명령과 유사하다.
  - 결합(B) : 복사한 객체와 연관된 블록, 치수 스타일, 도면층, 선 종류 및 문자 스타일 등의 명명된 객체를 도면에 포함한다.

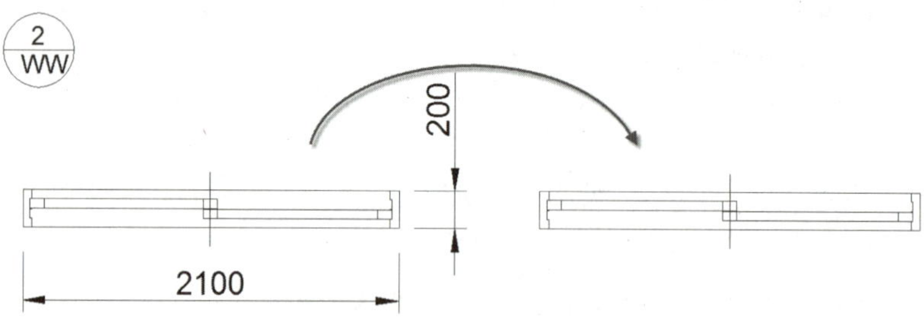

▲ 삽입된 창문 블록에서 창문만 복사한 예

연습문제

※ 건축 및 기계에서 사용되는 기호를 Wblock으로 만들기

문제 1 | 평면도에 사용되는 문을 그린 다음 Wblock으로 설정하여 실무에서 사용하도록 하자.

- 사용 명령: Line, Offset, Trim, Arc, Copy, Stretch, Wblock

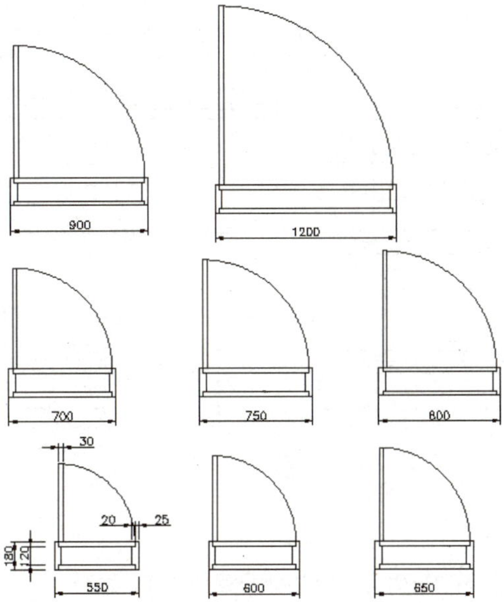

문제 2 | 문 입면도를 그려서 Wblock으로 설정해 보자.

- 사용 명령: Line, Offset, Circle, Trim, Fillet, Wblock

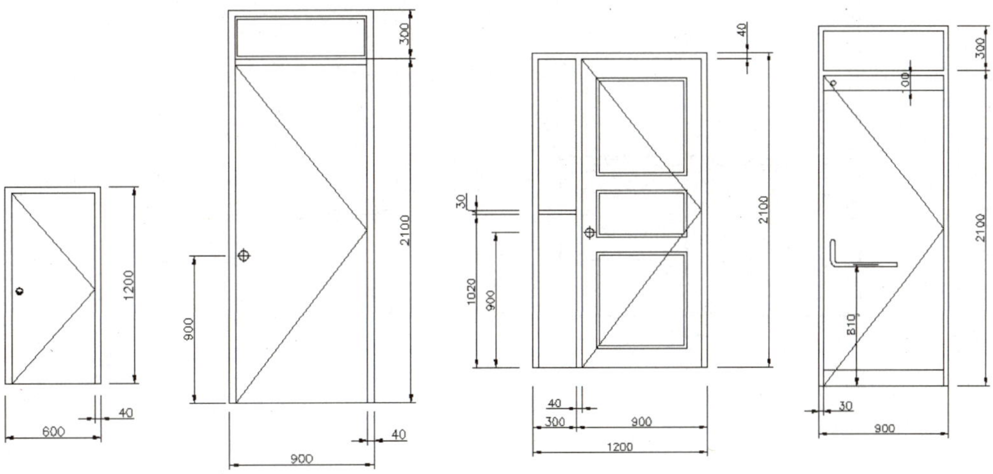

연습문제

문제 3 | 창문을 그린 후 Wblock으로 설정하여 실무 작업에 응용해 보자.

- 사용 명령: Line, Offset, Trim, Arc, Copy, Stretch, Mirror, Wblock

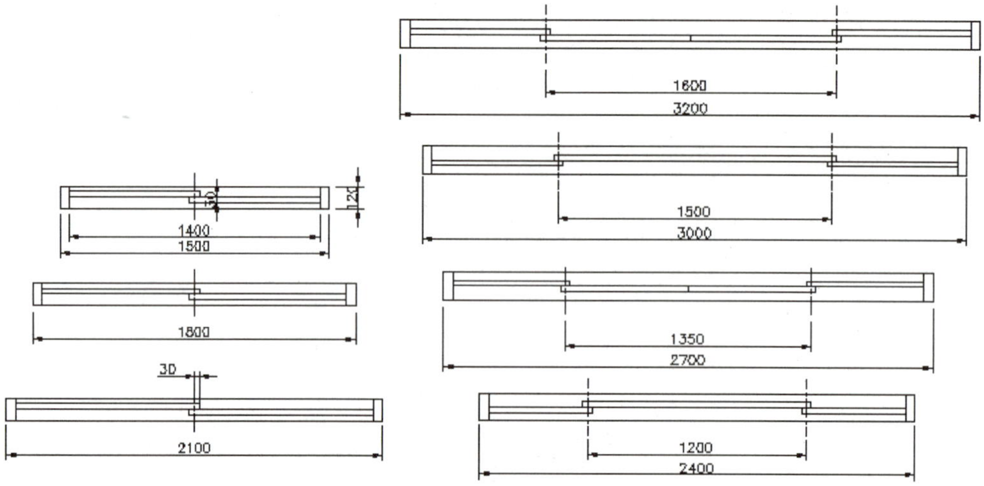

문제 4 | 다음은 창문 이면도이다. Wblock으로 만들어 보자.

- 사용 명령: Line, Offset, Trim, Arc, Copy, Stretch, Mirror, Wblock

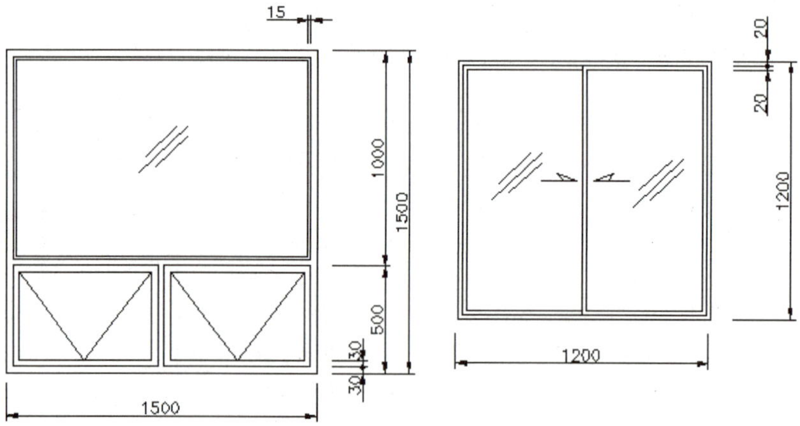

연습문제

문제 5 | 기계제도에서 사용되는 L형강이다. Wblock으로 설정해 보자.

– 사용 명령: Line, Offset, Trim, Fillet, Wblock

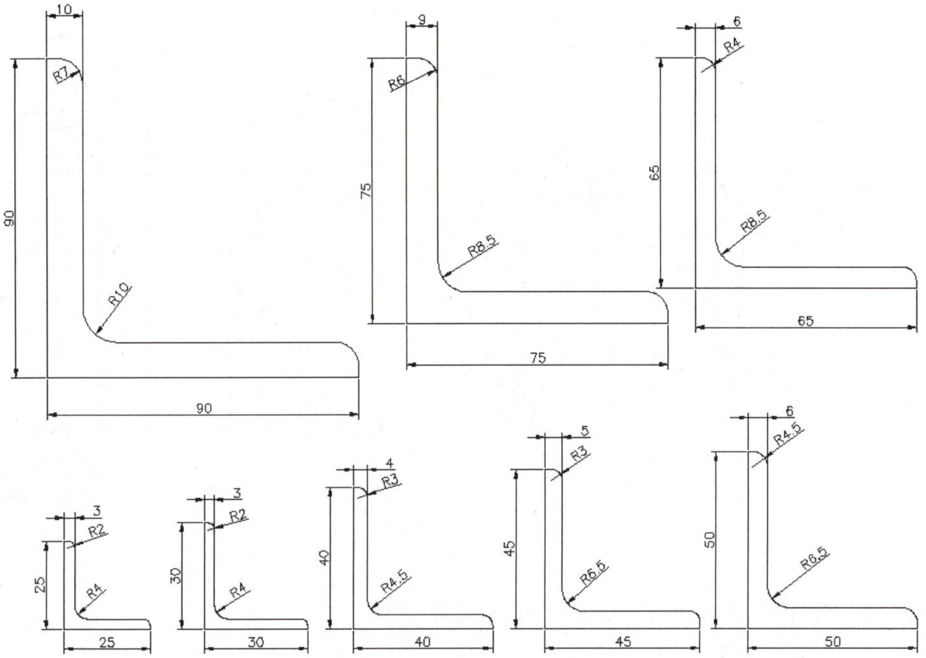

문제 6 | 기계제도에서 사용되는 C형강이다. Wblock으로 설정해 보자.

– 사용 명령: Line, Offset, Trim, Fillet, Copy, Stretch, Mirror, Wblock

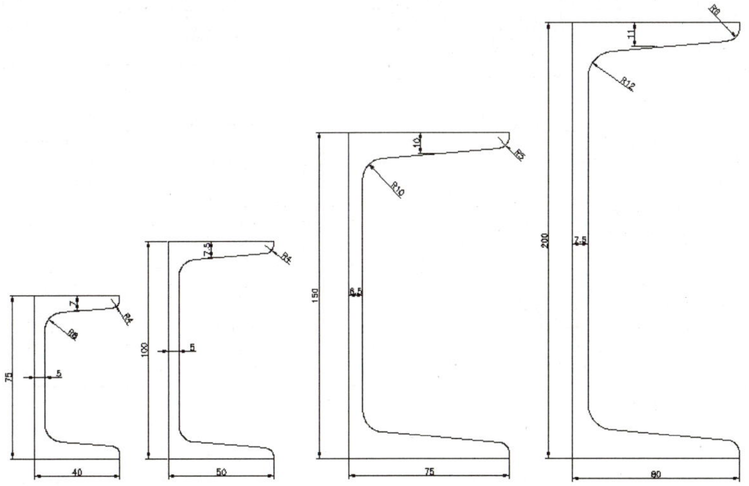

연습문제

문제 7 | 구름 베어링용 너트이다. Wblock으로 만들어 보자.

- 사용 명령: Line, Offset, Trim, Bhatch, Wblock

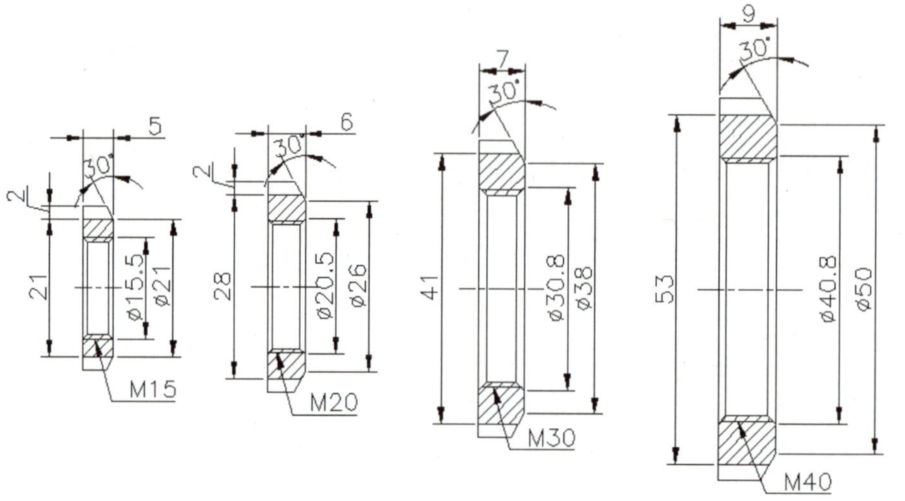

문제 8 | 접시머리볼트이다. Wblock으로 만들어 보자.

- 사용 명령: Line, Offset, Arc, Trim, Wblock

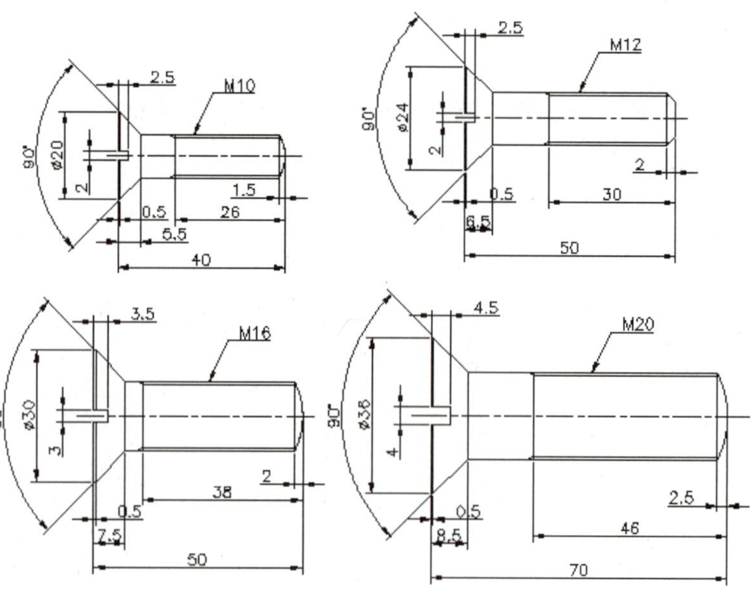

제7장 조회 명령 및 유틸리티(Inquiry & Utility)

메뉴: 도구 ➠ 조회

리본: 제도 및 주석 ➠ 홈 ➠ 유틸리티 ➠ 측정▽

도구: 조회, 측정 도구

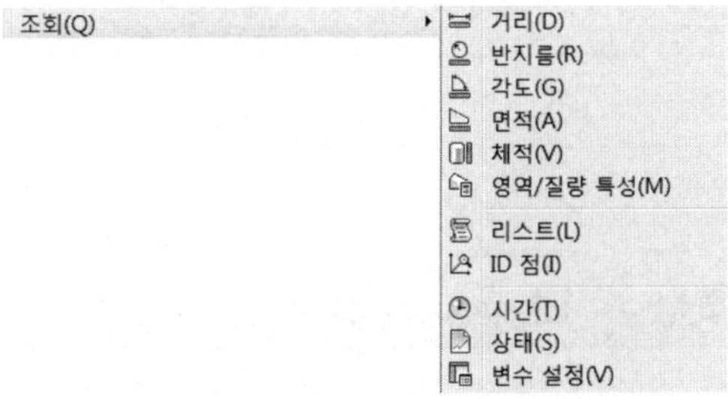

☞ 메뉴에서 도구 ➠ 조회의 "거리, 반지름, 각도, 면적, 체적" 명령들은 명령 "Measuregeom" 또는 "Mea"의 옵션으로 되어 있다.

> **명령:** Mea
> 옵션 입력 [거리(D)/반지름(R)/각도(A)/면적(AR)/체적(V)] 〈거리〉 :

1 거리(Di, Dist, Mea, Measuregeom)

메뉴: 도구 ➠ 조회 ➠ 거리

리본: 제도 및 주석 ➠ 홈 ➠ 유틸리티 ➠ 측정▽ ➠ 거리

도구: 조회, 측정 도구

지정한 두 점 사이의 거리, 각도 등의 정보를 알려준다.

✱ **아래 그림에서 A에서 B까지 거리를 알아보자.**

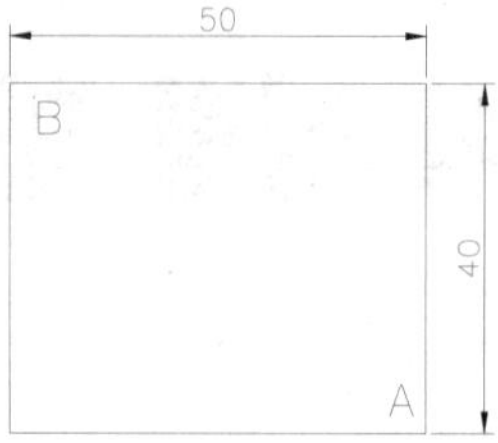

명령: Di
첫 번째 점 지정: ← A의 끝점을 지정한다.
두 번째 점을 지정: ← B의 끝점을 지정한다.
거리 = 64.0312, XY 평면에서의 각도 = 141, XY 평면으로부터의 각도 = 0
X증분 = −50.0000, Y증분 = 0.0000, Z증분 = 0.0000 ← X, Y, Z 축에 투영한 각각의 직선거리이다.

2 반지름(Mea, Measuregeom)

메뉴: **도구 ➠ 조회 ➠ 반지름**
리본: **제도 및 주석 ➠ 홈 ➠ 유틸리티 ➠ 측정▽ ➠ 반지름**
도구: **조회, 측정 도구**

원이나 호의 반지름 및 지름을 알 수 있다.

명령: _MEASUREGEOM
옵션 입력 [거리(D)/반지름(R)/각도(A)/면적(AR)/체적(V)] 〈거리〉: _radius
호 또는 원 선택:
반지름 = 45.0000
지름 = 90.0000
옵션 입력 [거리(D)/반지름(R)/각도(A)/면적(AR)/체적(V)/종료(X)] 〈반지름〉:

3 각도(Mea, Measuregeom)

메뉴: **도구 ➠ 조회 ➠ 각도**
리본: **제도 및 주석 ➠ 홈 ➠ 유틸리티 ➠ 측정▽ ➠ 각도**
도구: **조회, 측정 도구**

선, 호, 원의 각도를 알 수 있다.

① 선 : 두 개의 선이 이루는 각을 알 수 있다.
② 호 : 호가 이루는 내각을 알 수 있다.
③ 원 : 지정한 원 내부의 각도를 측정한다.

4 면적(Area)

메뉴: **도구 ➠ 조회 ➠ 면적**
리본: **제도 및 주석 ➠ 홈 ➠ 유틸리티 ➠ 측정▽ ➠ 각도**
도구: **조회, 측정 도구**

지정하는 공간이 이루는 면적과 둘레 길이를 계산해 준다. 건축물이나 대지의 불규칙한 모양의 면적을 계산하는데 유용하다.

✸ 다음 도형에서 반지름 3과 5의 원의 면적을 뺀 사각형의 면적을 구해 보자.

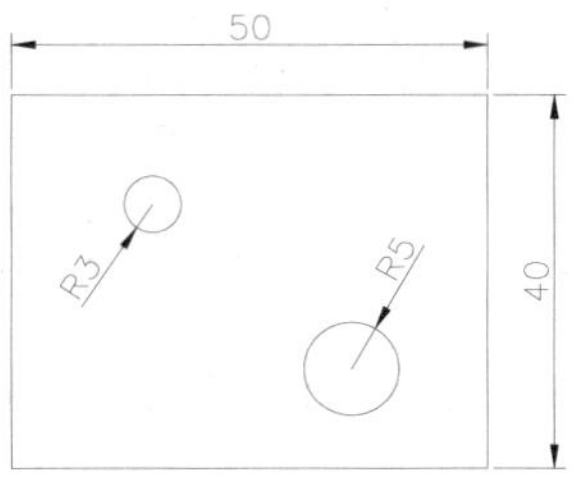

명령: Area
첫 번째 구석점 지정 또는 [객체(O)/추가(A)/빼기(S)]: A ← 정보를 컴퓨터가 취하기 위해 더하기 옵션 "A"를 입력한다.
첫 번째 구석점 지정 또는 [객체(O)/빼기(S)]: O ← Pline 성분이나 원은 Object로 선택하고 불규칙한 형태일 때는 그 모양의 둘레의 꼭짓점을 따라 일일이 지정한다.(그림 A 참조)
(추가 모드) 객체 선택: ← 가로 50, 세로 40인 사각형을 선택한다.
면적 = 2000.0000, 둘레 = 180.0000
전체 면적 = 2000.0000
(추가 모드) 객체 선택: Enter↵ ← 더 이상 대상이 없으므로 Enter↵한다.
첫 번째 구석점 지정 또는 [객체(O)/빼기(S)]: S ← 빼기 "S"를 선택한다.
첫 번째 구석점 지정 또는 [객체(O)/추가(A)]: O ← 원을 선택해야 하므로 Object 옵션을 입력한다.
(빼기 모드) 객체 선택: ← 반지름 3인 원을 선택한다.
면적 = 28.2743, 원주 = 18.8496 ← 반지름 3의 원의 면적, 원주 값이다.
전체 면적 = 1971.7257 ← 사각형에서 반지름 3인 원을 뺀 면적이다.
(빼기 모드) 객체 선택: ← 반지름 5인 원을 선택한다.
면적 = 78.5398, 원주 = 31.4159 ← 반지름 5인 원의 면적, 원주 값이다.
전체 면적 = 1893.1858 ← 최종 면적이다.
(빼기 모드) 객체 선택: Enter↵
첫 번째 구석점 지정 또는 [객체(O)/추가(A)]: Enter↵

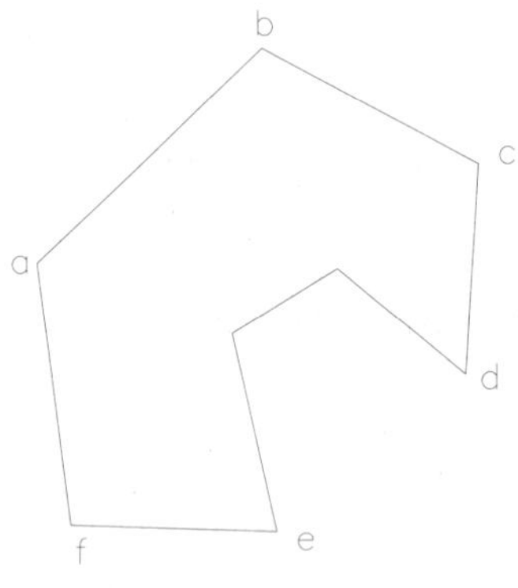

▲ 그림 A

모양이 불규칙하면 a부터 f까지 모서리를 따라 꼭짓점을 지정하여 면적을 구한다.

5 체적(Mea, Measuregeom)

메뉴: **도구 ➠ 조회 ➠ 체적**

리본: **제도 및 주석 ➠ 홈 ➠ 유틸리티 ➠ 측정▽ ➠ 체적**

도구: **조회, 측정 도구**

객체 또는 정의된 영역의 체적을 측정한다.

① 객체

- 객체 또는 정의된 영역의 체적을 측정한다.
- 3D 솔리드 또는 2D 객체를 선택할 수 있다.
- 2D 객체를 선택하는 경우 객체의 높이를 지정해야 한다.
- 점을 지정하여 객체를 정의하는 경우, 다각형을 정의하려면 적어도 세 점 이상 지정해야 한다. 모든 점은 UCS의 XY 평면과 평행한 평면에 있어야 하며 다각형을 닫지 않으면 입력한 첫 번째 점과 마지막 점 사이에 선이 있는 것으로 간주하여 면적을 계산한다.
- 호, 길이 또는 명령 취소를 입력하면 폴리선 선택 옵션이 표시된다.

② 체적 추가 : 추가 모드를 켜고, 영역을 정의할 때마다 체적의 합계가 구해지도록 한다.

③ 체적 빼기 : 빼기 모드를 켜고 총 체적에서 지정한 체적을 뺀다.

6 영역/질량 특성(Massprop)

메뉴: **도구 ➠ 조회 ➠ 영역/질량 특성**

도구: **조회**

영역 또는 3D 솔리드의 질량 특성(질량, 체적, 경계상자, 관성 모멘트, 관성 곱, 회전 반경, 질량 중심에 대한 주 모멘트 및 XYZ 방향 등)을 계산한다.

```
명령: _massprop
객체 선택:
```

7 리스트(Li, List)

메뉴: **도구 ➠ 조회 ➠ 리스트**

리본: **제도 및 주석 ➠ 홈 ➠ 특성▽ ➠ 리스트**

도구: **조회**

선택한 요소에 대한 모든 정보를 나열한다. 선택한 요소의 종류에 따라 다른 정보를 나타낸다. 다음은 반지름이 50인 원을 선택한 경우이다.

명령: li
객체 선택:　　← 원을 선택한다.
객체 선택:
　　　원　　도면층: "0"　← 선택한 객체의 종류와 LAYER 번호를 표시한다.
　　　공간: 모형 공간　← 작업된 공간을 표시한다.
　　　핸들 = 64d
　중심 점, X=-362.2553 Y=3759.0868 Z= 0.0000 ← 중심점의 절대 좌표값이다.
　　　반지름 50.0000 ← 원의 반지름을 표시한다.
　　　원주 314.1593 ← 원의 둘레 길잇값을 표시한다.
　　　면적 7853.9816 ← 단면적 값을 표시한다.

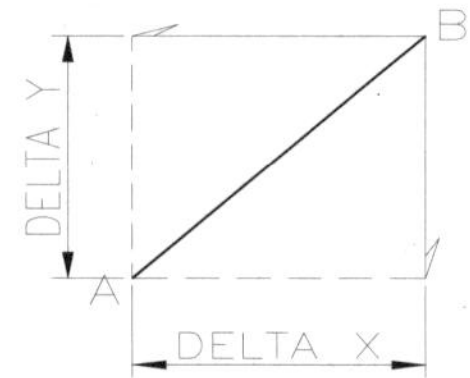

① Line을 선택하면 알 수 있는 정보

- 시작점, 끝점의 절대 좌표값
- 길이 및 시작점에서 끝점으로 진행되는 절대 각도
- X, Y, Z축에 투영한 직선 거리(Delta X, Y, Z)

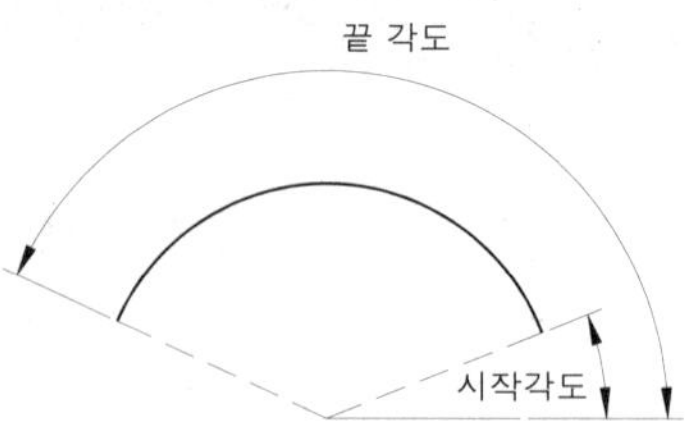

② Arc를 선택하면 알 수 있는 정보

- 중심점의 절대 좌표값
- 반지름
- 시작 각도와 끝 각도
- 호의 길이

③ Pline을 선택하면 알 수 있는 정보

- 폐쇄형 여부
- 선의 굵기
- 면적
- 선의 길이 또는 둘레 길이
- 각 정점의 절대 좌표값

8 ID점

메뉴: **도구 ➠ 조회 ➠ ID점**
리본: **제도 및 주석 ➠ 홈 ➠ 유틸리티▽ ➠ ID점**
도구: **조회**

도면상의 지정된 위치의 좌표를 나타낸다.

> **명령: Id**
> 점 지정: ← 원하는 점을 지정한다.

9 시간(Time)

메뉴: **도구 ➠ 조회 ➠ 시간**

작업 시간을 체크한다.

> **명령: TIME**
> 현재 시간: 2011년 12월 15일 목요일 오후 12:20:10:734
> 이 도면의 시간:
> 작성: 2011년 12월 10일 토요일 오전 10:08:31:211 ← 작업 시작 시간을 나타낸다.
> 최종 업데이트: 2011년 12월 11일 일요일 오후 11:16:39:220
> 전체 편집 시간: 1일 00:36:36:393 ← 총 작업 시간을 나타낸다.
> 경과 타이머(켜기): 1일 00:36:36:377 ← 경과 시간을 나타낸다.
> 다음 자동 저장: 〈아직 수정되지 않음〉 ← 다음 자동 저장 예상 시간을 나타낸다.
> 옵션 입력 [표시(D)/켜기(ON)/끄기(OFF)/재설정(R)]:

- 표시(D) : 시간을 표시한다.
- 켜기(ON) : 시계를 켠다.
- 끄기(OFF) : 시계를 끈다.
- 재설정(R) : 시계를 초기화시킨다.

10 상태(Status)

메뉴: 도구 ➠ 조회 ➠ 상태

현재 도면 상태에 관련되는 모든 환경의 정보를 나열한다.

```
명령: Status
324 객체가 C:\Users\indigo\Desktop\sam.dwg에 있음
파일 크기 명령 취소:        13164바이트
모형 공간 한계    X:    0.0000    Y:    0.0000 (끄기)
                  X: 1189.0000    Y:  841.0000  ← 작업 공간의 크기를 나타낸다.
모형 공간 사용    X: -1044.4439   Y: 1779.3341 **초과
        X: 2725.8413  Y: 3842.9093 **초과 ← 현재 작업된 공간의 크기를 나타낸다.
디스플레이 보기         X: -105.3222   Y: 3748.3723
                        X:   14.9471   Y: 3801.0358  ← 가시 영역의 크기를 나타낸다.
삽입 기준               X:    0.0000   Y:    0.0000   Z:    0.0000
스냅 해상도             X:   10.0000   Y:   10.0000 ← 스냅의 크기이다.
그리드 간격             X:   10.0000   Y:   10.0000 ← 그리드의 크기이다.
현재 공간:              모형 공간    ← 현재 작업 공간을 나타낸다.
현재 배치:              Model        ← 현재 작업 배치이다.
현재 도면층:            "0"          ← 현재 사용 중인 도면층을 표시한다.
현재 색상:              BYLAYER -- 7(흰색)  ← 현재 사용 중인 색상이다.
현재 선 종류:            BYLAYER -- "Continuous" ← 현재 사용 중인 선 종류이다.
현재 재료:              BYLAYER -- "Global"
현재 선가중치:          BYLAYER      ← 현재 선의 굵기 상태를 표시한다.
현재 고도:        0.0000  두께:   0.0000  ← 3차원 상승・하강 값, 두께를 표시한다.
채우기 켜기  그리드 끄기  직교 끄기  Qtext 끄기  스냅 끄기  타블렛 끄기
객체 스냅 모드:    중심점, 끝점, 교차점, 중간점  ← 작업 기초 환경 상태를 나타낸다.
빈 도면 디스크(C:) 공간: 21070.9MB
빈 임시 디스크(C:) 공간: 21070.9MB
계속하려면 Enter 키를 누르십시오:
사용 가능한 실제 메모리: 4855.9MB(8139.8M 외) ← 사용 가능한 물리적 메모리를 표시한다.
사용 가능한 스왑 파일 공간: 12876.6MB(전체 16277.9M) ← 사용 가능한 가상 메모리를
                                                                  표시한다.
```

11 변수 설정(Setvar)

메뉴: 도구 ➠ 조회 ➠ 변수 설정

시스템 변수의 값을 나열하거나 변경한다.

명령: Setvar

변수 이름 또는 [?] 입력

- ? : 오토캐드에서 사용하는 모든 변수와 현재 설정 값을 나열한다.

12 소거(Purge, Pu)

응용: 도면 유틸리티 ➠ 소거
메뉴: 파일 ➠ 도면 유틸리티 ➠ 소거

불필요한 항목을 삭제하여 저장 용량을 줄인다. 블록을 삽입했다가 삭제를 하면 도면상에 존재하지 않아도 그 정보가 남아 불필요하게 도면의 용량을 늘려 작업의 효율성을 저해하므로 용량이 커진 도면일수록 Purge를 이용하여 불필요한 요소를 정리한다. 한 번에 정리되지 않으므로 더 이상 삭제 대상이 나오지 않을 때까지 여러 번 실행해야 한다. 만들어 놓고 사용하지 않는 도면층, 선 종류, 문자 스타일, 여러 가지 스타일 및 길이가 0인 형상과 빈 문자 객체도 소거 대상이다.

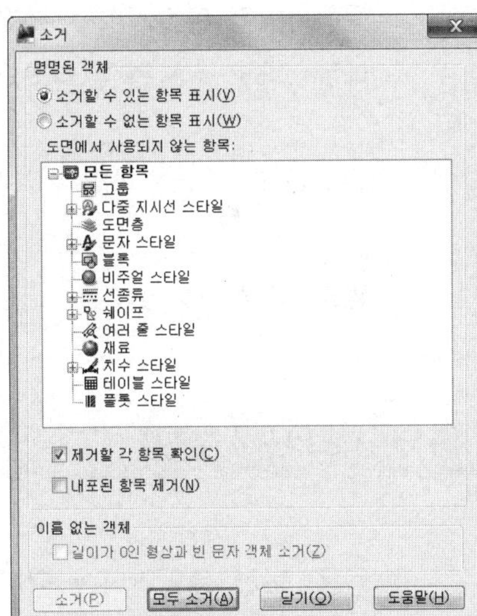

명령: Pu

대화상자 없이 Purge를 실행할 때는 명령어 앞에 "-"를 붙인다.

> **명령: -Pu**
> 소거할 사용하지 않는 객체 형태 입력
> [블록(B)/치수유형(D)/도면층(LA)/선 종류(LT)/플롯유형(P)/쉐이프(SH)/문자유형(ST)/다중선유형(M)/전체(A)]:

13 Filedia

명령어에 따른 대화상자 디스플레이 여부를 지정한다.

> **명령:** Filedia
> FILEDIA에 대한 새 값 입력 〈1〉:

- 1 : 대화상자를 나타낸다.
- 0 : 대화상자를 억제한다.

✎ 명령어 앞에 "—"를 붙여 실행하면 대화상자가 없는 명령으로 실행된다.

14 복구(Recover)

응용: **도면 유틸리티 ➠ 복구 ➠ 복구**
메뉴: **파일 ➠ 도면 유틸리티 ➠ 복구**

손상된 Drawing 파일을 복구한다.

명령: Recover

15 감사(Audit)

응용: **도면 유틸리티 ➠ 감사**
메뉴: **파일 ➠ 도면 유틸리티 ➠ 감사**

도면의 오류를 검사하고 정정한다.

> **명령:** Audit
> 탐지된 오류를 수정하겠습니까? [예(Y)/아니오(N)] 〈N〉:

제 8 장 치수기입(Dimension)

설계자의 의도를 충분히 전달하기 위하여 길이, 거리, 각도 등의 도면 정보를 문자와 치수 보조선을 사용하여 도면에 나타내 줌으로써 도면의 가치를 높여 주기 위한 것이다. AutoCAD의 치수기입은 다양한 형식과 옵션 그리고 시스템 변수들에 의해 여러 가지 형태의 치수기입을 가능하게 한다.

1 치수기입의 기본

1 기본 요소

❶ 치수선(Dimension Line) : 치수를 표시한다. 각도를 표시하는 경우에는 호로 표시된다.

❷ 치수문자(Dimension Text) : 실제 치수 값(기호 또는 문자)을 표시한다.

❸ 치수 보조선(Extension Line) : 치수를 표기할 요소에서부터 치수선 위로 연장되는 선이다.

❹ 화살표(Arrow) : 치수선의 끝에 표시된다.

❺ 지시선(Leader) : 치수를 표시하기 좁을 때나 특별한 지시사항을 표기할 때 적당한 위치에 연장하여 표시하는 선이다.

2 치수기입의 종류 및 형태

메뉴: 치수

리본: 제도 및 주석 ➠ 주석 탭▽ ➠ 치수

도구: 치수

AutoCAD는 기본적으로 다음과 같은 치수기입 방법을 제공한다.

① 선형 치수기입(Dimlinear)
- 수평선 치수기입
- 수직선 치수기입
- 회전 치수기입(Dimrotated)
- 각도 치수기입(Dimangular)

② 기준선 치수기입(Dimbaseline)

③ 연속선 치수기입(Dimcontinue)

④ 정렬 치수기입(Dimaligned)

⑤ 지름 치수기입(Dimdiameter)

⑥ 반지름 치수기입(Dimradius)

⑦ 좌표 치수기입(Dimordinate)

⑧ 지시선 치수기입(Leader)

⑨ 한계 치수기입

⑩ 공차 치수기입(Tolerance)

⑪ 두 단위 치수기입

⑫ 호의 길이 치수기입(Dimarc)

2 치수기입

1 선형 치수기입

선형 치수기입에는 수평, 수직, 정렬, 회전, 기준선, 연속, 좌표 치수기입 등이 있다.

1) 선형 치수기입(Dli, Dimlin, Dimlinear)

메뉴: **치수 ➠ 선형**

리본: **제도 및 주석 ➠ 홈 ➠ 주석 ➠ 선형 또는 제도 및 주석 ➠ 주석▽ ➠ 치수 ➠ 선형**

도구: **치수**

수평, 수직, 회전 치수기입을 한다.

명령: Dli
첫 번째 치수 보조선 원점 지정 또는 〈객체 선택〉: ← 첫 번째 치수 원점을 지정하거나 선택 대상이 있으면 그냥 엔터한 후 선택하면 자동 치수기입을 할 수 있다.(권장)
두 번째 치수 보조선 원점 지정: ← 두 번째 치수 원점을 지정한다.
비 연관 치수가 작성됨.
치수선의 위치 지정 또는 [여러 줄 문자(M)/문자(T)/각도(A)/수평(H)/수직(V)/회전(R)]: ← 치수선의 위치를 지정한다.

- 여러 줄 문자(M) : Mtext 문서 편집기를 이용하여 원래 치수문자 대신 새로운 문자를 첨가 또는 편집한다.
- 문자(T) : 원래 치수문자 대신 새로운 문자를 입력할 수 있다.
- 각도(A) : 치수문자를 지정한 각도만큼 회전시킨다.
- 수평(H) : 수평 방향 치수기입을 하게 한다.
- 수직(V) : 수직 방향 치수기입을 하게 한다.
- 회전(R) : 치수 보조선을 지정한 각도만큼 회전시킨다.

☞ 모든 치수기입은 옵션만 조금 다를 뿐 명령의 기본 형식은 모두 동일하다.

▸ 예제 한 변의 길이가 50인 정삼각형을 그린 후 수직 치수기입을 해 보자.

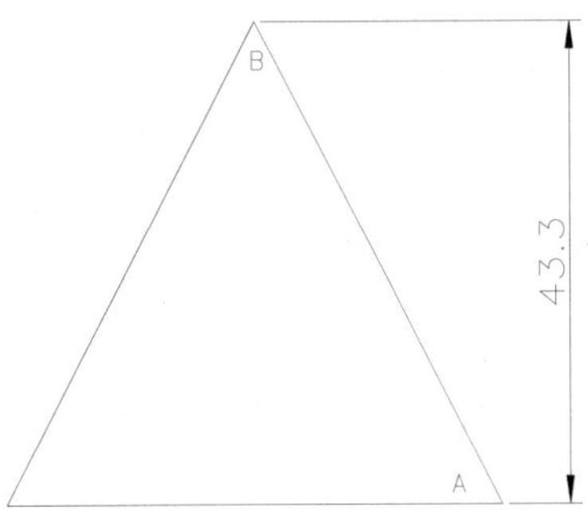

명령: Dli
첫 번째 치수 보조선 원점 지정 또는 〈객체 선택〉: ← 끝점 A를 지정한다.
두 번째 치수 보조선 원점 지정: ← 끝점 B를 지정한다.
비 연관 치수가 작성됨.
치수선의 위치 지정 또는 [여러 줄 문자(M)/문자(T)/각도(A)/수평(H)/수직(V)/회전(R)]:
← 커서의 움직이는 방향에 따라 수평 또는 수직을 자동 판단한다.
치수선의 위치 지정 또는 [여러 줄 문자(M)/문자(T)/각도(A)/수평(H)/수직(V)/회전(R)]:
← 치수선의 위치를 지정한다.
치수문자 = 43.3

▶ 예제 같은 예제를 가지고 자동 치수기입으로 수평 치수기입을 해 보자.

(선택 대상이 있을 때는 A, B 지점을 지정하지 않고 엔터 후 대상을 선택하여 자동 치수기입 한다.)

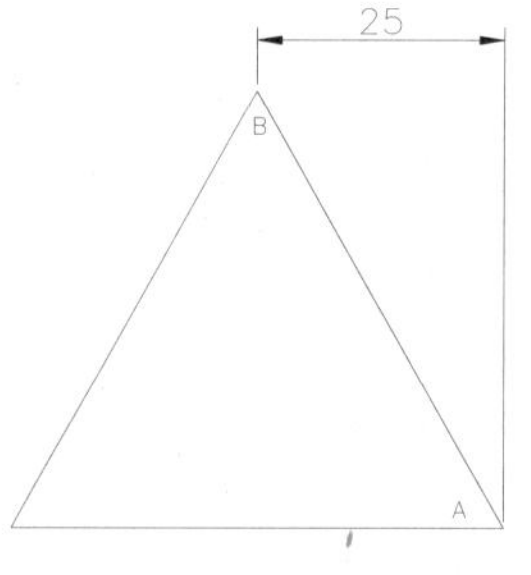

명령: DLI
첫 번째 치수 보조선 원점 지정 또는 〈객체 선택〉: Enter↵
치수기입할 객체 선택: ← 대상 빗변 AB를 선택한다.
치수선의 위치 지정 또는 [여러 줄 문자(M)/문자(T)/각도(A)/수평(H)/수직(V)/회전(R)]:
← 커서의 방향에 따라 수평 또는 수직을 자동 판단하므로 수평 치수기입이 되도록 상하로 움직여 위치를 잡는다.
치수문자 = 25

2) 정렬 치수기입(Dal, Dimali, Dimaligned)

메뉴: **치수 ➠ 선형**

리본: **제도 및 주석 ➠ 홈 ➠ 주석 ➠ 정렬 또는 제도 및 주석 ➠ 주석▽ ➠ 치수 ➠ 정렬**

도구: **치수 ➠ 정렬**

명령: DAL
첫 번째 치수 보조선 원점 지정 또는 〈객체 선택〉: Enter↵
두 번째 치수 보조선 원점 지정: ← 빗변 AB를 선택한다.
치수선의 위치 지정 또는 [여러 줄 문자(M)/문자(T)/각도(A)]: ← 치수선의 위치를 지정한다.
치수문자 = 50

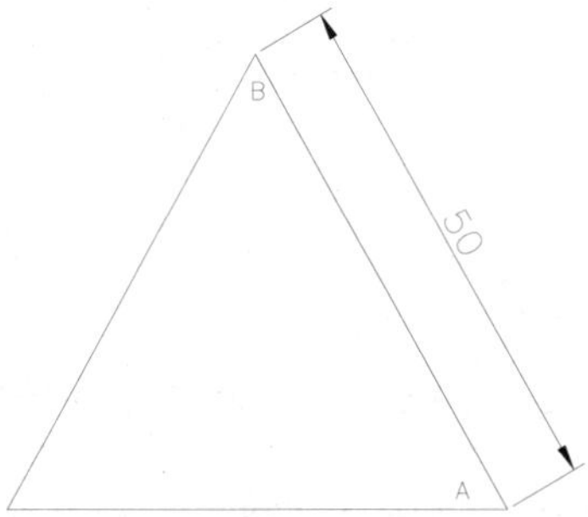

3) 기준선 치수기입(Bas, Dba, Dimbase)

메뉴: **치수 ➠ 선형**
리본: **제도 및 주석 ➠ 주석▽ ➠ 치수 ➠ 기준선**
도구: **치수 ➠ 기준선**

기준 치수를 기준으로 두 번째 점만 지정하면 기준 치수에서부터 자동으로 치수기입이 이뤄진다. 기계 도면에서 많이 사용되는 치수기입이다.

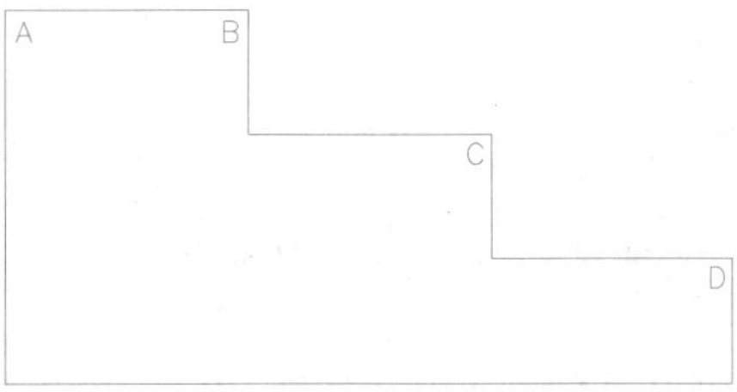

▲ 그림 1

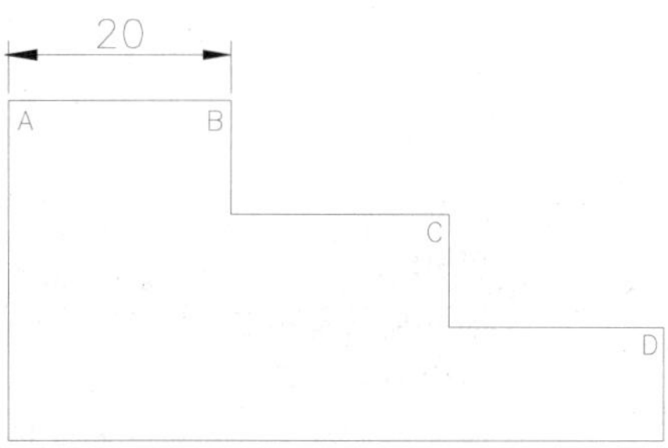

▲ 그림 2

① 기준이 될 치수를 기입한다.(그림 2)

✎ 치수기입 진행방향으로 A에서 B로 향하게 치수 원점을 지정해야 한다.(그림 1, 그림 2) 그냥 Enter↵ 해서 선택할 때는 A쪽에 치우치게 선택을 해야 한다.

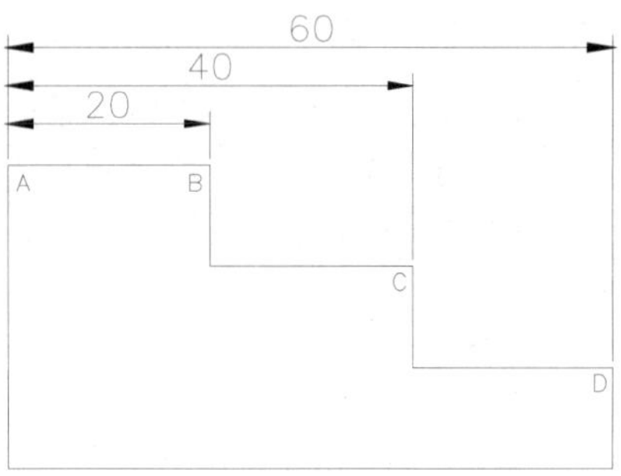

▲ 결과

명령: DBA
두 번째 치수 보조선 원점 지정 또는 [명령 0취소(U)/선택(S)] 〈선택(S)〉: ← 끝점 C를 지정한다.
치수문자 = 40
두 번째 치수 보조선 원점 지정 또는 [명령 취소(U)/선택(S)] 〈선택(S)〉: ← 끝점 D를 지정한다.
치수문자 = 60
두 번째 치수 보조선 원점 지정 또는 [명령 취소(U)/선택(S)] 〈선택(S)〉: Enter↵

② 기준 치수를 다시 지정해야 할 경우

기준이 될 치수를 기입한 후 곧바로 Baseline 치수기입을 해야 하지만 그렇지 못할 경우에는 이미 작성된 치수기입 중에 기준으로 삼을 치수기입을 정해야 한다.

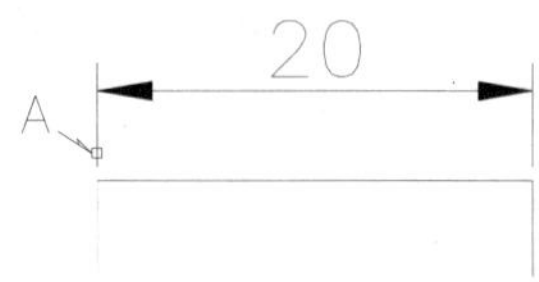

명령: Dba
두 번째 치수 보조선 원점 지정 또는 [명령 취소(U)/선택(S)] 〈선택(S)〉: Enter↵
기준 치수 선택:
두 번째 치수 보조선 원점 지정 또는 [명령 취소(U)/선택(S)] 〈선택(S)〉: ← 기준이 될 치수를 선택하되 맨 처음 치수 보조선의 하단(A)을 선택한다.
두 번째 치수 보조선 원점 지정 또는 [명령 취소(U)/선택(S)] 〈선택(S)〉: ← 다음 치수 원점을 지정한다.

4) 연속 치수기입(Dco, Dimcont, Dimcontinue)

메뉴: **치수 ➠ 선형**

리본: **제도 및 주석 ➠ 주석▽ ➠ 치수 ➠ 연속**

도구: **치수**

기준 치수를 기준으로 두 번째 점만 지정하면 한 선상에 연속으로 치수기입이 이뤄진다. 건축제도에서 많이 사용하는 치수기입이다.

기준 치수를 잡는 방법은 연속 치수기입과 동일하다.

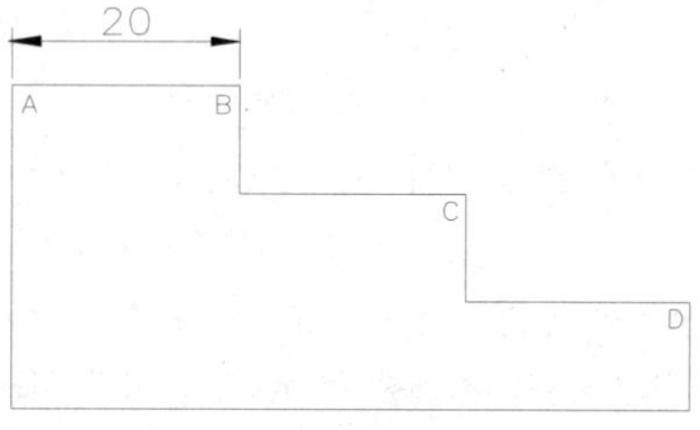

▲ 그림 A

> **명령: Dco**
> 두 번째 치수 보조선 원점 지정 또는 [명령 취소(U)/선택(S)] 〈선택(S)〉: ← 끝점 C를 지정한다.
> 치수문자 =20
> 두 번째 치수 보조선 원점 지정 또는 [명령 취소(U)/선택(S)] 〈선택(S)〉: ← 끝점 D를 지정한다.
> 치수문자 =20
> 두 번째 치수 보조선 원점 지정 또는 [명령 취소(U)/선택(S)] 〈선택(S)〉: Enter↵

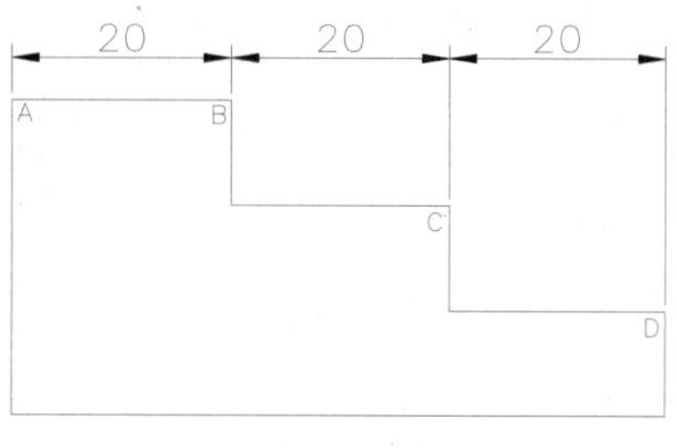

▲ 결과

① 기준 치수를 다시 지정해야 할 경우

> **명령: DCO**
> 두 번째 치수 보조선 원점 지정 또는 [명령 취소(U)/선택(S)] 〈선택(S)〉: Enter↵
> ← 그냥 Enter↵한다.
> 연속된 치수 선택: ← 기준이 될 치수의 치수 보조선 두 번째의 하단부를 지정한다.
> 두 번째 치수 보조선 원점 지정 또는 [명령 취소(U)/선택(S)] 〈선택(S)〉:

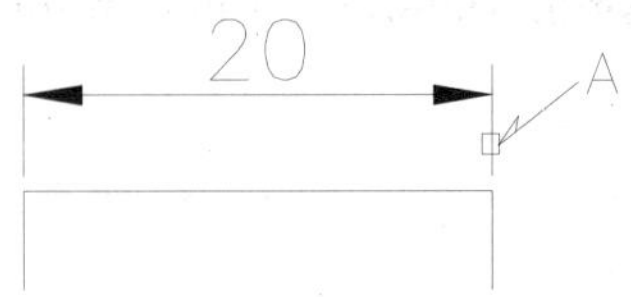

5) 회전 치수기입(Dimrotated)

치수선을 회전시켜 치수기입을 한다.

명령: Dimrotated
치수선의 각도를 지정 〈0〉: ← 치수선의 회전 각도를 입력 또는 마우스로 두 점을 지정한다.
첫 번째 치수 보조선 원점 지정 또는 〈객체 선택〉: ← 첫 번째 치수 원점을 지정하거나 그냥 Enter↵하여 자동 치수기입을 한다.
두 번째 치수 보조선 원점 지정: ← 두 번째 치수 원점을 지정한다.
치수선의 위치 지정 또는 [여러 줄 문자(M)/문자(T)/각도(A)]: ← 치수선의 위치를 지정하거나 옵션을 선택한다.
치수문자 = ← 측정한 치수를 보여준다.

▶ 예제 다음 그림처럼 회전 치수기입을 해보자.

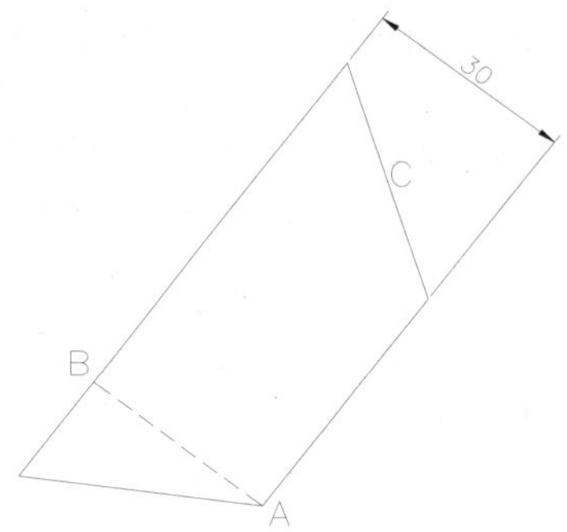

명령: Dimrotated
치수선의 각도를 지정 〈0〉: ← 끝점 A를 지정한다.(각을 직접 지정하여 인식시킨다.)
두 번째 점을 지정: ← 반대편 수직점 B를 지정한다.
첫 번째 치수 보조선 원점 지정 또는 〈객체 선택〉: ← 그냥 Enter↵하여 자동 치수기입을 한다.
치수기입할 객체 선택: ← 치수기입 대상을 선택한다.
치수선의 위치 지정 또는 [여러 줄 문자(M)/문자(T)/각도(A)]: ← 치수선의 위치를 지정한다.
치수문자 = 30

6) 세로좌표 치수기입(Dor, Ord, Dimord, Dimordinate)

메뉴: **치수 ➠ 세로좌표**

리본: **제도 및 주석 ➠ 홈 ➠ 주석 ➠ 치수▽ ➠ 세로좌표**

도구: **치수 ➠ 세로좌표**

절대 좌표 원점 0,0을 기준으로 좌표 치수기입을 한다. 원점은 명령 UCS의 옵션 MOVE로 재설정할 수 있다. 아니면 기준이 되는 곳을 0,0으로 이동시킨 후 치수기입을 한다.

명령: dor
피쳐 위치를 지정: ← 치수기입할 곳을 지정한다.
비 연관 치수가 작성됨.
지시선 끝점을 지정 또는 [X데이텀(X)/Y데이텀(Y)/여러 줄 문자(M)/문자(T)/각도(A)]:
← 치수기입 위치를 지정하거나 옵션을 지정한다. 커서가 지정하는 곳이 가로 방향이면 X좌표, 세로 방향이면 Y좌표 치수기입이 이뤄진다.

- X데이텀(X) : 지정하는 방향에 관계없이 X좌표 치수기입을 하게 한다.
- Y데이텀(Y) : 지정하는 방향에 관계없이 Y좌표 치수기입을 하게 한다.

▶ 예제 A를 기준으로 절대원점 0,0으로 이동시킨 뒤 B와 C를 좌표 치수기입을 해 보자.

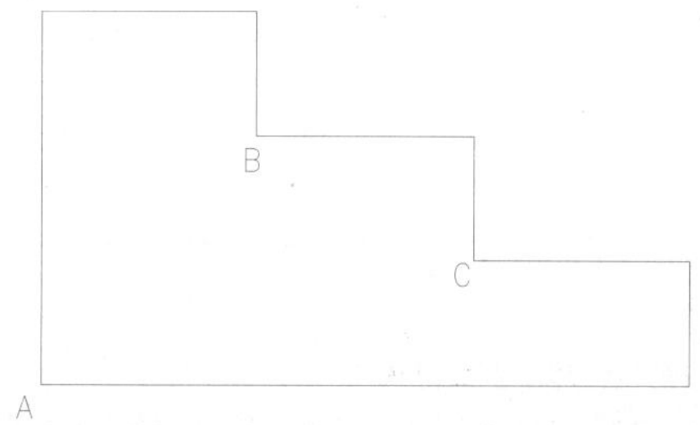

명령: Dor
피쳐 위치를 지정: ← 치수기입할 곳 B를 지정한다.
지시선 끝점을 지정 또는 [X데이텀(X)/Y데이텀(Y)/여러 줄 문자(M)/문자(T)/각도(A)]:
← 끝점 B를 지정하고 세로 또는 가로 방향에 지정한다.
치수문자 = 20

위와 같은 방법으로 반복 실행한다.

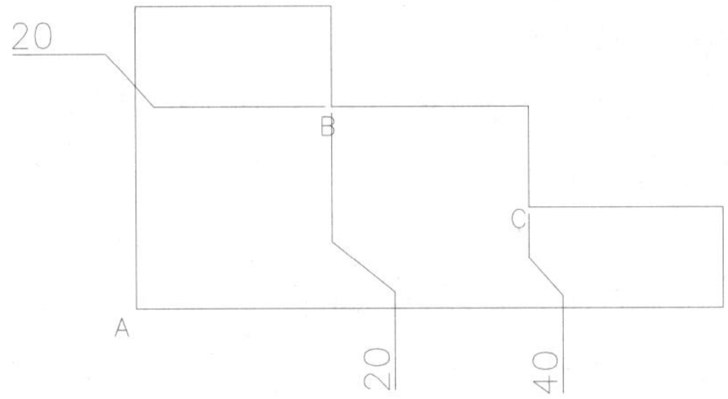

▲ 결과

2 호의 길이 치수기입

1) 호 길이(Dimarc)

메뉴: 치수 ➠ 호 길이

리본: 제도 및 주석 ➠ 홈 ➠ 주석 ➠ 선형▽ ➠ 호 길이 또는 제도 및 주석 ➠ 주석 ➠ 치수▽ ➠ 호 길이

도구: 치수 ➠ 호 길이

호의 길이를 치수기입한다.

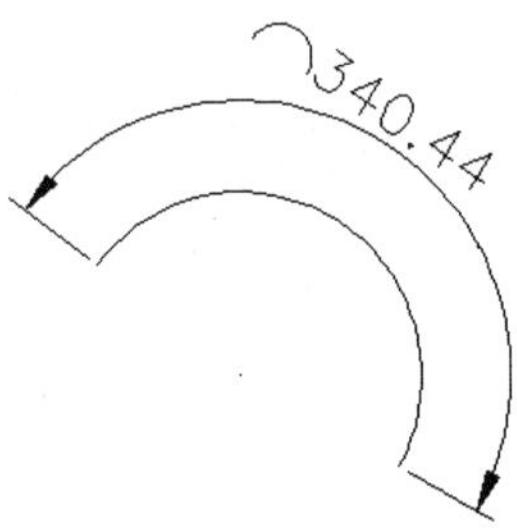

명령: Dimarc
호 또는 폴리선 호 세그먼트 선택:
호 길이 치수 위치 지정 또는 [여러 줄 문자(M)/문자(T)/각도(A)/부분(P)/지시선(L)]:
← 치수선의 위치를 지정한다.
치수문자 = 340.44 ← 측정된 호의 길이이다.

3 지름, 반지름 치수기입

1) 지름 치수기입(Ddi, Dimdia, Dimdiameter)

메뉴: **치수 ➠ 지름**

리본: **제도 및 주석 ➠ 홈 ➠ 주석 ➠ 지름**

도구: **치수 ➠ 지름**

원이나 호의 지름을 표시한다.

명령: ddi
호 또는 원 선택: ← 원이나 호를 선택한다.
치수문자 = 44.51 ← 측정된 치수를 보여준다.
치수선의 위치 지정 또는 [여러 줄 문자(M)/문자(T)/각도(A)]: ← 치수선의 위치를 지정하거나 옵션을 지정한다.

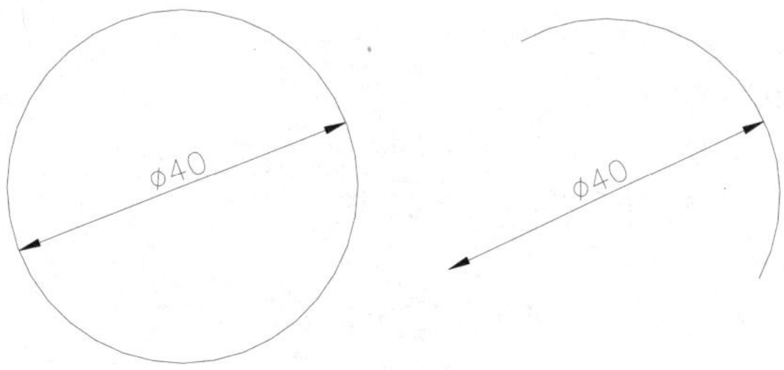

▲ 작업 예

2) 반지름 치수기입(Dimrad, Dimradius)

메뉴: **치수 ➠ 반지름**

리본: **제도 및 주석 ➠ 홈 ➠ 주석 ➠ 반지름**

도구: **치수 ➠ 반지름**

원이나 호의 반지름을 표시한다.

명령: Dimrad
호 또는 원 선택: ← 원이나 호를 선택한다.
치수문자 = 434.19 ← 측정된 치수를 보여준다.
치수선의 위치 지정 또는 [여러 줄 문자(M)/문자(T)/각도(A)]: ← 치수선의 위치를 지정하거나 옵션을 지정한다.

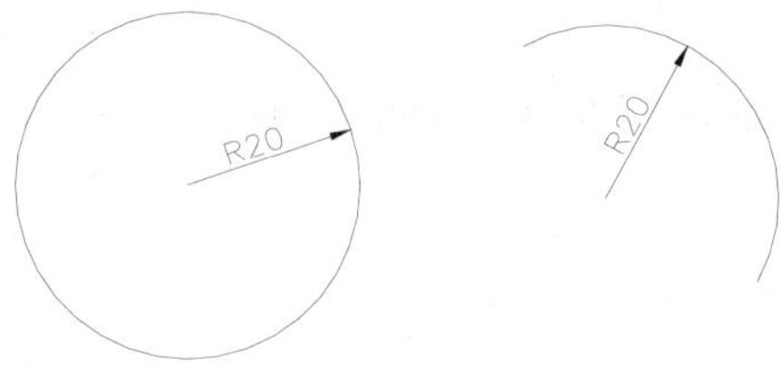

▲ 작업 예

3) Dimjogged

메뉴: **치수 ➠ 꺾어진**

리본: **제도 및 주석 ➠ 홈 ➠ 주석 ➠ 꺾기**

도구: **치수 ➠ 꺾기**

반지름이 너무 커서 중심점의 위치가 멀리 있을 때 중심점의 위치를 재지정하고 치수선을 구겨서 표현한다.

명령: Dimjogged
호 또는 원 선택: ← 호나 원을 선택한다.
중심 위치 재지정 지정: ← 중심의 위치 A를 다시 지정한다.
치수문자 = 500
치수선의 위치 지정 또는 [여러 줄 문자(M)/문자(T)/각도(A)]: ← 치수문자의 위치 B를 지정한다.
꺾기 위치 지정: ← 치수선이 꺾이는 위치 C를 지정한다.

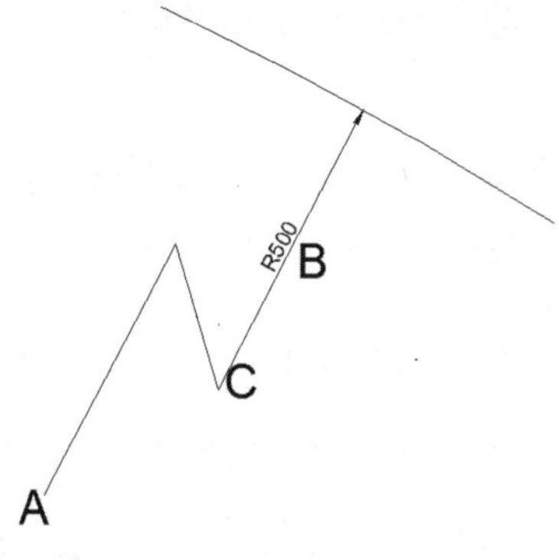

4 각도 치수기입(Dan, Dimang, Dimangular)

메뉴: **치수 ➠ 각도**

리본: **제도 및 주석 ➠ 홈 ➠ 주석 ➠ 각도**

도구: **치수 ➠ 각도**

각도 치수기입을 한다.

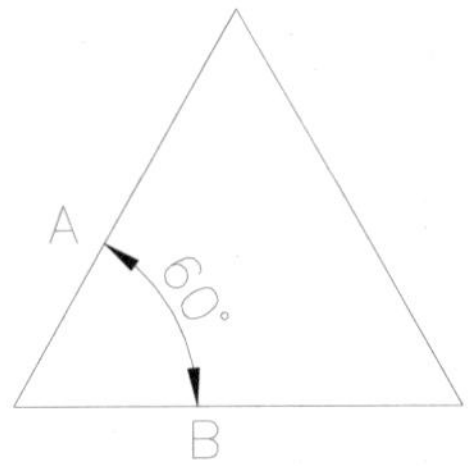

▲ 작업 예

선 A와 B를 차례로 선택하면 된다.

명령: DAN
호, 원, 선을 선택하거나 〈정점 지정〉: ← 각도 기입할 대상을 선택한다.(호를 선택하면 바로 각도 호의 위치를 지정할 것을 요구한다.)
두 번째 선 선택: ← 각도 기입할 두 번째 대상을 선택한다.
치수 호 선의 위치 지정 또는 [여러 줄 문자(M)/문자(T)/각도(A)/사분점(Q)]: ← 각도 호의 위치 지정 또는 옵션을 선택한다.
치수문자 = ← 측정된 각도를 표시한다.

① 180° 이상의 각도를 표시할 경우

명령: Dan
호, 원, 선을 선택하거나 〈정점 지정〉: Enter↵
각도 정점 지정: ← 치수기입 대상이 만나는 정점(끝점) A를 지정한다.
첫 번째 각도 끝점 지정: ← 선 B의 끝점보다는 객체 스냅 "근접점"으로 지정한다.
두 번째 각도 끝점 지정: ← 선 C의 끝점보다는 객체 스냅 "근접점"으로 지정한다.
치수 호 선의 위치 지정 또는 [여러 줄 문자(M)/문자(T)/각도(A)/사분점(Q)]: ← 각도 호의 위치를 지정한다.
치수문자 = 300

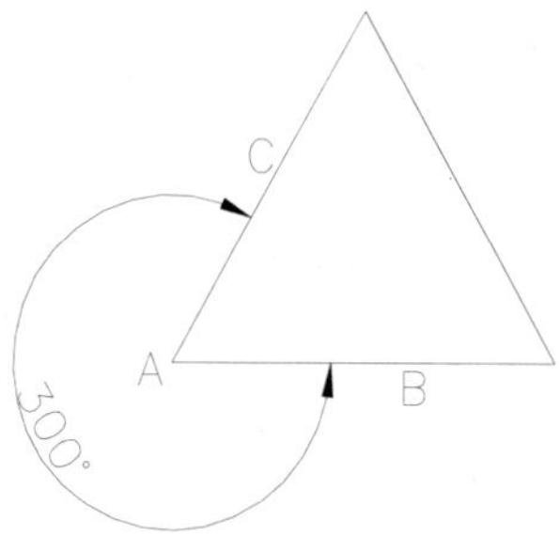

5 지시선 치수기입

물체 안에 치수기입이 여의치 않을 때 사용한다.

1) Leader

여러 가지 형태의 지시선을 제공한다.

> **명령:** LEAD
> 지시선 시작점 지정: ← 지시선의 시작점을 지정한다.
> 다음 점 지정: ← 지시선의 다음 점을 지정한다.
> 다음 점 지정 또는 [주석(A)/형식(F)/명령 취소(U)] 〈주석(A)〉: ← 지시선의 다음 점을 지정하거나 Enter↵ 한다.
> 다음 점 지정 또는 [주석(A)/형식(F)/명령 취소(U)] 〈주석(A)〉:
> 주석 문자의 첫 번째 행 입력 또는 〈옵션〉: ← 기입할 문자를 입력한다.
> 주석 문자의 다음 행을 입력:

- 주석(A) : 화살표의 모양이나 필요한 문장, 주석을 입력한다.
  - 공차 : 형상 공차 치수기입을 하게 한다.
  - 복사 : 다른 Leader에 있는 이미 입력된 주석이나 블록을 복사하여 현재의 지시선에 넣는다.
  - 블록 : 사용자가 정의해 놓은 블록을 삽입시킨다.
  - 없음 : 아무 것도 입력하지 않는다.
- 형식(F) : 지시선의 형태와 화살표를 조정한다.
  - 스플라인 : 부드러운 곡선으로 표시하게 한다.
  - 직선 : 직선으로 그린다.
  - 화살표 : 지시선의 시작점에 화살표를 넣는다.
  - 없음 : 지시선의 시작점에 화살표를 삭제한다.

☞ 화살표와 지시선은 일체이고 문자는 분리 형태로 존재한다. 편집 명령으로 선택해 보면 알 수 있다.

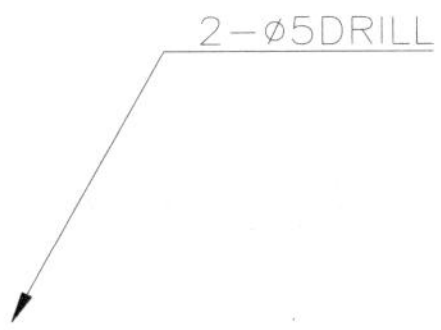

▲ 일반적인 지시선

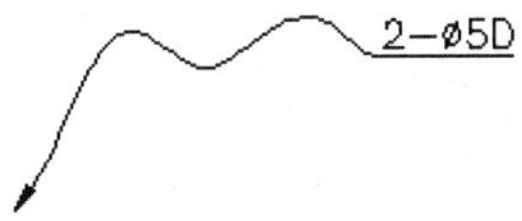

▲ 치수선에 Spline을 적용한 예

2) 다중 지시선(Mld, Mleader)

메뉴: **치수 ➠ 다중 지시선**

리본: **제도 및 주석 ➠ 홈 ➠ 주석 ➠ 다중 지시선**

도구: **다중 지시선**

일반적으로 다중 지시선 객체는 화살촉, 수평 연결선, 지시선 또는 곡선 그리고 여러 줄 문자 객체 또는 블록으로 구성된다. 화살촉 먼저, 지시선 연결선 먼저 또는 콘텐츠 먼저로 다중 지시선을 작성할 수 있다. 다중 지시선 스타일을 사용했으면 지정된 스타일에서 다중 지시선을 작성할 수 있다.

명령: Mld
지시선 화살촉 위치 지정 또는 [지시선 연결선 먼저(L)/컨텐츠 먼저(C)/옵션(O)] 〈옵션〉:
지시선 연결선 위치 지정:

- 지시선 연결선 먼저(L) : 지시선 연결선을 먼저 지정하고 화살촉을 나중에 지정하여 지시선을 만든다.
- 지시선 화살촉 먼저(H) : 화살촉을 지정하고 지시선 연결선을 나중에 지정하여 지시선을 만든다.
- 컨텐츠 먼저(C) : 문자나 블록을 먼저 지정하고 지시선 연결선을 화살촉을 지정하여 지시선을 만든다.
- 옵션(O)
  - 지시선 유형(L) : 선, 스플라인 또는 지시선 없음을 지정한다.
  - 지시선 연결선(A) : 수평 연결선의 거리를 변경한다.
  - 콘텐츠 유형(C) : 다중 지시선에 사용될 콘텐츠 유형(블록, 여러 줄 문자, 없음)을 지정한다.
  - 최대점(M) : 새 지시선의 최대 점수를 지정한다.
  - 첫 번째 각도(F) : 새 지시선의 첫 번째 점 각도를 구속한다.
  - 두 번째 각도(S) : 새 지시선의 두 번째 점 각도를 구속한다.

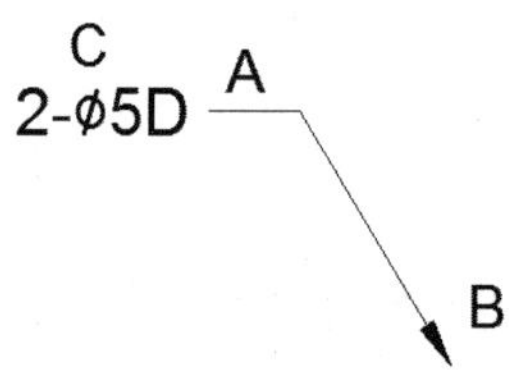

▲ 지시선 연결선 먼저

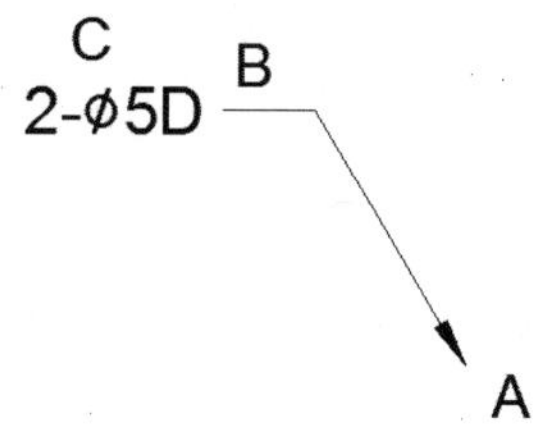

▲ 지시선 화살촉 먼저

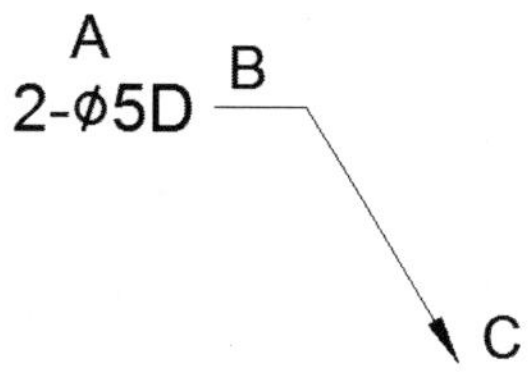

▲ 콘텐츠 먼저

- 다중 지시선 스타일 관리자 : 현재 다중 지시선 스타일을 설정하고 다중 지시선 스타일을 생성, 수정 및 삭제한다.
  - 현재 다중 지시선 스타일 : 생성하는 다중 지시선에 적용되는 다중 지시선 스타일의 이름을 표시한다.
  - 스타일 : 다중 지시선 스타일 리스트를 표시한다.
  - 리스트 : 스타일 리스트의 내용을 조정한다.
  - 미리보기 : 스타일 리스트에서 선택된 스타일의 미리보기 이미지를 표시한다.
  - 현재로 설정 : 스타일 리스트에서 선택된 다중 지시선 스타일을 현재 스타일로 설정한다.
  - 새로 만들기 : 새 다중 지시선 스타일을 정의할 수 있는 새 다중 지시선 스타일 작성 대화상자를 표시한다.
  - 수정 : 다중 지시선 스타일을 수정할 수 있는 다중 지시선 스타일 수정 대화상자를 표시한다.
  - 삭제 : 스타일 리스트에서 선택된 다중 지시선 스타일을 삭제한다.

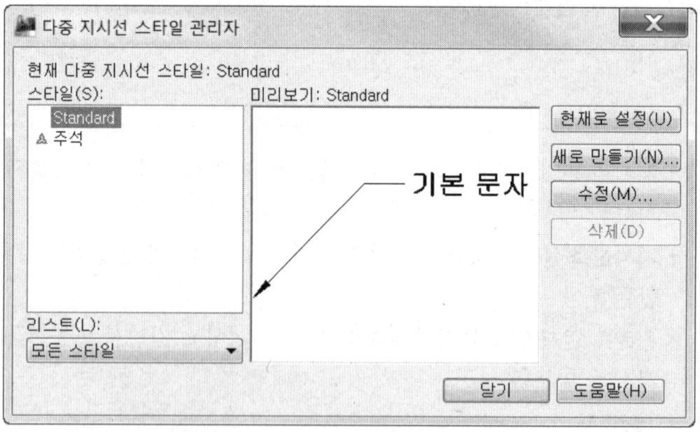

3) 신속 선택(Qle, Le, Qleader)

메뉴: **도구 ➠ 신속 선택**

리본: **제도 및 주석 ➠ 홈 ➠ 유틸리티 ➠ 신속 선택**

지시선을 실행하면서 옵션을 대화상자를 이용하여 신속히 설정하게 한다.

명령: QLE
첫 번째 지시선 지정, 또는 [설정(S)]〈설정〉: Enter↵
(여기서 Enter↵하지 않고 진행하면 Leader와 동일하게 진행된다.)

❶ 주석 : 지시선 주석에 관련된 내용을 설정한다.

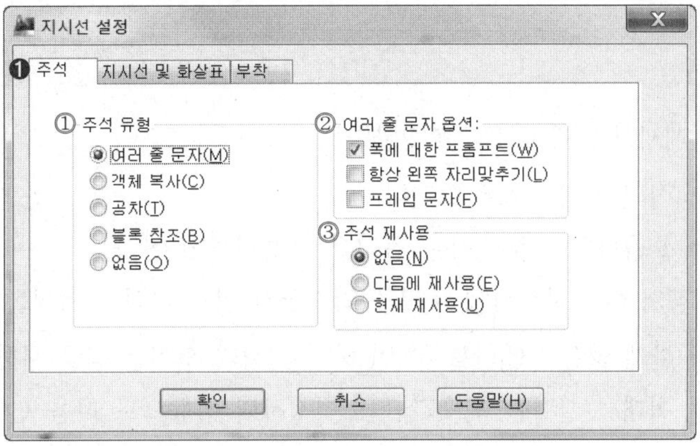

① 주석 유형 : 주석의 형태를 지정한다.

- **여러 줄 문자** : 다중 문자 입력으로 하게 한다.
- 객체 복사 이미 작성된 주석 문자를 선택하여 취하게 한다.
- **공차** : 형상 공차 치수기입을 하게 한다.
- **블록 참조** : 블록 참조를 삽입하게 한다.
- **없음** : 아무 것도 입력하지 않는다.

② 여러 줄 문자 옵션 : 다중 문자 입력의 옵션을 설정한다.

- **폭에 대한 프롬프트** : 다중 문자 입력의 폭을 조정하는 문장을 표시한다.
- **항상 왼쪽 자리 맞추기** : 다중 문자 입력의 정렬을 항상 왼쪽 정렬을 하도록 한다.
- **프레임 문자** : 다중 문자 입력 시 테두리를 그리도록 한다.

③ 주석 재사용 : 지시선이 주석을 재사용할 경우의 옵션을 설정한다.

- **없음** : 지시선 주석의 재사용을 금한다.
- **다음에 재사용** : 다음에 만든 주석을 앞으로 만들어질 모든 주석으로 사용하게 한다.
- **현재 재사용** : 현 주석을 재사용한다.

❷ **지시선 및 화살표** : 지시선과 화살표를 설정한다.

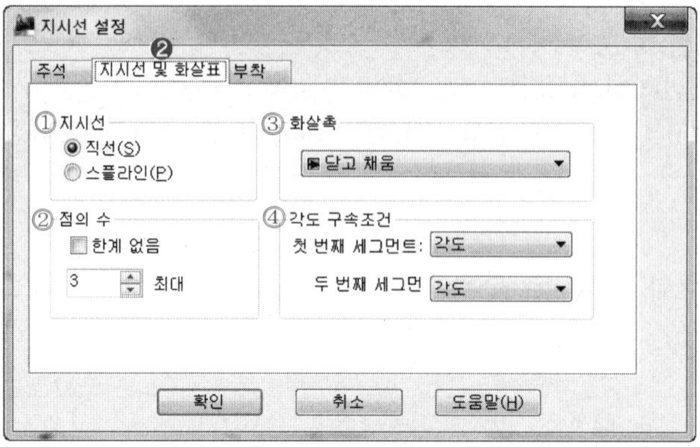

① **지시선** : 지시선을 조정한다.

- **직선** : 직선으로 그린다.
- **스플라인** : 부드러운 곡선으로 표시하게 한다.

② **점의 수** : 지시선에 주석을 입력하기 전 지시선의 꺾이는 점의 수를 지정한다.

- **한계 없음** : 엔터를 두 번 하기 전까지 꺾이는 점을 무한대로 가능하게 한다.
- **최대** : 설정한 최댓값만큼 지정하면 자동으로 다음 단계로 넘어간다.

③ **화살촉** : 화살표의 모양을 설정한다.

④ **각도 구속조건** : 지시선의 그려지는 각도를 미리 설정한다.

- **첫 번째 세그먼트** : 지시선의 첫 번째 선의 진행 증분 각도를 지정한다.
- **두 번째 세그먼트** : 지시선의 두 번째 선의 진행 증분 각도를 지정한다.

❸ **부착** : 여러 줄 문자로 작성한 경우에 지시선을 기준으로 어떻게 부착될 것인가를 설정한다.

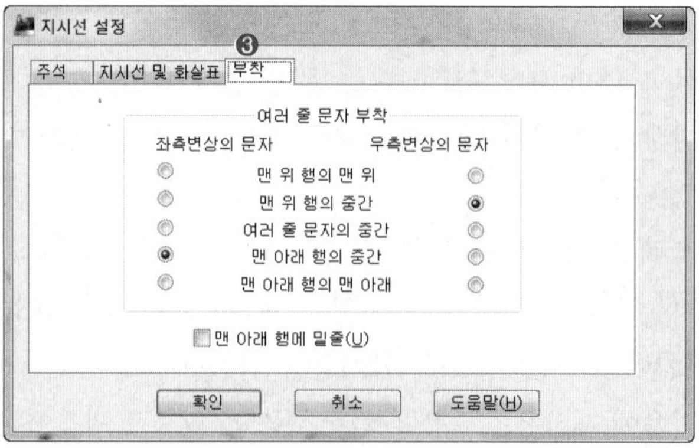

6 공차(Tol, Tolerance) 

메뉴: 치수 ➠ 공차
리본: 제도 및 주석 ➠ 주석 ➠ 치수▽ ➠ 공차
도구: 치수 ➠ 공차

기계도면에서 기하학적 공차 즉, 형상 공차를 표현할 때 사용한다. KSB 0243과 KSB 0425에 규정되어 있다.

명령: Tol

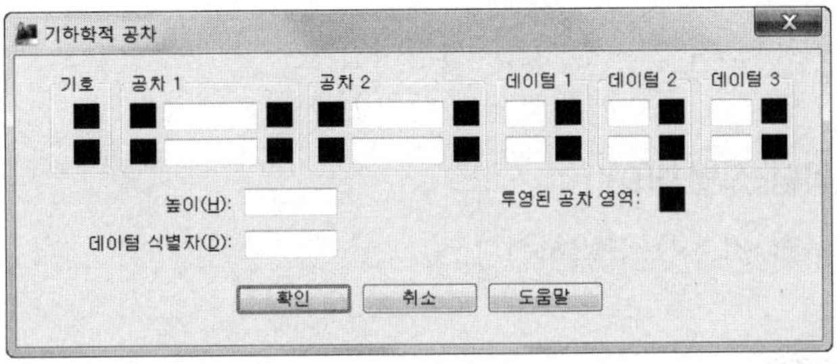

1) 기호

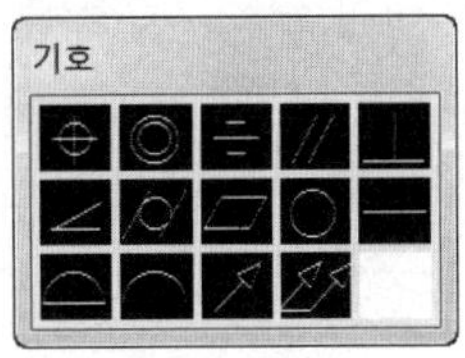

위에서부터 좌에서 우로 위치도, 동축도, 대칭도, 평행도, 직각도, 경사도, 원통도, 평면도, 진원도, 진직도, 면윤곽도, 선윤곽도, 원주 흔들림, 온 흔들림을 뜻한다.

2) 공차 1 : 첫 번째 허용 오차 값을 만든다.

- 왼쪽 검정 부분을 클릭하면 'Ø'가 나타난다.
- 오른쪽 검정 부분을 클릭하면 M: 가장 큰 재료, L: 가장 작은 재료, S: 재료 크기와 무관함

3) 공차 2

두 번째 허용 오차 값을 만든다.

4) 데이텀 1

첫 번째 자료 참조를 표시한다. 참조 값과 수정 기호로 표시한다.

5) 데이텀 2

두 번째 자료 참조를 표시한다. 참조 값과 수정 기호로 표시한다.

6) 데이텀 3

세 번째 자료 참조를 표시한다. 참조 값과 수정 기호로 표시한다.

7) 높이(L)

투영 허용 오차 구역 값을 지정한다.

8) 투영된 공차 영역

투영 허용 오차 기호인 Ⓟ를 삽입시킨다.

9) 데이텀 식별자(D)

자료 구별 기호를 삽입시킨다.

적용 예

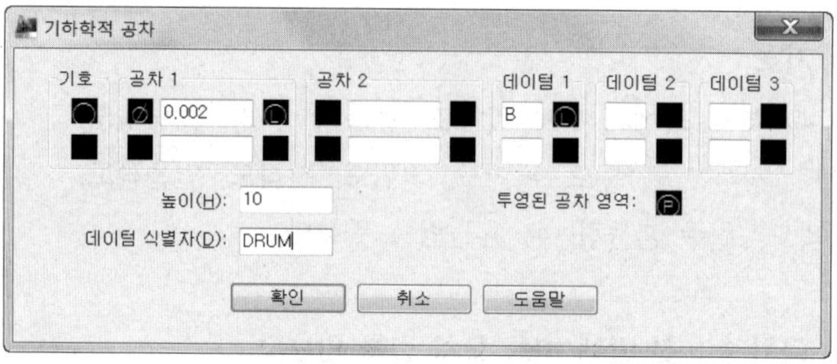

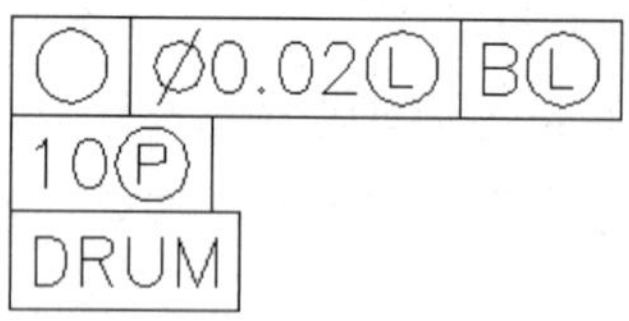

▲ 결과

7 신속 치수기입(Qdim)

메뉴: **치수 ➠ 신속 치수**

도구: **치수 ➠ 신속 치수**

복잡한 형상의 물체를 일련의 치수로 신속히 치수기입을 한다.

명령: QDIM
연관 치수 우선순위 = 끝점(E)
치수기입할 형상 선택:　　← 치수기입 대상을 선택한다.

치수기입할 형상 선택:
치수선의 위치 지정 또는 [연속(C)/다중(S)/기준선(B)/세로좌표(O)/반지름(R)/지름(D)/데이텀 점(P)/편집(E)/설정(T)] 〈연속(C)〉:

- 연속(C) : 연속 치수를 한꺼번에 작성한다.(그림 A)
- 다중(S) : 다중 치수를 한꺼번에 작성한다.(그림 B)

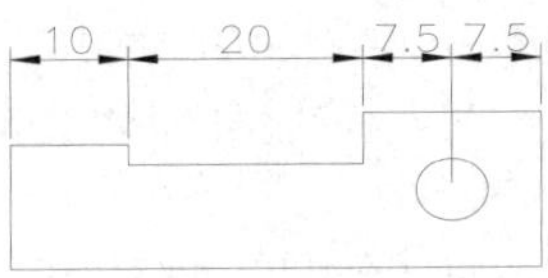

▲ 그림 A

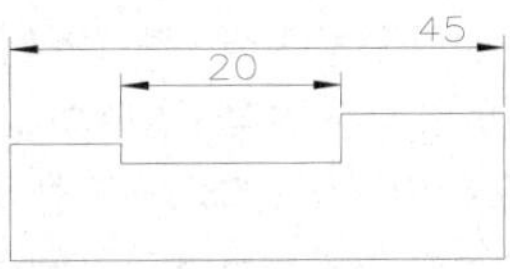

▲ 그림 B

- 기준선(B) : 기준 치수를 한꺼번에 작성한다.(그림 C)
- 세로좌표(O) : 좌표 치수를 한꺼번에 작성한다.(그림 D)

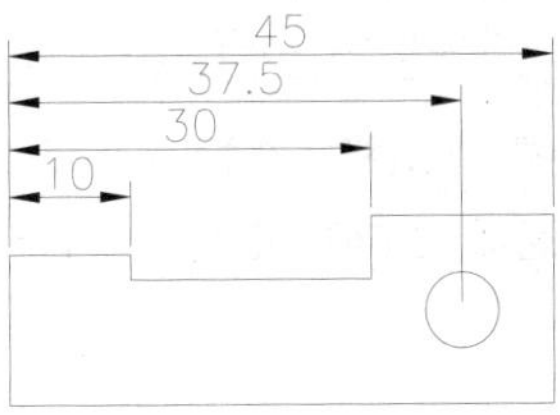

▲ 그림 C

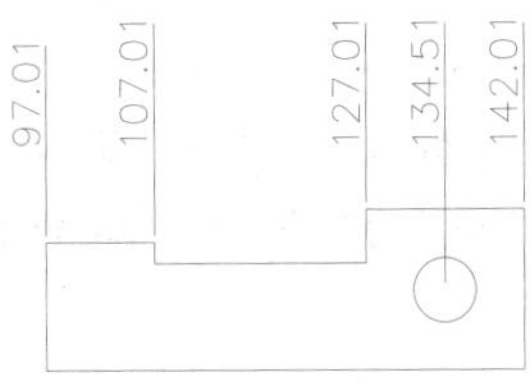

▲ 그림 D

- 반지름(R) : 반지름 치수를 한꺼번에 작성한다.(그림 E)
- 지름(D) : 지름 치수를 한꺼번에 작성한다.(그림 F)

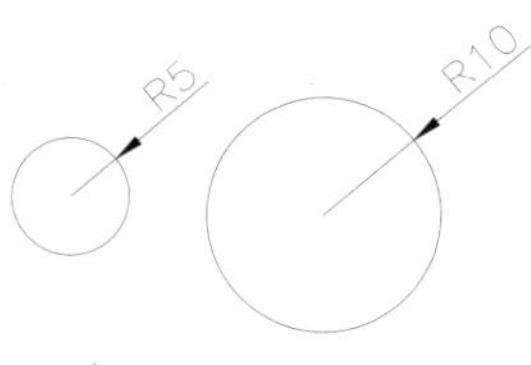

▲ 그림 E

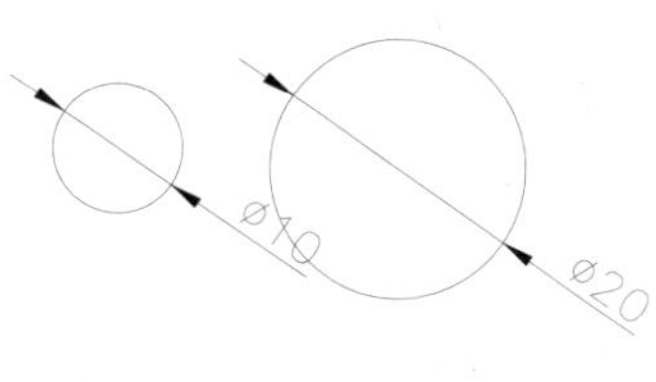

▲ 그림 F

• 데이텀 점(P) : 새로운 기준점을 설정한 후 다른 치수기입을 하게 한다.

예 다음 그림에서 점 A를 새로운 기준점을 설정한 후 기준 치수를 기입해 보자.

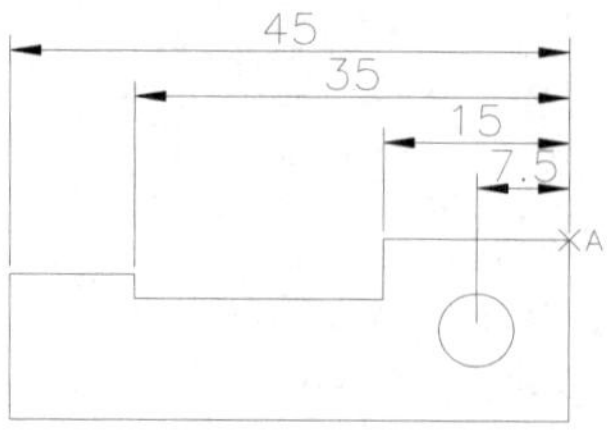

명령: Qdim

치수기입할 형상 선택: ← 대상을 선택한다.

치수기입할 형상 선택: Enter↵

치수선의 위치 지정 또는 [연속(C)/다중(S)/기준선(B)/세로좌표(O)/반지름(R)/지름(D)/기준점(P)/편집(E)/설정(T)]〈연속(C)〉: P ← 새로운 기준점 설정 옵션 P를 입력한다.

새로운 기준점 선택: ← 점 A를 지정한다.

치수선의 위치 지정 또는 [연속(C)/다중(S)/기준선(B)/세로좌표(O)/반지름(R)/지름(D)/기준점(P)/편집(E)/설정(T)] 〈연속(C)〉: B

치수선의 위치 지정 또는 [연속(C)/다중(S)/기준선(B)/세로좌표(O)/반지름(R)/지름(D)/기준점(P)/편집(E)/설정(T)] 〈기준선(B)〉: ← 치수선의 위치를 지정한다.

• 편집(E) : 신속 치수로 작성된 치수를 편집(제거 또는 첨가)한다.

예 신속 치수로 이미 작성된 치수 중에 점 A에 해당하는 치수를 제거해 보자.

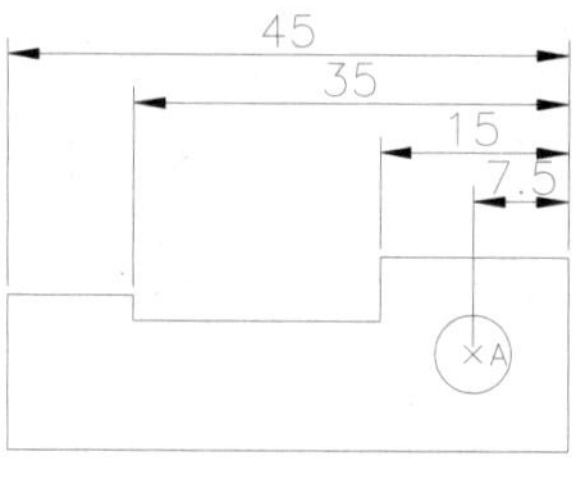

▲ 제거 전

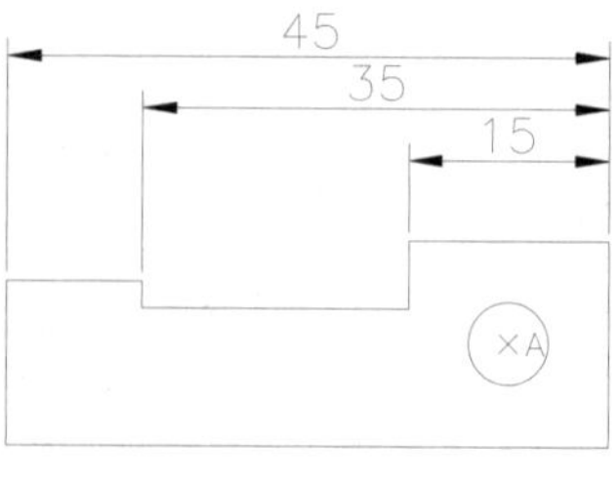

▲ 제거 후

명령: Qdim
치수기입할 형상 선택: ← 대상을 선택한다.
치수기입할 형상 선택: Enter↵
치수선의 위치 지정 또는 [연속(C)/다중(S)/기준선(B)/세로좌표(O)/반지름(R)/지름(D)/기준점(P)/편집(E)/설정(T)]〈연속(C)〉: E
제거할 치수 점 지시, 또는 [추가(A)/종료(X)] 〈종료(X)〉: ← 점 A를 지정한다.
한 개의 치수 점이 제거됨
제거할 치수 점 지시, 또는 [추가(A)/종료(X)] 〈종료(X)〉: Enter↵
치수선의 위치 지정 또는 [연속(C)/다중(S)/기준선(B)/세로좌표(O)/반지름(R)/지름(D)/기준점(P)/편집(E)/설정(T)]〈연속(C)〉: ← 치수선의 위치를 다시 지정한다.

- 설정(T) : 연관 치수 우선순위(끝점/교차점)를 설정한다.

3 치수기입 편집

1 치수 편집 명령에 의한 방법

1) 치수 편집(Ded, Dimedit)

메뉴: **치수 ➠ 기울기**
도구: **치수 ➠ 치수 편집**

이미 작성된 치수문자를 회전시키거나 새로운 문자로 대치시킨다.

명령: Ded
치수 편집의 유형 입력 [홈(H)/새로 만들기(N)/회전(R)/기울기(O)] 〈홈(H)〉:

- 홈(H) : 치수문자를 원래 위치로 되돌린다.
- 새로 만들기(N) : 새로운 치수문자로 기입한다.

예 다음 그림의 선형 치수 45를 지름 치수 45로 변경하여 보자.

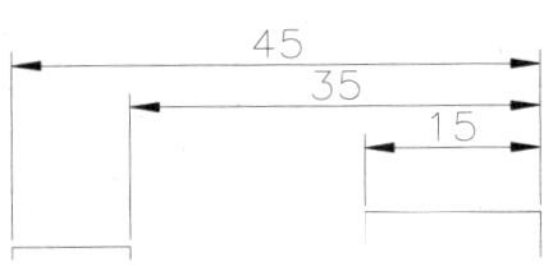

▲ 변경 전

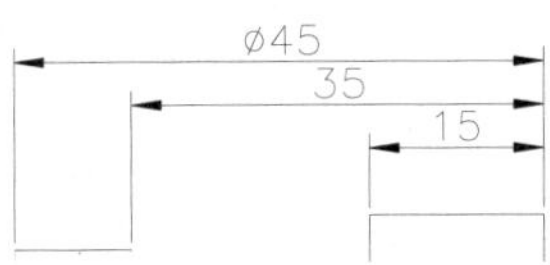

▲ 변경 후

명령: Ded
치수 편집의 유형 입력 [홈(H)/새로 만들기(N)/회전(R)/기울기(O)] 〈홈(H)〉: N

객체 선택: ← 변경할 대상 치수를 선택한다.
객체 선택: Enter↵

• Rotate : 치수문자를 회전시킨다.

명령: Ded
치수 편집의 유형 입력 [홈(H)/새로 만들기(N)/회전(R)/기울기(O)] 〈홈(H)〉: R
치수문자에 대한 각도를 지정: ← 수치로 각도를 입력해도 되지만 마우스로 한 점을 지정한다.
두 번째 점을 지정: ← 회전 각만큼 오른쪽 위 방향으로 한 점을 지정한다.
객체 선택: ← 적용 대상을 선택한다.
객체 선택: Enter↵

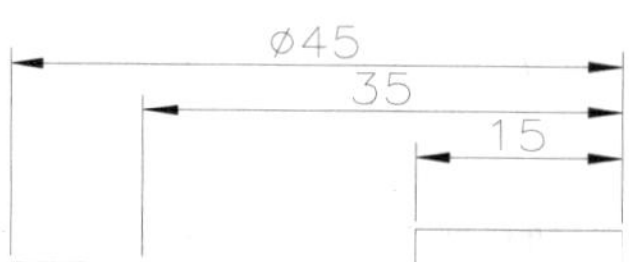

▲ 문자 회전 전

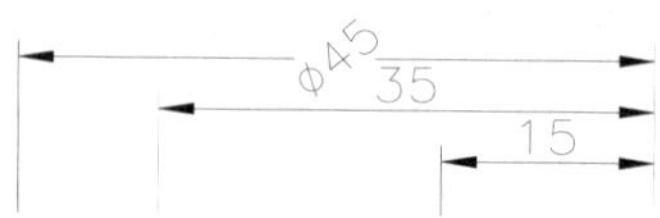

▲ 문자 회전 후

• 기울기(O) : 치수 보조선에 기울기를 부여한다.

명령: Ded
치수 편집의 유형 입력 [홈(H)/새로 만들기(N)/회전(R)/기울기(O)] 〈홈(H)〉: O
객체 선택: ← 대상을 선택한다.
객체 선택: Enter↵
기울기 각도 입력(없는 경우 ENTER 키): ← 수치로 각도를 입력해도 되지만 마우스로 한 점을 지정한다.(A)
두 번째 점을 지정: ← 회전 각(대략)만큼 오른 쪽 위 방향으로 한 점을 지정한다.(B)

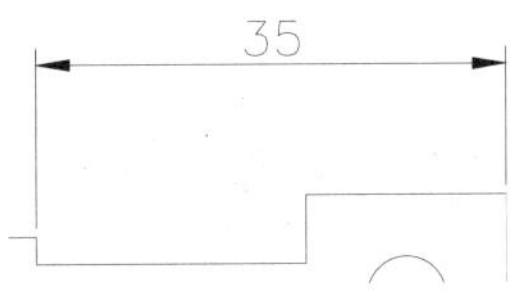

▲ 기울기 전

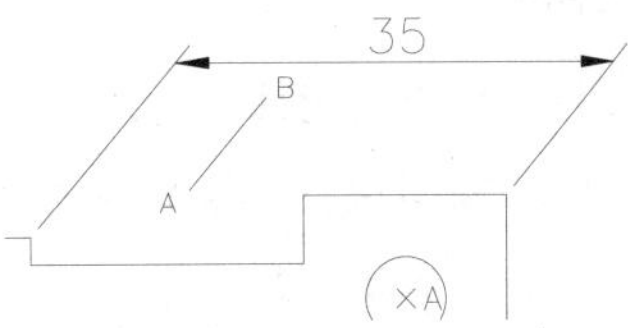

▲ 기울기 후

2) 치수문자 편집(Dimted, Dimtedit)

메뉴: **치수 ➠ 문자 정렬**

도구: **치수 ➠ 치수문자 편집**

이미 작성된 치수문자의 위치를 편집한다.

> **명령:** Dimted
> 치수 선택: ← 편집 대상을 선택한다.
> 치수문자에 대한 새 위치 또는 다음을 지정 [왼쪽(L)/오른쪽(R)/중심(C)/홈(H)/각도(A)]:
> ← 마우스로 새 위치를 지정하던지 옵션을 선택한다.

- 왼쪽(L) : 치수선의 왼쪽에 위치시킨다.
- 오른쪽(R) : 치수선의 오른쪽에 위치시킨다.
- 중심(C) : 치수선의 중앙에 위치시킨다.
- 홈(H) : 치수선의 원래 위치로 복귀시킨다.
- 각도(A) : 치수문자에 기울기 각도를 부여한다.

3) 재지정(Dov, Dimover, Dimoverride)

메뉴: **치수 ➠ 재지정**

전체 치수 변수에는 영향을 주지 않고 특정 부위에만 다른 변숫값을 적용할 때 사용한다. 변수의 이름을 알고 있어야 한다.

> **명령:** Dov
> 재지정할 치수 변수 이름 입력 또는 [재지정 지우기(C)]: ← 적용할 변수명을 입력한다.
> 치수 변수에 대한 새로운 값 입력 〈1.0000〉: ← 적용할 변숫값을 입력한다.
> 재지정할 치수 변수 이름을 입력: Enter↵ ← 더 이상 적용할 변수가 없으면 엔터한다.

4) Update

메뉴: 치수 ➠ 업데이트

리본: 제도 및 주석 ➠ 주석 ➠ 치수↘ ➠ 치수 스타일

도구: 치수 ➠ 치수 업데이트

최근에 변경된 변숫값을 기존의 기입한 치수에 적용시킨다.

명령: –Dimstyle
현재 치수 스타일: ISO-25 주석: 아니오 ← 현재 치수 유형을 나타낸다.
치수 스타일 옵션 입력
[주석(AN)/저장(S)/복원(R)/상태(ST)/변수(V)/적용(A)/?] 〈복원(R)〉:
치수 스타일 이름을 입력, [?] 또는 〈치수 선택〉:
치수 선택:

- 주석(AN) : 주석 치수 스타일을 작성한다.
- 저장(S) : 치수기입 시스템 변수의 현재 설정을 치수 스타일로 저장한다.
- 복원(R) : 치수기입 시스템 변수 설정을 선택된 치수 스타일의 설정으로 복원한다.
- 상태(ST) : 모든 치수 시스템 변수의 현재 값을 표시한다.
- 변수(V) : 치수 스타일의 치수 시스템 변수 설정 또는 현재 설정을 수정하지 않은 선택된 치수를 나열한다.
- 적용(A) : 현재 치수기입 시스템 변수 설정을 선택된 치수 객체에 적용한다.
- ? : 현재 도면의 명명된 치수 스타일을 나열한다.

2 일반 편집 명령에 의한 방법

1) 치수 보조선 편집 1

건축 도면에서는 그림처럼 치수 보조선의 길이를 일률적으로 맞춘 다음 도형에서 떨어뜨려 놓는다. 그림과 같이 치수 보조선의 길이를 맞추려면 예전에는 Explode 명령으로 해체시킨 다음 보조선을 그린 다음 그 보조선을 경계로 Trim을 사용하여 일일이 잘라내었다. 그러나 Explode를 사용하면 치수기입의 속성이 없어져서 치수기입의 다른 편집을 할 수 없게 된다. Grip 기능을 사용하면 치수기입의 속성이 있는 채로 편집할 수 있다.

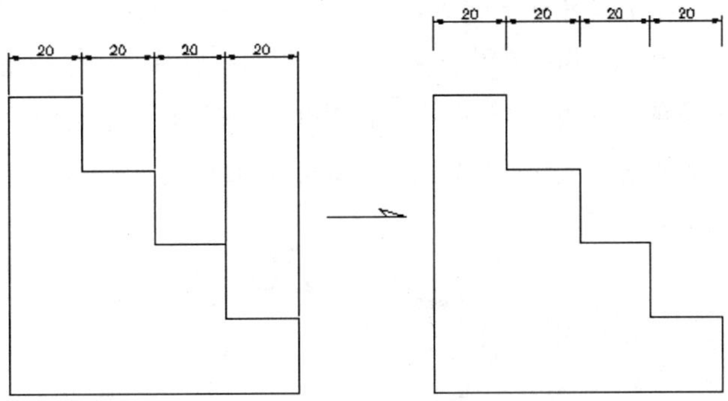

① 편집하고자 하는 높이로 보조선을 그린다.

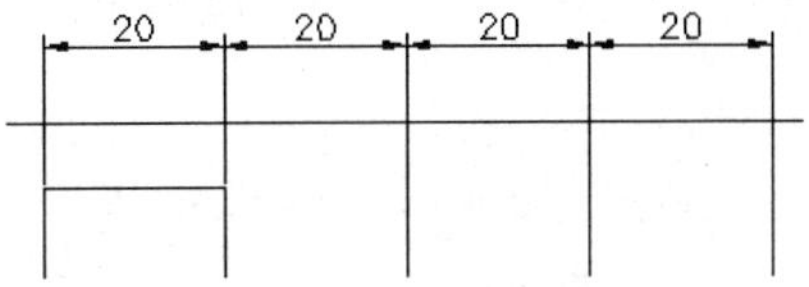

② Crossing Box 선택방법으로 치수기입을 선택한다.

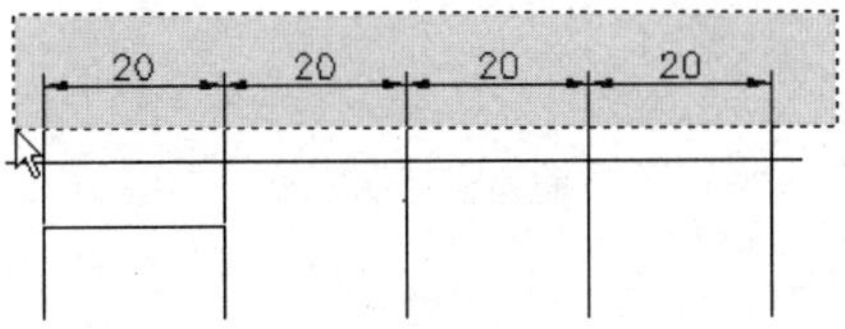

③ 그립이 활성화되면 치수 보조선의 끝점을 교차점으로 이동시킨다.(객체 스냅에 끝점과 교차점이 설정되어 있어야 한다.)

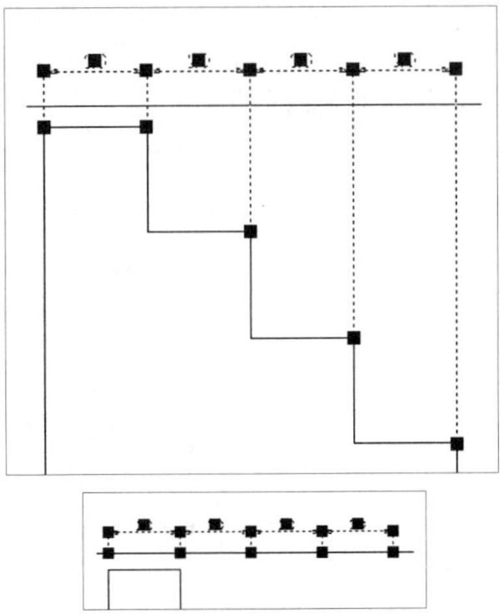

▲ 끝점을 옮긴 결과

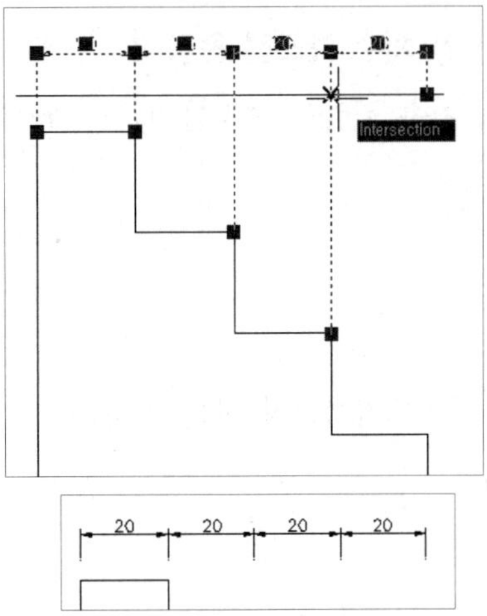

▲ 결과

치수 보조선이 시작되는 지점을 보면 원점에서 간격 띄우기 값으로 인해 점이 생긴다. 기계도면에서는 치수기입을 물체에서 밖으로 떨어뜨려 놓지 않기 때문에 치수 보조선 원점이 물체에 찍혀 있어 보이지 않지만 건축에서는 물체에서 치수를 일정간격 옮겨 놓기 때문에 허공에 점이 찍혀 있는 것처럼 보인다.

해결 방안은 원점에서 간격 띄우기 값(Dimexo)을 "0.625"를 "0"으로 변경한다.

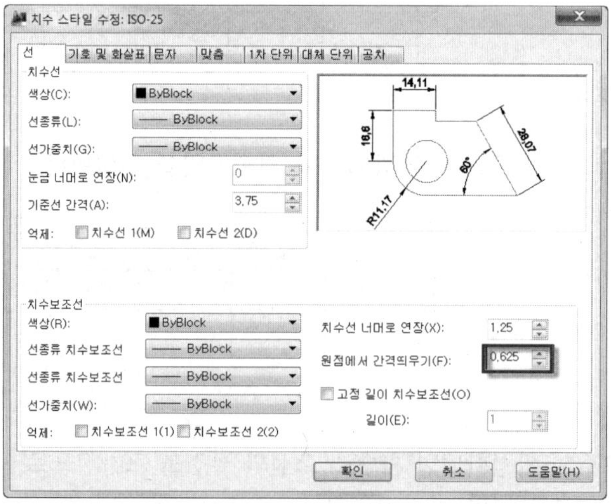

2) 치수 보조선 편집 2

치수 원점을 변경할 때 - Grip 기능을 사용한다.

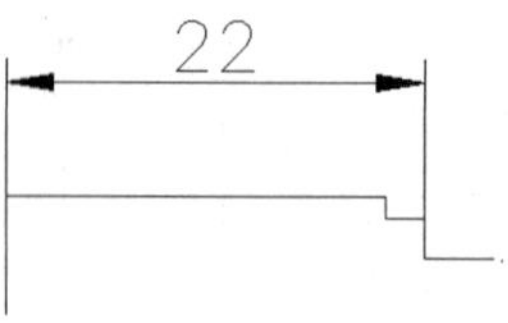

① 변경하고자 하는 치수를 선택한다.

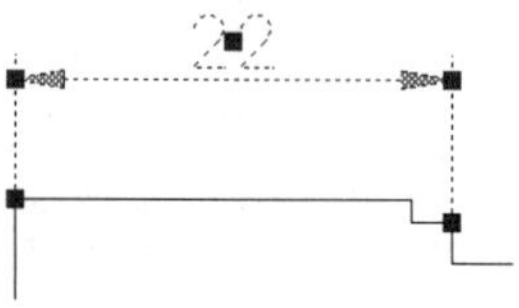

② Point를 원하는 곳으로 변경한다. 치수는 변경한 만큼 갱신된다.

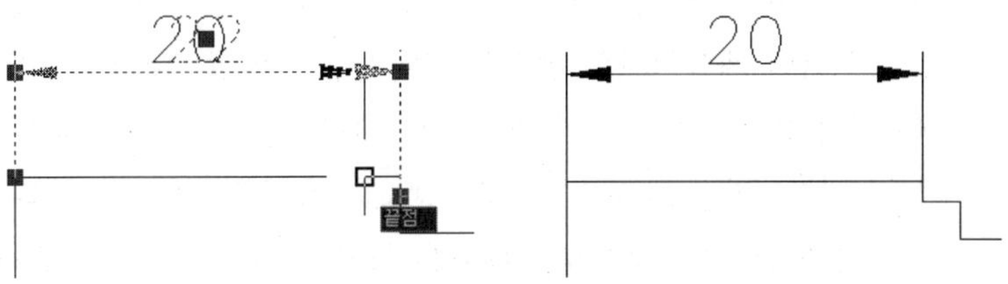

4 치수 스타일(D, Dst, Ddim, Dimstyle)

메뉴: **형식 ➠ 치수 스타일**
리본: **제도 및 주석 ➠ 주석 ➠ 치수치수 스타일**
도구: **치수 ➠ 치수 스타일**

나라마다 자국의 공업기준에 의하여 치수기입을 한다. 우리나라는 KS 규격에 의거하여 치수기입을 하는데 ISO 규격을 따르므로 새 도면 시작방법 중 ISO 계열 원형 도면을 사용하면 KS 기준과 거의 동일하여 몇 가지만 변경하면 된다.

명령: D

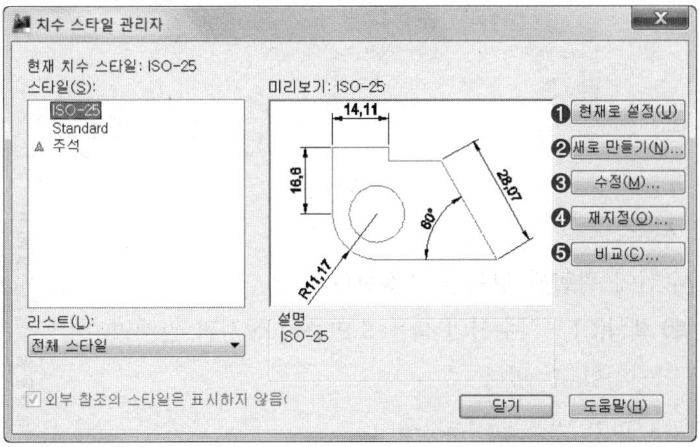

❶ 현재로 설정(U) : 스타일 아래에서 선택된 스타일을 현재 스타일로 설정한다. 작성한 치수에 현재 스타일이 적용된다.

❷ 새로 만들기(N) : 새 치수 스타일을 정의할 수 있는 새 치수 스타일 작성 대화

상자를 표시한다.

❸ 수정(M) : 치수 스타일을 수정할 수 있는 새 치수 스타일 작성 대화상자를 표시하며 대화상자의 옵션은 [새 치수 스타일] 대화상자의 옵션과 동일하다.

❹ 재지정(O) : 치수 스타일에 임시 재지정을 설정할 수 있는 현재 스타일 재지정 대화상자를 표시한다. 대화상자의 옵션은 [새 치수 스타일] 대화상자의 옵션과 동일하다. 재지정한 내용은 스타일 리스트의 치수 스타일 아래에 저장되지 않은 변경 내용으로 표시된다.

❺ 비교(C) : 치수 스타일의 모든 특성을 표시하거나 두 치수 스타일을 비교할 수 있는 새 치수 스타일 비교 대화상자를 표시한다.

1 선

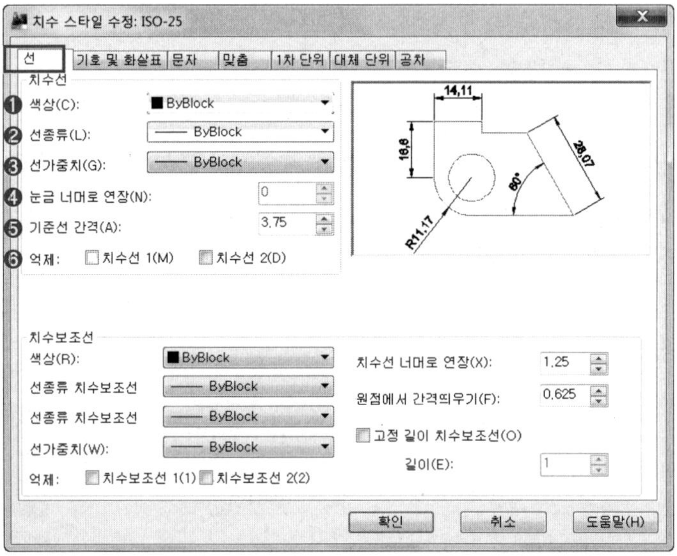

1) 치수선

치수선에 관련된 항목을 조정한다.

❶ 색상(C) : 치수선의 색을 도면층의 설정과 관계없이 지정할 수 있다.

- 관련 변수 : Dimclrd

❷ 선 종류(L) : 치수선의 선 종류를 도면층의 설정과 관계없이 지정할 수 있다.

❸ 선 가중치(G) : 치수선의 굵기를 조정한다.

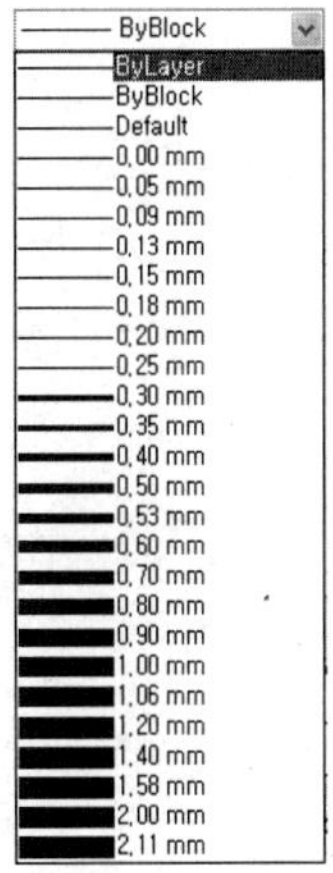

❹ 눈금 너머로 연장(N) : 화살촉이 Architectural 또는 Oblique일 때만 표현되며 주어진 수치만큼 치수선이 치수 보조선 밖으로 연장된다.

- 관련 변수 : Dimdle

❺ 기준선 간격(A) : 기준 치수와 그 기준 치수를 기준으로 기입되는 자동 치수기입의 간격을 조정한다.

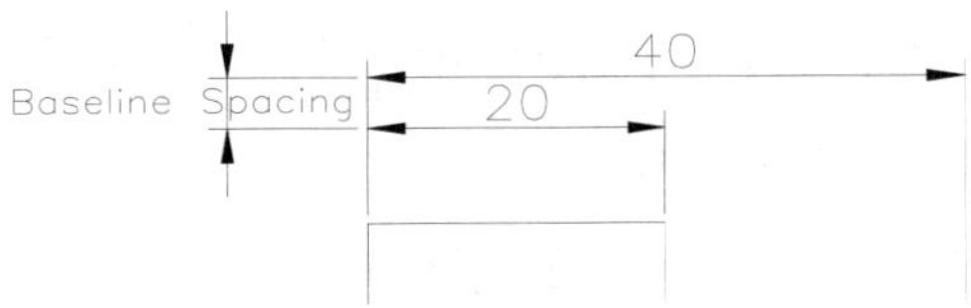

- 관련 변수 : Dimdli

❻ 억제 : 치수선의 억제를 지정한다.

- **치수선 1** : 첫 번째 지정한 쪽의 치수선을 억제(생략)한다.
- **치수선 2** : 두 번째 지정한 쪽의 치수선을 억제(생략)한다.

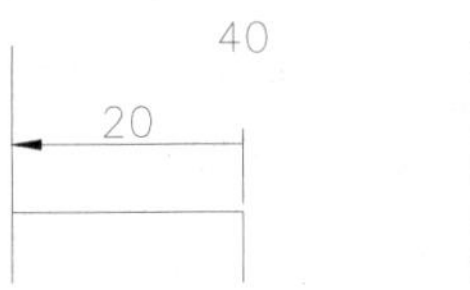

위 그림의 치수 40은 "치수선 1, 2"를 모두 체크한 경우이고 그 아래 치수 20은 "치수선 1, 2" 중 하나만 억제시킨 경우이다.

- 관련 변수 : Dimsd1, Dimsd2

2) 치수 보조선

치수 보조선에 관련된 항목을 조정한다.

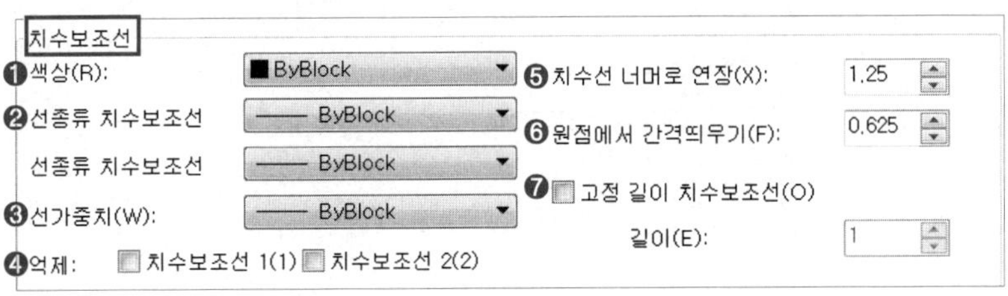

❶ 색상(R) : 치수 보조선의 색을 도면층의 설정과 관계없이 지정할 수 있다.

- 관련 변수 : Dimclre

❷ 선 종류 치수 보조선 : 치수 보조선의 선 종류를 도면층의 설정과 관계없이 지정할 수 있다.

❸ 선가중치(W) : 치수 보조선의 굵기를 조정한다.

❹ 억제 : 치수 보조선 억제를 지정한다.

- **치수 보조선 1** : 첫 번째 지정한 쪽의 치수 보조선을 억제(생략)한다.
- **치수 보조선 2** : 두 번째 지정한 쪽의 치수 보조선을 억제(생략)한다.

그림에서 위 치수 40은 치수 보조선 1, 2를 모두 체크한 경우이고 아래 치수 20은 치수 보조선 1, 2 중 하나만 억제시킨 경우이다.

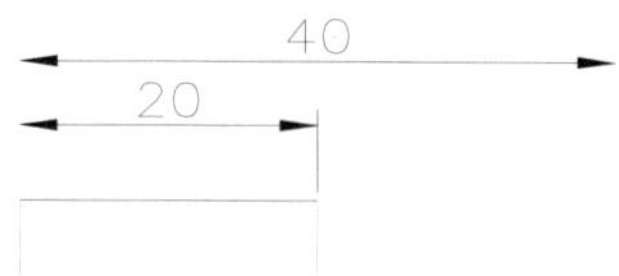

- 관련 변수 : Dimse1, Dimse2

❺ 치수선 너머로 연장(X) : 치수선 위로 연장되는 치수 보조선의 길이를 조정한다. 기본 값보다 조금 줄이는 것이 보기 좋다.(기본 값 : 1.25)

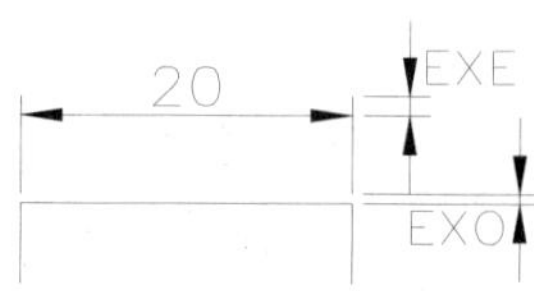

- 관련 변수: Dimexe

❻ 원점에서의 간격 띄우기(F) : 치수 원점에서 치수 보조선 시작점까지의 간격을 조정한다. 기본 값보다 조금 크게 하는 것이 좋으며 건축도면에서는 "0"으로 하는 것이 좋다.(기본 값 : 0.625)

- 관련 변수 : Dimexo

❼ 고정 길이 치수 보조선(O) : 치수 보조선의 길이를 입력한 길이로 고정시킨다.

2 기호 및 화살표

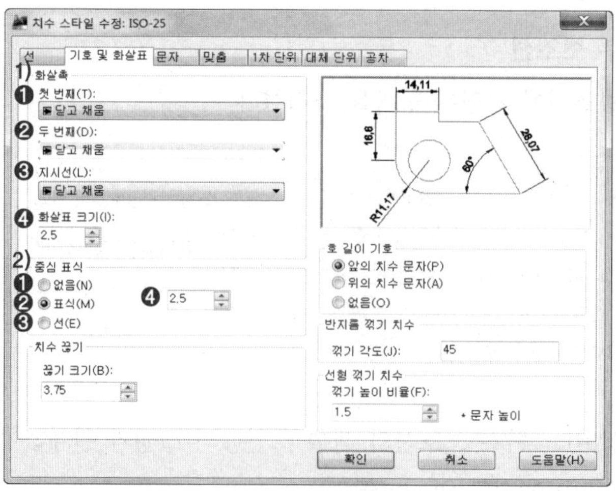

1) 화살촉

20가지 형태의 화살촉을 지원한다.

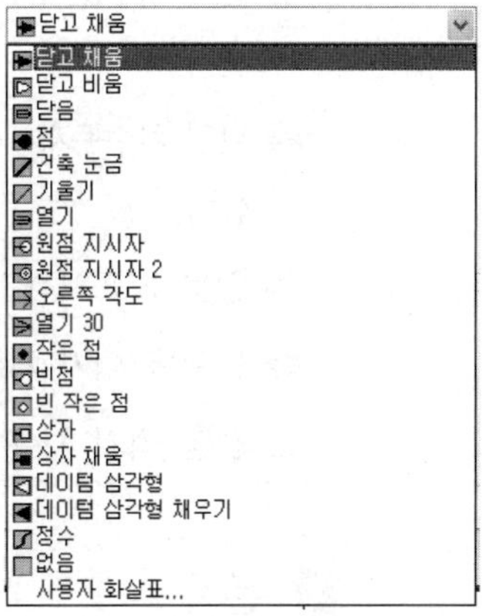

❶ 첫 번째(T) : 첫 번째를 화살촉을 변경하면 두 번째 화살촉까지 변경된다.

- 관련 변수 : Dimblk1

❷ 두 번째(D) : 여기를 변경하면 양쪽을 다른 모양의 화살촉을 사용할 수 있게 한다.

- 관련 변수 : Dimblk2

✎ 대화상자에서는 지정만 하면 화살표 모양을 양쪽으로 분리하여 삽입 가능하나 키보드로 변수명을 입력하여 변경할 때는 화살표 분리 변수 “Dimsah”를 “ON”으로 변경해야 한다.

❸ 지시선(L) : 지시선의 화살촉을 지정한다.

❹ 화살표 크기(I) : 화살표의 크기를 조정한다. 기본 값은 2.5이며 여기를 변경하는 것보다 전체 축척을 조정하는 것이 좋다.

- 관련 변수 : Dimasz

2) 중심 표식

중심 표식에 관련된 사항을 조정한다.

❶ 없음(N) : 표시하지 않는다.

❷ 표식(M) : 중심에 십자표시를 한다.

❸ 선(E) : 원 밖으로 나가는 선을 그린다.

❹ 크기 : 선이나 십자 표시의 크기를 조정한다.

중심 표식을 변경한 후 원을 그린 다음 메뉴에서 “치수 ➠ 중심 표식” 또는 치수기입 도구막대에서 ⊙를 클릭한다.

✎ 그려지는 선은 Center선으로 보이나 실제는 그냥 선 6개로 이루어져 있다.

- 관련 변수 : Dimcen

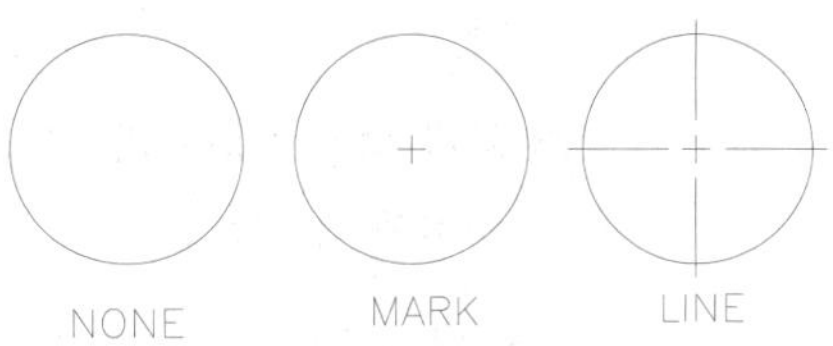

3) 호 길이 기호

호 길이 치수기입의 원호 표시를 조정한다.

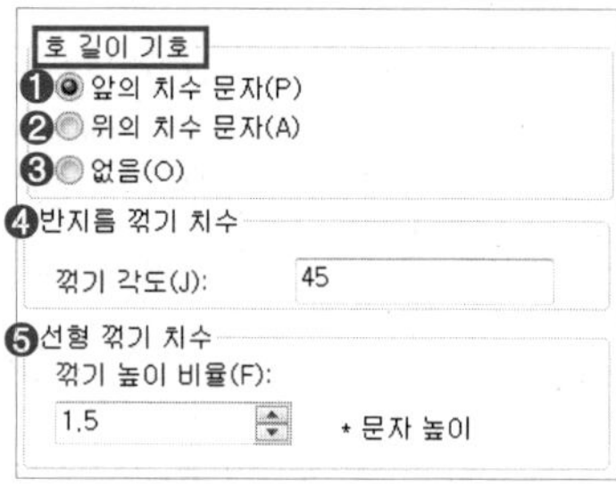

❶ 앞의 치수문자 : 원호 표시를 치수문자 앞에 한다.

❷ 위의 치수문자 : 원호 표시를 치수문자 위에 한다.

❸ 없음 : 표시하지 않는다.

❹ 반지름 꺾기 치수 : 반지름 꺾기 치수기입에서의 꺾기 각을 지정한다.

❺ 선형 꺾기 치수 : 선형 치수에 대한 꺾기 표시를 조정한다.

3 문자

1) 문자 모양

치수문자의 형식과 크기를 조정한다.

❶ 문자 스타일 : 기존에 설정한 문자 유형이 있으면 선택해서 사용하거나 새로 문자 유형을 설정한다.

❷ 문자 색상 : 문자의 색을 도면층 설정과 무관하게 지정할 수 있다.

- 관련 변수 : Dimclrt

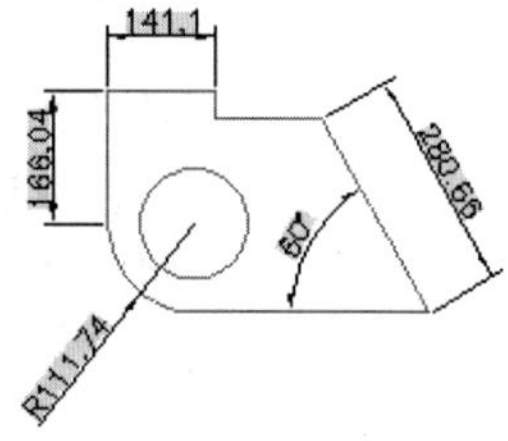

▲ 노랑색으로 채운 경우

❸ 채우기 색상 : 문자 배경 채우기 색상을 지정한다.

❹ 문자 높이 : 문자의 높이를 조정한다.

- **관련 변수: Dimtxt**

❺ **분수 높이 축척** : 1차 단위의 단위 형식이 분수일 경우 분수 문자 크기를 조정한다.

❻ 문자 주위에 프레임 그리기 : 치수문자에 사각상자를 그리게 한다.

2) 문자 배치

문자의 배치를 조정한다.

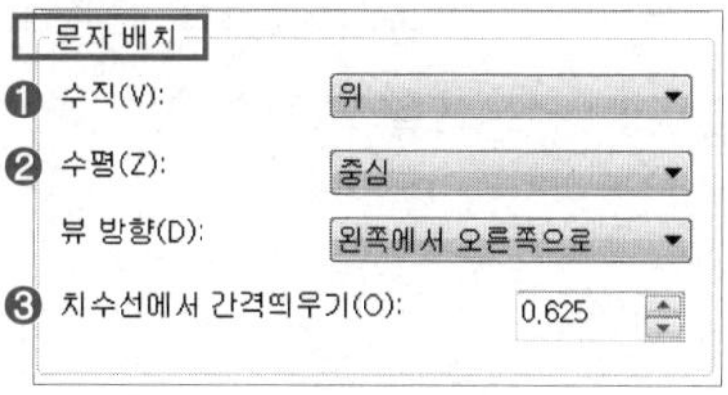

❶ **수직** : 치수선을 따라 치수문자의 수직 자리 맞춤을 조정한다.

- **중심** : 치수선 사이에 위치하게 한다.(변숫값 : 0)
- **위** : 치수선 위에 위치하게 한다. KS규격과 일치한다.(변숫값 : 1)
- **외부** : 첫 번째 정의한 점으로부터 바깥쪽의 치수선 쪽에 위치하게 한다.(변숫값 : 2)
- **Jis** : 일본 공업규격에 따른다. KS와 거의 비슷하다.(변숫값 : 3)

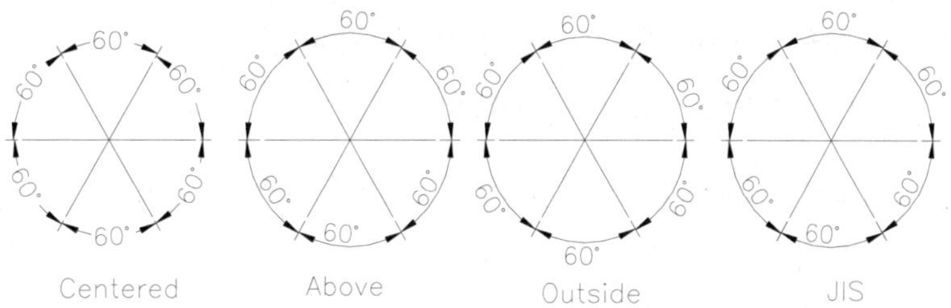

- **관련 변수 : Dimtad**

❷ **수평** : 치수선과 치수 보조선을 따라 치수문자의 수평 자리 맞춤을 조정한다.

- **중심** : 치수선 중앙에 위치하게 한다.(변숫값 : 0)
- **치수 보조선 1** : 첫 번째 치수 보조선 쪽에 치수문자 쪽에 위치하게 한다.(변숫값 : 1)
- **치수 보조선 2** : 두 번째 치수 보조선 쪽에 치수문자 쪽에 위치하게 한다.(변숫값 : 2)
- **치수 보조선 너머 1** : 첫 번째 치수 보조선 위쪽에 치수문자 쪽에 위치하게 한다.(변숫값 : 3)
- **치수 보조선 너머 2** : 두 번째 치수 보조선 위쪽에 치수문자 쪽에 위치하게 한다.(변숫값 : 4)

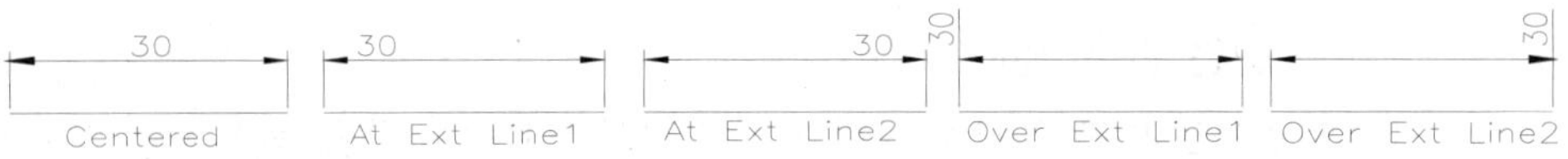

- 관련 변수 : **Dimjust**

❸ 치수선에서 간격 띄우기 : 문자의 수직 위치가 Centered일 때는 문자와 치수선과의 간격을 조정하고 Above일 경우에는 문자의 아래에서 치수선까지의 거리를 조정한다.

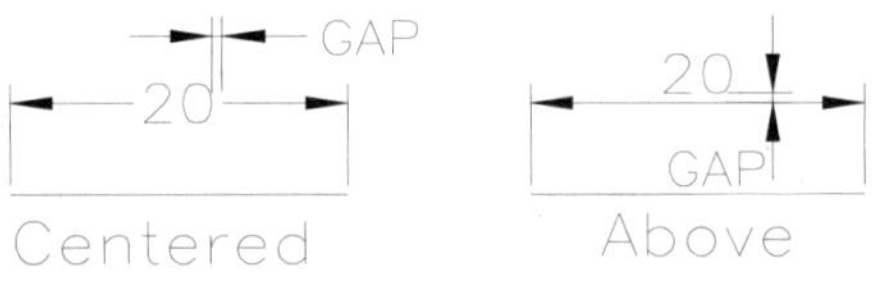

- 관련 변수 : **Dimgap**

3) 문자 정렬

문자 정렬 방식을 설정한다.

① **수평** : 치수문자를 항상 수평으로 유지한다.

- 관련 변수 : **Dimtih, Dimtoh**

② **A치수선에 정렬** : 치수문자를 치수선의 방향과 일치시켜 정렬한다. KS 규격과 일치한다.

- 관련 변수 : **Dimtih, Dimtoh**

③ **ISO 표준** : 치수문자가 치수 보조선 외부에 위치할 때 수평으로 위치하게 한다.

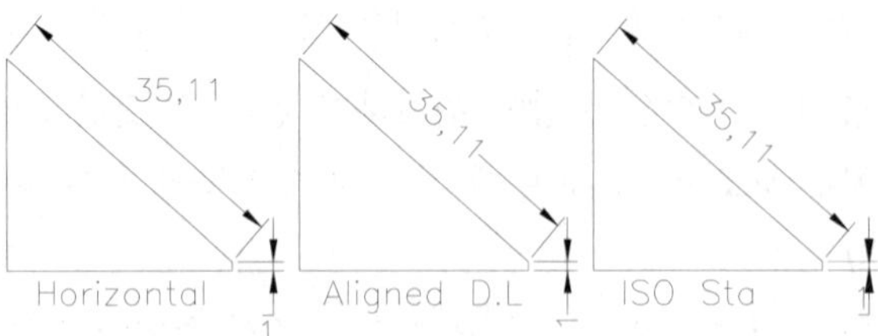

- 관련 변수 : **Dimtih, Dimtoh**

4 맞춤

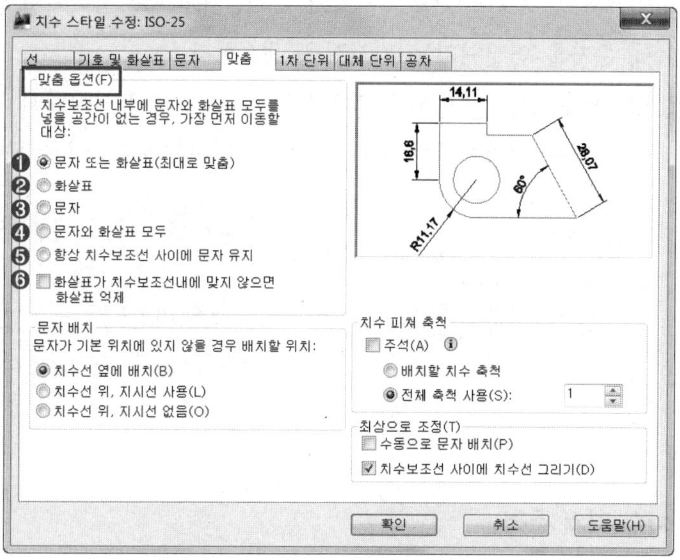

1) 맞춤 옵션

치수 보조선 내부에 문자와 화살표 배치를 설정한다.

- 관련 변수 : Dimatfit

❶ 문자 또는 화살표(최대로 맞춤) : 공간 여유에 따라 최적의 상태로 배치한다.

❷ 화살표 : 공간이 부족한 경우, 화살표만 치수 보조선 사이에 위치시킨다.

❸ 문자 : 공간이 부족한 경우, 문자만 치수 보조선 사이에 위치시킨다.

- 관련 변수 : Dimtif

❹ 문자와 화살표 모두 : 공간이 부족한 경우 문자와 화살표 모두 외부에 위치시킨다.

❺ 항상 치수 보조선 사이에 문자 유지 : 항상 치수 보조선 사이에 문자를 위치시킨다.

- 관련 변수 : Dimtix

❻ 치수 보조선 내부에 화살표 공간 내에 맞지 않으면 화살표 억제 : 공간이 부족하면 화살표를 억제(생략)한다.

- 관련 변수 : Dimsoxd

2) 문자 배치

치수문자의 배치 상태를 조정한다.

- 관련 변수 : Dimtmove

❶ 치수선 옆에 배치 : 치수선 옆에 치수문자를 위치시킨다.

❷ 치수선 위, 지시선 사용 : 문자가 치수선으로부터 떨어져서 위치할 경우, 치수선에 문자를 연결시키는 지시선을 생성한다.

❸ 치수선 위, 지시선 없음 : 문자가 치수선으로부터 떨어져서 위치할 경우, 치수선에 문자를 연결시키는 지시선 없이 문자를 자유로이 이동한다.

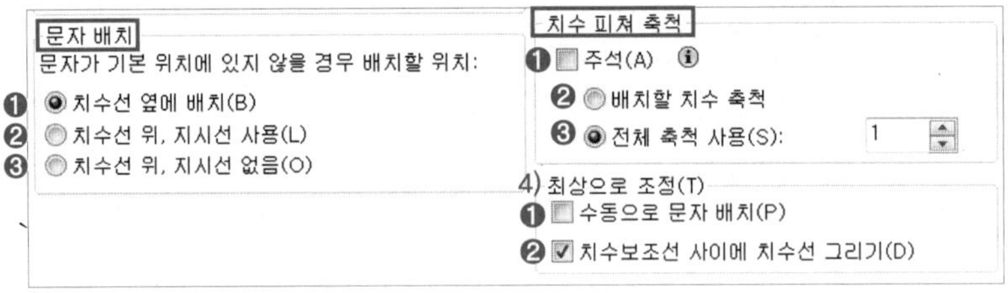

3) 치수 피처 축척

전체적인 치수 축척 값을 설정한다.

❶ 주석 : 치수 스타일이 주석임을 지정한다.

❷ 배치할 치수 축척 : 치수의 전체적인 축척 값을 설정한다. 이 값에 의해 크기에 관련된 모든 치수 변수를 제어한다.

- 관련 변수: Dimscale

❸ 전체 축척 사용 : 문자 및 화살촉 크기를 비롯하여 크기, 거리 또는 간격을 지정하는 모든 치수 스타일 설정에 대한 축척을 설정한다.

4) 최상으로 조정

최적으로 조정한다.

❶ 수동으로 문자 배치 : 치수기입 시 문자를 수동으로 배치시키게 한다.

- 관련 변수 : Dimupt

❷ 치수 보조선 사이에 치수선 그리기 : 항상 치수 보조선 사이에 치수선을 그리게 한다.

- 관련 변수 : Dimtofl

5 Primary Units

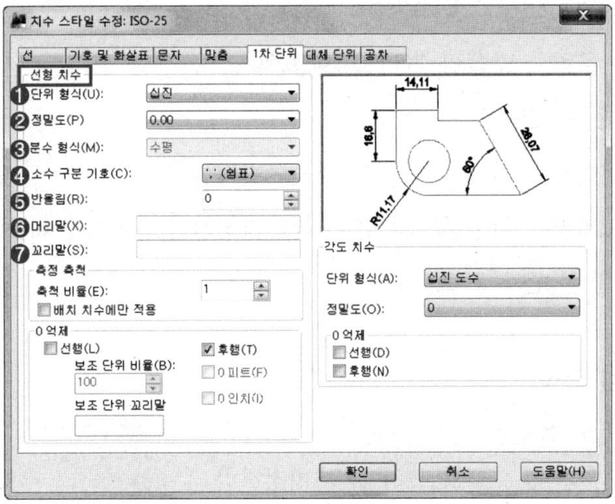

1) 선형 치수

선형 치수의 형식과 정밀도를 설정한다.

❶ 단위 형식 : 단위 형식을 지정한다.

– 십진 : 십진법
– 엔지니어링 : 공학 단위
– 건축 : 건축 단위
– 분수 : 분수 단위
– Windows 바탕화면 : 윈도우 바탕화면 형식(우리나라 및 ISO 규격에서는 숫자 3자리마다 쉼표를 찍지 않으나 필요시에 윈도우 바탕화면 형식을 지정하면 된다.)

- 관련 변수 : Dimunit

❷ 정밀도 : 치수의 소수점 자릿수를 설정한다.

- 관련 변수 : Dimdec

❸ 분수 형식 : 단위를 분수로 설정했을 때 분수 형식을 설정한다.

- 관련 변수 : Dimfrac

❹ 소수 구분 기호 : 소수점의 형태를 지정한다.

- 마침표 : 점으로 구분한다.
- 쉼표 : 쉼표로 구분한다.(기본 값)
- 공백 : 빈칸으로 구분한다.

✎ 기본 값이 쉼표로 되어 있으므로 점으로 변경해야 한다.

- 관련 변수 : **Dimdsep**

❺ 반올림 : 반올림 자리를 지정한다.

- 관련 변수 : **Dimrnd**

❻ 머리말 : 치수문자의 접두사를 지정한다.

❼ 꼬리말 : 치수문자의 접미어를 지정한다. 치수 단위를 표시할 수 있다.

- 관련 변수 : **Dimpost**

2) 측정 축척

측정 축척 옵션을 정의한다.

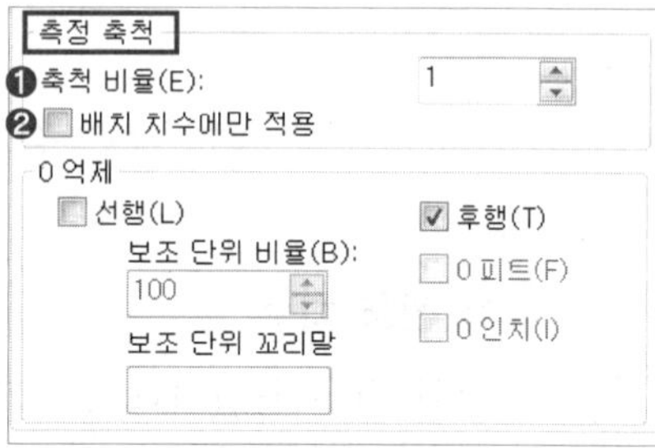

❶ 축척 비율 : 측정 축척 값을 지정한다. 축척 또는 배척된 도형에 치수기입을 할 때 축척 또는 배척된 수의 역수를 입력해야 한다.

- 관련 변수 : **Dimlfac**

❷ 배치 치수에만 적용 : 측정 축적 값을 배치에만 적용한다.

3) 0 억제

"0"의 표시 여부를 지정한다.

- 관련 변수: **Dimzin**

① 선행 : 소수점 앞쪽의 0을 억제한다.

예 0.5000 ➠ .5000

② 후행 : 소수점 뒤쪽의 0을 억제한다.

예 0.5000 ➠ 0.5

③ 0피트 : 거리가 1피트보다 작을 때, 피트-인치 치수의 피트 위치를 억제한다.

예 0 ' –7 1/2 " ➠ 7 1/2 "

④ 0인치 : 거리가 피트의 정수일 때, 피트-인치 치수의 인치 위치를 억제한다.

예 2 ' –0 " ➠ 2 '

4) 각도 치수

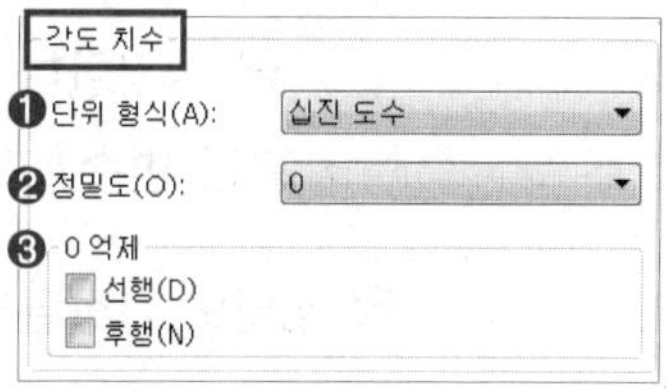

각도 치수기입을 각도 형식을 설정한다.

❶ 단위 형식 : 각도의 단위 형식을 지정한다.

- 관련명령 : Dimaunit

❷ 정밀도 : 소수 자릿수를 지정한다.

❸ 0 억제 : 0의 억제를 제어한다.

- 선행 : 소수점 앞쪽의 0을 억제한다.
- 후행 : 소수점 뒤쪽의 0을 억제한다.

- 관련 변수 : Dimazin

6 대체 단위

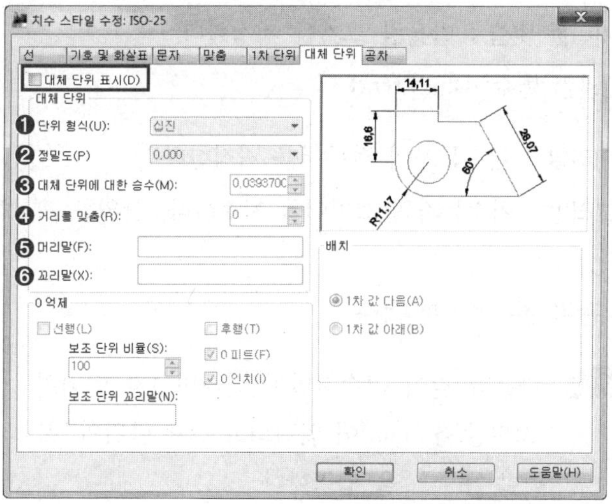

1) 대체 단위 표시

대체 단위 사용 여부를 결정한다.

- 관련 변수: Dimalt

❶ 단위 형식 : 단위 형식을 지정한다.

- 십진 : 십진법
- 엔지니어링 : 공학 단위
- 건축 : 건축 단위
- 분수 : 분수 단위
- Windows 바탕화면 : 숫자 3자리마다 쉼표를 찍게 하는 윈도우 바탕화면 형

식(우리나라 및 ISO 규격에서는 숫자 3자리마다 쉼표를 찍지 않으나 필요시에 설정한다.)

• 관련 변수 : Dimaltu

❷ 정밀도 : 정밀도를 지정한다.

• 관련 변수: Dimaltd

❸ 대체 단위에 대한 승수 : 대체 단위에 대한 승수이다. 단위 환산치를 입력한다. ISO 치수 스타일에서는 미터 단위를 주 단위로 사용하는 0.03937이 기본 값이며 25.4mm를 치수기입하면 괄호 안에 1인치 표시가 된다.

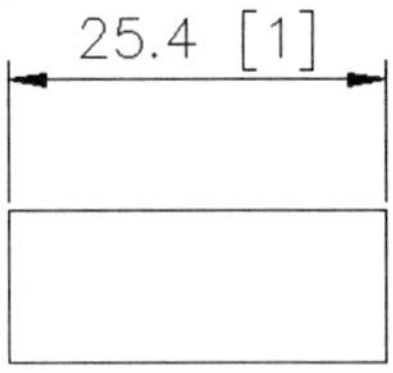

• 관련 변수 : Dimaltf

❹ 거리를 맞춤 : 반올림 크기를 지정한다.

• 관련 변수: Dimaltrnd

❺ 머리말 : 치수문자의 접두어를 지정한다.

❻ 꼬리말 : 치수문자의 접미어를 지정한다. 단위를 표시하는 것에 응용할 수 있다.

• 관련 변수 : Dimapost

작업 예 다음과 같이 치수기입이 되려면 1차 단위의 "꼬리말"에 "mm"이 입력되고 대체 단위의 "꼬리말"에 " " "을 입력한다.

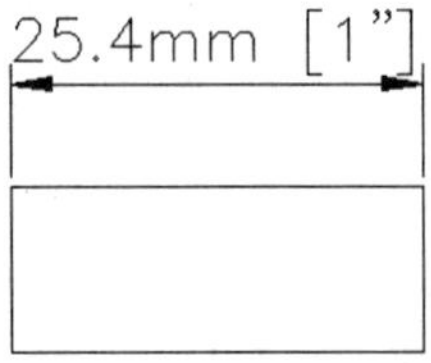

2) 0 억제

0의 억제, 앞의 내용과 동일하다.

• 관련 변수: Dimaltz

3) 배치

대체(두 단위) 치수의 위치를 지정한다.

① 1차 값 다음 : 기준 치수 뒤에 위치시킨다.

② 1차 값 아래 : 기준 치수 밑에 위치시킨다.

7 공차

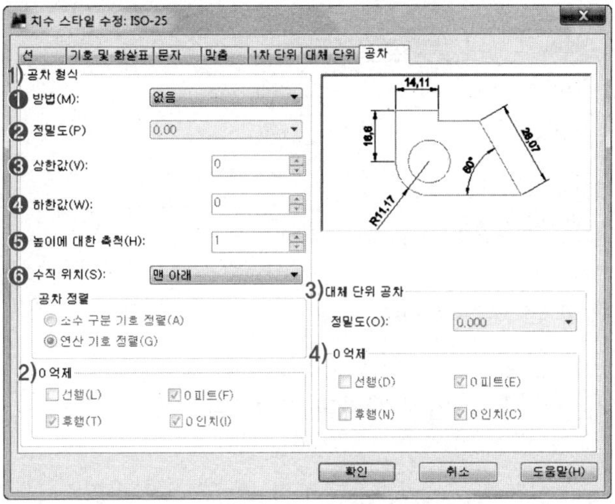

1) 공차 형식

공차 형식을 조정한다.

- 관련 변수 : Dimtol

❶ 방법 : 공차 표시 방법을 지정한다.

- 없음 : 표시하지 않는다.
- 대칭 : 공차 상·하한값이 같을 경우에 선택한다.

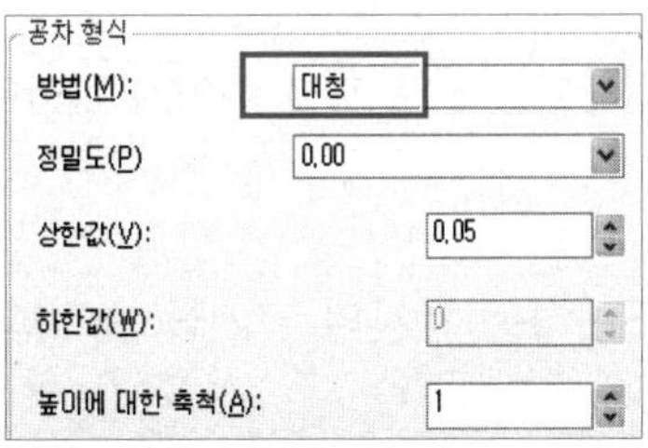

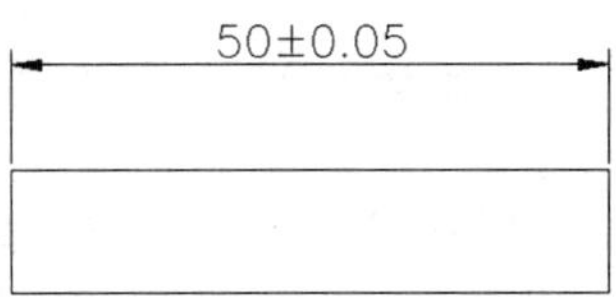

- 편차 : 공차 상·하한값이 다를 경우에 선택한다.

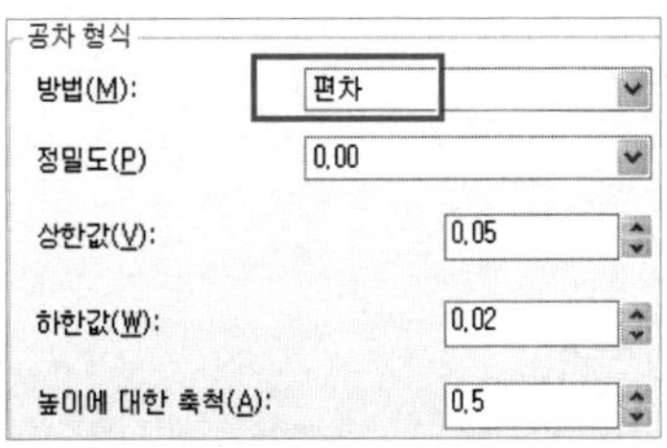

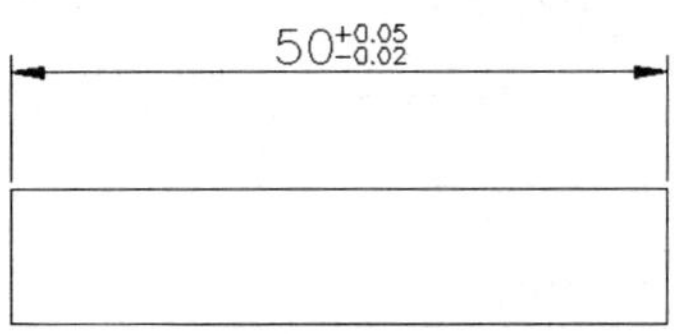

- 한계 : 한계 치수기입으로 표시한다.

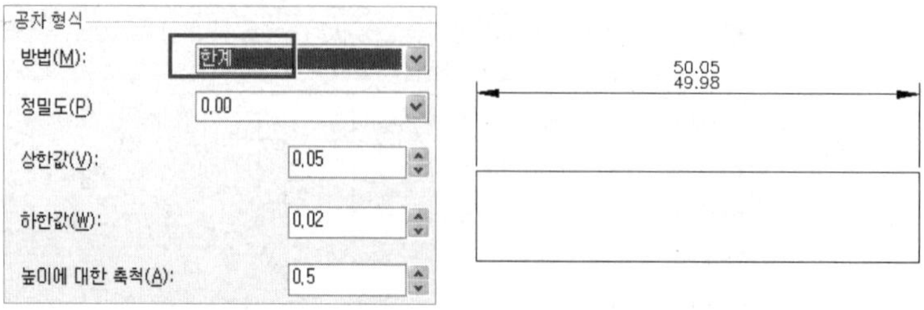

• 관련 변수 : Dimlim

- 기준 : 치수기입에 상자를 그려준다.

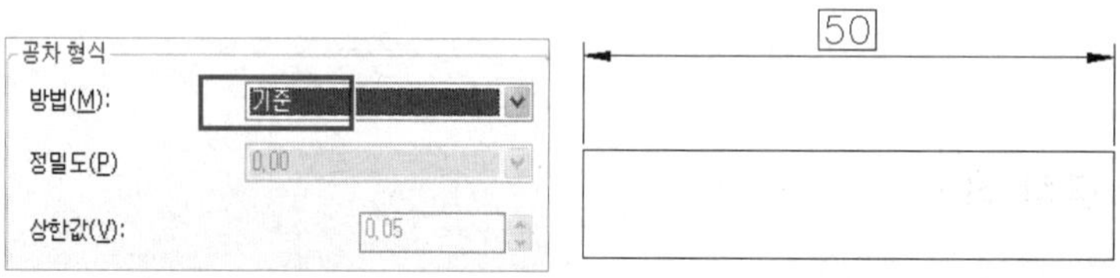

❷ 정밀도 : 소수점 자릿수를 지정한다.

• 관련 변수 : Dimtdec

❸ 상한값 : 공차의 상한값을 지정한다.

• 관련 변수 : Dimtp

❹ 하한값 : 공차의 하한값을 지정한다. "–" 부호를 붙이지 않아야 "–" 표시가 된다.

• 관련 변수 : Dimtm

❺ 높이에 대한 축척 : 공차를 표시하는 문자의 크기를 조정한다.

• 관련 변수 : Dimtfac

❻ 수직 위치 : 방법이 "대칭"과 "편차"일 경우 기준 치수문자를 기준으로 공차 문자의 수직 위치를 제어한다.

• 관련 변수 : Dimtolj

2) 0 억제

공차부 0의 억제를 제어한다.

• 관련 변수 : Dimtzin

3) 대체 단위 공차

대체 단위의 공차부 정밀도를 지정한다.

- 관련 변수: Dimalttd

4) 0 억제

대체 단위의 공차부 0의 억제를 제어한다.

- 관련 변수: Dimalttz

치수 변수는 ISO 치수 스타일을 사용하면 거의 변경할 내용이 없다.

5 치수 구속조건

객체에 치수 구속조건을 설정하면 변화된 내용이 구속조건에 따라 자동 업데이트된다. 치수기입처럼 적용하고 매개변수 관리자를 통하여 변형 수식을 적용할 수 있다.

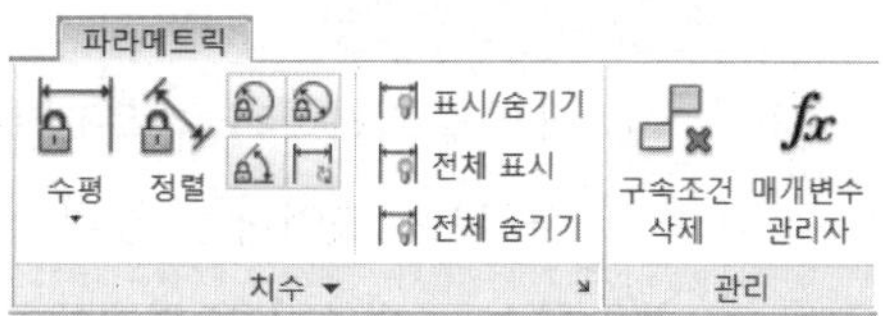

1 파라메트릭

1) 선형(Dclinear)

치수선 및 치수 보조선 원점의 위치를 기준으로 수평, 수직 또는 회전 구속조건을 작성한다.

2) 수평(Dchorizontal)

동일 객체의 점 간 X 거리 또는 서로 다른 객체의 두 점 간 X 거리를 구속한다.

3) 수직(Dcvertical)

동일 객체의 점 간 Y 거리 또는 서로 다른 객체의 두 점 간 Y 거리를 구속한다.

4) 정렬(Dcaligned)

서로 다른 객체의 두 점 간 거리를 구속한다.

5) 반지름(Dcradius)

원 또는 호의 반지름을 구속한다.

6) 지름(Dcdiameter)

원 또는 호의 지름을 구속한다.

7) 각도(Dcangular)

선 또는 폴리선 세그먼트 간의 각도, 호 또는 폴리선 호 세그먼트로 스윕된 각도 또는 객체의 세 점 간 각도를 구속한다.

8) 변환(Dcconvert)

연관 치수를 치수 구속조건으로 변환한다.

치수 구속조건 예

① 객체에 기하학적 구속조건을 적용한다. 치수가 변경되었을 때 선과 선이 떨어진다거나 벗어나는 등의 오류를 막기 위해 기하학적 구속조건을 적용한다.

② 치수 구속조건을 형태에 맞게 적용한다.

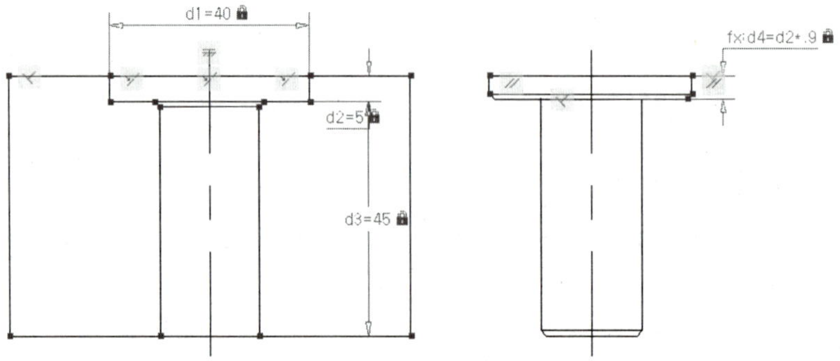

③ 매개변수 관리자를 통해 수식을 적용한다. 치수 구속조건 "d2"에 따라 "d4"의 수치를 변형식에 의해 자동 변경되게 매개변수 관리자에 적용한 결과이다.

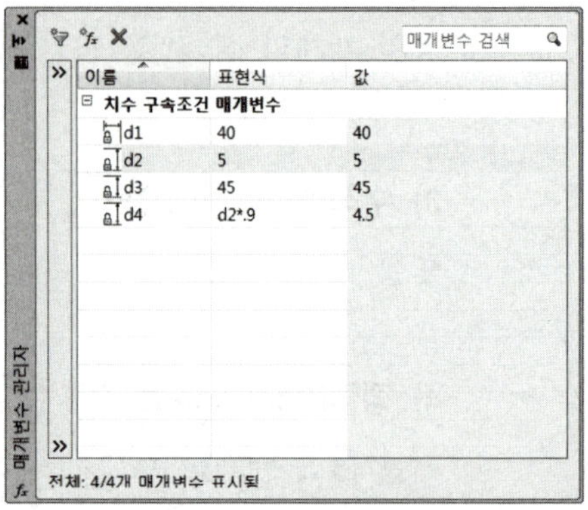

④ "d2" 수치를 변경하면 "d4"의 값이 자동 변경되면서 객체의 모양도 자동 업데이트된다.

☞ 기계제도의 형강 등 모양은 같으나 수치만 변경되는 구조물 등에 적용할 수 있다.

9) 표시/숨기기(Dcdisplay)

선택한 객체 세트와 연관된 동적 구속조건을 선택하여 표시하거나 숨긴다.

> **명령:** Dcdisplay
> 객체 선택: ← 치수 구속조건을 표시하거나 숨길 객체를 선택한다.
> 옵션 입력 [표시/숨기기] 〈표시〉:

10) 전체 표시

치수 구속조건을 전체를 표시한다.

11) 전체 숨기기

치수 구속조건을 전체를 숨긴다.

2 치수 구속조건 설정

> **명령:** Autoconstrain
> 객체 선택 또는 [설정(S)]: S

치수 구속조건을 표시할 때 동작의 기본 설정을 지정한다.

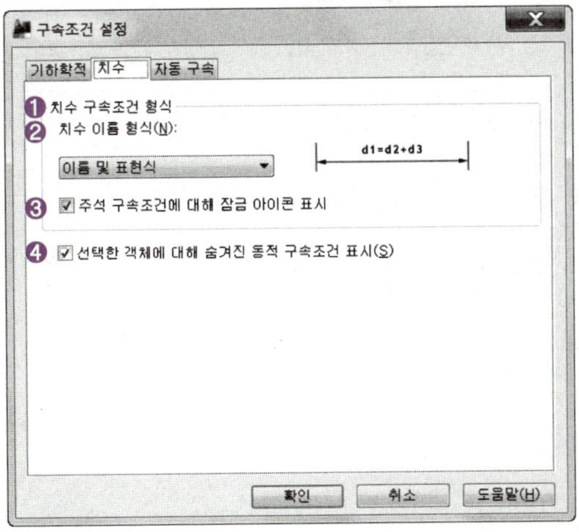

❶ 치수 구속조건 형식 : 치수 이름 형식 및 잠금 아이콘의 표시를 설정한다.

❷ 치수 이름 형식 : 치수 구속조건을 적용할 때 표시되는 문자의 형식을 지정한다.

❸ 주석 구속조건에 잠금 아이콘 표시 : 주석 구속조건이 적용된 객체에 잠금 아이콘을 표시한다(Dimconstrainticon 시스템 변수).

❹ 선택한 객체에 대해 숨겨진 동적 구속조건 표시 : 객체를 선택할 때 숨김 설정된 동적 구속조건을 표시한다.

3 관리

1) 구속조건 삭제(Delconstraint)

객체의 선택 세트에서 기하학적 구속조건과 치수 구속조건을 모두 제거한다.

2) 매개변수 관리 *fx*

공식 및 방정식은 치수 구속조건 매개변수의 표현식으로 또는 사용자 변수를 정의하여 표현할 수 있다.

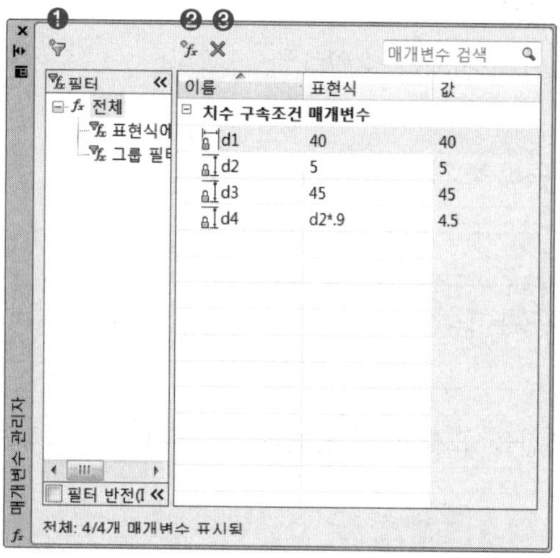

❶ : 새 매개변수 그룹을 작성한다.

❷ : 새 사용자 매개변수를 작성한다.

❸ : 선택한 매개변수를 삭제한다.

연습문제

문제 1 | 다음은 지대 기초도이다. 건축 제도법에 의거하여 완성해 보자.

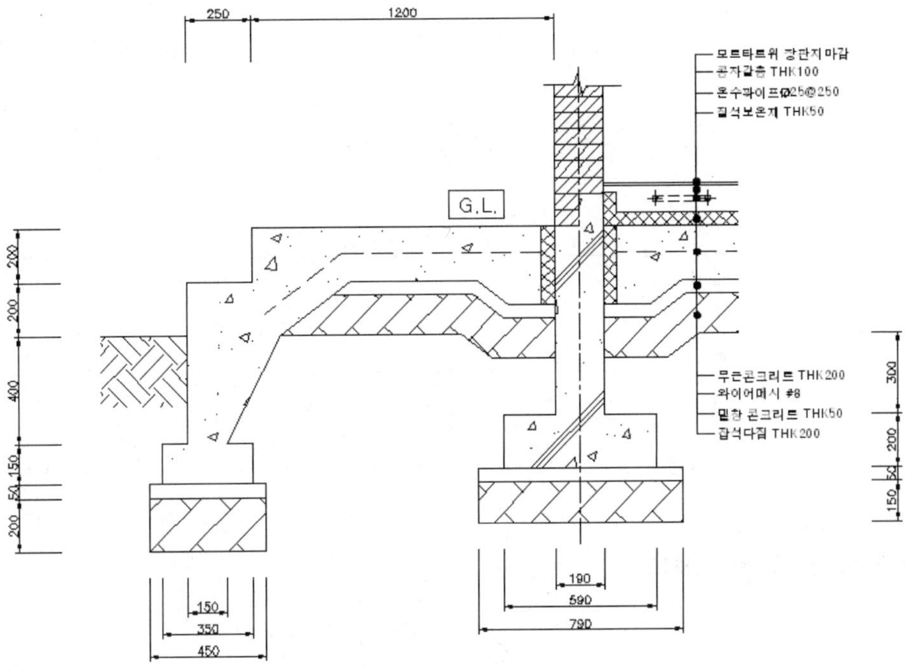

문제 2 | 온수난방 상세도이다. 건축 제도법에 의거하여 완성해 보자.

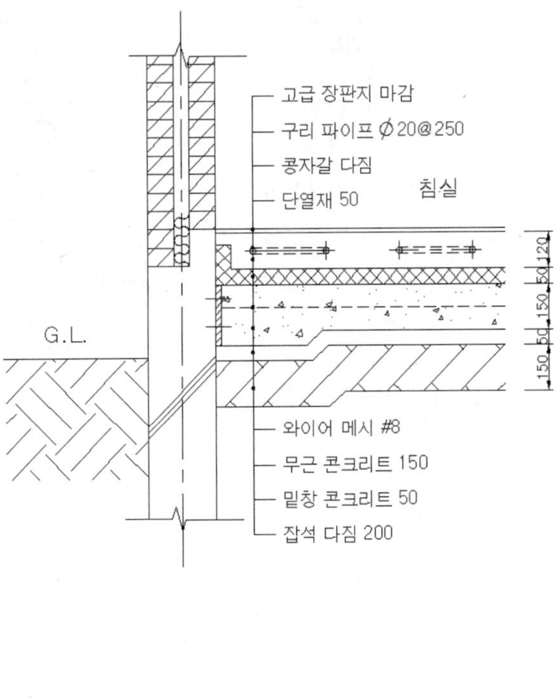

연습문제

문제 3 | 기계도면에서 자주 그려지는 축이다. 완성해 보자.

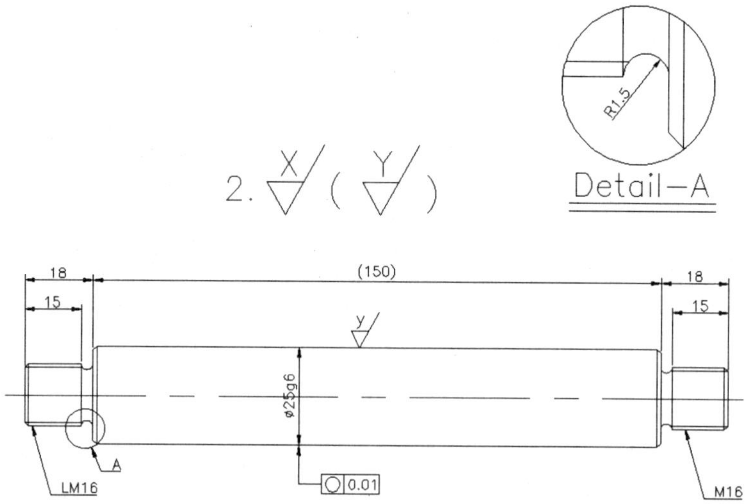

문제 4 | 다음을 완성하시오.

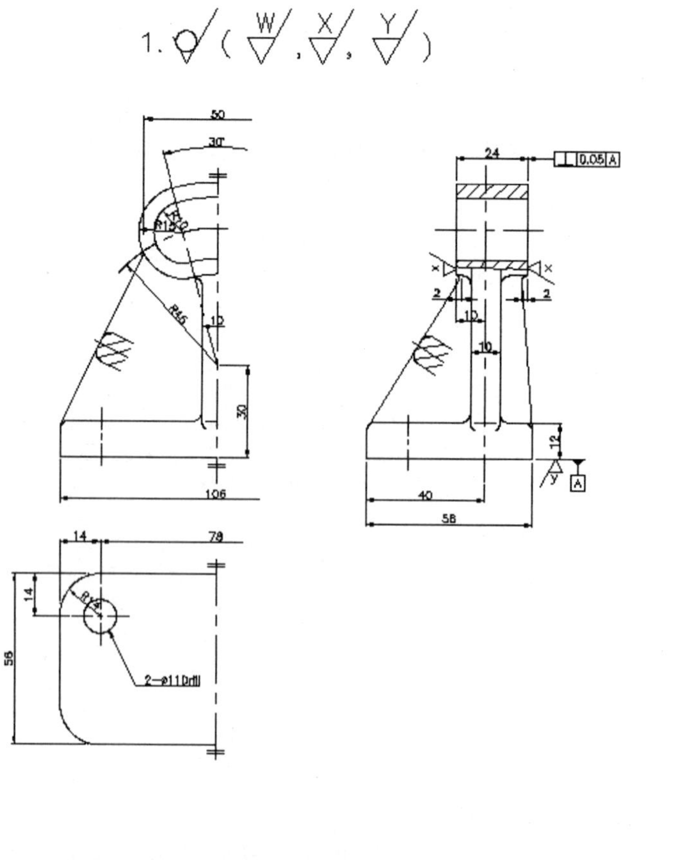

제9장 출력

작업한 도면을 출력한다.

1 출력(Plot, Print)

응용: 인쇄 ➠ 플롯
메뉴: 파일 ➠ 플롯

도면을 출력기를 통하여 출력한다.

명령: Plot

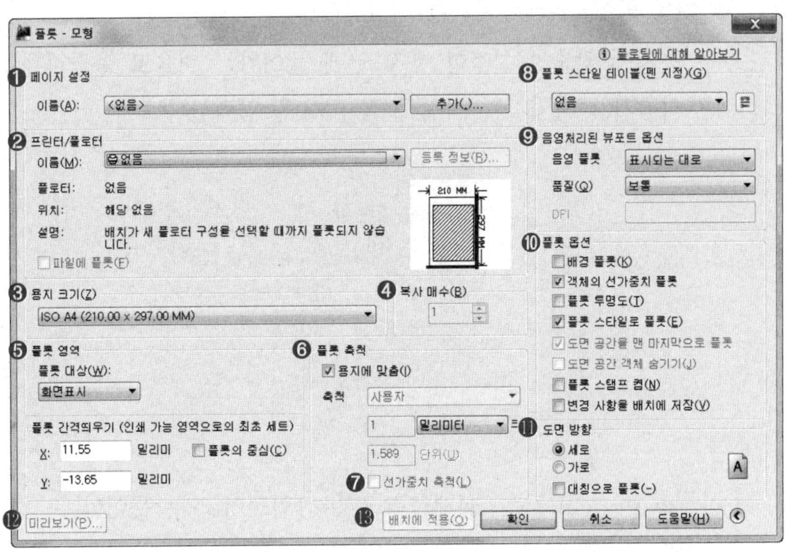

❶ 페이지 설정

- **이름** : 설정된 플롯 페이지를 불러온다.
- **추가...** : 플롯 페이지를 새로 추가한다.

❷ 프린터/플로터

- **이름** : 사용할 출력기를 선택한다.
- **등록 정보** : 출력기 특성을 제어한다.
- **파일에 플롯** : 출력기로 출력하지 않고 파일로 출력한다.

❸ 용지 크기 : 출력할 용지 크기를 선택한다. 출력기에 따라 지원되는 크기가 달라진다.

❹ 복사 매수 : 출력 사본 수를 지정한다.

❺ 플롯 영역 : 출력될 영역을 지정한다.

- **화면 표시** : 화면에 보이는 부분만 출력한다.
- **범위** : 축척비는 정확하진 않지만 모든 도형이 종이에 꽉 차게 출력된다.
- **한계** : 도면 한계의 영역을 출력한다. 모형 공간에서만 가능하다.
- **윈도우** : 마우스로 설정한 영역만 출력을 하게 한다.
- **플롯 간격 띄우기** : 출력 원점을 이동시켜 출력 도형을 종이 상에서 위치를 조정한다.
- X : x방향으로 간격 띄우기 값을 조정한다.
- Y : y방향으로 간격 띄우기 값을 조정한다.
- **플롯의 중심** : 출력 도형이 도면의 중심에 오게 한다.

❻ 플롯 축척 : 출력 비율을 지정한다.

- **용지에 맞춤** : 설정한 용지 안에 들어가는 비율로 출력하게 한다.
- **사용자** : 작업자가 직접 출력 비율을 입력한다.

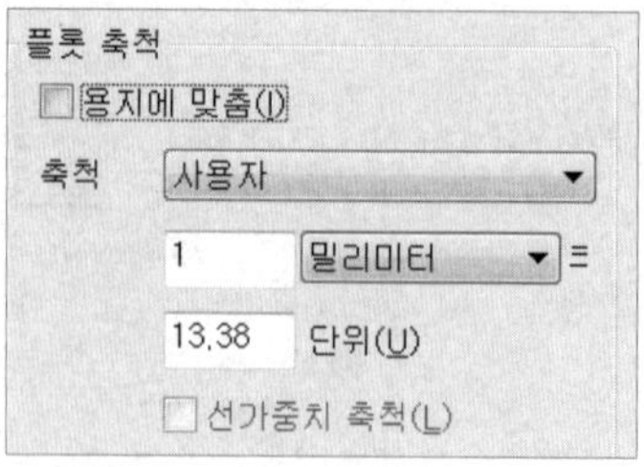

"□mm=□units"는 "실제출력크기=작업크기"라는 뜻이다.
만약 1/10로 줄여서 출력하려면 1=10으로 입력한다.

❼ **선가중치 축척** : 선 두께를 적용하여 출력할 경우 선 두께도 같은 축척을 적용할지를 지정한다.

❽ **플롯 스타일 테이블(펜 지정)** : 플롯 스타일을 선택, 수정, 새로 만들 수 있다. 작업 도면을 어떻게 출력할 것인지 색상, 선 종류, 굵기 등을 지정된 스타일을 불러오거나 새로 만든다.

❾ **음영 처리된 뷰포트 옵션**

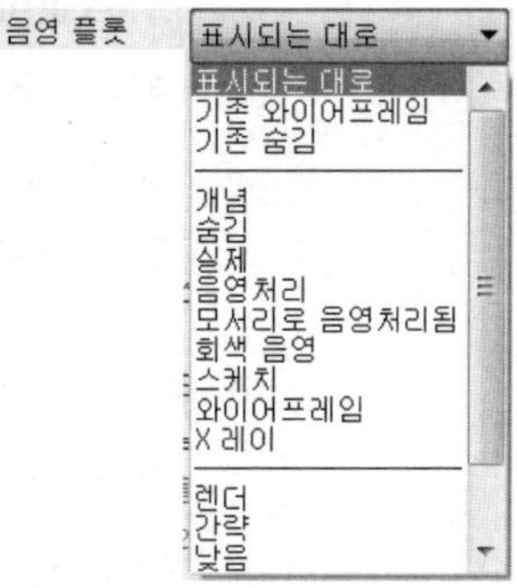

- **음영 플롯** : 음영 처리된 뷰의 플롯방식을 지정한다.
  - 표시되는 대로 : 화면에 표시되는 대로 출력한다.
  - 기존 와이어프레임 : 기존 Shademode 명령을 사용하는 와이어프레임의 객체 상태로 출력한다. 화면에서 표시되는 방식과는 관계없다.
  - 기존 숨김 : 기존 Shademode 명령을 사용하는 은선이 제거된 상태로 출력한다. 화면에서 표시되는 방식과는 관계없다.
  - 개념 : 화면에 표시되는 방식에 관계없이 적용된 개념적 비주얼 스타일을 사용하여 출력한다.
  - 숨기기 : 화면에 표시되는 방식에 관계없이 은선을 제거한 채로 출력한다.
  - 실제 : 화면에 표시되는 방식에 관계없이 적용된 실제 비주얼 스타일을 사용하여 출력한다.
  - 음영 처리 : 화면에 표시되는 방식에 관계없이 적용된 음영 처리 비주얼 스타일을 사용하여 출력한다.
  - 모서리로 음영 처리됨 : 화면에 표시되는 방식에 관계없이 적용된 모서리로 음영 처리된 비주얼 스타일을 사용하여 출력한다.
  - 회색 음영 처리 : 화면에 표시되는 방식에 관계없이 적용된 회색 음영 처리 비주얼 스타일을 사용하여 출력한다.
  - 스케치 : 화면에 표시되는 방식에 관계없이 적용된 스케치 비주얼 스타일을 사용하여 출력한다.
  - 와이어프레임 : 화면에 표시되는 방식에 관계없이 객체를 와이어프레임 상태로 출력한다.
  - X 레이 : 화면에 표시되는 방식에 관계없이 적용된 X 레이 비주얼 스타일을 사용하여 출력한다.

- 렌더 : 화면에 표시되는 방식에 관계없이 객체를 렌더링된 상태로 출력한다.
- 제도 : 제도 렌더 사전 설정을 적용하여 출력한다. 렌더링의 품질은 매우 낮지만 속도는 가장 빠르다.
- 낮음 : 낮음 렌더 사전 설정을 적용하여 출력한다. 렌더링 품질이 제도보다 높다.
- 중간 : 중간 렌더 사전 설정을 적용하여 출력한다. 렌더링 품질과 속도의 균형이 적절히 유지된다.
- 높음 : 높음 렌더 사전 설정을 적용하여 출력한다.
- 프리젠테이션 : 프리젠테이션 렌더 사전 설정을 적용하여 출력한다. 사실적으로 렌더링된 이미지를 얻을 수 있지만 처리 시간이 가장 길다.

• **품질** : 품질을 지정한다.
- 간단하게 인쇄 : 렌더링 및 음영 처리된 모형 공간 뷰를 와이어프레임으로 출력되도록 설정한다.
- 미리보기 : 렌더링 및 음영 처리된 모형 공간 뷰를 현재 장치 해상도의 1/4로 최대 150dpi까지 출력되도록 설정한다.
- 보통 : 렌더링 및 음영 처리된 모형 공간 뷰를 현재 장치 해상도의 1/2로 최대 300dpi까지 출력되도록 설정한다.
- 프리젠테이션 : 렌더링 및 음영 처리된 모형 공간 뷰를 현재 장치 해상도로 최대 600dpi까지 출력되도록 설정한다.
- 최대 : 렌더링 및 음영 처리된 모형 공간 뷰를 현재 장치 해상도로 최대 한계 없이 출력되도록 설정한다.
- 사용자 : 렌더링 및 음영 처리된 모형 공간 뷰를 사용자가 dpi 상자에 지정한 해상도 설정 값(최대 현재 장치 해상도까지 설정 가능함)으로 출력되도록 설정한다.

⑩ 플롯 옵션

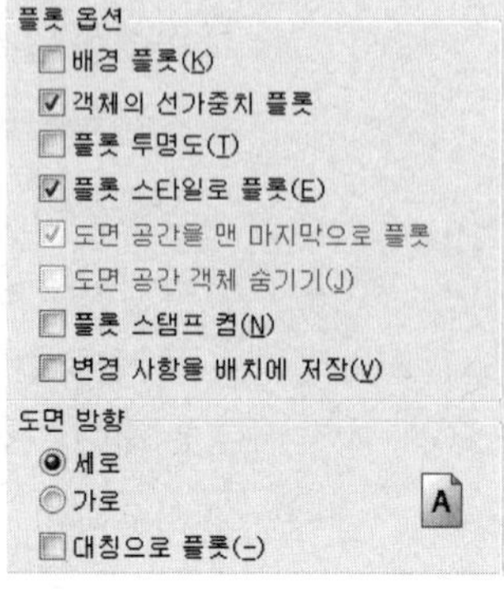

• **배경 플롯** : 플롯이 배경에서 처리되도록 지정한다.
• **객체의 선가중치 플롯** : 객체와 도면층에 지정된 선가중치가 플롯될지 여부를 지정한다.
• **플롯 투명도** : 객체 투명도를 플롯하는지 여부를 지정한다.
"plottransparencyoverride" 시스템 변수

로 재지정할 수 있다.

- **플롯 스타일로 플롯** : 객체 및 도면층에 적용된 플롯 스타일의 플롯 여부를 지정한다. 이 옵션을 선택하면 객체의 선가중치를 플롯도 자동으로 선택한다.
- **도면 공간을 맨 마지막으로 플롯** : 모형 공간 형상을 먼저 플롯하며 일반적으로 도면 공간 형상이 모형 공간 형상보다 먼저 출력된다.
- **도면 공간 객체 숨기기** : 숨기기 작업이 도면 공간 뷰 포트의 객체에 적용될지 여부를 지정한다. 이 옵션은 배치 탭에서만 사용할 수 있다. 이 설정 값의 효과는 플롯 미리보기에 반영되지만 배치에는 반영되지 않는다.
- **플롯 스탬프 켬** : 플롯 스탬프를 켠다.
- **변경 사항을 배치에 저장** : 플롯 대화상자에서 변경한 사항을 배치에 저장한다.

⑪ 도면 방향 : 도면의 출력 방향을 지정한다.

- **세로** : 용지의 폭이 짧은 쪽이 페이지 위가 되도록 도면의 방향을 맞추고 출력한다.
- **가로** : 용지의 폭이 긴 쪽이 페이지 위가 되도록 도면의 방향을 맞추고 출력한다.
- **대칭으로 플롯** : 도면의 위 아래를 뒤집어 출력한다.

⑫ 미리보기 : 명령을 실행하여 플롯할 상태로 도면을 표시한다. 인쇄 미리보기를 종료하고 플롯 대화상자로 복귀하려면, Esc키 또는 Enter↵키를 누르거나, 마우스 오른쪽 버튼으로 클릭하고 바로 가기 메뉴에서 [종료]를 클릭한다.

⑬ 배치에 적용 : 현재 플롯 대화상자 설정 값을 현재 배치에 저장한다.

– ⓒ ⓓ : 우측 하단부 모서리에 있으며 플롯 스타일 테이블, 음영 처리된 뷰포트 옵션, 플롯 옵션, 도면 방향 메뉴를 펼치거나 닫는다.

2 플롯 스타일(PlotStyle)

응용: **인쇄 ➠ 플롯 스타일 테이블 편집**
메뉴: **파일 ➠ 플롯 스타일**

도면을 출력할 때 Plot Style을 지정하여 색상이나 지정한 Plot Style에 따라 색상,

선 종류, 선 굵기 등을 다르게 출력을 할 수 있다. Plot Style의 실제 특성은 모형과 배치에 부착할 수 있는 Plot Style Table에 정의된다.

다음은 새로 플롯 스타일을 만드는 과정이다.

1 Plot 대화상자에서 만들기

① Plot 명령을 실행한다.

② 플롯 스타일 테이블에서

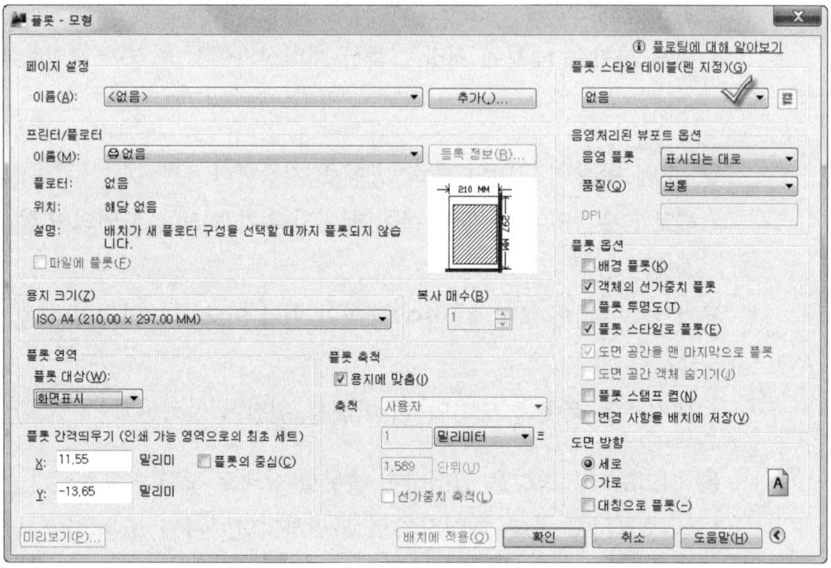

"새로 만들기"를 선택한다.

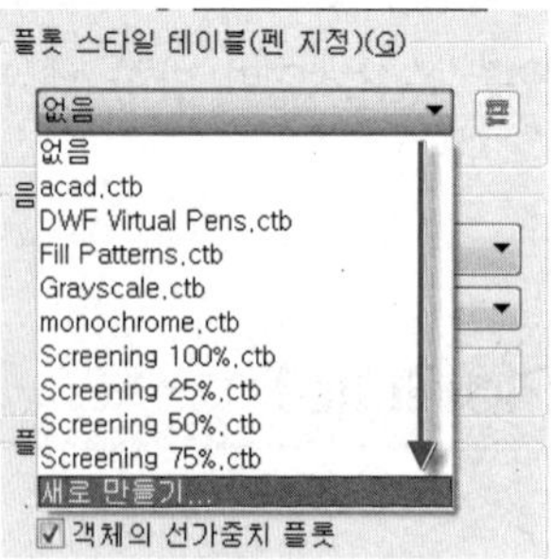

☞ "monochome.ctb"를 선택하면 작업한 색상과 관계없이 흑백으로 출력할 수 있다.

③ "처음부터 시작"을 선택한다.

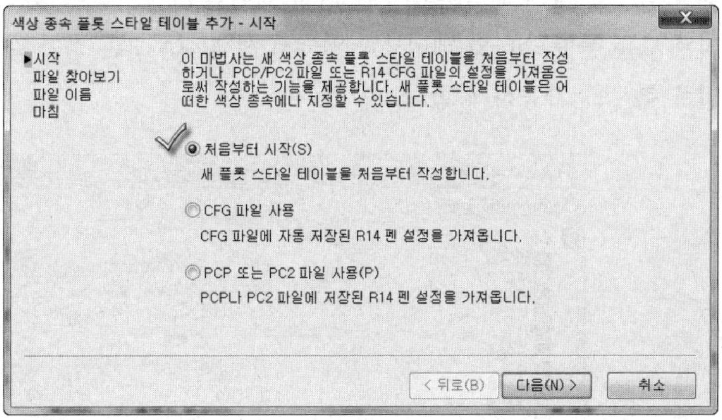

④ 저장할 플롯 스타일 파일 이름을 입력한다.

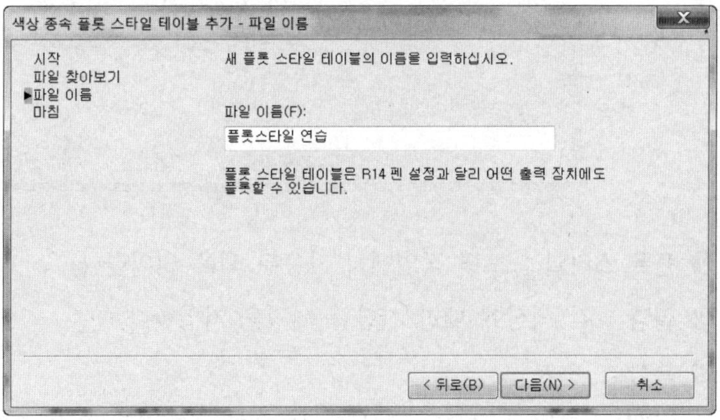

⑤ "플롯 스타일 테이블 편집기"를 눌러 세부사항을 설정한다.

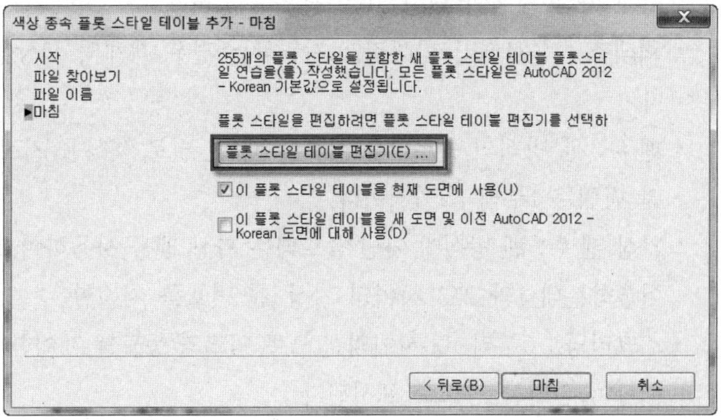

1) 형식 보기

선택한 플롯 스타일을 다른 플롯 스타일 테이블로 끌어넣어 복사하거나 또는 행에서 선택되는 모든 플롯 스타일 테이블과 열에서 선택되는 모든 플롯 스타일 테이블을 다른 스타일로 복사를 가능하게 한다.

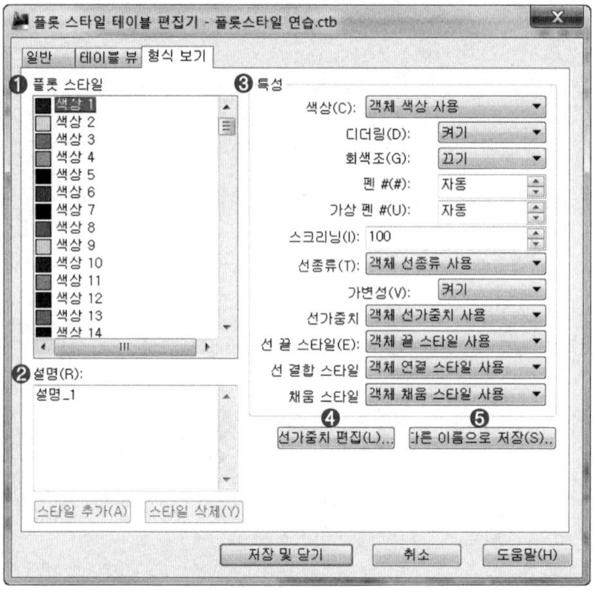

❶ 플롯 스타일 : 도면 작업에서 사용된 색을 의미한다.

❷ 설명 : 각 색상에 대한 간단한 설명을 기입한다.

❸ 특성

- **색상** : 출력에 사용될 색상을 나타낸다. 256 색상으로 작업 화면에서의 색이 노랑이라 해도 여기서 파랑으로 지정하면 파랑으로 출력된다.
- **디더링** : 색상을 좀 더 섞어서 좀 더 부드러운 이미지로 출력하게 한다.(출력기에 따라 지원이 되지 않는 경우도 있다.)
- **회색조** : 플로터가 회색조를 지원하는 경우 객체의 색상을 회색조로 변환한다.
- **펜 #** : 펜 방식의 플로터를 사용할 때 펜 별로 색상을 지정한다. 사용 가능한 펜 범위는 1부터 32까지이다.
- **가상 펜 #** : 펜 방식이 아닌 플로터는 가상 펜을 사용하여 펜 플로터를 시뮬레이션하는데 1과 255 사이의 가상 펜 번호를 지정할 수 있다.
- **스크리닝** : 0부터 100사이의 값으로 잉크의 농도를 제어한다. 100을 선택하면 색상이 완전한 농도로 표시된다.

- **선 종류** : 출력에 사용될 선을 지정한다.
- **가변성** : 선 종류의 크기를 조정한다.
- **선가중치** : 선의 굵기를 지정한다.
- **선 끝 스타일** : 선의 끝 모양을 지정한다.

- **선 결합 스타일** : 선과 선의 접합 부위의 모양을 지정한다.

- **채움 스타일** : 선의 채움 형태를 지정한다.

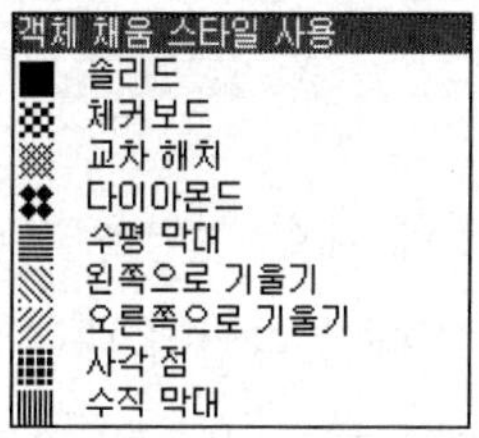

❹ 선가중치 편집 : 선 굵기를 편집한다.

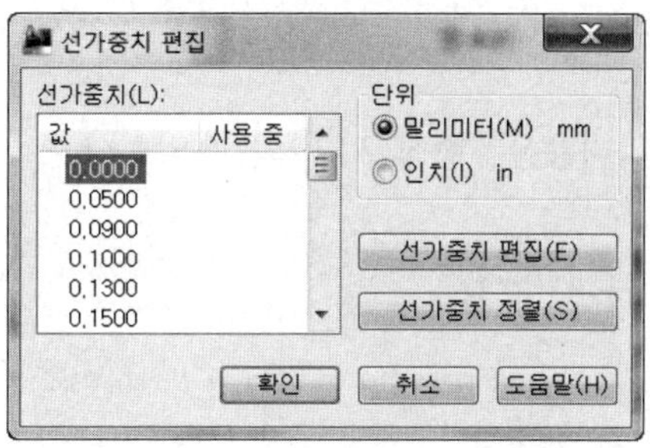

❺ 다른 이름으로 저장 : 이름을 변경하여 저장한다.

2) 일반

플롯 스타일의 일반적인 조정을 한다.

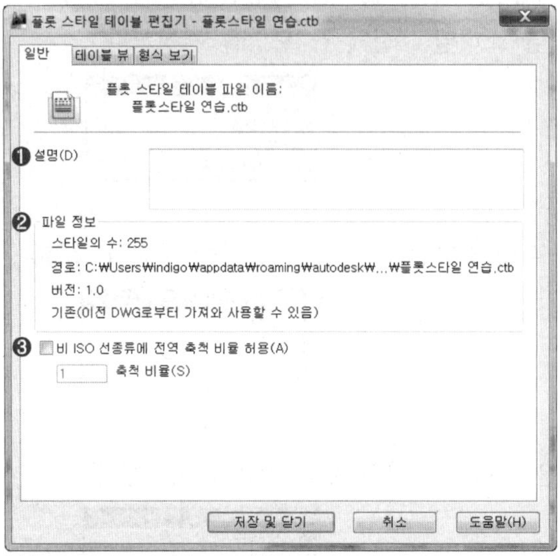

❶ 설명 : 플롯 스타일에 대한 설명을 기입한다.

❷ 파일 정보 : 플롯 스타일 파일에 대한 정보를 확인한다.

❸ 비 ISO 선 종류에 전역 축척 비율 허용 : ISO 규격이 아닌 선 종류의 축척을 허용한다.

3) 테이블 뷰

형식만 다를 뿐 내용은 "형식 보기"와 동일하다.

2 플롯 스타일 관리자(Stylesmanager)로 만들기

응용: 인쇄 ➠ 플롯 스타일 관리

메뉴: 파일 ➠ 플롯 스타일 관리자

① 명령을 실행한다.

명령: Stylesmanager

② "플롯 스타일 추가 마법사"를 선택한다.

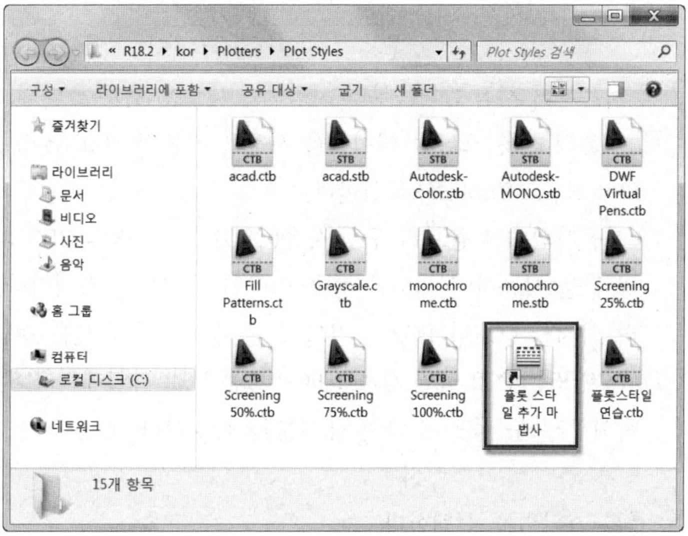

③ "다음"을 선택한다.

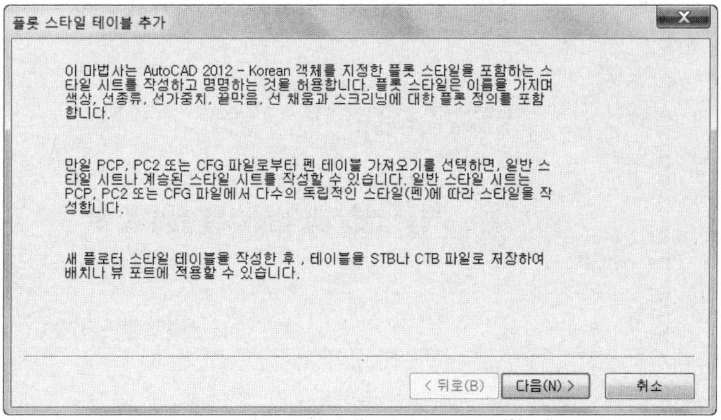

④ 플롯 스타일 테이블 추가를 시작한다.

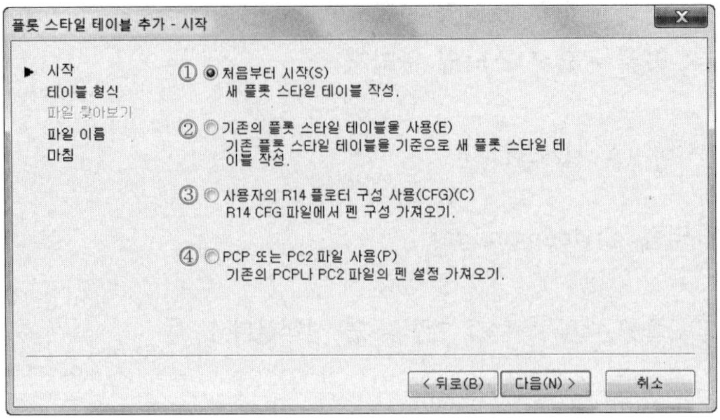

① **처음부터 시작** : 처음부터 시작 즉, 새로운 플롯 스타일 테이블을 작성한다.

② **기존의 플롯 스타일 테이블을 사용** : 기존의 Plot Style을 사용하여 새로운 Plot Style Table을 작성한다.

③ **사용자의 R14 플로터 구성 사용(CFG)** : AcadR14.CFG 파일에 저장된 펜 지정 값을 사용하여 새로운 플롯 스타일 테이블을 작성한다. 설정 값을 가져오려 하지만 PCP나 PC2 파일이 없는 경우, 이 옵션을 선택한다.

④ **PCP 또는 PC2 파일 사용** : PCP 또는 PC2 파일에 저장된 펜 지정 값을 사용하여 새로운 플롯 스타일 테이블을 작성한다.

⑤ 플롯 스타일을 선택한다.

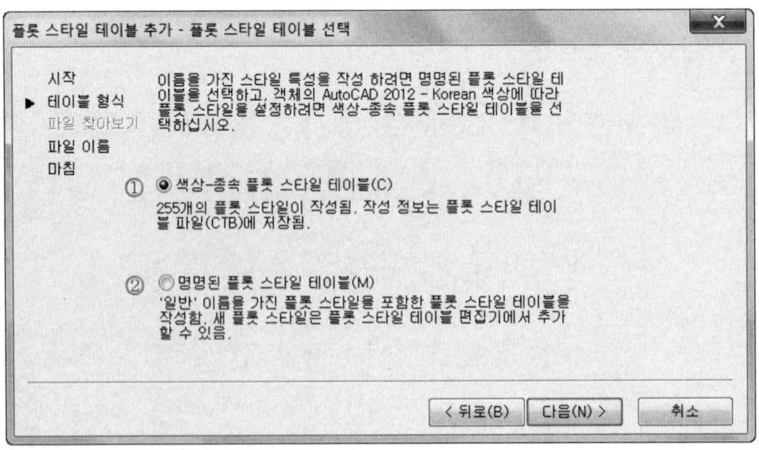

① **색상-종속 플롯 스타일 테이블** : 색상 종속 테이블은 대상물 색상을 기초로 한다. 255개의 색상 종속 스타일이 있으며 추가 또는 삭제, 이름 바꾸기는 할

수 없다. 색상에 대응되는 플롯 스타일을 조정함으로써 제어할 수 있다. 색상 종속 테이블은 CTB 파일로 저장된다.

② **명명된 플롯 스타일 테이블** : 명명된 플롯 스타일은 대상물 색상과 무관하게 작동한다. 색상에 상관없이 임의의 대상물에 어떤 플롯 스타일이나 지정할 수 있다. STB 파일로 저장된다.

⑥ 저장할 적당한 이름을 입력한다.

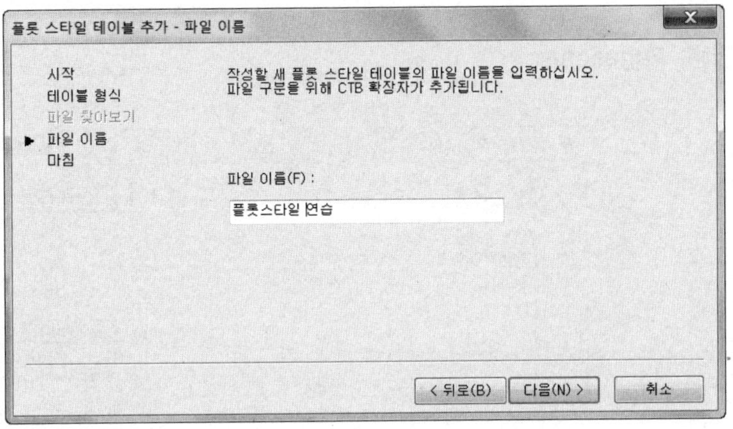

⑦ "플롯 스타일 테이블 편집기"로 세부사항을 설정한다.

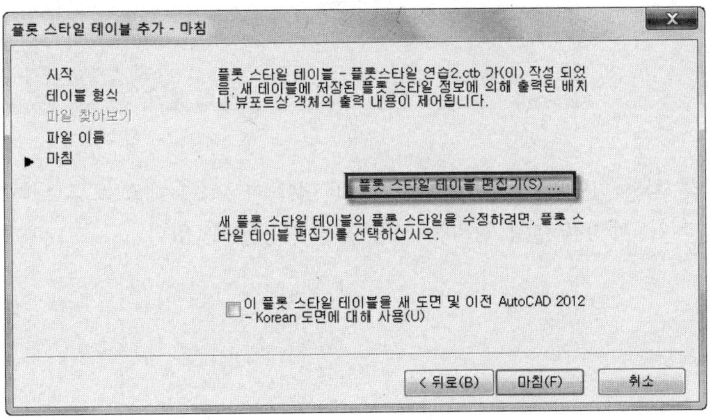

세부 설정 사항은 "**1** Plot 대화상자에서 만들기"에서의 "플롯 스타일 테이블 편집기"와 동일하다.

3 페이지 설정(Pagesetup)

응용: 인쇄 ➠ 페이지 설정
메뉴: 파일 ➠ 페이지 설정 관리자

적용할 페이지를 선택한 후 플로터 구성, 펜 지정 등을 한다.

명령: Pagesetup

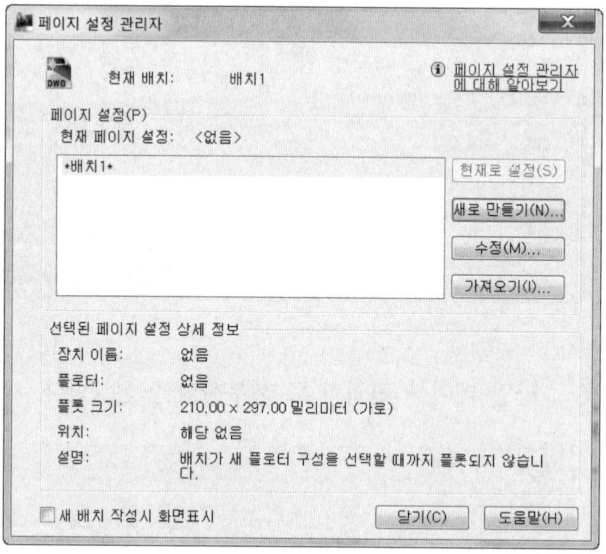

✍ 화면 하단의 "모형" 탭이나 "배치" 탭에 마우스를 대고 오른쪽 버튼을 클릭하면 새 배치, 페이지 설정 관리자 명령 등을 사용할 수 있다.

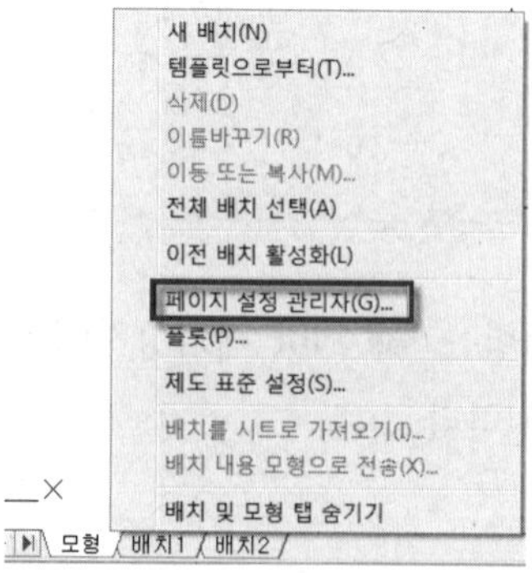

4 배치(Lo, Layout)

뷰포트를 사용자가 구성하여 플로팅을 하거나 페이지 설정을 사용자가 구성하여 모델 공간 및 종이 공간을 만들 수 있게 한다.

명령: Lo
배치옵션 입력 [복사(C)/삭제(D)/새로 만들기(N)/템플릿(T)/이름 바꾸기(R)/저장(SA)/설정(S)/?] 〈설정〉:

- 복사(C) : Layout(배치)을 복사한다.
- 삭제(D) : 만들어진 Layout을 삭제한다.
- 새로 만들기(N) : 새로운 Layout을 만든다.
- 템플릿(T) : 설정 상태를 Template 파일로 저장한다.
- 이름 바꾸기(R) : Layout 이름을 변경한다.
- 저장(SA) : Layout을 저장한다.
- 설정(S) : 현재 Layout을 지정한다.
- ? : Layout 목록을 보여준다.

5 배치 작성 마법사(Layoutwizard)

메뉴: **삽입 ➠ 배치 ➠ 배치 작성 마법사**

배치 마법사를 통해 배치를 단계별로 설정할 수 있게 한다.

명령: **Layoutwizard**

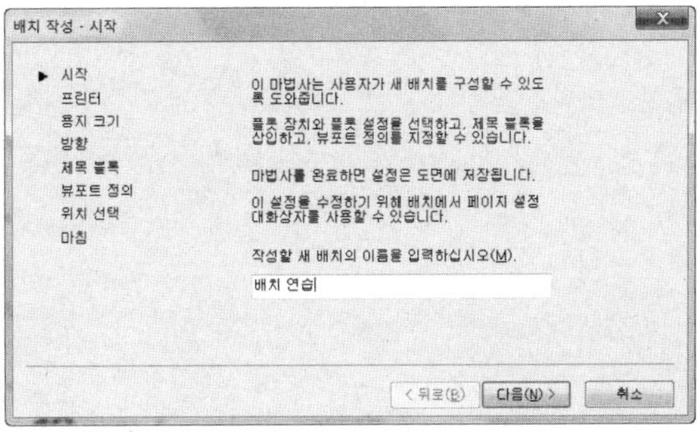

배치 이름 입력 ➠ 출력기를 선택, 지정 ➠ 용지 크기, 단위 등을 설정 ➠ 용지에서 도면의 출력 방향을 지정 ➠ 용지에 사용될 표제란 블록을 선택 ➠ 뷰포트 구성을 정의 ➠ 구성 위치를 선택한다. ➠ 배치 작성 마법사를 종료한다.

✸ 플로팅 기능을 최대한 이용하려면

① 모형 공간에서 작업을 한다.

② 배치 탭으로 전환한 후, 플로팅을 위해 뷰포트와 뷰를 정렬한다.

③ 플롯장치를 지정하고 Pagesetup 대화상자를 통하여 용지 크기, 방향 등의 값을 설정한다.

④ 플롯 스타일 테이블을 편집하여 필요한 만큼 플롯 스타일을 작성하여 플롯 도면에 특수 효과를 낸다.

⑤ 사용하려는 각 Plot Style에 대한 정의가 들어 있는 Plot Style Table을 Layout에 부착한다.

⑥ 플롯한다.

제10장 실무 도면 따라하기

1 건축 도면 따라하기

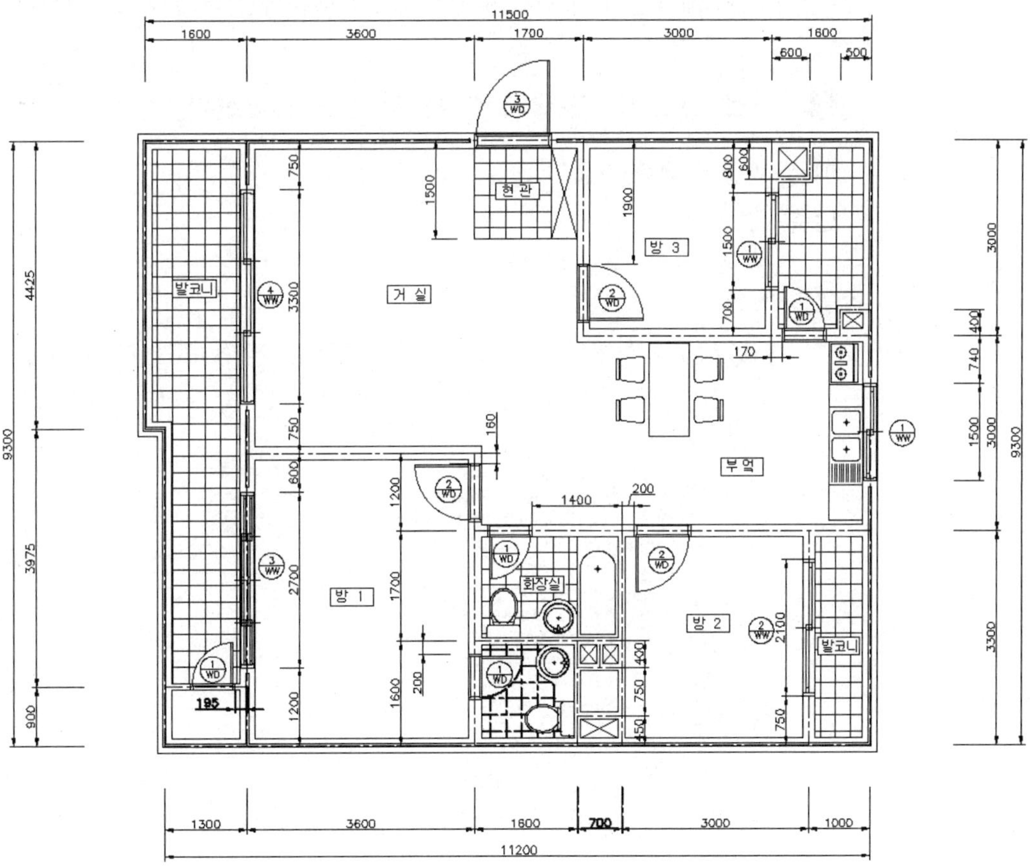

일반적 작업 순서

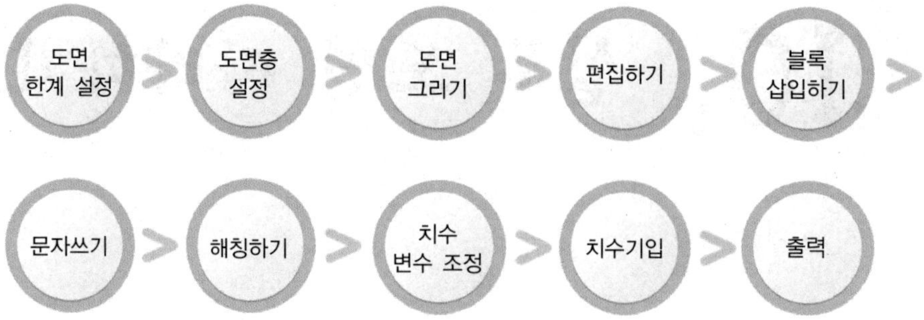

건축 도면은 기계와 달리 평면도 혹은 입면도, 단면도, 단면 상세도, 창호도 등 1면도로 작성되는 것이 보통이다. 실물 자체가 크기 때문에 수작업 제도에서는 축척을 하여 그리지만 CAD에서는 작업 공간이 무한대이기 때문에 실척(1/1)으로 그린다.

1 "새로 만들기" 명령으로 새 작업을 시작한다.

메뉴: 파일 ➟ 새로 만들기

단축: Ctrl + N

명령: New

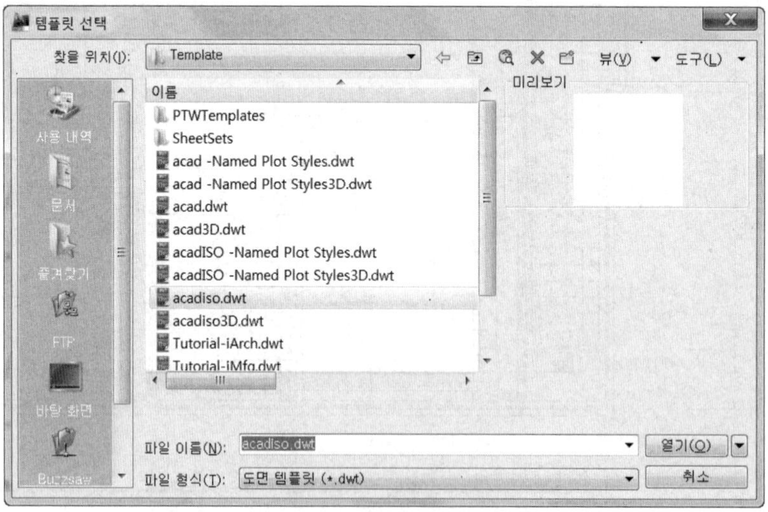

ISO 규격으로 최적화되어 있는 기본 템플릿 "acadiso.dwt"를 사용한다.

2 도면 작업 공간의 크기를 설정한다.

메뉴: **형식 ➠ 도면 한계**

작업해야 할 건물의 가로, 세로 크기를 판단하고 치수기입 공간을 각각 3000 정도를 더하여 도면 한계를 설정한다. 도면을 보면 가로 11500, 세로 9300이므로 상하, 좌우 3000을 더하여 11500+6000=17500, 9300+6000=15300이 된다. 정확하게 맞출 필요가 없으므로 18000, 16000으로 Limits 명령을 실행하여 도면 한계를 잡는다.

> **명령:** Limits
> 모형 공간 한계 재설정:
> 왼쪽 아래 구석 지정 또는 [켜기(ON)/끄기(OFF)] 〈0.0000,0.0000〉: ←그냥 엔터한다.
> 오른쪽 위 구석 지정 〈420.0000,297.0000〉: **18000,16000**

3 작업 영역을 전체로 변경한다.

메뉴: **뷰 ➠ 줌 ➠ 전체**

도면 한계 변경 후에는 반드시 줌 명령으로 설정한 크기로 화면을 조정한다.

> **명령:** Z
> 윈도우 구석을 지정, 축척 비율(nX 또는 nXP)을 입력, 또는
> [전체(A)/중심(C)/동적(D)/범위(E)/이전(P)/축척(S)/윈도우(W)/객체(O)] 〈실시간〉: **a**
> 모형 재생성 중

4 도면층을 설정한다.

메뉴: **형식 ➠ 도면층**

전산응용건축제도 기능사 시험기준으로 도면층을 설정한다.

이름	색상	선 종류	선가중치	설 명
중심선	빨강	center	0.1mm	중심선을 그린다.
단면	노랑	continuous	0.3mm	벽선이나 단면을 그린다.
입면	흰색	continuous	0.2mm	입면을 그린다.
마감보조	초록	continuous	0.1mm	마감이나 보조선을 그린다.
문자치수	하늘	continuous	0.2mm	문자나 치수기입을 한다.
해칭	파랑	continuous	0.1mm	해칭을 그린다.

✎ 원하는 굵기가 없을 때는 근접한 굵기로 지정하면 된다.

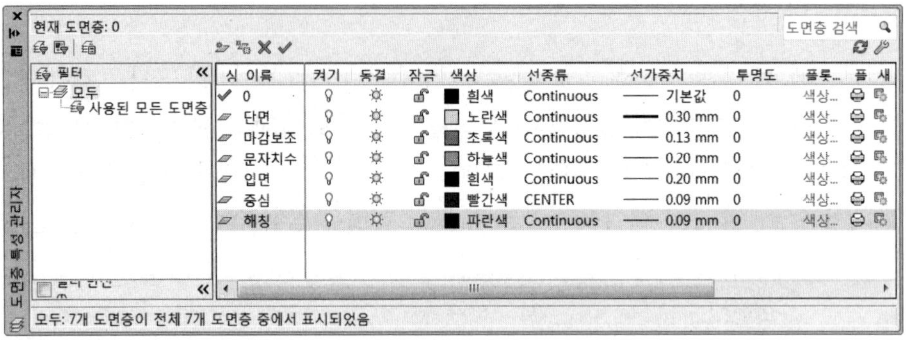

5 도면에 들어갈 기호(문, 창문, 변기, 세면대, 욕조, 식탁 등)를 그린 후 Wblock을 정의한다.

Block은 한번 만들어 놓으면 계속 사용할 수 있으므로 시간이 있을 때마다 만들어 놓는다.

예 문 900짜리를 그려서 Wblock으로 정의한다.

① 도형을 그린다.(본서 Wblock 참조)

② Wblock으로 저장한다.

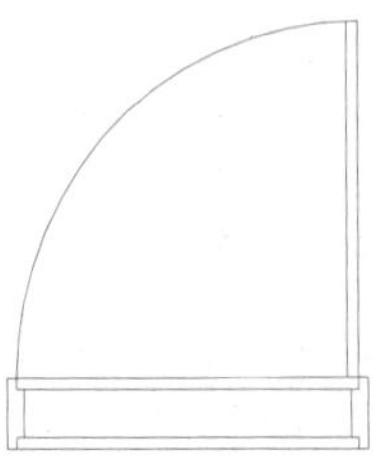

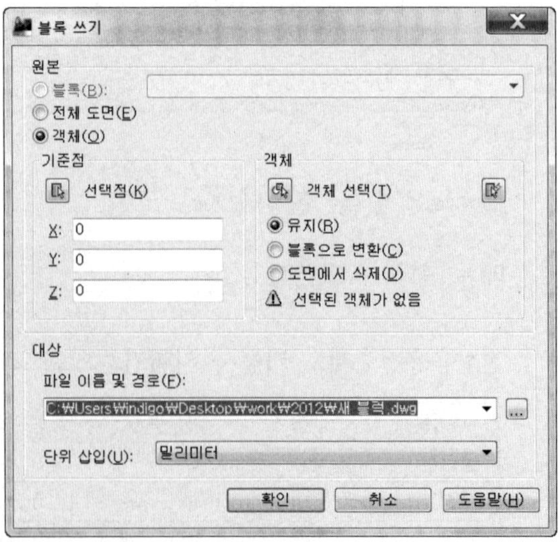

6 벽선을 그리기 위해 여러 줄 스타일(Mlstyle) 명령으로 여러 줄 (Mline)을 작성한다.

메뉴: 형식 ➠ 여러 줄 스타일

외벽은 1.0B 공간 쌓기를 기준으로 하면 벽돌 90+공간 70+벽돌 90=250으로 한다. 여기서 공간 70은 보온재가 들어가는 공간이다. 내력벽은 200(190), 비내력벽은 100(90)으로 한다. 벽돌 1장의 크기 190×90×57을 기준으로 벽 두께를 계산한다.

① "새로 만들기"를 클릭하여 새 여러 줄의 이름을 입력하고 "계속" 버튼을 누른다.

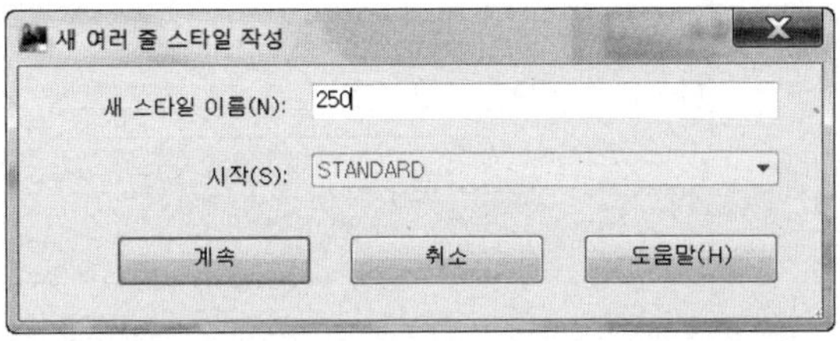

② "추가"를 두 번 눌러 총 4개의 선이 존재한 상태에서 간격 띄우기를 각각 115(실선), 35(실선), −35(실선), −115(실선)로 입력한다.

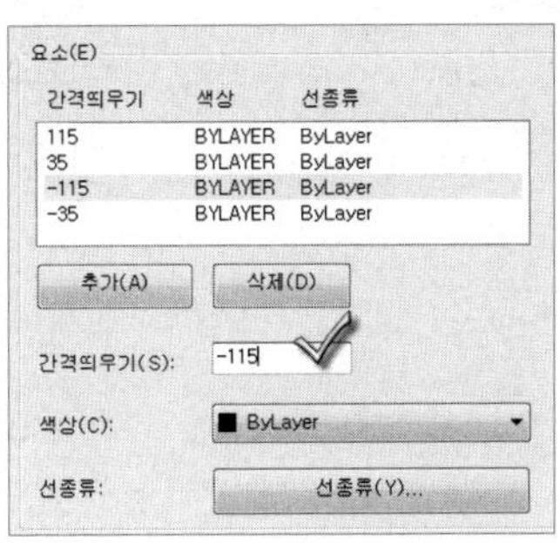

③ 저장 버튼을 눌러 다중선을 저장한다. 추가되는 선들도 같은 이름으로 저장하면 한 파일 안에 누적 저장된다.

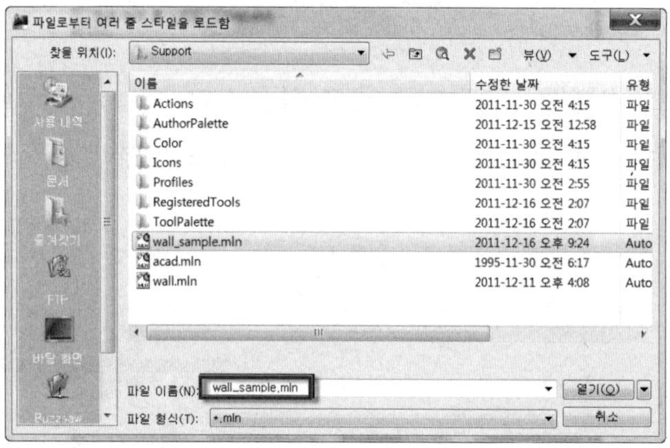

④ 같은 요령으로 내력벽(200), 비내력벽선(100)을 만든 다음 같은 이름으로 저장한다.

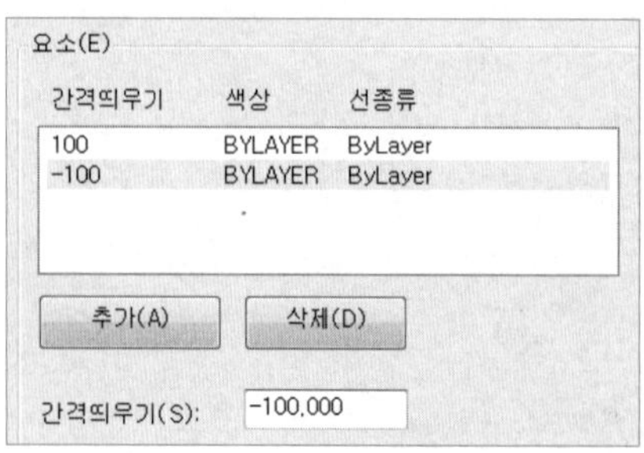

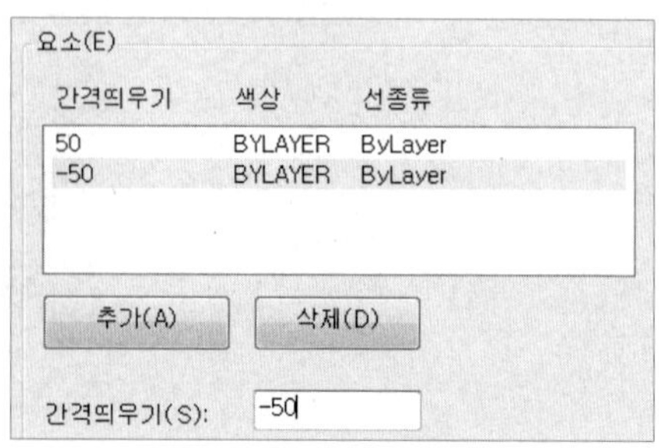

다른 컴퓨터에서 작업할 때 저장한 "여러 줄"을 가져다 사용하려면 저장된 폴더에서 "이름.mln" 파일을 복사하여 옮긴 다음 "여러 줄 스타일" 명령을 실행한 다음 "로드"로 불러들이면 된다.(그림 1) 불러올 때 주의할 점은 여러 개의 벽선이 한 이름으로 누적 저장된 경우 Mline 리스트(그림 4)에서 한 번에 한 개의 "여러 줄"만 로드되므로 필요한 만큼 여러 번 불러와야 한다.

▲ 그림 1

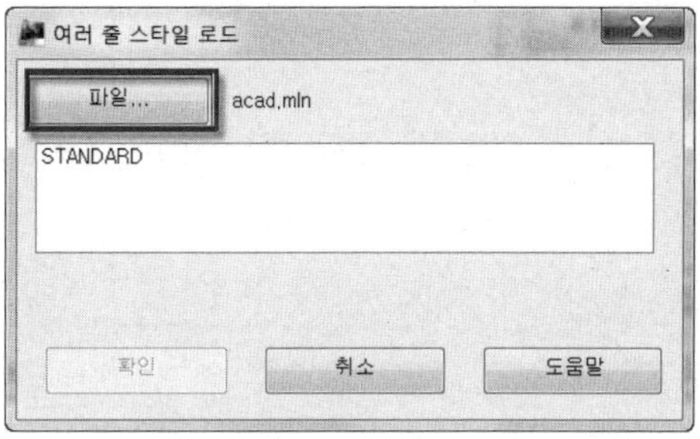

▲ 그림 2

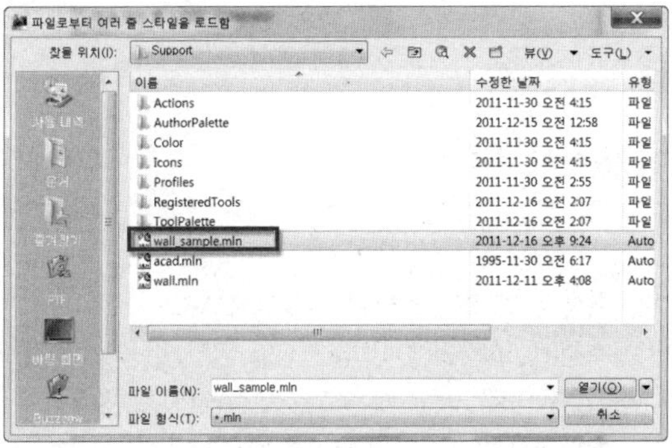

▲ 그림 3

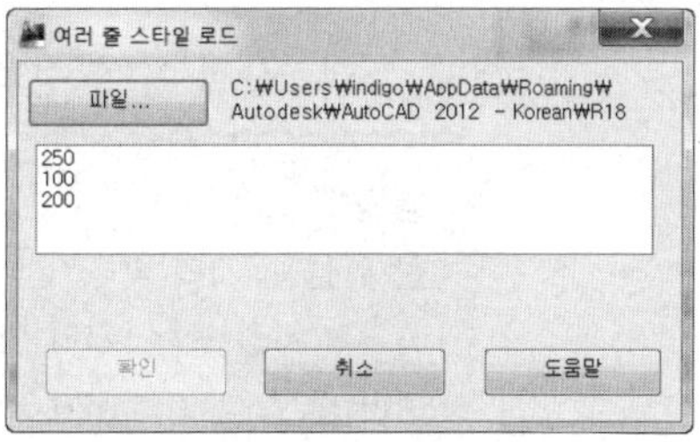

▲ 그림 4

7 벽의 중심선을 그린다.

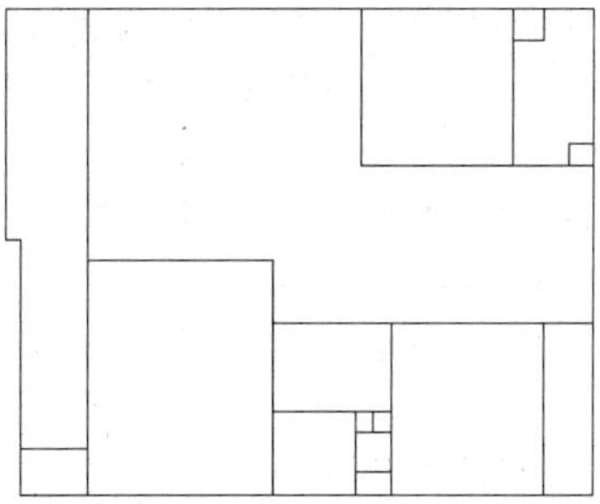

8 중심선 도면층으로 변경하고 선의 크기(Lts, Ltscale)를 조정한다.

명령: LTS
새 선 종류 축척 비율 입력 〈1.0000〉: **30** ← 20~30 정도면 적당하다.

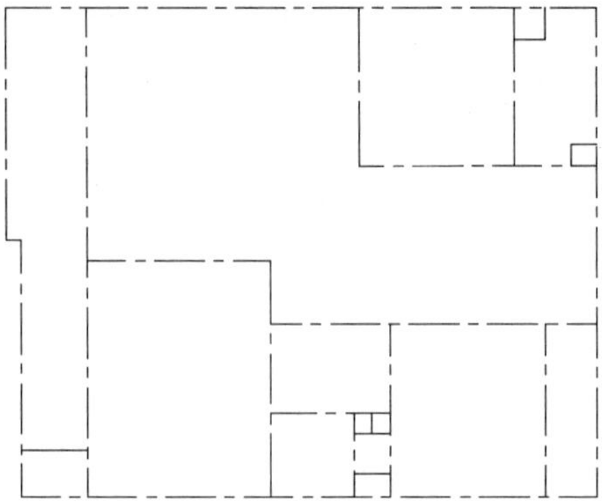

9 중심선을 따라 여러 줄로 벽을 그린다.

메뉴: **그리기 ➠ 여러 줄**

객체 스냅 "끝점"이 활성화되어 있어야 한다.

명령: ML
현재 설정: 자리 맞추기 = 맨 위, 축척 = 20.00, 스타일 = STANDARD
시작점 지정 또는 [자리 맞추기(J)/축척(S)/스타일(ST)]: S ← 선 크기 비율을 조정한다.
여러 줄 축척 입력 〈20.00〉: 1 ← 실척으로 그릴 때는 1을 입력해야 한다.
현재 설정: 자리 맞추기 = 맨 위, 축척 = 1.00, 스타일 = STANDARD
시작점 지정 또는 [자리 맞추기(J)/축척(S)/스타일(ST)]: J ← 선의 진행 기준을 설정한다.
자리 맞추기 유형 입력 [맨 위(T)/0(Z)/맨 아래(B)] 〈맨 위〉: Z ← 중심선을 따라 가도록 옵션을 지정한다.
현재 설정: 자리 맞추기 = 0, 축척 = 1.00, 스타일 = STANDARD
시작점 지정 또는 [자리 맞추기(J)/축척(S)/스타일(ST)]: ← 아무 곳이나 시작점으로 잡아도 관계 없으나 시계방향으로 진행하여 그린다.
다음 점 지정:
다음 점 지정 또는 [명령 취소(U)]: ← 계속 끝점을 따라 그린다.
다음 점 지정 또는 [닫기(C)/명령 취소(U)]:
다음 점 지정 또는 [닫기(C)/명령 취소(U)]:
⋮
다음 점 지정 또는 [닫기(C)/명령 취소(U)]: ← C를 입력하여 종료한다.

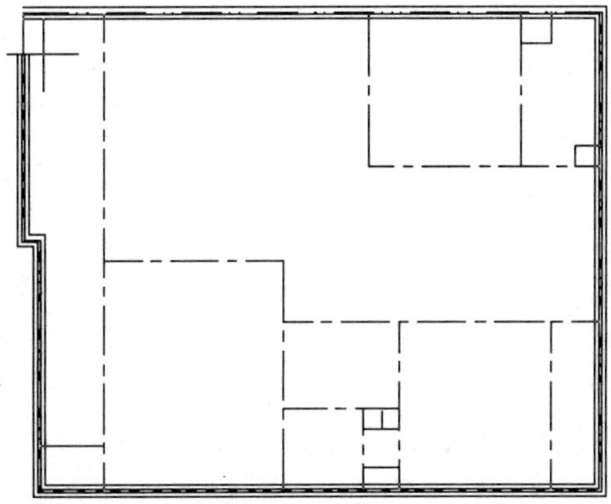

⑩ 여러 줄을 벽에 맞춰 그린다.

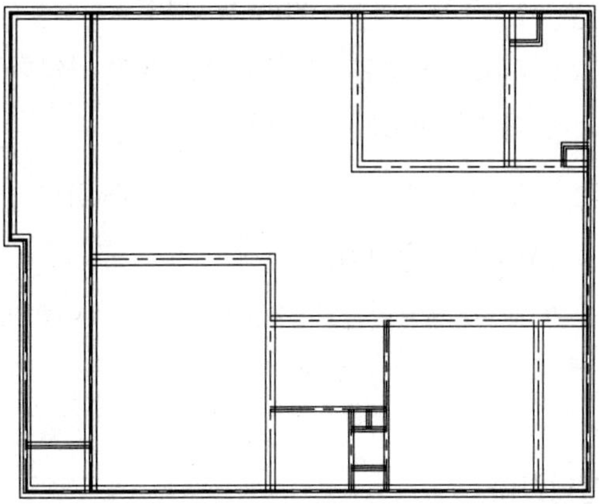

⑪ 여러 줄 편집은 Mledit로 한다.

메뉴: 수정 ➠ 객체 ➠ 여러 줄

다음 여러 줄을 Mledit의 "병합된 T자형"으로 수정은 B ➠ A, C ➠ B 순서로 선택하여 수정한다.

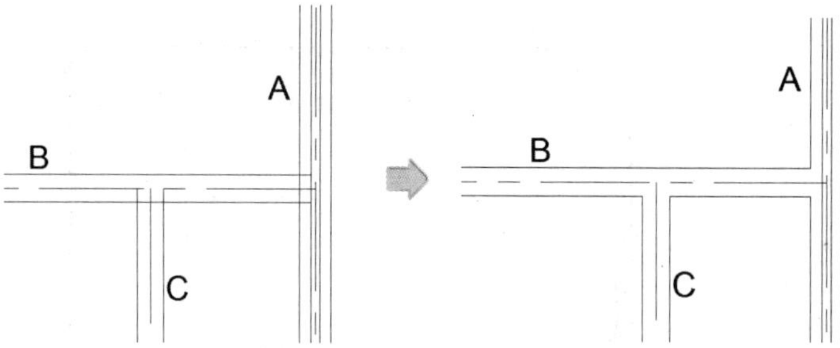

⑫ 만들어 놓은 블록을 삽입한다.

1) 여러 줄을 편집한다.

벽에 블록들을 삽입하려면 “여러 줄”을 편집하여야 한다. “여러 줄”을 편집하려면 다음 방법의 장·단점을 고려하여 편집한다.

① Mledit로 편집한다.(교재 “여러 줄 편집” 참조)

- 장점 : 여러 줄 속성이 유지되므로 추후 다양한 변화를 줄 수 있다.
- 단점 : 방법 및 절차가 복잡하다.

② 여러 줄을 분해한 후 절단(Trim)으로 수정한다.

- 장점 : 방법이 단순하다.
- 단점 : 여러 줄 속성이 없어지므로 더 이상 여러 줄 속성이 필요 없을 때 사용한다.

2) 블록을 삽입한다.

삽입(Insert) 명령으로 삽입한다. 방향이 맞지 않으면 “회전”을 체크하여 회전시켜 방향을 잡는다.

명령: I

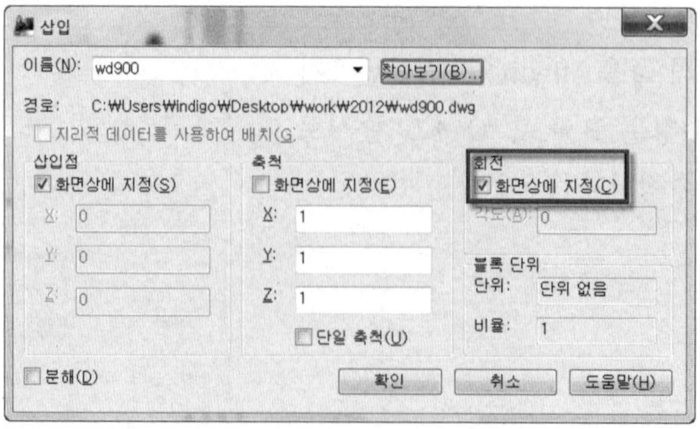

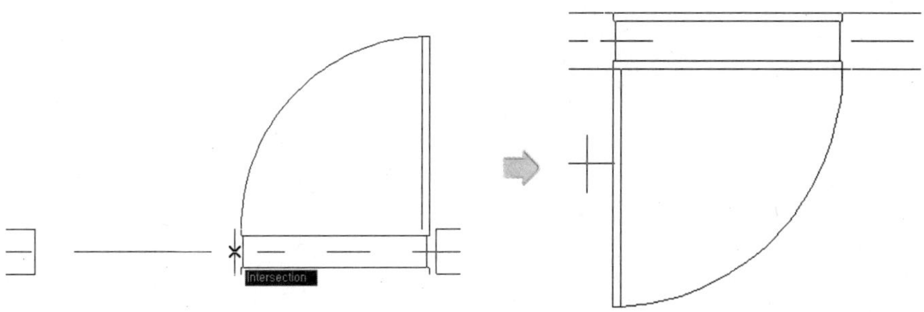

⓭ 문자를 쓴다.(Dtext, Mtext)

메뉴: 그리기 ➠ 문자 ➠ 여러 줄 문자, 단일행 문자

한글을 쓸려면 새로운 문자 유형을 만들어 사용하고 문자의 크기는 출력 크기와 현재 작업 영역의 크기를 고려하여야 한다. 만약 출력되는 문자가 3밀리미터라면 출력을 1/50으로 할 예정이라면 50×3=150을 잡아야 한다.

문자 스타일이 치수기입 문자에도 영향을 주므로 제도법에 맞는 문자 스타일을 만들어 사용한다.

⓮ 해치를 한다.

메뉴: 그리기 ➠ 해치

해치 대화상자에서 유형은 "사용자 정의", "이중", 간격두기는 "200"으로 하여 "점 선택"으로 선택한 영역에 해치를 적용하고, "미리보기"로 제대로 해칭이 되는지 검토한 후 엔터하면 적용되고 Esc를 누르면 다시 설정 창으로 복귀하여 내용을 변경할 수 있다.

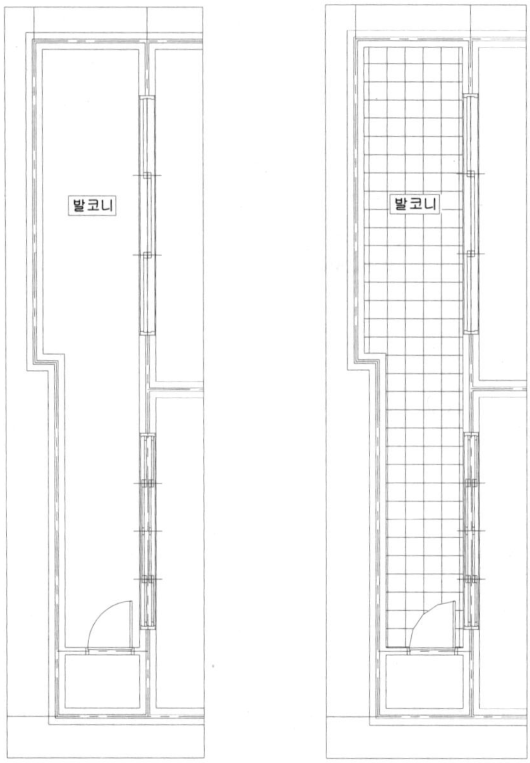

✎ 다른 도면층에서 작업했다면 해칭 도면층으로 변경한다.

⑮ 치수 변수를 KS 규격에 맞게 조정한다.

메뉴: 형식 ➠ 치수 스타일

템플릿 "Acadiso.dwt"로 도면을 시작했다면 변경할 내용은 거의 없다.

① 치수 스타일(D, Ddim) 명령을 실행한 후 "수정"을 선택한다.

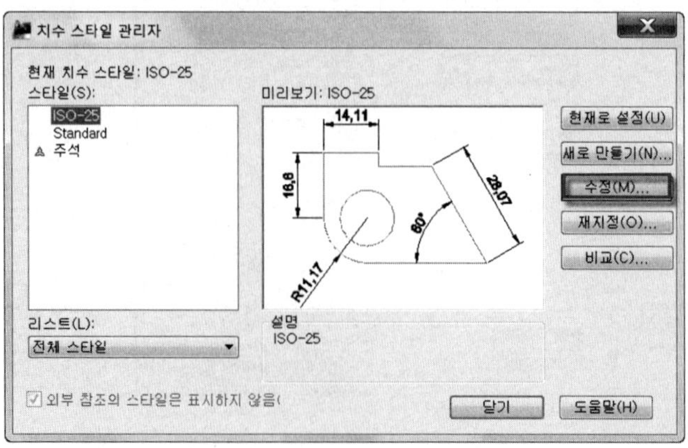

② 원점에서 간격 띄우기를 "0"으로 변경한다.

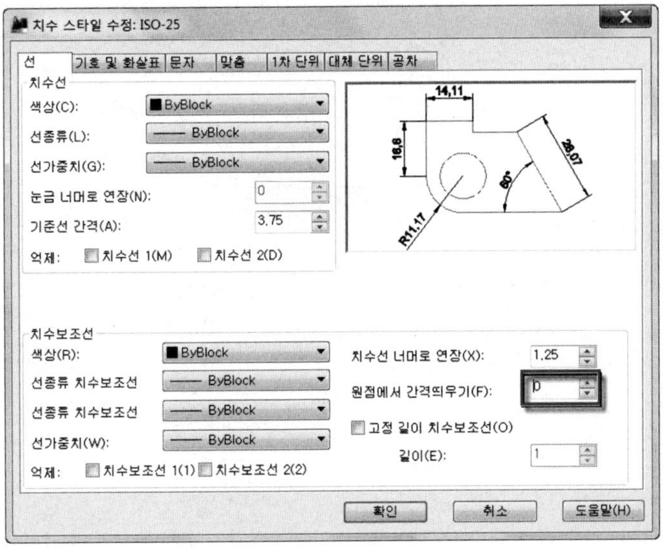

간격 띄우기(Dimexo)를 "0"으로 변경하는 이유는 치수기입을 하고 적당한 간격만큼 이동시킬 때 치수 보조선 끝에 필요 없는 점이 보이지 않게 하기 위함이다.

③ 맞춤에서 치수기입 문자, 화살표 등 치수기입의 크기에 관련된 모든 것을 제어하는 "전체 축척 사용"(Dimscale)에 "20~30" 사이의 값이면 건축 도면에 맞을 것이다.

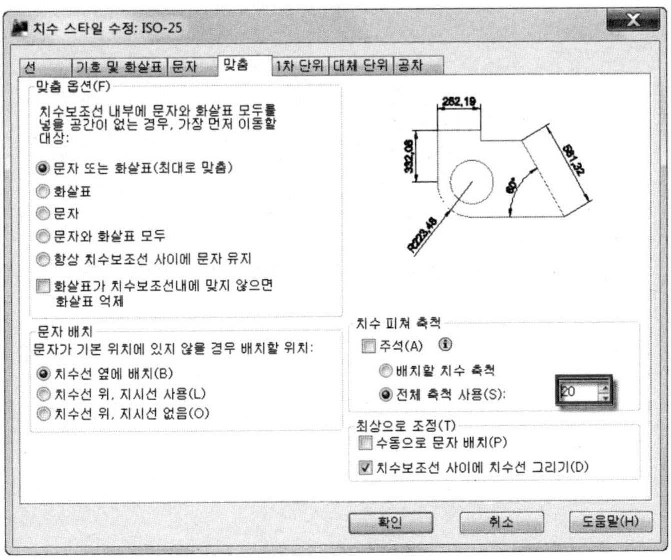

④ 소수점 구분 형태를 "점"으로 변경한 후 "확인"을 눌러 빠져 나온다.

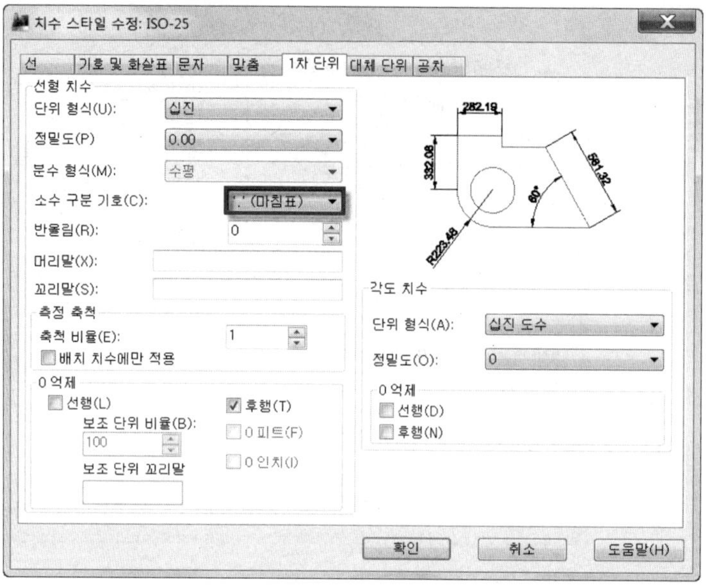

16 치수기입 도면층으로 변경하고 치수기입을 한다.

✸ 하단부에 수평선 치수기입을 해 보자.

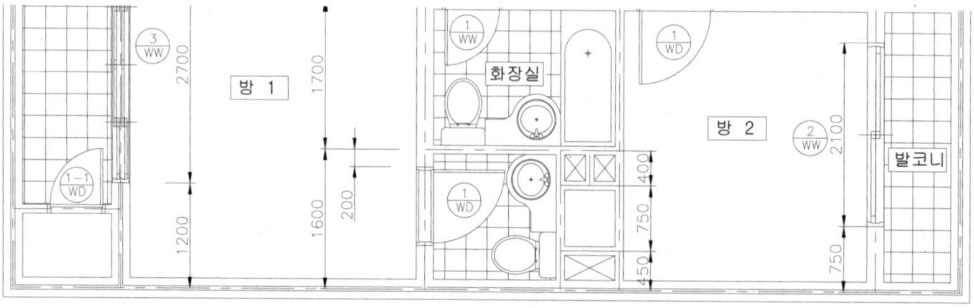

① A에서 B로 선형 치수기입으로 수평 치수기입을 한다.

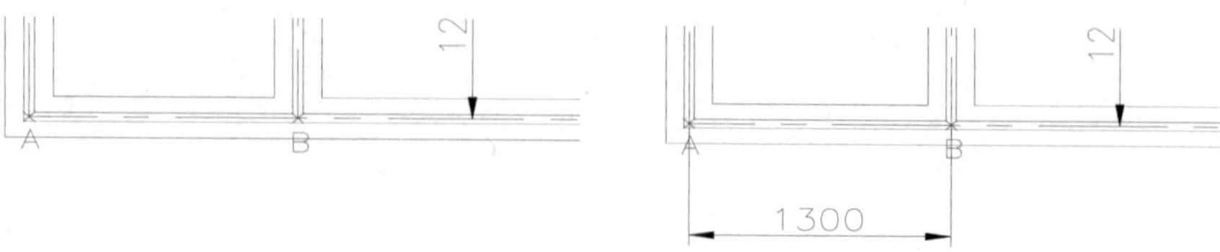

② 그 치수를 기준으로 연속 치수기입을 한다.

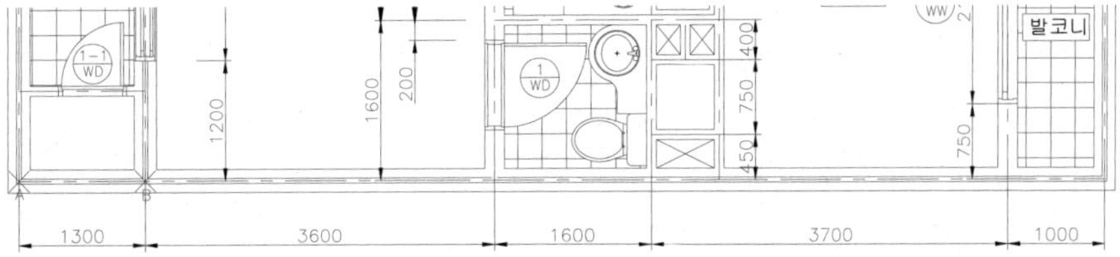

③ 치수기입이 끝나면 치수를 선택하여 적당한 거리만큼 간격을 떼어 준다.

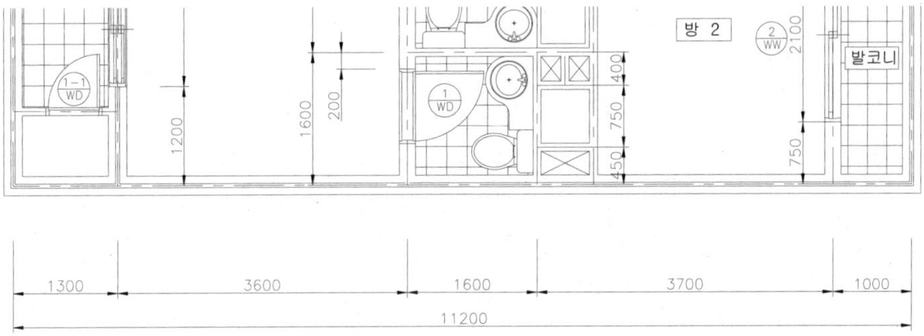

✎ 불규칙한 부분의 치수 보조선 정렬은 다음과 같은 방법을 사용하면 된다.

방법 1. 보조선을 그어 보조선에 치수기입을 한 후 보조선은 삭제한다.(그림 1)

방법 2. 치수기입을 한 후에 Grip 기능으로 편집하고 보조선은 삭제한다.(그림 2)

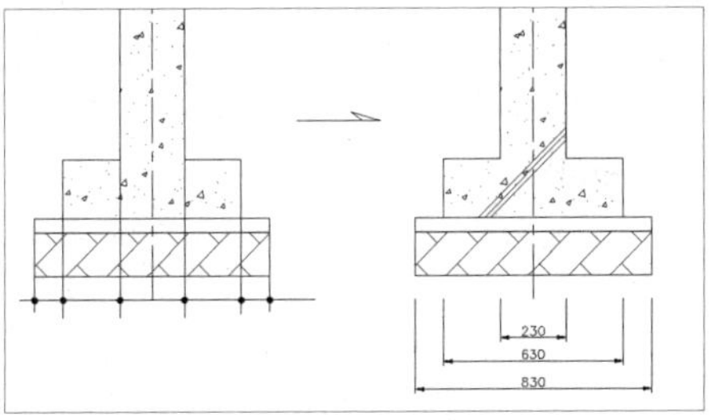

▲ 그림 1

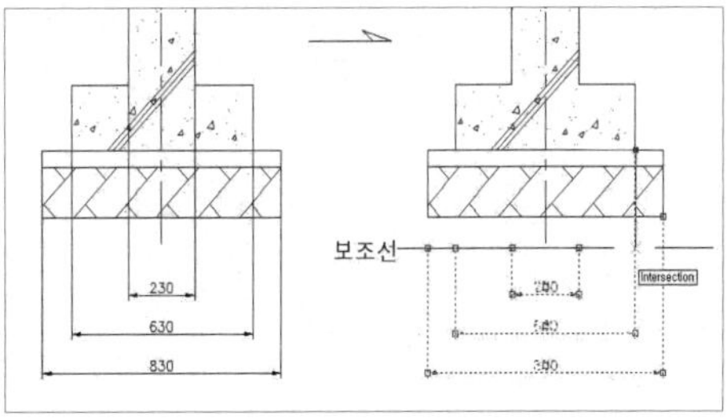

▲ 그림 2

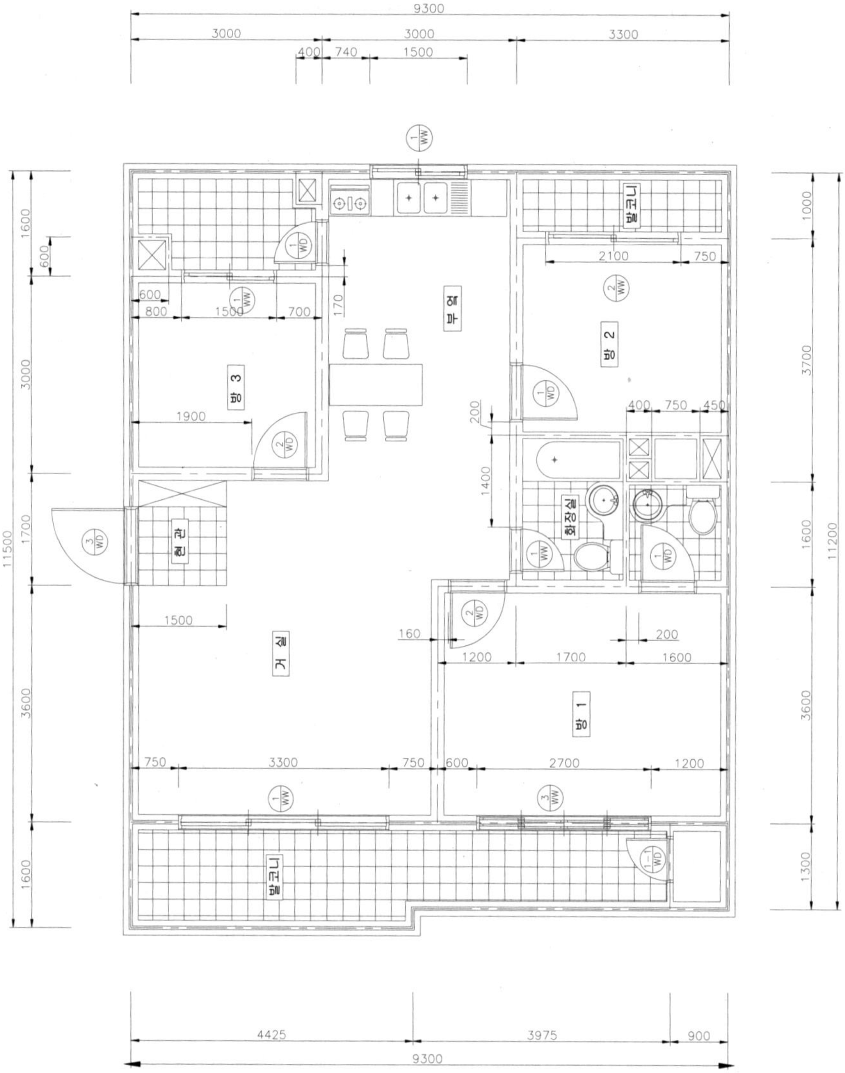

▲ 완성도

⑰ 출력하기

원하는 크기의 용지에 척도를 얼마로 해야 할지를 알아보기로 하자.
여기서는 A2용지에 출력한다고 가정할 때 축척 비율을 알아보자.

① Plot 명령을 실행한다. 먼저 사용자 컴퓨터에 연결되어 있는 출력기(프린터)를 지정한다. 출력기에 따라 용지 크기가 제한된다.

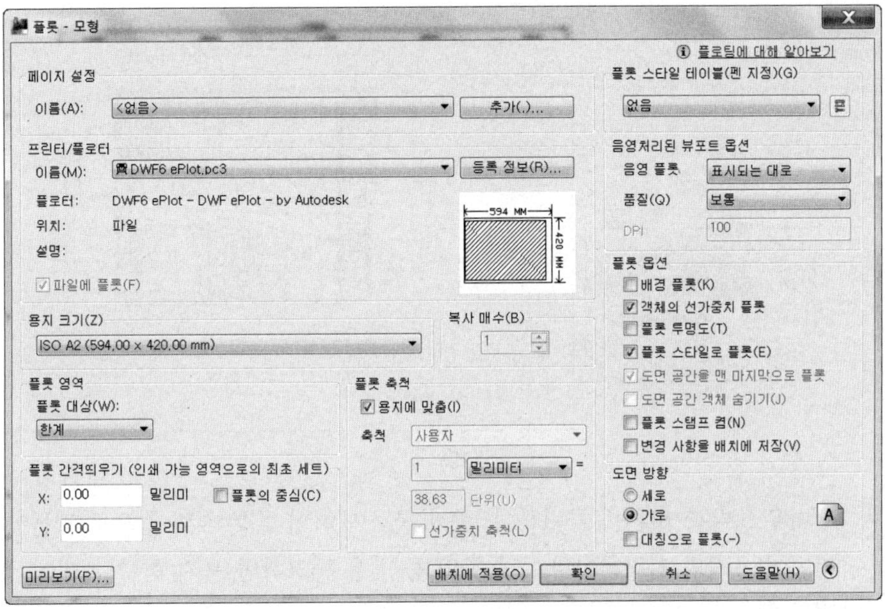

② ISO A2 용지 크기를 지정한다.(도면 방향도 고려해서 선택한다.)

③ 출력 영역을 "윈도우"를 선택하여 직접 출력할 영역을 잡는다.

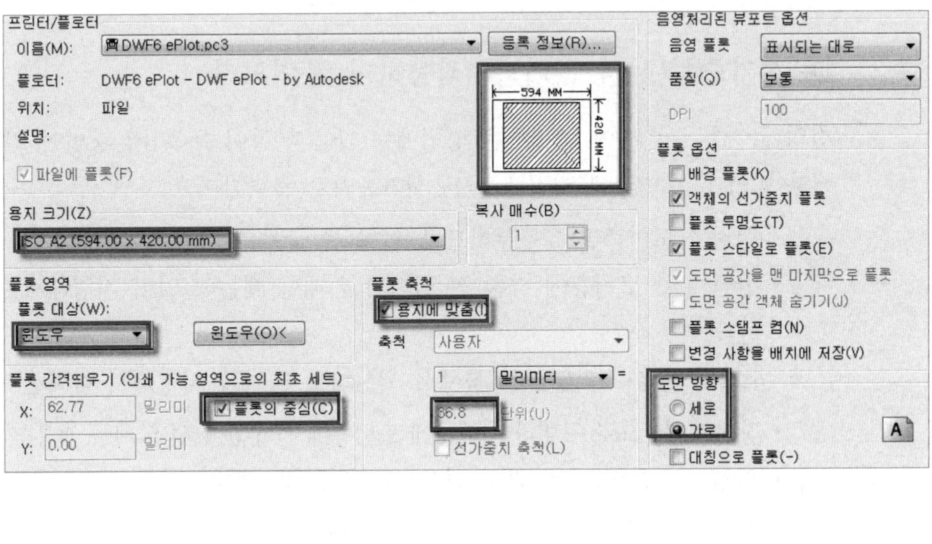

④ 플롯 축척 항목의 “용지에 맞춤”을 체크하면 현재 설정한 출력 범위와 종이에 출력되는 비율이 계산되어 표시된다. 여기서는 “36.8”이 나왔으므로 36.8보다 큰 값인 “50”을 입력하면 A2용지에 1/50로 출력을 할 수 있다.

⑤ “용지에 맞춤”을 해제하고 출력비에 “50”을 입력하고 “미리보기”를 클릭해서 출력 미리보기를 실행한다.

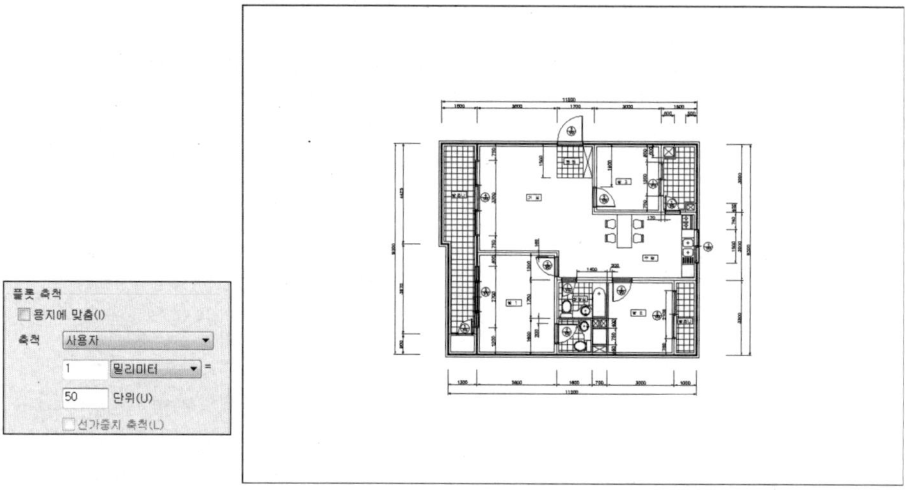

마우스 우측 버튼을 클릭하여 “종료”를 선택하여 플롯 대화 창으로 되돌아온다.(바깥 라인이 용지의 외곽선이다.) “플롯의 중심”을 체크하면 용지 한 가운데에 정렬되어 출력된다.

보통 회사에서는 회사 로고와 테두리 선이 그려져 있는 인쇄된 트레이싱 페이퍼를 사용하므로 이렇게 넉넉한 상태로 가운데에 들어가게 자리를 잡아 인쇄하면 큰 문제가 없을 것이다.

⑱ 선가중치(선의 굵기)를 적용하여 출력하기

선의 굵기를 구별하여 출력하는 방법에는 다음과 같이 두 가지 방법이 있다.

✸ 방법 1. 도면층에 지정해 놓은 선가중치로 출력한다.

- 장점 : 도면층별로 구분하므로 쉽게 선 굵기를 지정할 수 있다.
- 단점 : 한 도면층에 다른 선 굵기가 존재할 때는 일일이 지정해서 변경해야 한다.

✸ 방법 2. 플롯 스타일 테이블에서 색상별로 굵기를 지정해서 출력한다.

- 장점 : 색상으로 구별하기 때문에 도면층에 관계없이 선 굵기를 적용할 수 있다.
- 단점 : 같은 굵기는 같은 색상으로 작업해야 한다.

앞서 본문에서 방법 1의 설명은 되어 있기 때문에 방법 2를 설명한다.

① 플롯 스타일 테이블에서 "새로 만들기"를 선택한다.

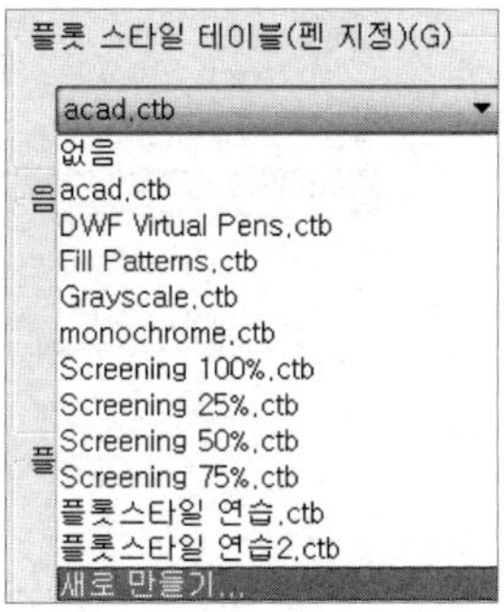

② 처음부터 시작을 선택한다.

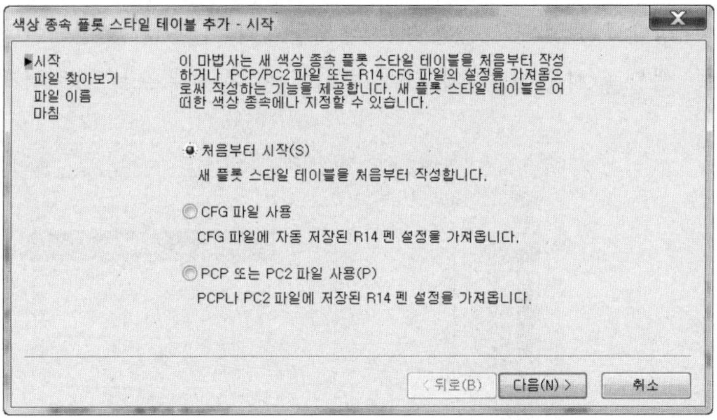

③ 구별할 수 있는 이름을 입력한다.

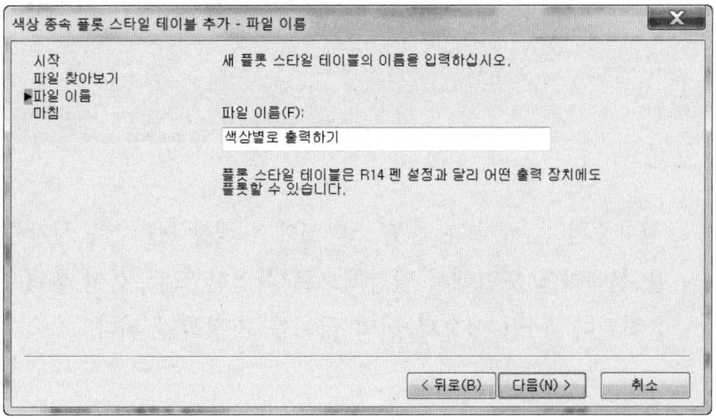

④ “플롯 스타일 테이블 편집기”를 선택하여 수정을 한다.

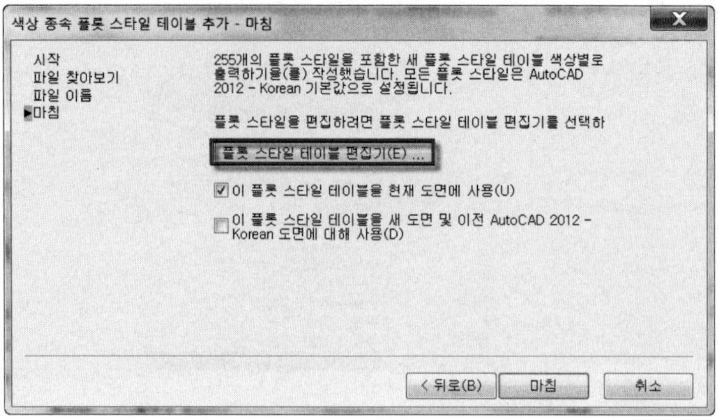

⑤ 흑백으로 출력하기 위하여 플롯 스타일의 맨 위에서 아래까지 Shift를 누른 상태로 선택하고 특성 부분의 색상에서 “검은색”을 선택한다. 컴퓨터에서 어떤 색상을 사용하였던지 간에 종이에는 “검은색”으로 출력하겠다는 뜻이다.

선가중치(선 굵기)는 플롯 스타일에서 색상 1을 우측 선가중치에서 0.1000mm를 선택하면 도면에서 빨강색으로 작업한 모든 선이 출력 용지에는 0.1mm로 출력된다. 이런 식으로 선의 굵기를 지정하면 된다.

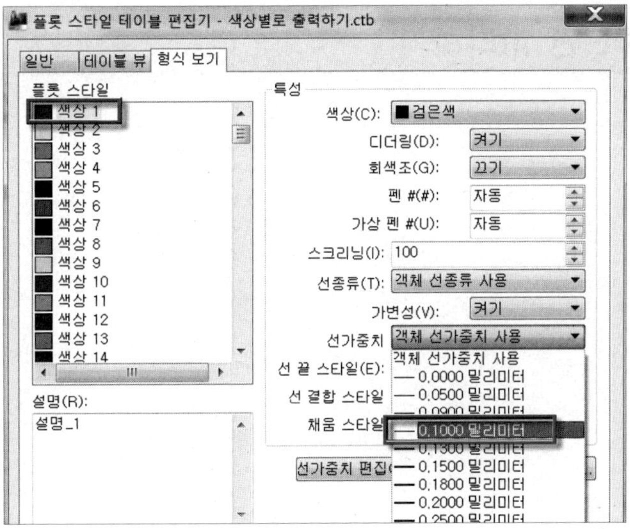

다음은 선 굵기 조정 후에 미리보기를 확대한 내용이다.

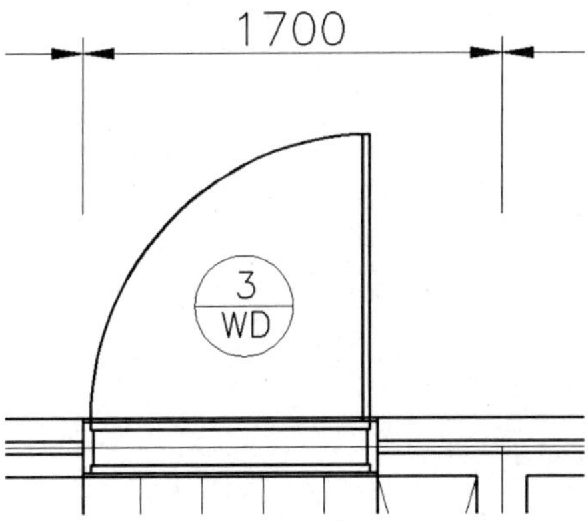

여기에서 다루는 내용은 작업의 흐름을 알고자 하는 것이기에 명령들이 간략하게 설명되었다. 따라서 자세한 내용은 본문에 해당 명령을 찾아 참고하기 바란다.

2 기계도면 따라하기

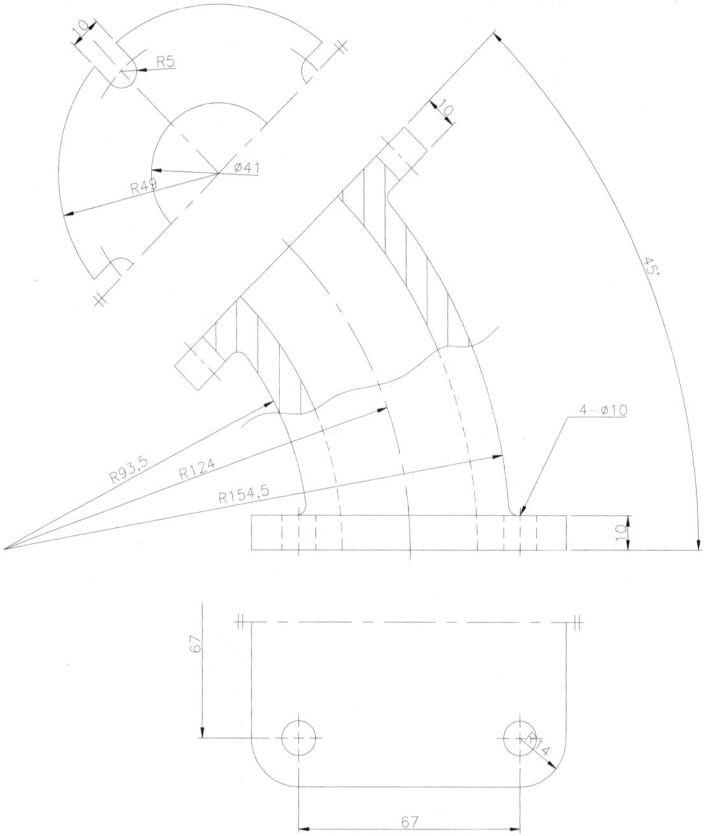

일반적인 작업순서

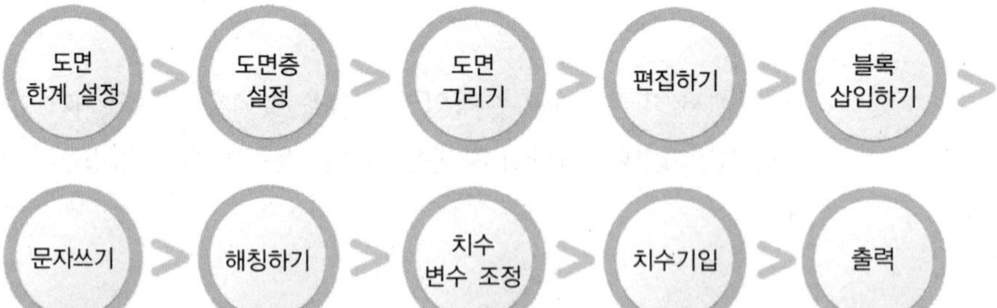

도면을 작업하기 전에 작업 순서를 어떤 명령을 어떤 순서로 사용할 것인지 마음속으로 생각한다.

다음 작업 내용은 말 그대로 예(Sample)일 뿐이다. 작업 방법은 하는 사람마다 천차만별이지만 어떤 방법이 능률적인지 자신만의 노하우를 찾아내기 바란다. 그러기 위해서는 같은 도면이라도 여러 가지 방법으로 반복 실습해야 한다.

❶ "새로 만들기" 명령으로 새 작업을 시작한다.

메뉴: **파일 ➠ 새로 만들기**

단축: **Ctrl + N**

명령: **New**

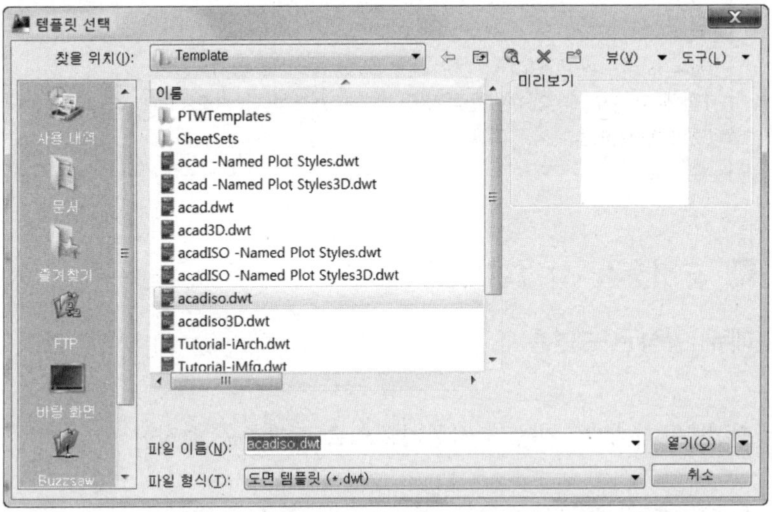

ISO 규격으로 최적화 되어 있는 기본 템플릿 "acadiso.dwt"를 사용한다. "Startup" 변숫값에 따라 대화상자 표시가 달라진다.

❷ 도면 작업 공간의 크기를 설정한다.

메뉴: **형식 ➠ 도면 한계**

도면을 어느 정도의 크기의 용지에 출력할 것인가를 생각하고 설정한다.
A4 크기로 설정한다.

명령: Limits
모형 공간 한계 재설정:
왼쪽 아래 구석 지정 또는 [켜기(ON)/끄기(OFF)] ⟨0.0000,0.0000⟩: ← 그냥 엔터한다.
오른쪽 위 구석 지정 ⟨420.0000,297.0000⟩: 297,210

3 작업 영역을 전체로 변경한다.

메뉴: 뷰 ➠ 줌 ➠ 전체

도면 한계 변경 후에는 반드시 줌 명령으로 설정한 크기로 화면을 조정한다.

명령: Z
윈도우 구석을 지정, 축척 비율(nX 또는 nXP)을 입력, 또는
[전체(A)/중심(C)/동적(D)/범위(E)/이전(P)/축척(S)/윈도우(W)/객체(O)] 〈실시간〉: a
모형 재생성 중

4 도면층을 설정한다.

메뉴: 형식 ➠ 도면층

전산응용기계제도기능사 시험기준으로 도면층을 설정한다.

이름	색상	선 종류	선가중치	설 명
중심선	빨강	center	0.1mm	중심선을 그린다.
은선	노랑	hidden	0.3mm	숨은선을 그린다.
외형선	초록	continuous	0.5mm	물체의 외형을 그린다.
해칭파단	빨강	continuous	0.1mm	해칭, 파단선을 그린다.
치수	빨강	continuous	0.2mm	치수기입을 한다.
테두리선	하늘	continuous	0.7mm	도면의 테두리선을 그린다.

굵은선(외형선, 테두리선), 중간선(은선, 문자, 치수문자), 가는선(중심선, 가상선, 파단선, 치수선, 해칭선) 등 3단계로 구분한다.

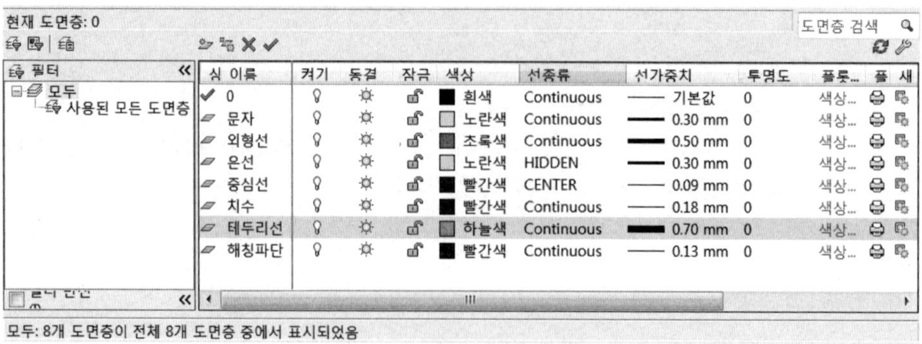

✎ 원하는 굵기가 없을 때는 근접한 굵기로 지정한다. 그리고 플롯 스타일에서 선 굵기를 지정하여 출력하려면 도면층에서 선가중치를 지정하지 않아도 된다.

5 작업 기준선(수평선 200)을 긋는다.

메뉴: **그리기 ➠ 선**

보통 중심선을 먼저 그리지만 여기서는 밑변을 먼저 그리자. 직선을 정확하게 그리려면 F8이나 F10을 눌러 "직교 모드"나 "극좌표 추적"을 활성화한 후 작업한다.

> **명령:** l
> 첫 번째 점 지정:
> 다음 점 지정 또는 [명령 취소(U)]: 200 ← 나중에 정리를 하더라도 좀 여유 있게 그린다.
> 다음 점 지정 또는 [명령 취소(U)]:

6 수평선을 점 A를 기준으로 회전 배열시킨다.

리본: **제도 및 주석 ➠ 홈 ➠ 수정 ➠ 배열**
도구: **수정**

> **명령:** AR
> 객체 선택: ← 선을 선택한다.
> 객체 선택: 배열 유형 입력 [직사각형(R)/경로(PA)/원형(PO)] 〈경로〉: po ← 기본 값이 원형이 아닐 때만 "po"를 입력한다.
> 유형 = 원형 연관 = 예
> 배열의 중심점 지정 또는 [기준점(B)/회전축(A)]: ← 점 A를 지정한다.(객체 스냅이 활성화되어 있어야 한다. 활성화되어 있지 않으면 작업 중에라도 활성화시킨다.)
> 항목 수 입력 [사이의 각도(A)/표현식(E)] 〈3〉: 2 ← 배열할 개수를 입력한다.
> 채울 각도 지정(+=ccw, −=cw) 또는 [표현식(EX)] 〈360〉: 45 ← 배열 각도를 입력한다.
> Enter 키를 눌러 수락하거나 [연관(AS)/기준점(B)/항목(I)/사이의 각도(A)/채울 각도(F)/행(ROW)/레벨(L)/항목회전(ROT)/종료(X)]〈종료〉:

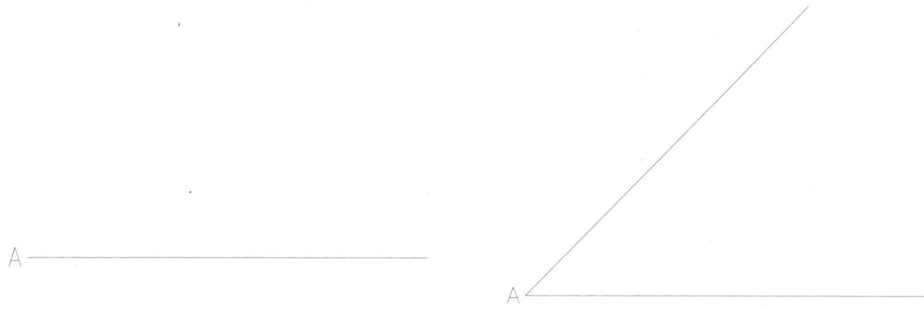

▲ 결과

7 끝점 A를 중심점으로 하여 원(반지름 124, 154.5)을 그린다.(그림 1)

명령: C
원에 대한 중심점 지정 또는 [3점(3P)/2점(2P)/Ttr – 접선 접선 반지름(T)]: ← 점 A를 지정한다.
원의 반지름 지정 또는 [지름(D)]: 124

명령: Enter↵ ← 그냥 엔터하면 직전에 사용했던 명령이 반복된다.
CIRCLE 원에 대한 중심점 지정 또는 [3점(3P)/2점(2P)/Ttr – 접선 접선 반지름(T)]: @
← "@"는 마지막에 지정했던 지점을 다시 찾아간다.
원의 반지름 지정 또는 [지름(D)] 〈124.0000〉: 154.5

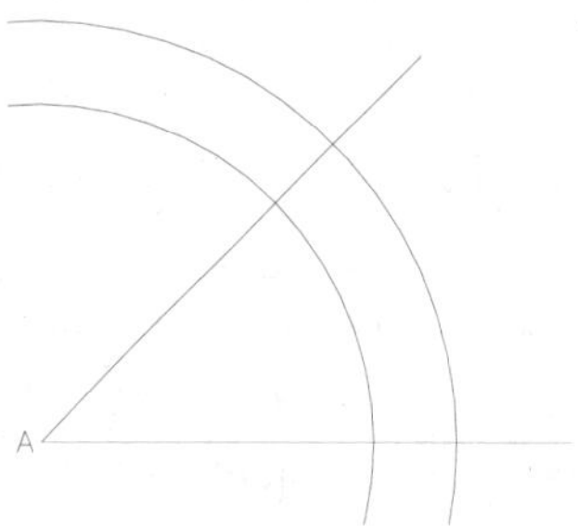

▲ 그림 1

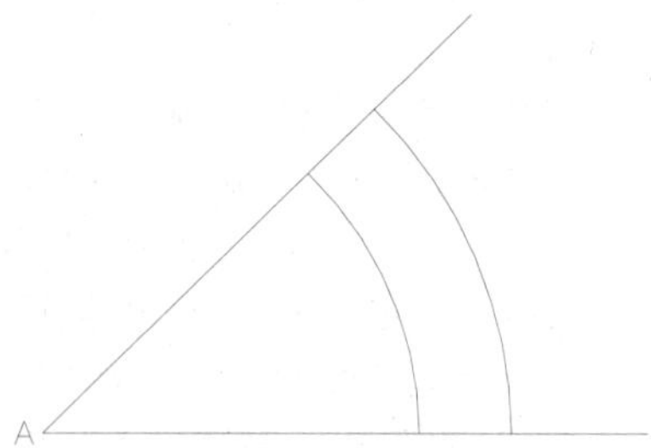

▲ 그림 2

8 선을 경계로 하여 원의 불필요한 부분을 정리한다.(그림 2)

메뉴: 수정 ➠ 자르기

9 호 B를 선택하여 20.5 간격으로 위, 아래 방향으로 각각 Offset 시킨다.(그림 3)

메뉴: **수정 ➠ 간격 띄우기**

✎ 선을 45° 배열시 연관을 해제 하지 않고 했다면 선을 “X” 명령으로 연관을 해체해야 개별 선택이 가능하다.

명령: O
현재 설정: 원본 지우기=아니오 도면층=원본 OFFSETGAPTYPE=0
간격 띄우기 거리 지정 또는 [통과점(T)/지우기(E)/도면층(L)] 〈통과점〉: 20.5
← OFFSET 값을 지정한다.
간격 띄우기 할 객체 선택 또는 [종료(E)/명령 취소(U)] 〈종료〉: ← 호 B를 선택한다.
간격 띄우기 할 면의 점 지정 또는 [종료(E)/다중(M)/명령 취소(U)] 〈종료〉:
← OFFSET 방향을 안쪽으로 지정한다.
간격 띄우기 할 객체 선택 또는 [종료(E)/명령 취소(U)] 〈종료〉: ← 호 B를 선택한다.
간격 띄우기 할 면의 점 지정 또는 [종료(E)/다중(M)/명령 취소(U)] 〈종료〉:
← OFFSET 방향을 안쪽으로 지정한다.
간격 띄우기 할 객체 선택 또는 [종료(E)/명령 취소(U)] 〈종료〉:

10 맨 안쪽 호는 10만큼 안쪽으로 Offset시킨다.(그림 3)

11 직선을 각각 안쪽으로 10만큼 Offset시킨다.(그림 4)

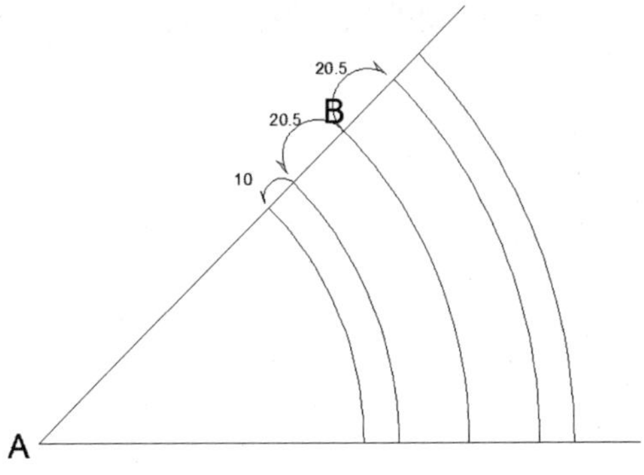

▲ 그림 3

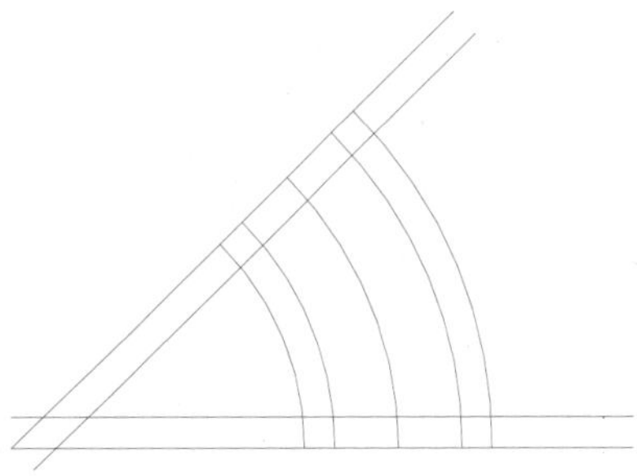

▲ 그림 4

12 저면도 및 정면도의 좌우 폭을 잡기 위해 중심선에 해당하는 호의 끝점에서 아래 방향으로 임의의 길이의 수직선을 긋는다.(그림 5)

⑬ 그 선을 양쪽으로 47.5(67+28=95, 95/2=47.5)씩 Offset시킨다.(그림 6)

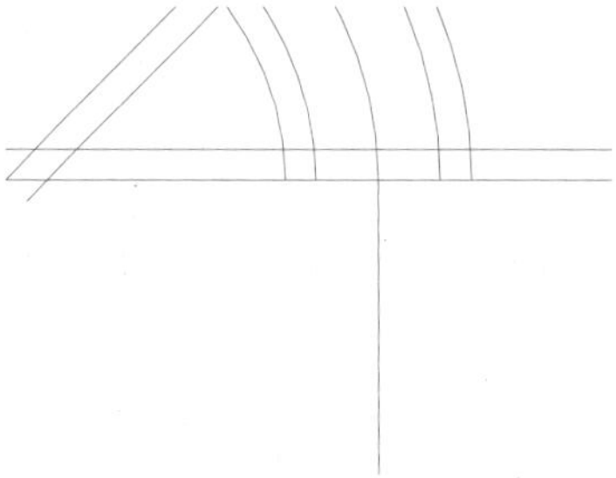

▲ 그림 5

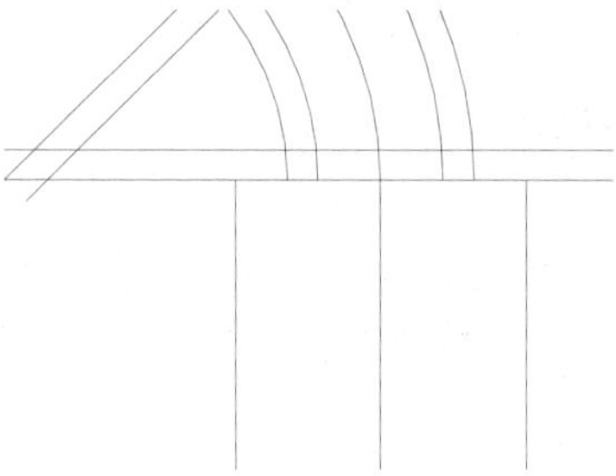

▲ 그림 6

⑭ 모깎기 명령으로 모서리를 정리한다.(A와 B, C와 D 부분을 선택하여 정리한다.)

메뉴: 수정 ➠ 모깎기

반지름 값을 0으로 변경시키거나 선을 선택할 때 [Shift] 를 누른 상태로 선택한다. 자르기는 자르기 모드(T)가 되어 있어야 한다.

명령: F
현재 설정: 모드 = 자르기, 반지름 = 0.0000
첫 번째 객체 선택 또는 [명령 취소(U)/폴리선(P)/반지름(R)/자르기(T)/다중(M)]:
← 선의 A(C) 부분을 선택한다.
두 번째 객체 선택 또는 Shift 키를 누른 채 선택하여 구석 적용 또는 [반지름(R)]:
← 선의 B(D) 부분을 선택한다.

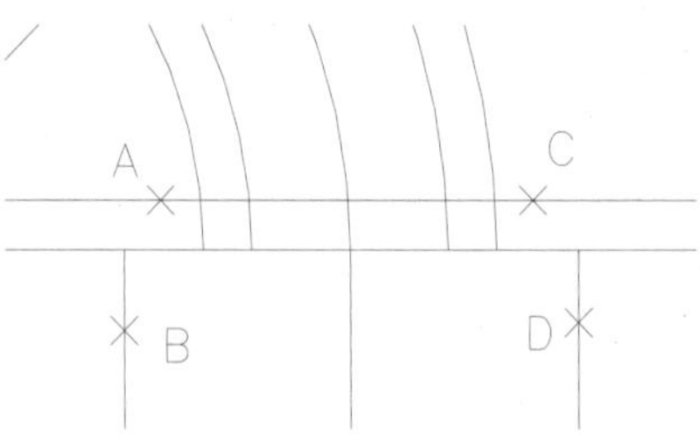

▲ Fillet 전

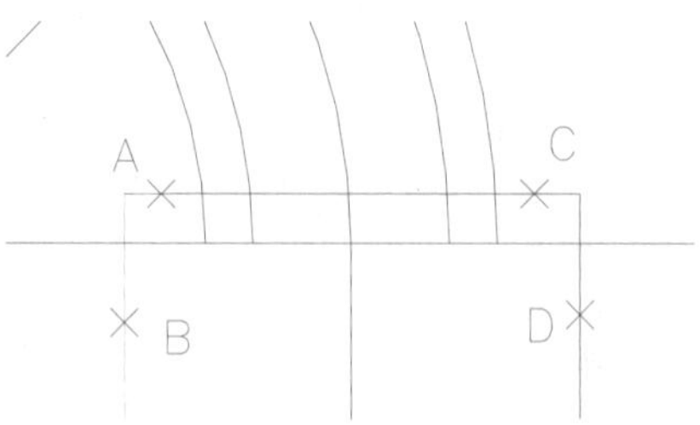

▲ Fillet 후

⓯ 저면도를 그린다.

① 선 Z를 아래 임의의 위치로 복사한다.(그림 7)

메뉴: 수정 ➠ 복사

명령: CP
객체 선택: ← 선 Z를 선택한다.
객체 선택:
현재 설정: 복사 모드 = 다중(M)
기본점 지정 또는 [변위(D)/모드(O)] 〈변위(D)〉: ← 기준점을 잡는다.
두 번째 점 지정 또는 [배열(A)] 〈첫 번째 점을 변위로 사용〉: ← 임의의 위치에 복사한다.
두 번째 점 지정 또는 [배열(A)/종료(E)/명령 취소(U)] 〈종료〉:

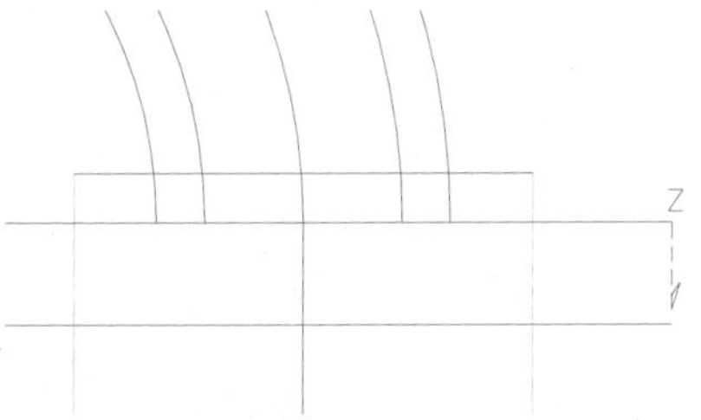

▲ 그림 7

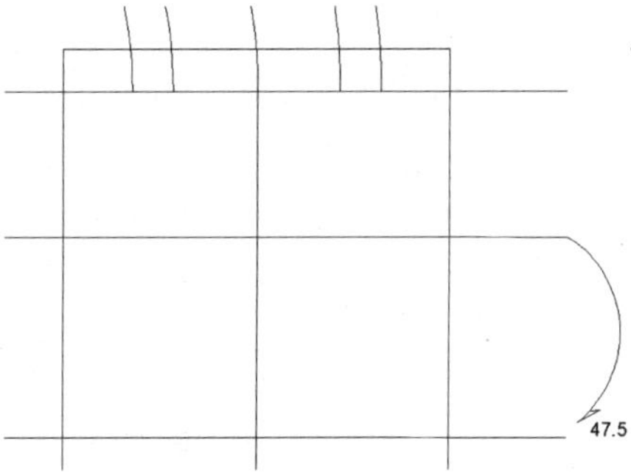

▲ 그림 8

② 복사된 선을 아래 방향으로 47.5(=33.5+14)만큼 Offset시킨다.(그림 8)

③ 선 A, B, C, D를 경계로 지정한 후 “X” 부분을 Trim시킨다.(그림 9, 10, 11)

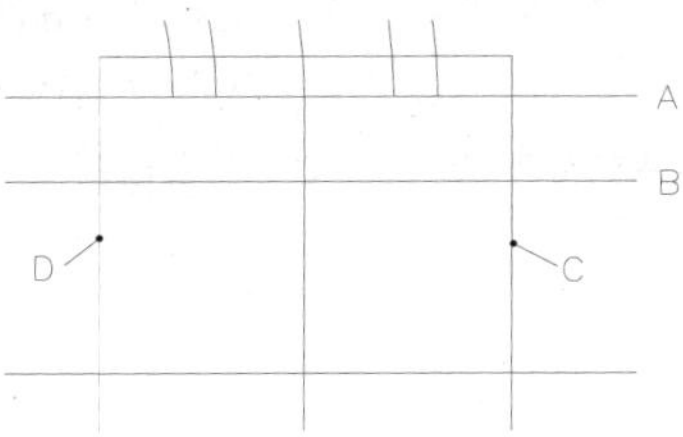

▲ 그림 9

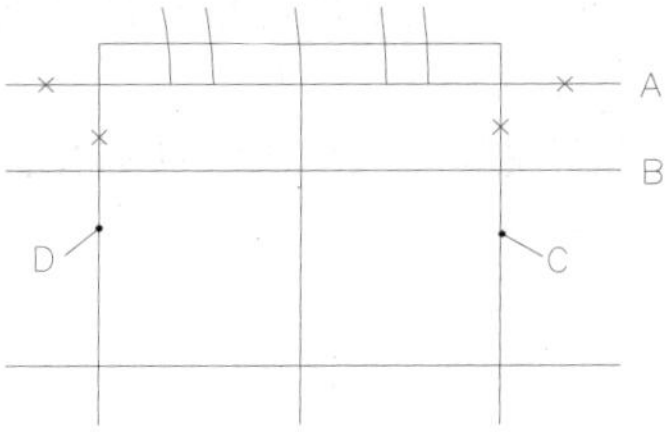

▲ 그림 10

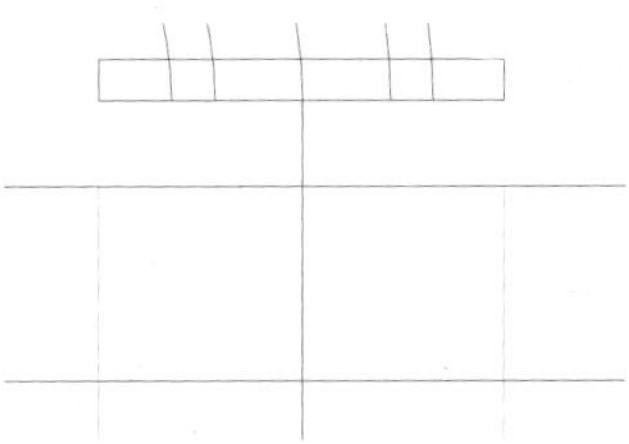

▲ 그림 11(결과)

④ 저면도 아래 부분 모서리를 반지름 14만큼 모깎기(Fillet) 처리한다.(그림 12, 13)

명령: f
현재 설정: 모드 = 자르기, 반지름 = 10.0000
첫 번째 객체 선택 또는 [명령 취소(U)/폴리선(P)/반지름(R)/자르기(T)/다중(M)]: r
← 반지름을 변경하기 위한 옵션이다.
모깎기 반지름 지정 〈10.0000〉: 14 ← 반지름을 변경한다.
첫 번째 객체 선택 또는 [명령 취소(U)/폴리선(P)/반지름(R)/자르기(T)/다중(M)]:
← 모깎기 할 선 중 하나를 선택한다.
두 번째 객체 선택 또는 Shift 키를 누른 채 선택하여 구석 적용 또는 [반지름(R)]:
← 나머지 선을 선택한다.

▲ 그림 12

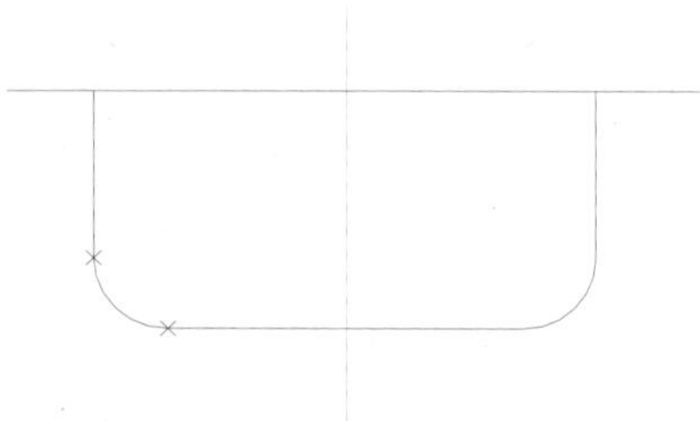

▲ 그림 13

⑤ Fillet한 모서리의 호의 중심을 찾아 반지름 5인 원을 그린다.

명령: c
원에 대한 중심점 지정 또는 [3점(3P)/2점(2P)/Ttr – 접선 접선 반지름(T)]:
← 원의 중심점을 찾는다.
원의 반지름 지정 또는 [지름(D)] 〈154.5000〉: 5 ← 반지름을 입력한다.

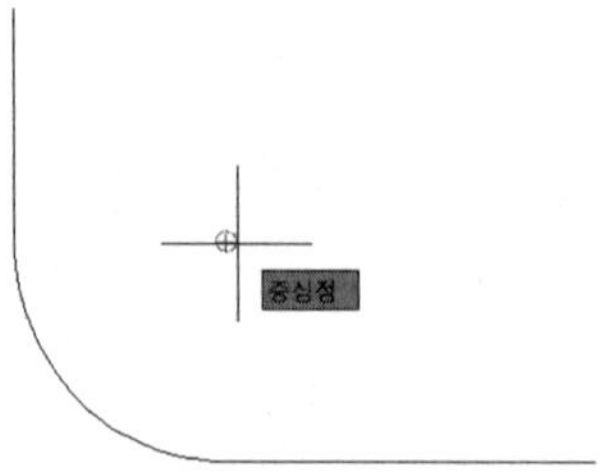

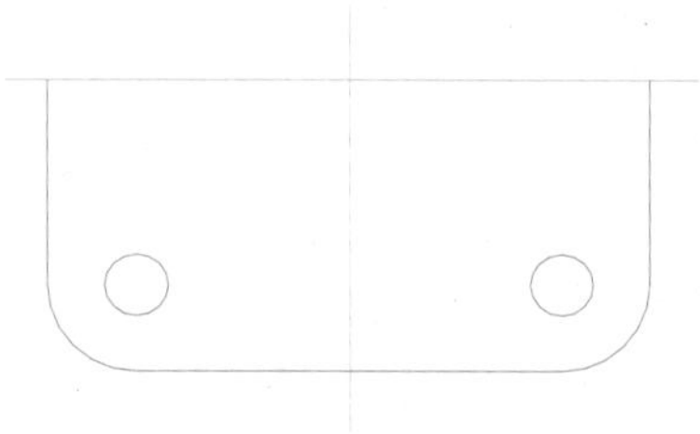

16 부분 투상도를 그린다.(그림 14)

① 정면도 위쪽으로 화면을 옮긴 후 임의점 A에서 수직점 B를 긋는다.(객체 스냅 "수직"이 활성화되어 있어야 한다.)

명령: L
첫 번째 점 지정: ← 임의점 A를 잡는다.
다음 점 지정 또는 [명령 취소(U)]: ← 수직점 B를 잡는다.
다음 점 지정 또는 [명령 취소(U)]:

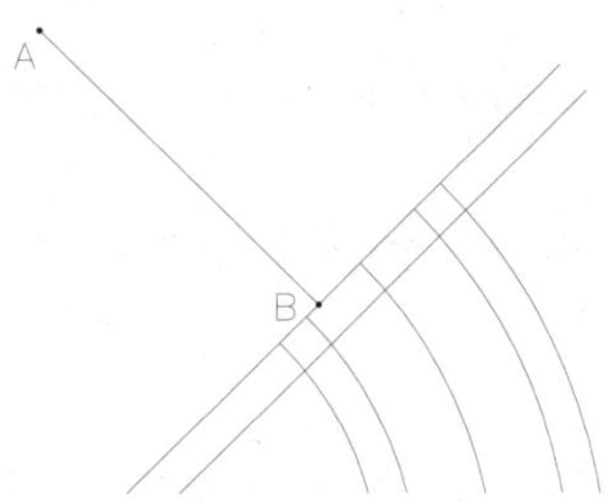

▲ 그림 14

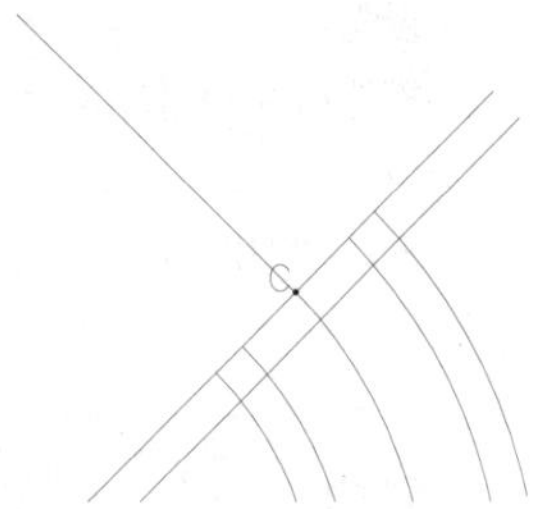

▲ 그림 15

② 선분 AB를 중심선 끝점 C로 이동시킨다.(그림 15)

명령: M
객체 선택: ← 선분 AB를 선택한다.
객체 선택:
기준점 지정 또는 [변위(D)] 〈변위〉: ← 끝점 B를 지정한다.
두 번째 점 지정 또는 〈첫 번째 점을 변위로 사용〉: ← 끝점 C를 지정한다.

③ 맨 윗선을 30만큼 Offset시킨다.(그림 16)

명령: O
현재 설정: 원본 지우기=아니오 도면층=원본 OFFSETGAPTYPE=0
간격 띄우기 거리 지정 또는 [통과점(T)/지우기(E)/도면층(L)] 〈47.50000〉: 30 ← 간격 값을 변경한다.
간격 띄우기 할 객체 선택 또는 [종료(E)/명령 취소(U)] 〈종료〉: ← 대상 선을 선택한다.
간격 띄우기 할 면의 점 지정 또는 [종료(E)/다중(M)/명령 취소(U)] 〈종료〉: ← 방향을 지정한다.

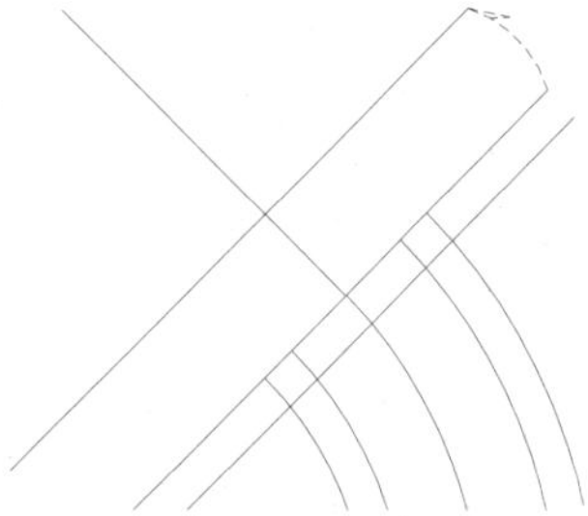

▲ 그림 16

④ 교차점 K를 중심점으로 원(반지름 20.5, 49)을 그린다.(그림 17)

명령: C
원에 대한 중심점 지정 또는 [3점(3P)/2점(2P)/Ttr – 접선 접선 반지름(T)]: ← 교차점 K를 지정한다.
원의 반지름 지정 또는 [지름(D)]: 20.5 ← 반지름을 입력한다.

명령: Enter↵ ← 그냥 엔터하면 직전에 사용했던 명령이 반복된다.
CIRCLE 원에 대한 중심점 지정 또는 [3점(3P)/2점(2P)/Ttr – 접선 접선 반지름(T)]: @
← "@"는 마지막에 지정했던 지점을 다시 찾아간다.
원의 반지름 지정 또는 [지름(D)]〈20.5000〉: 49

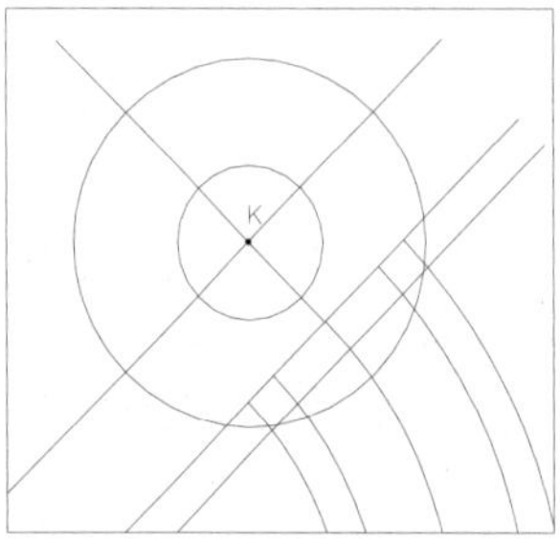

▲ 그림 17

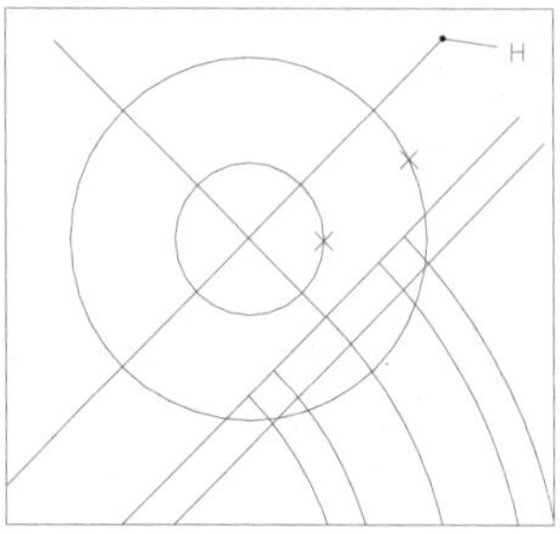

▲ 그림 18

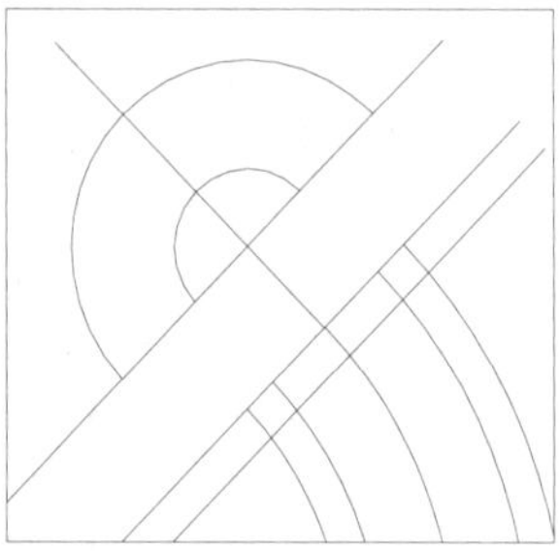

▲ 그림 19

⑤ 선 H를 경계로 하여 원의 아래 부분(X)을 Trim 정리한다.(그림 18, 19)

명령: TR
현재 설정: 투영=UCS 모서리=연장
절단 모서리 선택 ...
객체 선택 또는 〈모두 선택〉: ← 선 H를 경계로 선택한다.
객체 선택:
자를 객체 선택 또는 Shift 키를 누른 채 선택하여 연장 또는 [울타리(F)/걸치기(C)/프로젝트(P)/모서리(E)/지우기(R)/명령 취소(U)]: ← 필요 없는 "X" 부위를 지정하여 삭제한다.

⑥ 맨 바깥쪽 호 Y를 안쪽으로 7만큼 Offset한다.(그림 20)

명령: O
현재 설정: 원본 지우기=아니오 도면층=원본 OFFSETGAPTYPE=0
간격 띄우기 거리 지정 또는 [통과점(T)/지우기(E)/도면층(L)] 〈30.0000〉: 7 ← 간격 값을 변경한다.
간격 띄우기 할 객체 선택 또는 [종료(E)/명령 취소(U)] 〈종료〉: ← 호 Y를 선택한다.
간격 띄우기 할 면의 점 지정 또는 [종료(E)/다중(M)/명령 취소(U)] 〈종료〉: ← 안쪽으로 방향을 지정한다.

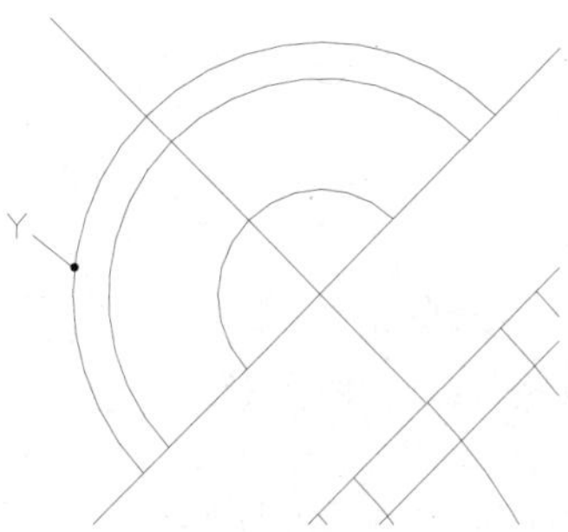

▲ 그림 20

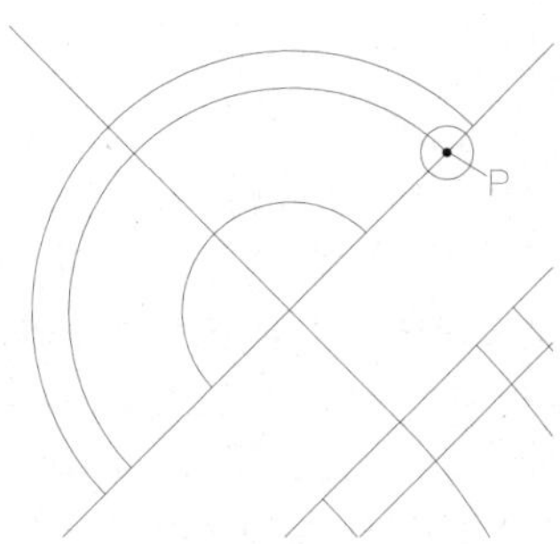

▲ 그림 21

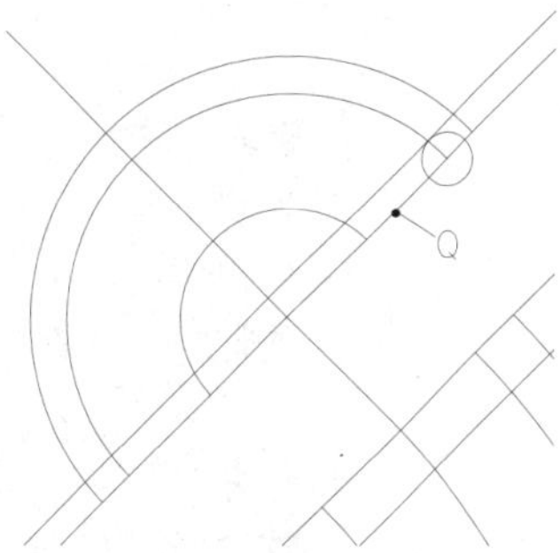

▲ 그림 22

⑦ 끝점 P를 중심점으로 하여 반지름 5짜리 원을 그린다.(그림 21)

⑧ 선 Q를 위로 5만큼 Offset한다.(그림 22)

⑨ 선 Q, 호 R, S를 경계로 지정하여 ○ 부위를 Trim 정리한다.(그림 23, 24)

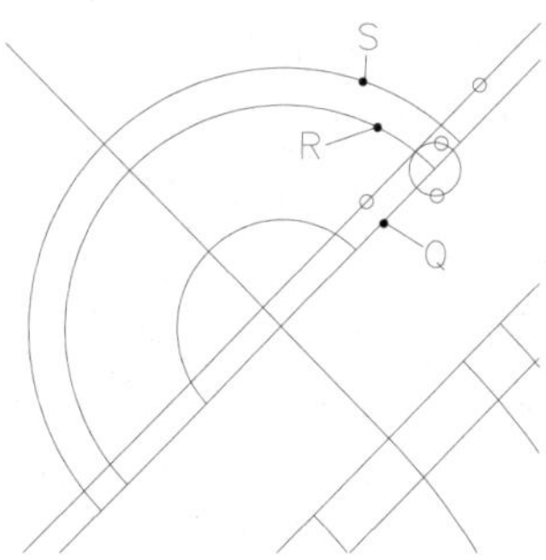

▲ 그림 23

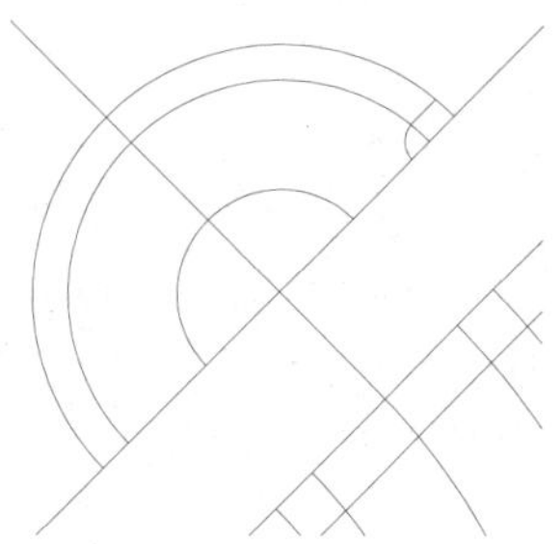

▲ 그림 24

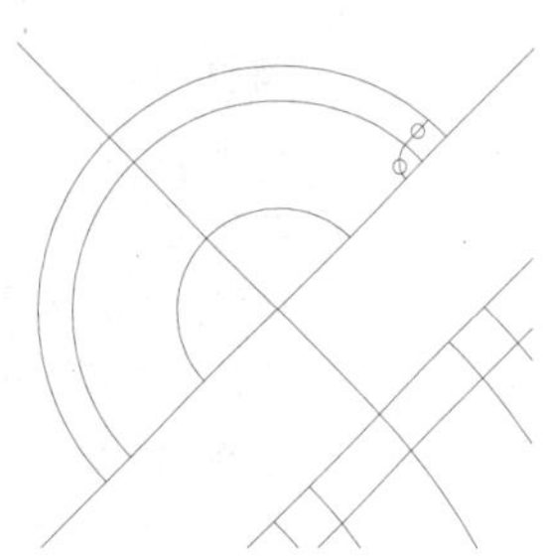

▲ 그림 25

⑩ ○ 표시된 호와 선을 원형 배열(90˚, 2개)한다.(그림 26)

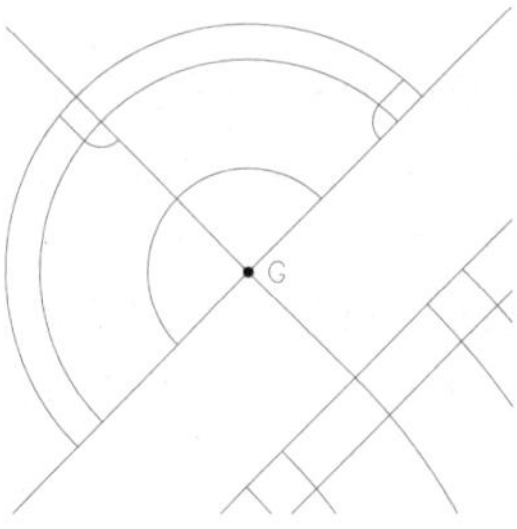

▲ 그림 26

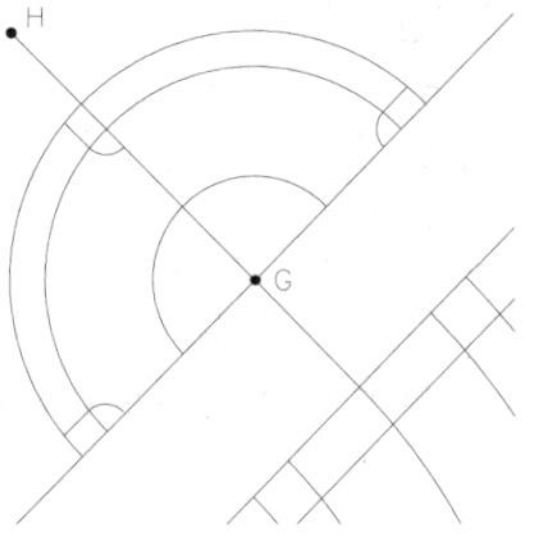

▲ 그림 27

명령: AR
객체 선택: ← 대상을 선택한다.(그림 25)
객체 선택:
객체 선택: 배열 유형 입력 [직사각형(R)/경로(PA)/원형(PO)] 〈경로〉: po ← 기본 값이 원형이 아닐 때만 "po"를 입력한다.
유형 = 원형 연관 = 예
배열의 중심점 지정 또는 [기준점(B)/회전축(A)]: ← 호의 중심점 G를 지정한다.(그림 26)
항목 수 입력 [사이의 각도(A)/표현식(E)] 〈3〉: 2 ← 배열할 개수를 입력한다.
채울 각도 지정(+=ccw, −=cw) 또는 [표현식(EX)] 〈360〉: 90 ← 배열 각도를 입력한다.
Enter 키를 눌러 수락하거나 [연관(AS)/기준점(B)/항목(I)/사이의 각도(A)/채울 각도(F)/행(ROW)/레벨(L)/항목회전(ROT)/종료(X)]〈종료〉:

⑪ 10항의 배열 대상 객체를 선 GH를 축으로 좌우 Mirror시킨다. (그림 27)

명령: mi
객체 선택: ← 대상을 선택한다.
객체 선택: ← 대상을 선택한다.
객체 선택: 대칭선의 첫 번째 점 지정: ← 호의 중심점 G를 지정한다.
대칭선의 두 번째 점 지정: ← 선의 끝점 H를 지정한다.
원본 객체를 지우시겠습니까? [예(Y)/아니오(N)] 〈N〉:

⑫ 10항의 배열됐던 호와 선(○표시된)을 선 GH를 기준으로 Mirror한다.(그림 28, 29)

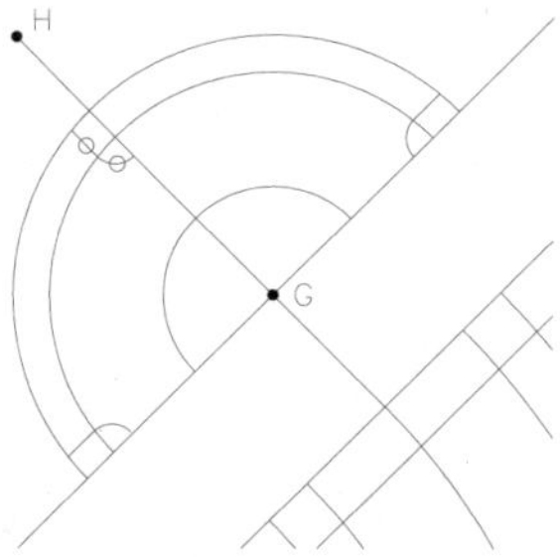

▲ 그림 28

▲ 그림 29

명령: mi
객체 선택: ← 대상을 선택한다.(○표시)
객체 선택: ← 대상을 선택한다.(○표시)
객체 선택: 대칭선의 첫 번째 점 지정: ← 호의 중심점 G를 지정한다.
대칭선의 두 번째 점 지정: ← 선의 끝점 H를 지정한다.
원본 객체를 지우시겠습니까? [예(Y)/아니오(N)] 〈N〉:

17 정면도 상부를 마무리한다.

① 점 A, B, C, D, E, F를 선 M에 선을 그려 수직점을 잡는다.(그림 30, 31)

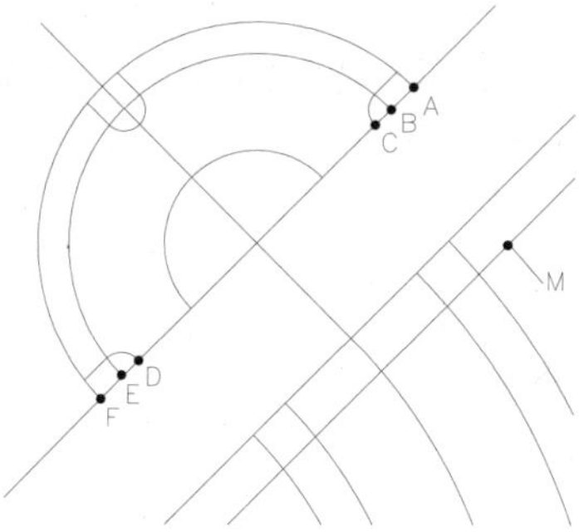

▲ 그림 30

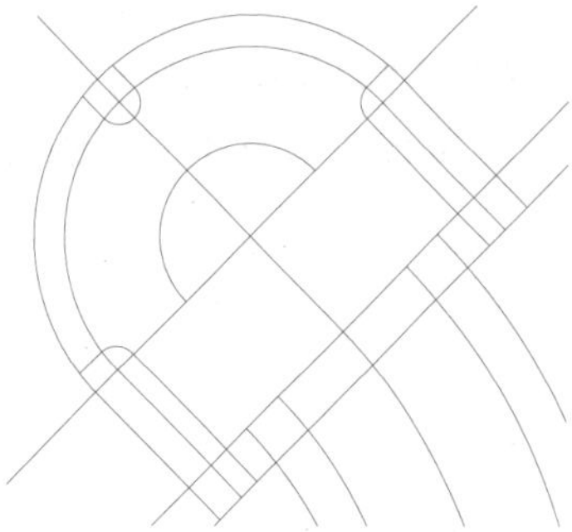

▲ 그림 31

② Fillet에서 반지름(R)을 0으로, 자르기 모드를 자르기(T)로 한 후, 1과 2, 2와 3, 4와 5, 5와 6 부위를 짝으로 Fillet 처리한다.(그림 32, 33)

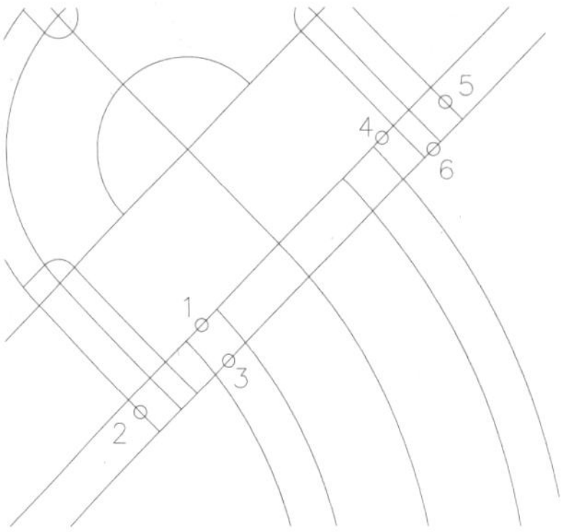

▲ 그림 32

▲ 그림 33

③ 선 T를 경계로 ○ 부위를 Trim한다.(그림 34, 35)

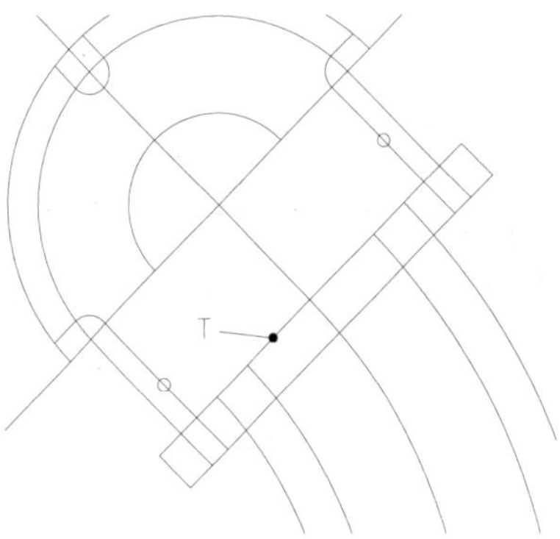

▲ 그림 34

▲ 그림 35

④ 선 T와 U를 3만큼 위, 아래로 Offset시킨다. 중심선이 도형 밖으로 연장되는 부분을 표현하기 위함이다.(그림 36, 37)

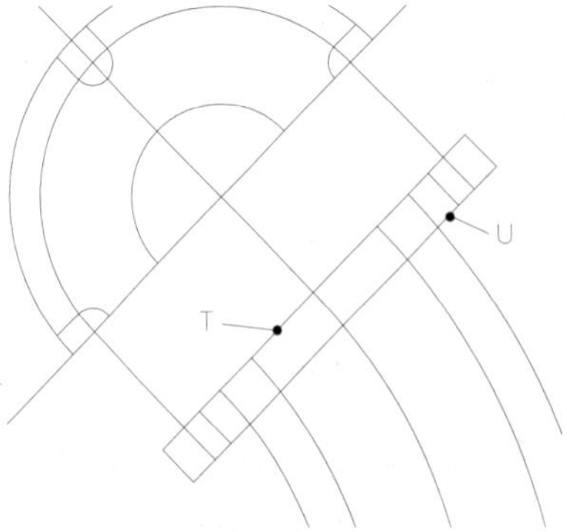

▲ 그림 36

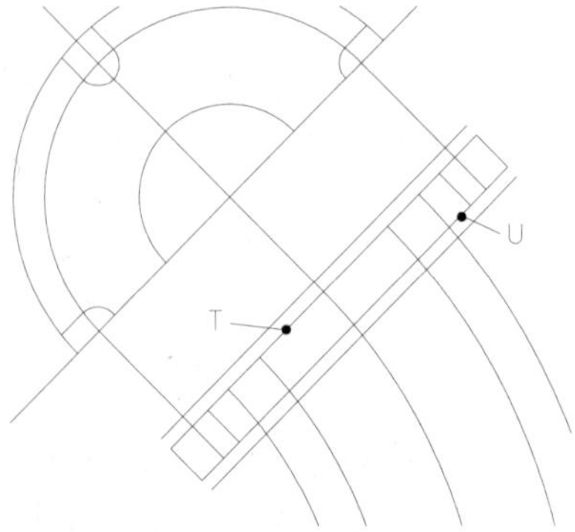

▲ 그림 37

⑤ Offset선 U'를 경계로 중심선을 아래쪽으로 연장시킨다. (그림 38, 39)

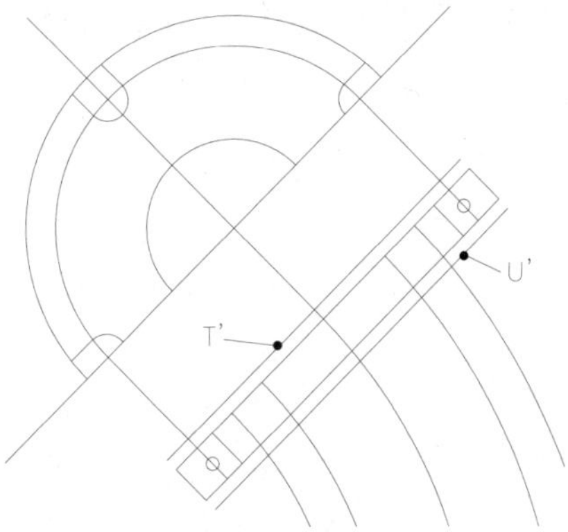

▲ 그림 38

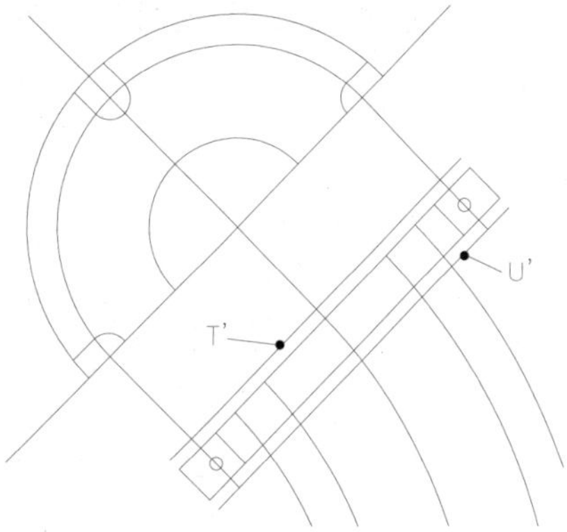

▲ 그림 39

명령: ex
현재 설정: 투영=UCS 모서리=연장
경계 모서리 선택 ...
객체 선택 또는 <모두 선택>: ← 선 U'를 선택한다.
객체 선택:
연장할 객체 선택 또는 Shift 키를 누른 채 선택하여 자르기 또는 [울타리(F)/걸치기(C)/프로젝트(P)/모서리(E)/명령 취소(U)]: ← 연장될 부위(○ 표시)를 지정한다.
연장할 객체 선택 또는 Shift 키를 누른 채 선택하여 자르기 또는 [울타리(F)/걸치기(C)/프로젝트(P)/모서리(E)/명령 취소(U)]: ← 연장될 부위(○ 표시)를 지정한다.
연장할 객체 선택 또는 Shift 키를 누른 채 선택하여 자르기 또는 [울타리(F)/걸치기(C)/프로젝트(P)/모서리(E)/명령 취소(U)]:

⑥ 선 Q, T'를 경계로 중심선(○ 표시 부위)을 Trim한다.(그림 40, 41)

⑦ 선 T', U'를 삭제한다.(그림 41, 42)

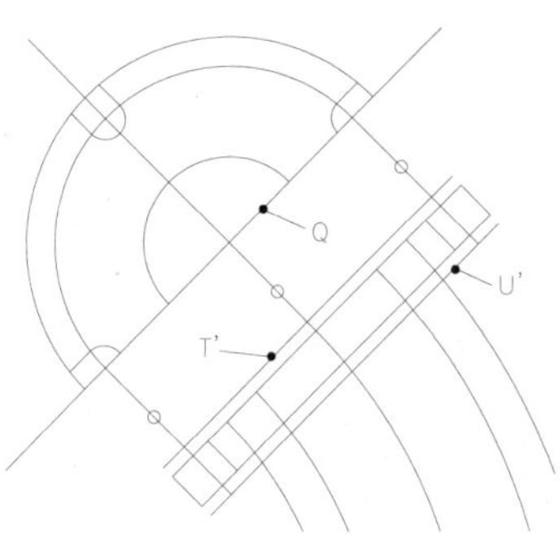

▲ 그림 40

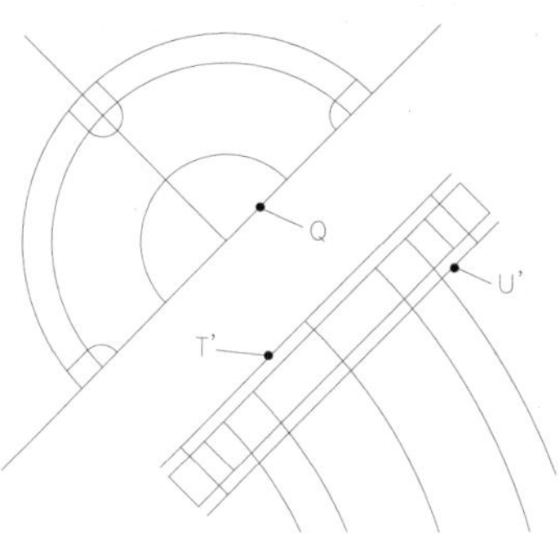

▲ 그림 41

▲ 그림 42

⑱ 정면도 몸통부를 정리한다.

① 호 A, B를 경계로 선의 ○ 표시 부위를 Trim한다.(그림 43, 44)

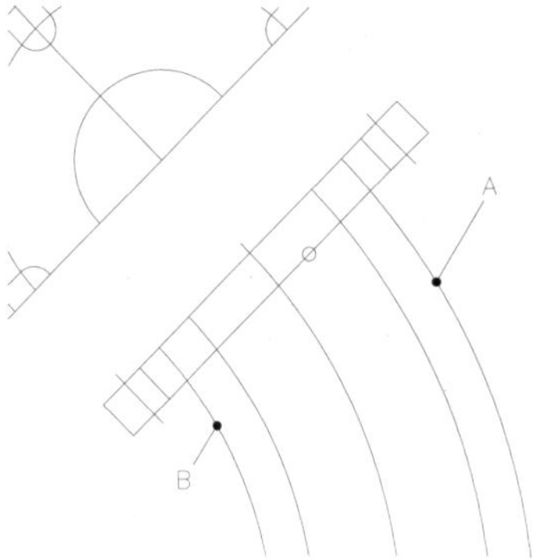

▲ 그림 43

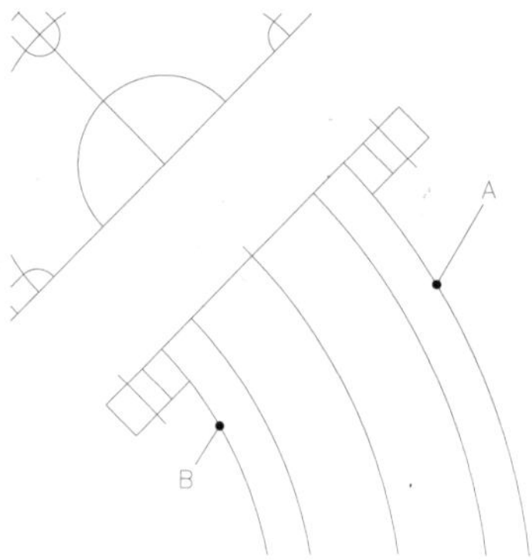

▲ 그림 44

② 호 A와 인접한 선(○ 표시)과 호 B와 만나는 선(○ 표시)을 반지름 3으로 Fillet 한다. 기계 도면에서 기입되지 않은 Fillet 값들은 일반적으로 행해지는 것으로 3으로 하면 된다.(그림 45, 46)

명령: F
현재 설정: 모드 = 자르기, 반지름 = 14.0000
첫 번째 객체 선택 또는 [명령 취소(U)/폴리선(P)/반지름(R)/자르기(T)/다중(M)]: R
모깎기 반지름 지정 〈14.0000〉: 3 ← 반지름을 변경한다.
첫 번째 객체 선택 또는 [명령 취소(U)/폴리선(P)/반지름(R)/자르기(T)/다중(M)]:
← 호 A나 B를 지정한다.
두 번째 객체 선택 또는 Shift 키를 누른 채 선택하여 구석 적용 또는 [반지름(R)]:
← 호 A나 B와 인접한 선(○ 표시)을 선택한다.

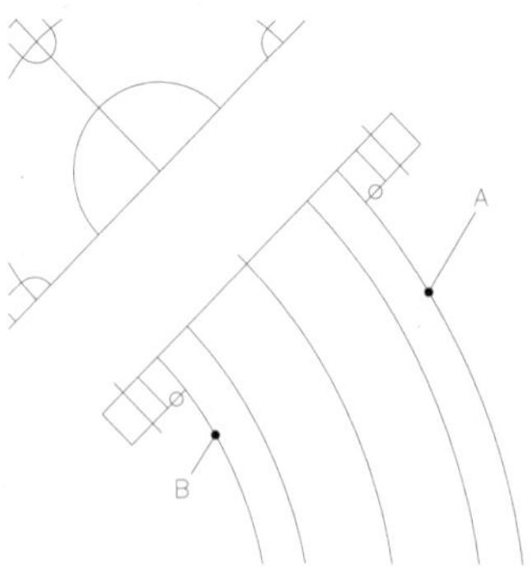

▲ 그림 45

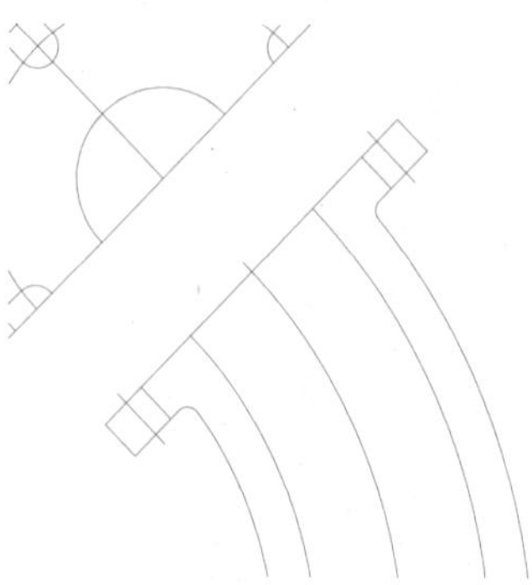

▲ 그림 46

⑲ 정면도 하단부를 정리한다.

① 호 A와 인접 선을 먼저 Fillet한다.(그림 47, 48)

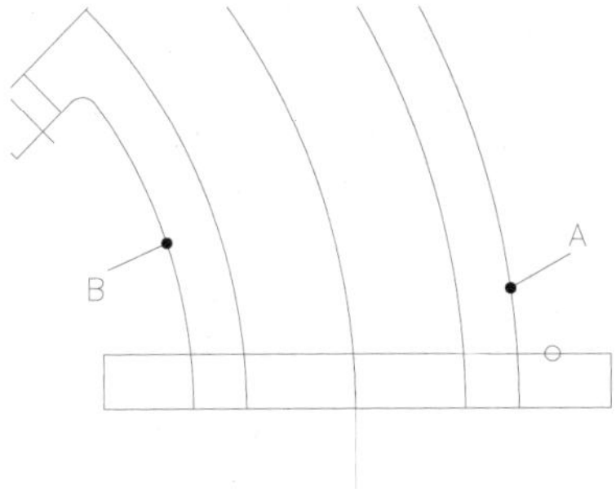

▲ 그림 47

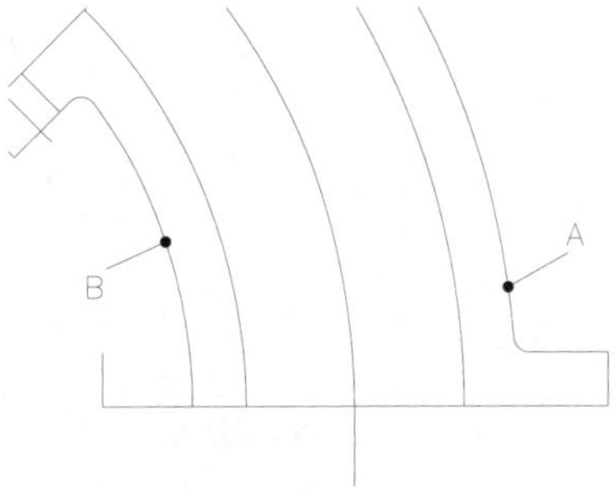

▲ 그림 48

② 선 K를 경계로 방금 Fillet한 선(○ 표시)을 연장시킨다.(그림 49, 50)

명령: EX
현재 설정: 투영=UCS 모서리=연장
경계 모서리 선택 ...
객체 선택 또는 〈모두 선택〉: ← 선 K를 경계로 지정한다.
객체 선택:
연장할 객체 선택 또는 Shift 키를 누른 채 선택하여 자르기 또는 [울타리(F)/걸치기(C)/프로젝트(P)/모서리(E)/명령 취소(U)]: ← 연장될 부위(○ 표시)를 지정한다.
연장할 객체 선택 또는 Shift 키를 누른 채 선택하여 자르기 또는 [울타리(F)/걸치기(C)/프로젝트(P)/모서리(E)/명령 취소(U)]:

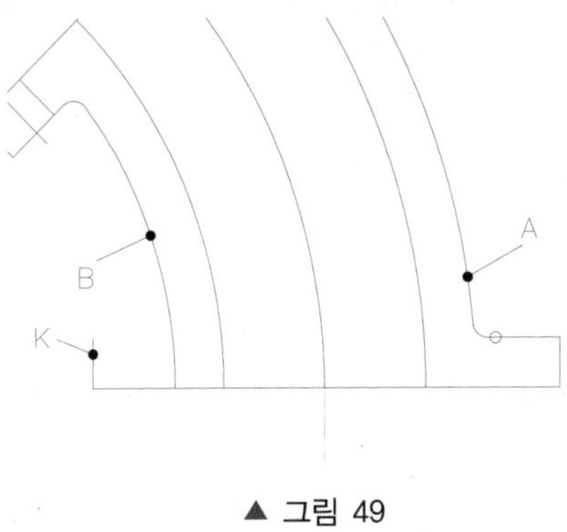

▲ 그림 49

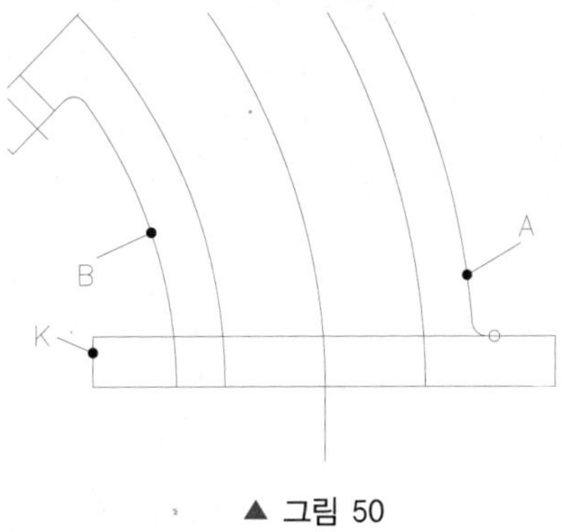

▲ 그림 50

③ 방금 연장된 부위와 인접 호 B를 Fillet한다.(그림 51, 52)

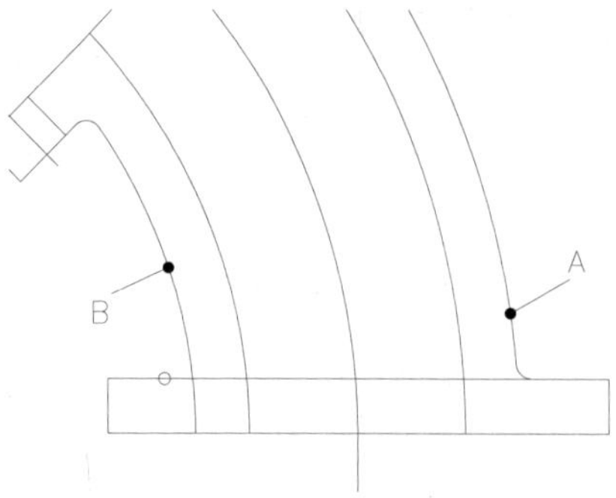

▲ 그림 51

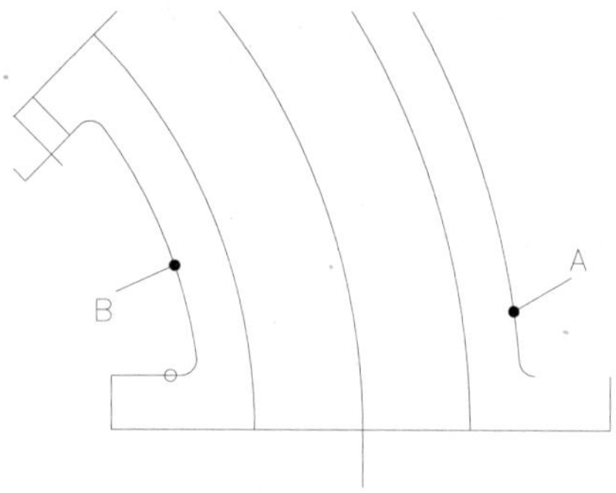

▲ 그림 52

④ 경계를 선 W를 지정하고 방금 Fillet한 ○ 부위를 연장시킨다.(그림 53, 54)

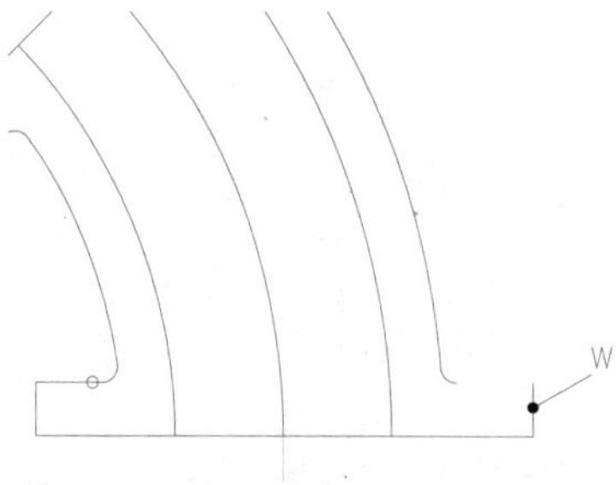

▲ 그림 53

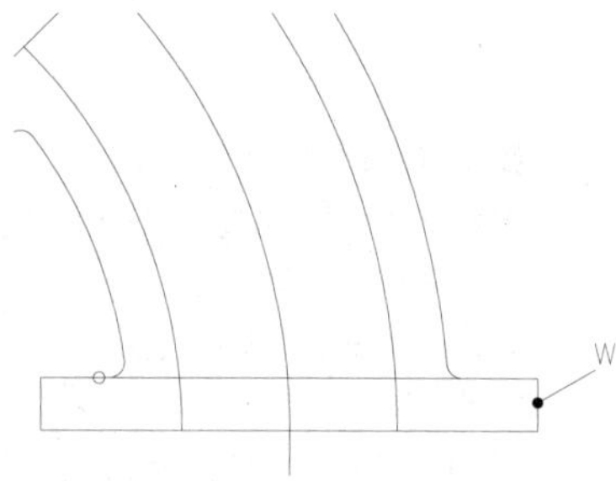

▲ 그림 54

⑤ 아랫변 R을 3만큼 Offset시킨다.(그림 55)

⑥ Offset 선을 기준으로 중심선을 Trim 정리한 후 Offset 선은 지운다.(그림 56)

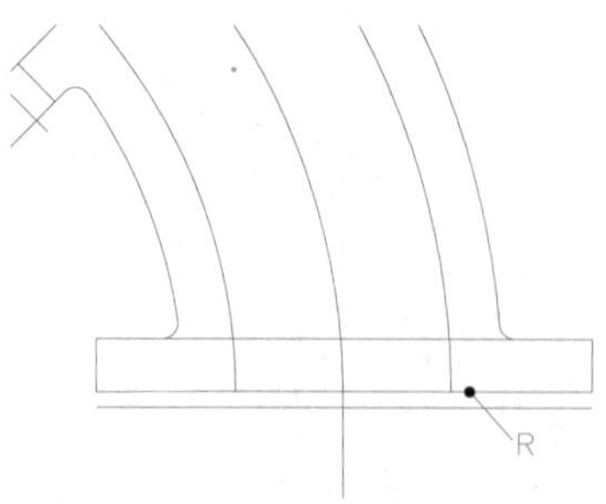

▲ 그림 55

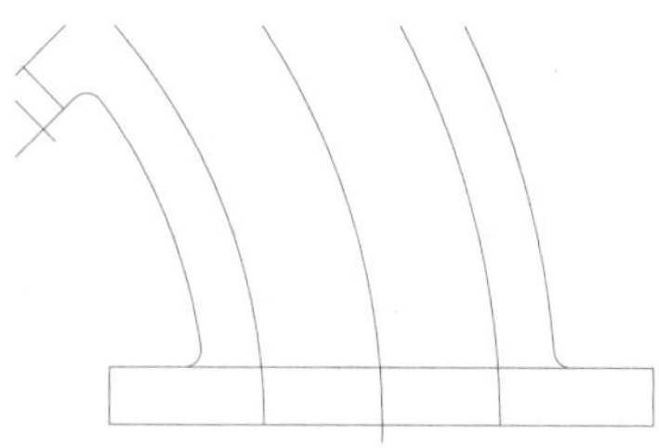

▲ 그림 56

20 정면도 몸통의 파단선을 그린다.

① Pline으로 지그재그로 지정하여 그린다.(그림 57)

② Pedit의 스플라인(S) 처리한다.(그림 58)

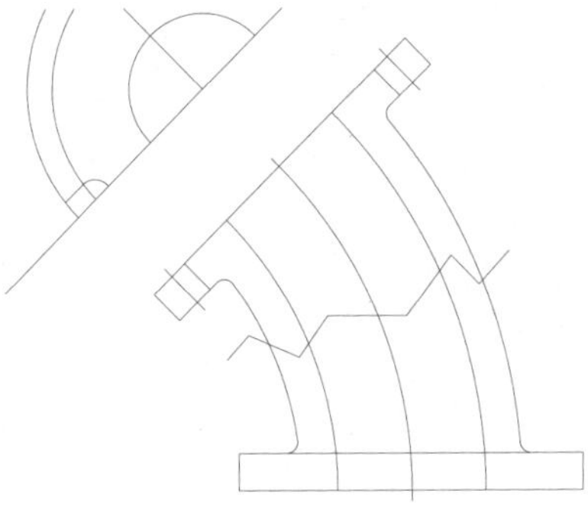

▲ 그림 57

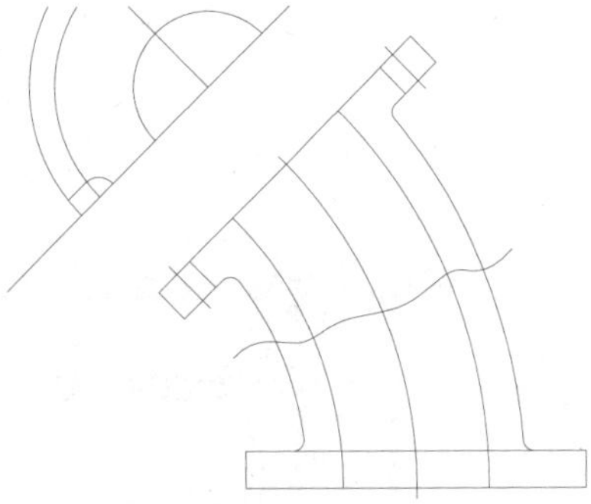

▲ 그림 58

21 호 M, N을 파단선과 만나는 교차점을 기준으로 한 점에서 끊기(Break)한다.(그림 59, 60)

명령: BR
객체 선택: ← 호 M이나 N을 선택한다.
두 번째 끊기점을 지정 또는 [첫 번째 점(F)]: F ← 첫 점 재정의 옵션 F를 입력한다.
첫 번째 끊기점 지정: ← 호 M 또는 N과 만나는 교차점을 지정한다.
두 번째 끊기점을 지정: @ ← 같은 점을 다시 지정한다.

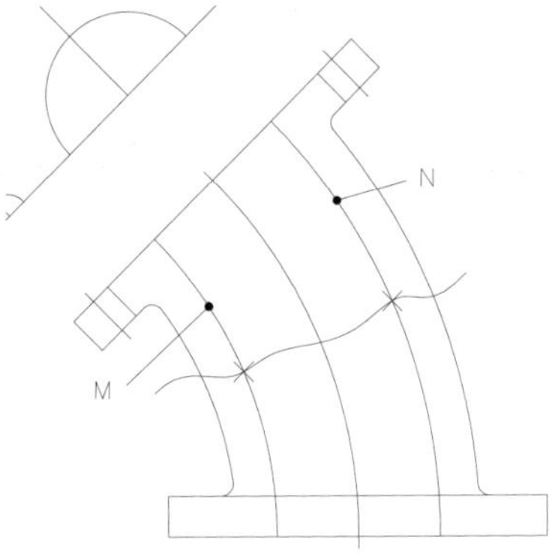

▲ 그림 59

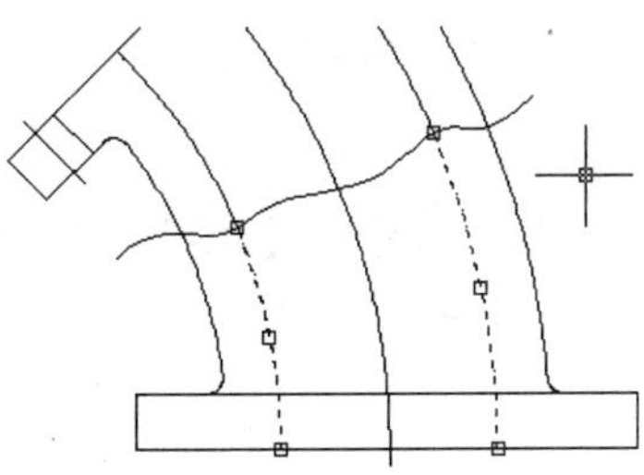

▲ 그림 60

22 Layer를 선 형태에 맞게 변경시킨다.

① 파단선 아래쪽 분리된 호를 선택한다.(그림 60)

② 도면층 컨트롤 창에서 은선이 지정된 도면층을 지정한다.(그림 61, 62)

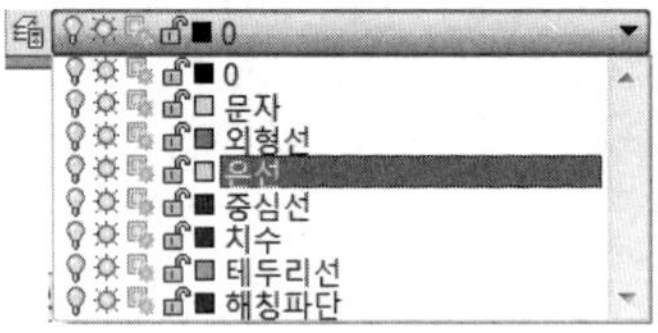

▲ 그림 61

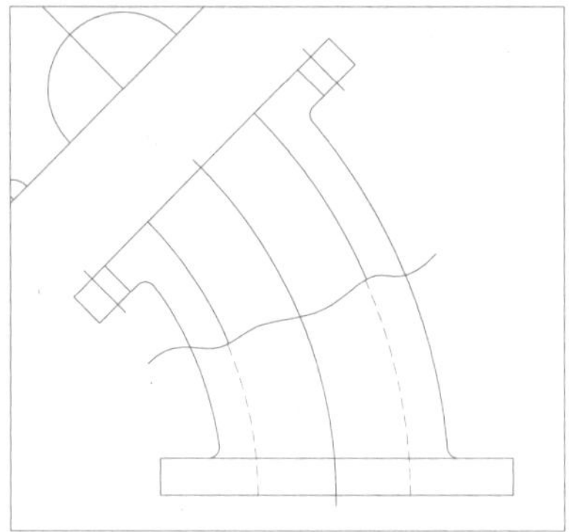

▲ 그림 62

23 평면도를 마무리한다.

① 중심선을 만들기 위해 원 옆에 중심선 도면층으로 전환시킨 후 임의의 선을 그린다.(그림 63)

② 그 선의 중간점을 잡아 원의 중심으로 이동시킨다.(그림 64)

③ 중심점을 기준으로 중심선을 원형 배열(2개, 90°)시킨다.(그림 65)

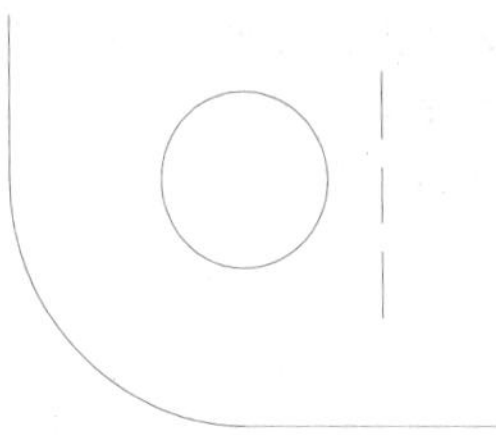

▲ 그림 63

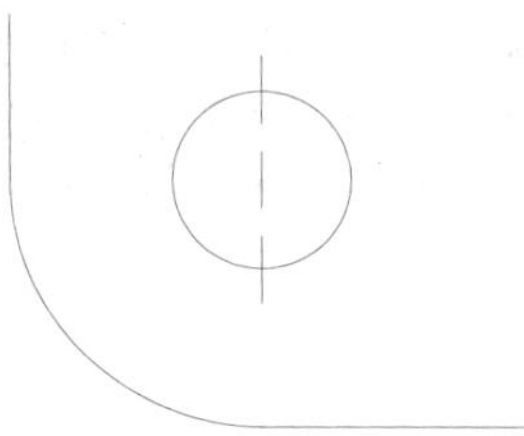

▲ 그림 64

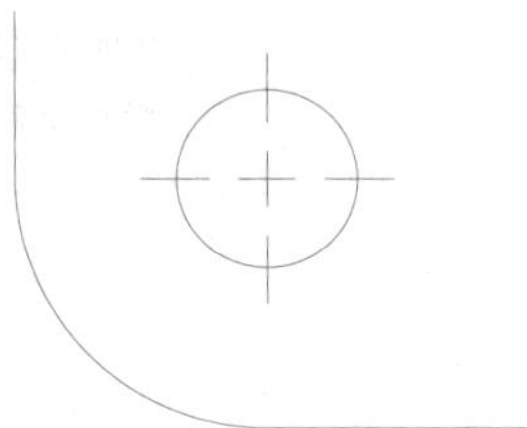

▲ 그림 65

④ 완성된 중심선을 좌우 Mirror 시킨다.(그림 66)

▲ 그림 66

24 **Trim, Break 등을 이용하여 선을 다듬는다.(그림 67)**

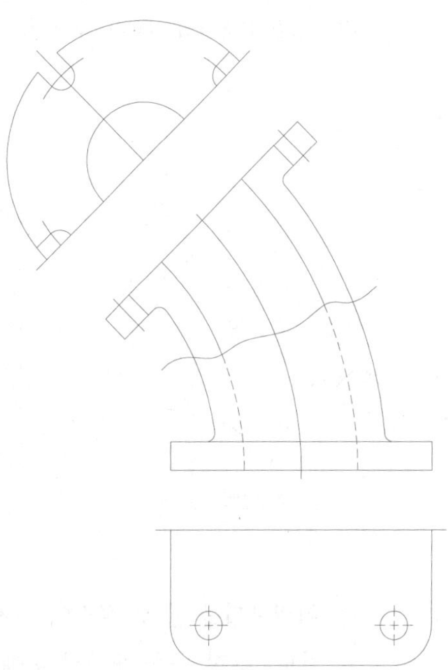

▲ 그림 67

25 단면된 곳에 해치를 한다.

메뉴: **그리기 ➠ 해치**

① Hatch 명령을 실행한다.

② Pattern을 지정한다.(그림 68, 69)

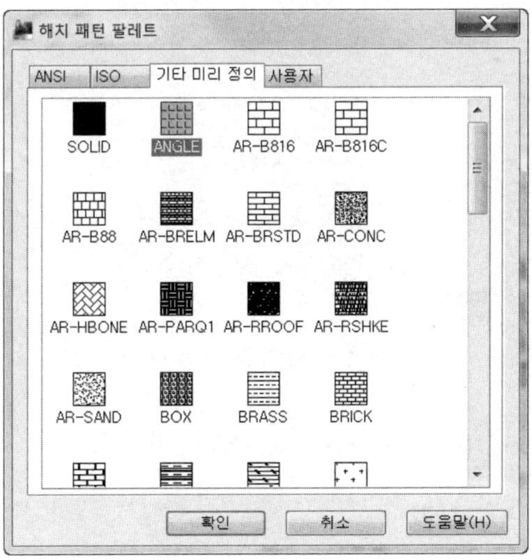

▲ 그림 68

▲ 그림 69

③ Pick Point로 해치 구역을 지정한다.(그림 70, 71)

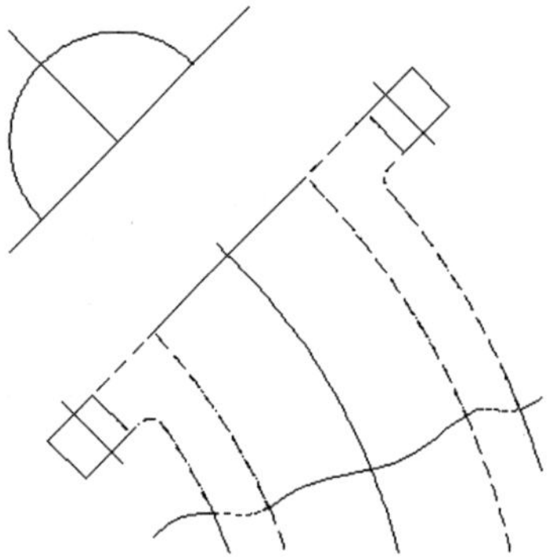

▲ 그림 70

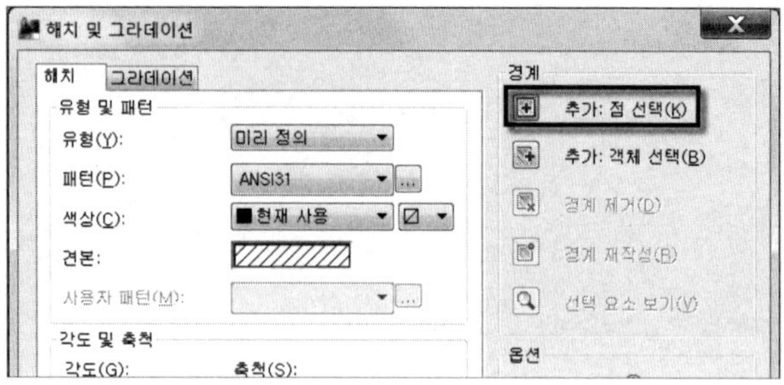

▲ 그림 71

④ 미리보기를 한 후 설정이 맞지 않으면 Esc를 눌러 설정 창으로 되돌아와서 패턴, 각도, 축척 등을 재설정 후에 미리보기를 통해 확인 후 맞으면 확인을 눌러 확정한다.(그림 72)

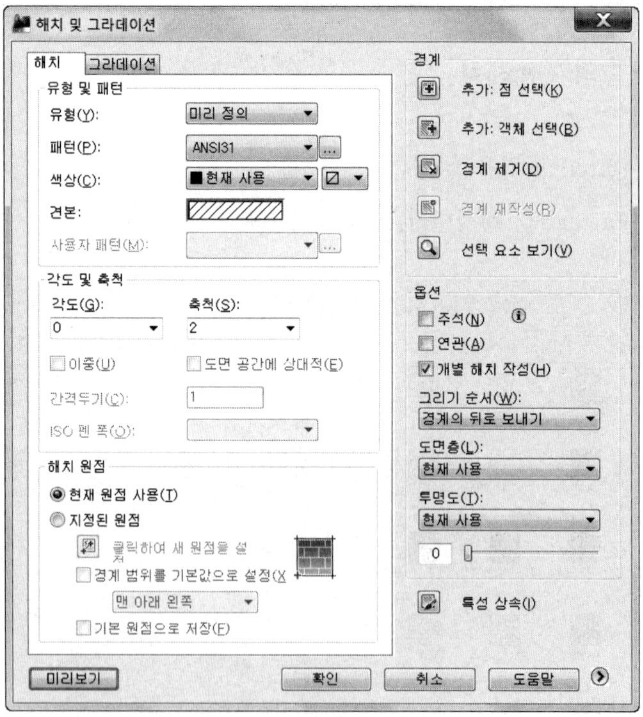

▲ 그림 72

26 선의 형태에 맞게 도면층을 변경한다.(**22**와 동일한 방법으로)(그림 73)

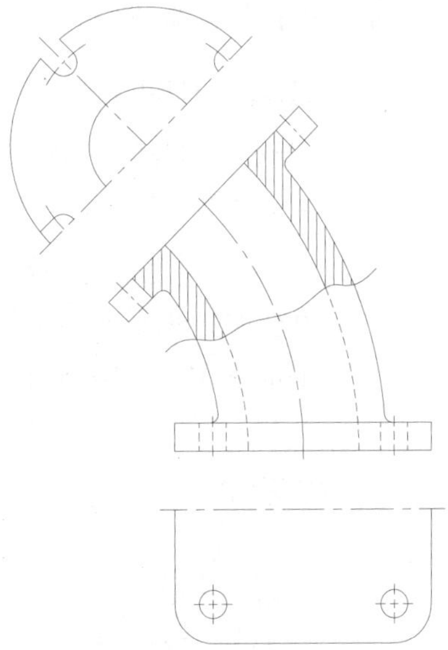

▲ 그림 73

27 그림 74의 A, B, C, D, E처럼 선이 아주 짧은 경우는 선 모양이 잘 표현되지 않으므로 명령 "CH"의 "선 종류 축척" 옵션으로 그 부분의 선만 크기를 조절한다.(그림 74, 75)

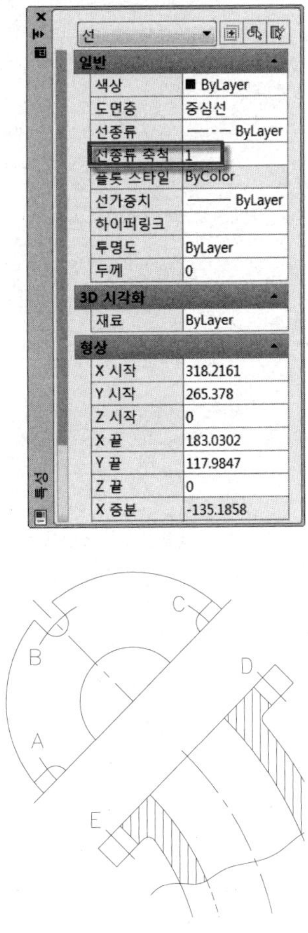

▲ 그림 74

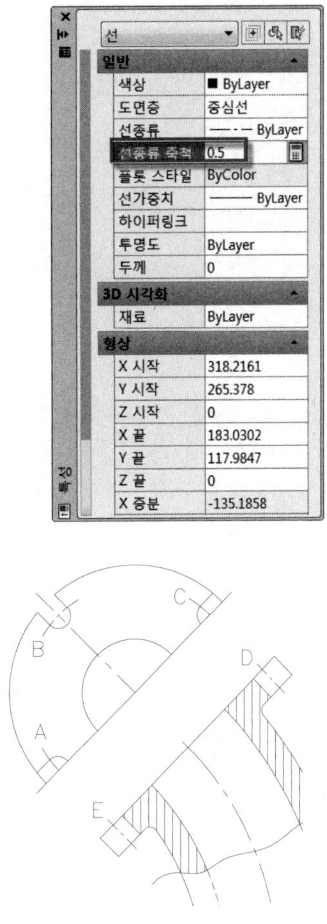

▲ 그림 75

28 치수기입을 한다.

① 글꼴을 지정한다.

도면에 사용되는 숫자 및 영어는 "Romans", 한글은 "굴림"이나 "돋움" Font를 지정하여 사용한다.

한글에서 "큰글꼴사용"을 사용할 때는 글꼴 이름에 "Romans"나 "Romant"를 지정하고 바로 아래에 "큰글꼴사용"을 체크하고 글꼴 스타일에서 "Whgtxt"나 "Whgdtxt"를 지정하여 글꼴 스타일을 만든다.(본문 문자 쓰기 참조)

명령: ST

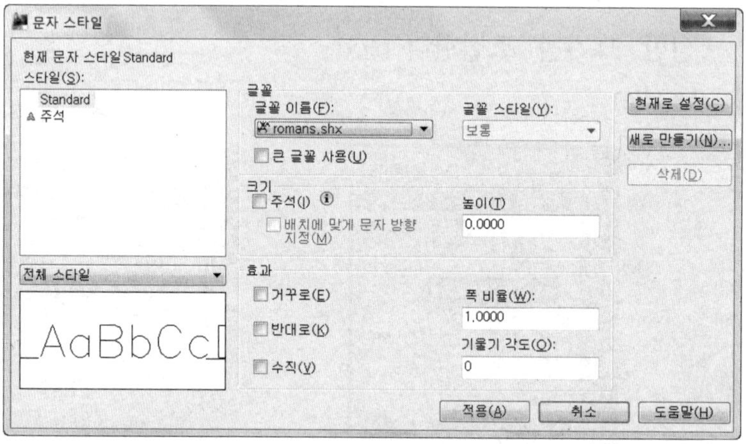

▲ 영문 글꼴 설정

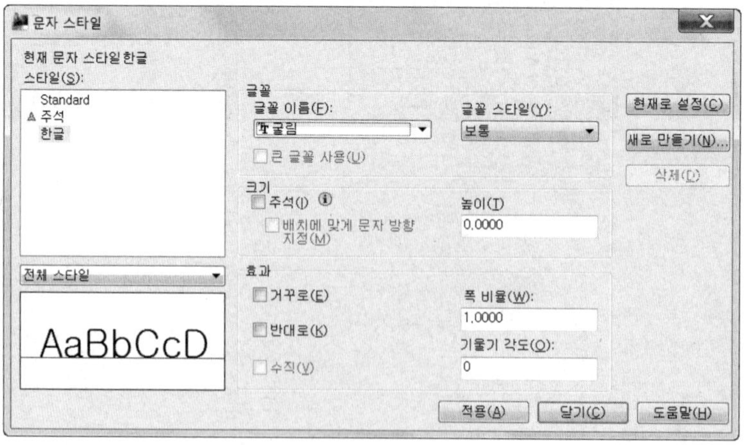

▲ 한글 글꼴 설정

② 치수 관련 변수를 조정한다.

명령: D

"수정"을 클릭한다.

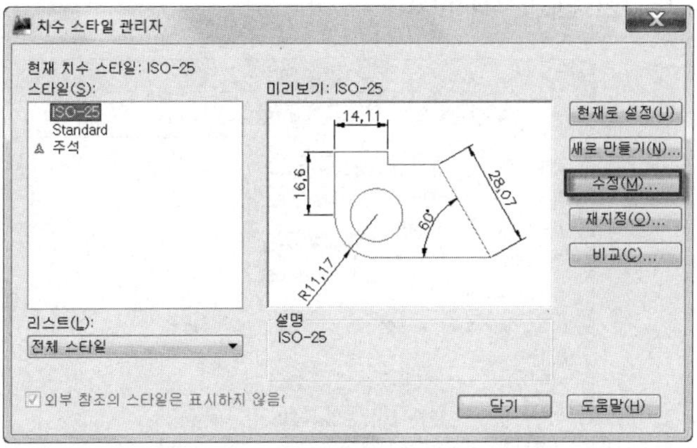

치수선, 치수 보조선 색상을 치수기입 도면층과 같은 색상으로 맞춘다. 이유는 출력 시 같은 선 굵기를 적용하기 위함이다.

• 관련 변수 : Dimclrd, Dimclre

치수기입 대상에서 치수 보조선 시작점까지의 간격은 0.625에서 "1.2"로 조정한다. 이 값이 너무 작으면 도면이 지저분해 보인다.

• 관련 변수 : Dimexo

치수문자 색상도 문자 도면층과 같은 색상으로 맞춘다.

• **관련 변수 : Dimclrt**

문자의 크기도 2.5면 너무 작으므로 KS 규격의 그 다음 문자 크기인 "3.2"로 변경한다.

• **관련 변수 : Dimtxt**

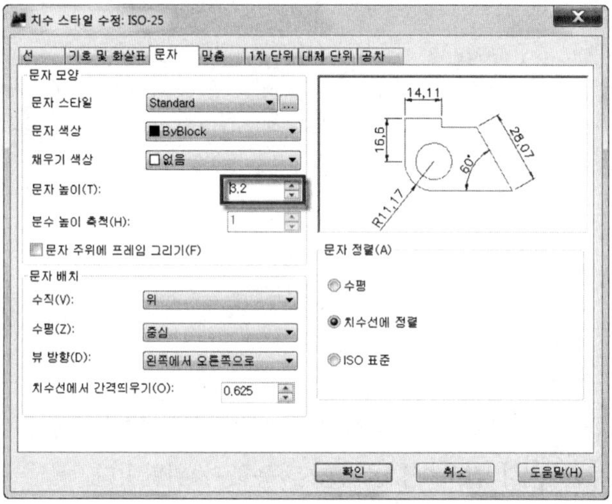

문자와 화살표 위치 기준을 양쪽 기준으로 변경해야 지름, 반지름을 기입할 때 KS 규격과 맞게 된다.

• **관련 변수 : Dimfit**

도면 크기가 작으므로 치수기입 크기에 관련된 모든 것에 영향을 주는 Overall Scale는 "1"로 두어도 된다.

• **관련 변수 : Dimscale**

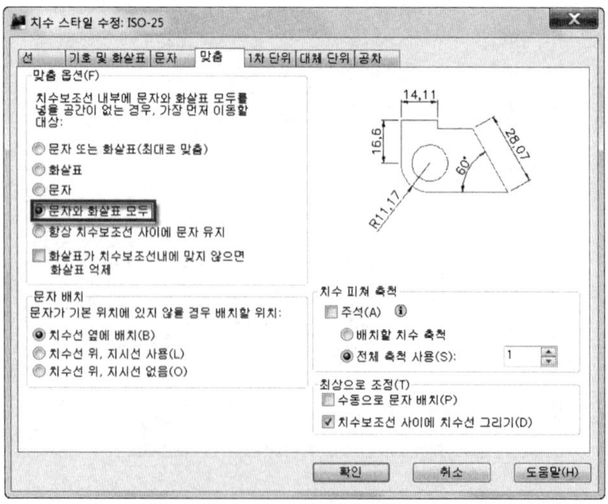

소수점 구분을 “마침표”로 변경한다.

• **관련 변수 : Dimdsep**

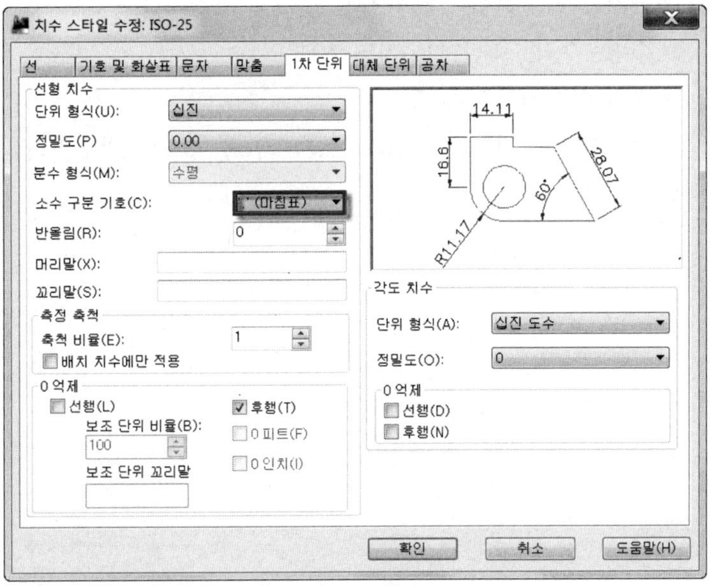

공차 치수기입 관련은 해당 사항이 있을 때 적용한다.

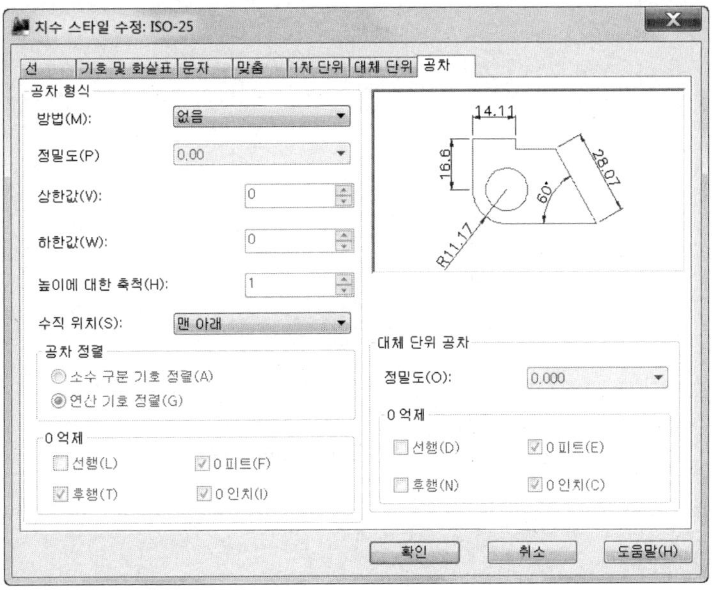

확인을 선택하고 닫기를 하여 종료한다.

③ 치수기입을 한다.

- 각도 치수기입 : DAN
- 반지름 치수기입 : DIMRAD
- 수평, 수직, 회전 치수기입 : DLI
- 정렬 치수기입 : DAL
- 지시선 치수기입 : LEAD, MLD, QLE 등으로 치수기입을 한다.

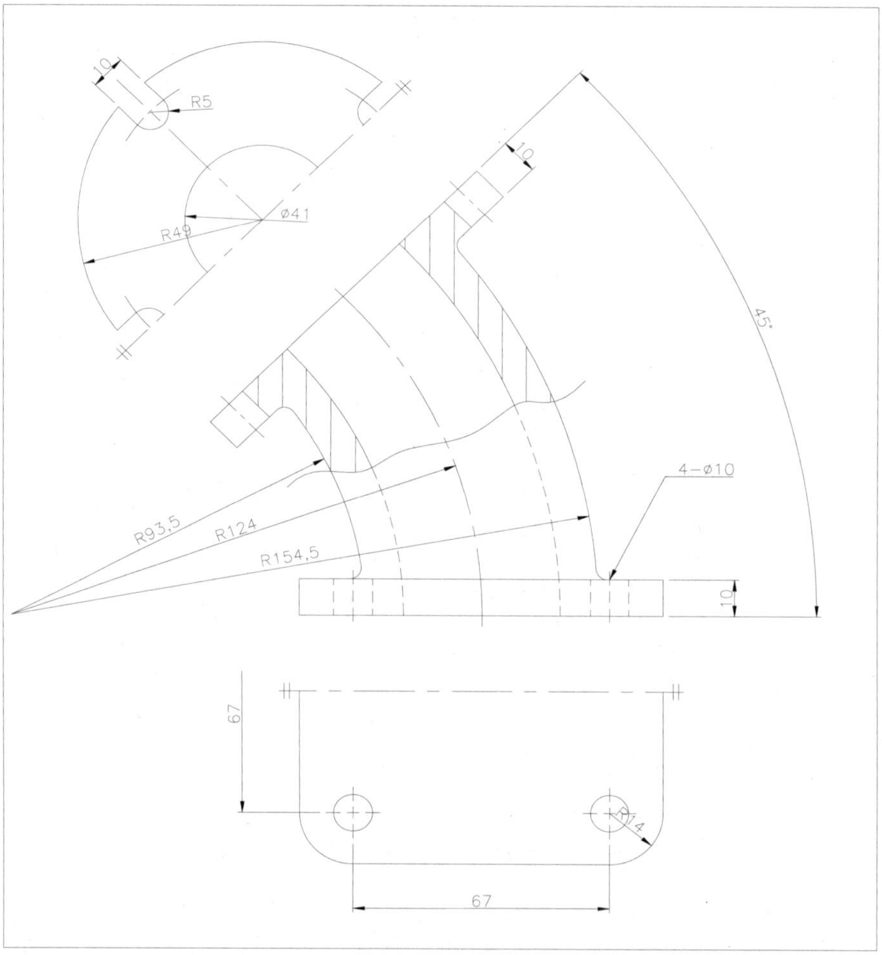

▲ 완성된 도면

29 출력

① Plot 명령을 실행한다.

먼저 사용자 컴퓨터에 연결되어 있는 출력기(프린터)를 찾아 선택한다. 출력기에 따라 용지크기가 제한된다. A4용지를 선택한다.

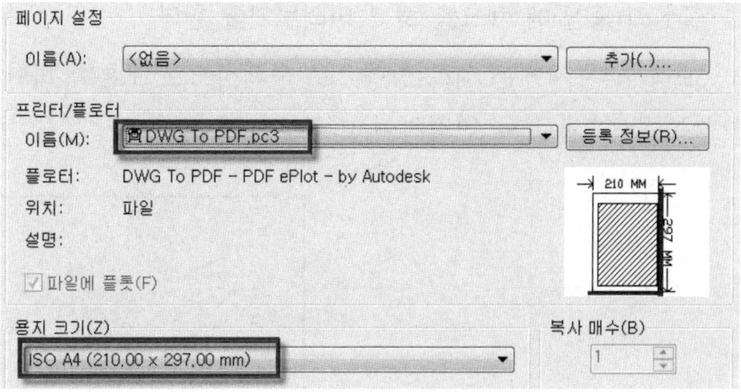

② 플롯 영역을 "윈도우"를 선택하여 직접 출력 영역의 범위를 지정한다.

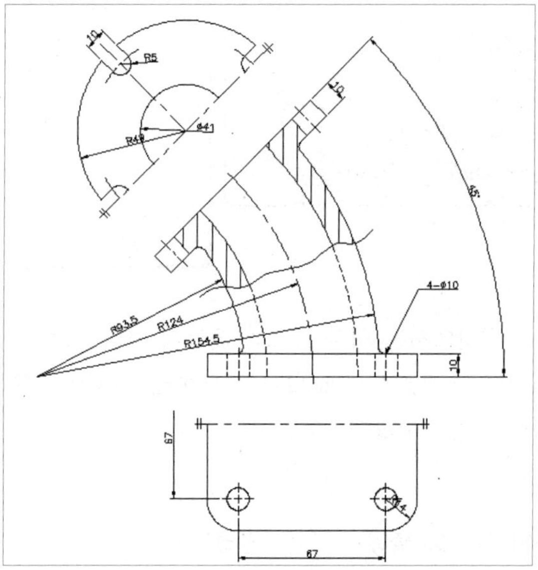

③ "용지에 맞춤"을 해제하고 "2"로 변경 입력하면 1/2로 출력함을 의미한다.

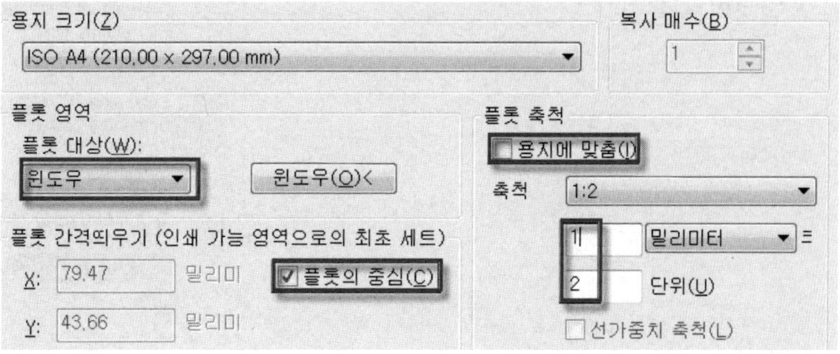

④ "플롯의 중심"에 체크를 하고 미리보기를 한다.

보통 A4용지에는 세로 방향으로 출력하므로 오른쪽 하단부에 있는 출력 방향 항목에서 "세로"로 변경하여 미리보기를 한다.

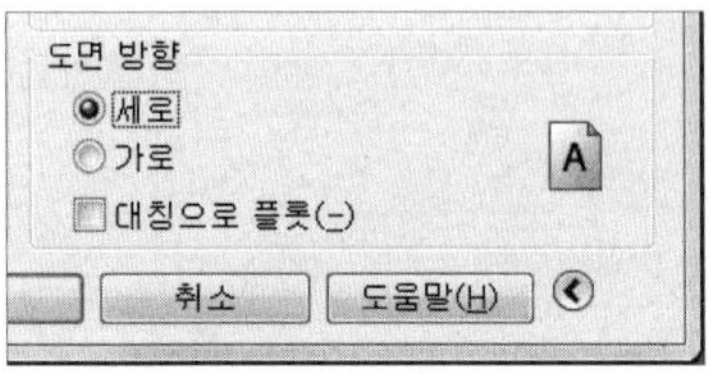

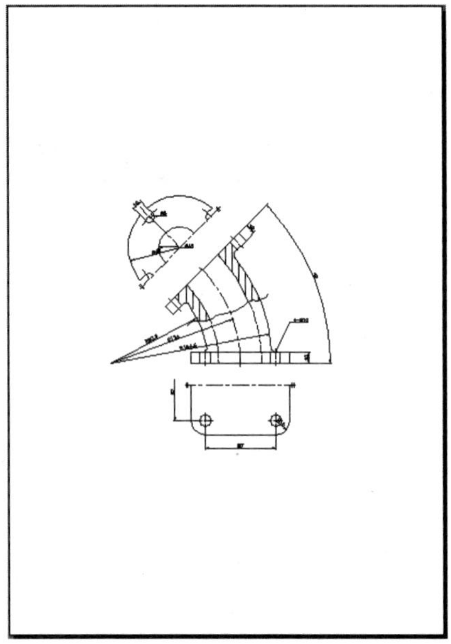

보통 회사에서는 회사 로고와 테두리 선이 그려져 있는 인쇄된 트레이싱 페이퍼를 사용하므로 이렇게 넉넉한 상태로 가운데에 들어가게 자리를 잡아 인쇄하면 큰 문제가 없다.

⑤ 플롯 스타일 테이블에서 "새로 만들기"를 선택하여 선의 굵기를 구별하여 출력하기 위한 플롯 스타일을 만든다. 만든 스타일은 저장 되므로 다음 플롯에서는 선택 지정하여 사용한다.

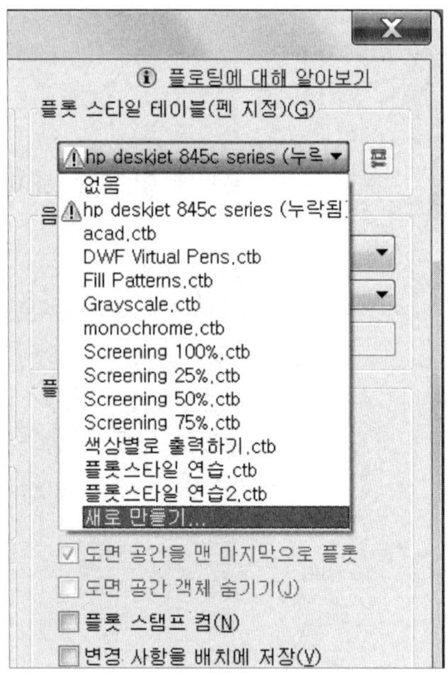

⑥ “처음부터 시작”을 선택한다.

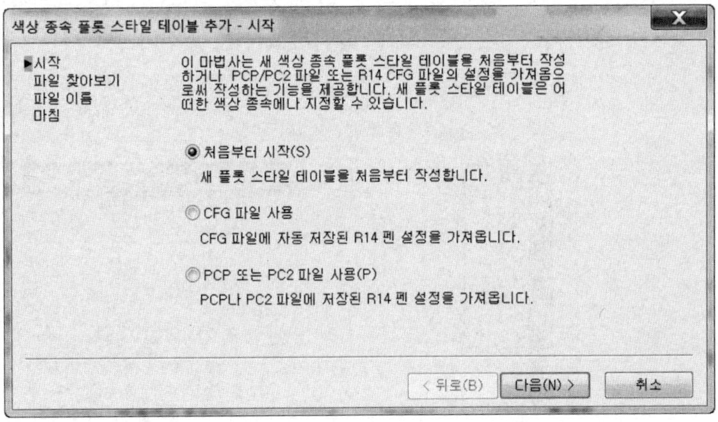

⑦ 구별할 수 있는 이름을 입력한다.

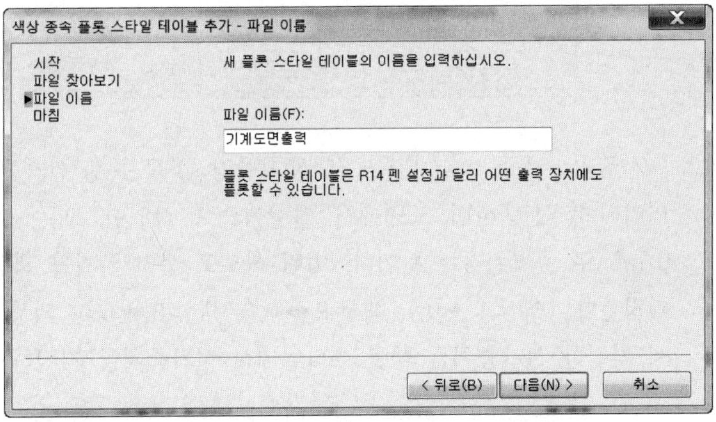

⑧ “플롯 스타일 테이블 편집기”를 선택하여 수정을 한다.

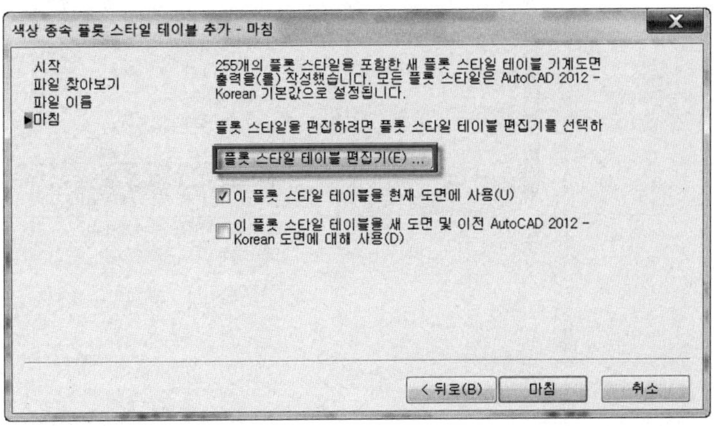

⑨ 좌측 플롯 스타일에서 Shift 를 누른 상태로 색상 10까지 선택하여 오른쪽 특성 색상에서 "검은색"을 선택한다. 컴퓨터에서 작업한 다양한 색상을 사용했어도 출력하는 종이에는 "검은색"으로 출력하겠다는 뜻이다.

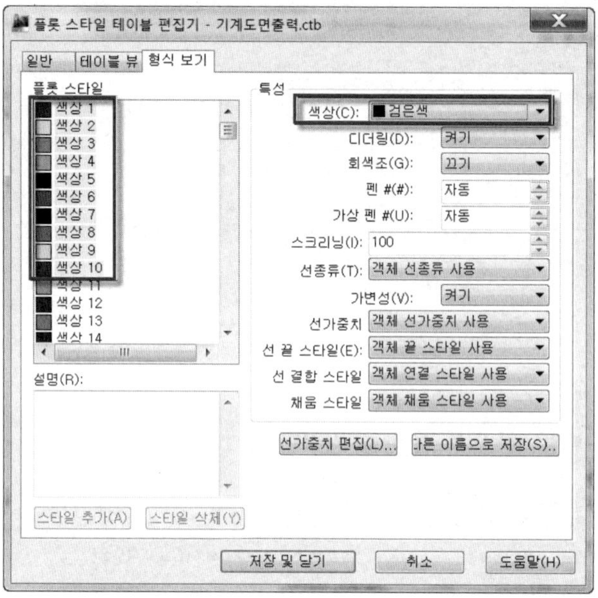

선 굵기는 플롯 스타일에서 "색상 1(빨강색)"을 특성 선가중치에서 "0.1000밀리미터"를 선택하면 도면에서 빨강색으로 작업한 모든 선이 출력용지에는 0.1mm로 출력된다는 뜻이다. 이런 식으로 선의 굵기를 색상마다 개별적으로 지정한다. (색상 1 ➠ 0.1, 색상 2 ➠ 0.3, 색상 3 ➠ 0.5, 색상 4 ➠ 0.7 도면층에서 지정한 선가중치는 플롯 스타일에서 선가중치를 지정하면 무시된다.)

다음은 선 굵기 조정 후에 미리보기를 한 것이다.

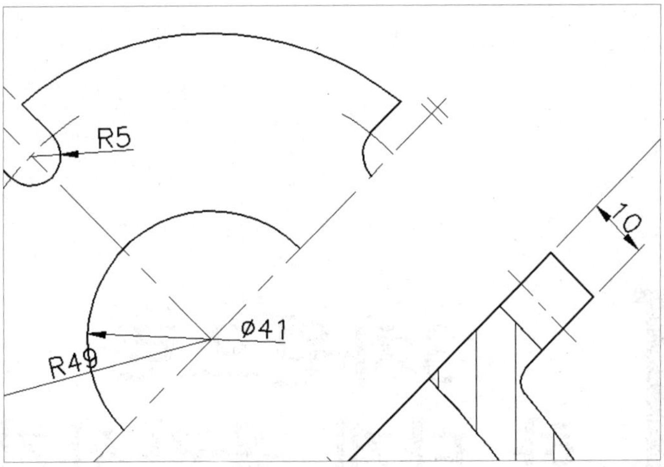

플롯 스타일 테이블에서 색상에 따른 선가중치를 변경하여 출력하려면 같은 굵기는 같은 색상으로 작업이 되어 있어야 한다.

여기 "따라하기"에서 다루는 내용은 작업의 흐름을 알고자 하는 목적이므로 명령들은 간략하게 설명하였다. 따라서 자세한 내용은 본문에서 해당 명령을 찾아 참고하기 바란다.

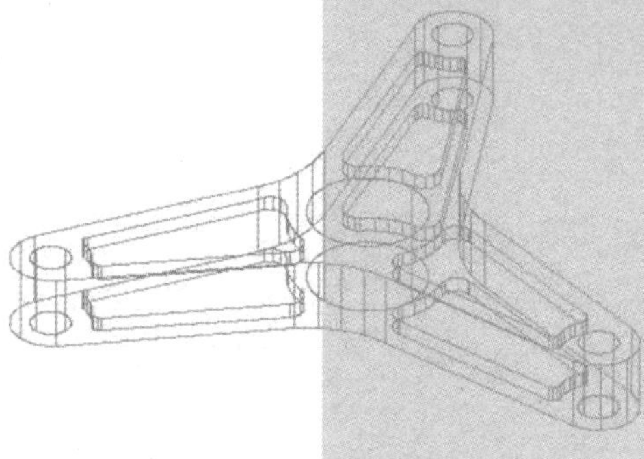

III 3차원으로 한 단계 올라서기

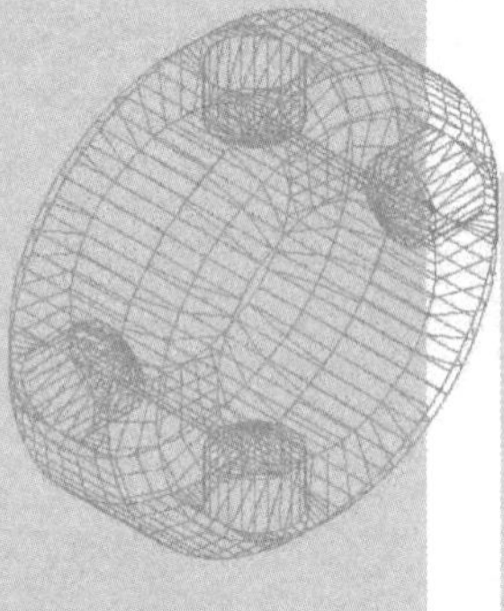

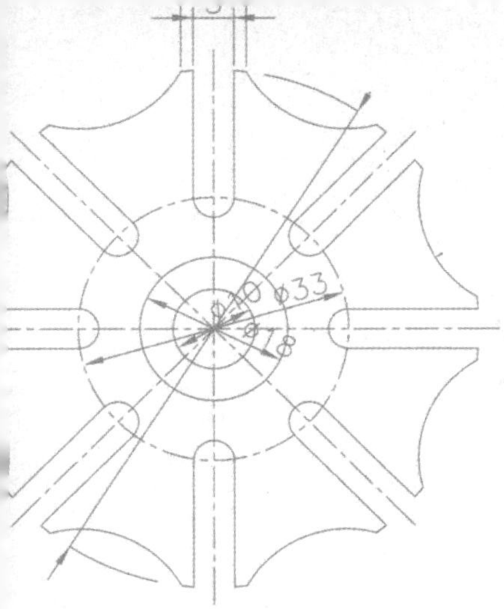

3차원을 한다는 것은
표현 방법이 그 만큼
풍부해진다는 것이다.
어렵다는 선입견을
버려야
잘할 수 있다.

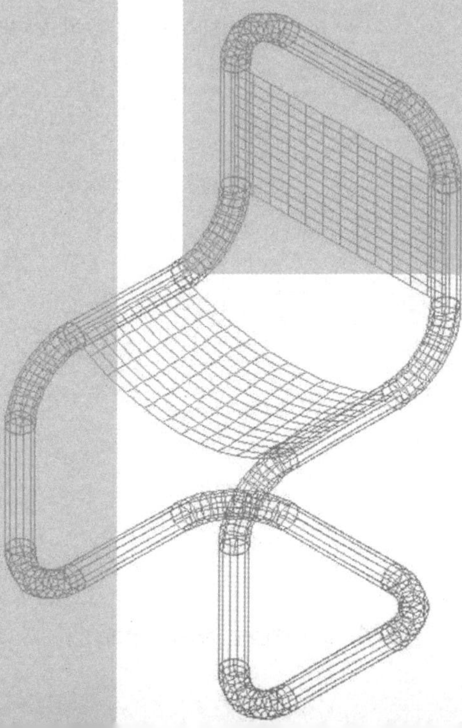

제 11 장 3차원 모델링

2차원은 X, Y 방향의 좌표만을 가지고 작업을 하지만 3차원(3Dimension)은 X, Y, Z 좌표 즉, Z 좌표를 하나 더 생각하는 공간 감각을 필요로 하므로 어렵다는 생각이 드는 것이 당연하다. 실제 공간과 비교했을 때 발이 닫고 있는 지면이 XY 평면이고 하늘 방향이 Z의 정방향(+)이며 지하가 Z의 역방향(—)이다. 한마디로 3차원은 Z축으로 변형을 하는 작업이라고 생각하면 된다.

1 3차원 모델링의 종류

1 Wire Frame Modeling

물체의 외곽을 선으로 표현하는 것으로 공학적 분석은 되지 않고 물체의 형상을 살펴보기 위해 사용된다. 직접 모델링하는 것보다 다른 모델링의 기초 표현 단계로 활용되고 있다. 데이터 용량이 가장 적다.

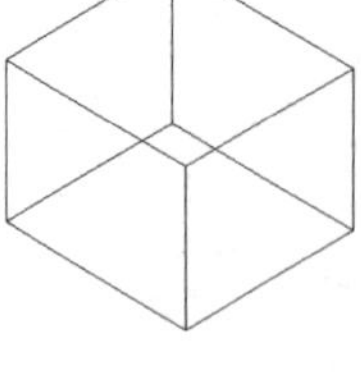

▲ 은선 제거 전

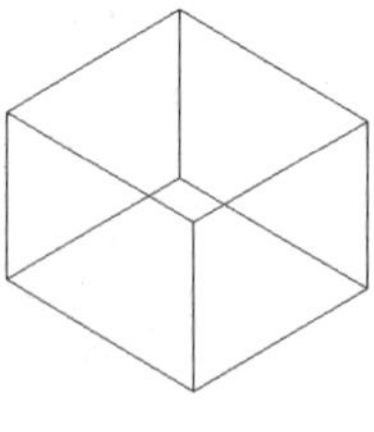

▲ 은선 제거 후

❷ Surface Modeling

물체의 표면만을 표현하는 모델링으로 속이 빈 상자처럼 작업된다.

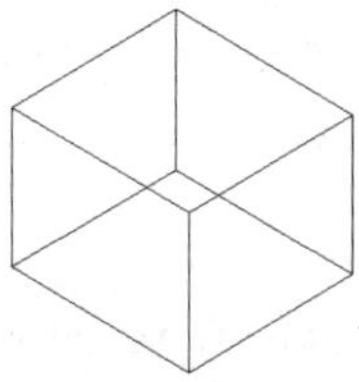

▲ 은선 제거 전

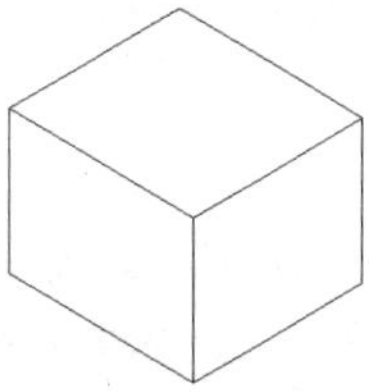

▲ 은선 제거 후

❸ Solid Modeling

속이 차 있는 형태로 작업된다. 재질이나 특성을 부여할 수 있기 때문에 공학적 해석이나 분석을 위한 데이터로 사용된다. 데이터 용량이 가장 많다. 은선 제거 전·후 모양은 Surface Modeling과 동일하다.

> 3차원 모델링은 솔리드 명령을 사용하여 작업하는 것이 쉽고 능률적이다. 컴퓨터 성능이 프로그램 성능을 따라오지 못한 예전에는 권장하지 않았지만 컴퓨터 성능이 좋아져서 요즘은 Surface 모델링 명령보다 Solid 모델링 명령을 사용하지만 모델링하는 형태에 따라서 Surface 모델링이 더 나은 경우도 있다.

2 Ucsicon

메뉴: 뷰 ➟ 화면 표시 ➟ UCS 아이콘 ➟ 특성
리본: 3D 모델링 ➟ 뷰 ➟ 좌표 ➟ UCS 아이콘 ➟ 특성

방향을 나타내는 아이콘으로써 이 아이콘을 보면서 작업을 해야 한다.
Z축이 반대방향(–)일 때는 점선으로 표시된다.

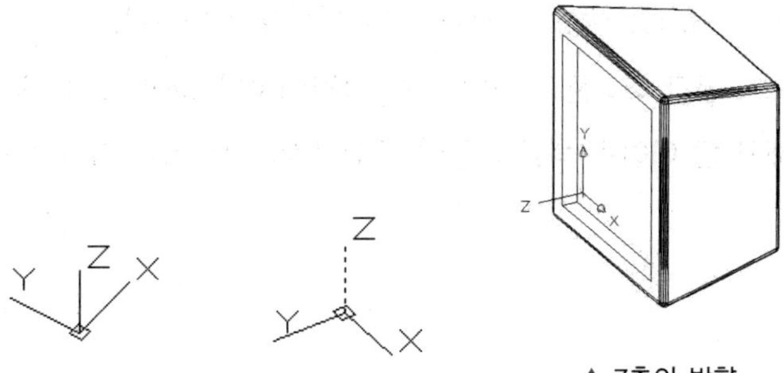

▲ Z축의 방향

명령: Ucsicon
옵션 입력 [켜기(ON)/끄기(OFF)/전체(A)/원점없음(N)/원점(OR)/선택가능(S)/특성(P)] 〈켜기〉:

- 켜기(ON) : Ucsicon을 활성화한다.
- 끄기(OFF) : Ucsicon을 비활성화시켜 화면에서 보이지 않게 한다.
- 전체(A) : 화면 분할된 뷰포트의 Ucsicon을 한 번에 제어한다.
- 원점 없음(N) : Ucsicon이 항상 화면 오른쪽 하단 위치에 있게 한다,
- 원점(OR) : Ucsicon이 표시할 여유 공간이 있을 때 원점(0,0)에 위치하게 한다.
- 선택 가능(S) : UCS 아이콘을 선택할 수 있는지 및 그립으로 조작할 수 있는지를 설정한다.
- 특성(P) : Ucsicon의 특성을 제어한다.

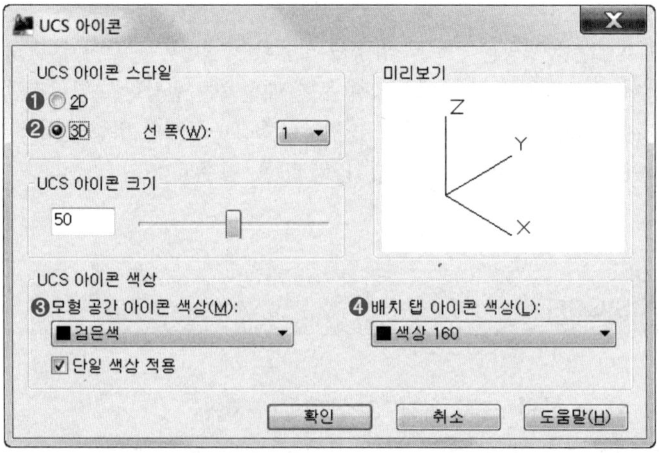

❶ 2D : 2차원 Ucsicon이 표시된다.

❷ 3D : Z축의 표시가 되는 3차원 Ucsicon이 표시된다.

- Ucs 아이콘 크기 : Ucsicon의 크기를 조절한다.
- Ucs 아이콘 색상 : Ucsicon의 색상을 제어한다.

❸ 모형 공간 아이콘 색상 : 모형 공간에서의 Ucsicon의 색상을 제어한다.

❹ 배치 탭 아이콘 색상 : 종이 공간에서의 Ucsicon의 색상을 제어한다.

3 뷰큐브(Viewcube)

2차원 모형 공간 또는 3차원 비주얼 스타일에서 작업할 때 표시되는 탐색 도구이며 ViewCube 도구를 사용하여 표준 뷰와 등각투영 뷰 간에 전환할 수 있다.

ViewCube 아래 나침반이 표시되어 해당 모형에 정의된 북쪽 방향을 알려 준다.(그림 3) 나침반의 빨간색 방향 문자를 클릭하여 모형을 회전하거나 빨간색 방향 문자 중 하나 또는 나침반 링을 클릭하고 끌어서 피벗 점 중심을 기준으로 모형을 대화식으로 회전할 수 있다.

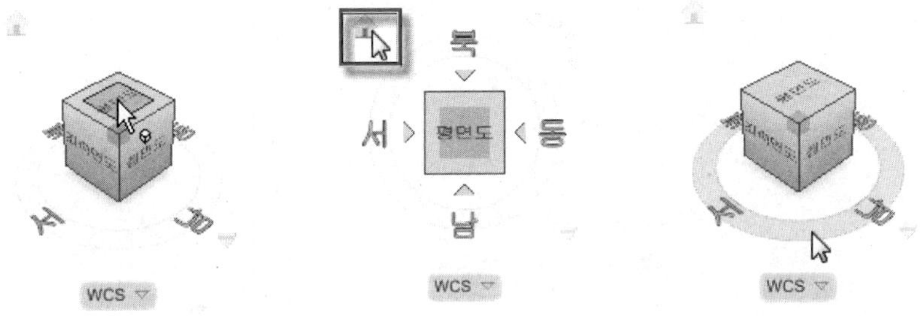

▲ 그림 1　　▲ 그림 2　　▲ 그림 3

① 원하는 뷰에서 더블클릭을 하면 화면이 전환된다.(그림 1)

② 홈 버튼을 누르면 저장된 홈 뷰로 화면이 복원된다.(그림 2, 3)

1 Navvcube

메뉴: 뷰 ➠ 화면 표시 ➠ ViewCube ➠ 켜기

리본: 3D 모델링 ➠ 뷰 ➠ 윈도우 ➠ 사용자 인터페이스▽ ➠ ViewCube

도구: 탐색 ➠ ViewCube

ViewCube 도구의 표시 여부와 설정을 변경한다. Autodesk 제품들(3DSmax, Revit, Civil 3D 등)은 뷰큐브를 기본적으로 제공한다.

> **명령:** Navvcube
> 옵션 입력 [켜기(ON)/끄기(OFF)/설정(S)] 〈켜기〉:

- 켜기(ON) : ViewCube 도구를 표시한다.
- 끄기(OFF) : ViewCube 도구를 표시를 하지 않게 한다.
- 설정(S) : ViewCube 도구의 설정을 변경한다.

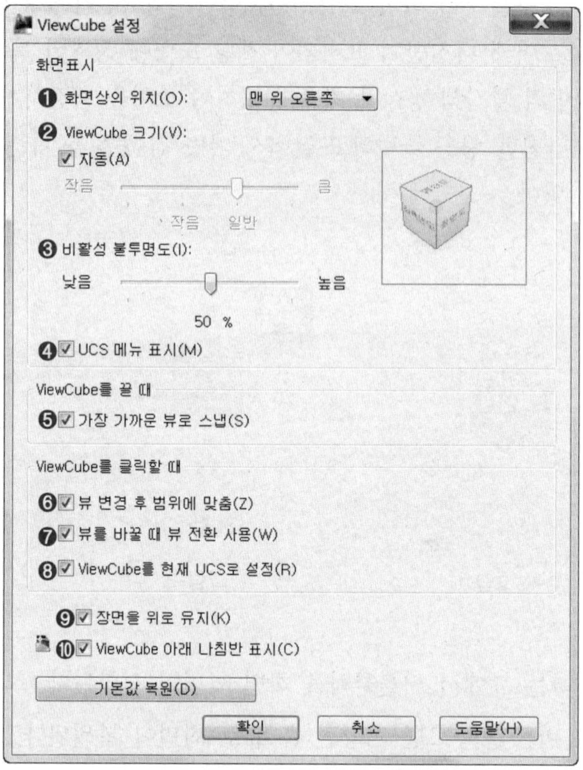

❶ 화면상의 위치(O) : 뷰포트에서 ViewCube 도구가 표시되는 구석을 지정한다.

❷ ViewCube 크기(V) : ViewCube 도구의 크기를 지정한다.

❸ 비활성 불투명도(I) : 비활성 상태일 때 ViewCube 도구의 불투명도를 조정한다.

❹ UCS 메뉴 표시(M) : ViewCube 도구 아래의 UCS 드롭다운 메뉴 표시를 조정한다.

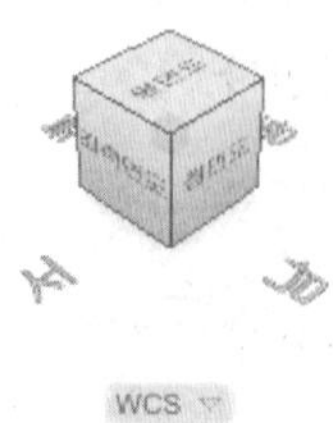

▲ 활성화

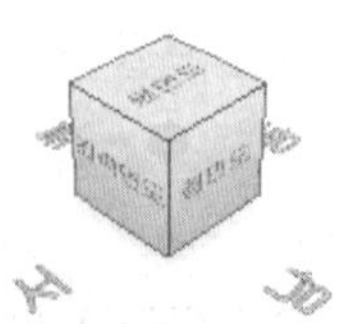

▲ 비활성화

❺ 가장 가까운 뷰로 스냅(S) : ViewCube 도구를 끌어 뷰를 변경할 때 현재 뷰를 가장 가까운 사전 설정 뷰에 맞춰 조정할지 여부를 지정한다.

❻ 뷰 변경 후 범위에 맞춤(Z) : 뷰 변경 후에 모형을 현재 뷰포트에 맞출지 여부를 지정한다.

❼ 뷰를 바꿀 때 뷰 전환 사용(W) : 뷰 간에 변경할 때 부드러운 뷰 전환 사용을 조정한다.

❽ ViewCube를 현재 UCS로 설정(R) : ViewCube 도구가 현재 UCS 또는 WCS를 반영하는지 여부를 조정한다.

❾ 장면을 위로 유지(K) : 모형의 관측점을 위아래로 뒤집을 수 있는지 여부를 지정한다.

❿ ViewCube 아래 나침반 표시(C) : ViewCube 도구 아래에 나침반을 표시할지 여부를 조정한다.

2 ViewCube 도구에서 마우스 우측 버튼 메뉴

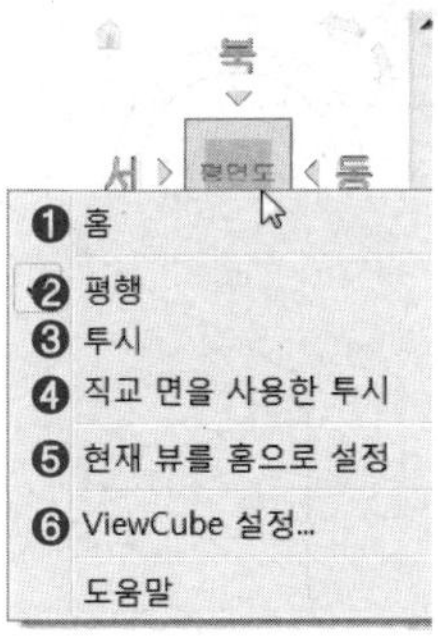

❶ 홈 : 저장된 홈 뷰로 화면이 복원된다.

❷ 평행 : 현재 뷰를 평행 투영으로 전환한다.

❸ 투시 : 현재 뷰를 투시 투영으로 전환한다.

❹ 직교면을 사용한 투시 : 현재 뷰가 ViewCube 도구에 정의된 면 뷰와 정렬되지 않을 경우 현재 뷰를 투시 투영으로 전환한다.

❺ 현재 뷰를 홈으로 설정 : 현재 뷰를 기반으로 모형의 홈 뷰를 정의한다.

❻ ViewCube 설정... : ViewCube 도구의 설정을 변경한다.(1의 설정 참조)

4 3차원으로 변형시키는 명령

Elev, Elevation, Thickness, Change, Chprop 등의 명령이 있으며 여기서는 3차원에 관련된 사항만 설명한다.

1 Elev

3차원 작업 조건(기본 고도 값, 기본 두께 값)을 설정한다.

기본 고도 값(Elevation)은 지정한 값만큼 작업되는 요소들이 Z축으로 상승(+)하거나 반대로 하강(−)한다. 기본 두께 값(Thickness)은 물체 고유 두께를 조정하는 것으로 +값이면 Z 방향이 하늘 방향으로 값이 적용되고, −값이면 지하로 적용된다.

예 5층에 내가 서 있다. ➡ 기본 고도는 5층 높이이고, 기본 두께는 내 키가 된다.

> **명령:** ELEV
> 새 기본 고도 값 지정 〈0.0000〉:
> 새 기본 두께 지정 〈0.0000〉:

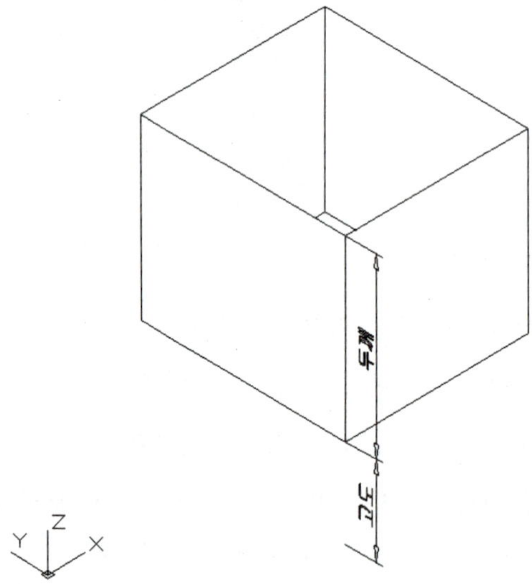

2 고도(Elevation)

3차원 작업 조건 고도 값을 설정한다.

명령: Elevation
ELEVATION에 대한 새 값 입력 <0.0000>:

3 두께(Thickness)

3차원 작업 조건 두께 값을 설정한다.

명령: Thickness
THICKNESS에 대한 새 값 입력 <0.0000>:

Elev, Elevation, Thickness에 설정된 값들은 새로 작업하는 객체에만 적용되고 기존의 객체에는 영향을 미치지 않는다.

4 Change, Ch, -Ch

이미 작업된 작업물을 대상으로 변경한다. 선택한 대상에 따라 변경할 수 있는 항목이 달라진다.

1) Ch

선택한 대상의 전반적인 사항을 변경할 수 있다. 3차원 관련된 항목으로는 두께 값, 고도 값(Z좌표) 등이 있다.

명령: Ch

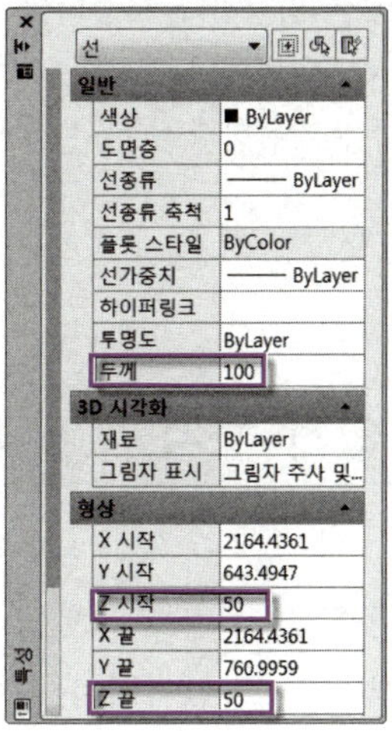

2) -Ch, Change

명령어 앞에 "-"를 붙여서 실행하면 대화상자 없는 명령이 실행된다.

명령: -CH
객체 선택: ← 변경 대상을 선택한다.
객체 선택: 변경점 지정 또는 [특성(P)]: p ← 특성 변경 옵션 P를 입력한다.
변경할 특성 입력
[색상(C)/고도(E)/도면층(LA)/선 종류(LT)/선 종류축척(S)/선가중치(LW)/두께(T)/투명도(TR)/재료(M)/주석(A)]:

- 고도(E) : 고도를 변경한다.
- 두께(T) : 두께를 변경한다,

5 Chprop

Change 명령과 비슷하나 대상의 특성만을 변경하는 명령으로 Elevation 옵션은 없고 Thickness만을 변경하며 UCS와 관계없이 영향을 준다.

명령: CHPROP
객체 선택: ← 대상을 선택한다.
객체 선택:
변경할 특성 입력 [색상(C)/도면층(LA)/선 종류(LT)/선 종류축척(S)/선가중치(LW)/두께(T)/투명도(TR)/재료(M)/주석(A)]:

Change와 Chprop는 비슷하나 구별되어 사용되어진다. Change는 옵션에 "고도"와 "두께"가 있으며, UCS가 맞아야 적용할 수 있지만, Chprop는 옵션에 "두께"만 있으며 UCS와 상관없이 사용 가능하다. UCS는 사용자가 지정하여 사용하는 작업 공간을 말한다.

5 3차원 작업을 쉽게 하기

명령어 입력보다는 리본 메뉴 "3차원 모델링" 또는 AutoCAD 클래식 리본 메뉴에서는 도구막대를 화면에 띄워 놓고 선택해서 실행하는 것이 편하다.

1 3차원 모델링 메뉴

1) 리본 메뉴

리본: 3D 모델링

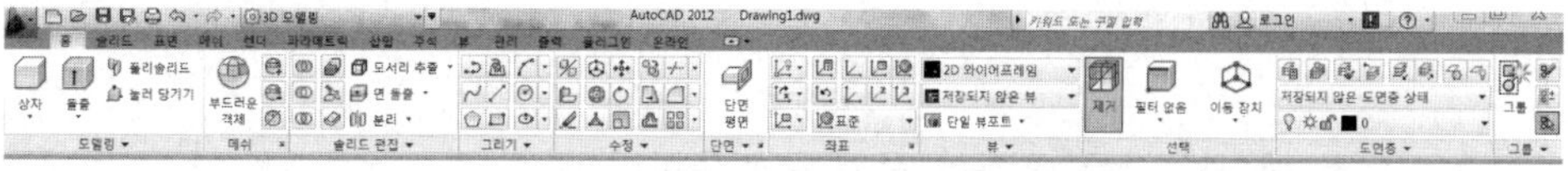

2) 도구막대

메뉴에서 "도구 ➠ 도구막대 ➠ AutoCAD"에서 "3D 탐색, 비주얼 스타일, 뷰"(그림 B)를 선택하거나 기존의 도구막대 위에 커서를 올려놓은 상태(그림 A)에서 마우스 우측을 클릭하여 나타나는 도구막대 리스트에서 선택한다.

▲ 그림 A

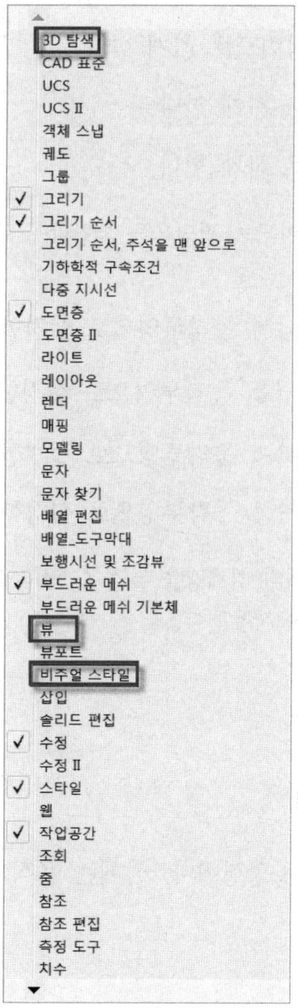

▲ 그림 B

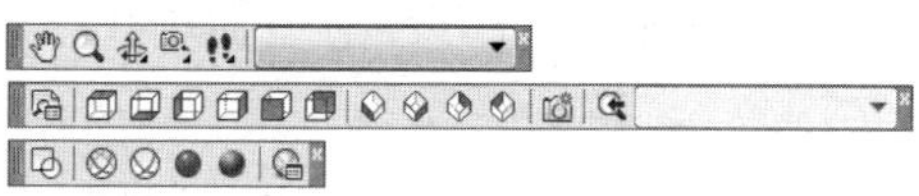

▲ 그림 C

2 물체를 관찰하는 명령

1) 3D 뷰(Viewpoint)

메뉴: 뷰 ➠ 3D 뷰

리본: 3D 모델링 ➠ 뷰▽ ➠ 뷰

사전 정의된 뷰를 통하여 물체를 관측한다.

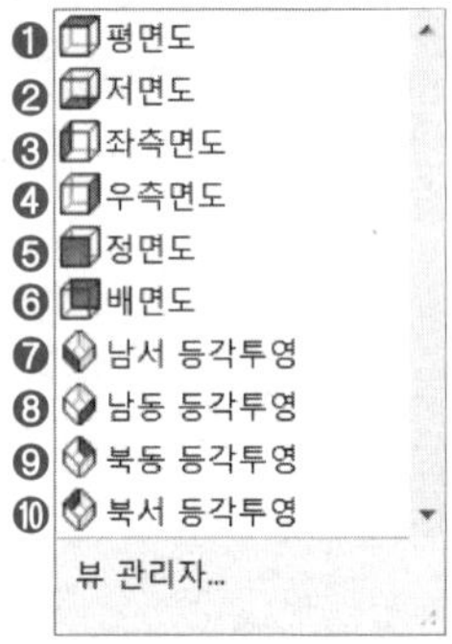

❶ 평면도 : 관측점을 평면으로 한다. 2차원 기본 뷰(Plan)와 일치한다. 작업을 하다가 뷰의 위치 판단이 어려울 때는 평면도로 전환하여 다시 시작한다.

❷ 저면도 : 관측점을 아래에서 위로 하게 한다.

❸ 좌측면도 : 관측점을 좌측정면으로 하게 한다.

❹ 우측면도 : 관측점을 우측정면으로 하게 한다.

❺ 정면도 : 관측점을 정면으로 하게 한다.

❻ 배면도 : 관측점을 뒷면으로 하게 한다.

☞ ❶~❻항까지는 관측점이 정방향이므로 평면으로 보인다.

❼ 남서 등각투영 : 관측점을 남서 등각투영으로 설정한다.

❽ 남동 등각투영 : 관측점을 남동 등각투영으로 설정한다.

❾ 북동 등각투영 : 관측점을 북서 등각투영으로 설정한다.

❿ 북서 등각투영 : 관측점을 북동 등각투영으로 설정한다.

☞ ❼~❿항까지는 등각투영으로 물체의 입체감을 느낄 수 있고 쉽게 화면 전환을 할 수 있으므로 3차원 작업에서 유용하게 사용된다.

2) 관측점(-Vp, Vpoint)

메뉴: 뷰 ➠ 3D 뷰 ➠ 관측점

눈의 위치를 변경하여 객체를 살피는 명령이다. 물체는 움직이지 않는다.

① 수치 입력으로 시점 바꾸기

명령: −Vp
현재 뷰 방향: VIEWDIR=1.0000,1.0000,1.0000
관측점 지정 또는 [회전(R)] 〈나침판과 삼각대 표시〉:

기본 값 0,0,1은 X와 Y축 방향으로의 시점은 없고 Z만 있는 Z의 정면 시점 값이다. 그래서 평면으로 보이는 것이다. 그리고 1이라는 수치는 거리 값이 아니고 시점의 유, 무를 결정하며 만약 다른 축의 값이 1 이상의 값을 가진다면 다른 축 방향과의 비율 값으로 보아야 한다. 만약 1,2,1이라면 X와 Z축에 비해 Y축의 면을 2배로 보겠다는 뜻이 된다. 시점의 부호 판단이나 X, Y, Z값의 비율 지정은 그림처럼 Ucsicon이 도형의 정중앙에 있다는 가정 하에 하면 쉽다.

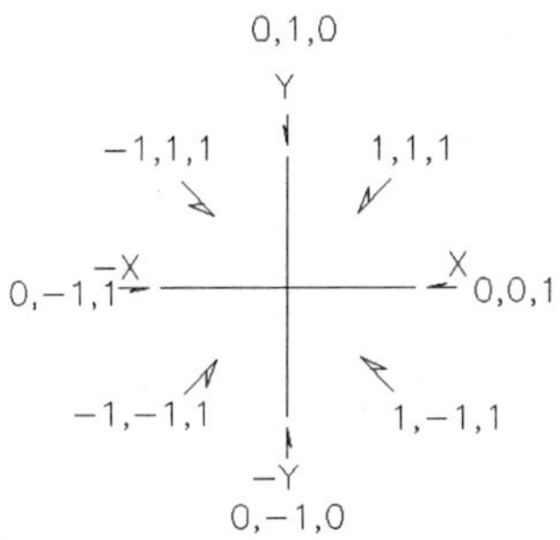

▲ Z가 양의 방향이라고 가정할 때

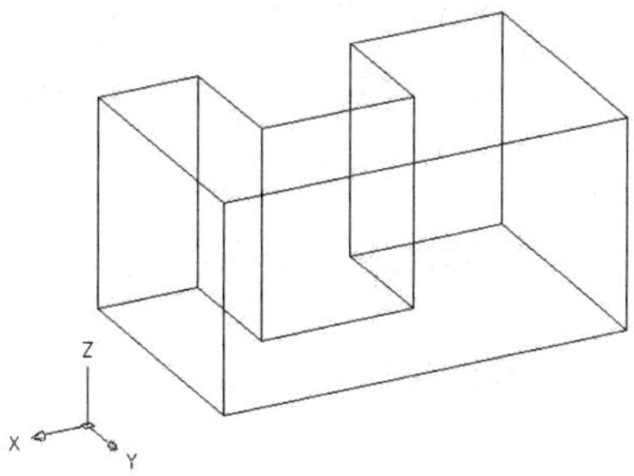

▲ Vpoint가 1, 2, 1일 때

명령: −Vp
현재 뷰 방향: VIEWDIR=1.0000,1.0000,1.0000
관측점 지정 또는 [회전(R)] 〈나침판과 삼각대 표시〉: 1,2,1 ← X나 Z에 비해 Y가 2배로 보인다.

② 나침판과 삼각대 표시를 이용하기

명령: −Vp
현재 뷰 방향: VIEWDIR=1.0000,1.0000,1.0000
관측점 지정 또는 [회전(R)] 〈나침판과 삼각대 표시〉: Enter↵ ← 여기서 그냥 엔터하면 다음과 같이 된다.

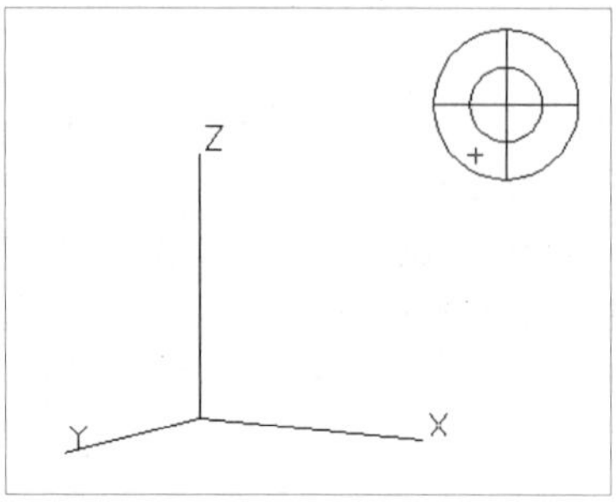

▲ 삼각대와 나침판

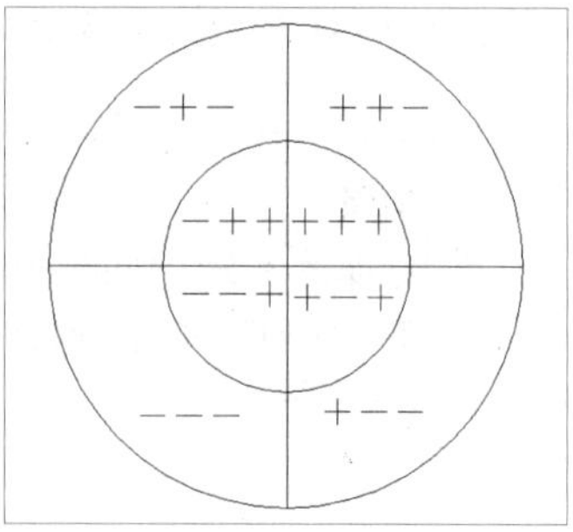

▲ 나침판의 부호 판단

좌측의 삼각대와 우측의 나침판을 적절히 이용, 판단하여 시점을 변경한다. 삼각대 팔의 길이가 짧아질수록 그 축의 정면에 가까워진다. 즉, 축이 짧을수록 해당 면이 많이 보인다.

나침판의 원은 Z축의 방향을 판단하는 기준이 된다. 안쪽에 위치하면 Z의 정방향(+)이고 바깥 원 쪽에 위치하면 반대(−)방향이 된다. 가운데 큰 십자는 X와 Y를 판단하는 기준이 된다. 가운데 교차를 중심으로 위, 우측은 (+)이고 아래, 좌측은 (−) 방향이 된다.

③ 대화상자 이용하기

명령: Vp

"WCS에 절대적"은 X, Y 평면에서의 시점의 각도를 지정한다. "UCS에 상대적"은 Z의 시점각도를 잡아 준다.(90°~−90°)

X, Y 각을 45° 주고 Z의 각을 30°를 주면 앞의 방법의 수치 입력 1, 1, 1과 유사한 결과를 보인다.

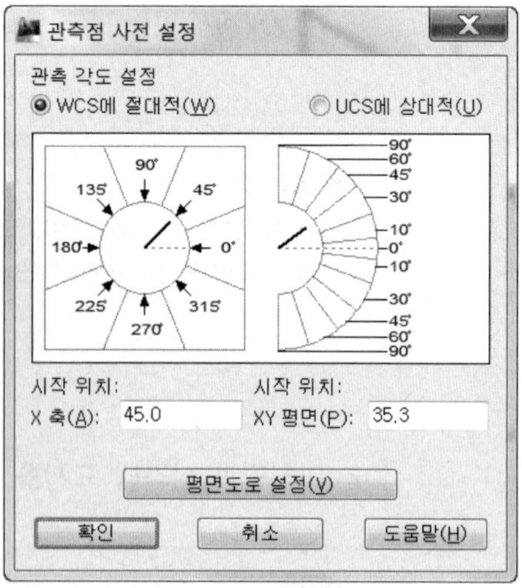

3) 뷰큐브(Viewcube) 사용

AutoCAD2009부터 지원되는 기능으로 쉽게 화면 전환을 하게 한다.

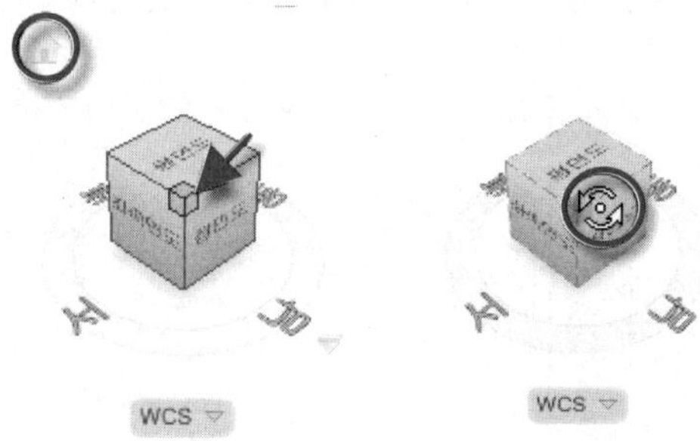

뷰큐브에서 원하는 위치에 커서를 대고 더블클릭하거나 드래그하여 움직임에 따라 화면이 전환된다. "홈(집그림)"을 클릭하면 저장해 놓은 초기상태로 복귀한다.

예 1 Viewpoint 연습하기

① 다음과 같은 크기의 도형을 Pline으로 그린다.

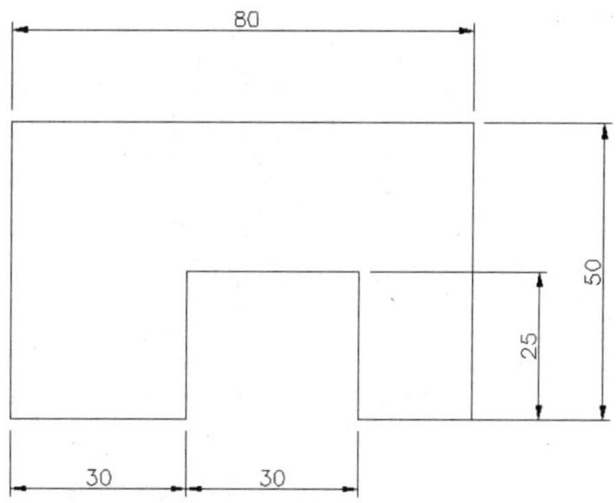

② 명령 "Ch"를 이용하여 두께(Z 방향으로 변형)를 40을 준다.

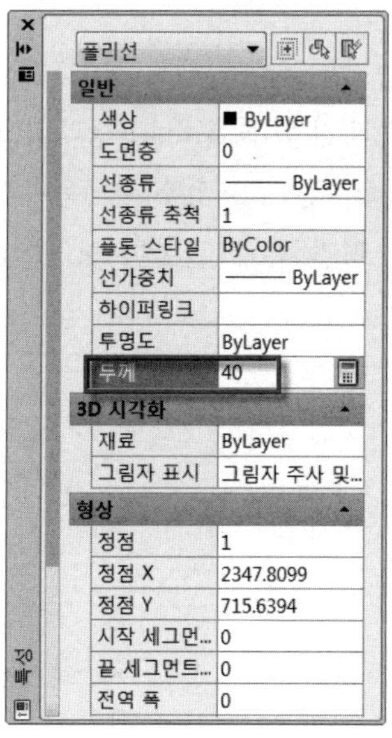

③ Z 방향으로 두께 변화가 있지만 눈의 위치가 Z의 정방향에 있기 때문에 두께의 변화를 알 수 없다.

• 다음은 작업 후 4개의 등각투영으로 관찰한 결과이다.

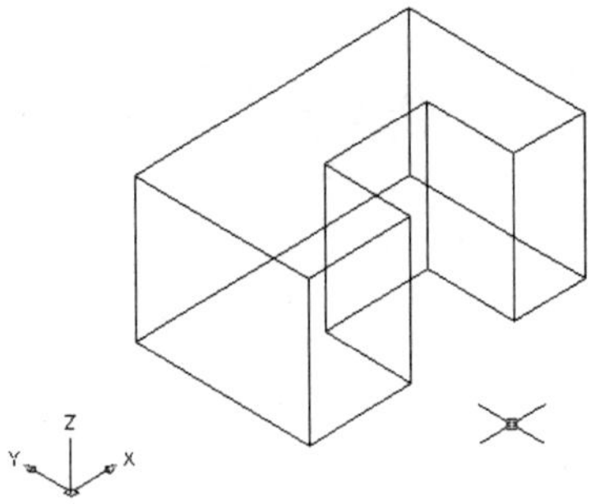

▲ 남서 등각투영

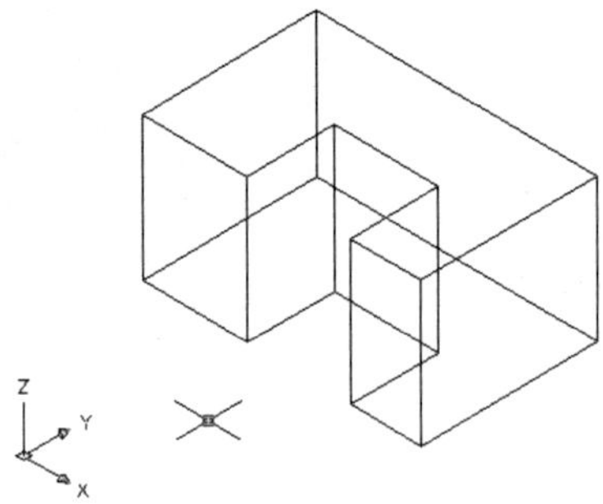

▲ 남동 등각투영

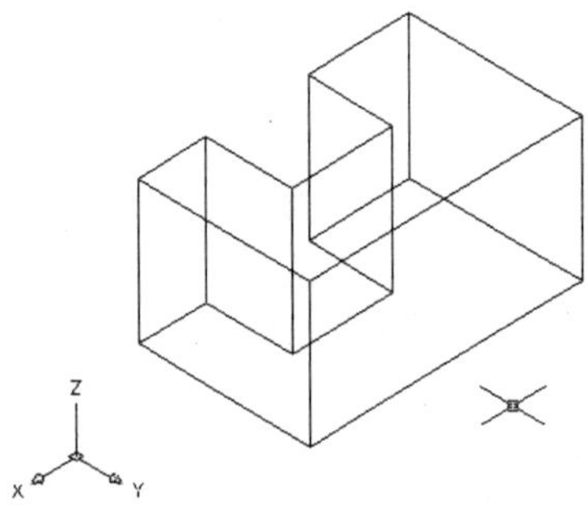

▲ 북서 등각투영

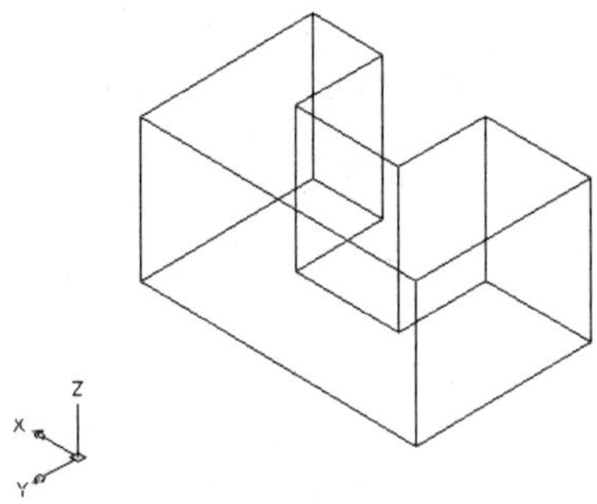

▲ 북동 등각투영

위 4개의 등각투영은 입체로 보이지만 안과 밖이 구별되지 않는다. 이런 상태를 와이어프레임(Wireframe) 상태라고도 하는데 면이 구별되게 하려면 **메뉴에서 뷰 ➠ 비주얼 스타일에서** "숨기기, 음영" 등을 적용해 본다.

• 다음은 6개의 평면 뷰로 관찰한 모양이다.

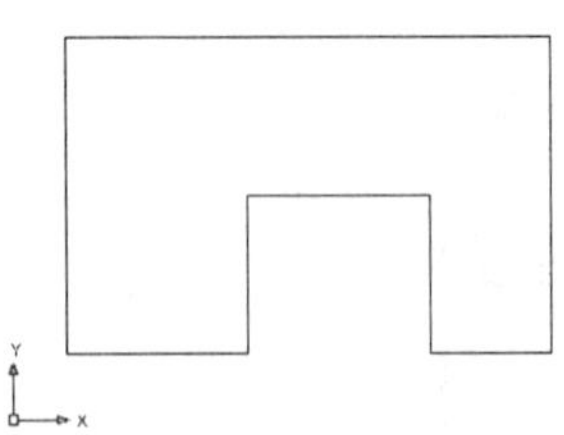

▲ 평면도

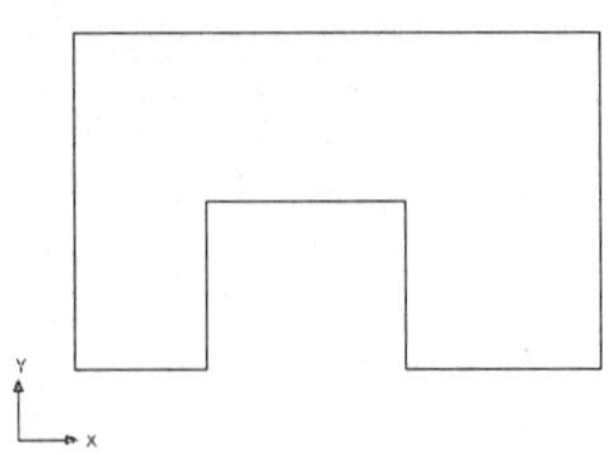

▲ 저면도

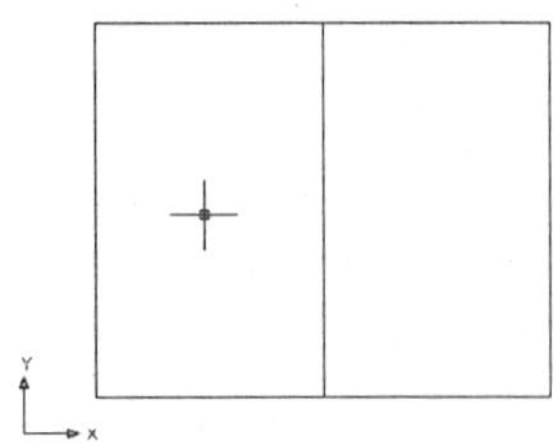

▲ 좌측면도

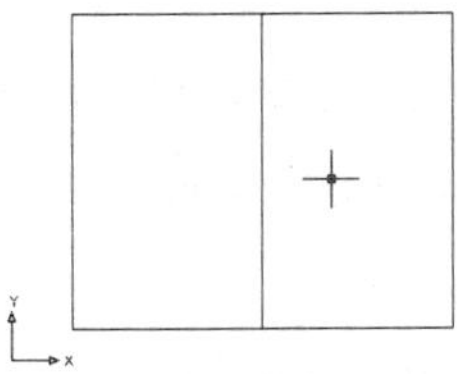

▲ 우측면도

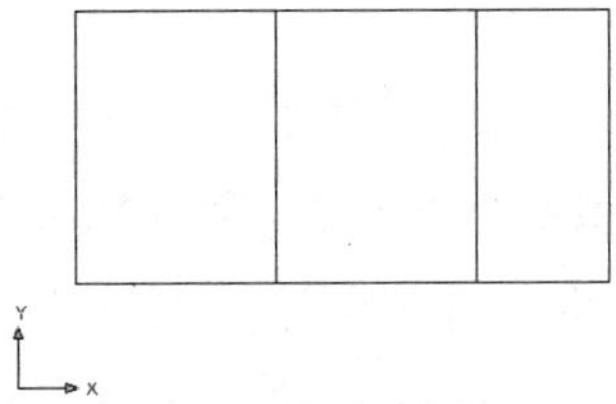

▲ 정면도

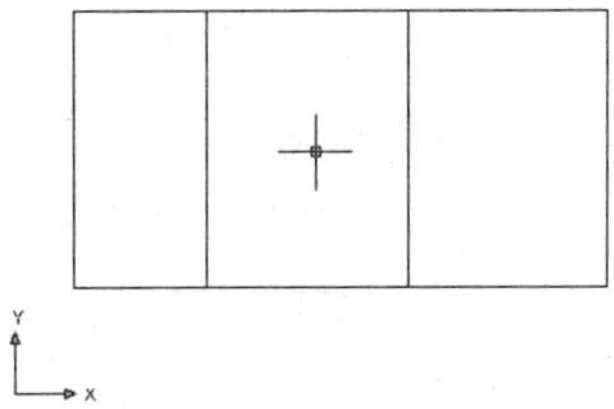

▲ 배면도

4) 뷰 관리자(View)

메뉴: 뷰 ➠ 명명된 뷰

리본: 3D 모델링 ➠ 뷰 ➠ 뷰 패널 ➠ 뷰 관리자

도구: 뷰

사용 가능한 뷰의 리스트를 표시한다.

명령: View

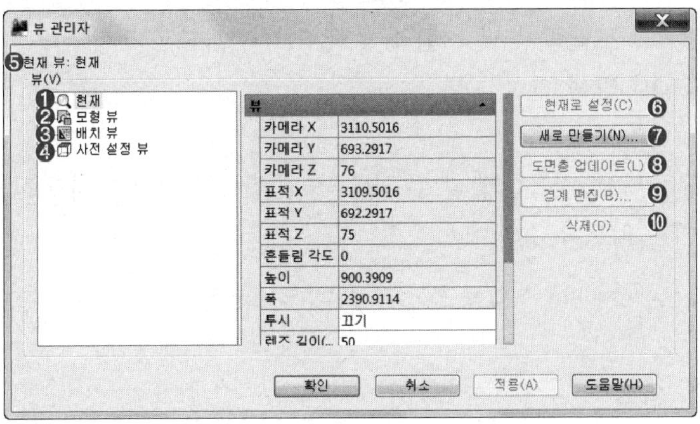

❶ 현재 : 현재 뷰와 해당 뷰 및 자르기 특성을 표시한다.

❷ 모형 뷰 : 명명된 뷰 및 카메라의 리스트를 표시하고 선택된 뷰의 일반, 뷰 및 자르기 특성을 나열한다.

❸ 배치 뷰 : 뷰를 정의하는 배치의 뷰포트 리스트를 표시하고 선택된 뷰의 일반 및 뷰 특성을 나열한다.

❹ 사전 설정 뷰 : 직교 및 등각투영 뷰의 리스트를 표시하고 선택된 뷰의 일반 특성을 나열한다.

❺ 현재 뷰 : 현재 뷰의 이름을 표시하며 뷰 대화상자가 처음으로 표시될 때 현재

뷰를 표시한다.

❻ **현재로 설정** : 선택한 저장된 뷰를 불러온다. 또한 리스트에서 해당 뷰의 이름을 두 번 클릭하거나 이름을 마우스 오른쪽 버튼으로 클릭하고 바로 가기 메뉴에서 현재로 설정을 클릭하면 저장된 뷰를 불러 올 수 있다.

❼ **새로 만들기** : 새로운 뷰를 만들기 위한 대화상자를 보인다.

❽ **도면층 업데이트** : 선택한 저장된 뷰와 함께 저장된 도면층 정보를 업데이트하여 현재 모형 공간 또는 배치 뷰포트에서의 도면층 가시성을 일치시킨다.

❾ **경계 편집** : 선택한 저장된 뷰를 중앙에 배치한 상태로 줌 축소하고 도면 영역의 나머지는 색상을 연하게 표시하여 저장된 뷰의 경계를 표시한다. 엔터를 눌러 원하는 결과가 나올 때까지 새로운 경계의 반대쪽 구석을 반복해서 지정할 수 있다.

❿ **삭제** : 저장된 뷰를 삭제한다.

5) 3D 탐색(3Dorbit)

메뉴: **뷰 ➠ 궤도 ➠ 제한된 경로**
리본: **3D 모델링 ➠ 뷰 ➠ 탐색 ➠ 궤도▽ ➠ 궤도**
도구: **3D 탐색**

3차원 관측을 자유롭게 할 수 있다. 도면 한계가 크고 물체가 작으면 화면 속에 물체가 보이지 않으니 주의한다.

[Shift] + 마우스 휠을 클릭 드래그해도 실행된다.

명령: **3DO**

3DORBIT Esc 키 또는 ENTER 키를 눌러 종료하거나 오른쪽을 클릭하여 바로 가기 메뉴를 표시한다.

관측점을 변화시키기 위해서 커서를 클릭, 드래그한다. 아크볼(가장 큰 원)의 어느 위치에 커서가 있는 가에 따라 달라진다. 마우스 우측을 클릭하면 다른 메뉴를 사용할 수 있다.

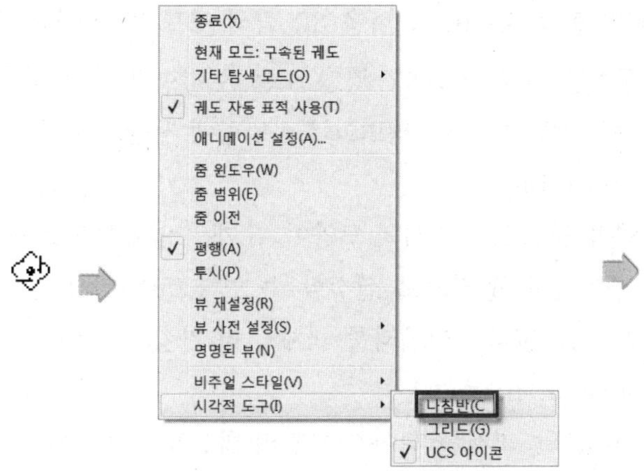

▲ 마우스 우측을 클릭하면

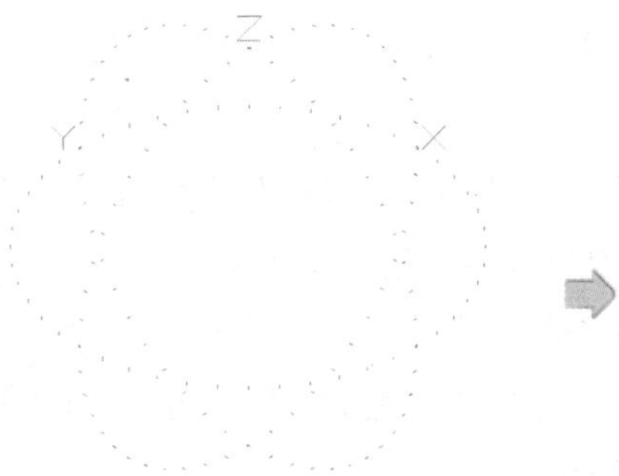

▲ 나침반을 켜면

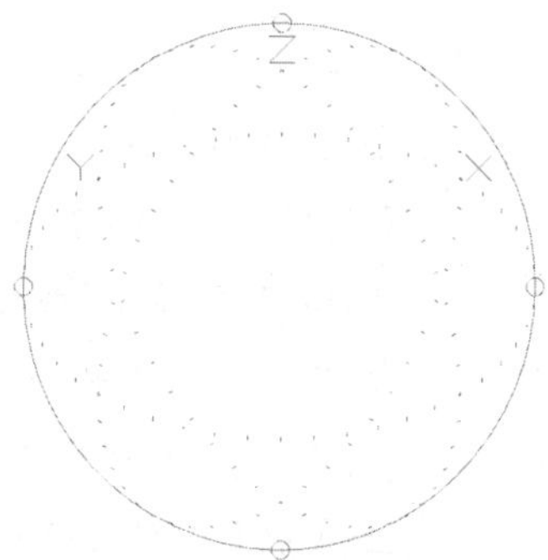

▲ Shift 키를 누르면

3Dorbit 실행한 상태에서 마우스 오른쪽 버튼을 누르면 나오는 메뉴

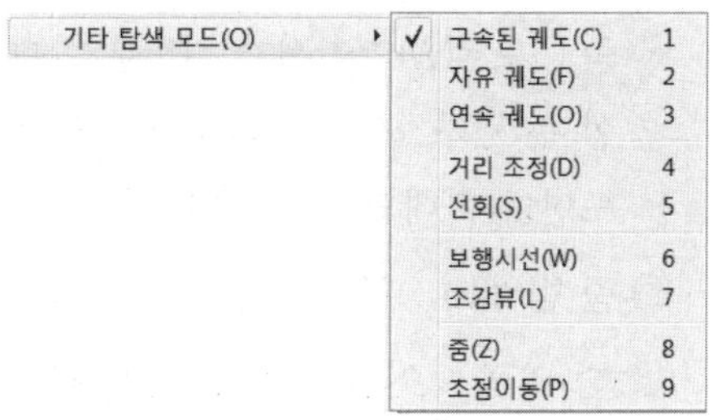

❶ 기타 탐색 모드(C) : 다음 3D 탐색 모드 중 하나를 선택한다.

- 구속된 궤도(1) : XY 평면 또는 Z 방향으로 궤도를 제한한다.
- 자유 궤도(2) : XY 평면이나 Z 방향에 제한받지 않고 모든 방향의 궤도를 허용한다.(3Dforbit)
- 연속 궤도(3) : 커서의 모양이 두 개의 연속선으로 둘러싸인 구로 변경되고 객체를 연속 동작으로 설정할 수 있다.(3Dcorbit)
- 거리 조정(4) : 카메라를 객체와 더 가깝게 또는 멀리 이동하도록 시뮬레이션한다.(3Ddistance)
- 선회(5) : 커서를 휘어진 모양의 화살표로 변경하고 카메라 회전 효과를 시뮬레이션한다.(3Dswivel)
- 보행시선(6) : 커서를 더하기 기호로 변경하며, 카메라의 위치 및 표적을 동적으로 조정하여 XY 평면 위의 고정된 높이로 모형에서 "보행시선"을 수행할 수 있다.(3Dwalk)
- 조감뷰(7) : 커서를 + 기호로 변경하며, XY 평면 위의 고정된 높이로 제한하지 않고 모형을 "플라이쓰루"할 수 있다.(3Dfly)
- 줌(8) : 더하기(+) 기호와 빼기(-) 기호를 사용하여 커서를 돋보기로 변경하며, 카메라를 객체와 더 가깝게 또는 멀리 이동하도록 시뮬레이션한다. 거리 조정 옵션처럼 동작한다.(3Dzoom)
- 초점이동(9) : 커서를 손 모양 커서로 변경하고 끄는 방향으로 뷰를 이동한다.(3Dpan)

❷ 궤도 자동 표적 사용(T) : 궤도 자동 대상을 작동 가능하게 한다. 뷰포트 중심에 있는 표적점이 아닌 보려는 객체에 있는 표적점을 유지한다. 기본적으로 이 기능은 켜진다.

❸ 애니메이션 설정(A) : 애니메이션 파일을 저장하기 위한 설정을 지정할 수 있는 애니메이션 설정 대화상자가 열린다.

❹ 줌 윈도우(W) : 커서가 윈도우 아이콘으로 변경되며 줌 확대할 특정 영역을 선택할 수 있다. 커서가 변경되면 시작점과 끝점을 클릭하여 줌 윈도우를 정의한다. 도면이 확대되고 선택한 영역에 초점이 맞추어진다.

❺ 줌 범위(E) : 뷰를 중앙에 위치시키고 모든 객체가 표시되도록 크기를 조정한다.

❻ 줌 이전 : 이전 뷰를 표시한다.

❼ 평행(A) : 평행 투영으로 왜곡되지 않는다.

❽ 투시(P) : 투시도를 보여준다. 원근감이 적용되어 현실적이다.(Perspective)

❾ 뷰 재설정(R) : 3Dorbit를 처음 시작할 때 뷰를 현재 뷰로 다시 재설정한다.

⑩ 뷰 사전 설정(S) : 평면도, 저면도 및 남서 등각투영 뷰 등의 미리 정의된 뷰 리스트를 표시한다.(❷의 1) 참조)

⑪ 명명된 뷰(N) : 도면에 명명된 뷰의 리스트를 표시한다. 모형의 현재 뷰를 변경하려면 리스트에서 명명된 뷰를 선택한다.

⑫ 비주얼 스타일(V) : 객체를 음영 처리하는 방법을 제공한다.(Vscurrent, 7)의 비주얼 스타일 참조)

⑬ 시각적 도구(I) : 객체를 시각화하기 위한 도구를 제공한다.

- 나침반 : X축, Y축 및 Z축을 나타내는 3개의 선으로 구성된 3D 구를 그린다.
- 그리드 : 작업 평면에 모눈을 켠다.
- UCS 아이콘 : 음영 처리된 3D UCS 아이콘을 표시한다. 각 축은 X, Y 또는 Z로 표시된다. X축은 빨간색, Y축은 초록색, Z축은 파란색이다.

6) 숨기기(Hi, Hide) 

메뉴: 뷰 ➠ 숨기기

보이지 않을 선을 감춰 물체의 안과 밖을 구별하여 준다.

명령: Hi

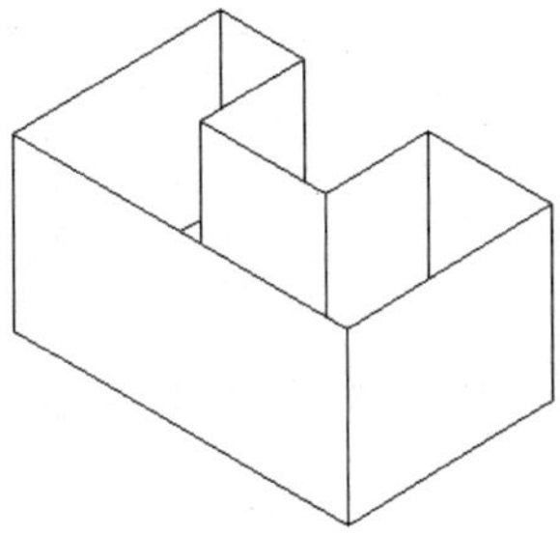

7) 비주얼 스타일

메뉴: 뷰 ➠ 비주얼 스타일

리본: 3D 모델링 ➠ 뷰▽ ➠ 비주얼 스타일

도구: 비주얼 스타일

① 2D 와이어프레임 : 2차원 선 구조 상태로 보여준다.

② 개념 : 부드러운 음영 처리 및 Gooch 면 스타일을 사용하여 객체를 표시한다.

(Ucsicon이 레드(X축), 그린(Y축), 블루(Z축)로 바뀐다.)

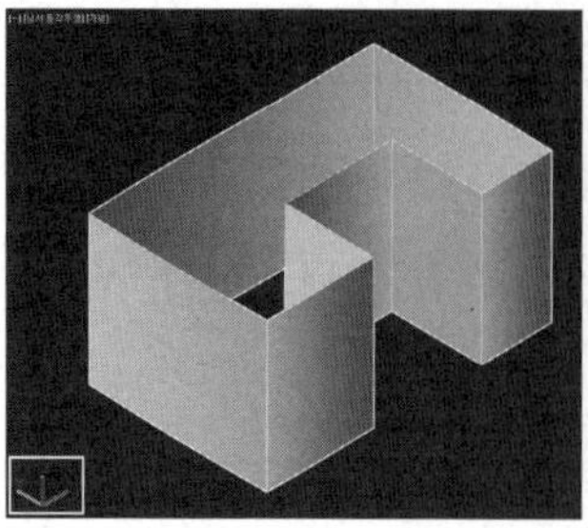

▲ 개념

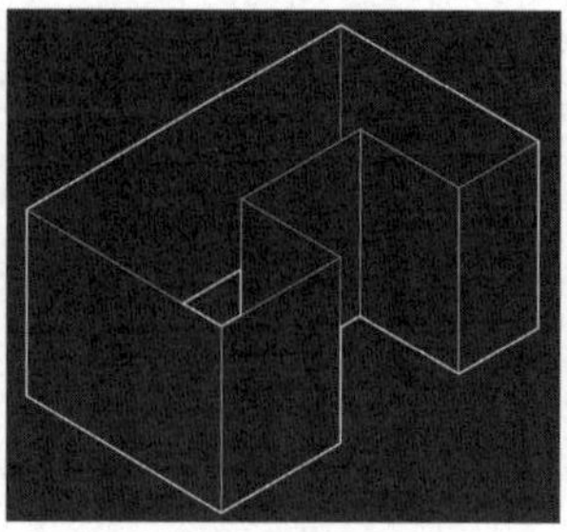

▲ 숨김

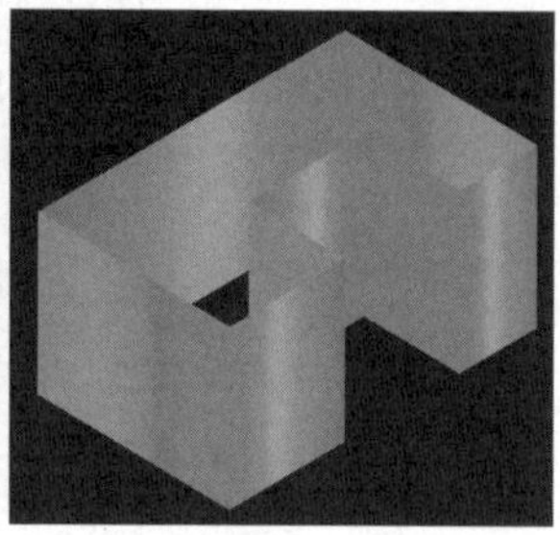

▲ 실제

③ 숨김 : 객체를 와이어프레임으로 표시하고 뒷면 선을 숨긴다.

④ 실제 : 부드러운 음영 처리 및 재료를 사용하여 객체를 표시한다.

⑤ 음영 처리 : 부드러운 음영 처리를 사용하여 객체를 표시한다.

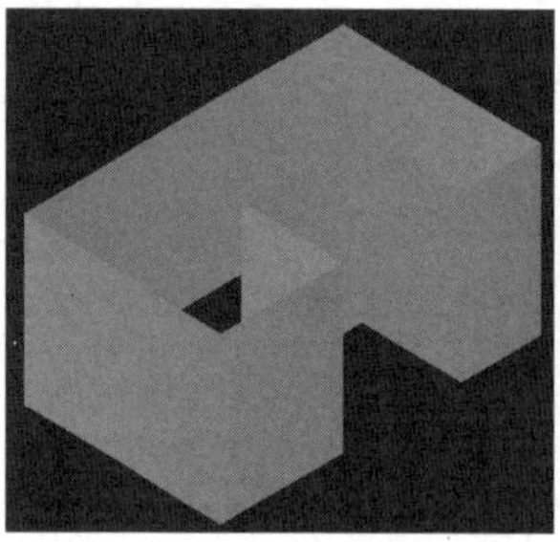

▲ 음영 처리

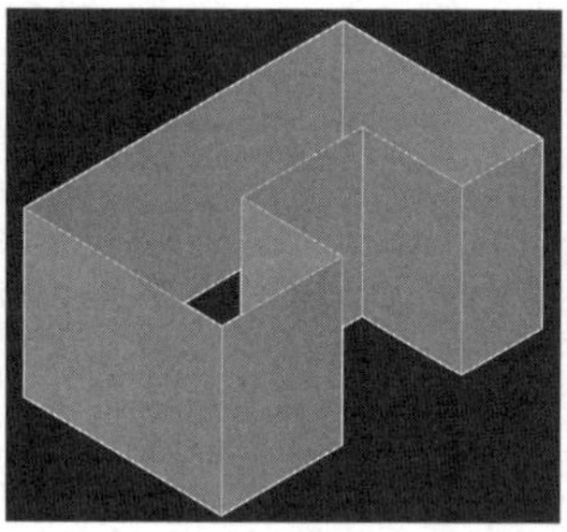

▲ 모서리로 음영 처리됨

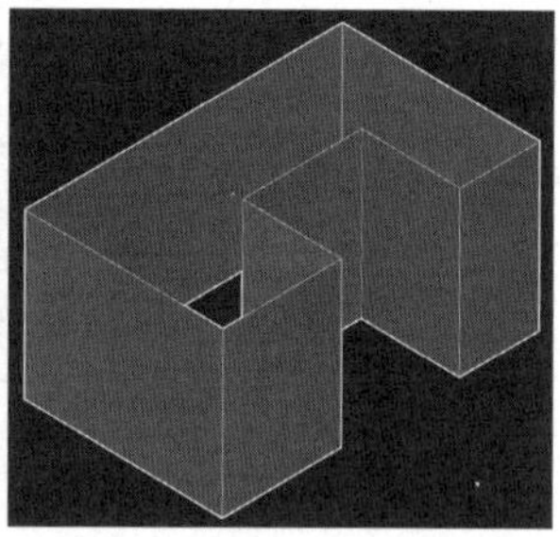

▲ 회색 음영

⑤ 모서리로 음영 처리됨 : 부드러운 음영 처리 및 표시되는 모서리를 사용하여 객체를 표시한다.

⑥ 회색 음영 : 부드러운 음영 처리 및 회색 단색 음영을 사용하여 객체를 표시한다.

⑦ 스케치 : 손으로 스케치한 효과를 적용해 객체를 표시한다.

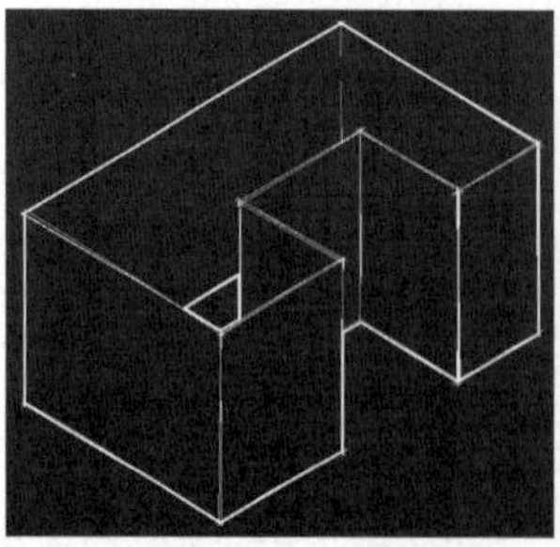

▲ 스케치

▲ 와이어프레임

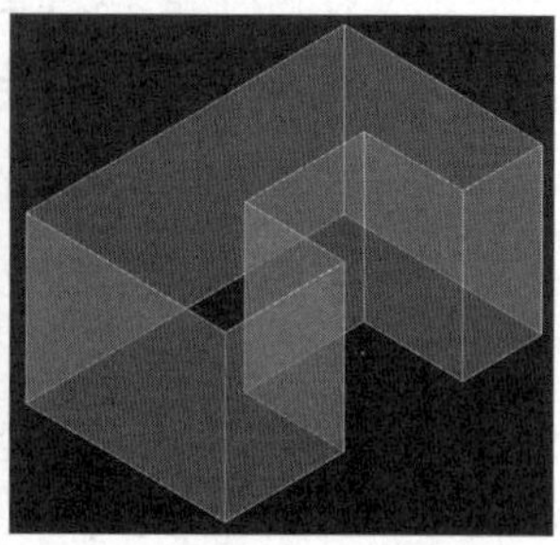

▲ X 레이

⑧ 와이어프레임 : 경계를 나타내는 선과 곡선을 사용하여 객체를 표시한다.

⑨ X 레이 : 객체를 반투명하게 표시한다.

✎ 음영 모드가 작동 중일 때는 면이 없는 객체가 보이지 않는 경우가 있으므로 필요치 않을 때는 음영 모드를 해제한다. 2D 와이어프레임으로 전환하면 음영 모드가 해제된다.

3 뷰포트(Vports)

메뉴: **뷰 ➠ 뷰포트 ➠ 새 뷰포트**

리본: **3D 모델링 ➠ 뷰 ➠ 뷰포트 ➠ 명명된 뷰포트**

도구: **배치**

화면 분할 명령으로 여러 대의 모니터를 가지고 작업하는 것과 같은 효과를 낼 수 있다.

명령: **Vports**

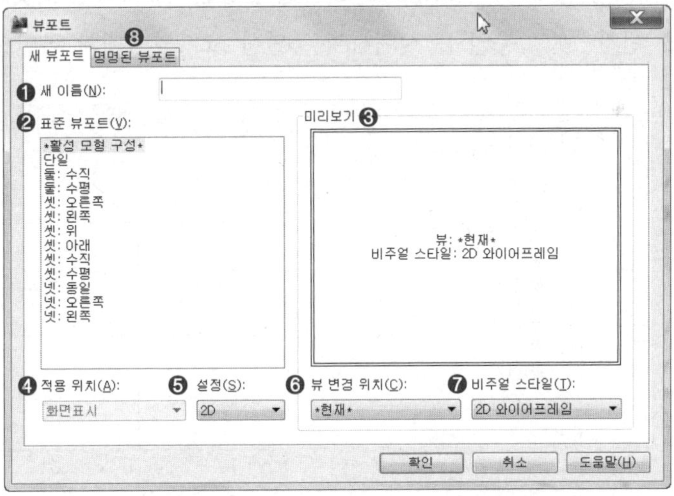

❶ 새 이름(N) : 새 모형 공간 뷰포트 구성의 이름을 지정한다. 이름을 입력하지 않으면 뷰포트 구성이 적용은 되지만 저장되지는 않는다. 뷰포트 구성이 저장되지 않으면 배치에서 사용할 수 없다.

❷ 표준 뷰포트(V) : 현재 구성인 CURRENT를 포함하여 표준 뷰포트 구성을 나열하고 설정한다.

❸ 미리보기 : 선택한 뷰포트 구성의 미리보기와 구성에 포함된 개별 뷰포트 각각에 지정된 기본 뷰를 표시한다.

❹ 적용 위치(A)

- **화면표시** : 뷰포트 구성을 전체 모형 탭 표시에 적용한다.
- **현재 뷰포트** : 뷰포트 구성을 현재 뷰포트에만 적용한다.

❺ 설정(S) : 2D 또는 3D 설정을 지정한다. 2D를 선택하면 초기 단계의 새 뷰포트 구성은 모든 뷰포트의 현재 뷰로 이루어진다. 3D를 선택하면 구성하는 뷰포트에 표준 직교 3D 뷰 세트가 적용된다.

❻ 뷰 변경 위치(C) : 선택한 뷰포트의 뷰를 리스트에서 선택한 뷰로 대치한다. 명명된 뷰를 선택할 수 있으며, 3D 설정을 선택한 경우에는 표준 뷰 리스트에서 선택할 수 있다. 선택한 뷰를 미리보기에서 확인한다.

❼ 비주얼 스타일(T) : 뷰포트에 비주얼 스타일을 적용한다. 사용 가능한 모든 비주얼 스타일이 표시된다.

❽ 명명된 뷰포트 탭 —모형 공간(뷰포트 대화상자)

1) 4개의 동일 크기의 화면으로 화면을 분할한 뒤, 3각법에 맞게 화면을 맞춰보자.

① 먼저 "넷 : 동일"을 선택하여 동일한 크기의 4개의 화면으로 분할한다.

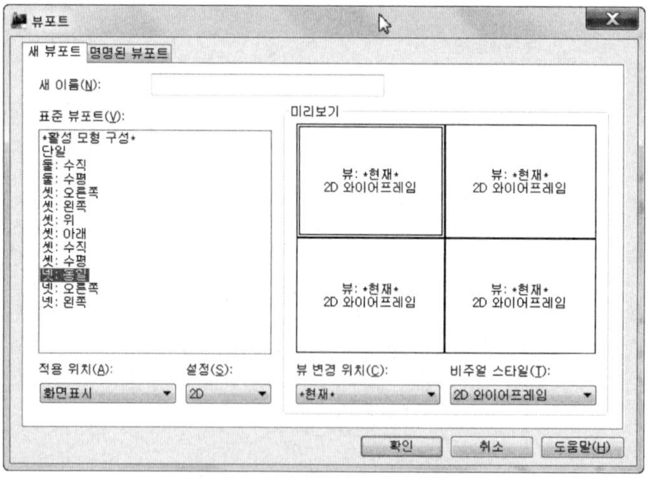

② 4개로 분할된 뷰에 3각법에 준하여 관측점을 설정한다. 설정 요령은 설정을 "3D"로 해당 화면을 선택하고 뷰 변경 위치에서 화면에 맞게 뷰를 선택한다.

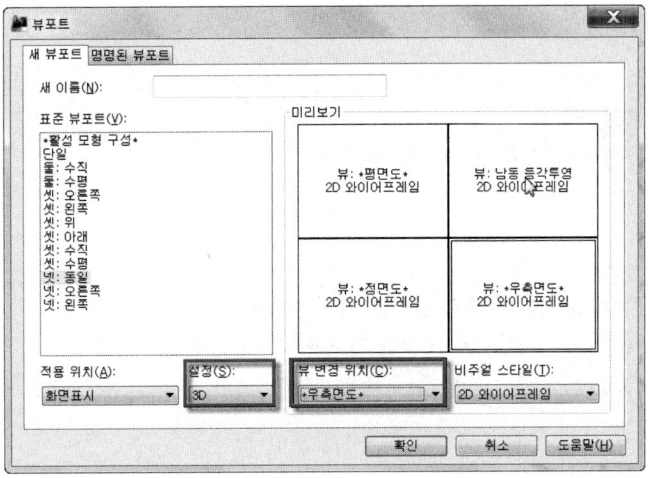

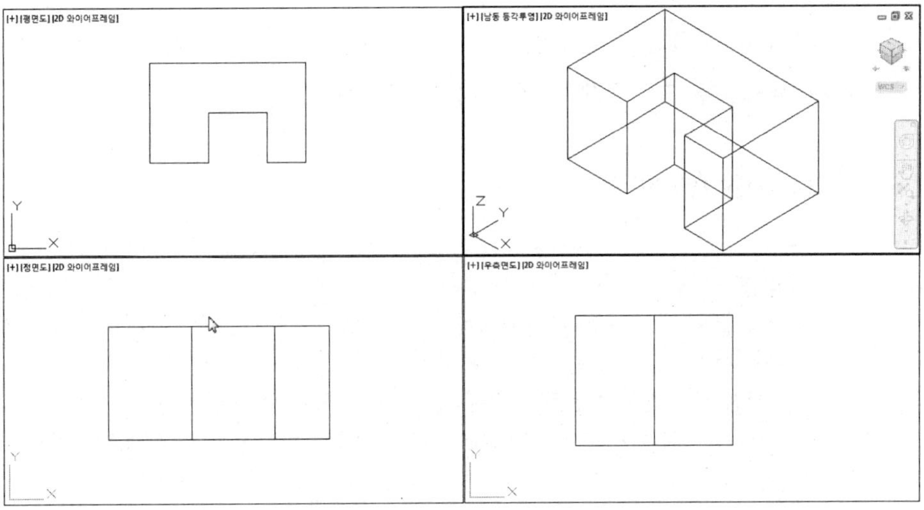

✍ 테두리선이 진하게 되어 있고 커서가 십자인 곳이 작업 가능한 뷰이다.

2) 분할된 화면을 하나의 화면으로 전환하는 방법

메뉴: 뷰 ➠ 뷰포트 ➠ 1개의 뷰포트

Vports를 실행하고 "단일"을 선택하면 된다. 하나의 화면으로 될 때는 현재 커서가 들어 있는 화면을 기준으로 화면이 하나로 전환된다.

4 Plan

메뉴: 뷰 ➠ 3D 뷰 ➠ 평면도 ➠ 표준 UCS

지정한 사용자 좌표계의 XY 평면에 대한 직교 뷰로 전환한다.

> **명령:** PLAN
> 옵션 입력 [현재 UCS(C)/UCS(U)/표준(W)] 〈현재〉:

- 현재 UCS(C) : 현재 설정된 좌표계의 평면으로 정렬된다.
- UCS(U) : 사용자가 정의한 좌표계의 평면으로 정렬된다.
- 표준(W) : 초기 평면 상태로 정렬된다.

5 3차원 Move, Copy, Line, 3Dpoly

3차원 Move, Copy, Line이 따로 있는 것이 아니고 다음 Point를 지정할 때 X, Y, Z 세 좌표값을 주되 Z값의 변화 값만 주면 된다.

가) 3차원 MOVE

> **명령:** m
> 객체 선택: ← 대상을 선택한다.
> 객체 선택:
> 기준점 지정 또는 [변위(D)] 〈변위〉: ← 기준점은 아무 곳이나 지정한다.
> 두 번째 점 지정 또는 〈첫 번째 점을 변위로 사용〉: **@0,0,10** ← Z 방향으로 10만큼 이동한다.

☞ 명령 "Ch"로 "고도"를 변경한 것과 같다.

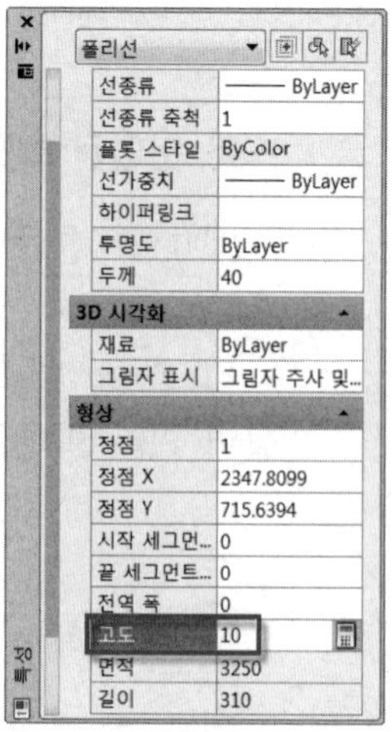

나) 3차원 COPY

명령: CP
객체 선택: ← 복사 대상을 선택한다.
객체 선택:
현재 설정: 복사 모드 = 다중(M)
기본점 지정 또는 [변위(D)/모드(O)] 〈변위(D)〉: ← 기준점은 아무 곳이나 지정한다.
두 번째 점 지정 또는 [배열(A)] 〈첫 번째 점을 변위로 사용〉: **@0,0,20** ← Z 방향으로 10만큼의 위치에 복사된다.

다) 3차원 LINE

명령: L
첫 번째 점 지정: ← 시작점을 지정한다.
다음 점 지정 또는 [명령 취소(U)]: **@0,0,10** ← Z 방향으로 10만큼 그려진다.
다음 점 지정 또는 [명령 취소(U)]:

라) 3D 폴리선(3Dpoly)

메뉴: **그리기 ➠ 3D 폴리선**

일반 폴리선 명령으로는 Z 방향으로 그릴 수 없으므로 "3dpoly" 명령을 사용한다.

명령: 3dpoly
폴리선의 시작점 지정:
선의 끝점 지정 또는 [명령 취소(U)]:

6 사용자 정의 좌표계(UCS; User Coordinate System)

좌표계는 크게 WCS와 UCS로 구분되는데 WCS(World Coordinate System)는 표준 좌표계이다. 다시 말하면 하늘 방향이 Z의 정방향이고, 동쪽이 X 방향, 북쪽이 Y 방향인 현재 우리가 생활하고 있는 실세계와 일치하는 방향이다. 그러나 캐드 작업 공간에서는 X, Y가 이루는 평면 안에서만 모든 작업이 이뤄지므로 작업 평면을 작업자가 설정 또는 변경하여 작업해야 하는데 UCS(User Coordinate System) 즉, 사용자 정의 좌표계를 이용하여 작업 평면을 설정 또는 변경한다.

- **관련명령 : Ucsicon, Dducs, Ucsman**

1 Ucs

메뉴: 도구 ➠ 새 UCS

리본: 3D 모델링 ➠ 홈 ➠ 좌표 패널 ➠ UCS

도구: UCS

> **명령:** UCS
> 현재 UCS 이름: *표준* ← 현재 설정되어 있는 좌표계를 표시한다.
> UCS의 원점 지정 또는 [면(F)/이름(NA)/객체(OB)/이전(P)/뷰(V)/표준(W)/X(X)/Y(Y)/Z(Z)/Z축(ZA)] 〈표준〉:

① **UCS의 원점 지정** : 한 개, 두 개 또는 세 개의 점(원점, X축, Y축)을 사용하여 새 UCS를 정의한다.

> **명령:** UCS
> 현재 UCS 이름: *이름 없음*
> UCS의 원점 지정 또는 [면(F)/이름(NA)/객체(OB)/이전(P)/뷰(V)/표준(W)/X(X)/Y(Y)/Z(Z)/Z축(ZA)] 〈표준〉: ← P1을 지정한다.
> X축에서 점 지정 또는 〈수락(A)〉: ← P2를 지정한다.
> XY 평면에서 점 지정 또는 〈수락(A)〉: ← P3을 지정한다.

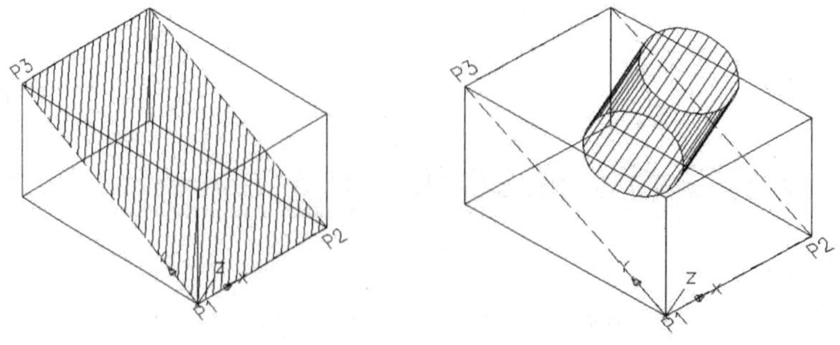

▲ UCS 변경 후 원기둥을 그린 모습

② 면(F) : 지정한 면에 UCS를 정렬시킨다. 커서를 대면 예상 면이 활성화되며 솔리드 객체에서만 작동한다.

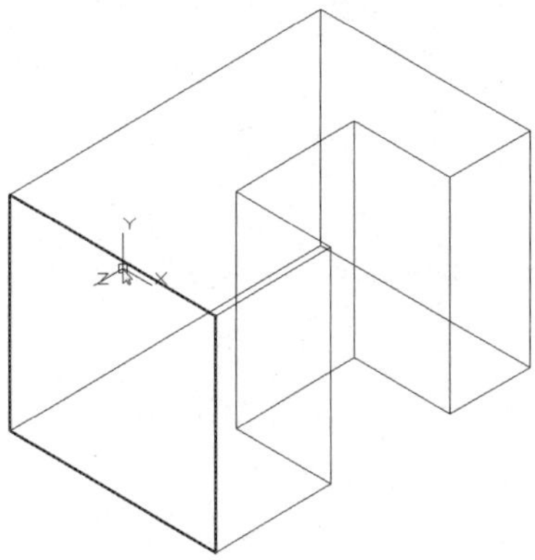

③ 이름(NA) : 명명된 UCS 정의를 저장하거나 복원한다.

④ 객체(OB) : UCS를 선택한 2D 또는 3D 객체로 정렬한다. 그림처럼 원통을 선택했을 때 XY 평면과는 일치하지만, 방향은 일치하지 않는다.

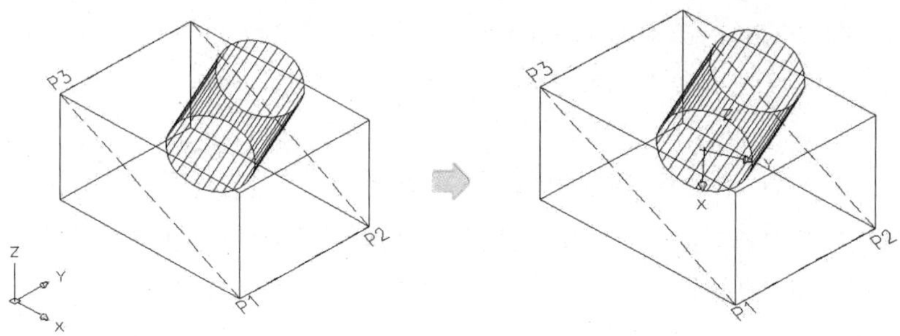

⑤ 이전(P) : 이전 UCS를 복원한다.

⑥ 뷰(V) : UCS의 XY 평면을 현재 보는 방향 즉, 뷰 방향에 대해 수직인 평면에 맞춰 정렬한다. 원점은 그대로 유지되지만 X축과 Y축은 각각 수평 및 수직이 된다.

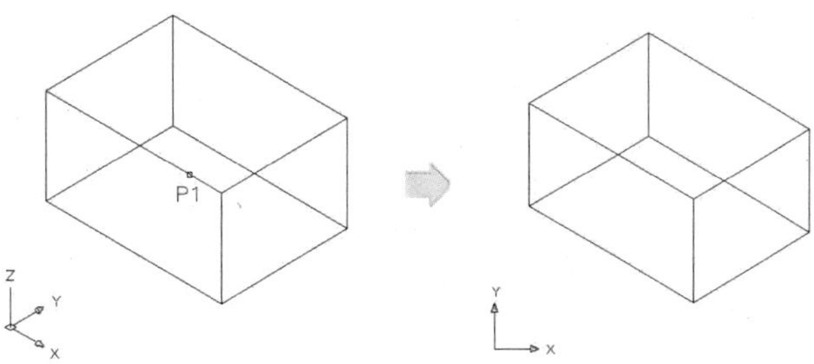

⑦ 표준(W) : UCS를 표준 좌표계(WCS)와 정렬한다.

⑧ X(X) : X축을 회전축으로 하여 입력한 각만큼 회전하여 UCS를 설정한다. 선택 한 축을 엄지손가락에 일치시키면 나머지 손가락이 감아지는 방향이 회전되는 양(+)의 방향이다. 기본 회전각은 90°이다.

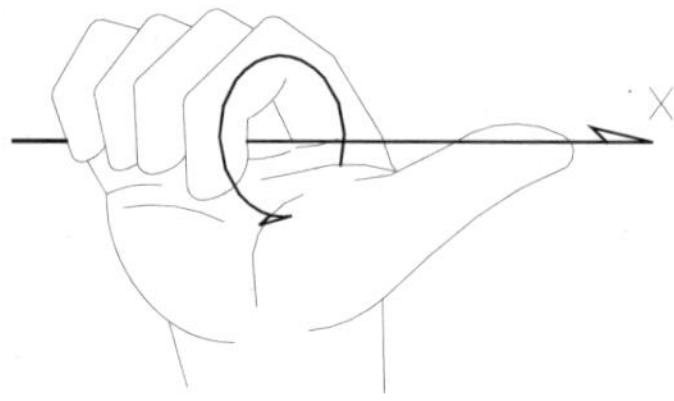

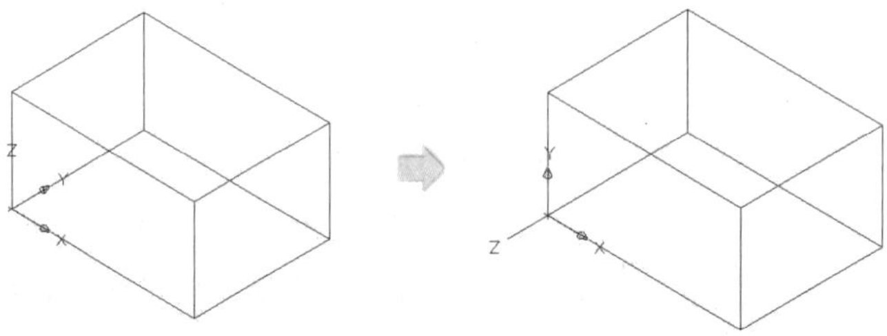

지정한 곳으로 Ucsicon이 바로 이동되지 않으면 명령 "Ucsicoin"을 실행하여 "원점(Or)" 옵션을 입력하면 된다.

⑨ Y(Y) : Y축을 회전축으로 하여 입력한 각만큼 회전하여 UCS를 설정한다. 회전 방향은 오른손 엄지를 선택 축과 일치시킨 후 나머지 손가락이 감아지는 방향으로 판단한다. 기본 회전각은 90°이다.

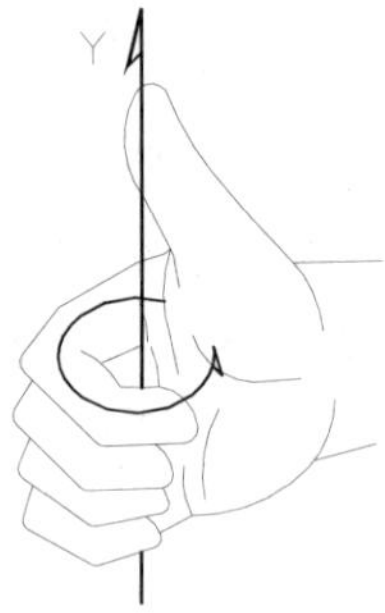

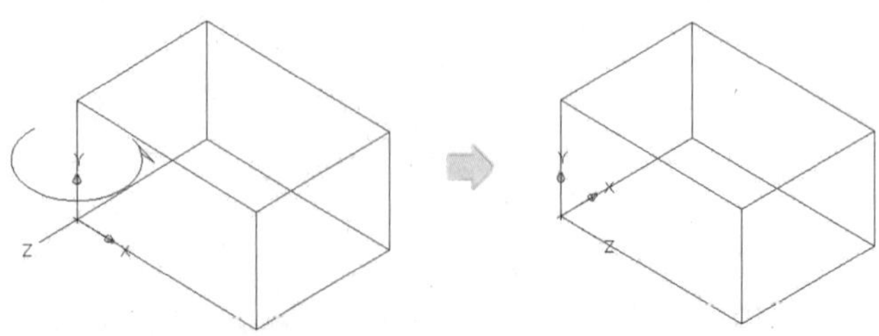

⑩ Z(Z) : Z축을 회전축으로 하여 입력한 각만큼 회전하여 UCS를 설정한다. 작업 면을 설정한다기보다 X나 Y축 방향을 재설정하는 개념이다. 기본 회전각은 90°이다.

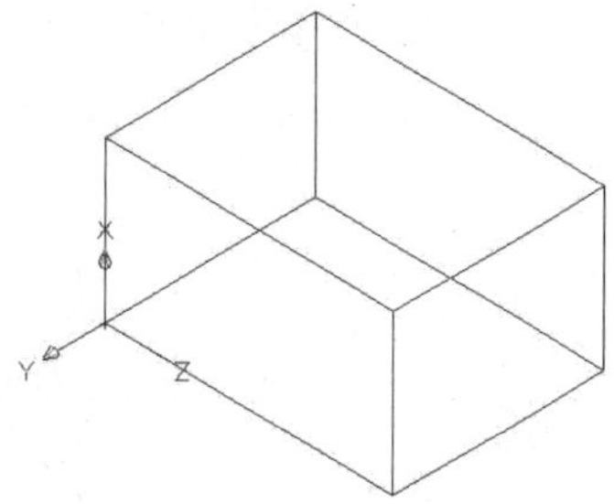

⑪ Z축 : Z축 방향을 지정하여 새로운 UCS를 정의한다.

Z축의 양(+)의 방향을 알려면 그림과 같이 오른손 손가락에 X, Y, Z를 정렬시켜 판단하면 쉽다. 현재 지정된 방향의 각 축의 양(+)의 방향이다.

아래 그림처럼 우측면에 작업 면을 설정하려면 Z축의 방향이 P1에서 P2 혹은 그 반대방향으로 설정되면, X, Y 평면은 우측면에 설정된다. 이렇게 Z축의 방향을 지정하여 쉽게 면을 설정할 수 있다.

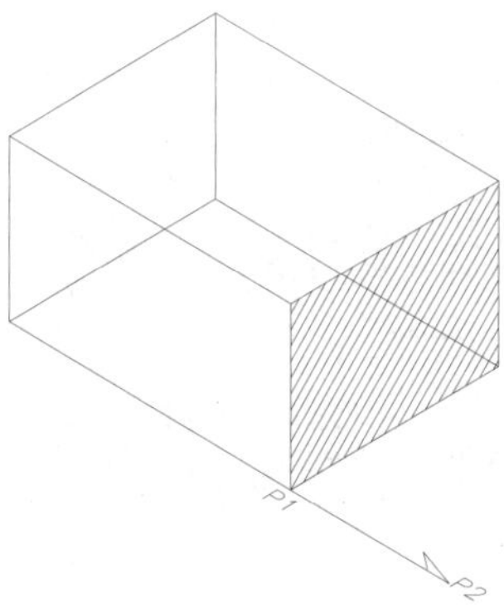

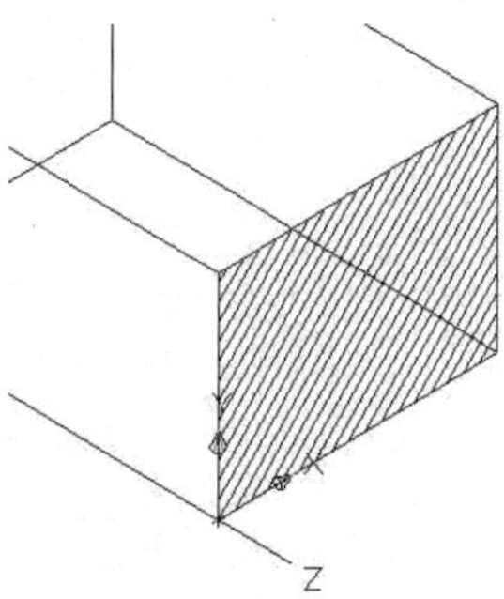

2 Ucs 대화상자(Uc, Ucsman)

명령: Uc

가) 명명된 UCS

UCS 정의를 나열하고 현재 UCS를 설정한다.

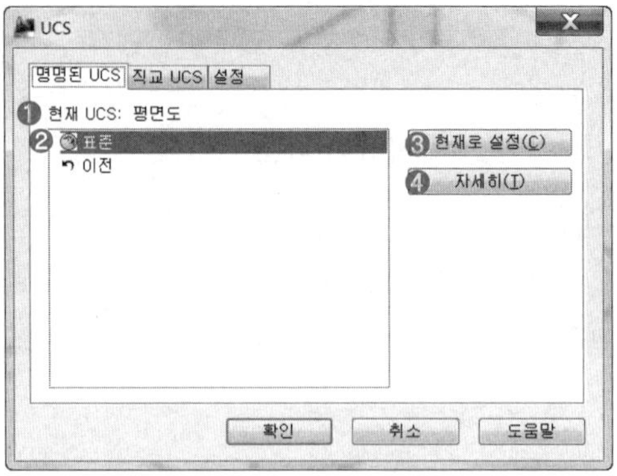

❶ 현재 UCS : 현재 UCS의 이름을 표시한다.

❷ UCS 이름 리스트 : 현재 도면에서 정의된 좌표계를 나열한다.

❸ 현재로 설정 : 선택된 좌표계를 복원한다. 또는 선택한 좌표계 이름을 리스트에서 두 번 클릭하거나 마우스 오른쪽 버튼으로 클릭한 다음 현재로 설정을 선택하여 복원할 수도 있다.

❹ 자세히 : UCS 좌표 데이터를 표시하는 UCS 상세 정보 대화상자를 표시한다.

2) 직교 UCS

저장된 6개의 UCS를 선택하여 빠르게 좌표계를 전환하게 한다.

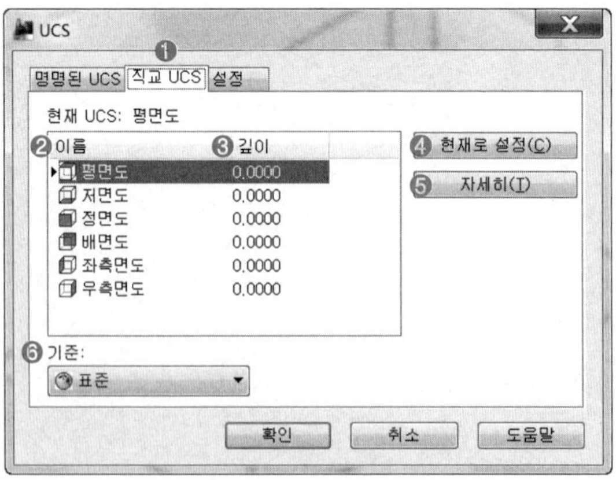

❶ 직교 UCS 이름 : 현재 도면에서 정의된 여섯 가지 직교 좌표계를 나열한다.

❷ 이름 : 직교 좌표계의 이름을 지정한다.

❸ 깊이 : 직교 UCS의 XY 평면에서 UCSBASE 시스템 변수에 의해 지정된 좌표계의 원점을 통과하는 평행 평면까지의 거리를 지정한다. UCSBASE 좌표계의 평행한 평면은 XY, YZ 또는 XZ 평면일 수 있다.

❹ **현재로 설정** : 선택한 좌표계를 현재 좌표계로 전환한다.

❺ **자세히** : UCS 좌표 데이터를 표시하는 UCS 상세 정보 대화상자를 표시한다.

❻ **기준** : 직교 UCS를 정의하기 위한 기준 좌표계를 지정한다.

3) 설정

뷰포트에 저장된 UCS 아이콘 설정과 UCS 설정을 표시하고 수정한다.

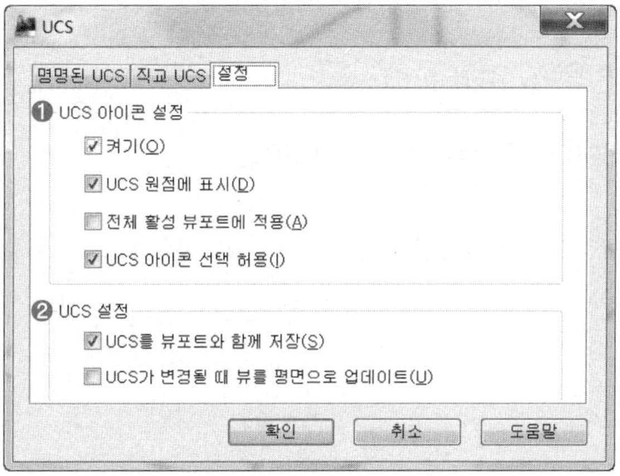

❶ UCS 아이콘 설정 : 현재 뷰포트에 대한 UCS 아이콘 표시 설정을 지정한다.

- **켜기** : 현재 뷰포트에 UCS 아이콘을 표시한다.
- **UCS 원점에 표시** : 현재 뷰포트에서 현재 좌표계의 원점에 UCS 아이콘을 표시한다. 이 옵션의 선택이 취소되거나 좌표계의 원점이 뷰포트에서 보이지 않는 경우에는 뷰포트의 왼쪽 하단에 UCS 아이콘이 표시된다.
- **전체 활성 뷰포트에 적용** : UCS 아이콘 설정을 현재 도면의 모든 활성 뷰포트에 적용한다.
- **UCS 아이콘 선택 허용** : 커서를 UCS 아이콘 위로 이동하면 UCS 아이콘이 강조되는지 및 UCS 아이콘을 클릭하여 선택하고 UCS 아이콘 그립에 액세스할 수 있는지를 조정한다.

❷ UCS 설정 : UCS 설정이 업데이트될 때의 UCS 동작을 지정한다.

- **UCS를 뷰포트와 함께 저장** : 뷰포트에 좌표계 설정을 저장한다. 이 옵션을 선택하지 않으면 뷰포트는 현재 뷰포트의 UCS를 반영한다.

• **UCS가 변경될 때 뷰를 평면으로 업데이트**: 지정한 뷰포트에서 좌표계가 평면 뷰로 전환되어 작업이 바로 가능하다.(UCSFOLLOW 시스템 변수)

7 메쉬

메뉴: **그리기 ➟ 모델링 ➟ 메쉬**

곡면을 생성한다.

1 3D면(3F, 3Dface)

메뉴: **그리기 ➟ 모델링 ➟ 메쉬 ➟ 3D면**

3차원 면을 만든다. 최소 3점, 기본 4점으로 면이 형성되며 4점 이상일 때는 면의 경계가 생기므로 감추기(Invisible) 옵션으로 면의 경계를 감출 수 있다.

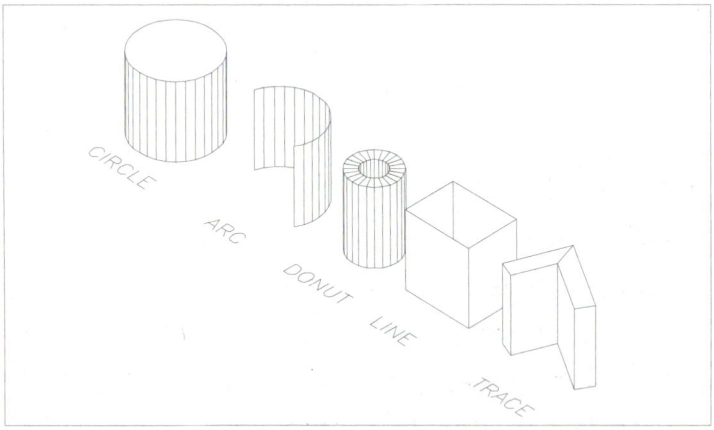

▲ 3차원으로 변형된 객체

명령 "Ch"로 변형된 3차원 객체는 Circle과 2차원 평면에서 두께를 가지는 요소(Donut, Pline, Trace 등) 외에는 상·하 면이 뚫려 있어 3Dface 명령으로 면을 만들어 주어야 한다.

① 한 변의 길이가 50인 정삼각형을 그리고 높이가 40일 때 삼각형의 윗면을 3D Face 명령으로 막아보자.

명령: 3F
첫 번째 점 지정 또는 [숨김(I)]: ← A를 지정한다.
두 번째 점 지정 또는 [숨김(I)]: ← B를 지정한다.
세 번째 점 지정 또는 [숨김(I)] 〈종료〉: ← C를 지정한다.
네 번째 점 지정 또는 [숨김(I)] 〈3면 작성〉: Enter↵
세 번째 점 지정 또는 [숨김(I)] 〈종료〉: Enter↵

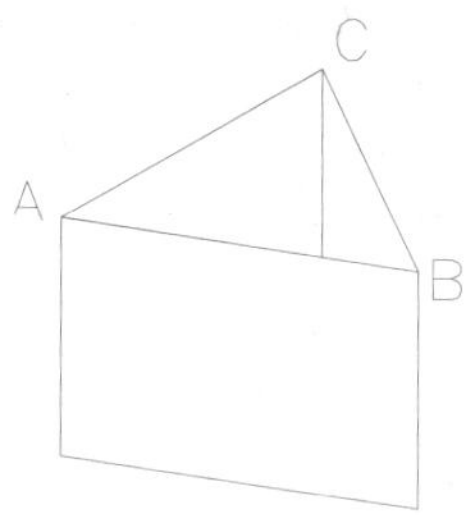

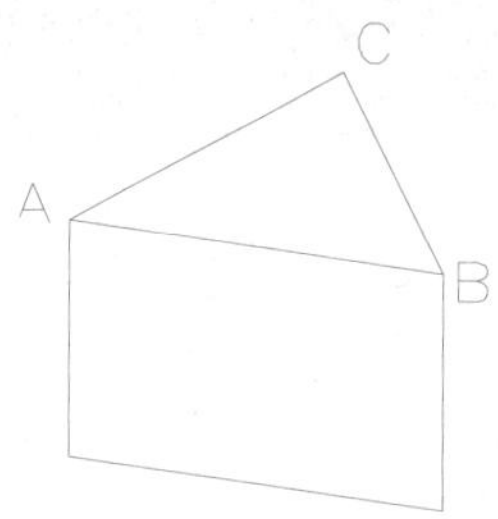

② 변의 길이가 50×100인 직사각형을 그리고 높이가 40일 때 사각형통의 윗면을 3D Face 명령으로 막아보자.

명령: 3F
첫 번째 점 지정 또는 [숨김(I)]: ← A를 지정한다.
두 번째 점 지정 또는 [숨김(I)]: ← B를 지정한다.
세 번째 점 지정 또는 [숨김(I)] 〈종료〉: ← C를 지정한다.
네 번째 점 지정 또는 [숨김(I)] 〈3면 작성〉: ← D를 지정한다.
세 번째 점 지정 또는 [숨김(I)] 〈종료〉: Enter↵

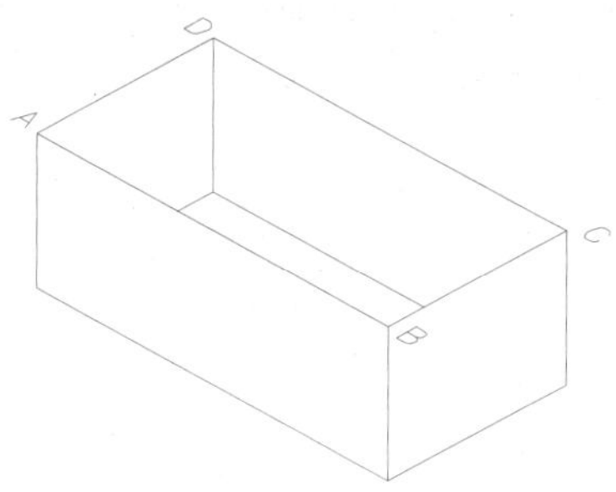

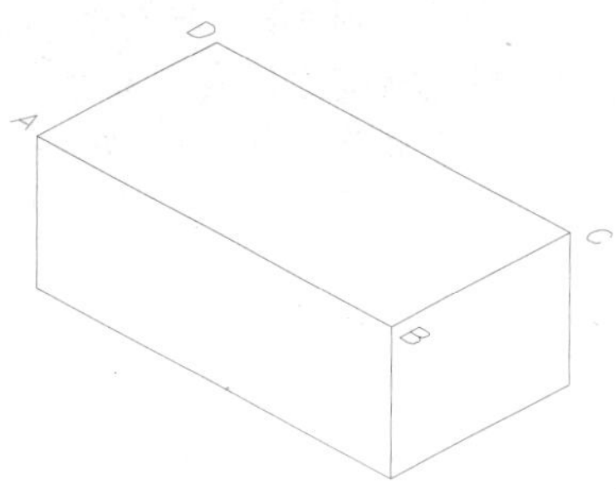

③ 한 변의 길이가 50인 정오각형을 그리고 높이가 40일 때 사각통의 윗면을 3D Face 명령으로 막아보자.

• "숨김(I)" 옵션을 사용하지 않은 경우

명령: 3F
첫 번째 점 지정 또는 [숨김(I)]: ← A를 지정한다.
두 번째 점 지정 또는 [숨김(I)]: ← B를 지정한다.
세 번째 점 지정 또는 [숨김(I)] 〈종료〉: ← C를 지정한다.
네 번째 점 지정 또는 [숨김(I)] 〈3면 작성〉: ← D를 지정한다.
세 번째 점 지정 또는 [숨김(I)] 〈종료〉: ← E를 지정한다.
네 번째 점 지정 또는 [숨김(I)] 〈3면 작성〉: Enter↵
세 번째 점 지정 또는 [숨김(I)] 〈종료〉: Enter↵

"숨김(I)" 옵션을 사용하지 않으면 면의 경계가 보이게 된다.

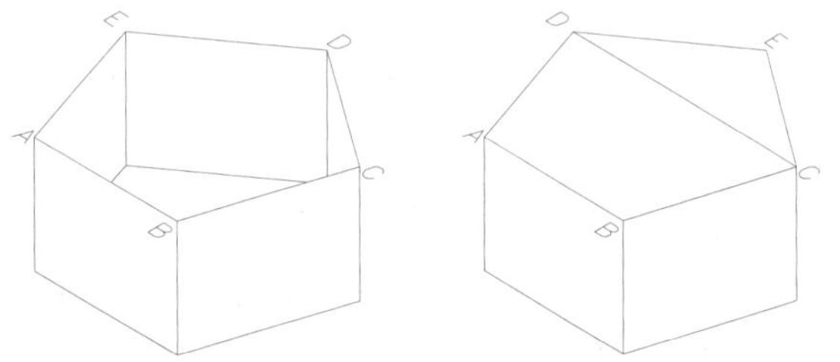

• "숨김(I)" 옵션을 사용한 경우

명령: 3F
첫 번째 점 지정 또는 [숨김(I)]: ← A를 지정한다.
두 번째 점 지정 또는 [숨김(I)]: ← B를 지정한다.
세 번째 점 지정 또는 [숨김(I)] 〈종료〉: I Enter↵ ← 옵션 "I"를 입력 후 Enter↵한다.
세 번째 점 지정 또는 [숨김(I)] 〈종료〉: ← C를 지정한다.(경계가 생기기 직전의 포인트에서 "I" 옵션을 입력해야 한다.)
네 번째 점 지정 또는 [숨김(I)] 〈3면 작성〉: ← D를 지정한다.
세 번째 점 지정 또는 [숨김(I)] 〈종료〉: ← E를 지정한다.
네 번째 점 지정 또는 [숨김(I)] 〈3면 작성〉: Enter↵
세 번째 점 지정 또는 [숨김(I)] 〈종료〉: Enter↵

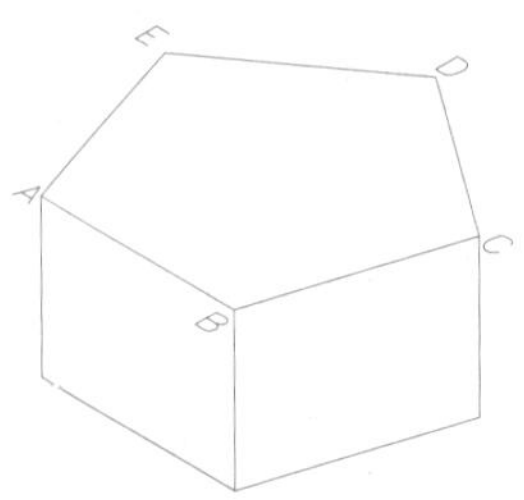

3Dface를 잘 사용하는 방법

가. "ㄹ"자 형태 순서로 포인트를 지정한다.

나. 숨김(I)을 쓸 때는 경계가 생기기 전 포인트에서 입력해야 한다.

다. 홀수 꼭짓점이면 2번 엔터, 짝수 꼭짓점이면 1번 엔터하면 종료된다.

라. 숨김(I)을 써서 보이지 않는 경계는 선택이 되질 않아 편집이 되지 않는다. 명령 "Splframe"을 사용하여 가시성을 제어한다. 그 변수의 값을 1로 지정하면 숨김(I)을 사용하여도 경계가 보이므로 작업 시 주의한다.

- 관련 변수 : Splframe

> **명령:** Splframe
> SPLFRAME에 대한 새 값 입력 〈0〉: ← 값이 "1"이면 3Dface의 감춰진 경계도 다시 보이게 한다.

2 모서리(Edge)

3Dface로 생성된 면의 경계선의 가시성을 제어한다.

가) 경계를 감출 때

> **명령:** EDGE
> 초기화 중...
> 가시성을 전환하려면 3dface의 모서리 지정 또는 [표시(D)]: ← 감추고자 하는 3Dface의 경계를 선택한다.

나) 감춘 경계를 보이게 할 때

> **명령:** EDGE
> 초기화 중...
> 가시성을 전환하려면 3dface의 모서리 지정 또는 [표시(D)]: D ← 옵션 "D"를 입력한다.
> 가려진 모서리를 표시하기 위해 선택 방법 입력 [선택(S)/전체(A)] 〈전체〉: ← 그냥 엔터를 하면 화면 전체를 대상으로 감춰진 경계를 점선으로 표시해 준다. 표시된 경계 중 보일 경계를 선택한다.

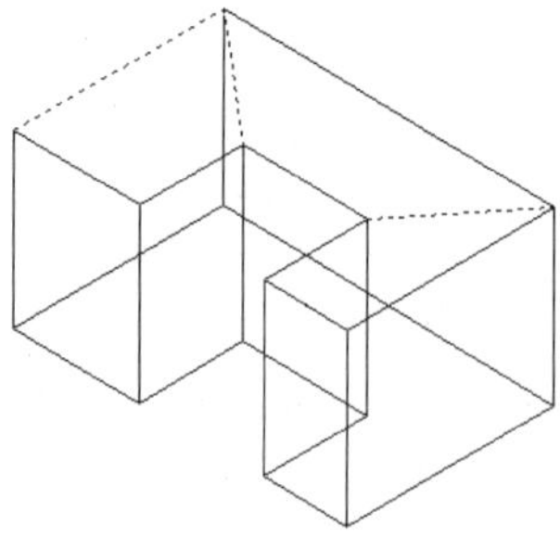

실습1 1. 3면 연습

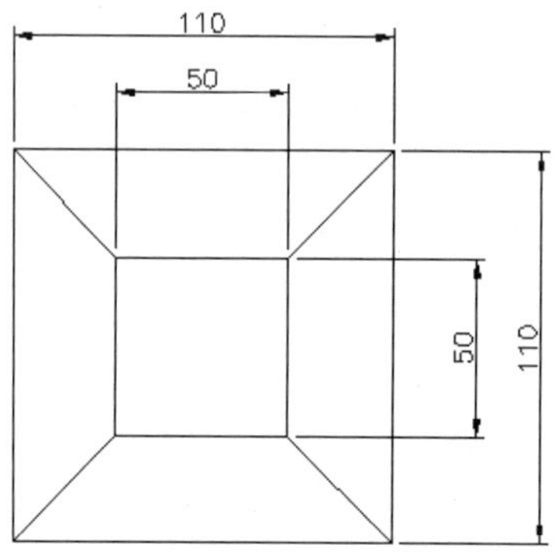

▲ 평면도

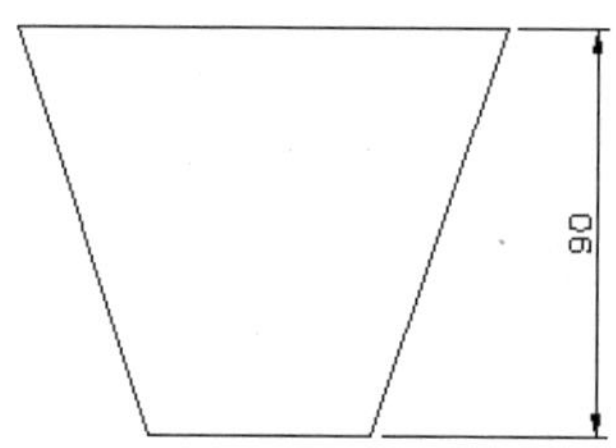

▲ 정면도

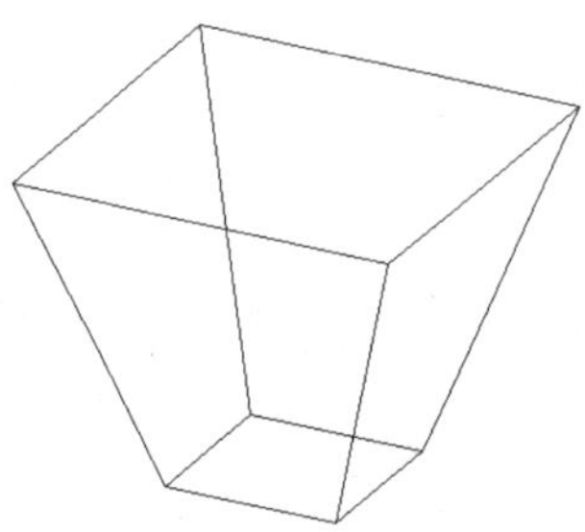

▲ 완성도(면 처리 전)

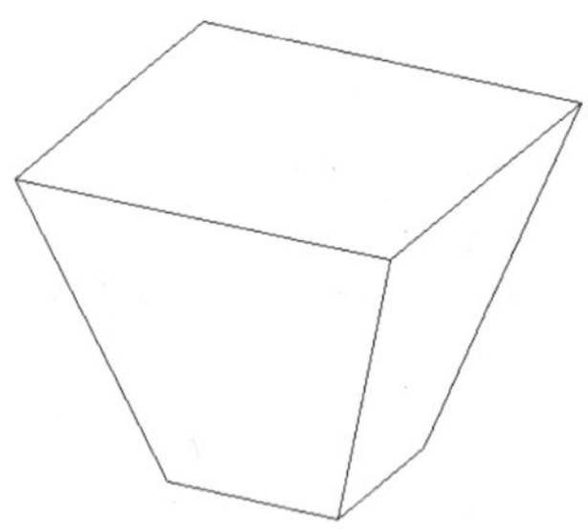

▲ 완성도(면 처리 후 HIDE)

따라 하기

1. 평면도를 그린다.

가. 50에 50짜리 사각형(Rectang)을 그린다.

명령: rec
첫 번째 구석점 지정 또는 [모따기(C)/고도(E)/모깎기(F)/두께(T)/폭(W)]:
← 한 점을 잡는다.
다른 구석점 지정 또는 [영역(A)/치수(D)/회전(R)]: @50,50

나. 바깥쪽으로 Offset한다.

명령: O
현재 설정: 원본 지우기=아니오 도면층=원본 OFFSETGAPTYPE=0
간격 띄우기 거리 지정 또는 [통과점(T)/지우기(E)/도면층(L)] 〈통과점〉: 30
간격 띄우기 할 객체 선택 또는 [종료(E)/명령 취소(U)] 〈종료〉:
← 그려 놓은 사각형을 선택한다.
간격 띄우기 할 면의 점 지정 또는 [종료(E)/다중(M)/명령 취소(U)] 〈종료〉:
← 바깥쪽을 지정한다.
간격 띄우기 할 객체 선택 또는 [종료(E)/명령 취소(U)] 〈종료〉: Enter↵

2. 바깥쪽 사각형의 고도를 변경한다.(Move, Ch의 고도)

명령: M
객체 선택: ← 대상을 선택한다.
객체 선택:
기준점 지정 또는 [변위(D)] 〈변위〉: ← 기준점은 아무 곳이나 지정한다.
두 번째 점 지정 또는 〈첫 번째 점을 변위로 사용〉: @0,0,90

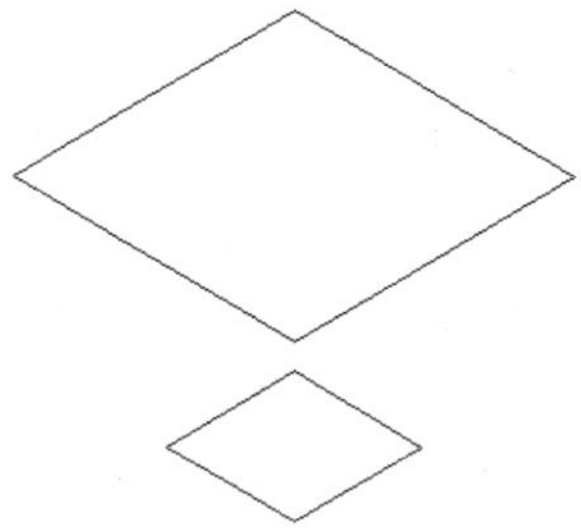

3. 시점을 변경한다.(Vpoint, Vp, Preset View)

가. Viewpoint의 남동 등각투영을 사용하는 경우

등각투영은 가운데 꼭짓점들이 일직선이 되어 작업할 때 선이 겹쳐 안보일 수 있다. 3D Viewcube의 컴퍼스로 수평 방향으로 약간만 회전시켜 일직선이 되지 않게 한다.

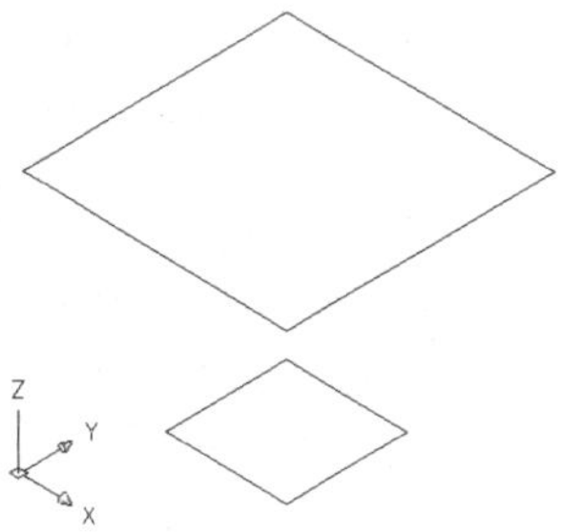

▲ 남동 등각투영 뷰

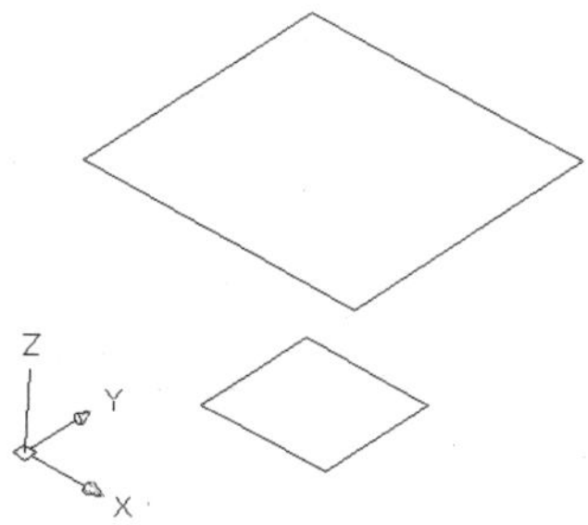

▲ 뷰큐브로 약간 회전시킨 후

나. Vpoint로 수치 입력하여 뷰를 전환하는 경우

명령: –VP
현재 뷰 방향: VIEWDIR=0.0000,0.0000,1.0000
관측점 지정 또는 [회전(R)] 〈나침판과 삼각대 표시〉: 1,–2,1

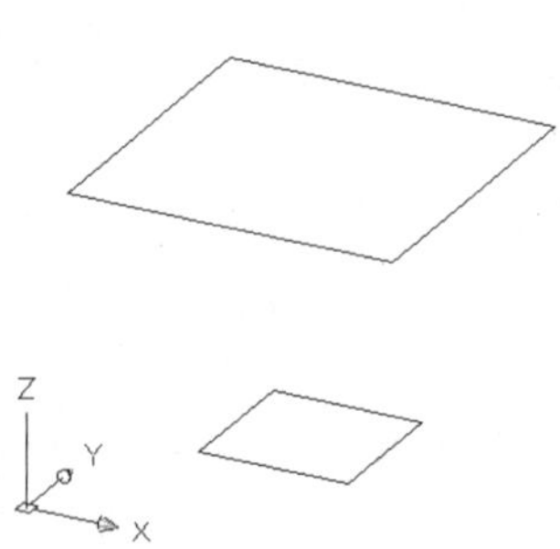

4. 꼭짓점끼리 선을 연결한다.

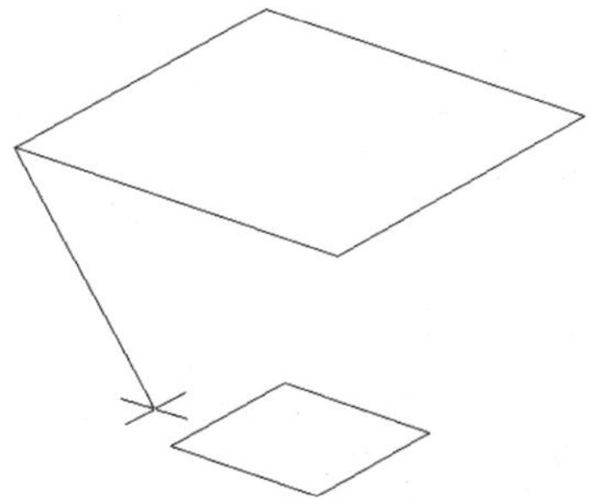

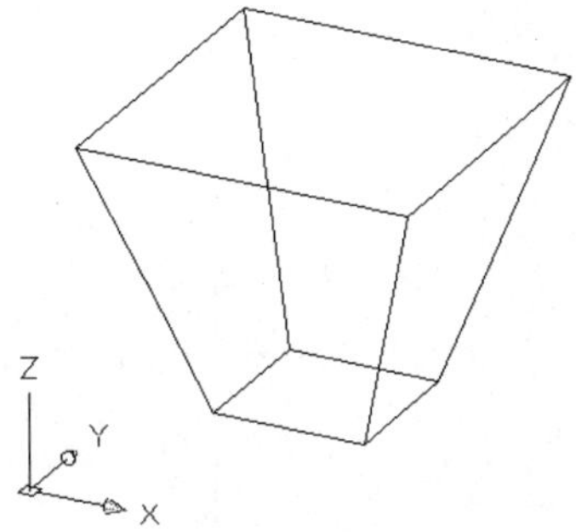

5. 6곳의 면을 만들어 준다.(3Dface)

각 면의 모서리의 끝점 4점을 지정한다.

측면은 다음 순서로 진행하면 명령을 한번 실행한 상태에서 면을 다 처리할 수 있다.(1➡2➡3➡4➡5➡6➡7➡8➡1➡2)

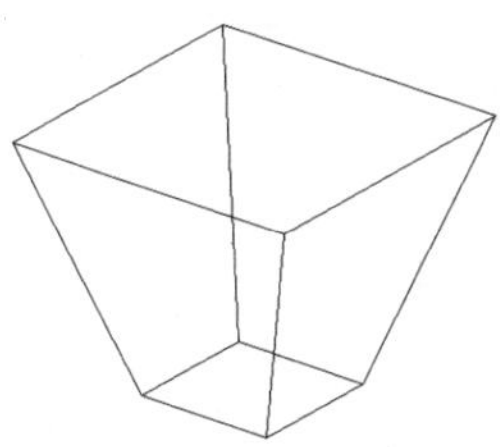

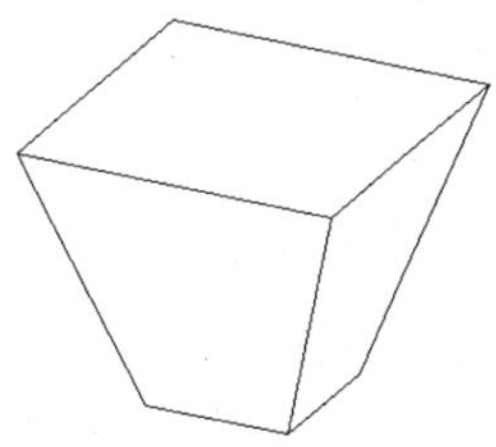

▲ Hide 후

▲ 음영 처리 후

6. Hide 명령이나 음영 처리를 해본다.

실습 2

✸ 3면 실습하기

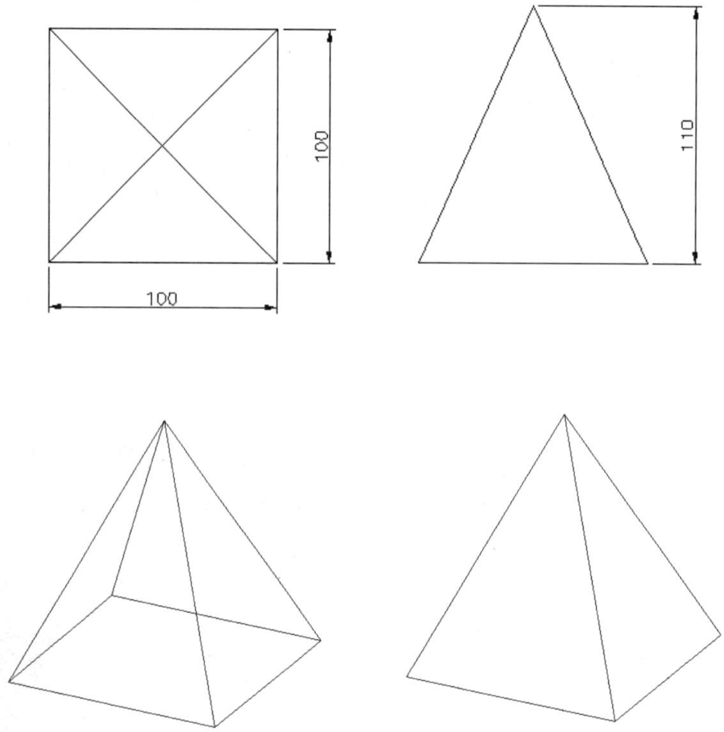

따라 하기

1. 평면에서 사각형(Rectang)을 그린 후 대각선을 그린다.

2. 대각선의 중간점에서 Z 방향으로 110만큼의 선을 그린다.

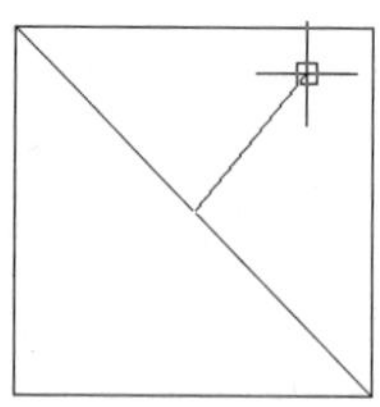

명령: L
첫 번째 점 지정: ← 대각선에 객체 스냅을 이용하여 중간점을 잡는다.
다음 점 지정 또는 [명령 취소(U)]: @0,0,110
다음 점 지정 또는 [명령 취소(U)]:

3. 시점을 변경한다.(Vpoint, Vp)

4. Line의 끝점에서 사각형의 꼭짓점으로 선을 긋는다.

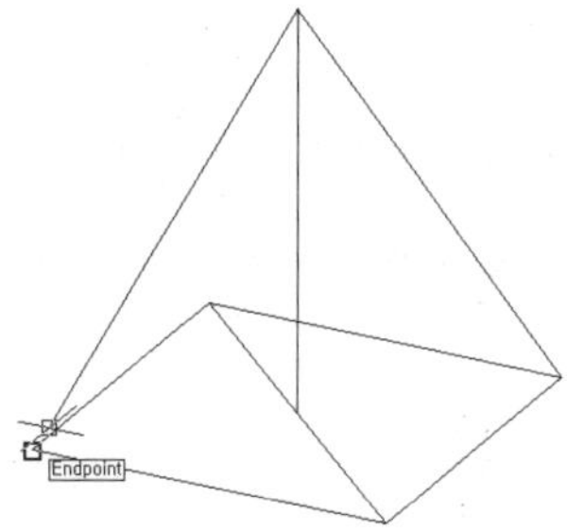

5. 필요 없는 Z축 선과 대각선을 지운다.

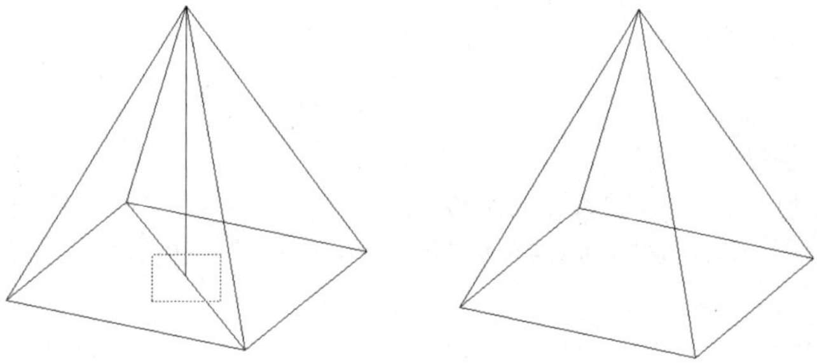

6. 각각의 면을 면 처리한다. 꼭짓점이 3개이므로 3곳만 지정하고 Enter↵한다.

명령: 3F
첫 번째 점 지정 또는 [숨김(I)]: ← A를 지정한다.
두 번째 점 지정 또는 [숨김(I)]: ← B를 지정한다.
세 번째 점 지정 또는 [숨김(I)] 〈종료〉: ← C를 지정한다.
네 번째 점 지정 또는 [숨김(I)] 〈3면 작성〉: Enter↵
세 번째 점 지정 또는 [숨김(I)] 〈종료〉: Enter↵

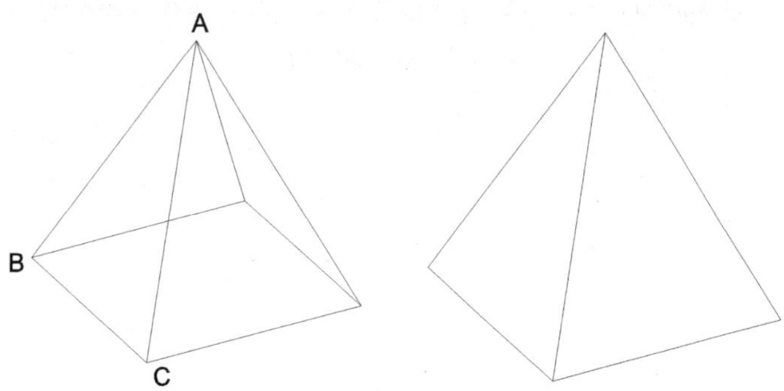

7. Hide 명령이나 음영 처리를 해본다.

▸ 예제 2 아래 조건에 맞춰 작업을 하시오.

조건

1. 원기둥 : 지름 30, 높이 30
2. 오각기둥 : 한 변의 길이 50, 높이: 60
   - 오각기둥의 각 면에 원기둥을 세우시오.
   - 오각기둥의 위, 아랫면은 3DFACE로 면을 만든다.

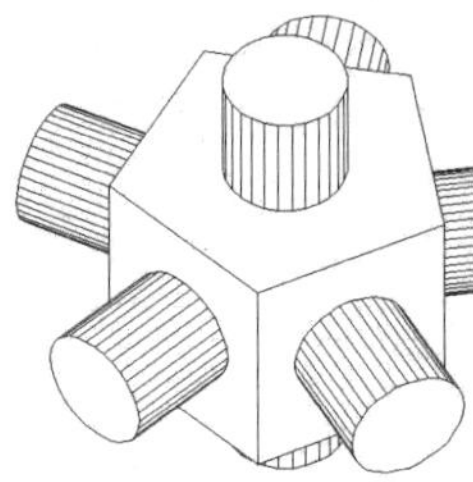

3 메쉬 기본체

메뉴: 그리기 ➡ 모델링 ➡ 메쉬 ➡ 기본체

리본: 3D 모델링 ➡ 메쉬 ➡ 기본체 ➡ 기본체▽ ➡ 메쉬 상자

도구: 부드러운 메쉬 기본체, 부드러운 메쉬

```
명령: Mesh
현재 설정된 부드럽기 정도: 0
옵션 입력 [상자(B)/원추(C)/원통(CY)/피라미드(P)/구(S)/쐐기(W)/토러스(T)/설정(SE)] 〈상자〉:
```

가) 상자(B)

① 한 변의 길이가 50인 정육면체 만들기

```
명령: MESH
현재 설정된 부드럽기 정도: 0
옵션 입력 [상자(B)/원추(C)/원통(CY)/피라미드(P)/구(S)/쐐기(W)/토러스(T)/설정(SE)] 〈상자〉: B
첫 번째 구석 지정 또는 [중심(C)]:   ← 임의의 점을 지정한다.
반대 구석 지정 또는 [정육면체(C)/길이(L)]: c
길이 지정: 50
```

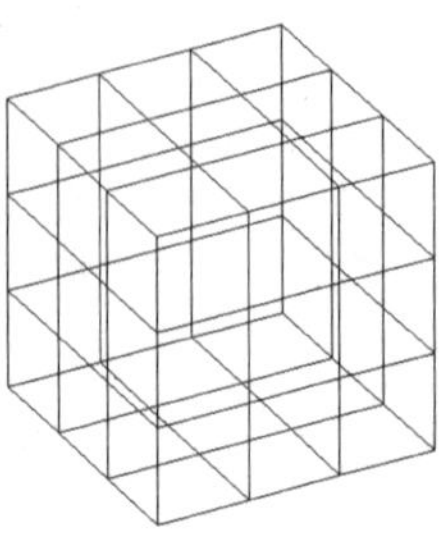 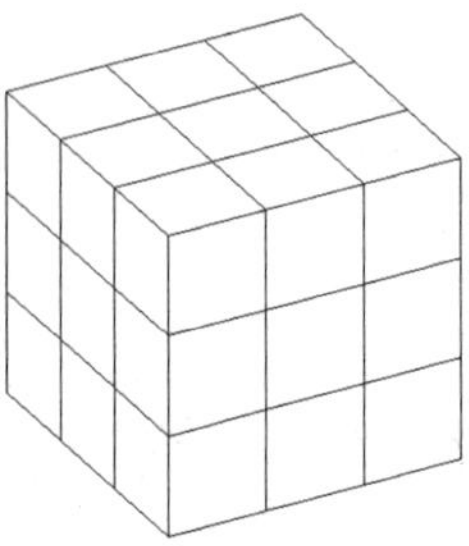

② 직육면체 만들기 – 길이(X 방향 : 50), 폭(Y 방향 : 30), 높이(Z 방향 : 20)

```
명령: MESH
현재 설정된 부드럽기 정도: 0
옵션 입력 [상자(B)/원추(C)/원통(CY)/피라미드(P)/구(S)/쐐기(W)/토러스(T)/설정(SE)] 〈상자〉: B
첫 번째 구석 지정 또는 [중심(C)]: ← 임의의 점을 지정한다.
반대 구석 지정 또는 [정육면체(C)/길이(L)]: L
길이 지정 〈50.0000〉: 50 ← 길이를 입력한다.(X축 방향)
폭 지정: 30 ← 길이를 입력한다.(Y축 방향)
높이 지정 또는 [2점(2P)] 〈50.0000〉: 20 ← 높이를 입력한다.(Z축 방향)
```

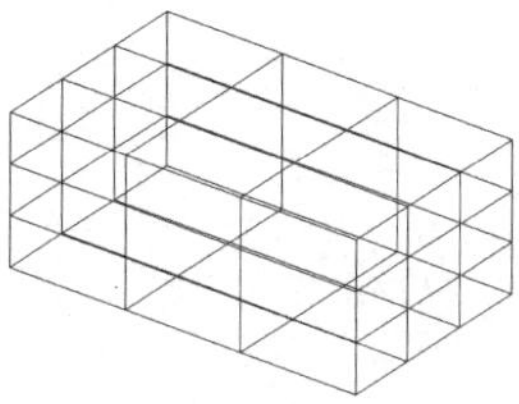

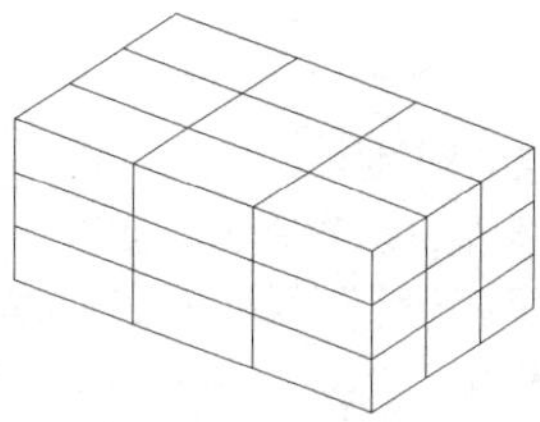

2) 쐐기(W) 

상자와 진행은 동일하나 측면 대각 방향으로 절반이 없는 형태가 된다.

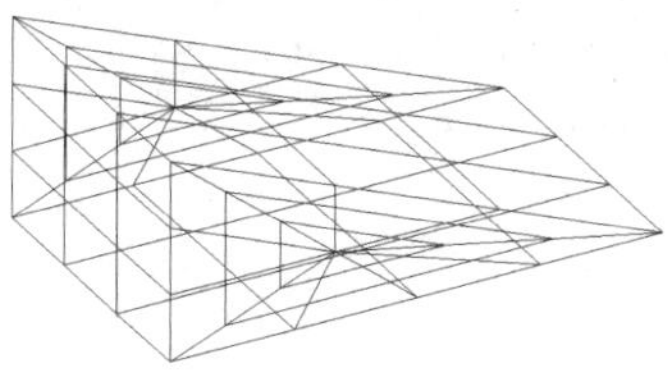

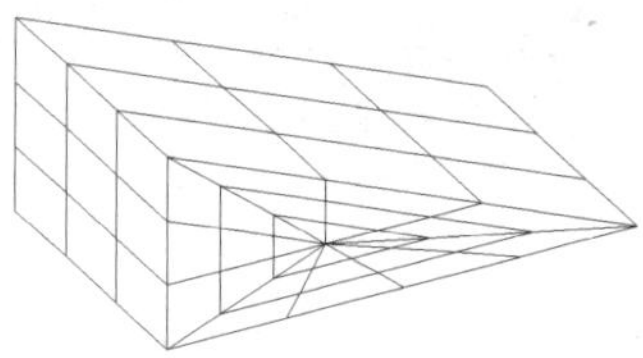

3) 원추(C) 

원뿔 또는 윗면이 있는 원뿔을 만든다.

① 밑면의 반지름 : 25, 높이 : 50인 원뿔

```
명령: MESH
현재 설정된 부드럽기 정도: 0
옵션 입력 [상자(B)/원추(C)/원통(CY)/피라미드(P)/구(S)/쐐기(W)/토러스(T)/설정(SE)] 〈원추〉: C
기준 중심점 지정 또는 [3P(3P)/2P(2P)/Ttr-접선 접선 반지름(T)/타원형(E)]:
                                              ← 중심점을 지정한다.
기준 반지름 지정 또는 [지름(D)] : 25       ← 밑면의 반지름을 입력한다.
높이 지정 또는 [2점(2P)/축 끝점(A)/상단 반지름(T)] : ← 원뿔의 높이를 입력한다.
```

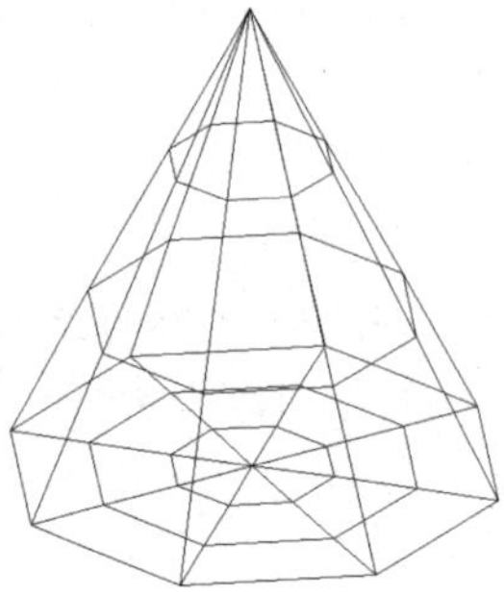

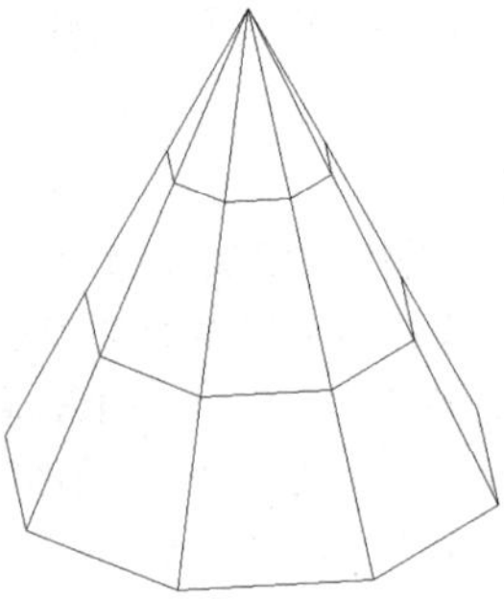

② 밑면의 반지름 : 50, 윗면의 반지름 : 25, 높이 : 50인 원뿔

```
명령: MESH
현재 설정된 부드럽기 정도: 0
옵션  입력  [상자(B)/원추(C)/원통(CY)/피라미드(P)/구(S)/쐐기(W)/토러스(T)/설정(SE)]
<구>: C
기준 중심점 지정 또는 [3P(3P)/2P(2P)/Ttr-접선 접선 반지름(T)/타원형(E)]: ← 중심점을
                                                               지정한다.
기준 반지름 지정 또는 [지름(D)]: 50  ← 밑면의 반지름을 입력한다.
높이 지정 또는 [2점(2P)/축 끝점(A)/상단 반지름(T)]: T ← 옵션을 입력한다.
상단 반지름 지정 <0.0000>: 25  ← 윗면의 반지름을 입력한다.
높이 지정 또는 [2점(2P)/축 끝점(A)]: 50 ← 원뿔의 높이를 입력한다.
```

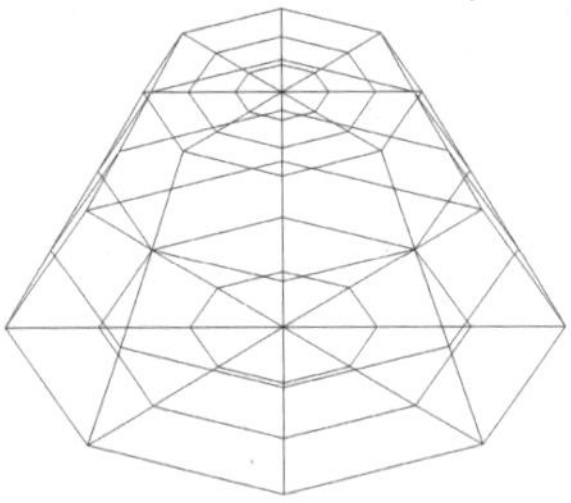

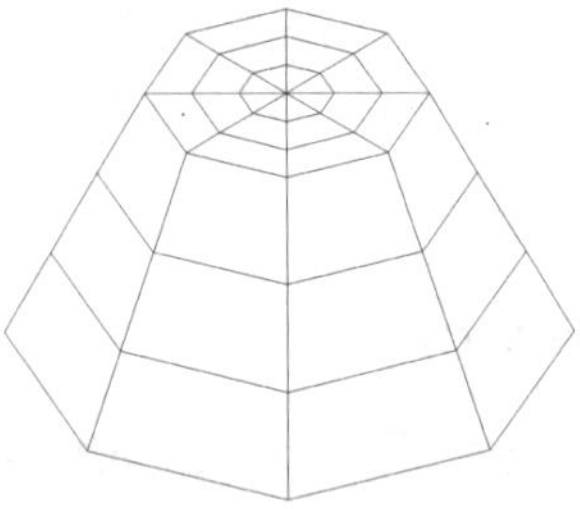

- **3P(3P)/2P(2P)/Ttr-접선 접선 반지름(T)** : 2차원 원 그리기 옵션과 동일하다.
- **타원형(E)** : 밑면을 타원으로 형성되게 한다.

라) 원통(CY)

원기둥을 만든다.

```
명령: MESH
현재 설정된 부드럽기 정도: 0
옵션 입력 [상자(B)/원추(C)/원통(CY)/피라미드(P)/구(S)/쐐기(W)/토러스(T)/설정(SE)] <원통>: C
기준 중심점 지정 또는 [3P(3P)/2P(2P)/Ttr-접선 접선 반지름(T)/타원형(E)]:
기준 반지름 지정 또는 [지름(D)] <50.0000>:  ← 밑면의 반지름을 입력한다.
높이 지정 또는 [2점(2P)/축 끝점(A)] <68.7547>: 100  ← 원기둥의 높이를 입력한다.
```

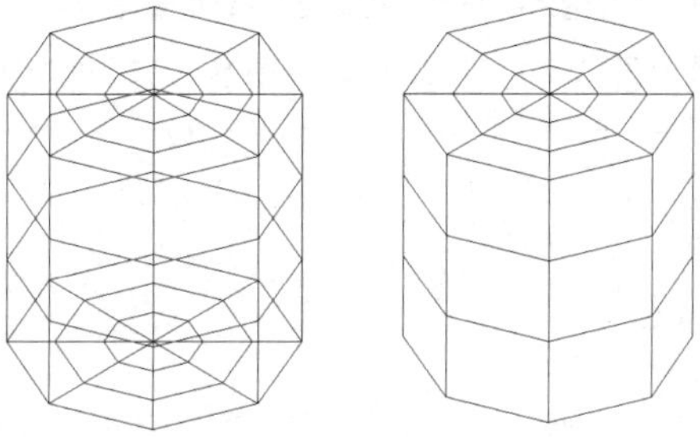

- **3P(3P)/2P(2P)/Ttr-접선 접선 반지름(T)** : 2차원 원 그리기 옵션과 동일하다.
- **타원형(E)** : 밑면을 타원으로 형성되게 한다.

마) 피라미드(P)

다각형 뿔을 만든다.

```
명령: MESH
현재 설정된 부드럽기 정도: 0
옵션 입력 [상자(B)/원추(C)/원통(CY)/피라미드(P)/구(S)/쐐기(W)/토러스(T)/설정(SE)] <원통>: P
 4면 외접  ← 가상의 원에 외접하는 사각형을 그리게 하는 상태이다.
기준 중심점 지정 또는 [모서리(E)/변(S)]: ← 기준 중심점을 입력한다.
기준 반지름 지정 또는 [내접(I)] : 50 ← 반지름을 입력한다.
높이 지정 또는 [2점(2P)/축 끝점(A)/상단 반지름(T)] <100.0000>: ← 높이를 지정한다.
```

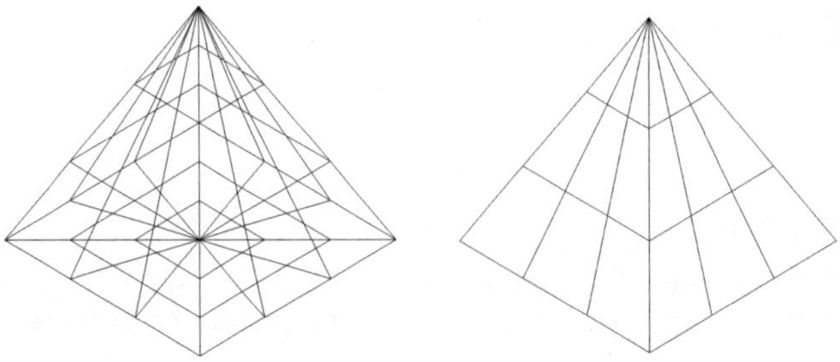

- **모서리(E)** : 다각형의 꼭짓점을 지정하여 그린다.
- **변(S)** : 3~32각형을 그릴 수 있게 한다.
- **내접(I)** : 가상의 원에 내접한 다각형을 그리게 한다.
- **외접(C)** : 가상의 원에 외접한 다각형을 그리게 한다.
- **상단 반지름(T)** : 상단의 다각형을 그리게 한다.

바) 구(S) 

구(球)를 만든다.

```
명령: MESH
현재 설정된 부드럽기 정도: 0
옵션 입력 [상자(B)/원추(C)/원통(CY)/피라미드(P)/구(S)/쐐기(W)/토러스(T)/설정(SE)] <상
자>: S
중심점 지정 또는 [3점(3P)/2점(2P)/Ttr-접선 접선 반지름(T)]:
반지름 지정 또는 [지름(D)]: 50 ← 반지름을 입력한다.
```

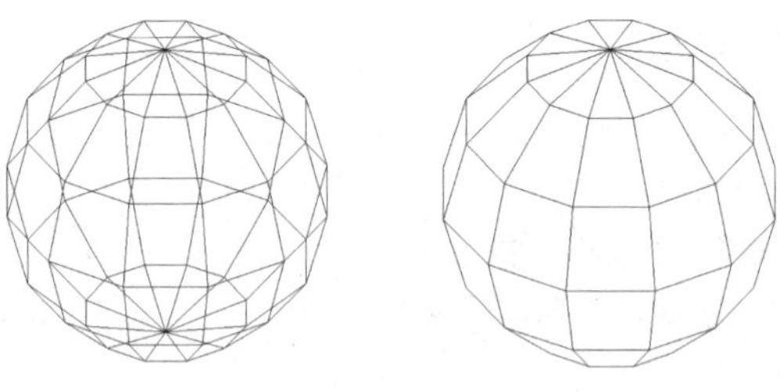

- **3P(3P)/2P(2P)/Ttr-접선 접선 반지름(T)** : 2차원 원 그리기 옵션과 동일하다.

사) 토러스(T) 

원환(圓環)을 만든다.

> **명령:** MESH
> 현재 설정된 부드럽기 정도: 0
> 옵션 입력 [상자(B)/원추(C)/원통(CY)/피라미드(P)/구(S)/쐐기(W)/토러스(T)/설정(SE)] 〈피라미드〉: T
> 중심점 지정 또는 [3점(3P)/2점(2P)/Ttr-접선 접선 반지름(T)]:
> 반지름 지정 또는 [지름(D)] 〈50.0000〉: 100 ← 큰 반지름을 입력한다.
> 튜브 반지름 지정 또는 [2점(2P)/지름(D)]: 10 ← 튜브 반지름을 입력한다.

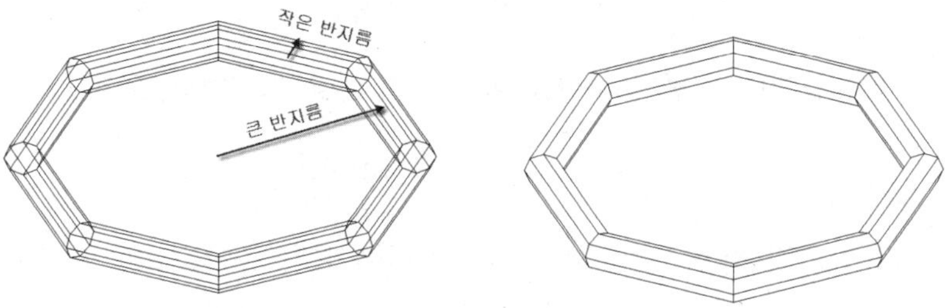

☞ 면 분할은 메쉬 기본체 옵션에서 조정한다.

4 메쉬 기본체 옵션(Meshprimitiveoptions)

리본: 3D 모델링▽ ➠ 메쉬 탭 ➠ 기본체↘ ➠ 메쉬 기본체 옵션

메쉬 기본체의 면 분할 정도를 제어하고 미리보기의 부드럽기 정도를 조정한다.

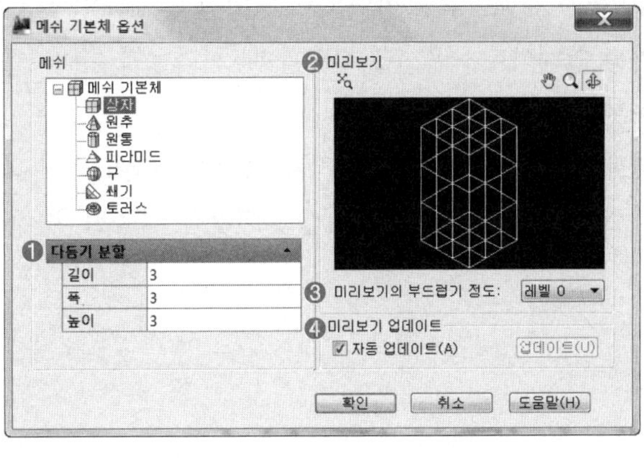

❶ 다듬기 분할 : 선택한 메쉬 기본체의 유형별로 각 변의 기본 분할 수를 설정한다.

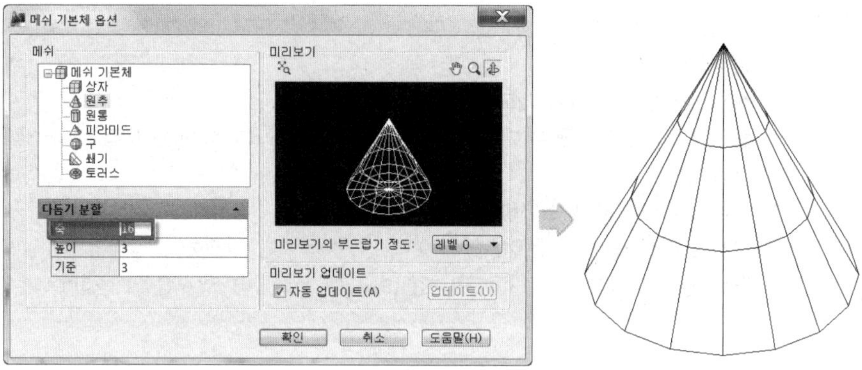

❷ 미리보기 : 변경 사항을 여러 가지 뷰로 표시한다.

- **초점 이동** : 미리보기 윈도우 안에서 이미지를 수평 및 수직으로 이동한다. 마우스의 스크롤 휠을 누른 채 마우스를 움직여 초점 이동할 수도 있다.
- **줌** : 이 버튼을 선택한 상태에서 마우스 왼쪽 버튼을 누른 채 위로 끌면 확대되고, 아래로 끌면 축소된다. 마우스의 스크롤 휠을 굴려 확대하거나 축소할 수도 있다.
- **궤도** : 미리보기 윈도우 안에서 마우스로 이미지를 끌어 미리보기 이미지를 회전한다.

❸ 미리보기의 부드럽기 정도 : 지정한 부드럽기 정도를 반영하여 미리보기 이미지를 변경한다. 이 값을 변경해도 새 기본체 메쉬의 기본 부드럽기 정도에는 영향을 주지 않는다.

❹ 미리보기 업데이트 : 미리보기 이미지의 업데이트 빈도를 설정한다.

- **자동 업데이트** : 옵션을 수정할 때 미리보기 이미지를 자동으로 업데이트할지 여부를 설정한다.
- **업데이트** : 미리보기 이미지를 업데이트하여 변경 사항을 모두 표시한다. 자동 업데이트를 선택한 경우 이 버튼을 사용할 수 없다.

연습문제

문제 1 | 도면의 치수대로 3차원 모델링을 해보자.

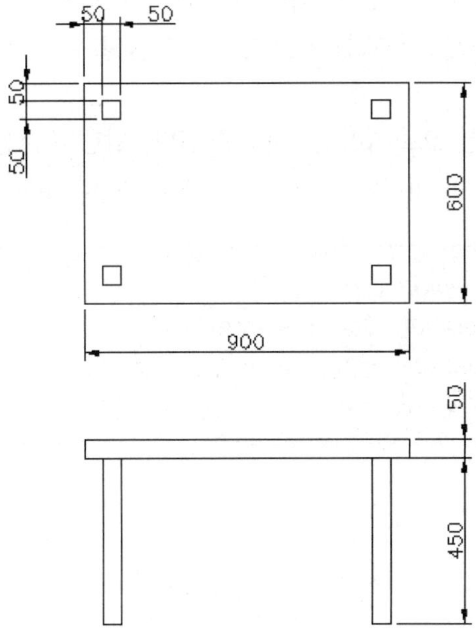

5 곡면(Surface)

가) 직선보간 곡면(Rulesurf)

메뉴: 그리기 ➠ 모델링 ➠ 메쉬 ➠ 직선보간 메쉬

리본: 3D 모델링 ➠ 메쉬 ➠ 기본체 ➠ 모델링, 메쉬, 직선보간 표면

서로 마주보는 요소끼리 면 처리를 한다. 열린 요소는 열린 요소끼리 닫힌 요소는 닫힌 요소끼리 면 처리가 된다. 면의 개수 조정은 Surftab1으로 조정한다.

> **명령:** Rulesurf
> 현재 와이어프레임 밀도: SURFTAB1=6
> 첫 번째 정의 곡선 선택: ← 대상을 지정한다.
> 두 번째 정의 곡선 선택: ← 대상을 지정한다.

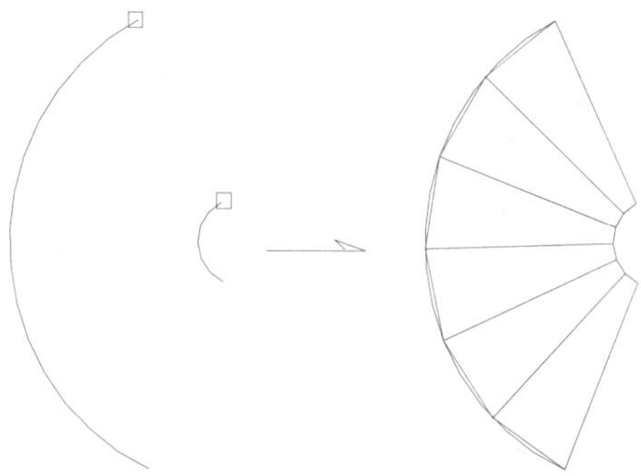

선택할 때 같은 쪽을 선택해야 한다. 다음은 엇갈리게 지정한 경우이다.

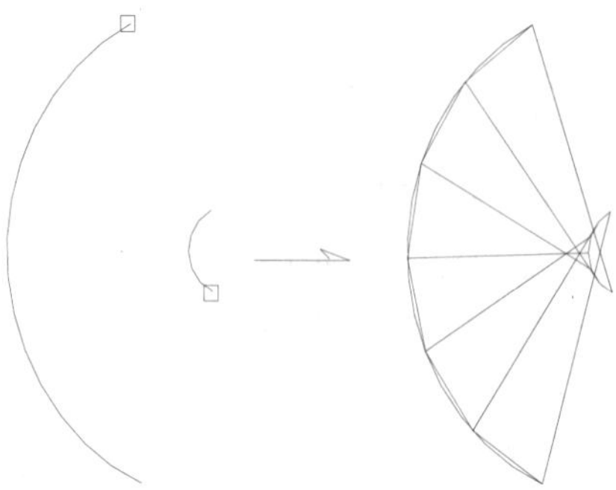

관련 변수

Surftab1 : 직선 보간 곡면(Rulesurf)과 방향 벡터 곡면(Tabsurf)의 면의 개수를 제어한다.

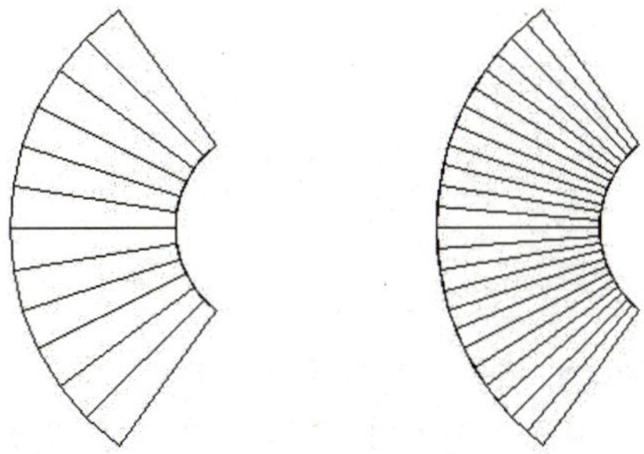

SURFTAB1=12　　　SURFTAB1=24

> **명령: Surftab1**
> SURFTAB1에 대한 새 값 입력 〈6〉: ← 2~32766의 정수를 입력한다. 클수록 면이 많아 부드러워지나 데이터 량이 많아진다.

작업 예

① 반지름 50인 원을 그린다.

② 선을 그린다.(원의 90° 상에서 270° 상으로)

③ 그 선을 기준으로 원을 절단(TRIM)한다.

④ 반지름 50인 원을 그린다.

⑤ 동심원 반지름 20인 원을 그린다.

⑥ 선과 반지름 20짜리 원을 Z축으로 40만큼 이동시킨다.

⑦ 남동 등각투영 뷰로 변경한다.

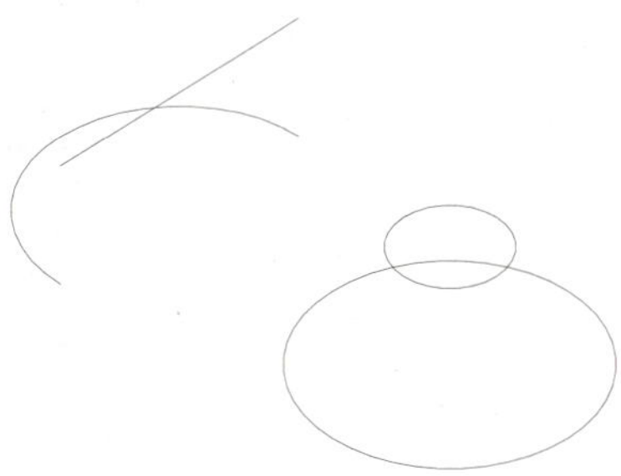

⑧ 서로 마주 보는 쌍끼리 직선보간 곡면(Rulesurf)시키면 아래 결과와 같다.

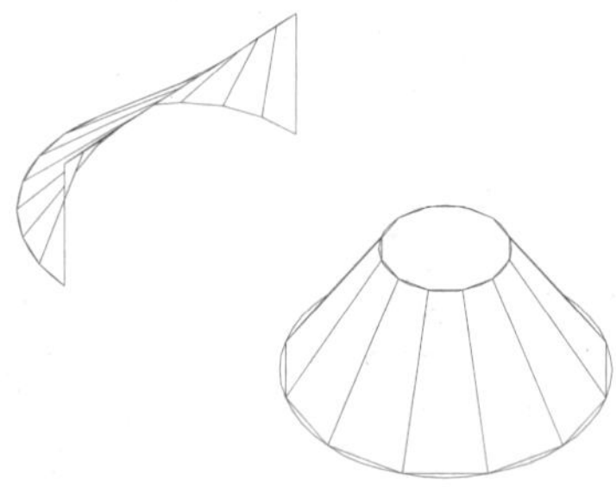

✎ Surface 명령으로 면을 만들기 위해 그리는 요소는 면을 만들기 위해 정보만을 제공하며 만들어지는 면과는 별개의 요소이므로 작업 후 삭제해도 생긴 면에 영향을 주지 않는다.

나) 방향벡터 곡면(Tabsurf) 

메뉴: **그리기 ➠ 모델링 ➠ 메쉬 ➠ 방향벡터 메쉬**

리본: **3D 모델링 ➠ 메쉬 ➠ 기본체 ➠ 모델링, 메쉬, 방향벡터 표면**

한 요소(곡선이나 직선)가 방향벡터(직선)의 기울기, 방향(선택 부위에 따라 달라진다.), 길이에 의거하여 면을 만든다.

명령: TABSURF
현재 와이어프레임 밀도: SURFTAB1=6
경로 곡선에 대한 객체 선택: ← 면을 만들 대상을 선택한다.
방향 벡터에 대한 객체 선택: ← 방향벡터 지정(A 부분을 선택하면 B 방향으로 면을 형성하고, B 부분을 선택하면 그 반대로 면이 형성된다.)

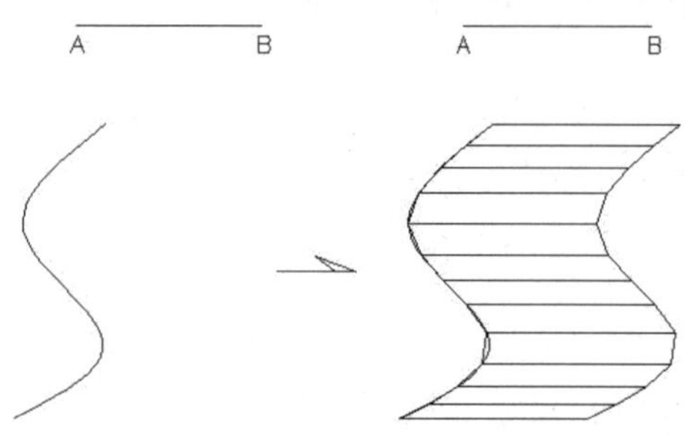

작업 예

① 반지름 50인 원을 2개 그린다.

② 두 원 사이에 Z축 방향으로 100짜리 선을 그린다.

③ Vpoint를 1, −1, 1로 변경한다.

④ 원 하나와 선 하나를 각 다른 부위를 지정하여 Tabsurf 처리를 한다.

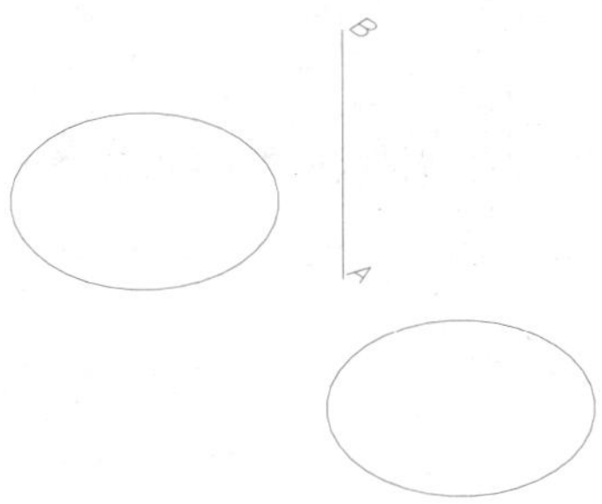

▲ 면처리 전

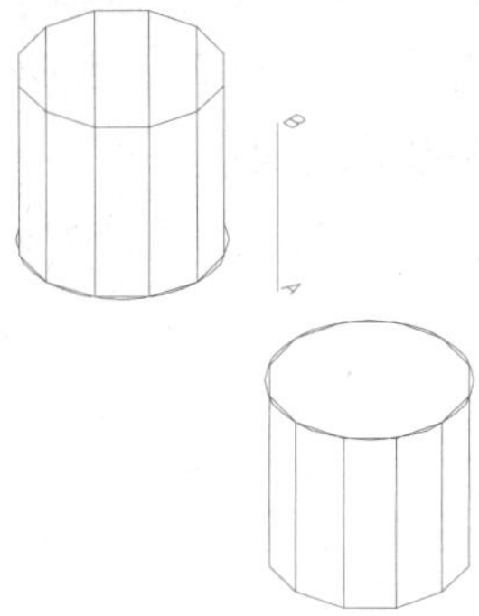

▲ 면처리 후

> **명령:** TABSURF
> 현재 와이어프레임 밀도: SURFTAB1=6
> 경로 곡선에 대한 객체 선택: ← 한번은 위쪽, 한번은 아래쪽 원을 선택한다.
> 방향 벡터에 대한 객체 선택: ← 위쪽의 원을 선택할 때에는 방향벡터 선 A 부분을 선택하고, 아래쪽 원을 선택할 때에는 선의 B 부분을 선택한다.

구멍이 막혀 보이는 쪽은 그려져 있는 원이 보이기 때문이다. 원은 면을 가지고 있는 요소이기 때문이다.

3) 모서리 곡면(Edgesurf)

메뉴: **그리기 ➠ 모델링 ➠ 메쉬 ➠ 모서리 메쉬**

리본: **3D 모델링 ➠ 메쉬 ➠ 기본체 ➠ 모델링, 메쉬, 모서리 표면**

4개의 요소가 각 끝점끼리 닿아 있는 상태에서 메쉬(Mesh) 형태의 면을 형성시킨다.

관련 변수

Surftab1, Surftab2: 모서리 곡면(Edgesurf)과 회전곡면(Revsurf)의 면의 개수를 제어한다.

작업 예

① 사각형을 80×100짜리를 그린다.
② Z축으로 20만큼 복사한다.
③ 각 측면에 UCS를 정렬시켜 호를 그린다.
④ 사각형을 지운다.
⑤ Surftab1과 Surftab2의 값을 각각 12로 입력한 후 처리를 한다.

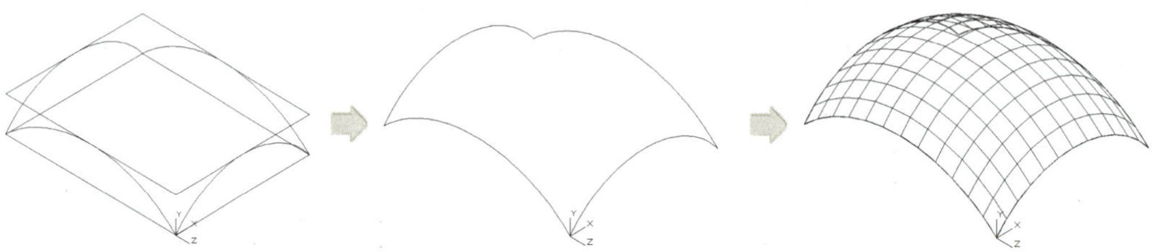

라) 회전곡면(Revsurf)

메뉴: **그리기 ➠ 모델링 ➠ 메쉬 ➠ 회전곡면 메쉬**
리본: **3D 모델링 ➠ 메쉬 ➠ 기본체 ➠ 모델링, 메쉬, 회전된 표면**

한 요소(직선, 곡선)가 한 축(직선)을 기준으로 회전하면서 면을 형성한다. Surftab1과 Surftab2가 면의 개수를 결정한다.

작업 예

① Pline으로 곡선을 그리고 그 옆에 회전축으로 사용할 직선을 그린다.

② Revsurf 면 처리를 한다.

```
명령: Revsurf
현재 와이어프레임 밀도: SURFTAB1=12 SURFTAB2=12
회전할 객체 선택: ← 회전면 처리할 요소를 선택한다.
회전축을 정의하는 객체 선택: ← 회전축을 지정한다.
시작 각도 지정 <0>: ← 시작 각도를 입력한다.
사이 각 지정(+=시계 반대방향, -=시계방향) <360>: ← 종료 각도를 입력한다.
```

③ 남동 등각투영 뷰로 변경한다.

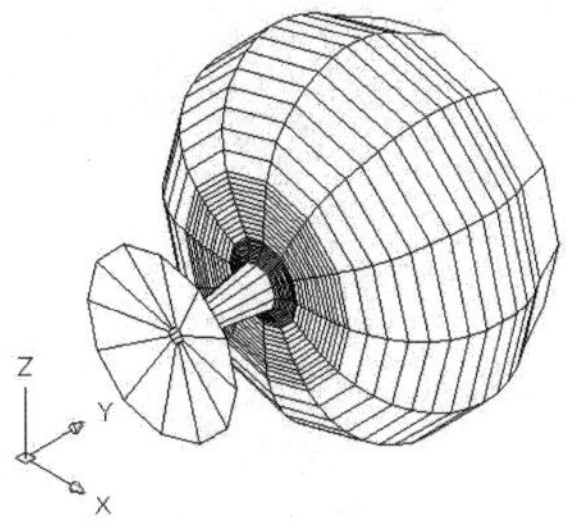

④ Rotate3d 명령으로 X축을 기준으로 회전시켜 세운다.

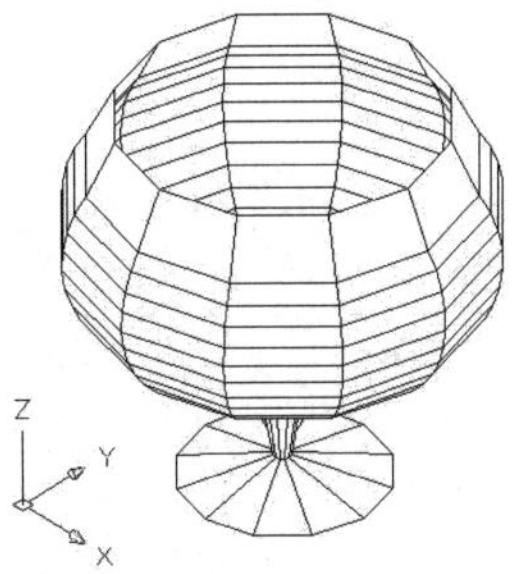

회전축의 어느 부위를 지정하느냐에 따라 회전 방향이 달라진다.

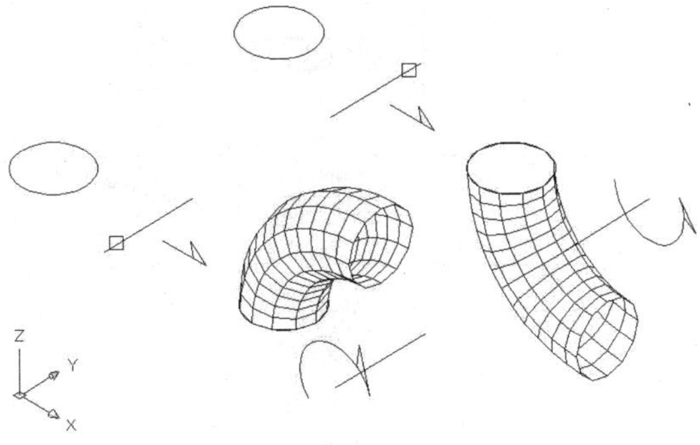

회전 기준축과 현재 좌표계의 일치하는 축을 기준으로 축 방향과 같은 방향으로 진행되는 부위를 지정하면 반시계방향으로 회전한다.

연습문제

문제 1 | 메쉬 명령들을 이용하여 인공위성을 만들어 보자.

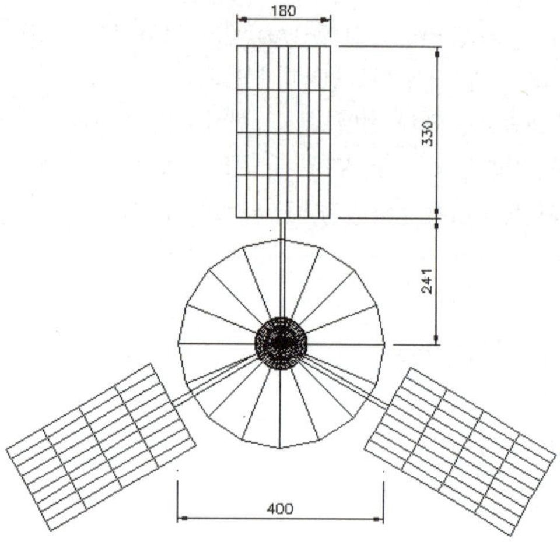

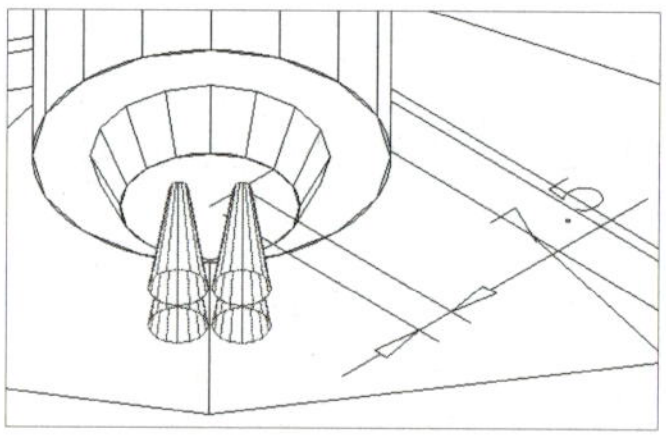

▲ 하부 상세도

• 날개 이음대 10×211×2.5, 원환의 중심 반지름은 50

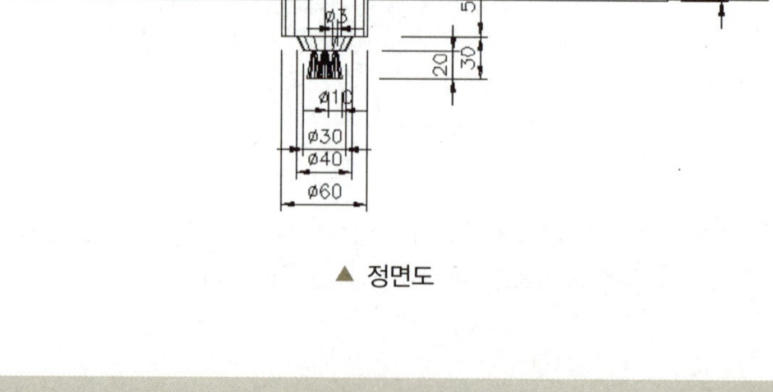

▲ 정면도

8 3차원 편집 명령

1 3D 회전

메뉴: 수정 ➠ 3D 작업 ➠ 3D 회전

리본: 3D 모델링 ➠ 홈 ➠ 수정 패널 ➠ 3D 회전

도구: 모델링

UCS와 관계없이 지정한 선이나 축을 기준으로 3차원 회전시킨다.

가) 3Drotate 

```
명령: 3drotate
현재 UCS에서 양의 각도: 측정 방향=시계 반대방향 기준 방향=0
객체 선택:  ← 대상을 선택한다.
객체 선택:
기준점 지정: ← 기준점을 지정한다.
회전축 선택: ← 회전축을 마우스로 지정한다.
각도 시작점 지정 또는 각도 입력: ← 회전각을 입력하거나 마우스로 지정한다.
각도 끝점 지정:
```

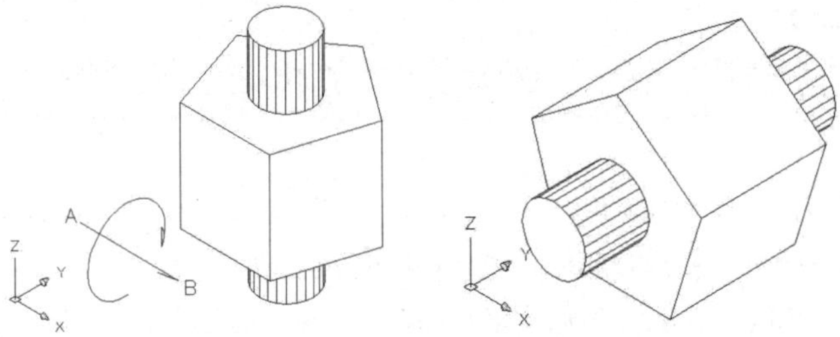

나) Rotate3D

```
명령: Rotate3D
현재 각도 설정: 측정 방향=시계 반대방향    기준 방향=0
객체 선택:      ← 대상을 선택한다.
객체 선택:
축 위에 첫 번째 점을 지정하거나 다음을 사용하여 축을 정의
[객체(O)/최종(L)/뷰(V)/X축(X)/Y축(Y)/Z축(Z)/2점(2)]:
```

• 객체(O) : 작업된 요소를 선택하여 기준 축을 설정한다.
• 최종(L) : 가장 최근에 작업된 요소를 Object 옵션처럼 인식하여 기준 축을 설정한다.
• 뷰(V) : 관측시점을 평면으로 가정하고 회전한다.
• X축(X) : X축을 기준으로 회전한다.
• Y축(Y) : Y축을 기준으로 회전한다.
• Z축(Z) : Z축을 기준으로 회전한다.
• 2점(2) : 지정한 두 점을 기준으로 회전한다.

2 3D 대칭(Mirror3D)

메뉴: **수정 ➠ 3D 작업 ➠ 3D 대칭**
리본: **3D 모델링 ➠ 홈 ➠ 수정 ➠ 3D 대칭**
리본: **3D 기본사항 ➠ 홈 ➠ 수정 ➠ ▽ ➠ 3D 대칭**

UCS와 관계없이 3차원 대칭복사 명령으로 면을 기준으로 대칭복사 한다.

명령: Mirror3D
객체 선택: ← 대상을 선택한다.
객체 선택:
대칭 평면(3점)의 첫 번째 점 지정 또는 [객체(O)/최종(L)/Z축(Z)/뷰(V)/XY/YZ/ZX/3점(3)] 〈3점〉:
원본 객체를 삭제합니까? [예(Y)/아니오(N)] 〈N〉: ← 원본 삭제 여부를 지정할 수 있다.

• 객체(O) : 작업된 요소를 선택하여 기준면을 설정한다.
• 최종(L) : 가장 최근에 작업된 요소를 Object 옵션처럼 인식하여 기준면을 설정한다.
• Z축(Z) : Z축을 지정하여 그 Z축과 이루는 X, Y 평면을 기준면으로 한다.
• 뷰(V) : 관측 시점을 평면으로 가정하여 그 평면을 기준면으로 한다.
• XY : XY가 이루는 평면을 기준면으로 한다.
• YZ : YZ가 이루는 평면을 기준면으로 한다.
• ZX : ZX가 이루는 평면을 기준면으로 한다.
• 3점(3) : 기준면이 될 평면을 3점(원점, X축, Y축)을 지정하여 설정한다.

예

명령: Mirror3D
객체 선택: ← 대상(원기둥)을 선택한다.
객체 선택:
대칭 평면(3점)의 첫 번째 점 지정 또는 [객체(O)/최종(L)/Z축(Z)/뷰(V)/XY/YZ/ZX/3점(3)]
〈3점〉: XY ← XY 평면을 대칭면으로 하는 옵션이다.
다음 위의 점 지정 XY 평면 〈0,0,0〉: ← 점 A를 지정하면 XY 평면을 대칭면으로 인식한다.
원본 객체를 삭제합니까? [예(Y)/아니오(N)] 〈N〉:

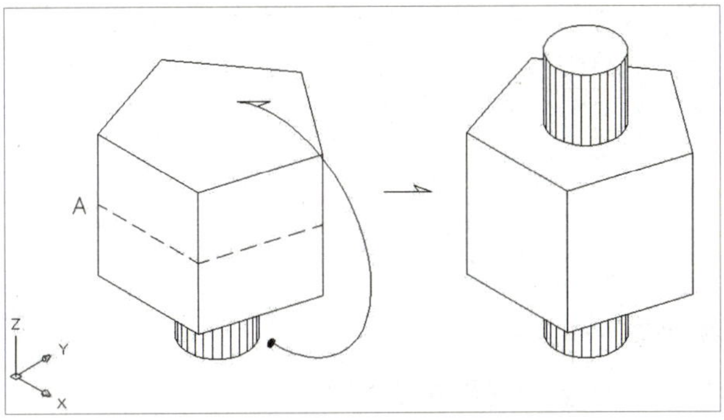

3 3DArray

메뉴: **수정 ➠ 3D 작업 ➠ 3D 배열**
리본: **3D 기본사항 ➠ 수정 ➠ ▽ ➠ 3D 배열**
도구: **모델링**

3차원 배열 명령이다.
가로 40, 세로 30, 높이 20짜리의 쐐기(Wedge)를 만든 후 배열을 해보자

가) 사각 배열

명령: 3Darray
객체 선택: ← 대상을 선택한다.
객체 선택:
배열의 유형 입력 [직사각형(R)/원형(P)] 〈R〉: ← 사각 배열 옵션이 기본이면 그냥 엔터한다.
행 수 입력(---) 〈1〉: 2 ← 열배열 수(Y 방향)를 입력한다.
열 수 입력(|||) 〈1〉: 3 ← 종배열 수(X 방향)를 입력한다.

```
레벨 수 입력(...) <1>: 4    ← 고도 배열 수(Z 방향)를 입력한다.
행 사이의 거리를 지정(---): 50  ← 열간격(Y 방향)을 입력한다.
열 사이의 거리를 지정(|||): 40  ← 종간격(X 방향)을 입력한다.
레벨 사이의 거리를 지정(...): 30  ← 고도 간격(Z 방향)을 입력한다.
```

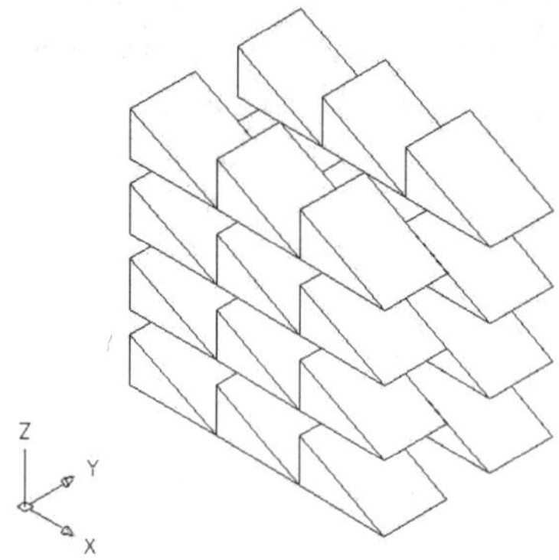

나) 원형 배열

축 방향은 두 점을 지정하여 잡는다.

```
명령: 3Darray
객체 선택:  ← 대상을 선택한다.
객체 선택:
배열의 형태 입력 [직사각형(R)/원형(P)] <R>: P
배열에서 항목 수 입력: 10  ← 배열 수를 지정한다.
채우기할 각도 지정(+=ccw, -=cw) <360>:   ← 배열할 전체 각도를 지정한다.
배열된 객체를 회전하겠습니까? [예(Y)/아니오(N)] <Y>:  ← 자전 여부를 지정한다.
배열의 중심점 지정:  ← 회전축을 지정하기 위해 첫 번째 점 A를 지정한다.
회전축 상의 두 번째 점 지정:  ← 회전축 두 번째 점 B를 지정한다.
```

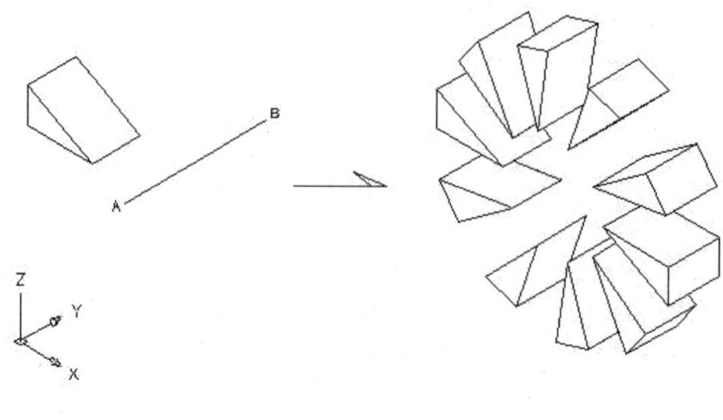

4 정렬

선택한 물체를 각 대응점을 지정하여 다른 물체에 정렬시킨다. 2점만 지정하면 2차원 도형에도 적용할 수 있으며 대응점에 따라 결과가 달라진다.

가) 정렬(Align)

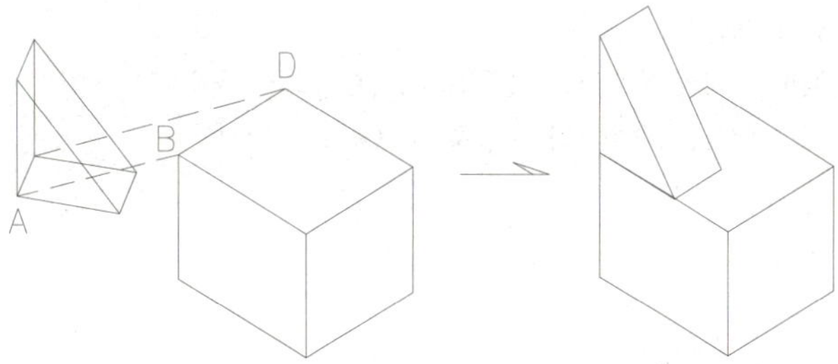

명령: Align
객체 선택: ← 대상을 선택(위 그림에서는 쐐기)한다.
객체 선택:
첫 번째 기준점 지정: ← A를 지정한다.
첫 번째 목표점 지정: ← B를 지정한다.
두 번째 기준점 지정: ← C를 지정한다.
두 번째 목표점 지정: ← D를 지정한다.
세 번째 기준점 지정 또는 〈다음〉:
정렬점을 기준으로 객체에 축척을 적용합니까 ? [예(Y)/아니오(N)] 〈N〉: ← Y를 입력하면 길이도 같은 길이로 변환되어 정렬된다.

나) 3D 정렬(3Dalign)

메뉴: **수정 ➠ 3D 작업 ➠ 3D 정렬**
리본: **3D 기본사항 ➠ 홈 ➠ 수정 ➠ ▽ ➠ 3D 정렬**
도구: **모델링**

원본 객체에 대해 한 점, 두 점 또는 세 점을 지정하고. 그런 다음 대상에 대해 한 점, 두 점 또는 세 점을 지정해서 정렬시킨다.

명령: 3dalign
객체 선택: ← 대상을 선택한다. P1
객체 선택:
원본 평면 및 방향 지정...
기준점 지정 또는 [복사(C)]: ← P2 복사 옵션을 선택하면 복사본이 정렬된다.
두 번째 점 지정 또는 [계속(C)] 〈C〉: ← P3
세 번째 점 지정 또는 [계속(C)] 〈C〉: ← P4
대상 평면 및 방향 지정...
첫 번째 대상점 지정: ← P5
두 번째 대상점 지정 또는 [종료(X)] 〈X〉: ← P6
세 번째 대상점 지정 또는 [종료(X)] 〈X〉: ← P7

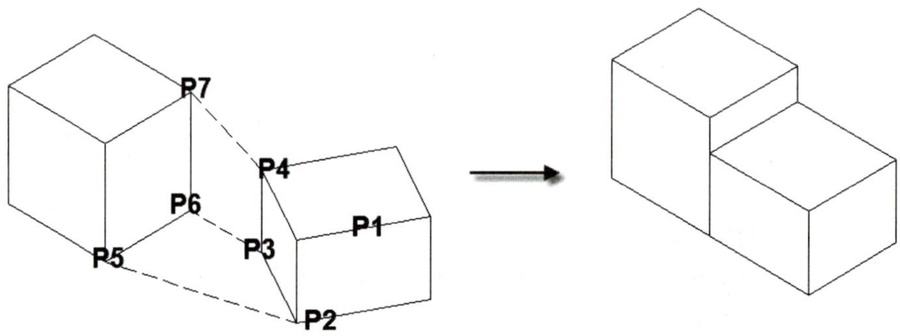

5 3차원에서 연장(Ex, Extend)

3차원 공간상에 존재하는 Edge에 대한 연장을 할 수 있다.

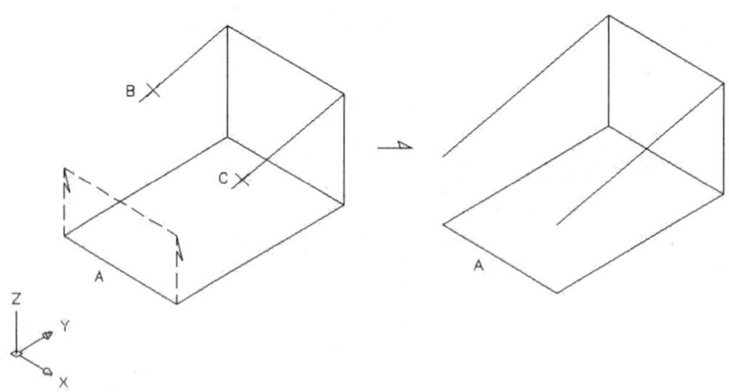

선 A가 현재 UCS에 투영했을 때 선 B와 C의 연장 범위 내에 있기 때문에 가능하다. 옵션 View는 현재 관측점에서 연장 범위 내에 있으면 실행된다.

명령: EX
뷰가 UCS에 평면이 아님. 명령 결과가 명백하지 않을 수 있습니다.
현재 설정: 투영=UCS 모서리=연장
경계 모서리 선택 ...
객체 선택 또는 〈모두 선택〉: ← 연장되어 갈 모서리를 지정한다.(선 A 지정)
객체 선택:
연장할 객체 선택 또는 Shift 키를 누른 채 선택하여 자르기 또는 [울타리(F)/걸치기(C)/프로젝트(P)/모서리(E)/명령 취소(U)]: P ← 3차원 투영 옵션을 지정한다.
투영 옵션 입력 [없음(N)/UCS(U)/뷰(V)] 〈UCS〉: U ← 현재 좌표계에 일치하게 실행한다.
연장할 객체 선택 또는 Shift 키를 누른 채 선택하여 자르기 또는
[울타리(F)/걸치기(C)/프로젝트(P)/모서리(E)/명령 취소(U)]: ← B 부분을 선택한다.
연장할 객체 선택 또는 자르기를 위한 Shift+선택 또는 [투영(P)/모서리(E)/명령 취소(U)]:
← C 부분을 선택한다.
연장할 객체 선택 또는 자르기를 위한 Shift+선택 또는 [투영(P)/모서리(E)/명령 취소(U)]:

6 3차원에서 자르기(Trim)

3차원 공간상에 존재하는 EDGE에 대한 자르기를 할 수 있다.
경계 A2를 기준으로 선 B와 C를 자르기 해보자.

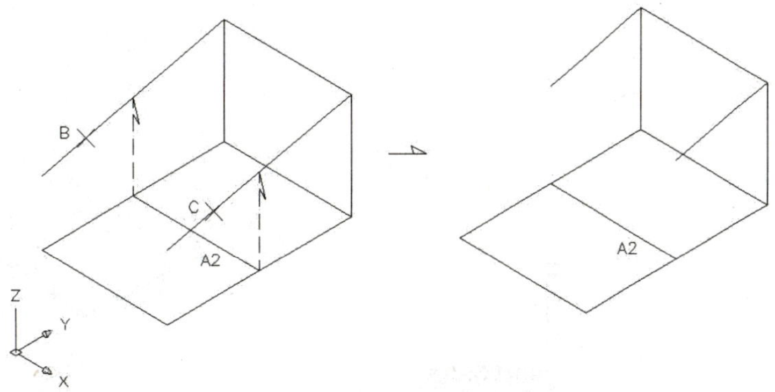

명령: Tr
뷰가 UCS에 평면이 아닙니다. 명령 결과가 명백하지 않을 수 있습니다.
현재 설정 값: 투영=뷰 모서리=연장
절단 모서리 선택 ...
객체 선택 또는 〈모두 선택〉: ← 절단 기준선 A2를 선택한다.
객체 선택:

자를 객체 선택 또는 Shift 키를 누른 채 선택하여 연장 또는 [울타리(F)/걸치기(C)/프로젝트(P)/모서리(E)/지우기(R)/명령 취소(U)]: P ← 3차원 투영 옵션을 지정한다.
투영 옵션 입력 [없음(N)/UCS(U)/뷰(V)] 〈뷰〉: U ← 현재 좌표계에 일치하게 실행된다.
자를 객체 선택 또는 Shift 키를 누른 채 선택하여 연장 또는 [울타리(F)/걸치기(C)/프로젝트(P)/모서리(E)/지우기(R)/명령 취소(U)]: ← 부분 B를 지정한다.
자를 객체 선택 또는 Shift 키를 누른 채 선택하여 연장 또는 [울타리(F)/걸치기(C)/프로젝트(P)/모서리(E)/지우기(R)/명령 취소(U)]: ← 부분 C를 지정한다.
자를 객체 선택 또는 Shift 키를 누른 채 선택하여 연장 또는 [울타리(F)/걸치기(C)/프로젝트(P)/모서리(E)/지우기(R)/명령 취소(U)]:

선 A2가 현재 UCS에 투영했을 때 선 B와 C의 절단 범위 내에 있기 때문에 가능하다. 옵션 View는 현재 관측점에서 연장 범위 내에 있으면 실행된다.

실습

1. Pipe 지름은 60으로 한다.
2. 엘보의 반지름은 60으로 한다.
3. 메쉬 곡면 명령을 적절히 사용한다.
4. UCS 변환을 적절하게 한다.

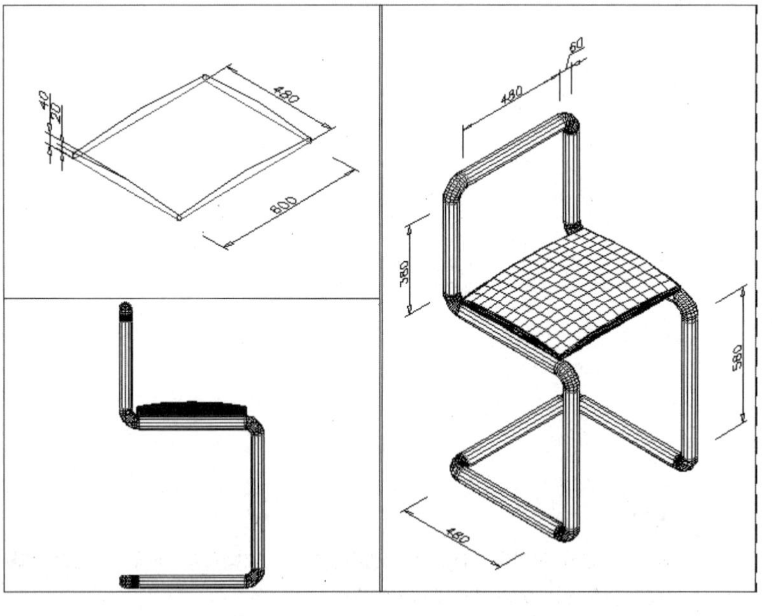

따라 하기

1. 작업 공간을 설정한다.(의자가 들어갈 수 있는 충분한 한계로 설정한다.)

> **명령:** LIMITS
> 모형 공간 한계 재설정:
> 왼쪽 아래 구석 지정 또는 [켜기(ON)/끄기(OFF)] 〈0.0000,0.0000〉:
> 오른쪽 위 구석 지정 〈420.0000,297.0000〉: 1200,900

> **명령:** Z
> 윈도우 구석을 지정, 축척 비율(nX 또는 nXP)을 입력 또는 [전체(A)/중심(C)/동적(D)/범위(E)/이전(P)/축척(S)/윈도우(W)/객체(O)] 〈실시간〉: A
> 모형 재생성 중

2. 시점을 변경한다.

Viewcube를 이용하여 남동 등각투영 뷰로 전환한다.

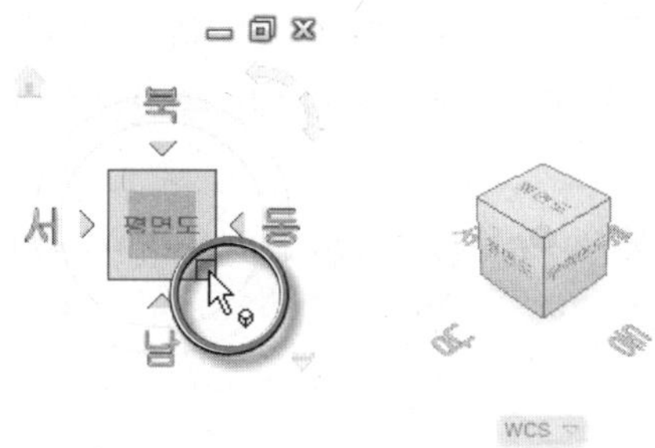

3. 의자의 중심선을 선으로 그려 작업의 기준으로 삼는다.

> **명령:** L
> 첫 번째 점 지정:
> 다음 점 지정 또는 [명령 취소(U)]: 480 ← 선 A
> 다음 점 지정 또는 [명령 취소(U)]: 60 ← B
> 다음 점 지정 또는 [닫기(C)/명령 취소(U)]: 60 ← C
> 다음 점 지정 또는 [닫기(C)/명령 취소(U)]: 480 ← D
> 다음 점 지정 또는 [닫기(C)/명령 취소(U)]: 60 ← E
> 다음 점 지정 또는 [닫기(C)/명령 취소(U)]: @0,0,60 ← F
> 다음 점 지정 또는 [닫기(C)/명령 취소(U)]: @0,0,580 ← G
> 다음 점 지정 또는 [닫기(C)/명령 취소(U)]: @0,0,60 ← H
> 다음 점 지정 또는 [닫기(C)/명령 취소(U)]: 60 ← I
> 다음 점 지정 또는 [닫기(C)/명령 취소(U)]: 480 ← J
> 다음 점 지정 또는 [닫기(C)/명령 취소(U)]: 60 ← K
> 다음 점 지정 또는 [닫기(C)/명령 취소(U)]: @0,0,60 ← L
> 다음 점 지정 또는 [닫기(C)/명령 취소(U)]: @0,0,380 ← M
> 다음 점 지정 또는 [닫기(C)/명령 취소(U)]: @0,0,60 ← N
> 다음 점 지정 또는 [닫기(C)/명령 취소(U)]: 60 ← O
> 다음 점 지정 또는 [닫기(C)/명령 취소(U)]: 480 ← P

✎ Z축으로 향하는 선은 투영 뷰에서 방향을 잡고 길이만 입력할 수 있으나(그림 A) "**@0, 0, 길이**" 형태로 입력하고 나머지 직선들은 F8나 F10 모드를 켠 상태에서 마우스로 진행 방향으로 놓고 길이만 입력한다.

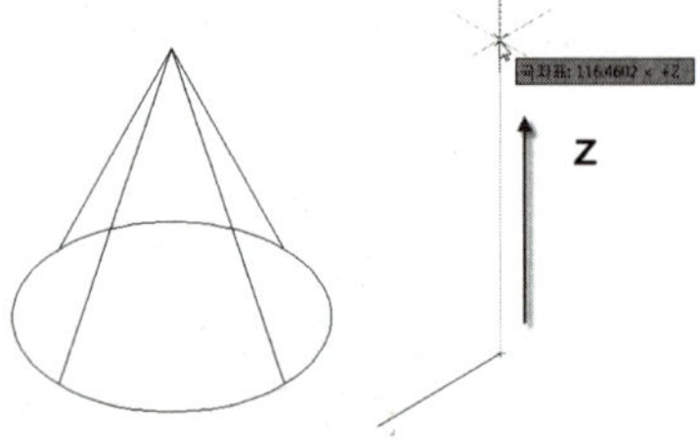

▲ 그림 A

4. 도면층을 3개 정도 작성한다. 3차원 작업에서 도면층은 작업의 효율성을 위해 꼭 설정하여 활용하여야 한다.

   예 도면층1-빨간색, 2-노란색, 3-초록색

5. 직선 부위에 해당하는 선들을 다른 도면층으로 변경시킨다.
   ~A, D, G, J, M, P에 해당하는 선을 "도면층1"로 변경한다.

6. 선 A와 P만 빼고 반대편으로 대칭복사(Mirror) 시킨다.

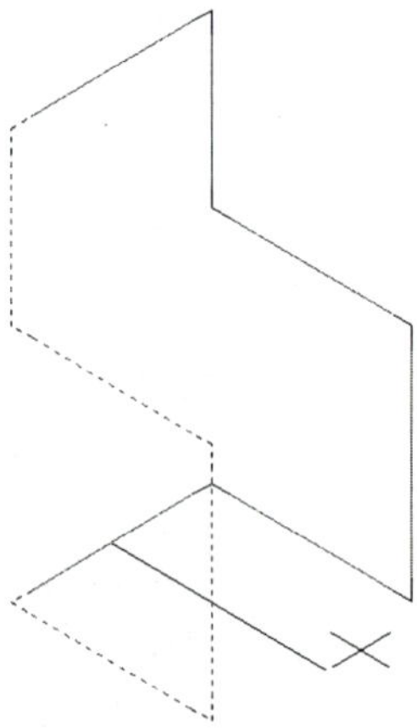

7. Z축과 일치한 축에 반지름 30짜리 원을 그린다.

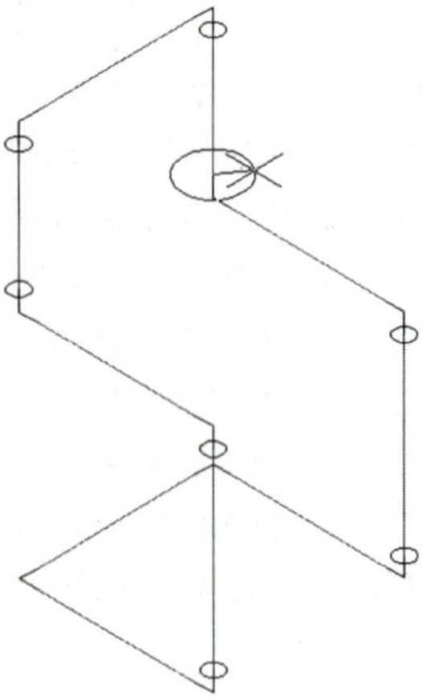

8. UCS를 Z축과 일치시켜 그 축에 반지름 30짜리 원을 그린다.

> **명령:** UCS
> 현재 UCS 이름: *표준*
> UCS의 원점 지정 또는 [면(F)/이름(NA)/객체(OB)/이전(P)/뷰(V)/표준(W)/X(X)/Y(Y)/Z(Z)/Z축(ZA)] 〈표준〉: ZA
> 새 원점 지정 또는 [객체(O)] 〈0,0,0〉: ← 점 1을 지정한다.
> Z-축 양의 구간에 있는 점 지정 〈0.1779,0.4009,1.0000〉: ← 점 2를 지정한다.

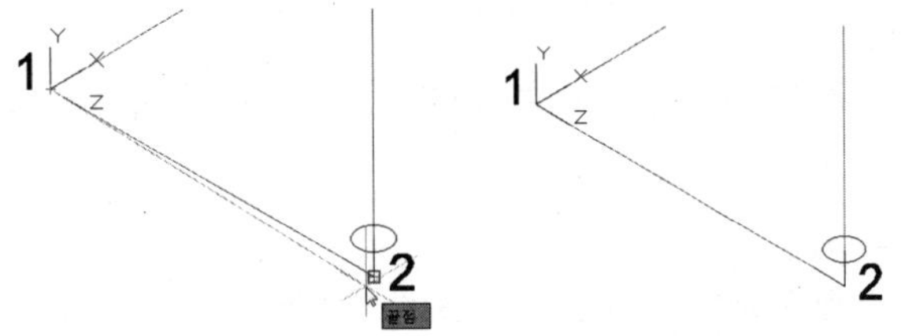

9. 그 축에 지름 60짜리 원을 그린다.

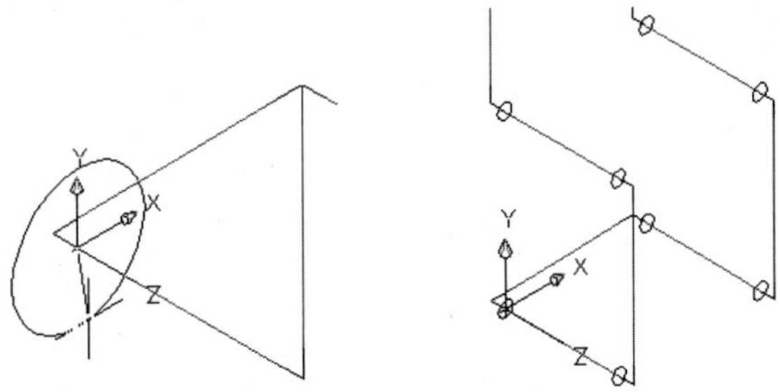

10. 다른 축을 잡고 일치한 축에 원을 그린다.

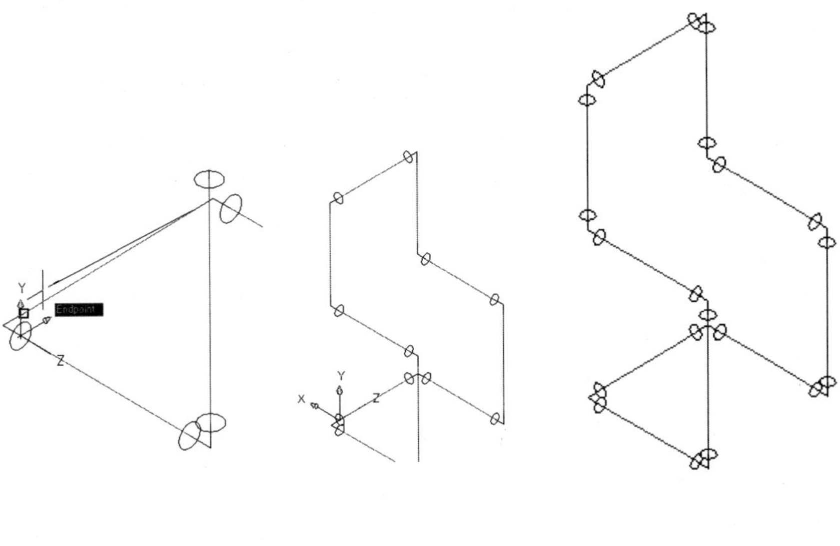

11. 면밀도를 조정하여 좀 더 부드러운 결과물을 만든다.

> **명령:** SURFTAB1
> SURFTAB1에 대한 새 값 입력 ⟨6⟩: 12

> **명령:** SURFTAB2
> SURFTAB2에 대한 새 값 입력 ⟨6⟩: 12

12. 원 1개와 중심선 1개를 가지고 직선부(Pipe)를 방향 벡터곡면(Tabsurf)을 시킨다.

> **명령:** Tabsurf
> 현재 와이어프레임 밀도: SURFTAB1=12
> 경로 곡선에 대한 객체 선택: ← 원 A를 선택한다.
> 방향 벡터에 대한 객체 선택: ← 선의 B 부분을 지정한다.

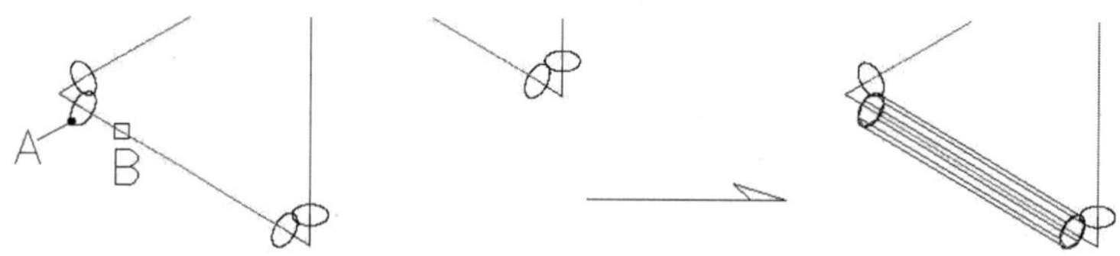

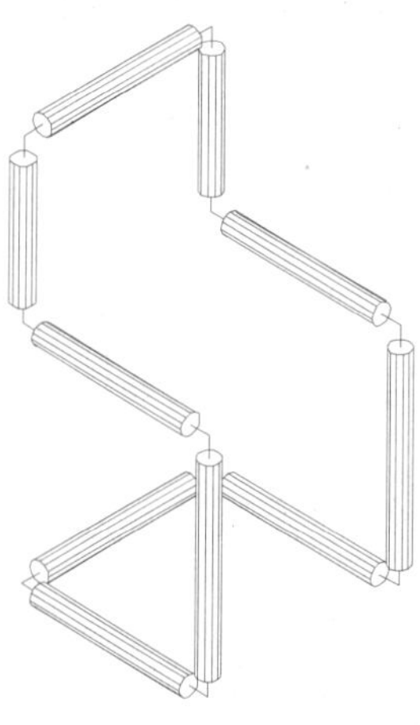

▲ 결과

13. 생성된 파이프들을 새로 만든 레이어로 변경한 뒤 동결시킨다.

14. 엘보(Elbow)를 만들기 위해 회전곡면(Revsurf)을 위한 축을 세운다.

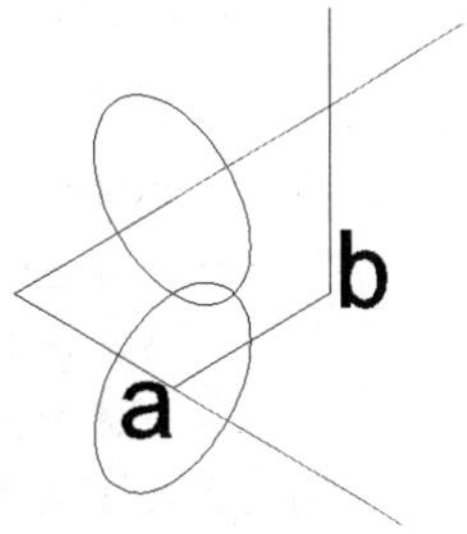

▲ a➡b의 거리는 60이다.

15. Surftab2의 수치를 높여 면의 수를 늘린다.

회전곡면(Revsurf)은 Surftab1과 Surftab2의 영향을 받는다.

16. 회전곡면(Revsurf)을 실행한다.

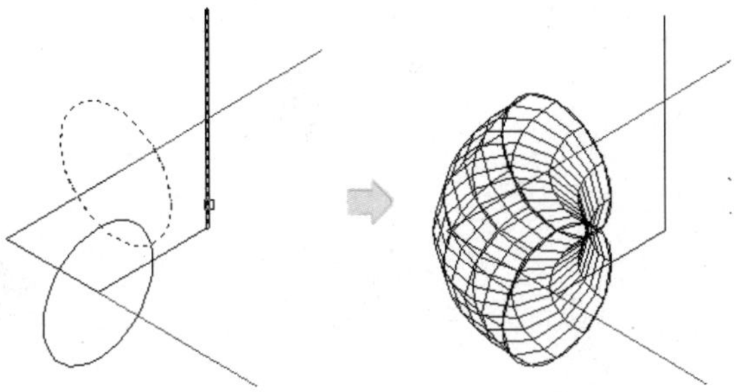

17. 앞쪽으로 대칭복사 한다.

명령: Mi
객체 선택: ← 방금 작업된 엘보를 선택한다.
객체 선택:
대칭선의 첫 번째 점 지정: ← 선의 중간점을 지정한다.
대칭선의 두 번째 점 지정: ← 직교모드를 켠 후 선과 수직 방향의 임의점을 지정한다.
원본 객체를 지우시겠습니까? [예(Y)/아니오(N)] 〈N〉:

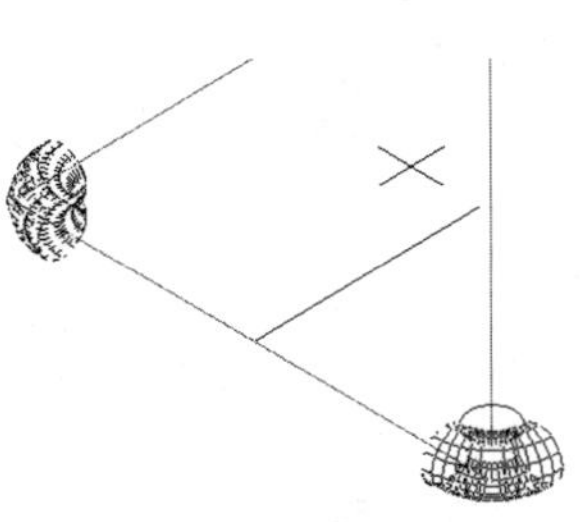
▲ 중간점을 지정한다.

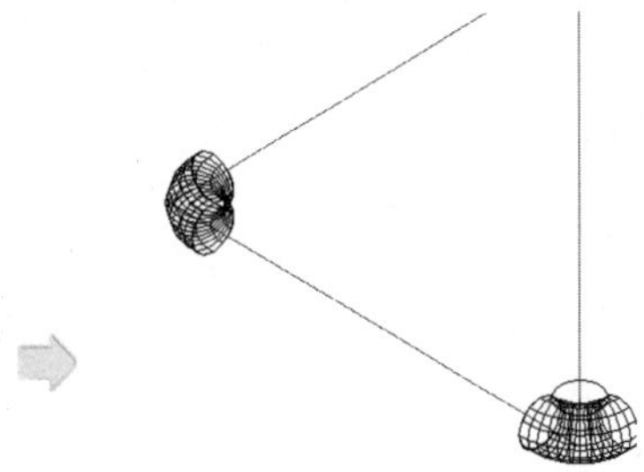
▲ 대칭복사 결과

18. 대칭복사된 객체를 Rotate3D로 X축을 기준으로 90˚ 3차원 회전시킨다.

```
명령: Rotate3D
현재 각도 설정: 측정 방향=시계 반대방향      기준 방향=0
객체 선택:   ← 대상을 선택한다.
객체 선택:
축 위에 첫 번째 점을 지정하거나 다음을 사용하여 축을 정의
[객체(O)/최종(L)/뷰(V)/X축(X)/Y축(Y)/Z축(Z)/2점(2)]: X
다음 위의 점을 지정 X 축 <0,0,0>: ← 선 A의 끝점을 지정한다.
회전 각도 지정 또는 [참조(R)]: 90
```

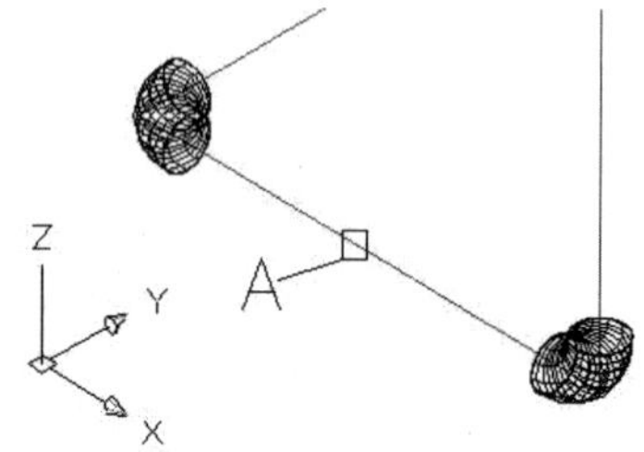

19. Rotate3D로 X축 90˚ 회전된 요소를 위쪽으로 3차원 대칭복사(Mirror3D)시킨다.

```
명령: MIRROR3D
객체 선택:   ← 대상을 선택한다.
객체 선택:
대칭 평면(3점)의 첫 번째 점 지정 또는
[객체(O)/최종(L)/Z축(Z)/뷰(V)/XY/YZ/ZX/3점(3)] <3점>: XY
다음 위의 점 지정 XY 평면 <0,0,0>:  ← 선의 중간점(Mid Point)을 지정한다.
원본 객체를 삭제합니까? [예(Y)/아니오(N)] <N>:
```

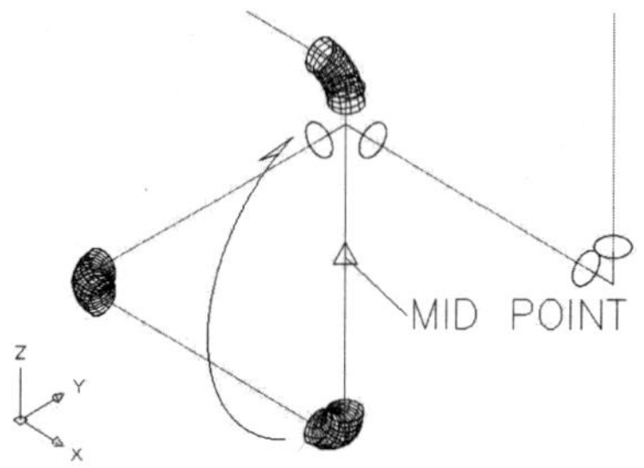

20. 대칭복사된 객체를 좌측으로 3차원 배열(3Darray)시킨다.

명령: 3Darray
객체 선택: L Enter↵ ← 방금 대칭복사된 요소가 선택된다.
객체 선택: Enter↵
배열의 유형 입력 [직사각형(R)/원형(P)] 〈R〉: P
배열에서 항목 수 입력: 2
채우기할 각도 지정(+=ccw, −=cw) 〈360〉: 180
배열된 객체를 회전하시겠습니까? [예(Y)/아니오(N)] 〈Y〉:
배열의 중심점 지정: ← 선의 중간점(MID POINT)을 지정한다.
회전축 상의 두 번째 점 지정: ← Y축 방향으로 지정한다.

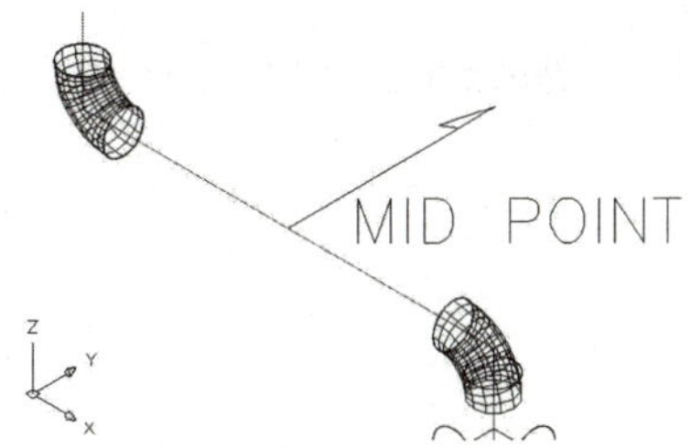

21. 19번과 같은 방법으로 위쪽으로 대칭복사 한다.

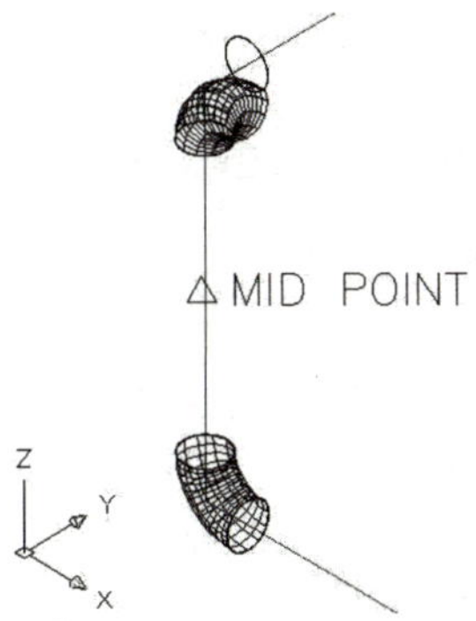

21. Mirror의 결과가 방향이 맞지 않으므로 명령 Rortate3D로 Z축을 기준으로 90° 회전시킨다.

명령: RO
현재 UCS에서 양의 각도: 측정 방향=시계 반대방향 기준 방향=0
객체 선택: ← 대상을 선택한다.
객체 선택:
기준점 지정: ← Z축의 끝점에 해당하는 파이프 중심선의 "끝점"을 지정한다.
회전 각도 지정 또는 [복사(C)/참조(R)] 〈0〉: 90

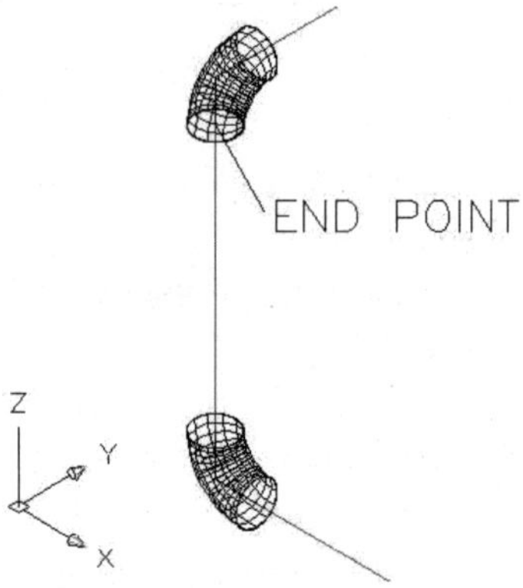

22. 완성된 좌측의 엘보 5개를 우측으로 대칭복사 한다.

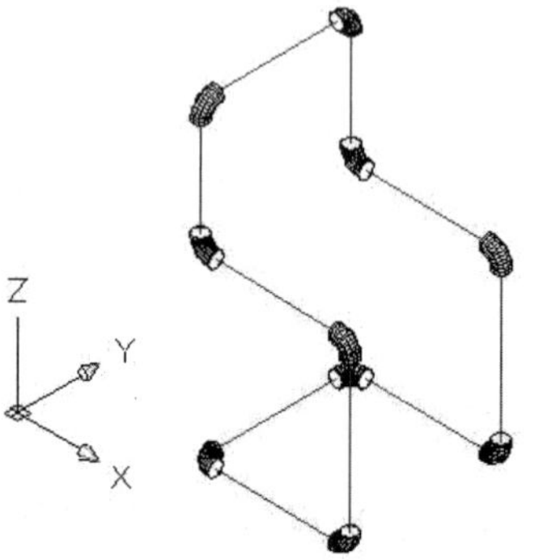

23. 엘보를 동결되어 있는 도면층으로 변경하여 감춘다.

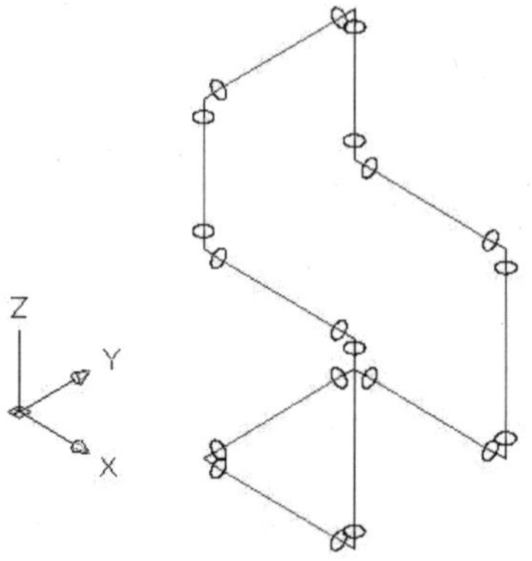

24. 쿠션을 그리기 위해 사각형을 만들기 위해 중심선을 그림과 같이 Z축으로 30만큼 복사한다.

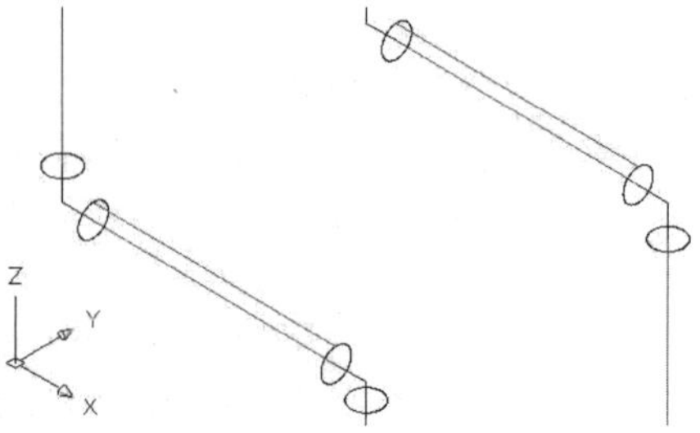

명령: Cp
객체 선택: ← 대상을 선택한다.
객체 선택:
현재 설정: 복사 모드 = 다중(M)
기본점 지정 또는 [변위(D)/모드(O)] 〈변위(D)〉: ← 그려져 있는 원의 중심점을 기준점으로 한다.
두 번째 점 지정 또는 [배열(A)] 〈첫 번째 점을 변위로 사용〉: @0,0,30

25. 복사된 선들에 선을 그어 사각형으로 만든다.(같은 도면층으로 작업한다.)

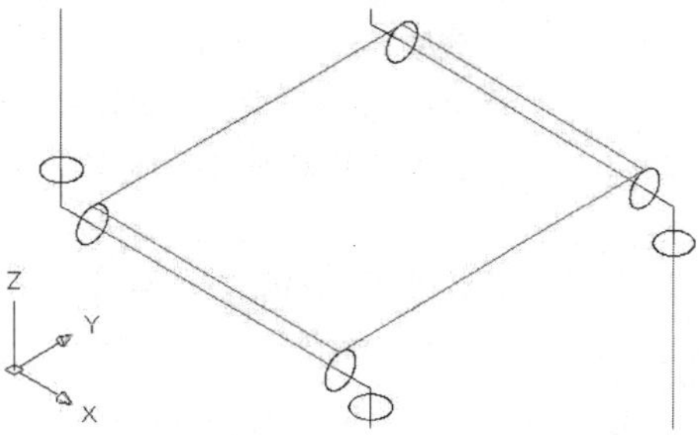

26. 작업된 사각형을 다시 Z 방향으로 20, 40만큼 두 번 복사한다.

명령: cp
객체 선택: ← 4개의 선을 선택한다.
…
객체 선택:
현재 설정: 복사 모드 = 다중(M)
기본점 지정 또는 [변위(D)/모드(O)] 〈변위(D)〉: ← 임의의 곳을 지정한다.
두 번째 점 지정 또는 [배열(A)] 〈첫 번째 점을 변위로 사용〉: @0,0,20
두 번째 점 지정 또는 [배열(A)/종료(E)/명령 취소(U)] 〈종료〉: @0,0,40
두 번째 점 지정 또는 [배열(A)/종료(E)/명령 취소(U)] 〈종료〉:

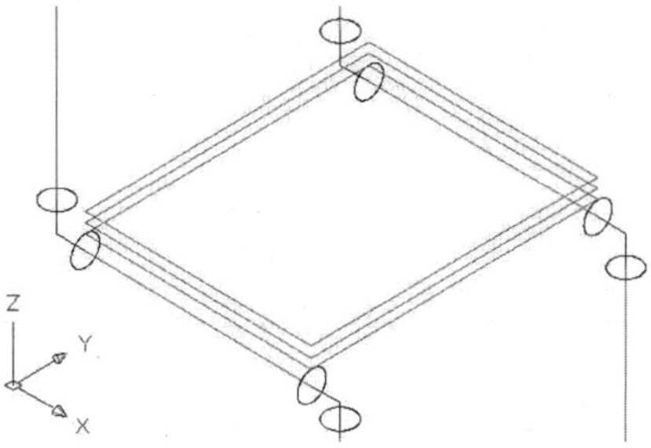

27. 그 사각형을 기준으로 사각형의 각 측면에 UCS를 정렬시켜 호를 그린다. UCS X를 90° 회전시킨 다음 호를 그린다.

> **명령:** ucs
> 현재 UCS 이름: *표준*
> UCS의 원점 지정 또는 [면(F)/이름(NA)/객체(OB)/이전(P)/뷰(V)/표준(W)/X(X)/Y(Y)/Z(Z)/Z축(ZA)] 〈표준〉: x
> X축에 관한 회전 각도 지정 〈90〉: Enter↵

> **명령:** A
> 호의 시작점 또는 [중심(C)] 지정: ← 끝점 A를 지정한다.
> 호의 두 번째 점 또는 [중심(C)/끝(E)] 지정: ← 선의 중간점(1/2지점)인 B를 지정한다.
> 호의 끝점 지정: ← 끝점 C를 지정한다.

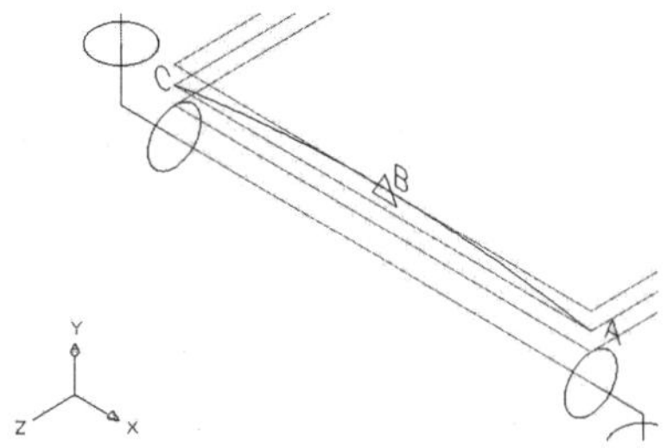

28. 뒤쪽으로 복사시킨다.

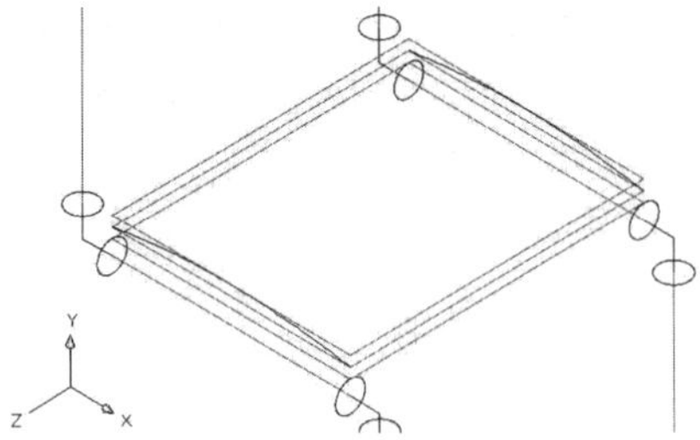

UCS Y를 90° 회전시킨 후, 같은 방법으로 호를 그리고 복사한다.

29. 필요 없는 요소를 제거한다.

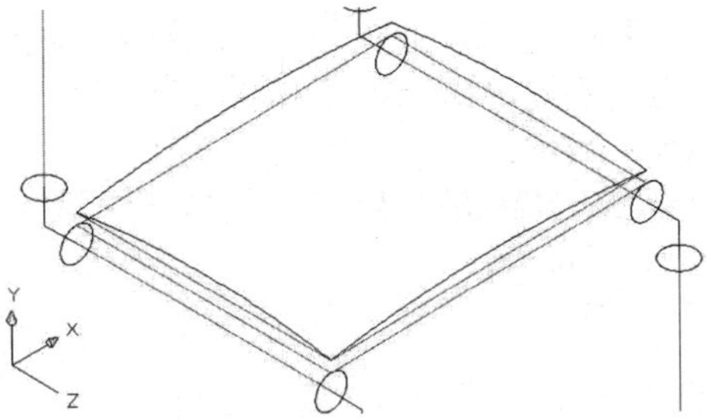

30. 4개의 호를 모서리 표면(Edgesurf) 처리한다.

명령: Edgesurf
현재 와이어프레임 밀도: SURFTAB1=12 SURFTAB2=12
표면 모서리에 대한 1 객체 선택: ← 호 4개를 순서에 관계없이 선택한다.
표면 모서리에 대한 2 객체 선택:
표면 모서리에 대한 3 객체 선택:
표면 모서리에 대한 4 객체 선택:

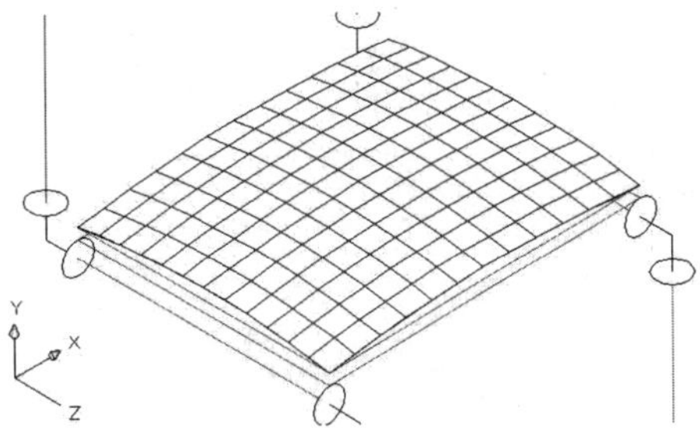

31. 모서리 표면 처리된 면을 동결된 도면층으로 변경시켜 감춘 후, 쿠션의 모서리 처리를 위한 호를 그린다.

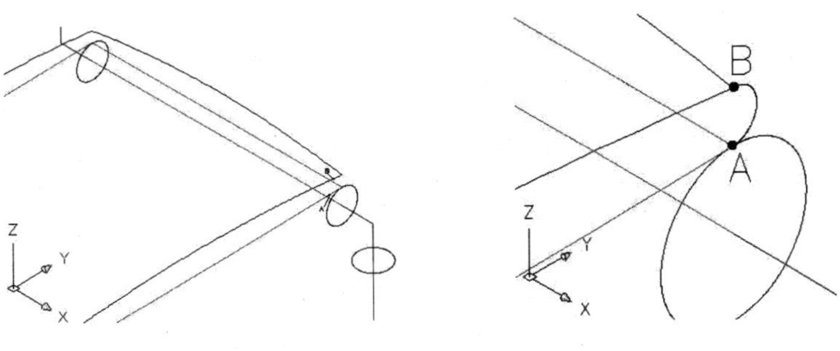

명령: A
호의 시작점 또는 [중심(C)] 지정: ← 끝점 A를 지정한다.
호의 두 번째 점 또는 [중심(C)/끝(E)] 지정: E
호의 끝점 지정: ← 끝점 B를 지정한다.
호의 중심점 지정 또는 [각도(A)/방향(D)/반지름(R)]: A
사이 각 지정: 180

32. 같은 방법으로 귀퉁이에 호를 그린다.

33. UCS를 변경한 뒤에 같은 방법으로 남은 귀퉁이에 호를 그린다.

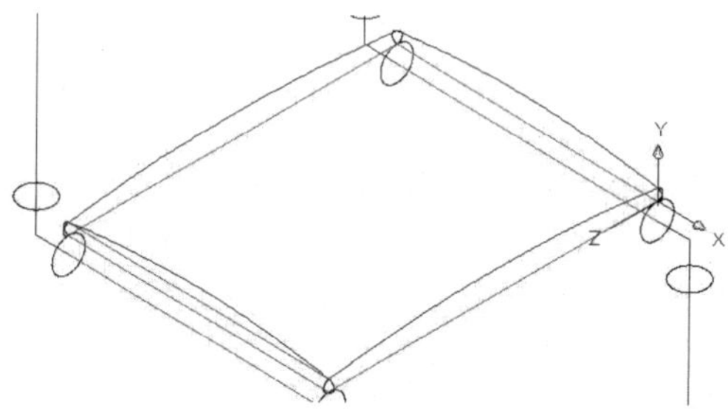

34. 호를 이용하여 모서리를 회전곡면(Revsurf)시킨다.

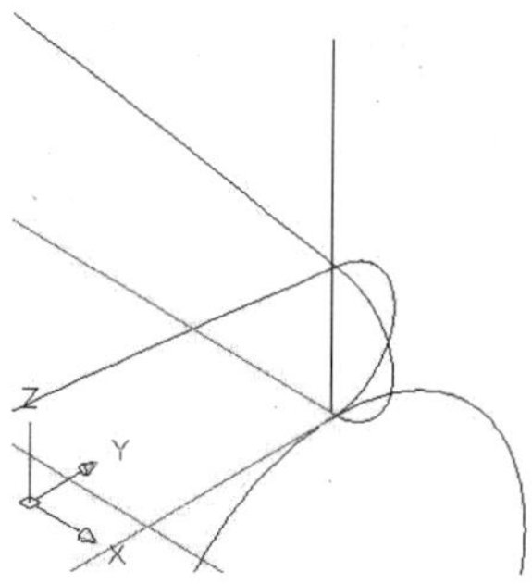

▲ 선을 그린다.

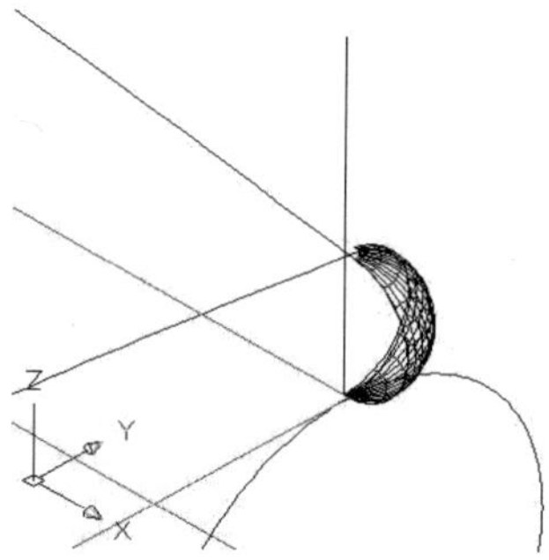

▲ 회전곡면 처리를 한다.

35. UCS를 표준(World)으로 변경한 후 각 방향으로 대칭복사를 한다.(화살표 방향 참조)

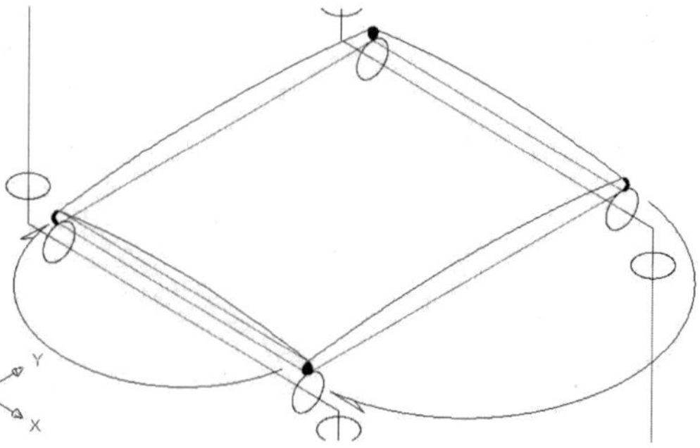

36. 회전곡면(Revsurf)된 면들도 동결된 도면층으로 변경하여 감춘다.

37. 쿠션의 측면을 모서리 표면(Edgesurf) 처리한다.(객체 A, B, C, D)

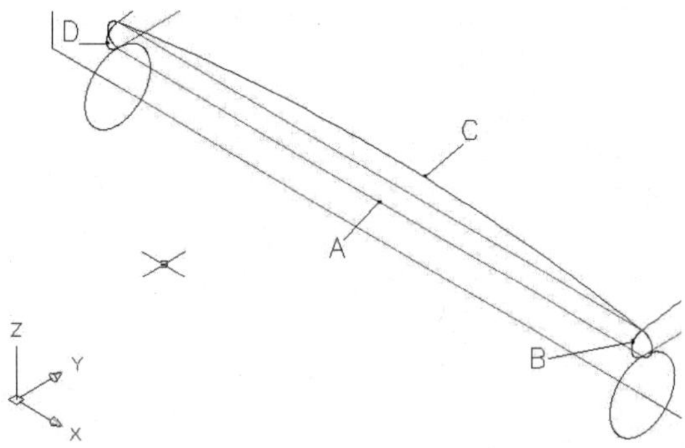

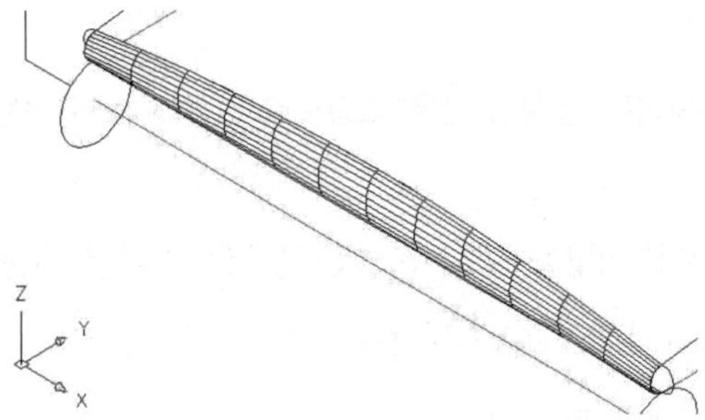

38. 반대편으로 대칭복사(Mirror) 한다.

39. 같은 방법으로 나머지 쿠션 측면도 곡면처리를 한다.

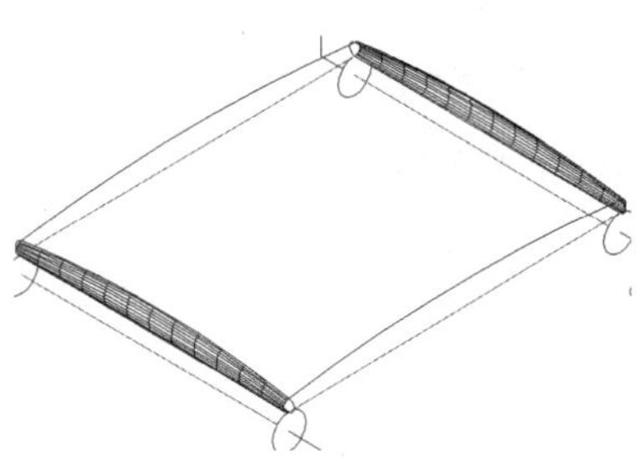

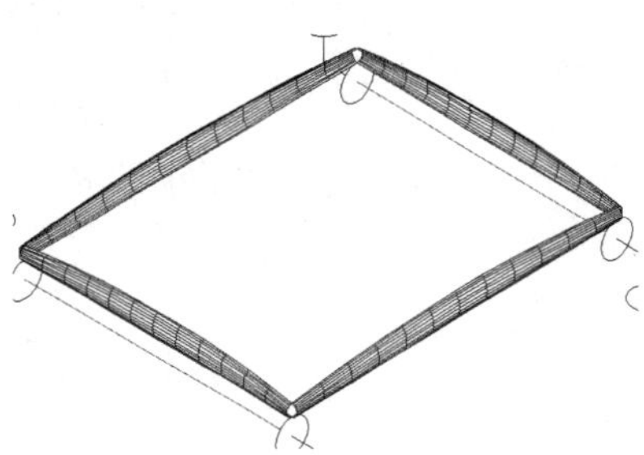

40. 동결된 도면층을 해동시킨 뒤 Hide 처리한다.

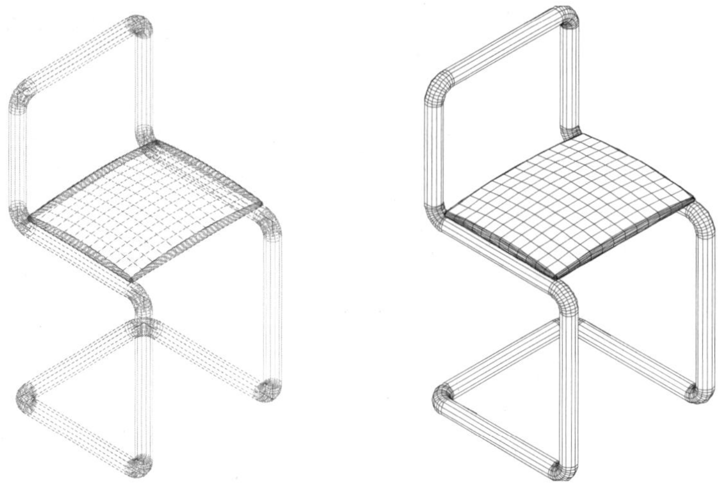

41. 등받이는 방석과 같은 요령으로 완성해 보기 바란다.

3차원 작업을 잘할 수 있는 방법(메쉬 곡면 기준)

1. Z축의 방향을 잘 파악한다.
2. 평면에서 본 모양을 그려 변형(CH)시킨다.
(도면에서 정면도, 측면도는 UCS를 변경하지 않는 한 참고 도면에 지나지 않는다.)
3. 선이 중첩되더라도 하나하나 따로 독립된 요소로 그린다.
4. 폴리선으로 작업하여 선택하기 쉽게 한다.
5. 도면층을 객체별로 구분하여 구별이 쉽게 한다.
6. 시점을 자유자재로 전환할 수 있어야 한다.
7. UCS를 작업면에 맞춰 잘 전환하여 사용한다.

9 표면 생성 명령

메뉴: 그리기 ➠ 모델링 ➠ 표면
리본: 3D 모델링 ➠ 표면 ➠ 작성
도구: 모델링

1 평면(Planesurf)

닫힌 객체를 선택하거나 대각 방향으로 구석을 선택하여 평면 표면을 작성할 수 있다.

명령: Planesurf
첫 번째 구석 지정 또는 [객체(O)] 〈객체(O)〉:

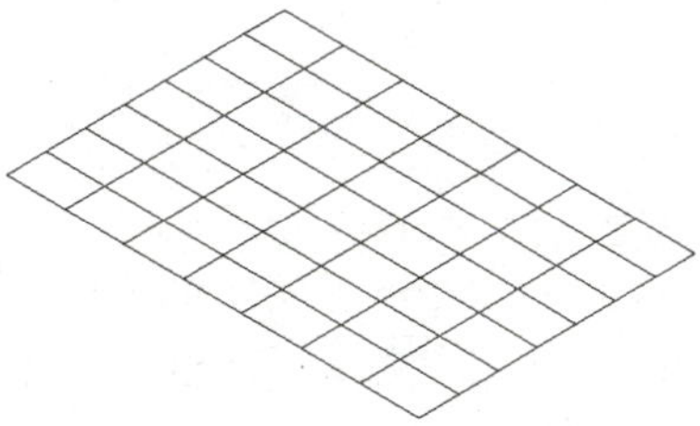

SURFU 및 SURFV 시스템 변수는 표면에 표시되는 선의 수를 조정한다.

2 네트워크(Surfnetwork)

U 및 V 방향의 여러 곡선 사이에 표면을 작성한다.

명령: Surfnetwork
첫 번째 방향에서 곡선 또는 표면 모서리 선택: ← 객체 1을 선택한다.
첫 번째 방향에서 곡선 또는 표면 모서리 선택: ← 객체 2를 선택한다.
첫 번째 방향에서 곡선 또는 표면 모서리 선택: ← 객체 3을 선택한다.
첫 번째 방향에서 곡선 또는 표면 모서리 선택: Enter↵ ← 같은 방향의 객체가 다 선택되면 엔터하여 방향을 바꾼다.
두 번째 방향에서 곡선 또는 표면 모서리 선택: ← 객체 4를 선택한다.
두 번째 방향에서 곡선 또는 표면 모서리 선택: ← 객체 5를 선택한다.
두 번째 방향에서 곡선 또는 표면 모서리 선택: Enter↵ ← 다 선택되면 엔터하여 종료한다.

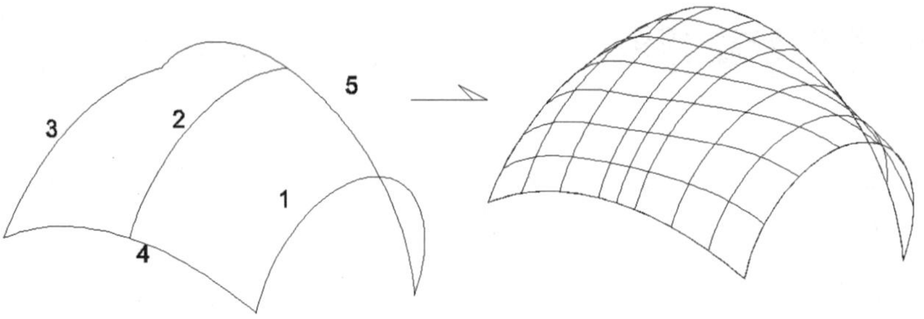

3 혼합(Surfblend)

두 기존 표면 사이에 연속 혼합 표면을 작성한다.

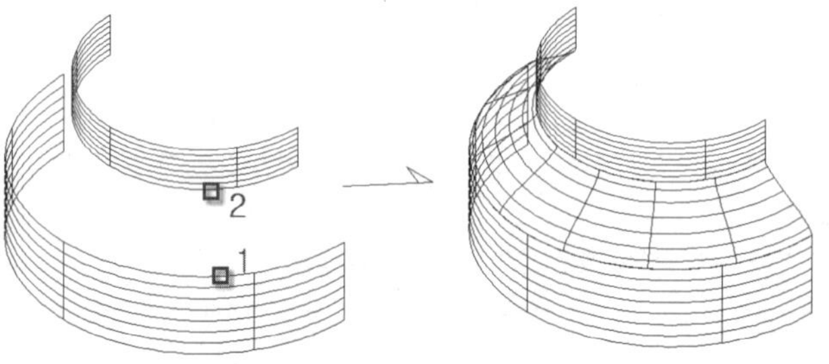

명령: Surfblend
연속성 = G1 – 접점, 돌출 크기 = 0.5
혼합할 첫 번째 표면 모서리 선택 또는 [체인(CH)]: ← 모서리 1을 선택한다.
혼합할 첫 번째 표면 모서리 선택 또는 [체인(CH)]: Enter↵
혼합할 두 번째 표면 모서리 선택 또는 [체인(CH)]: ← 모서리 2를 선택한다.
혼합할 두 번째 표면 모서리 선택 또는 [체인(CH)]: Enter↵
혼합 표면을 수락하려면 Enter 누름 또는 [연속성(CON)/돌출 크기(B)]:

- 체인(CH) : 연속하는 연결된 모서리를 선택한다.
- 연속성(CON) : 표면이 서로 얼마나 부드럽게 이어지는지 측정한다.
  - G0(위치) : 위치만 측정한다. 각 표면의 모서리가 동일 선상에 있으면 표면은 모서리 곡선에서 연속하는 위치(G0)에 있다.
  - G1(접촉부) : 위치 및 접선 연속성을 모두 포함한다(G0 + G1). 접선이 연속하는 표면에서는 끝 접선이 공통의 모서리에서 일치한다. 두 표면은 결합 위치에서 같은 방향으로 이동하는 것처럼 보이지만 표시 "속도"(해당 방향의 변경 비율, 곡률이라고도 함)는 서로 크게 다를 수 있다.
  - G2(곡률) : 위치, 접선 및 곡률 연속성을 포함한다(G0 + G1 + G2). 두 표면이 같은 곡률을 공유한다.
- 돌출 크기(B) : 원래 표면과 만나는 혼합 표면 모서리의 둥글기를 설정한다. 0~1 사이의 값을 주며 기본 값은 0.5이다.

4 패치(Surfpatch)

리본: **표면 탭 ➠ 작성 패널 ➠ 패치**
메뉴: **그리기 ➠ 모델링 ➠ 표면 ➠ 패치**
도구: **표면 작성**

닫힌 루프를 형성하는 표면 모서리 위에 캡을 맞춰 새 표면을 작성한다.

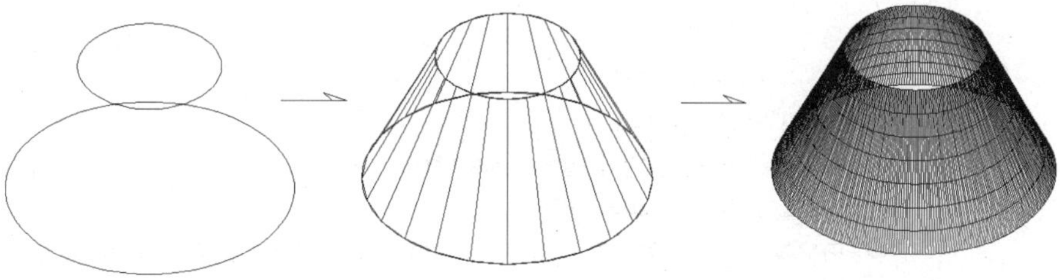

두 원을 직선보간곡면 처리하고 메쉬로 변환(convtosurface)시킨 후 패치를 적용한다.

명령: Surfpatch
연속성 = G0 – 위치, 돌출 크기 = 0.5
패치할 표면 모서리 선택 또는 [체인(CH)/곡선(CU)] 〈곡선〉: ← 윗쪽 모서리를 지정한다.
패치할 표면 모서리 선택 또는 [체인(CH)/곡선(CU)] 〈곡선〉: ch ← 선택된 모서리와 연결된 모서리를 다 지정하기 위한 옵션이다.
체인 모서리 선택 또는 [모서리(E)]: ← 선택했던 모서리 옆 근처에 커서를 대고 있을 때 하이라이트되면 모서리들을 인식했다는 것이므로 그 때 선택한다.
47개 찾음, 총 48개
패치할 표면 모서리 선택 또는 [체인(CH)/곡선(CU)] 〈곡선〉: Enter↵
패치 표면을 수락하려면 Enter 누름 또는 [연속성(CON)/돌출 크기(B)/안내(G)]: con
← 곡률의 종류를 변경해 보기 위한 옵션이다.
패치 표면 연속성 [G0(G0)/G1(G1)/G2(G2)] 〈G0〉: g1
패치 표면을 수락하려면 Enter 누름 또는 [연속성(CON)/돌출 크기(B)/안내(G)]: con
패치 표면 연속성 [G0(G0)/G1(G1)/G2(G2)] 〈G1〉: g2
패치 표면을 수락하려면 Enter 누름 또는 [연속성(CON)/돌출 크기(B)/안내(G)]:

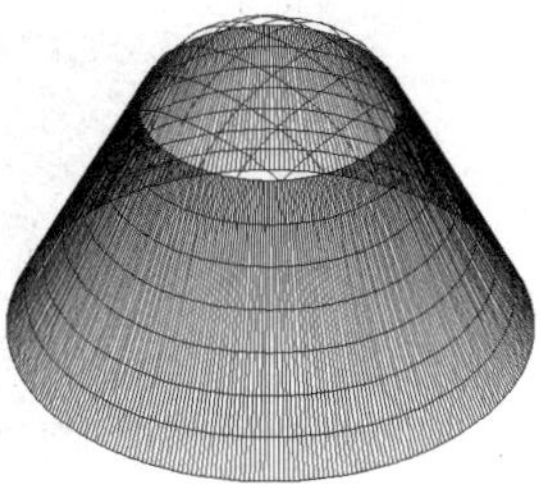

▲ 결과

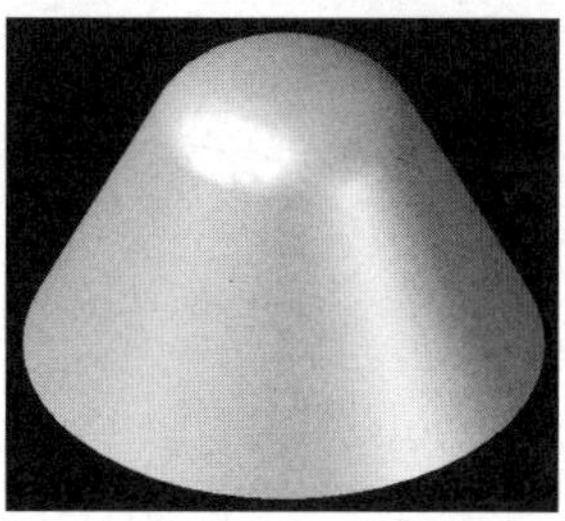

▲ 음영 처리 후

5 간격 띄우기(Surfoffset)

메뉴: 그리기 ➡ 모델링 ➡ 표면 ➡ 간격 띄우기
리본: 3D 모델링 ➡ 표면 ➡ 작성 ➡ 간격 띄우기
도구: 간격 띄우기 ➡ 표면

원본 표면에서 지정된 거리에 평행 표면을 작성한다.

명령: Surfoffset
인접 모서리 연결 = 아니오
간격을 띄울 표면 또는 영역 선택: 1개를 찾음
간격을 띄울 표면 또는 영역 선택:
간격 띄우기 거리 지정 또는 [방향 반전(F)/양쪽 면(B)/솔리드(S)/연결(C)/표현식(E)]
⟨0.0000⟩: S ← 솔리드로 만들기 위한 옵션이다.
간격 띄우기 거리 지정 또는 [방향 반전(F)/양쪽 면(B)/솔리드(S)/연결(C)/표현식(E)]
⟨0.0000⟩: 1 ← 간격 띄우기 값을 입력한다. 너무 작거나 큰 값을 입력하면 작성에 실패할 수도 있다.

- 방향 반전(F) : 화살표가 표시하는 대로 간격 띄우기 방향을 반전한다.

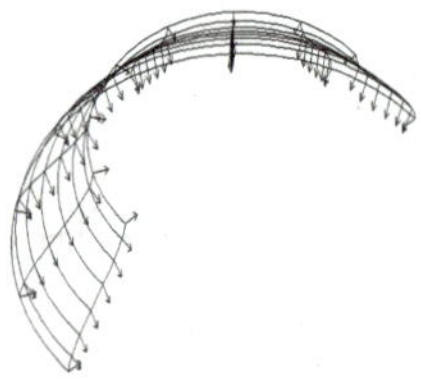

- 양쪽 면(B) : 양쪽 방향으로 표면을 간격 띄우기 한다. 하나가 아니라 두 개의 새 표면이 작성된다.
- 솔리드(S) : 간격 띄우기에서 솔리드를 작성한다. 이는 두께(Thicken) 명령과 유사하다.
- 연결(C) : 원래 표면이 연결되어 있으면 여러 간격 띄우기 표면을 연결한다.
- 표현식(E) : 공식이나 방정식을 입력하여 표면 간격 띄우기 거리를 지정한다.

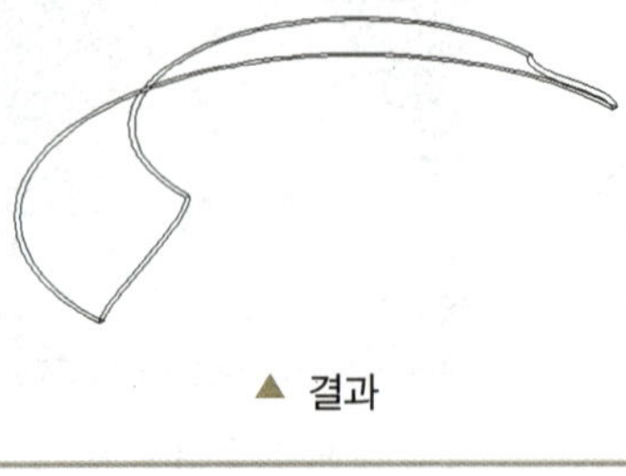

▲ 결과

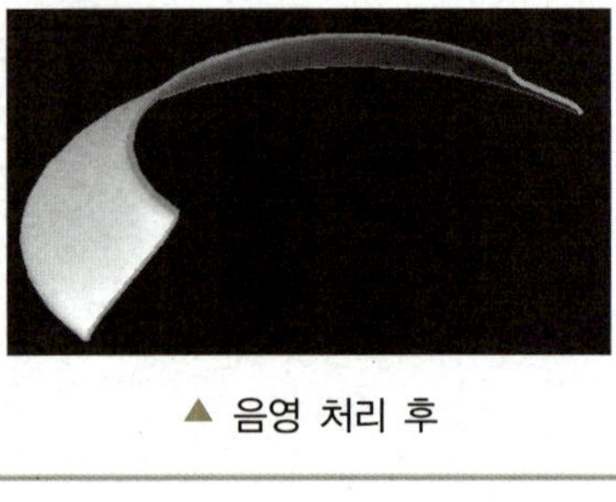

▲ 음영 처리 후

6 표면 편집

메뉴: 그리기 ➡ 모델링 ➡ 표면
리본: 3D 모델링 ➡ 표면 ➡ 편집
도구: 표면 작성

1) 모깎기(Surffillet) 

다른 두 표면 사이에 모깎기된 표면을 작성한다.

명령: Surffillet
반지름 = 1.0000, 표면 자르기 = 예
모깎기 할 첫 번째 표면 또는 영역 선택 또는 [반지름(R)/표면 자르기(T)]: R
반지름 지정 또는 [표현식(E)] ⟨1.0000⟩: 200
모깎기 할 첫 번째 표면 또는 영역 선택 또는 [반지름(R)/표면 자르기(T)]:
← 첫 번째 객체를 선택한다.
모깎기 할 두 번째 표면 또는 영역 선택 또는 [반지름(R)/표면 자르기(T)]:
← 두 번째 객체를 선택한다.
모깎기 표면을 수락하려면 Enter 누름 또는 [반지름(R)/표면 자르기(T)]:

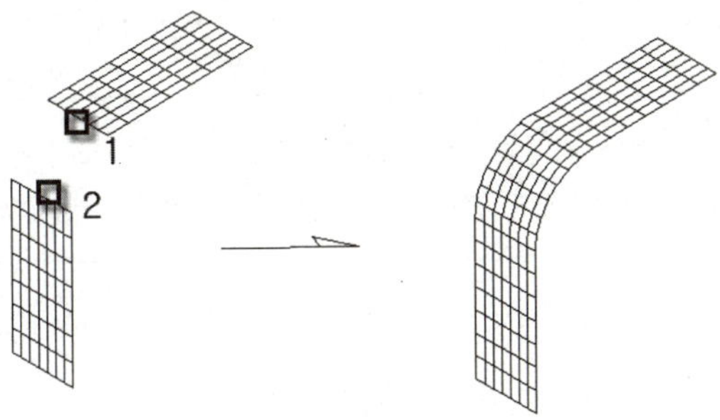

- 반지름 : 모깎기 반지름을 지정한다. 모깎기 그립을 사용하거나 값을 입력하여 반지름을 변경한다. 표면 간의 간격보다 작은 값은 입력할 수 없다. 반지름 값을 입력하지 않으면 Filletrad3D 시스템 변숫값이 사용된다.
- 표면 자르기 : 모깎기 표면의 모서리까지 원래 표면 또는 영역을 자른다.

2) 자르기(Surftrim)

표면에서 다른 표면 또는 형상 유형과 만나는 부분을 잘라낸다.

명령: Surftrim
표면 연장 = 예, 투영 = 자동
자를 표면 또는 영역 선택 또는 [연장(E)/투영 방향(PRO)]: ← P1
자를 표면 또는 영역 선택 또는 [연장(E)/투영 방향(PRO)]: Enter↵
절단 곡선, 표면 또는 영역 선택: ← P2
절단 곡선, 표면 또는 영역 선택: Enter↵
자를 영역 선택 [명령 취소(U)]: ← P3

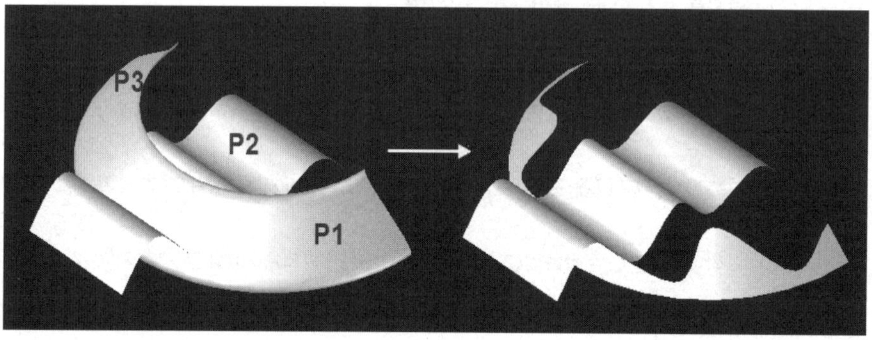

- 연장(E) : 절단 표면이 잘린 표면의 모서리와 만나도록 잘리는지를 조정한다.
- 투영 방향(PRO) : 절단 형상은 표면으로 투영된다. 다음과 같이 투영 각도를 조정한다.

3) 자르기 복구(Surfuntrim)

SURFTRIM 명령으로 제거한 표면 영역을 대치한다.

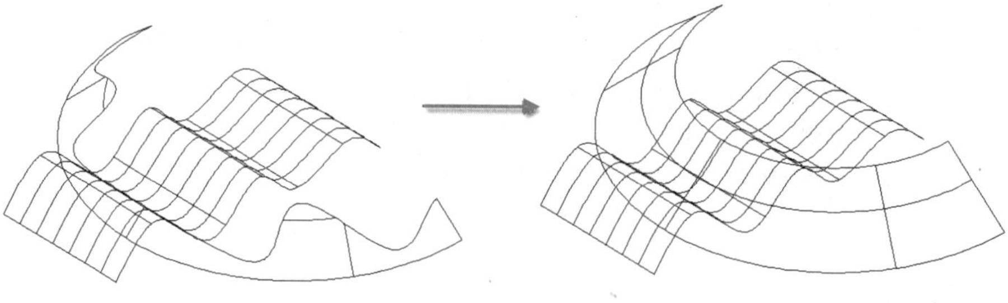

4) 연장(Surfextend)

지정한 거리만큼 표면을 길이를 조정한다.

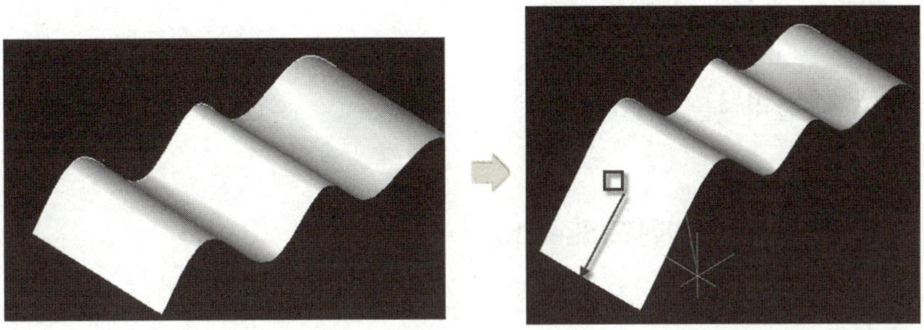

5) 조각(Surfsculpt)

표면을 자르고 결합하여 솔리드를 작성한다.

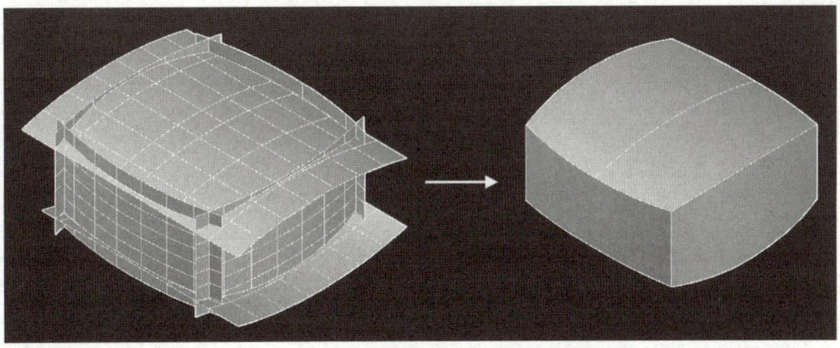

6개의 표면 객체를 겹쳐놓은 것을 조각 처리한 결과이다.

7 곡선

1) 곡선 혼합(Blend)

메뉴: **수정 ➠ 곡선 혼합**

리본: **3D 모델링 ➠ 홈 ➠ 수정 ➠ 모따기 및 모깎기▽**

도구: **수정**

선택한 두 선이나 곡선 사이의 간격에 스플라인을 작성한다.

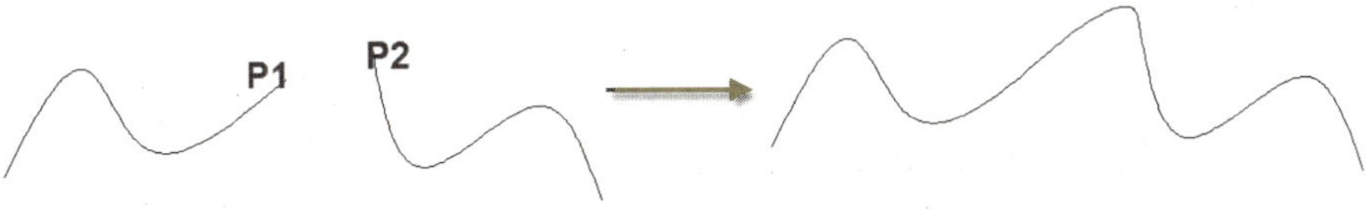

2) 3D 폴리선(3Dpoly)

메뉴: 그리기 ➟ 3D 폴리선(3)
리본: 3D 모델링 ➟ 홈 ➟ 그리기 ➟ 3D 폴리선

3차원 폴리선을 그린다,

3) 스플라인 프리핸드(Sketch)

리본: 3D 모델링 ➟ 표면 ➟ 곡선 ➟ 스플라인▽ ➟ 스플라인 프리핸드

등고선 등의 자유 실선을 그린다. 스케치하기 전에 객체 유형(선, 폴리선 또는 스플라인), 증분 및 공차를 지정한다.

명령: Sketch
유형 = 스플라인 증분 = 1.0000 공차 = 0.5000 ← 기록 단위(밀도)를 말한다.
스케치 지정 또는 [유형(T)/증분(I)/공차(L)]: _TYPE
스케치 유형 입력 [선(L)/폴리선(P)/스플라인(S)] 〈스플라인〉: _SPLINE
스케치 지정 또는 [유형(T)/증분(I)/공차(L)]:

- 유형(T) : 스케치 선의 객체 유형을 지정한다.(Skpoly 시스템 변수)
  - 선(L)/폴리선(P)/스플라인(S)
- 증분(I) : 각 프리핸드 선 세그먼트의 길이를 정의한다. 선을 생성하려면 좌표 입력 장치를 증분 값보다 긴 거리만큼 이동해야 한다.(Sketchinc 시스템 변수)
- 공차(L) : 스플라인의 경우에는 스플라인 곡선이 프리핸드 스케치에 얼마나 가깝게 맞춰지는지를 지정한다.(Sktolerance 시스템 변수)

8 형상투영(Projectgeometry)

리본: 3D 모델링 ➟ 표면 ➟ 형상 투영

1) UCS로 투영(Projectgeometry)

점, 선 또는 곡선을 UCS와 일치한 평면으로 표면 또는 3D 솔리드에 투영한다.

명령: Projectgeometry
SurfaceAutoTrim = 1
투영할 곡선, 점 선택 또는 [투영 방향(PRO)]: _PRO 투영 방향 지정 [보기(V)/UCS(U)/점(P)] 〈보기〉: _UCS
투영할 곡선, 점 선택 또는 [투영 방향(PRO)]: ← P1
투영할 곡선, 점 선택 또는 [투영 방향(PRO)]: ← P2
투영 대상에 해당하는 솔리드, 표면 또는 영역 선택:

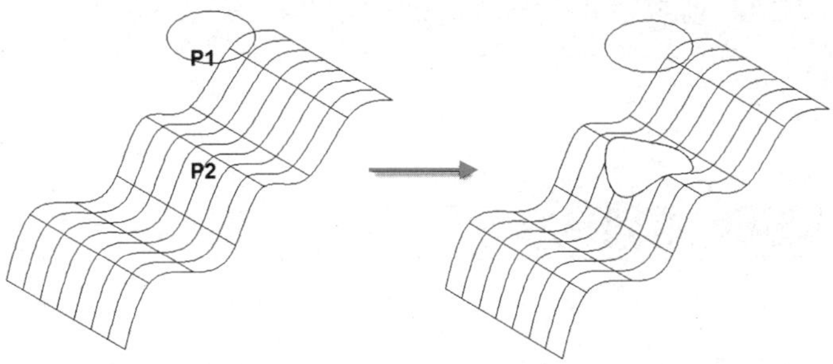

2) 뷰로 투영(Projectgeometry)

현재 뷰의 직교 방향으로 표면 또는 3D 솔리드에 투영한다.

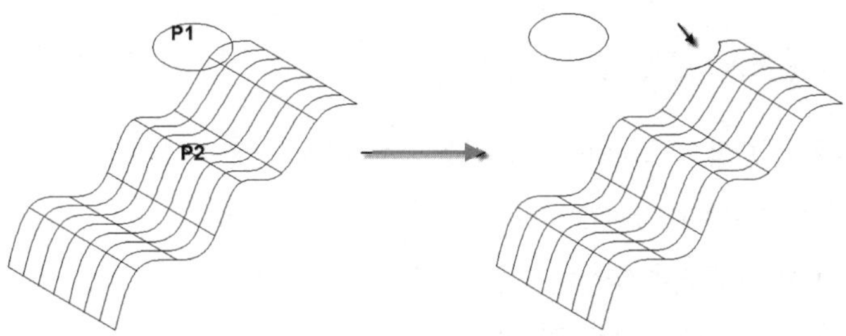

3) 2점으로 투영(Projectgeometry)

지정한 두 점 사이의 경로를 따라 형상을 투영한다.

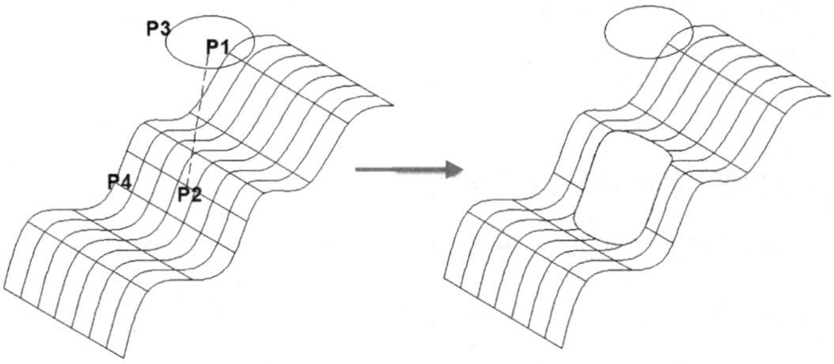

```
명령: _PROJECTGEOMETRY
SurfaceAutoTrim = 1
투영할 곡선, 점 선택 또는 [투영 방향(PRO)]: _PRO 투영 방향 지정 [보기(V)/UCS(U)/점(P)] <보기>: _POINTS
방향의 시작점 지정: ← P1
방향의 끝점 지정: ← P2
투영할 곡선, 점 선택 또는 [투영 방향(PRO)]: ← P3
투영할 곡선, 점 선택 또는 [투영 방향(PRO)]: Enter↵
투영 대상에 해당하는 솔리드, 표면 또는 영역 선택: ← P4
```

10 NURBS 모델링

절차 표면(Surface)은 연관성이 있고 이력을 가지고 있는 반면, NURBS 표면은 연관성이 없고 이력을 가지고 있지 않다. 실제 상황에서 작업하는 방식에 가깝게 형태를 만들 수 있는 조정 정점을 사용한다. 절차 표면을 사용할 때는 연관성 모델링의 장점을 얻고, NURBS 표면을 사용할 때는 제어 정점을 이용한 모델링의 장점을 얻을 수 있다.

1 Nurbs 표면을 작성하는 방법

두 가지 방법으로 Nurbs 표면을 작성할 수 있다.

① Surfacemodelingmode 시스템 변수

- 0 : 표면을 작성할 때 절차 표면을 작성한다.
- 1 : 표면을 작성할 때 NURBS 표면을 작성한다.

Surfacemodelingmode을 "1"로 설정하고 표면 작성 명령 중 원하는 항목을 사용하면 된다.

② Convtonurbs 명령 : 이미 작성된 기존 표면을 변환하려면 이 명령을 사용한다. Nurbs 표면은 절차 표면(Surface)으로 다시 변환할 수 없기 때문에 Nurbs 모델링 전에 계획을 세워 두는 것이 중요하다.

1) 로프트를 통해 Nurbs 모델링

① "3D 모델링 ➠ 표면 ➠ 조정 정점 ➠ Nurbs"로 변환을 클릭한다.

② "3D 모델링 ➠ 표면 ➠ 작성 ➠ 로프트"를 클릭한다.

③ 횡단 프로파일을 선택하고 Enter 키를 누른다. 새 3D 객체가 횡단을 통과할

순서에 따라 횡단 프로파일을 선택한다.

로프트 작업 후 원래 객체를 "Delobj" 시스템 변수의 설정에 따라 삭제하거나 유지한다.

2) 솔리드를 Nurbs 모델링

① "3D 모델링 ➠ 표면 ➠ 조정 정점 ➠ Nurbs"로 변환을 클릭한다.

② 솔리드를 선택하고 Enter 키를 누른다. 객체가 여러 Nurbs 표면으로 변환된다.(각 면이 개별 표면이 된다.)

조정 정점을 표시하려면 3D 모델링 ➠ 표면 ➠ 조정 정점 ➠ Nurbs로 변환을 클릭한다.

3) 메쉬 객체를 NURBS 모델링

① "3D 모델링 ➠ 홈 ➠ 메쉬 변환 ➠ 솔리드 편집 ➠ 표면"으로 변환을 클릭한다.

② 메쉬 객체를 선택하고 Enter 키를 누른다. 객체가 절차 표면으로 변환된다.

③ "3D 모델링 ➠ 표면 ➠ 조정 정점 ➠ NURBS로 변환"을 클릭한다.

객체가 NURBS 표면으로 변환된다.

조정 정점을 표시하려면 "표면 탭 ➠ 조정 정점 패널 ➠ NURBS로 변환"을 클릭한다.

2 편집 명령

1) CV 편집 막대(3Deditbar)

리본: **3D 모델링 ➠ 표면 ➠ 조정 정점 ➠ CV 편집 막대**

접촉부 특성을 포함하여 스플라인 및 NURBS 표면의 형태를 조정한다.

2) NURBS로 변환(Convtonurbs)

메뉴: **수정 ➠ 표면 편집 ➠ NURBS로 변환**

리본: **3D 모델링 ➠ 표면 ➠ 조정 정점 ➠ NURBS로 변환**

도구: **표면 편집**

3D 솔리드 및 표면을 NURBS 표면으로 변환한다.

3) CV 표시(Cvshow)

메뉴: 수정 ➡ 표면 편집 ➡ NURBS 표면 편집 ➡ CV 표시
리본: 3D 모델링 ➡ 표면 탭 ➡ 조정 정점 ➡ CV 표시
도구: 표면 편집

지정된 NURBS 표면 또는 곡선의 조정 정점을 표시한다.

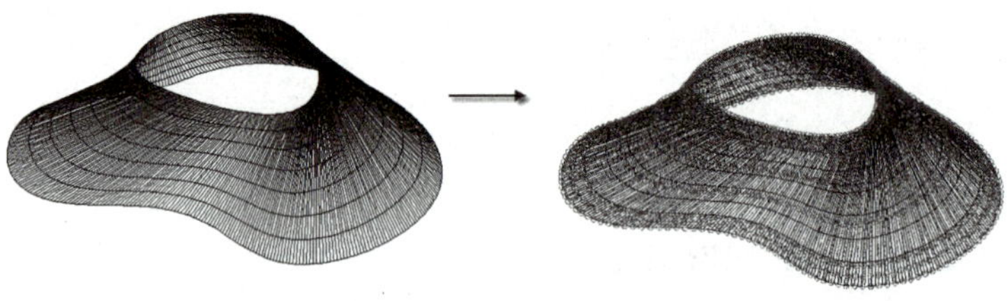

4) 재생성(Cvrebuild)

메뉴: 수정 ➡ 표면 편집 ➡ NURBS 표면 편집 ➡ 재생성
리본: 3D 모델링 ➡ 표면 ➡ 조정 정점 ➡ 재생성
도구: 표면 편집

NURBS 표면 및 곡선의 쉐이프를 재생성한다.

5) CV 추가(Cvadd)

메뉴: 수정 ➡ 표면 편집 ➡ NURBS 표면 편집 ➡ CV 추가
리본: 3D 모델링 ➡ 표면 ➡ 조정 정점 ➡ 추가
도구: 표면 편집

조정 정점을 NURBS 표면 및 스플라인에 추가한다.

7) CV 제거(Cvremove)

도구: 표면 편집
리본: 3D 모델링 ➡ 표면 ➡ 조정 정점 ➡ 제거

조정 정점을 NURBS 표면 및 곡선에서 제거한다.

연습문제

문제 1 | **아래 도면을 참조로 마우스를 완성해 보자.**

– 사용 명령 : Vpoint, Ucs, Edge·Rev·Tab·Rulesurf, Surftab1 · 2 등

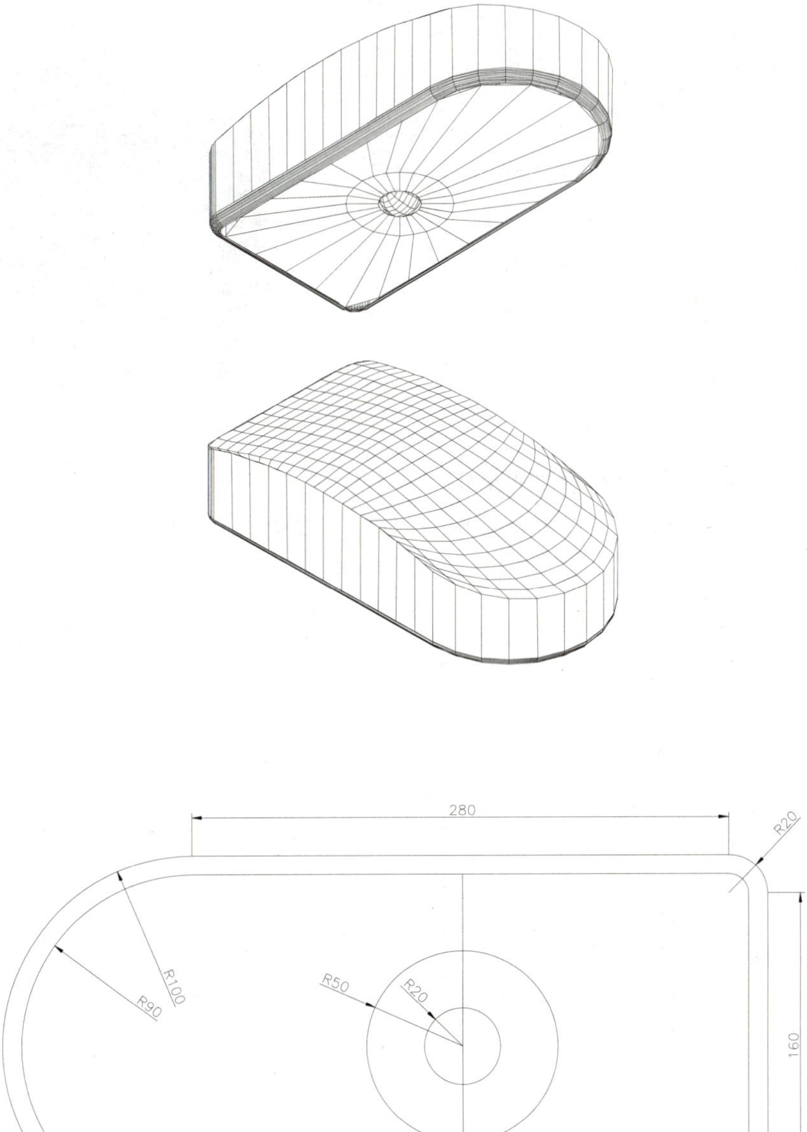

연습문제

문제 2 | 다음은 M30 육각볼트 머리이다. 메쉬 곡면 명령으로 완성해 보자.

– 사용 명령 : Polygon, Circle, UCS, Arc, Break, Edgesurf, Rulesurf, Array

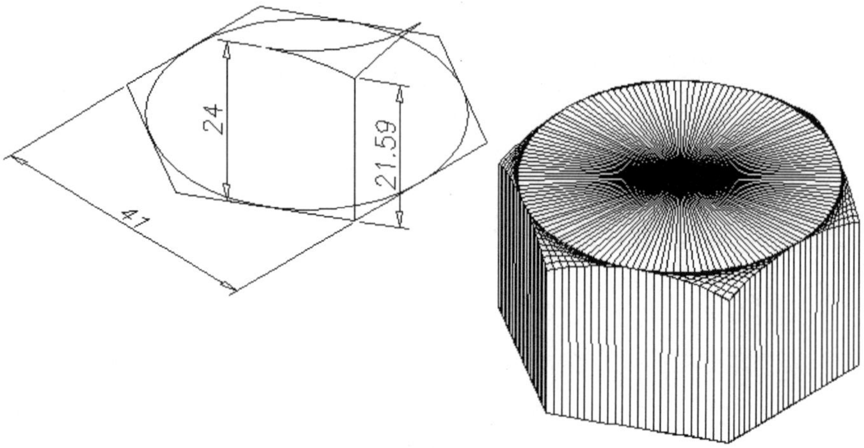

문제 3 | Revsurf 명령으로 완성해 보자.

– 사용 명령 : Line, Arc, Trim, Pedit의 옵션 Join, Revsurf

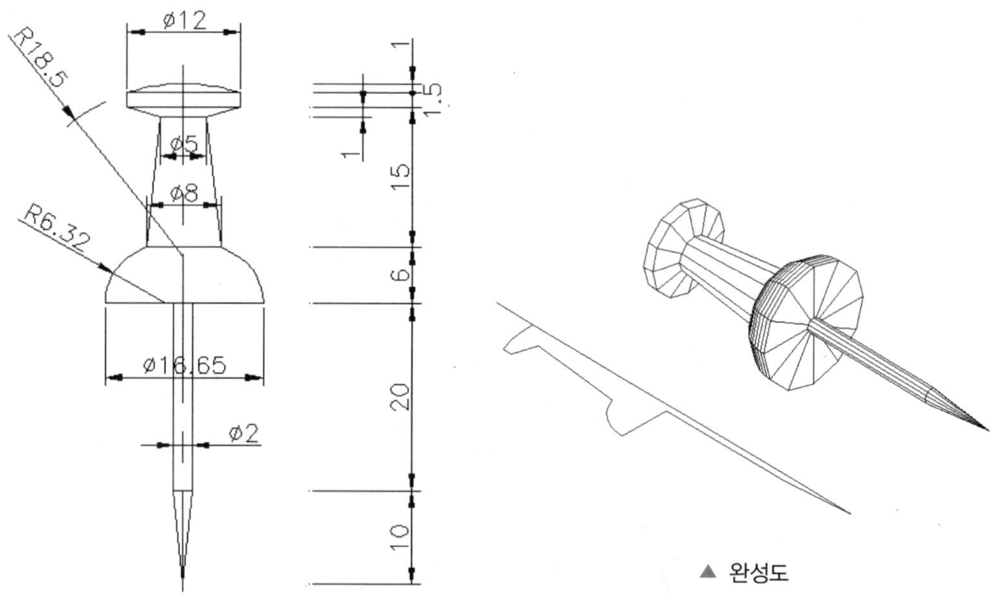

▲ 완성도

11 솔리드 모델링(Solid Modeling)

솔리드 모델링은 실물에 가까운 작업으로 공학 분석 등의 자료로 활용할 수 있다. 속이 꽉 차있는 형태로 작업되며 재질이나 재료 특성을 적용하여 활용할 수 있으며, 부울 연산을 사용하므로 Surface Modeling 보다는 모든 면에서 효율적이나 데이터 용량이 많은 것이 단점이다.

1 솔리드 기본체

1) 폴리 솔리드(Polysolid)

리본: 3D 모델링 ➠ 홈 ➠ 모델링 ➠ 폴리 솔리드
메뉴: 그리기 ➠ 모델링 ➠ 폴리 솔리드
도구: 모델링

벽체와 같은 형태를 만든다.

명령: Polysolid
높이 = 80.0000, 폭 = 5.0000, 자리 맞추기 = 중심
시작점 지정 또는 [객체(O)/높이(H)/폭(W)/자리 맞추기(J)] 〈객체〉: ← P1
다음 점 지정 또는 [호(A)/명령 취소(U)]: ← P2
다음 점 지정 또는 [호(A)/명령 취소(U)]: ← P3
다음 점 지정 또는 [호(A)/닫기(C)/명령 취소(U)]:

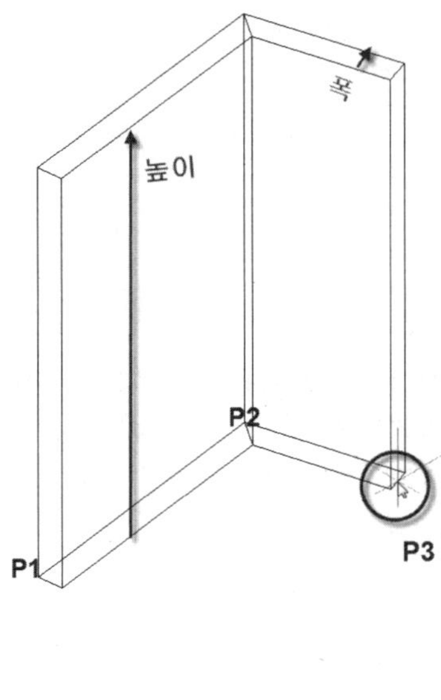

- 객체(O) : 솔리드로 변환할 객체(선, 호, 2D 폴리선, 원)를 선택하여 그 형태로 벽체를 생성한다.
- 높이(H) : 솔리드의 높이를 지정한다. 기본 높이는 현재 Psolheight 설정으로 설정된다.
- 폭(W) : 솔리드의 폭을 지정한다. 기본 폭은 현재 Psolwidth 설정으로 설정된다.
- 자리 맞추기(J) : 폴리 솔리드의 진행 기준을 "왼쪽(L), 중심(C), 오른쪽(R)" 중의 하나로 지정한다.(기본 값은 "중심"이다.)

2) 상자(Box)

메뉴: **그리기 ➟ 모델링 ➟ 상자**

리본: **3D 모델링 ➟ 솔리드 ➟ 기본체 ➟ 상자**

도구: **모델링**

상자를 만든다.

명령: BOX
첫 번째 구석 지정 또는 [중심(C)]: ← 임의점을 지정한다.
반대 구석 지정 또는 [정육면체(C)/길이(L)]: @50,40 ← 대각 방향으로 지정한다.
높이 지정 또는 [2점(2P)] : 30

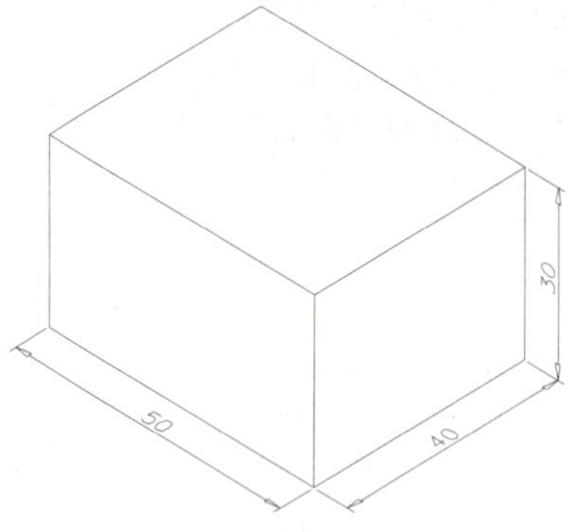

- 중심(C) : 지정한 중심점을 사용하여 상자를 만든다.
- 정육면체(C) : 변 길이가 모두 같은 상자를 만든다.
- 길이(L) : 길이(X축), 폭(Y축), 높이(Z축) 순서로 상자를 만든다.

3) 쐐기(Wedge)

메뉴: 그리기 ➠ 모델링 ➠ 쐐기

리본: 3D 모델링 ➠ 솔리드 ➠ 기본체 ➠ 쐐기

도구: 모델링

상자와 동일하게 진행되며 결과는 대각 방향으로 1/2 이다.

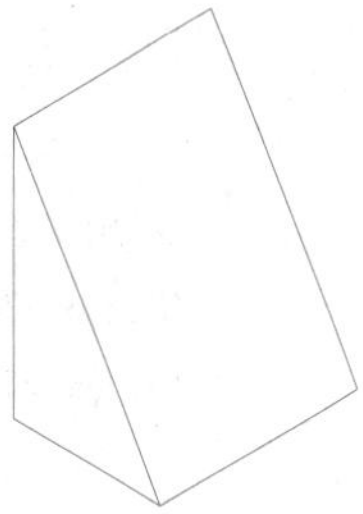

4) 원추(Cone)

메뉴: 그리기 ➠ 모델링 ➠ 원추

리본: 3D 모델링 ➠ 솔리드 ➠ 기본체 ➠ 원추

도구: 모델링

원(타원)뿔을 만든다.

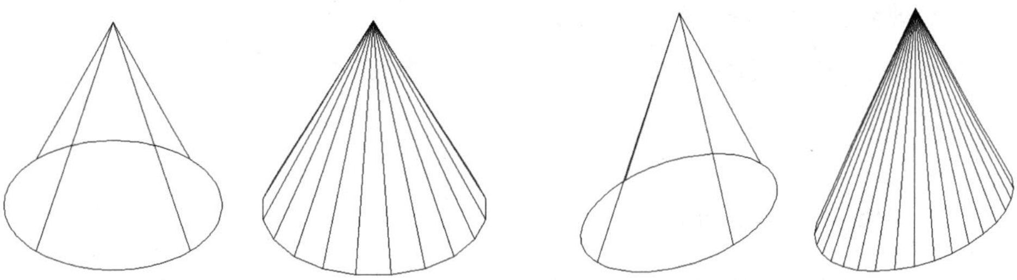

명령: cone
기준 중심점 지정 또는 [3P(3P)/2P(2P)/Ttr-접선 접선 반지름(T)/타원형(E)]:
기준 반지름 지정 또는 [지름(D)]: ← 반지름을 입력한다.
높이 지정 또는 [2점(2P)/축 끝점(A)/상단 반지름(T)] ⟨30.0000⟩: ← 높이를 입력한다.

- 타원형(E) : 밑면의 모양을 타원으로 그려 타원뿔을 만들 수 있다.
- 축 끝점(A : 원추 축에 대한 끝점 위치를 지정한다.
- 상단 반지름(T) : 잘린 원뿔을 작성하면서 잘린 상단 반지름을 지정한다.

5) 구(Sphere)

메뉴: 그리기 ➠ 모델링 ➠ 구
리본: 3D 모델링▽ ➠ 솔리드 ➠ 기본체 ➠ 구
도구: 모델링

구(球)를 만든다.

> **명령:** Sphere
> 중심점 지정 또는 [3점(3P)/2점(2P)/Ttr-접선 접선 반지름(T)]:
> 반지름 지정 또는 [지름(D)] 〈50.0000〉: ← 반지름을 입력한다.

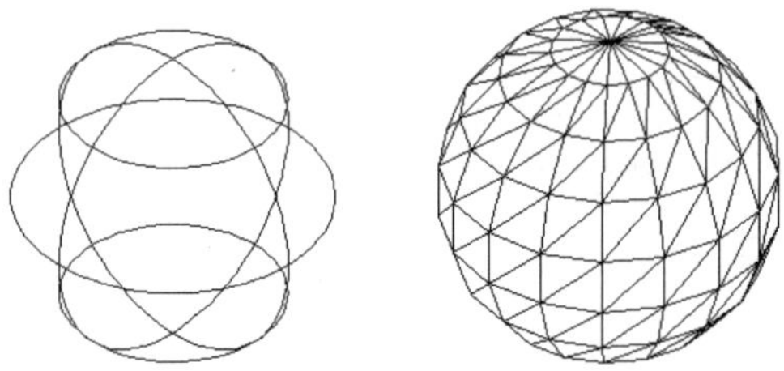

6) 원통(Cylinder)

메뉴: 그리기 ➠ 모델링 ➠ 원통
리본: 3D 모델링 ➠ 솔리드 ➠ 기본체 ➠ 원통
도구: 모델링

원(타원)기둥을 만든다.

> **명령:** cylinder
> 기준 중심점 지정 또는 [3P(3P)/2P(2P)/Ttr-접선 접선 반지름(T)/타원형(E)]:
> 기준 반지름 지정 또는 [지름(D)] 〈50.0000〉: 25 ← 반지름을 입력한다.
> 높이 지정 또는 [2점(2P)/축 끝점(A)] 〈100.0000〉: ← 높이를 입력한다.

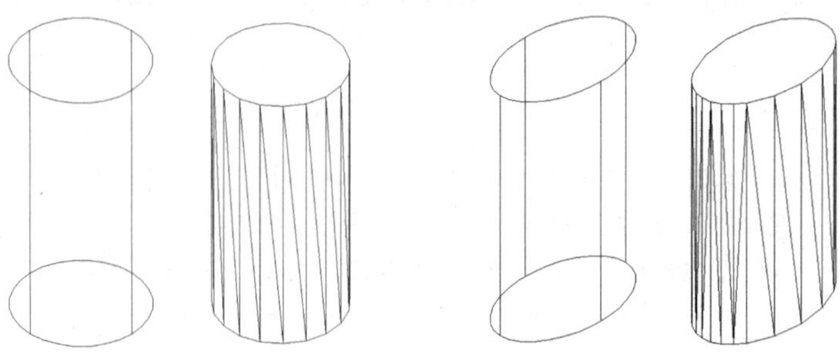

7) 토러스(Torus)

메뉴: 그리기 ➠ 모델링 ➠ 토러스
리본: 3D 모델링 ➠ 솔리드 ➠ 기본체 ➠ 토러스
도구: 모델링

원환체를 만든다.

명령: Torus
중심점 지정 또는 [3점(3P)/2점(2P)/Ttr-접선 접선 반지름(T)]:
반지름 지정 또는 [지름(D)] ⟨25.0000⟩: ← 토러스의 반지름을 입력한다.
튜브 반지름 지정 또는 [2점(2P)/지름(D)]: ← 튜브의 반지름을 입력한다.

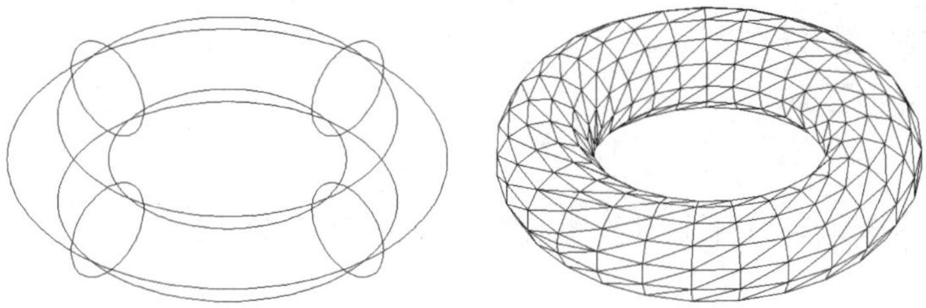

8) 피라미드(Pyramid)

메뉴: 그리기 ➠ 모델링 ➠ 피라미드
리본: 3D 모델링 ➠ 솔리드 ➠ 기본체 ➠ 피라미드
도구: 모델링

3D 솔리드 피라미드를 만든다.

명령: pyramid
4면 외접 ← 가상의 원에 외접하는 사각형을 그리게 하는 상태이다.
기준 중심점 지정 또는 [모서리(E)/변(S)]: ← 기준 중심점을 입력한다.
기준 반지름 지정 또는 [내접(I)] ⟨50.0000⟩: ← 반지름을 입력한다.
높이 지정 또는 [2점(2P)/축 끝점(A)/상단 반지름(T)] : ← 높이를 지정한다.

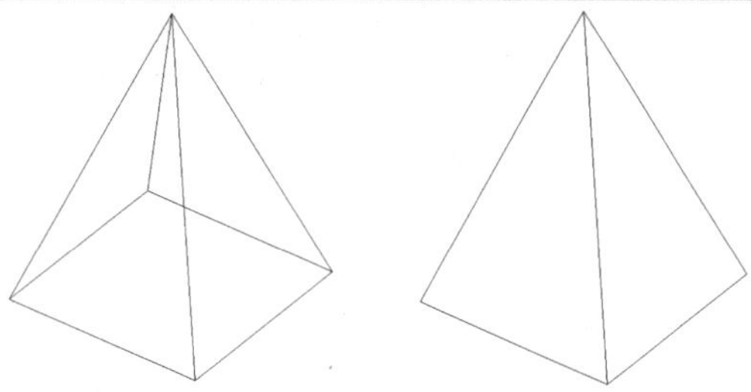

- 모서리(E) : 다각형의 꼭짓점을 지정하여 그린다.
- 변(S) : 3~32각형을 그릴 수 있게 한다.
- 내접(I) : 가상의 원에 내접한 다각형을 그리게 한다.
- 외접(C) : 가상의 원에 외접한 다각형을 그리게 한다.
- 상단 반지름(T) : 상단의 다각형을 그리게 한다.

2 사용자가 만든 형태로 솔리드 만들기

1) 돌출(Ext, Extrude)

메뉴: 그리기 ➠ 모델링 ➠ 돌출

리본: 홈 탭 ➠ 모델링 ➠ 솔리드 작성▽ ➠ 돌출

도구: 모델링

Z 방향으로 밀거나 당겨서(기울기) 3D 솔리드를 만든다.

① Z축으로 바로 돌출시키기

명령: Ext
현재 와이어프레임 밀도: ISOLINES=4, 닫힌 윤곽 작성 모드 = 솔리드
돌출할 객체 선택 또는 [모드(MO)]: _MO 닫힌 윤곽 작성 모드 [솔리드(SO)/표면(SU)] 〈솔리드〉: _SO
돌출할 객체 선택 또는 [모드(MO)]: ← 대상을 선택한다.
돌출할 객체 선택 또는 [모드(MO)]:
돌출 높이 지정 또는 [방향(D)/경로(P)/테이퍼 각도(T)/표현식(E)]: ← 돌출 높이를 입력한다.

- 모드(MO) : 돌출되는 객체가 솔리드로 할지 표면으로 할지를 결정한다.

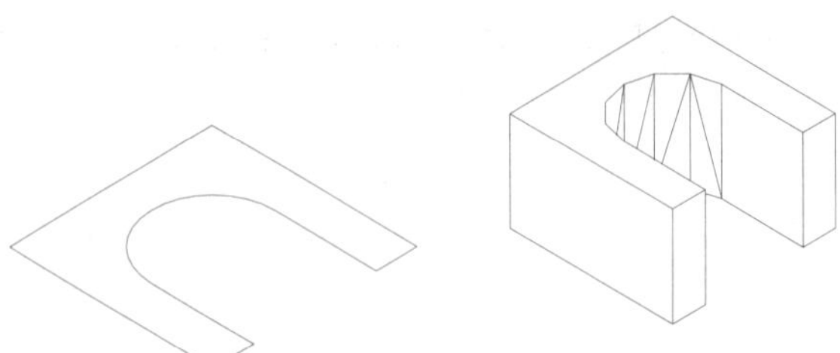

▲ 결과

② Z축에 기울기를 줘서 돌출시키기

> **명령:** EXT
> 현재 와이어프레임 밀도: ISOLINES=4, 닫힌 윤곽 작성 모드 = 솔리드
> 돌출할 객체 선택 또는 [모드(MO)]: ← 대상을 선택한다.
> 돌출할 객체 선택 또는 [모드(MO)]:
> 돌출 높이 지정 또는 [방향(D)/경로(P)/테이퍼 각도(T)/표현식(E)] 〈100.0000〉: T
> ← 테이퍼 각을 입력하기 위한 옵션이다.
> 돌출에 대한 테이퍼 각도 지정 또는 [표현식(E)] 〈0〉: 3 ← 테이퍼 각을 입력한다.
> 돌출 높이 지정 또는 [방향(D)/경로(P)/테이퍼 각도(T)/표현식(E)] 〈100.0000〉:
> ← 돌출 높이를 입력한다.

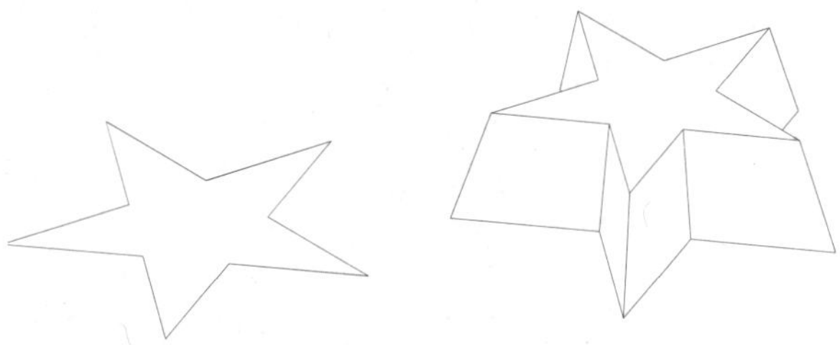

▲ 결과

③ 경로 따라 돌출시키기

> **명령:** EXT
> 현재 와이어프레임 밀도: ISOLINES=4, 닫힌 윤곽 작성 모드 = 솔리드
> 돌출할 객체 선택 또는 [모드(MO)]: ← 원 A를 선택한다.
> 돌출할 객체 선택 또는 [모드(MO)]:
> 돌출 높이 지정 또는 [방향(D)/경로(P)/테이퍼 각도(T)/표현식(E)] 〈100.0000〉: p
> 돌출 경로 선택 또는 [테이퍼각도(T)]: ← Pline으로 그려놓은 선을 선택한다.

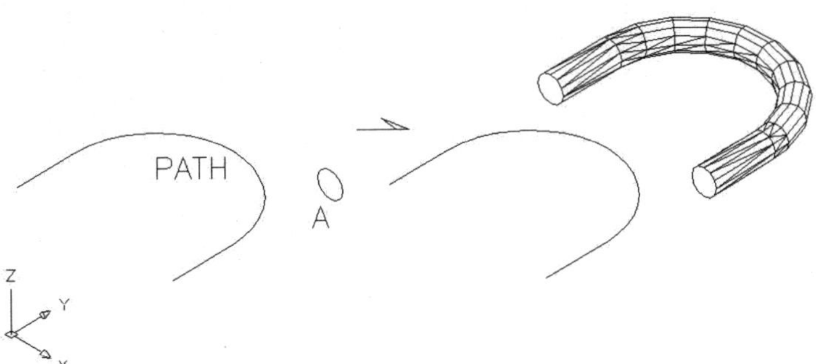

2) 회전(Revolve)

메뉴: 그리기 ➠ 모델링 ➠ 돌출

리본: 3D 모델링 ➠ 홈 ➠ 모델링 ➠ 솔리드 작성▽ ➠ 돌출

도구: 모델링

회전을 통해 열린 객체는 표면체를 폐각형은 솔리드를 생성한다.

① 먼저 Pline으로 닫힌 다각형을 그린 다음 Revolve을 적용한다.

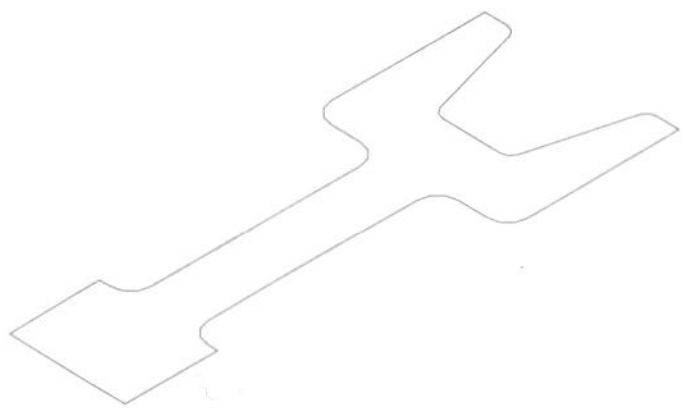

> **명령:** REV
> 현재 와이어프레임 밀도: ISOLINES=4, 닫힌 윤곽 작성 모드 = 솔리드
> 회전할 객체 선택 또는 [모드(MO)]: ← 대상을 선택한다.
> 회전할 객체 선택 또는 [모드(MO)]:
> 축 시작점 지정 또는 다음에 의해 축 지정 [객체(O)/X/Y/Z] 〈객체(O)〉:
> ← 마우스로 두 점을 지정한다.(A)
> 축 끝점 지정: ← B점을 지정한다.
> 회전 각도 지정 또는 [시작 각도(ST)/반전(R)/표현식(EX)] 〈360〉: -90 ← 형성되는 각도를 지정하거나 눈으로 보면서 마우스로 지정한다. "-" 각은 회전이 반대로 적용된다.

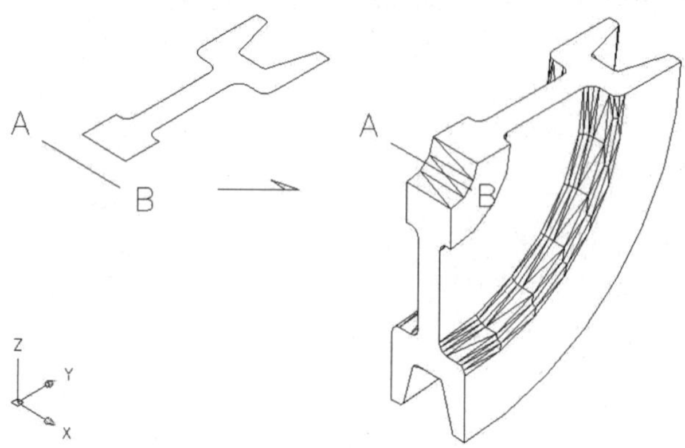

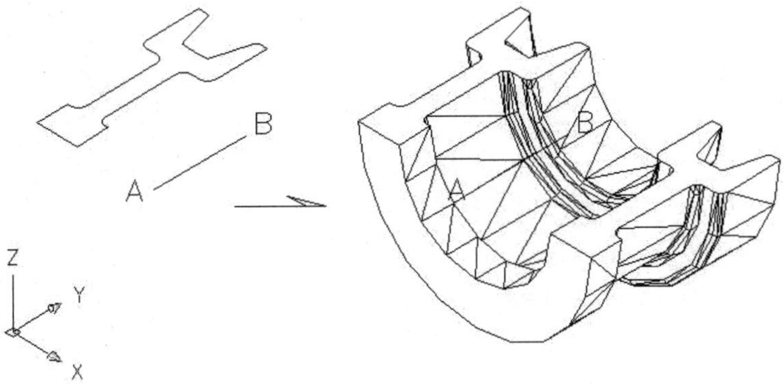

▲ 축을 다른 방향으로 지정한 경우(형성 각도 -180˚)

- 모드(MO) : 생성되는 객체를 솔리드로 할지 표면으로 할지를 결정한다.
- 객체(O) : 물체(단일선, Pline의 단일선)를 회전축으로 삼는다. 방향은 선택 부분에서 가까운 끝점에서 먼 끝점 쪽이다.
- X : 지정한 곳에서 X의 양의 방향으로 축을 잡는다.
- Y : 지정한 곳에서 Y의 양의 방향으로 축을 잡는다.
- Z : 현재 UCS에서 양의 Z축을 양의 축 방향으로 설정한다.
- 반전(R) : 회전 방향을 변경한다. "-" 각도 값을 입력하는 것과 비슷하다.

3) 스윕(Sweep)

메뉴: **그리기 ➠ 모델링 ➠ 스윕**

리본: **3D 모델링 ➠ 홈 ➠ 모델링 ➠ 솔리드 작성▽ ➠ 스윕**

리본: **3D 모델링 ➠ 표면 ➠ 작성 ➠ 스윕**

도구: **모델링**

2D 또는 3D 객체나 하위 객체를 경로를 따라 스윕하여 3D 솔리드 또는 표면을 작성한다.

명령: Sweep
현재 와이어프레임 밀도: ISOLINES=4, 닫힌 윤곽 작성 모드 = 솔리드
스윕할 객체 선택 또는 [모드(MO)]: _MO 닫힌 윤곽 작성 모드 [솔리드(SO)/표면(SU)] 〈솔리드〉: _SO
스윕할 객체 선택 또는 [모드(MO)]: ← P1
스윕할 객체 선택 또는 [모드(MO)]: Enter
스윕 경로 선택 또는 [정렬(A)/기준점(B)/축척(S)/비틀기(T)]: ← P2

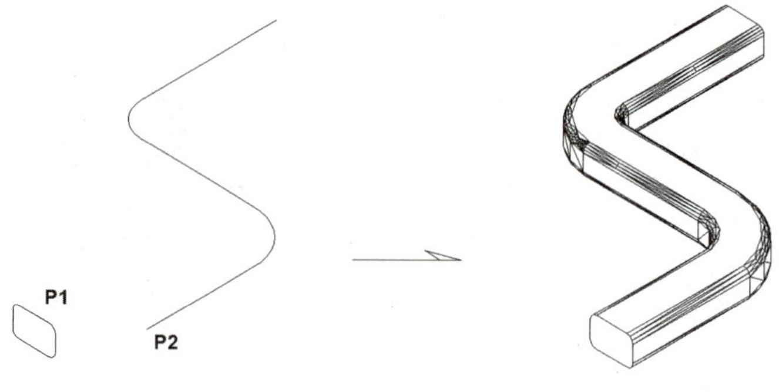

- 모드(MO) : 생성되는 객체를 솔리드로 할지 표면으로 할지를 결정한다.
- 정렬(A) : 프로파일이 스윕 경로의 접선 방향에 수직으로 정렬될지 여부를 지정한다. 프로파일이 경로 시작점의 접선에 수직이 아닐 경우 해당 프로파일은 자동으로 정렬된다. 정렬 프롬프트가 표시될 때 "아니오"를 입력하여 자동 정렬되지 않도록 한다.
- 기준점(B) : 스윕할 객체에 대한 기준점을 지정한다.
- 축척(S) : 스윕 작업을 위한 축척 비율을 지정한다.
- 비틀기(T) : 스윕되는 객체에 대한 비틀기 각도를 설정한다. 비틀기 각도는 스윕 경로의 전체 길이를 따라 회전의 양을 지정한다.

4) 로프트(Loft)

메뉴: **그리기 ➠ 모델링 ➠ 로프트**

리본: **3D 모델링 ➠ 홈 ➠ 모델링 ➠ 솔리드 작성▽ ➠ 로프트**

도구: **모델링**

몇 가지 단면 사이의 공간에 3D 솔리드 또는 표면을 작성한다.

① 올림 순서로 닫힌 객체를 횡단으로 선택하여 모델링하기

```
명령: LOFT
현재 와이어프레임 밀도: ISOLINES=4, 닫힌 윤곽 작성 모드 = 솔리드
올림 순서로 횡단 선택 또는 [점(PO)/다중 모서리 결합(J)/모드(MO)]: ← 대상을 선택한다.(1)
올림 순서로 횡단 선택 또는 [점(PO)/다중 모서리 결합(J)/모드(MO)]: ← 대상을 선택한다.(2)
올림 순서로 횡단 선택 또는 [점(PO)/다중 모서리 결합(J)/모드(MO)]: ← 대상을 선택한다.(3)
올림 순서로 횡단 선택 또는 [점(PO)/다중 모서리 결합(J)/모드(MO)]: ← 대상을 선택한다.(4)
올림 순서로 횡단 선택 또는 [점(PO)/다중 모서리 결합(J)/모드(MO)]: ← 대상을 선택한다.(5)
올림 순서로 횡단 선택 또는 [점(PO)/다중 모서리 결합(J)/모드(MO)]: ← 대상을 선택한다.(6)
올림 순서로 횡단 선택 또는 [점(PO)/다중 모서리 결합(J)/모드(MO)]:
 6개의 횡단이 선택됨
옵션 입력 [안내(G)/경로(P)/횡단만(C)/설정(S)] <횡단만>:
```

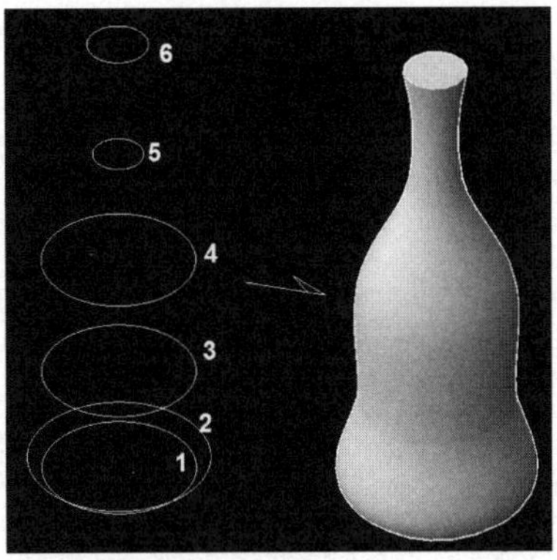

② 올림 순서로 열린 객체를 횡단으로 선택하여 모델링하기

명령: LOFT
현재 와이어프레임 밀도: ISOLINES=4, 닫힌 윤곽 작성 모드 = 솔리드
올림 순서로 횡단 선택 또는 [점(PO)/다중 모서리 결합(J)/모드(MO)]: 1개를 찾음
올림 순서로 횡단 선택 또는 [점(PO)/다중 모서리 결합(J)/모드(MO)]: 1개를 찾음, 총 2개
올림 순서로 횡단 선택 또는 [점(PO)/다중 모서리 결합(J)/모드(MO)]:
옵션 입력 [안내(G)/경로(P)/횡단만(C)/설정(S)] 〈횡단만〉:

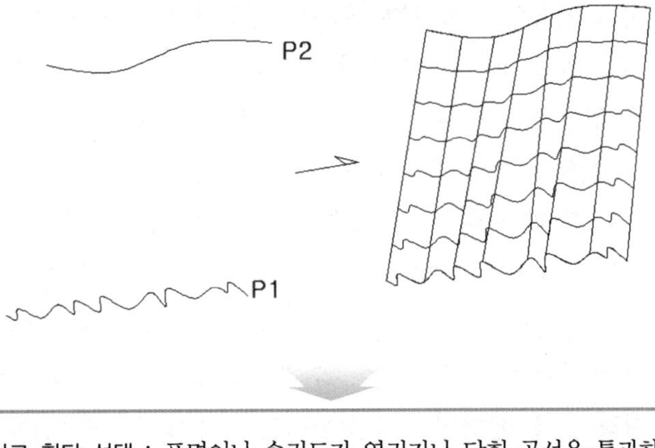

- 올림 순서로 횡단 선택 : 표면이나 솔리드가 열리거나 닫힌 곡선을 통과하는 순서대로 해당 곡선을 지정한다.
- 점(PO) : 점 옵션을 선택하는 경우에는 닫힌 곡선도 선택해야 한다.
- 다중 곡선 결합(J) : 여러 전체 곡선을 단일 횡단으로 결합한다.
- 모드 : 로프트되는 객체를 솔리드로 할지 표면으로 할지를 결정한다.
- 안내(G) : 로프트 솔리드 또는 표면의 쉐이프를 조정하는 안내 곡선을 지정한다.
- 경로(P) : 로프트 솔리드 또는 표면에 대한 단일 경로를 지정한다.
- 횡단만(C) : 안내 또는 경로를 사용하지 않고 로프트된 객체를 작성한다.
- 설정(S) : 로프트 설정 대화상자를 표시한다.

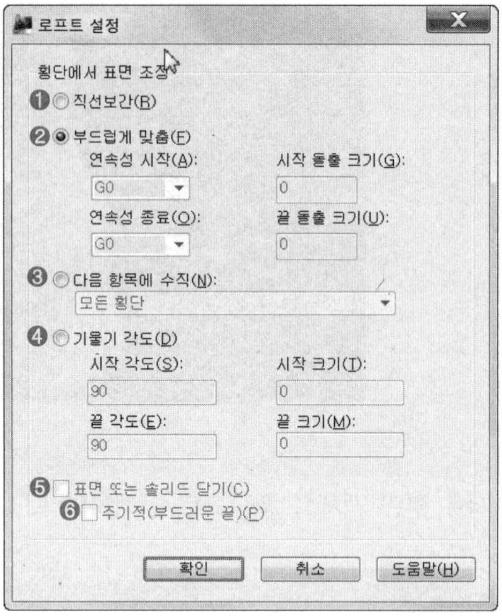

❶ **직선보간** : 솔리드 또는 표면이 횡단 간에 직선보간(직선)되며 횡단에 뾰족한 모서리가 있음을 지정한다.(Loftnormals 시스템 변수)

❷ **부드럽게 맞춤** : 부드러운 솔리드 또는 표면이 횡단 사이에 그려지며 시작 및 끝 횡단에 뾰족한 모서리가 있음을 지정한다.(Loftnormals 시스템 변수)

- **시작 연속성** : 첫 번째 횡단의 접촉부 및 곡률을 설정한다.
- **시작 돌출 크기** : 첫 번째 횡단의 곡선 크기를 설정한다.
- **끝 연속성** : 마지막 횡단의 접촉부 및 곡률을 설정한다.
- **끝 돌출 크기** : 마지막 횡단의 곡선 크기를 설정한다.

❸ **다음 항목에 수직** : 횡단면을 통해 통과하는 솔리드 또는 표면의 곡면 법선을 조정한다.(Loftnormals 시스템 변수)

- **시작 횡단면** : 곡면 법선이 시작 횡단면에 수직임을 지정한다.
- **끝 횡단면** : 곡면 법선이 끝 횡단면에 수직임을 지정한다.
- **시작 및 끝 횡단면** : 곡면 법선이 시작 및 끝 횡단면에 모두 수직임을 지정한다.
- **모든 횡단면** : 곡면 법선이 모든 횡단면에 수직임을 지정한다.

❹ **기울기 각도** : 로프트 솔리드 또는 표면의 첫 번째 및 마지막 횡단 기울기 각도 및 크기를 조정한다. 기울기 각도는 표면의 시작 방향이다. 0은 곡선의 평면으로부터 바깥쪽으로 정의된다.(Loftnormals 시스템 변수)

- **시작 각도** : 시작 횡단면의 기울기 각도를 지정한다.(Loftang1 시스템 변수)
- **시작 크기** : 표면이 다음 횡단면 쪽으로 휘기 전에 시작 횡단면으로부터 기울

기 각도 방향으로의 표면의 상대적인 거리를 조정한다.(Loftmag1 시스템 변수)

- **끝 각도** : 끝 횡단면의 기울기 각도를 지정한다.(Loftang2 시스템 변수)
- **끝 크기** : 표면이 이전 횡단 쪽으로 휘기 전에 끝 횡단으로부터 기울기 각도 방향으로의 표면의 상대적인 거리를 조정한다.(Loftmag2 시스템 변수)

❺ **표면 또는 솔리드 닫기** : 표면 또는 솔리드를 열거나 닫는다. 이 옵션을 사용하면 횡단은 토러스 모양 패턴을 형성하여 로프트 표면 또는 솔리드가 닫힌 튜브를 형성할 수 있다.(Loftparam 시스템 변수)

- **주기적(부드러운 끝)** : 형태를 조정하면 이음매가 꼬이지 않는 부드러운 닫힌 표면을 작성한다. 이 옵션은 로프트가 직선보간 또는 부드럽게 맞춤이고 "표면" 또는 "솔리드 닫기" 옵션이 선택되어 있는 경우에만 사용할 수 있다.

5) 눌러 당기기(Presspull)

리본: 3D 모델링 ➠ 홈 ➠ 모델링 ➠ 눌러 당기기
도구: 모델링

솔리드 면을 밀거나 당겨서 편집한다.

명령: presspull
누르거나 당기기 할 내부 경계 영역 클릭:

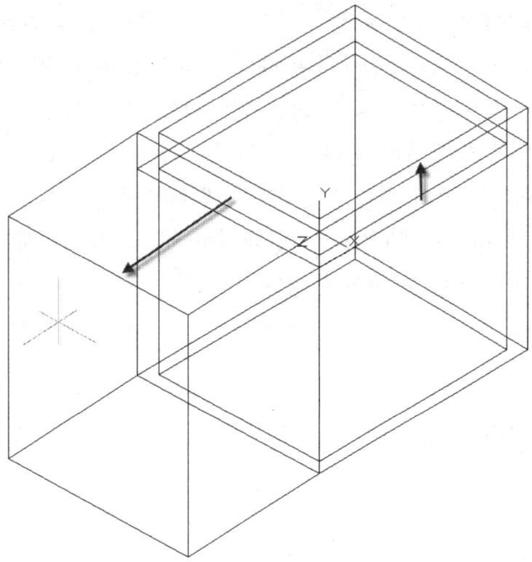

3 단면 평면 만들기

1) 단면 평면(Sectionplane)

메뉴: 그리기 ➡ 모델링 ➡ 단면 평면

리본: 3D 모델링 ➡ 홈 ➡ 단면 ➡ 단면 평면

3D 객체에서 절단 평면 기능을 하는 단면 객체를 작성한다.

명령: Sectionplane
단면선을 배치할 면 또는 점 선택 또는 [단면 그리기(D)/직교(O)]: ← P1
통과점 지정: ← P2

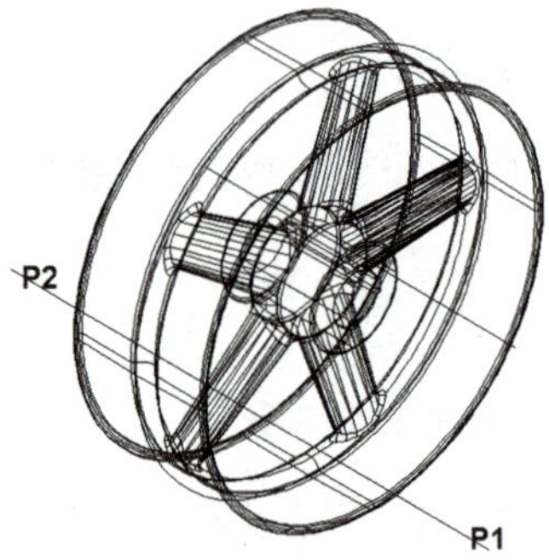

- 단면선을 배치할 면 또는 점 : 단면 객체의 평면이 될 면을 지정한다. 또는 화면에서 면 위에 있지 않은 점을 선택하여 해당 솔리드 또는 표면과 무관한 단면 객체를 작성한다. 첫 번째 점은 단면 객체가 회전하는 점을 설정한다.
- 통과점 : 단면 객체의 평면을 정의하는 두 번째 점을 설정한다.
- 단면 그리기 : 여러 점을 가진 단면 객체를 정의하여 꺾기가 있는 단면선을 작성한다. 이 옵션은 라이브 단면을 끈 상태에서 단면 경계 상태인 단면 객체를 작성한다.
- 직교 : 단면 객체를 UCS에 상대적인 직교 방향으로 정렬한다.

2) 라이브 단면(Livesection)

리본: 3D 모델링 ➡ 홈 ➡ 단면 ➡ ▽ ➡ 라이브 단면

선택한 단면 객체에 대한 활성 단면을 켠다.

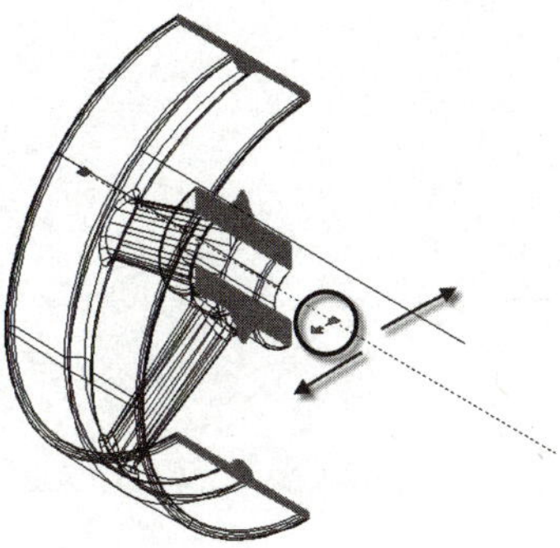

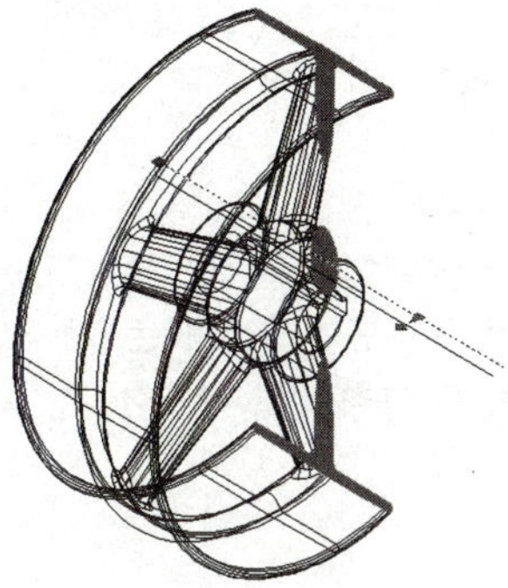

▲ 단면선 이동

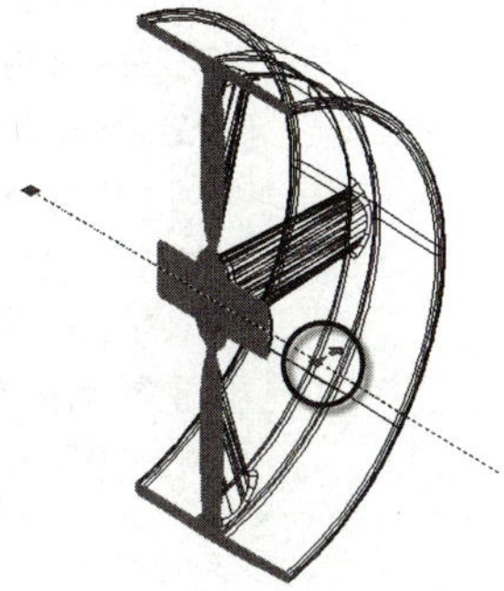

▲ 단면 방향 전환

단면 평면에서 설정한 단면선을 선택하면 단면이 실행되고 단면선을 이동시키면 바로 그 위치에서 단면이 실행된다. 가운데 삼각형을 클릭하면 단면 방향이 전환된다.

3) 꺾기 추가(Sectionplanejog)

리본: **3D 모델링 ➠ 홈 ➠ 단면 ➠ 꺾기 추가**

꺾어진 세그먼트를 단면 객체에 추가한다.

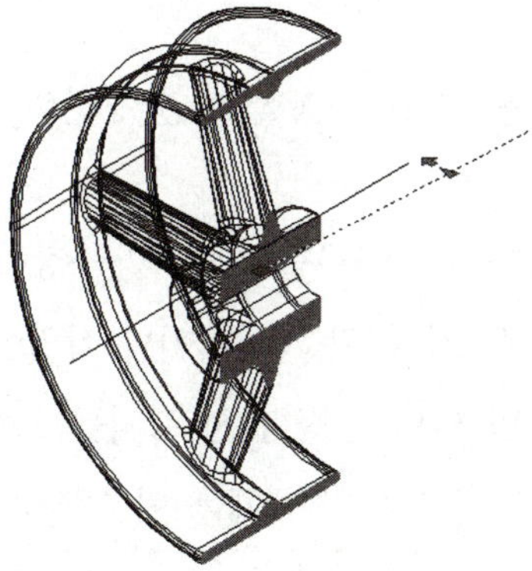

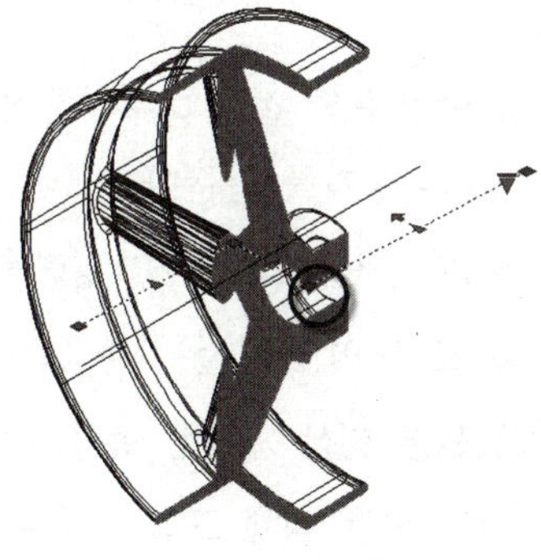

4) 단면 생성(Sectionplanetoblock)

리본: **3D 모델링 ➠ 홈 ➠ 단면 ➠ 단면 생성**

2D 및 3D 단면을 블록으로 저장한다.

명령: Sectionplanetoblock
단면 객체 선택: ← 단면 평면을 선택한다.
유효하지 않은 객체, 단면 평면 선택
단면 객체 선택:
단위: 밀리미터   변환: 1.0000
삽입점 지정 또는 [기준점(B)/축척(S)/X/Y/Z/회전(R)]:
X 축척 비율 입력, 반대구석 지정, 또는 [구석(C)/XYZ(XYZ)] 〈1〉:
Y 축척 비율 입력 〈X 축척 비율 사용〉:
회전 각도 지정 〈0〉:

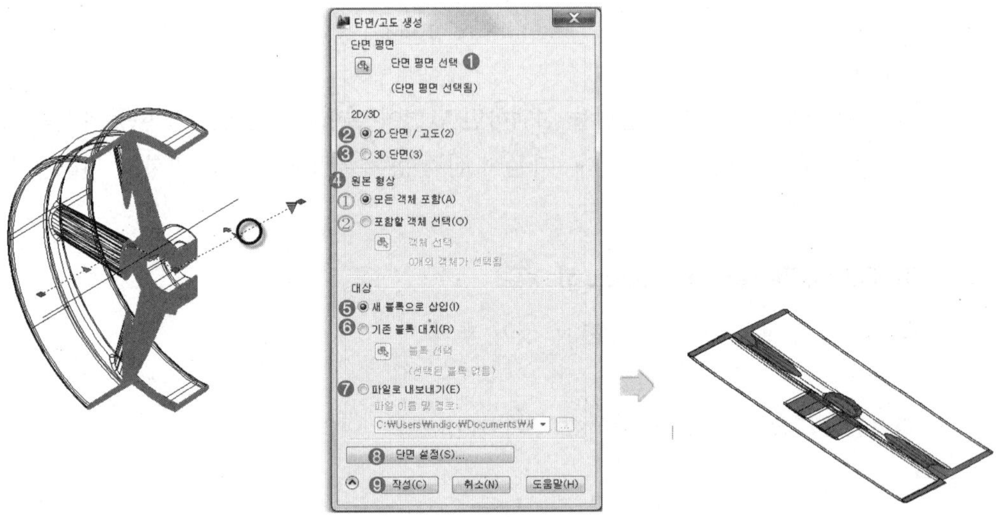

❶ **단면 평면 선택** : 수정하거나 블록으로 저장할 단면 평면을 선택할 수 있도록 대화상자를 닫는다.

❷ **2D 단면/고도** : 2D 횡단을 나타내는 블록을 작성 및 저장하거나 삽입한다.

❸ **3D 단면** : 자를 부분 3D 블록을 작성 및 저장하거나 삽입한다.

❹ **원본 형상** : 원본 형상, 대상 및 단면 설정 옵션 표시를 조정한다.

① **모든 객체 포함** : 외부 참조 및 블록의 객체를 비롯하여 모든 3D 객체(3D 솔리드, 표면 및 영역)를 도면에 포함한다.

② **포함할 객체 선택** : 단면을 생성할 3D 객체(3D 솔리드, 표면, 메쉬 및 영역)를 수동으로 선택하도록 지정한다.

- **객체 선택** : 단면에 대한 객체를 선택하는 동안 대화상자를 임시적으로 닫는다. 객체 선택을 마친 뒤 Enter 키를 눌러 단면/고도 생성 대화상자를 다시 표시한다.

• **선택된 객체** : 선택된 객체 수를 나타낸다.

❺ 새 블록으로 삽입 : 현재 도면에서 생성된 단면을 블록으로 삽입한다.

❻ 기존 블록 대치 : 도면의 기존 블록을 새로 생성된 단면으로 대치한다.

• **블록 선택** : 도면에서 대치할 블록을 선택하는 동안 대화상자를 임시로 닫는다. 블록 선택을 마친 뒤 Enter키를 눌러 단면/고도 생성 대화상자를 다시 표시한다.

❼ 파일로 내보내기 : 단면을 외부 파일로 저장한다.

• **파일 이름 및 경로** : 단면을 저장할 파일 이름 및 경로를 지정한다.

❽ 단면 설정 : 단면 설정 대화상자를 연다.

❾ 작성 : 단면을 작성한다.

5) 플랫샷(Flatshot)

리본: 3D 모델링 ➠ 홈 ➠ 단면 ➠ 플랫샷

현재 뷰를 기준으로 모든 3D 객체의 2D 표현을 작성한다.

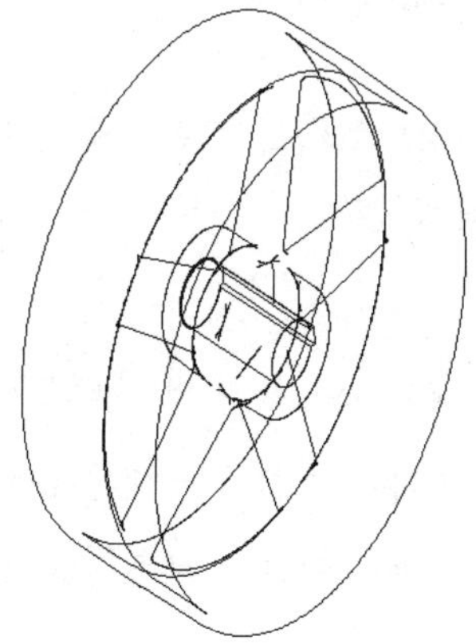

❶ 새 블록으로 삽입 : 현재 도면에서 평평한 표현을 블록으로 삽입하도록 지정한다.

❷ 기존 블록 대치 : 도면의 기존 블록을 새로 작성된 블록으로 대치한다.

• **블록 선택** : 도면에서 대치할 블록을 선택하는 동안 대화상자를 임시로 닫는

다. 블록 선택을 마친 뒤 Enter 키를 누르면 플랫샷 대화상자가 다시 표시된다.

- **블록이 선택됨/선택된 블록 없음** : 블록이 선택되었는지 여부를 나타낸다.

❸ 파일로 내보내기 : 블록을 외부 파일을 저장한다.

❹ 전경 선 : 평평한 뷰에서 가려지지 않은 선의 색상 및 선 종류를 설정하기 위한 컨트롤을 포함한다.

- **색상** : 평평한 뷰에서 가려지지 않은 선의 색상을 설정한다.
- **선 종류** : 평평한 뷰에서 가려지지 않은 선의 선 종류를 설정한다.

❺ 가려진 선 : 도면에서 가려진 선을 평평한 뷰에 표시할지 여부를 조정하고 가려진 선의 색상 및 선 종류를 설정한다.

- **표시** : 가려진 선을 평평한 표현으로 표시할지 조정한다. 평평한 표현으로 선택할 경우 2D 평평한 표현은 다른 객체에 의해 숨겨진 선을 표시한다.
- **색상** : 평평한 뷰에서 형상 뒤에 놓인 선의 색상을 설정한다.
- **선 종류** : 평평한 뷰에서 형상 뒤에 놓인 선의 선 종류를 설정한다.

❻ 접선 모서리 포함 : 곡선 표면에 대한 윤곽 모서리를 작성한다.

❼ 작성 : 평평한 뷰를 작성한다.

6) 모서리 추출(Xedges) 

메뉴: 수정 ➠ 3D 작업 ➠ 모서리 추출
리본: 3D 모델링 ➠ 홈 ➠ 솔리드 편집 ➠ 모서리 편집▽ ➠ 모서리 추출

3D 솔리드, 표면, 메쉬, 영역 또는 하위 객체의 모서리로부터 와이어프레임 형상을 작성한다.

4 불 연산에 의한 모델링

3차원 솔리드 물체를 더하고(Union), 빼고(Subtract), 공통부분(Intersect)을 추출해 내서 복잡한 모델링을 할 수 있다.

1) 합집합(Uni, Union) 

메뉴: 수정 ➠ 솔리드 편집 ➠ 합집합
리본: 3D 모델링 ➠ 홈 ➠ 솔리드 편집 ➠ 합집합
도구: 모델링

겹쳐진 솔리드를 합친다.

명령: Uni
객체 선택: ← 대상을 차례로 선택한다.
객체 선택:
객체 선택: Enter↵

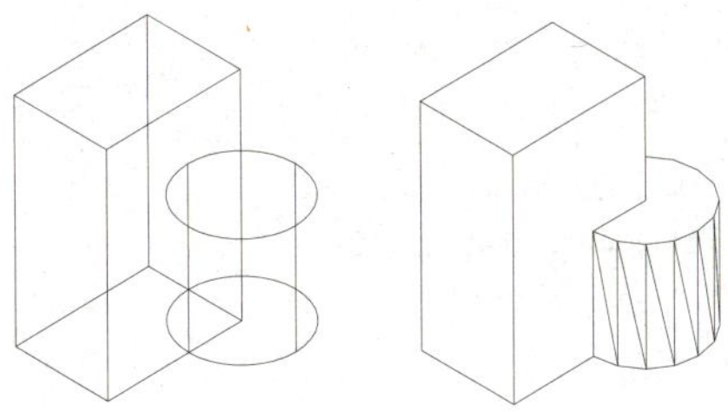

▲ 결과

2) 차집합(Su, Subtract)

메뉴: **수정 ➠ 솔리드 편집 ➠ 차집합**
리본: **3D 모델링 ➠ 홈 ➠ 솔리드 편집 ➠ 차집합**
도구: **모델링**

한 솔리드에서 겹쳐진 다른 솔리드를 빼낸다.

명령: Su
제거 대상인 솔리드, 표면 및 영역을 선택 ..
객체 선택: ← 남겨질 대상을 선택한다.
객체 선택: Enter↵ ← 엔터가 빼기라고 생각한다.
제거할 솔리드, 표면 및 영역을 선택 ..
객체 선택: ← 빼낼 대상을 선택한다.
객체 선택: Enter↵

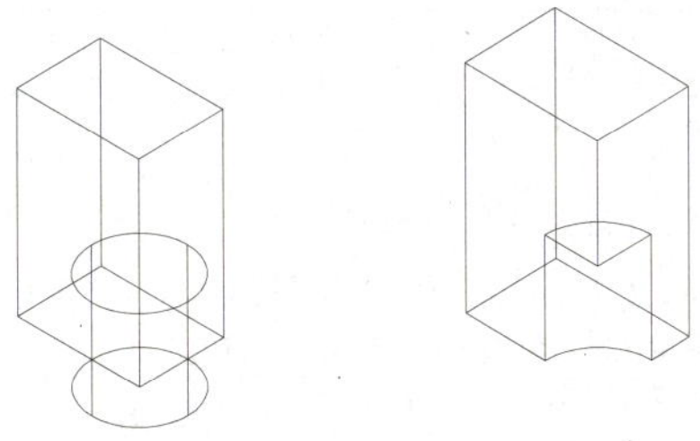

▲ 결과

3) 교집합(In, Intersect)

메뉴: 수정 ➠ 솔리드 편집 ➠ 교집합
리본: 3D 모델링 ➠ 홈 ➠ 솔리드 편집 ➠ 교집합
도구: 모델링

두 솔리드의 공통 부분을 추출해 하나의 솔리드를 만들어 낸다.

명령: In
객체 선택: ← 대상을 차례로 선택한다.
객체 선택: ← 대상을 차례로 선택한다.
객체 선택:

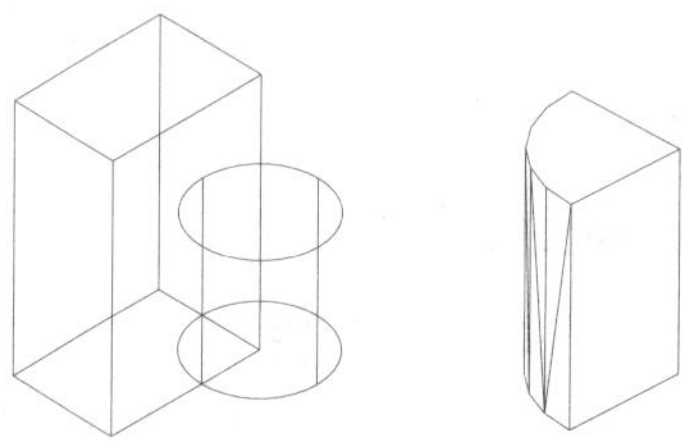

5 솔리드 편집 명령

1) 모서리 모깎기(Filletedge)

메뉴: 수정 ➠ 솔리드 편집 ➠ 모서리 모깎기
리본: 3D 모델링 ➠ 솔리드 ➠ 솔리드 편집 ➠ 모서리 모깎기▽ ➠ 모서리 모깎기
도구: 솔리드 편집

솔리드 객체의 모서리를 둥글게 처리하거나 모깎기를 한다. 2차원에서 사용하던 Fillet 명령도 사용 가능하다.

명령: Filletedge
반지름 = 1.0000
모서리 선택 또는 [체인(C)/루프(L)/반지름(R)]: ← 모깎기 부위를 선택한다.
모서리 선택 또는 [체인(C)/루프(L)/반지름(R)]:
1개의 모서리(들)이(가) 모깎기를 위해 선택됨.
모깎기를 수락하려면 Enter 누름 또는 [반지름(R)]:

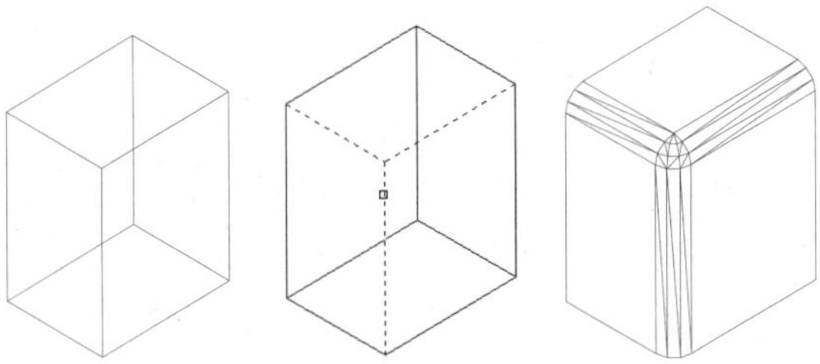

▲ 결과

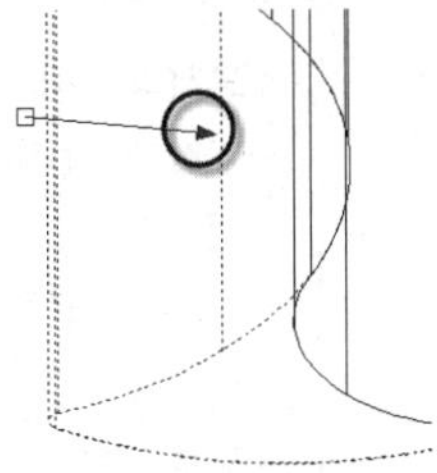

- 모서리 선택 : 모깎기 할 동일한 솔리드 본체에서 하나 이상의 모서리를 지정한다. Enter 키를 누른 후에 모깎기 그립을 끌어 반지름을 지정하거나 반지름 옵션을 사용할 수 있다.
- 체인 : 모서리가 서로 접하는 경우 둘 이상의 모서리를 지정한다.
- 루프 : 솔리드 면에 모서리 루프를 지정한다. 모서리에는 두 개의 루프가 있을 수 있다. 루프 모서리를 선택하고 나면 현재 선택사항을 수락할지 또는 다음 루프를 선택할지 묻는 프롬프트가 표시된다.
- 반지름 : 반지름 값을 입력한다.

2) 모서리 모따기(Chamferedge)

메뉴: 수정 ➡ 솔리드 편집 ➡ 모서리 모따기

리본: 3D 모델링 ➡ 솔리드 ➡ 솔리드 편집 ➡ 모서리 모깎기▽ ➡ 모서리 모따기

도구: 솔리드 편집

모서리를 따 낸다. 2차원 명령 Chamfer도 사용할 수 있다.

명령: Chamferedge
거리1 = 1.0000, 거리2 = 1.0000
모서리 선택 또는 [루프(L)/거리(D)]: ← 대상을 선택한다.(선택한 모서리를 공유하는 두 면만 편집 대상이 된다.)
동일한 면에 있는 다른 모서리 선택 또는 [루프(L)/거리(D)]:
동일한 면에 있는 다른 모서리 선택 또는 [루프(L)/거리(D)]:
동일한 면에 있는 다른 모서리 선택 또는 [루프(L)/거리(D)]:
동일한 면에 있는 다른 모서리 선택 또는 [루프(L)/거리(D)]:
모따기를 수락하려면 Enter 누름 또는 [거리(D)]:

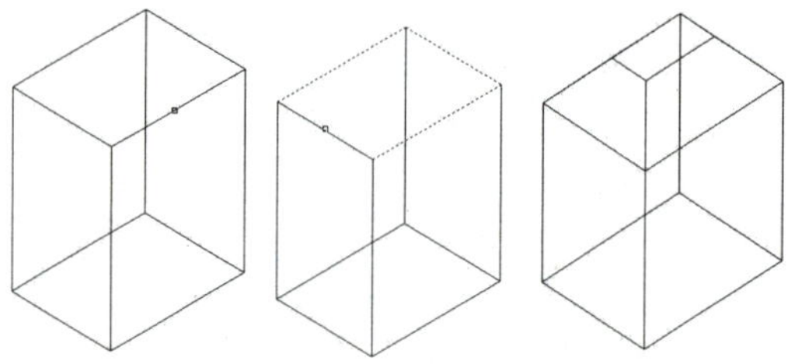

▲ 결과

- 모서리 선택 : 모따기 할 단일 솔리드 또는 표면 모서리를 선택한다.
- 거리 1 : 선택한 모서리에서 첫 번째 모따기 모서리의 거리를 설정한다. 기본 값은 1이다.
- 거리 2 : 선택한 모서리에서 두 번째 모따기 모서리의 거리를 설정한다. 기본 값은 1이다.
- 루프 : 단일 면에서 모든 모서리를 모따기 한다. 모서리에는 두 개의 루프가 있을 수 있다. 루프 모서리를 선택하고 나면 현재 선택 항목을 수락하거나 다음 루프를 선택하라는 메시지가 표시된다.

3) 슬라이스(Sl, Slice)

리본 : 3D 모델링 ➠ 홈 ➠ 솔리드 편집 ➠ 슬라이스
메뉴: 수정 ➠ 3D 작업 ➠ 슬라이스

솔리드 물체를 지정한 면을 기준으로 자른다.

명령: SL
슬라이스 할 객체 선택: ← 대상을 선택한다.
슬라이스 할 객체 선택:
슬라이싱 평면의 시작점 지정 또는 [평면형 객체(O)/표면(S)/Z축(Z)/뷰(V)/XY(XY)/YZ(YZ)/ZX(ZX)/3점(3)] 〈3점〉: XY ← 절단기준을 설정한다.
XY 평면 위의 점 지정 〈0,0,0〉: ← 구멍의 중심을 기준으로 XY 평면상으로 자르기를 한다.(그림 2)
원하는 면 위의 점 지정 또는 [양쪽 면 유지(B)] 〈양쪽(B)〉: B ← 마우스로 남겨질 요소를 선택하거나 양쪽 다 남기려면 옵션 "B"를 입력한다. 다음 그림은 작업 후 Z 방향으로 떼어 놓았다.(그림 3)

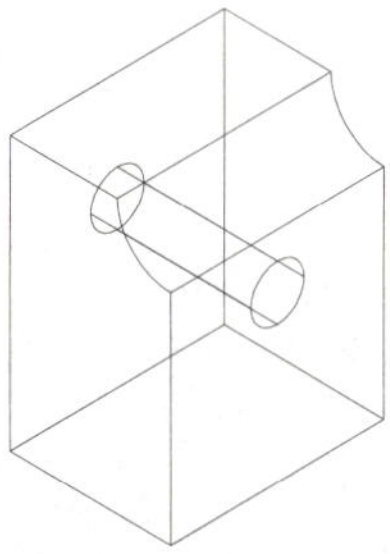

▲ 그림 1

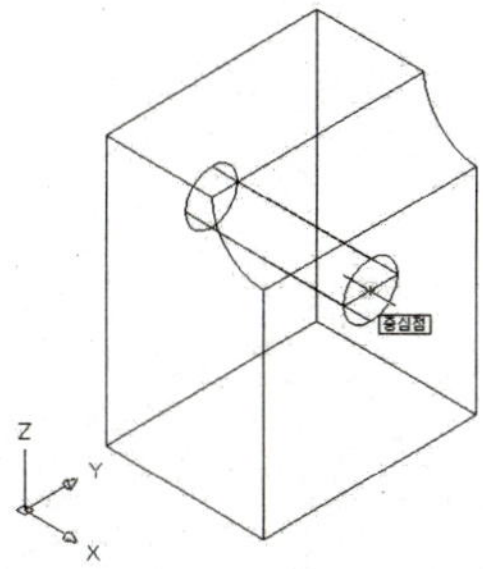

▲ 그림 2

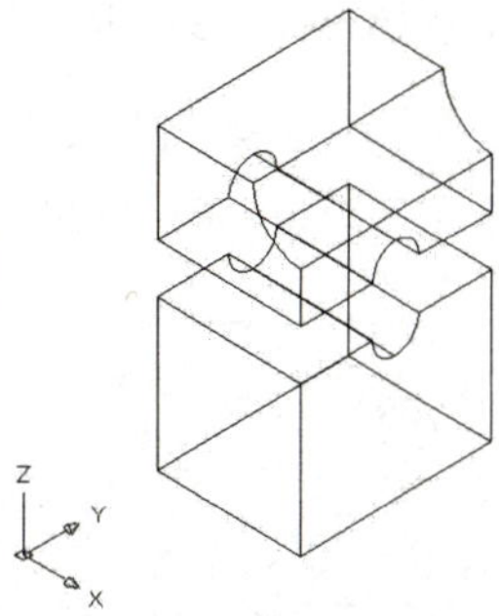

▲ 그림 3

- **평면형 객체(O)** : 선택한 요소를 작업했던 평면을 기준으로 자른다.
- **표면(S)** : 절단 평면을 표면으로 정렬한다.
- **Z축(Z)** : Z축 방향을 지정하면 그 축과 직각을 이루는 XY 평면을 기준으로 자른다.
- **뷰(V)** : 현재 보고 있는 면을 평면으로 취하고 그 면을 기준으로 자른다.
- **XY(XY)** : XY가 이루는 면을 기준으로 자른다.
- **YZ(YZ)** : YZ가 이루는 면을 기준으로 자른다.
- **ZX(ZX)** : ZX가 이루는 면을 기준으로 자른다.
- **3점(3)** : 지정한 3지점을 평면으로 취하고 그 면을 기준으로 자른다.

밑변의 1/2점을 기준으로 YZ 평면상으로 자르는 경우(아래 그림은 작업 후 X 방향으로 떼어 놓았다.)

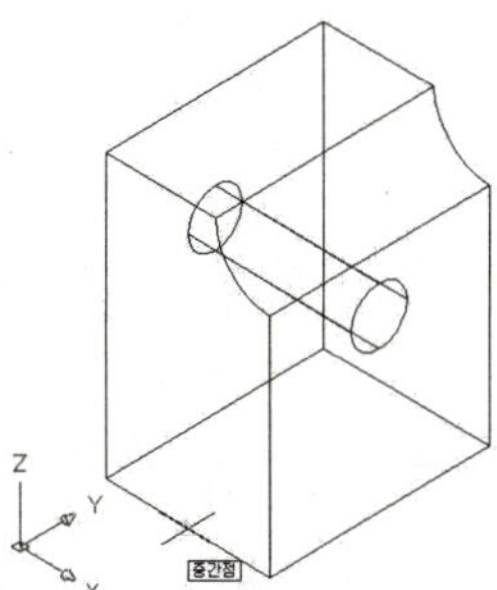

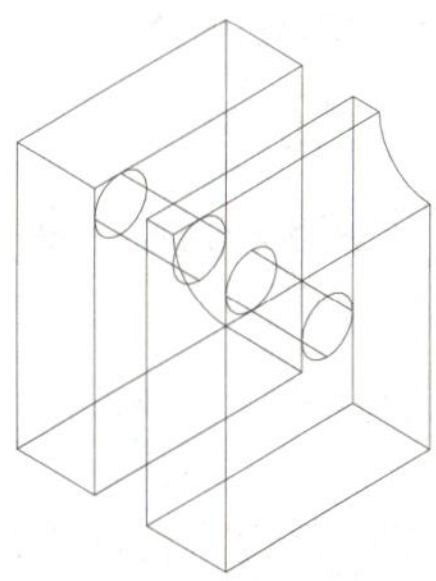

ZX 평면상으로 자르는 경우(아래 그림은 작업 후 Y 방향으로 떼어 놓았다.)

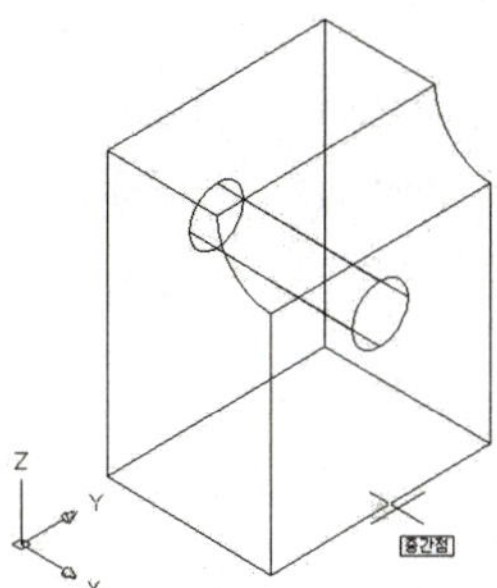

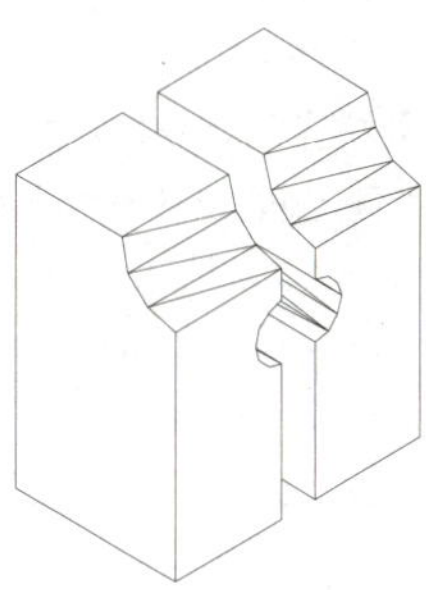

4) 단면(Sec, Section)

솔리드 물체를 지정한 면을 기준으로 단면을 만든다. 기본 원리는 SLICE와 같으나 면이 형성되는 것이 다르다.

명령: Sec
객체 선택: ← 대상을 선택한다.
객체 선택:
다음을 사용하여 단면 평면위에 첫 번째 점 지정 [객체(O)/Z축(Z)/뷰(V)/XY(XY)/YZ(YZ)/ZX(ZX)/3점(3)] 〈3점〉: ← 정면 밑변의 1/2지점을 선택해 본다.(그림 A)

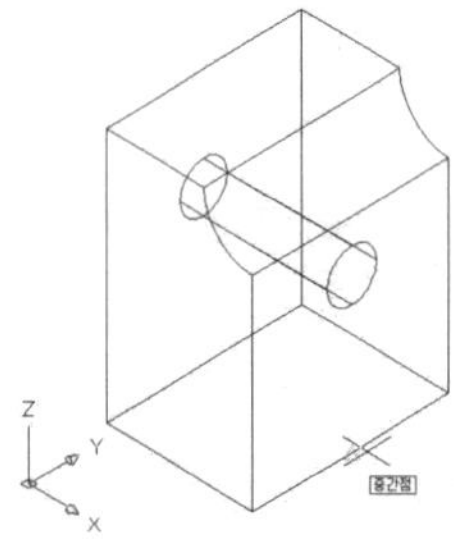

▲ 그림 A

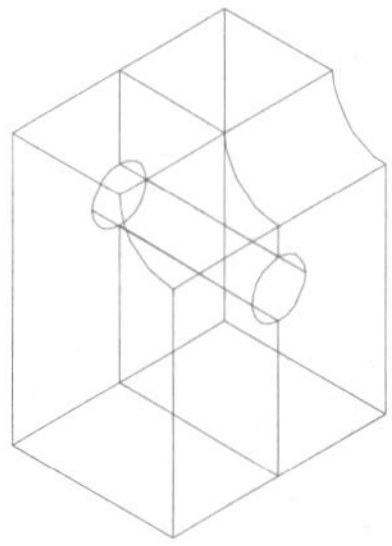

▲ 그림 B

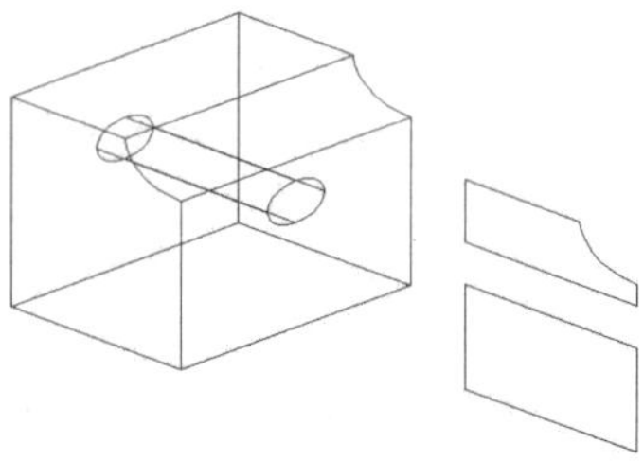

▲ 그림 C

그림 C는 형성된 단면을 바깥으로 이동시켜 놓은 상태이다.

5) 간섭(Inf, Interfere)

메뉴: **수정 ➠ 3D 작업 ➠ 간섭 검사**
리본: **3D 모델링 ➠ 홈 ➠ 솔리드 편집 ➠ 간섭**

솔리드 물체끼리의 간섭 부위를 점검하여 독립된 솔리드를 생성시킬 수 있다.

명령: INF
첫 번째 객체 집합 선택 또는 [내포된 선택(N)/설정(S)]: ← 첫 번째 대상을 선택한다.(그림 A)
첫 번째 객체 집합 선택 또는 [내포된 선택(N)/설정(S)]:
두 번째 객체 집합 선택 또는 [내포된 선택(N)/현재 검사(K)] 〈검사(K)〉: ← 두 번째 대상을 선택한다.(그림 B)

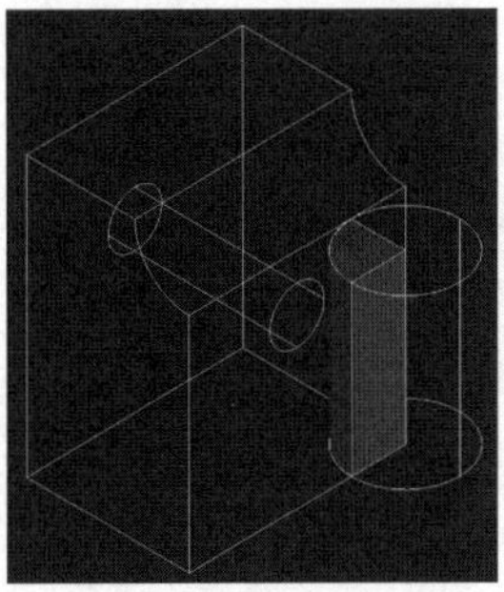

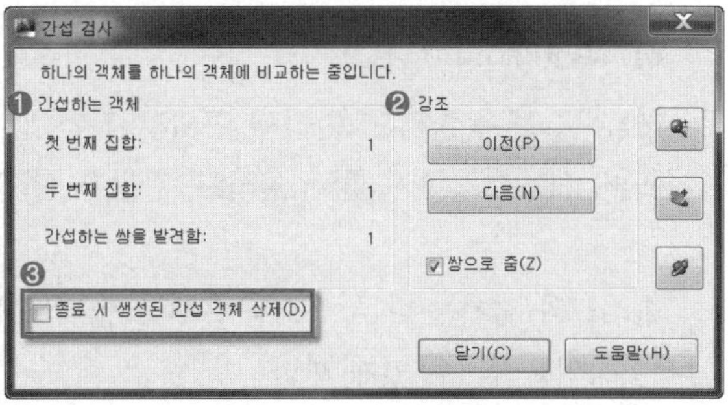

두 번째 객체 집합 선택 또는 [내포된 선택(N)/현재 검사(K)] 〈검사(K)〉 :

❶ 간섭하는 객체 : 간섭 명령을 사용하는 동안 각 집합 사이에서 발견된 간섭의 수를 표시한다.

- **첫 번째 집합** : 첫 번째 세트에서 선택된 객체 수를 표시한다.
- **두 번째 집합** : 두 번째 세트에서 선택된 객체 수를 표시한다.
- **간섭하는 쌍을 발견함** : 선택된 객체에서 찾은 간섭의 수를 표시한다.

❷ 강조 : 이전 및 다음을 사용하여 객체를 순환하는 동안 간섭 객체를 강조한다.

- **이전** : 이전 간섭 객체를 강조한다.
- **다음** : 다음 간섭 객체를 강조한다.
- **쌍으로 줌** : 이전 및 다음을 사용하는 동안 간섭 객체를 줌한다.

 대화상자를 닫고 ZOOM 명령을 시작한다.

 대화상자를 닫고 PAN 명령을 시작한다.

 대화상자를 닫고 3DORBIT 명령을 시작한다.

❸ 종료 시 간섭 객체를 삭제한다. : 체크를 해제하면 독립된 간섭 객체를 생성한다.(그림 C)

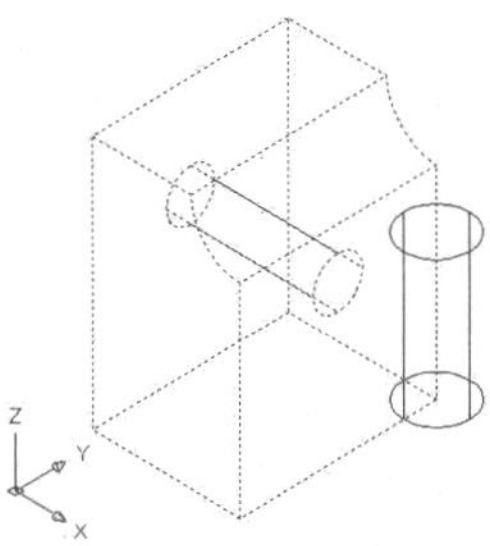

▲ 그림 A

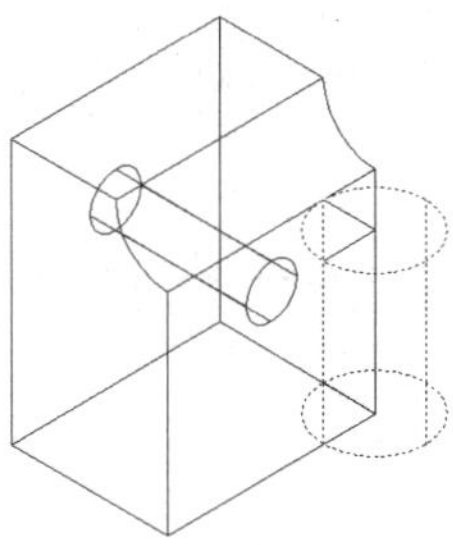

▲ 그림 B

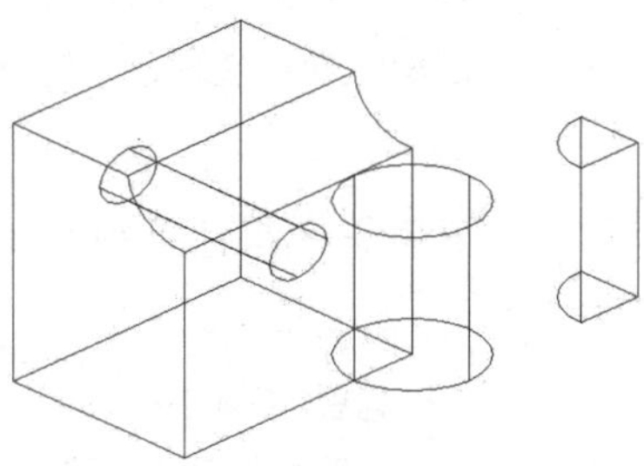

▲ 그림 C

6) 각인(Imprint)

메뉴: **수정 ➠ 솔리드 편집 ➠ 모서리 각인**

리본: **3D 모델링 ➠ 홈 ➠ 솔리드 편집 ➠ 모서리 편집▽ ➠ 각인**

솔리드와 겹치는 다른 요소의 윤곽을 솔리드 물체에 남긴다. 남겨진 윤곽을 이용해 다른 작업을 할 수 있게 한다.

명령: Imprint
3D 솔리드 또는 표면 선택: ← 솔리드를 선택한다.(그림 A)
각인할 하나의 객체를 선택: ← 겹친 요소를 선택한다.
원본 객체를 삭제합니까? [예(Y)/아니오(N)] ⟨N⟩: y
각인할 하나의 객체를 선택: ← 겹치지 않은 부위의 삭제 여부를 결정한다.

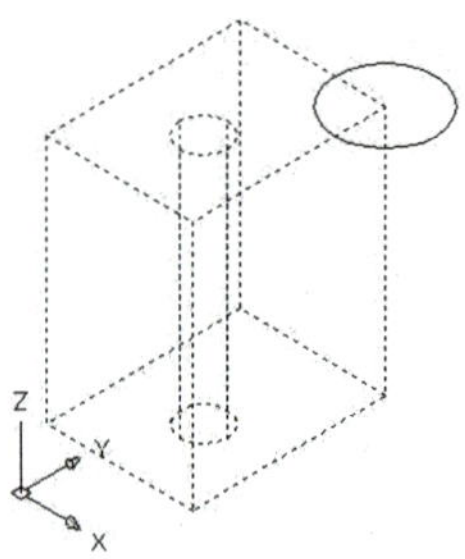

▲ 그림 A

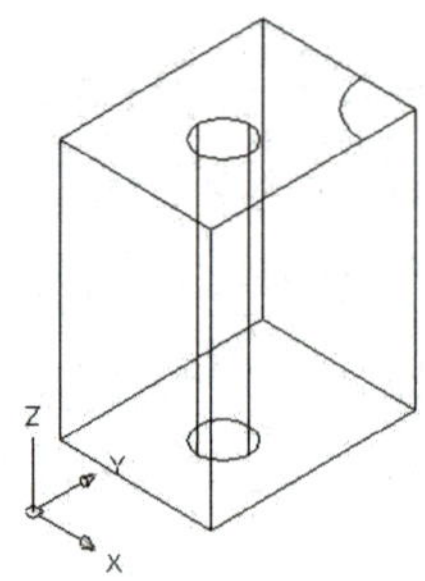

▲ 결과 A

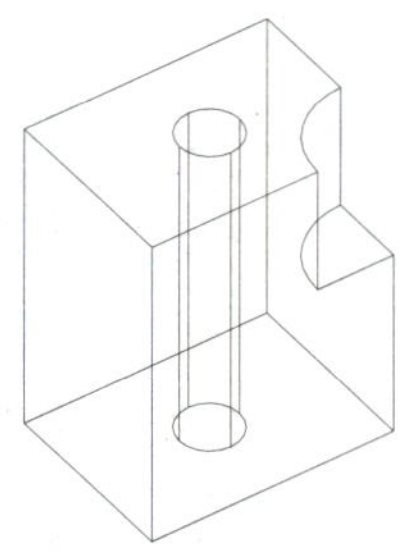

▲ 결과 B

결과 B는 남겨진 윤곽을 이용 Solidedit의 Face에서 Extrude를 "−"값을 준 결과이다.

7) 굵게 하기(Thicken)

메뉴: **수정 ➠ 3D 작업 ➠ 굵게 하기**

리본: **3D 모델링 ➠ 홈 ➠ 솔리드 편집 패널 ➠ 굵게 하기**

표면을 지정된 두께의 3D 솔리드로 변환한다.

명령: Thicken
두껍게 할 표면 선택: ← 대상(표면으로 작성된 객체)을 선택한다.
두껍게 할 표면 선택:
두께 지정 ⟨0.0000⟩:

8) 솔리드 편집(Solidedit)

메뉴: 수정 ➠ 솔리드 편집

리본: 3D 모델링 ➠ 홈 ➠ 솔리드 편집

이미 작업된 솔리드를 편집한다. 복잡하고 다양한 옵션을 제공한다.

명령: Solidedit
솔리드 편집 자동 점검: SOLIDCHECK=1
솔리드 편집 옵션 [면(F)/모서리(E)/본체(B)/명령 취소(U)/종료(X)] 〈종료〉:

✹ 면(F)

면을 편집한다.

명령: Solidedit
솔리드 편집 자동 점검: SOLIDCHECK=1
솔리드 편집 옵션 [면(F)/모서리(E)/본체(B)/명령 취소(U)/종료(X)] 〈종료〉: f
면 편집 옵션 입력
[돌출(E)/이동(M)/회전(R)/간격 띄우기(O)/테이퍼(T)/삭제(D)/복사(C)/색상(L)/재료(A)/명령 취소(U)/종료(X)] 〈종료(X)〉:

① 면 돌출(E) : 일반 명령 Extrude처럼 돌출(+)시키거나 함몰(−)시킬 수 있다.

✎ Box는 30×40×50, Cylinder는 반지름 5, 높이 50으로 만든 후 Subtract시킨 후 옵션들을 적용해 본다.

명령: Solidedit
솔리드 편집 자동 점검: SOLIDCHECK=1
솔리드 편집 옵션 [면(F)/모서리(E)/본체(B)/명령 취소(U)/종료(X)] 〈종료〉: F
면 편집 옵션 입력
[돌출(E)/이동(M)/회전(R)/간격 띄우기(O)/테이퍼(T)/삭제(D)/복사(C)/색상(L)/재료(A)/명령 취소(U)/종료(X)] 〈종료(X)〉: E
면 선택 또는 [명령 취소(U)/제거(R)]: 2개의 면을 찾았습니다.
면 선택 또는 [명령 취소(U)/제거(R)/전체(ALL)]: R ← 한 모서리가 두 면을 고유하므로 작업에 관계없는 면을 제외시킨다. Shift를 누른 상태로 선택하면 R을 입력하지 않아도 된다.(그림 B)
면 제거 또는 [명령 취소(U)/추가(A)/전체(ALL)]: ← 제외 대상을 선택한다.(Shift를 누른 상태로 선택하면 쉽다.)
면 제거 또는 [명령 취소(U)/추가(A)/전체(ALL)]:
돌출 높이 지정 또는 [경로(P)]: −10 ← Z축의 역방향으로 함몰된다.(그림 C)
돌출에 대한 테이퍼 각도 지정 〈0〉: 5 ← 안쪽으로 주어진 값만큼 경사지게 된다.(그림 C)

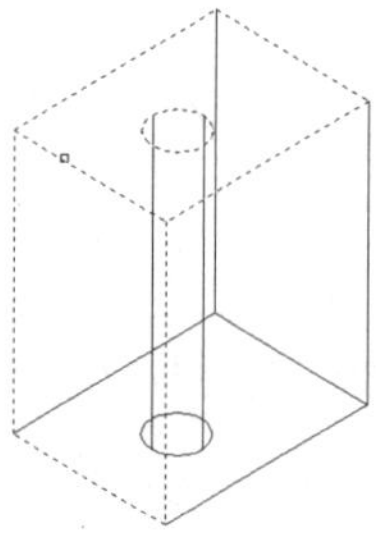

▲ 그림 A

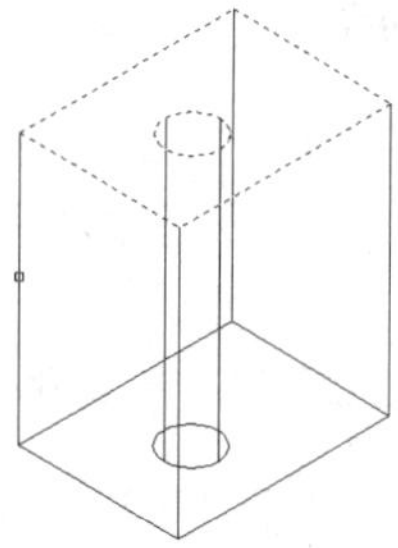

▲ 그림 B

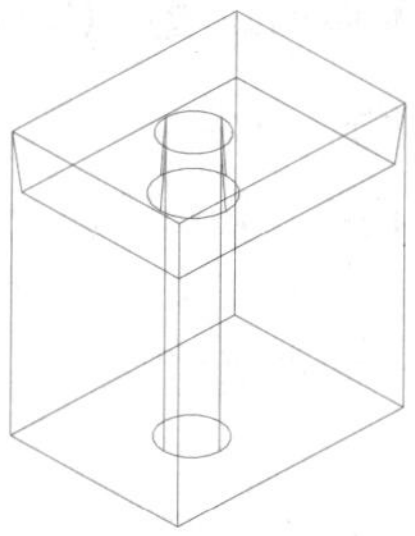

▲ 그림 C

② 면 이동(M) : 면을 이동시킨다.

✸ 예제에서 구멍을 다른 위치로 이동시켜 보자.

[돌출(E)/이동(M)/회전(R)/간격 띄우기(O)/테이퍼(T)/삭제(D)/복사(C)/색상(L)/재료(A)/명령 취소(U)/종료(X)] 〈종료(X)〉: M
면 선택 또는 [명령 취소(U)/제거(R)]: ← 대상을 선택한다.
면 선택 또는 [명령 취소(U)/제거(R)/전체(ALL)]: R ← 관계없는 면을 선택하여 제외시킨다. Shift를 누른 상태로 선택하면 R을 입력하지 않아도 된다.(그림 A)
면 선택 또는 [명령 취소(U)/제거(R)/전체(ALL)]: ← 편집 대상이 아닌 부분을 선택하여 제외시킨다.
면 선택 또는 [명령 취소(U)/제거(R)/전체(ALL)]: Enter↵
기준점 또는 변위 지정: ← 이동 출발 기준점을 지정한다.
변위의 두 번째 점 지정: @5,5 ← 이동 위치를 입력 또는 지정한다.

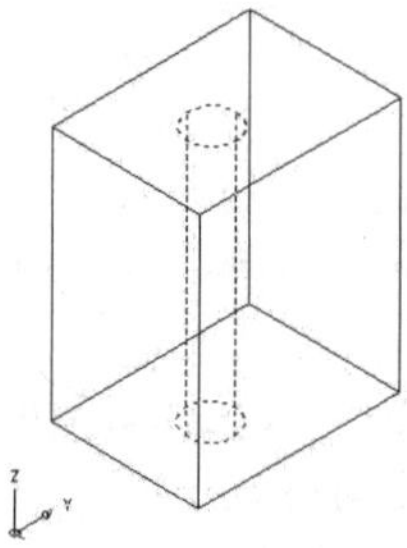

▲ 그림 A

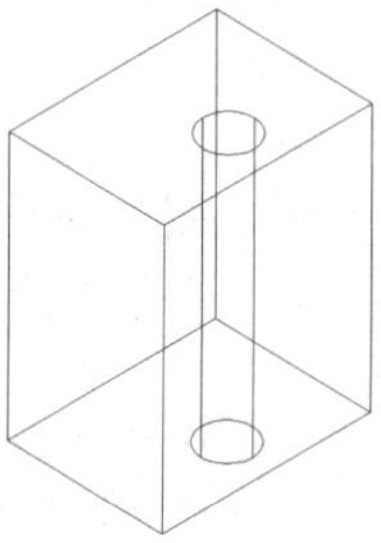

▲ 결과

③ 면 회전(R) : 솔리드 내에 속해 있는 면을 회전시킨다.

• 구멍을 회전시키는 경우

[돌출(E)/이동(M)/회전(R)/간격 띄우기(O)/테이퍼(T)/삭제(D)/복사(C)/색상(L)/재료(A)/명령 취소(U)/종료(X)] 〈종료(X)〉: R
면 선택 또는 [명령 취소(U)/제거(R)]: ← 대상을 선택한다.
면 선택 또는 [명령 취소(U)/제거(R)/전체(ALL)]:
축 점 지정 또는 [객체의 축(A)/뷰(V)/X축(X)/Y축(Y)/Z축(Z)] 〈2점〉: X ← 회전 기준 축을 설정한다.
회전 원점 지정 〈0,0,0〉: ← 기준점을 지정한다.(그림 A)
회전 각도 지정 또는 [참조(R)]: 10 ← 회전 각도 지정한다.

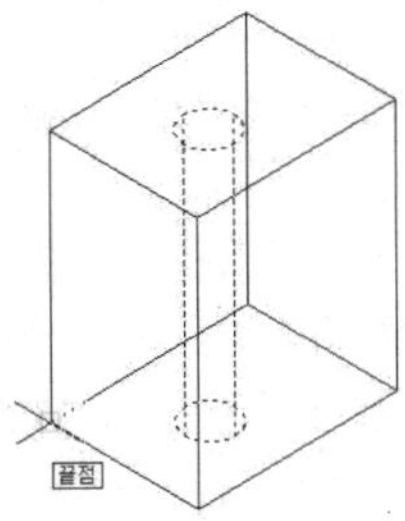

▲ 그림 A

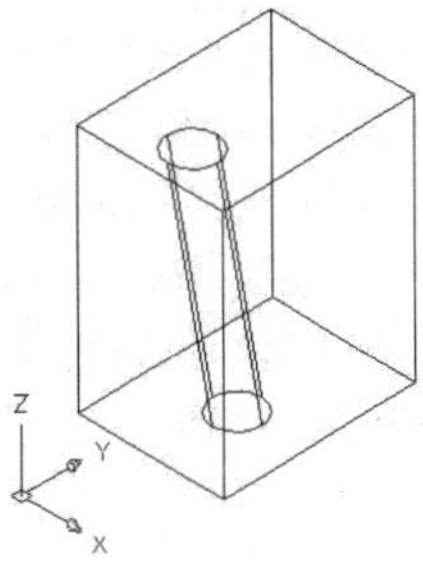

▲ 결과

• 면을 회전시키는 경우

[돌출(E)/이동(M)/회전(R)/간격 띄우기(O)/테이퍼(T)/삭제(D)/복사(C)/색상(L)/재료(A)/명령 취소(U)/종료(X)] 〈종료(X)〉: R
면 선택 또는 [명령 취소(U)/제거(R)]: ← 대상을 선택한다.
면 선택 또는 [명령 취소(U)/제거(R)/전체(ALL)]: R ← 관계없는 면은 제외시킨다.(그림 A)
면 선택 또는 [명령 취소(U)/제거(R)/전체(ALL)]: ← 관계없는 면을 선택한다.
면 선택 또는 [명령 취소(U)/제거(R)/전체(ALL)]:
축 점 지정 또는 [객체의 축(A)/뷰(V)/X축(X)/Y축(Y)/Z축(Z)] 〈2점〉: Z
← 기준 축을 설정한다.(그림 B)
회전 원점 지정 〈0,0,0〉: ← 기준점을 지정한다.
회전 각도 지정 또는 [참조(R)]: 20 ← 회전각을 입력한다.(면이 회전하면서 결과적으로 면이 깎여 나간 것처럼 되었다. 그 반대방향으로 값을 주면 면이 더해지는 현상을 보인다.)

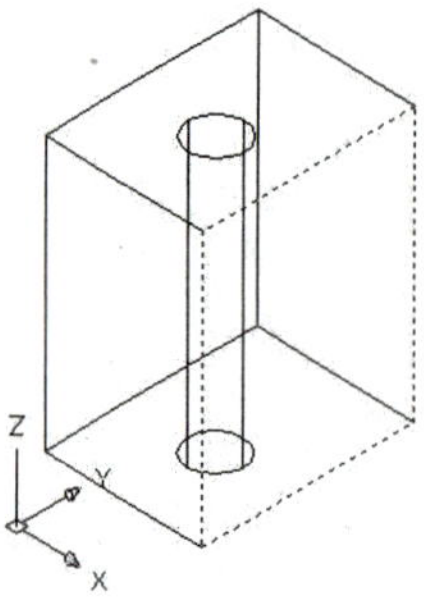

▲ 그림 A

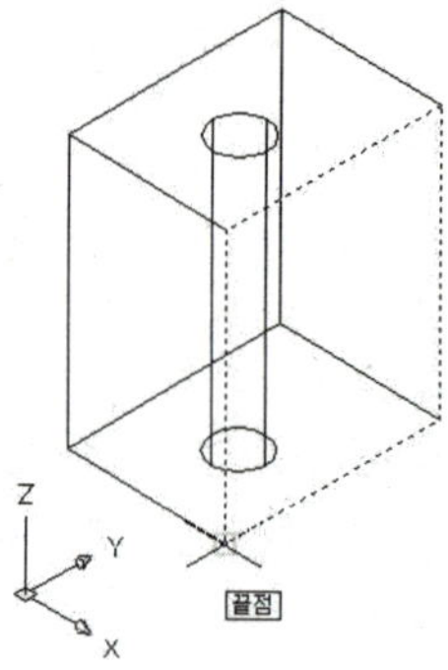

▲ 그림 B

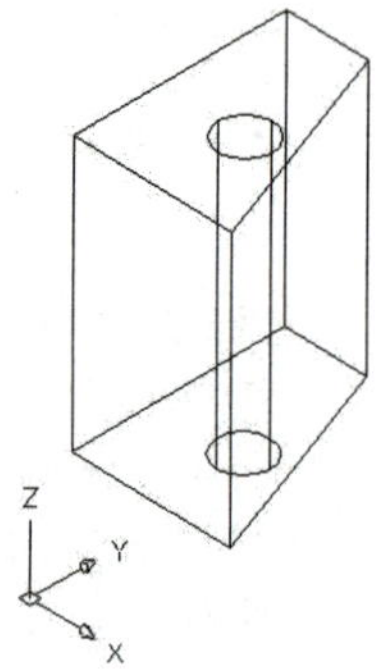

▲ 결과

④ 면 간격 띄우기(O) : 지정한 값만큼 면을 간격 띄운다.

> [돌출(E)/이동(M)/회전(R)/간격 띄우기(O)/테이퍼(T)/삭제(D)/복사(C)/색상(L)/재료(A)/명령 취소(U)/종료(X)] 〈종료(X)〉: O
> 면 선택 또는 [명령 취소(U)/제거(R)]: ← 대상을 선택한다.
> 면 선택 또는 [명령 취소(U)/제거(R)/전체(ALL)]:
> 간격 띄우기 거리 지정: −2 ← "−" 값을 주면 구멍이 커지고 "+" 값을 주면 구멍이 좁아진다.

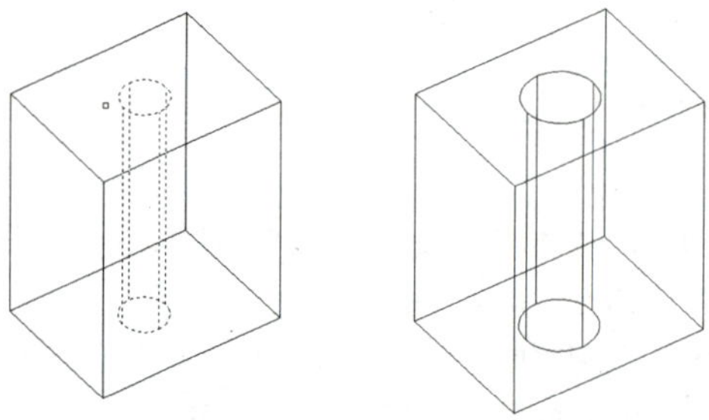

▲ 결과

⑤ 테이퍼(T) : 면에 경사를 준다.

> [돌출(E)/이동(M)/회전(R)/간격 띄우기(O)/테이퍼(T)/삭제(D)/복사(C)/색상(L)/재료(A)/명령 취소(U)/종료(X)] 〈종료(X)〉: T
> 면 선택 또는 [명령 취소(U)/제거(R)]: ← 대상을 선택한다.
> 면 선택 또는 [명령 취소(U)/제거(R)/전체(ALL)]: ← 관계없는 면은 제외시킨다.
> 면 선택 또는 [명령 취소(U)/제거(R)/전체(ALL)]:
> 기준점 지정: ← 기준점을 지정한다.(그림 B)
> 테이퍼 축을 따라 다른 점 지정: ← 경사 축 방향을 지정한다.(그림 C)
> 테이퍼 각도를 지정:20 ← 경사 각도를 입력한다.

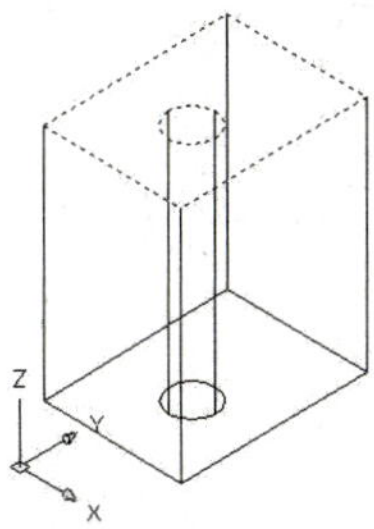

▲ 그림 A

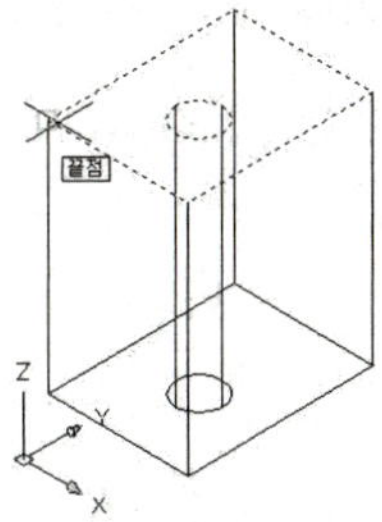

▲ 그림 B

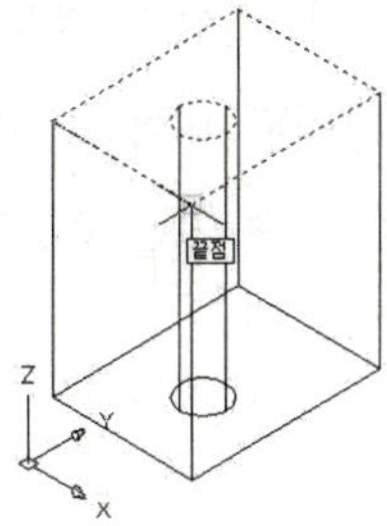

▲ 그림 C

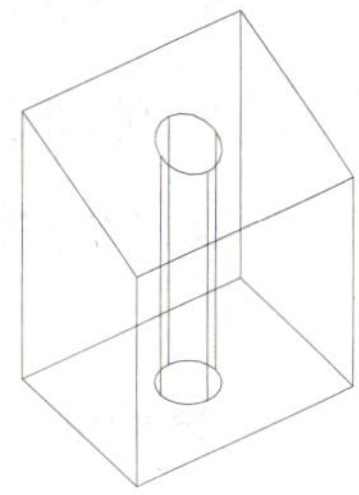

▲ 결과

⑥ 삭제(D) : 이미 작업된 Fillet, Chamfer, 구멍 등을 없앨 수 있다.

```
[돌출(E)/이동(M)/회전(R)/간격 띄우기(O)/테이퍼(T)/삭제(D)/복사(C)/색상(L)/재료(A)/명령 취소(U)/종료(X)] <종료(X)>: D
면 선택 또는 [명령 취소(U)/제거(R)]:      ← 삭제 대상을 선별하여 선택한다.(그림 A)
면 선택 또는 [명령 취소(U)/제거(R)/전체(ALL)]:
```

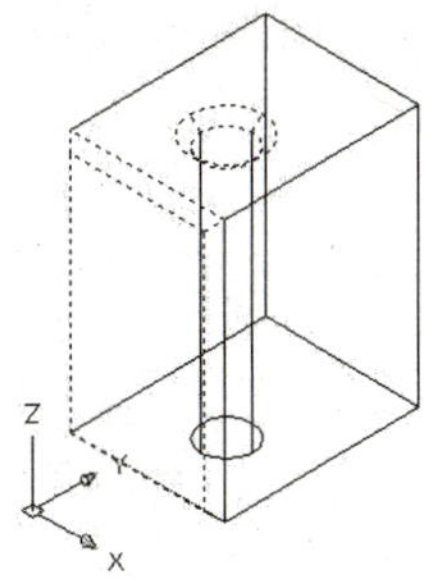

▲ 그림 A

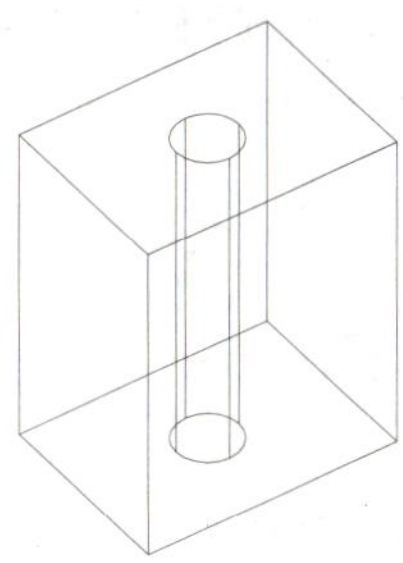

▲ 삭제 결과

⑦ 복사(C) : 작업된 솔리드에서 면(평면 솔리드 : Region)을 따내어 복사한다. 면 정보를 그대로 옮길 수 있다.

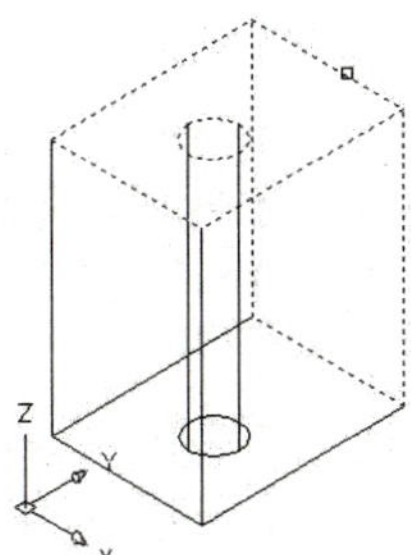

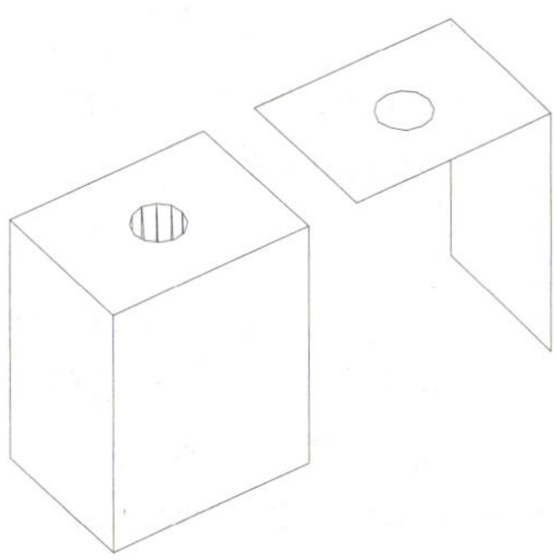

▲ 면을 복사한 결과

⑧ 색상(L) : 면에 색상(1~255가지)을 지정할 수 있다.

⑨ 재료(A) : 선택된 면에 재료를 할당한다.

⑩ 명령 취소(U) : 작업을 취소한다.

✷ 모서리(E)

모서리를 편집한다.

```
명령: SOLIDEDIT
솔리드 편집 자동 점검:  SOLIDCHECK=1
솔리드 편집 옵션 [면(F)/모서리(E)/본체(B)/명령 취소(U)/종료(X)] 〈종료〉: E
모서리 편집 옵션 [복사(C)/색상(L)/명령 취소(U)/종료(X)] 〈종료〉:
```

- 복사(C) : 작업된 솔리드에서 모서리만 복사해 낼 수 있다. 앞에서 배운 Face의 Copy와 비슷하나 이것은 면 정보는 없고 단지 모서리 정보만을 복사한다.
- 색상(L) : 모서리에 색상(1~255가지)을 지정할 수 있다.

✷ 본체(B)

몸체를 편집한다.

```
명령: Solidedit
솔리드 편집 자동 점검:  SOLIDCHECK=1
솔리드 편집 옵션 [면(F)/모서리(E)/본체(B)/명령 취소(U)/종료(X)] 〈종료〉: B
본체 편집 옵션 입력
[각인(I)/솔리드 분리(P)/쉘(S)/비우기(L)/점검(C)/명령 취소(U)/종료(X)] 〈종료〉:
```

- 각인(I) : 솔리드와 겹치는 다른 요소의 윤곽을 솔리드 물체에 남긴다. 남겨진 윤곽을 이용해 다른 작업을 할 수 있게 한다.(명령 Imprint와 동일하다.)

```
[각인(I)/솔리드 분리(P)/쉘(S)/비우기(L)/점검(C)/명령 취소(U)/종료(X)] 〈종료〉: I
3D 솔리드 선택:     ← 솔리드를 선택한다.(그림 A)
각인할 하나의 객체를 선택:  ← 겹친 요소를 선택한다.
원본 객체를 삭제합니까? [예(Y)/아니오(N)] 〈N〉: y   ← 겹치지 않은 부위의 삭제
                                                      여부를 결정한다.
```

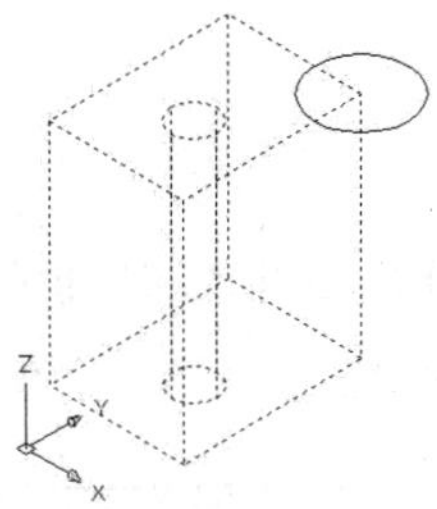

▲ 그림 A

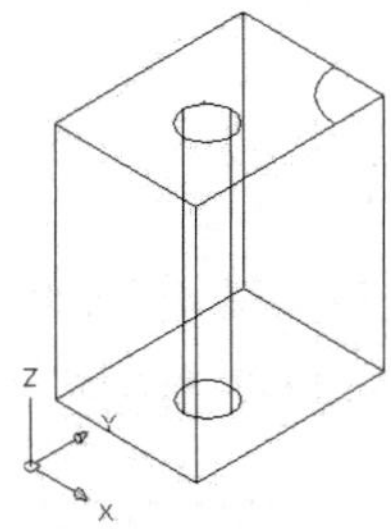

▲ 결과 A

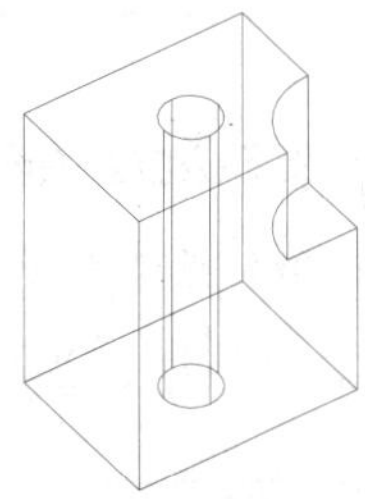

▲ 결과 B

✎ 결과 B는 남겨진 윤곽을 이용 Solidedit의 Face에서 Extrude를 "－" 값을 준 결과이다.

• 솔리드 분리(P) : 불 연산 등으로 나누어진 요소를 독립적인 개체로 분리한다.

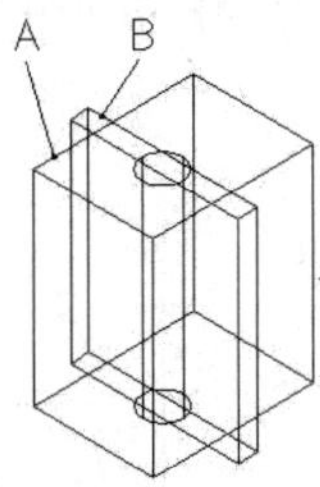

▲ 그림 A

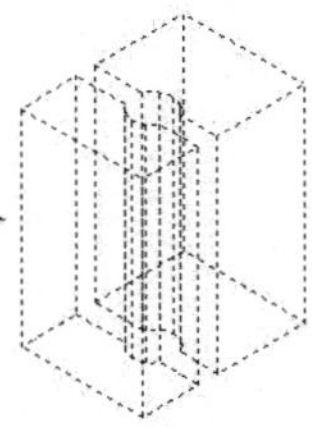

▲ 그림 B

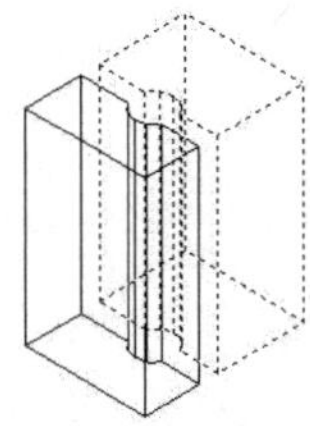

▲ 그림 C

솔리드 A에서 B를 Subtract하면 2개의 솔리드가 떨어져 있지만(그림 A) 선택해 보면 하나로 인식된다.(그림 B) 이럴 때 각각의 독립적인 개체로 분리한다.(그림 C)

• 쉘(S) : 솔리드 물체의 외곽을 따라 두께를 줘서 속이 빈 형태를 만든다.

```
[각인(I)/솔리드 분리(P)/쉘(S)/비우기(L)/점검(C)/명령 취소(U)/종료(X)] 〈종료〉: S
3D 솔리드 선택:              ← 대상을 선택한다.
면 제거 또는 [명령 취소(U)/추가(A)/전체(ALL)]:  ← 관계없는 면은 제외시킨다.
    …
면 제거 또는 [명령 취소(U)/추가(A)/전체(ALL)]:
쉘 간격 띄우기 거리 입력: 2      ← 두께 값을 입력한다.
```

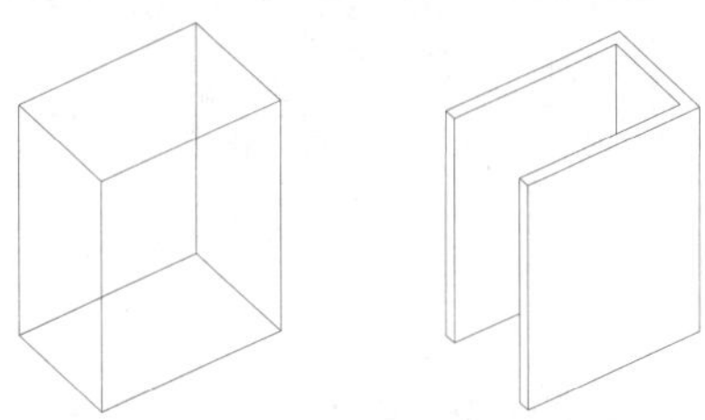

✎ 선택에서 제외된 부분이 삭제되고 나머지 부분이 주어진 두께 값이 적용된다는 사실을 알 수 있다.

• 비우기(L) : 솔리드 물체에서 중복된 요소를 삭제, 정비한다.

• 점검(C) : 솔리드 요소인지 점검한다.

6 솔리드 표현 및 기타

1) 영역(REG, Region) 

선택한 객체를 평면 솔리드로 변경한다. 닫힌 폴리선, 선 및 곡선(원형 호, 원, 타원형 호, 타원, 스플라인)이 변경 가능한 요소이다.

명령: REG
객체 선택:　← 대상을 선택한다.

다음은 평면 솔리드로 변경 후 "차집합"을 한 결과이다.

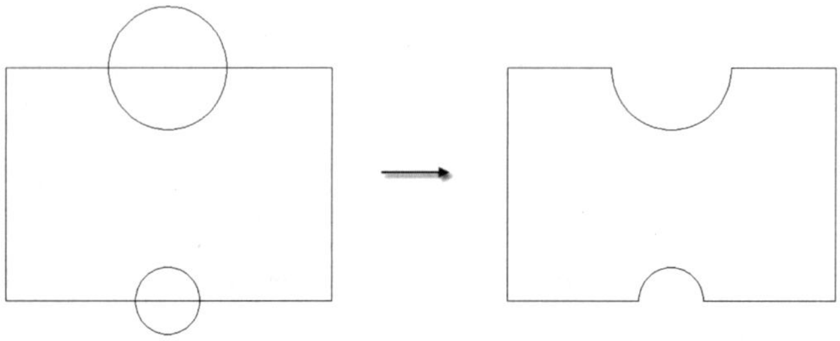

2) Isolines

3D 솔리드의 곡선 표면에 표시되는 솔리드의 선밀도를 조정한다.(0~2047)

명령: Isolines
ISOLINES에 대한 새 값 입력 〈4〉:

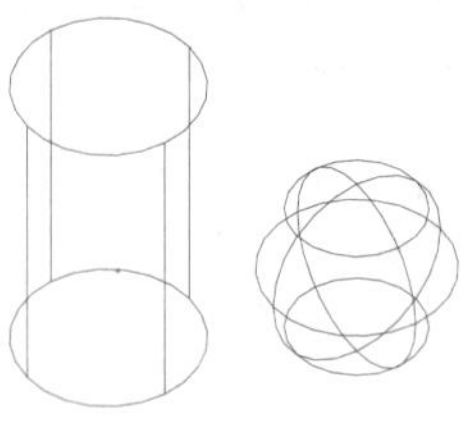

▲ 기본 값 4일 때

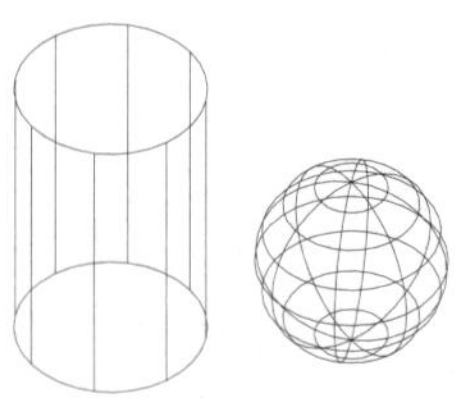

▲ 8로 조정한 후

3) Facetres

음영 처리 및 렌더링된 객체 및 은선이 제거된 객체의 부드럽기를 조정한다.(0.01~10)

명령: Facetres
FACETRES에 대한 새 값 입력 〈0.5000〉:

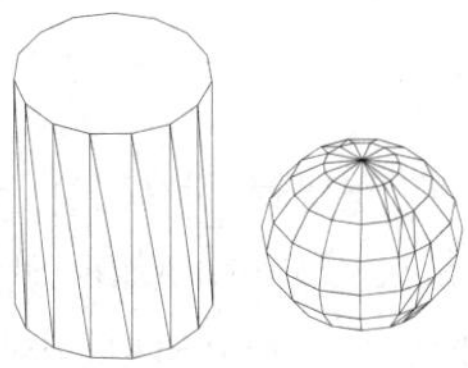

▲ 기본 값 0.5일 때

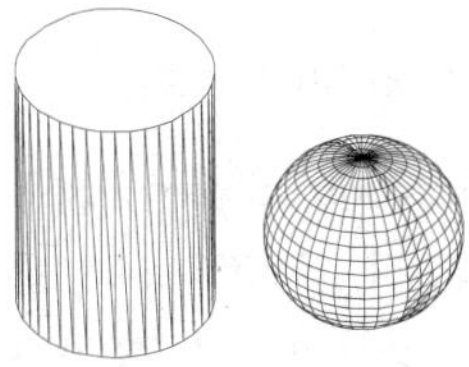

▲ 4로 조정 후

☞ 값이 클수록 부드럽게 표현되지만 작업 속도를 저하시킬 수 있다.

4) Dispsilh

2D 와이어프레임 또는 3D 와이어프레임 비주얼 스타일에서 3D 솔리드 객체의 윤곽 모서리 표시 여부를 결정한다.

명령: Dispsilh
DISPSILH에 대한 새 값 입력 〈0〉:

- 0 : 제거하지 않고 표현한다.
- 1 : 제거한다.

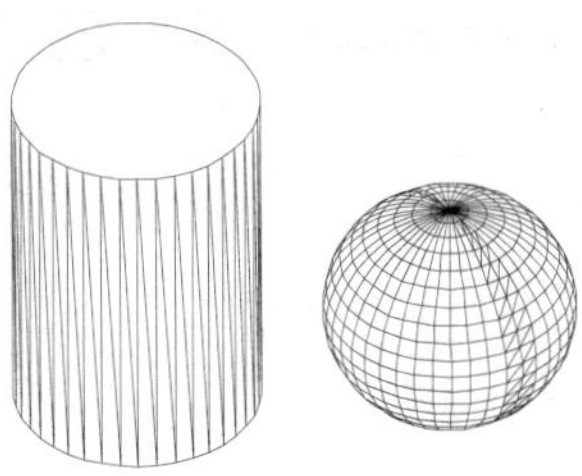

▲ 0 - 제거하지 않고 표현

▲ 1 - 제거한다.

5) Delobj

Revolve, Extrude 작업 등을 위해 그렸던 형상을 보관할지 아니면 삭제할지를 지정한다.

> **명령:** Delobj
> DELOBJ에 대한 새 값 입력 〈3〉:

- 0 : 제거하지 않는다.
- 1 : Extrude, Sweep, Revolve 및 Loft 명령에 사용되는 것을 포함하여 윤곽 곡선을 삭제한다. Convtosolid, Convtosurface, Convtonurbs 및 Convtomesh 명령에 대한 모든 정의 형상을 제거한다. Loft 명령에서 사용되는 횡단도 삭제된다.
- 2 : Sweep 및 Loft 명령에 사용되는 경로와 안내 곡선을 포함하여 모든 정의 형상을 삭제한다.
- 3 : 동작으로 인해 솔리드 객체가 작성되는 경우 Sweep 및 Loft 명령과 함께 사용한 경로 및 안내 곡선을 비롯하여 모든 정의 형상을 삭제한다. Convtosolid, Convtosurface, Convtonurbs 및 Convtomesh 명령의 모든 정의 형상을 제거한다.
- −1 : Extrude, Sweep, Revolve 및 Loft 명령에 사용되는 것을 포함하여 윤곽 곡선을 삭제하라는 프롬프트가 표시된다. Loft 명령에 사용되는 횡단을 제거하라는 프롬프트가 표시된다. Convtosolid, Convtosurface 및 Convtomesh 명령의 원본 형상이 프롬프트 없이 제거된다.
- −2 : Sweep 및 Loft 명령에 사용되는 경로와 안내 곡선을 포함하여 모든 정의 형상을 삭제하라는 프롬프트가 표시된다. Convtosolid, Convtosurface 및 Contomesh 명령의 원본 형상이 프롬프트 없이 제거된다.
- −3 : 결과 도면 요소가 어떠한 유형의 표면이든 모든 정의 형상을 삭제한다는 프롬프트를 표시한다. 솔리드 도면 요소를 작성하는 모든 원본 형상을 삭제한다. Convtosolid, Convtosurface, Convtonurbs 및 Convtomesh 명령의 원본 형상이 프롬프트 없이 제거된다.

7 질량 특성(Massprop)

메뉴: 도구 ➠ 조회 ➠ 영역/질량 특성
도구: 조회

그려진 솔리드의 질량 특성을 계산하여 표시하여 준다.

① 동일 평면에 있는 영역과 동일 평면상에 있지 않은 영역은 면적, 둘레, 경계상자, 중심 등을 표시해 준다.

② 동일 평면에 있는 영역은 관성 모멘트, 관성, 주 모멘트와 중심에 대한 X, Y, Z 방향 등을 표시해 준다.

③ 솔리드는 질량(Mass), 체적(Volume), 경계상자(Bounding box), 중심(Centroid), 관성 모멘트(Moments of inertia), 관성 곱(Products of inertia), 회전 반경(Radii of gyration), 주모멘트 중심에 대한 X, Y, Z 방향(Principal moments and X-Y-Z directions about centroid) 등을 표시해 준다.

```
명령: Massprop
객체 선택:  ← 대상 솔리드를 선택한다.
 ----------------     솔리드     ----------------
질량:                    31568.1159
체적       :              31568.1159
경계 상자      :          X: 303.4337  --  333.4337
                      Y: 256.0872  --  277.7614
                      Z: 0.0000  --  50.0000
중심       :           X: 318.3979
                      Y: 267.2124
                      Z: 25.0000
관성 모멘트            :   X: 2281530740.2294
                      Y: 3229027323.3896
                      Z: 5457944537.1079
관성곱                      : XY: 2685822758.1057
                     YZ: 210884837.2058
                     ZX: 251280542.9807
회전 반경            :    X: 268.8369
                      Y: 319.8244
                      Z: 415.8055
중심에 관하여 주 모멘트와 X-Y-Z 방향:
                      I: 7758434.6974   [1.0000 0.0090 0.0000]
                      J: 9009492.9976   [-0.0090 1.0000 0.0000]
                      K: 3614546.0672   [0.0000 0.0000 1.0000]
파일에 분석을 쓰겠습니까 ? [예(Y)/아니오(N)] <N>: ← 분석 내용을 파일로 저장 여부를
                                                  선택한다.
```

문제 1 | Solid 명령으로 아파트 실내 만들기

다음 평면도를 근거로 하여 3차원을 완성시켜 보자.

- 작업 조건 : 벽의 높이는 2400mm, 문의 높이는 2100mm으로 하고 기타 치수는 실물의 크기 또는 작업자가 정하여 작성하며 각종 가구나 집기류도 모델링하여 삽입한다.

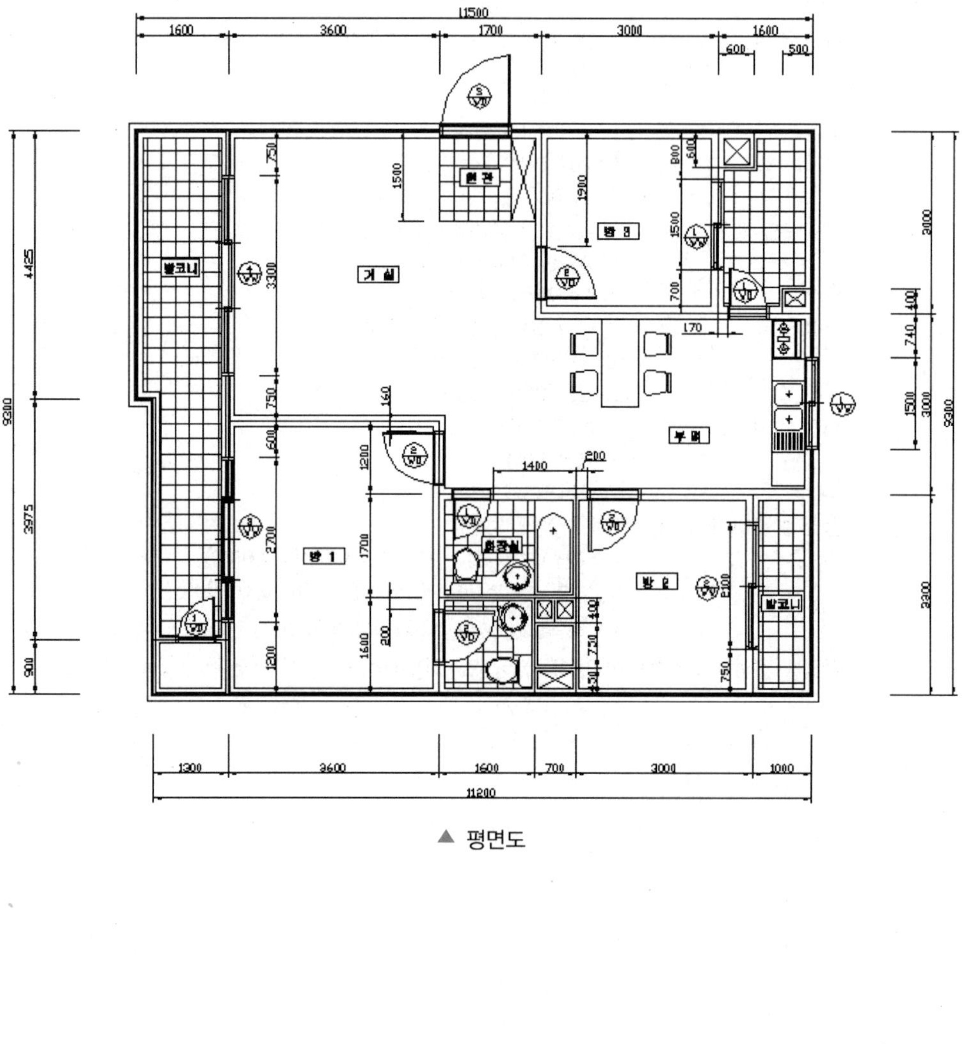

▲ 평면도

연습문제

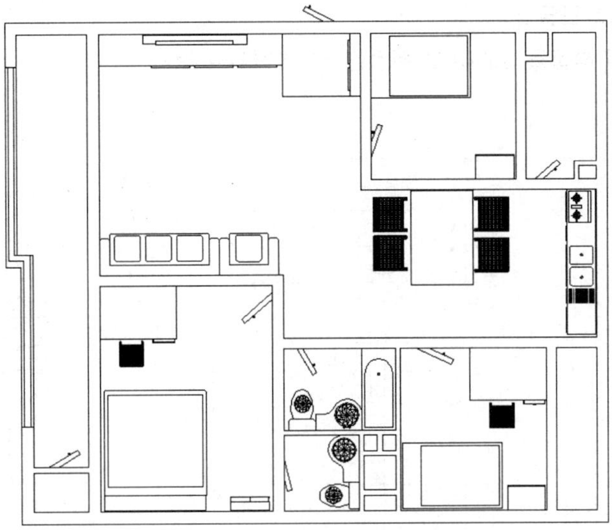

▲ 완성된 3차원의 Plan View

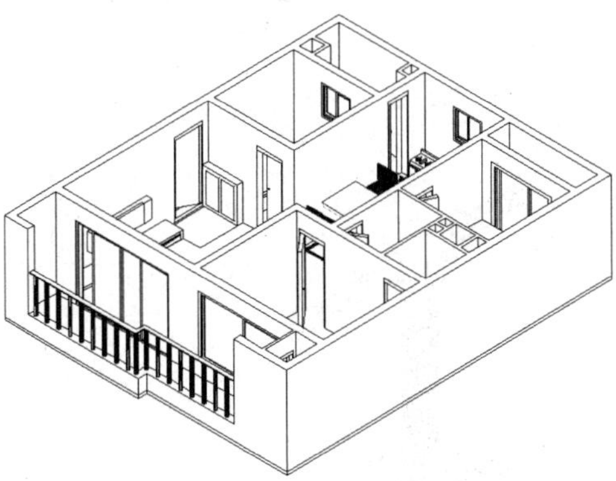

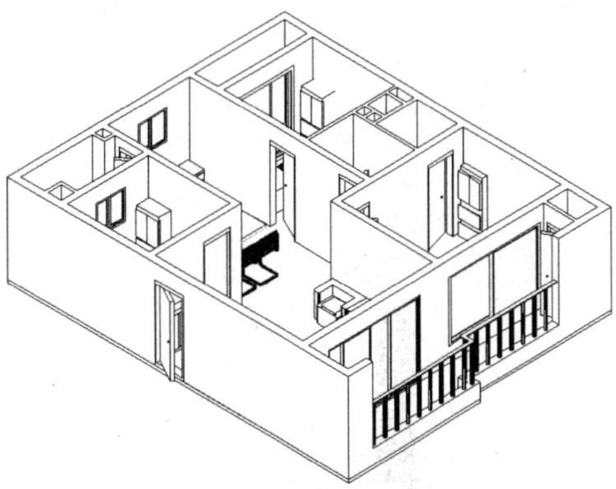

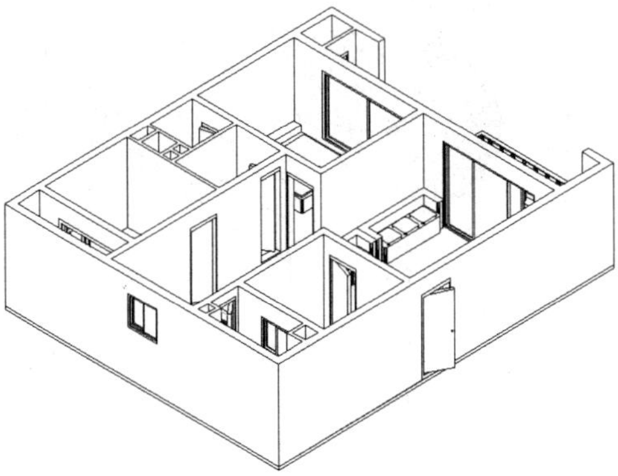

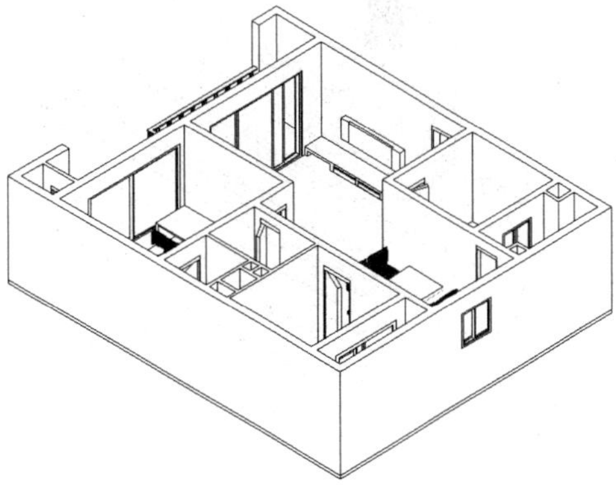

문제 2 | 클램프 지그 만들기

다음 3개의 부품을 Solide로 완성한 후 조립시켜 보자.

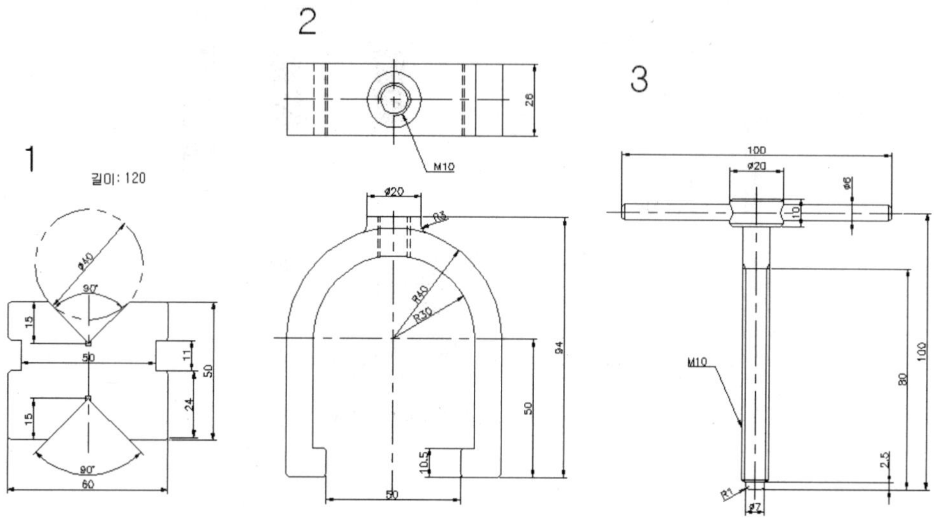

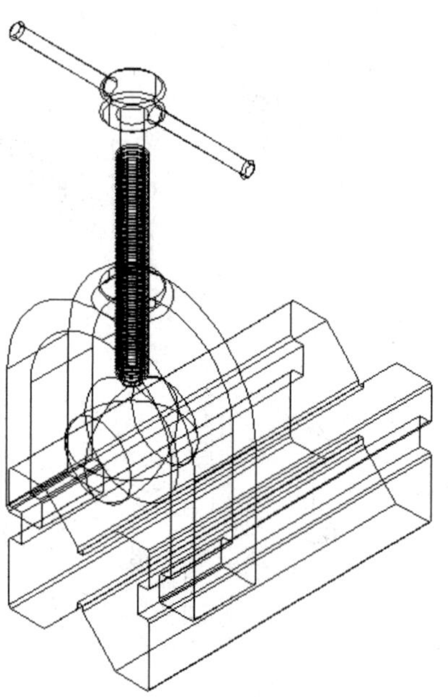

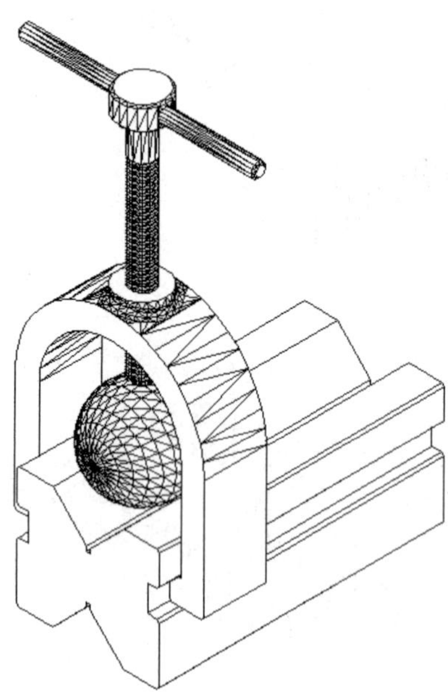

12 모형 공간과 도면 공간

AutoCAD는 기본 작업이 모형 공간(Model Space)에서 이뤄지며, 출력 또한 그 모형 공간 내에서 하여도 별 관계가 없으나, 3차원 객체와 2차원 객체를 적절히 배치하여 효율적인 출력을 하려면 배치(Layout)를 사용한다.

1 배치(Layout)

메뉴: 삽입 ➠ 배치 ➠ 새 배치(N)
메뉴: 삽입 ➠ 배치 ➠ 템플릿으로부터 배치
도구: 배치

모형 공간에서 작업한 물체를 종이에 부착하는 효과를 가지는 도면 공간으로 여러 개의 공간을 설정하여 사용할 수 있다.

명령: Layout
배치 옵션 입력 [복사/삭제/새로 만들기/템플릿/이름 바꾸기/다름 이름으로 저장(SA)/설정/?] 〈설정〉:

- 복사 : 배치를 복사한다.
- 삭제 : 배치를 삭제한다.
- 새로 만들기 : 새 배치 탭을 만든다.
- 템플릿 : 템플릿(DWT), 도면(DWG) 또는 도면 교환(DXF) 파일의 기존 배치를 기준으로 새 배치 탭을 작성한다.
- 이름 바꾸기 : 배치의 이름을 변경한다.
- 다름 이름으로 저장(SA) : 배치를 도면 템플릿(DWT) 파일로 저장한다.
- 설정 : 배치를 현재 배치로 만든다.
- ? : 도면에 정의된 모든 배치를 나열한다.

▲ Layout 탭을 선택하면 화면이 전환된다.

2 배치 뷰포트(Mv, Mview)

배치에서 화면 분할을 하며 Vports를 이용한 화면 분할도 가능하다.

명령: MV
뷰포트 구석 지정 또는
[켜기(ON)/끄기(OFF)/맞춤(F)/음영플롯(S)/잠금(L)/객체(O)/다각형(P)/복원(R)/도면층(LA)/2/3/4] 〈맞춤(F)〉:

- 켜기(ON) : 선택한 뷰포트를 활성화한다. 활성 뷰포트는 모형 공간의 객체를 표시한다.
- 끄기(OFF) : 선택한 뷰포트를 비활성화한다. 선택할 때 뷰포트의 가장자리를 선택해야 한다.
- 맞춤(F) : 뷰포트를 현재 화면에 맞게 생성한다.
- 음영플롯(S) : 명명된(도면 공간) 배치에서 뷰포트가 플롯 되는 방식을 지정한다.
  - 표시되는 대로 : 뷰포트가 화면에 표시되는 그대로 플롯 되도록 지정한다.
  - 와이어프레임 : 뷰포트가 현재 화면 표시에 관계없이 와이어프레임으로 플롯 되도록 지정한다.
  - 숨김 : 뷰포트가 현재 화면 표시에 관계없이 은선을 제거하고 플롯 되도록 지정한다.
  - 모든 비주얼 스타일 : 뷰포트가 지정된 비주얼 스타일을 사용하여 플롯 되도록 지정한다.
  - 모든 렌더 사전 설정 : 뷰포트가 지정된 렌더 사전 설정을 사용하여 플롯 되도록 지정한다.

- 잠금(L) : 선택한 뷰포트의 줌 축척 비율이 모형 공간에서 작업할 때 변경되지 못하도록 한다.
- 객체(O) : 닫힌 폴리선, 타원, 스플라인, 영역 또는 원을 지정하여 뷰포트로 변환한다.

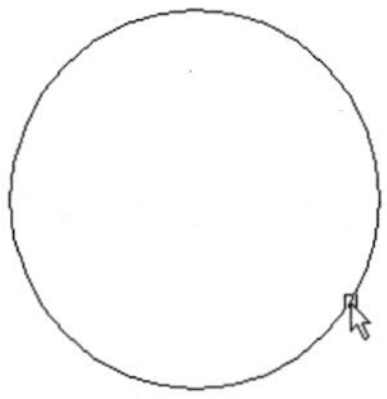

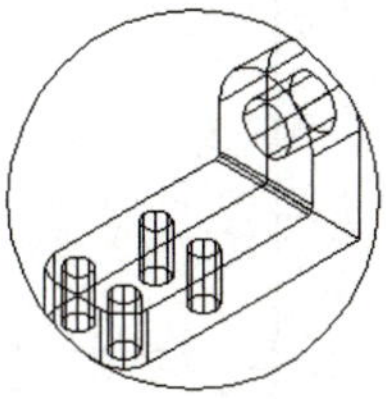

▲ 결과

- 다각형(P) : 지정한 점을 사용하여 불규칙한 모양의 뷰포트를 작성한다.

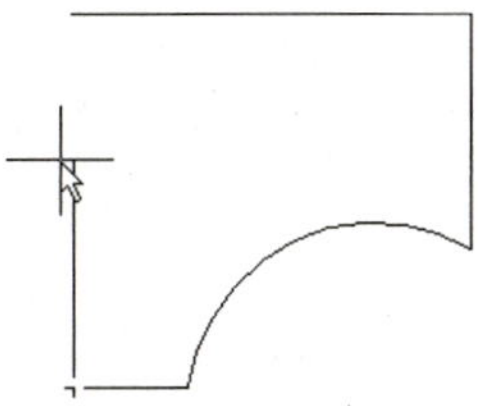

▲ Pline으로 그리는 것과 같다.

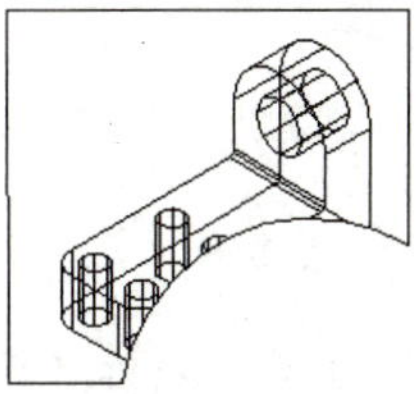

▲ 결과

- 복원(R) : Vports 명령으로 저장된 뷰포트 구성을 복원한다.
- 도면층(LA) : 선택한 뷰포트에 대한 도면층 특성 재지정을 전역 도면층 특성으로 재설정한다.
- 2 : 지정한 영역을 동일한 크기의 두 개의 뷰포트로 수평 또는 수직 분할한다.
- 3 : 지정한 영역을 세 개의 뷰포트로 분할한다.
- 4 : 지정한 영역을 동일한 크기의 네 개의 뷰포트로 수평 및 수직 분할한다.

3 Ms, Mspace

배치의 도면 공간에서 배치 뷰포트의 모형 공간으로 일시적으로 전환하게 한다. 이 상태에서는 뷰포트 내에 들어가 작업 가능하다. 출력하면 배치 상태로 자동 전환되면서 출력된다.

전환하는 가장 쉬운 방법은 마우스로 뷰포트 바깥지역(B)을 더블클릭하면 배치 상태가 되고 뷰포트 안쪽(A)을 더블클릭하면 모형 공간으로 전환된다.

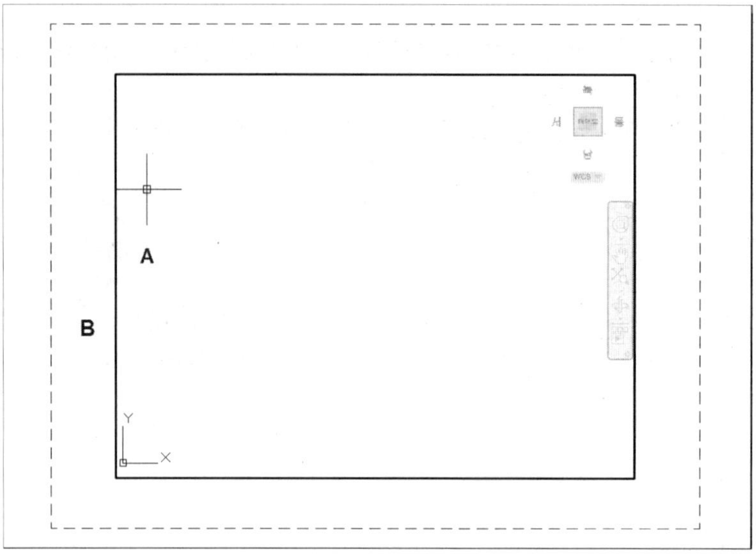

4 Ps, Pspace

다시 배치 상태로 전환시킨다.

5 Mvsetup

모형 공간과 배치에서 각각 다른 용도로 쓰인다.

1) 모형 공간에서 적용

도면 용지 설정을 하게 한다. 명령이 완료되면 도면 한계가 자동 설정되며, 도면 한계에 맞춰 용지 테두리선이 자동으로 그려진다.

명령: Mvsetup
도면 공간을 사용가능하게 합니까? [아니오(N)/예(Y)] 〈Y〉: n
단위 유형 입력 [공학(S)/십진(D)/엔지니어링(E)/건축(A)/미터법(M)]:

- 공학(S) : 과학 단위에 의거한 도면 용지를 설정한다.
- 십진(D) : 십진 단위에 의거한 도면 용지를 설정한다.
- 엔지니어링(E) : 공학 단위에 의거한 도면 용지를 설정한다.
- 건축(A) : 건축 단위에 의거한 도면 용지를 설정한다.
- 미터법(M) : 미터법에 의거한 도면 용지를 설정한다.(우리나라는 미터법을 사용한다.)

다음은 A4 크기에 1/20 축척을 위한 도면 설정이다.

명령: Mvsetup
도면 공간을 사용가능하게 합니까? [아니오(N)/예(Y)] 〈Y〉: N ← "Y"를 선택하면 배치 공간으로 전환된다.
단위 유형 입력 [공학(S)/십진(D)/엔지니어링(E)/건축(A)/미터법(M)]: M ← 미터법 옵션이다.
미터 축척
================
(5000) 1:5000
(2000) 1:2000
(1000) 1:1000
(500) 1:500
(200) 1:200
(100) 1:100
(75) 1:75
(50) 1:50
(20) 1:20
(10) 1:10
(5) 1:5
(1) 전체
축척 비율 입력: 20 ← 1/20 축척 비율이다.
용지 폭 입력: 297 ← 폭 297×20 크기로 설정된다.
용지 높이 입력: 210 ← 높이 210×20 크기로 설정된다.

2) 배치에서 적용

명령: Mvsetup
옵션 입력 [정렬(A)/뷰포트 작성(C)/뷰포트 축척(S)/옵션(O)/제목 블록(T)/명령 취소(U)]:

- 정렬(A) : 한 뷰포트의 한 점을 기준으로 다른 뷰의 한 점을 정렬(수직, 수평, 각도) 및 회전 가능하다.
- 뷰포트 작성(C) : 뷰포트를 생성하거나 삭제한다.
  - 0을 입력하거나 Enter 키를 누르면 뷰포트가 작성되지 않는다.
  - 1을 입력하면 다음과 같은 프롬프트에 의해 크기가 결정되는 단일 뷰포트가 작성된다.
  - 2를 입력하면 지정한 영역을 4등분하여 네 개의 뷰포트가 작성된다.
- 뷰포트 축척(S) : 모델 공간과 LAYOUT 뷰포트간의 척도 설정한다.
- 옵션(O) : 도면을 변경하기 전에 선택사항을 설정한다.
- 제목 블록(T) : 프로그램이 제공하는 표제란을 입력하게 한다.

6 공간 변경(Chspace)

메뉴: **수정 ➠ 공간 변경**

리본: **제도 및 주석 ➠ 홈 ➠ 수정 ➠ 공간 변경**

배치(Layout)에서 도면 공간에서 그린 객체를 모형 공간으로 도형 공간에서 그린 객체를 도면 공간으로 이동시킨다.

> **명령:** Chspace
> 객체 선택: ← 대상을 선택한다.
> 객체 선택: TARGET 뷰포트를 활성으로 설정하고 Enter 키를 눌러 계속하십시오.: ← 이동시키고자 하는 뷰포트를 지정한다.

13 도면 공간과 주석 축척

도면을 완성 후 도면 공간에서 축척이 다른 뷰를 설정하여 출력하고자 할 때 주석 기능을 사용하면 "문자, 테이블, 치수, 공차, 지시선과 다중지시선, 블록, 속성" 등을 축척에 따른 크기를 조정하지 않고 정해진 주석 축척에 따라 자동 조정된다.

실습 건축 도면을 A4용지에 1/100 축척으로 출력하고 아래쪽 화장실은 부분 상세도로 1/30, 주방 싱크대는 부분 상세도 1/50로 출력하는 조건으로 주석 축척을 적용해 본다.

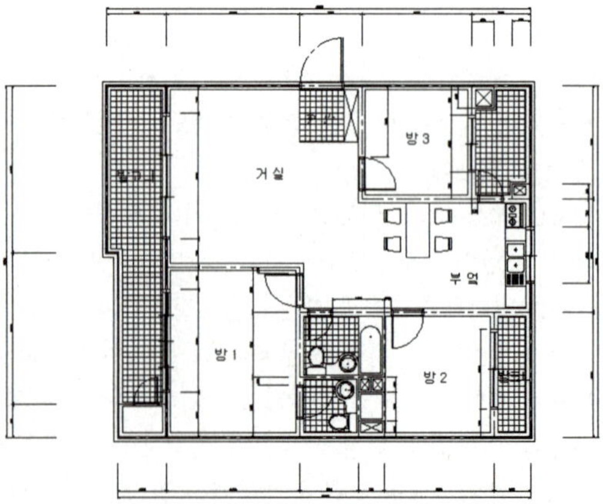

따라 하기

1. 도면층을 분리해 놓아야 한다.

2. 도면 공간으로 전환한 후 자동으로 생긴 뷰는 지우고 Mview 명령으로 뷰를 만든다. 뷰 외부를 더블 클릭하여 도면 공간으로 다시 전환하여 상세도 1/30, 1/50을 적용할 뷰를 2개 만든다. 원이나 다각형을 그려놓고 Mview 옵션에서 객체(O)로 선택하면 다양한 모양의 뷰를 만들 수 있다.(그림 1)

3. Ch 명령으로 뷰를 선택하여 1/30, 1/50, 1/100로 주석 축척 및 표준 축척을 설정한다.(그림 2)

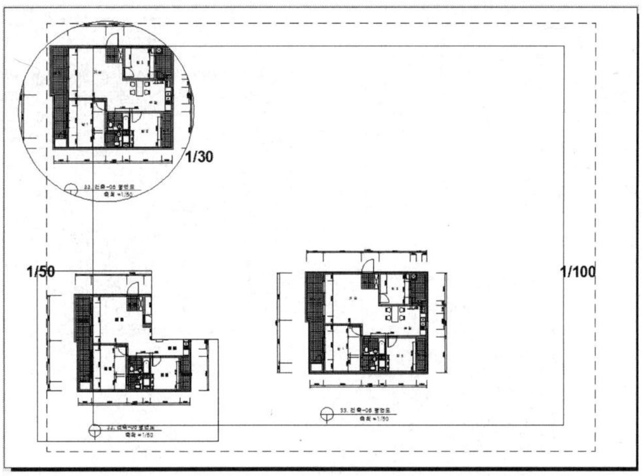

▲ 그림 1

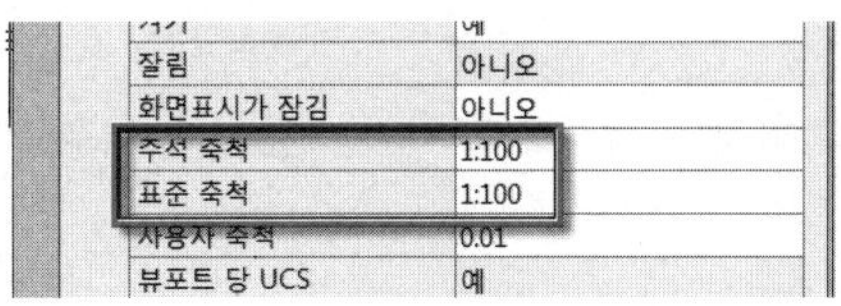

▲ 그림 2

4. 1/100뷰로 안쪽을 더블 클릭하여 모형 공간 전환한 뒤 "치수"를 선택하고 주석 축척을 1/100을 설정한다.(그림 3)

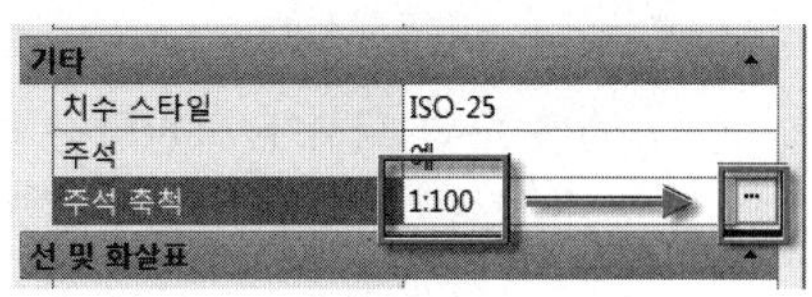

▲ 그림 3

5. 그 옆에 생기는 버튼을 클릭하여 1/30, 1/50을 추가한다.(그림 4)

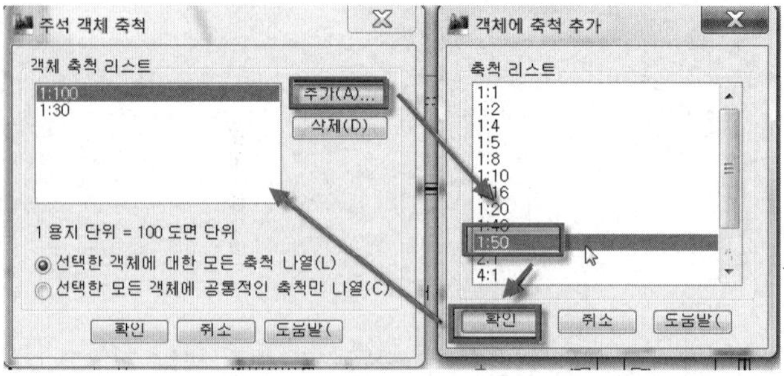

▲ 그림 4

4~5항까지의 같은 방법으로 문자, 해치에도 주석 축척을 적용한다.

6. 최종적으로 각 뷰의 안쪽을 더블 클릭하여 모형 공간상에서 각각의 축척에 맞게 Zoom 명령에서 1/30xp, 1/50xp, 1/100xp로 조정한다.

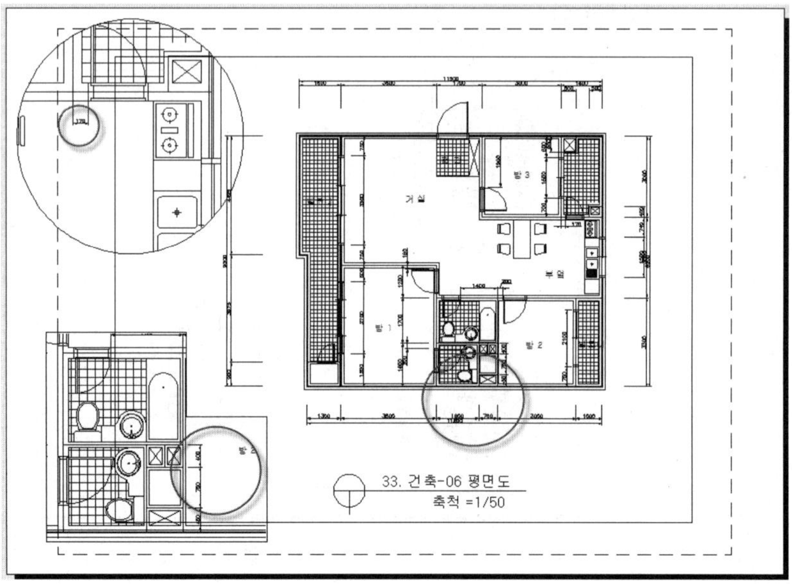

▲ 그림 5

7. 각 뷰의 축척은 달라도 표시되는 문자나 치수 등이 동일한 크기로 조정됨을 알 수 있다.

1 Objectscale

선택한 주석 객체에 지원되는 축척을 추가 또는 삭제한다. 모형 공간에서만 실행된다.

명령: Objectscale
주석 객체 선택:

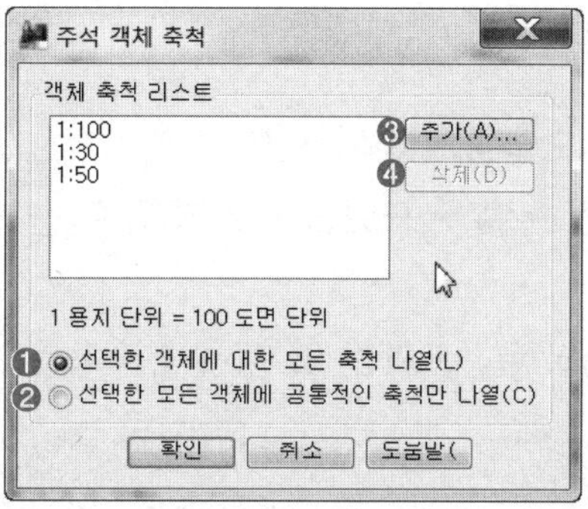

① 선택한 객체에 대한 모든 축척 나열 : 선택한 객체가 지원하는 모든 축척이 객체 축척 목록에 표시되도록 지정한다.

② 선택한 모든 객체에 공통적인 축척만 나열 : 선택한 모든 객체에 공통적으로 지원되는 축척만 객체 축척 목록에 표시되도록 지정한다.

③ 추가 : 객체에 축척 추가 대화상자를 표시한다.

④ 삭제 : 선택한 축척을 축척 리스트에서 제거한다.

14 3차원 솔리드를 2차원 도면으로 만들기

다음 예제를 가지고 3차원 솔리드를 2차원 도면으로 만들어 보자.

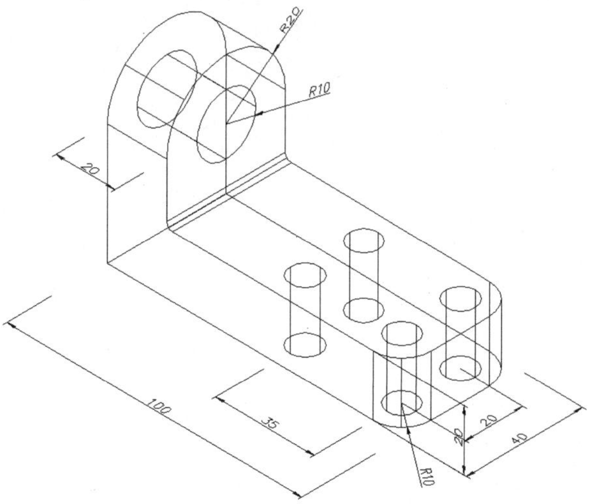

1 솔리드 뷰(Solview)

메뉴: 그리기 ➠ 모델링 ➠ 설치 ➠ 뷰
리본: 3D 모델링 ➠ 홈 ➠ 모델링 ➠ 솔리드 뷰

3D 솔리드의 직교 뷰, 도면층 및 배치 뷰포트를 자동으로 작성한다.

명령: Solview
배치 재생성 중. ← 모형 공간에서 명령을 실행하면 배치로 자동 전환된다.
도면 재생성 중 - 뷰포트 캐싱.
옵션 입력 [UCS(U)/직교(O)/보조(A)/단면(S)]: U ← 현재 UCS에 직교 투영하기
옵션 입력 [명명됨(N)/표준(W)/?/현재(C)] 〈현재〉: Enter↵
뷰 축척 입력 〈1〉: ← 뷰 축척을 입력한다.
뷰 중심 지정: ← 뷰의 중심점을 지정한다.
뷰 중심 지정 〈뷰포트 지정〉: Enter↵
뷰포트의 첫 번째 구석 지정: ← 뷰의 구역 첫 점을 설정한다. P1
뷰포트의 반대 구석 지정: ← 뷰의 구역 두 번째 점을 설정한다. P2
뷰 이름 입력: plan-1 ← 뷰의 이름을 명명한다.
옵션 입력 [UCS(U)/직교(O)/보조(A)/단면(S)]:

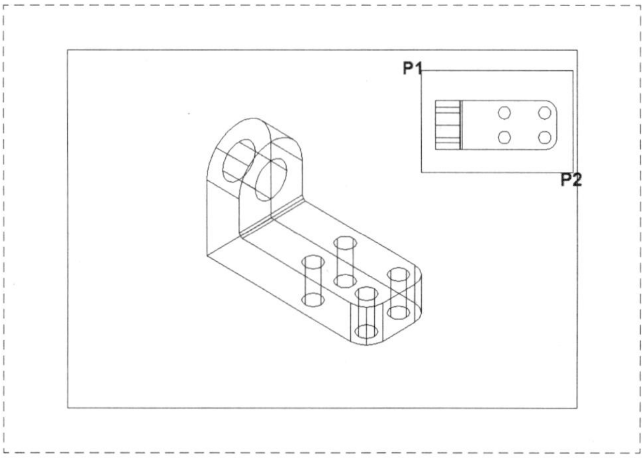

2 솔리드 도면(Soldraw)

메뉴: 그리기 ➠ 모델링 ➠ 설치 ➠ 도면

리본: 3D 모델링 ➠ 홈 ➠ 모델링 ➠ 솔리드 도면

Solview로 작성된 뷰포트를 선택하여 윤곽 및 단면을 작성하면서 보이지 않는 부분을 자동으로 분류하여 도면층을 형성시킨다. Hidden선을 Load시켜 놓아야 보이지 않는 부분은 자동으로 Hidden선으로 대치된다.

Solview로 작성된 뷰포트에만 적용된다.

명령: Soldraw
그리기 할 뷰포트 선택..
객체 선택: ← P1
객체 선택:
한 개의 솔리드가 선택됨.

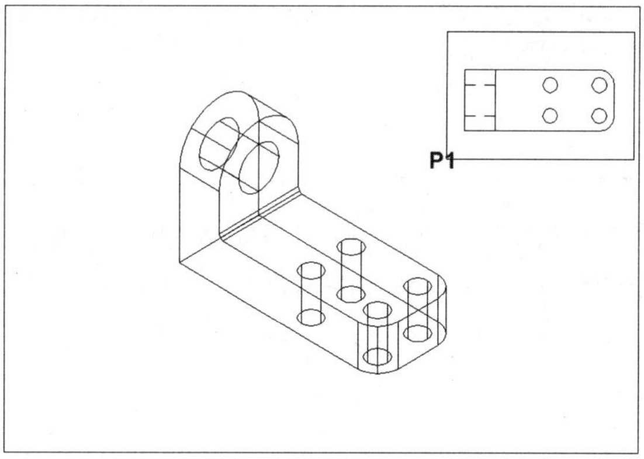

3 솔리드 프로파일(Solprof)

메뉴: 그리기 ➠ 모델링 ➠ 설치 ➠ 프로파일

리본: 3D 모델링 ➠ 홈 ➠ 모델링 ➠ 솔리드 프로파일

3차원 솔리드를 2차원 도형으로 추출한다. Solview, Soldraw를 사용하지 않고 Solprof 명령으로 2차원 도형 작성을 할 수 있다. 단, 배치 모드에서 Mview가 작업되어 있어야 하고, 모형 공간으로 일시 전환된 상태에서만 작동한다.

명령: Solprof
객체 선택:　← 대상을 선택한다.
객체 선택:
분리된 도면층상에 가려진 윤곽선을 표시하겠습니까? [예(Y)/아니오(N)] 〈Y〉: ← 가려진 윤곽선의 표시 여부를 결정한다.
평면상에 윤곽선을 투영하겠습니까? [예(Y)/아니오(N)] 〈Y〉: ← 평면상에 윤곽선 투영 여부를 결정한다.
접선 모서리를 삭제하겠습니까? [예(Y)/아니오(N)] 〈Y〉: ← 곡면 부분의 접선 삭제 여부를 결정한다.

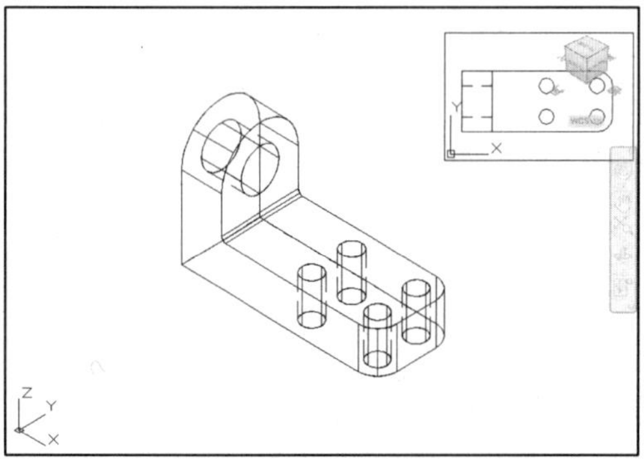

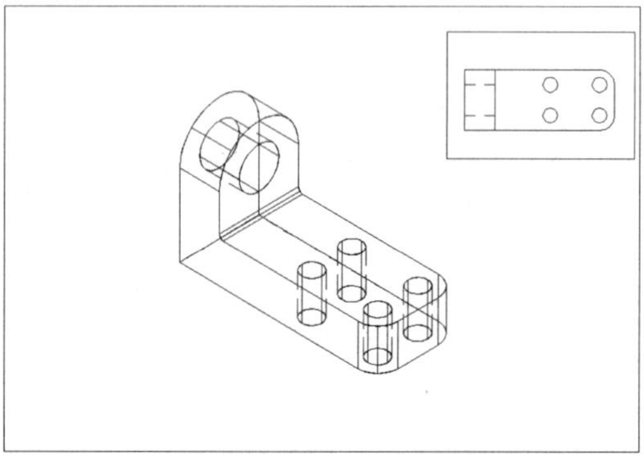

✧ 도면층을 보면 "Ph-"나 "-Hid"는 Hidden선에 해당하는 도면층이고 "Pv-"나 "-Vis"는 실선에 해당하는 Layer이며, Hidden선에 해당하는 도면층을 동결해 보면 다음 그림과 같다. V는 Visible, H는 Hidden의 약자이다.

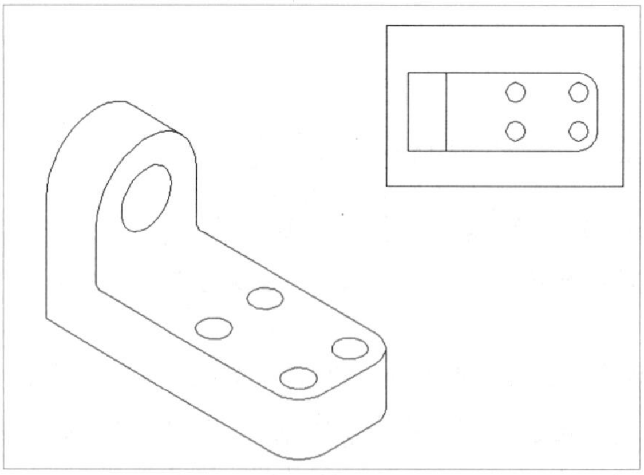

15 동적보기(Dview)

3차원 객체를 정투상 및 원근 투상을 실시간으로 한다. Dviewblock할 대상을 선택하지 않고 그냥 Enter↵하면 자체 Dviewblock으로 동적 보기를 하게 되고 명령을 종료했을 때, 실재하는 Object도 똑 같은 방향으로 투상이 이뤄진다. 사용자가 살피고자하는 작업물의 데이터 량이 많으면 투상 속도가 느려지기 때문에 일단 자체 Dviewblock으로 동적 보기를 하고 빠져나가면 작업한 물체도 같은 뷰로 설정되기 때문에 훨씬 효율적이다.

명령: Dview
객체 선택 또는 〈DVIEWBLOCK 사용〉:
옵션 입력
[카메라(CA)/표적(TA)/거리(D)/점(PO)/초점 이동(PA)/줌(Z)/비틀기(TW)/자르기(CL)/숨기기(H)/끄기(O)/명령 취소(U)]:
모형 재생성 중.

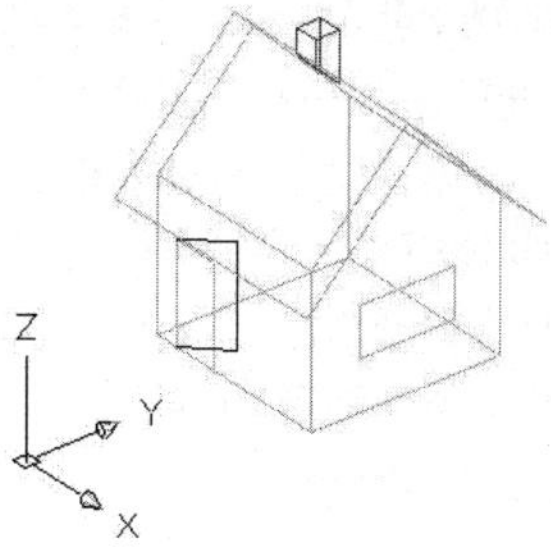

- 카메라(CA) : 카메라(눈)의 위치를 조정한다. 각도가 +값일 때 Z의 정방향 시점이 된다.
- 표적(TA) : 바라볼 목표점을 조정한다. 각도가 −값일 때 Z의 정방향 시점이 된다.

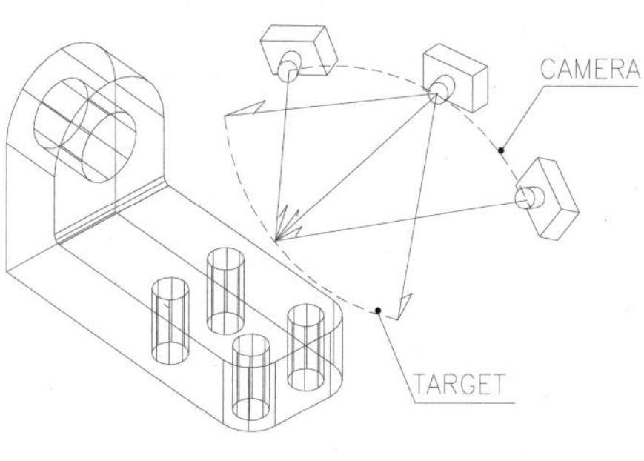

• 거리(D) : 카메라와 물체간의 거리를 조정하며 투시도 모드가 켜진다.

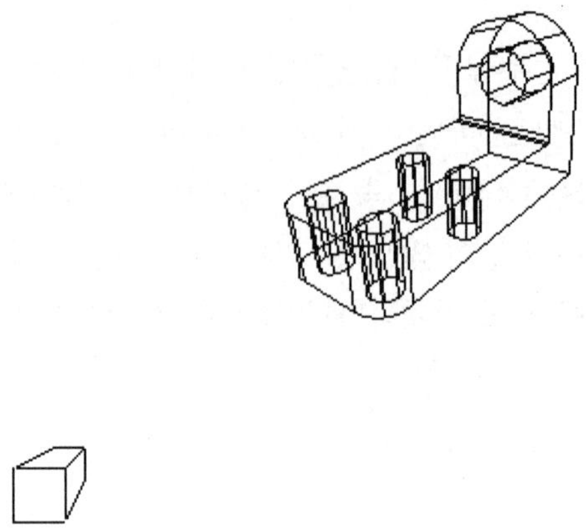

– 우측 하단에 원근감 있는 상자 아이콘이 투시도 모드를 나타내는 아이콘이다.

• 점(PO) : CAmera와 TArget을 동시에 조정한다.
• 초점이동(PA) : 도면 이동을 한다. 일반 PAN 명령과 달리 화면 각도가 변하는 것에 유의한다.
• 줌(Z) : 도면을 확대/축소한다. 거리 조정 후에 실행하면 원근감이 많이 나타난다.
• 비틀기(TW) : 관측 방향을 비틀어 회전시킨다.
• 자르기(CL) : 관측 방향을 기준으로 물체의 앞 또는 뒤쪽을 절단하여 살핀다.
• 숨기기(H) : 은선 제거를 한다.
• 끄기(O) : 투시도 모드를 해제한다.
• 명령 취소(U) : 마지막 실행을 취소한다.

연습문제

문제 1 | 다음 솔리드를 완성한 뒤 2차원 도면을 만들어 보자.

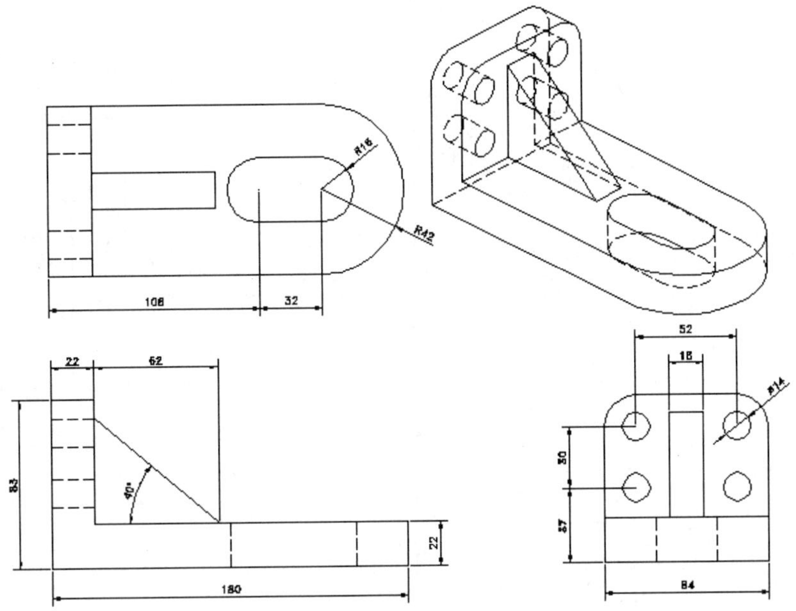

문제 2 | 다음을 솔리드 모델링한 후 2차원 도면을 추출해 보자.

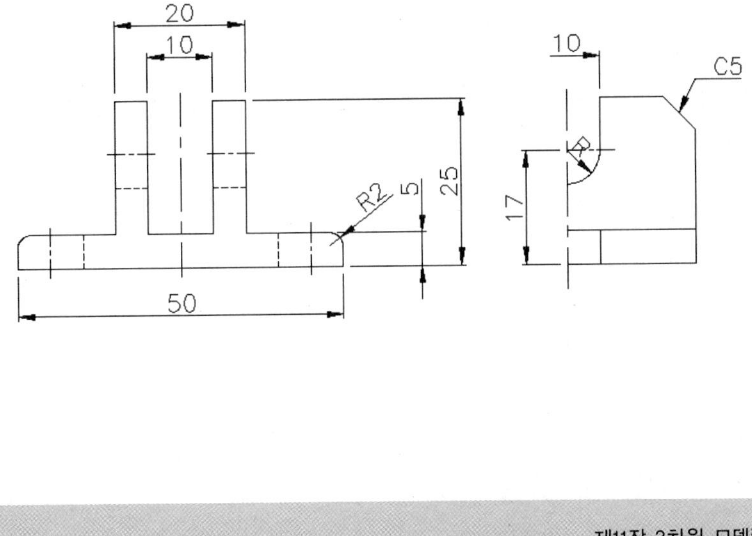

연습문제

문제 ı 다음을 솔리드 모델링한 후 2차원 도면을 추출해 보자.

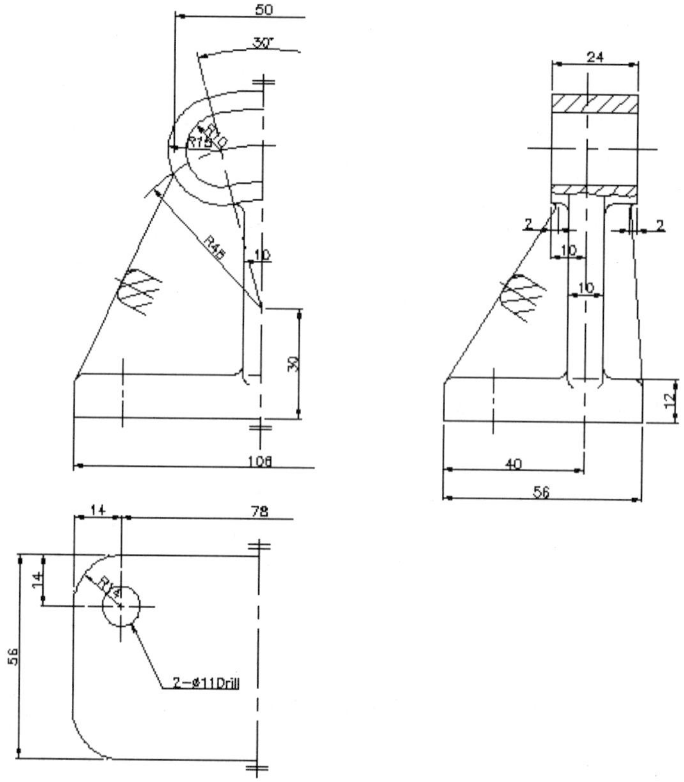

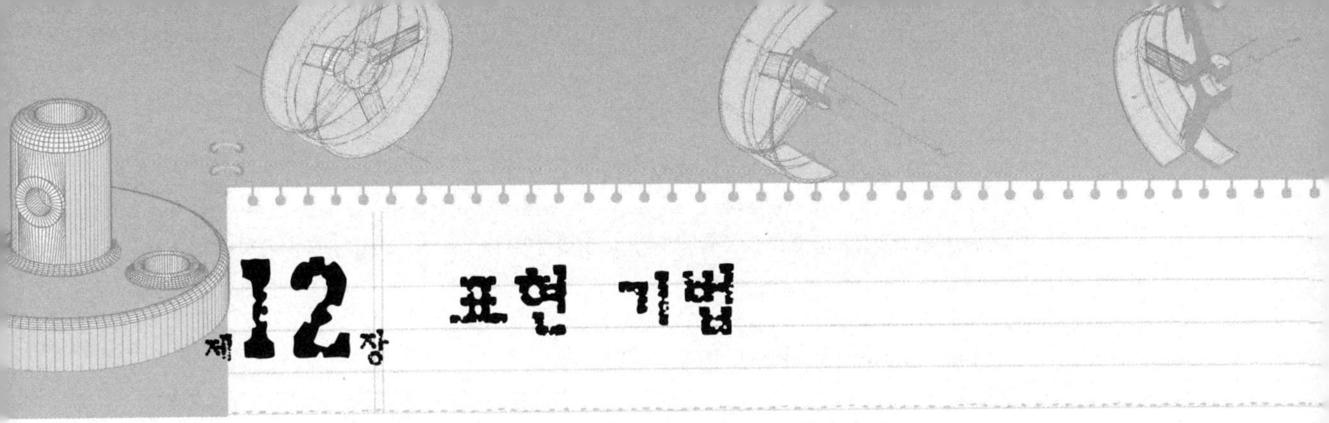

제12장 표현 기법

1 라이트

1) 기본 조명(Defaultlighting)

기본으로 주어지는 광원(빛)은 작업자 어깨너머 뒤에서 비추는 듯한 희미한 빛이다. 다른 조명 대신에 기본 조명을 켜거나 끈다. 기본 값은 "1"이다.

명령: Defaultlighting
DEFAULTLIGHTING에 대한 새 값 입력 〈1〉:

2) 점(Pointlight)

메뉴: 뷰 ➠ 렌더 ➠ 라이트 ➠ 새 포인트 라이트
리본: 3D 모델링 ➠ 렌더 ➠ 라이트 패널 ➠ 라이트 작성▽ ➠ 점
도구: 라이트

점광원은 백열등처럼 모든 방향으로 빛을 방출한다.

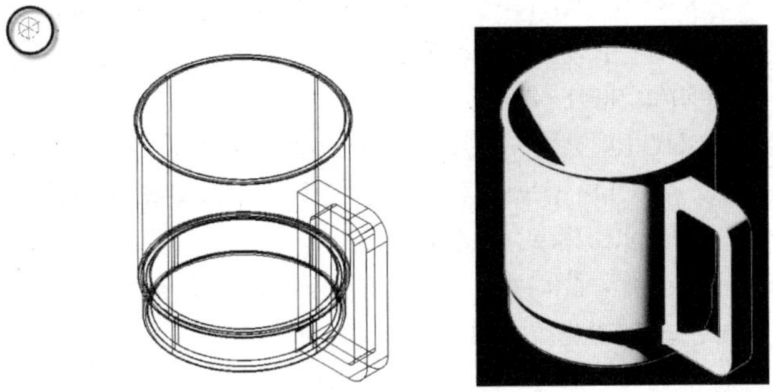

• 다음과 같은 프롬프트가 표시된다.

원본 위치 지정 ⟨0,0,0⟩; ← 좌표값을 입력하거나 좌표 입력 장치를 사용한다.

• Lightingunits 시스템 변수가 0일 때

[이름(N)/광도(I)/상태(S)/그림자(W)/감쇠(A)/색상(C)/종료(X)] ⟨종료⟩:

• Lightingunits 시스템 변수가 1 또는 2일 때

[이름(N)/광도 비율(I)/상태(S)/광도 측정법(P)/그림자(W)/감쇠(A)/필터 색상(C)/종료(X)] ⟨종료⟩:

Lightingunits : 일반 조명 또는 포토메트릭 웹 라이트가 사용되는지 조정하고 도면의 조명 단위를 지정한다.

- 0 : 조명 단위가 사용되지 않으며 표준(일반) 조명이 활성화된다.
- 1 : 미국 조명 단위(피트 촉광)가 사용되며 포토메트릭 웹 라이트가 활성화된다.
- 2 : 국제 조명 단위(럭스)가 사용되며 포토메트릭 웹 라이트가 활성화된다.(이 시스템 변수가 1 또는 2로 설정된 경우 포토메트릭 웹 라이트가 활성화되고 그 외의 경우에는 표준(일반) 조명이 사용된다.)

• 이름(N) : 최대 길이는 256자의 라이트의 이름을 지정한다. 이름에 대소문자, 숫자, 공백, 하이픈(-) 및 밑줄(_)을 사용할 수 있다.

• 광도/광도 비율(I) : 라이트의 광도 또는 밝기를 설정한다. 범위는 0.00부터 시스템에서 지원되는 최댓값까지이다.

광도 입력(0.00 - 최대 부동) ⟨1.0000⟩:

- 칸델라(기호 : cd)는 광도 분포에 대한 SI 단위이다. 광원이 특정 방향으로 방사한 감지 파워이다. Cd/Sr
- 럭스(기호 : lx)는 조도에 대한 SI 단위이다. Lm/m^2
- 피트촉광(기호: fc)은 조도에 대한 미국식 단위이다. Lm/ft^2

• 상태(S) : 라이트를 켜거나 끈다.

[켜기(N)/끄기(F)] ⟨켜기⟩:

• 광도 측정법(P) : 광도 측정은 Lightingunits 시스템 변수가 1 또는 2로 설정된 경우에 사용할 수 있다. 광도 측정은 가시 광원의 광도 분포에 대한 측정이다.

[광도(I)/색상(C)/종료(X)] ⟨I⟩:

- 광도 : 광도 값(칸델라 단위), 광선속 감지 파워 값 또는 전체 표면의 광선속 입사에 대한 조도 값을 입력한다.

– 색상 : 색상 이름 또는 켈빈 온도를 기준으로 라이트의 색상을 지정한다. 색상 이름 리스트를 표시하려면 ?를 입력한다.

• 그림자(W) : 라이트 주사로 그림자 만들기

[끄기(O)/선명한(S)/부드러운 매핑(F)/부드러운 샘플링(A)] 〈선명한〉:

– 끄기 : 라이트에 대한 그림자의 표시 및 계산을 끈다. 그림자를 끄면 성능이 향상된다.

– 선명한 : 선명한 모서리를 가진 그림자를 표시한다. 성능을 향상시키려면 이 옵션을 사용한다.

– 부드러운 매핑 : 부드러운 모서리를 가진 실제 그림자를 표시한다.

– 부드러운 샘플링 : 확장된 광원을 바탕으로 실제 그림자를 보다 부드러운 그림자(반영)로 표시한다.

[쉐이프(S)/샘플(A)/가시성(V)/종료(X)]〈종료〉 :

– 쉐이프(S) : 쉐이프의 치수를 차례로 입력하여 그림자의 쉐이프를 지정한다.

– 샘플(A) : 입력하여 샘플 크기를 지정한다.

– 가시성(V) : 그림자에 대한 쉐이프의 가시성을 지정한다.

• 감쇠(A)

[감쇠 유형(T)/한계 사용(U)/감쇠 시작 한계(L)/감쇠 끝 한계(E)/종료(X)]〈종료〉:

– 감쇠 유형 : 거리가 멀어짐에 따라 빛이 감소하는 정도를 조정한다.(없음 : 감쇠 없음으로 설정한다. 포인트 라이트로부터 멀리 있는 객체의 밝기가 라이트에 가까이 있는 객체의 밝기와 같다.

역 선형 : 감쇠를 라이트로부터의 선형 거리와 반비례되게 설정한다.

역 제곱 : 감쇠를 라이트로부터의 거리에 대한 제곱 값과 반비례되게 설정한다.)

– 한계 사용 : 한계의 사용 여부를 지정한다.

– 감쇠 시작 한계 : 라이트가 라이트의 중심으로부터 간격 띄우기로 시작하는 점을 지정한다. 기본 값은 0이다.

– 감쇠 끝 한계 : 라이트가 라이트의 중심으로부터 간격 띄우기로 시작하는 점을 지정한다.

• 색상/필터 색상(C) : 라이트의 색상을 조정한다.

– 트루컬러 : 트루컬러를 지정한다. R,G,B(빨간색, 초록색, 파란색) 형식으로 입력한다.

– 색인 : ACI(AutoCAD 색상 색인) 색상을 지정한다.

– HSL : HSL(색조, 채도, 광도) 색상을 지정한다.

– 색상표 : 색상표에서 색상을 지정한다.

3) 스폿(Spotlight)

메뉴: 뷰 ➠ 렌더 ➠ 라이트 ➠ 새 스폿라이트

리본: 3D 모델링 ➠ 렌더 ➠ 라이트 ➠ 라이트 작성▽ ➠ 스폿

도구: 라이트

원본 위치 지정 〈0,0,0〉: ← 좌표값을 입력하거나 좌표 입력장치를 사용한다.
대상 위치 지정 〈1,1,1〉: ← 좌표값을 입력하거나 좌표 입력장치를 사용한다.

① Lightingunits 시스템 변수가 0일 때

변경할 옵션 입력 [이름/광도(I)/상태/핫스폿/쇠퇴/그림자(W)/감쇠/색상(C)/종료(X)] 〈종료〉:

② Lightingunits 시스템 변수가 1 또는 2일 때

변경할 옵션 입력 [이름/광도 비율(I)/광도 측정/상태/핫스폿/쇠퇴/그림자(W)/감쇠/필터 색상(C)/종료(X)] 〈종료〉:

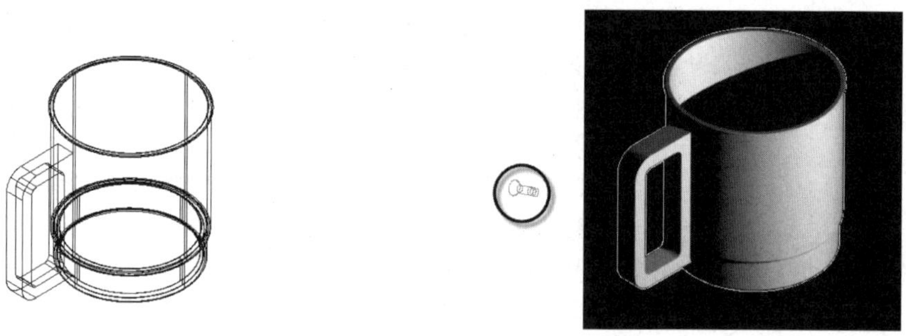

4) 원거리(Distantlight)

메뉴: **3D 모델링 ➠ 뷰 ➠ 렌더 ➠ 라이트 ➠ 새 원거리 라이트**
리본: **렌더 ➠ 라이트 ➠ 라이트 작성▽ ➠ 원거리**
도구: **라이트**

라이트 시작 방향 지정 〈0,0,0〉 또는 [벡터(V)]: ← 점을 지정하거나 v를 입력한다.
라이트 대상 방향 지정 〈1,1,1〉: ← 점을 지정한다.

① 벡터 옵션을 입력한 경우

벡터 방향 지정 〈0.0000,-0.0100,1.0000〉: ← 벡터를 입력한다.

② 라이트 방향을 지정한 후 Lightingunits 시스템 변수를 0으로 설정하면

[이름/광도(I)/상태/그림자(W)/색상(C)/종료(X)] 〈종료〉:

③ Lightingunits 시스템 변수가 1 또는 2로 설정되어 있는 경우

[이름/광도 비율(I)/상태/광도 측정/그림자(W)/필터 색상(C)/종료(X)] 〈종료〉

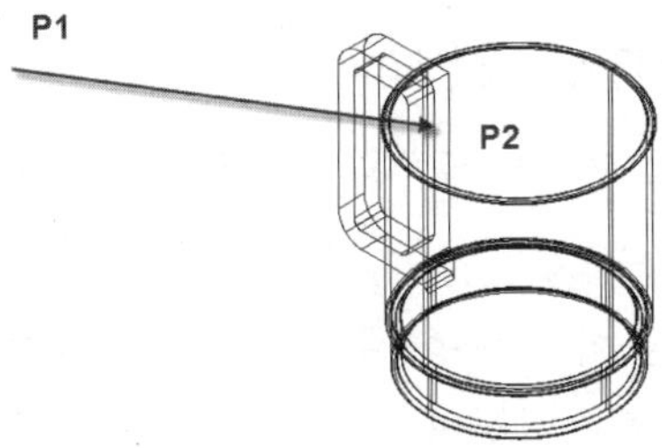

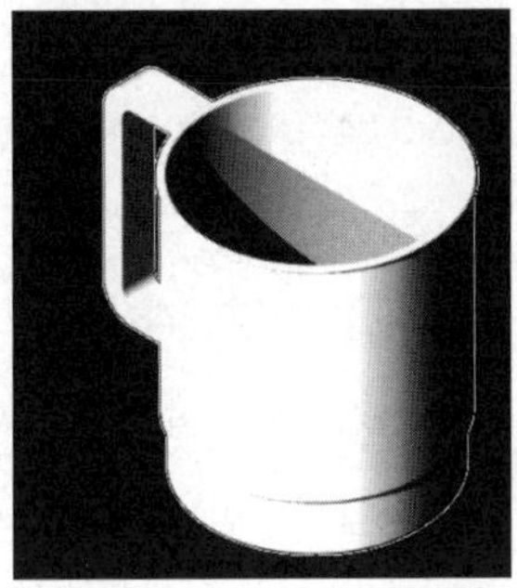

☞ 인터페이스 객체가 표시되지 않는다.

5) 웹라이트(Weblight)

리본: **3D 모델링 ➠ 렌더 ➠ 라이트 ➠ 라이트 작성▽**
도구: **라이트**

원본 위치 지정 〈0,0,0〉: ← 좌표값을 입력하거나 좌표 입력장치를 사용한다.
대상 위치 지정 〈1,1,1〉: ← 좌표값을 입력하거나 좌표 입력장치를 사용한다.
변경할 옵션 입력 [이름/광도 비율(I)/상태/광도 측정/웹(B)/그림자(W)/필터 색상(C)/종료(X)] 〈종료〉:

☞ Lightingunits가 "1"이어야 한다.

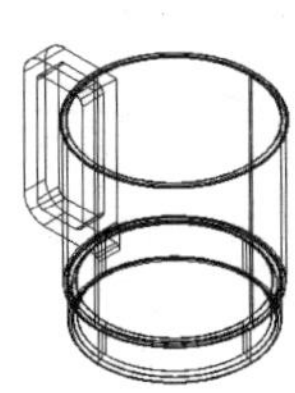

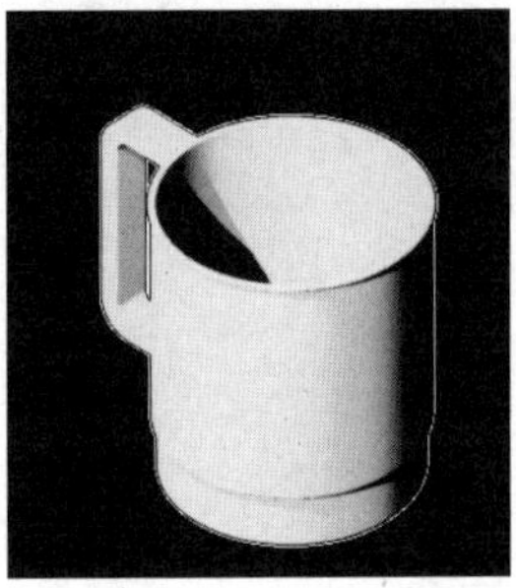

6) 모형 라이트(Lightlist)

메뉴: 뷰 ➠ 렌더 ➠ 라이트 ➠ 라이트 리스트

리본: 3D 모델링 ➠ 작업 공간 렌더 ➠ 라이트 ➠ 모형의 라이트

도구: 렌더

해당 모형의 모든 라이트가 나열되어 있는 모형의 라이트 팔레트를 켜거나 끈다. 라이트 특성을 조절할 수 있다.

① 이름 : 라이트에 할당된 이름을 지정한다.

② 유형 : 포인트 라이트, 스폿라이트, 원거리 라이트 또는 웹과 같은 라이트의 유형을 지정한다.

③ 켜기/끄기 상태 : 라이트를 결지 또는 끌지 여부를 조정한다.

④ 그림자 : 라이트가 그림자를 주사할지 여부를 조정한다. 그림자가 표시되려면 그림자가 현재 뷰포트에 적용된 비주얼 스타일로 켜져 있어야 한다. 그림자를 끄면 성능이 향상된다.

⑤ 광도 비율 : 밝기를 조절하는 승수를 설정한다. 광도는 감쇠와 관련되지 않는다.

⑥ 필터 색상 : 라이트의 방사된 색상을 설정한다.

⑦ 그림 문자 플롯 : 라이트 그림이 켜진 도면을 플롯할 수 있다.

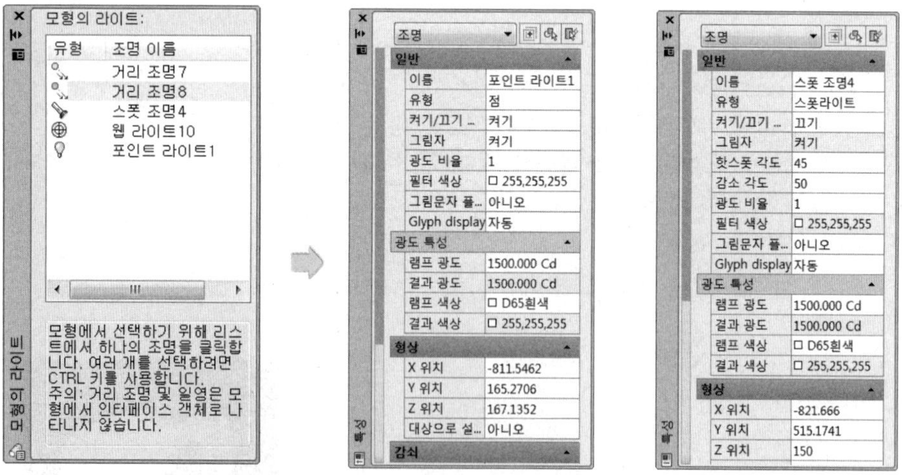

▲ 포인트 라이트　　▲ 스폿 조명

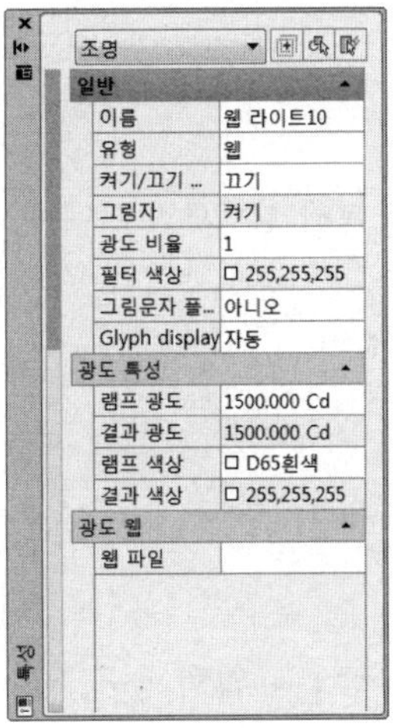

▲ 웹 라이트

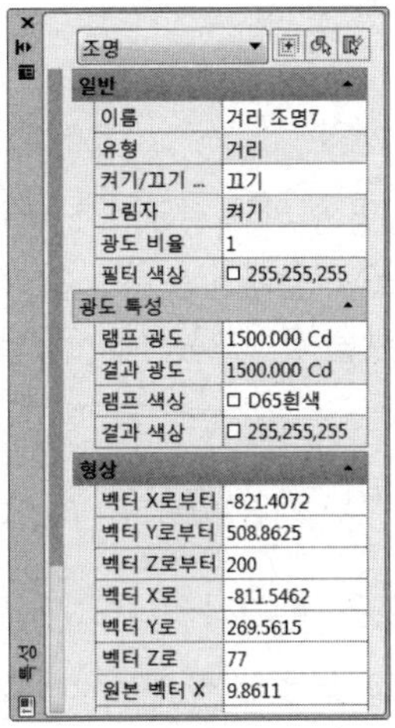

▲ 거리 조명

2 그림자(Vsshadows)

비주얼 스타일의 그림자 표시 여부를 조정한다.

명령: Vsshadows
VSSHADOWS에 대한 새 값 입력 ⟨0⟩:

- 0 : 그림자가 표시되지 않는다.
- 1 : 지면 그림자만 표시됨
- 2 : 전체 그림자가 표시됨

3 일영 및 위치

1 일영 상태(Sunstatus)

현재 뷰포트에서 일광의 조명 효과를 켜거나 끈다.

명령: Sunstatus
SUNSTATUS에 대한 새 값 입력 ⟨0⟩:

• 0 : 끄기

• 1 : 켜기

일영 이외의 광원에서 나오는 빛만 현재 뷰포트의 뷰에 영향을 준다. 일영은 일광 효과를 시뮬레이션 하는 라이트로, 구조에 의해 주사되는 그림자가 주변 영역에 미치는 효과를 표시하는 데 사용할 수 있다.

2 위치 설정(Geographiclocation)

메뉴: 도구 ➠ 지리적 위치

리본: 3D 모델링 ➠ 렌더 ➠ 일영 및 위치 ➠ 위치 설정

도구: 라이트

도면 파일의 지리적 위치 정보를 지정한다.

1) 새 지리적 위치 정의 선택

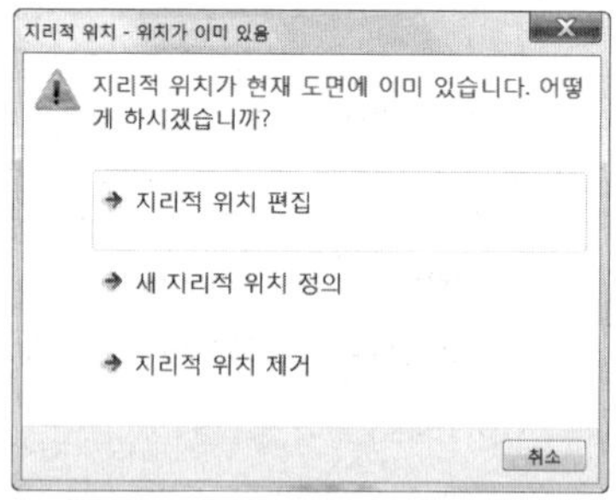

2) 위치 값 입력 선택

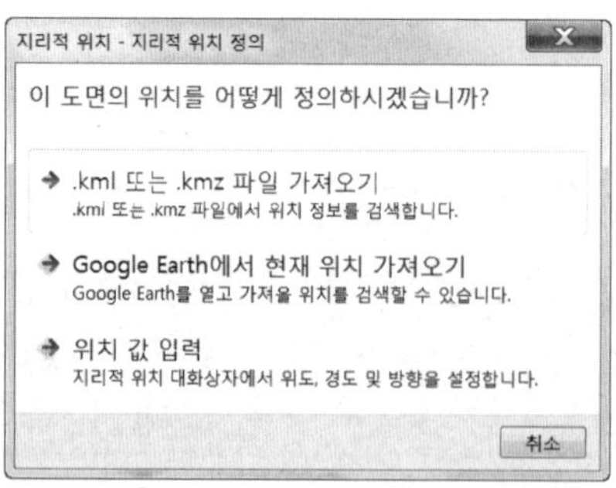

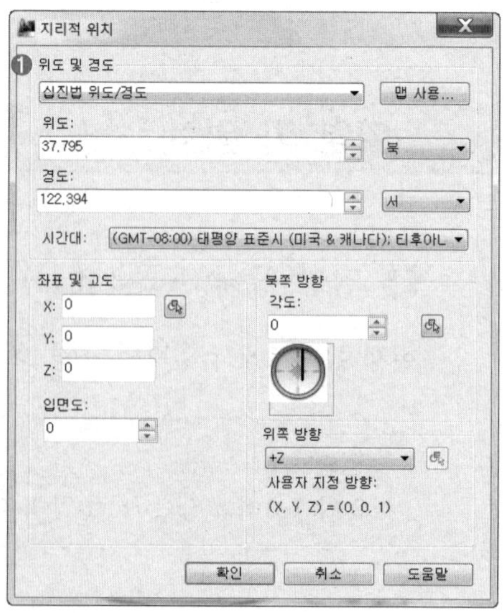

❶ 위도 및 경도 : 위도, 경도 및 방향을 십진 값으로 표시 또는 설정한다.

- **십진법 위도/경도** : 도면에서의 위도 및 경도 표시 형식을 설정한다.
- **맵 사용** : 위치 선택 대화상자를 표시한다.
  좌표 입력장치를 사용하여 위치를 지정한다.
  위도 및 경도 값은 위치를 선택하면 업데이트된다.
  위도 및 경도 값을 입력하면 맵에 업데이트된 위치가 표시된다.
- **위도** : 현재 위치의 위도를 설정한다. 값을 입력하거나 맵의 위치를 선택할 수 있다.(−90에서 +90까지의 부동 소수점 수)
- **북쪽/남쪽** : 양수 값이 적도의 북쪽인지 아니면 적도의 남쪽인지 조정한다.
- **경도** : 현재 위치의 경도를 표시한다. 값을 입력하거나 맵의 위치를 선택할 수 있다.(−180부터 +180까지의 부동 소수점 수)
- **동쪽/서쪽** : 양수 값이 본초 자오선의 서쪽인지 아니면 본초 자오선의 동쪽인지 조정한다.
- **시간대** : 시간대를 지정한다. 시간대는 위치에 대한 참조로 추정된다. 시간대를 직접 설정할 수 있다.
- **좌표 및 고도** : 표준 좌표계(WCS), X,Y,Z 및 고도 값을 설정한다.
- **북쪽 방향** : 기본적으로 북쪽은 표준 좌표계(WCS)에서 양의 Y 방향이다.
- **위쪽 방향** : 기본적으로 위쪽 방향은 양의 Z축(0,0,+1)이다. 위쪽 방향과 북쪽 방향은 항상 서로 수직이어야 한다는 제한이 있다.

❸ 일영 특성(Sunproperties)

메뉴: 뷰 ➠ 렌더 ➠ 라이트 ➠ 일영 특성

리본: 3D 모델링 ➠ 렌더 ➠ 일영 및 위치 ➠ 일영 특성

도구: 라이트

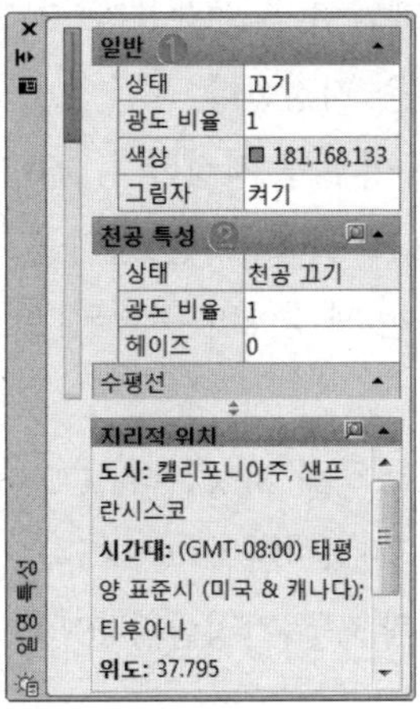

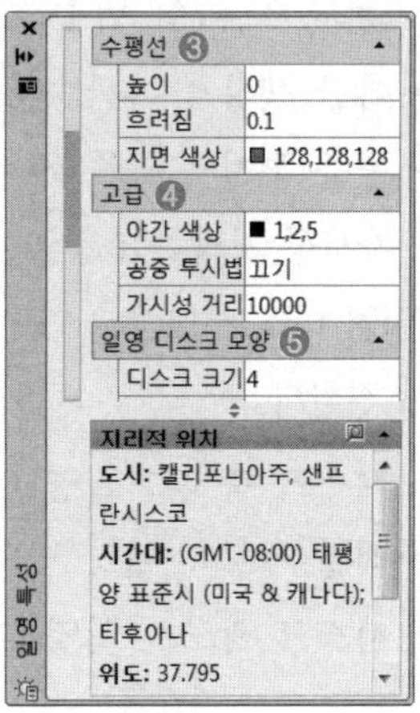

❶ 일반 : 일영의 일반 특성을 설정한다.

- **상태** : 일영을 켜고 끈다. 도면에서 라이트가 작동 가능하지 않은 경우 이 설정은 효과가 없다.
- **광도 비율** : 일영의 광도 또는 밝기를 설정한다. 범위는 0(라이트 없음)부터 최댓값까지이다. 숫자가 높아질수록 라이트가 더 밝아진다.
- **색상(표준 조명 워크플로우만 해당된다.)** : 라이트의 색상을 조정한다.
- **그림자** : 일영의 그림자 표시 및 계산을 켜고 끈다. 그림자를 끄면 성능이 향상된다.

❷ 천공 특성 : 천공 일반 특성은 다음과 같다.

- **상태** : 천공 조명이 렌더 시에 계산될지 여부를 결정한다. 이는 뷰포트 조명 또는 배경에 영향을 미치지 않는다. 그러면 천공을 렌더링을 위해 수집된 광원으로 사용할 수 있다. 이것은 배경을 조정하지 않는다. 값은 천공 끄기, 천공 배경, 천공 배경 및 조명이다. 기본 값은 천공 끄기이다.
- **광도 비율** : 태양광의 효과를 확대하는 방식을 제공한다.(0.0~최대치) 기본 값은 "1"이다.
- **옅은 안개** : 대기의 분산 효과 정도를 결정한다.(0.0~15.0) 기본 값은 "0"이다.

❸ 수평선 : 이 특성 범주는 지반 평면의 모양 및 위치와 관련된다.

- **높이** : 표준 0에 대한 지반 평면의 절대 위치를 결정한다. 이 매개변수는 표준 공간 길이를 나타내며 현재 길이 단위의 형식이어야 한다.(−10.0~+10.0) 기본 값은 "0"이다.
- **흐림** : 지반 평면과 천공 간의 흐림 정도를 결정한다.(0~10) 기본 값은 "0.1"이다.
- **지면 색상** : 지반 평면의 색상을 결정한다.

❹ 고급 : 이 특성 범주는 다양한 예술적 효과와 관련된다.

- **야간 색상** : 야간 천공의 색상을 지정한다.
- **공중 투시** : 공중 투시의 적용 여부를 지정한다. 값은 "켜기/끄기"이다.
- **가시성 거리** : 10% 옅은 안개 폐색이 발생하는 거리를 지정한다.(0.0~최대치)

❺ 일영 디스크 모양 : 이 특성 범주는 배경에만 관련된다. 일영 디스크의 모양을 조정한다.

- **디스크 축척** : 일영 디스크의 축척을 지정한다.(1.0 = 현재 크기)
- **적열 광도** : 일영 빛의 광도를 지정한다.(0.0~25.0)
- **디스크 광도** : 일영 디스크의 광도를 지정한다.(0.0~25.0)

 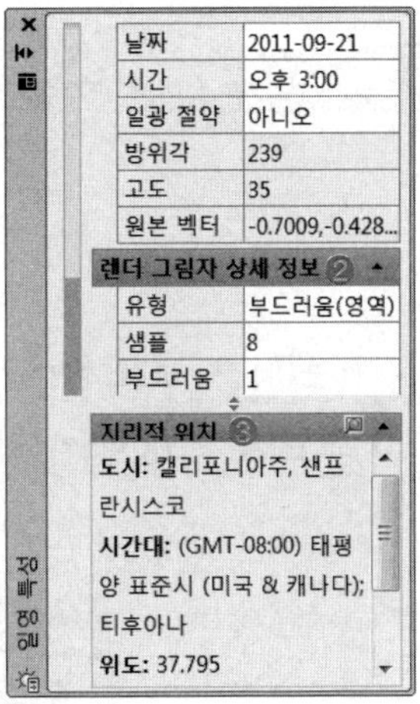

❶ 일영 각도 계산기 : 일영의 각도를 설정한다.

- **날짜** : 현재 날짜 설정을 표시한다.
- **시간** : 현재 시간 설정을 표시한다.
- **일광 절약** : 일광 절약 시간에 대한 현재 설정을 표시한다.
- **방위각** : 정북에서 시계방향으로 수평선을 따라 일영의 각도를 표시한다. 이 설정은 읽기 전용이다.
- **고도** : 수평선에 수직인 일영의 각도를 표시한다. 최댓값이 90°나 바로 머리 위이다. 이 설정은 읽기 전용이다.
- **원본 벡터** : 일영 방향의 좌표를 표시한다. 이 설정은 읽기 전용이다.

❷ 렌더된 그림자 상세 정보 : 그림자의 특성을 지정한다.

- **유형** : 그림자 유형에 대한 설정을 표시한다. 이 설정은 그림자 표시가 꺼져 있을 때에는 읽기 전용이다. 선택 사항은 맵 크기 옵션을 표시하는 선명한, 부드러운(매핑된) 및 샘플 옵션을 표시하는 부드러운(영역)이다.

  부드러운(영역)은 포토메트릭 워크플로우에서 일영에 대한 유일한 옵션이다.(LIGHTINGUNITS = 1 또는 2)
- **맵 크기(표준 라이트 워크플로우만 해당)** : 그림자 맵의 크기를 표시한다. 이 설정은 그림자 표시가 꺼져 있을 때에는 읽기 전용이다.(0~1000)
- **샘플** : 태양 디스크에서 수집할 샘플 수를 지정한다. 이 설정은 그림자 표시가 꺼져 있을 때에는 읽기 전용이다.(0~1000)
- **부드러움** : 그림자 모서리의 모양에 대한 설정을 표시한다. 이 설정은 그림자 표시가 꺼져 있을 때에는 읽기 전용이다.(1~10)

❸ 지리적 위치 : 현재 지리적 위치 설정을 표시한다. 이 정보는 읽기 전용이다.

4 재료

1 재료 검색기(Matbrowseropen)

메뉴: 뷰 ➠ 렌더 ➠ 재료 검색기

리본: 3D 모델링 ➠ 렌더 ➠ 재료 ➠ 재료 검색기

도구: 렌더

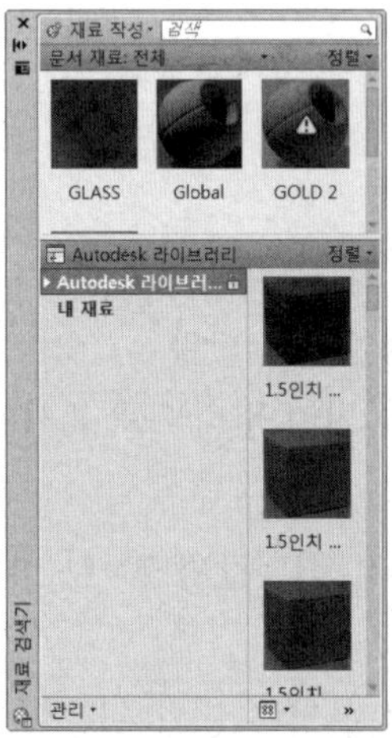

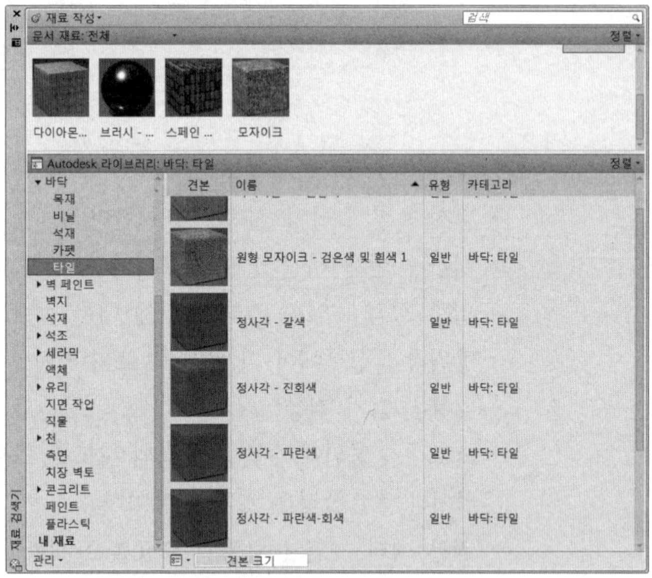

① **재료 라이브러리** : 700개 이상의 재료 및 1000개 이상의 텍스처가 있는 Autodesk 라이브러리가 제품에 포함되어 있다.

- **Autodesk 라이브러리** : 재료를 지원하는 모든 응용 프로그램에서 사용할 수 있도록 Autodesk에서 제공하는 미리 정의된 재료가 포함되어 있다. 해당 라이브러리에는 텍스처, 썸네일 등과 같은 재료 관련 리소스가 포함되어 있다. Autodesk 라이브러리는 편집할 수 없다. 사용자가 정의하거나 수정한 모든 재료는 사용자 라이브러리에 배치된다.
- **사용자 라이브러리** : Autodesk 라이브러리의 재료를 제외한 도면 간에 공유하려는 모든 재료가 포함되어 있다. 사용자 라이브러리는 복사, 이동, 이름 바꾸기 또는 삭제할 수 있다.
- **포함된 라이브러리** : 도면에서 사용되거나 정의되어 있고 해당 도면에서만 사용 가능한 재료의 캐시이다.

② 라이브러리 열기 : 재료 탐색기에서 로컬 또는 네트워크에서 작성된 기존 사용자 라이브러리를 액세스하고 열 수 있으며 해당 라이브러리를 사용자 정의 라이브러리에 추가할 수 있다. 여러 라이브러리에서 재료를 미리 보고 선택할 수 있다.

③ 라이브러리 작성 및 수정 : 사용자 라이브러리 중 하나에 재료를 추가한다. Autodesk 재료를 수정하려면 먼저 해당 재료를 도면에 복사한다. 재료 탐색기에서 관리 드롭다운 리스트를 사용하여 라이브러리를 추가, 이름 바꾸기 또는 제거할 수 있다. 또한 재료 탐색기에서 카테고리를 추가하고 라이브러리 재료를 다시 그룹화 할 수 있다.

1) 재료 적용

재료 검색기에서 마우스로 끌어다 3차원 객체에 놓으면 적용된다.

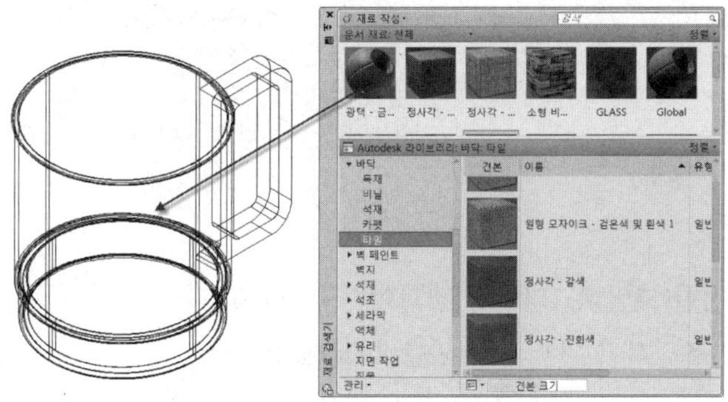

▲ 끌어다 놓기

▲ 적용 후 렌더링 결과

2) 재료 편집

적용된 재료의 이미지 크기나 투명도, 반사도, 자가 조명 등을 편집하여 적용한다. 상자에 "다이아몬드-담홍색"을 적용한 상태에서 적용된 재질의 크기를 조정해 보자.

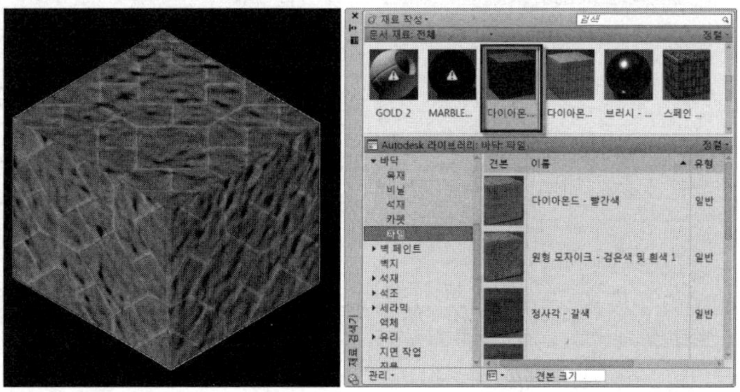

▲ 그림 1

재료 검색기에서 해당 재질을 더블 클릭하면(그림 1) 재질 편집기가 활성화되면(그림 2) 일반 항목의 이미지를 클릭하면 텍스처 편집기에서 축척을 조정한다.(그림 3)

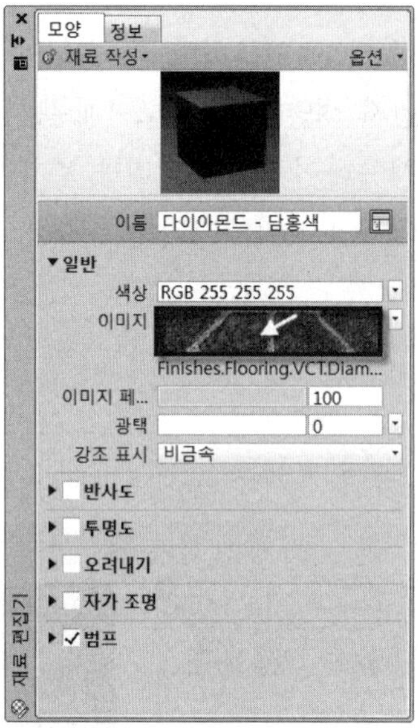

▲ 그림 2

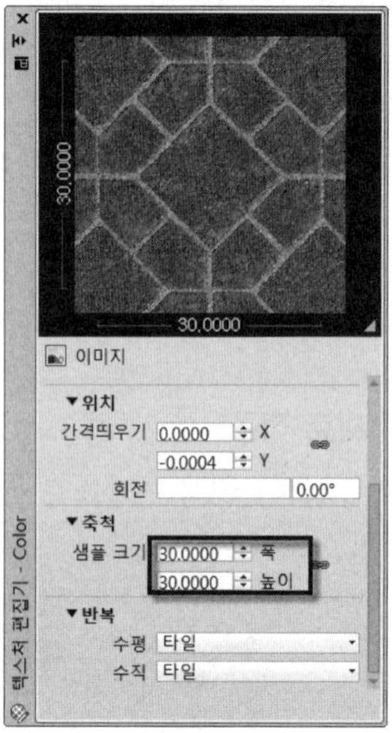

▲ 그림 3

축척을 "10"으로 조정한(그림 4) 렌더링 결과이다.(그림 5)
기타 여러 항목들을 조정하고 렌더링 결과를 비교해 본다.

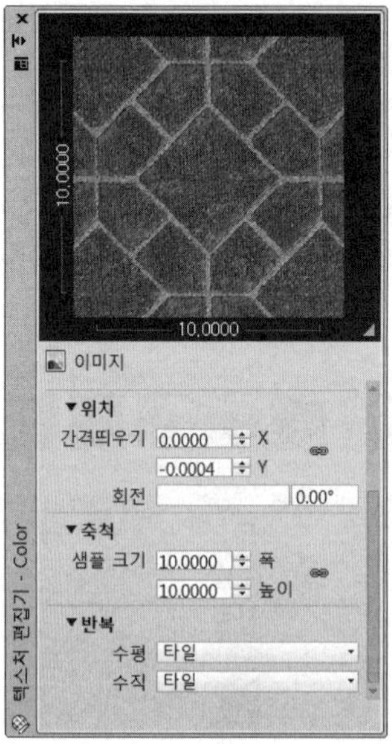

▲ 그림 4

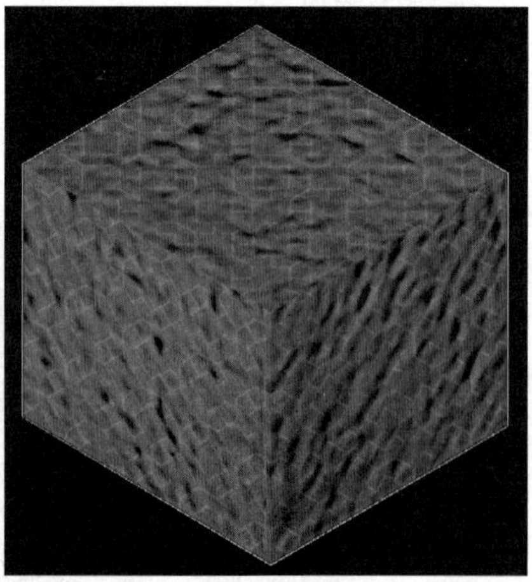

▲ 결과

2 Vsmaterialmode

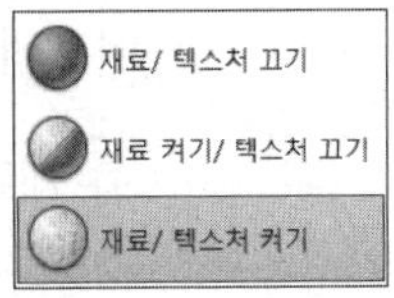

현재 뷰포트의 재료 표시를 조정한다.

재료 및 텍스처의 화면표시를 껐다가 다시 복원할 수 있다. 관계없는 작업을 하는 동안 재료와 텍스처의 화면표시를 꺼서 성능을 극대화한다.

> **명령:** Vsmaterialmode
> VSMATERIALMODE에 대한 새 값 입력 〈0〉:

- 0 : 재료가 표시되지 않는다.
- 1 : 재료는 표시되지만 텍스처는 표시되지 않는다.
- 2 : 재료 및 텍스처가 표시된다.

3 재료 매핑(MaterialMap)

리본: **3D 모델링 ➠ 렌더 ➠ 재료 ➠ 재료 매핑▽**
도구: **매핑, 렌더**

재료 매핑 장치를 표시하여 면 또는 객체의 매핑을 조정한다.

> **명령:** MaterialMap
> 옵션 선택 [상자(B)/평면(P)/구형(S)/원통형(C)/매핑 복사(Y)/매핑 재설정(R)]〈상자〉:

- 상자(B) : 상자 모양에 최적화 맵핑한다.
- 평면(P) : 평면 모양에 최적화 맵핑한다.
- 구형(S) : 공 모양으로 최적화 맵핑한다.
- 원통형(C) : 원통형으로 최적화 맵핑한다.
- 매핑 복사(Y) : 원래 객체 또는 면에서의 매핑을 선택된 객체에 적용한다.
- 매핑 재설정(R) : 맵에 대한 UV 좌표를 기본 값으로 재설정한다.

✎ 형태에 따라 맞는 매핑을 했을 때 최선의 결과를 얻을 수 있다.

4 재료 제거

적용된 매핑 재료를 제거한다.

5 도면층에 부착

도면층에서 재료 특성이 BYLAYER로 설정된 모든 객체는 특정 재료가 적용된다.

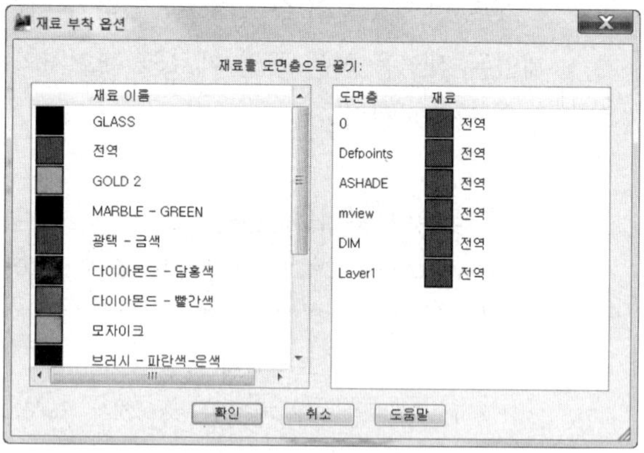

① **재료 리스트** : 도면에 사용 중이거나 사용 중이지 않은 모든 재료를 나열한다. 도면층 리스트에 있는 도면층으로 재료를 끌어 재료를 해당 도면층에 적용한다.

② **도면층 리스트** : 도면 및 해당 도면에 적용된 외부 참조의 모든 도면층을 나열한다. 도면층에 적용되어 있는 재료는 도면층 옆에 표시된다. 도면층에서 재료를 제거하려면 분리 버튼을 사용한다.

5 렌더

1 렌더(Render)

메뉴: 뷰 ➡ 렌더 ➡ 렌더
리본: 3D 모델링 ➡ 렌더 탭 ➡ 렌더 패널 ➡ 렌더▽ ➡ 렌더
도구: 렌더

3D 솔리드 또는 표면 모형의 사실적 이미지 또는 사실적으로 음영 처리된 이미지를 작성한다.

2 렌더 영역(Rendercrop)

리본: 3D 모델링 ➡ 렌더 탭 ➡ 렌더 패널 ➡ 렌더▽ ➡ 렌더 영역

뷰포트 내의 지정된 직사각형 영역(오리기 윈도우)을 렌더링한다. 전체를 렌더링하는 것보다 효율적이다.

③ 렌더 품질(Rpref)

리본: 3D 모델링 ➠ 렌더 ➠ 렌더 ➠ 고급 렌더 설정
메뉴: 뷰 ➠ 렌더 ➠ 고급 렌더 설정
메뉴: 도구 ➠ 팔레트 ➠ 고급 렌더 설정
도구: 렌더

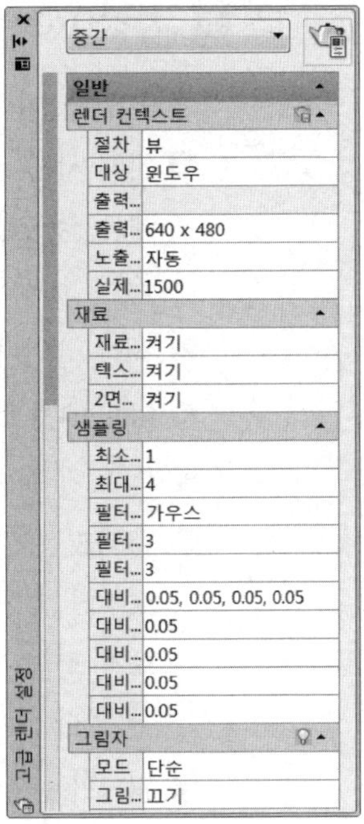

고급 렌더링 설정에 액세스할 수 있는 고급 렌더 설정 팔레트를 표시하거나 숨긴다.

팔레트는 기본에서 고급 설정까지 몇 가지 섹션으로 나뉘어진다. 일반 섹션은 사용자 모형이 렌더되는 방법, 재료와 그림자가 처리되는 방법 및 앤티앨리어싱이 수행되는 방법에 영향을 주는 설정을 포함한다.

④ 노출 조정(Renderexposure)

리본: 3D 모델링 ➠ 렌더 ➠ 렌더 ➠ ▽ ➠ 노출 조정

가장 최근에 렌더링된 출력의 전역 조명을 조정하기 위한 설정을 제공한다.

✱ 렌더 노출 조정

❶ 밝기 : 포토메트릭 웹 라이트를 사용할 때 뷰포트의 밝기 레벨을 조정한다. (Logexpbrightness 시스템 변수)

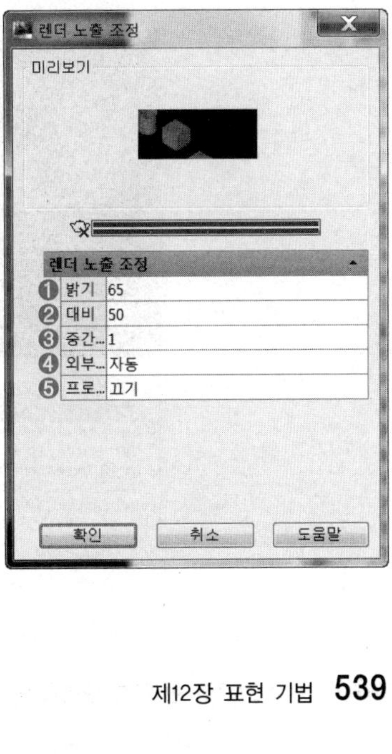

❷ 대비 : 포토메트릭 웹 라이트를 사용할 때 뷰포트의 대비 레벨을 조정한다. (Logexpcontrast 시스템 변수)

❸ 중간 톤 : 포토메트릭 웹 라이트를 사용할 때 뷰포트의 중간 톤 레벨을 조정한다. (Logexpmidtones 시스템 변수)

❹ 외부 일광 : 포토메트릭 웹 라이트를 사용할 때 외부 일광 플래그 활성화 여부를 조정한다.(Logexpdaylight 시스템 변수)

❺ 배경 처리 : 렌더 시에 배경이 노출 컨트롤에 의해 처리되어야 하는지 지정한다.

5 환경(Renderenvironment)

객체와 현재 관측 방향 사이의 거리에 대한 큐를 정의한다.

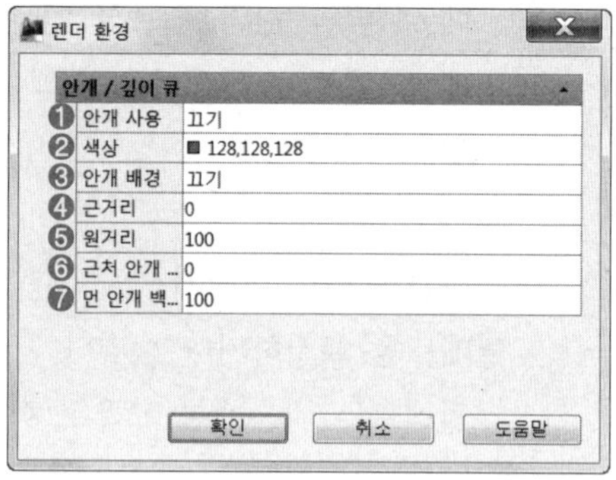

❶ 안개 사용 : 대화상자의 다른 설정에는 영향을 주지 않고 안개 기능을 켜거나 끈다.

❷ 색상 : 안개의 색상을 지정한다.

❸ 안개 배경 : 형상 뿐 아니라 배경에도 안개를 적용한다.

❹ 근거리 : 안개가 시작되는 카메라로부터의 거리를 지정한다. 먼 자르기 평면까지 거리의 퍼센트로 지정된다. 근거리 설정은 원거리 설정보다 클 수 없다.

❺ 원거리 : 안개가 끝나는 카메라로부터의 거리를 지정한다. 먼 자르기 평면까지 거리의 퍼센트로 지정된다. 원거리 설정은 근거리 설정보다 작을 수 없다.

❻ 근처 안개 백분율 : 근거리에서 안개의 불투명도를 지정한다.

❼ 먼 안개 백분율 : 원거리에서 안개의 불투명도를 지정한다.

6 렌더 윈도우(Renderwin)

렌더 사용 내역이 있는 도면에서는 이전에 렌더한 이미지를 볼 수 있다.

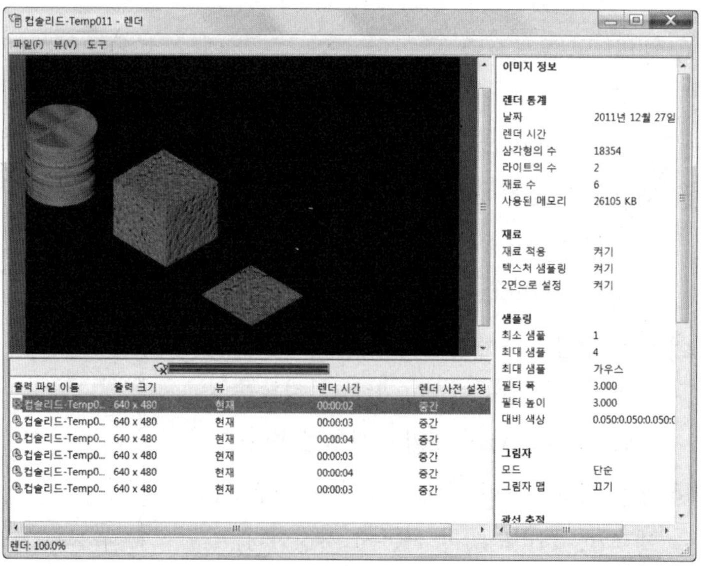

렌더 윈도우는 다음 세 개 창으로 나뉘어져 있다.

① 이미지 창 렌더 이미지를 표시한다.

② 통계 창 오른쪽 창에는 렌더링에 사용되는 현재 설정이 표시된다.

③ 사용 내역 창 맨 아래에는 현재 모형에서 렌더링된 이미지의 최근 사용 내역과 렌더링 진행을 표시하는 진행 상태 표시기가 제공된다.

7 렌더 사전 설정 관리자

미리 설정된 표준 렌더 사전 설정(간략, 낮음, 중간, 높음, 프리젠테이션) 세트로부터 선택하거나 사용자 렌더 사전 설정을 작성할 수 있다. 렌더 사전 설정은 비교적 빠른 렌더링 미리보기에 일반적으로 적합하다. 그 외는 느리지만 고품질 렌더링에 작성될 수 있다.

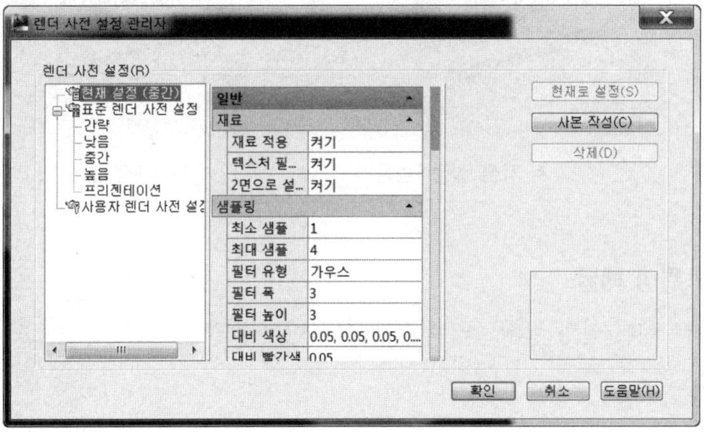

1) 렌더 사전 설정

현재 도면에 저장된 모든 사전 설정의 트리 뷰 리스트를 표시한다. 렌더 사전 설정에는 표준 및 사용자의 두 가지 유형이 있다. 표준 및 사용자 렌더 사전 설정 트리는 끌어서 순서를 바꿀 수 있다. 마찬가지로, 다중 사용자 사전 설정이 있는 경우 같은 방식으로 재정리할 수 있다. 표준 렌더 사전 설정 리스트 내부에서 표준 사전 설정을 재정리할 수 없다.

▲ 사전 설정 "간략"

▲ 사전 설정 “낮음”

▲ 사전 설정 “중간”

▲ 사전 설정 “높음”

▲ 사전 설정 “프리젠테이션”

2) 특성 패널

고급 렌더 설정 팔레트의 특성과 유사한 설정을 제공한다.

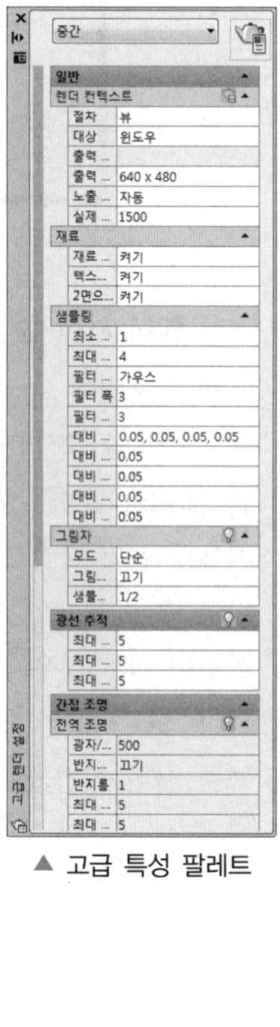

▲ 고급 특성 팔레트

6 Image

1 이미지 저장(Saveimg)

렌더링된 이미지를 파일로 저장한다.

명령: saveimg

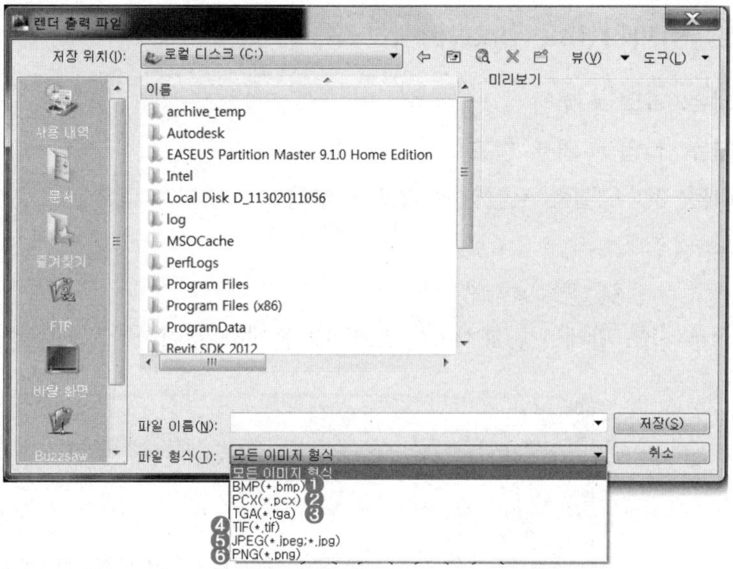

❶ BMP(*.bmp) : BMP 파일은 Windows 비트맵(.bmp) 형식의 정지 이미지 비트맵 파일이다.

❷ PCX(*.pcx) : PCX 파일은 RLE(run length encoding)를 사용한 최소 압축을 제공하는 상대적으로 단순한 파일이다.

❸ TGA(*.tga) : Targa(TGA) 형식은 최대 32비트 트루컬러까지 지원한다. 이 형식은 일반적으로 트루컬러 형식으로 사용되어 정지 이미지를 렌더링한다.

❹ TIF(*.tif) : TIF(Tagged Image File) 형식은 다중 플랫폼 비트맵 형식이다. TIF는 출력물을 출력소로 보내거나 이미지를 페이지 배치 프로그램으로 가져올 경우에 일반적으로 선택한다.

❺ JPEG(*.jpg) : JPEG(.jpeg 또는 .jpg) 파일은 JPEG(Joint Photography Experts Group)에서 설정한 표준을 따른다. 압축을 증가시킬 때 이미지 품질이 손실되기 때문에 손실 압축이라고 불리는 가변 압축 방법을 사용한다. 그러

나, JPEG 압축 방법은 아주 효과적이며 이미지 품질의 큰 손실 없이 파일을 최대 200:1로 압축할 수 있다. 따라서 JPEG는 최소 파일 크기 및 최소 다운로드 시간으로 이미지 파일을 인터넷에 게시하는 데 널리 사용되는 형식이다.

⑥ PNG(*.png) : PNG(Portable Network Graphics)는 인터넷 및 월드 와이드 웹에서 사용하기 위해 개발된 정지 이미지 파일 형식이다. PNG는 JPEG 파일에서 발생하는 품질 손실과 달리 품질 손실 없이 압축 이미지를 생성하는 형식이다.

2 이미지(Im, Image)

메뉴: 파일 ➠ 부착

메뉴: 삽입 ➠ 외부 참조

리본: 3D 모델링 ➠ 삽입 ➠ 참조 ➠ 부착

도구: 참조

외부 참조 팔레트를 표시하여 도면 내 존재하는 이미지를 제어한다.

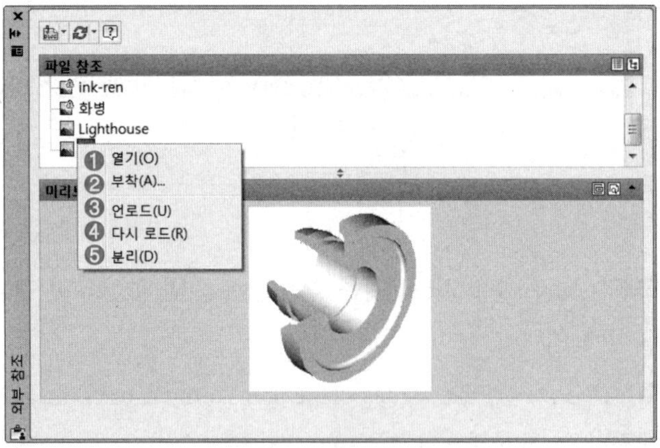

편집 대상 이미지에 마우스 커서를 대고 우클릭하면

❶ 열기(O) : 이미지를 불러온다.

❷ 부착(A) : 이미지를 도면에 부착한다.

❸ 언로드(U) : 이미지 객체를 도면에서 지우지 않고 작업 메모리에서 이미지 데이터를 언로드한다. 성능 향상을 위해, 더 이상 편집할 필요가 없는 이미지는 언로드한다.

❹ 다시 로드(R) : 이미지의 가장 최근 버전을 로드하거나 이전에 내려진 이미지를

다시 로드한다.

❺ 분리(D) : 이미지를 도면에서 분리한다.

3 이미지 부착(Iat, Imageattach)

메뉴: 삽입 ➠ 래스터 이미지

리본: 3D 모델링 ➠ 삽입 ➠ 참조 ➠ 부착

도구: 참조

① 이미지 파일을 삽입한다.

② 파일의 위치를 찾아 지정한다.

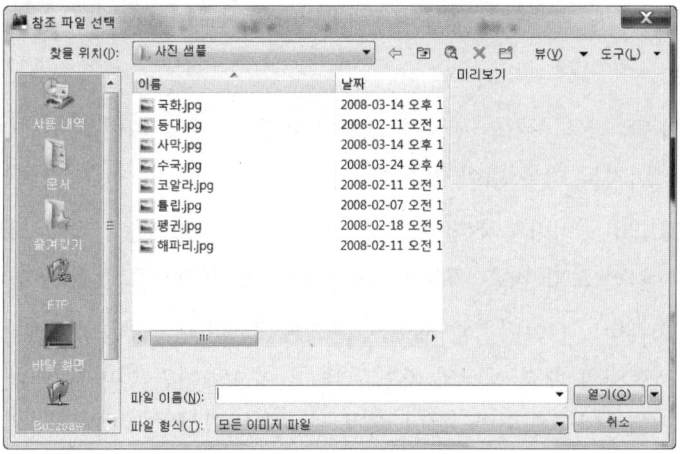

③ 삽입 위치, 축척, 회전각을 조절하여 삽입한다.

4 이미지 조정(Iad, Imageadjust)

불러온 이미지의 밝기, 대비 및 페이드 값이 이미지에 어떻게 표시되는지 조정한다.

> **명령:** IAD
> 이미지를 선택하십시오:

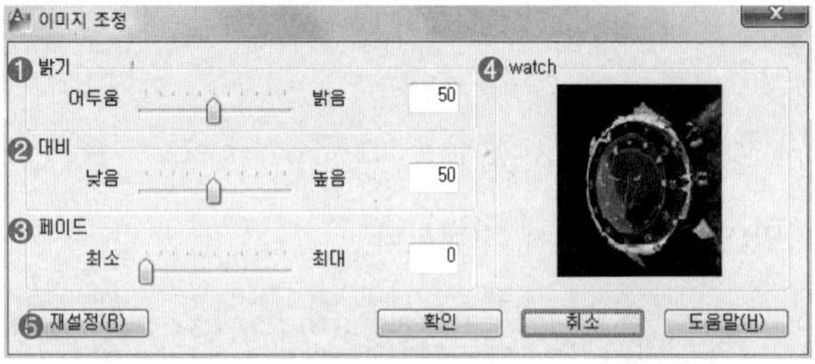

❶ 밝기 : 이미지의 광도를 조정하고 간접적으로 대비를 조정한다. 값이 커지면 이미지는 더욱 밝아지고 대비를 크게 하면 보다 많은 픽셀이 흰색으로 된다.

❷ 대비 : 이미지의 대비를 조정하고 페이드 효과를 간접적으로 조정한다. 값이 커지면 보다 많은 픽셀이 1차 또는 2차 색상으로 적용된다.

❸ 페이드 : 이미지의 페이드 효과를 조정한다. 값이 커지면 보다 많은 이미지가 현재의 배경 색상과 혼합된다. 값이 100이면 이미지가 완전하게 현재의 배경 색상에 혼합된다. 화면 배경 색상을 변경하면 이미지가 새 색상으로 흐려진다. 플로팅에서 페이드의 배경 색상은 흰색이다.

❹ 이미지 미리보기 : 선택된 이미지의 미리보기를 표시한다. 이미지 미리보기는 동적으로 업데이트되어 밝기, 대비 및 페이드 설정에 대한 변경 사항을 반영한다.

❺ 재설정(R) : 밝기, 대비 및 페이드 값을 기본 설정(각각 50, 50, 0)으로 재설정한다.

5 이미지 품질(Imagequality)

메뉴: 수정 ➠ 객체 ➠ 이미지 ➠ 품질
도구: 참조

이미지의 표시 품질을 조정한다.

> **명령:** Imagequality
> 이미지 품질 설정 입력 [자세하게(H)/간단하게(D)] 〈자세하게〉:

- 자세하게(H) : 높은 품질의 이미지를 화면에 표시한다.
- 간단하게(D) : 낮은 품질의 이미지를 화면에 표시한다.

▲ 자세하게

▲ 간단하게

6 이미지 투명도(Transparency)

메뉴: 수정 ➠ 객체 ➠ 이미지 ➠ 투명도
도구: 참조

이미지의 배경 픽셀을 투명하게 할지 불투명하게 할지 여부를 조정한다.

> **명령:** Transparency
> 이미지를 선택하십시오:
> 투명 모드 입력 [켜기(ON)/끄기(OFF)] 〈현재〉:

- 켜기(ON) : 이미지 아래의 객체가 보이도록 투명도를 켠다.
- 끄기(OFF) : 이미지 아래의 객체가 보이지 않도록 투명도를 끈다.

7 이미지 자르기(Icl, Imageclip)

메뉴: 수정 ➠ 자르기 ➠ 이미지

리본: 3D 모델링 ➠ 이미지 상황별 탭 ➠ 자르기 패널 ➠ 자르기 경계 작성
(이미지를 선택하면 리본에 상황별 탭이 나타난다. 그림 K)

도구: 참조

▲ 그림 K

명령: ICL
자를 이미지를 선택하십시오:
이미지 자르기 옵션 입력 [켜기(ON)/끄기(OFF)/삭제(D)/새 경계(N)] 〈새 경계〉:

- 켜기(ON) : 자르기를 켜고 이전에 정의했던 경계에 따라 잘려진 이미지를 표시한다.
- 끄기(OFF) : 자르기를 끄고 전체 이미지와 프레임을 표시한다. 자르기 옵션이 꺼져 있을 때 이미지를 다시 자르는 경우, 자르기 옵션이 자동으로 켜진다. 자르기 옵션이 꺼져 있고 자르기 경계가 보이지 않더라도 오래된 경계를 제거하라는 프롬프트가 표시된다.
- 삭제(D) : 미리 정의된 자르기 경계를 제거하고 원래 이미지 전체를 다시 표시한다.
- 새 경계(N) : 직사각형 또는 다각형 자르기 경계를 정의하거나 폴리선으로부터 다각형 자르기 경계를 생성한다.

8 이미지 경계선(Imageframe)

불러온 이미지의 경계선을 제어한다.

명령: Imageframe
IMAGEFRAME에 대한 새 값 입력 〈1〉:

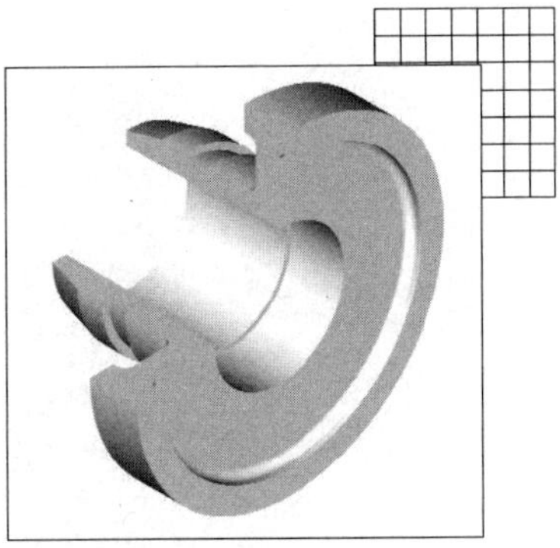

▲ Imageframe=1

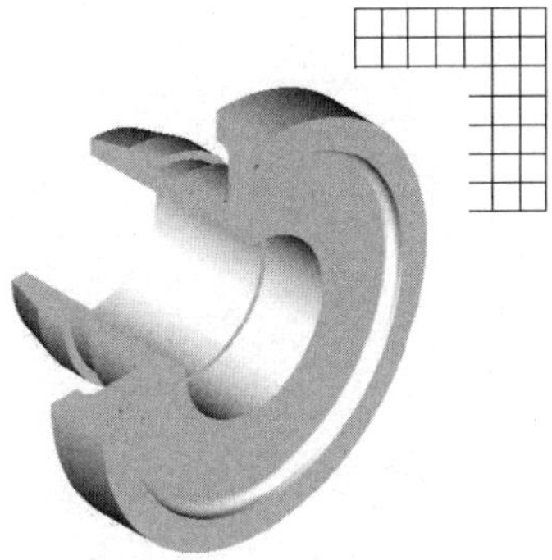

▲ Imageframe=0

- 0 : 이미지 프레임이 표시되거나 플롯되지 않는다. 프레임이 일시적으로 선택 미리보기 또는 객체 선택 시 다시 나타난다.
- 1 : 이미지 프레임을 표시 및 플롯한다.
- 2 : 이미지 프레임을 표시하지만 플롯하지는 않는다.

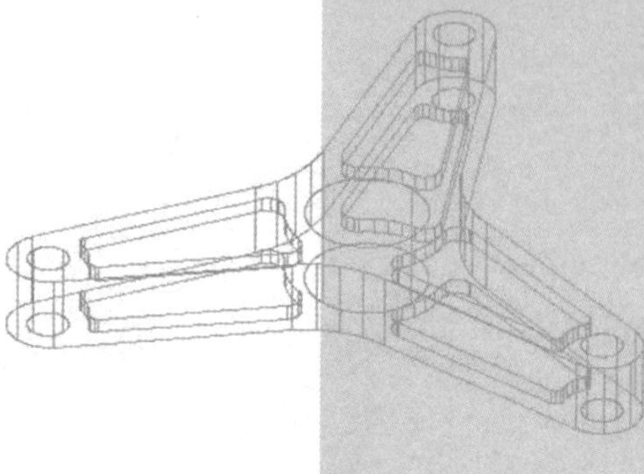

부록

부록 1. 이럴 땐 이렇게

부록 2. 실습도면 및 해설

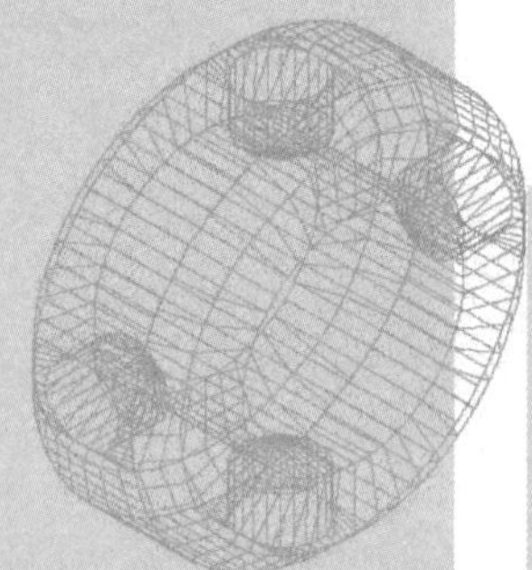

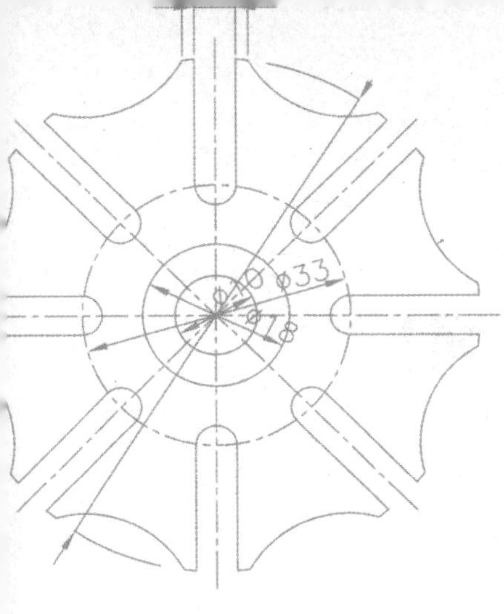

책대로
배운 대로만
된다면
얼마나 좋을까?
응급처방처럼
활용하자.

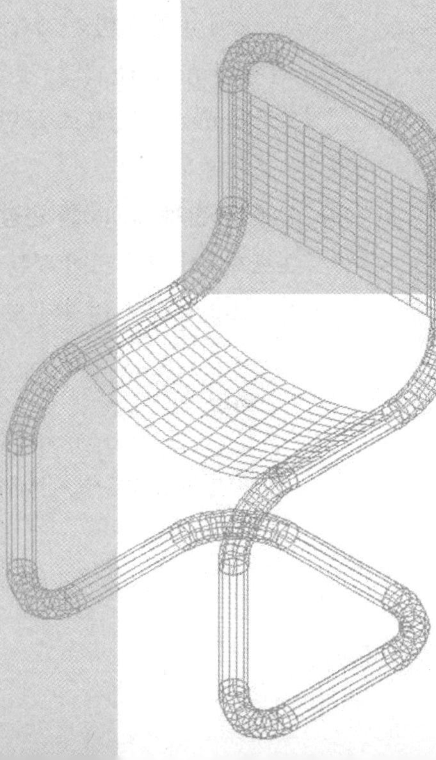

부록 1 이럴 땐 이렇게!

1. 커서가 이상하게 움직여요.

첫 번째, 뚝뚝 끊기면서 움직여요

➡ 스냅이 활성화된 경우이다. F9를 눌러 스냅을 해제한다.

두 번째, 그리기를 하면 빳빳하게 4방향으로만 움직여요

➡ 직교모드가 켜진 경우이다. F8을 눌러 직교모드를 해제한다.

2. 마우스 휠을 눌러 클릭&드래그 해도 Pan 기능이 작동하지 않아요.

> **명령:** Mbuttonpan
> MBUTTONPAN에 대한 새 값 입력 〈0〉: 1 ← 1로 변경한다.

3. Circle을 그리면 화면에서 사라져요.

Circle에 비해 도면 한계가 너무 작은 경우이다. 일단 Zoom All을 한다.(Zoom 명령을 실행 후 A 옵션을 쓰는 것을 Zoom All이라 한다.) 사라진 원이 나타날 것이다. 근본적으로 Limits 명령으로 도면 한계를 크게 조절한다.

4. 도면 한계(Limits)를 변경했는데도 변경 전 상태로 있어요.

초보자들이 가장 많이 하는 실수이다. 도면 한계를 조정하면 필히 Zoom All을 해야 한다. 그렇게 해야 변경된 도면 한계가 전체 화면으로 전환된다.

> **명령:** Z
> 윈도우 구석을 지정, 축척 비율(nX 또는 nXP)을 입력, 또는
> [전체(A)/중심(C)/동적(D)/범위(E)/이전(P)/축척(S)/윈도우(W)/객체(O)] 〈실시간〉: A

5. Circle이 다각형처럼 보여요.

Viewres 명령을 실행하여 값을 높인다.

> **명령:** Viewres
> 고속 줌을 원하십니까? [예(Y)/아니오(N)] 〈Y〉:
> 원 줌 퍼센트 입력(1-20000) 〈1000〉: ← 값을 높여준다.

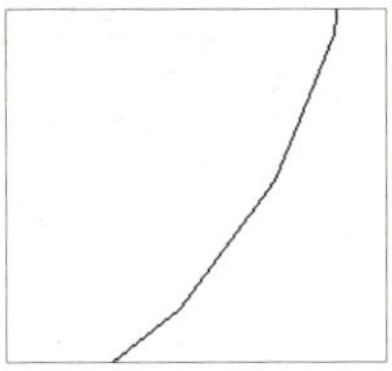

▲ 100일 때

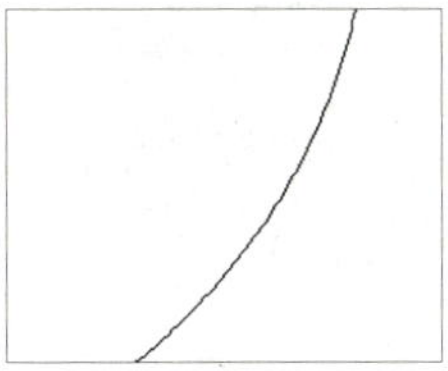

▲ 20000일 때

6. 객체를 개별 선택할 때 다중 선택이 되지 않고 한 번에 하나만 선택된다.

> **명령:** Pickadd
> PICKADD에 대한 새 값 입력 〈0〉: 1 ← 1로 변경한다.

Pickadd가 0(영)이면 다중 선택이 되지 않는다. 영역 선택(Crossing 또는 Window)은 관계없다.

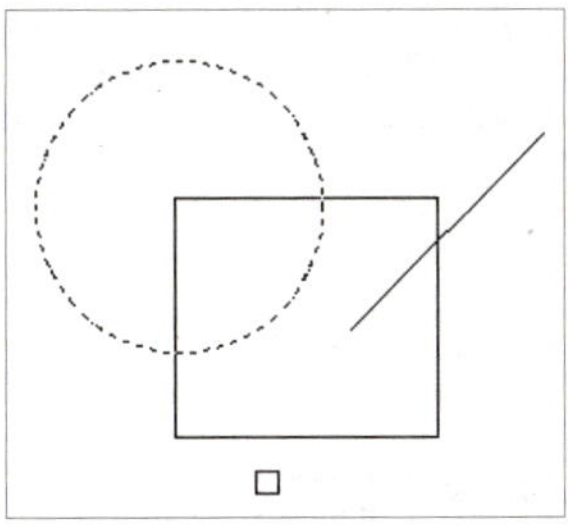

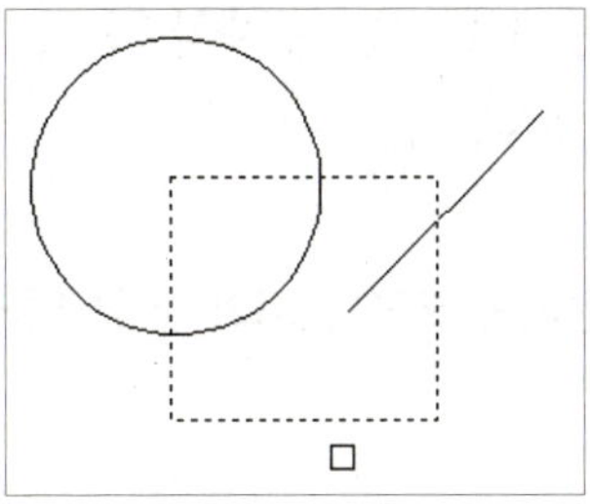

7. 커서의 크기를 변경할 수 없나요?

방법 1 Cursorsize 명령을 사용한다.

> **명령:** Cursorsize
> CURSORSIZE에 대한 새 값 입력 〈5〉: ← 수치가 클수록 커서도 커진다.(1~100)

방법 2 메뉴 ➠ 도구 ➠ 옵션 대화상자의 "화면표시"에서 조절한다.

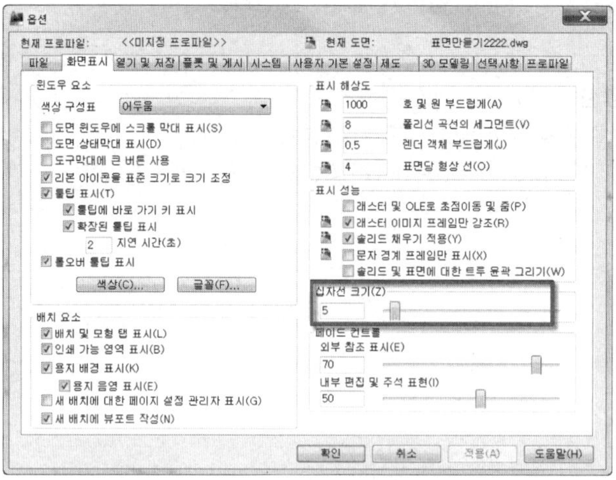

8. 도면을 다른 데서 가져와서 오픈하면 다음과 같은 문자 에러가 나요.

이런 경우는 도면에서 사용된 Font File이 현재 시스템에 없기 때문에 발생되는 에러이다. 응급처치는 큰 글꼴 항목 내에 있는 한글 Font(예: whgtxt, whgdtxt 등)를 지정하여 대치한다. 100% 안될 수도 있다. 근본적인 방법은 사용된 Font File을 구해서 현재 시스템내의 캐드 Font 폴더에 설치한다.

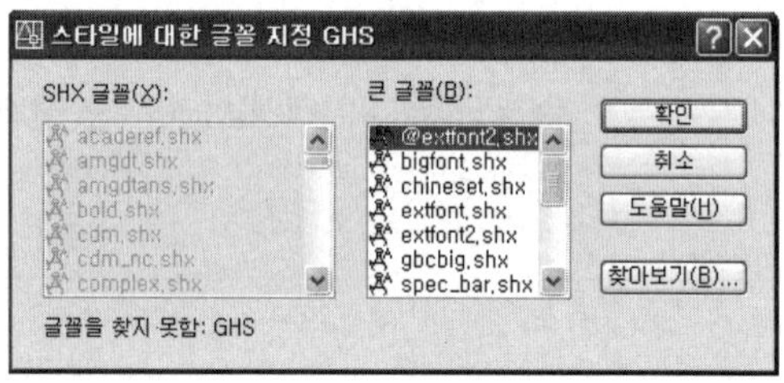

대치시키지 못하고 도면을 오픈한 상태에서는 "문자 스타일"을 새로 만든 다음 문제가 있는 문자의 "문자 스타일"과 대치한다.

9. 문자를 쓰면 문자가 누워 있어요.

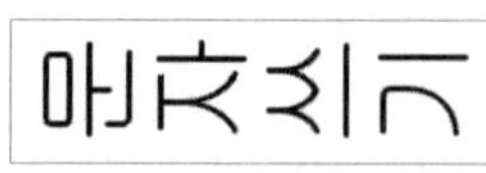

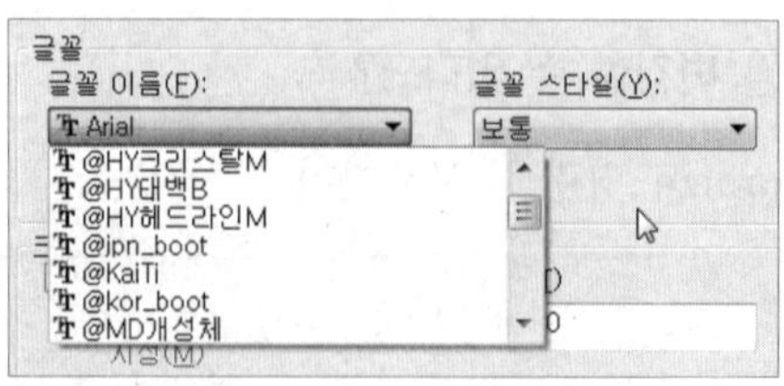

@가 붙어 있는 글꼴을 썼기 때문이다.

10. 명령 프롬프트를 찾을 수가 없어요.

Ctrl+9(구)로 다시 활성화시킨다. 하단에 있는 명령 프롬프트를 화면으로 옮겼다가 잃어버리는 경우가 있다.

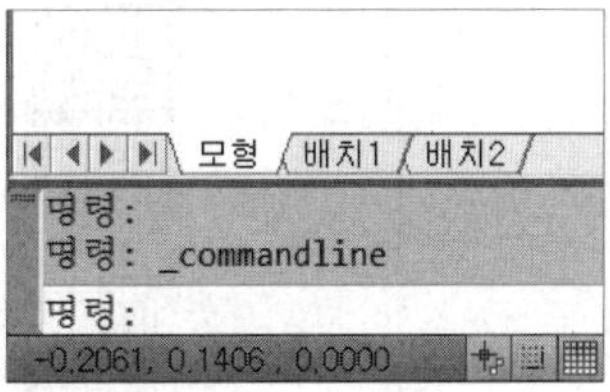

11. 새도면을 시작할 때 나오는 시작 대화상자가 나오게 또는 나오지 않게 할 수 없나요.

> **명령:** Startup
> STARTUP에 대한 새 값 입력 〈0〉:

1 : 시작 대화상자를 활성화시킨다.

0 : 시작 대화상자의 활성화를 끈다.

12. 지정한 선형태가 화면상에 보이지 않아요.

선 크기(Ltscale)를 조정한다,

> **명령:** LTS
> LTSCALE 새 선 종류 축척 비율 입력 〈1.0000〉: ← 수치를 변경한다. 일반적인 건축도면에서는 20~30을 제공하면 된다.

13. 한 도면에서 척도가 다른 도면을 함께 출력하고 싶어요.

도면을 완성 후 도면 공간에서 축척이 다른 뷰를 설정하여 출력하고자 할 때 주석 기능을 사용하면 "문자, 테이블, 치수, 공차, 지시선과 다중 지시선, 블록, 속성" 등을 축척에 따른 크기를 조정하지 않고 정해진 주석 축척에 따라 자동 조정된다.

다음의 건축 도면을 A4용지에 1/100 축척으로 출력하고 아래쪽 화장실은 부분 상세도로 1/30, 주방 싱크대는 부분 상세도 1/50로 출력하는 조건으로 주석 축척을 적용해 본다.

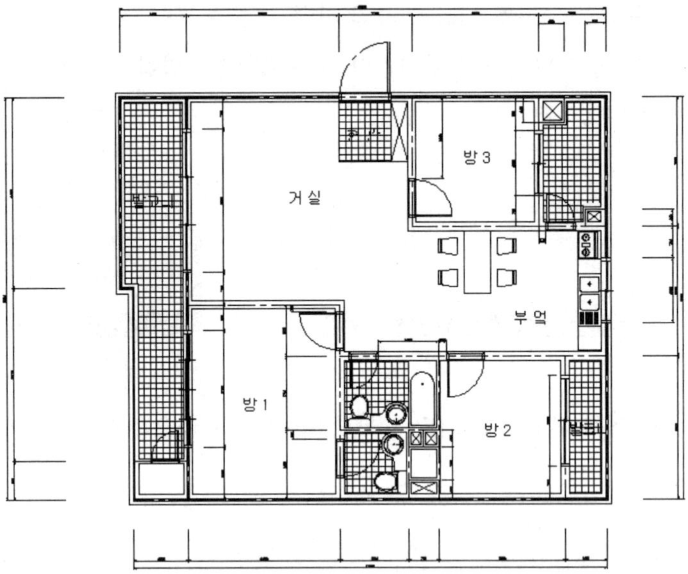

① 도면층을 분리해 놓아야 한다.

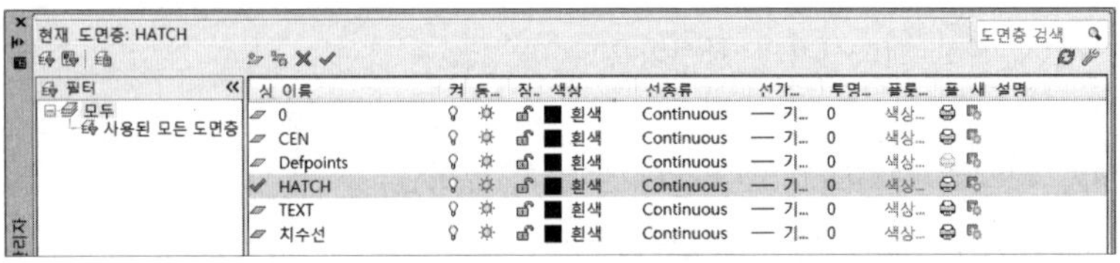

현재 도면층: HATCH

필터: 모두 / 사용된 모든 도면층

상	이름	켜..	동..	잠..	색상	선종류	선가..	투명..	플롯..
	0				흰색	Continuous	— 기..	0	색상..
	CEN				흰색	Continuous	— 기..	0	색상..
	Defpoints				흰색	Continuous	— 기..	0	색상..
✓	HATCH				흰색	Continuous	— 기..	0	색상..
	TEXT				흰색	Continuous	— 기..	0	색상..
	치수선				흰색	Continuous	— 기..	0	색상..

② 도면 공간으로 전환한 후 자동으로 생긴 뷰는 지우고 Mview 명령으로 뷰를 만든다. 뷰 외부를 더블 클릭하여 도면 공간으로 다시 전환하여 상세도 1/30, 1/50을 적용할 뷰를 2개 만든다. 원이나 다각형을 그려놓고 Mview 옵션에서 객체(O)로 선택하면 다양한 모양의 뷰를 만들 수 있다.(그림 1)

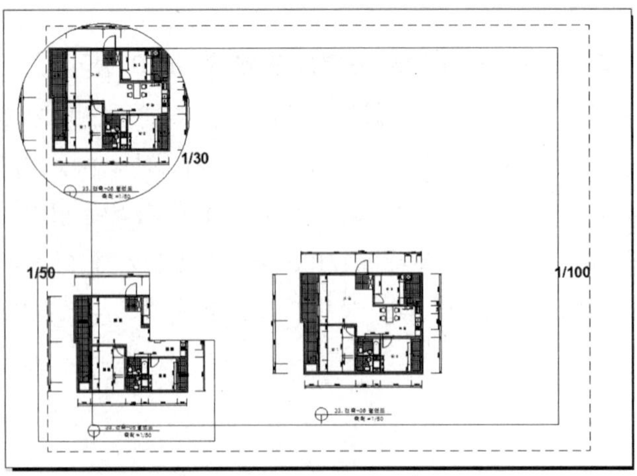

▲ 그림 1

③ Ch 명령으로 뷰를 선택하여 1/30, 1/50, 1/100로 주석 축척 및 표준 축척을 설정한다.(그림 2)

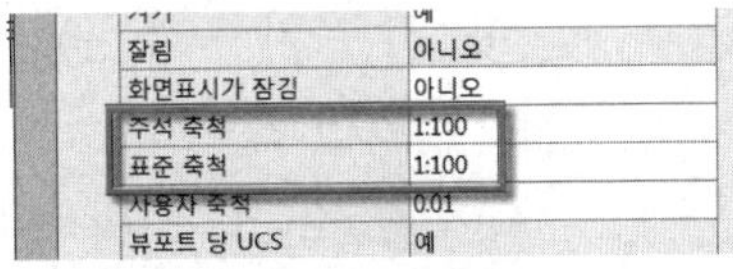

▲ 그림 2

④ 1/100뷰로 안쪽을 더블 클릭하여 모형 공간 전환한 뒤 "치수"를 선택하고 주석 축척을 1/100을 설정한다.(그림 3)

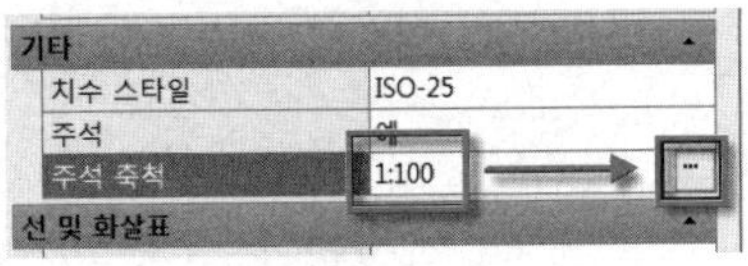

▲ 그림 3

⑤ 그 옆에 생기는 버튼을 클릭하여 1/30, 1/50을 추가한다.(그림 4)

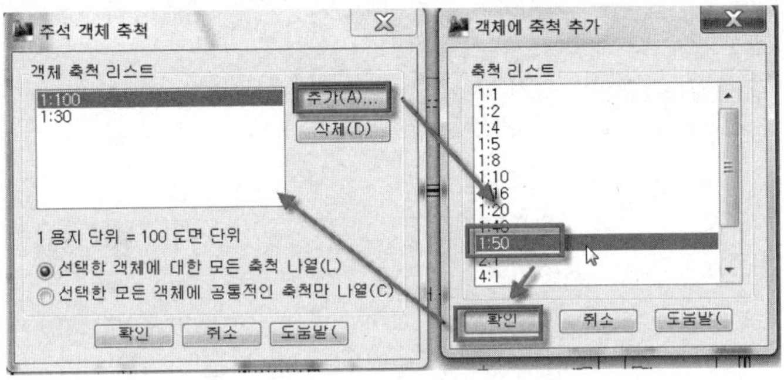

▲ 그림 4

④~⑤항까지의 같은 방법으로 문자, 해치에도 주석 축척을 적용한다.

⑥ 최종적으로 각 뷰의 안쪽을 더블 클릭하여 모형 공간상에서 각각의 축척에 맞게 Zoom 명령에서 1/30xp, 1/50xp, 1/100xp로 조정한다.

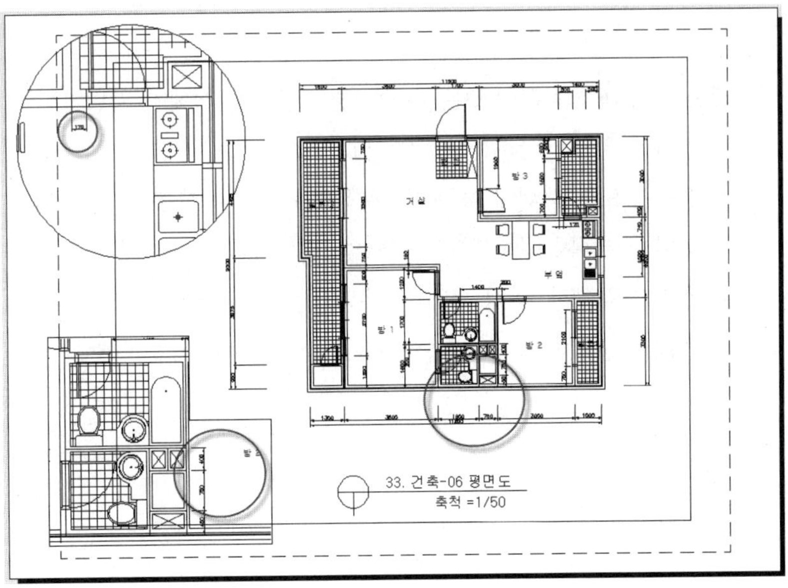

▲ 그림 5

⑦ 각 뷰의 축척은 달라도 표시되는 문자나 치수 등이 동일한 크기로 조정됨을 알 수 있다.

⑧ 출력한다. 이미 출력비가 종이에 대해서 잡혔기 때문에 1:1로 출력해야 한다.

✻ 관련 명령어

Objectscale

선택한 주석 객체에 지원되는 축척을 추가 또는 삭제한다. 모형 공간에서만 실행된다.

명령: Objectscale
주석 객체 선택: ← 주석 축척이 적용한 객체를 선택한다.

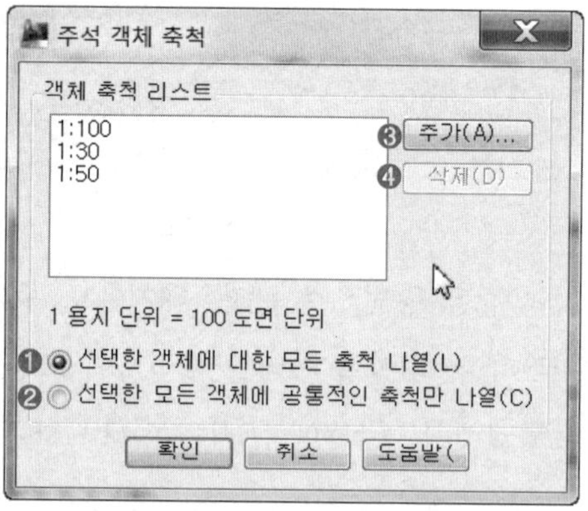

❶ 선택한 객체에 대한 모든 축척 나열 : 선택한 객체가 지원하는 모든 축척이 객체 축척 목록에 표시되도록 지정한다.

❷ 선택한 모든 객체에 공통적인 축척만 나열 : 선택한 모든 객체에 공통적으로 지원되는 축척만 객체 축척 목록에 표시되도록 지정한다.

❸ 추가 : 객체에 축척 추가 대화상자를 표시한다.

❹ 삭제 : 선택한 축척을 축척 리스트에서 제거한다.

14. 작성 중인 워드 파일에 캐드 도면을 넣고 싶어요.

작업 예 다음 도면에서 두 번째 문을 워드로 가져가고자 한다.

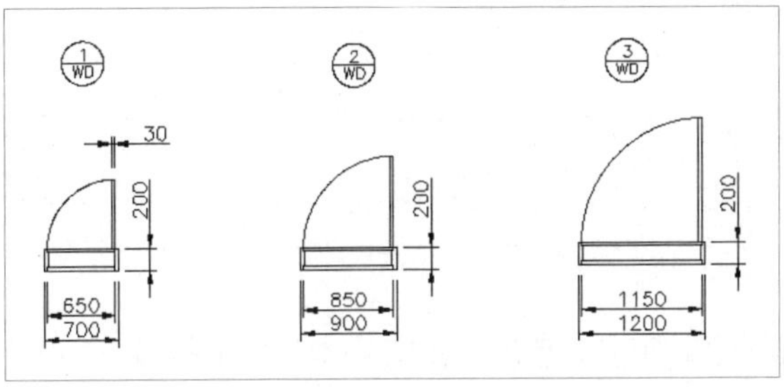

① Ctrl+C로 Copy Clip을 실행한다.

② 필요한 부분을 범위를 잡아 선택한 후 더 이상 대상이 없으면 엔터하여 종료한다.

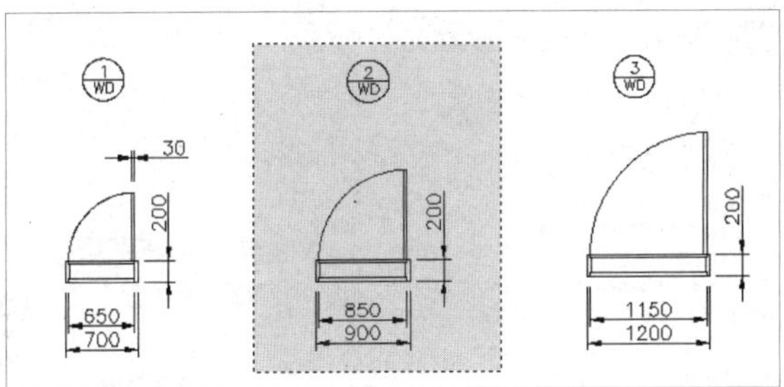

③ 워드 화면에서 Ctrl+V로 붙여넣기를 한다.

④ 필요 없는 공간이 많이 잡혀 있으므로 Shift를 누른 상태로 화살표 표시 부분을 클릭/드래그하여 불필요한 여백을 없앤다.

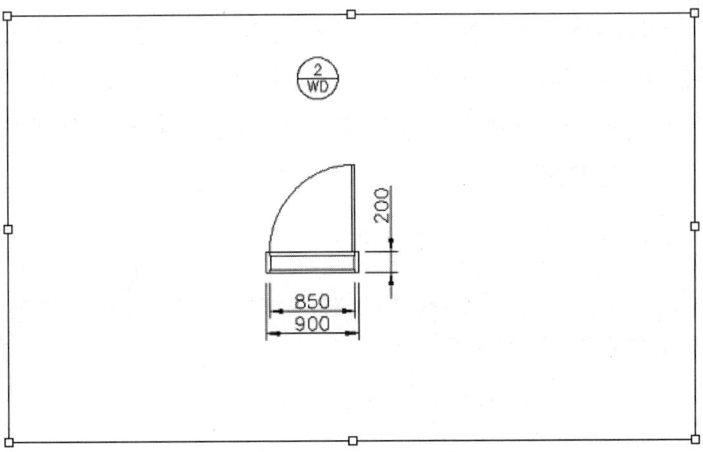

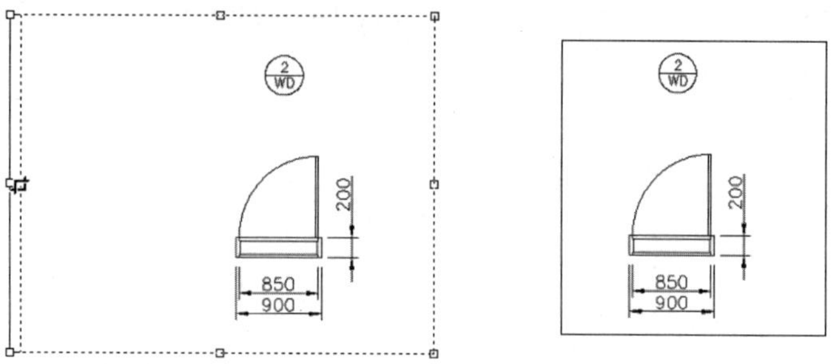

⚠ 캐드 작업 화면의 배경 색상이 그대로 옮겨지므로 이 작업할 때는 배경 색상을 흰색으로 변경하고 작업한다. "메뉴 → 도구 → 옵션"에서 "화면표시" 항목에서 "색상"을 선택하여 흰색으로 변경한다.

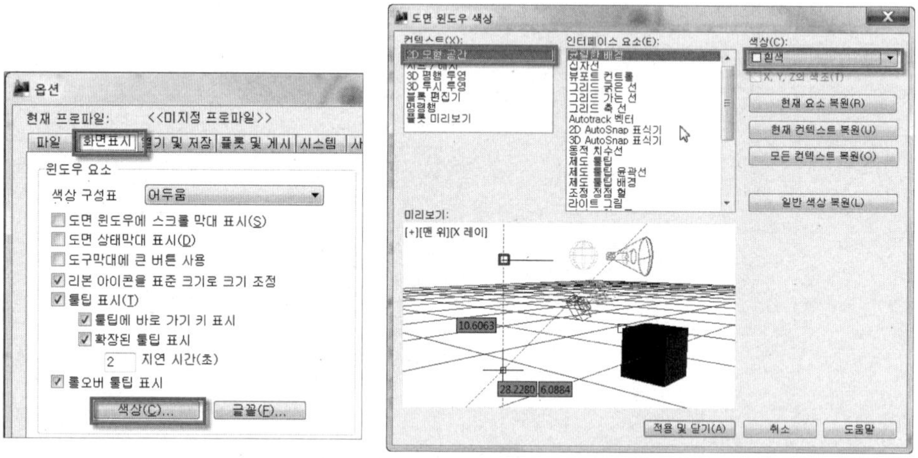

15. 회사(학교)와 집의 시스템에 다른 버전의 캐드가 설치되어 있어요.

상위 버전에서 작업하여 저장된 파일은 하위 버전에서 열어볼 수가 없다. 상위 버전에서 저장할 때 작업할 컴퓨터에 설치된 버전으로 저장하여 해결한다. 하위 버전에서 저장된 파일은 상위 버전에서 그냥 작업할 수 있다.(2011과 2012는 상호 호환된다.)

① Save 명령을 실행하고 저장할 이름 아래쪽 "파일 형식"에서 사용할 버전에 맞춰 저장한다.

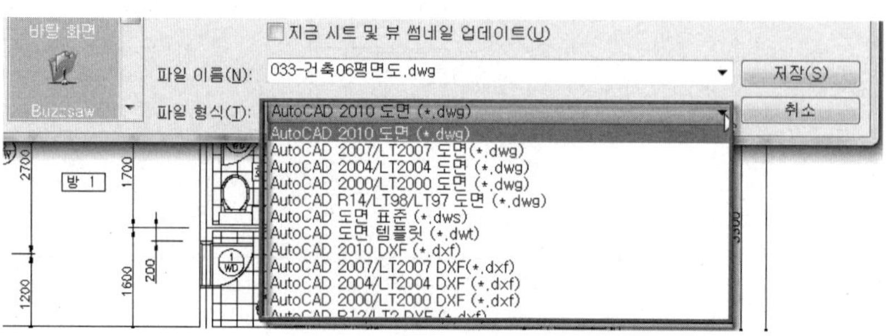

16. 단축 명령을 추가 또는 편집하고 싶어요.

단축 명령은 “Line”을 “L”을 키보드 입력하면 실행되는 것처럼 원래 명령보다 짧게 저장된 명령으로 사용자가 추가 또는 편집할 수 있다.

① “도구→사용자화→프로그램 매개변수”를 실행하면 다음과 같은 편집 창이 뜨면 원하는 편집을 한다.

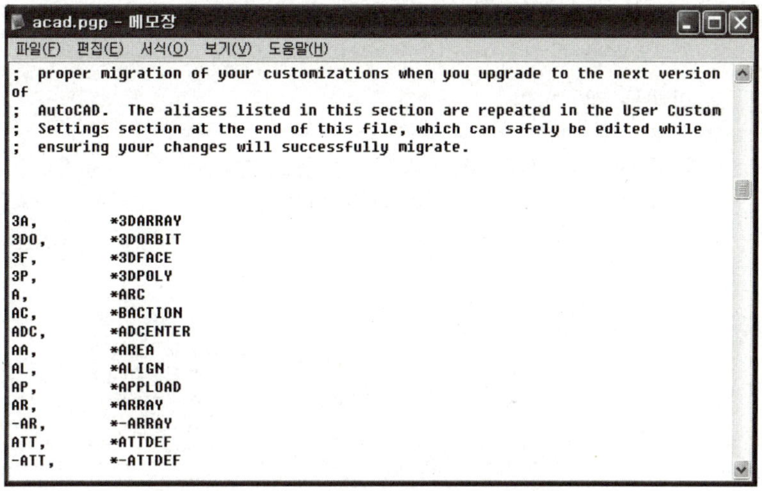

만드는 형식은 “단축 명령, *원래 명령” 형식으로 지정하면 된다.

예 LL, *Line

다른 명령과 중복되지 않도록 주의하여 수정한 후 저장한다.

② 직접 “acad.pgp” 파일을 찾아 편집한다.

2005 버전 이전에서는 AutoCad/Support 폴더에 저장되어 있으며 2005 버전부터는 AutoCAD/UserDataCache/Support 폴더에 저장되어 있다. 파일을 찾은 후 문서 편집기로 오픈하여 수정한 후 저장하면 된다.

③ 변경된 “Acad.pgp” 파일을 적용하려면 Reinit 명령으로 재초기화를 해야 한다.

명령: Reinit

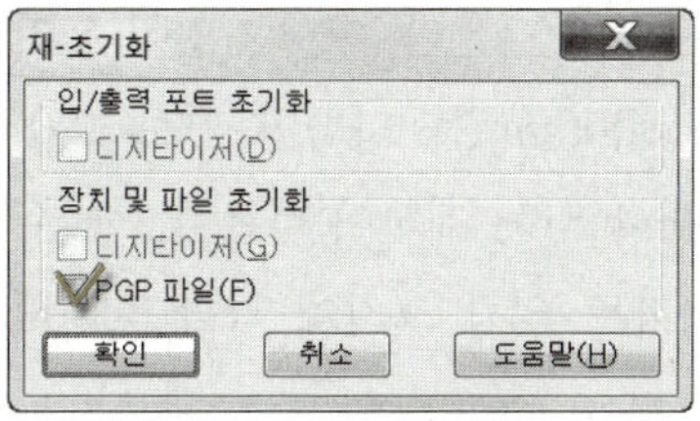

17. 사용하던 "도구막대"가 사라졌어요. 초기 상태의 "도구막대"를 설치하려면 어떻게 하나요.

① 메뉴에서 도구→도구막대→AutoCAD에서 도구막대 리스트에서 "그리기, 도면층, 수정, 특성, 표준" 등을 선택하여 초기 상태의 기본 도구막대를 형성한다.

② 도구막대 부근에 마우스 커서를 놓고 마우스 우측을 클릭하여 리스트에서 기본 도구막대를 선택한다.

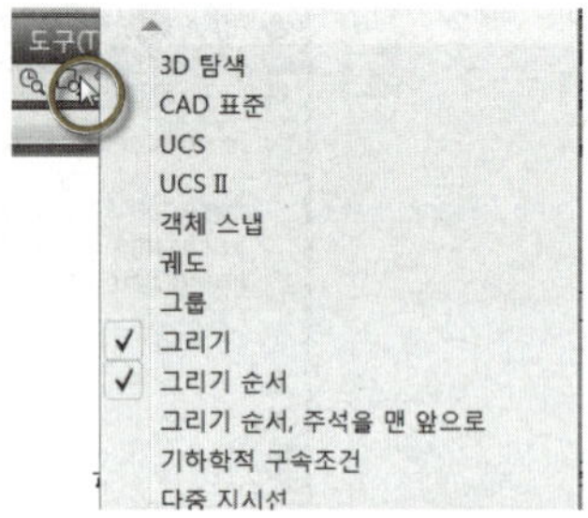

도구막대가 사라지거나 옮겨지는 것을 방지하려면 우측 하단부의 자물쇠를 잠근다.

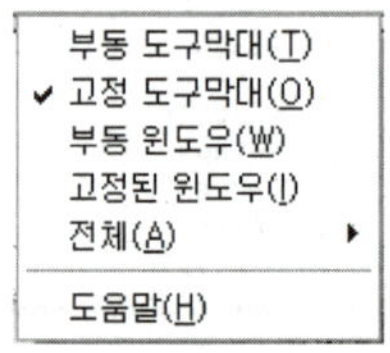

18. 작업 시작할 때마다 "도면 한계, 도면층, 문자 스타일" 등 재설정 없이 기본 환경을 저장해서 쓸 수는 없나요.

기본 환경을 설정한 후에 DWT 형식으로 저장하고 새 도면 시작을 Template으로 시작하여 저장된 dwt 파일을 지정하면 된다.

환경 설정 예 30평 이상의 아파트 도면을 그린다는 가정 하에 설정하는 예이다.

① 새도면을 시작한다.

② "도면 한계"를 설정한다.

32평이라고 했을 때 평방미터(㎡)로 환산하면 32평×3.3=약 105.6평방미터이다. 그럼 가로, 세로로 환산하면 가로를 12000이라 할 때 105600000/12000 =8800라는 수치가 나온다. 치수기입이나 기타 여유 공간을 생각해서 상・하・좌・우 각각 3000mm를 더하면 가로 12000+6000=18000mm, 세로 8300+6000= 14300mm라는 계산이 나온다. 물론 32평형 아파트 설계 도면이 있으면 간단하다. 아파트 외곽 크기에 각각 3000을 더해서 크기를 잡으면 된다.

```
명령: LIMITS
모형 공간 한계 재설정:
왼쪽 아래 구석 지정 또는 [켜기(ON)/끄기(OFF)] <0.0000,0.0000>:
오른쪽 위 구석 지정 <420.0000,297.0000>: 18000,14300
```

✎ 도면 한계 변경 후에는 필히 Zoom all을 한다.

```
명령: Z
윈도우 구석을 지정, 축척 비율(nX 또는 nXP)을 입력, 또는
[전체(A)/중심(C)/동적(D)/범위(E)/이전(P)/축척(S)/윈도우(W)/객체(O)] <실시간>: A
```

③ 작업에 필요한 환경을 설정한다. : 도면층, 선크기, 문자 스타일, 치수기입에 관련된 사항 등 도면 작업 초기에 설정해야 할 모든 사항을 설정한다.

④ Save 명령으로 저장한다.

Command : Save

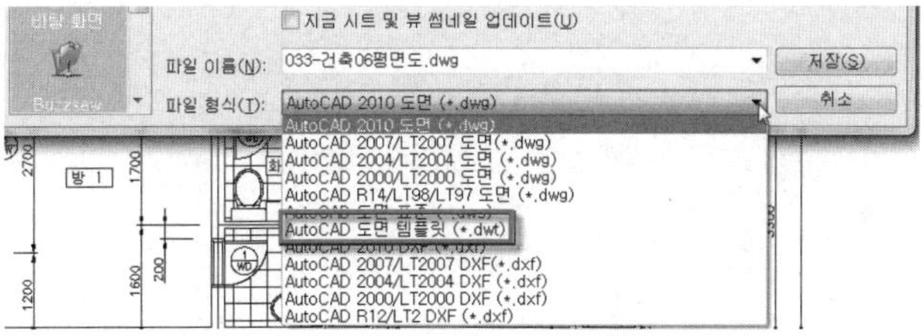

파일 이름은 저장 내용과 관련되게 입력하고 저장 형식은 Template 형식인 "*.dwt"를 지정한다.

Save 버튼을 누르면 도면에 대한 설명을 입력할 수 있는 창이 표시된다. 간단한 설명을 입력한 후 OK한다. 생략해도 관계없다.

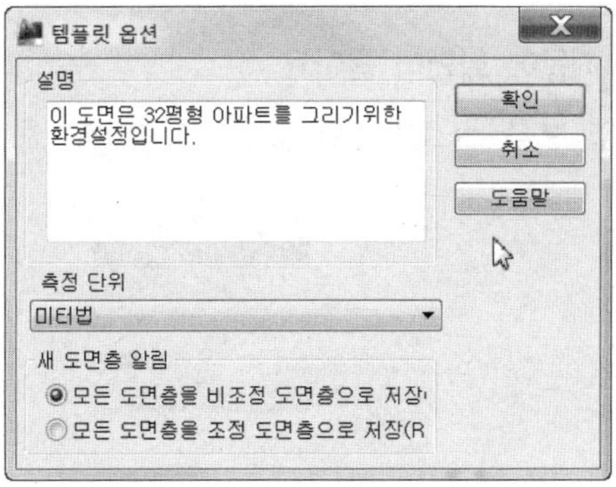

✸ 설정된 도면 환경을 사용하는 방법

① 새로 만들기를 실행한다.

② "Startup"이 켜져 있으면 "템플릿 사용"을 통해 저장해 놓은 템플릿 파일을 찾아 저장했던 기본 환경을 바로 사용한다.

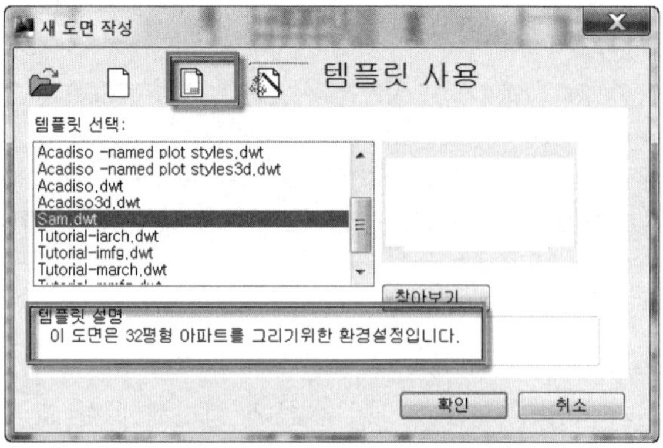

③ "Startup"이 꺼져 있으면 Template 파일이 저장된 폴더를 찾아 지정하면 된다.

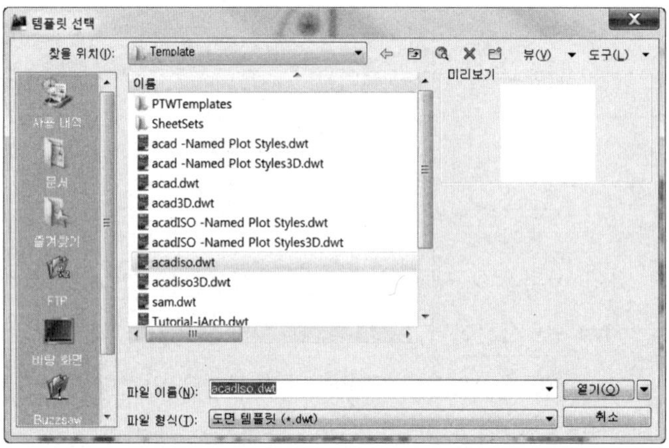

19. 리본 메뉴 때문에 화면이 좁아요.

온라인 메뉴 옆 ▼를 누르면 3단계로 메뉴가 최소화된다.

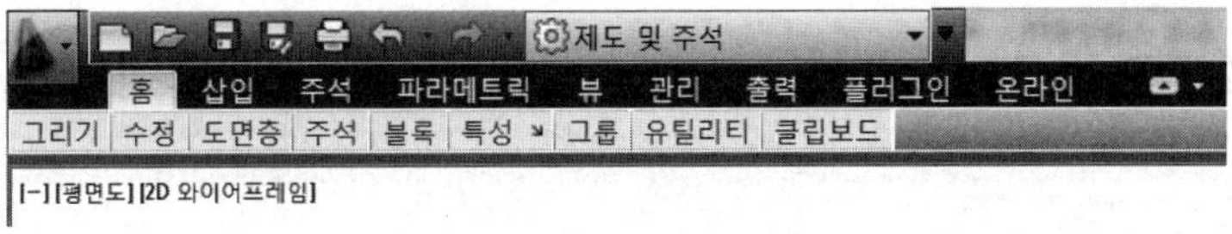

▲ 패널 제목으로 최소화

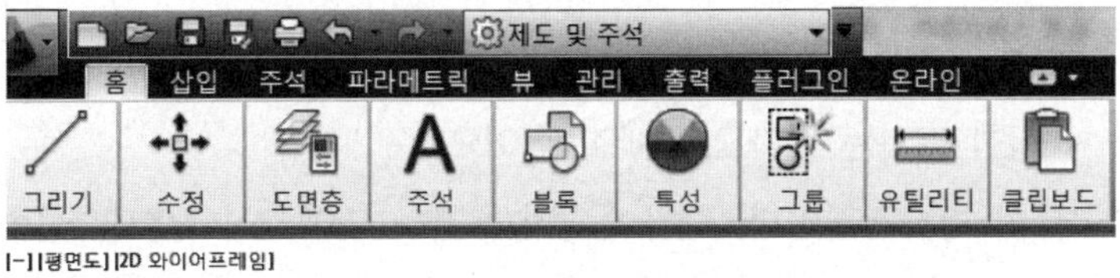

▲ 채널 버튼으로 최소화

▲ 탭으로 최소화

20. 구 버전 AutoCAD 화면처럼 메뉴를 쓰고 싶어요.

① 작업 공간 설정에서 "AutoCAD 클래식"을 선택하면 된다.

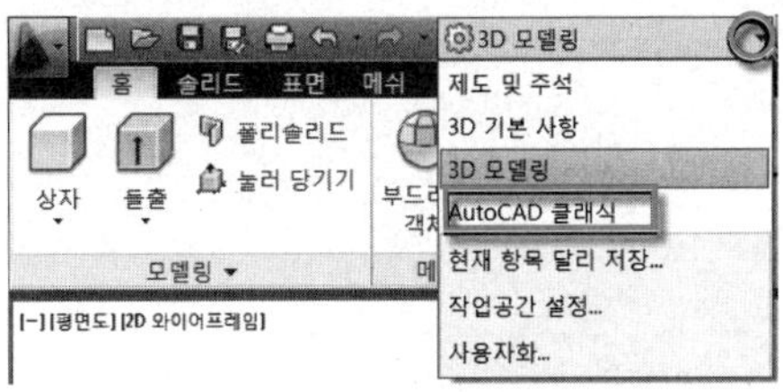

② 다른 방법(2011버전)

- 1우측 하단 모서리에 "톱니바퀴"를 선택한다.

- AutoCAD 클래식을 선택한다.

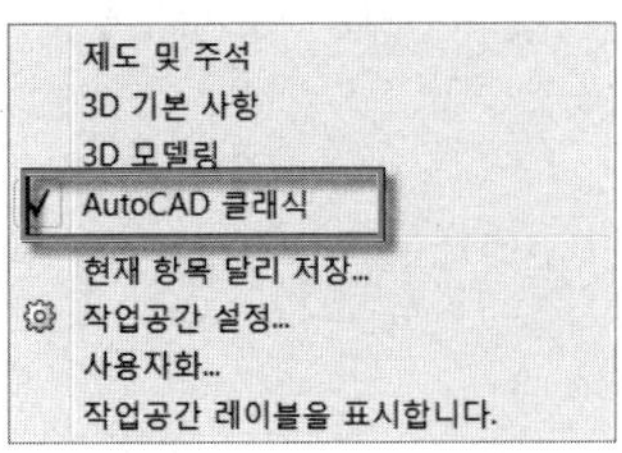

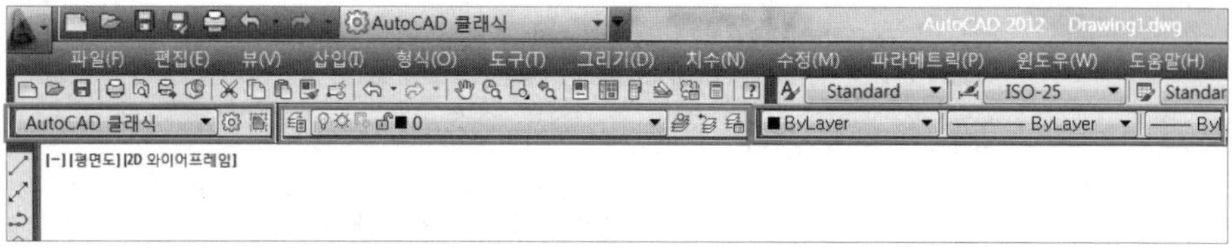

▲ 변경된 메뉴

21. 이상한 표시는 뭔가요. 없애고 싶어요.

기하학적 구속조건이다. 객체에 구속조건을 부여하여 작업의 신속 정확함을 도와준다. 그렇지만 눈에 거슬려 불편하다면 숨기거나 삭제하면 된다.

- 메뉴: 파라메트릭 ➠ 구속조건 막대 ➠ 구속조건 숨기기
- 메뉴: 파라메트릭 ➠ 구속조건 삭제
- 리본: 제도 및 주석 ➠ 파라메트릭

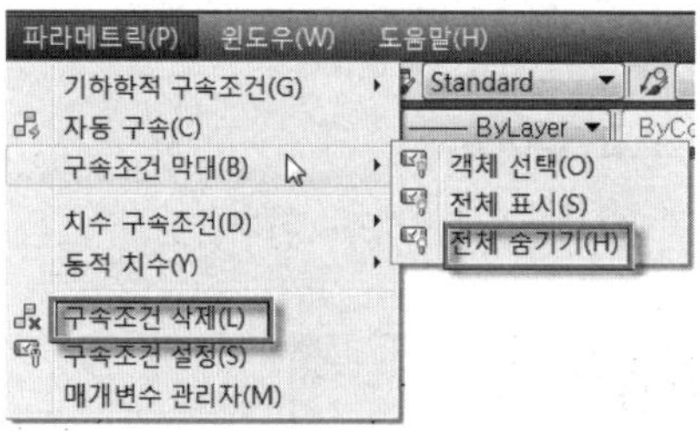

▲ 오토캐드 클래식 메뉴일 때

▲ 제도 및 주석 리본 메뉴일 때

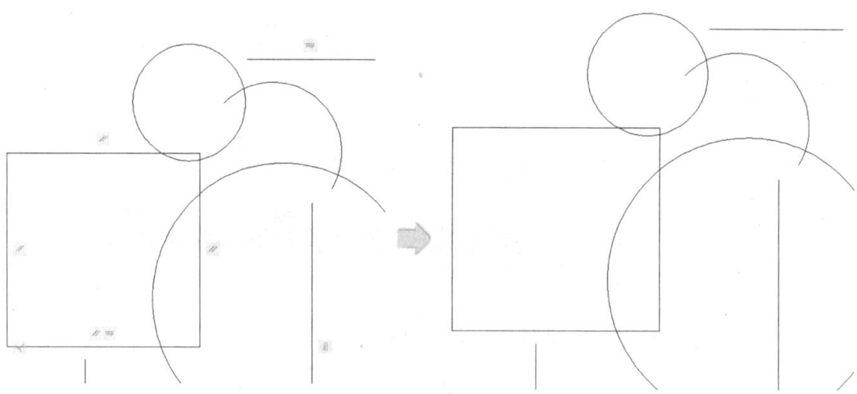

부록 2
실습도면 및 해설

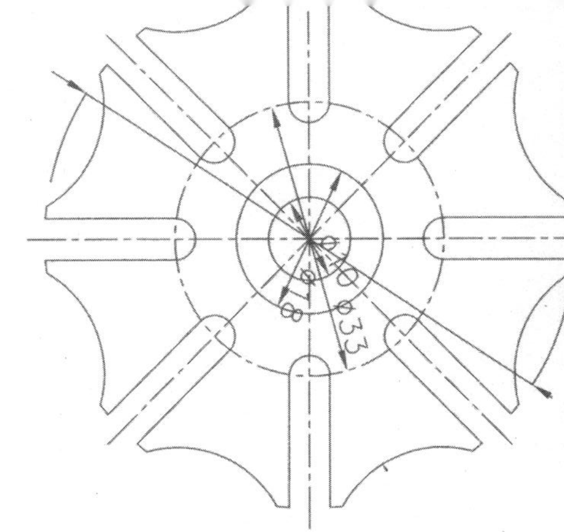

본 실습도면 해설은 최소한의 길잡이가 되기 위해 수록하였다. 다음 사항에 유의하여 활용하기 바란다.

① 필요한 상황이 아니면 Limits, Grid, Snap 등의 기초 설정에 대한 내용은 생략하였다.

② AutoCAD 2012 한글 버전을 기준으로 설명하였으나 명령어의 큰 줄기는 대동소이하므로 이전 버전 사용자들도 활용이 가능하다.

③ 같은 명령을 연습하는 예제에서는 앞서 설명된 명령의 자세한 설명을 생략하였으므로 앞에서부터 순서대로 실습하기 바란다.

④ 더 나은 작업방식이 있을 수 있음을 알려드리며 참고자료로만 활용하기 바란다.

⑤ 사용된 명령에 대한 다른 활용법이나 자세한 내용은 본서의 내용을 찾아 공부하기 바란다.

⑥ 짧은 시간에 실기를 익히고 싶거나 독학하시는 분들은 여기를 먼저 공부하고 본문을 나중에 봐도 도움이 될 것이다.

⑦ 전체 도면의 해설을 다 싣기에는 지면이 부족한 관계로 일부 해설만 수록하였으니 양해해 주기 바란다.

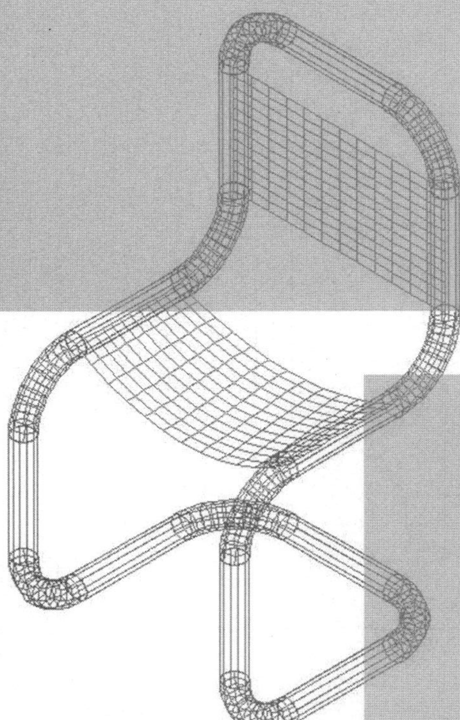

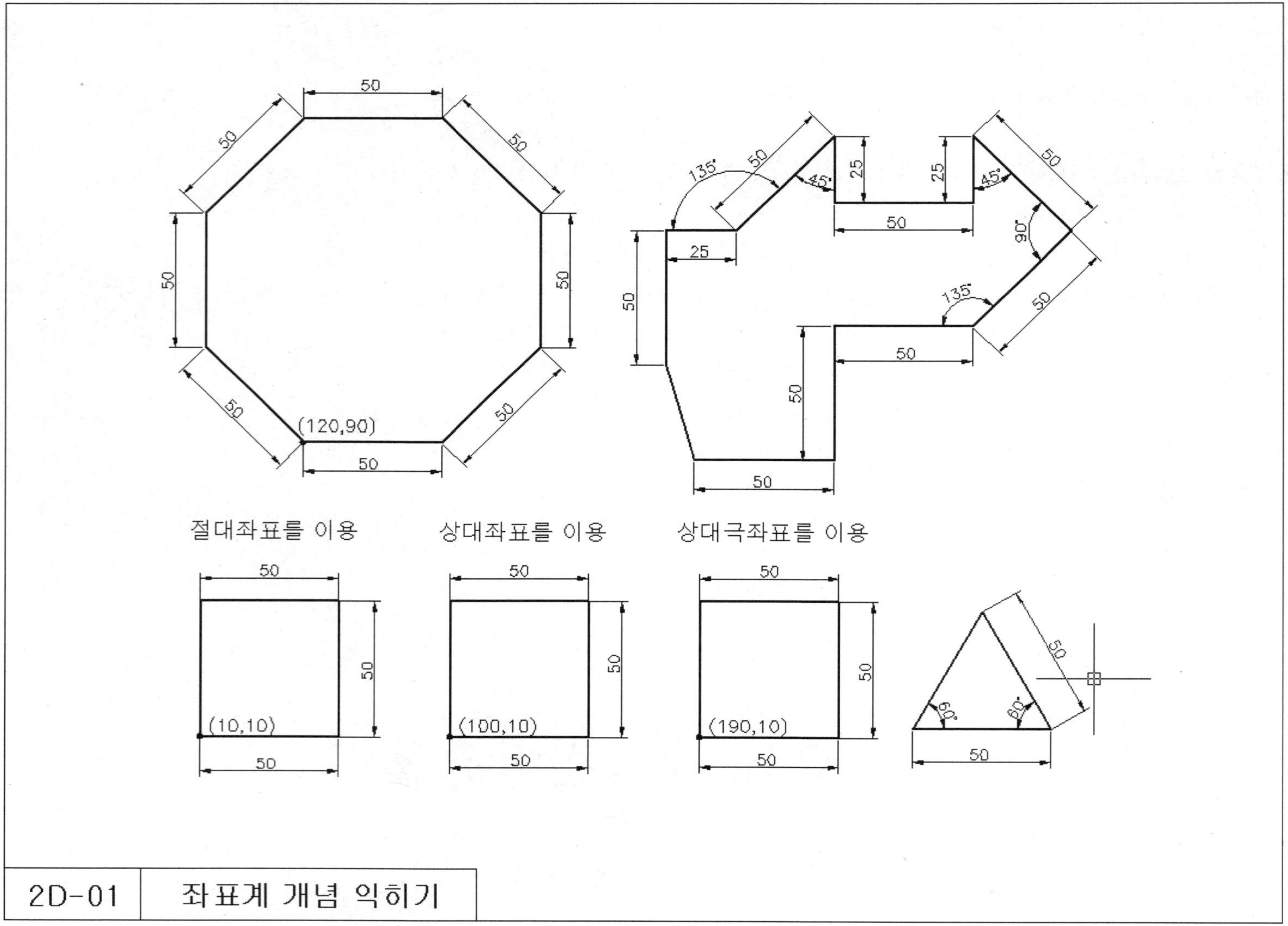

50
(120,90)
135°
45°
25
90°
절대좌표를 이용
상대좌표를 이용
상대극좌표를 이용
(10,10)
(100,10)
(190,10)
60°
2D-01
좌표계 개념 익히기

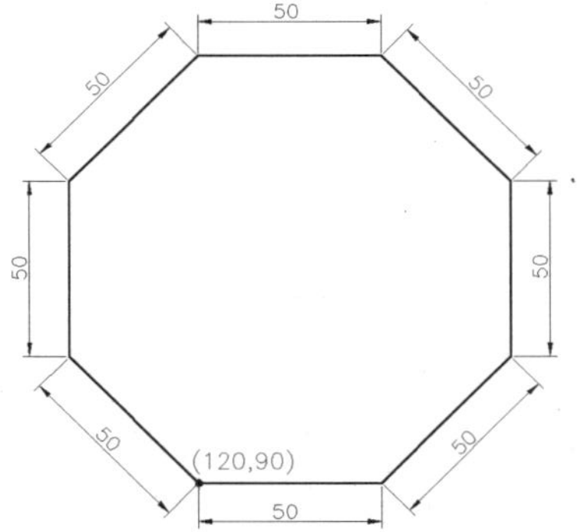

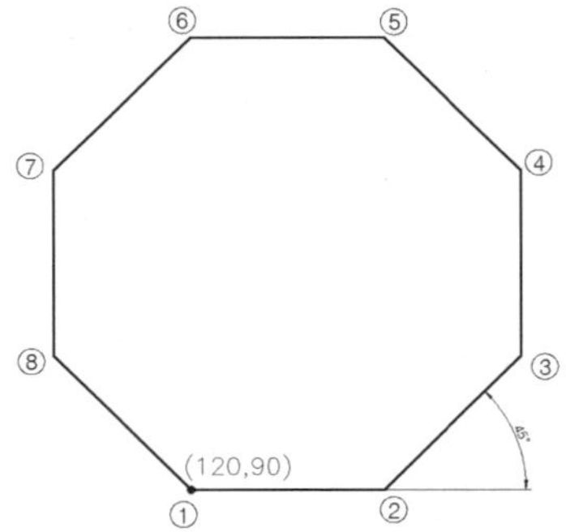

첫 점을 제시된 절대 좌표 120,90에서 시작하여 시계 반대방향으로 빗변은 상대 극좌표 입력방식을 적용하여 그린다. 시계 반대방향으로 그리는 이유는 AutoCAD의 모든 작업은 시계 반대방향으로 이뤄지기 때문이다.

명령: L ← Line의 단축 명령이다.
첫 번째 점 지정: **120,90** ← 절대 좌표 입력이다. ①
다음 점 지정 또는 [명령 취소(U)]: **@50<45**
← 상대 극좌표 입력으로 8각형이므로 진행 각이 45°가 된다. ②
다음 점 지정 또는 [명령 취소(U)]: <직교 켜기> 50 ← F8를 눌러 직교 모드(4방향으로만 움직이는) 또는 F10을 켠 후 진행 방향으로 마우스를 둔 상태에서 길이만 입력한다. 이하 길이만 입력한 경우는 같은 방식으로 작업한 경우이다. ③
다음 점 지정 또는 [닫기(C)/명령 취소(U)]: **@50<135** ← ④
다음 점 지정 또는 [닫기(C)/명령 취소(U)]: **50** ← ⑤
다음 점 지정 또는 [닫기(C)/명령 취소(U)]: **@50<225** ← "−45"를 입력해도 된다. ⑥
다음 점 지정 또는 [닫기(C)/명령 취소(U)]: **50** ← ⑦
다음 점 지정 또는 [닫기(C)/명령 취소(U)]: **@50<315** ← ⑧
다음 점 지정 또는 [닫기(C)/명령 취소(U)]: **C**

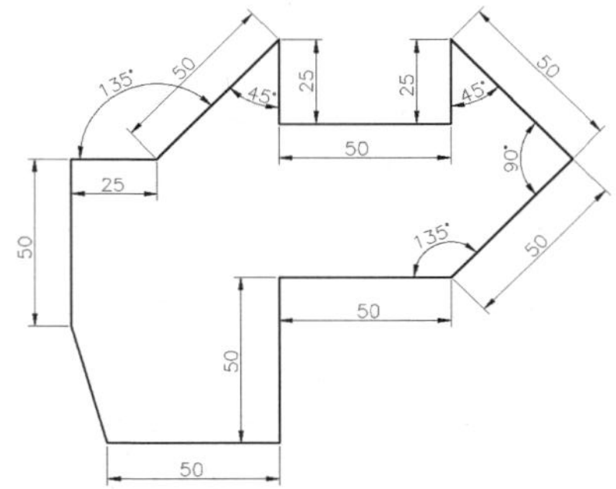

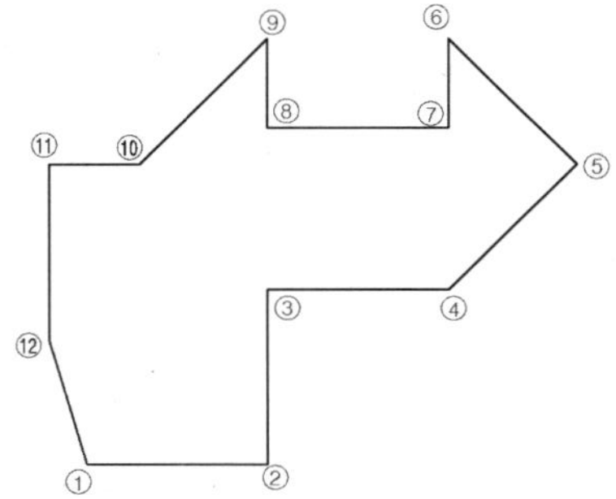

위 도형은 아랫변 50의 좌측 빗변의 치수가 없음으로 점①에서 반시계방향으로 그린다.

명령: L
첫 번째 점 지정: ← 마우스로 임의점을 잡는다. ①
다음 점 지정 또는 [명령 취소(U)]: **<직교 켜기> 50** ← F8를 눌러 직교모드(4방향으로만 움직이는) 또는 F10을 켠 후 진행 방향으로 마우스를 둔 상태에서 길이만 입력한다. 이하 길이만 입력한 경우는 같은 방식으로 작업한 경우이다. ②
다음 점 지정 또는 [명령 취소(U)]: **50** ← ③
다음 점 지정 또는 [닫기(C)/명령 취소(U)]: **50** ← ④
다음 점 지정 또는 [닫기(C)/명령 취소(U)]: **@50<45** ← ⑤
다음 점 지정 또는 [닫기(C)/명령 취소(U)]: **@50<135** ← ⑥
다음 점 지정 또는 [닫기(C)/명령 취소(U)]: **25** ← ⑦
다음 점 지정 또는 [닫기(C)/명령 취소(U)]: **50** ← ⑧
다음 점 지정 또는 [닫기(C)/명령 취소(U)]: **25** ← ⑨
다음 점 지정 또는 [닫기(C)/명령 취소(U)]: **@50<225** ← "−45"를 입력해도 된다. ⑩
다음 점 지정 또는 [닫기(C)/명령 취소(U)]: **25** ← ⑪
다음 점 지정 또는 [닫기(C)/명령 취소(U)]: **50** ← ⑫
다음 점 지정 또는 [닫기(C)/명령 취소(U)]: **C**

참고

1. **절대 좌표** : 절대 좌표로써 "0,0"에서부터 계산되어진 좌표이므로 정확한 좌표 점을 알고 있는 경우에 사용한다.

입력 형식 X, Y 또는 X, Y, Z 점 ← 점 「.」이 아니고 컴머 「,」임에 주의한다.

2. **상대 좌표** : 상대적 좌표로 바로 앞 점의 좌표를 『0, 0, 0』으로 가정하고 상대적 변화 길이를 계산하여 입력한다.

입력 형식 @X 변화 길이, Y 변화 길이 또는 @X 변화 길이, Y 변화 길이, Z 변화 길이

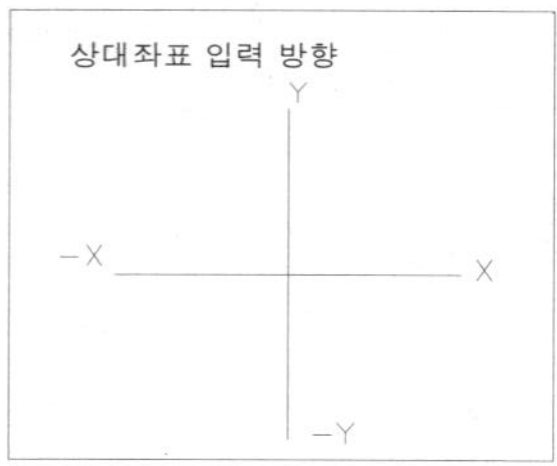

3. **상대 극좌표** : 변화 길이와 진행 각도로 표현한다. 각도는 반시계방향으로 증가하며 항상 0°에서부터 증분된 값으로 계산하여 입력한다.

입력 형식 @변화 길이<진행 각도 ← 「<」는 Shift 키와 , 키를 함께 누른다.

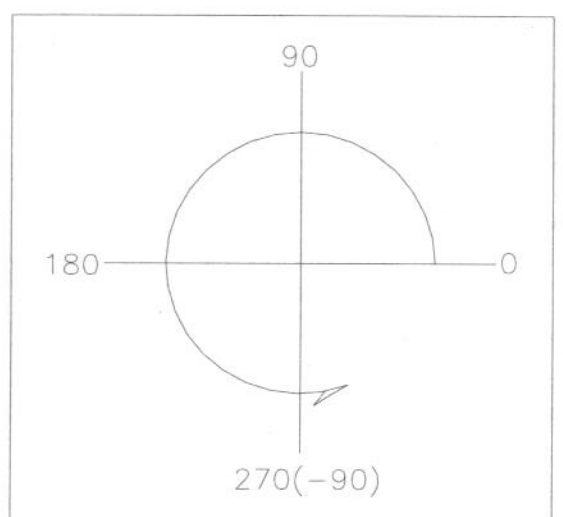

4. **거리 값 직접 입력** : 커서로 방향(각도)을 잡고 입력된 수치는 거리로 인식되어 Point를 잡는다.

F8 또는 F10을 누른 후 마우스를 그리고자 하는 방향으로 놓고 거리 값만 입력하여 그린다. 가장 쉬운 방법으로 F8은 0, 90, 180, 270° 방향으로만 F10은 4방향 외에 사용자가 설정한 각도에서 정확하게 그릴 수 있다.

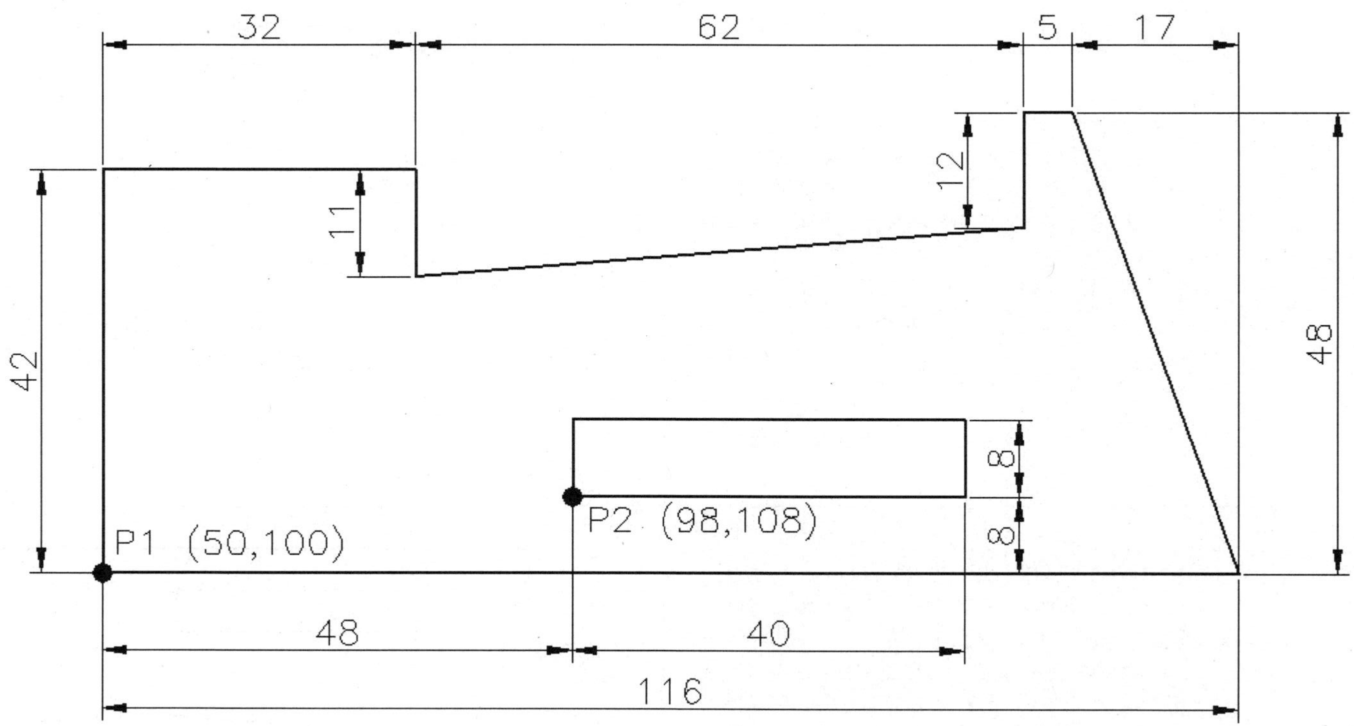

2D-02 절대 좌표값을 이용한 Line 연습

해설 2D-02 절대 좌표값을 이용한 Line 연습

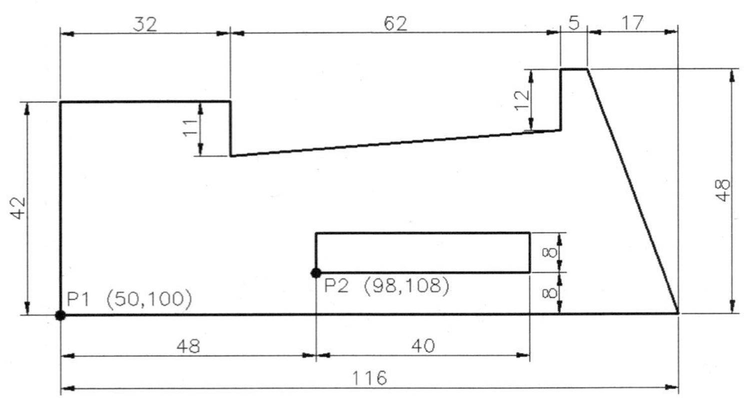

P1점 및 P2점을 절대 좌표값으로 시작하여 반시계방향으로 그리며 직선이 아닌 빗변은 상대 좌표 입력방식을 사용하여 그린다.

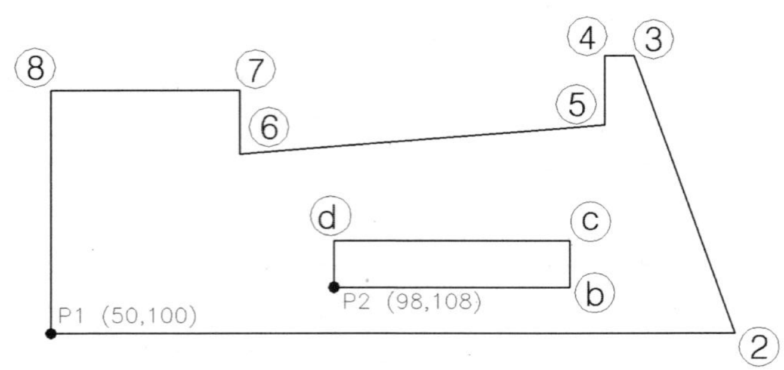

명령: L
첫 번째 점 지정: **50,100** ← 절대 좌표값으로 P1을 지정한다.
다음 점 지정 또는 [명령 취소(U)]: **166,100** ← 절대 좌표값으로 가능하나 불편하다. ②
다음 점 지정 또는 [명령 취소(U)]: **@−17,48** ← 상대 좌표 입력방식이다. ③
다음 점 지정 또는 [닫기(C)/명령 취소(U)]: **5** ← 이하 직선 부분은 F8, F10이 켜진 상태에서 마우스를 진행 방향으로 놓은 상태에서 길이만 입력한다. ④
다음 점 지정 또는 [닫기(C)/명령 취소(U)]: **17** ← ⑤
다음 점 지정 또는 [닫기(C)/명령 취소(U)]: **@−62,−5** ← 48−42=6, 12−6=6, 11−6=5에서 방향이 Y 방향이 음의 방향이므로 −5가 되었다. ⑥
다음 점 지정 또는 [닫기(C)/명령 취소(U)]: **11** ← ⑦
다음 점 지정 또는 [닫기(C)/명령 취소(U)]: **32** ← ⑧
다음 점 지정 또는 [닫기(C)/명령 취소(U)]: **C**

안쪽의 사각형은

명령: L
첫 번째 점 지정: **98,108** ← 절대 좌표값으로 P2를 지정한다.
다음 점 지정 또는 [명령 취소(U)]: **40** ← F8, F10 켜진 상태에서 마우스를 진행 방향으로 놓은 상태에서 길이만 입력한다. ⓑ
다음 점 지정 또는 [명령 취소(U)]: **8** ← ⓒ
다음 점 지정 또는 [닫기(C)/명령 취소(U)]: **40** ← ⓓ
다음 점 지정 또는 [닫기(C)/명령 취소(U)]: **C**

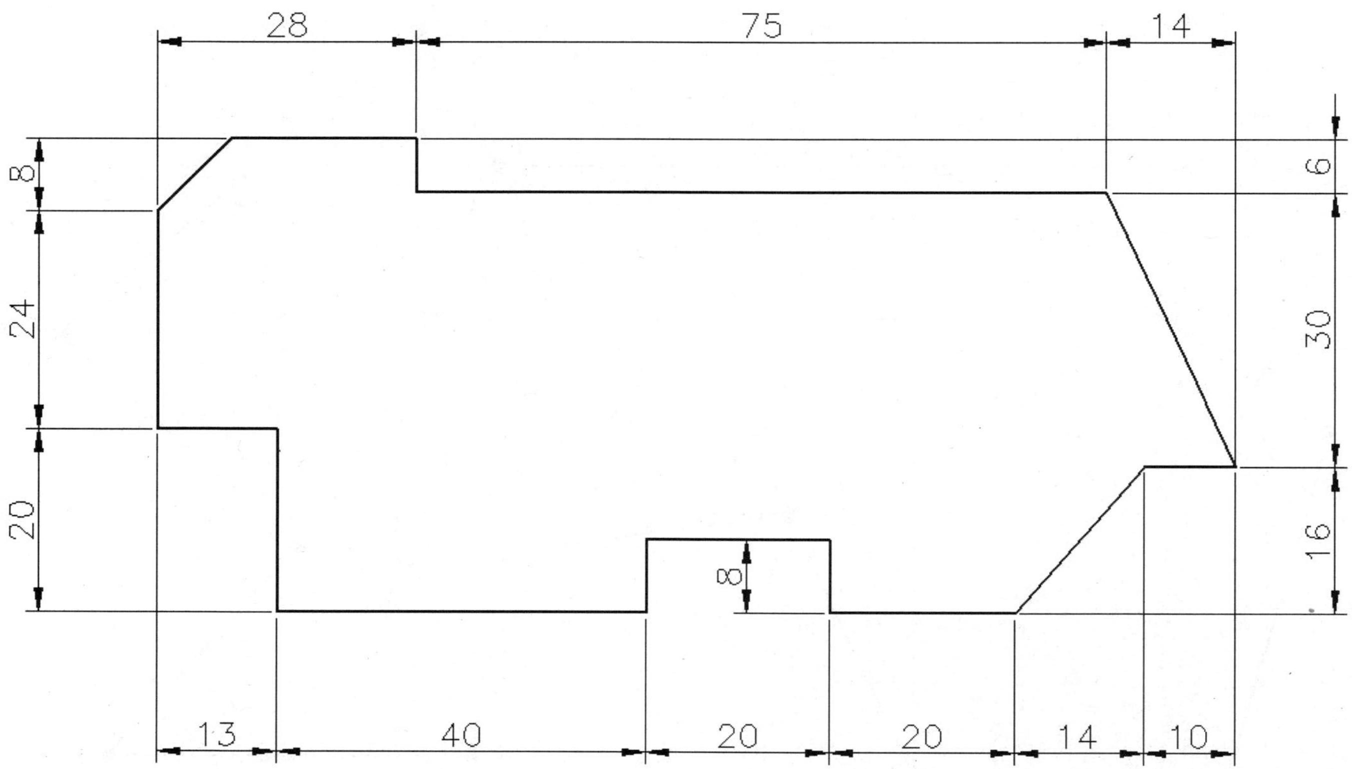

2D-03 상대 좌표(증분 좌표)값을 이용한 Line 연습

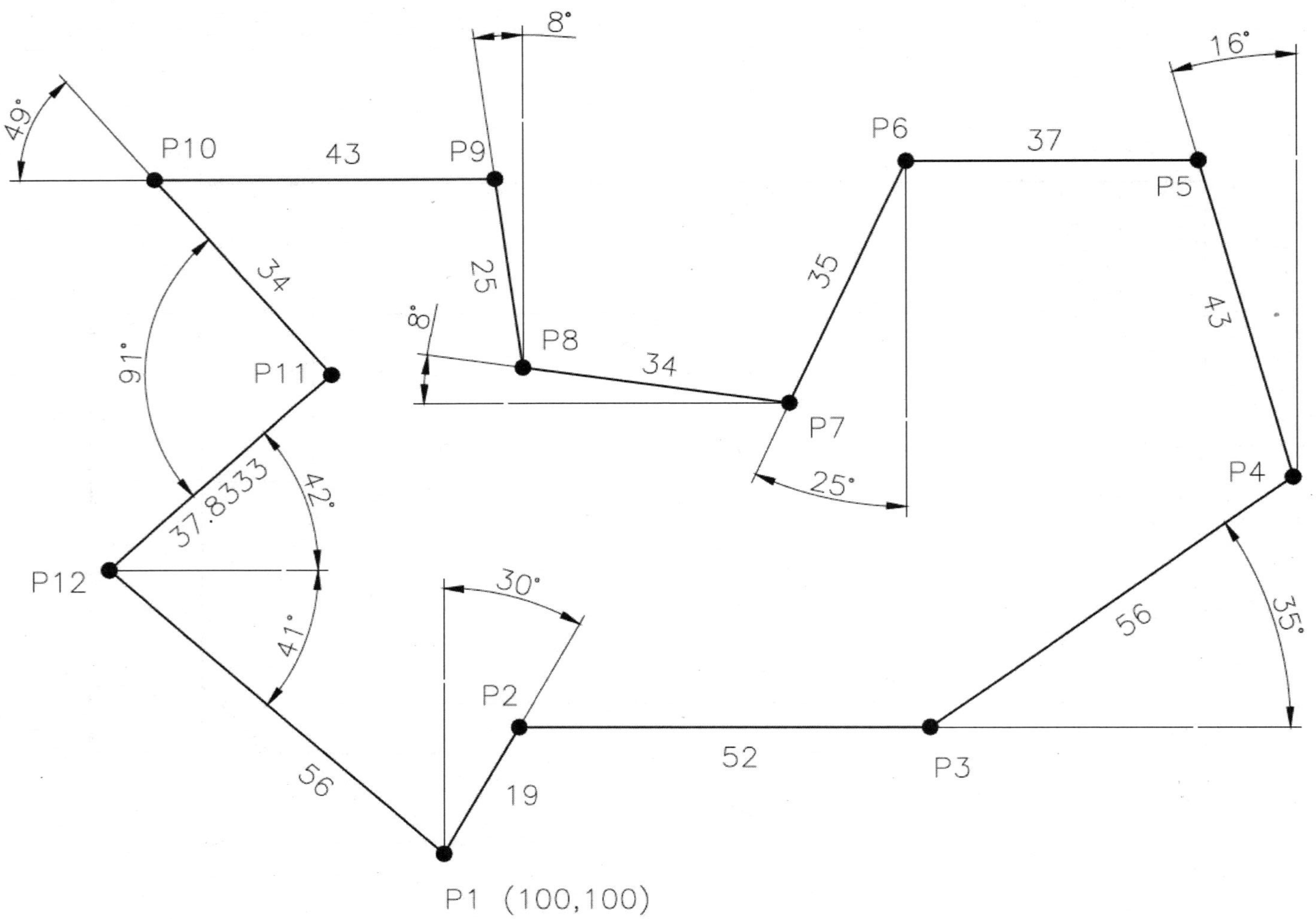

2D-04	상대 극좌표 값을 이용한 Line 연습

해설 2D-03 상대 좌표값(증분 좌표)을 이용한 Line 연습

직선 부위는 F8 또는 F10을 켜 놓은 상태에서 길이만 입력하는 방식으로, 빗변 부분은 상대 좌표 입력방식으로 작업한다. 물론 직선 부분도 상대 좌표 입력방식으로 해도 되나 길이만 입력하는 방법이 쉬우므로 쉬운 방법으로 작업한다. 그리고 상대 좌표 입력을 연습하기 위해 반시계방향과 시계방향으로 반복하여 그려 본다.

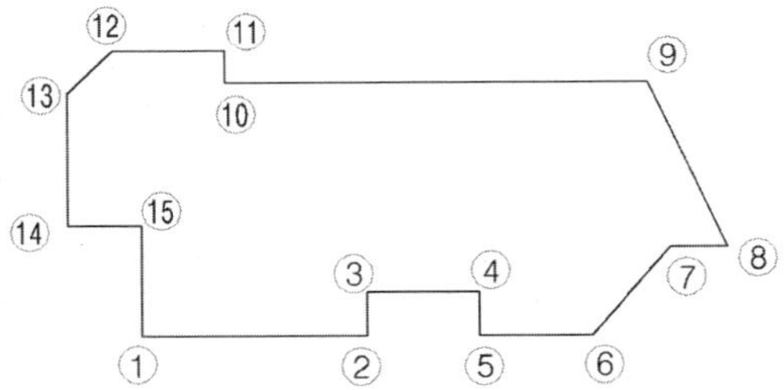

명령: LI
첫 번째 점 지정: ← 첫 점을 임의점으로 잡는다. ①
다음 점 지정 또는 [명령 취소(U)]: **40** ← F8 또는 F10을 눌러 활성화한다. ②
다음 점 지정 또는 [명령 취소(U)]: **8** ← ③
다음 점 지정 또는 [닫기(C)/명령 취소(U)]: **20** ← ④
다음 점 지정 또는 [닫기(C)/명령 취소(U)]: **8** ← ⑤
다음 점 지정 또는 [닫기(C)/명령 취소(U)]: **20** ← ⑥
다음 점 지정 또는 [닫기(C)/명령 취소(U)]: **@14,18** ← ⑦
다음 점 지정 또는 [닫기(C)/명령 취소(U)]: **10** ← ⑧
다음 점 지정 또는 [닫기(C)/명령 취소(U)]: **@-14,30** ← ⑨
다음 점 지정 또는 [닫기(C)/명령 취소(U)]: **75** ← ⑩
다음 점 지정 또는 [닫기(C)/명령 취소(U)]: **6** ← ⑪
다음 점 지정 또는 [닫기(C)/명령 취소(U)]: **20** ← 28이 아님을 주의한다. ⑫
다음 점 지정 또는 [닫기(C)/명령 취소(U)]: **@-8,-8** ← 치수 8이 누락되었다. ⑬
다음 점 지정 또는 [닫기(C)/명령 취소(U)]: **24** ← ⑭
다음 점 지정 또는 [닫기(C)/명령 취소(U)]: **13** ← ⑮
다음 점 지정 또는 [닫기(C)/명령 취소(U)]: **C**

해설 2D-04 상대 극좌표값을 이용한 Line 연습

다음 도형은 상대 극좌표 입력방식을 연습하기 위한 도형이다. P1점을 절대 좌표로 잡은 후 시계 반대방향으로 진행 각도에 유의하여 그려 보자.

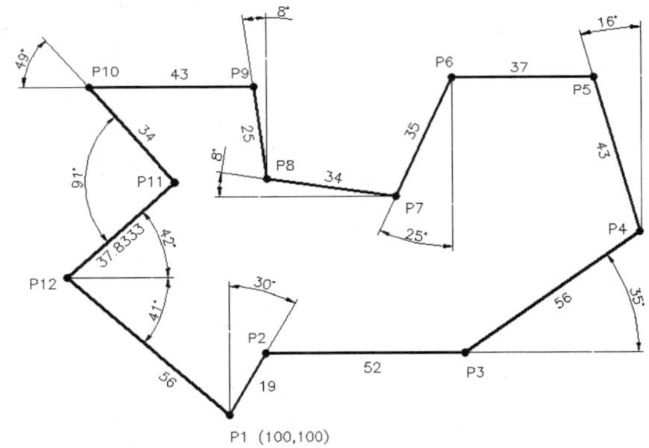

명령: L
첫 번째 점 지정: **100,100** ← 절대 좌표값으로 첫 점을 잡는다. P1
다음 점 지정 또는 [명령 취소(U)]: **@19<60** ← P2
다음 점 지정 또는 [명령 취소(U)]: **〈직교 켜기〉 52** ← P3
다음 점 지정 또는 [닫기(C)/명령 취소(U)]: **@56<35** ← P4
다음 점 지정 또는 [닫기(C)/명령 취소(U)]: **@43<106** ← 90+16=105° P5
다음 점 지정 또는 [닫기(C)/명령 취소(U)]: **37** ← P6
다음 점 지정 또는 [닫기(C)/명령 취소(U)]: **@35<245** ← (90-25)+180=245° P7
다음 점 지정 또는 [닫기(C)/명령 취소(U)]: **@34<172** ← P8
다음 점 지정 또는 [닫기(C)/명령 취소(U)]: **@25<98** ← 90+8=98° P9
다음 점 지정 또는 [닫기(C)/명령 취소(U)]: **43** ← P10
다음 점 지정 또는 [닫기(C)/명령 취소(U)]: **@34<-49** ← P11
다음 점 지정 또는 [닫기(C)/명령 취소(U)]: **@37.8333<225.5**← 91/2+180=225.5° P12
다음 점 지정 또는 [닫기(C)/명령 취소(U)]: **C**

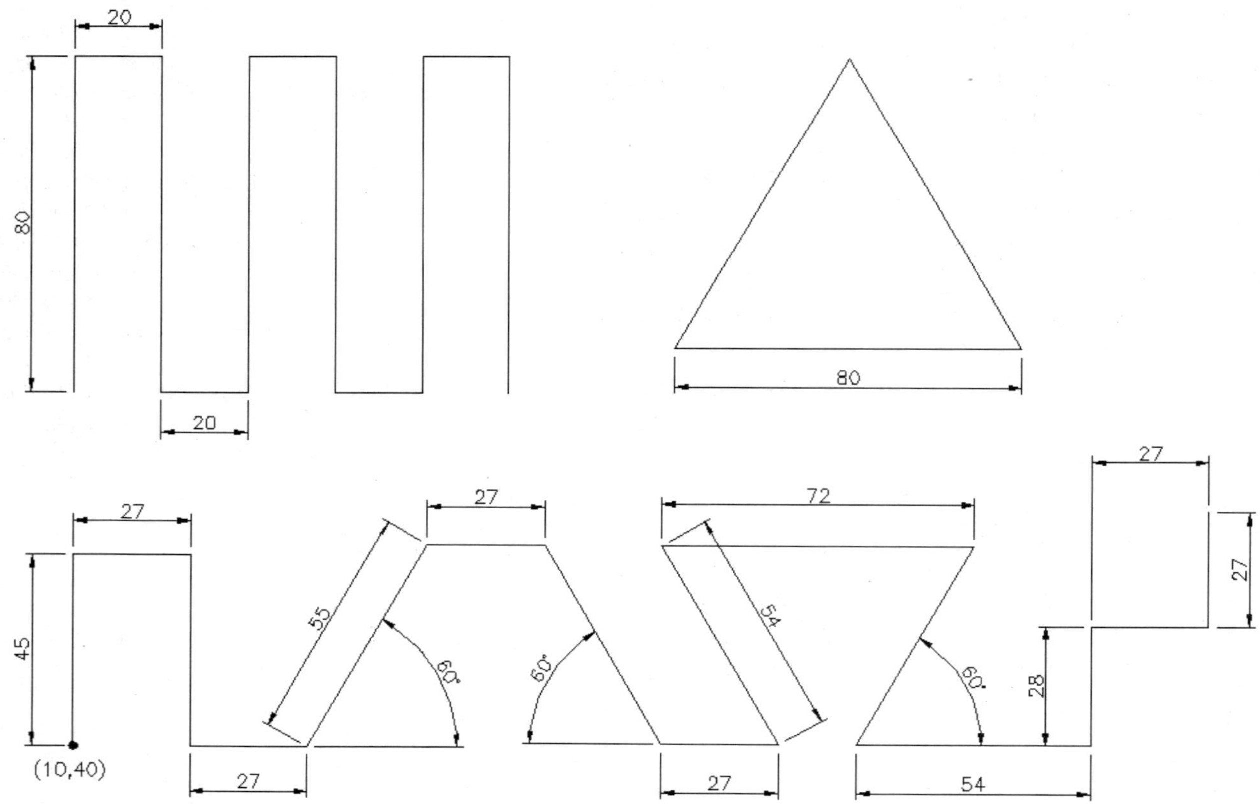

2D-05	Line 연습 - 01

해설 2D-05 Line 연습 01

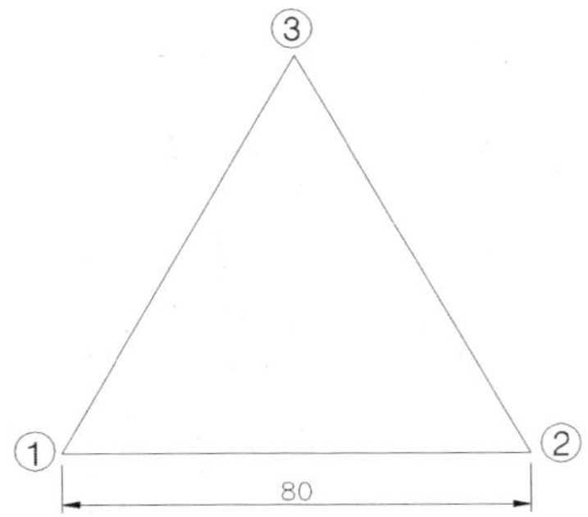

점1을 시작점으로 하여 반시계방향으로 그린다.

명령: L
첫 번째 점 지정: ← 임의점을 잡는다. ①
다음 점 지정 또는 [명령 취소(U)]: **80** ← F8 또는 F10을 눌러 활성화한다. ②
다음 점 지정 또는 [명령 취소(U)]: **@80<120** ← 90+30=120° ③
다음 점 지정 또는 [닫기(C)/명령 취소(U)]: **C**

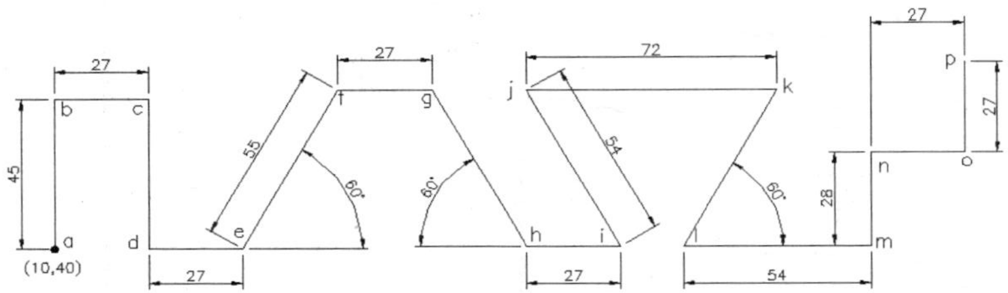

상대 극좌표 입력에서 진행 각도에 유의하여 작업한다.

명령: L
LINE
첫 번째 점 지정: **10,40** ← 절대 좌표값으로 첫 점을 잡는다. ⓐ
다음 점 지정 또는 [명령 취소(U)]: **45** ← F8 또는 F10을 눌러 활성화한다.ⓑ
다음 점 지정 또는 [명령 취소(U)]: **27** ← ⓒ
다음 점 지정 또는 [닫기(C)/명령 취소(U)]: **45** ← ⓓ
다음 점 지정 또는 [닫기(C)/명령 취소(U)]: **27** ← ⓔ
다음 점 지정 또는 [닫기(C)/명령 취소(U)]: **@55<60** ← ⓕ
다음 점 지정 또는 [닫기(C)/명령 취소(U)]: **27** ← ⓖ
다음 점 지정 또는 [닫기(C)/명령 취소(U)]: **@55<300** ← −60°를 입력하여도 된다.ⓗ
다음 점 지정 또는 [닫기(C)/명령 취소(U)]: **27** ← ⓘ
다음 점 지정 또는 [닫기(C)/명령 취소(U)]: **@54<120** ← ⓙ
다음 점 지정 또는 [닫기(C)/명령 취소(U)]: **72** ← ⓚ
다음 점 지정 또는 [닫기(C)/명령 취소(U)]: **@54<240** ← ⓛ
다음 점 지정 또는 [닫기(C)/명령 취소(U)]: **54** ← ⓜ
다음 점 지정 또는 [닫기(C)/명령 취소(U)]: **28** ← ⓝ
다음 점 지정 또는 [닫기(C)/명령 취소(U)]: **27** ← ⓞ
다음 점 지정 또는 [닫기(C)/명령 취소(U)]: **27** ← ⓟ
다음 점 지정 또는 [닫기(C)/명령 취소(U)]: ← 엔터나 Esc를 눌러 종료한다.

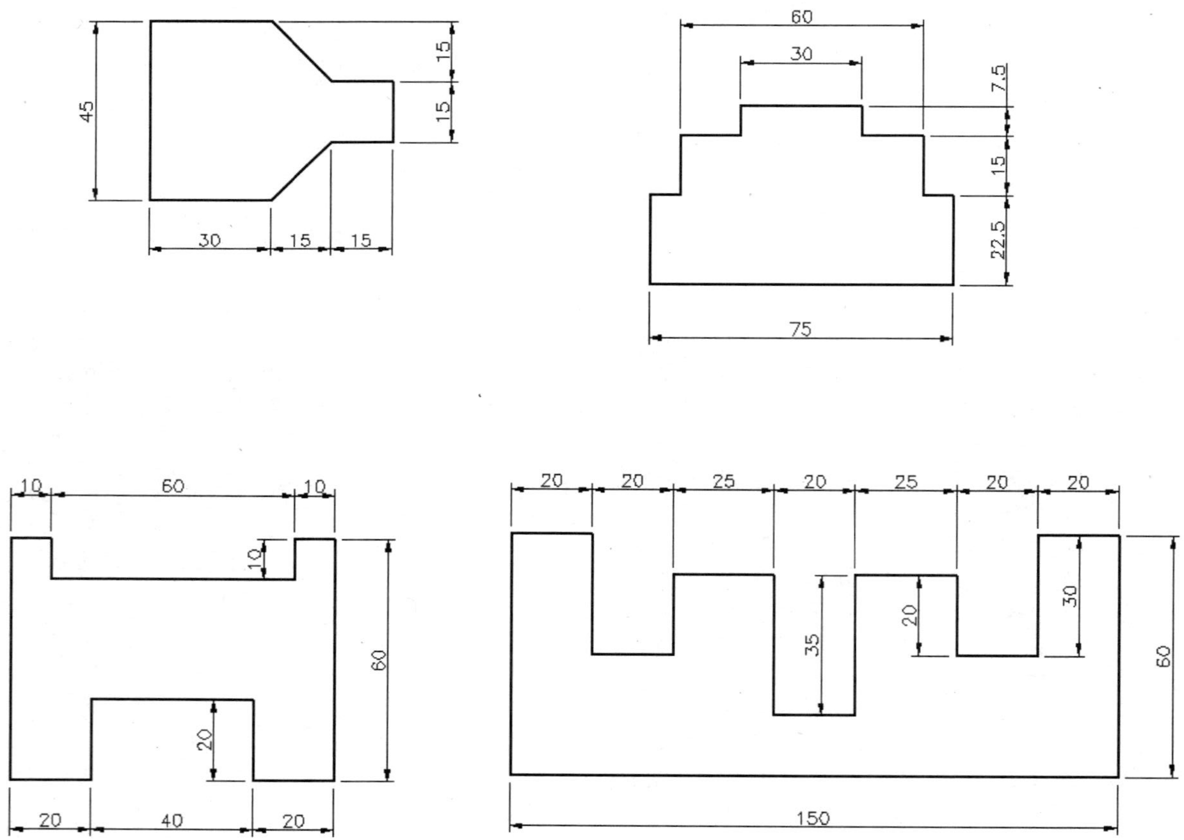

2D-06	Line 연습 - 02

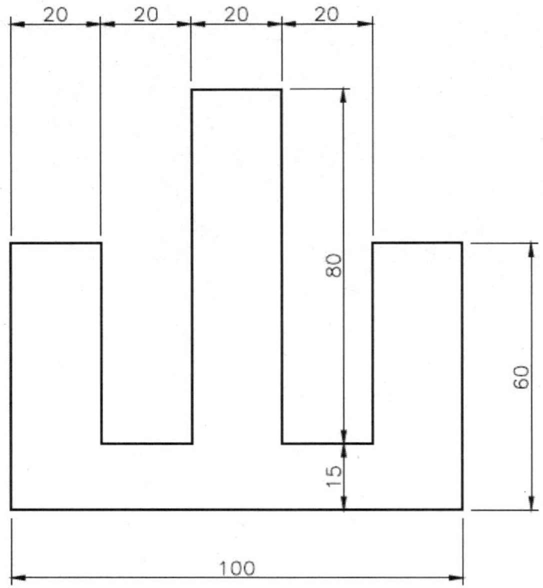

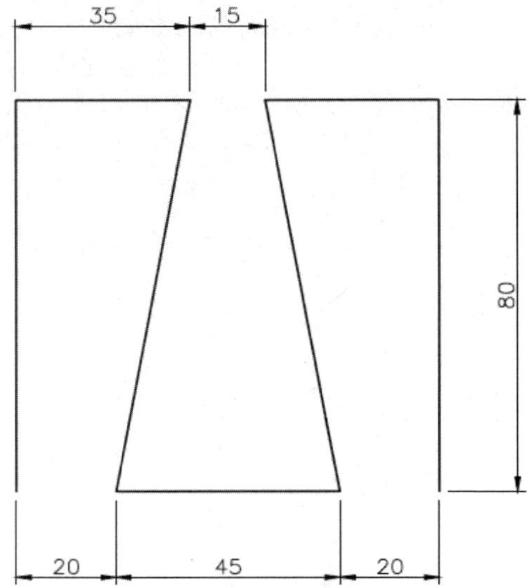

2D-07	Line 연습-03

해설 2D-06 Line 연습 02

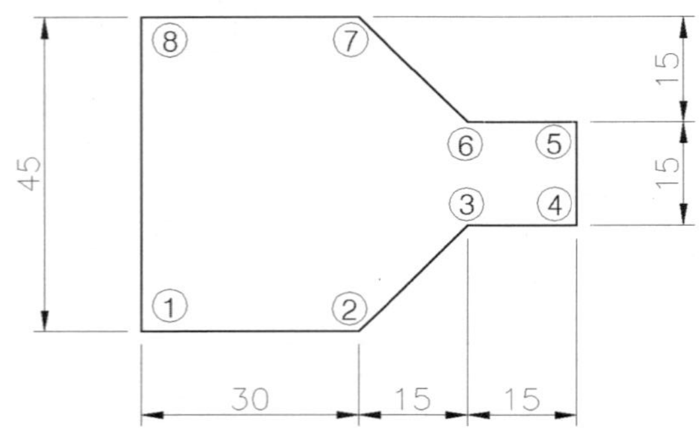

빗변은 상대 좌표 입력으로 부호에 주의하여 해결한다.

명령: LINE
첫 번째 점 지정: ← 임의점을 지정한다. ①
다음 점 지정 또는 [명령 취소(U)]: **30** ← F8 또는 F10을 눌러 활성화한다.②
다음 점 지정 또는 [명령 취소(U)]: **@15,15** ← ③
다음 점 지정 또는 [닫기(C)/명령 취소(U)]: **15** ← ④
다음 점 지정 또는 [닫기(C)/명령 취소(U)]: **15** ← ⑤
다음 점 지정 또는 [닫기(C)/명령 취소(U)]: **15** ← ⑥
다음 점 지정 또는 [닫기(C)/명령 취소(U)]: **@-15,15** ← ⑦
다음 점 지정 또는 [닫기(C)/명령 취소(U)]: **30** ← ⑧
다음 점 지정 또는 [닫기(C)/명령 취소(U)]: **C**

해설 2D-07 Line 연습 03

빗변은 상대 좌표 입력으로 부호에 주의하여 해결한다.

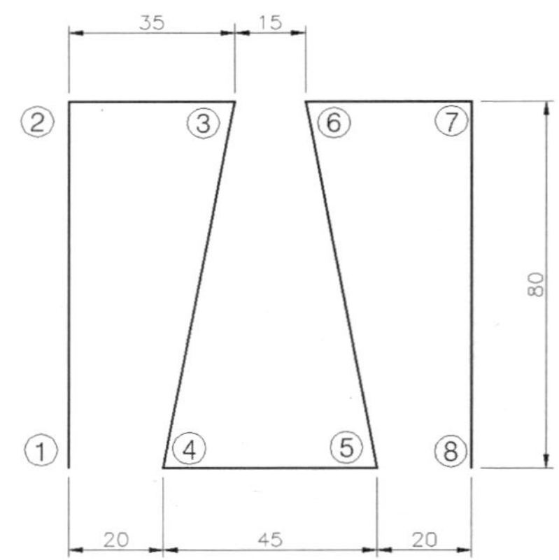

명령: L
LINE
첫 번째 점 지정: ← 임의점을 지정한다. ①
다음 점 지정 또는 [명령 취소(U)]: **80** ← F8 또는 F10을 눌러 활성화한다.②
다음 점 지정 또는 [명령 취소(U)]: **35** ← ③
다음 점 지정 또는 [닫기(C)/명령 취소(U)]: **@-15,-80** ← 35-20=15 ④
다음 점 지정 또는 [닫기(C)/명령 취소(U)]: **45** ← ⑤
다음 점 지정 또는 [닫기(C)/명령 취소(U)]: **@-15,80** ← ⑥
다음 점 지정 또는 [닫기(C)/명령 취소(U)]: **35** ← ⑦
다음 점 지정 또는 [닫기(C)/명령 취소(U)]: **80** ← ⑧
다음 점 지정 또는 [닫기(C)/명령 취소(U)]: ← 엔터나 Esc를 눌러 종료한다.

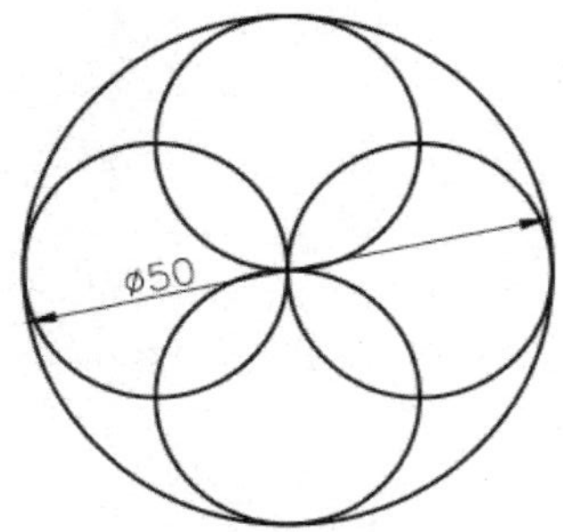

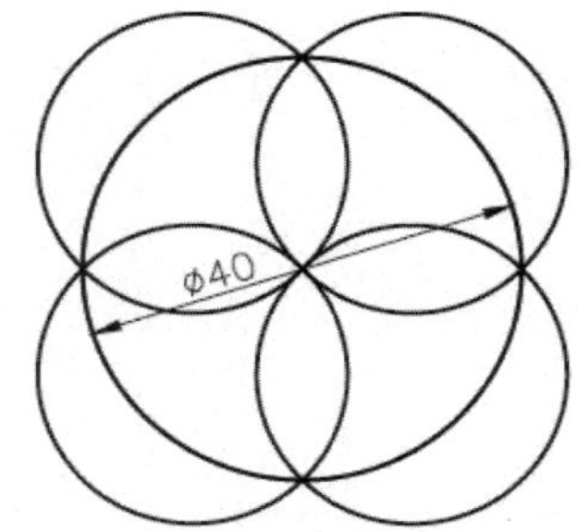

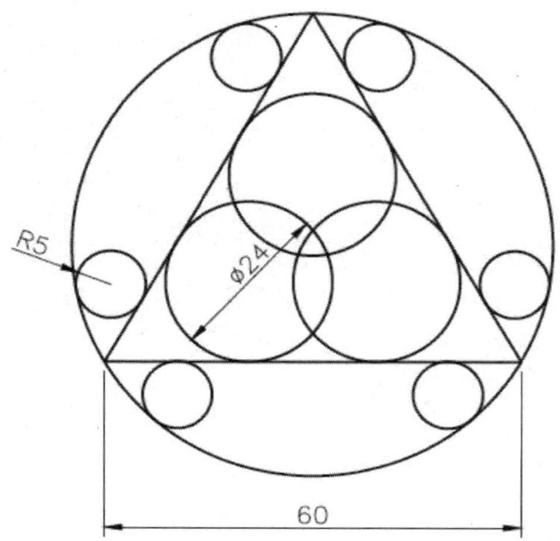

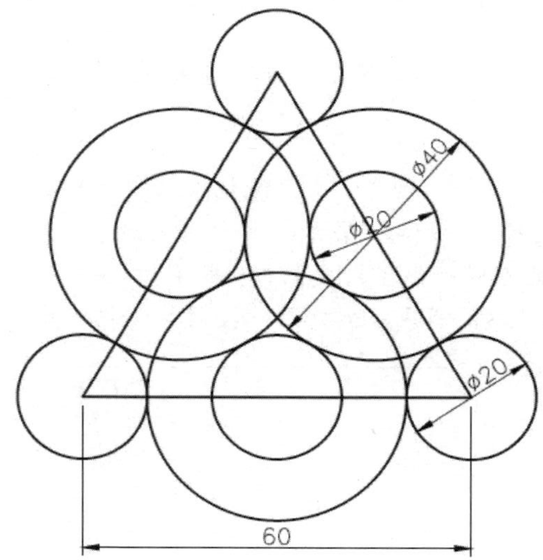

2D-08	Circle 연습 - 01

해설 2D-08 Circle 연습 01

지름이 40인 원을 그린 후 그 원의 사분점을 이용하여 나머지 4개의 원을 2P로 그린다.

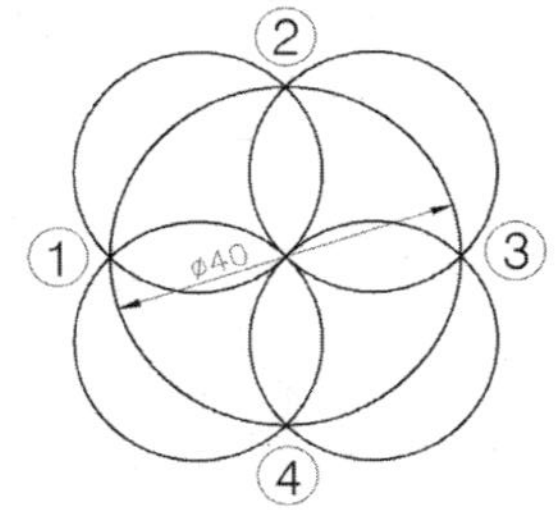

① 지름이 40인 원을 그린다.

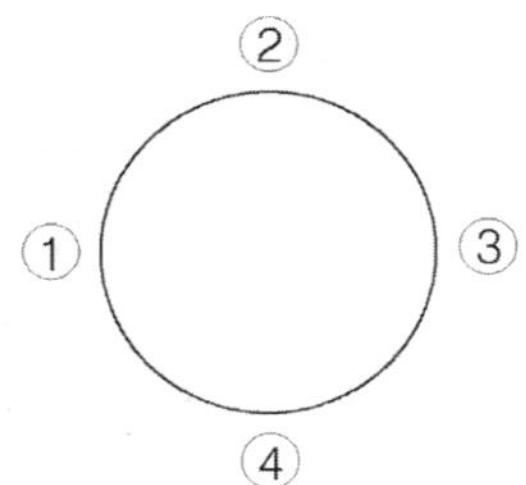

> **명령: C** ← Circle의 단축 명령이다.
> 원에 대한 중심점 지정 또는 [3점(3P)/2점(2P)/Ttr]
> – 접선 접선 반지름(T)]: ← 임의의 점을 지정한다.
> 원의 반지름 지정 또는 [지름(D)]: **20**
> ← 반지름을 입력한다.

② 점1에서 점2로 Circle의 2점 그리기 옵션을 사용한다. 단 객체 스냅에 사분점을 활성화시킨 후 작업한다.

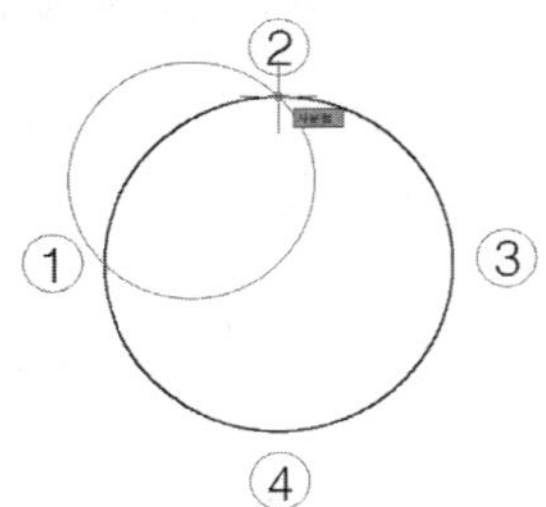

> **명령: C** ← Circle의 단축 명령이다.
> 원에 대한 중심점 지정 또는 [3점(3P)/2점(2P)/Ttr
> – 접선 접선 반지름(T)]: **2p**
> ←2점 그리기 옵션을 입력한다.
> 원 지름의 첫 번째 끝점을 지정:
> ← 사분점 ①을 선택한다.
> 원 지름의 두 번째 끝점을 지정:
> ← 사분점 ②를 선택한다.

③ 점②에서 ③, 점③에서 ④, 점④에서 ①로 같은 방법으로 원을 그려 완성한다.

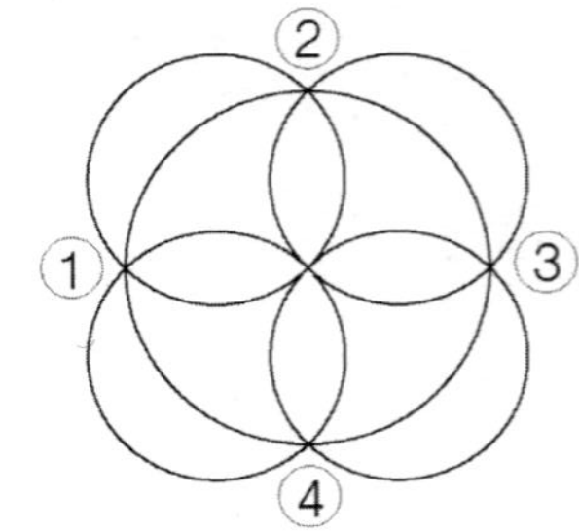

참고

✸ 작업 시 항상 작동하는 객체 스냅을 설정하기

1. 화면 하단 객체 스냅 버튼 위에 커서를 놓고 마우스 우측 버튼을 클릭하여 "설정(S)..."을 선택한다.

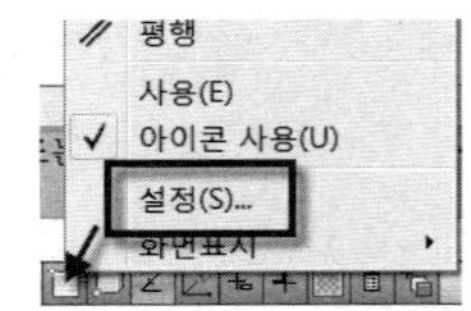

2. 필요한 객체 스냅을 지정한다.

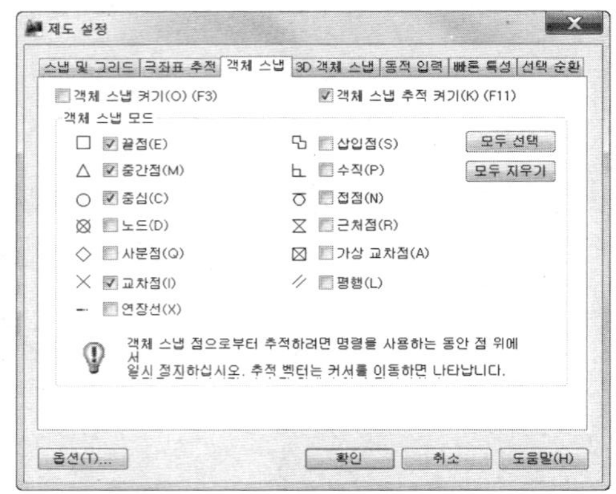

✸ 필요할 때만 객체 스냅을 선택해서 사용하기

키보드의 Shift를 누른 상태로 마우스 우측 버튼을 클릭하면 나타나는 객체 스냅 리스트에서 골라서 사용한다. 이 객체 스냅은 우선 작동되지만 바로 소멸된다.

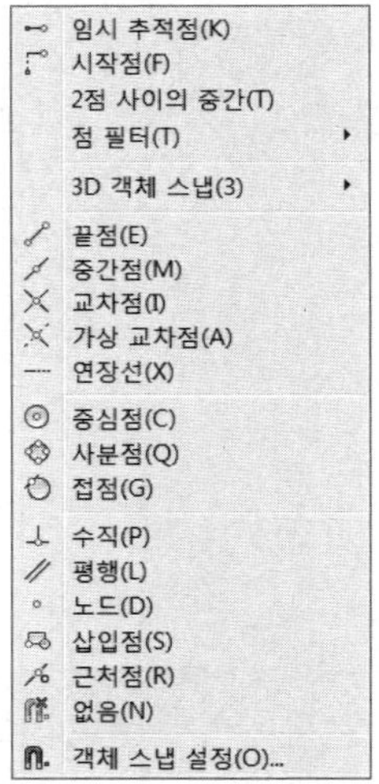

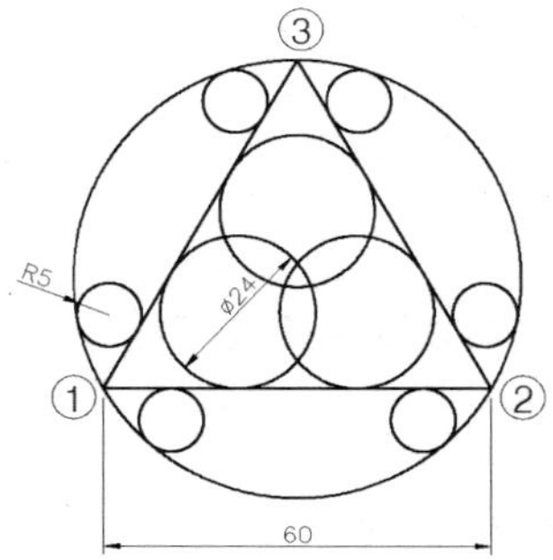

한 변이 60인 정삼각형을 먼저 그린 후 Circle의 3점 그리기로 큰 원을 그린 후 작은 원들은 Circle의 T를 적용한다.

1. 한 변이 60인 정삼각형을 그린다.

명령: L
첫 번째 점 지정: ← 임의점을 지정한다. ①
다음 점 지정 또는 [명령 취소(U)]: **60** ← F8 또는 F10을 눌러 활성화하여 밑변을 그린다. ②
다음 점 지정 또는 [명령 취소(U)]: **@60<120** ← 상대 극좌표 입력으로 그린다. ③
다음 점 지정 또는 [닫기(C)/명령 취소(U)]: **C**
← 도형을 닫으면서 명령을 종료한다.

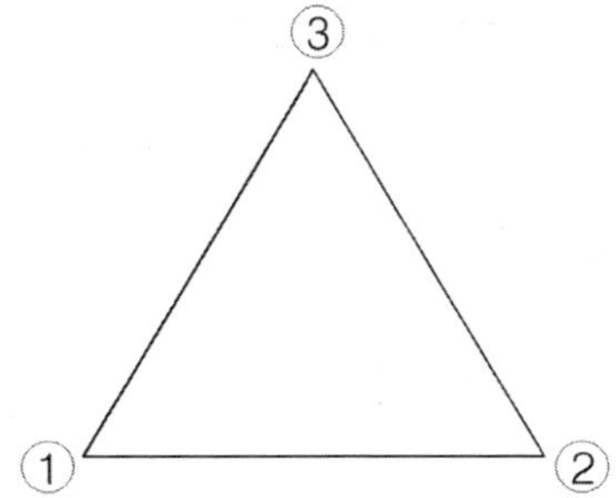

2. 삼각형의 끝점에 3점 그리기로 원을 그린다.

명령: C
원에 대한 중심점 지정 또는 [3점(3P)/2점(2P)/Ttr – 접선 접선 반지름(T)]: **3P**
← 3점 그리기 옵션을 입력한다.
원 위의 첫 번째 점 지정: ← 끝점 ①을 지정한다.
원 위의 두 번째 점 지정: ← 끝점 ②를 지정한다.
원 위의 세 번째 점 지정: ← 끝점 ③을 지정한다.

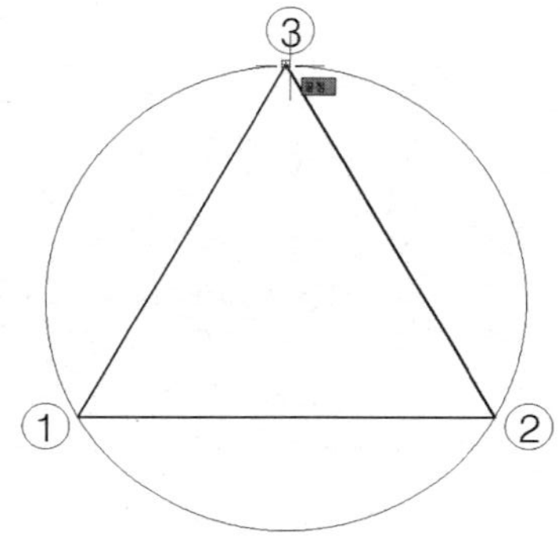

3. 삼각형의 안쪽에 접하는 원을 그린다.

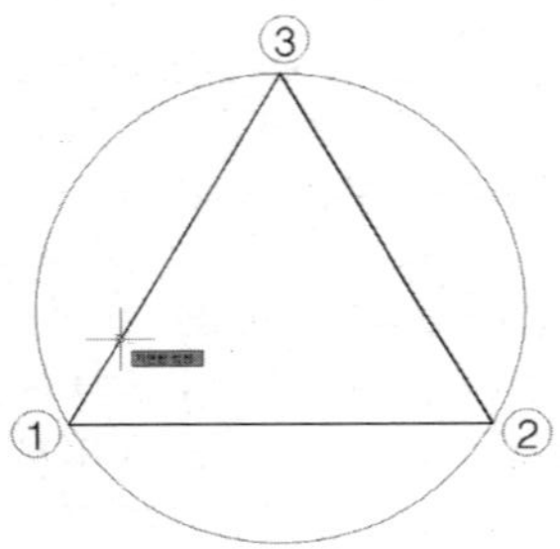

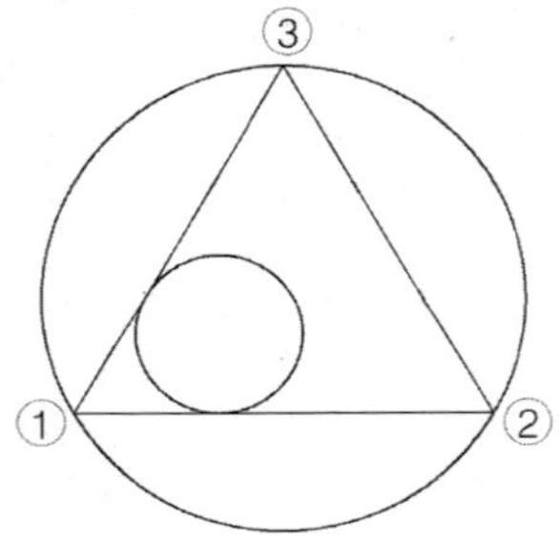

명령: C
원에 대한 중심점 지정 또는 [3점(3P)/2점(2P)/Ttr – 접선 접선 반지름(T)]: **T**
← 두 곳에 접하고 반지름을 입력하여 원을 그리기 위한 옵션이다.
원의 첫 번째 접점에 대한 객체 위의 점 지정: ← 선분 1-2를 선택한다.
원의 두 번째 접점에 대한 객체 위의 점 지정: ← 선분 1-3을 선택한다.
원의 반지름 지정 〈34.6410〉: **12** ← 반지름을 입력한다.

나머지 내접 원들을 같은 방법으로 그린다.

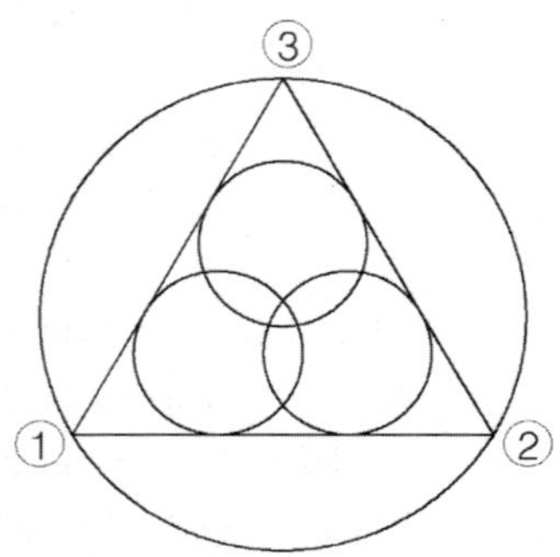

4. 바깥 큰 원과 삼각형 사이의 내접 원도 Circle의 T를 적용하여 그린다.

명령: C
원에 대한 중심점 지정 또는 [3점(3P)/2점(2P)/Ttr – 접선 접선 반지름(T)]: **T**
원의 첫 번째 접점에 대한 객체 위의 점 지정: ← 바깥 큰 원을 지정한다.
원의 두 번째 접점에 대한 객체 위의 점 지정: ← 선분 1-3을 선택한다.
원의 반지름 지정 〈12.0000〉: **5**

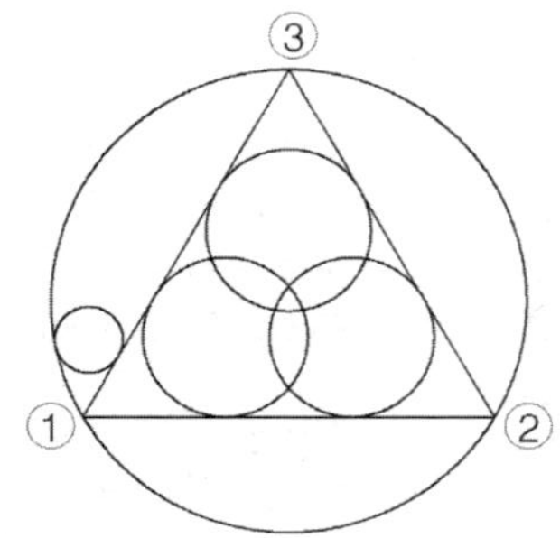

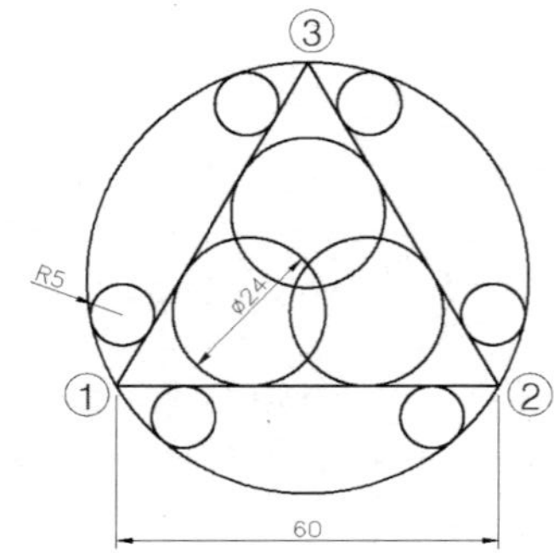

▲ 완성도

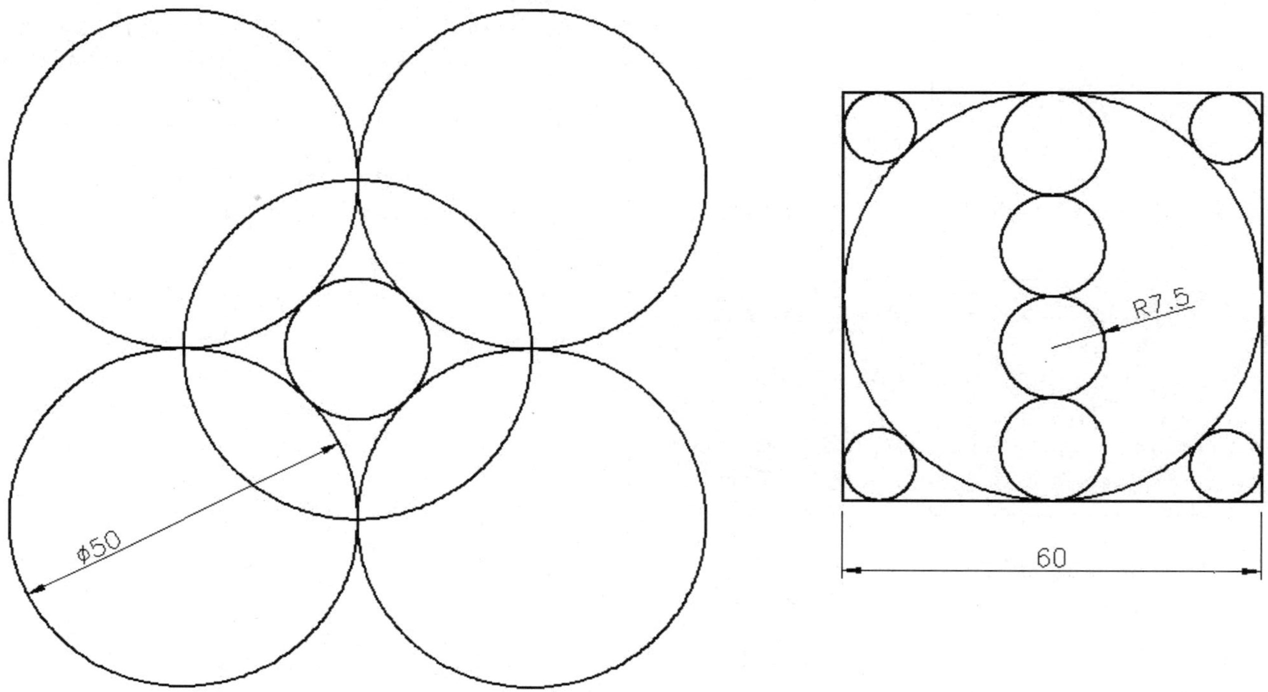

2D-09	Circle 연습 -02

해설 2D-09 Circle 연습 02

한 변이 60인 정사각형을 그리고 내접하는 원을 그린다. 내접하는 원은 Circle의 옵션 2P, 3P, Ttr으로 가능하며 큰 원안의 4개의 작은 원들은 Circle의 2P로 그리면 된다. 객체 스냅 "사분점"이 활성화되어 있어야 한다.

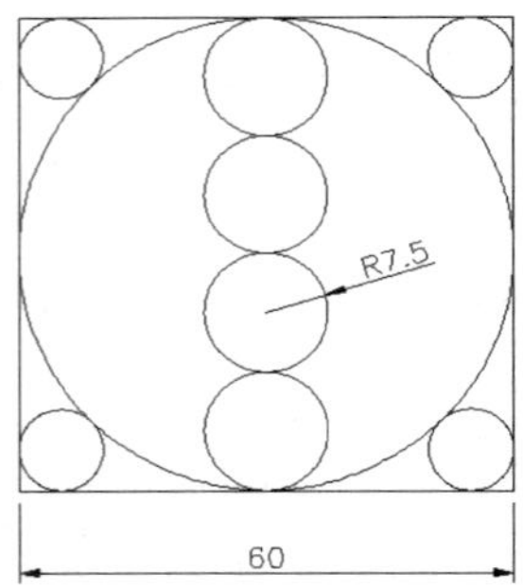

1. Line으로 한 변이 60인 정사각형을 그린다.(Rectang, Pline, Polygon으로도 그릴 수 있다.)
2. 사각형에 Circle을 T 옵션으로 내접하게 그린다. 2P를 사용하여 그리려면 객체 스냅 "중간점"이 활성화되어 있어야 한다.(그림 1)

> **명령: C**
> 원에 대한 중심점 지정 또는 [3점(3P)/2점(2P)/Ttr – 접선 접선 반지름(T)]: **T**
> 원의 첫 번째 접점에 대한 객체 위의 점 지정: ← 사각형의 한 변을 선택한다.
> 원의 두 번째 접점에 대한 객체 위의 점 지정: ← 방금 선택했던 변과 인접한 사각형의 한 변을 선택한다.
> 원의 반지름 지정: **30** ← 90° 방향으로 커서를 위치한 상태에서 원의 반지름을 입력한다.(F8 또는 F10이 활성화되어야 정확한 90° 방향을 잡을 수 있다.)

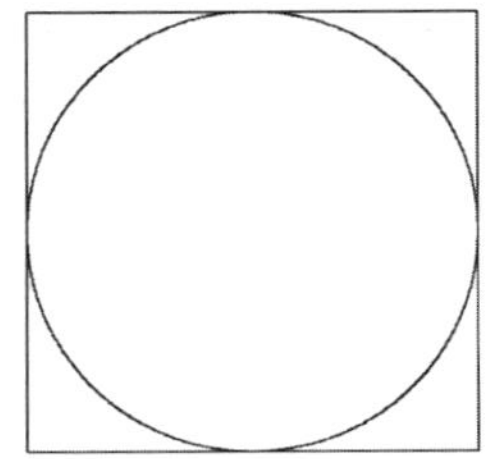

▲ 그림 1

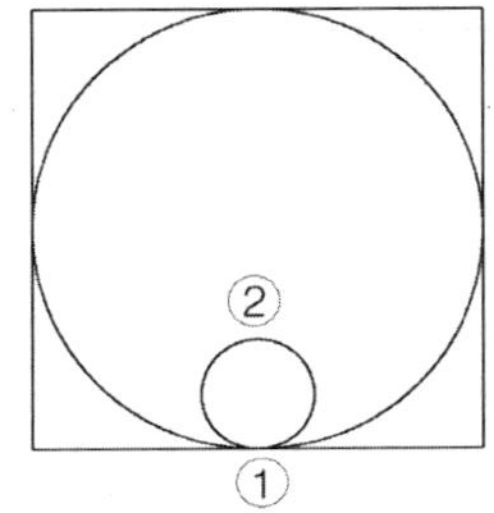

▲ 그림 2

3. 원안에 작은 원을 2P로 그린다.(그림 2)

> **명령: C**
> 원에 대한 중심점 지정 또는 [3점(3P)/2점(2P)/Ttr – 접선 접선 반지름(T)]: **2P** ← 2점 그리기 옵션을 입력한다.
> 원 지름의 첫 번째 끝점을 지정: ← 점①을 잡을 수 있는 객체 스냅은 "중간점, 사분점, 교차점"이다. ①
> 원 지름의 두 번째 끝점을 지정: **@15<90** ← 상대 좌표 "@0,15"라고 해도 된다. ②

4. Circle의 2P로 계속해서 원을 그려 나간다.(그림 3)

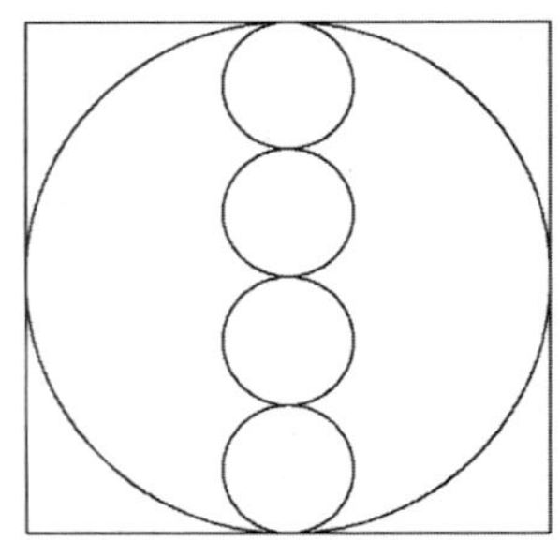

▲ 그림 3

5. 사각형 모서리 부분에 내접한 원을 Circle의 3P로 그린다. 메인 메뉴의 "접선, 접선, 접선" 메뉴를 사용한다.(그림 4) 객체 스냅 지정 여부와 관계없이 "원에 대한 접점"이 내장되어 있으므로 그냥 세 곳(ⓐ, ⓑ, ⓒ)만 순서에 관계없이 지정하면 된다.(그림 5)

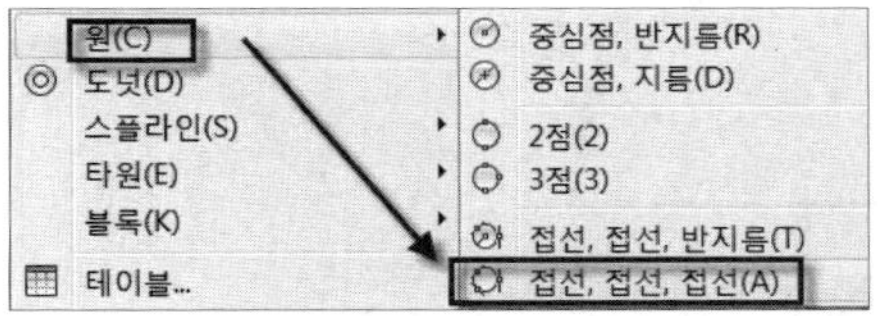

▲ 그림 4

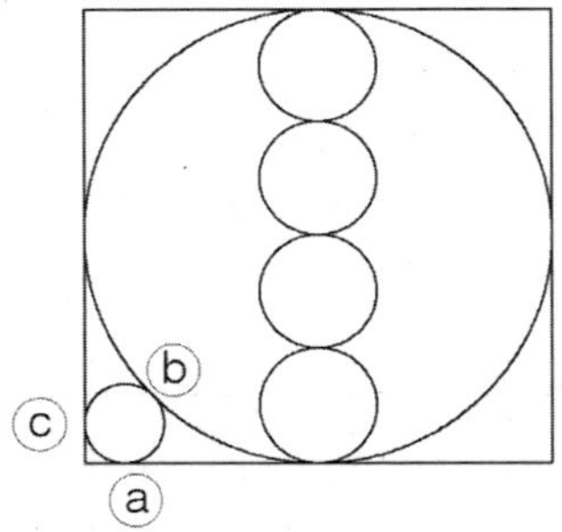

▲ 그림 5

명령: _circle
원에 대한 중심점 지정 또는 [3점(3P)/2점(2P)/Ttr - 접선 접선 반지름(T)]: **_3p**
원 위의 첫 번째 점 지정: _tan -> ← ⓐ를 지정한다.
원 위의 두 번째 점 지정: _tan -> ← ⓑ를 지정한다.
원 위의 세 번째 점 지정: _tan -> ← ⓒ를 지정한다.

6. 위 작업을 반복하여 완성한다.

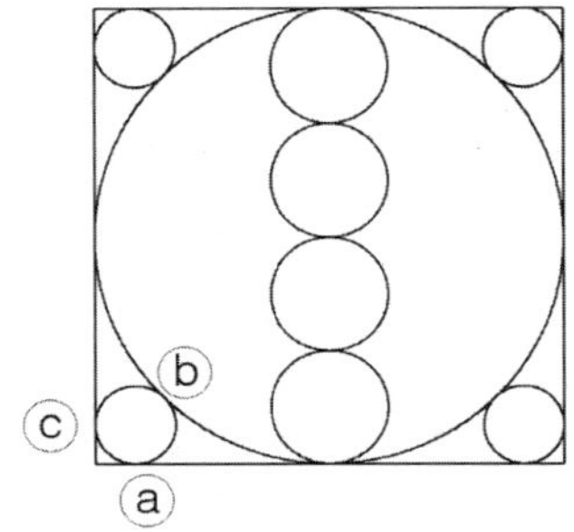

참고

같은 명령을 반복할 때는 마우스 우측 버튼을 클릭하면 최근에 사용한 명령이 맨 위에 기록되어 있다. 그것을 선택하여 사용하면 편리하다.

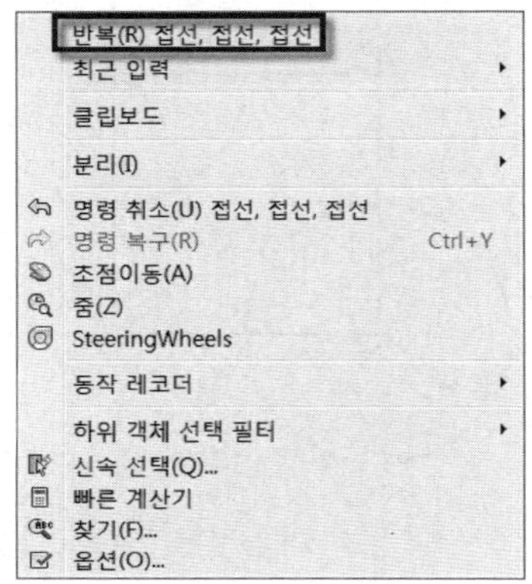

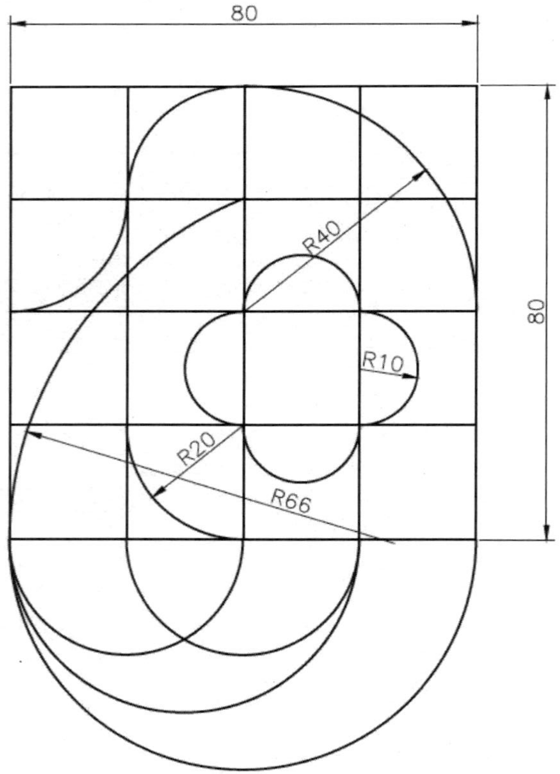

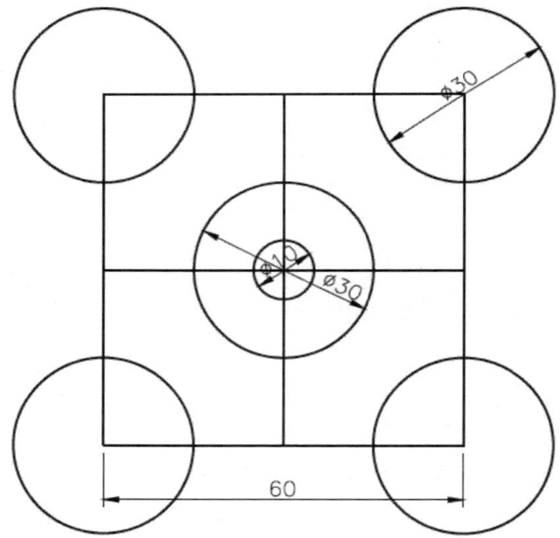

2D-10	Circle, Arc 연습 - 01

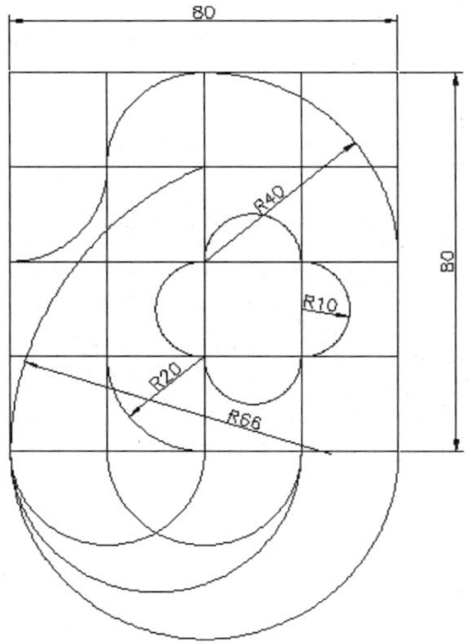

직선들은 Offset 또는 Copy 명령을 아직 익히지 않았다면 Snap을 이용하여 그린다. Arc는 팝 메뉴에 있는 명령을 선택하여 사용하는 것이 효율적이다.(그림 1) Arc도 이 예제에서는 객체 스냅을 활성화시켜 놓고 작업하며 진행 방향은 항상 시계 반대방향이다.

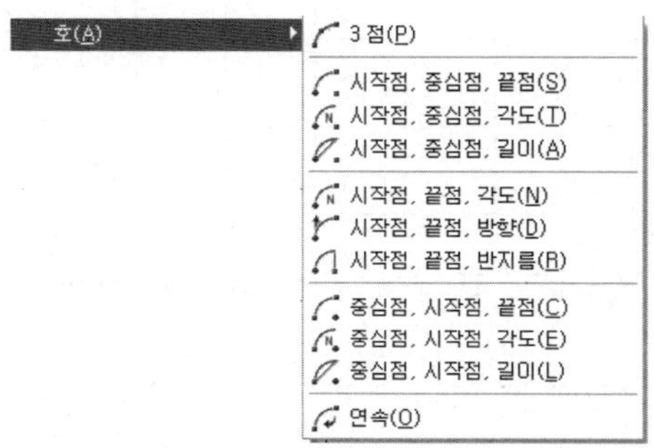

▲ 그림 1

1. 객체 스냅을 켜고(F9를 누르거나 화면 하단부의 스냅 버튼을 눌러 활성화시킨다.) Line으로 직선들을 그린다.
   - 스냅 간격이 10이 아닐 때는 화면 하단부 스냅 버튼에 커서를 두고 마우스 우측 버튼을 클릭하여 설정을 선택하여 간격을 조정한다.
   - 그리드도 켜 놓고 하면 편리하다.

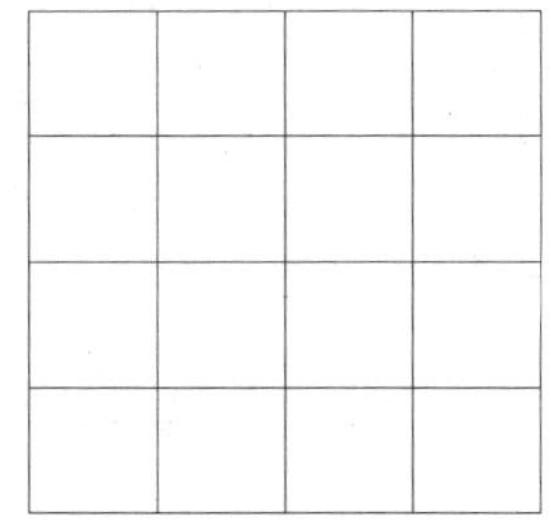

2. Arc를 그린다. 어떤 방법을 사용해도 무방하나 여기서는 지면 관계상 순서대로 적용하여 설명하겠다. 아래 부분의 Arc들은 "시작점, 중심점, 끝점" 순서로 그린다.

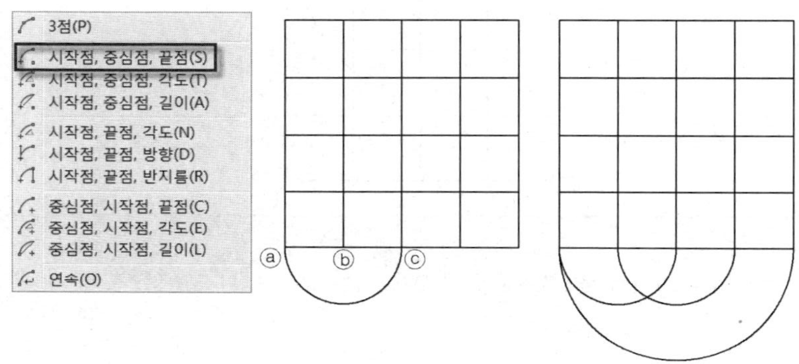

명령: _arc
호의 시작점 또는 [중심(C)] 지정: ← 객체 스냅 "끝점"이 활성화되어 있어야 한다. ⓐ
호의 두 번째 점 또는 [중심(C)/끝(E)] 지정: **_c**
호의 중심점 지정: ← ⓑ
호의 끝점 지정 또는 [각도(A)/현의 길이(L)]: ← ⓒ

3. 다음 Arc는 중심점 잡기가 어려우므로 "시작점, 끝점, 각도"로 그린다.

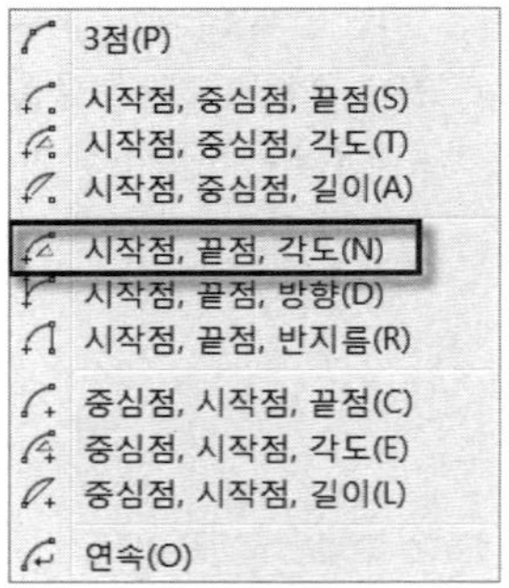

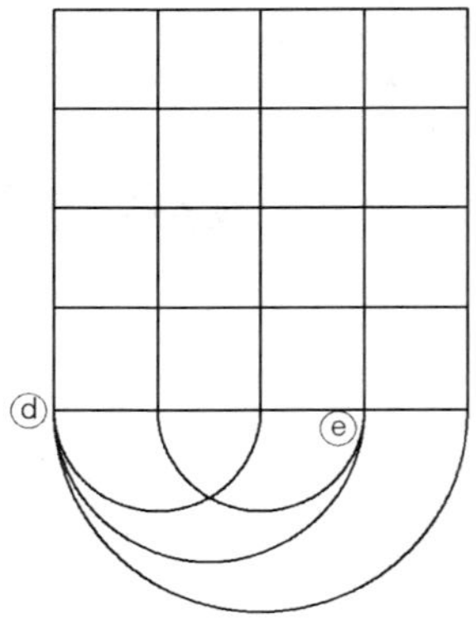

명령: _arc
호의 시작점 또는 [중심(C)] 지정: ← ⓓ
호의 두 번째 점 또는 [중심(C)/끝(E)] 지정: **_e**
호의 끝점 지정: ← ⓔ
호의 중심점 지정 또는 [각도(A)/방향(D)/반지름(R)]: _a 사이 각 지정: **180** ← 호의 내각을 입력한다.

4. 시작점, 끝점, 반지름으로 그린다.

스냅(F9) 또는 객체 스냅의 "교차점" 또는 "중간점"이 활성화되어 있어야 한다.

명령: _arc
호의 시작점 또는 [중심(C)] 지정: 〈객체 스냅 켜기〉 ← ⓕ
호의 두 번째 점 또는 [중심(C)/끝(E)] 지정: **_e**
호의 끝점 지정: ← ⓖ
호의 중심점 지정 또는 [각도(A)/방향(D)/반지름(R)]: _r 호의 반지름 지정: **66** ← 반지름을 입력한다.

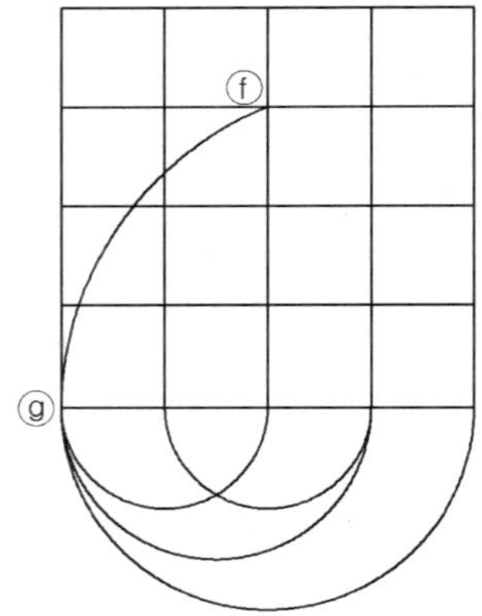

5. 시작점, 끝점, 각도로 그린다.

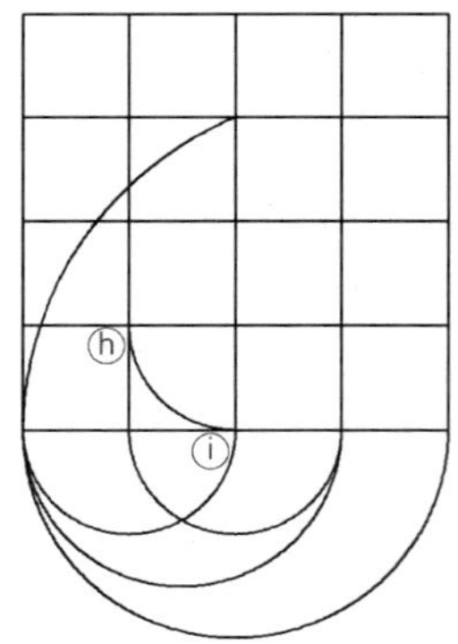

명령: _arc
호의 시작점 또는 [중심(C)] 지정: ← ⓗ
호의 두 번째 점 또는 [중심(C)/끝(E)] 지정: **_e**
호의 끝점 지정: ← ⓘ
호의 중심점 지정 또는 [각도(A)/방향(D)/반지름(R)]: _a 사이 각 지정: **90** ← 내각 90°를 입력한다.

6. 시작점, 끝점, 반지름으로 그린다.

명령: _arc
호의 시작점 또는 [중심(C)] 지정: ← ⓙ
호의 두 번째 점 또는 [중심(C)/끝(E)] 지정: **_e**
호의 끝점 지정: ← ⓚ
호의 중심점 지정 또는 [각도(A)/방향(D)/반지름(R)]: _r 호의 반지름 지정: **10** ← 반지름을 입력한다.

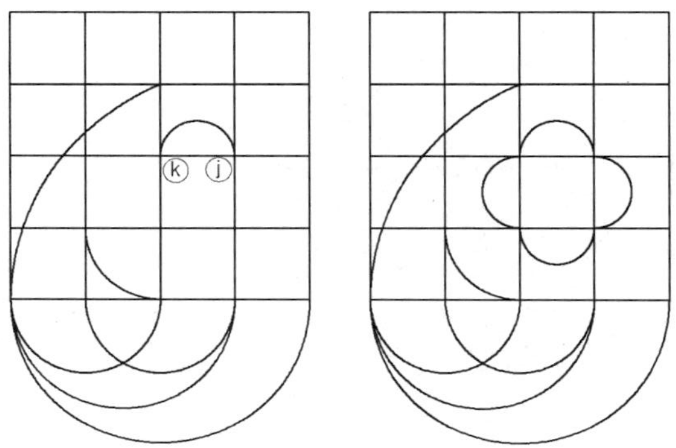

인접한 호들을 같은 방법으로 해결한다. 시작점, 끝점, 각도로 그릴 수도 있다.

7. 시작점, 중심점, 각도로 그린다.

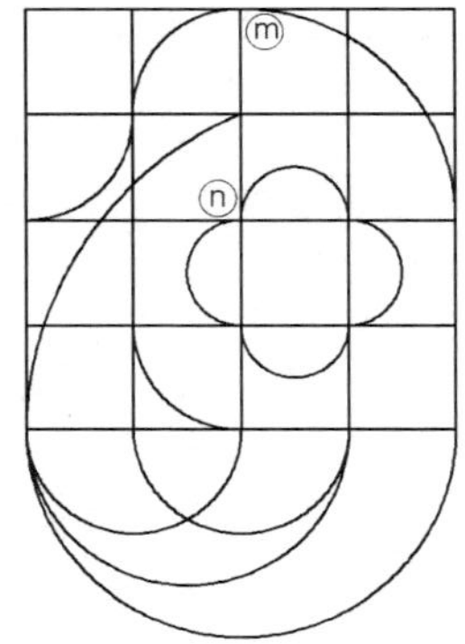

명령: _arc
호의 시작점 또는 [중심(C)] 지정: **〈스냅 켜기〉** ← ⓛ
호의 두 번째 점 또는 [중심(C)/끝(E)] 지정: **_c**
호의 중심점 지정: ← ⓝ
호의 끝점 지정 또는 [각도(A)/현의 길이(L)]: _a 사이 각 지정: **90** ← 내각을 입력한다.

8. 나머지 호들은 앞서 사용한 방법들을 적용하여 완성한다. 이 예제에서 호를 그리기 위한 방법은 특별한 경우를 제외하고 다 적용하여 그릴 수 있다. 여기서 제시한 방법 외에 다른 방법으로도 그려보면 실력이 많이 향상될 것이다.

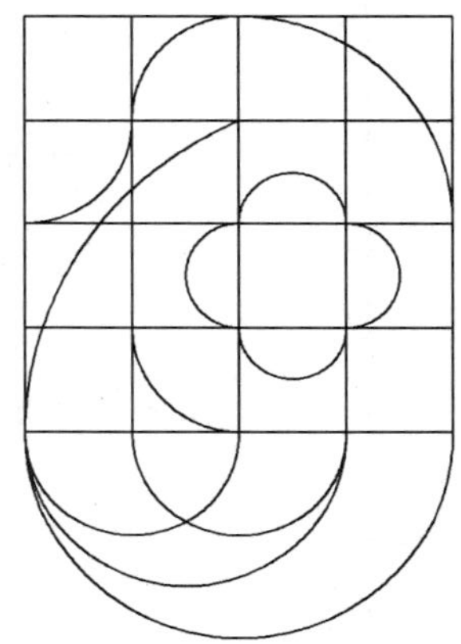

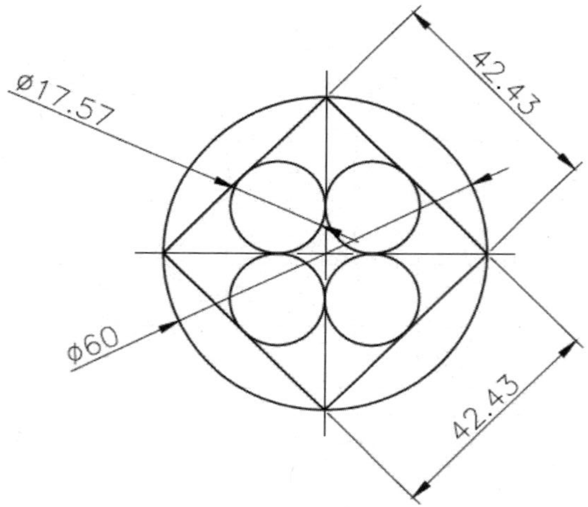

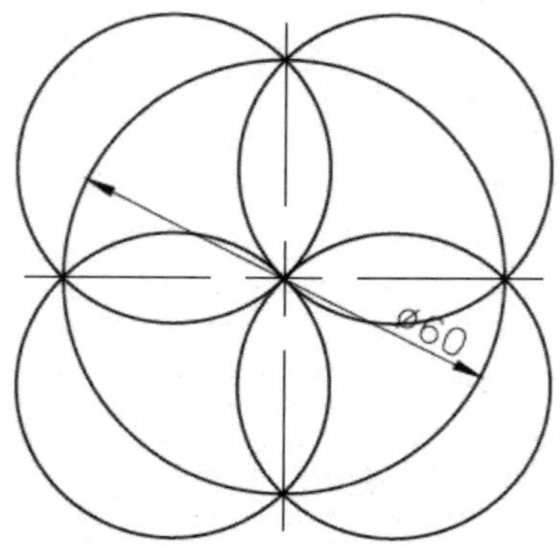

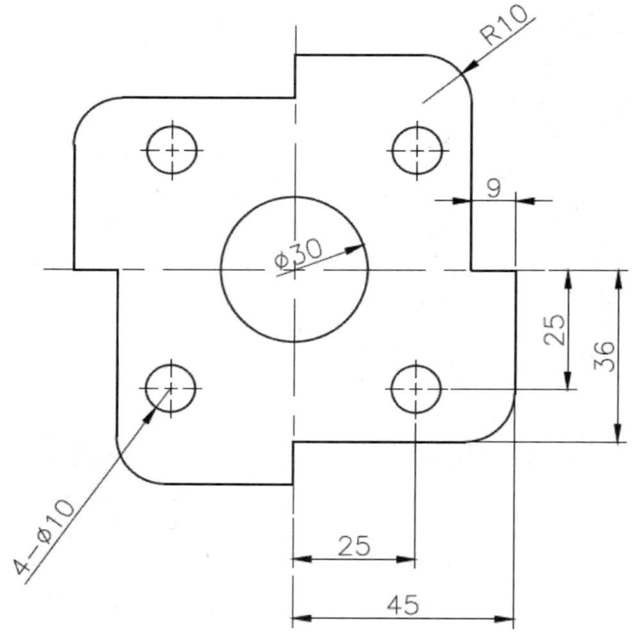

2D-11	Circle, Arc 연습 - 02

해설 2D-11 Circle, Arc 연습 02

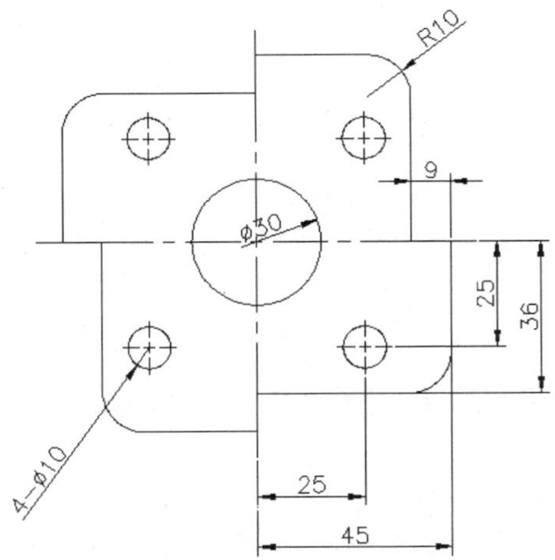

위 예제는 Offset, Trim 등의 편집 명령을 배운 상태에서는 쉽게 해결이 되지만 Line, Arc, Circle 명령으로만 작업한다면 매우 어려울 것이다. 그래도 배우는 과정이니 Line, Arc, Circle 명령으로만 그려 보기로 하자.

1. 지름이 30인 원을 그린 후 그 원을 중심으로 그려 나간다.

   객체 스냅은 "중심점, 끝점"이 활성화되어 있어야 한다.

2. 지름 30인 원의 중심점에서 Line을 그린다.

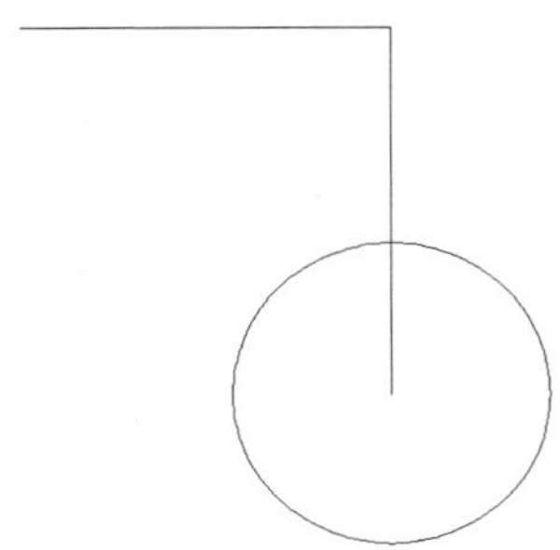

명령: L
LINE 첫 번째 점 지정: **〈객체 스냅 켜기〉** ← 원의 중심점을 잡는다.
다음 점 지정 또는 [명령 취소(U)]: **36** ← 위로 36만큼 그린다.
다음 점 지정 또는 [명령 취소(U)]: **35** ← 좌로 45-10=35만큼 그린다.
다음 점 지정 또는 [닫기(C)/명령 취소(U)]: ← 엔터나 Esc를 눌러 종료한다.

3. "시작점, 끝점, 반지름"으로 호를 그린다.

   "시작점, 끝점, 각도"로도 그릴 수 있다.

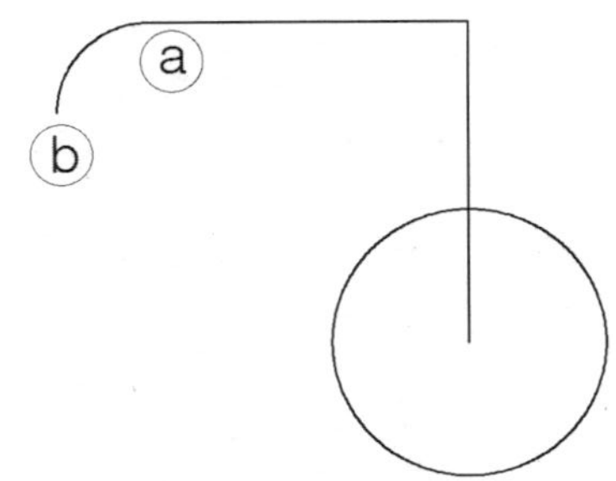

명령: _arc
호의 시작점 또는 [중심(C)] 지정: ← Line의 끝점을 지정한다. ⓐ
호의 두 번째 점 또는 [중심(C)/끝(E)] 지정: **_e**
호의 끝점 지정: **@-10,-10** ← 호의 반지름이 10, 진행 방향을 상대 좌표값으로 입력한다. ⓑ
호의 중심점 지정 또는 [각도(A)/방향(D)/반지름(R)]: _r 호의 반지름 지정: **10** ← 반지름을 입력한다.

4. 호의 끝점에서 Line을 그린다.

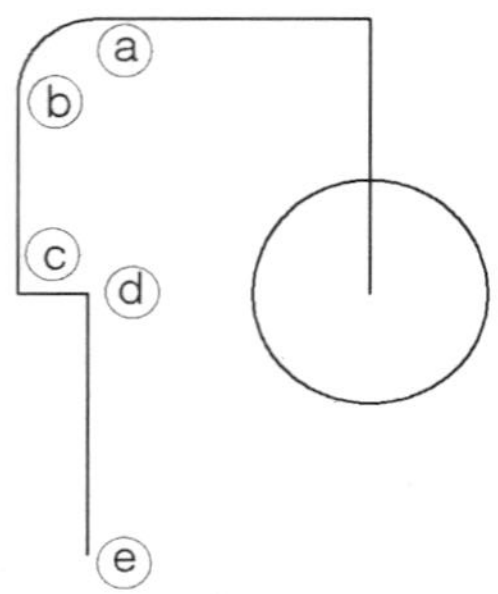

명령: L
첫 번째 점 지정: ← 호의 끝점을 잡는다. ⓑ
다음 점 지정 또는 [명령 취소(U)]: **25** ← F8 또는 F10을 눌러 활성화한다. ⓒ
다음 점 지정 또는 [명령 취소(U)]: **9** ← ⓓ
다음 점 지정 또는 [닫기(C)/명령 취소(U)]: **35** ← ⓔ
다음 점 지정 또는 [닫기(C)/명령 취소(U)]: ← 엔터나 Esc를 눌러 종료한다.

5. 호의 연속성을 이용하여 Line의 끝점에서 호를 연결시켜 그려보자.

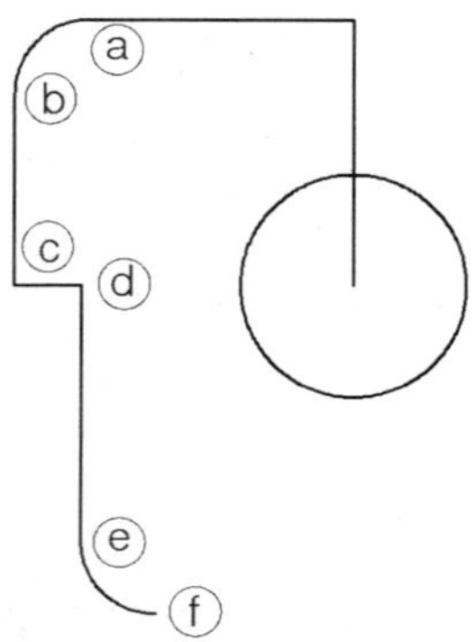

명령: A ← 호 그리기를 실행한다. "A"는 호(Arc)의 단축 명령어이다.
ARC 호의 시작점 또는 [중심(C)] 지정: ← 그냥 엔터하면 Line의 끝점 ⓔ에 바로 연결된다.
호의 끝점 지정: **@10,-10** ← 호의 끝점에 상대 좌표를 입력한다. ⓕ

6. Line의 연속성을 이용하여 직선을 그린다.

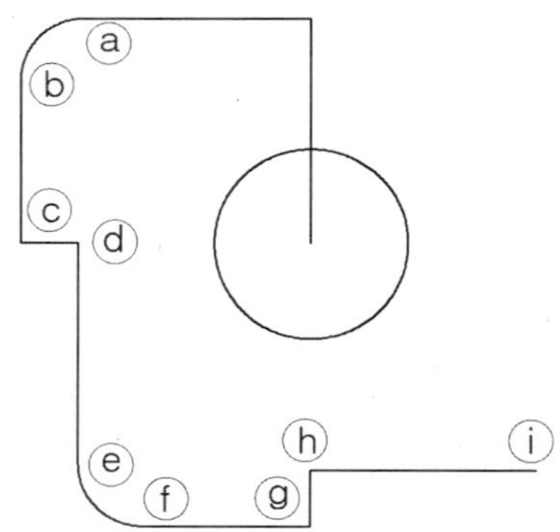

명령: L
첫 번째 점 지정: ← 그냥 엔터하면 Arc의 끝점 ⓕ에 연결된다.
선의 길이: **25** ← 방향은 Arc 끝점의 접선 방향을 자동인식하며 길이만 입력한다. ⓖ
다음 점 지정 또는 [명령 취소(U)]: **9** ← F8 또는 F10을 눌러 활성화한다. ⓗ
다음 점 지정 또는 [닫기(C)/명령 취소(U)]: **35** ← ⓘ
다음 점 지정 또는 [닫기(C)/명령 취소(U)]: ← 엔터나 Esc를 눌러 종료한다.

7. 5번과 6번 같은 동작을 반복하여 직선 및 호를 완성한다.

안쪽의 필요 없는 선들을 삭제한다.

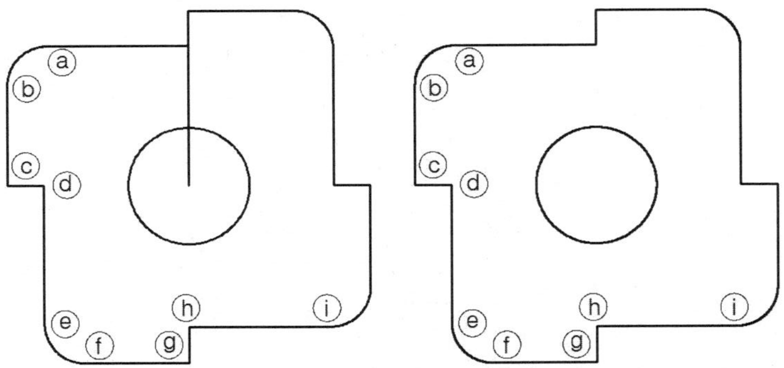

8. 지름이 10인 원을 그린다.

Circle 명령을 실행하고 큰 원의 중심점을 선택한다. 객체 스냅의 "중심점"이 활성화되어 있어야 한다.

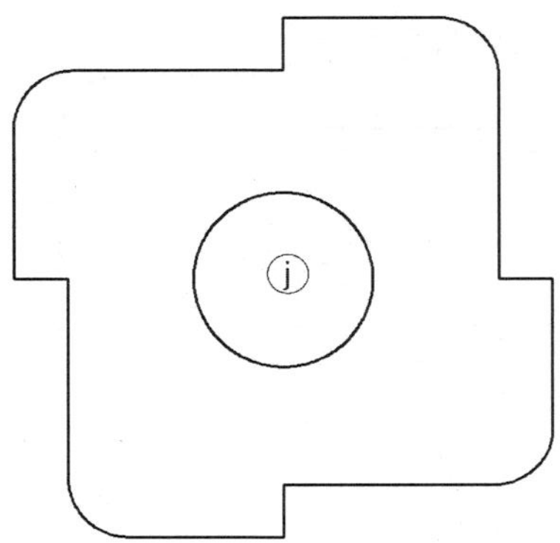

명령: C
원에 대한 중심점 지정 또는 [3점(3P)/2점(2P)/Ttr – 접선 접선 반지름(T)]: ← 중심점 ⓙ를 잡는다.
원의 반지름 지정 또는 [지름(D)] 〈15.0000〉: ***취소*** ← Esc를 곧바로 취소시킨다. 작은 원의 위치를 잡기 위해 기준점을 저장하는 방법이다. 작은 원을 그리기 직전에 다른 동작을 하면 기준점이 흐트러지므로 주의한다.

9. Circle 명령을 실행한다. 그냥 엔터하면 명령어 반복 기능으로 인해 다시 실행된다.

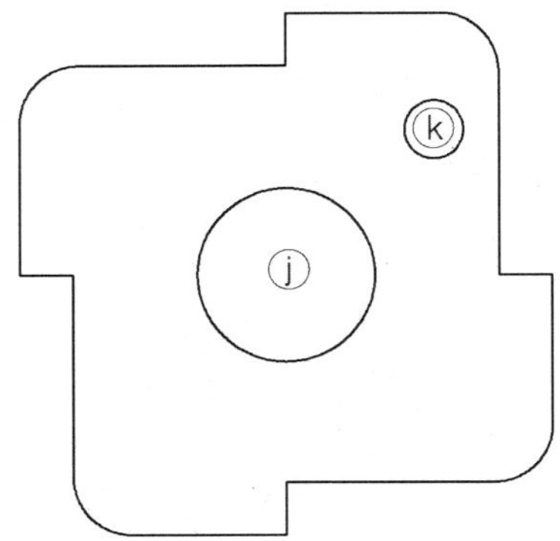

명령: Enter↵
CIRCLE
원에 대한 중심점 지정 또는 [3점(3P)/2점(2P)/Ttr – 접선 접선 반지름(T)]: **@25,25** ← 상대좌표 입력으로 중심점 ⓚ를 잡는다.
원의 반지름 지정 또는 [지름(D)] 〈15.0000〉: **5** ← 반지름을 입력한다.

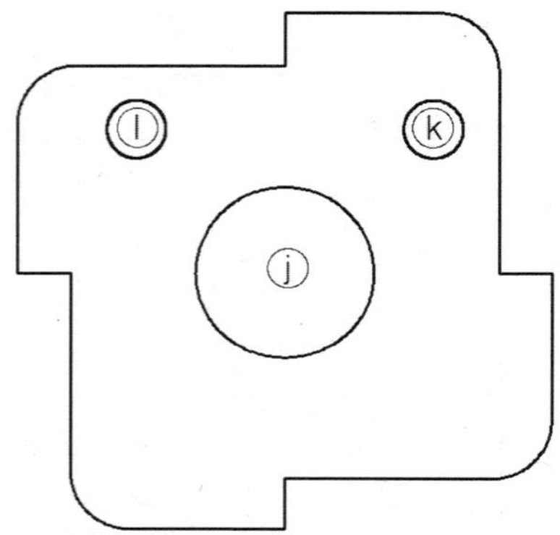

명령: Enter↵
CIRCLE
원에 대한 중심점 지정 또는 [3P/2P/Ttr(접선 접선 반지름)]: **@−50,0** ← 상대 좌표 입력으로 중심점 ⓛ을 잡는다.
원의 반지름 지정 또는 [지름(D)] ⟨5.0000⟩: ← 기본 값이 원하는 값일 때는 그냥 엔터하면 된다.

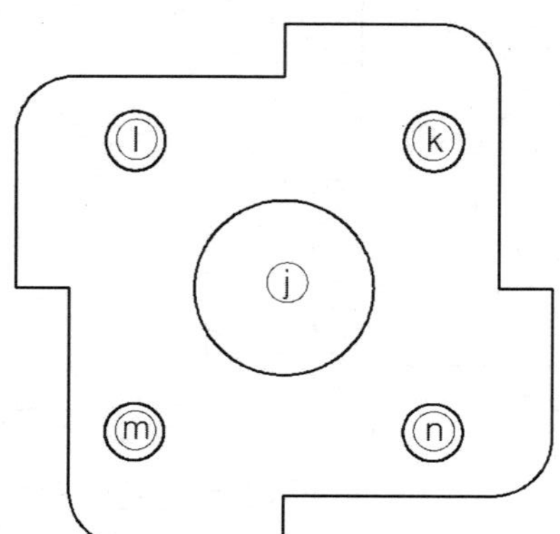

같은 요령으로 나머지 원들도 그린다.

ⓛ에서 ⓜ으로 갈 때 중심점 좌표는 "@0,−50"이고 ⓜ에서 ⓝ으로 갈 때는 "@50,0"이 된다.

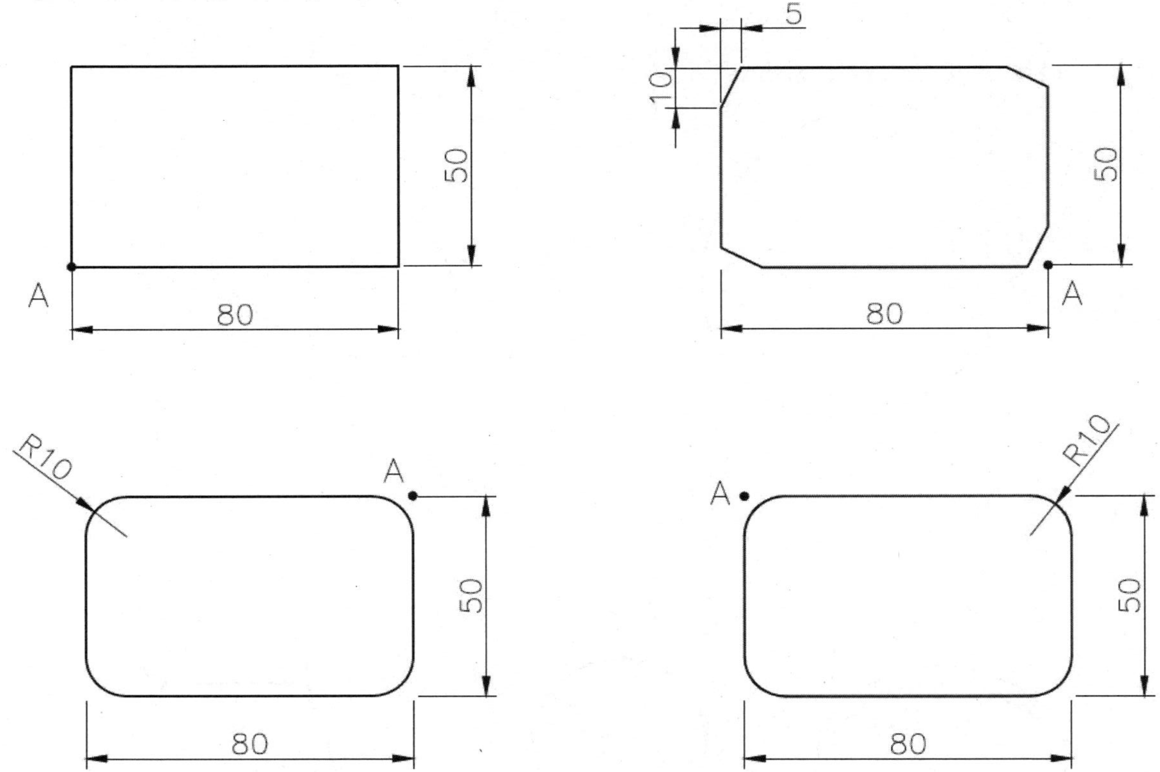

A는 시작 점

2D-12	Rectangle 연습

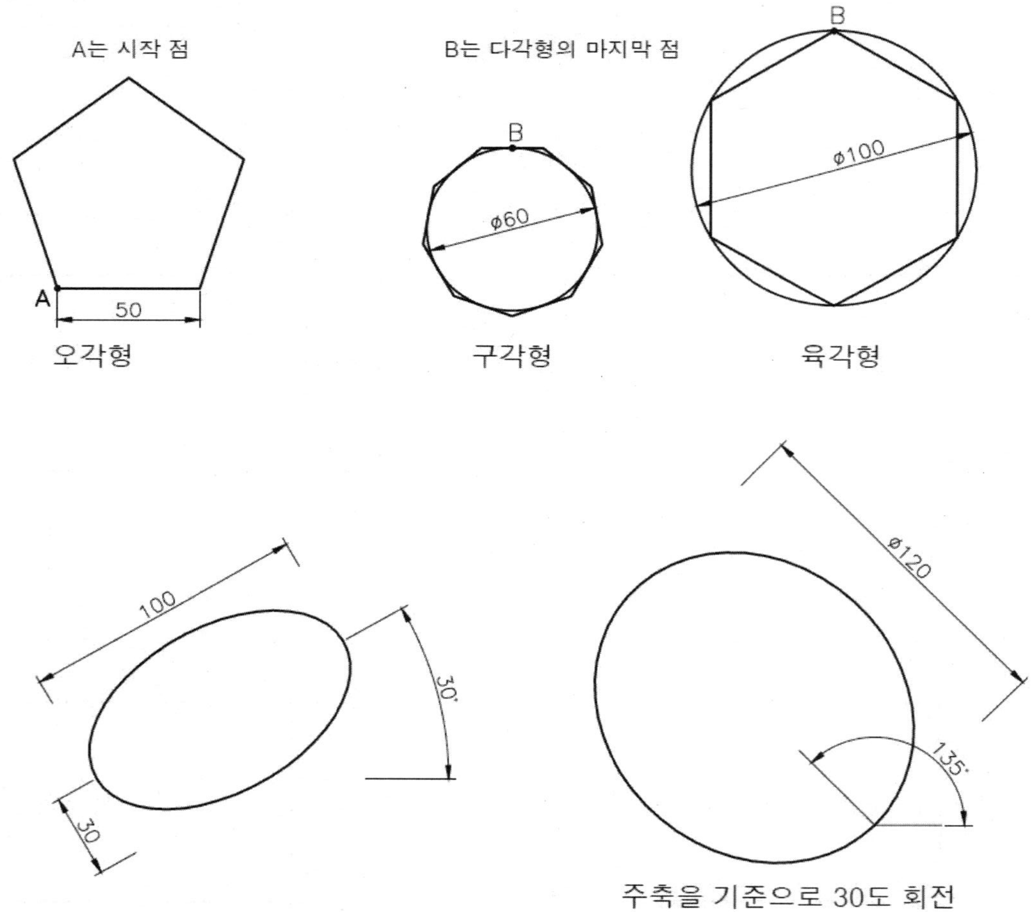

2D-13	Polygon, Ellipse 연습

해설 2D-12 Rectangle 연습

직사각형(Rectang) 명령의 "모따기(Chamfer)" 옵션을 응용하여 그린다.

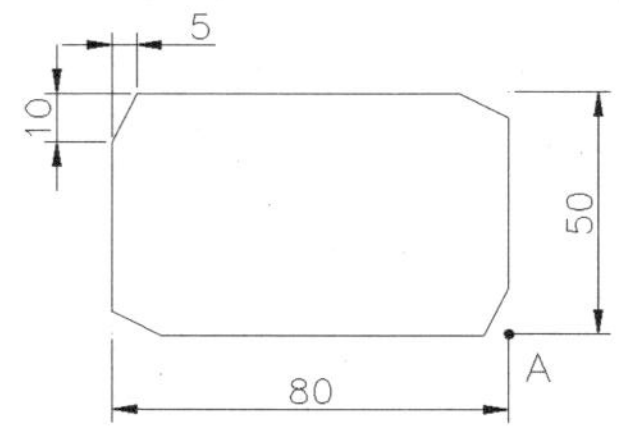

명령: rec ← Rectang(직사각형) 명령의 단축 명령이다.
첫 번째 구석점 지정 또는 [모따기(C)/고도(E)/모깎기(F)/두께(T)/폭(W)]: **C** ← 모따기 옵션 "C"를 입력한다.
직사각형의 첫 번째 모따기 거리 지정 ⟨0.0000⟩: **10** ← 모따기 첫 번째 거리를 시작점 A에 유의하여 입력한다.
직사각형의 두 번째 모따기 거리 지정 ⟨10.0000⟩: **5** ← 모따기 두 번째 거리를 입력한다.
첫 번째 구석점 지정 또는 [모따기(C)/고도(E)/모깎기(F)/두께(T)/폭(W)]:
다른 구석점 지정 또는 [영역(A)/치수(D)/회전(R)]: **@-80,50** ← 사각형 맞은 편 모서리 꼭짓점의 좌표를 입력한다.

해설 2D-13 Polygon, Ellipse 연습

B는 다각형의 마지막 점

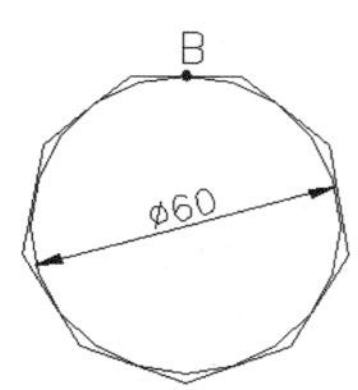

구각형

원을 먼저 그린 다음 외접하는 다각형을 그린다.

1. 지름이 60인 Circle을 그린다.
2. Polygon 명령을 실행한다.

   객체 스냅 "중심점, 사분점"이 활성화되어 있어야 한다.

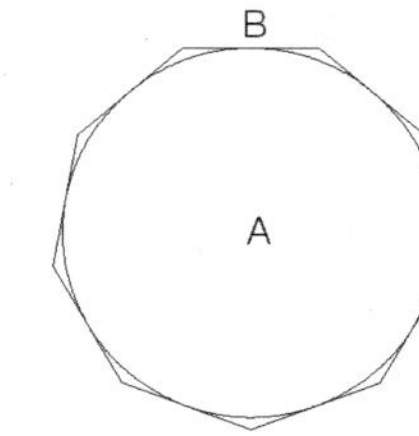

명령: pol ← Polygon 명령의 단축 명령이다.
면의 수 입력 ⟨4⟩: **9** ← 변의 수를 입력한다.
다각형의 중심을 지정 또는 [모서리(E)]: ← 원의 중심점 Ⓐ를 지정한다.
옵션을 입력 [원에 내접(I)/원에 외접(C)] ⟨I⟩: **C** ← 원의 외접 옵션을 입력한다.
원의 반지름 지정: ← 원의 사분점 Ⓑ를 잡아 완성한다.

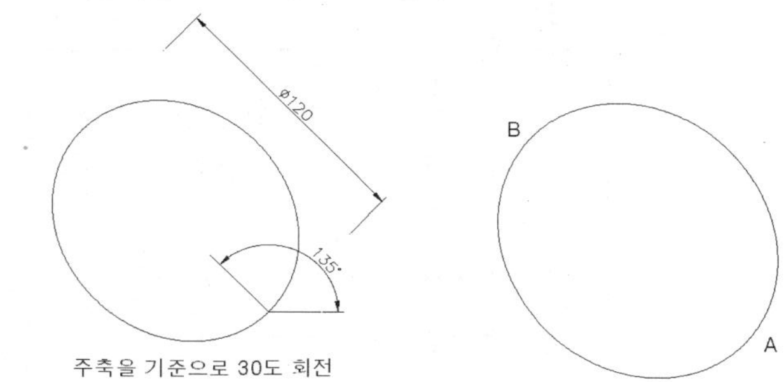

타원 명령에서 주축의 회전 옵션을 응용한다.

명령: EL ← Ellipse(타원)의 단축 명령이다.
타원의 축 끝점 지정 또는 [호(A)/중심(C)]: ← 임의점 Ⓐ를 잡는다.
축의 다른 끝점 지정: **@120<135** ← 상대 극좌표 입력으로 다른 쪽 점 Ⓑ를 잡는다.
다른 축으로 거리를 지정 또는 [회전(R)]: **R** ← 축의 회전 옵션 "R"을 입력한다.
장축 주위로 회전 지정: **30** ← 장축의 회전 각도를 입력한다.

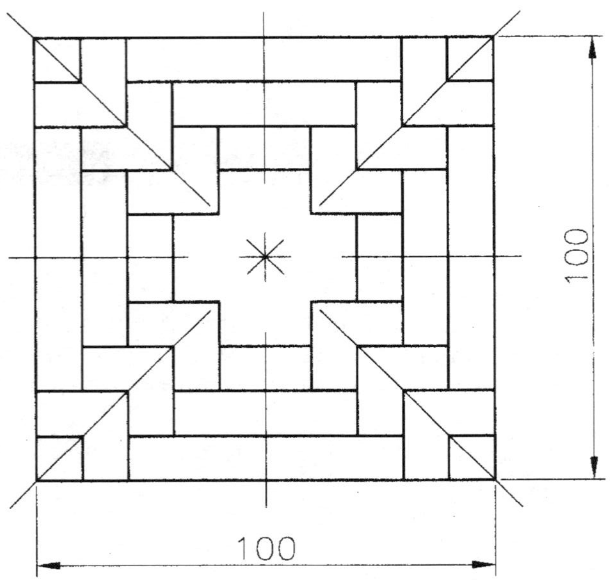

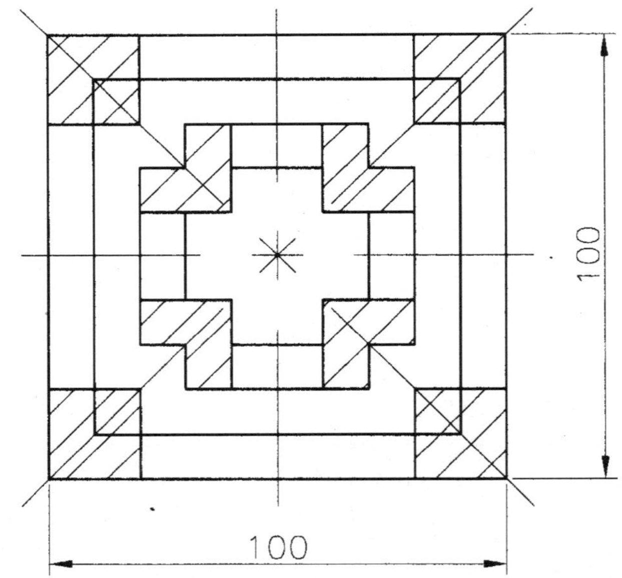

2D-14	Offset, Trim을 이용하여 그리기

해설 2D-14 Offset, Trim을 이용하여 그리기

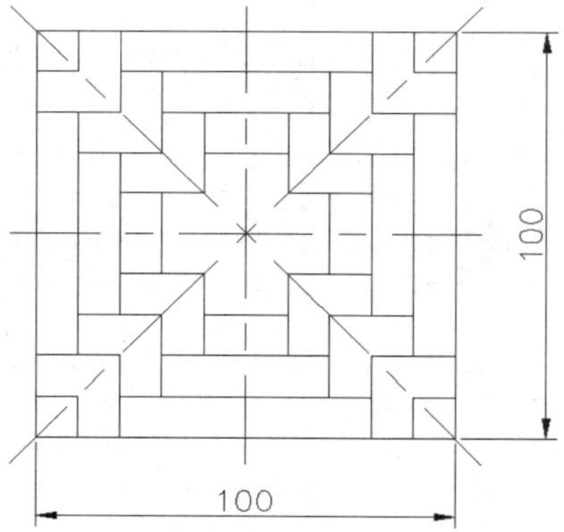

Offset, Trim 명령은 2차원 작업에서 가장 빈번하게 사용되는 편집 명령어 중에 하나이다. 잘 익혀서 유용하게 사용하기 바란다.

1. Line으로 사각형을 그린다.

2. 10간격으로 간격 띄우기(Offset)을 실행한다.

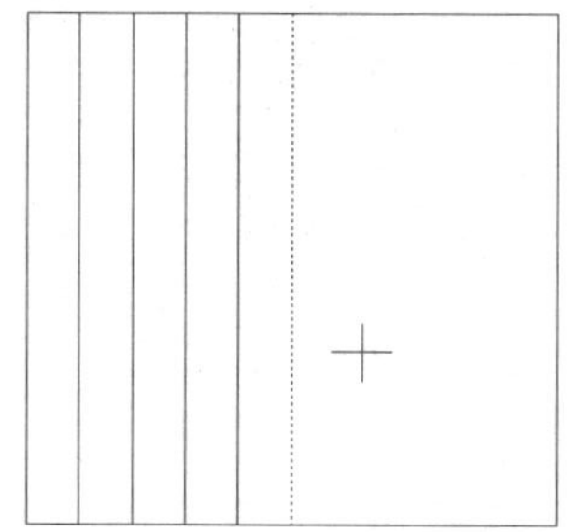

▲ Offset의 반복

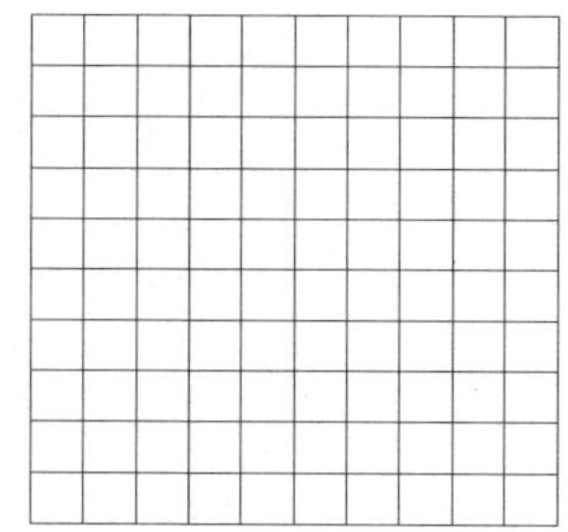

▲ 그림 A

명령: O ← Offset의 단축 명령이다.
현재 설정: 원본 지우기=아니오 도면층=원본 OFFSETGAPTYPE=0
간격띄우기 거리 지정 또는 [통과점(T)/지우기(E)/도면층(L)] 〈통과점〉: **10**
← 간격을 입력한다.
간격띄우기할 객체 선택 또는 [종료(E)/명령 취소(U)] 〈종료〉: ← 대상을 선택한다.
간격띄우기할 면의 점 지정 또는 [종료(E)/다중(M)/명령 취소(U)] 〈나가기〉:
← 방향을 지정한다.
간격띄우기할 객체 선택 또는 [종료(E)/명령 취소(U)] 〈종료〉: ← 대상을 선택한다.
간격띄우기할 면의 점 지정 또는 [종료(E)/다중(M)/명령 취소(U)] 〈나가기〉:
← 방향을 지정한다.
⋮

- 명령을 종료하지 않고 가로, 세로 방향으로 위 과정을 반복하여 Offset을 실행한다.(그림 A 참조)

3. Trim(자르기)으로 선을 절단하여 도형을 완성한다. 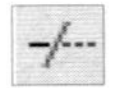

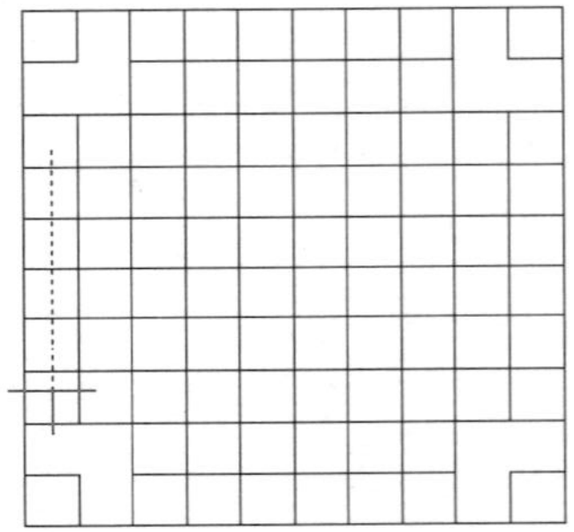

▲ 그림 B

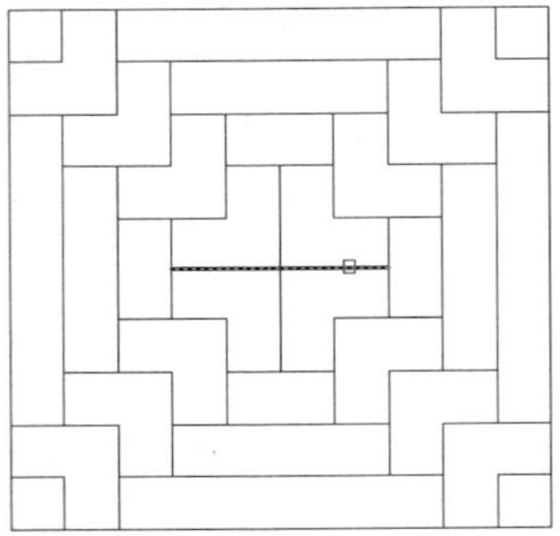

▲ 그림 C

명령: Tr ← Trim의 단축 명령이다.
현재 설정 값: 투영=없음 모서리=없음
절단 모서리 선택 ...
객체 선택 또는 〈모두 선택〉: ← 그냥 엔터하여 전체를 절단 모서리로 선택한다.
자를 객체 선택 또는 Shift 키를 누른 채 선택하여 연장 또는 [울타리(F)/걸치기(C)/프로젝트(P)/모서리(E)/지우기(R)/명령 취소(U)]: ← 절단할 부위를 지정한다.
자를 객체 선택 또는 Shift 키를 누른 채 선택하여 연장 또는
[울타리(F)/걸치기(C)/프로젝트(P)/모서리(E)/지우기(R)/명령 취소(U)]:
⋮
자를 객체 선택 또는 Shift 키를 누른 채 선택하여 연장 또는
[울타리(F)/걸치기(C)/프로젝트(P)/모서리(E)/지우기(R)/명령 취소(U)]: **F** ← 절단 대상이 다수일 때는 옵션 "F"를 적용하여 한 번에 여러 대상을 선택하여 절단한다.(그림 B)
첫 번째 울타리 점 지정: ← 대상이 속해 있는 첫 번째 지점을 지정한다.
다음 울타리 점 지정 또는 [명령 취소(U)]: ← 대상이 속해 있는 두 번째 지점을 지정한다.
다음 울타리 점 지정 또는 [명령 취소(U)]: ← 더 이상 대상이 없을 때 엔터하여 절단을 실행한다.
⋮

[울타리(F)/걸치기(C)/프로젝트(P)/모서리(E)/지우기(R)/명령 취소(U)]: **R** ← Trim을 하다 보면 절단은 할 수 없고 지워야 할 대상이 있을 때 옵션 "R"을 입력하여 삭제한다.(그림 C)
지울 객체 선택 또는 〈종료〉: ← 지울 대상을 선택한다.
지울 객체 선택: ← 지울 대상을 선택한다.
지울 객체 선택: ← 더 이상 지울 대상이 없으면 엔터하여 삭제를 완료한다.
자를 객체 선택 또는 Shift 키를 누른 채 선택하여 연장 또는
[울타리(F)/걸치기(C)/프로젝트(P)/모서리(E)/지우기(R)/명령 취소(U)]:

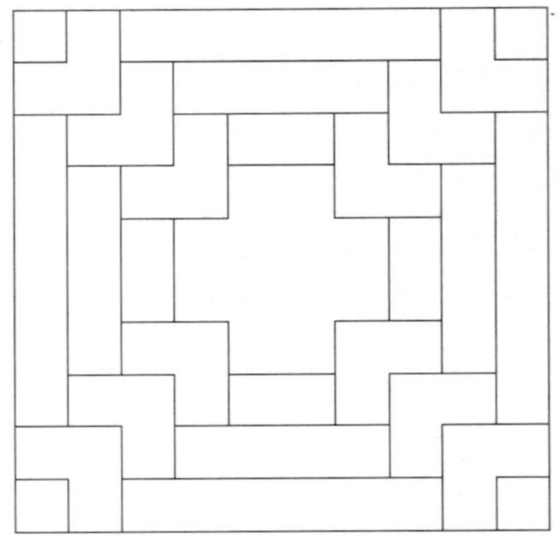

▲ 완성도

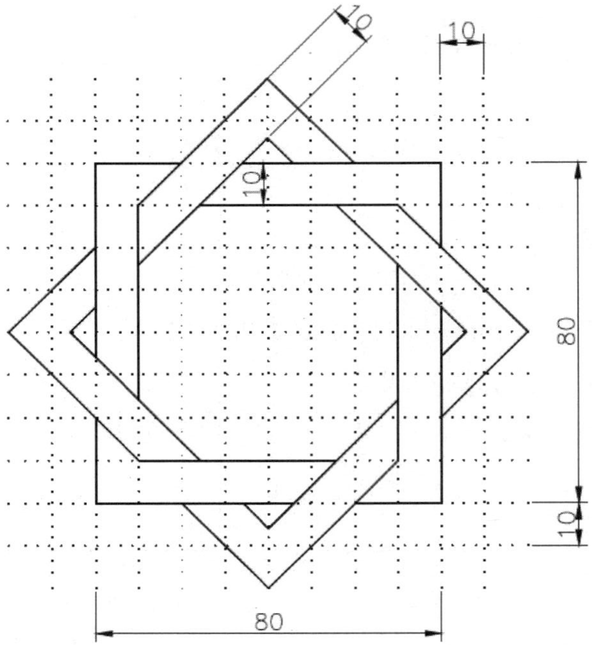

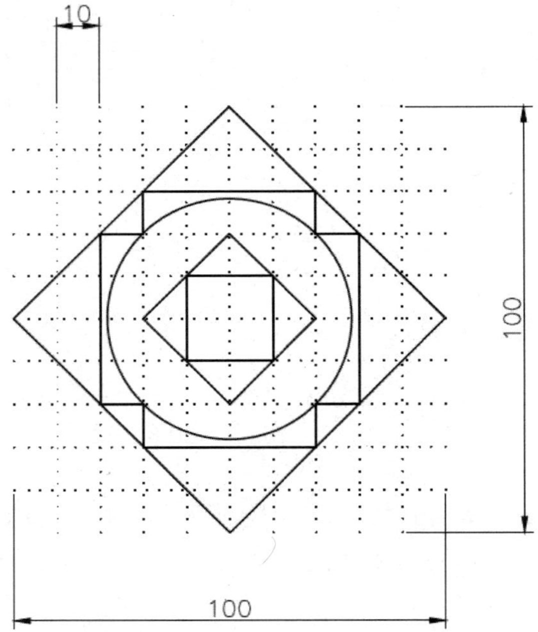

2D-15	Offset, Trim을 이용하여 그리기

해설 2D-15 Offset, Trim을 이용하여 그리기

스냅, 그리드를 "10"으로 설정한 후 Line으로 그린다음 Offset, Trim으로 편집하여 완성한다.

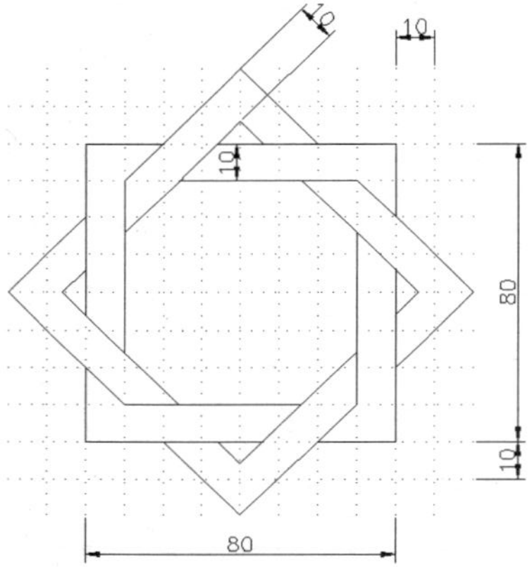

1. 스냅, 그리드를 설정한다.

   스냅이나 그리드 버튼 위(화면 하단)에 커서를 올린 후 마우스 우측 버튼을 클릭하여 "설정(S)"를 선택하여 값을 조정한다.

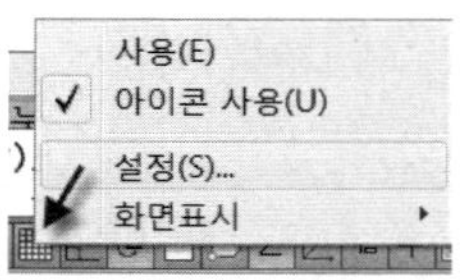

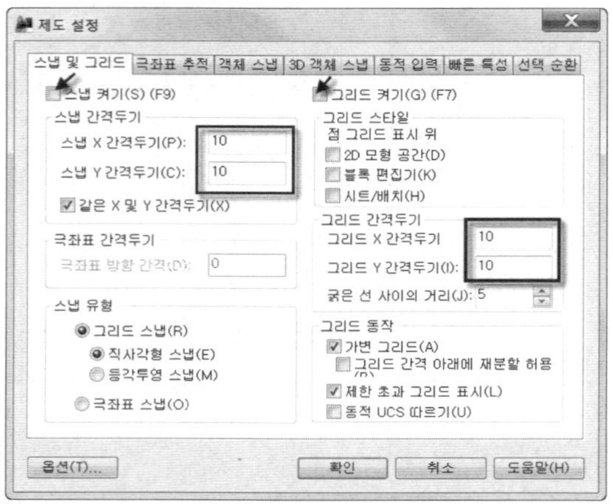

2. Line 명령으로 스냅과 그리드를 켠 상태에서 사각형과 마름모를 그린다. (그림 1)

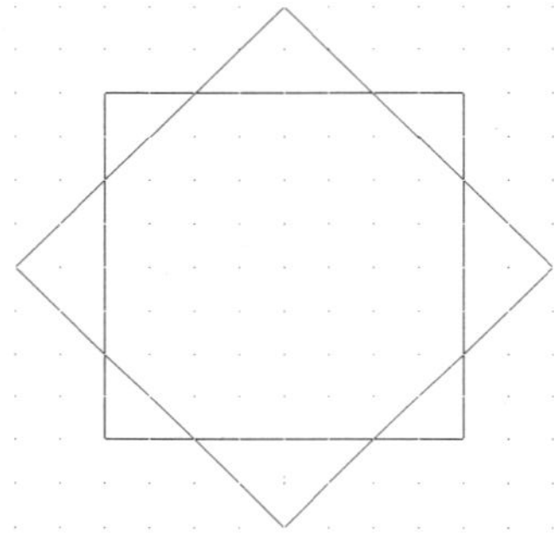

▲ 그림 1

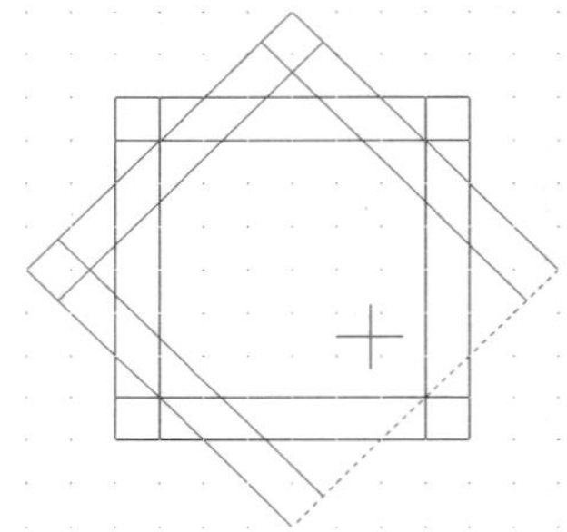

▲ 그림 2

3. Offset을 10 간격으로 안쪽으로 실행한다.(그림 2)

   스냅이 켜져 있으면 객체 선택이 어려우므로 F9키로 Off시키고 작업한다.

4. Trim 명령으로 완성한다. 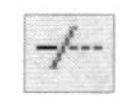

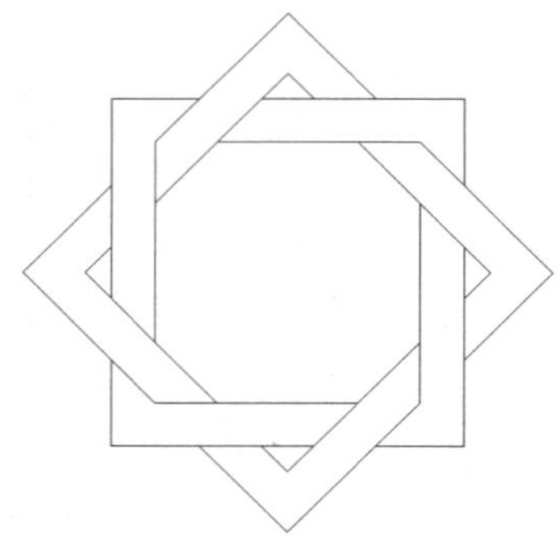

> **명령: Tr**
> 현재 설정 값: 투영=없음 모서리=없음
> 절단 모서리 선택 ...
> 객체 선택 또는 〈모두 선택〉: ← 그냥 엔터하여 전체를 대상으로 잡는다.
> 자를 객체 선택 또는 Shift 키를 누른 채 선택하여 연장 또는 [울타리(F)/걸치기(C)/프로젝트(P)/모서리(E)/지우기(R)/명령 취소(U)]: ← 절단할 부위를 지정해 나간다.

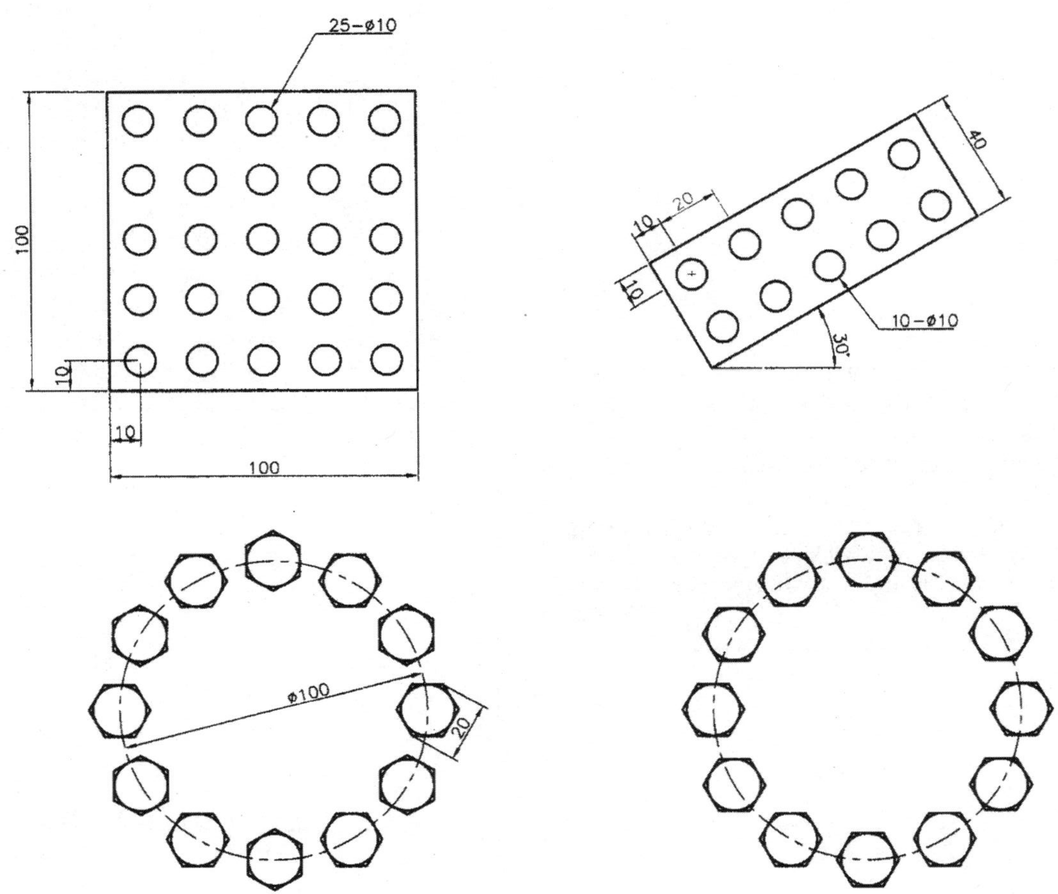

2D-16	Array 연습

해설 2D-16 Array 연습

직사각형(Rectang)으로 회전된 사각형을 그린 다음 지름이 10인 원을 그려서 Array로 사각 배열을 한다(그림 1).

1. Rectang으로 30° 회전된 사각형을 그린다(그림 2).

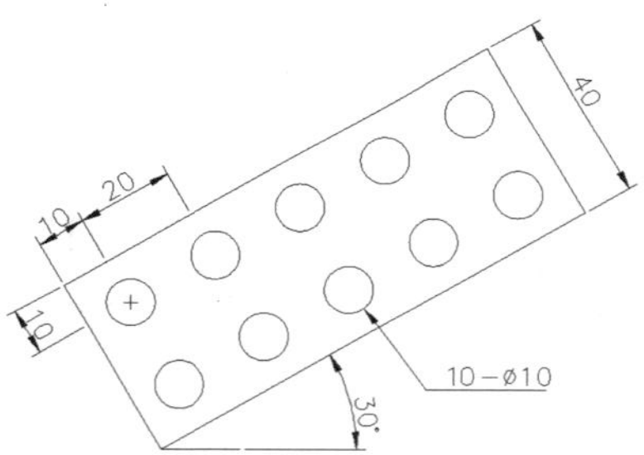

▲ 그림 1

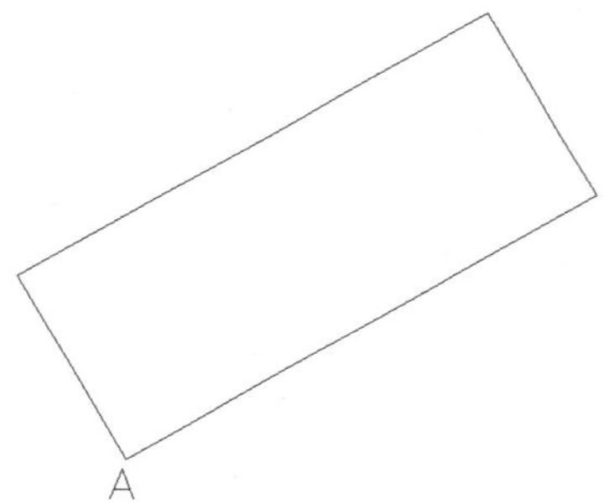

▲ 그림 2

명령: Rec
현재 직사각형 모드: 회전=0 ← 만약에 모따기 값이 적용되어 있으면 "C"를 입력해서 값을 "O"로 변경 후 작업한다.
첫 번째 구석점 지정 또는 [모따기(C)/고도(E)/모깎기(F)/두께(T)/폭(W)]: ← 좌측 하단부에 첫 점 Ⓐ를 지정한다.
다른 구석점 지정 또는 [영역(A)/치수(D)/회전(R)]: **R** ← 회전 옵션 "R"을 입력한다.
회전 각도 지정 또는 [선택점(P)] ⟨0⟩: **30** ← 회전각을 입력한다.
다른 구석점 지정 또는 [영역(A)/치수(D)/회전(R)]: **D** ← 가로, 세로 변의 길이를 각각 입력하기 위한 옵션이다.
직사각형의 길이 지정 ⟨10.0000⟩: **100** ← 도면에서 10+20*4+20=100임을 알 수 있다.
직사각형의 폭 지정 ⟨10.0000⟩: **40** ← 세로 길이를 입력한다.
다른 구석점 지정 또는 [영역(A)/치수(D)/회전(R)]: ← 마우스로 그려질 방향을 지정한다.

2. 사각형을 안쪽으로 10만큼 Offset하여 원의 위치를 잡는다.

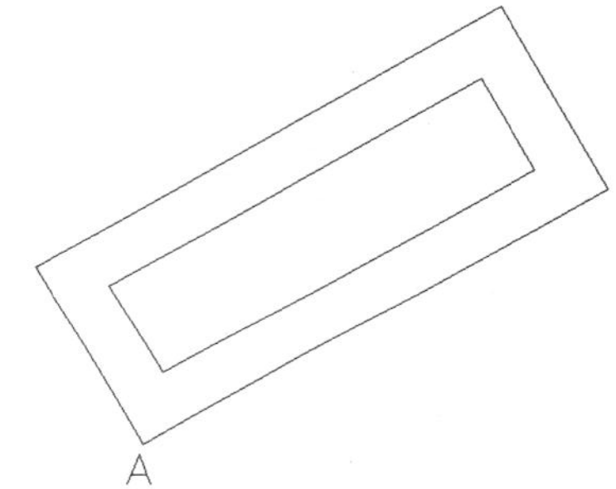

명령: O
현재 설정: 원본 지우기=아니오 도면층=원본 OFFSETGAPTYPE=0
간격띄우기 거리 지정 또는 [통과점(T)/지우기(E)/도면층(L)] ⟨통과점⟩: **10**
간격띄우기할 객체 선택 또는 [종료(E)/명령 취소(U)] ⟨종료⟩:
← 방금 그린 사각형을 선택한다.
간격띄우기할 면의 점 지정 또는 [종료(E)/다중(M)/명령 취소(U)] ⟨나가기⟩:
← 안쪽을 지정한다.
간격띄우기할 객체 선택 또는 [종료(E)/명령 취소(U)] ⟨종료⟩:

3. 원을 그린다.

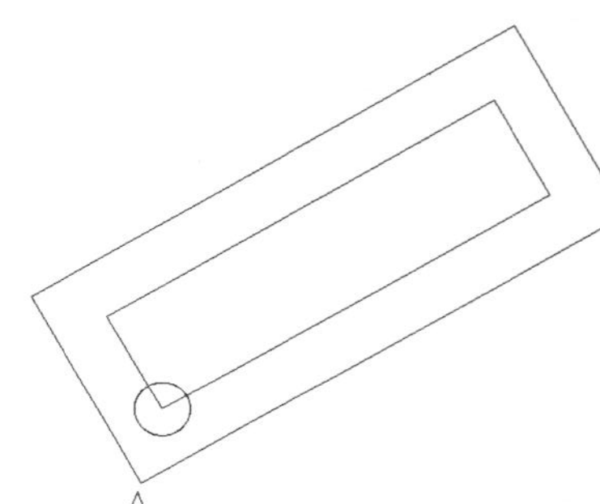

4. Array의 직사각형 배열을 적용한다.
   - 행의 수 : 2, 열의 수 : 5
   - 행 간격 : 20, 열 간격 : 20
   - 배열 각도를 30으로 한다.

명령: Ar
객체 선택: ← 대상을 선택한다.
객체 선택: 배열 유형 입력 [직사각형(R)/경로(PA)/원형(PO)] 〈원형〉: **R** ← 직사각형 배열 옵션을 입력한다.
유형 = 직사각형 연관 = 예
항목 수의 반대 구석 지정 또는 [기준점(B)/각도(A)/개수(C)] 〈개수〉: **A**
행 축 각도 지정 〈0〉: **30**
항목 수의 반대 구석 지정 또는 [기준점(B)/각도(A)/개수(C)] 〈개수〉: Enter↵
행 수 입력 또는 [표현식(E)] 〈4〉: **2**
열 수 입력 또는 [표현식(E)] 〈4〉: **5**
반대 구석을 지정하여 항목 간격 조정 또는 [간격(S)] 〈간격〉: Enter↵
행 사이의 거리 지정 또는 [표현식(E)] 〈15〉: **20**
열 사이의 거리 지정 또는 [표현식(E)] 〈15〉: **20**
Enter 키를 눌러 수락하거나 [연관(AS)/기준점(B)/행(R)/열(C)/레벨(L)/종료(X)]〈종료〉:

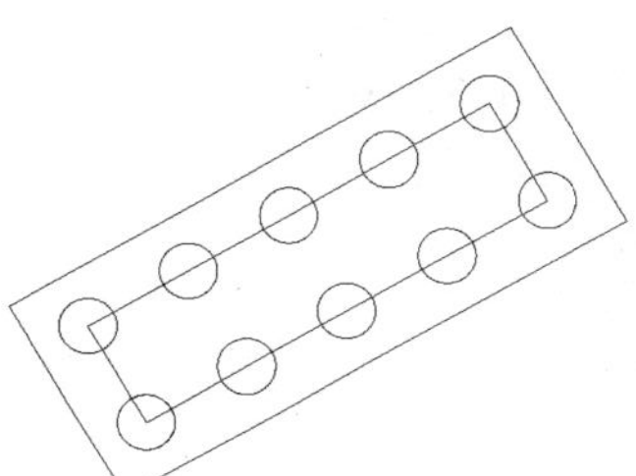

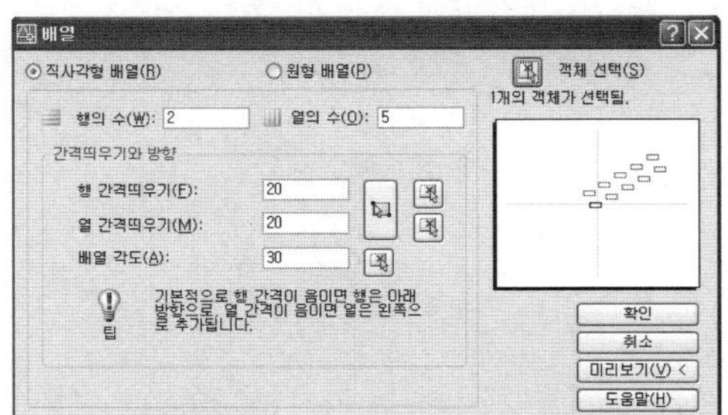

▲ 구 버전의 직사각형 배열 대화상자

5. 안쪽의 사각형을 지우고 완성한다.

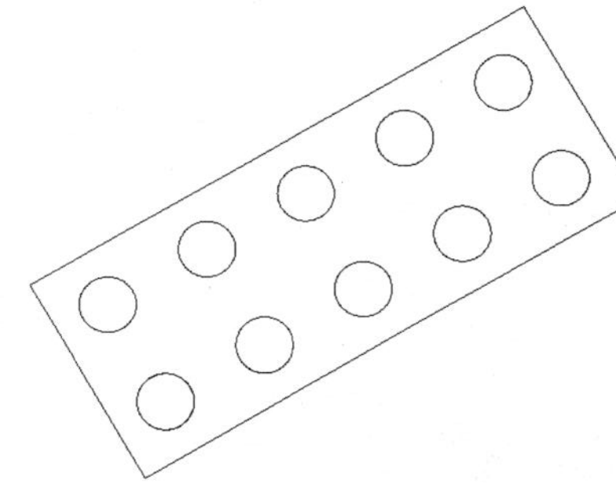

Array의 원형 배열을 연습하기 위한 예제이다.

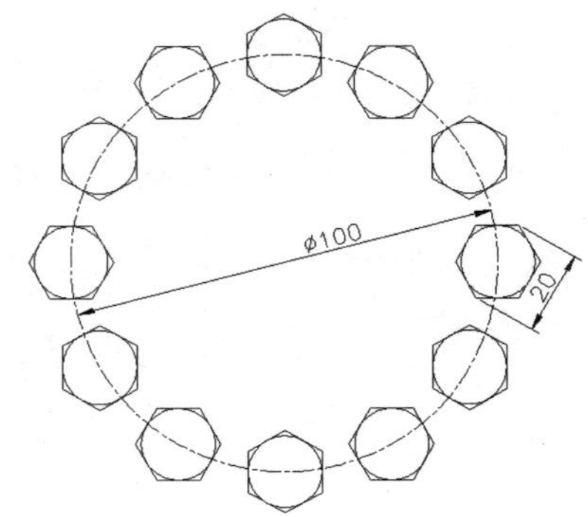

1. 기준이 될 지름 100인 원을 그린다.
2. 객체 스냅의 사분점을 활성화시킨 다음 큰 원의 0, 90, 180, 270 중 한 곳에 지름 20짜리 원에 내접하는 육각형을 Polygon으로 그린다.

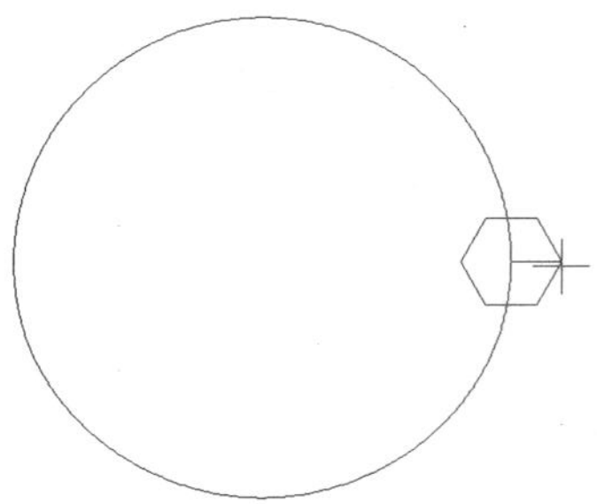

▲ 그림 A

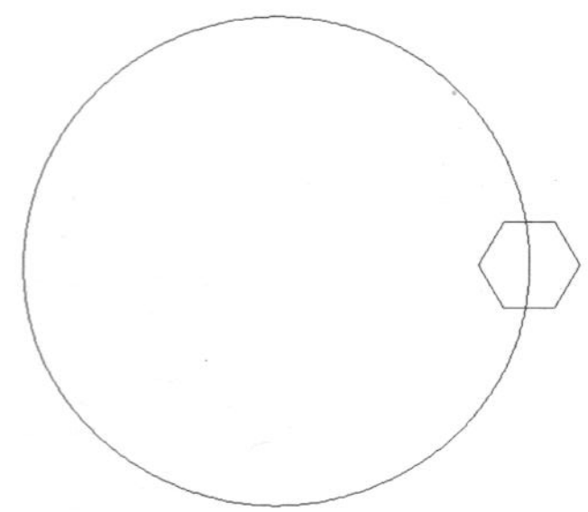

▲ 그림 B

명령: Pol ← Polygon의 단축 명령이다.
면의 수 입력 ⟨4⟩: **6** ← 변의 수를 입력한다.
다각형의 중심을 지정 또는 [모서리(E)]: ← 원의 사분점 중 한 점(여기서는 0°)을 잡는다.
옵션을 입력 [원에 내접(I)/원에 외접(C)] ⟨I⟩: ← 기본 값이 내접이면 그냥 엔터한다.
원의 반지름 지정: **10** ← 커서로 방향을 잡은 후(그림 A) 수치를 입력하여 종료한다.(그림 B)

3. 육각형에 내접하는 원을 그린다. Circle 명령의 옵션 3P의 접선, 접선, 접선(tan, Tan, Tan)을 적용한다.

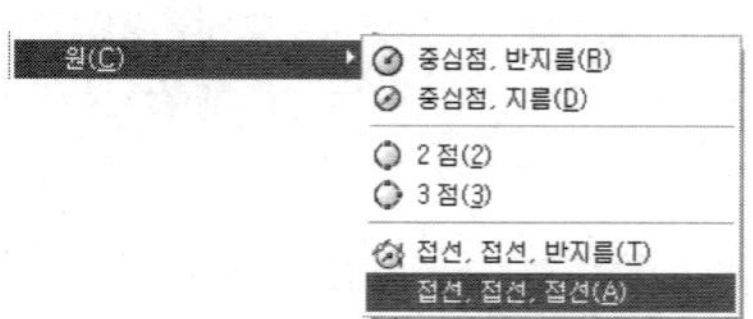

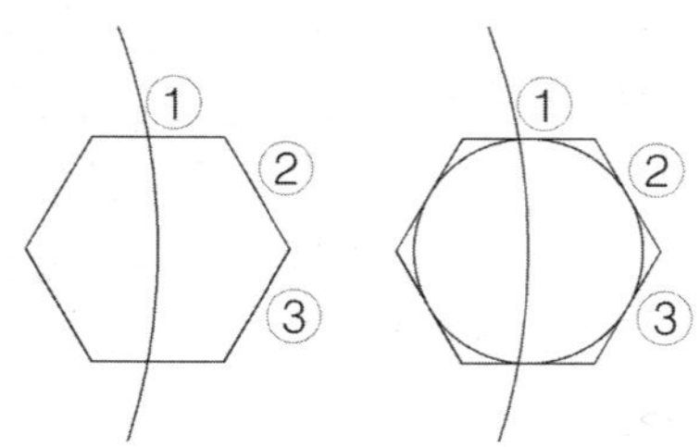

– 인접한 변의 3곳을 지정한다.

명령: _circle
원에 대한 중심점 지정 또는 [[3점(3P)/2점(2P)/Ttr – 접선 접선 반지름(T)]: **_3p**
원 위의 첫 번째 점 지정: _tan –> ← ①
원 위의 두 번째 점 지정: _tan –> ← ②
원 위의 세 번째 점 지정: _tan –> ← ③

4. 큰 원의 중심점을 기준으로 Array 명령으로 원형 배열을 한다.

명령: Ar
객체 선택: ← 대상(원과 다각형)을 선택한다.
객체 선택:
객체 선택: 배열 유형 입력 [직사각형(R)/경로(PA)/원형(PO)] ⟨직사각형⟩: **Po**
유형 = 원형 연관 = 예
배열의 중심점 지정 또는 [기준점(B)/회전축(A)]: ← 큰 원의 중심점을 지정한다.
항목 수 입력 [사이의 각도(A)/표현식(E)] ⟨4⟩: **12**
채울 각도 지정(+=ccw, –=cw) 또는 [표현식(EX)] ⟨360⟩: ← 그냥 엔터한다.
Enter 키를 눌러 수락하거나 [연관(AS)/기준점(B)/항목(I)/사이의 각도(A)/채울 각도(F)/행(ROW)/레벨(L)/항목
회전(ROT)/종료(X)]⟨종료⟩:

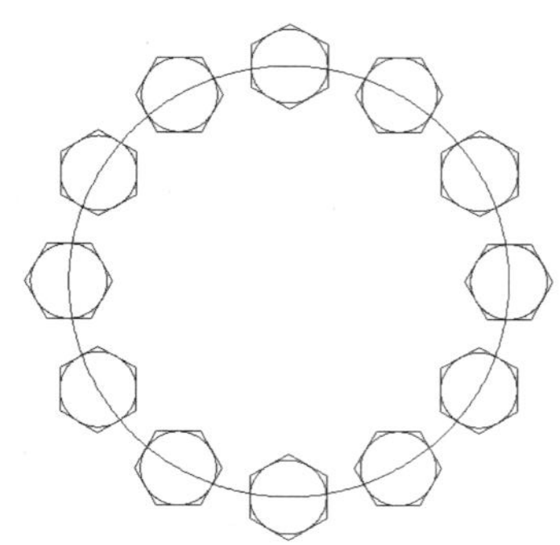

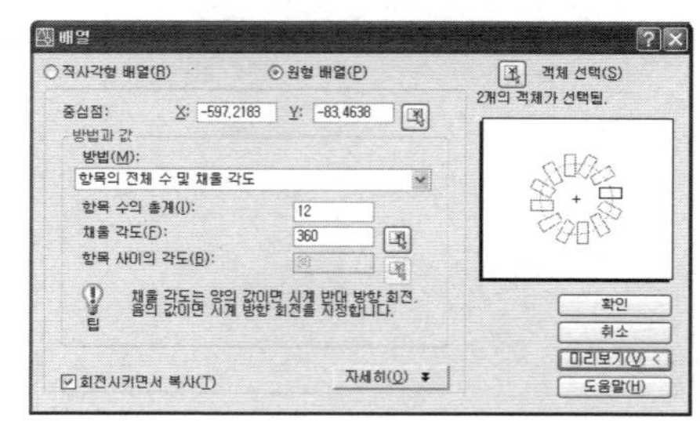

▲ 구 버전의 원형 배열 대화상자

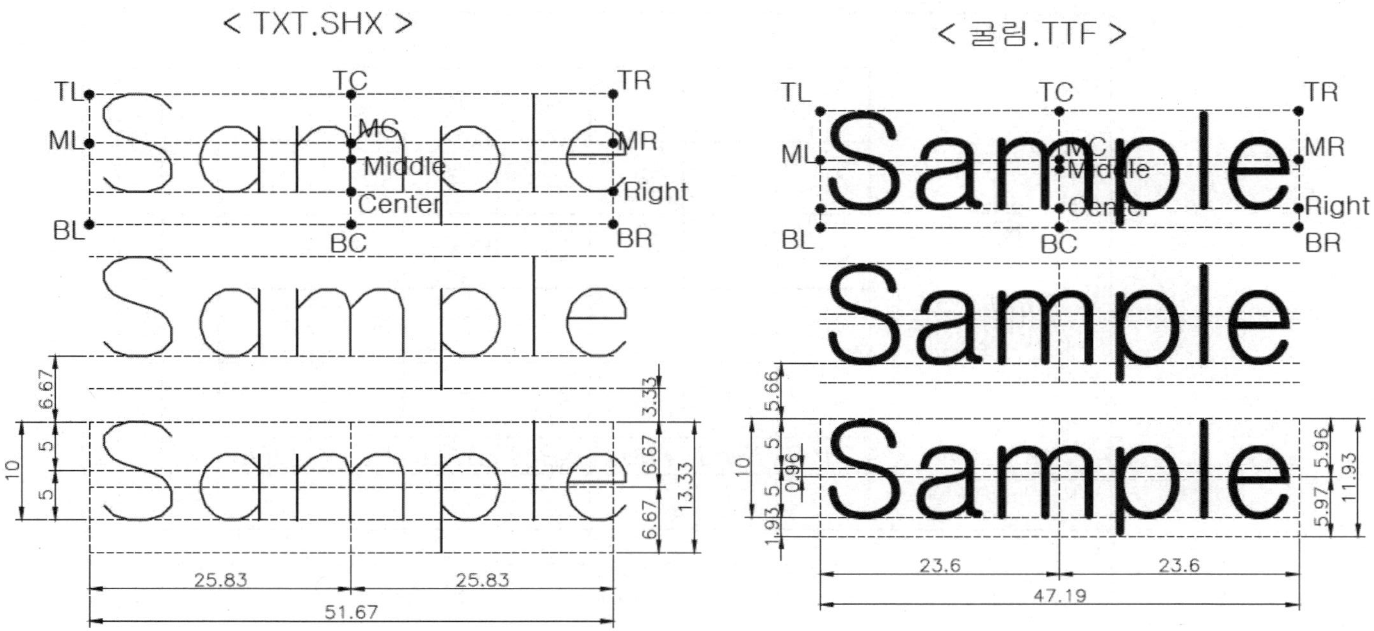

2D-17 Text 옵션 상세 설명

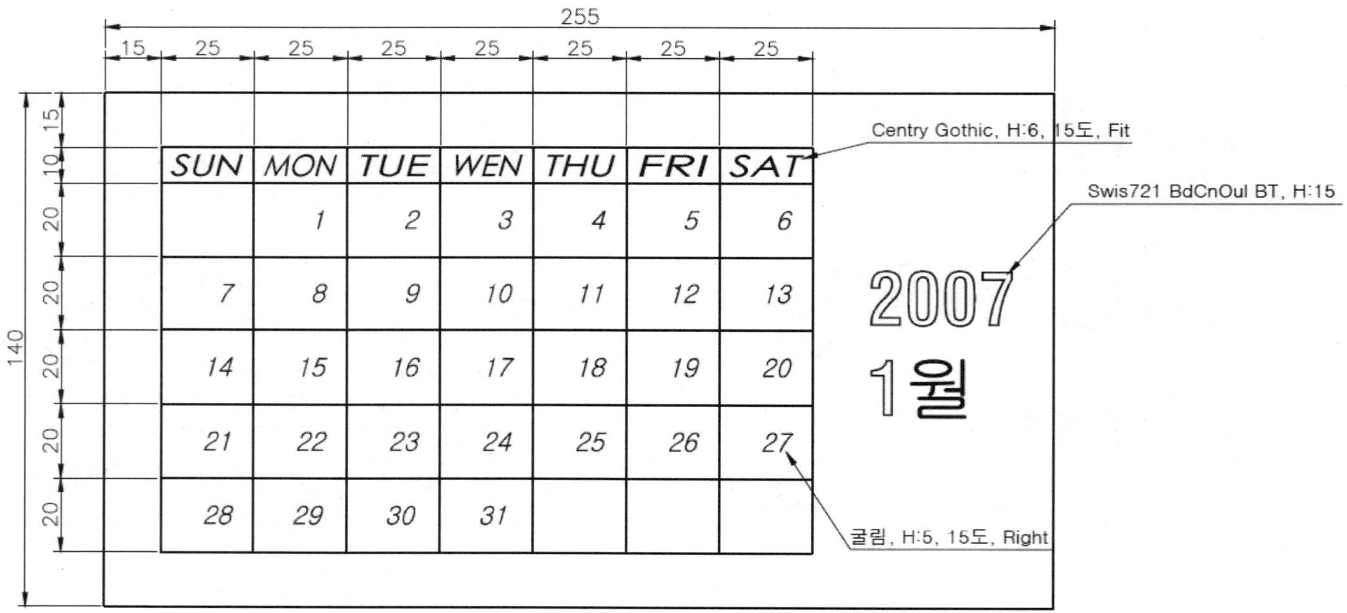

2D-18	Text 연습 - 01

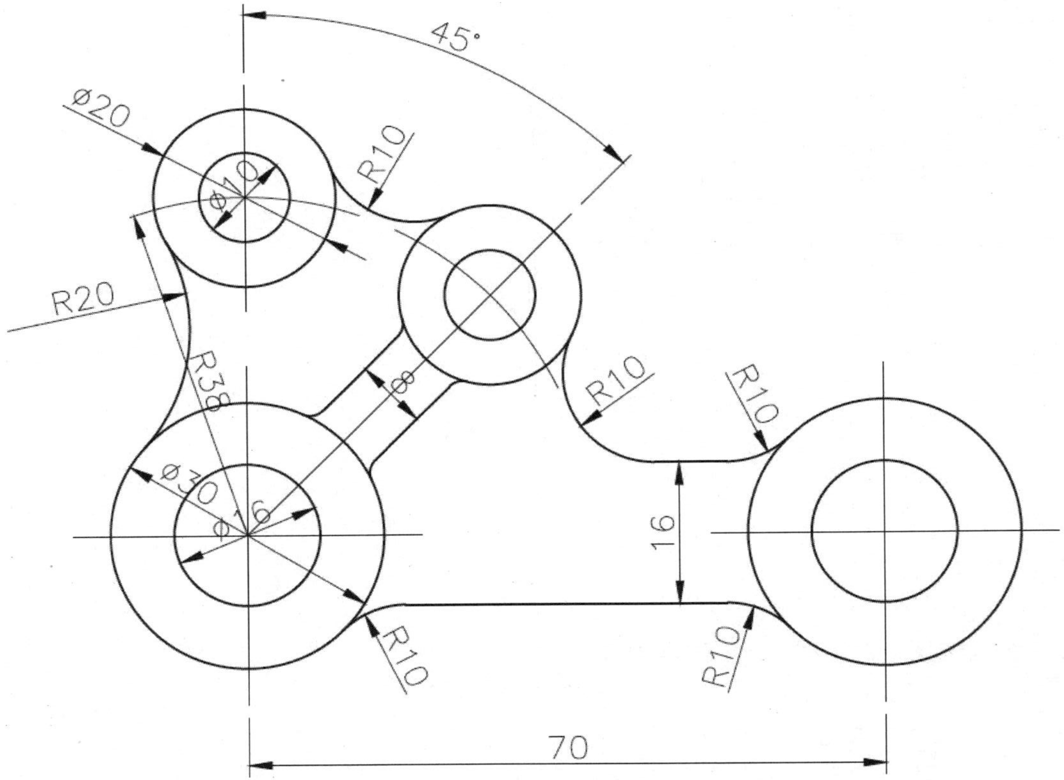

2D-19	편집 명령 응용

해설 **2D-19** Text 연습 01

Line, Offset, Trim, Dtext 명령과 Array, Copy, Ch, Ed 명령 등을 적용하여 마무리한다.

1. Line으로 가로 255, 세로 140 사각형을 그린다.

2. Offset으로 상, 하, 우측 Line을 15만큼 안쪽으로 Offset한다.

3. Offset된 우측 Line을 25간격으로 7회 Offset한다.

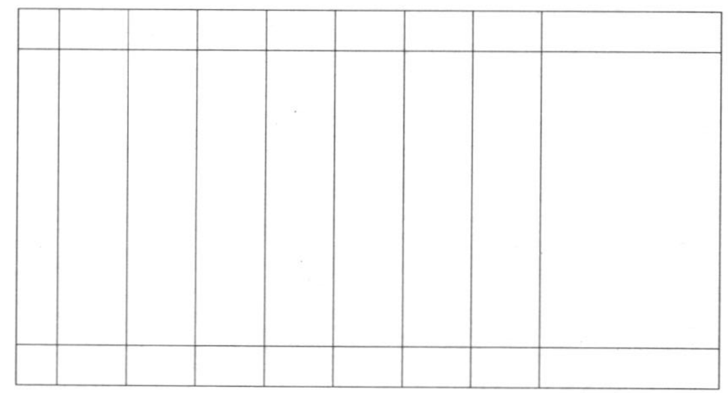

4. 위쪽 Line을 아래로 10만큼 Offset 1회, 20만큼 Offset 4회를 실행한다.

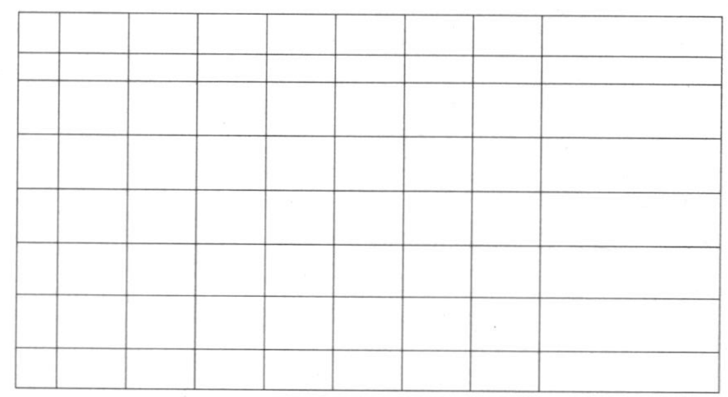

5. Trim으로 선을 정리한다.

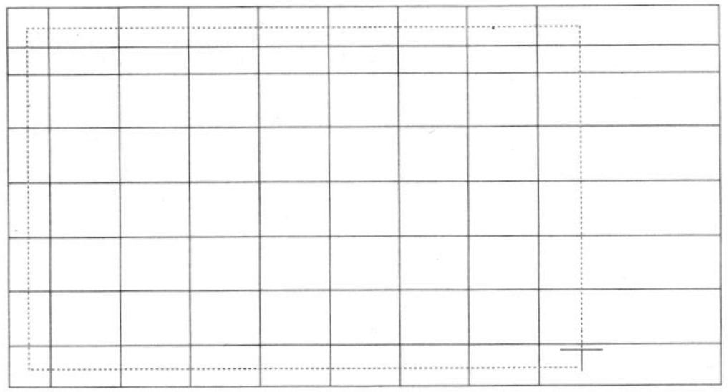

▲ 그림 1

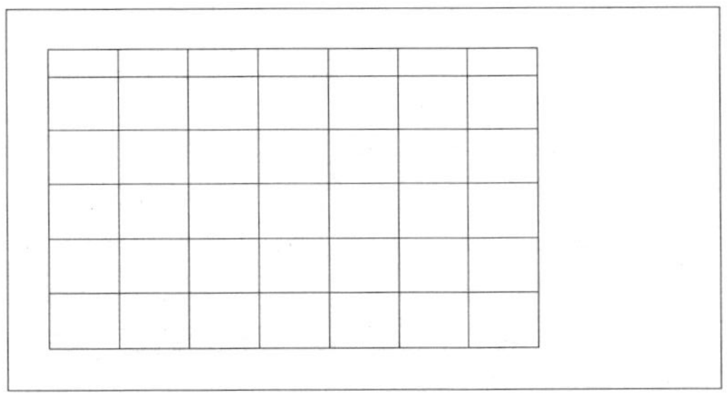

▲ 결과

명령: tr
TRIM
현재 설정 값: 투영=없음 모서리=없음
절단 모서리 선택 ...
객체 선택 또는 〈모두 선택〉: ← 엔터하여 전체를 Trim 대상으로 한다.
자를 객체 선택 또는 Shift 키를 누른 채 선택하여 연장 또는
[울타리(F)/걸치기(C)/프로젝트(P)/모서리(E)/지우기(R)/명령 취소(U)]: **F** ← 울타리 옵션을 지정하여 절단할 대상을 선을 그려 지정한다.(그림 1)
첫 번째 울타리 점 지정:
다음 울타리 점 지정 또는 [명령 취소(U)]:

6. 도면에 표기된 문자 스타일을 설정한다.

요일

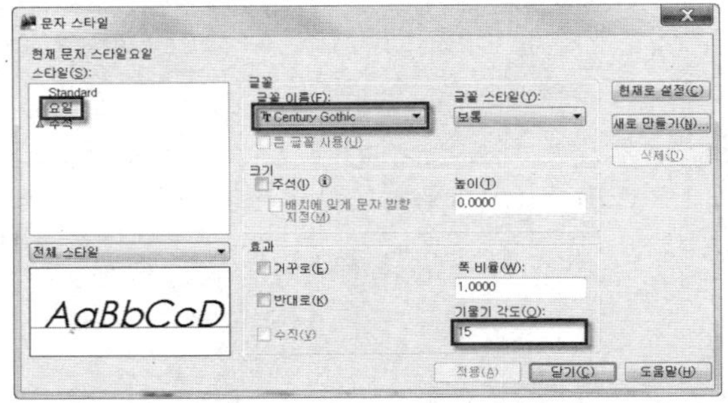

날짜

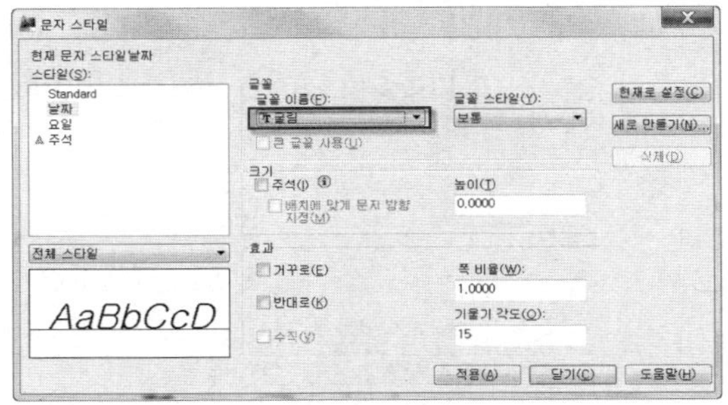

년도

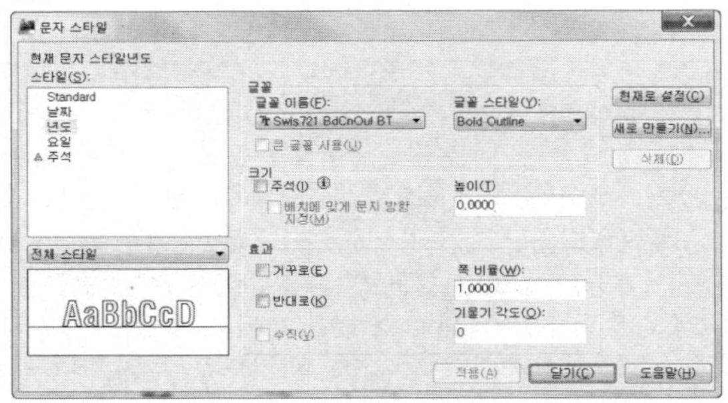

7. 요일 문자 입력하기

① 저장된 문자 스타일 중에서 요일을 쓰기 위한 스타일로 변경한다.

명령: st ← Style의 단축 명령이다.

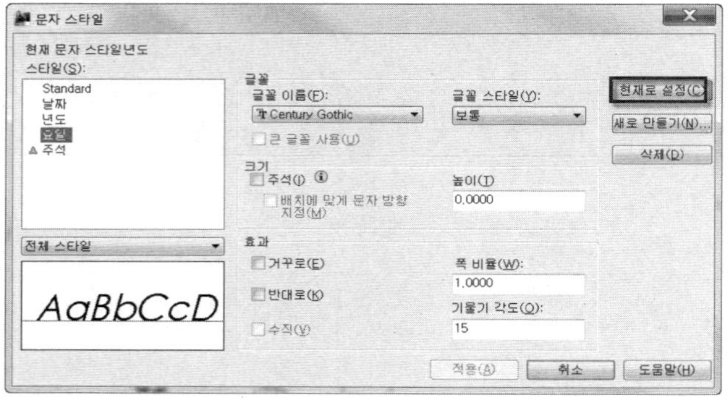

② Dtext 명령을 실행하여 Fit 옵션으로 위치를 잡아 문자를 입력한다.

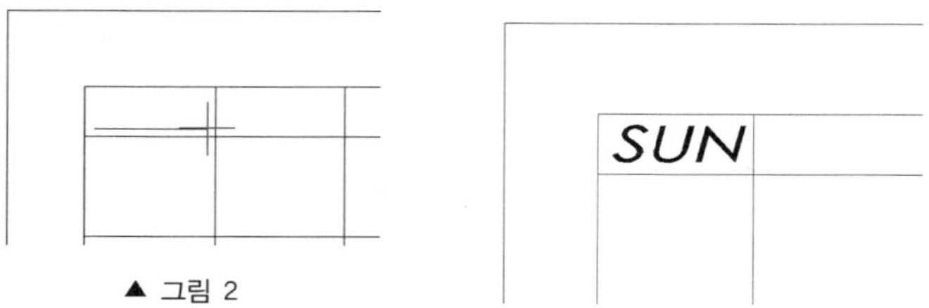

▲ 그림 2

명령: DT ← Dtext 명령의 단축 명령이다.
현재 문자 스타일: "요일" 문자 높이: 2.5000 주석: 아니오
문자의 시작점 지정 또는 [자리 맞추기(J)/스타일(S)]: **j** ← 자리 맞추기 옵션 "J"를 입력한다.

옵션 입력 [정렬(A)/맞춤(F)/중심(C)/중간(M)/오른쪽(R)/좌상단(TL)/상단중앙(TC)/우상단(TR)/좌측중간(ML)/중앙중간(MC)/우측중간(MR)/좌하단(BL)/하단중앙(BC)/우하단(BR)]: **f**
← 지정한 구간 내에 문자의 폭만 정렬하는 옵션이다. (그림 2)
문자 기준선의 첫 번째 끝점을 지정: ← 문자가 들어갈 범위의 첫 번째 점을 지정한다.
문자 기준선의 두 번째 끝점을 지정: ← 문자가 들어갈 범위의 두 번째 점을 지정한다.
높이 지정 〈2.5000〉: **6** ← 문자의 높이를 지정한다.
← 문자는 화면상에서만 확인되므로 보면서 입력한다.(그림 3)

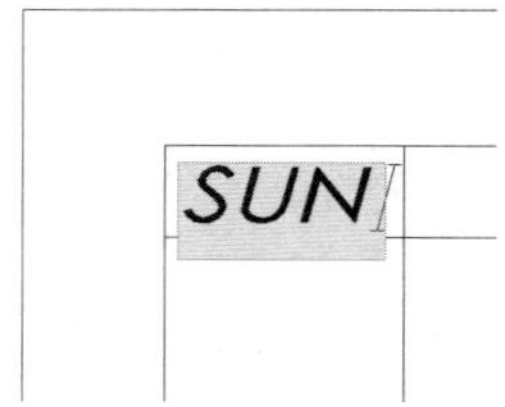

▲ 그림 3

③ Array 배열하여 문자의 내용만 수정한다.

– 열의 수(Column) : 7, 열의 간격(Column Distance) : 25

명령: Ar ← 구 버전에서 2012처럼 문장으로 나오게 하려면 "–Ar"로 입력하면 된다.
객체 선택: ← "SUN"을 선택한다.
객체 선택: 배열 유형 입력 [직사각형(R)/경로(PA)/원형(PO)] 〈원형〉: **R**
유형 = 직사각형 연관 = 예
항목 수의 반대 구석 지정 또는 [기준점(B)/각도(A)/개수(C)] 〈개수〉:
행 수 입력 또는 [표현식(E)] 〈4〉: **1** ← "1"은 배열하지 않겠다는 뜻이다.
열 수 입력 또는 [표현식(E)] 〈4〉: **7**
반대 구석을 지정하여 항목 간격 조정 또는 [간격(S)] 〈간격〉: Enter↵
열 사이의 거리 지정 또는 [표현식(E)] 〈10.0000〉: **25**
Enter 키를 눌러 수락하거나 [연관(AS)/기준점(B)/행(R)/열(C)/레벨(L)/종료(X)]〈종료〉:

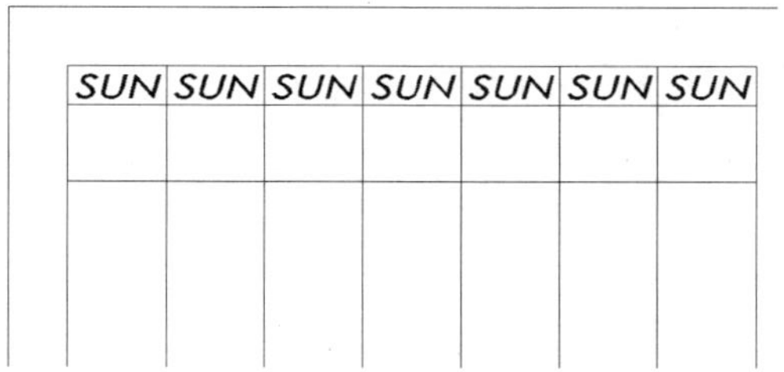

④ 문자의 내용을 수정한다.

명령: Ed ← Ddedit의 단축 명령이다.
주석 객체 선택 또는 [명령 취소(U)]: ← 수정할 문자를 선택하고(그림 4) 내용을 수정한다.(그림 5) 수정하고 엔터하면 다른 문자를 선택하여 수정할 수 있다. 같은 요령으로 배열된 문자를 수정한다.(그림 6)

✎ 명령 실행 없이 문자를 더블클릭해도 문자의 내용을 수정할 수 있다.

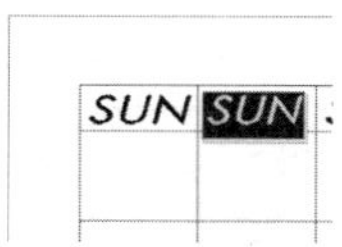

▲ 그림 4

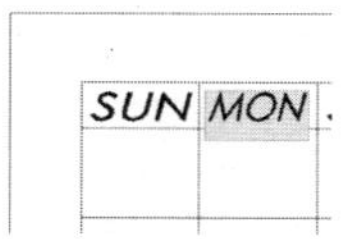

▲ 그림 5

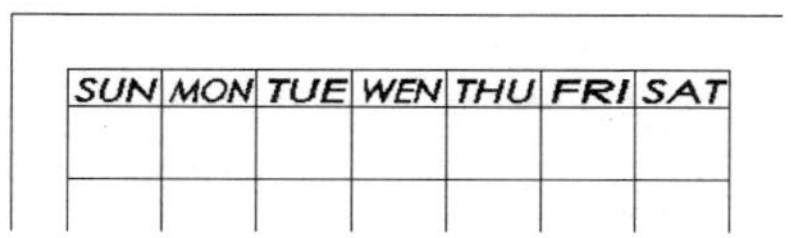

▲ 그림 6

8. 날짜 입력하기

① 좌측 맨 아래 칸에 날짜를 입력한다.

먼저 문자 스타일을 "날짜" 스타일로 변경한다.

명령: St

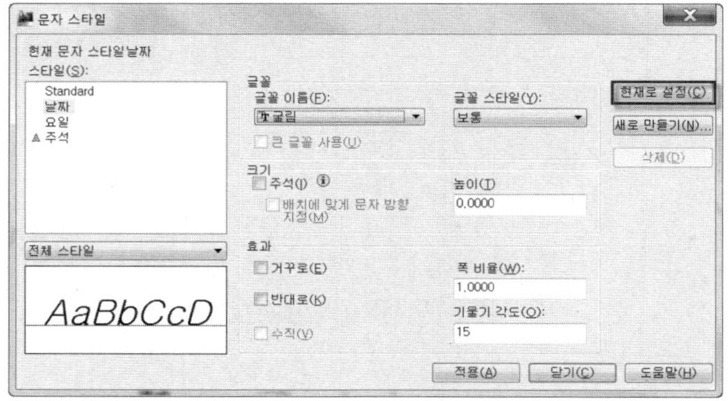

② 문자를 Right(오른쪽 정렬), 높이 5로 입력한다.

명령: Dt
현재 문자 스타일: "날짜" 문자 높이: 6.0000
문자의 시작점 지정 또는 [자리 맞추기(J)/스타일(S)]: **R** ← 문자 정렬 옵션을 알면 바로 입력한다.
문자 기준선의 오른쪽 끝점을 지정: ← 문자의 오른쪽 정렬 지점을 지정한다.(그림 7)
높이 지정 ⟨6.0000⟩: **5** ← 문자의 높이를 입력한다.
문자의 회전 각도 지정 ⟨0⟩: ← 문자의 회전 각도는 필요 없으므로 그냥 엔터하고 문자 "28"을 입력한다.(그림 8)

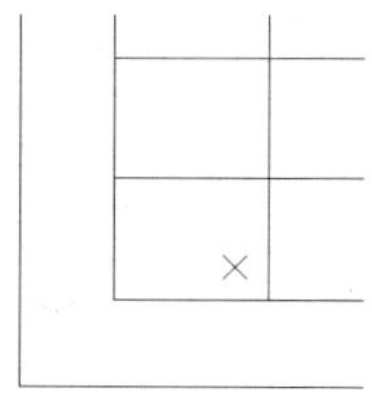

▲ 그림 7

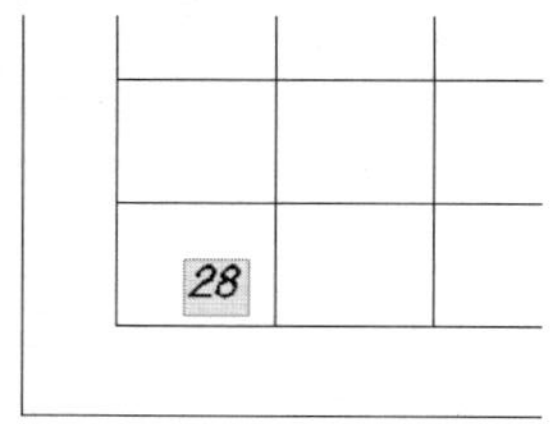

▲ 그림 8

③ Array 명령으로 직사각형 배열한다.

– 행의 수 : 5, 열의 수 : 7, 행의 간격 : 20, 열의 간격 : 25

명령: Ar
객체 선택: ←
객체 선택: 배열 유형 입력 [직사각형(R)/경로(PA)/원형(PO)] 〈직사각형〉: Enter↵
유형 = 직사각형 연관 = 예
항목 수의 반대 구석 지정 또는 [기준점(B)/각도(A)/개수(C)] 〈개수〉: Enter↵
행 수 입력 또는 [표현식(E)] 〈4〉: **5**
열 수 입력 또는 [표현식(E)] 〈4〉: **7**
반대 구석을 지정하여 항목 간격 조정 또는 [간격(S)] 〈간격〉: Enter↵
행 사이의 거리 지정 또는 [표현식(E)] 〈25.0000〉: **20**
열 사이의 거리 지정 또는 [표현식(E)] 〈30.0000〉: **25**
Enter 키를 눌러 수락하거나 [연관(AS)/기준점(B)/행(R)/열(C)/레벨(L)/종료(X)]〈종료〉:

SUN	MON	TUE	WEN	THU	FRI	SAT
28	28	28	28	28	28	28
28	28	28	28	28	28	28
28	28	28	28	28	28	28
28	28	28	28	28	28	28
28	28	28	28	28	28	28

④ 문자의 내용을 Ed 명령으로 수정한다.(그림 9)

SUN	MON	TUE	WEN	THU	FRI	SAT
28	28	28	28	28	28	28
28	28	28	28	28	28	28
28	28	28	28	28	28	28
28	28	26	24	25	26	27
28	29	30	31	28	28	28

▲ 그림 9

SUN	MON	TUE	WEN	THU	FRI	SAT
	1	2	3	4	5	6
7	8	9	10	11	12	13
14	15	16	17	18	19	20
21	22	23	24	25	26	27
28	29	30	31			

▲ 그림 10

⑤ 필요 없는 문자는 삭제한다.(그림 10)

9. 년도 입력하기

① 문자 스타일을 "년도" 스타일로 변경한다.

② 문자를 입력한다.

명령: Dt
현재 문자 스타일: "년도" 문자 높이: 5.0000
문자의 시작점 지정 또는 [자리 맞추기(J)/스타일(S)]:
높이 지정 〈5.0000〉: 15 ← 문자의 높이를 지정한다.
문자의 회전 각도 지정 〈0〉 : ← 그냥 엔터한다. 줄을 바꿀 때는 엔터하고(그림 11)
한/영 전환 키를 눌러 한글을 입력한다.(그림 12)

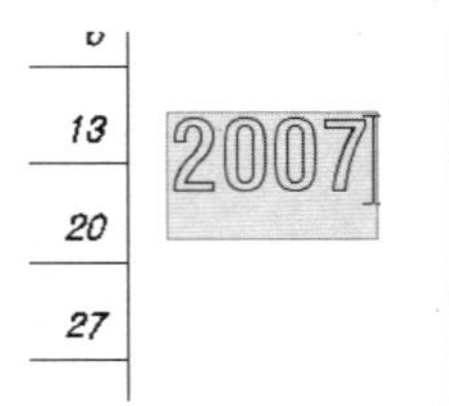

▲ 그림 11

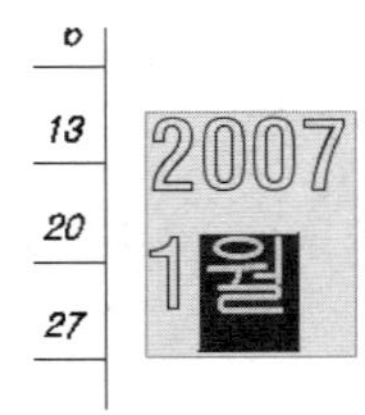

▲ 그림 12

SUN	MON	TUE	WEN	THU	FRI	SAT
	1	2	3	4	5	6
7	8	9	10	11	12	13
14	15	16	17	18	19	20
21	22	23	24	25	26	27
28	29	30	31			

2007
1월

2D-20 단면도에 자주 나오는 Text 연습

모르타르위 장판지 마감
콩자갈 다짐 THK100
온수 파이프 ∅25@250
질석 보온재 THK50

무근 콘크리트 THK 150
와이어 매쉬 #8
밑창콘크리트 THK50
잡석다짐 THK200

온돌방

걸레 받이 18x180
플러링널 THK18
육송널 THK12
장선 45x45x@450
멍에 90x90x@900
벽 : 플로링널 ∅300마감

동바리 90x90x@900
멍에받이 60x90
밑둥잡이 100x50
호박돌 ∅300
사춤자갈
방습층 THK50

마루거실

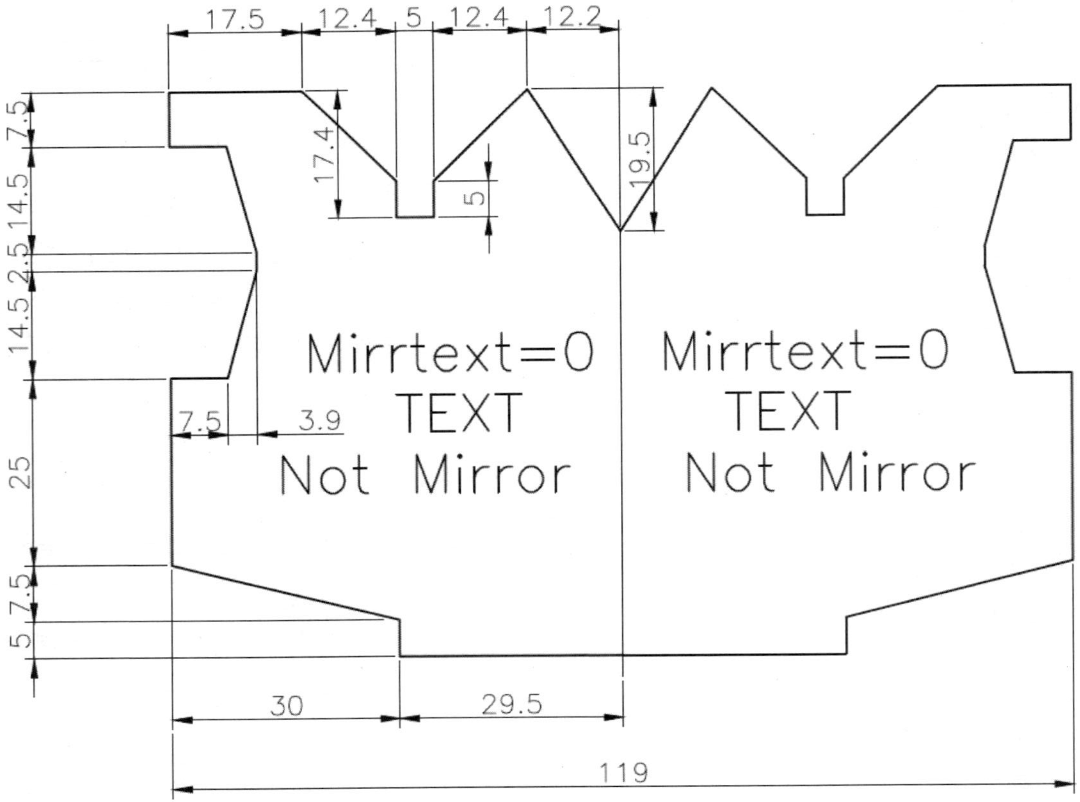

2D-21	Mirror 연습 및 Mirrtext

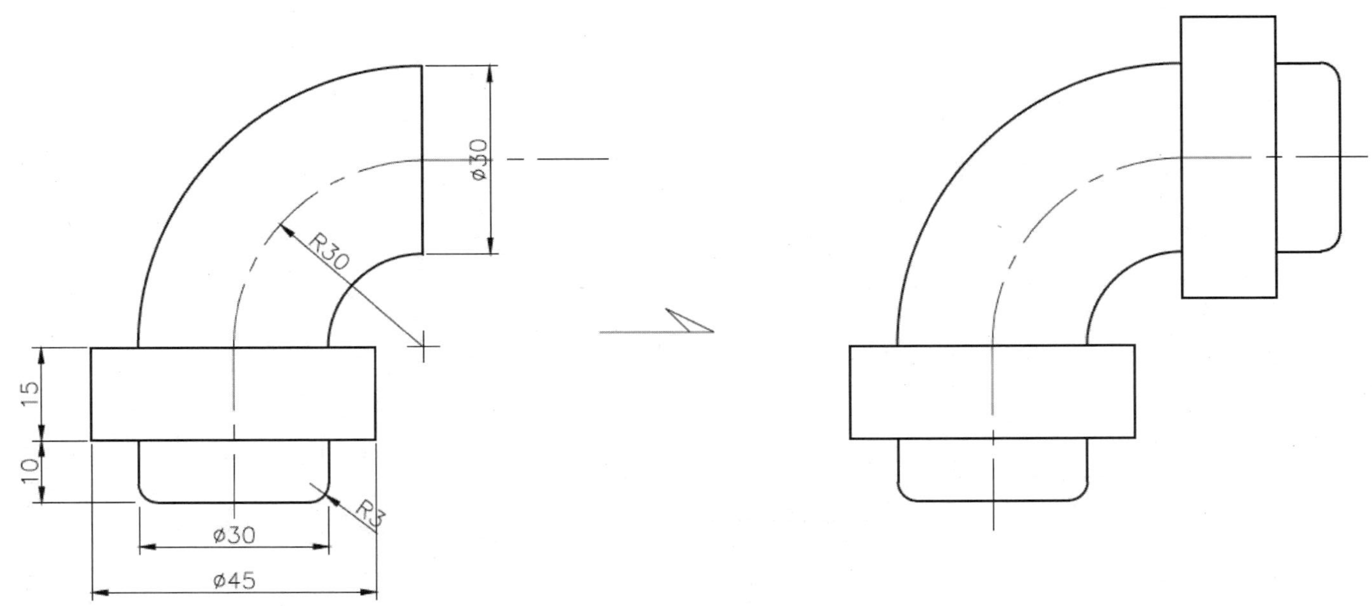

2D-22	Mirror를 사용하여 완성할 것

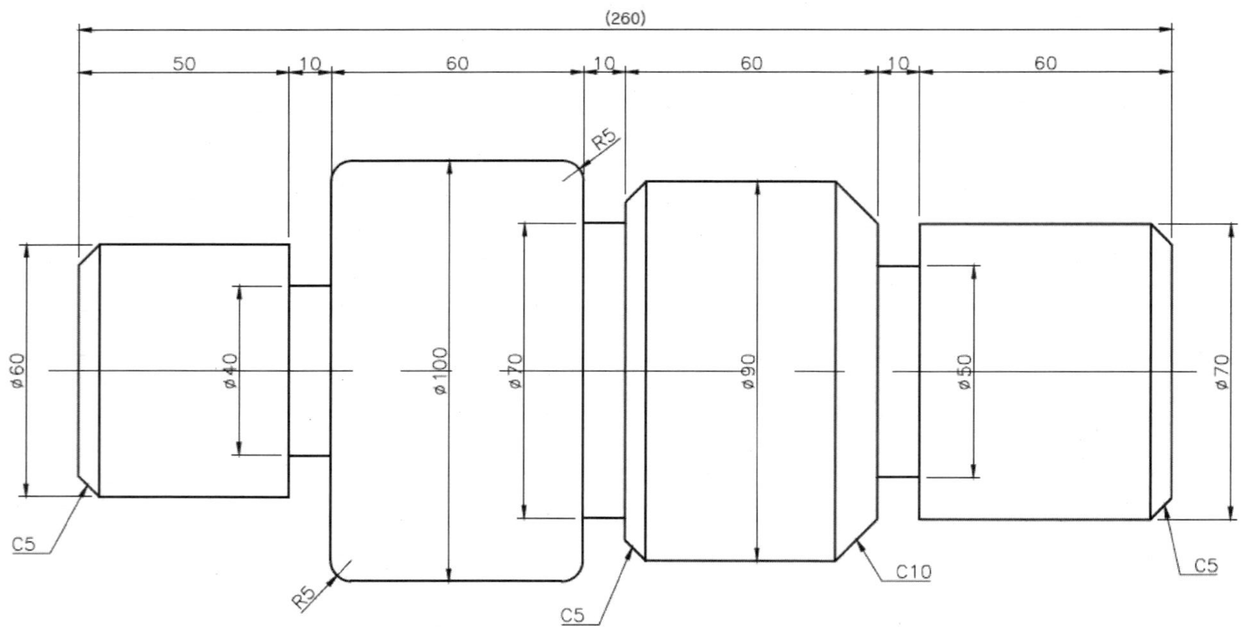

2D-23	Chamfer, Fillet, Trim, Offset을 이용하여 그리기

해설 2D-23 Chamfer, Fillet, Trim, Offset을 이용하여 그리기

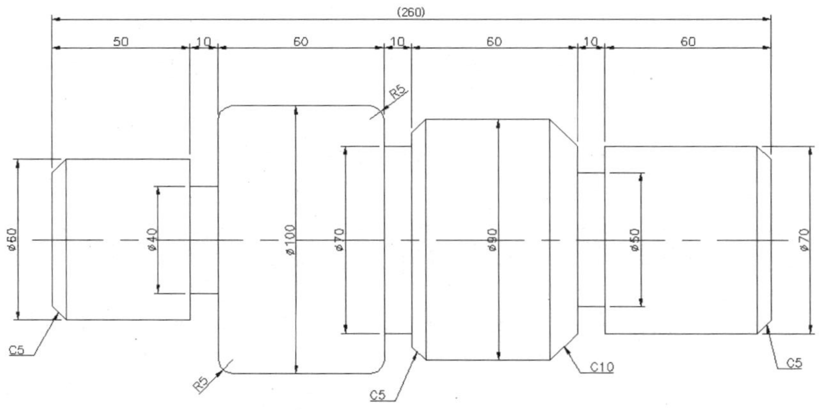

중심선을 그린 다음 중심선을 기준으로 Offset, Trim으로 기본 형태를 잡고 Chamfer, Fillet으로 마무리한다.

1. Line으로 270만큼 중심선을 그린다.
2. 중심선을 기준으로 축의 지름을 Offset으로 잡는다. 한꺼번에 많은 작업을 하면 복잡하므로 한쪽에서부터 관련된 부분끼리 해나간다. 좌측 지름 60(30), 40(20), 100(50)을 Offset으로 잡는다.

3. 좌측 끝단에 수직선을 긋는다.

4. 그 선을 우측으로 50, 10, 60, 10, 60, 10, 60 만큼 Offset한다.

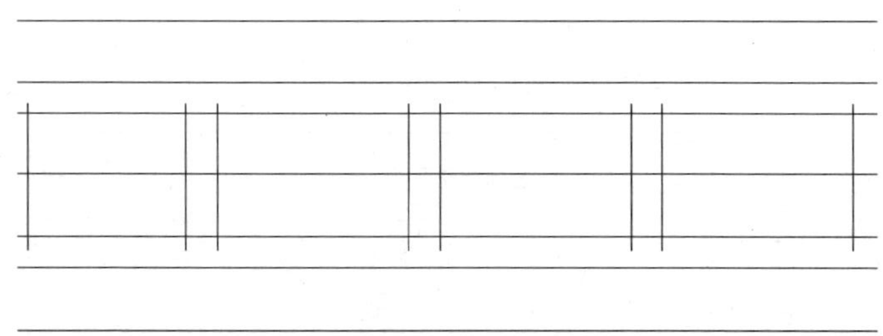

5. 선 ⑤, ⑥은 선 ③, ④를 경계로 하여 Trim으로 절단한다.

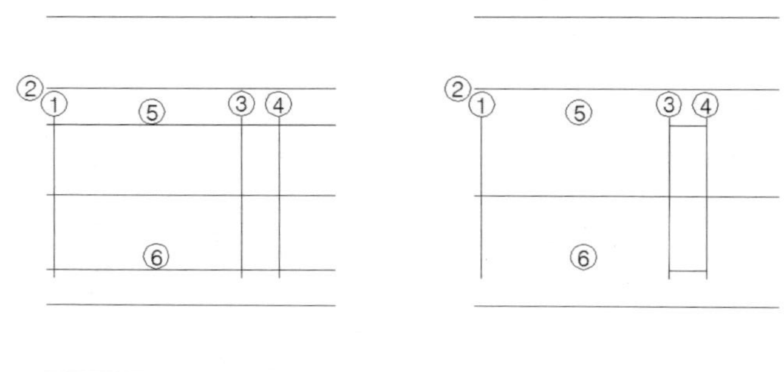

6. 선 ①과 ②는 Chamfer로 정리한다.

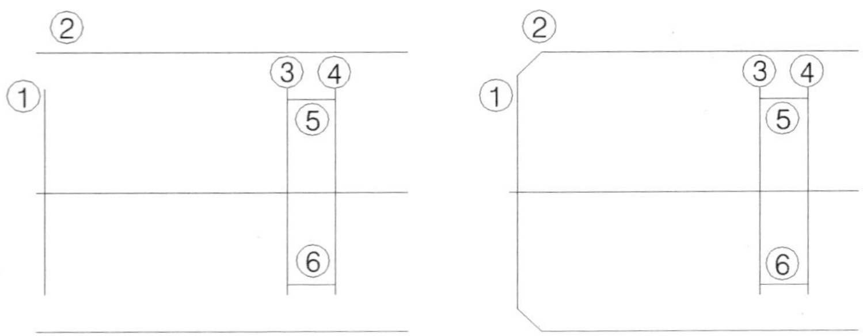

명령: cha ← Chamfer의 단축 명령이다.
CHAMFER
(TRIM 모드) 현재 모따기 거리1 = 10.0000, 거리2 = 10.0000
첫 번째 선 선택 또는 [명령 취소(U)/폴리선(P)/거리(D)/각도(A)/자르기(T)/메서드(E)/다중(M)]: **d** ← 모따기 거리를 조정하기 위한 옵션이다.
첫 번째 모따기 거리 지정 〈10.0000〉: **5**
두 번째 모따기 거리 지정 〈5.0000〉:
첫 번째 선 선택 또는 [명령 취소(U)/폴리선(P)/거리(D)/각도(A)/자르기(T)/메서드(E)/다중(M)]: ← Line ①을 선택한다.
두 번째 선 선택 또는 Shift 키를 누른 채 선택하여 구석 적용: ← Line ②를 선택한다.

✰ 아래 부분도 같은 요령으로 처리한다.

7. Fillet의 반지름을 "0"으로 하여 선 ②와 ③을 정리한다.

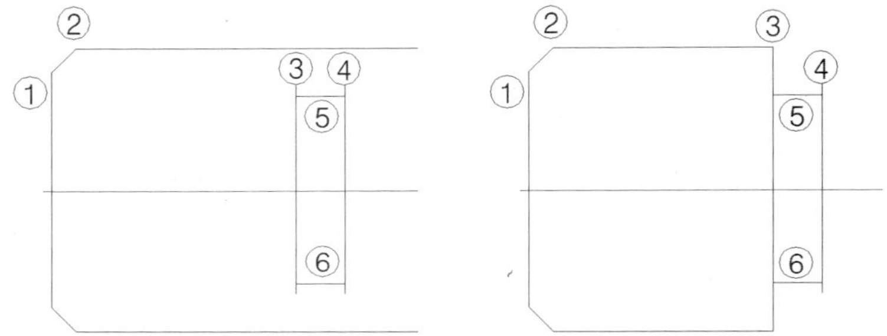

명령: F ← Fillet의 단축 명령이다.
현재 설정 값: 모드 = TRIM, 반지름 = 0.0000 ← 만약 반지름이 0이 아닐 때는 반지름을 0으로 변경하거나 Shift를 누른 상태에서 선택한다.
첫 번째 객체 선택 또는 [명령 취소(U)/폴리선(P)/반지름(R)/자르기(T)/다중(M)]: ← Line ②를 선택한다.
두 번째 객체 선택 또는 Shift 키를 누른 채 선택하여 구석 적용: ← Line ③을 선택한다.

✰ 아래 부분도 같은 요령으로 처리한다.

8. 선 ④와 ⑦, ⑧과 ⑨를 반지름 5로 Fillet처리한다.

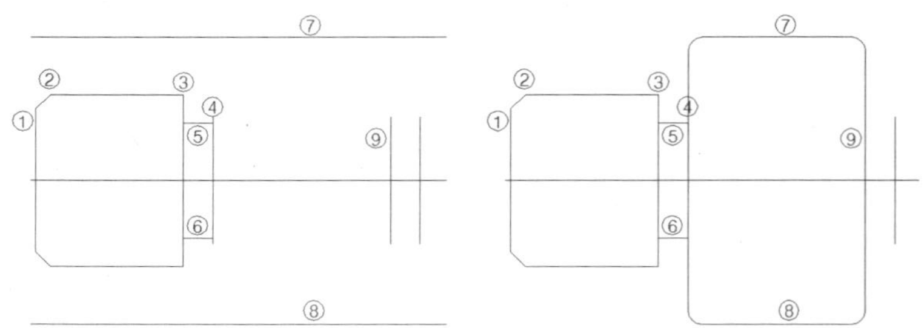

명령: F
현재 설정 값: 모드 = TRIM, 반지름 = 0.0000
첫 번째 객체 선택 또는 [명령 취소(U)/폴리선(P)/반지름(R)/자르기(T)/다중(M)]: **R** ← 반지름 값을 변경하기 위해 옵션 "R"을 입력한다.
모깎기 반지름 지정 ⟨0.0000⟩: **5**
첫 번째 객체 선택 또는 [명령 취소(U)/폴리선(P)/반지름(R)/자르기(T)/다중(M)]: ← ④ 또는 ⑨를 선택한다.
두 번째 객체 선택 또는 Shift 키를 누른 채 선택하여 구석 적용: ← ⑦ 또는 ⑧을 선택한다.

9. 지름 70(35), 90(45), 50(25)을 Offset으로 처리한다.

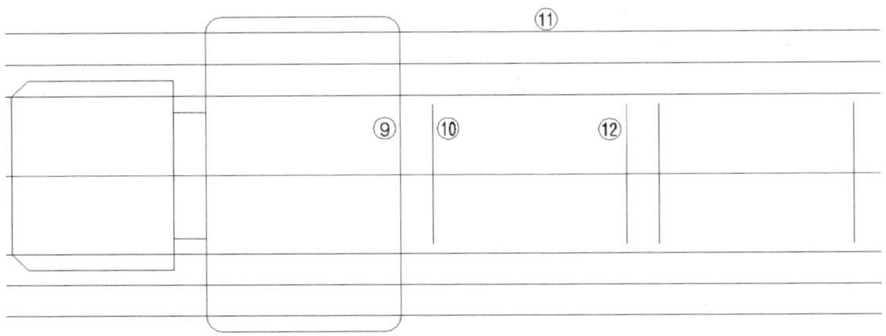

10. Chamfer 명령으로 ⑩과 ⑪, ⑬을 거리값 5로 처리한다.

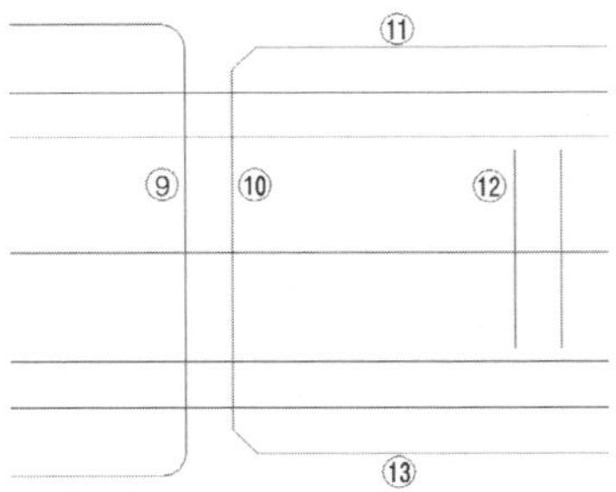

명령: cha
CHAMFER
(TRIM 모드) 현재 모따기 거리1 = 5.0000, 거리2 = 5.0000 ← 거리값이 5가 아니면 변경한다.
첫 번째 선 선택 또는 [명령 취소(U)/폴리선(P)/거리(D)/각도(A)/자르기(T)/메서드(E)/다중(M)]: ← ⑩을 선택한다.
두 번째 선 선택 또는 Shift 키를 누른 채 선택하여 구석 적용: ← ⑪ 또는 ⑬을 선택한다.

11. Chamfer 명령으로 ⑫와 ⑪, ⑬을 거리값을 "10"으로 처리한다.

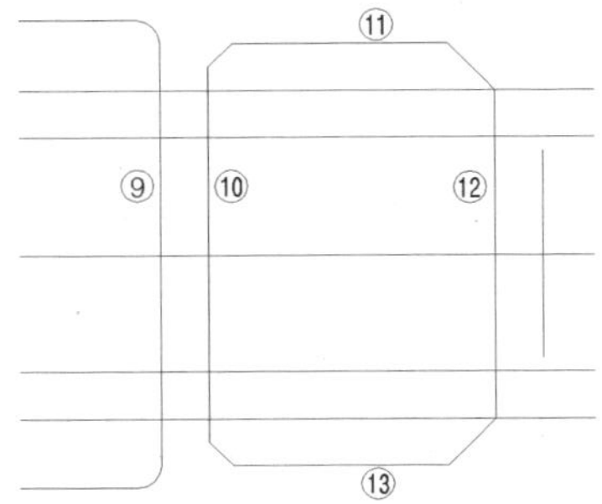

명령: CHA
(TRIM 모드) 현재 모따기 거리1 = 10.0000, 거리2 = 10.0000
첫 번째 선 선택 또는 [명령 취소(U)/폴리선(P)/거리(D)/각도(A)/자르기(T)/메서드(E)/다중(M)]: ← ⑫를 선택한다.
두 번째 선 선택 또는 Shift 키를 누른 채 선택하여 구석 적용: ← ⑪ 또는 ⑬을 선택한다.

12. Chamfer 명령으로 선 ⑯과 ⑮, ⑰을 거리값 5로 처리한다.

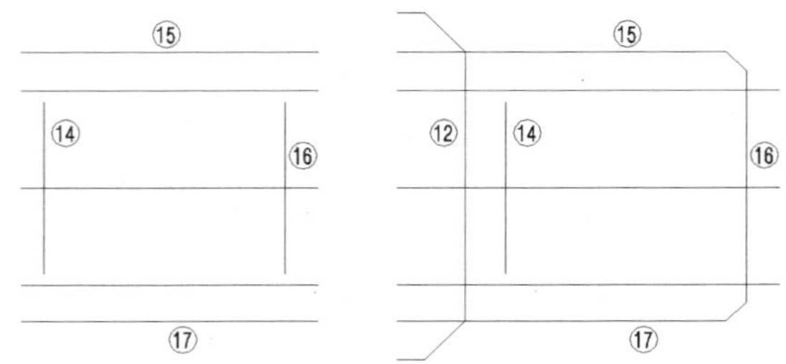

13. Fillet의 반지름을 “0”으로 하여 ⑭와 ⑮, ⑰로 선을 정리한다.

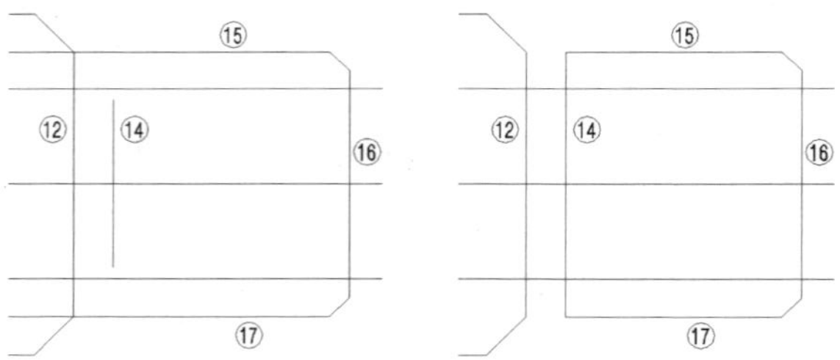

14. 선 ⑨, ⑩, ⑫, ⑬을 경계로 지름 70짜리 선을 절단하여 정리한다.

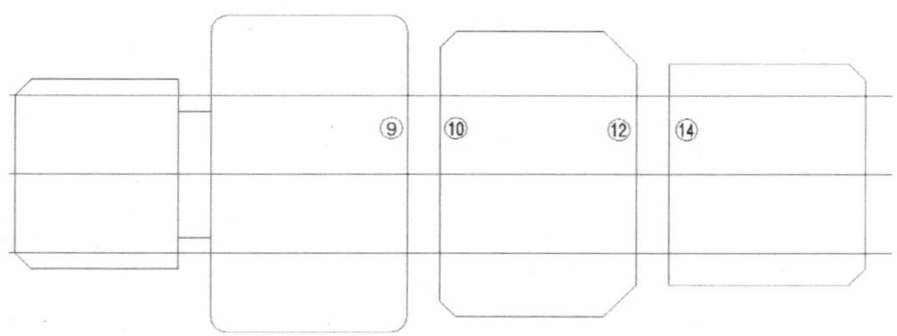

▲ 정리 전

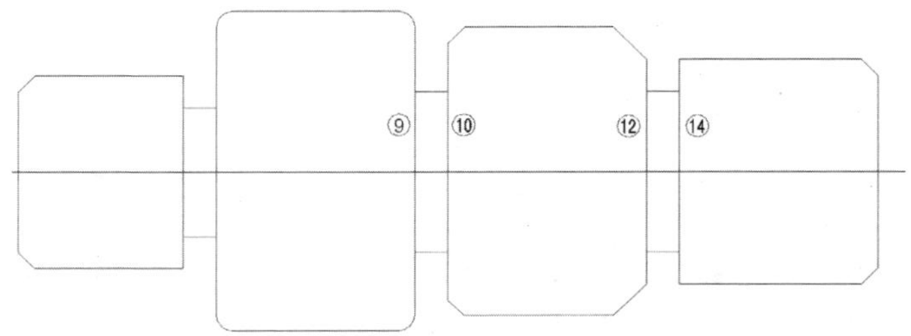

▲ 정리 후

15. 빠진 선들을 보충하고 중심선으로 교체한다.

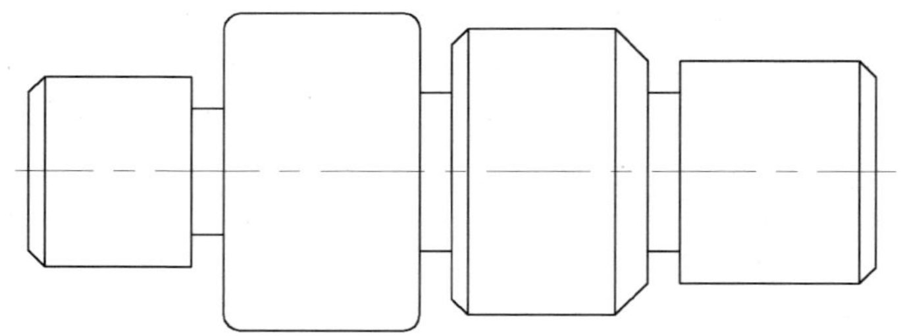

▲ 완성도

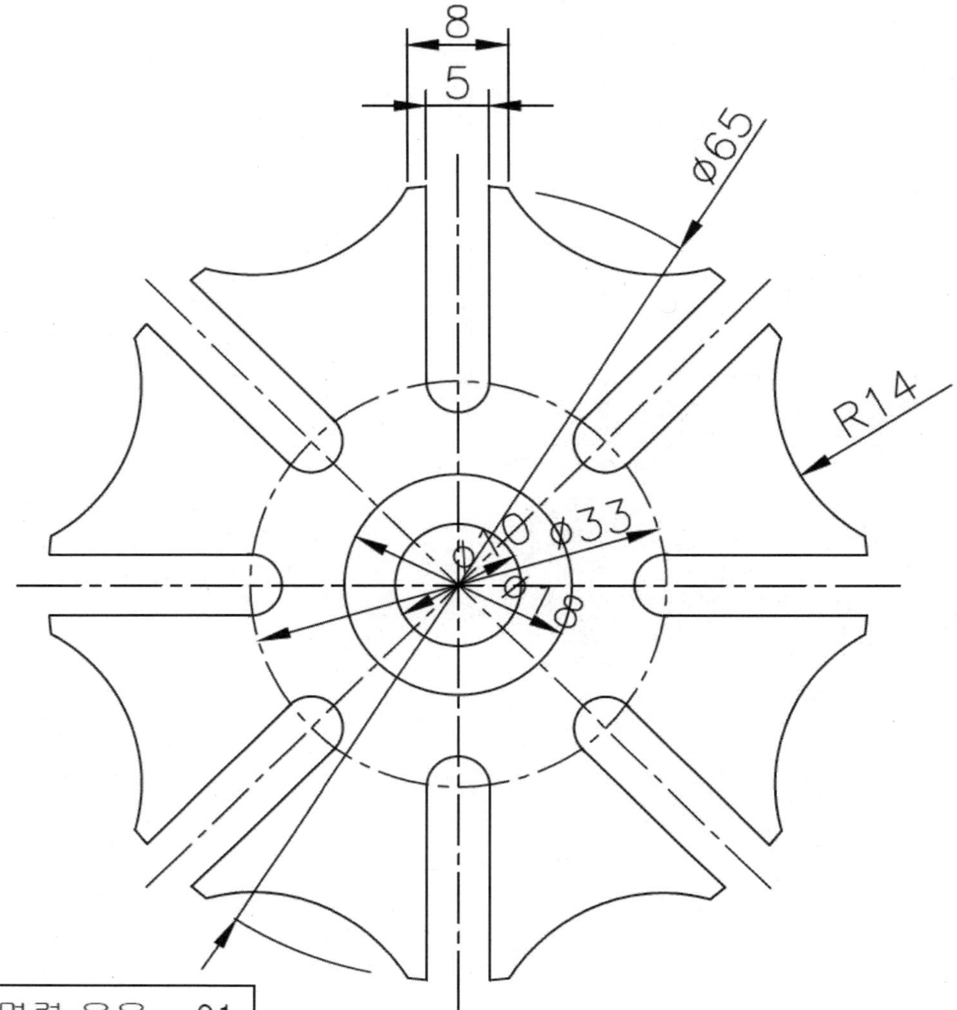

2D-24	편집 명령 응용 - 01

해설 2D-24 편집 명령 응용 - 01

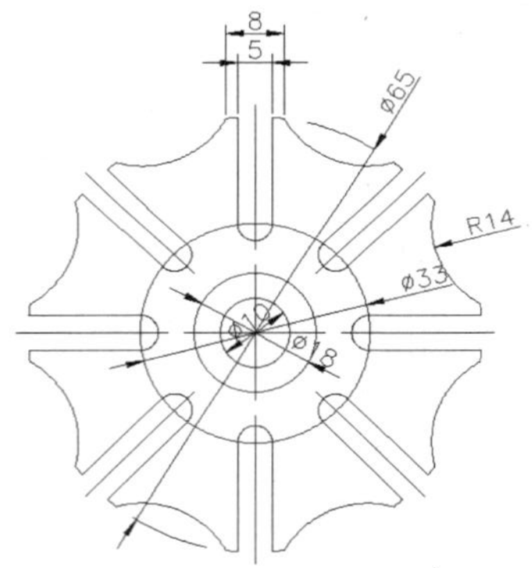

Circle, Arc, Line, Offset, Trim, Array를 사용하여 그린다.

1. 중심선으로 쓰일 길이 70짜리 선을 그려 교차시킨다.

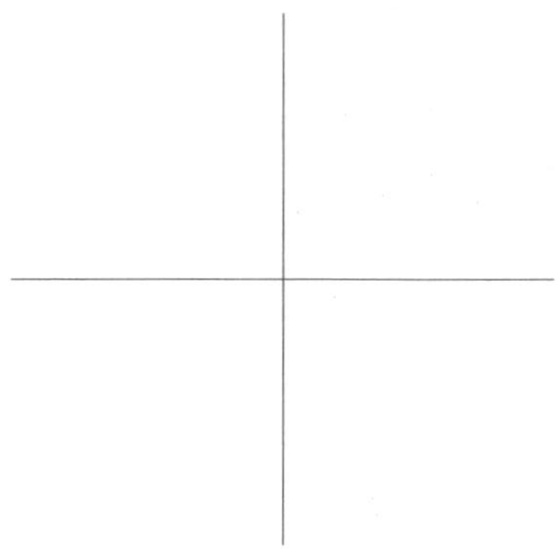

2. 교차점을 기준으로 지름 10, 18, 33, 65인 원을 그린다.

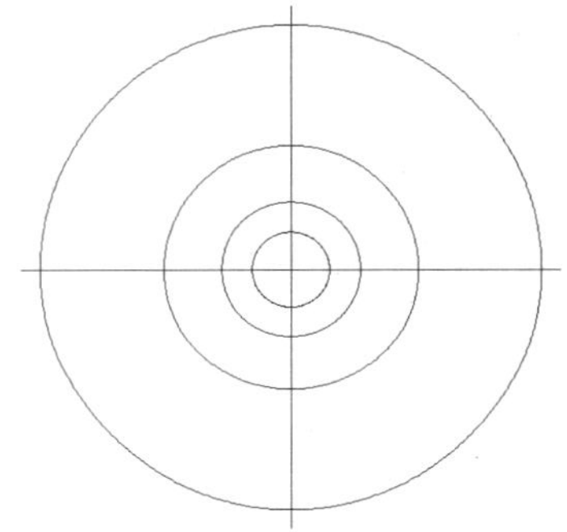

3. 수평선 "A"를 45° 회전(Rotate)하면서 복사한다.

명령: Ro ← Rotate의 단축 명령이다.
현재 UCS에서 양의 각도: 측정 방향=시계 반대방향 기준 방향=0
객체 선택: ← 수평선 A를 선택한다.
객체 선택:
기준점 지정: ← 원의 중심점이나 수평선의 중간점을 지정한다.
회전 각도 지정 또는 [복사(C)/참조(R)] 〈0〉: **C** ← 복사 옵션 "C"를 입력한다.
선택한 객체의 사본을 회전합니다.
회전 각도 지정 또는 [복사(C)/참조(R)] 〈0〉: **45**

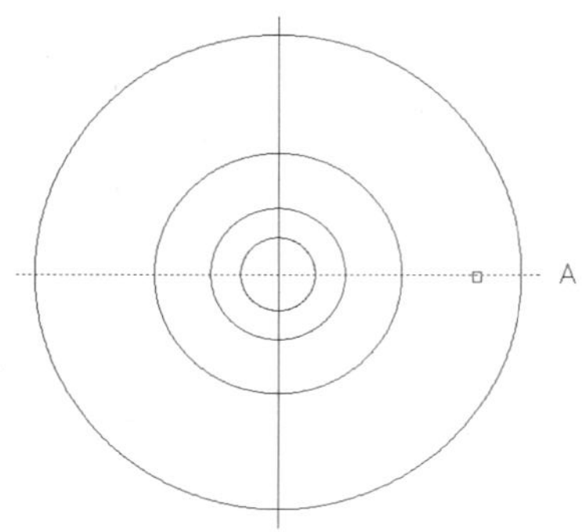

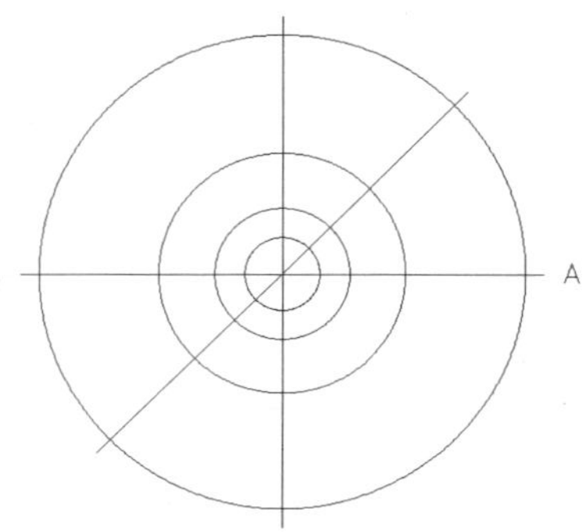

4. Line을 2.5 및 4의 간격으로 Offset시킨다.

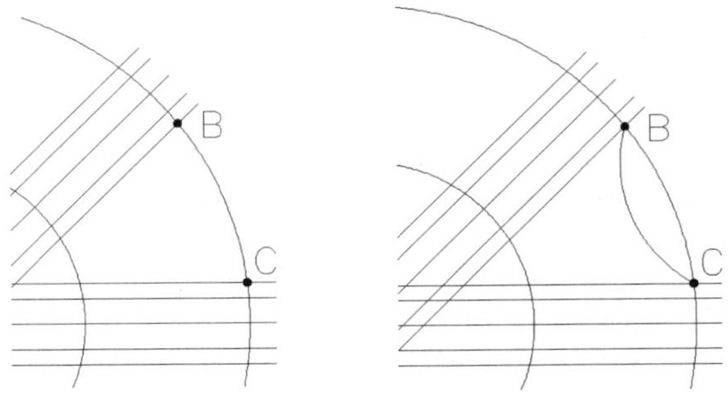

5. 호(Arc) 그리기 방법 "시작점, 끝점, 반지름"으로 그린다.

명령: _arc
호의 시작점 또는 [중심(C)] 지정: ← 시작점 B를 잡는다.
호의 두 번째 점 또는 [중심(C)/끝(E)] 지정: **_e**
호의 끝점 지정: ← 끝점 C를 잡는다.
호의 중심점 지정 또는 [각도(A)/방향(D)/반지름(R)]: _r 호의 반지름 지정: **14** ← 반지름을 입력한다.

6. 두 개의 선 사이에 원을 그린 후 Trim으로 절단하여 정리한다.

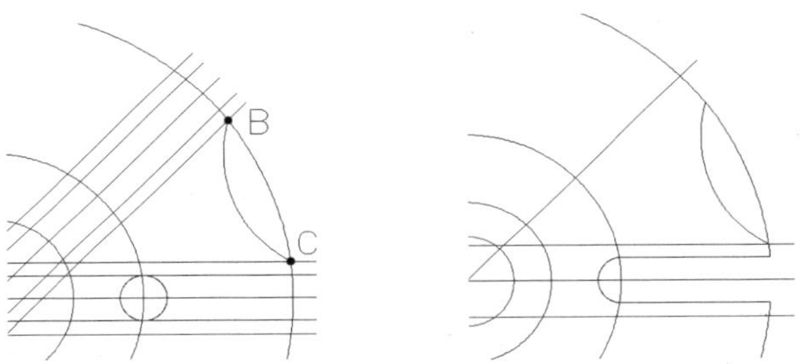

7. 다음 선들을 원형 배열한다.

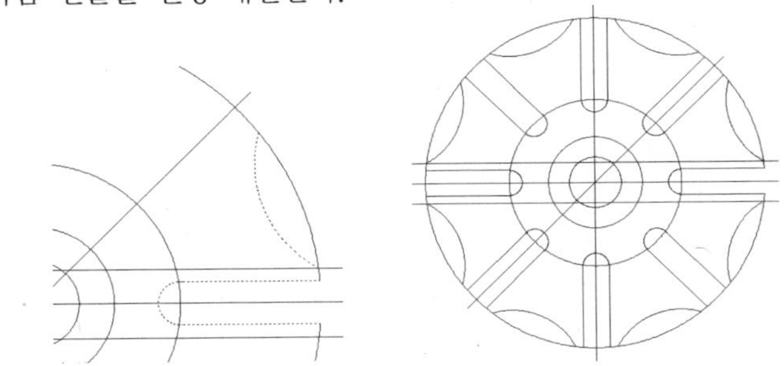

명령: Ar
객체 선택: ← 호를 선택한다.
객체 선택: 배열 유형 입력 [직사각형(R)/경로(PA)/원형(PO)] 〈원형〉:
유형 = 원형 연관 = 예
배열의 중심점 지정 또는 [기준점(B)/회전축(A)]: ← 원의 중심점이나 수평선의 중간점을 지정한다.

항목 수 입력 [사이의 각도(A)/표현식(E)] 〈4〉: **8**
채울 각도 지정(+=ccw, −=cw) 또는 [표현식(EX)] 〈360〉: Enter↵
Enter 키를 눌러 수락하거나 [연관(AS)/기준점(B)/항목(I)/사이의 각도(A)/채울 각도(F)/행(ROW)/레벨(L)/항목 회전(ROT)/종료(X)]〈종료〉: Enter↵

8. Trim으로 선을 정리한다.
9. 선을 보충하고 선 형태를 맞춰 변경하여 마무리한다.

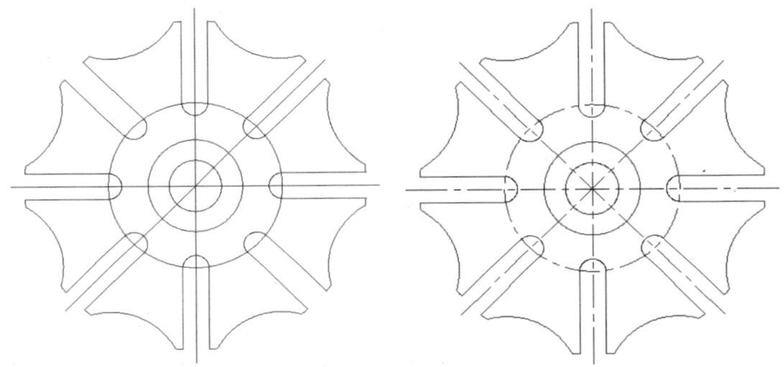

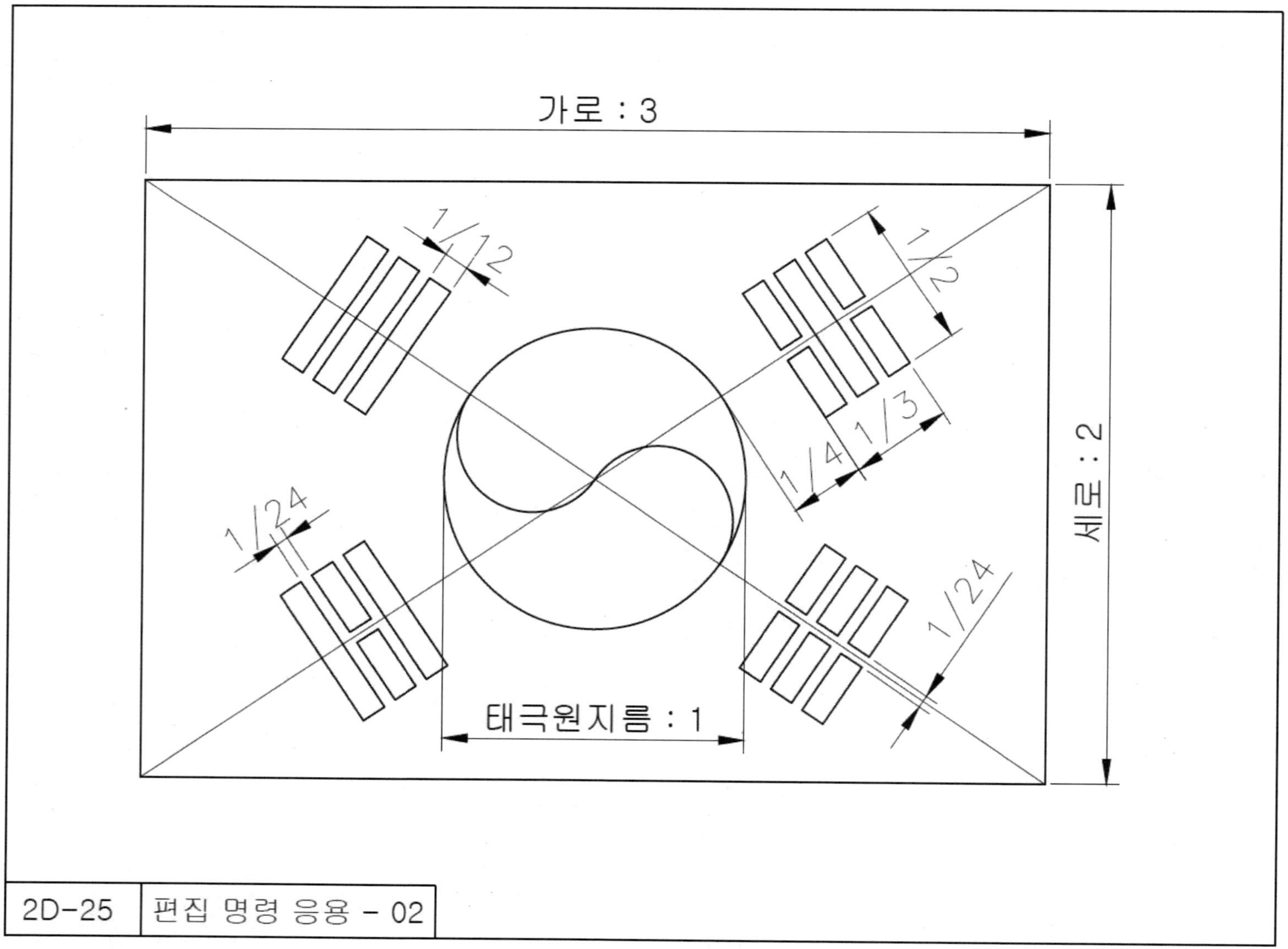
가로 : 3
세로 : 2
1/12
1/2
1/3
1/4
1/24
1/24
태극원지름 : 1
2D-25
편집 명령 응용 - 02

해설 2D-25 편집 명령 응용 - 02

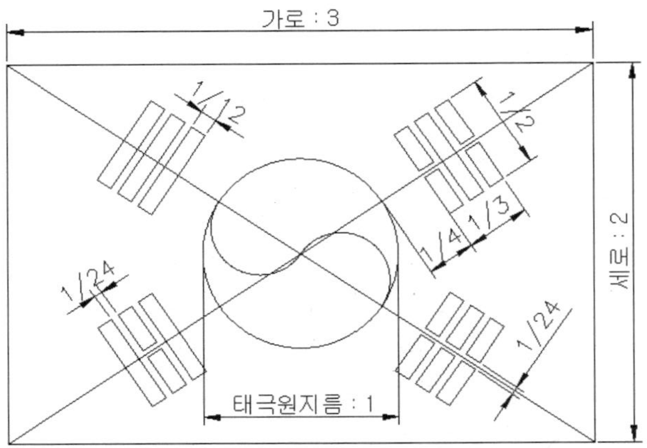

태극원 지름을 100으로 하여 나머지를 계산하여 그려 보자.

1. 가로 300, 세로 200짜리 사각형을 그리고 대각선을 그린다.

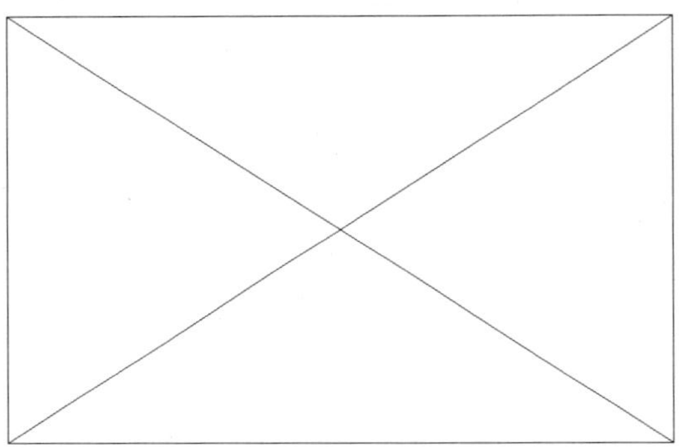

2. 교차점에 지름 100인 원을 그린다.

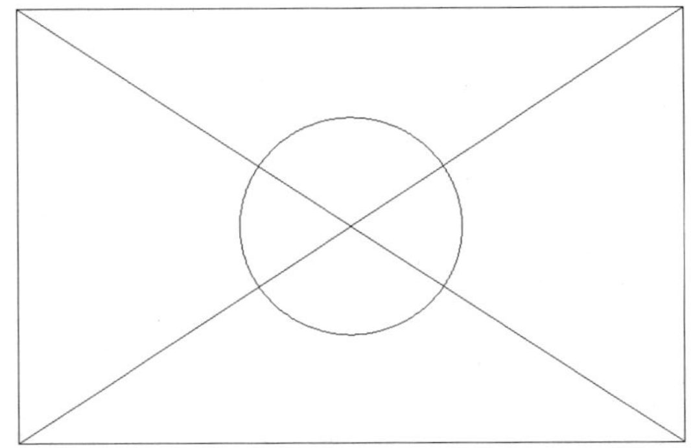

3. 진행 방향(A에서 B, B에서 C로)에 주의하여 Arc를 그린다.
"시작점, 끝점, 각도"로 그릴 수 있다.

명령: _arc 호의 시작점 또는 [중심(C)] 지정: ← A 또는 C점을 지정한다.
호의 두 번째 점 또는 [중심(C)/끝(E)] 지정: **_e**
호의 끝점 지정: ← B점을 지정한다.
호의 중심점 지정 또는 [각도(A)/방향(D)/반지름(R)]: _a 사이 각 지정: **180**

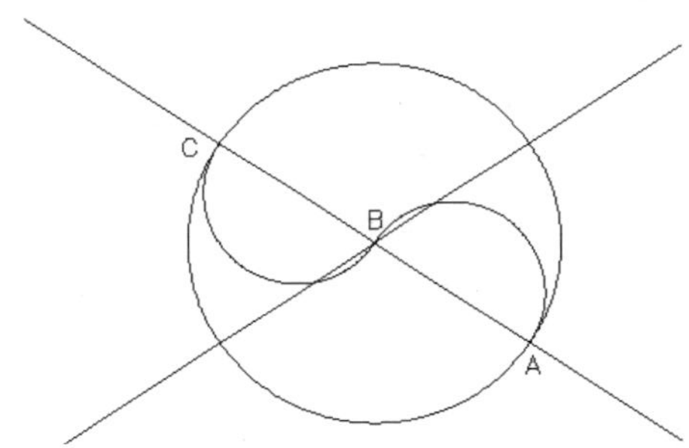

4. 4괘를 그리기 위해 임의의 점에서 Line에 수직선을 긋는다.

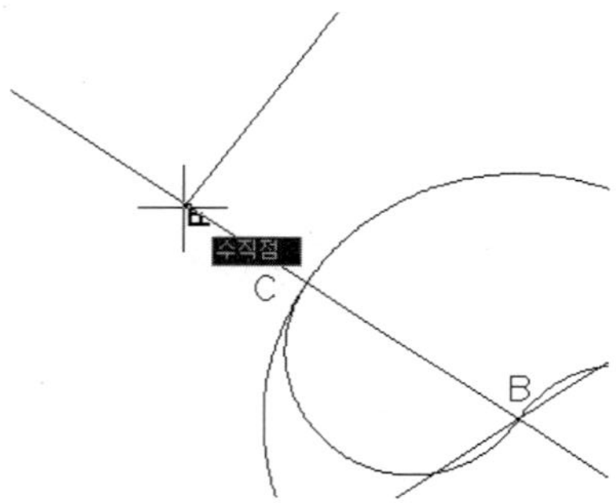

5. 선의 중간점을 교차점 "C"로 Move 명령으로 이동시킨다.

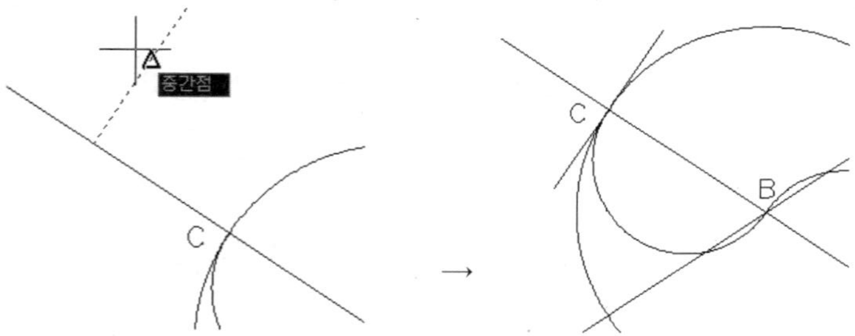

6. 그 선을 100의 1/4=25만큼 Offset한다.

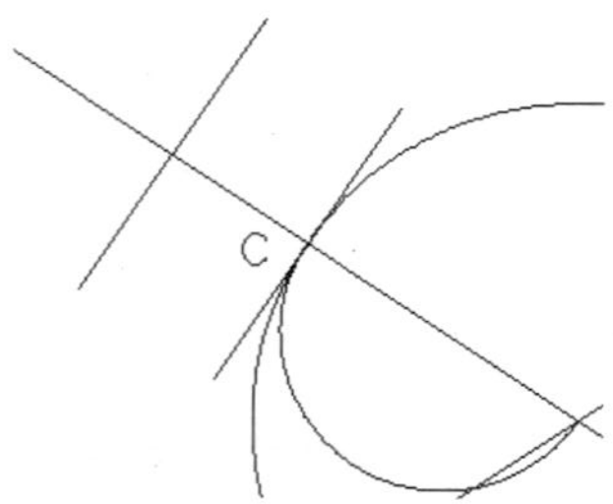

7. 다시 100의 1/12=8.33, 1/24=4.17 만큼 반복하여 Offset한다.

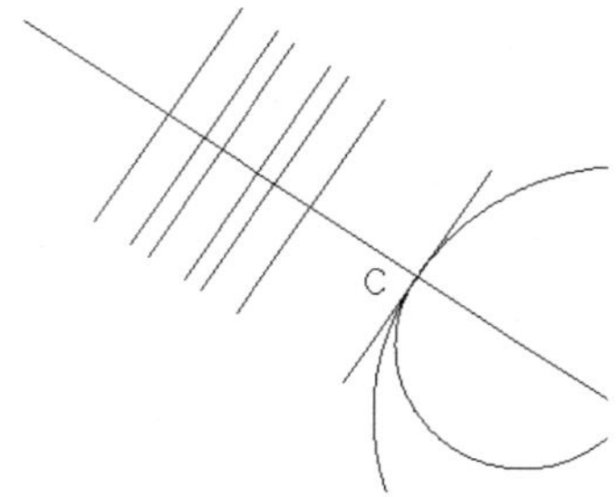

8. Line으로 궤를 완성시키고 필요 없는 선은 지운다.

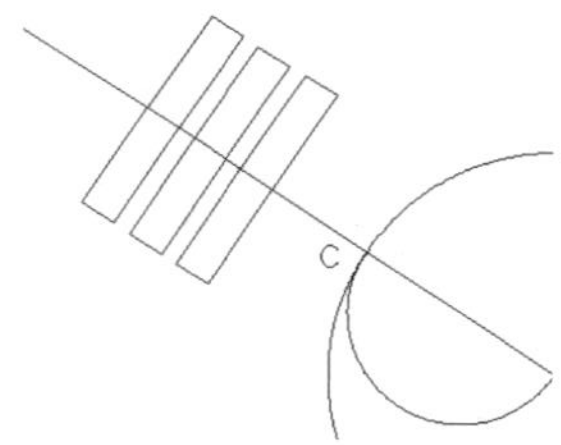

9. 완성된 궤를 상, 하, 좌, 우 Mirror 명령으로 대칭복사한다.
   - 좌, 우 Mirror

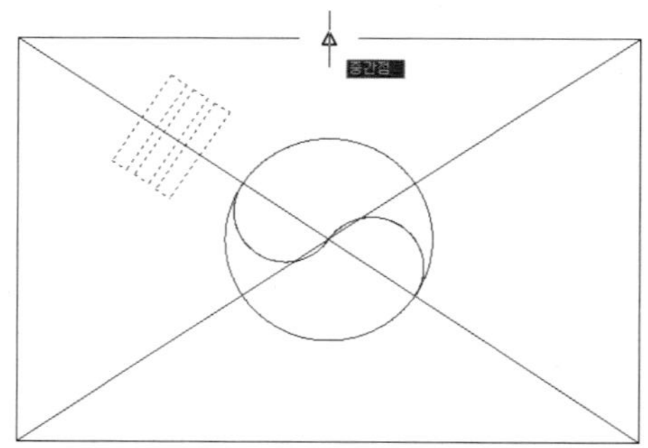

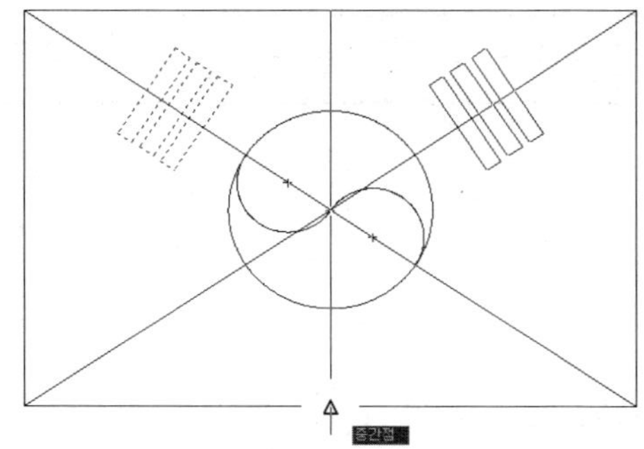

- 상, 하 Mirror

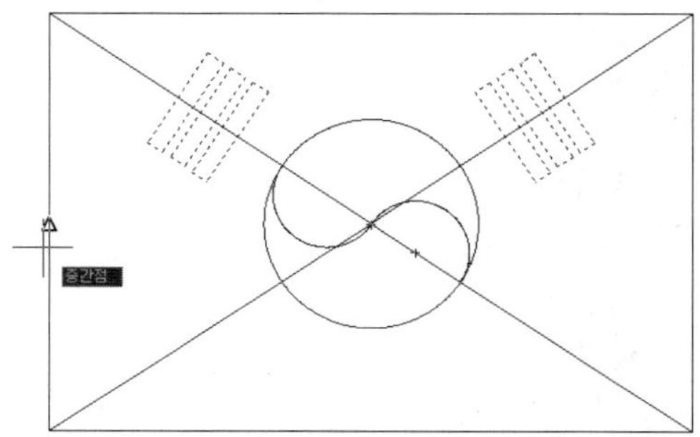

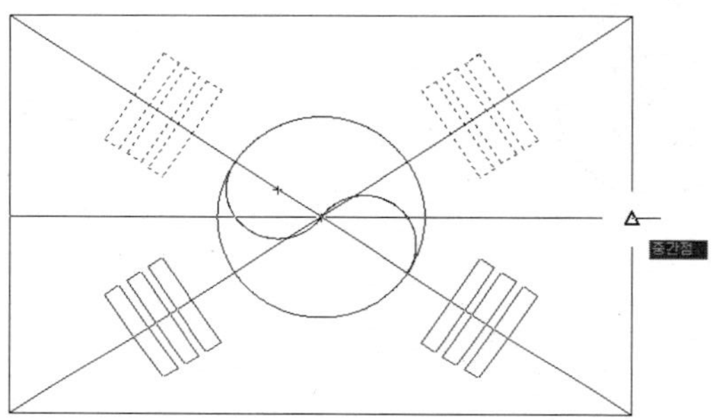

10. 대각선을 100의 1/24=4.17을 4.17/2=2.085만큼 Offset한다.

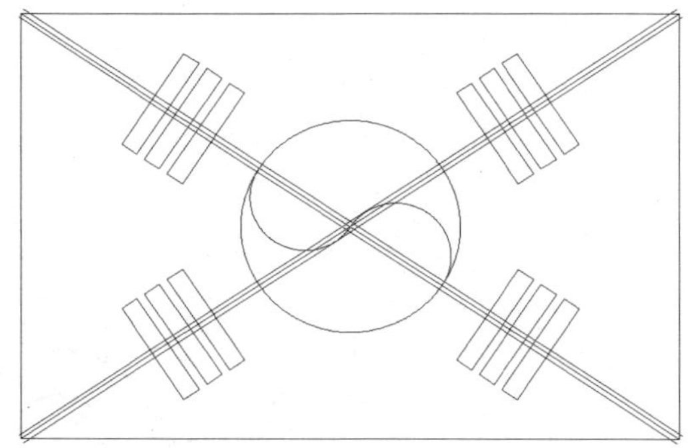

11. Trim으로 선을 절단하여 완성한다.

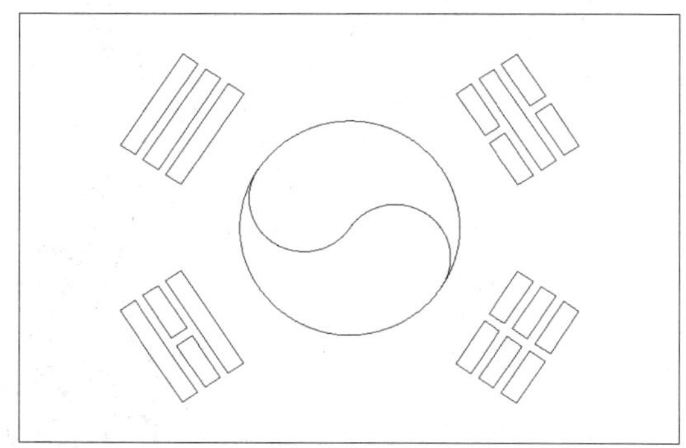

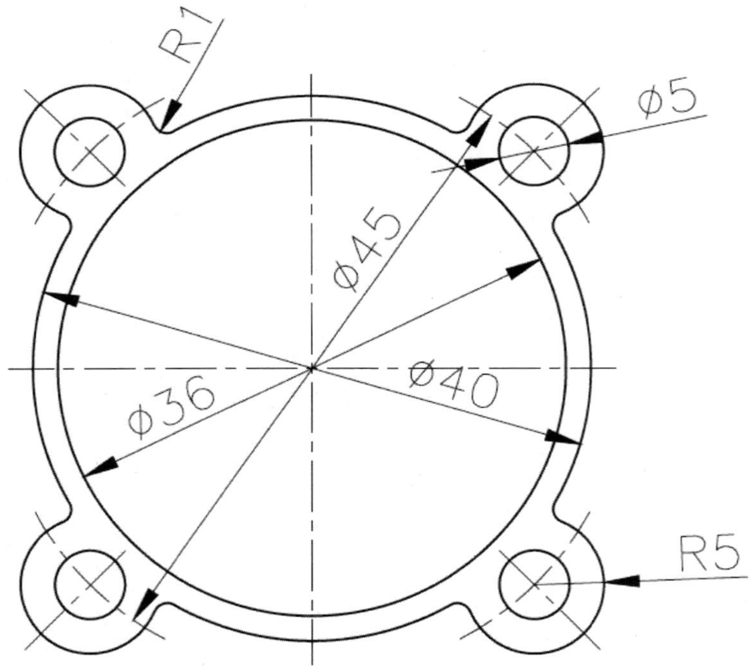

2D-26	편집 응용 명령 - 03

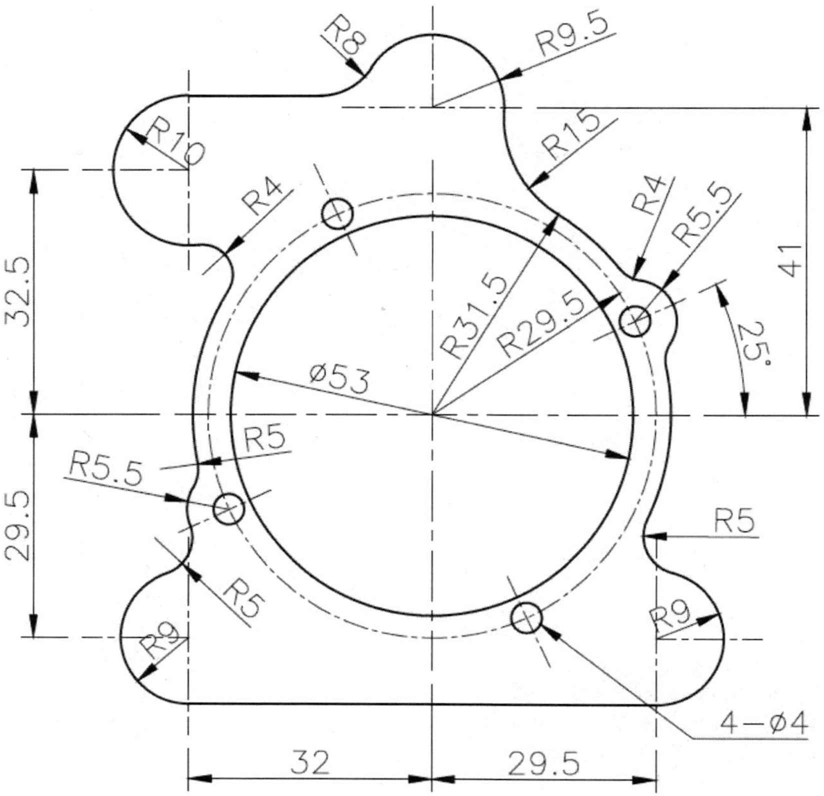

2D-27	편집 명령 응용 - 04

해설 2D-27 편집 응용 명령 - 04

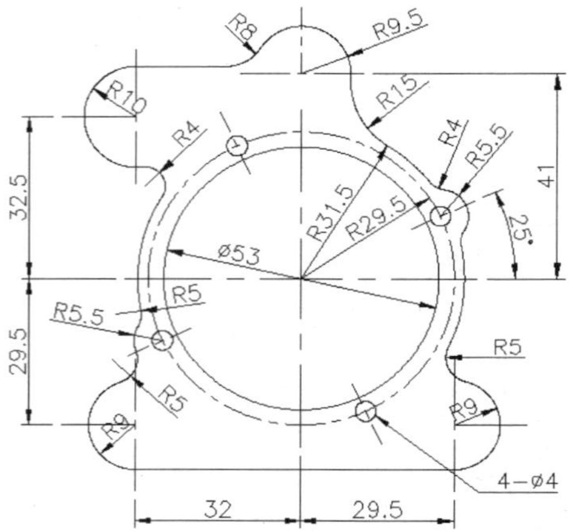

Line, Circle, Fillet, Offset, Array 명령 등을 사용하여 그린다.

1. 기준이 될 길이 100 정도의 선을 교차시켜 그린다.
2. 그 선의 교차점을 중심점으로 Circle을 반지름 26.5, 29.5, 31.5로 하여 그린다.

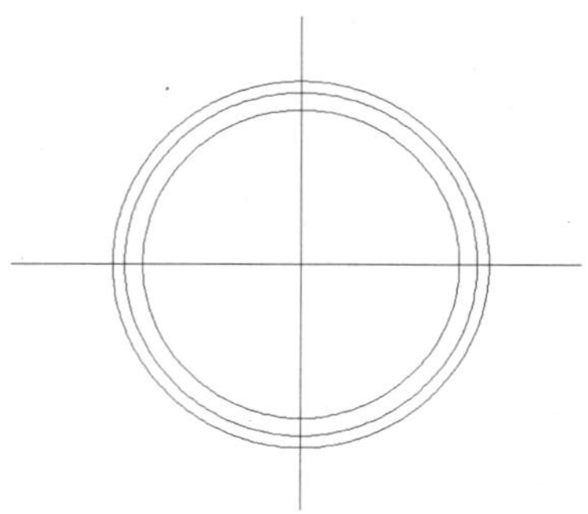

3. 선 "A"를 회전 명령으로 복사 옵션으로 25° 회전시킨다.

명령: Ro
현재 UCS에서 양의 각도: 측정 방향=시계 반대방향 기준 방향=0
객체 선택: ← 수평선을 선택한다.
객체 선택:
기준점 지정: ← 원의 중심점이나 수평선의 중간점을 지정한다.
회전 각도 지정 또는 [복사(C)/참조(R)] ⟨45⟩: **C**
선택한 객체의 사본을 회전합니다.
회전 각도 지정 또는 [복사(C)/참조(R)] ⟨45⟩: **25**

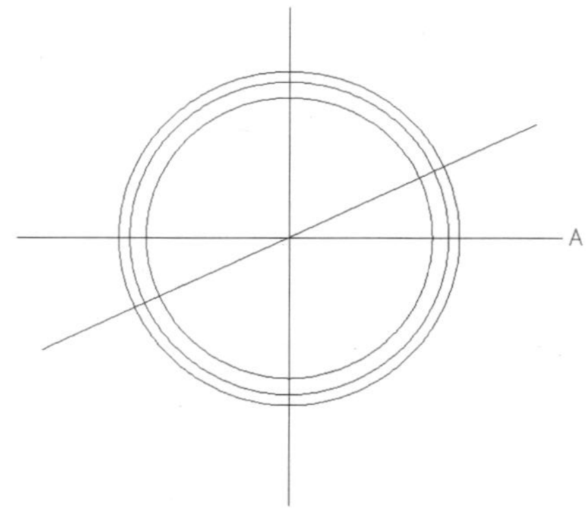

4. 배열된 선과 반지름 29.5인 원이 만나는 교차점에 반지름 2, 5.5인 원을 그린다.

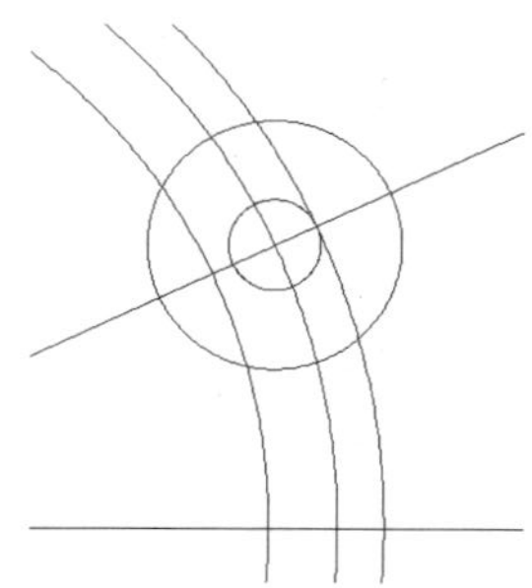

5. 방금 그린 2개의 원을 다시 360° 범위에서 4개 원형 배열한다.

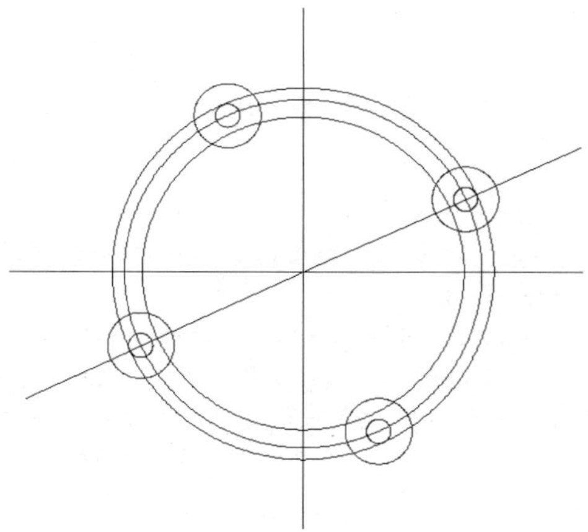

6. 선 A를 위쪽으로 32.5, 41만큼 아래쪽으로 29.5만큼 Offset한다.(그림 1)
7. 선 B를 좌측으로 32, 우측으로 29.5만큼 Offset한다.(그림 2)

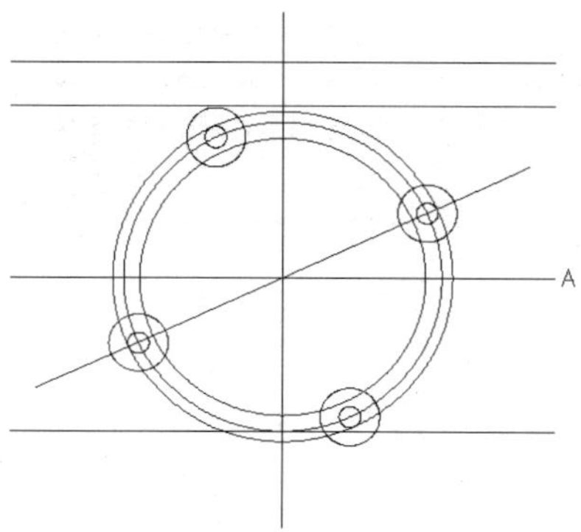

▲ 그림 1

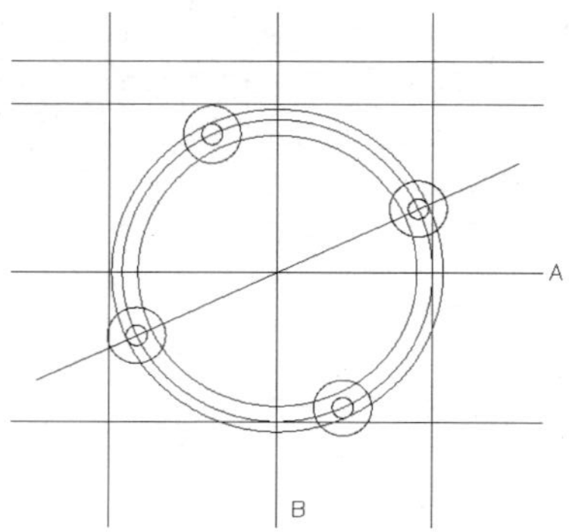

▲ 그림 2

8. 해당 교점에 반지름 9, 9.5, 10인 원을 그린다.

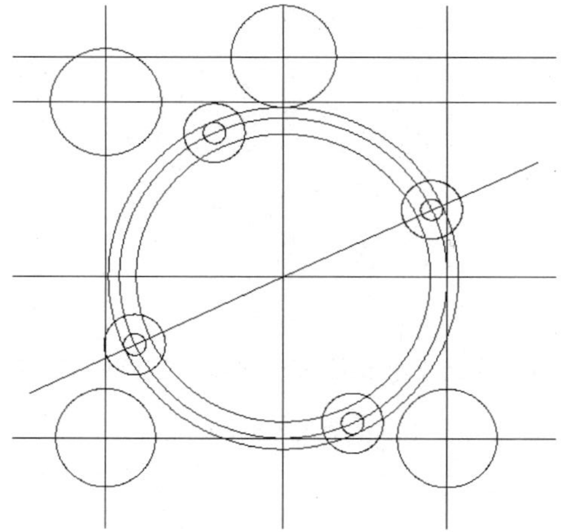

9. 맨 위쪽 반지름 10인 원과 만나는 곳과 맨 아래에 수평선을 긋는다.

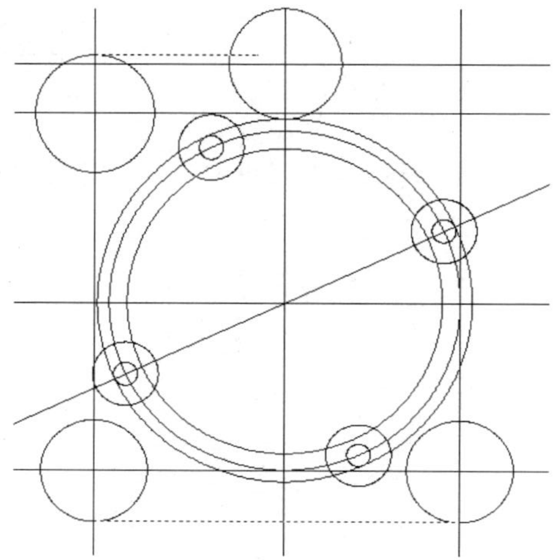

10. Fillet 명령으로 호를 생성한다.

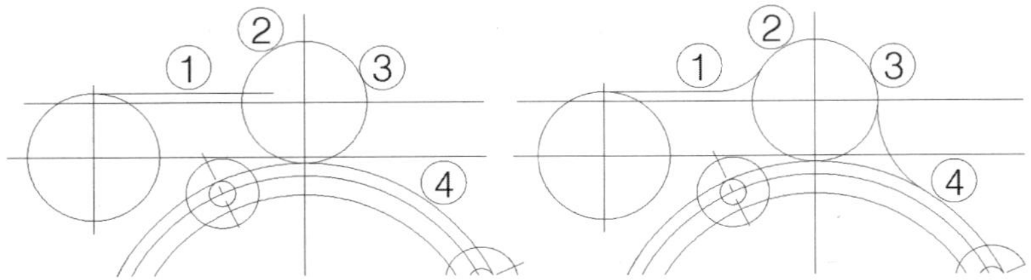

명령: F
현재 설정 값: 모드 = TRIM, 반지름 = 5.0000
첫 번째 객체 선택 또는 [명령 취소(U)/폴리선(P)/반지름(R)/자르기(T)/다중(M)]: **R**
모깎기 반지름 지정 〈5.0000〉: **8** ← 반지름을 변경한다.
첫 번째 객체 선택 또는 [명령 취소(U)/폴리선(P)/반지름(R)/자르기(T)/다중(M)]: ← 대상을 선택한다. ①
두 번째 객체 선택 또는 Shift키를 누른 채 선택하여 구석 적용: ← 대상을 선택한다. ②

명령: F
현재 설정 값: 모드 = TRIM, 반지름 = 8.0000
첫 번째 객체 선택 또는 [명령 취소(U)/폴리선(P)/반지름(R)/자르기(T)/다중(M)]: **R**
모깎기 반지름 지정 〈8.0000〉: **15** ← 반지름을 변경한다.
첫 번째 객체 선택 또는 [명령 취소(U)/폴리선(P)/반지름(R)/자르기(T)/다중(M)]: ← 대상을 선택한다. ③
두 번째 객체 선택 또는 Shift키를 누른 채 선택하여 구석 적용: ← 대상을 선택한다. ④

11. 위와 같은 요령으로 나머지 Fillet을 실행한다.

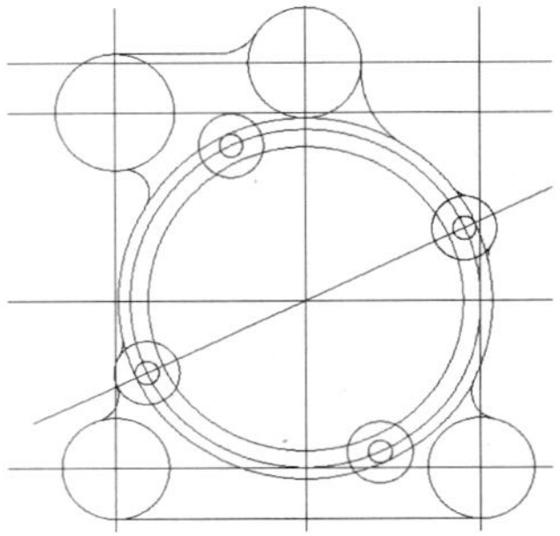

12. 생성된 호를 경계로 하여 Trim으로 정리한다.

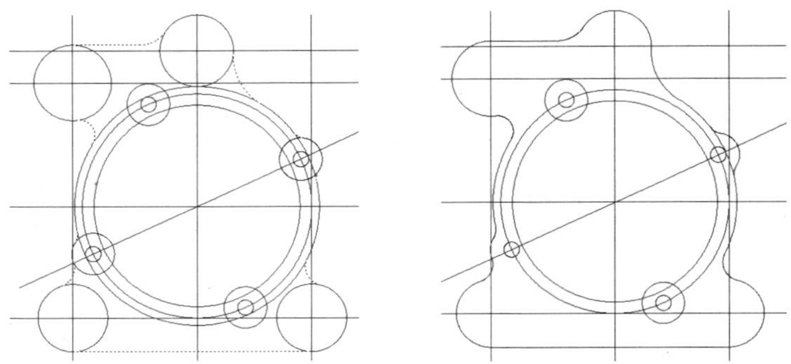

13. 필요 없는 요소를 지우고 중심선을 정리하여 완성시킨다.

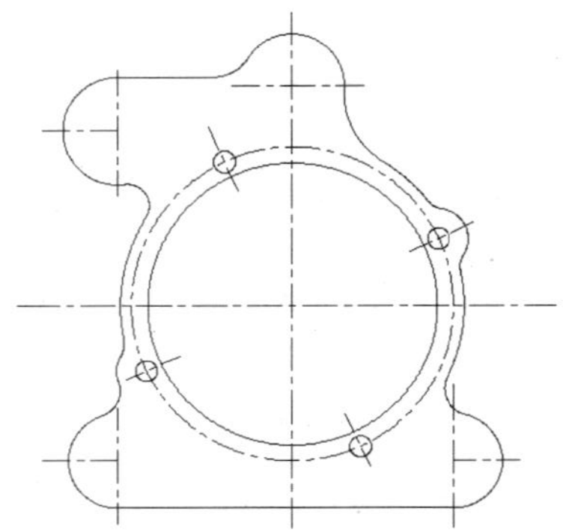

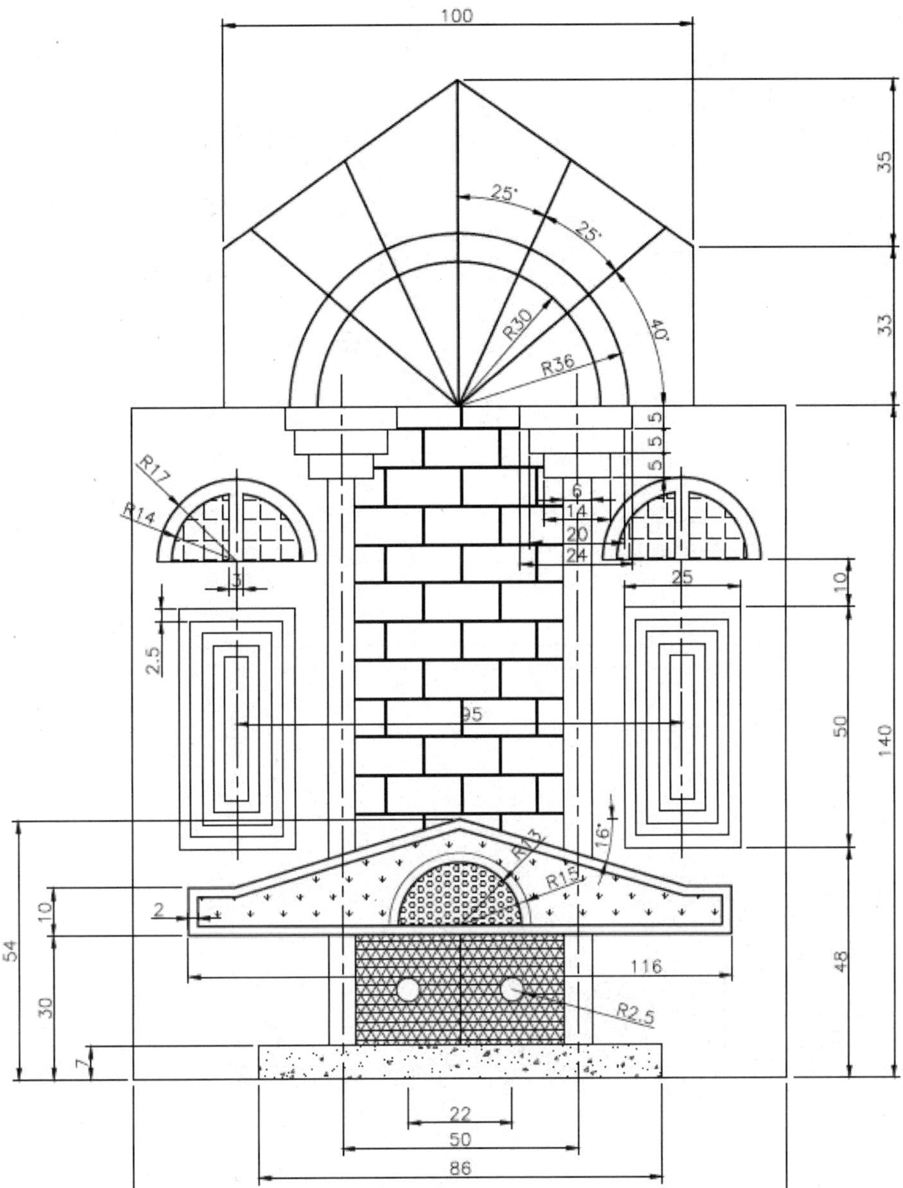

2D-28 Hatch Pattern 적용 연습

해설 2D-28 Hatch Pattern 적용 연습

▲ Pattern Name – Scale

도형을 그리는 설명은 생략하고 예시된 패턴을 적용하면 된다.

1. 도형을 그린다.
2. 해치 명령 "H"를 실행한다.
   – 해치는 원칙적으로 폐쇄된 영역 내에만 적용 가능하며 2006 버전부터는 허용차를 정하여 주면 그 범위 내에서 폐쇄된 영역으로 인식하여 해치를 적용할 수 있다.

명령: H

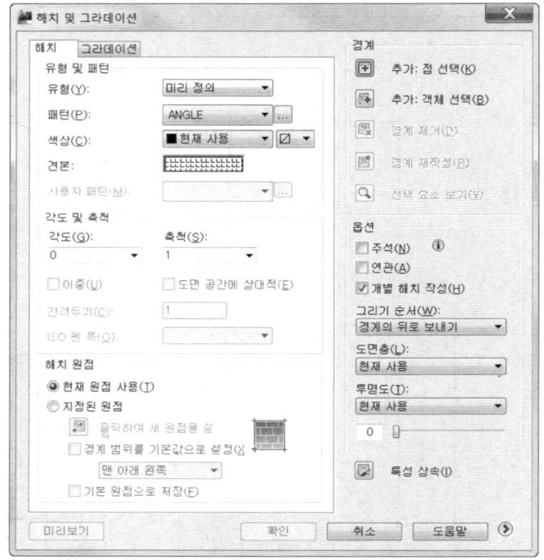

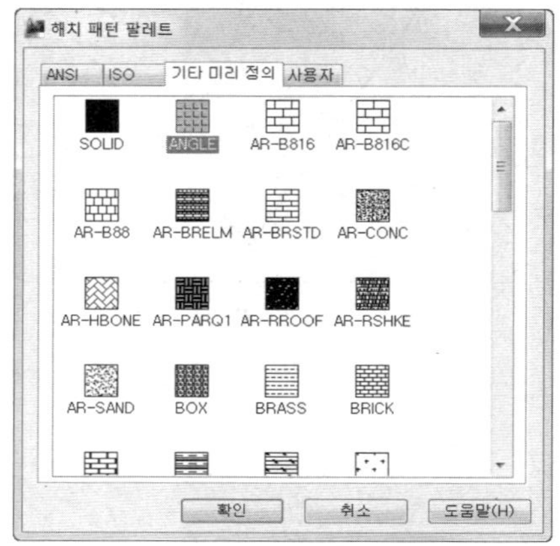

▲ 제시된 패턴을 찾는다.

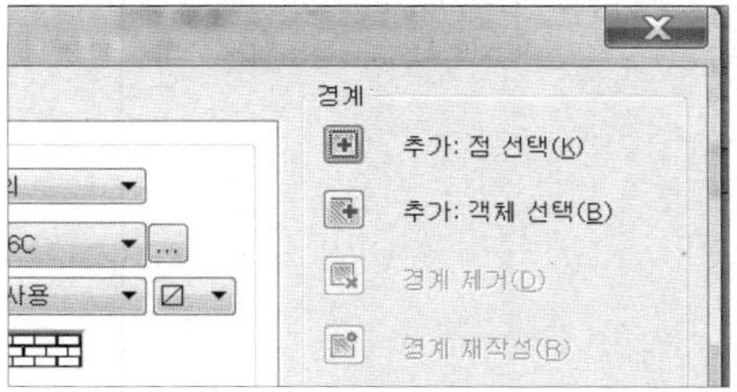

▲ 추가를 선택하여 영역을 지정한다.

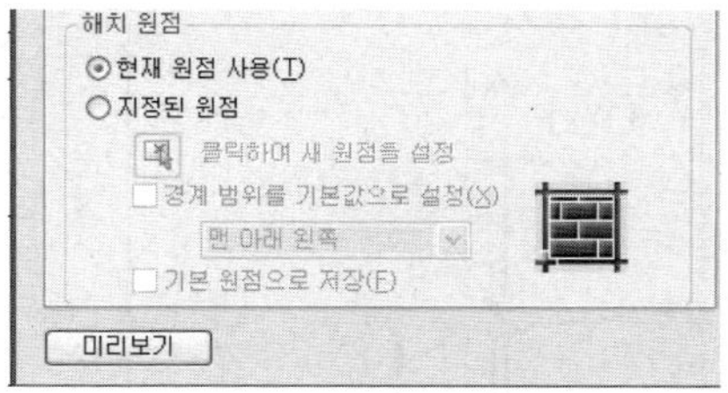

▲ 미리보기로 확인한다.

– 미리보기를 해서 패턴의 상태를 관찰하고 선택하거나 Esc 키를 눌러 대화상자로 복귀 또는 마우스 오른쪽을 클릭하여 해치 승인한다.

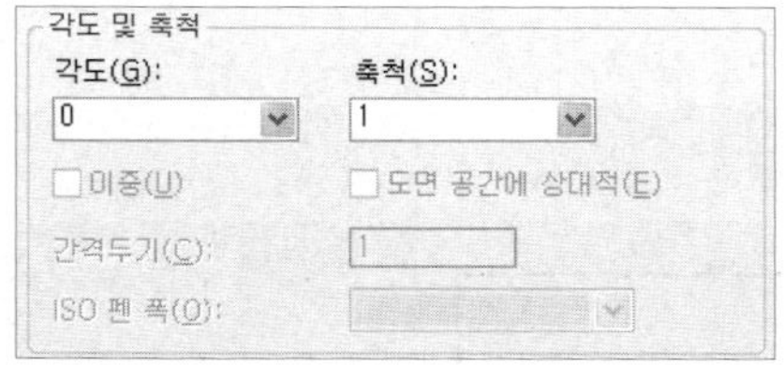

▲ 패턴의 크기, 각도를 조정하여 완성한다.

▲ 결과

위와 같은 요령으로 해치를 적용하여 완성시킨다.

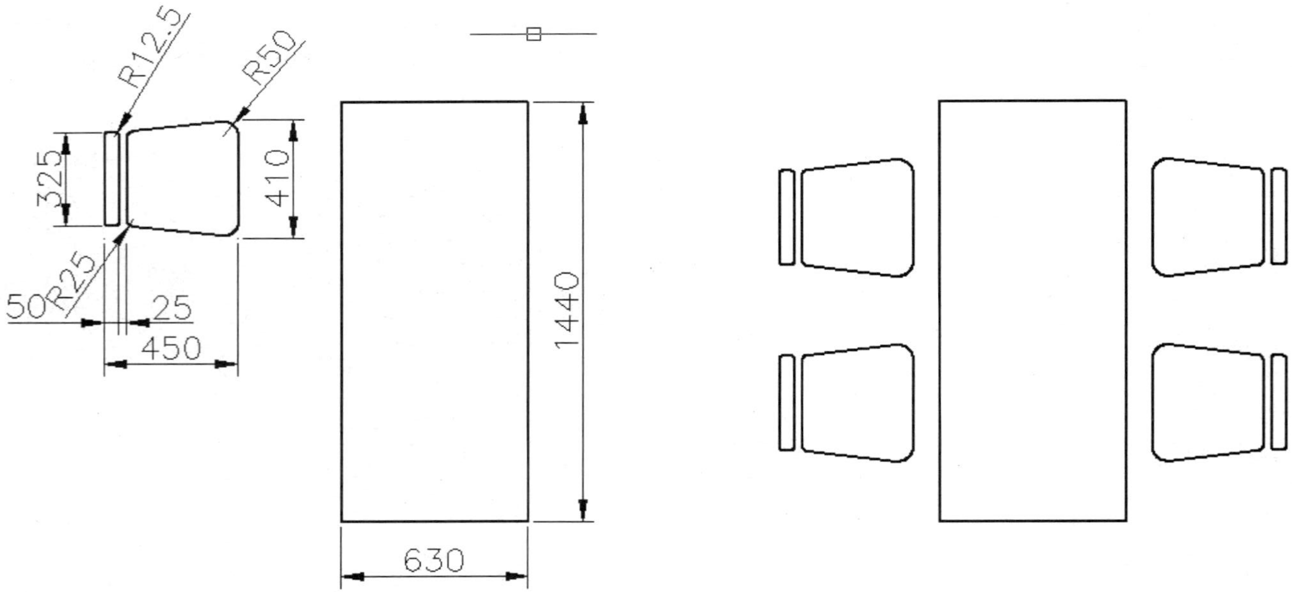

29. 건축-01 | 책상, 의자 평면도

해설 건축-01 책상, 의자 평면도

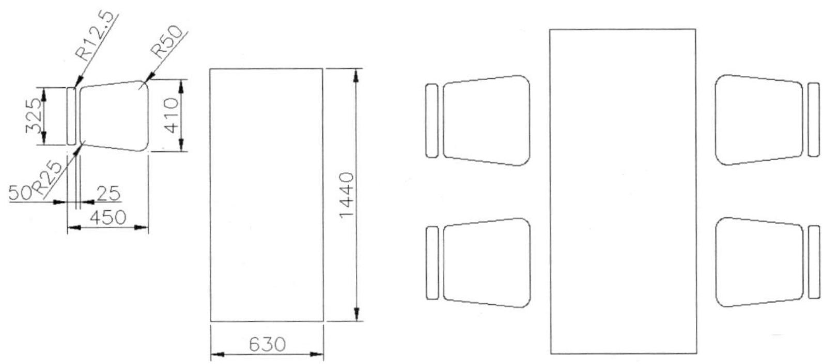

건축 도면에서 자주 사용되는 규격품(책상, 의자, 문, 창문, 변기 등)을 미리 작업하여 저장(Wblock)하였다가 필요할 때 간단히 불러와서(Insert) 사용한다. 이후 실습하게 되는 건축 관련 Symbol들을 꾸준히 미리 작업하여 실무에서 Block으로 만들어 사용한다.

1. Limits를 도형이 들어갈 수 있는 범위로 충분히 넓게 설정한다.
2. 책상을 Rectang으로 가로 630, 세로 1440으로 그린다.
3. Line으로 가로 450, 세로 410짜리 사각형을 그린다.

4. Offset으로 길이가 410인 선을 왼쪽에서 오른쪽으로 50, 25 만큼 간격을 띄운다.(그림 1)

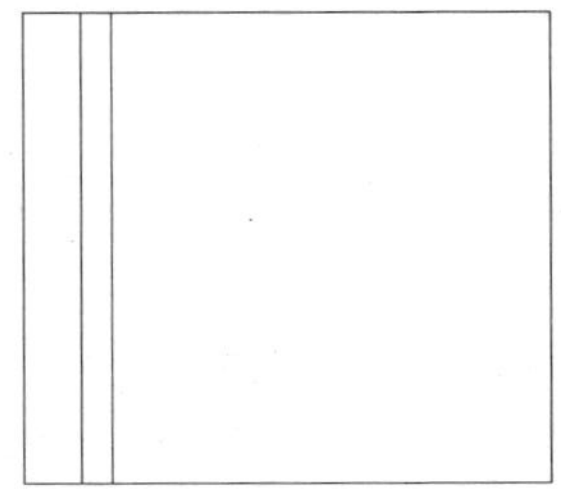

▲ 그림 1

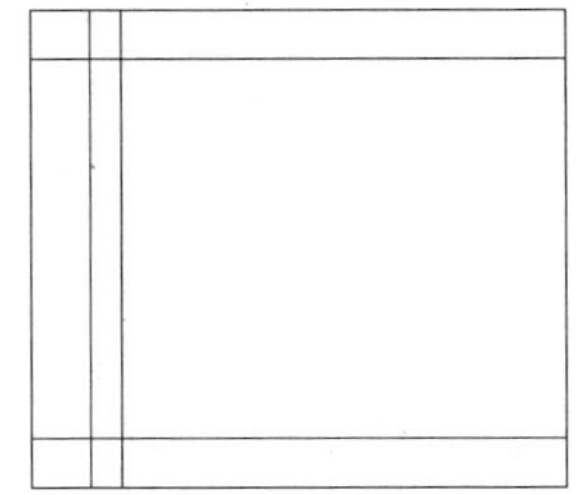

▲ 그림 2

5. 다시 Offset으로 길이 450인 선을(410−325)/2=42.5만큼 간격 띄우기를 한다.(그림 2)
6. 그림 3과 같이 Line을 그리고 Trim으로 정리한다.(그림 4)

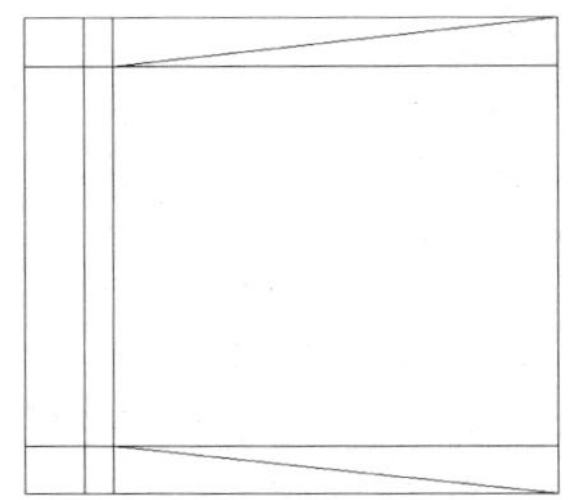

▲ 그림 3

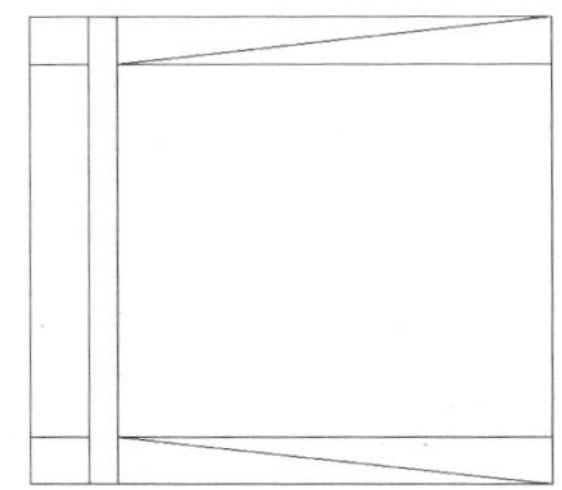

▲ 그림 4

7. 도면대로 반지름 12.5, 25, 50으로 Fillet 처리를 한다.(그림 5)

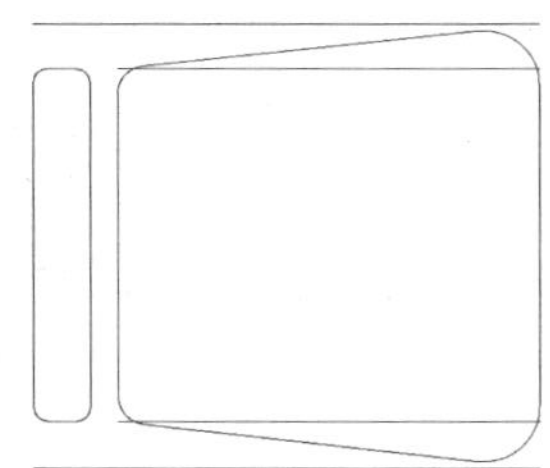

8. 필요 없는 요소는 지우고 책상의 적당한 위치에 의자를 배치한다.

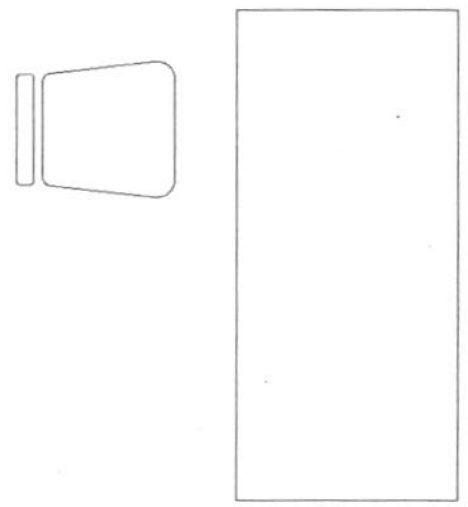

9. 나머지 의자들은 Mirror 명령으로 대칭복사한다.

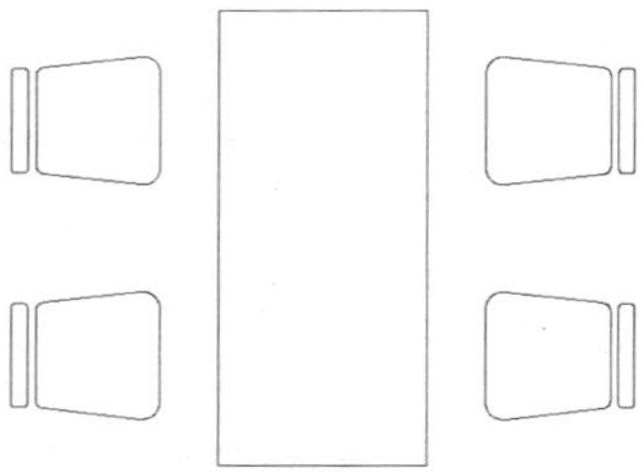

10. Wblock으로 저장하여 다른 작업에서도 다시 만들지 않고 불러다 사용할 수 있게 한다.

명령: w ← Wblock의 단축 명령이다.

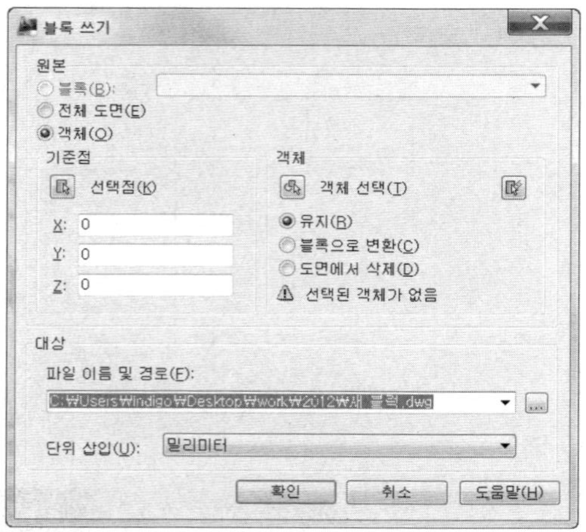

① 객체 : Wblock으로 만들 대상을 선택한다.

② 기준점 : 사용 목적에 따라 물체의 한 점을 지정한다.

③ 파일 이름 및 경로 : 저장될 위치와 이름을 입력한다. 이름은 일관성과 관련성을 가진 이름으로 한다.

11. 저장된 Block은 Insert 명령으로 불러온다.

명령: I ← Insert의 단축 명령이다.

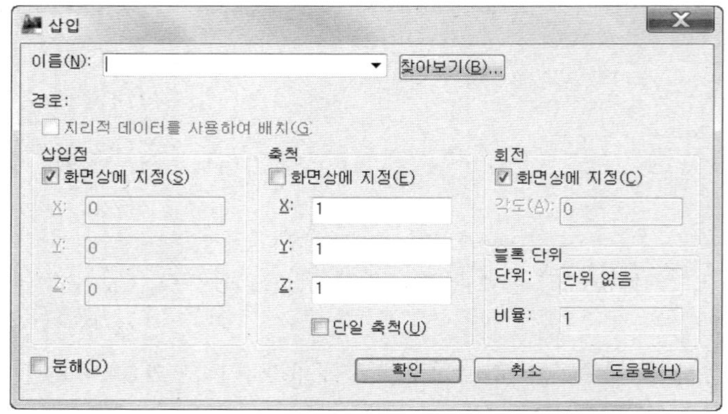

– 맨 처음에 Insert할 때는 "찾아보기"를 통해 저장된 Block을 찾아오고 그 다음부터는 "이름"의 List에서 검색하여 불러온다.

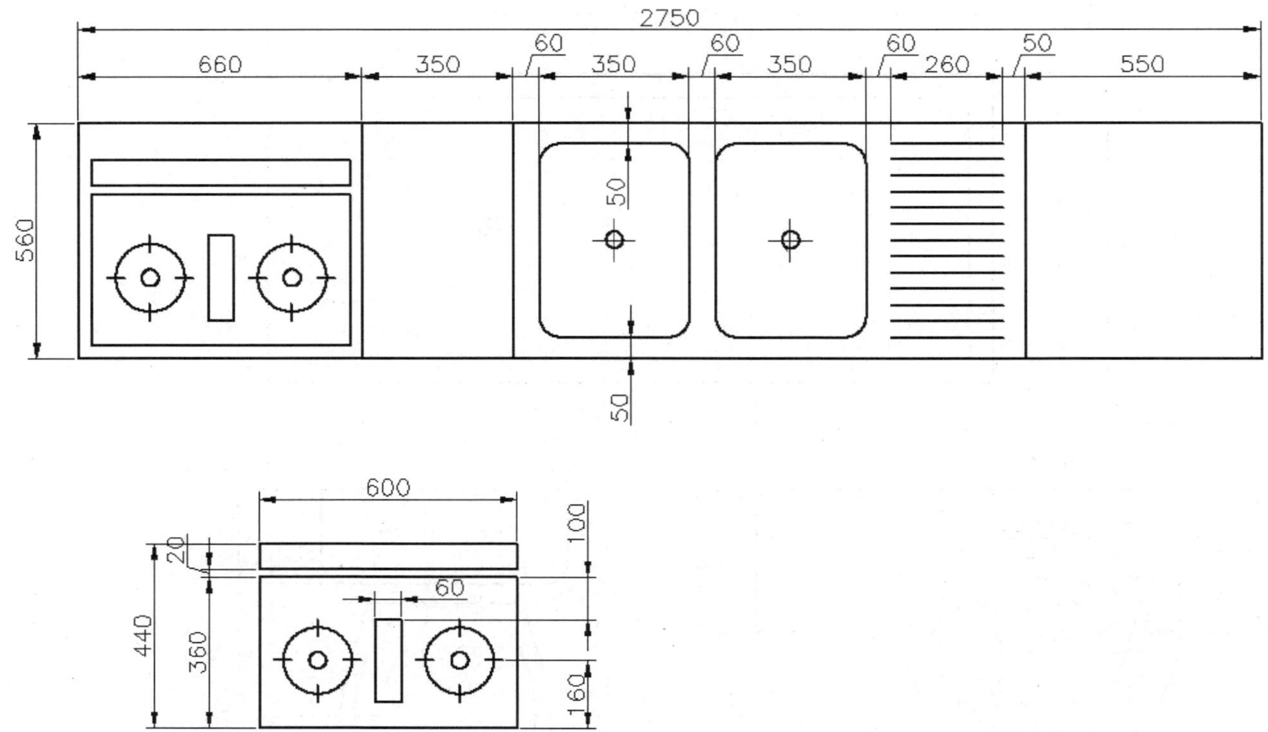

30. 건축-02	씽크대 평면도

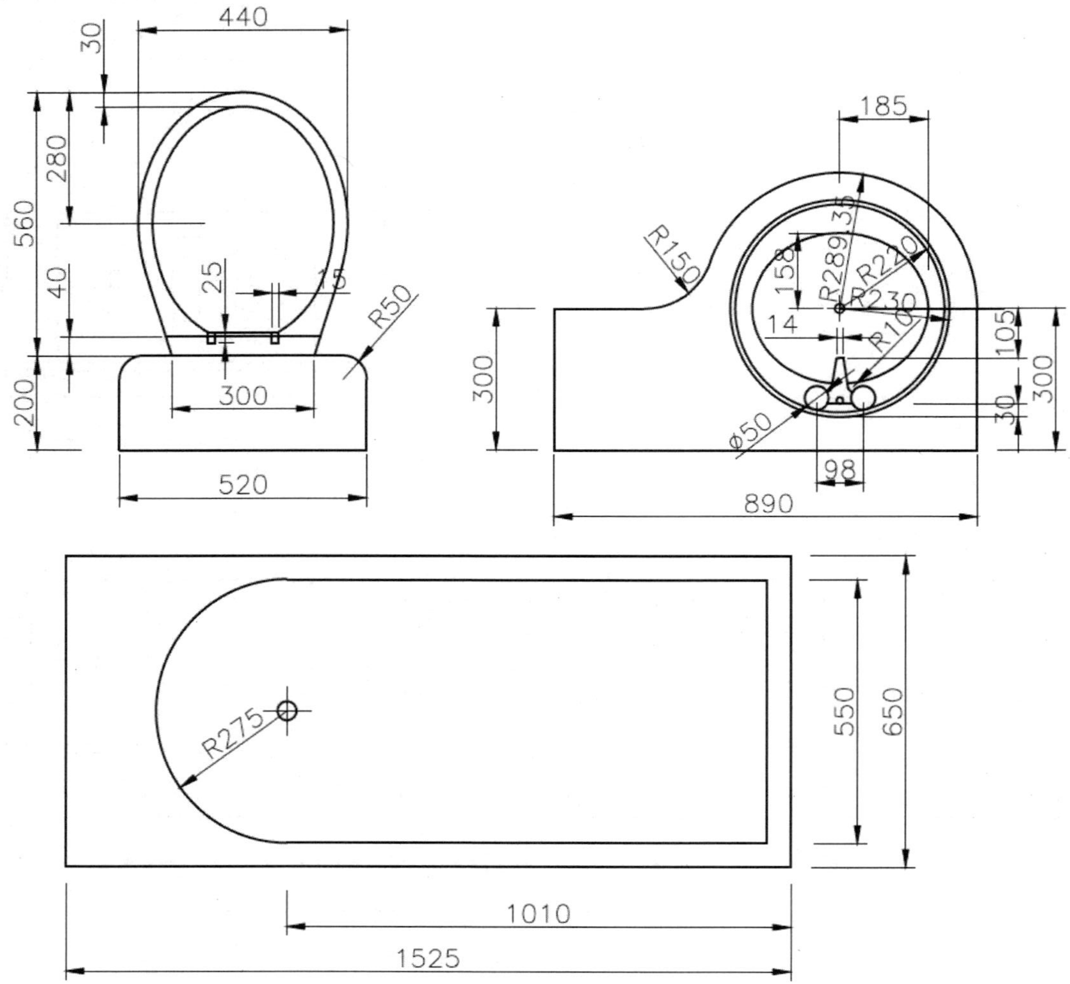

31. 건축-03	변기, 세면대, 욕조

해설 건축-03 변기, 세면대, 욕조

건축 도면에서 자주 사용되는 규격품(책상, 의자, 문, 창문, 변기, 세면대, 욕조 등)을 미리 작업하여 저장(Wblock)하였다가 필요할 때 간단히 불러와서 (Insert) 사용한다.

✹ 좌변기 그리기

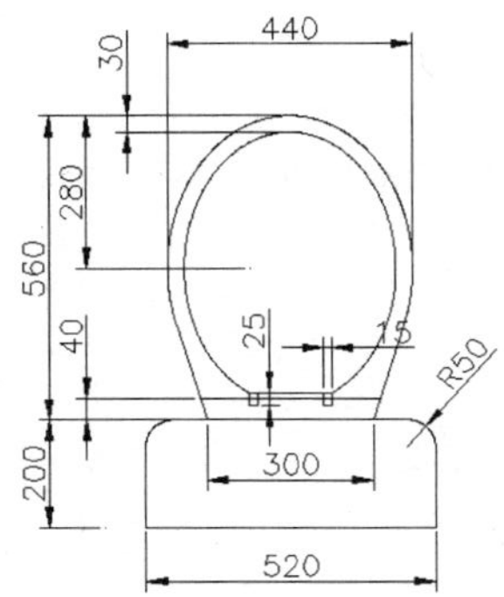

1. 타원 가로 440, 세로 560인 타원을 그린다.(그림 1)
2. Offset을 30만큼 안쪽으로 실행한다.(그림 2)
3. 타원의 중심에서 수직선을, 타원의 270˚ 지점에서 수평선을 그린다.(그림 3)
4. Offset으로 수평선은 200만큼, 수직선은 150, 260만큼 각각 간격 띄우기를 한다.(그림 4)

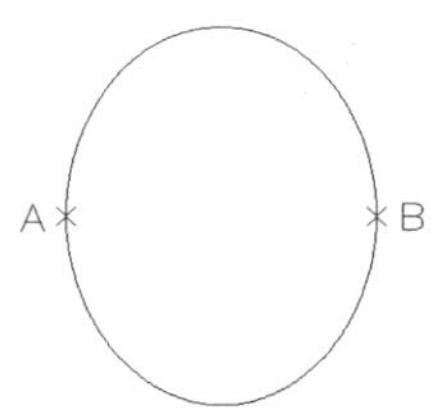

▲ 그림 1

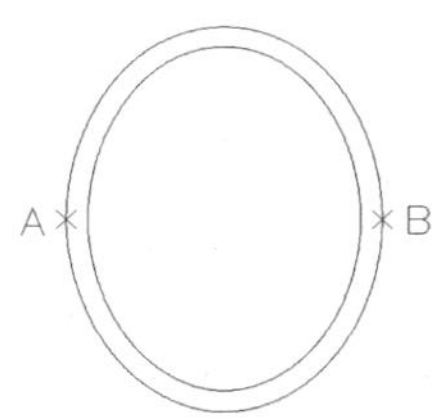

▲ 그림 2

명령: EL ← Ellipse의 단축 명령이다.
타원의 축 끝점 지정 또는 [호(A)/중심(C)]: ← 첫 점 A를 지정한다.
축의 다른 끝점 지정: **440** ← 직교모드를 켜고 마우스로 방향을 잡은 후 길이를 입력한다. B
다른 축으로 거리를 지정 또는 [회전(R)]: **280** ← 나머지 축 거리를 입력한다.

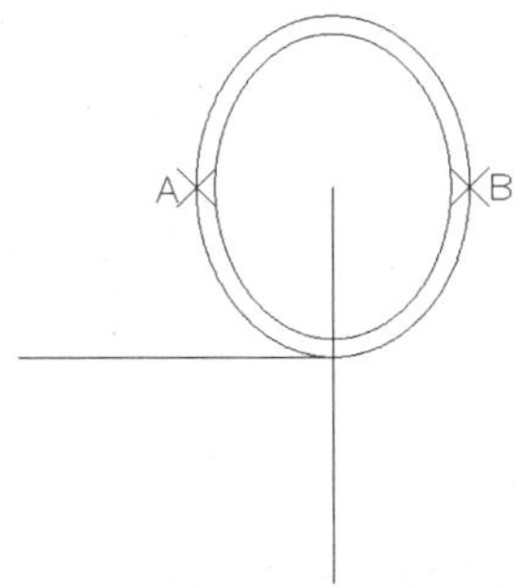

▲ 그림 3

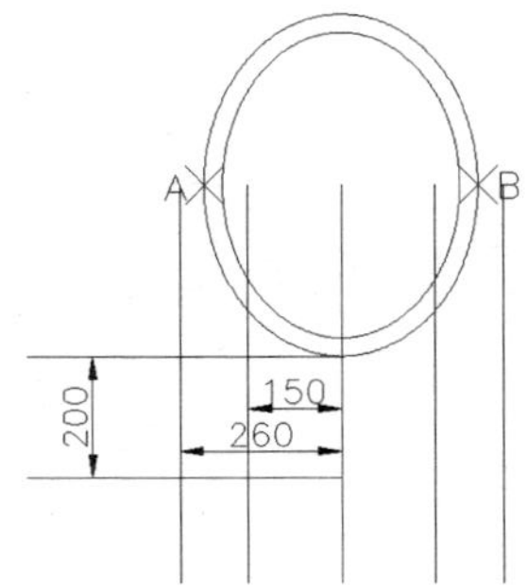

▲ 그림 4

5. 선 C와 E, D와 E를 반지름 50으로 Fillet 처리한다.

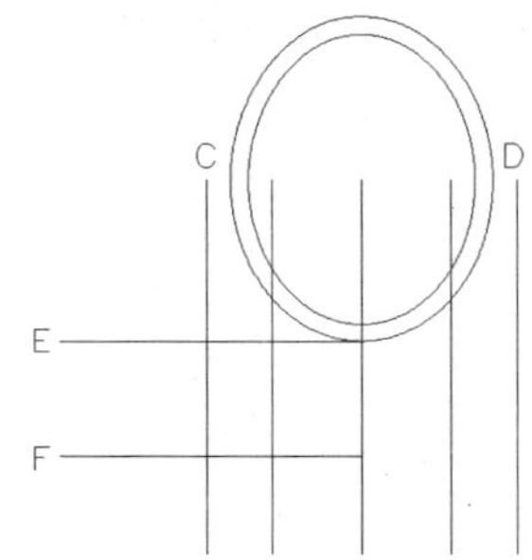

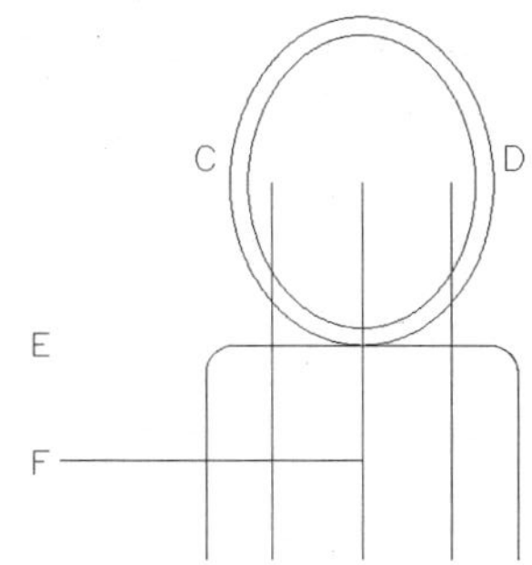

6. 선 C와 F, D와 F를 반지름 0으로 Fillet처리한다.

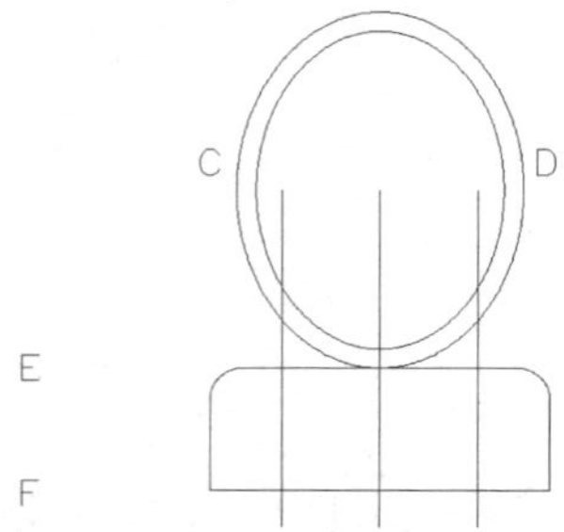

7. 교점 G와 H에서 큰 타원에 대한 접선을 그린다. 접점은 객체 스냅의 "접점"을 사용하여 잡는다.

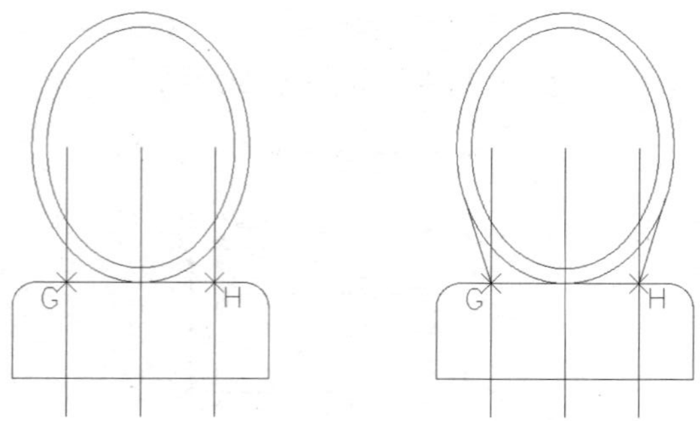

8. 접선을 경계로 하여 명령 "Trim"으로 타원을 절단한다.

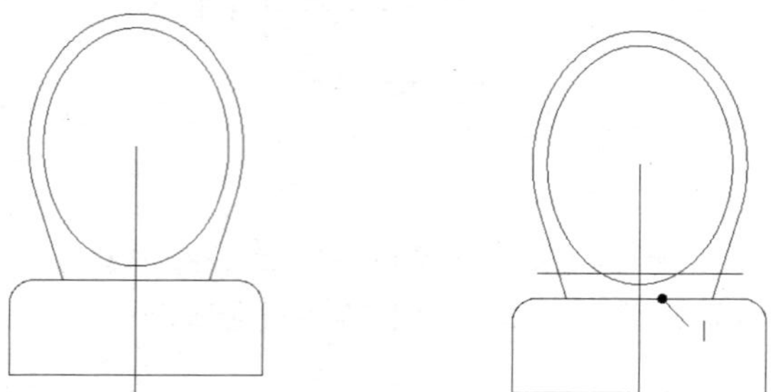

▲ 그림 5

9. 선 "I"를 40+12.5=52.5 만큼 Offset한다.(그림 5)

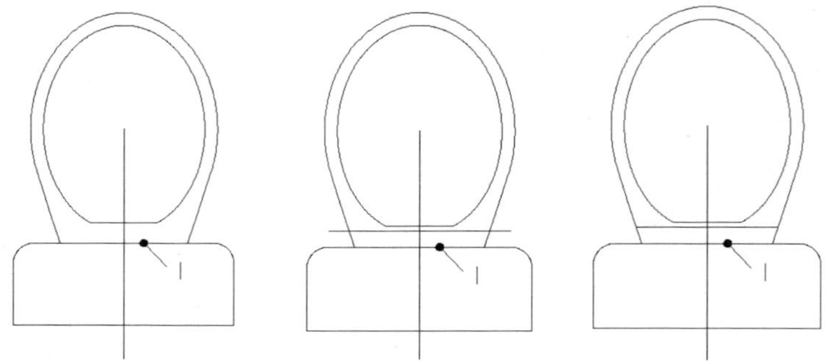

▲ 그림 6 ▲ 그림 7 ▲ 그림 8

10. Trim으로 절단한다.(그림 6)

11. 선 I를 40만큼 Offset하여(그림 7) Trim으로 절단한다.(그림 8)

12. 사각형 25×15를 그려 넣는다.

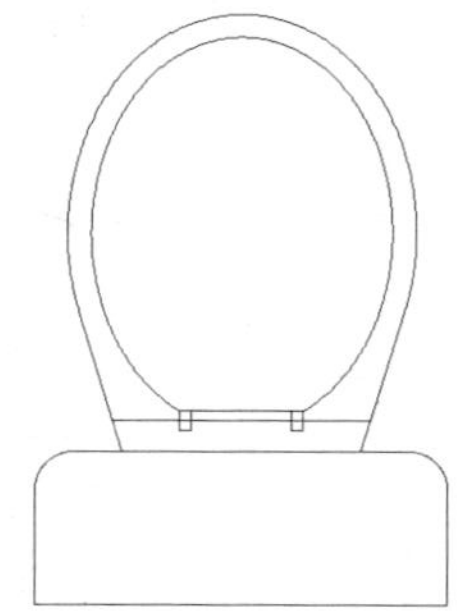

✹ 세면대 그리기

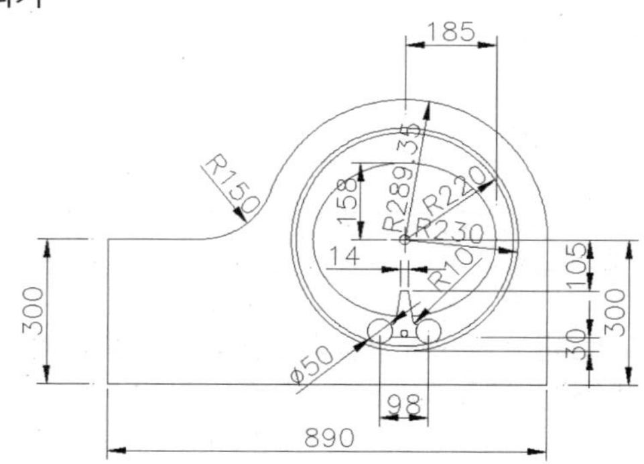

1. Circle로 반지름 220, 230, 289.35로 원을 그린다.

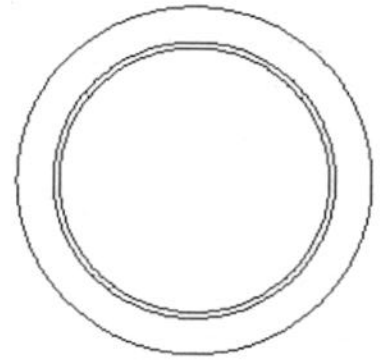

2. 바깥 원의 0˚ 지점에서 좌측으로 890만큼 선을 그린다.(그림 a)
3. 그 선을 300만큼 아래 방향으로 Offset시킨다.(그림 b)
4. 양쪽 끝에 수직선을 그린다.(그림 c)
5. 가운데 수평선과 큰 원을 반지름 150으로 Fillet한다.(그림 d)

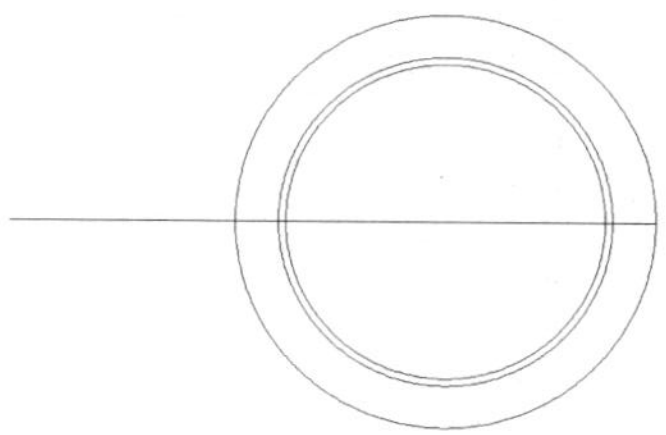

▲ 그림 a

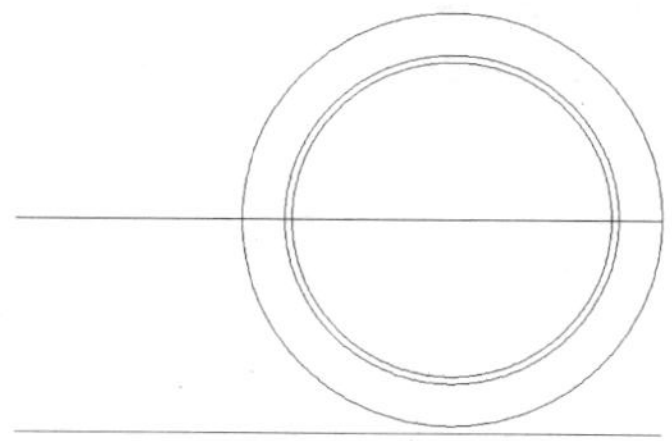

▲ 그림 b

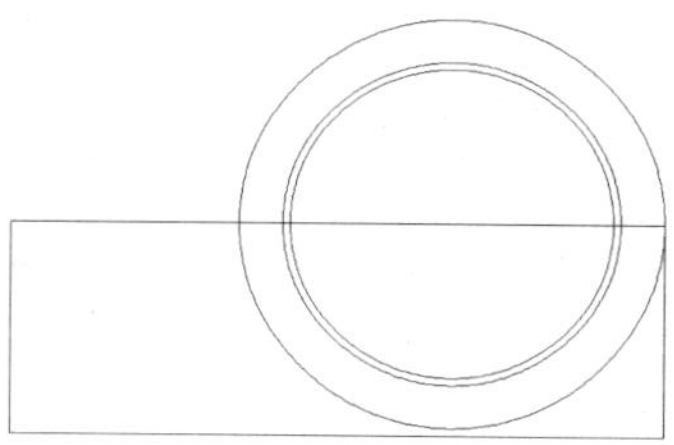

▲ 그림 c

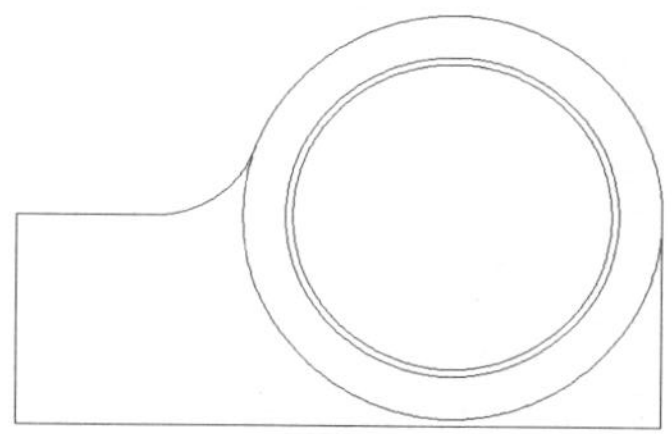

▲ 그림 d

6. 원의 중심점을 기준으로 타원 가로 185, 세로 158 길이로 Ellipse 명령으로 그린다.

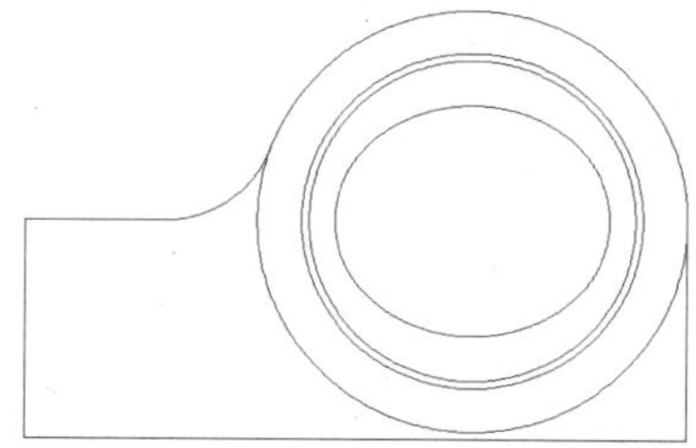

명령: EL
타원의 축 끝점 지정 또는 [호(A)/중심(C)]: **C** ← 타원의 중심점부터 그리기 위한 옵션이다.
타원의 중심 지정: ← 원의 중심점을 지정한다.
축의 끝점 지정: **185** ← F8 또는 F10를 켠 상태에서 마우스를 수평방향으로 놓고 수평 길이를 입력한다.
다른 축으로 거리를 지정 또는 [회전(R)]: **158** ← 나머지 축 길이를 입력한다.

7. Trim으로 불필요한 부분은 삭제하고 배수구와 수도꼭지를 치수대로 그려 완성한다.

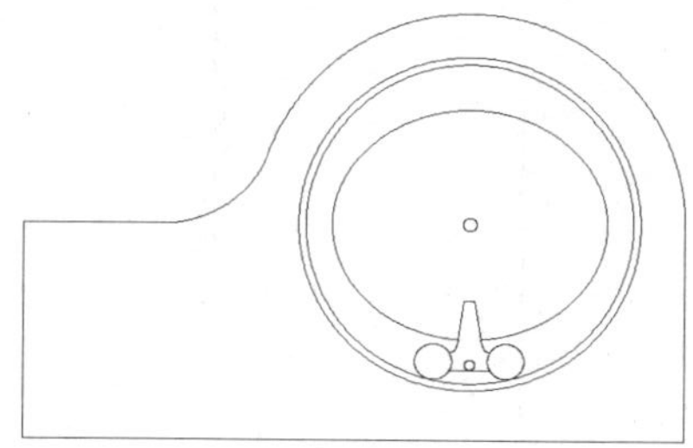

✰ 건축도면에서 사용되는
Symbol들은 규격품으로 특별하게 제작하여 사용하지 않는 한 세부 치수는 중요하지 않다. 만들어진 상태로 가져와서 위치만 잡아 시공하게 되므로 외곽 치수만 맞게 그려 공간에 들어가는지 또는 어울리는지 평면도를 통하여 검토하게 된다. 때문에 Wblock으로 설정하여 사용하게 되는 Symbol 작업 시에는 너무 세밀한 부분에 시간을 들여 그릴 필요는 없다. 너무 보기 흉하거나 성의 없이 보이지 않으면 된다. 주의할 것은 최외곽 Size는 중요하므로 틀리지 않도록 한다.

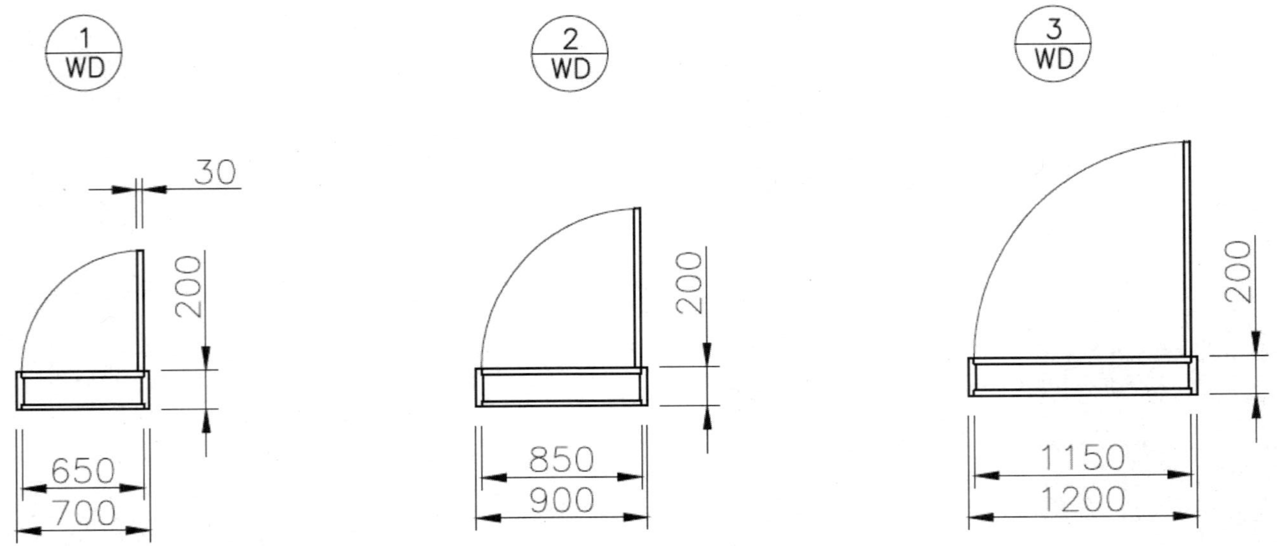

32. 건축-04 | 문 평면도

해설 건축-04 문 평면도

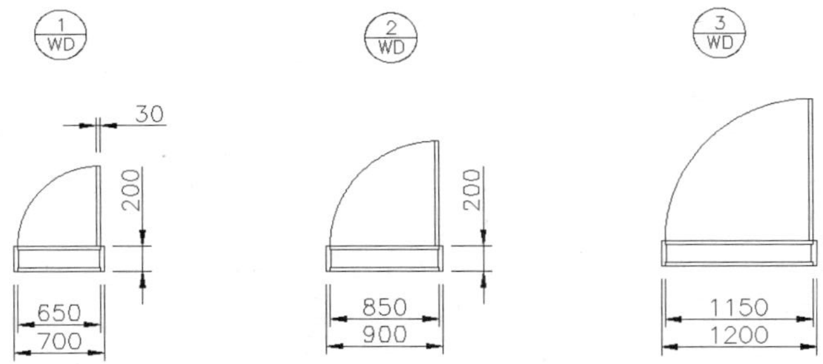

WD는 Wood Door(나무문)를 뜻하며 하나를 그려 Stretch 명령으로 늘려 변형시키면 빨리 다른 크기의 문을 만들 수 있다.

✸ 700짜리 문 만들기

1. Line으로 가로 700, 세로 200 크기의 사각형을 그린다.
2. Offset으로 상, 하 Line을 안쪽으로 30만큼 간격 띄우기를 한다.(그림 a)
3. 좌, 우 Line을 25, 30만큼 안쪽으로 Offset한다.(그림 b)

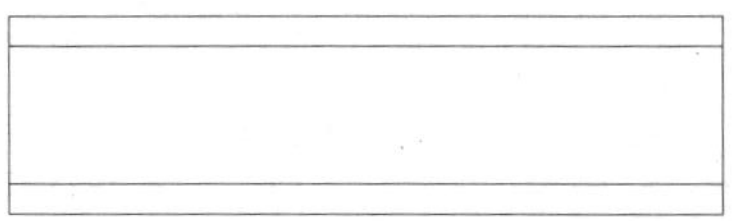

▲ 그림 a

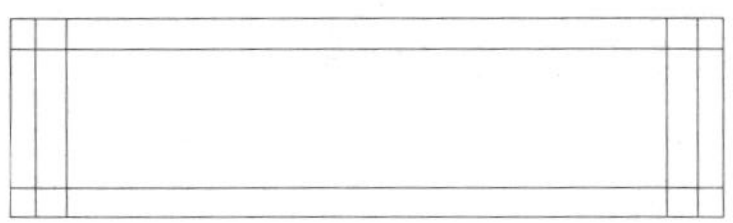

▲ 그림 b

4. Trim으로 정리한다.

5. Bpoly 명령으로 "A" 구역을 지정하여 독립된 사각형을 만든다.

명령: Bpoly

▲ "점 선택"으로

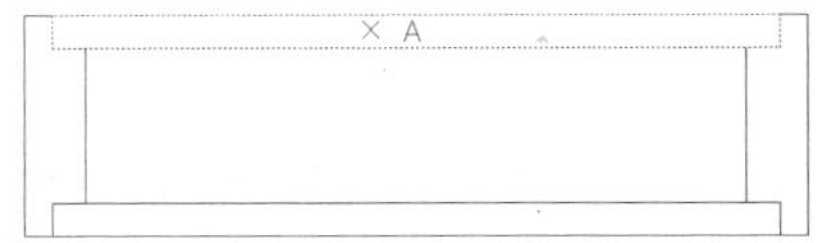

▲ "A" 구역을 지정하여

독립된 사각형을 만든다.

6. Rotate 명령으로 방금 만든 사각형을 회전시켜 세운다.(그림 c, d)

> **명령: Ro** ← Rotate의 단축 명령이다.
> 현재 UCS에서 양의 각도: 측정 방향=시계 반대방향 기준 방향=0
> 객체 선택: L ← Last의 약자 "L"을 입력하면 가장 나중에 만들어진 요소를 선택하게 된다.
> 객체 선택: ← 대상이 더 이상 없으면 엔터한다.
> 기준점 지정: ← 회전 기준점 B를 지정한다.
> 회전 각도 지정 또는 [복사(C)/참조(R)] ⟨0⟩: **-90** ← 시계방향으로 회전해야 하므로 "-" 부호를 붙여준다.

▲ 그림 c

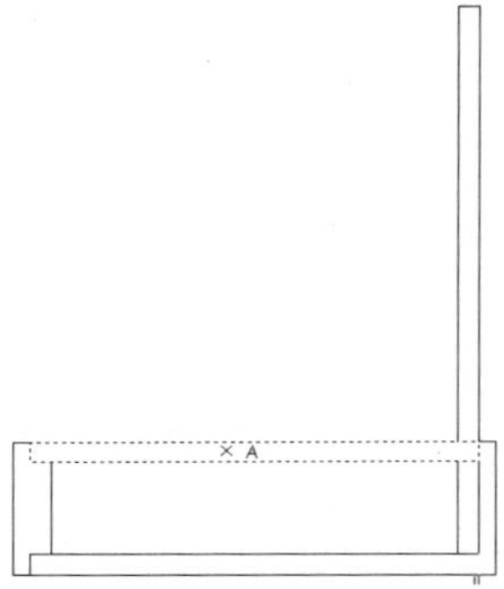

▲ 그림 d

7. Arc의 "중심점, 시작점, 끝점"으로 점 B, C, D를 지정하여 Arc를 그려 완성한다.

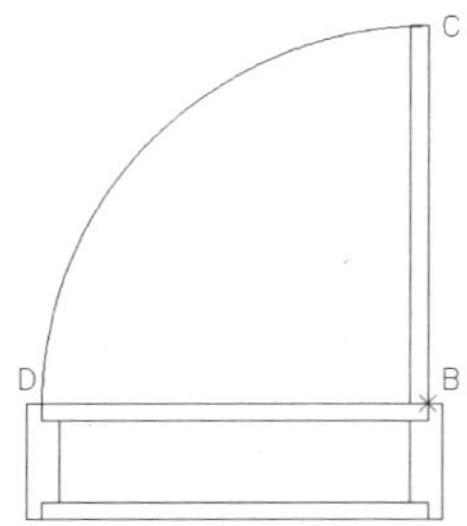

✸ 900짜리 문 만들기

이미 그려진 700짜리 문을 변형시켜 만든다.

1. 위쪽에 문을 지운다.

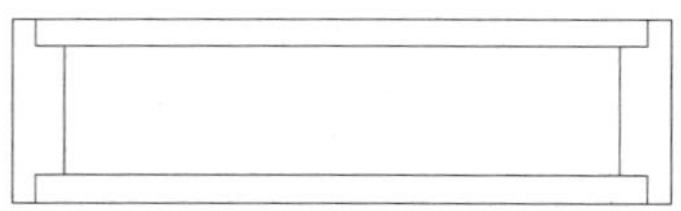

2. Stretch로 한쪽을 200만큼 늘린다.

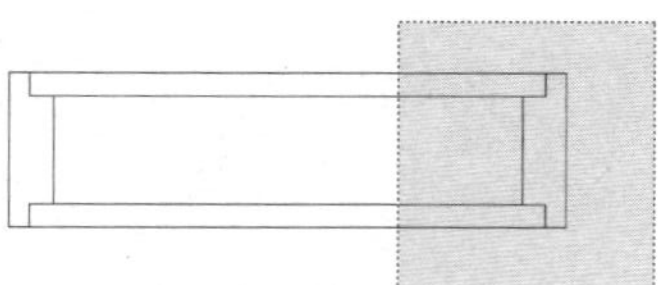

▲ 그림 a

명령: S ← STRETCH의 단축 명령이다.
걸침 윈도우 또는 걸침 다각형만큼 신축할 객체 선택...
객체 선택: ← Crossing(우에서 좌로)으로 일부만 선택해야 한다.(그림 a)
반대 구석 지정:
객체 선택: ← 더 이상 대상이 없으면 엔터한다.
기준점 지정 또는 [변위(D)] 〈변위〉: ← 기준점은 임의점을 지정한다.
두 번째 점 지정 또는 〈첫 번째 점을 변위로 사용〉: **200** ← F8 또는 F10가 켜진 상태에서 마우스로 진행 방향을 잡고 변형길이만 입력한다.

3. Bpoly로 사각형을 만든다.

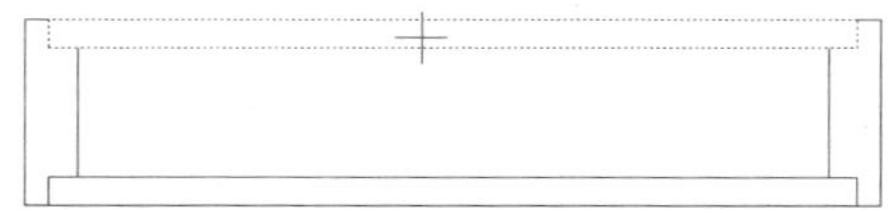

4. Rotate로 회전시킨 후 Arc로 호를 그려 완성한다.

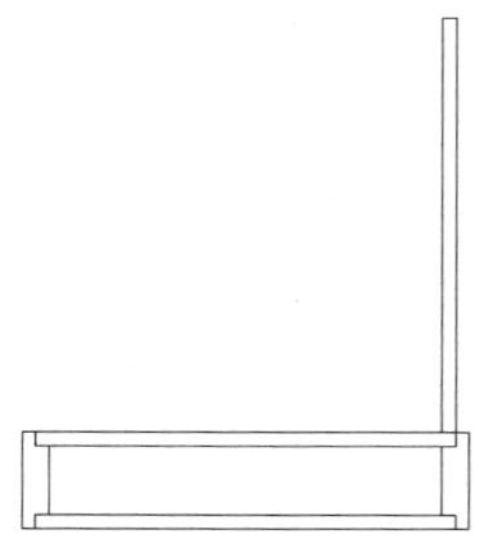

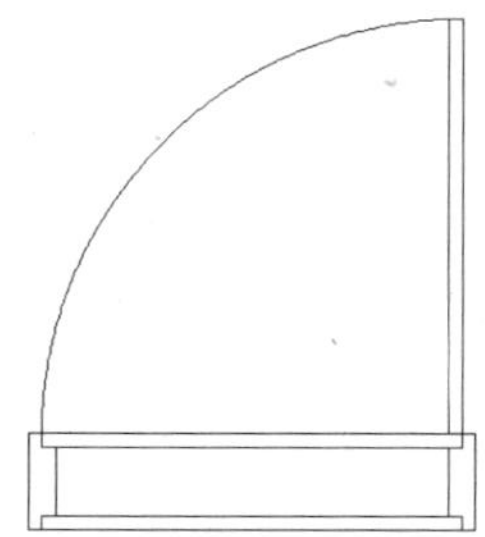

✎ 1200짜리 문도 같은 요령으로 만든다.

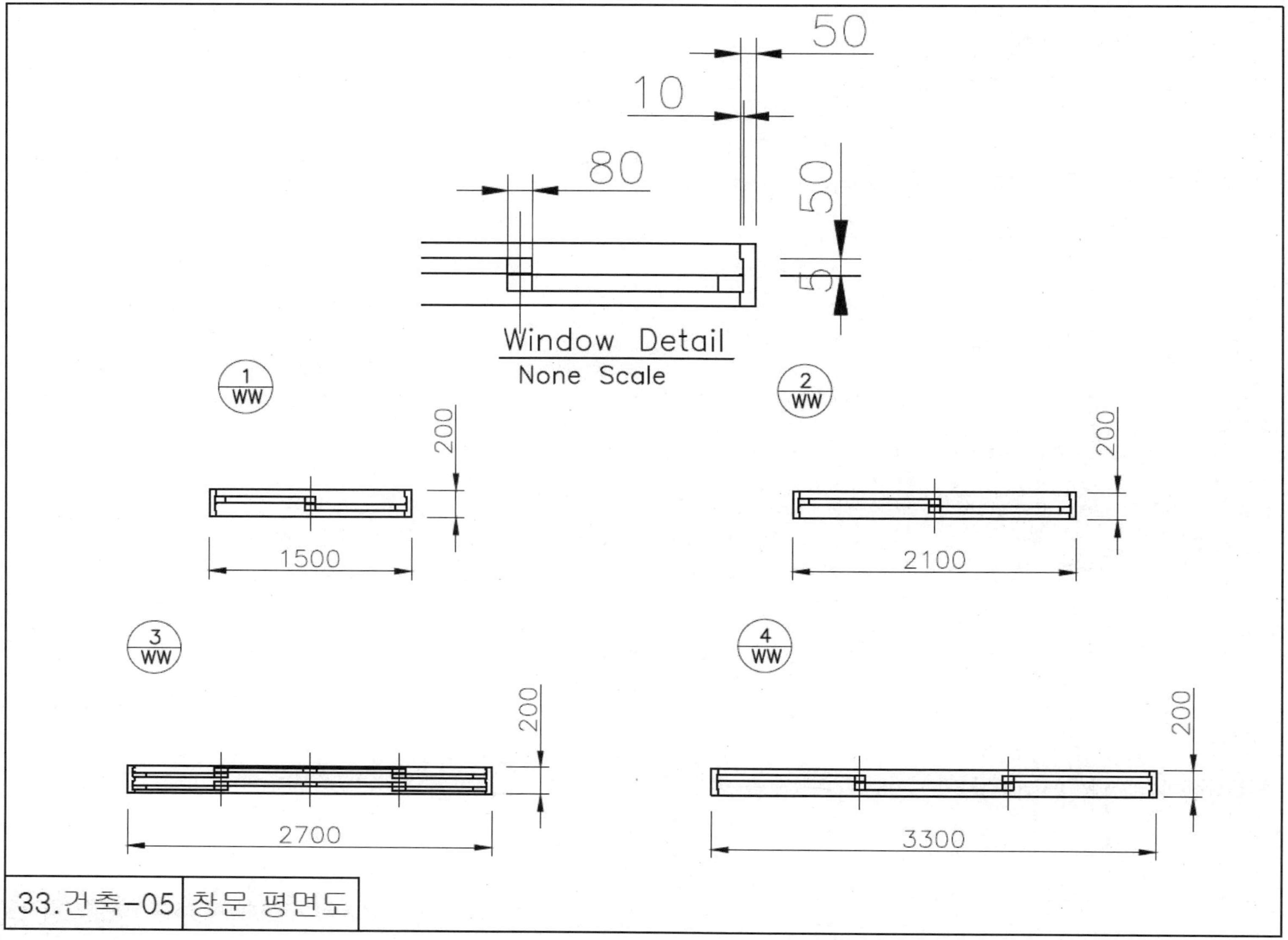
50
10
80
50
5
Window Detail
None Scale
1/WW
200
1500
2/WW
200
2100
3/WW
200
2700
4/WW
200
3300
33.건축-05
창문 평면도

해설 건축-05 창문 평면도

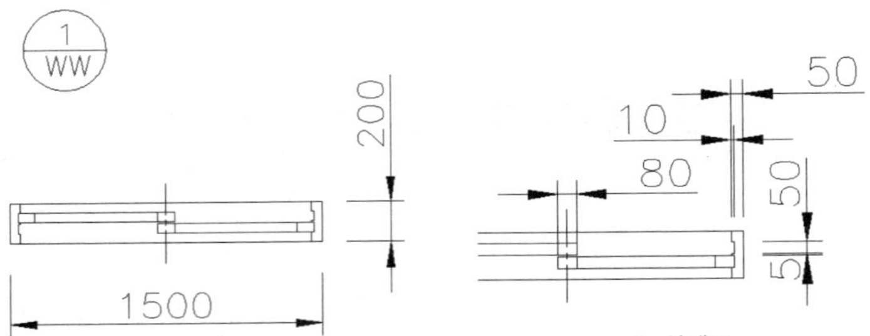

▲ 상세도

상세도를 기준으로 Line, Offset, Trim 명령 등을 사용하여 완성시킨다. 참고로 상세도처럼 자세히 그릴 필요는 없으나 배우는 과정이니 따라해 보기 바란다.

✸ 1500짜리 창문 그리기

1. Line으로 가로 1500, 세로 200인 사각형을 그린다.
2. Offset 명령으로 좌, 우측 Line을 안쪽으로 40, 10만큼 간격 띄우기를 한다.

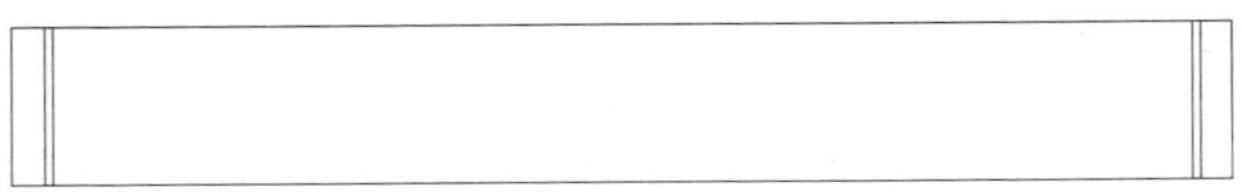

3. 상, 하 Line을 안쪽으로 {200−(50+5+50)}/2=47.5, 50만큼 Offset시킨다.

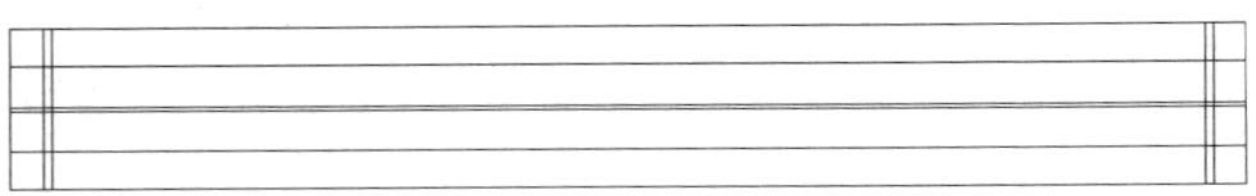

4. Trim으로 선을 정리한다.

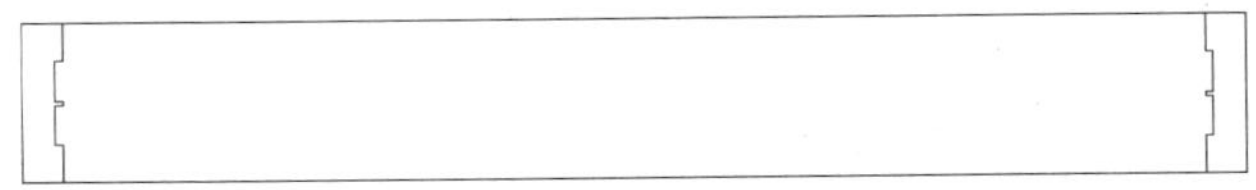

5. A점을 시작점으로 Rectang으로 가로 80, 세로 50짜리 사각형을 그린다.

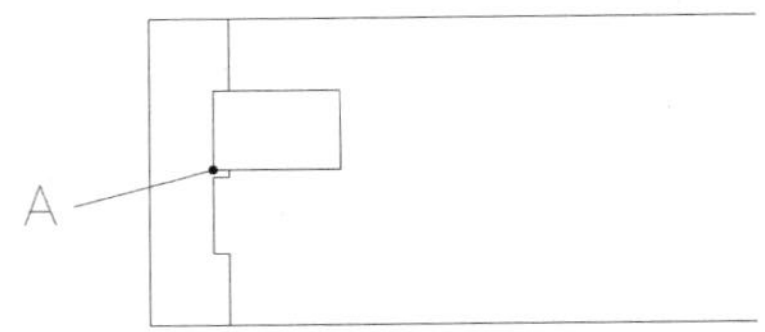

명령: Rec
첫 번째 구석점 지정 또는 [모따기(C)/고도(E)/모깎기(F)/두께(T)/폭(W)]: ← "A"점을 잡는다.
다른 구석점 지정 또는 [영역(A)/치수(D)/회전(R)]: **@80,50** ← 상대 좌표 입력으로 사각형의 길이를 입력한다.

6. 사각형을 Copy(복사)하여 배치한다.

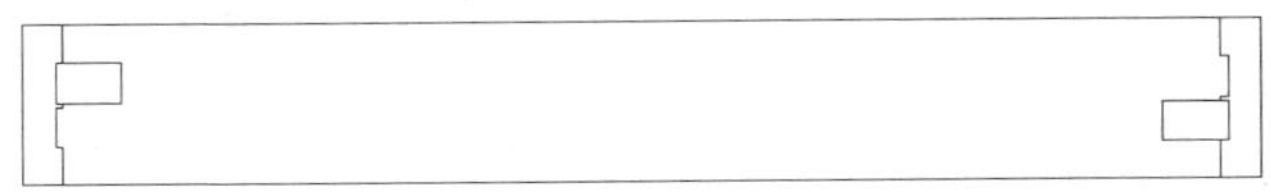

7. 수평선의 중간 지점에 수직선을 그려 그 선을 기준으로 사각형을 복사하여 배치한다.

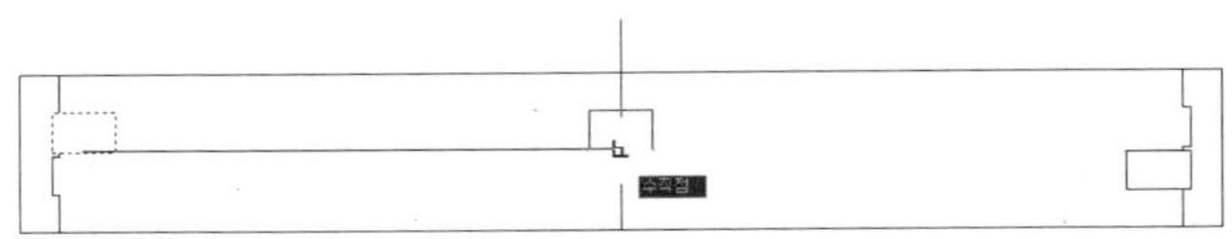

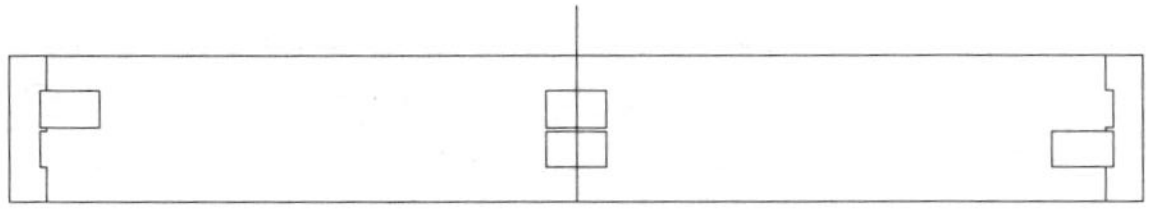

8. 관련선을 그리고 조정하여 완성한다.

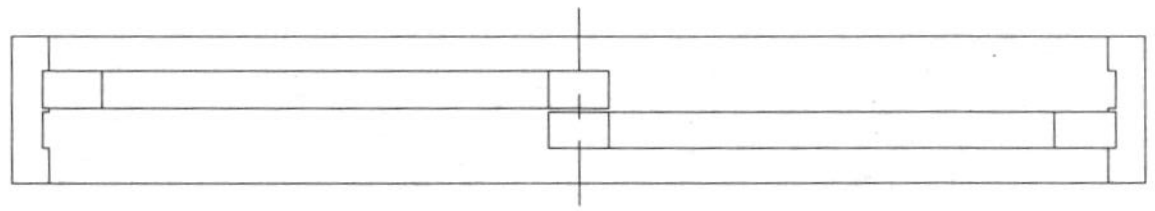

✸ 2100짜리 창문 그리기

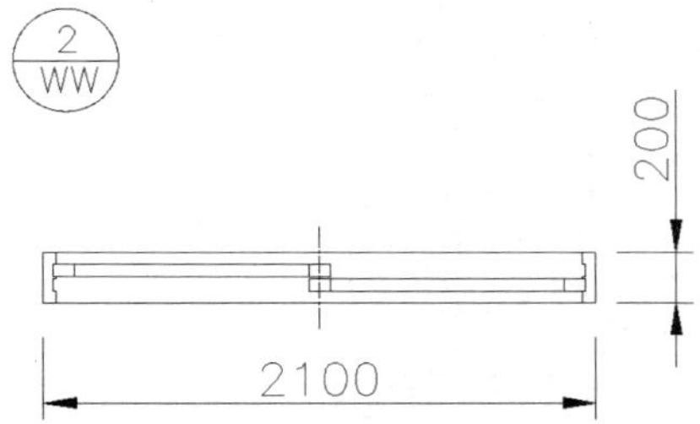

1500짜리 창문의 양쪽을 부분 선택하여 Stretch로 늘려 간단하게 만들 수 있다.

1. 우측 늘리기

이미 그려 놓은 1500짜리 창문의 한쪽을 Crossing으로 선택하여(2100-1500)/2=300만큼씩 Stretch로 늘린다.

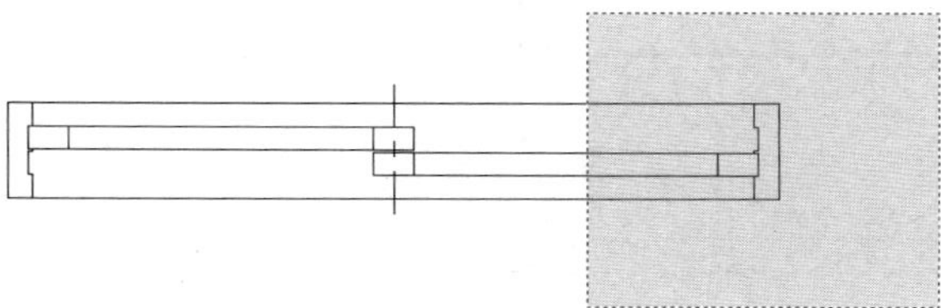

▲ Crossing으로 선택 부분 선택

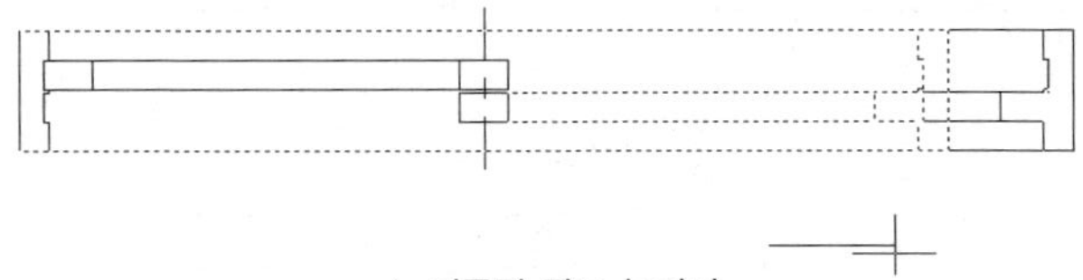

▲ 기준점 잡고 늘리기

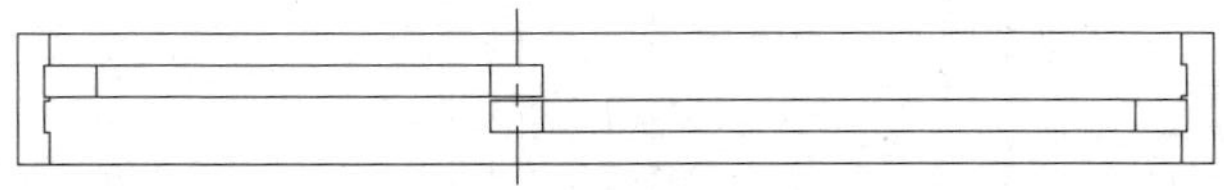

2. 좌측 늘리기

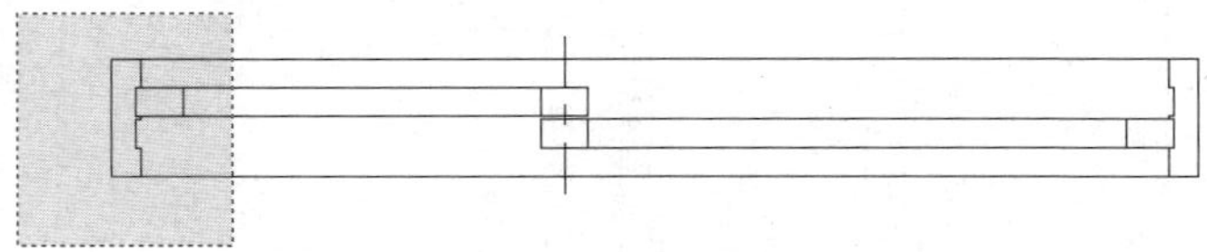

▲ Crossing으로 선택 부분 선택

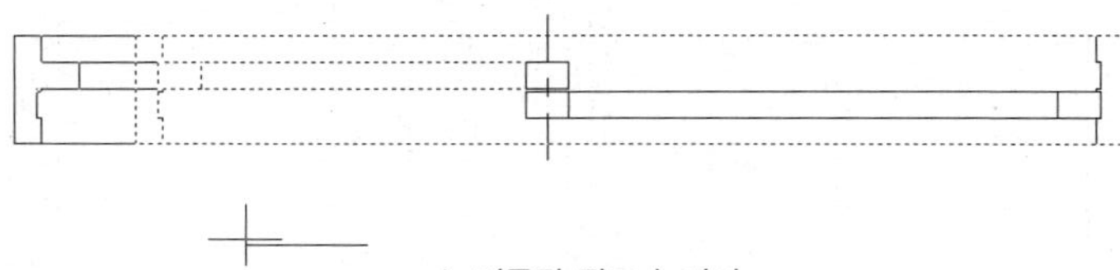

▲ 기준점 잡고 늘리기

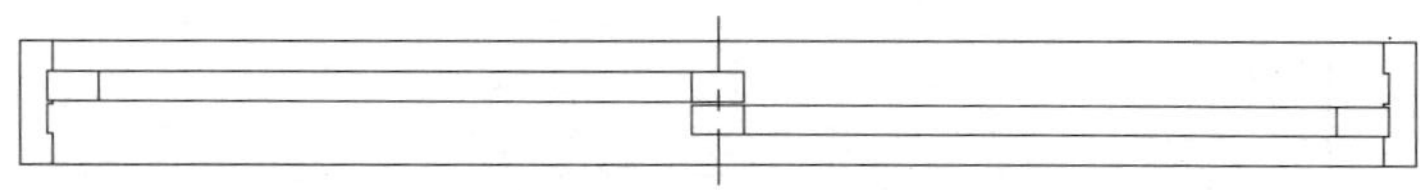

▲ 완성도

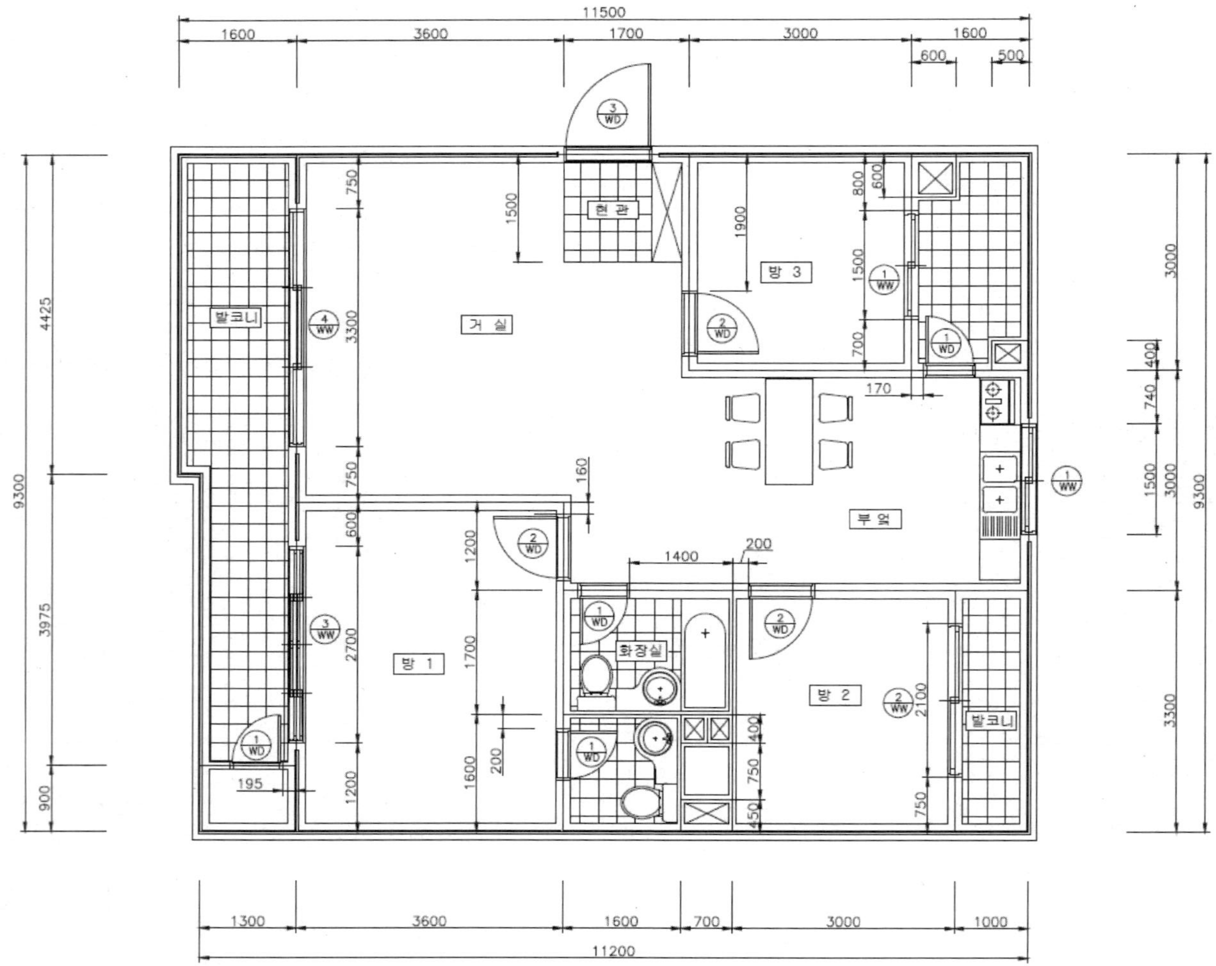
11500
1600
3600
1700
3000
1600
600
500
현관
거실
방 3
방 1
방 2
부엌
화장실
발코니
발코니
9300
4425
3975
900
1300
3600
1600
700
3000
1000
11200

34. 건축-06	평면도

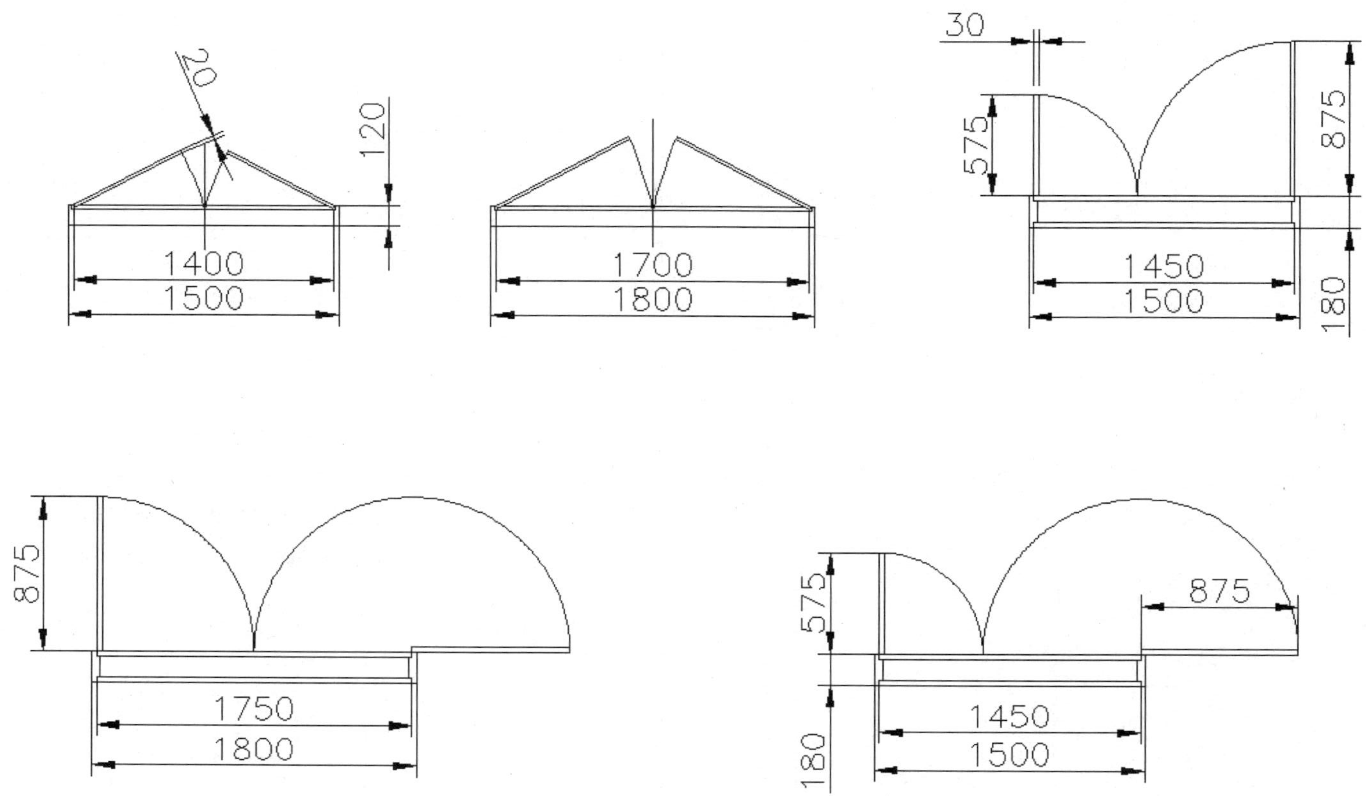

35. 건축-07	여러 가지 문

해설 건축-07 여러 가지 문

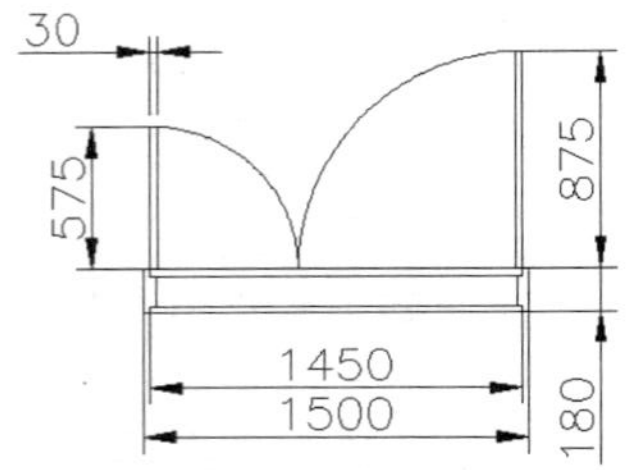

Symbol은 많이 만들어 놓을수록 좋다. 다양한 규격품들을 만들기 바란다.

1. Line으로 가로 1500, 세로 180의 사각형을 그린다.
2. 좌, 우측 Line을 안쪽으로 25, 30씩 Offset한다.

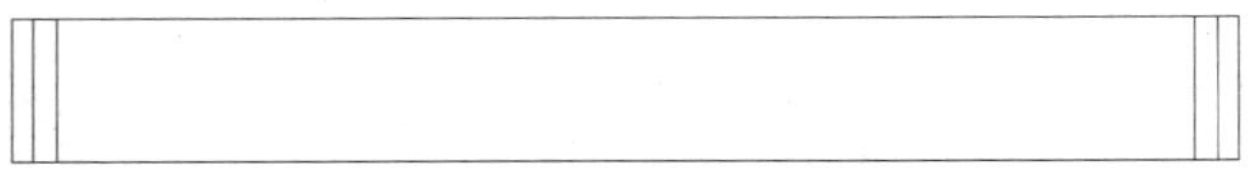

3. 상, 하 Line을 안쪽으로 30간격으로 Offset한다.

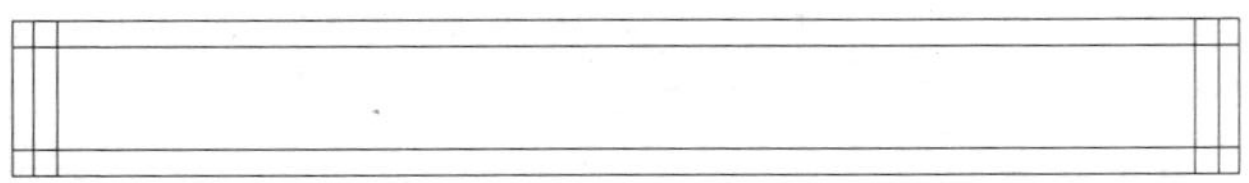

4. Trim으로 정리한다.

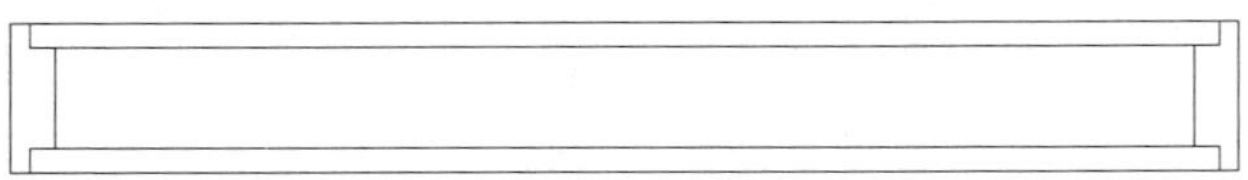

5. Bpoly로 독립된 사각형을 만든다.

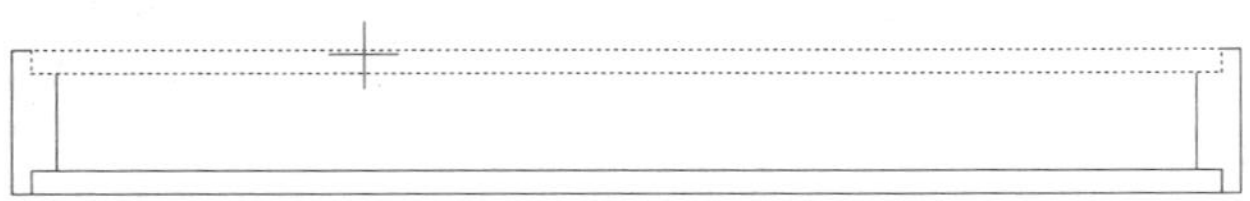

6. 방금 만든 사각형을 좌측 모서리를 기준으로 Rotate 명령으로 회전시킨다.(그림 1)

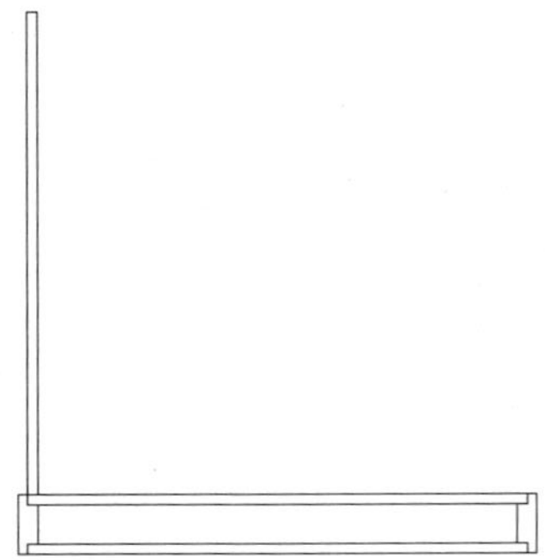

▲ 그림 1

▲ 그림 2

7. 좌측 사각형을 Mirror 명령으로 수평선 중간점을 기준으로 우측으로 대칭복사한다.(그림 2)
8. 좌측 문을 Stretch로 1450−575=875 만큼 아래 방향으로 줄인다.

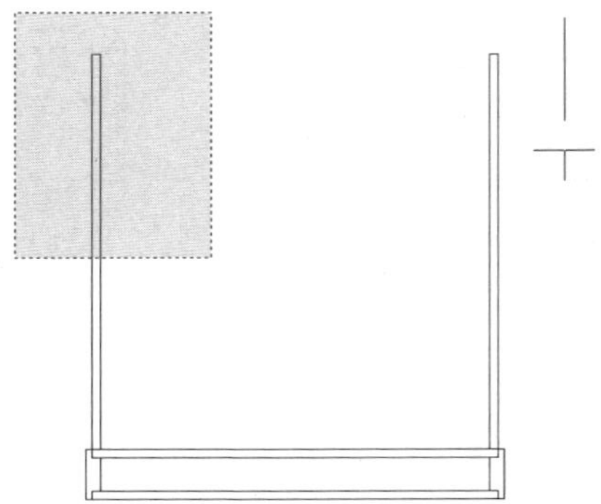

▲ 범위를 지정한다.

▲ 기준점과 방향을 잡는다.

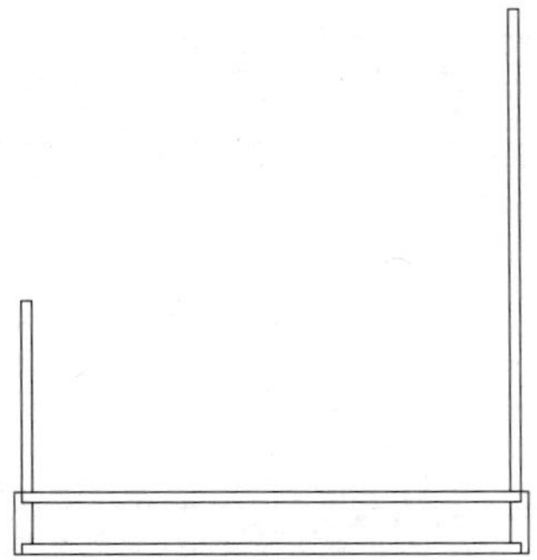

▲ 결과

9. 우측도 1450-875=575만큼 Stretch로 아래로 줄인다.

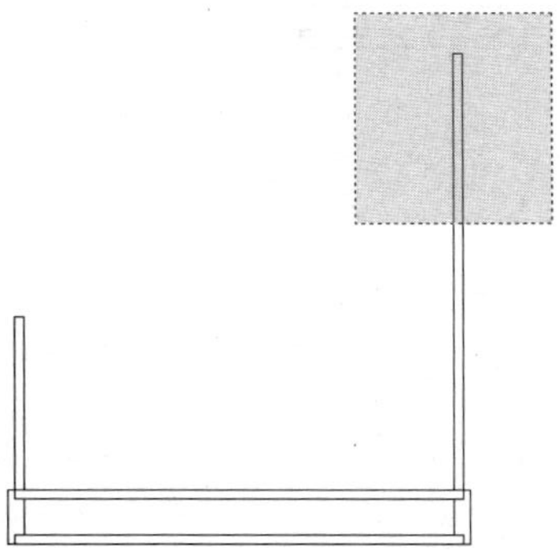

▲ 범위를 지정한다.

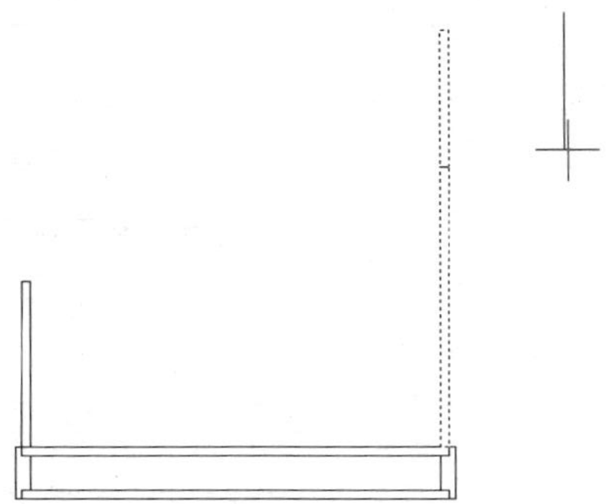

▲ 기준점과 방향을 잡는다.

▲ 결과

10. Arc로 호를 그려 마무리한다.

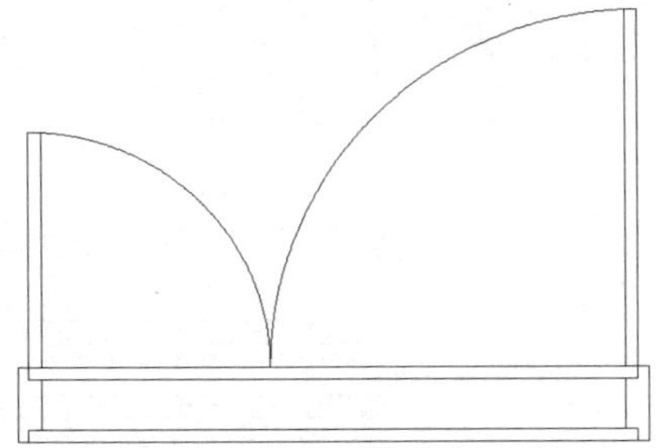

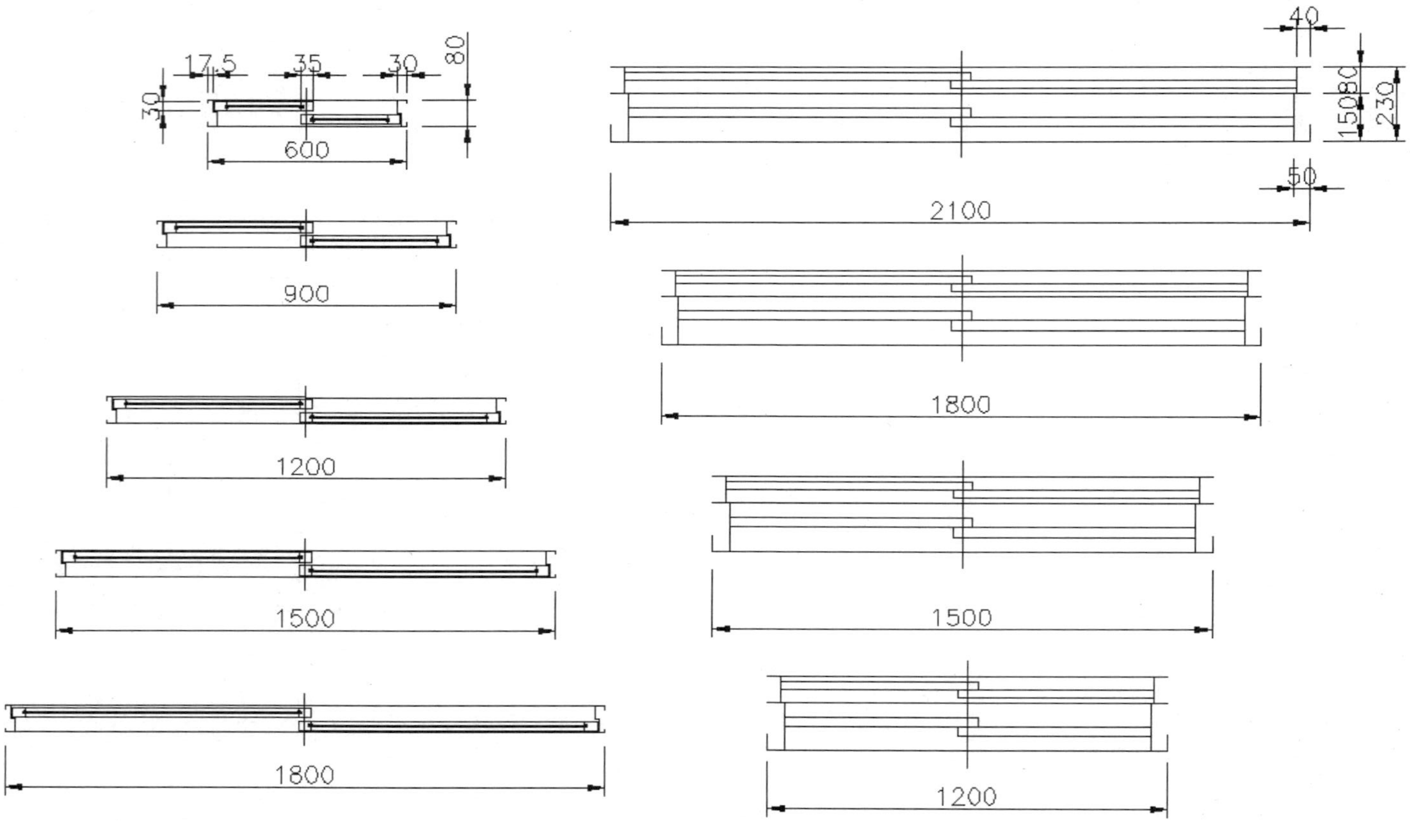

36. 건축-08	여러가지 창문

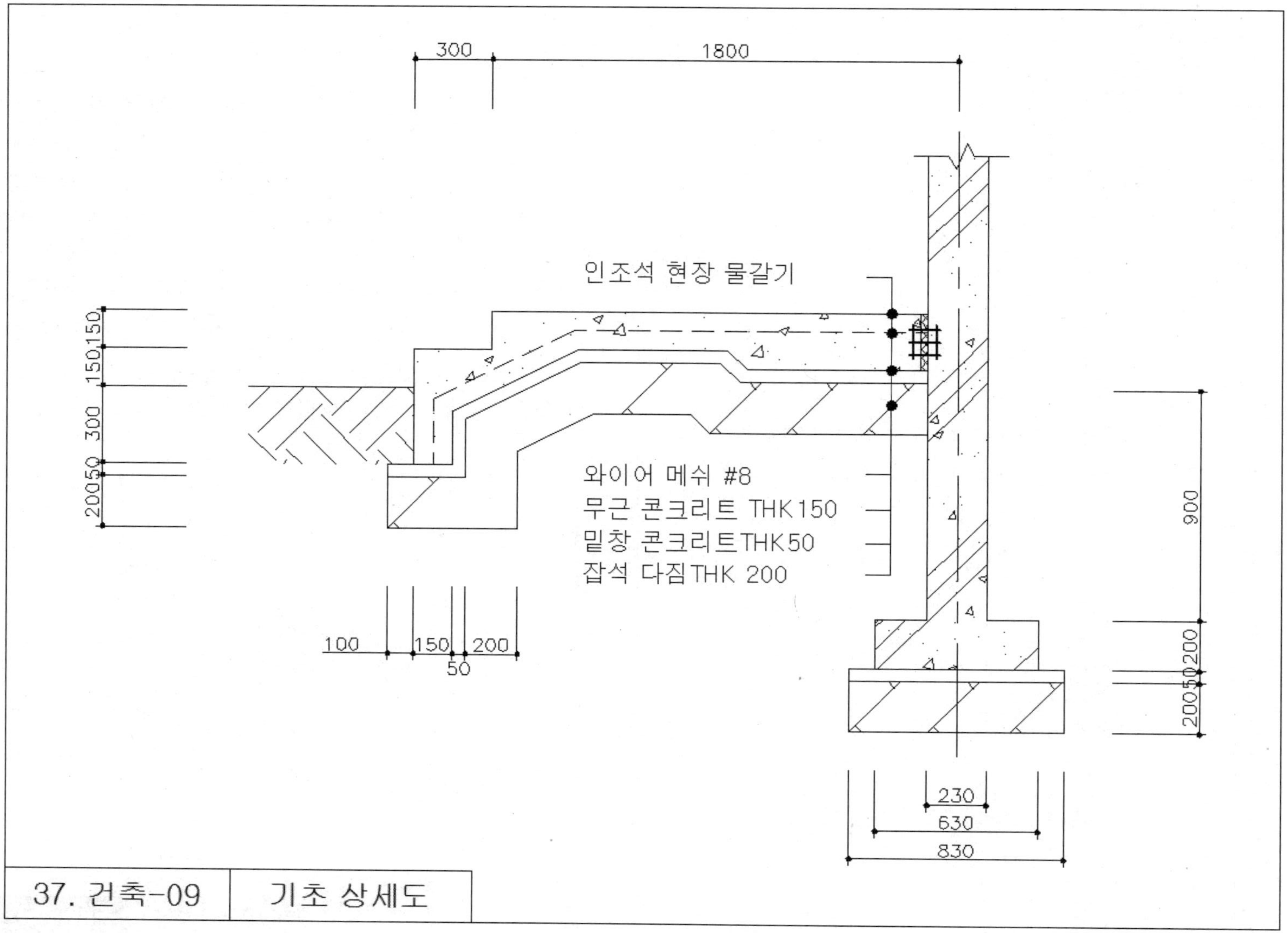

37. 건축-09 기초 상세도

해설 **건축-09** **기초 상세도 그리기**

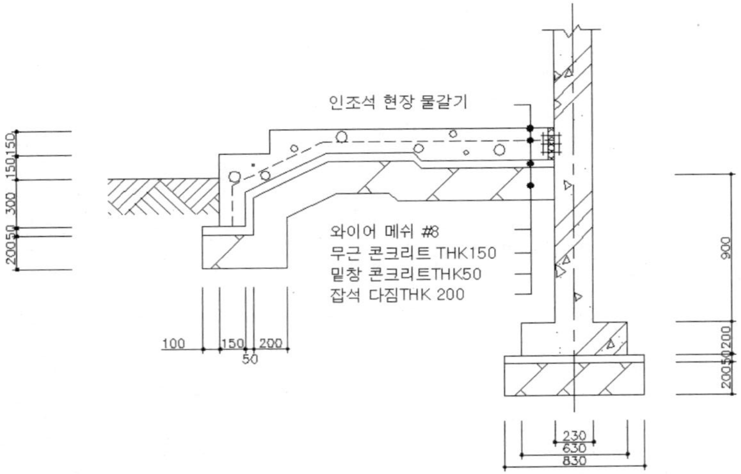

전산응용건축제도 기능사 시험에서도 기본적으로 그리게 되는 기초 상세도이다. 일반적인 세부 치수는 외우고 있어야 하므로 반복해서 그려본다.

1. 기둥의 중심선을 "2500" 길이로 수직선을 그린다.
2. 그 수직선을 Offset 명령으로 좌, 우측 바깥 방향으로 각각 115, 315, 415 간격으로 실행한다.(그림 1)
3. 수평선을 하단부에 그린 후 위쪽으로 "200, 50, 200, 900"만큼 Offset한다.(그림 2)
   - 900은 G.L. 선이다.
4. Trim으로 선을 정리한다.(그림 3)

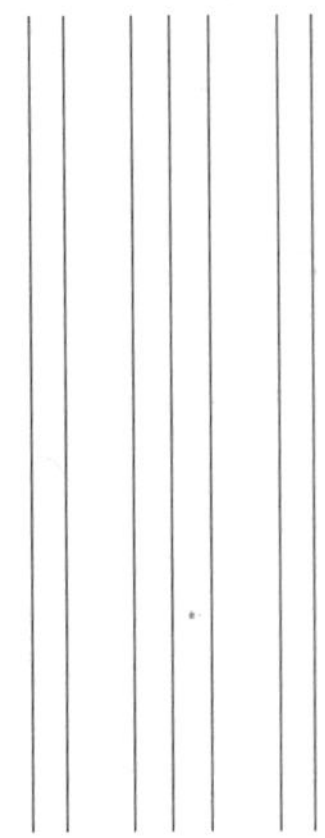

▲ 그림 1

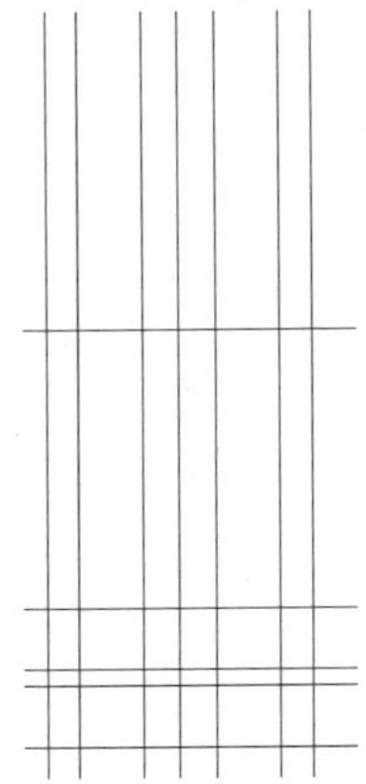

▲ 그림 2

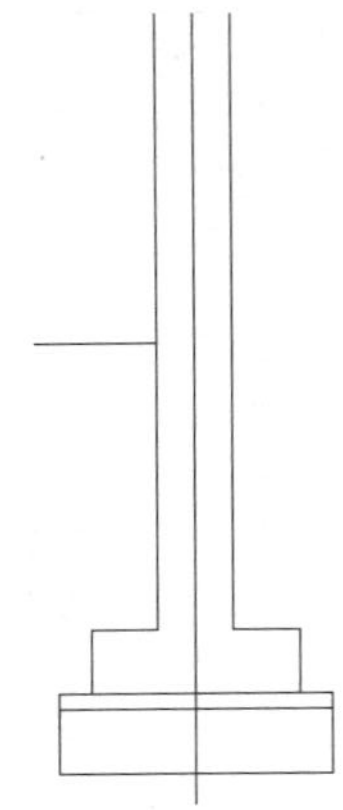

▲ 그림 3

5. 중심선을 좌측으로 1800, 300만큼 Offset한다.(그림 4)
6. 수평선 G.L.(900짜리)을 좌측으로 길게 늘린다.(그림 5)

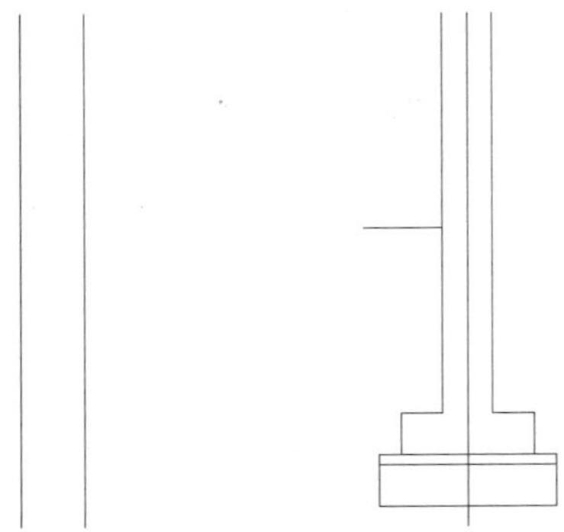

▲ 그림 4

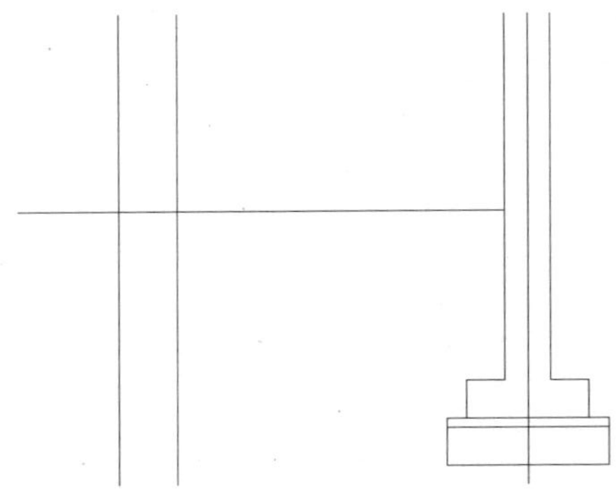

▲ 그림 5

7. G.L. 선을 위쪽으로 "150" 간격으로 2회 Offset하고 Trim으로 정리하여 계단을 완성시킨다.(그림 6, 7)

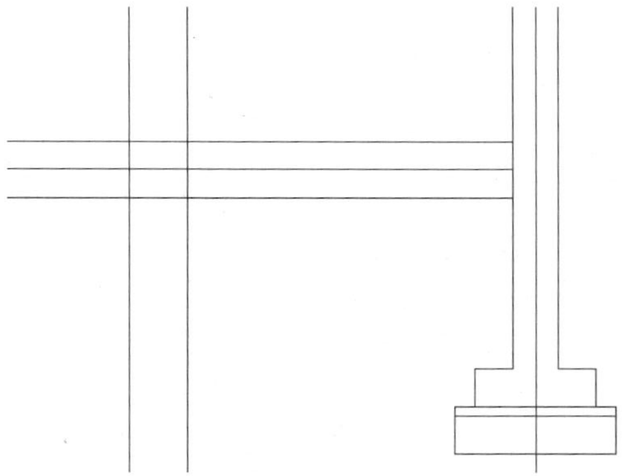

▲ 그림 6

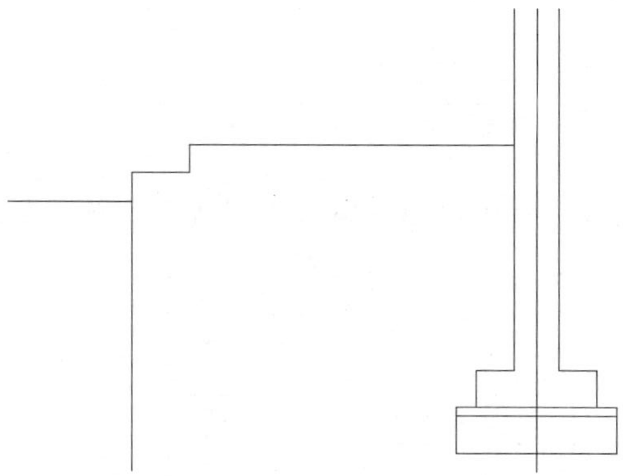

▲ 그림 7

8. G.L.선을 아래로 "300, 50, 200"만큼 Offset한다.

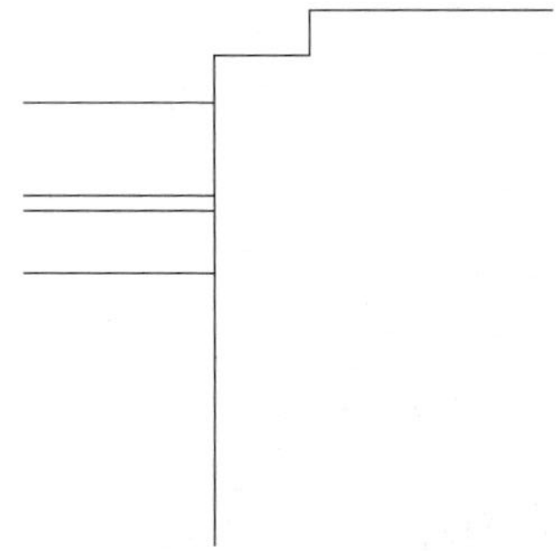

▲ 그림 8

9. Line "K"를 좌로 "100", 우로 "150, 50, 200"만큼 Offset한다.(그림 9)

10. 선을 Trim으로 정리한다.(그림 10)

11. Fillet 명령으로 반지름 "0"으로 하여 정리한다.(그림 11)

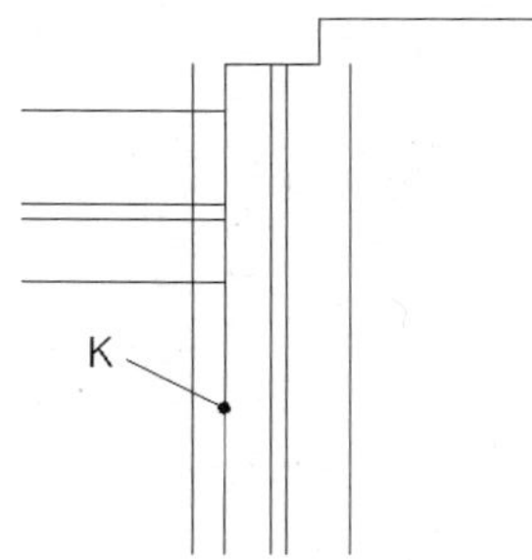

▲ 그림 9

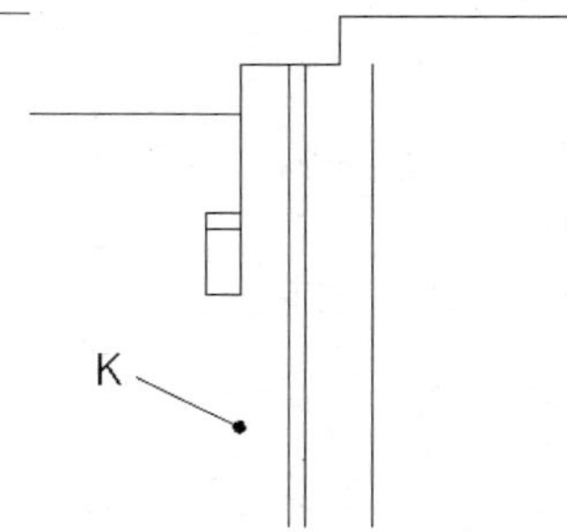

▲ 그림 10

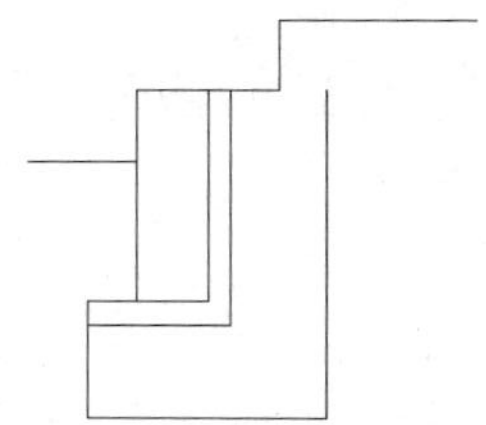

▲ 그림 11

12. 맨 위의 수평선을 아래 방향으로 "75, 150, 50, 200"만큼 Offset한다.(그림 12)

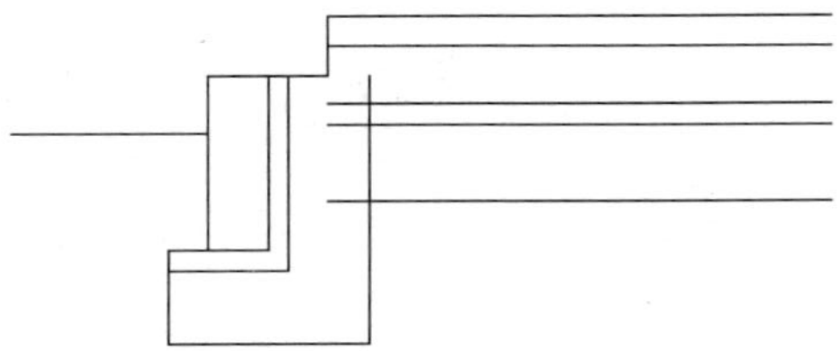

▲ 그림 12

13. 하단의 수평선 중간점에서 보조선을 60° 기울기로 그린다.(그림 13)

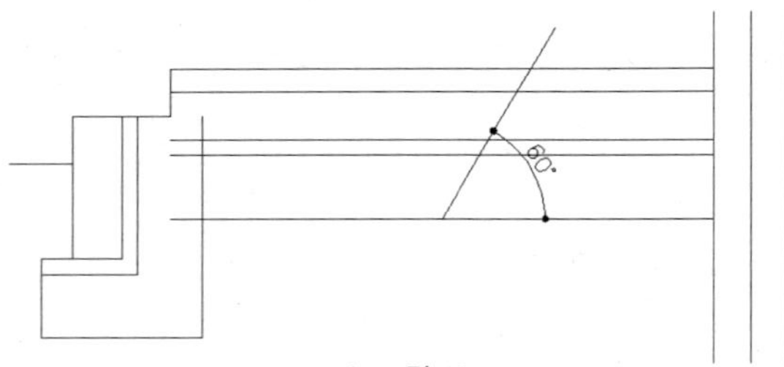

▲ 그림 13

14. 그 Line의 시작점에서 좌측 45° 기울기로 임의의 길이로 선을 그린다.(그림 14)

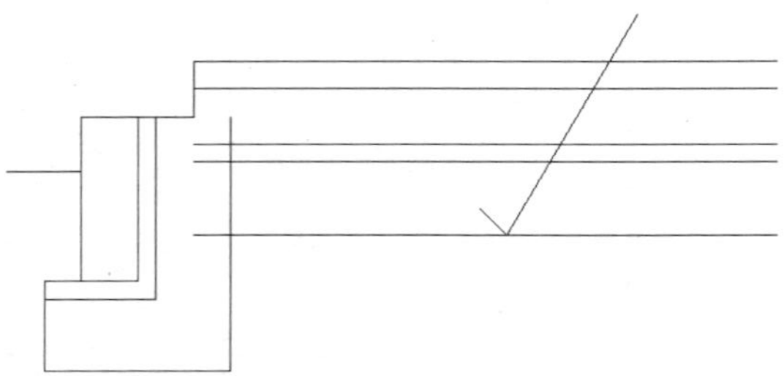

▲ 그림 14

15. 맨 아래 수평선을 위쪽으로 Offset을 75만큼 실행한다.(그림 15)

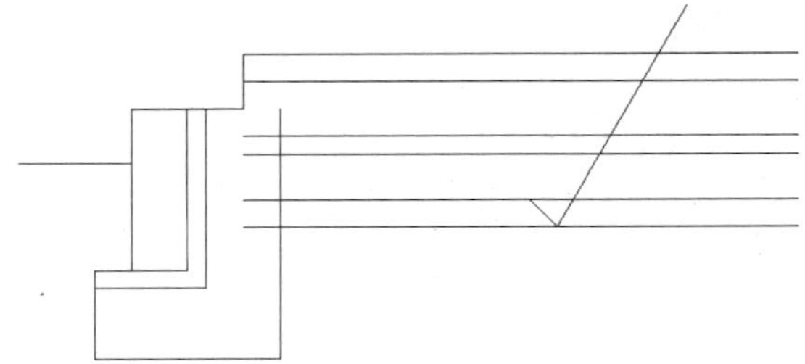

▲ 그림 15

16. 60° 기울기선을 기준으로 좌측 부분을 Trim으로 삭제한다.(그림 16)

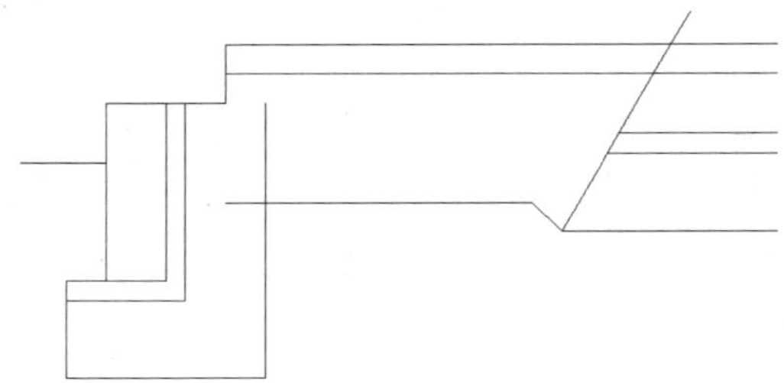

▲ 그림 16

17. Copy로 두 개의 선을 위쪽으로 두 번 복사한다.(그림 17)

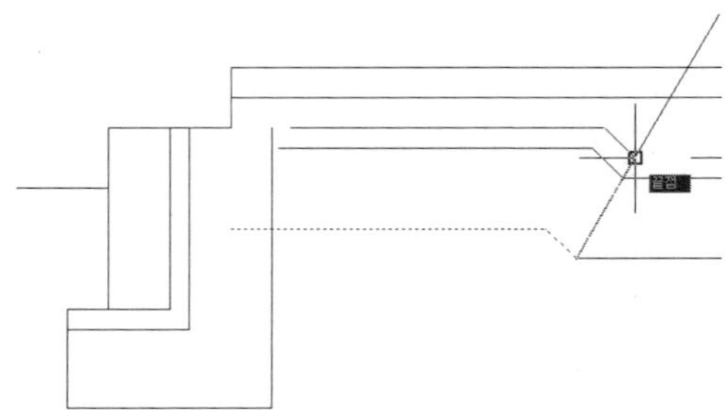

▲ 그림 17

18. 점 F에서 G로 선을 그린다.(그림 18, 19)

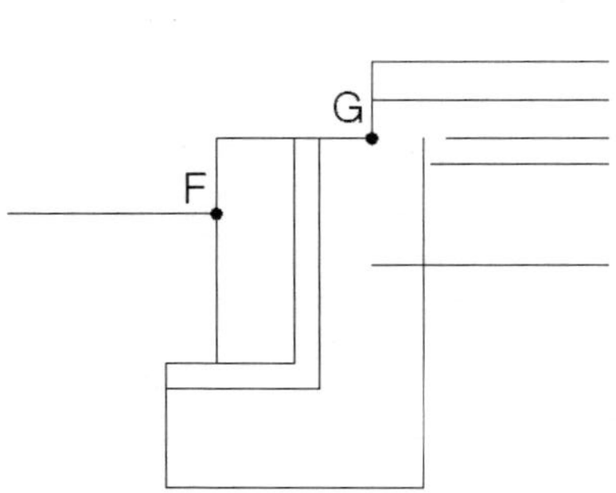

▲ 그림 18

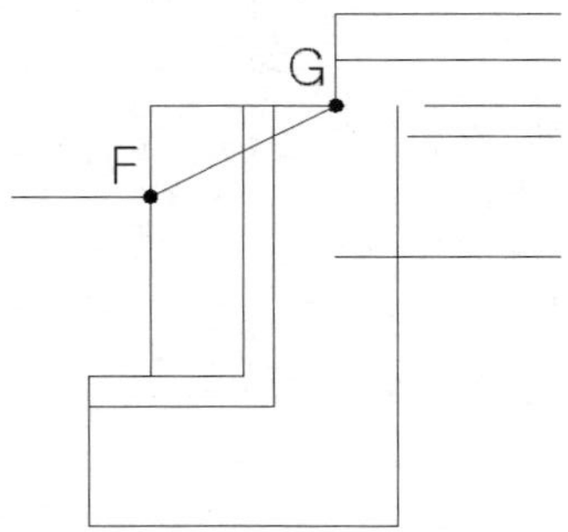

▲ 그림 19

19. 그 선을 아래 방향으로 "75, 150, 50, 200"만큼 Offset한다.(그림 20)

20. Extend 명령으로 선들을 위쪽으로 연장시켜 교점을 만든다.(그림 21)

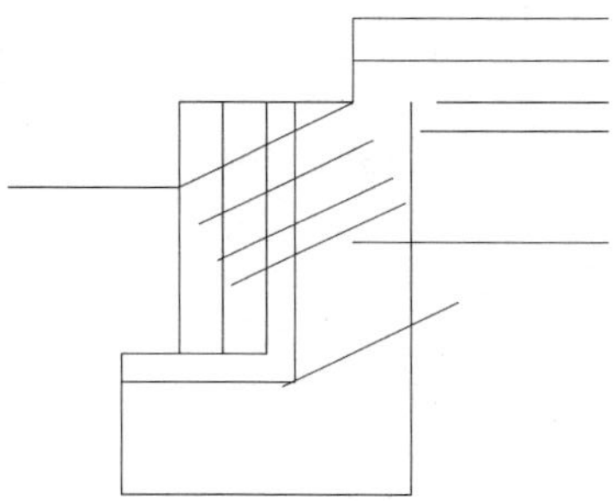

▲ 그림 20

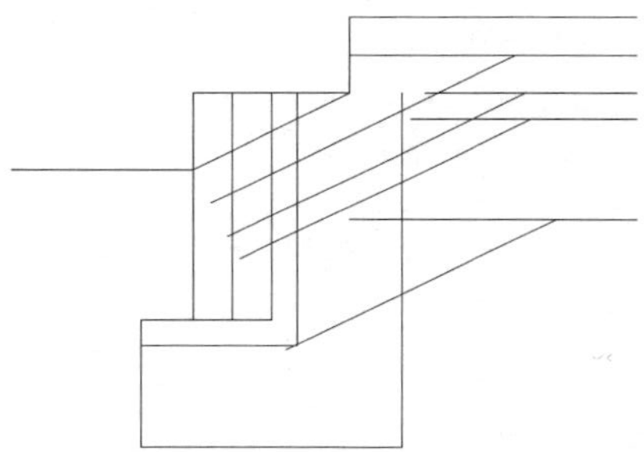

▲ 그림 21

21. Trim으로 선을 정리한다.(그림 22)

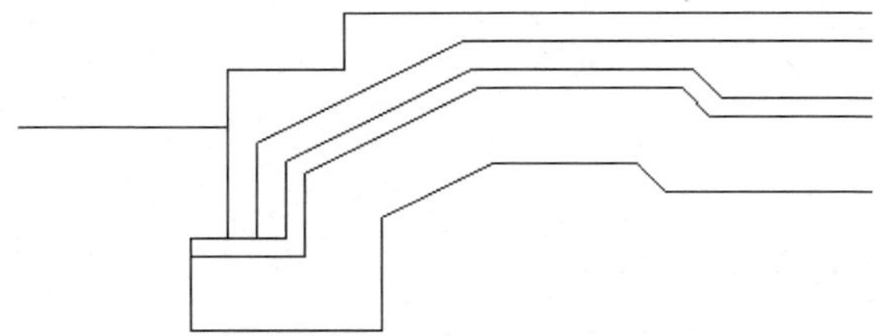

▲ 그림 22

22. 좌측 벽선을 30만큼 Offset(그림 23)시켜 Trim으로 절단하여(그림 24) 아스팔트 컴파운드를 그린다.

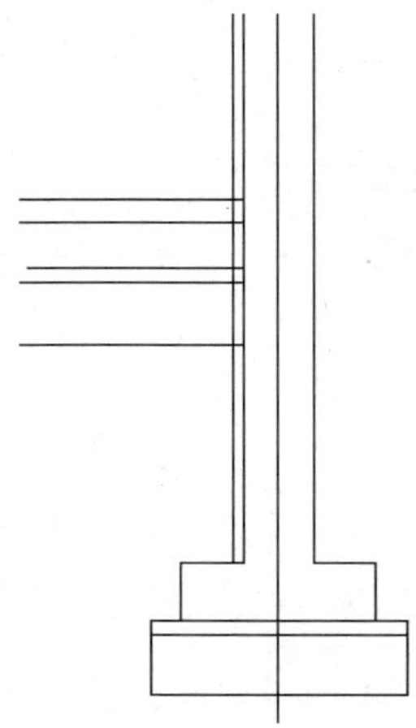

▲ 그림 23

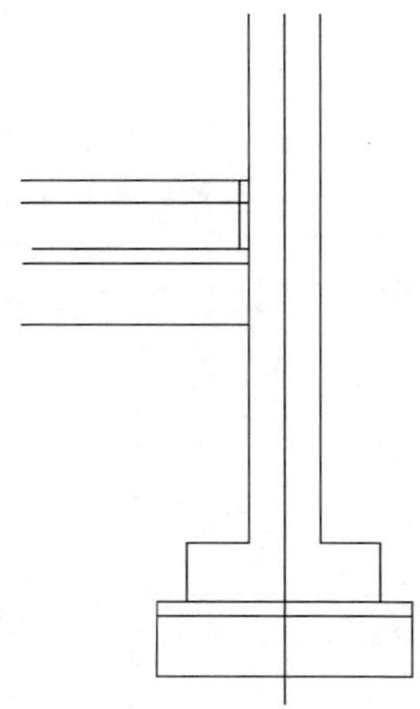

▲ 그림 24

23. 다시 30간격으로 Offset시키고 Line을 그리고 Mirror시켜 아스팔트 컴파운드 부분을 마무리한다.(그림 25) 세부 치수는 보기 좋게 그리기 위한 치수이므로 참고만 하기 바란다.

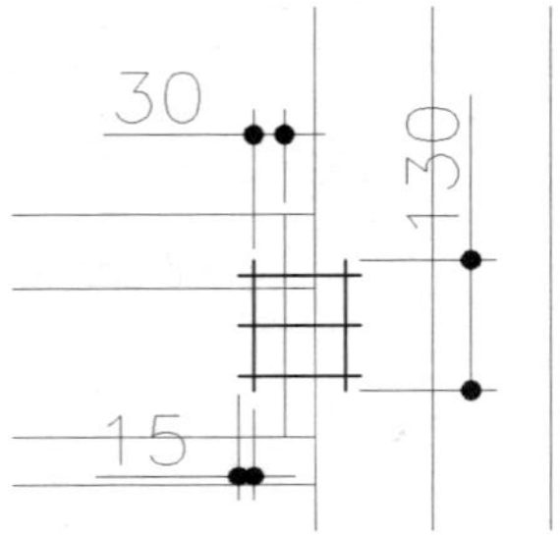

▲ 세부 치수

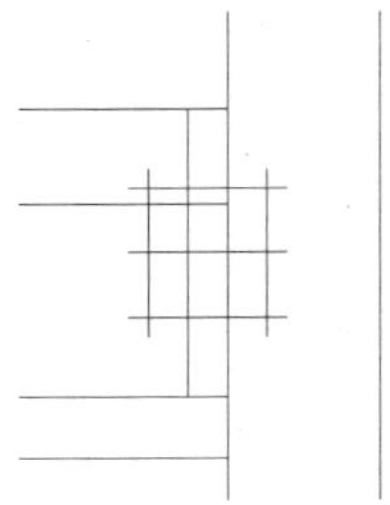

▲ 그림 25

24. 기둥 위쪽에 파단선을 그린다.

25. 선의 형태를 잡아준다.

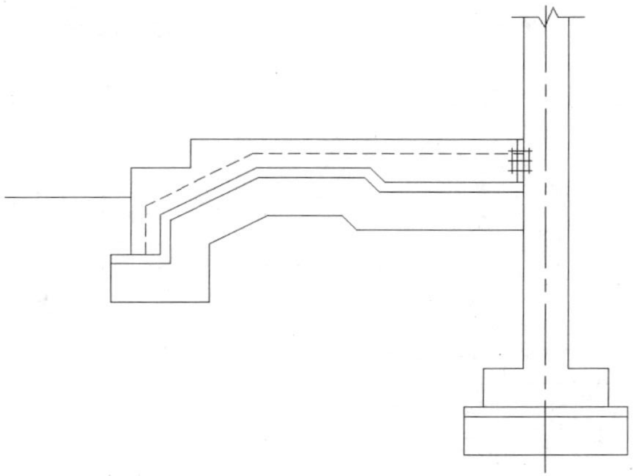

26. Hatch를 적용한다.

기둥 부분은 2종류의 해치 "PLAST, AR-CONC"를 중복 적용한다.

계단 앞 G.L. 부분의 해치는 사각형을 그려서 그 안에 해치를 한 후, 사각형을 지운다.

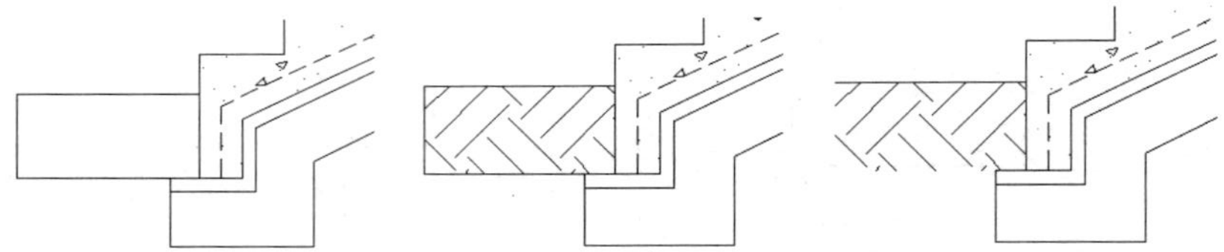

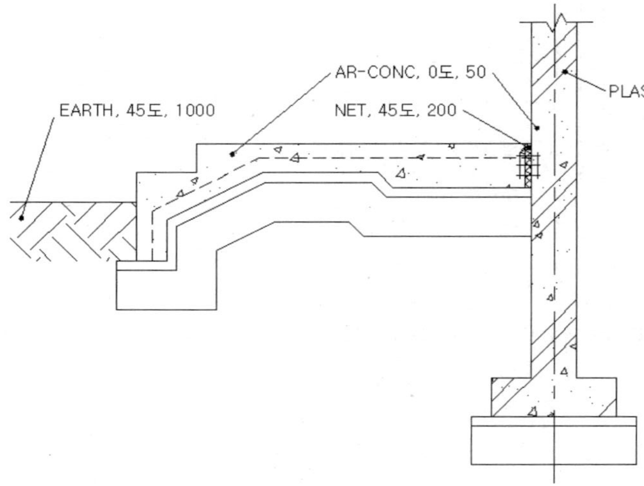

잡석 다짐 해치는 지원되는 형태가 없으므로 그려서 복사하여 해결한다.

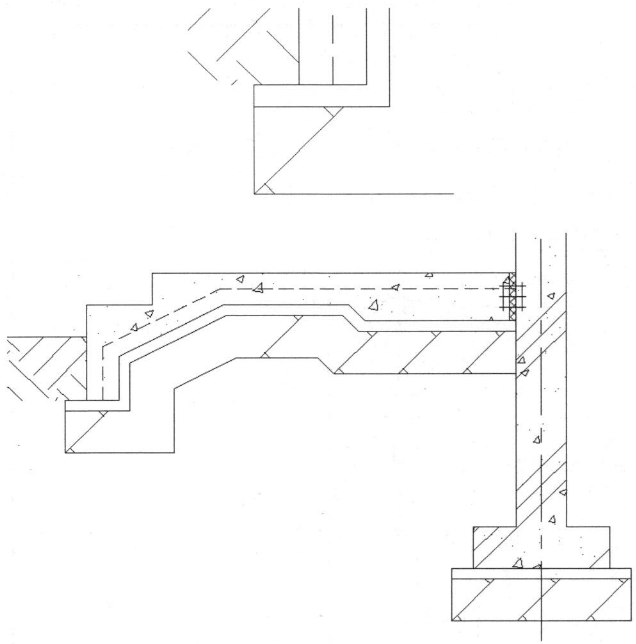

27. Dtext로 문자를 입력한다.

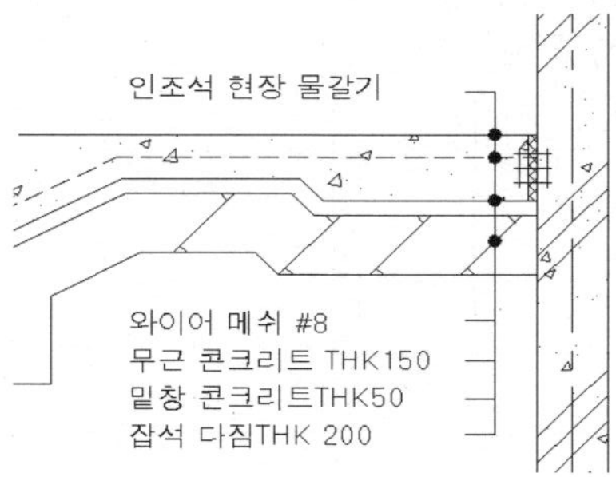

28. 치수기입하여 마무리한다.

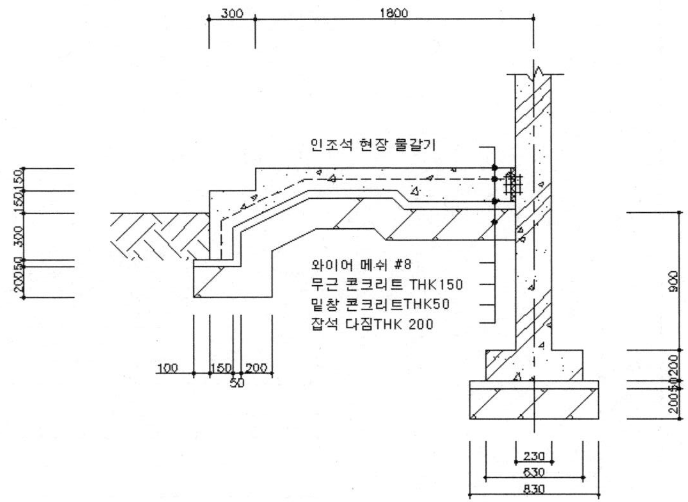

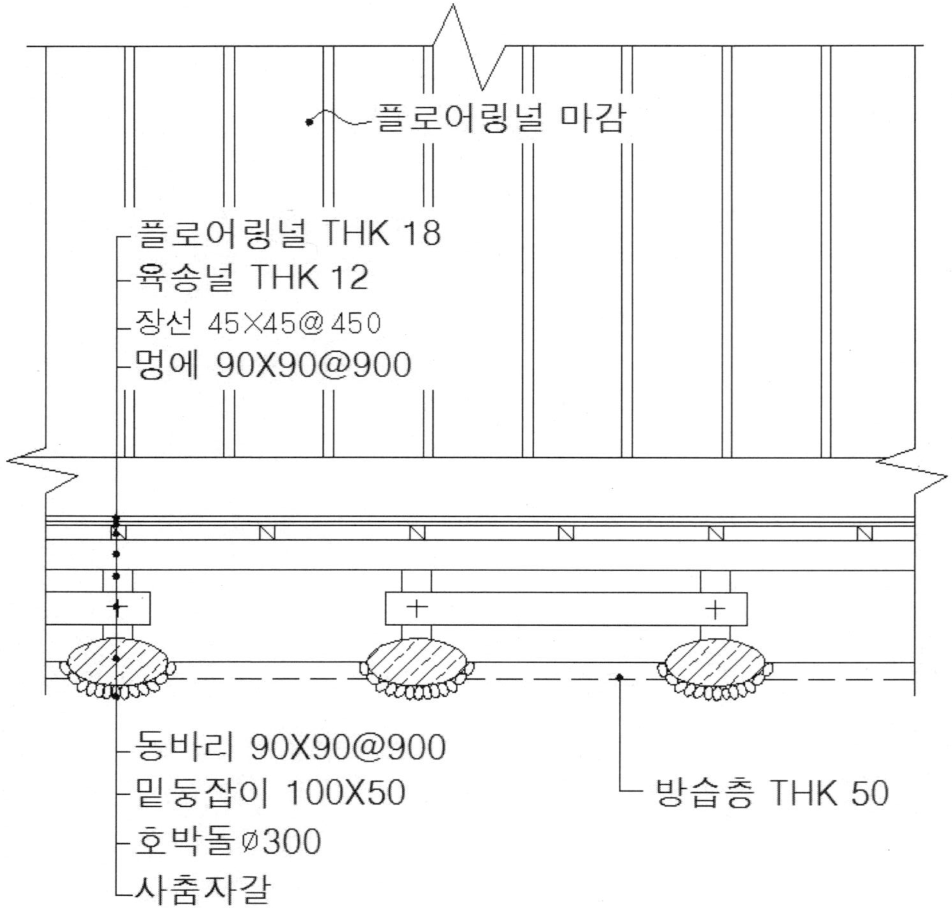

38. 건축-10	동바리 기초도

해설 건축-10 동바리 기초도

기준치수를 외워서 보지 않고 그릴 수 있어야 한다.

1. 기준선을 Line으로 "2800" 만큼 수평선을 그린다.
2. 플로어링널 두께 18, 육송널 두께 12, 장선 45, 멍에 90만큼 아래로 Offset 한다.

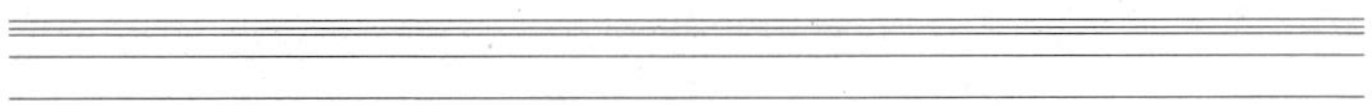

3. 거실 바닥 높이를 450으로 하기 위해 맨 윗선을 아래로 450 Offset한다.

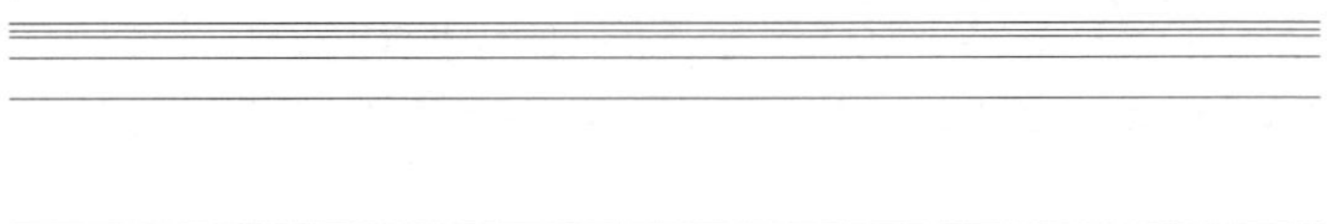

4. 기준이 될 수직선을 긋는다.(그림 1)
5. 장선을 Rectang 명령으로 가로 45, 세로 45로 그려 넣는다.(그림 2)

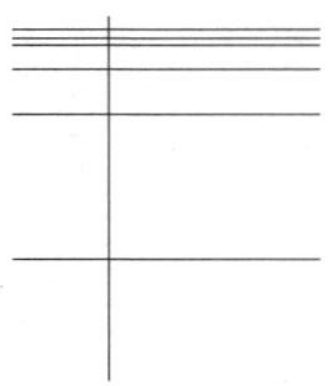

▲ 그림 1

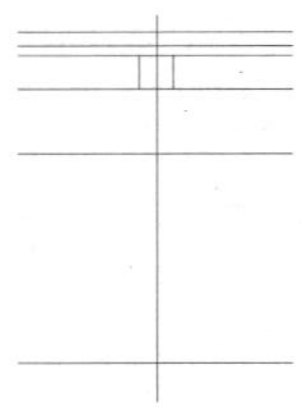

▲ 그림 2

6. 직사각형 안에 대각선을 그린 다음 Array로 열의 수 6개, 간격 450으로 사각 배열한다.(그림 3)

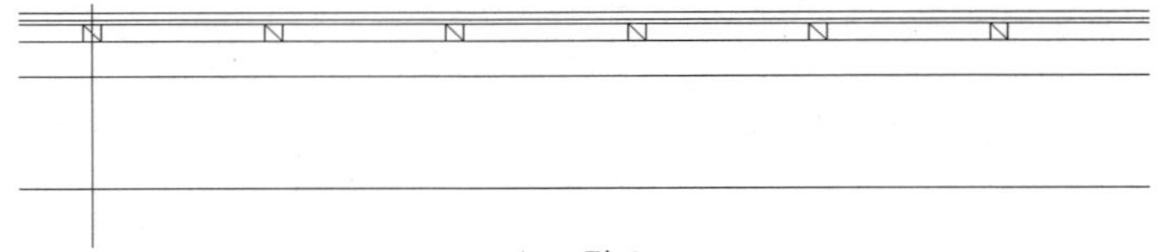

▲ 그림 3

7. 중심선을 45씩 양쪽으로 Offset하여 동바리를 잡는다.(그림 4)
8. Trim으로 정리한 후(그림 5) 동바리 선의 1/2지점에서 수평선을 그리고 다음 50씩 상, 하 Offset하여 밑등잡이 선을 잡는다.(그림 6)

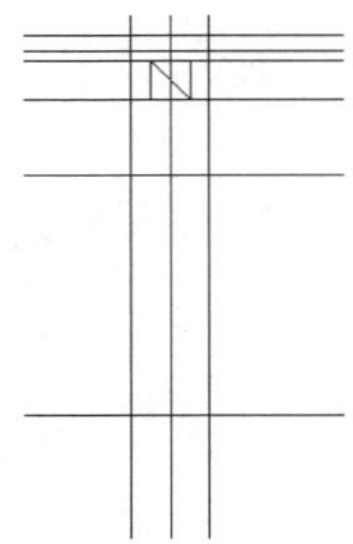

▲ 그림 4

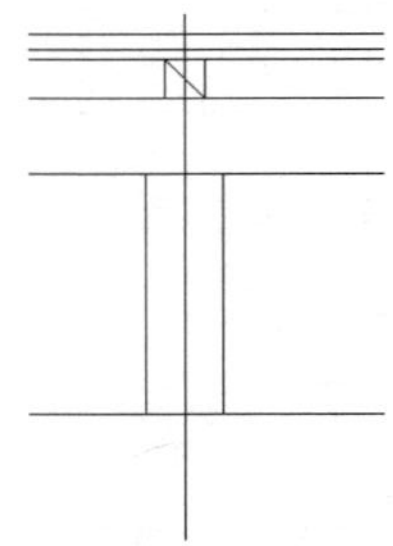

▲ 그림 5

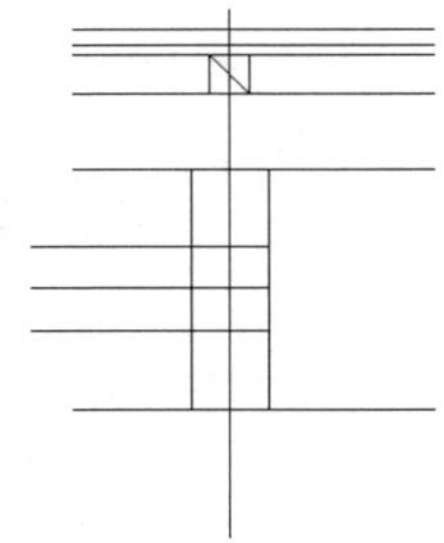

▲ 그림 6

9. 동바리 선을 우측으로 50만큼 Offset하여(그림 7) Fillet 반지름 0으로 선을 정리한다.(그림 8)
10. Trim으로 정리한다.(그림 9)

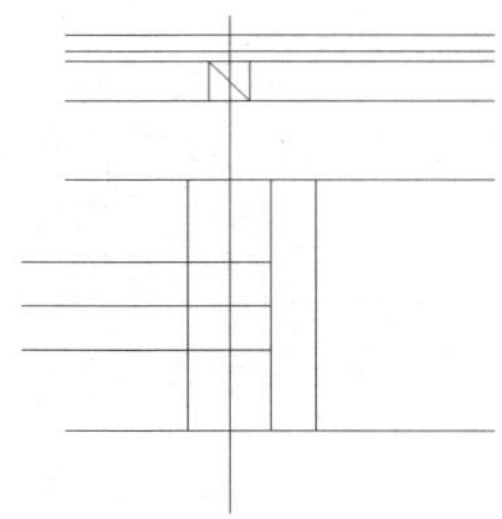

▲ 그림 7

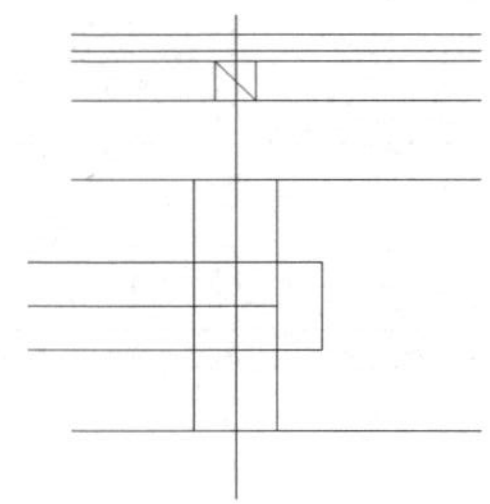

▲ 그림 8

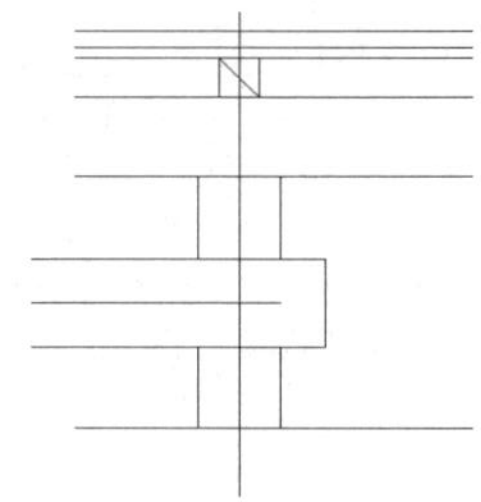

▲ 그림 9

11. 호박돌을 Ellipse 명령으로 다음 그림처럼 가로 300, 세로 200 크기로 그린다.(그림 10) 좌우 위치는 중심선에 정렬시키고 상하 위치는 G.L.선 위로 30만큼 위로 위치하게 한다.

12. G.L.선을 아래로 50만큼 Offset하여 방습층을 그린다.(그림 11)

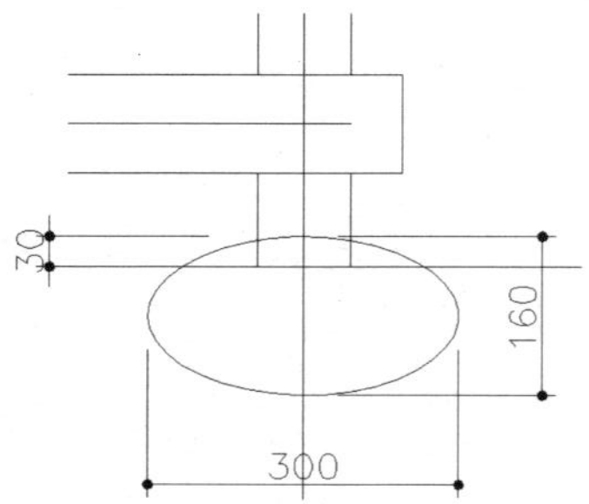

▲ 그림 10

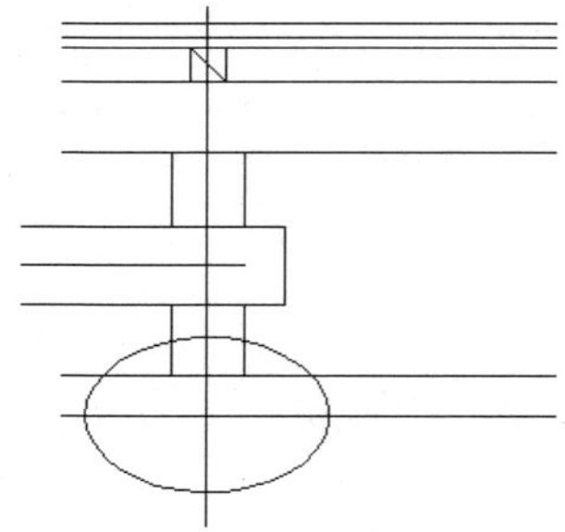

▲ 그림 11

13. 사춤자갈을 Ellipse로 임의의 크기로 그린 다음 복사하여 배열한다.(그림 12)

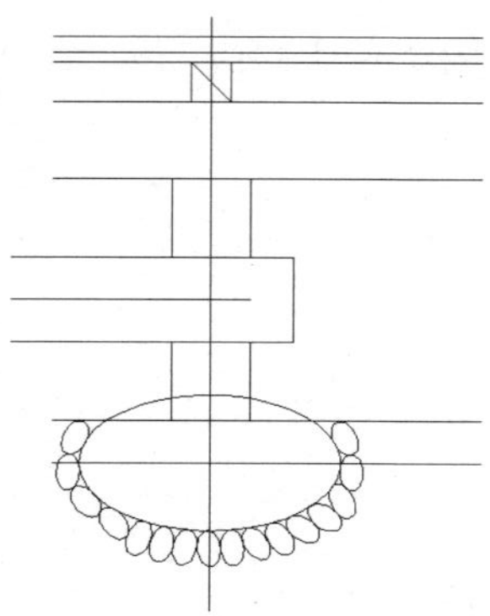

▲ 그림 12

14. 호박돌, 동바리, 밑둥잡이, 사춤자갈을 한꺼번에 선택하여 Array로 900 간격으로 3개, 사각 배열한다.

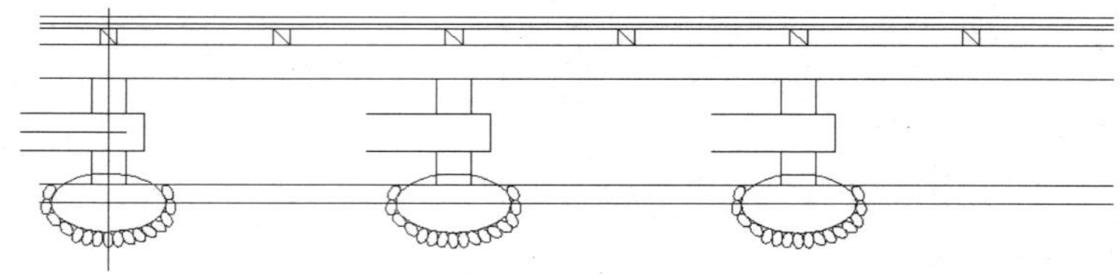

15. Copy, Fillet, Trim 등으로 정리하여 아래 부분을 마무리한다.

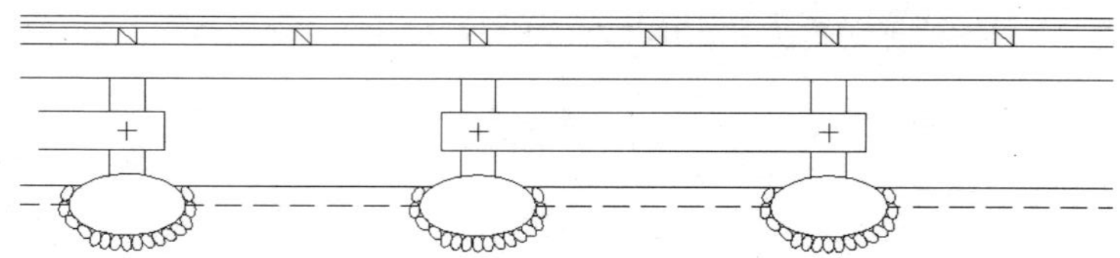

16. 맨 윗선을 180만큼 Offset으로 걸레받이선을 그린다.

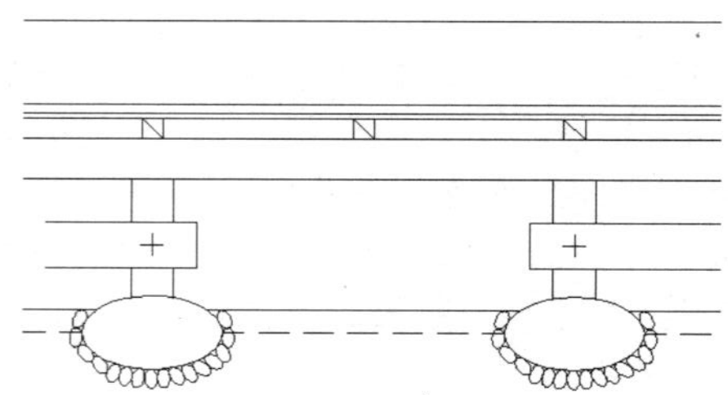

17. 플로어링 널 마감선을 수직선으로 그린다.(그림 13)

18. 30만큼 Offset시킨 후 Array 명령으로 300간격, 6개로 사각 배열한다.
(그림 14)

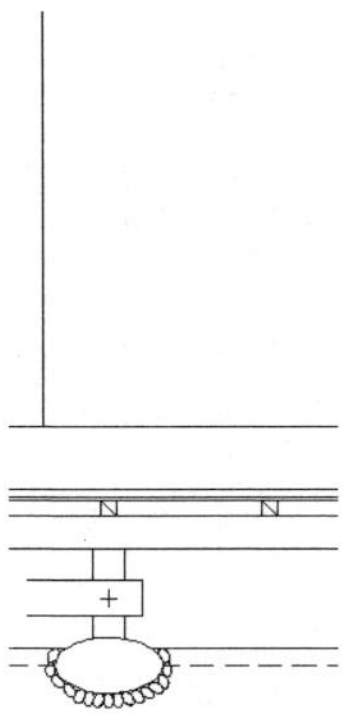

▲ 그림 13

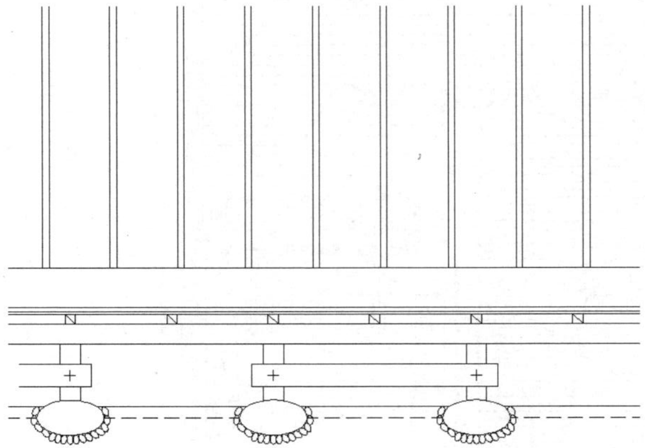

▲ 그림 14

19. 절단선을 그려 정리하고 호박돌에 해치(ANSI33, S=200)를 적용한다.

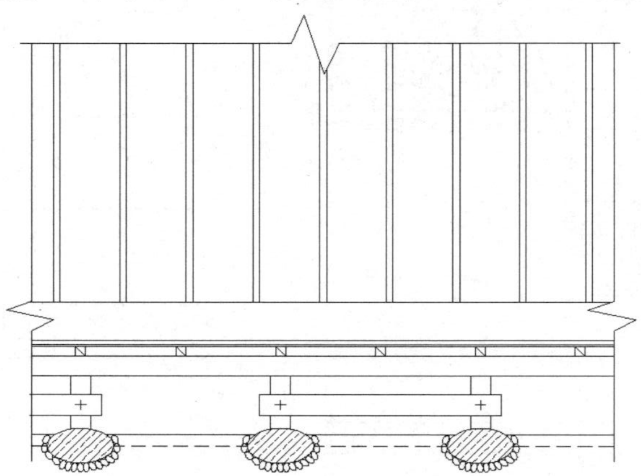

20. 문자를 입력하고 문자와 겹치는 부위는 Trim으로 절단한다.

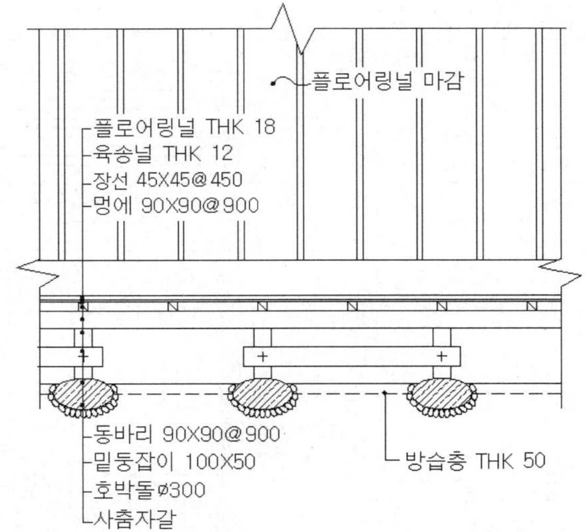

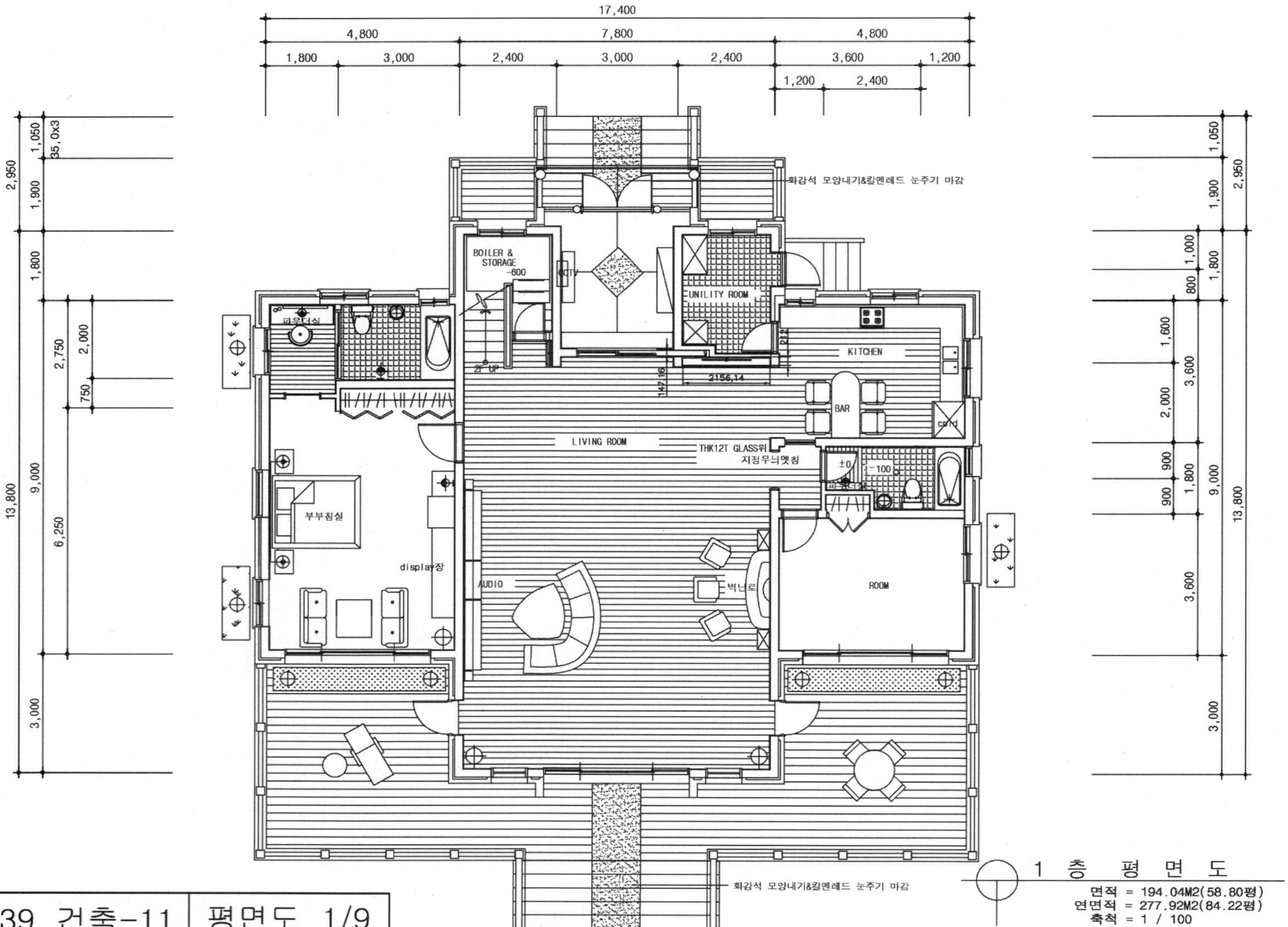

1 층 평 면 도

면적 = 194.04M2(58.80평)
연면적 = 277.92M2(84.22평)
축척 = 1 / 100

39. 건축-11 | 평면도 1/9

FRONT ELEVATION

SCALE = 1 / 100

40. 건축-12	입면 정면도 2/9

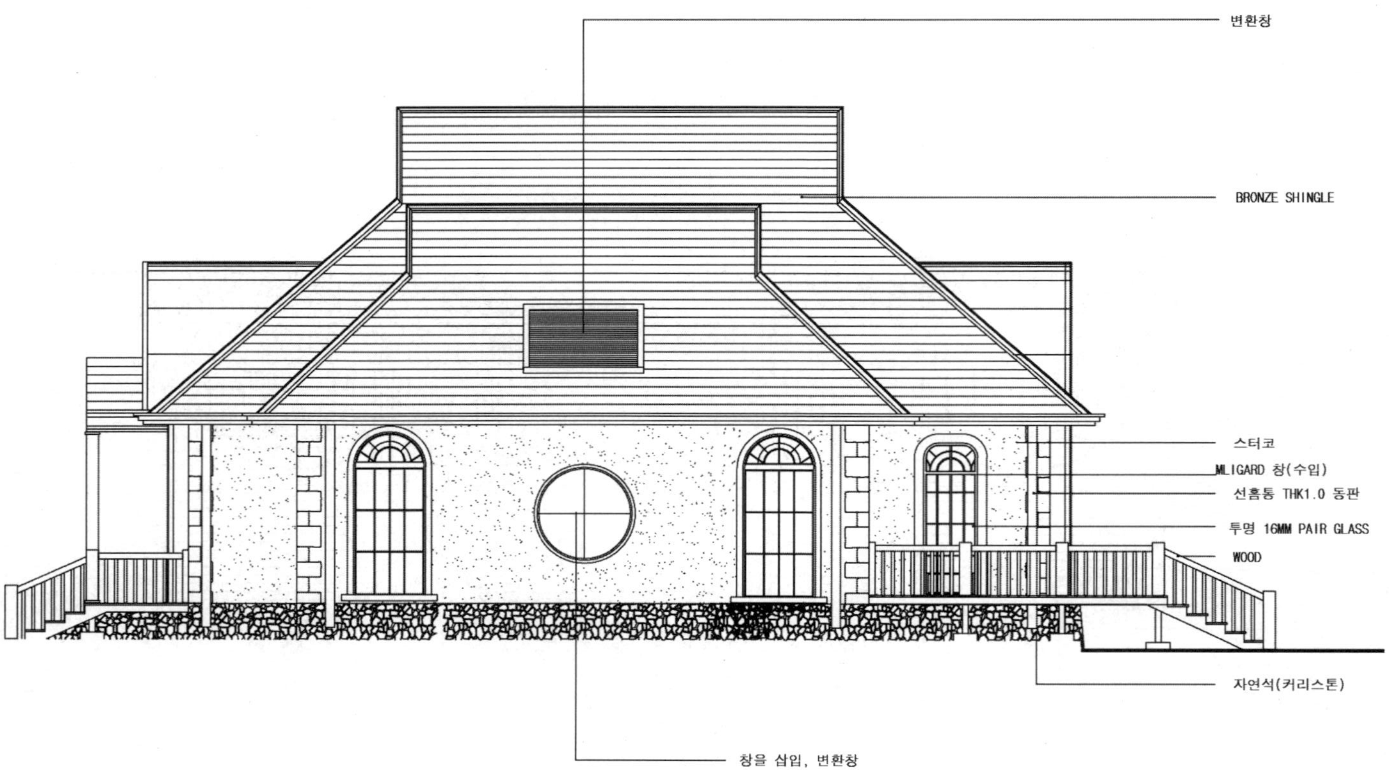

LEFT SIDE ELEVATION

SCALE = 1 / 100

41. 건축-13	좌측 입면도 3/9

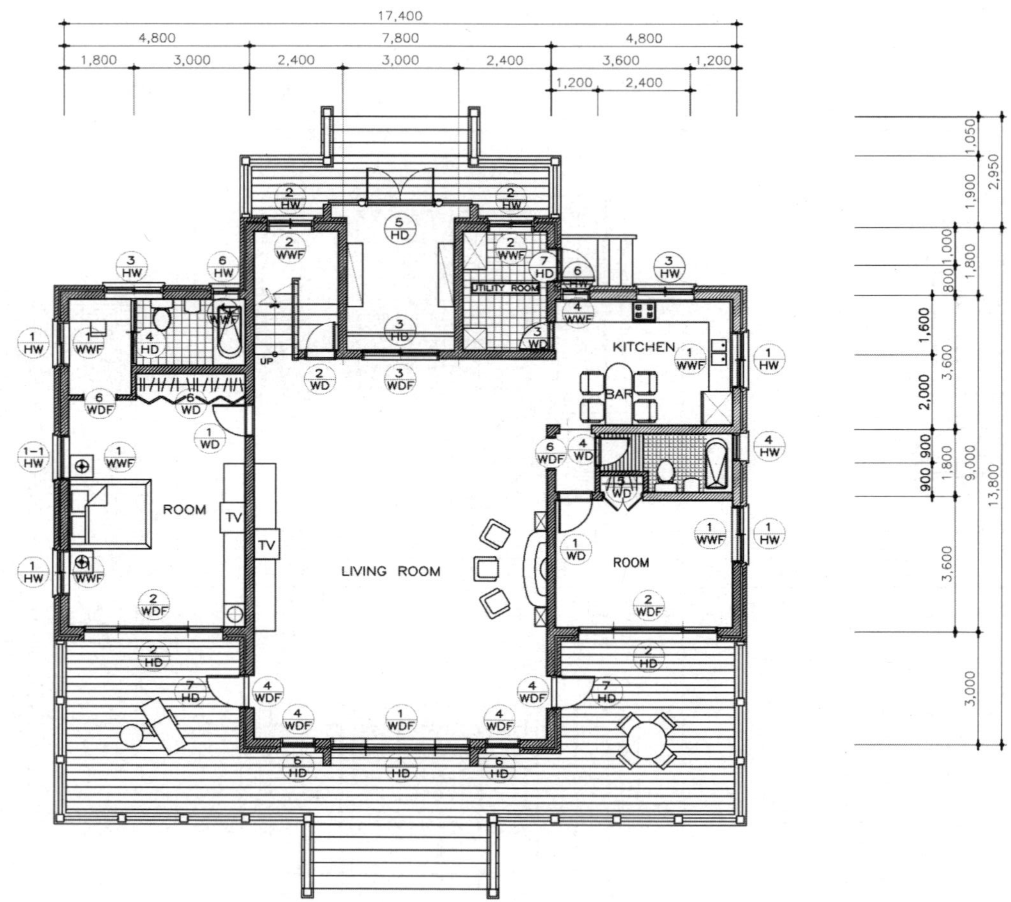

1 층 창호 부호도

축척 = 1 / 100

42. 건축-14 | 1층 창호 부호도 4/9

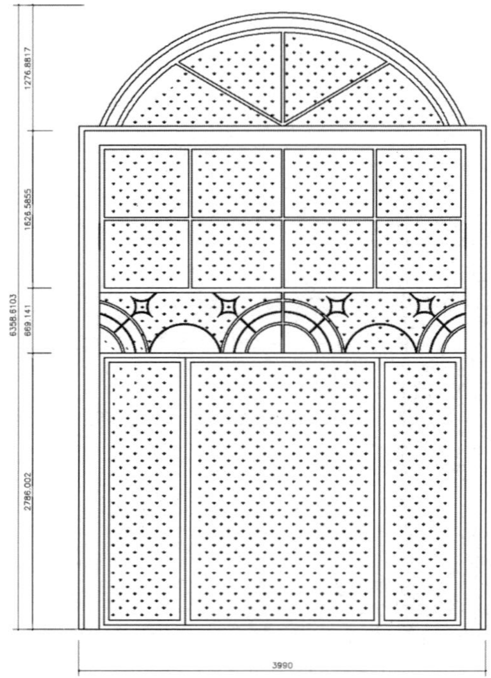

* 동망 방충망 설치할 것.

① HD	위 치	거실전면	개 소	1EA
	유 리	18mm(6+6+6) 페아그래스	개폐형식	SLIDING,FIX
후 레 임		120mm 밀가드 창(MILGARD)	철 물	1식

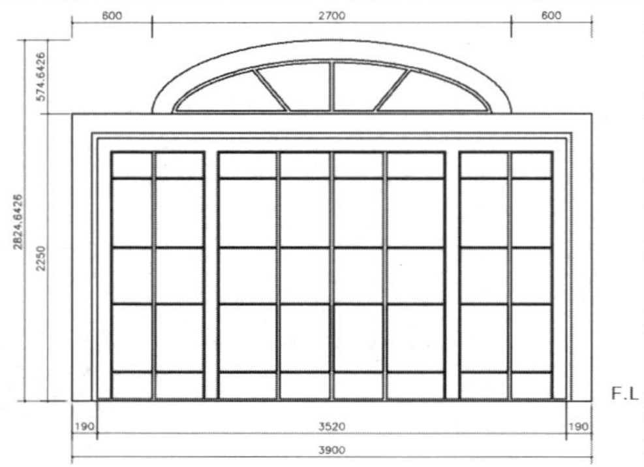

* 동망 방충망 설치할 것.

② HD	위 치	안 방, 방	개 소	2EA
	유 리	18mm(6+6+6) 페아그래스	개폐형식	SLIDING,FIX
후 레 임		120mm 밀가드 창(MILGARD)	철 물	1식

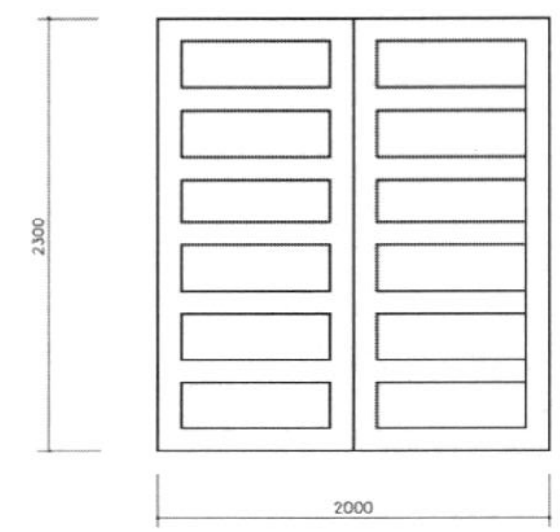

③ HD	위 치	현 관	개 소	1EA
	유 리	18mm(6+6+6) 페아그래스	개폐형식	SLIDING
후 레 임		120mm NG천연원목	철 물	1식

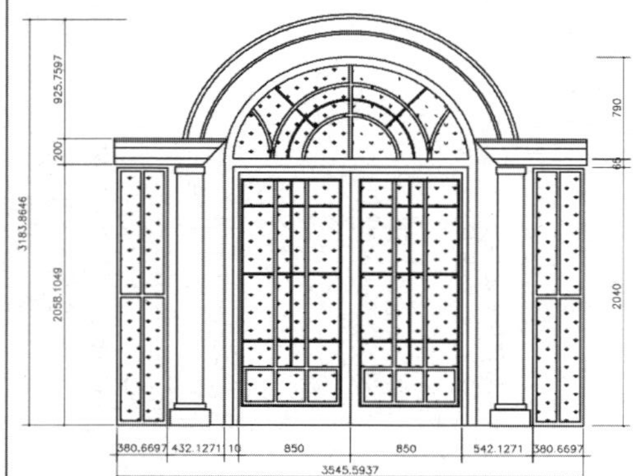

⑤ HD	위 치	현관출입부	개 소	1EA
	유 리	18mm(6+6+6) 페아그래스	개폐형식	여닫이문,FIX
후 레 임		120mm 밀가드 창(MILGARD)	철 물	1식

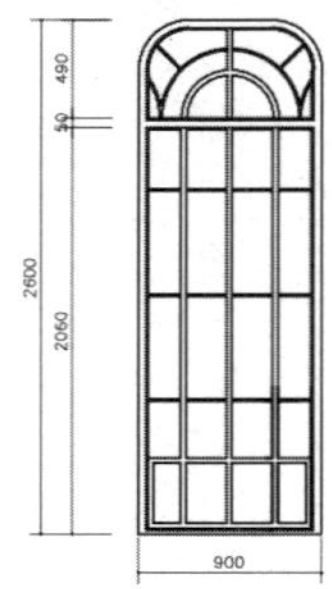

⑥ HD	위 치	거실전면부	개 소	2EA
	유 리	18mm(6+6+6) 페아그래스	개폐형식	FIX
후 레 임		120mm 밀가드 창(MILGARD)	철 물	1식

43. 건축-15	창호 세부도 1 5/9

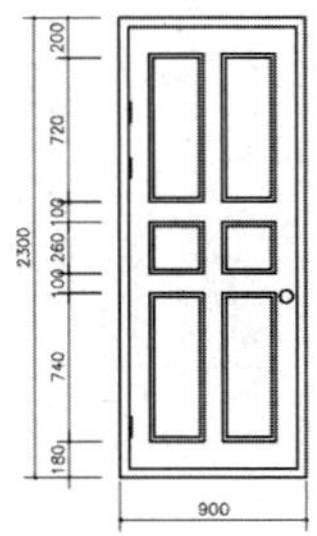

(양면조각문)

①WD	위 치	1 층 방	개 소	2EA
	후레임	NG목45*150+2(30*45)위 투명락카	개폐형식	여닫이문
마 감		NG천연목 (조각)	철 물	4"황동정첩3EA 실린더1조

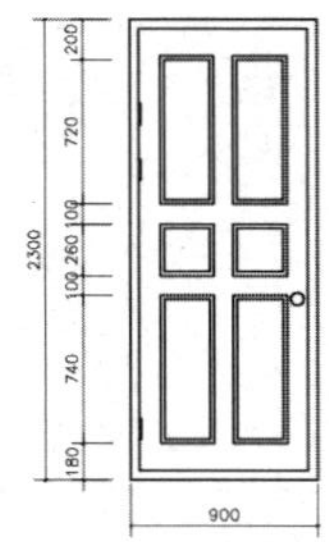

(1면조각문)

②WD	위 치	보일러실	개 소	1EA
	후레임	NG목45*150+2(30*45)위 투명락카	개폐형식	여닫이문
마 감		NG천연목 (조각)	철 물	4"황동정첩3EA 실린더1조

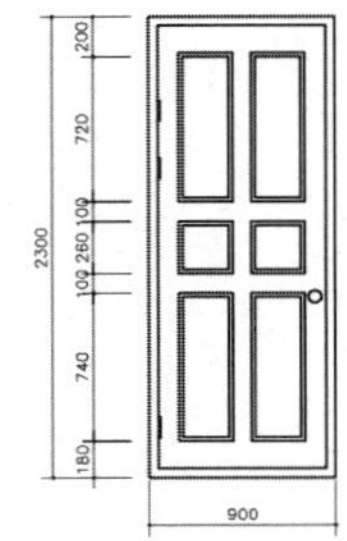

③WD	위 치	다용도실	개 소	1EA
	후레임	NG목45*150+2(30*45)위 투명락카	개폐형식	여닫이문
마 감		NG천연목 (조각)	철 물	4"황동정첩4EA 기성품손잡이4조

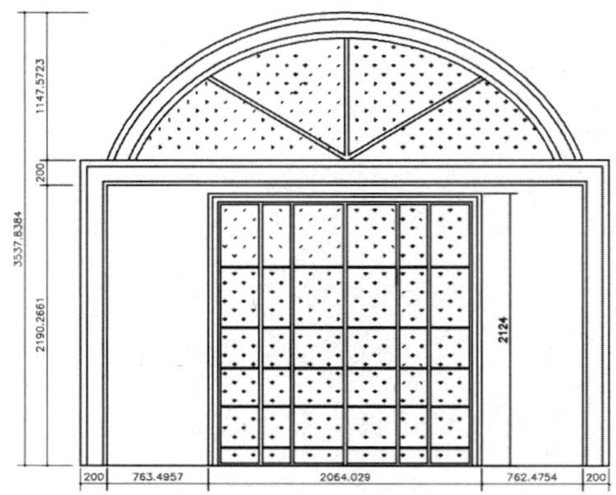

⑧HD	위 치	이층발코니	개 소	1EA
	유 리	18mm(6+6+6) 페아그래스	개폐형식	FIX
후 레 임		120mm 밀가드 창(MILGARD)	철 물	1식

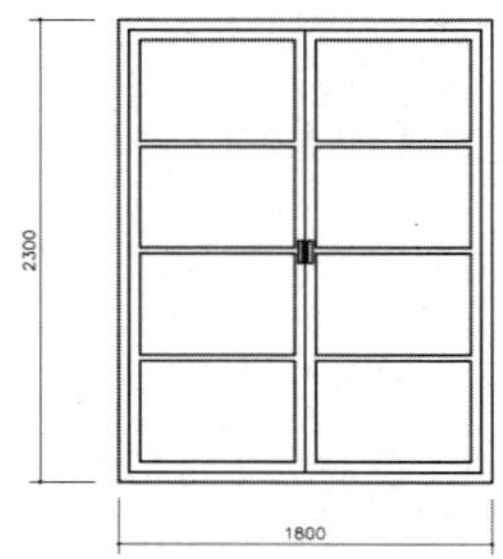

④HD	위 치	안 방 화장실	개 소	1EA
	유 리	18mm(6+6+6) 페아그래스	개폐형식	SLIDING
후 레 임		120mm NG천연원목	철 물	1식

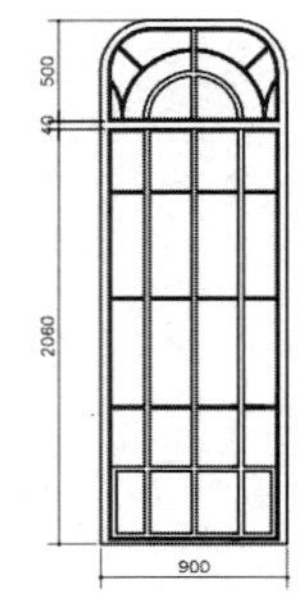

⑦HD	위 치	거실 좌, 우측면 ,다용도실	개 소	3EA
	유 리	18mm(6+6+6) 페아그래스	개폐형식	여닫이문,FIX
후 레 임		120mm 밀가드 창(MILGARD)	철 물	1식

44. 건축-16 | 창호 세부도2 6/9

NOTE

① CPEV 0.65/10P (28C)
② EMPTY PIPE (36C)-CATV대비용
③ EMPTY PIPE (54C) - 2L
④ CATV 7C-HFL x2L (28C)
⑤ IV 2.0 x3 (16C)
⑥ GV 14° (16C)

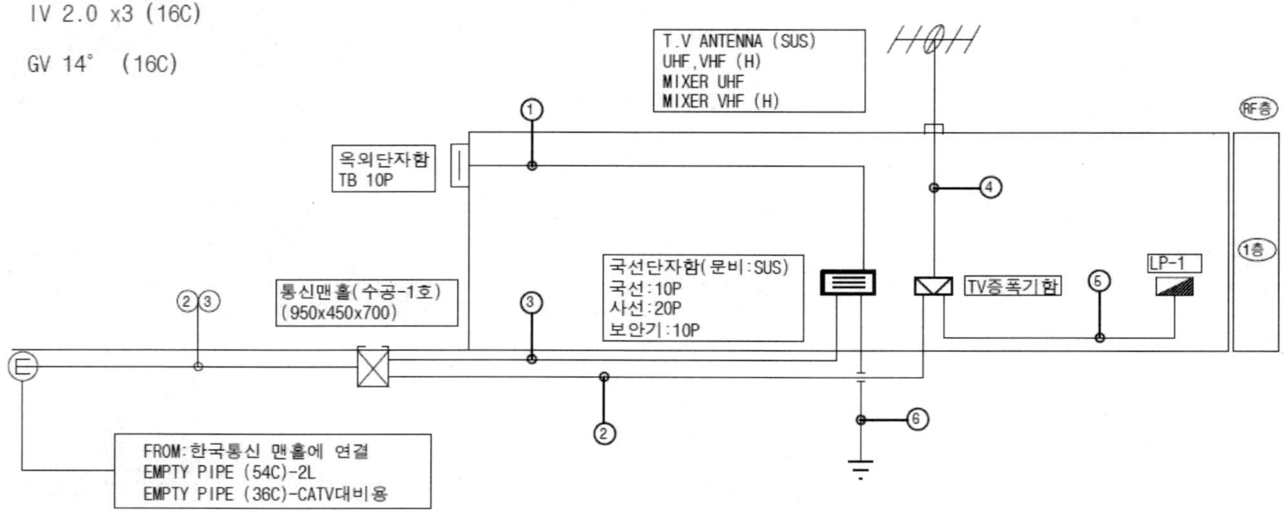

전 화 TV 계 통 도

45. 건축-17	설비도 7/9

범 례 및 주 기

기 호	내 용	비 고	기 호	내 용	비 고
	국 선 단 자 함 SUS-DOOR	FL + 500	————	천 정 매 입 배 관	
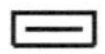	중 # 단 자 함 SUS-DOOR	FL + 500	————	천 정 노 출 배 관	
			————	지 중 배 관	
	모 듈 러 잭 (4P)	MH:300(중심)	—— ——	바 닥 매 입 배 관	
			——TV——	바 닥 매 입 배 관 (TV)	
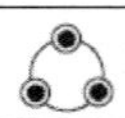	접 지 동 봉 18 x 2400				
	통 신 맨 홀 950 x 450 x 700	상세도 참조			
	전 선 관 상 승,인 하,소 통 표 시				
	TV 수 구 (칼 라 형)	FL + 300			
	TV 증 폭 기 함				
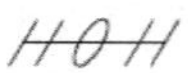	TV 안 테 나	상세도 참조			

주 기 사 항

전화 배관/배선

——/—— 쉴드선 0.6mm/2P x1 (16C)

——//—— 쉴드선 0.6mm/2P x2 (16C)

——///—— 쉴드선 0.6mm/2P x3 (16C)

——////—— 쉴드선 0.6mm/2P x4 (22C)

TV 배관/배선

——TV—— 5C-HFL (16C)

TV 공급용 배선기구및 기기는 쌍방향성으로 한다

46. 건축-18	설비도(전화 범례 및 주기) 8/9

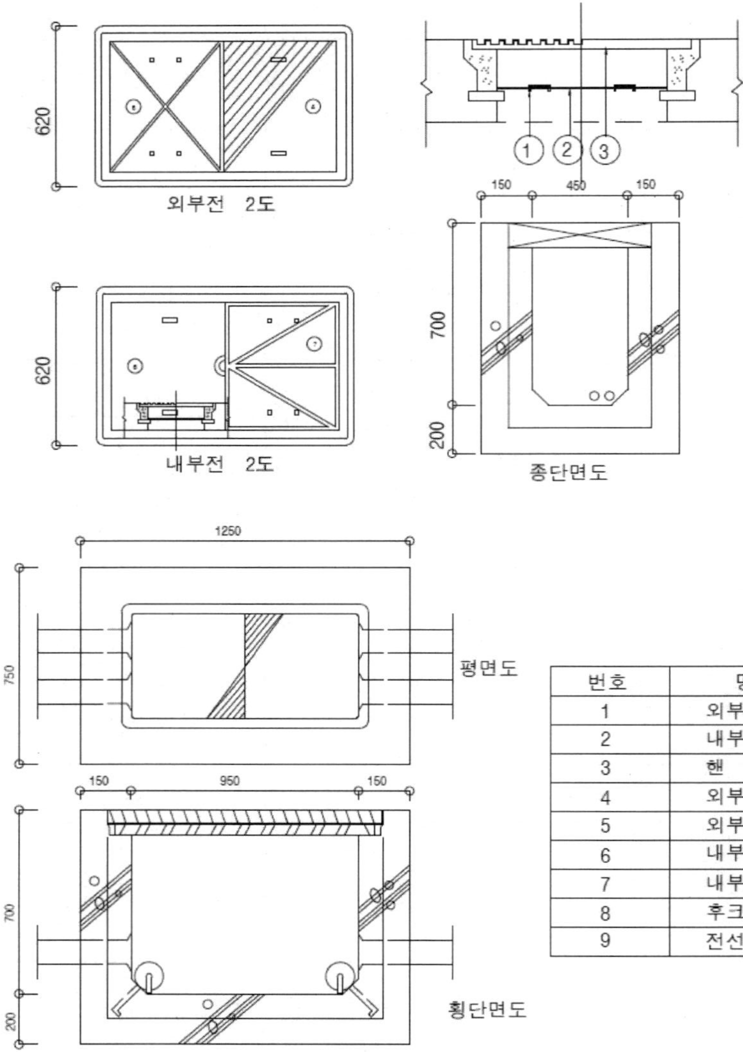

번호	명 칭
1	외부주출카바
2	내부철판카바
3	핸 들
4	외부카바표면
5	외부카바표면
6	내부카바표면
7	내부카바표면
8	후크볼트
9	전선 p

통 신 맨 홀 상 세 도
950 x 450 x 700 MM

47.건축-19	설비도 9/9

요구 조건
1.A부분 단면 상세도 1/40
2.남측 입면도 1/50
3.처마나옴 600mm
4.반자높이2400mm
5.외벽1.0B 공간,
내벽 1.0B 시멘트벽돌
6.출력은 A3에 흑백

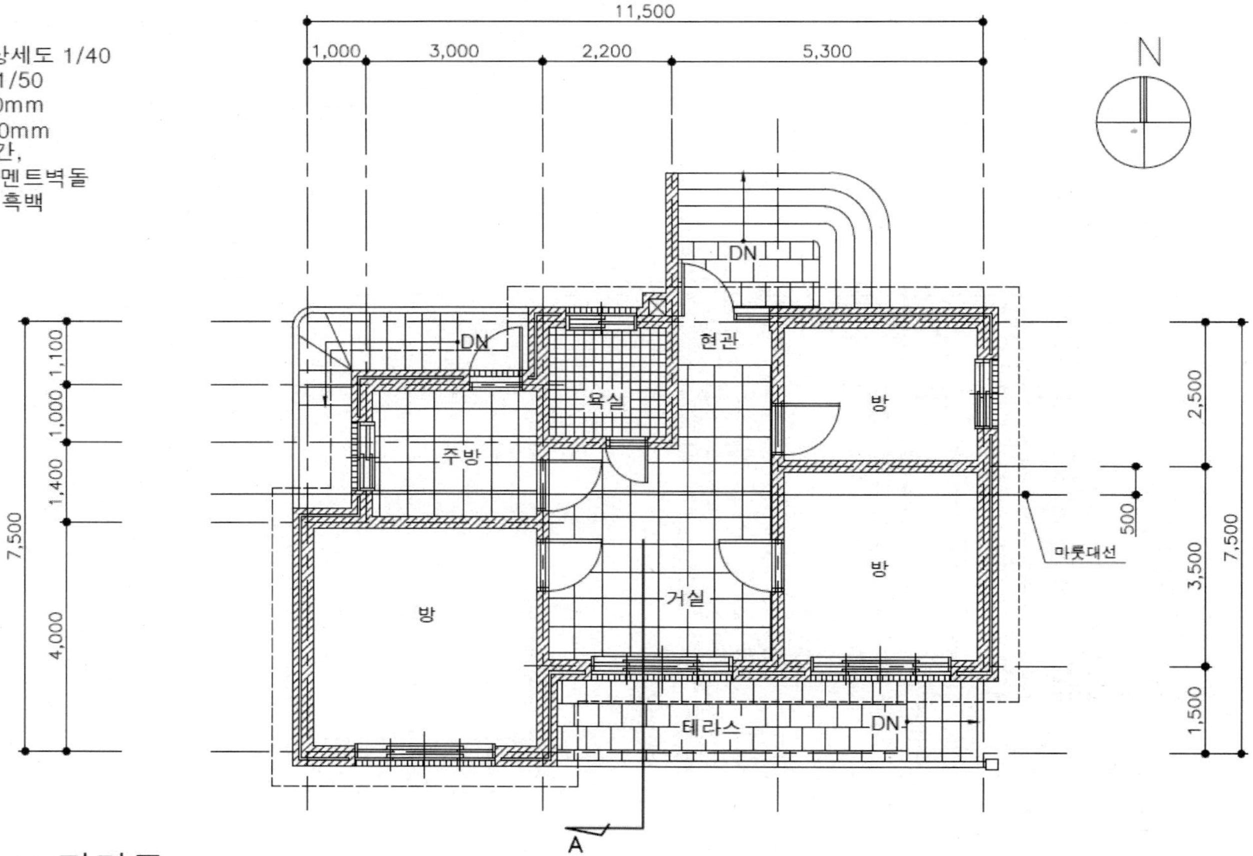

평면도
SCLAE 1:100

48. 건축-20	전산응용건축제도 기출문제

작업 요령

1.요구 조건에 맞춰 작업한다.
2.제시된 치수는 꼭 표기한다.
3.재료표기는 빠짐없이 기재한다.
4.단면선이 그어진 부분까지는 투상해야 한다.

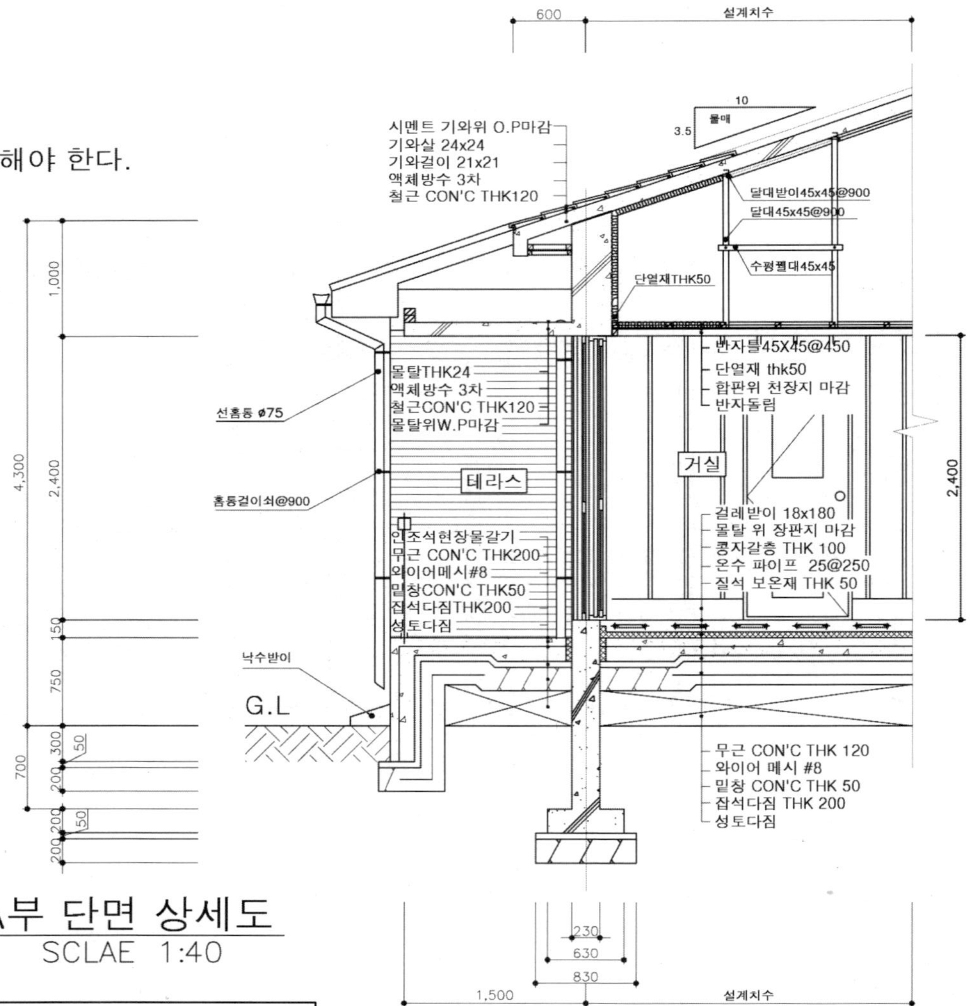

A부 단면 상세도

SCLAE 1:40

49. 건축-21	전산응용건축제도 과제1(단면도)

해설 건축-21 전산응용건축제도 과제 1(단면도)

과제는 평면도를 보고 단면도를 그리는 것으로 도면의 요구조건(처마나옴, 물매, 반자높이, 벽두께 등)에 맞춰서 작업해야 하며 평면도에서 제시한 단면선이 있는 곳까지 단면을 해야 한다. A3 용지에 1/40로 출력해서 제출한다.

작업에 들어가기 전 요구하는 단면선의 위치와 방향, 그려야 할 요소들이 무엇인지 검토한다.

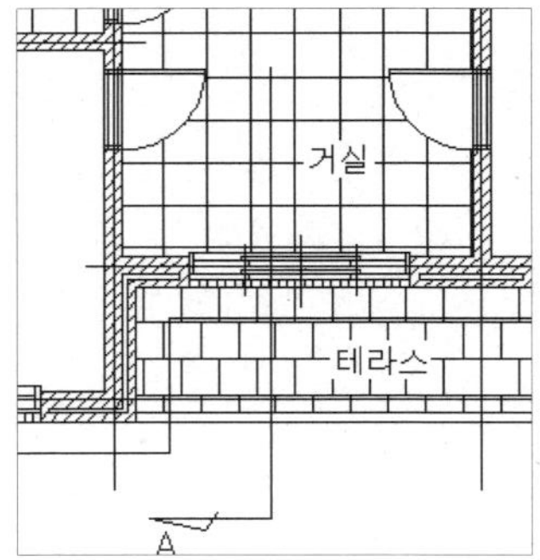

✸ 도면 크기 설정

Mvsetup으로 용지를 A3의 40배로 설정한다.

명령: Mvsetup
도면 공간을 사용가능하게 합니까? [아니오(N)/예(Y)] 〈Y〉: **N** ← 모형 공간에서 작업하기 위함이다.
단위 유형 입력 [공학(S)/십진(D)/엔지니어링(E)/건축(A)/미터법(M)]: **M** ← 미터법을 선택한다.

미터 축척
==================
(5000) 1:5000
(2000) 1:2000
(1000) 1:1000
(500) 1:500
(200) 1:200
(100) 1:100
(75) 1:75
(50) 1:50
(20) 1:20
(10) 1:10
(5) 1:5
(1) 전체
축척 비율 입력: **40** ← 출력 비율을 입력한다.
용지 폭 입력: **420** ← A3 용지의 폭의 크기이다.
용지 높이 입력: **297** ← A3 용지의 높이의 크기이다.

✸ 지붕 그리는 요령

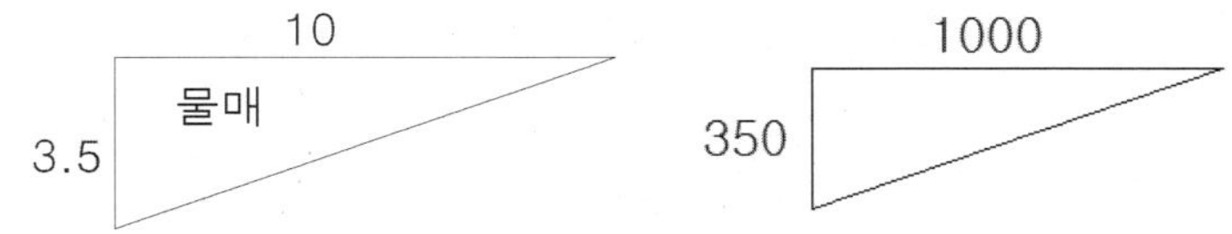

1. Line으로 수평방향 1000, 세로 350을 그려 사이에 그려지는 사선으로 물매를 잡는다. 그려진 사선이 짧으므로 보조선을 4000 간격으로 그린 다음 연장시킨다.(그림 1)

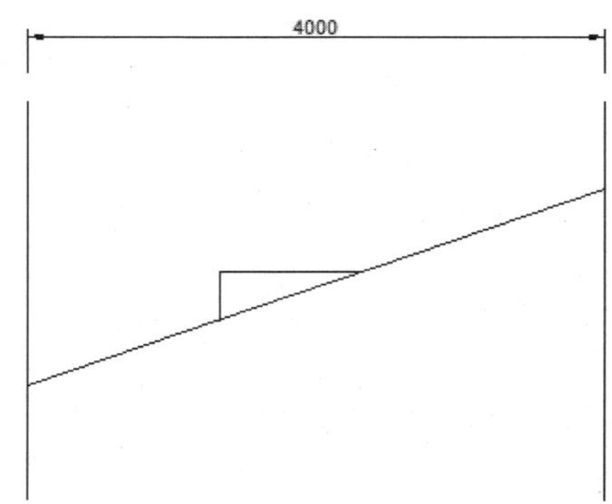

▲ 그림 1

2. 지붕 두께로 “120”만큼 Offset을 실행한다.(그림 2)

3. 좌측 보조선을 처마 나옴 길이 600만큼 안쪽으로 Offset한다.(그림 2)

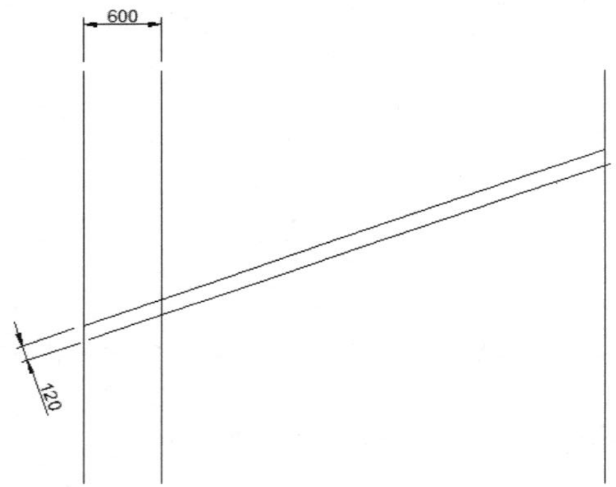

▲ 그림 2

4. 교점 A에서 좌측으로 수평선을 그려 1000만큼 아래 방향으로 Offset시킨다. 이 높이가 캔덜레버의 높이가 된다.(그림 3)

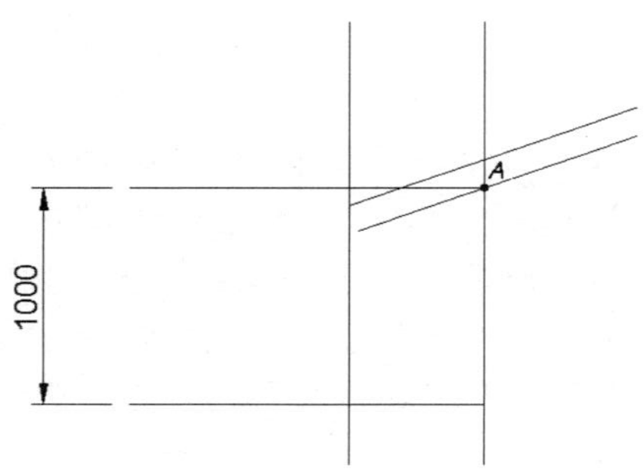

▲ 그림 3

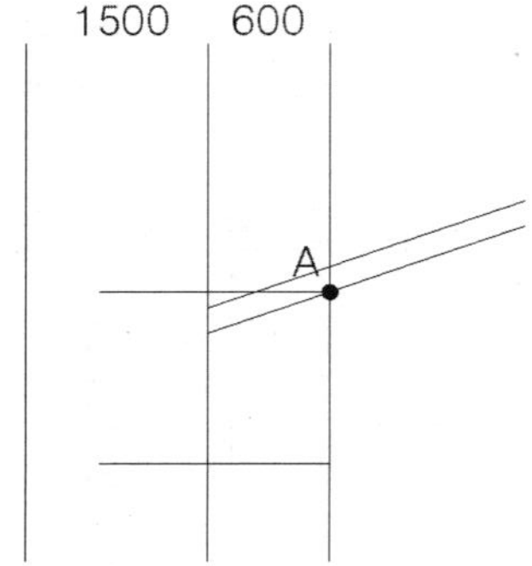

▲ 그림 4

5. 좌측 수직선을 1500만큼 좌측으로 Offset시킨다. 1500은 평면도에서 테라스가 나온 거리이다.(그림 4) 다음 지붕 관련 세부 치수를 참고하여 그린다.

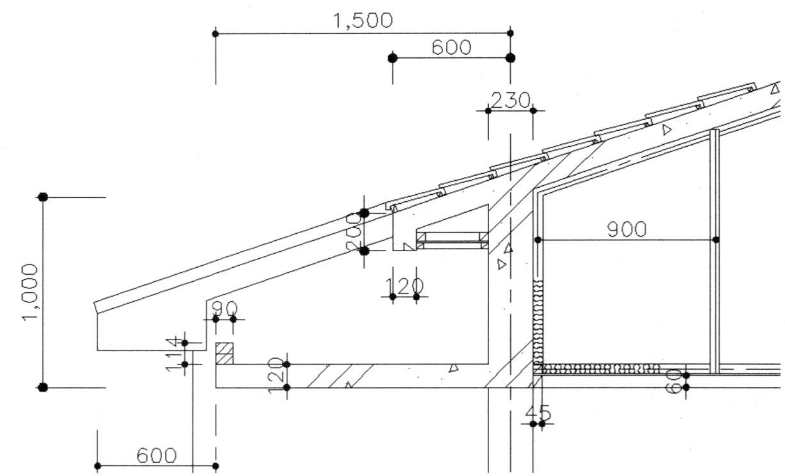

▲ 지붕 관련 세부 치수

6. 선 B를 우측으로 120만큼 Offset한다.(그림 5)

7. 선 C를 아래로 200만큼 Offset한다.(그림 6)

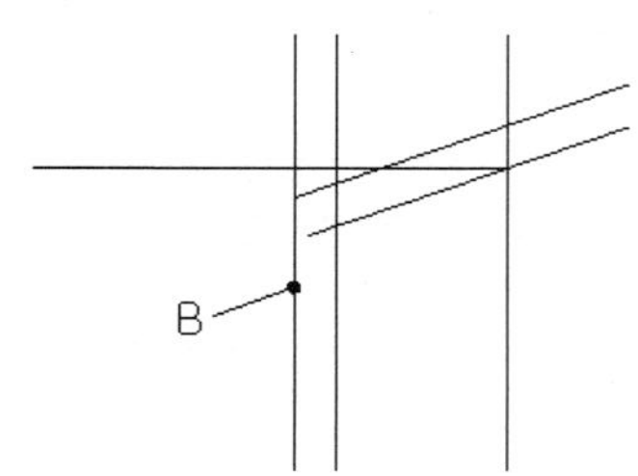

▲ 그림 5

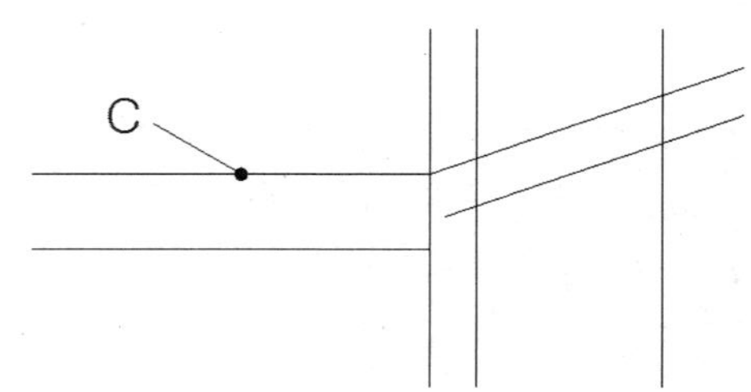

▲ 그림 6

8. Fillet으로 선을 정리한다.(그림 7)

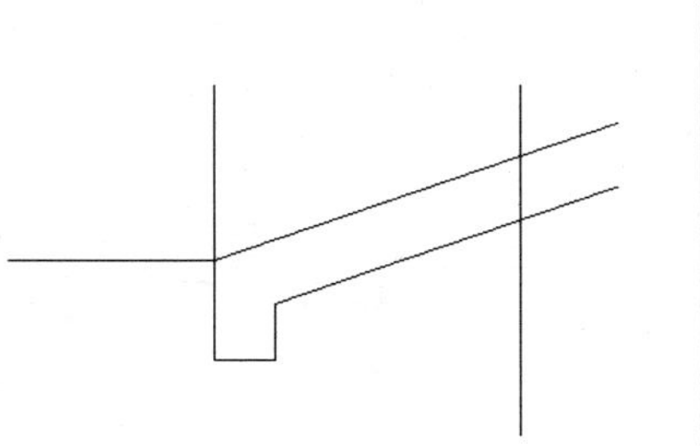

▲ 그림 7

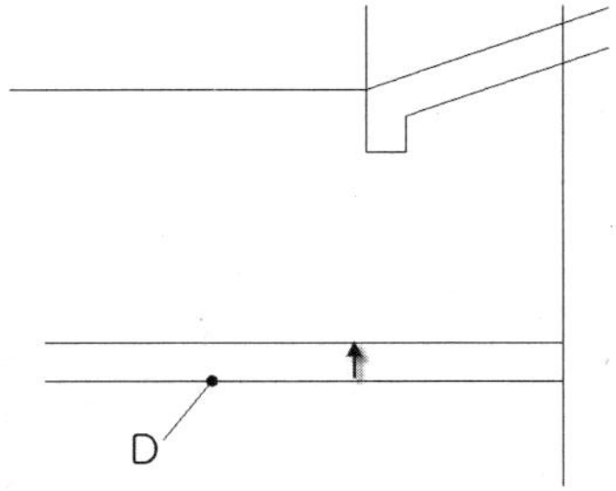

▲ 그림 8

9. 선 D를 위쪽으로 "120" Offset시킨다.

10. Fillet으로 a와 b, c와 d를 정리한다.(그림 9, 그림 10)

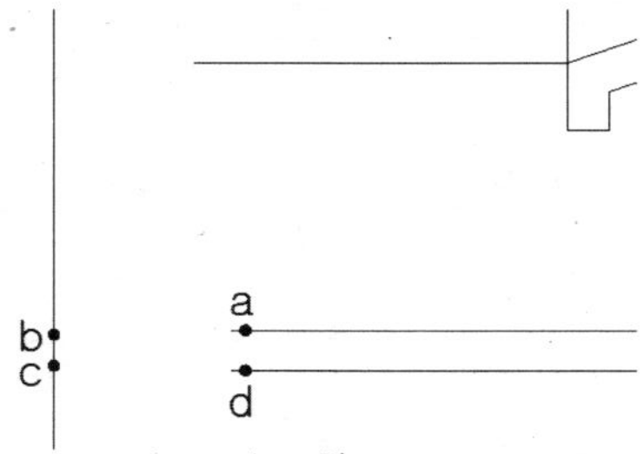

▲ 그림 9

▲ 그림 10

11. 벽두께 230을 그리기 위해 선 E를 "115"만큼 좌우로 Offset한다.

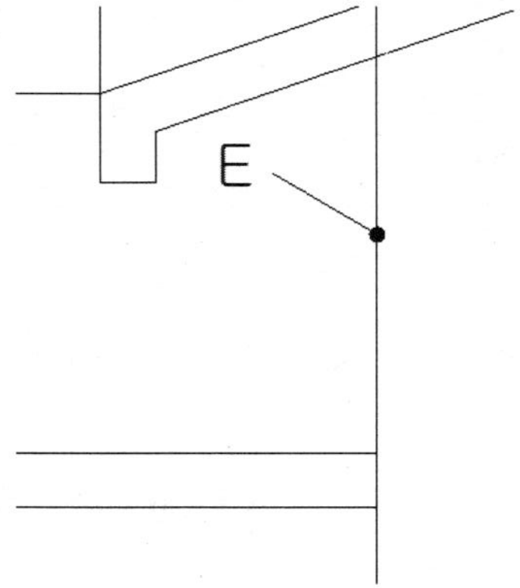

▲ 그림 10

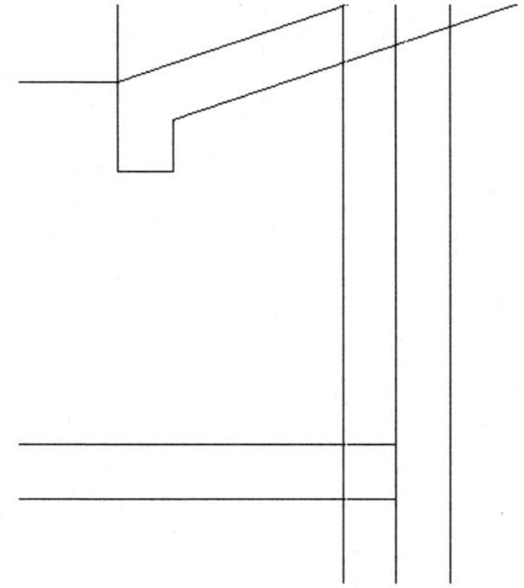

▲ 그림 11

12. Trim, Extend 명령으로 선을 정리한다.

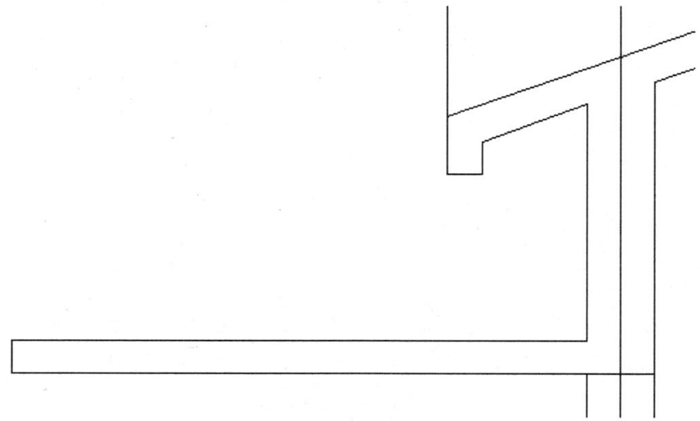

✿ 나머지 부분들은 세부 치수를 참고하여 그린다.

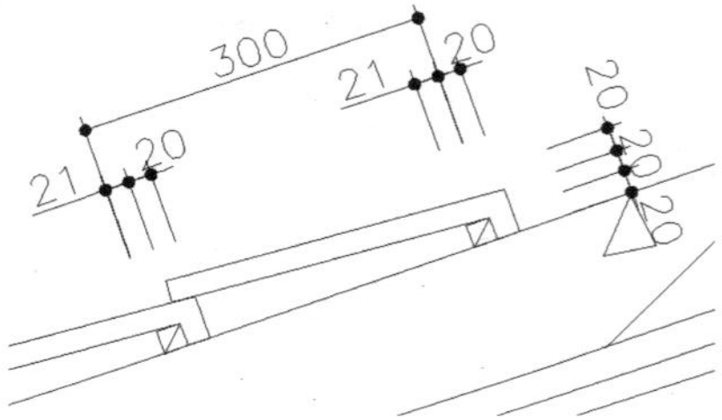

▲ 기와 상세도

✹ 테라스 문 그리기

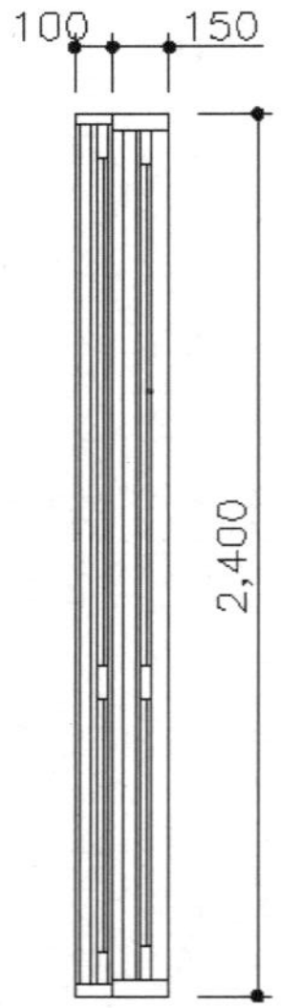

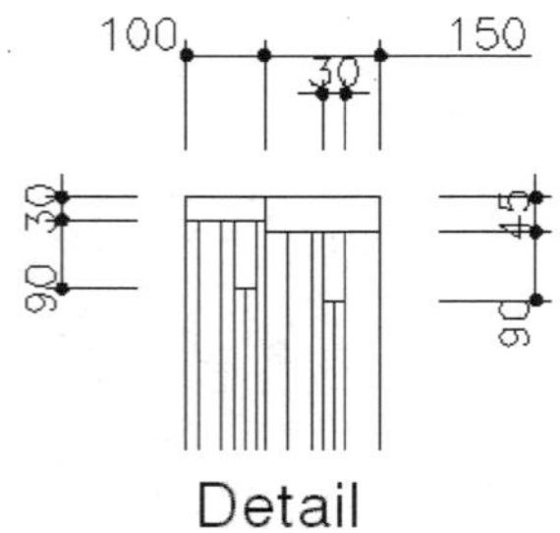

✹ 온돌방 상세 치수

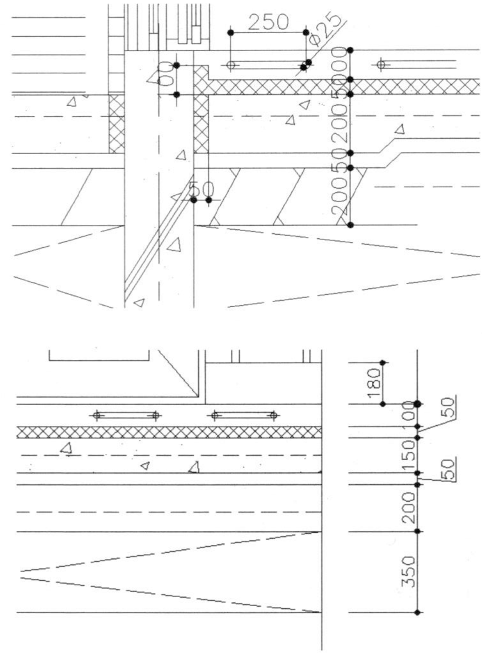

✹ 기초 상세 치수

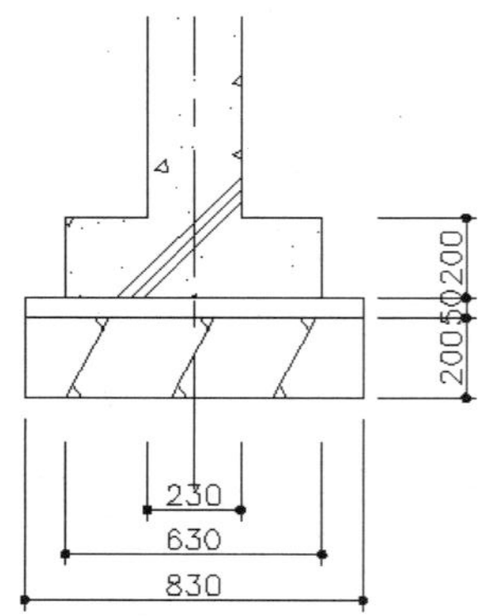

✹ 테라스 상세 치수

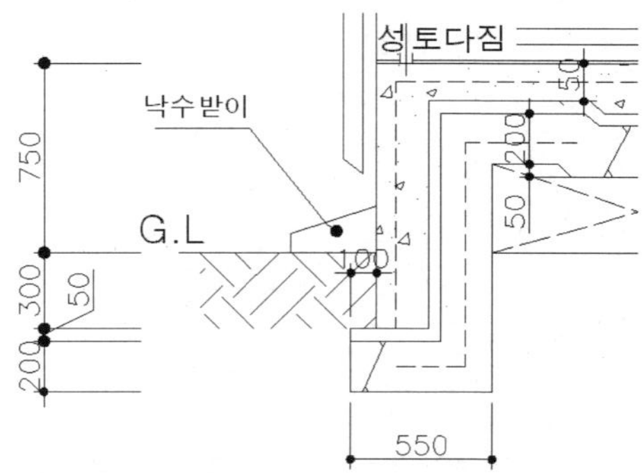

작업 요령

1. 평면도, 단면상세도에 작업한 내용과 동일해야 한다.
2. 마감 재료를 표기한다.
3. 캔딜레버와 안전 난간은 꼭 그린다.
4. 주변에 조경용 나무를 그린다.

남측 입면도
SCLAE 1:50

50.건축-22	전산응용건축제도 과제2(입면도)

해설 건축-22 전산응용건축제도 과제 2(입면도)

과제 2는 작성된 과제 1 단면도를 근거로 지정된 방향의 입면도를 그리는 것으로 A3용지에 1/50로 출력해서 제출한다.

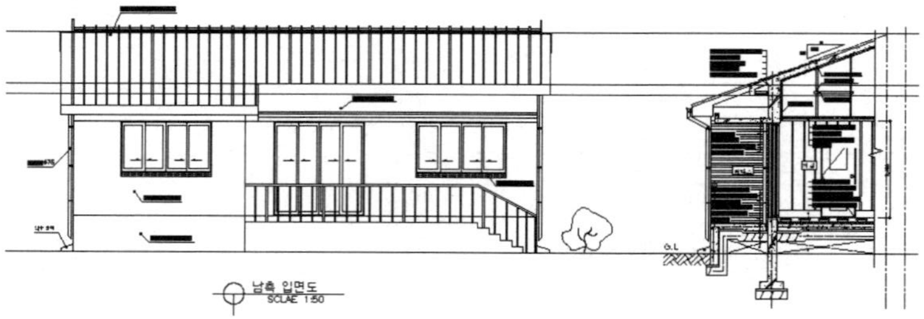

이미 작업된 단면도에서 높이를 잡아 입면도를 작성한다.

✸ 창문 치수

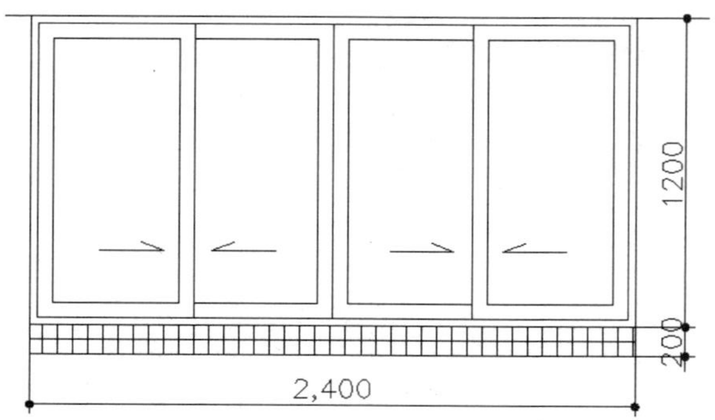

✸ 테라스 문 치수

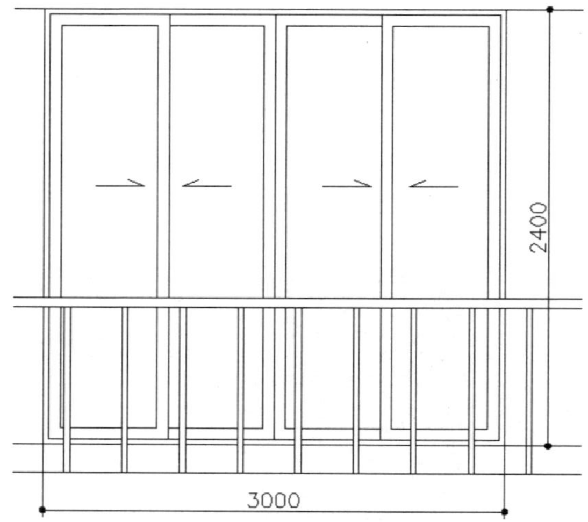

✸ 계단 및 난간 치수

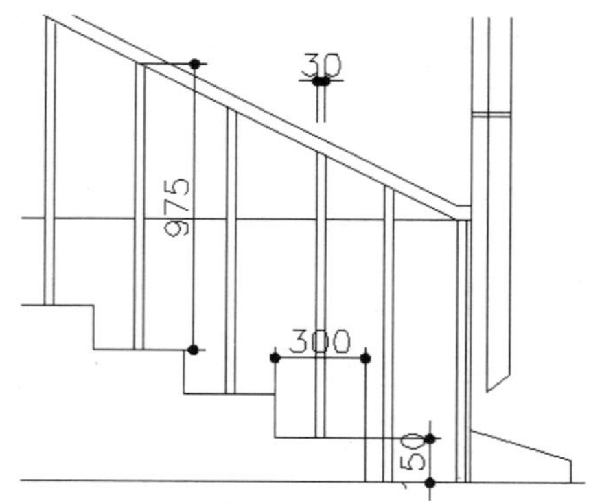

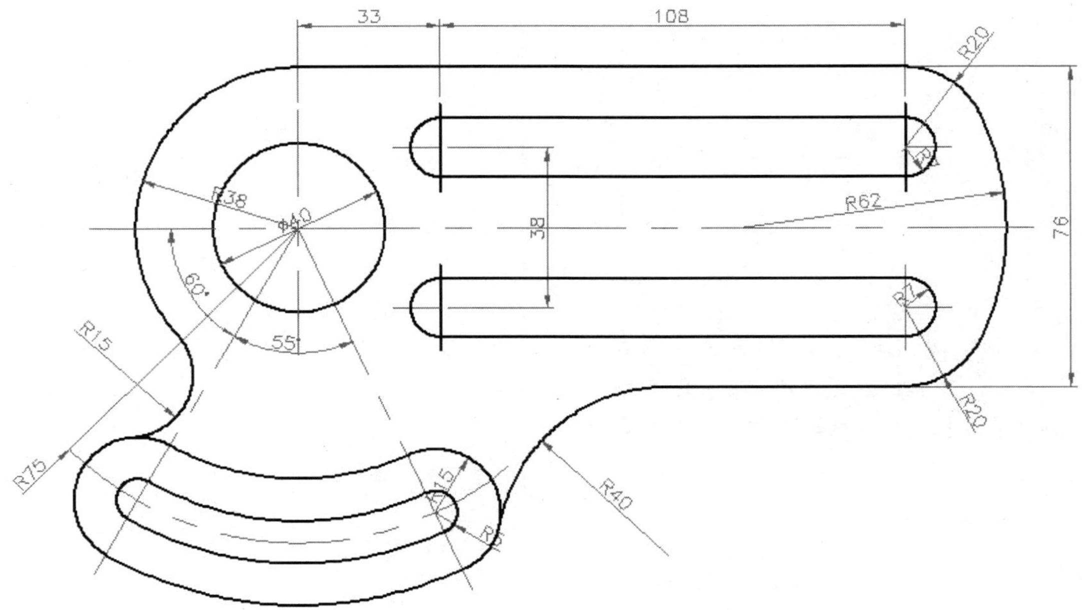

51. 기계-01	기계부품 그리기

해설 기계-01 기계부품 그리기

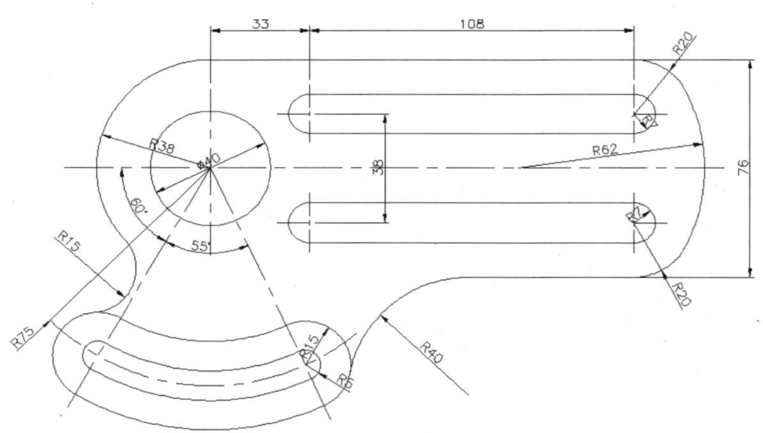

Line, Circle, Fillet, Trim 등의 명령을 사용하여 그릴 수 있다.

1. 기준으로 쓰일 중심선을 가로 220, 세로 80으로 그린다.(그림 1)

▲ 그림 1

2. 교점에 Circle을 반지름 20, 38, 75로 그린다.(그림 2)
3. 길이 95에 진행각도 240˚로 원의 중심에서부터 선을 그린다.(그림 3)

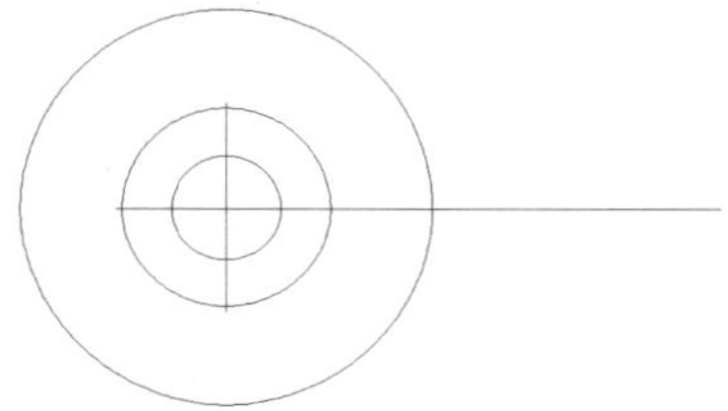

▲ 그림 2

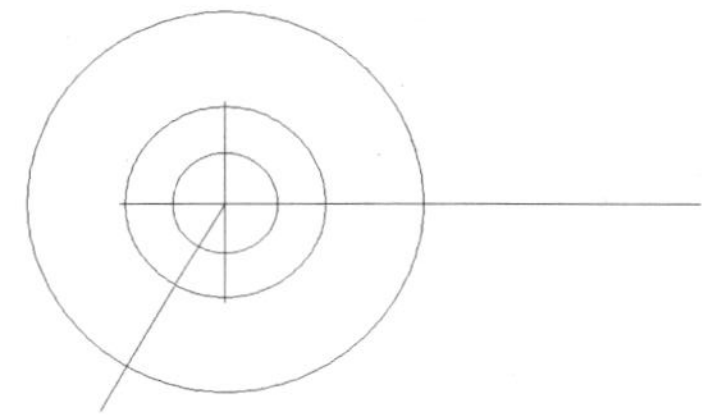

▲ 그림 3

4. 방금 그린 선을 기준점 : 원의 중심점, 회전각도 : 55˚로 Rotate 명령의 복사 옵션으로 실행한다.(그림 4)
5. 제일 큰 원(반지름 75)을 5, 15의 간격으로 안쪽, 바깥쪽으로 Offset한다.(그림 5)

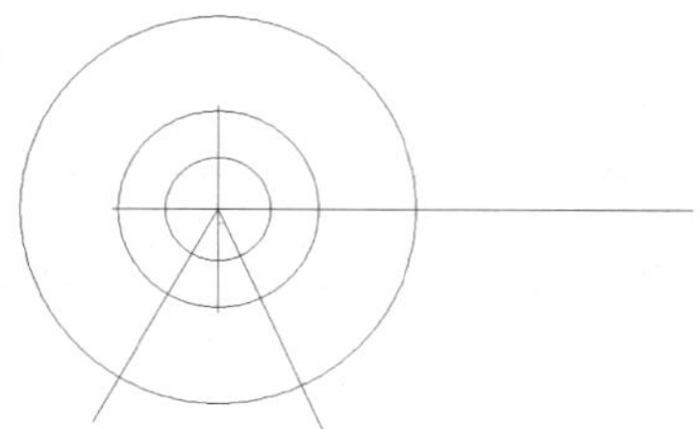

▲ 그림 4

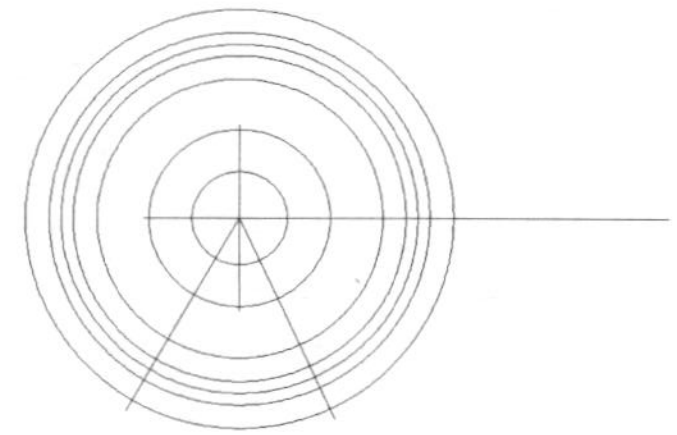

▲ 그림 5

6. Trim으로 Offset한 원들을 절단한다.(그림 6)

7. Arc로 호를 그려 넣는다.(그림 7)

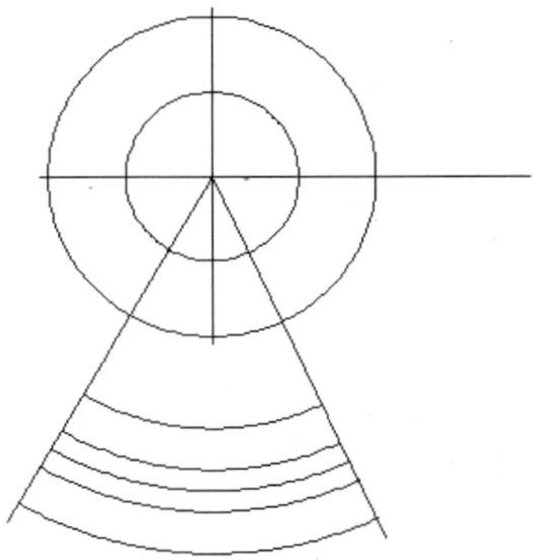

▲ 그림 6

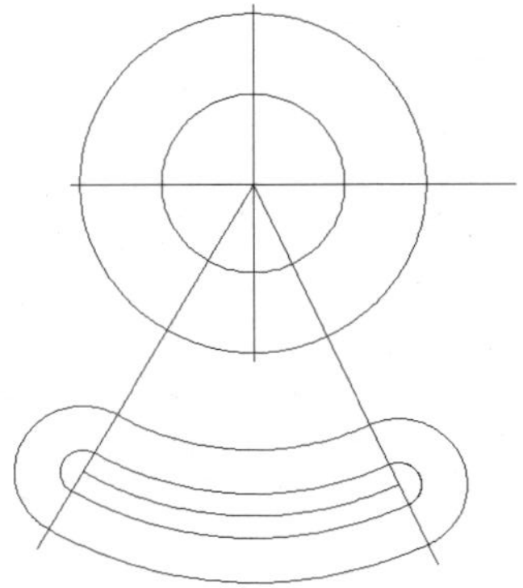

▲ 그림 7

8. 수평 방향의 중심선을 위, 아래로 "19" 간격으로 Offset하고 Offset된 19 Line을 다시 위, 아래 7만큼 양쪽으로 Offset한다.(그림 8)

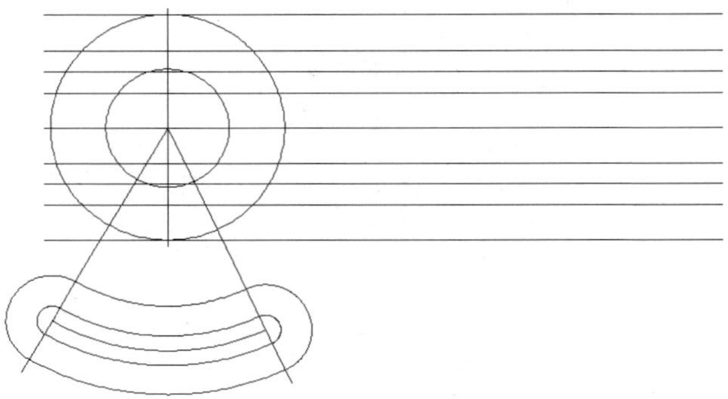

▲ 그림 8

9. 수직 중심선을 우측으로 33, 108만큼 Offset한다.(그림 9)

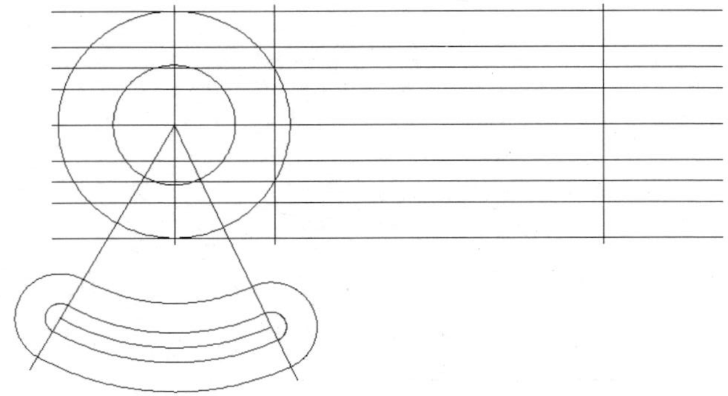

▲ 그림 9

10. 교점을 기준으로 Arc와 Circle 명령으로 호와 원을 그린다.(그림 10)

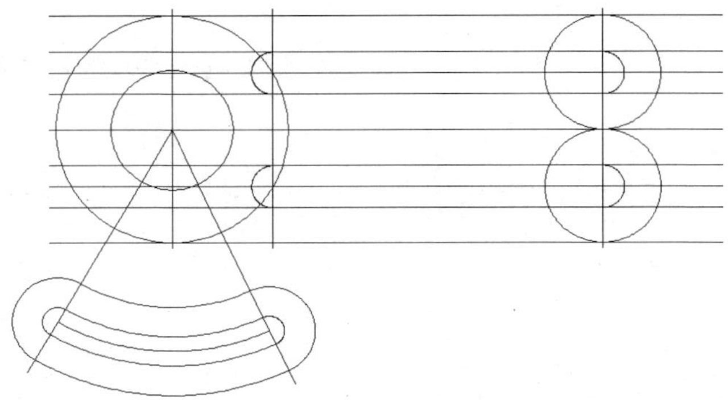

▲ 그림 10

11. 우측의 반지름 62짜리 호는 Circle의 TTR 옵션으로 원을 그린 다음 Trim으로 정리한다.(그림 11, 12)

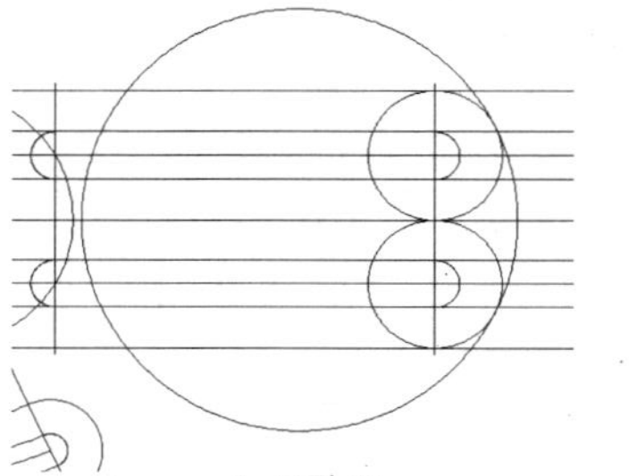

▲ 그림 11

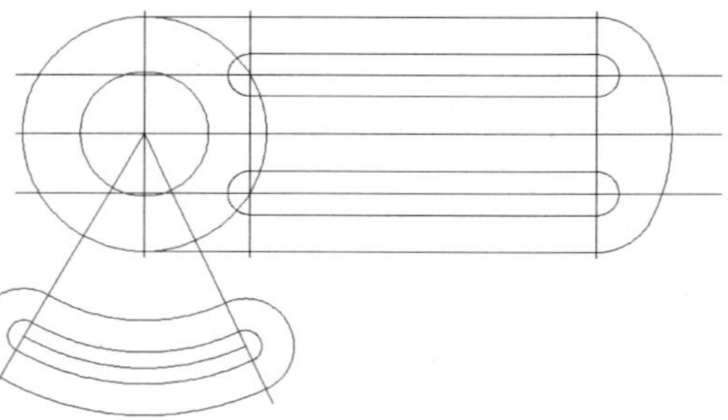

▲ 그림 12

12. Fillet으로 반지름 15, 40으로 접선 부위를 처리한다.(그림 13)

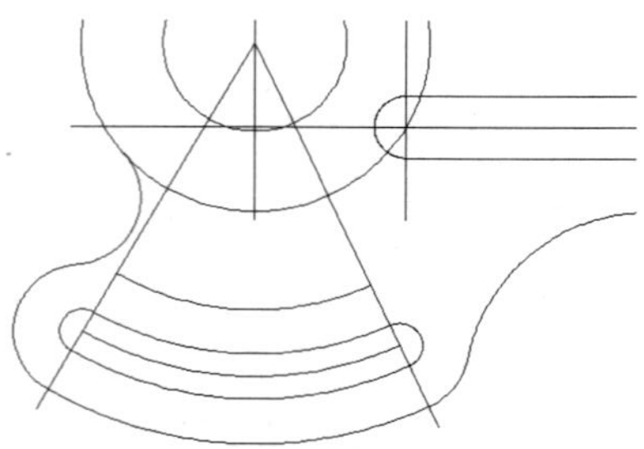

▲ 그림 13

13. Trim으로 잘린 호를 Fillet하면 그림 13처럼 변한다. 빗변의 Line을 기준으로 Extend로 다시 복구한다.

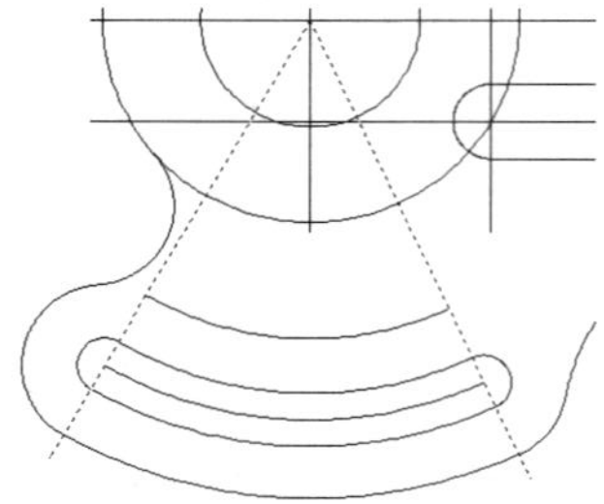

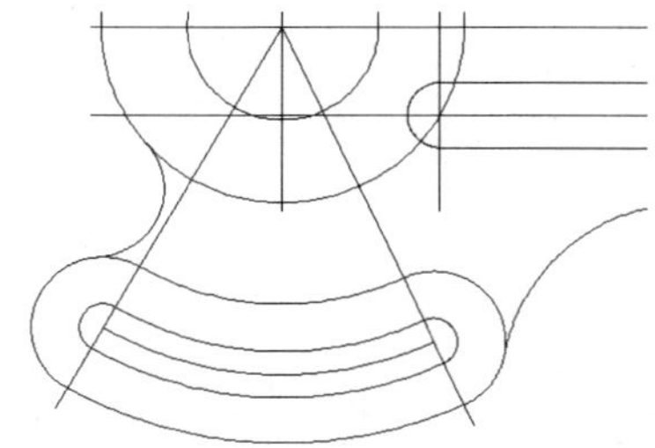

14. 선을 정리하여 마무리한다.

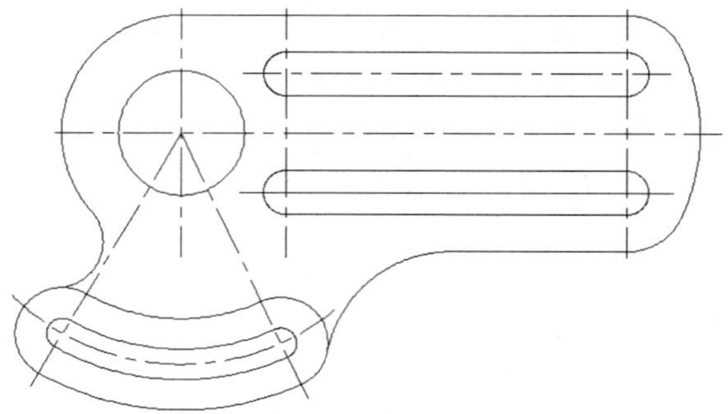

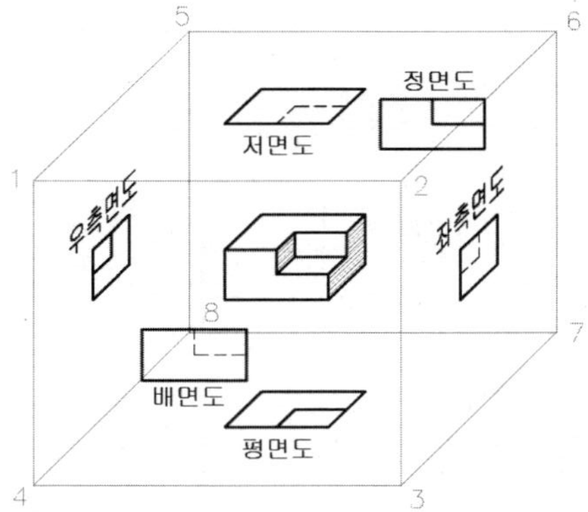

< 제 1 각법 >

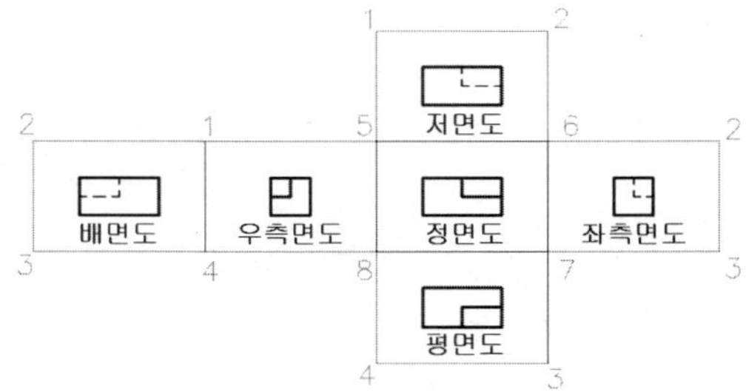

< 제 1 각법의 배치 >

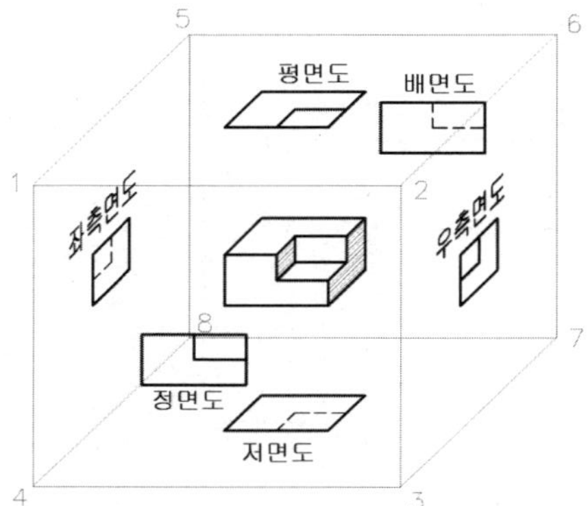

< 제 3 각법 >

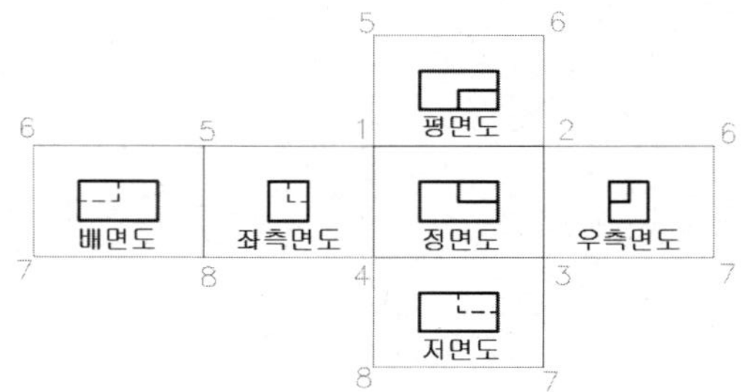

< 제 3 각법의 배치 >

52. 기계-02	투상면과 대상물과의 관계

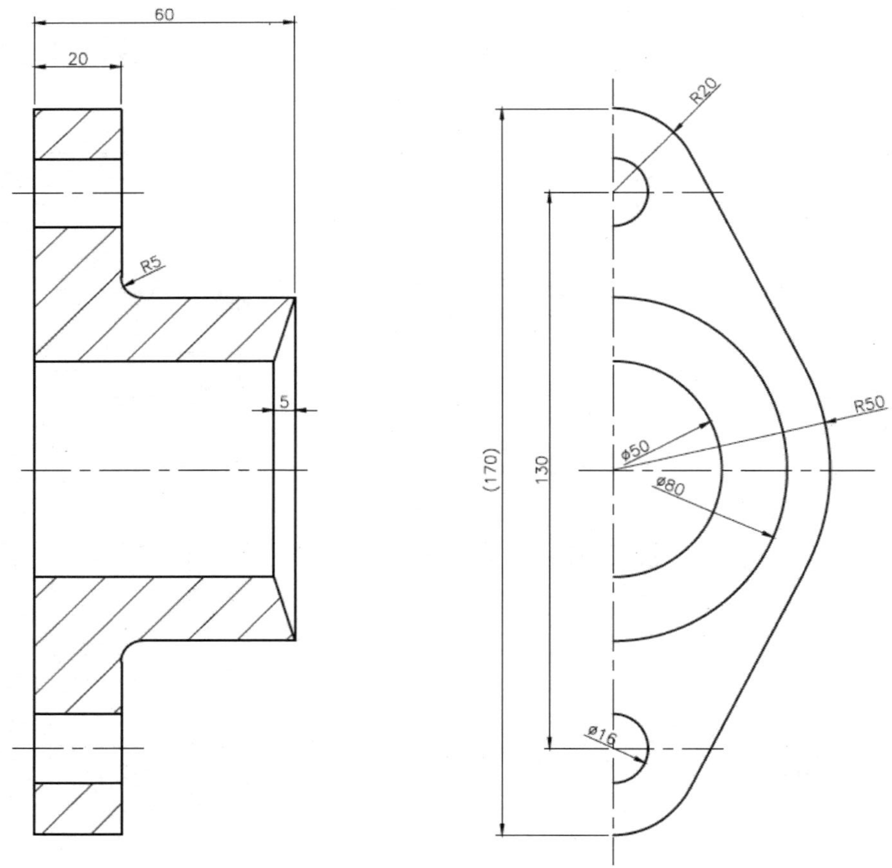

53. 기계-03	플 랜 지

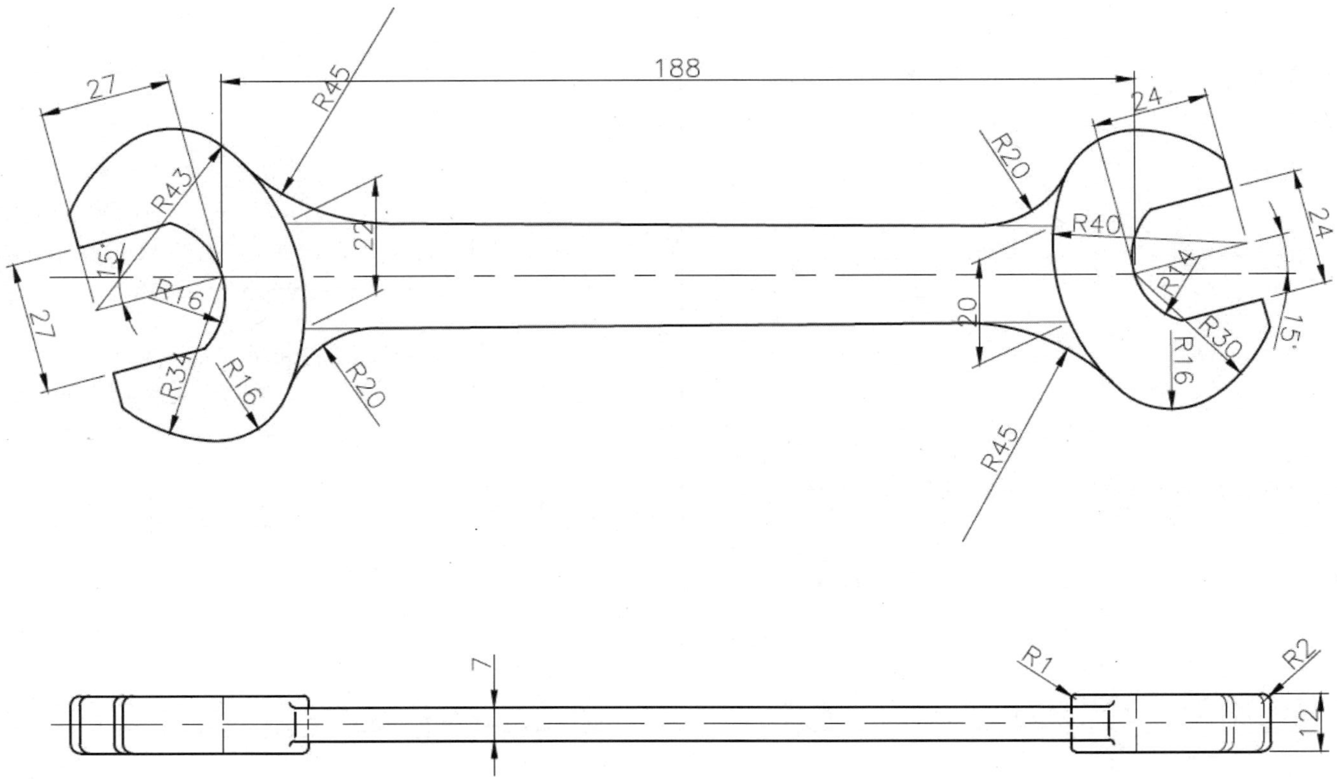
188
27
R45
R43
15°
R16
27
R34
R16
22
R20
R20
20
R45
24
R40
R14
R30
R16
24
15°
7
R1
R2
12

54. 기계-04	스 패 너

해설 기계-04 스패너

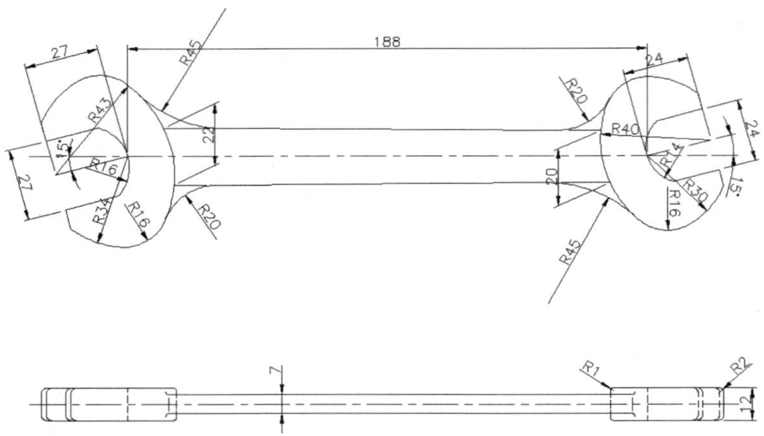

평면을 먼저 그린 후 정면도를 그린다.

Circle, Fillet, Line, Trim 등을 사용하여 작업한다.

1. 평면에서 사용할 기준선 길이 270으로 Line을 그린다.
2. 우측에서 반지름 34인 Circle을 그리고 그 중심선에서 길이 27, 각도 195° 인 선을 그린다.(그림 1)

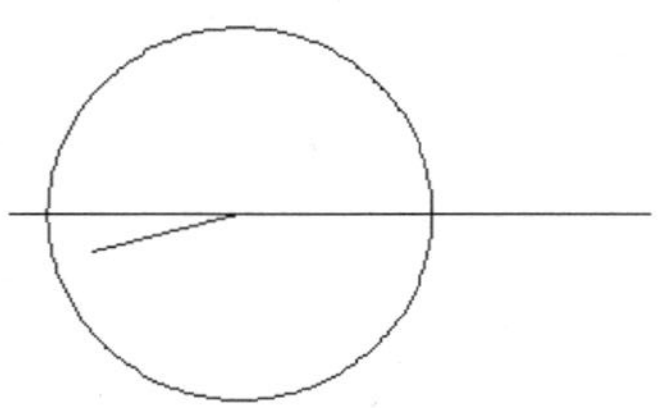

▲ 그림 1

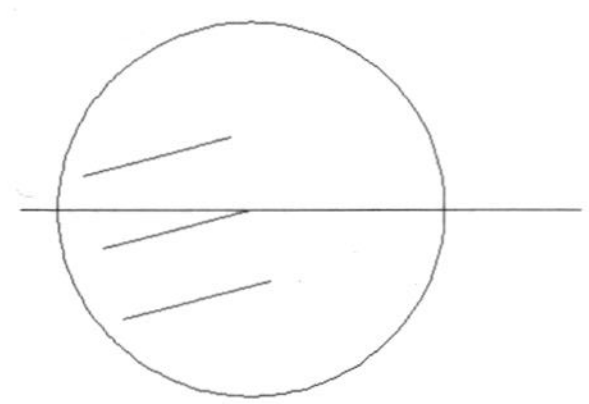

▲ 그림 2

3. 그 선을 13.5씩 위, 아래로 Offset한다.(그림 2)
4. Offset 대상이었던 선의 좌측 끝점에서 반지름 43짜리 원을 그린다.(그림 3)
5. 같은 중심점에서 반지름 16인 원을 그린 다음(그림 4) 그 선의 우측 끝점으로 이동시킨다.(그림 5)

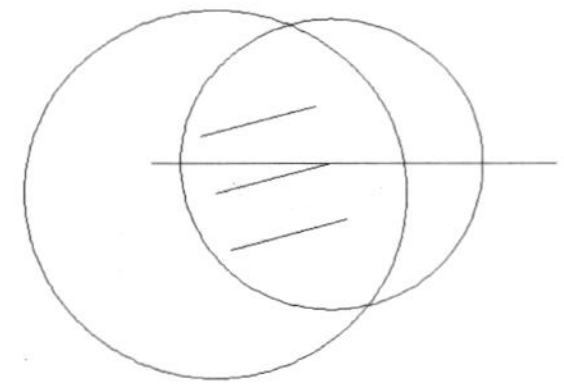

▲ 그림 3

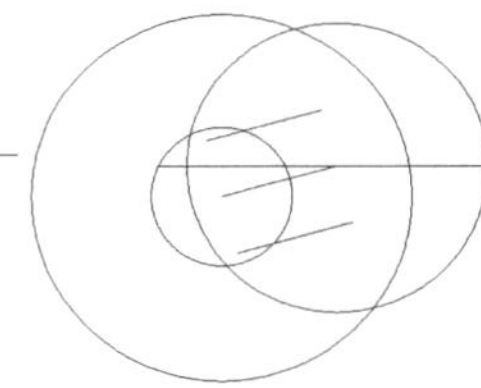

▲ 그림 4

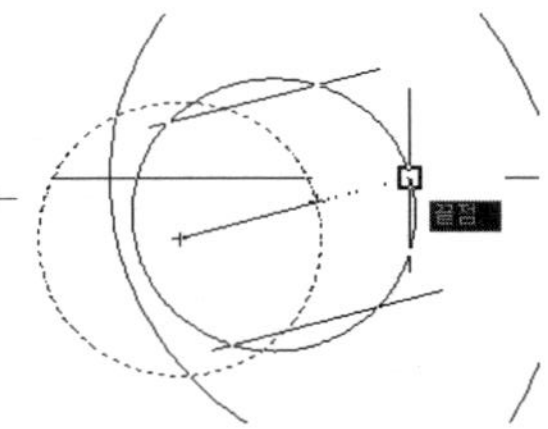

▲ 그림 5

6. 큰 원끼리 Trim으로 절단 후(그림 6) 꼭지 부분을 반지름 16으로 Fillet한다.(그림 7)

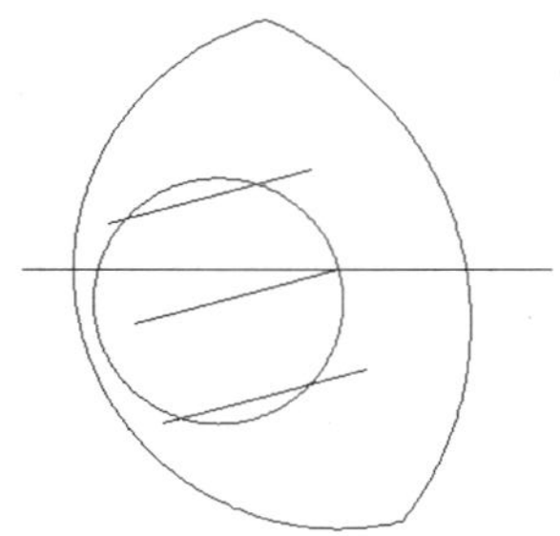

▲ 그림 6

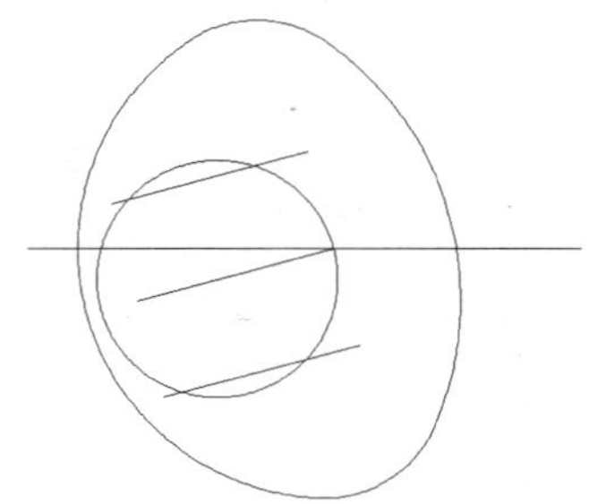

▲ 그림 7

7. 임의의 점에서 짧은 선에 직교점을 잡아 그린다음 그 선의 중간점을 잡아 안쪽으로 이동시킨다.

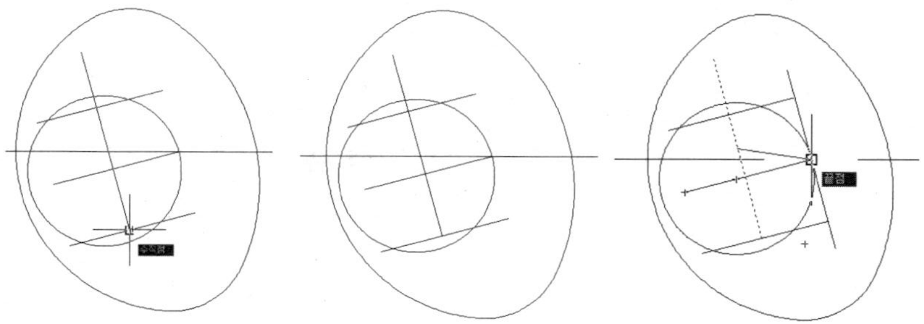

8. 그 선을 27만큼 좌측으로 Offset시키고 바깥 원에 Extend 명령으로 연장시킨다.

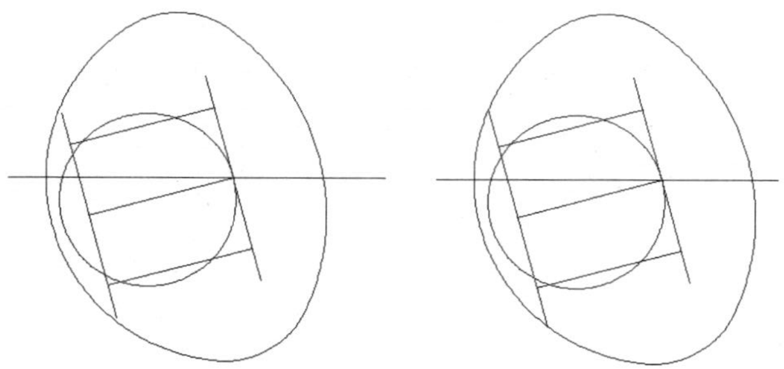

9. Trim으로 절단하여 필요한 선만 남기고 정리한다.

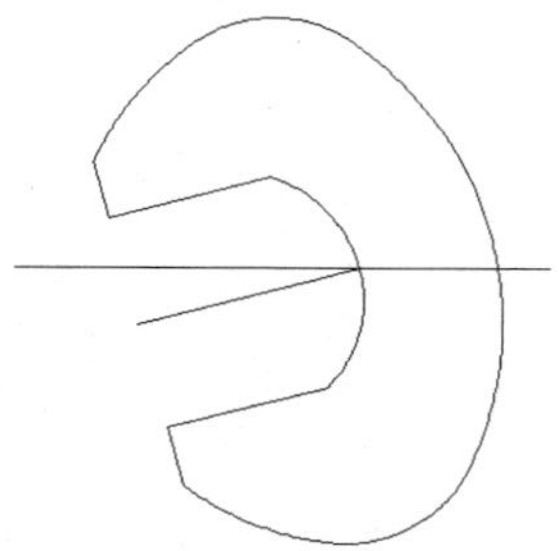

10. 우측의 기준을 잡기 위해 수직선을 선의 끝점에서 위쪽으로 임의의 길이로 그리고 그 선을 188만큼 우측으로 Offset한다.

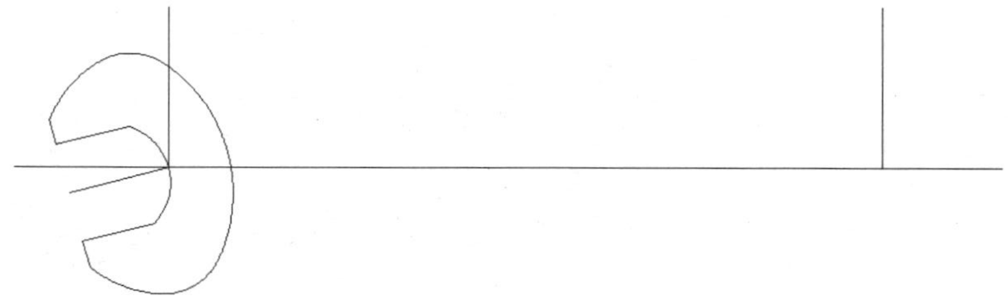

11. 우측 Line의 교점에서 반지름 30짜리 원을 그리고 다시 Line을 길이 24, 각도 15˚로 그린다.

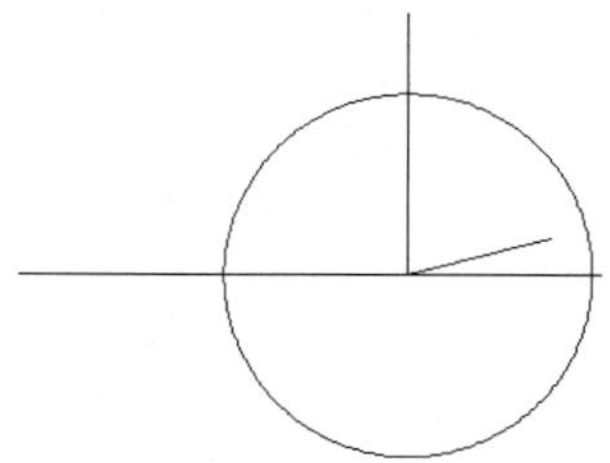

▲ 그림 8

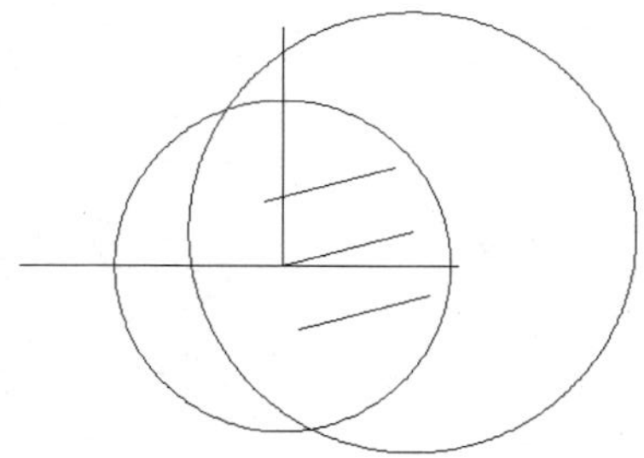

▲ 그림 9

12. 24짜리 Line을 12씩 위, 아래로 각각 Offset을 하고 Offset 원본인 선의 우측 끝점에서 반지름 40인 원을 그린다.

13. 원끼리 Trim으로 정리하고(그림 10) 생기는 모서리를 반지름 16으로 Fillet 처리한다.(그림 11)

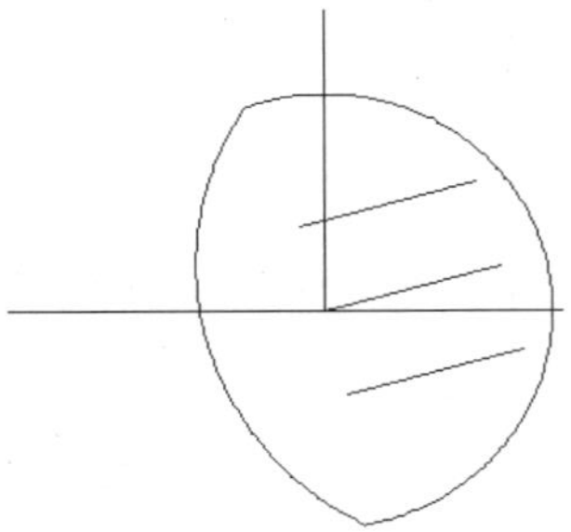

▲ 그림 10

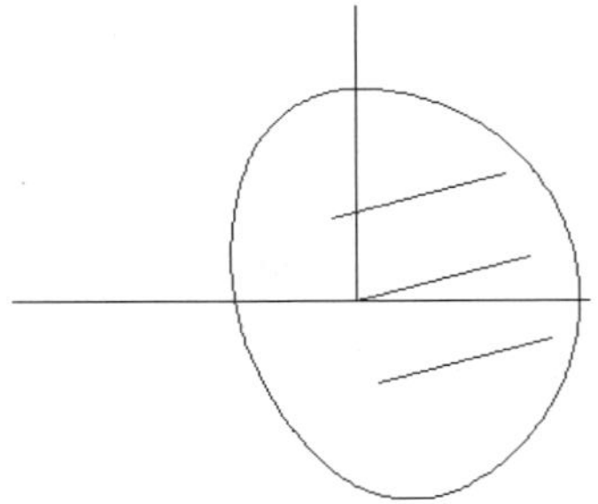

▲ 그림 11

14. 임의의 점에서 아래 선에 직교점을 잡아 Line을 그리고(그림 12) 그 Line의 중간점을 기준으로 선의 끝으로 이동시킨다.

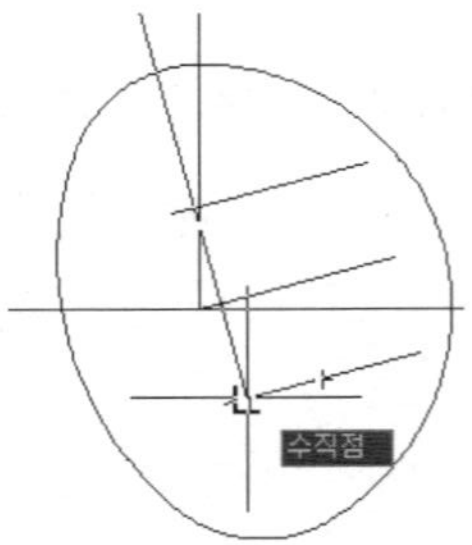

▲ 그림 12

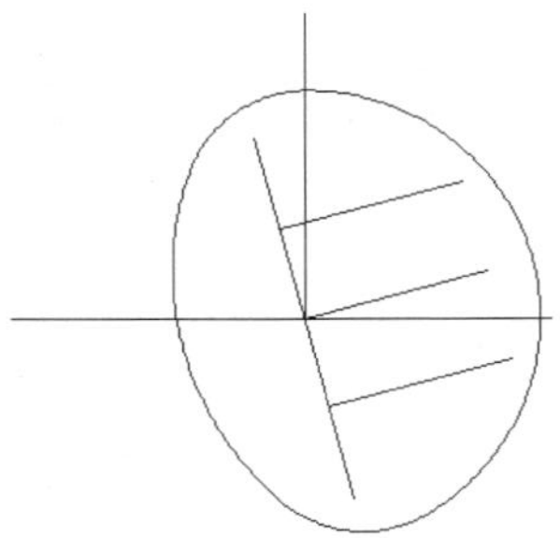

▲ 그림 13

15. 그 Line을 24만큼 우측으로 Offset한다.(그림 14)

16. 가운데 Line의 상단 끝점에서 반지름 14인 원을 그린 다음(그림 15) 교차점을 잡아 좌측 하단 끝점으로 이동한다.(그림 16)

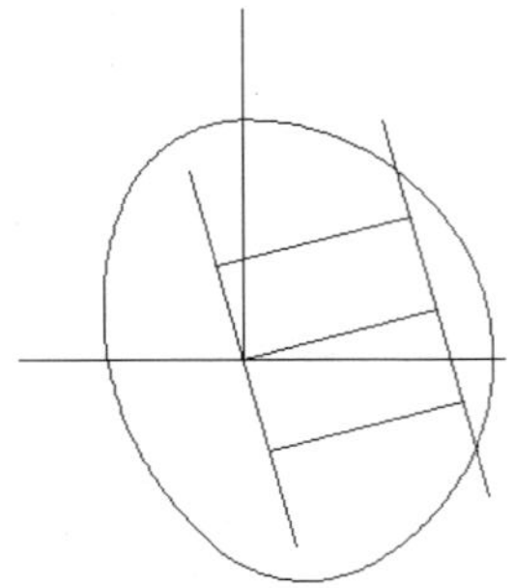

▲ 그림 14

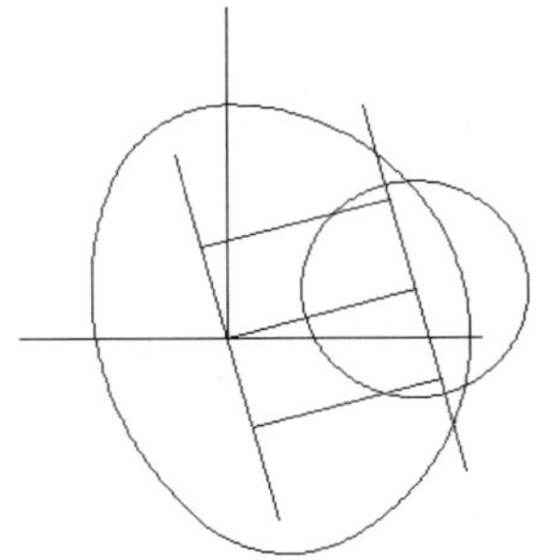

▲ 그림 15

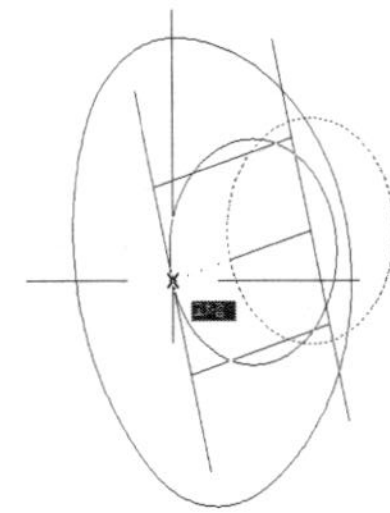

▲ 그림 16

17. Trim으로 정리한다.(그림 17)

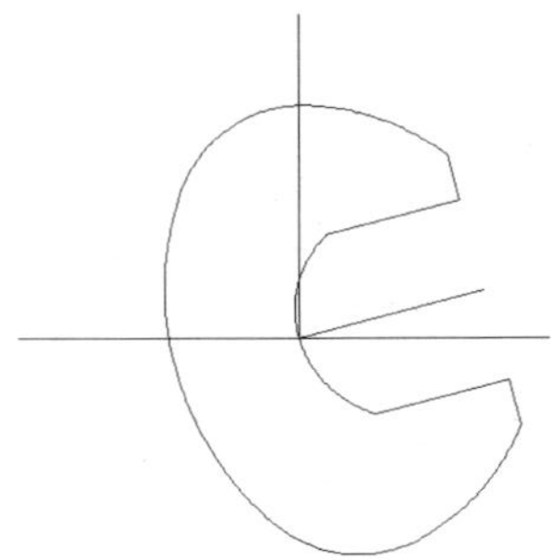

▲ 그림 17

18. 수평 중심선을 위, 아래로 각각 11, 10씩 Offset하여 스패너 자루 부분을 그린다.

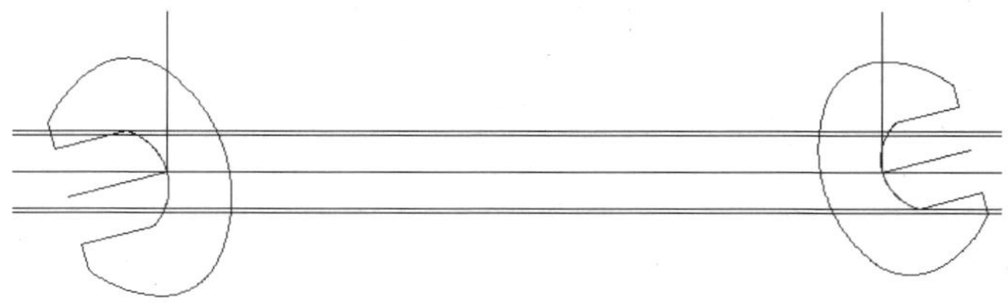

19. 교점을 잡아 Line을 그린 후 Offset했던 선은 지운다.

20. 모서리를 Fillet 기본 설정으로 처리하면 기존의 호가 삭제되므로 Fillet 옵션 중 "자르지 않기(N)"을 적용하여 처리한다.

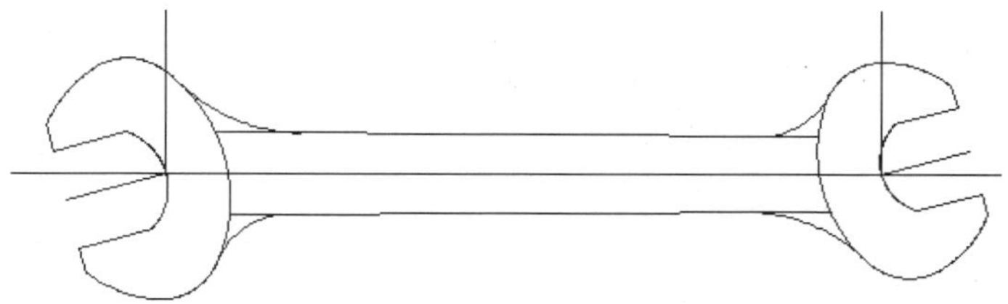

명령: F
현재 설정 값: 모드 = TRIM, 반지름 = 16.0000
첫 번째 객체 선택 또는 [명령 취소(U)/폴리선(P)/반지름(R)/자르기(T)/다중(M)]: T ← 자르기 모드를 변경하기 위한 옵션 "T"를 입력한다.
자르기 모드 옵션 입력 [자르기(T)/자르지 않기(N)] 〈자르기〉: **N** ← 자르지 않기 옵션을 선택한다.
첫 번째 객체 선택 또는 [명령 취소(U)/폴리선(P)/반지름(R)/자르기(T)/다중(M)]: **R**
모깎기 반지름 지정 〈16.0000〉: **20** ← 반지름을 변경한다.
첫 번째 객체 선택 또는 [명령 취소(U)/폴리선(P)/반지름(R)/자르기(T)/다중(M)]: ← 첫 번째 대상을 선택한다.
두 번째 객체 선택 또는 Shift 키를 누른 채 선택하여 구석 적용: ← 두 번째 대상을 선택한다.

21. 선을 정리한다.

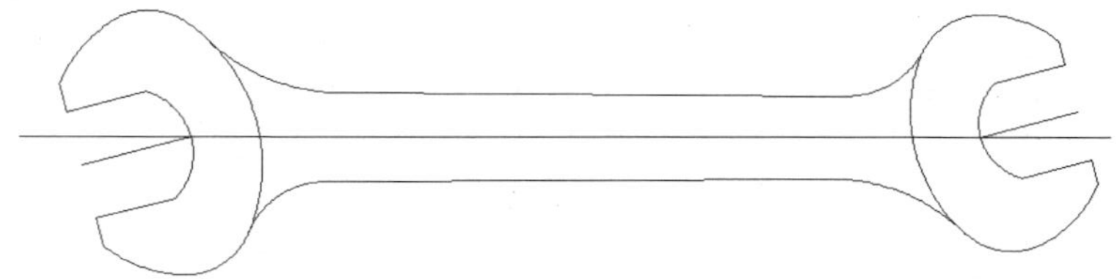

22. 평면도를 근거로 정면도를 그린다.

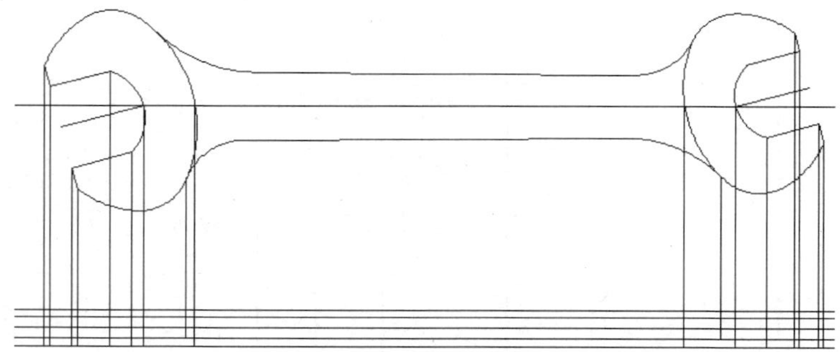

23. 선을 Trim으로 절단하고 Fillet으로 마무리한다.

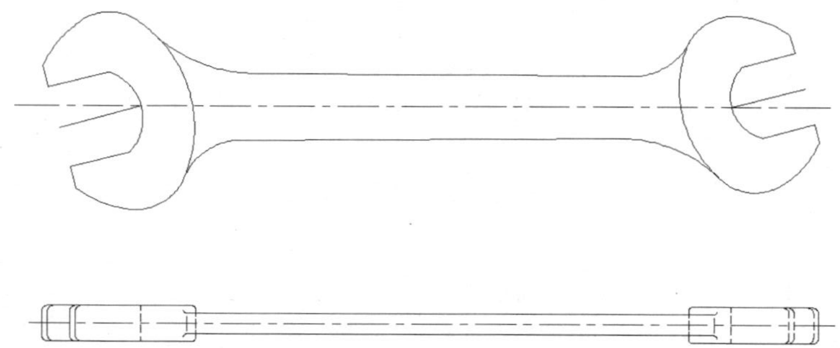

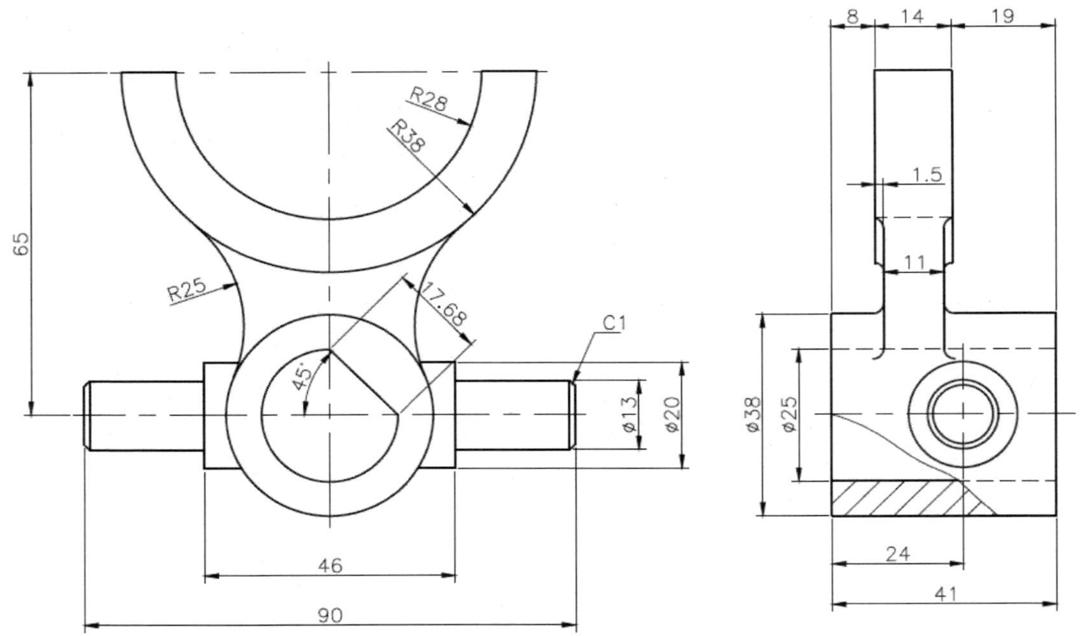

55.기계-05	저널 및 축

해설 기계-05 저널 및 축

Line, Circle, Offset, Chamfer, Fillet, Pline, Pedit, BHatch 등의 명령어를 사용하여 작업한다.

1. 수평 중심선을 그린 후, 위쪽으로 65만큼 Offset하고 위쪽 Line의 중간점에서 반지름 28, 38짜리 원을 그린다.(그림 1)
2. 아래 수평선의 중간점에서 지름 25, 38인 원을 그리고 큰 원과의 사이에 반지름 25로 Fillet 처리한다.(그림 2)

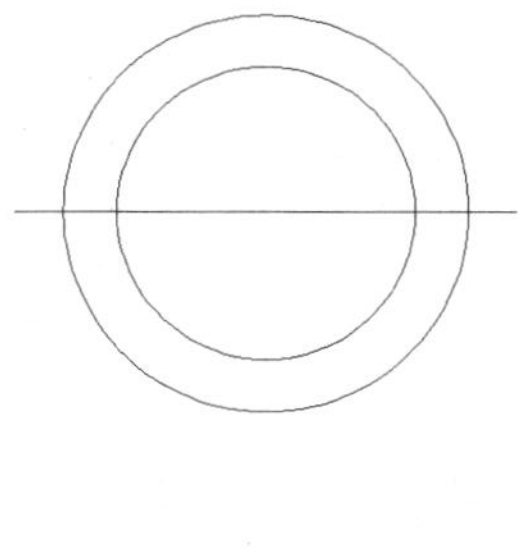

▲ 그림 1

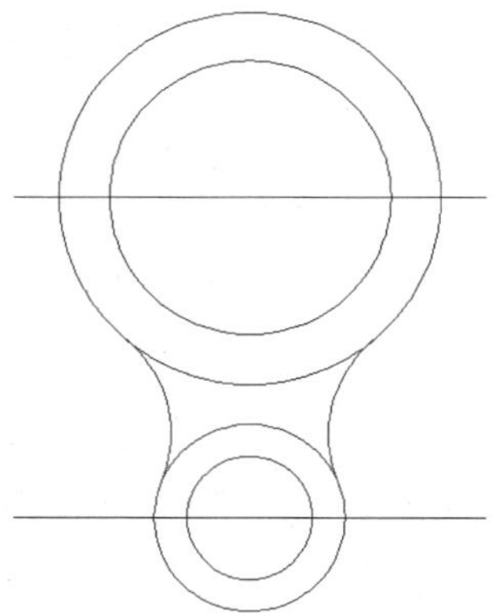

▲ 그림 2

3. 수평선을 6.5, 10만큼 위, 아래로 각각 Offset하고, 수직선을 그린 다음 23, 45씩 좌우측으로 각각 Offset하여 축의 크기를 잡는다.(그림 3)
4. Trim으로 선들을 정리하고 축의 좌우측 끝단은 Chamfer 거리 1을 적용하여 정리한다.(그림 4)

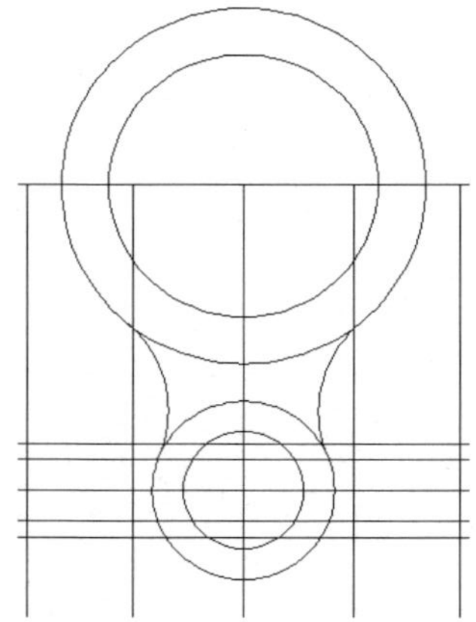

▲ 그림 3

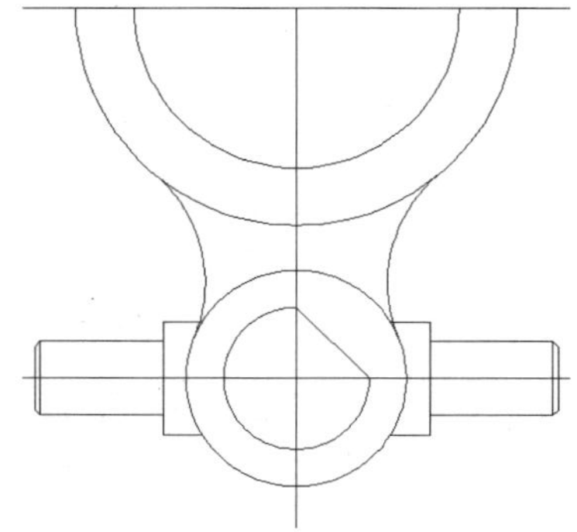

▲ 그림 4

5. 수직 중심선을 우측으로 복사하여 측면도의 기준선으로 하여 우측으로 Offset 8, 14, 19를 각각 실행한다.(그림 5)

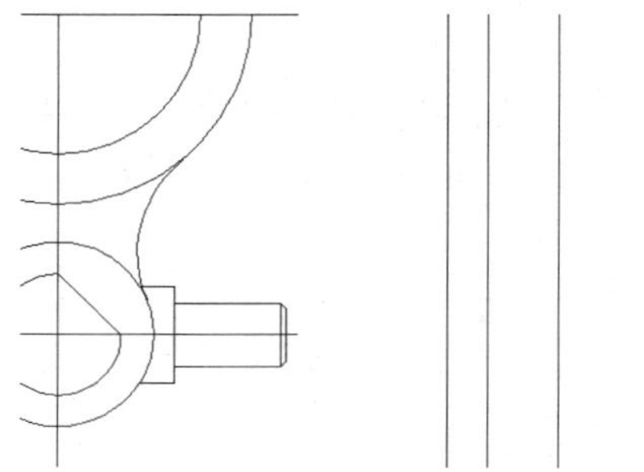

▲ 그림 5

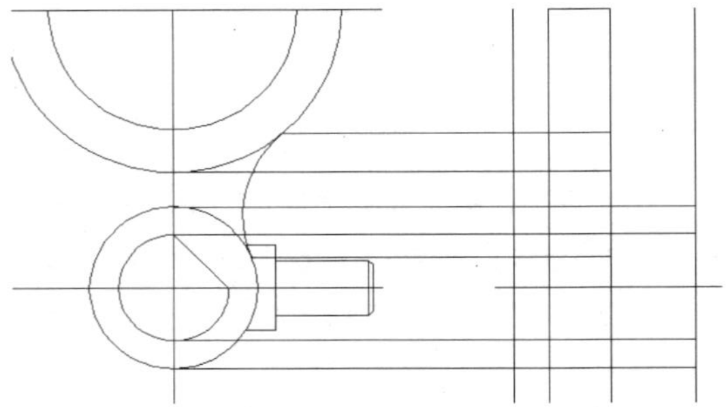

▲ 그림 6

6. 정면도를 이용하여 관련 선을 우측 수직선에 교점을 잡아 측면도를 완성한다.(그림 7)

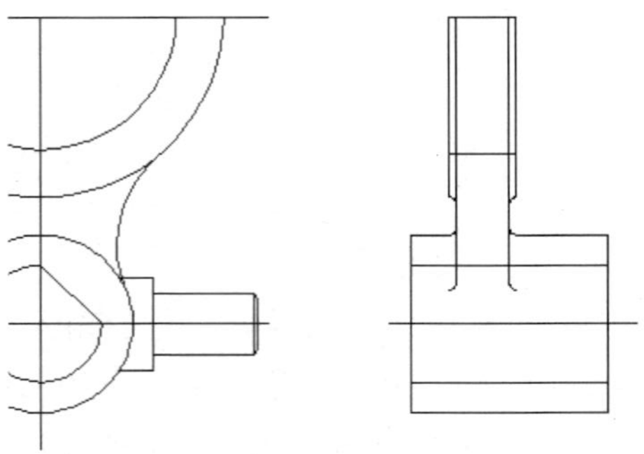

▲ 그림 7

7. 파단선은 Pline으로 그린 다음 Pedit의 Spline 옵션으로 변형한다.

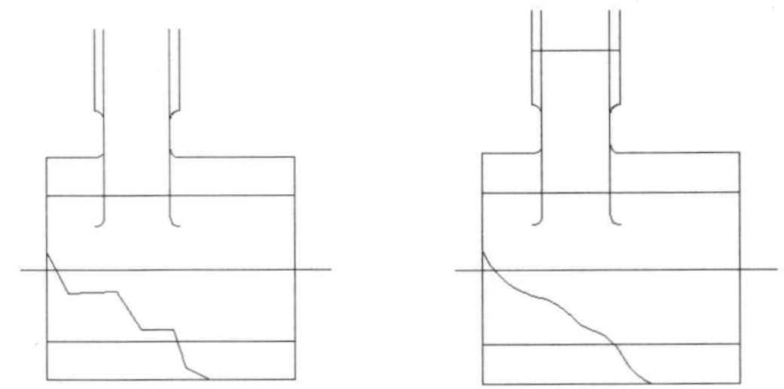

8. Pline과 만나는 교차하는 선은 Break로 한 점 끊기로 분리하여 선 종류를 변경한다.

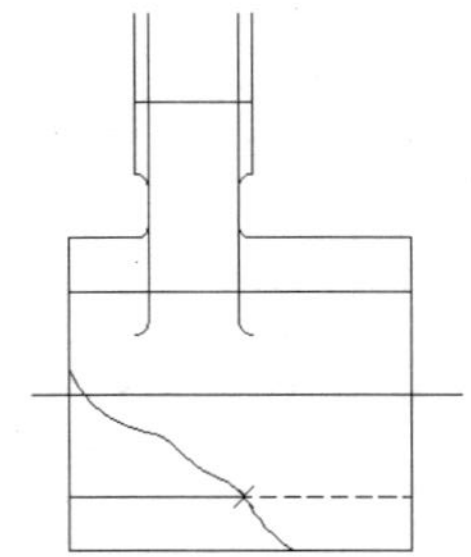

9. 지름 13, 20짜리 원을 그리고 선 형태, 해치 등을 적용한다.

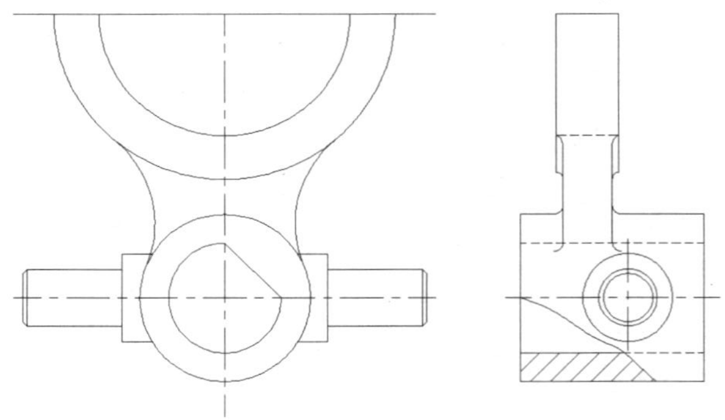

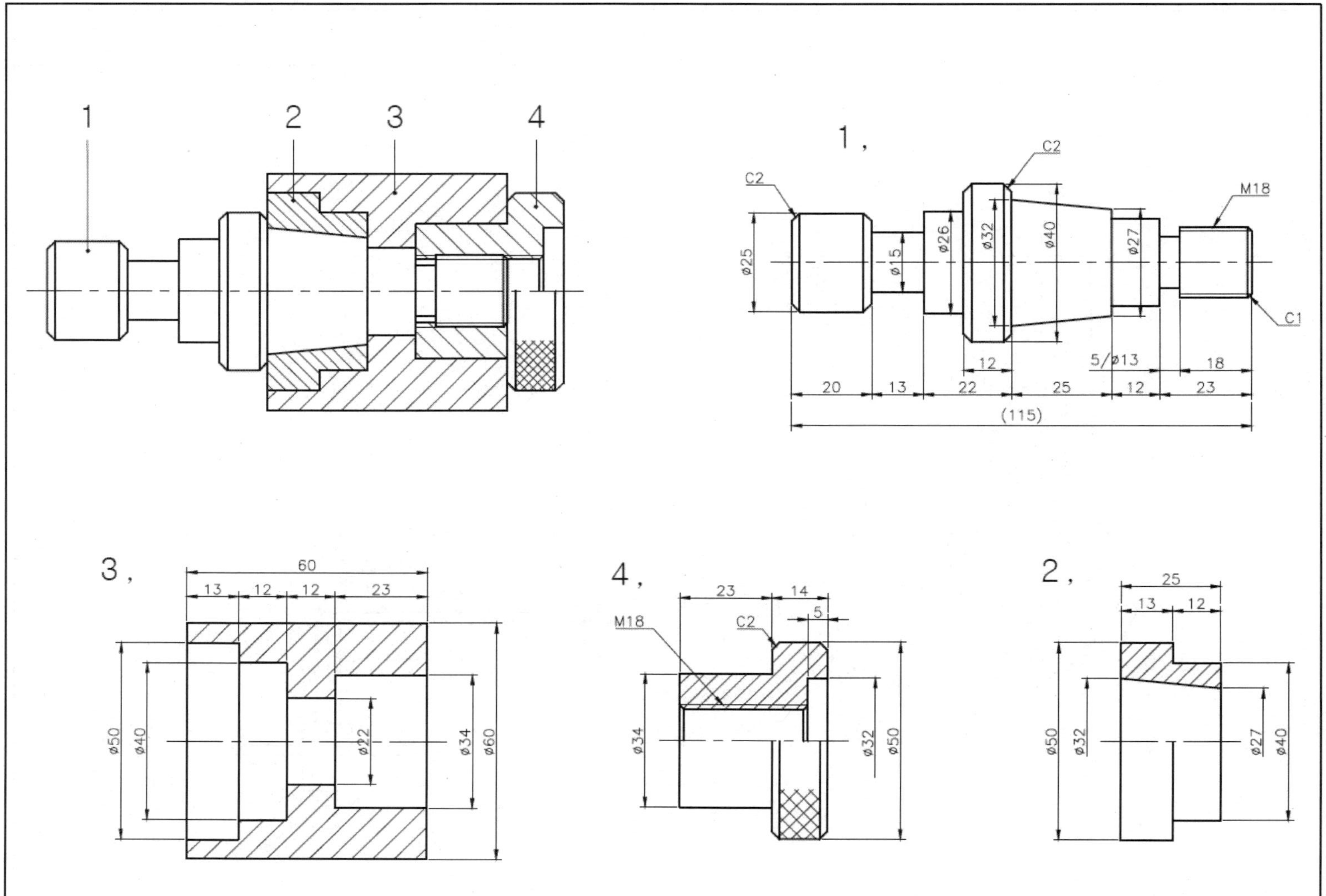

56. 기계-06 | 조립도 및 부품도

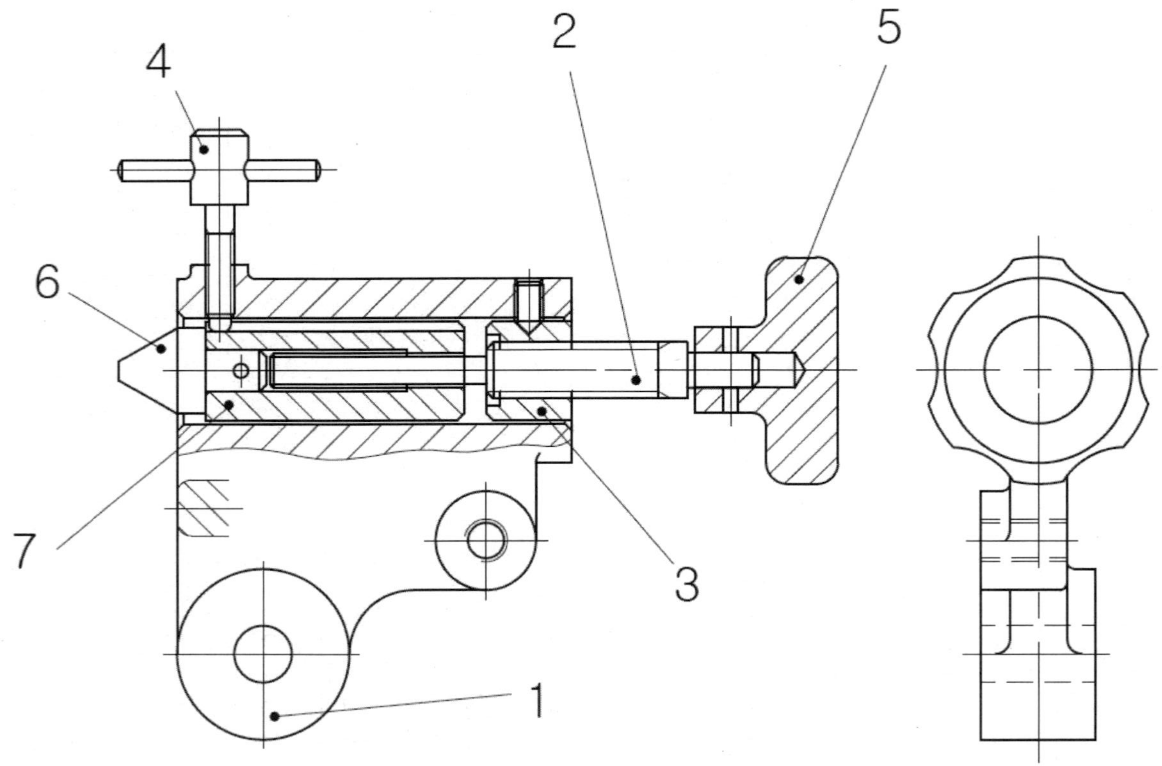

제도부품 : 1,2,3,4,5,6
제한시간 : 5시간

57. 기계-07	공개도면 1 - Dressor

1, ∀⁄ (X⁄∇, Y⁄∇)

주:가공하지 않은 주조부 명청색 도장

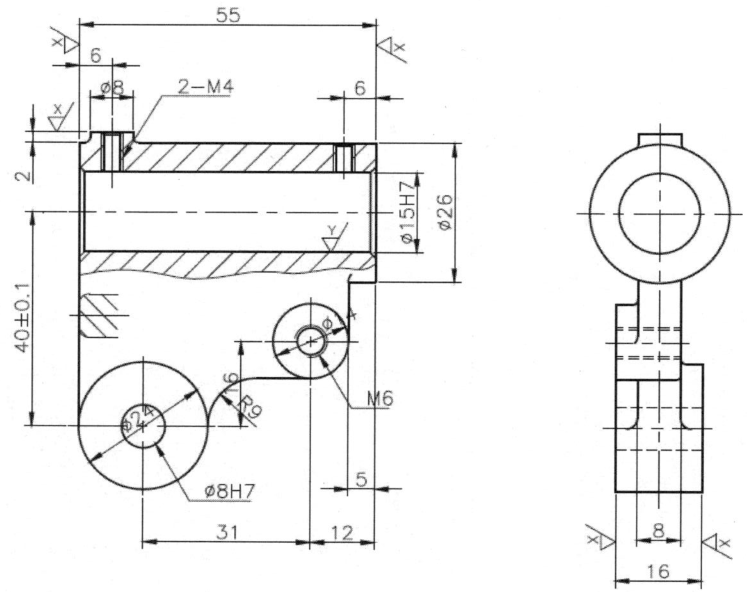

58. 기계-08	Dressor 부품 #1

해설 기계-08 Dressor 부품도 #1

Line, Offset, Circle, Fillet, Trim, Hatch 등의 명령을 사용하여 그린다.

1. 기준이 될 수평선을 길이 65로 그린다.
2. 그려진 선을 위, 아래로 "7.5, 13" 간격으로 Offset하고 맨 아래 선을 40만큼 Offset한다.(그림 1)

▲ 그림 1

3. 좌측 끝단에 수직선 K를 그린 다음 우측으로 간격 5, 12로 Offset하고 그 선들을 우측으로 Mirror한다.(그림 2)

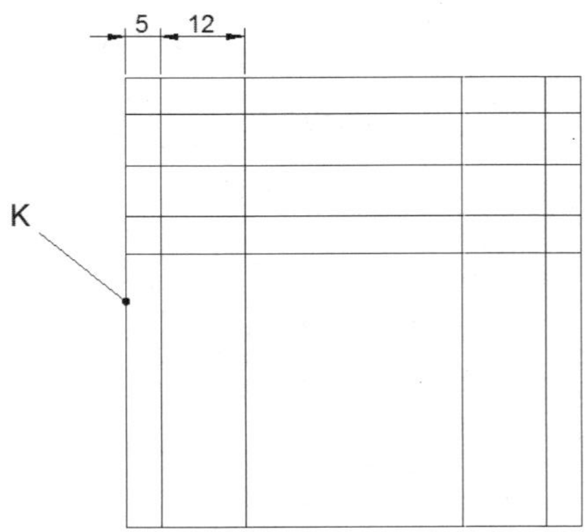

▲ 그림 2

4. 맨 아래 선을 위쪽으로 16만큼 Offset하여 작은 원의 위치를 잡고 반지름 12, 7로 각각 원을 그린다.(그림 3)

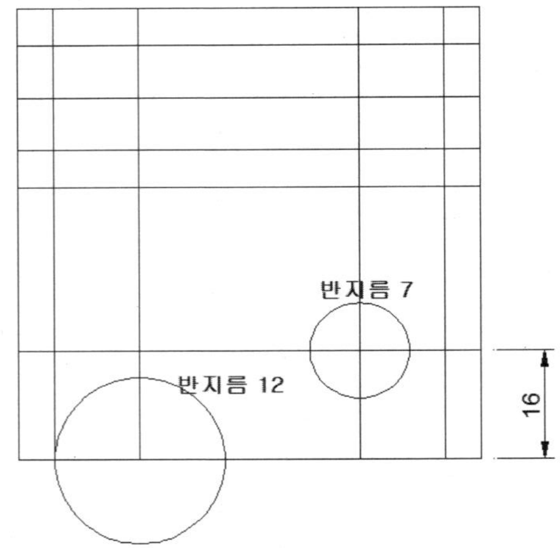

▲ 그림 3

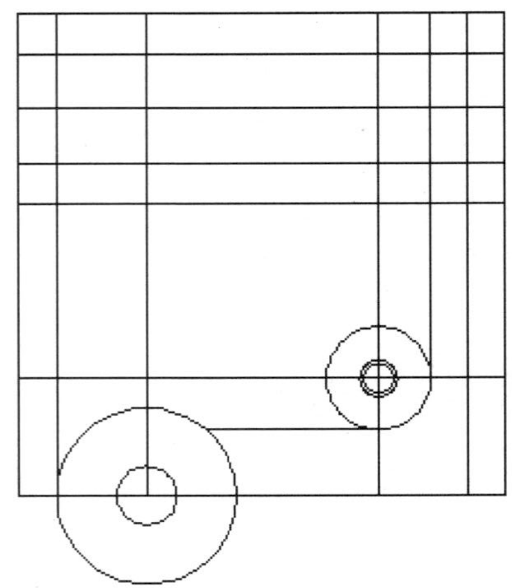

▲ 그림 4

4. 파단선은 Pline으로 그린다음 Pedit의 Spline 처리한다.(그림 6)

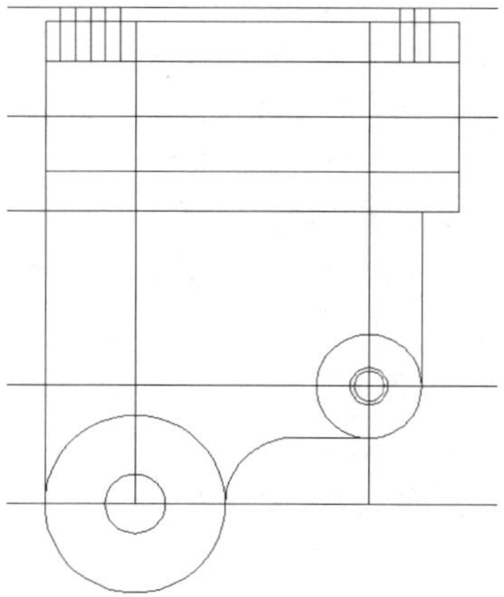

▲ 그림 5

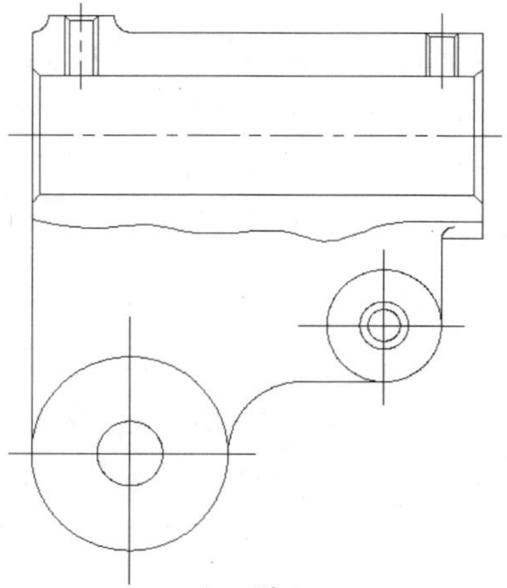

▲ 그림 6

5. "M4"는 미터나사 4mm를 뜻하며 바깥지름을 4mm로 그리고 나사산을 감안하여 작은 나사는 0.5mm 보통 나사는 1mm 정도의 갭을 주며 해치는 나사산 안쪽까지 표기가 되어야 한다.(그림 7)

6. 나사의 정면 표기할 때는 불완전 나사부를 감안하여 3/4에서 잘라야 한다.(그림 8)

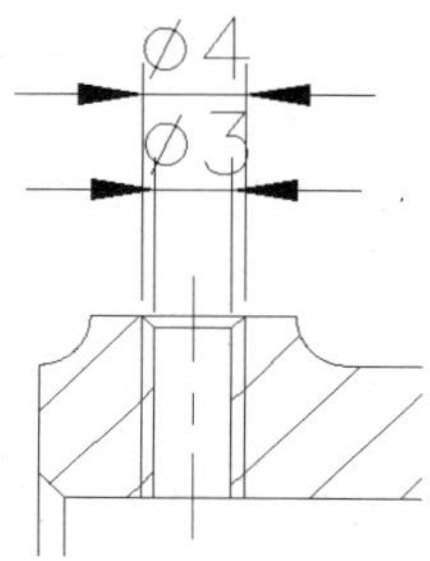

▲ 그림 7

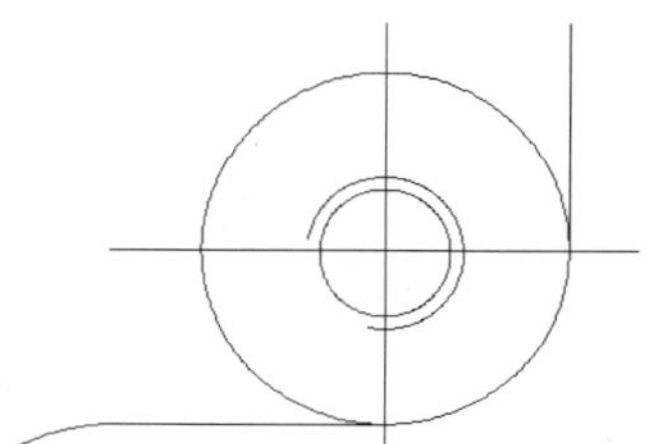

▲ 그림 8

7. 정면도를 근거로 하여 측면도를 완성한다.(그림 9)

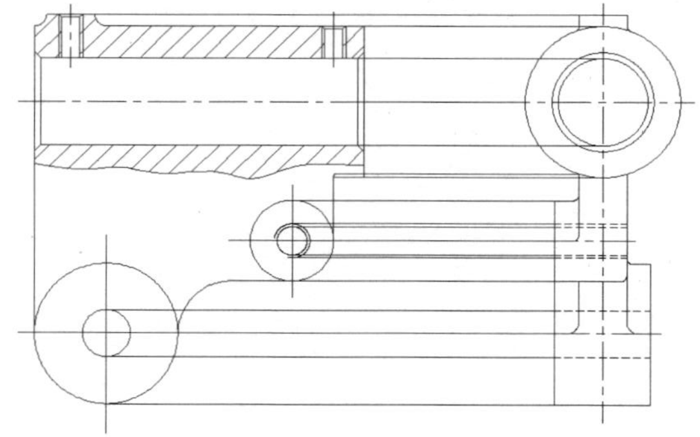

▲ 그림 9

8. 다듬질 기호는 Wblock으로 설정하여 Insert한다.(그림 10)

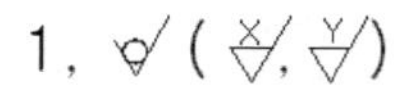

주:가공하지 않은 주조부 명청색 도장

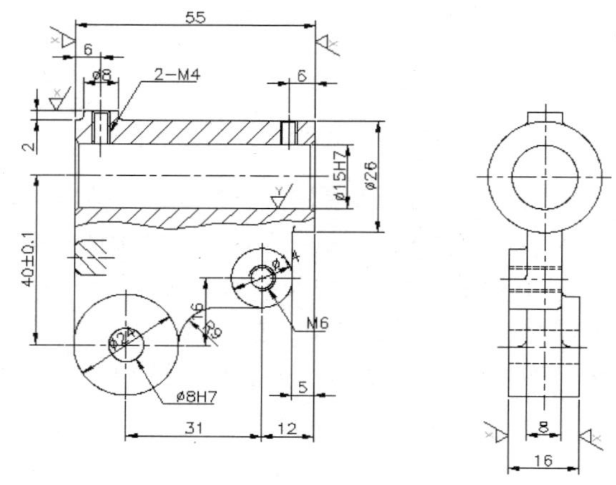

▲ 그림 10

크고 형태가 복잡한 물체는 주물로 제작하며 다듬질은 전체를 주물 제품 상태  로 두고, 지시한 부위를 거친 다듬질 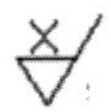, 중다듬질 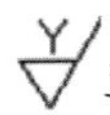 로 하도록 표시하고 있다.

참고

표면 거칠기 기호

예전에는 삼각기호(▽)를 사용하였으나 지금은 표면지시기호로 변경되었다. 지시된 표면 거칠기의 지시 값은 KS B 0161(표면 거칠기 정의 및 표시)에서 규정하는 중심선 평균 거칠기의 표준 수열 중에서 선택하여 지시하였다.(1/1000mm 단위 즉, ㎛이다.)

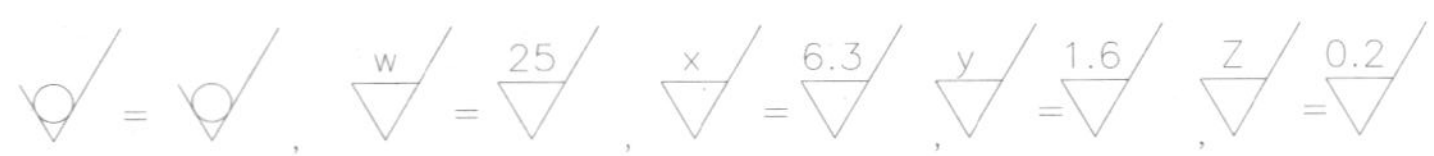

▲ A　▲ B　▲ C　▲ D　▲ E

A – 주물 표면 상태 즉, 거의 가공을 하지 않은 상태의 표면을 표기한다.(케이싱, 밸브 본체 외면, 핸들, 와셔, 코일 스프링)

B – 일반 절삭 가공 상태를 의미하며 끼워 맞춤이 없는 정밀할 필요가 없는 표면 정도를 말한다.(볼트, 너트, 일반 기계부품의 외부, 비접촉면, 드릴 구멍, 선삭 가공부 등)

C – 간단한 끼워 맞춤 외에 운동 부위가 아닌 곳에 적용한다.(볼트, 너트의 나사부분, V벨트, 밸브 로드, 기어 이끝, 이뿌리, 키홈 등)

D – 끼워 맞춤과 운동을 하는 정밀한 부위에 적용한다.(베어링의 부시, 기어 보스, 정밀 나사, 미끄럼 면, 구배 키, 밸브 시트 등 정밀한 끼워 맞춤부)

E – 피스톤 실린더, 시계 부품, 게이지 같은 고 정밀도가 요구되는 곳에 적용한다.

★ 적용 예 – 부품 번호 옆에 아래와 같이 표기되어 있는 경우는 표기되지 않은 부위 전체는 주물 상태로 두며(가공하지 않는다.) 표시된 부분에 대해 정밀도 25㎛과 6.3㎛으로 가공하라는 뜻이다. 보통 도면 내에는 아래 그림처럼 문자로만 표기하고 표제란 위에 쓰는 주서(Note)에 앞서 배운 것처럼 거칠기 정도를 숫자로 표기해 준다.

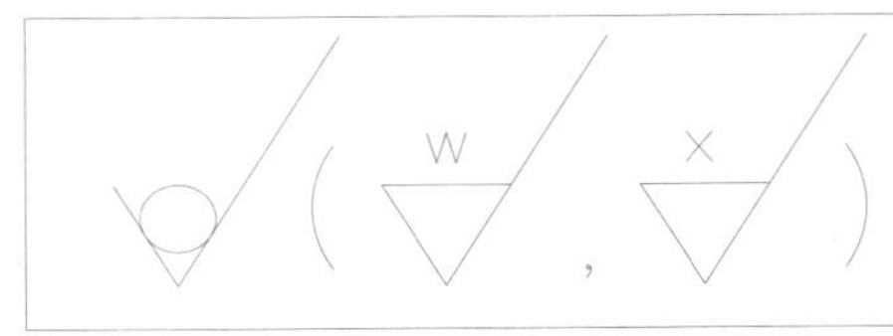

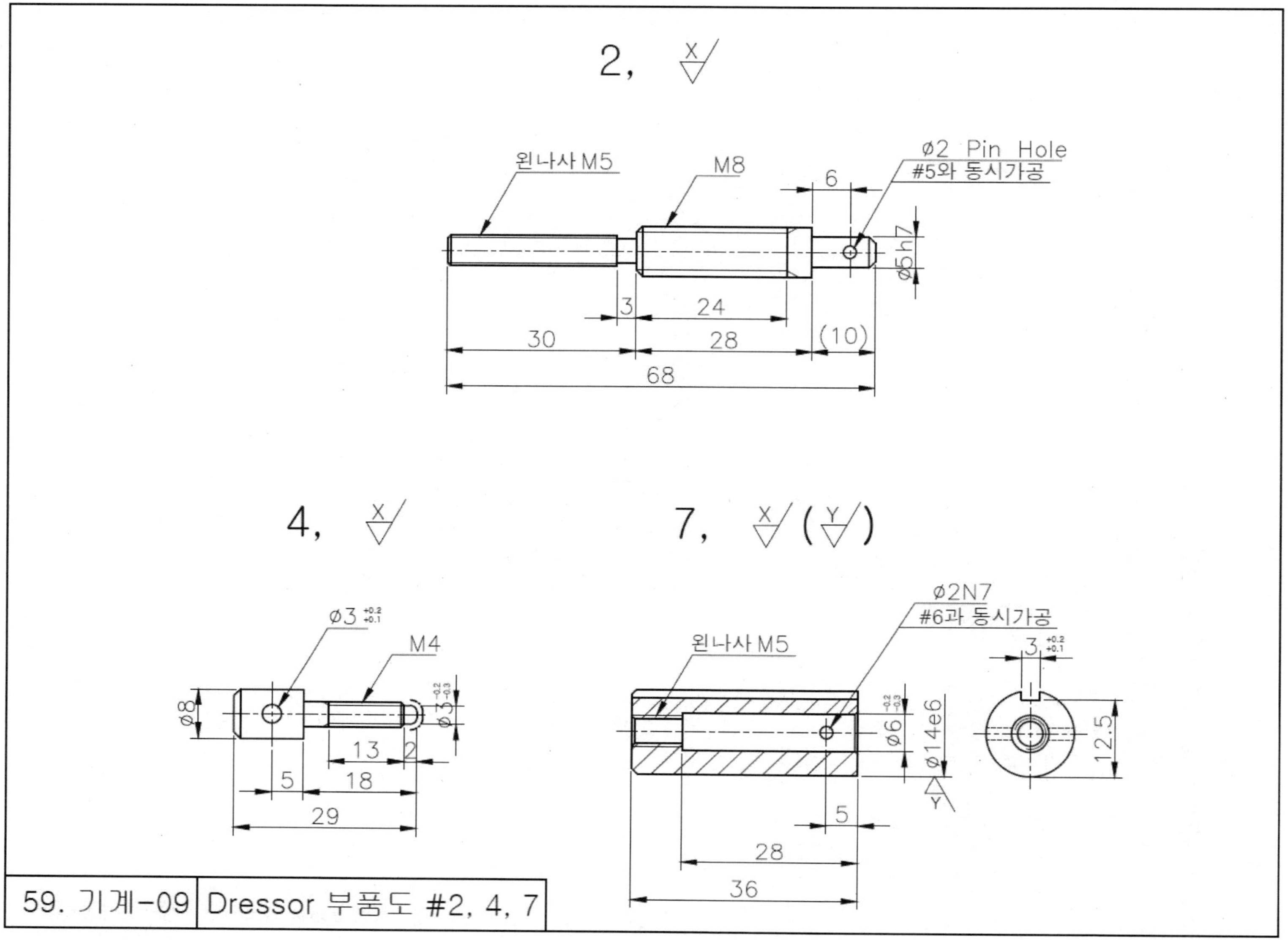
2, X
왼나사 M5
M8
6
Ø2 Pin Hole
#5와 동시가공
Ø5h7
3
24
30
28
(10)
68
4, X
7, X (Y)
Ø3 +0.2 +0.1
M4
Ø8
Ø3 -0.2 -0.3
13
2
5
18
29
Ø2N7
#6과 동시가공
왼나사 M5
3 +0.2 +0.1
Ø6 -0.2 -0.3
Ø14e6
Y
12.5
5
28
36
59. 기계-09
Dressor 부품도 #2, 4, 7

해설 기계-09 Dressor 부품도 #2, 4, 7

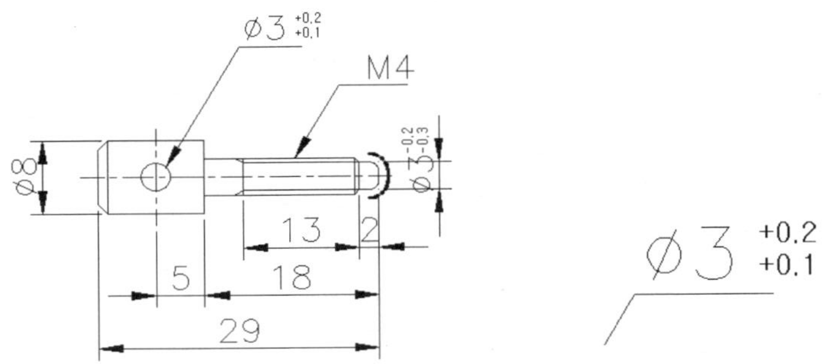

공차부 치수 표시는 다음과 같이 설정하면 된다.(그림 1) 하한값에 "–" 부호를 붙이면 둘 다 +값으로 표기되며 높이에 대한 축척을 "0.5"를 적용하면 공차 표시부의 문자의 높이가 1/2로 줄어든다. 공차 표시할 치수 스타일을 따로 만들어 적용하거나 "CH" 명령으로 개별 수정해야 한다.(그림 2) 그렇지 않으면 일반 치수들도 공차가 적용된다.

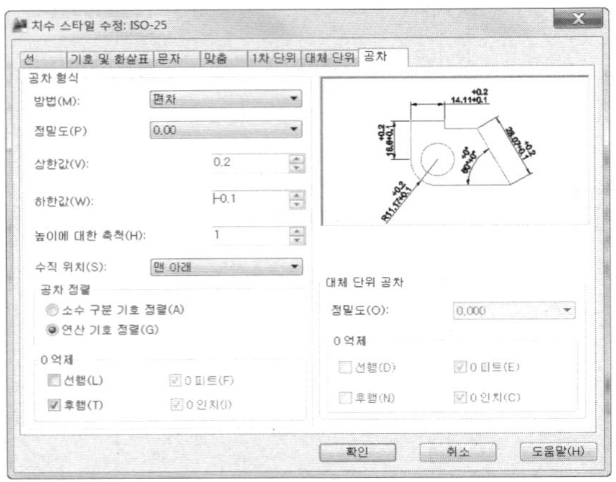

▲ 그림 1

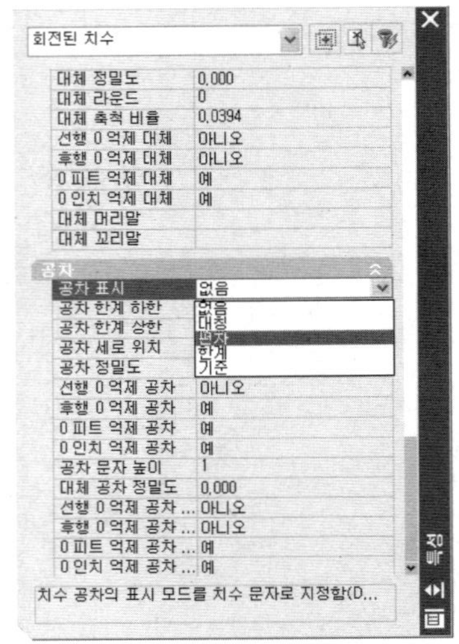

▲ 그림 2

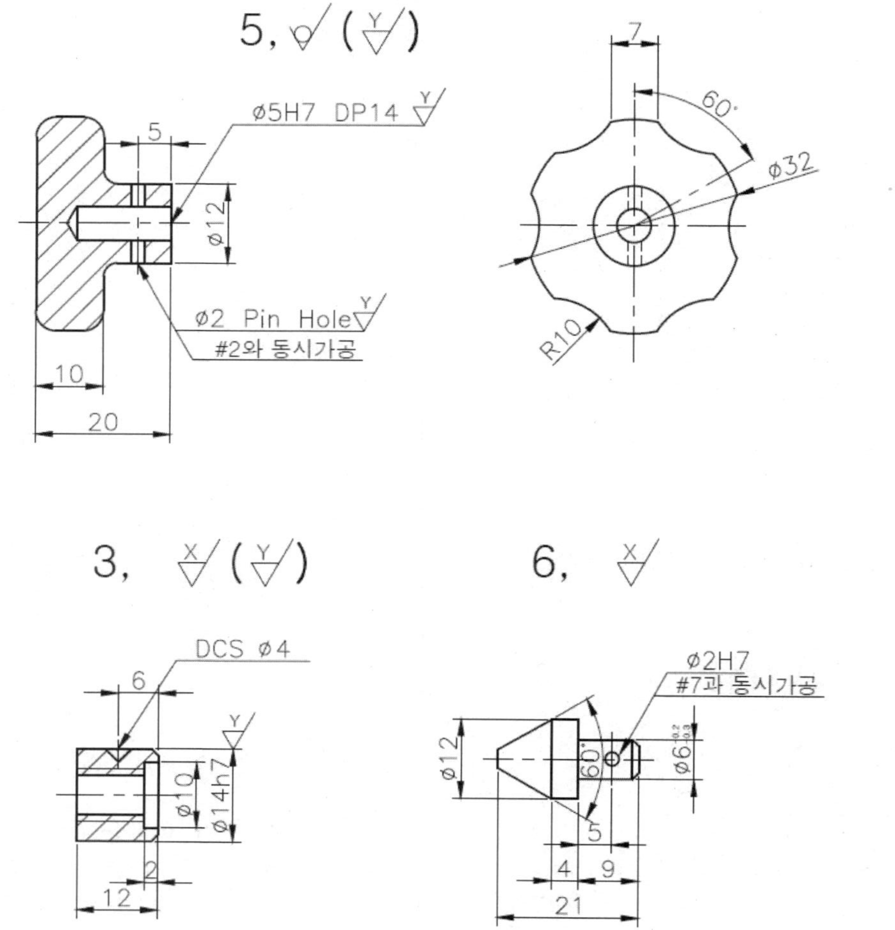

60. 기계-10	Dressor 부품 #3, 5, 6

해설 기계-10 Dressor 부품 #3, 5, 6

부품 6번에서 7번 부품과 동시 가공하라는 것은 조립도에서 보면 부품 6번이 7번에 조립되며 지름 2mm 핀으로 결합된다. 지름 2mm 핀 구멍을 따로 가공했을 때 핀 구멍을 정확히 맞추기 힘들다. 그렇기 때문에 이런 결합품 들은 조립한 상태에서 구멍을 가공해야 하므로 동시 가공이라고 표기하는 것이다.

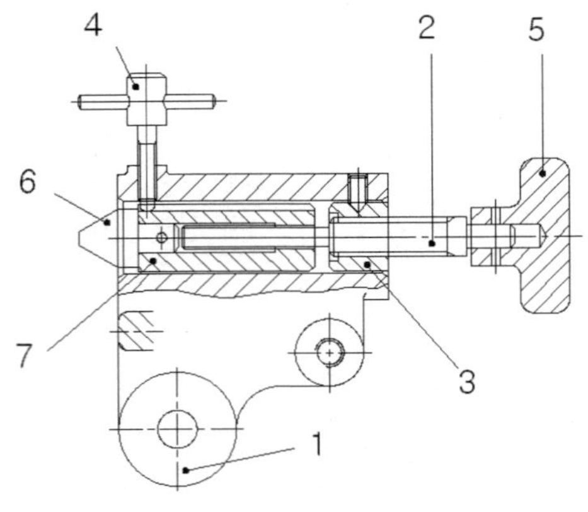

▲ 조립도

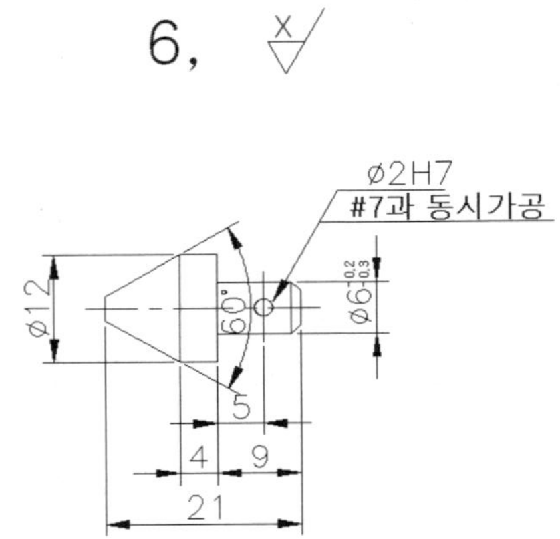

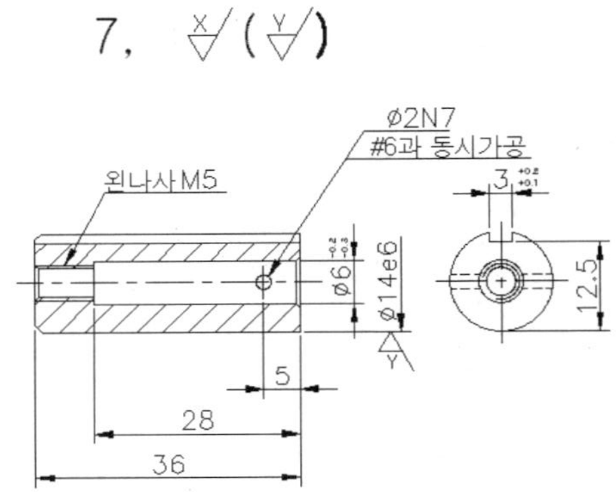

주 서

1. 일반공차 주조부 KS B 0411 정밀급
   가공부 KS B 0412 보통급
2. 지시없는 모따기 C1, 라운드 R3
3. 일반 모따기 C 0.2~0.5
4. 가공하지 않은 주조부 명청색 도장 (품번 1)
5. 열처리 표시부 HRC 48~52 (품번 7)
6. 표면거칠기

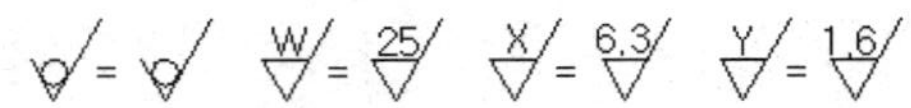

7	슬 라 이 더	SM35C	1	
6	드레서 축	SM35C	1	
5	손 잡 이	GC200	1	
4	스 토 퍼	SM35C	1	
3	부 싱	BC 2	1	
2	축	SM35C	1	
1	본 체	GC200	1	
품번	품 명	**재 질**	**수 량**	**비 고**

각법	**척도**	도 명	**제 도**	
3	1:1	DRESSOR	**일 자**	
소 속 명			**도 번**	

61. 기계-11 | 주서 및 표제란

해설 기계-11 주서 및 표제란

도면 56~59까지 한 장에 그리고 주서 및 표제란이 도면의 우측 하단부에 표시되는데 본 서에서는 지면 관계상 따로 수록하였다. 실무에서는 그림처럼 한 장에 배치한다.

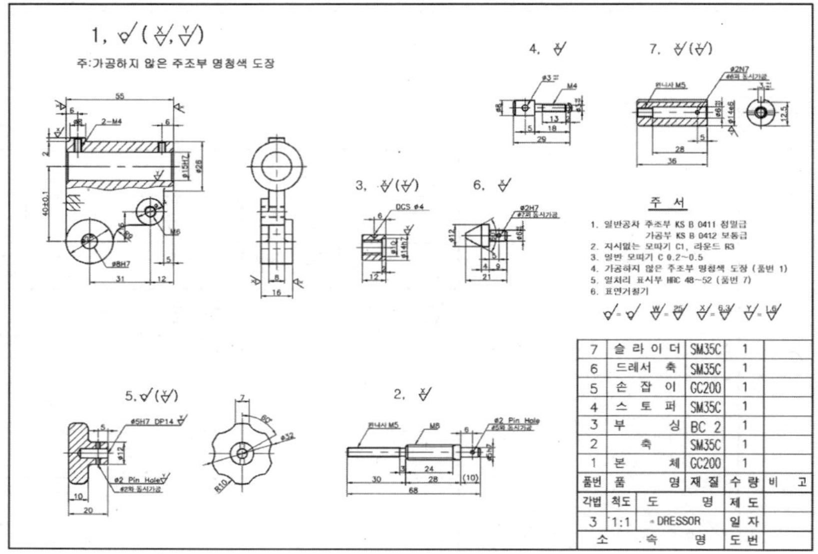

✸ 주서의 내용을 살펴보면

1. 특별히 지시되지 않은 부분에 대한 가공 공차를 설정하는 내용으로 주조부는 KS B 0411 보통급, 가공부는 KS B 0412 보통급의 일반 공차 값을 따르라는 내용이다.
2. 조립되는 부품이 원활하게 조립되게 하기 위해 행해지는 것으로 도면에 그려지고 지시되지 않은 모따기나 모깎기(라운드)의 치수를 규정한 내용이다. 많은 모따기와 모깎기에 대한 치수를 다 표기하면 도면이 너무 복잡해지기 때문에 주서에 표기하는 것이다.
3. 일반 모따기라 함은 도면에 표시되어 있지 않지만 제작 과정에서 모서리 처리에 대한 지시사항이다. 기계 부품의 모서리는 칼과 같아서 모를 처리하지 않으면 사용자가 부상을 당할 위험이 있고 가공 상 발생하는 금속 부스러기 같은 것을 제거하는 역할을 한다.
4. 품번 1은 주물품으로 기계 가공을 하지 않는 부위에 페인팅을 하라는 내용이다.
5. 품번 7의 굵은 일점 쇄선으로 표시된 부분에 표면 처리 즉 열처리를 하라는 내용으로 로크 웰 경도기로 측정했을 때 48~52 범위 내에 들어야 한다는 뜻이다.
6. 도면 내에 표기한 표면 거칠기 평균값을 KS B 0161에 의거하여 나타낸 것이다.

제도부품 : 1,2,3,4,5,6

제한시간 : 5시간

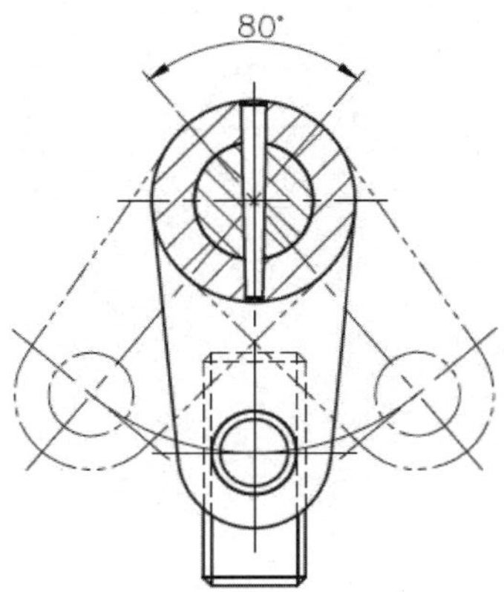

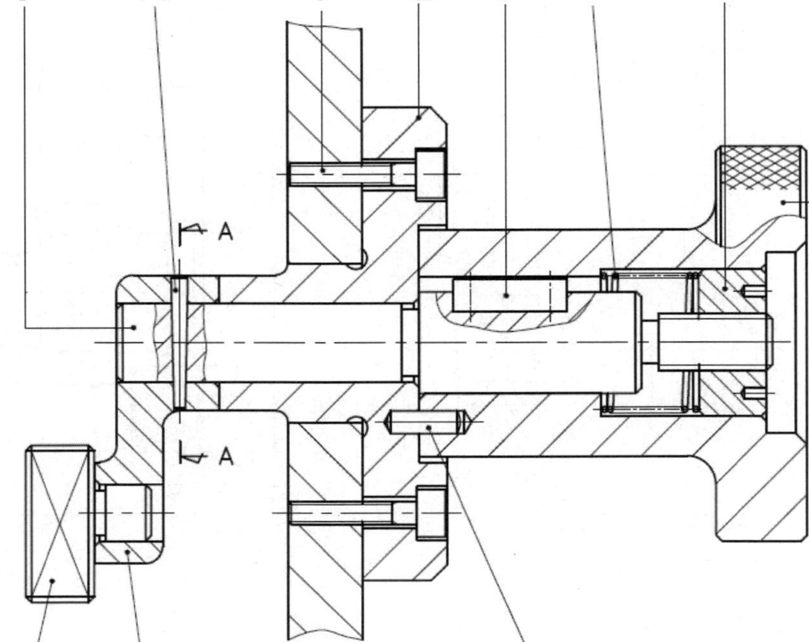

62. 기계-12	공개도면 2 - 링크장치

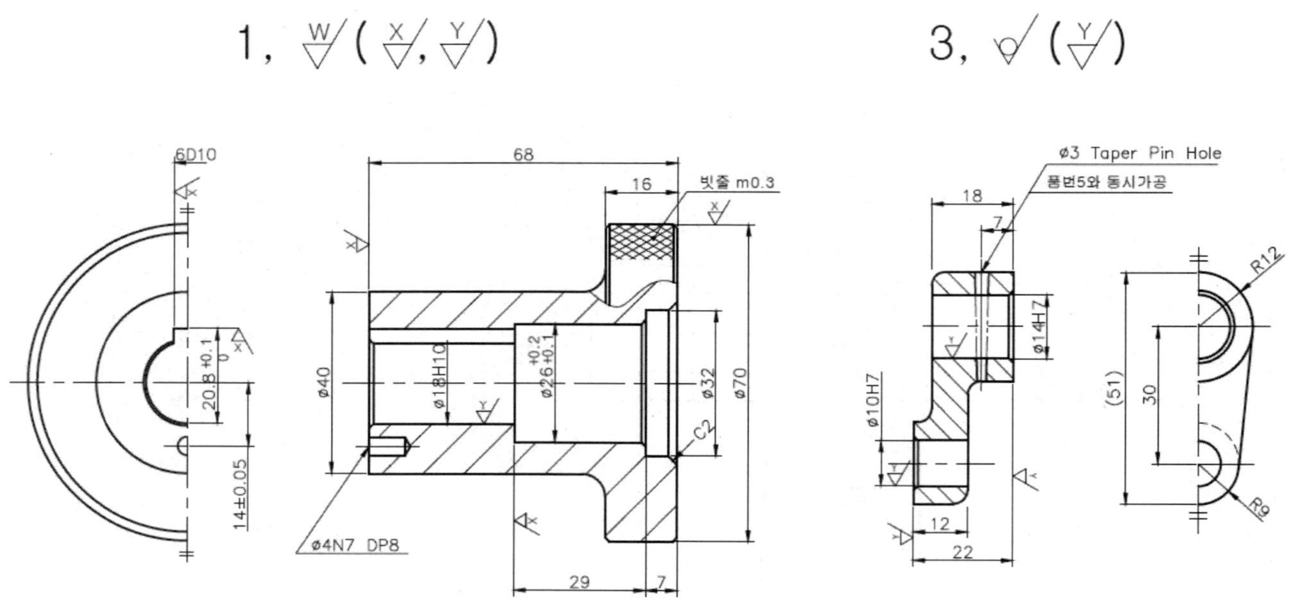

63. 기계-13 | 링크장치 부품도 #1, 3

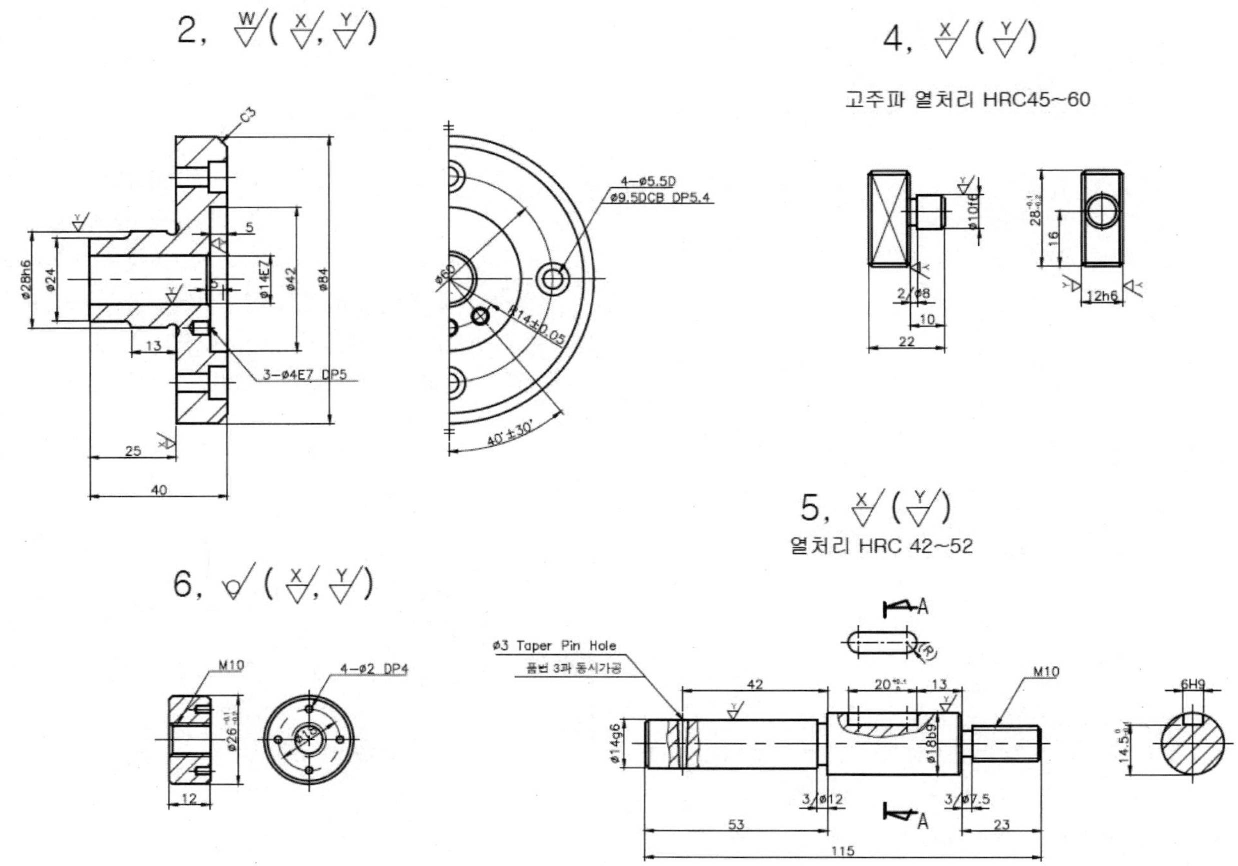

64. 기계−14	링크장치 부품도 #2, 4, 5, 6

해설 기계-13 링크장치 부품도 #1, 3

1, W/ (X/, Y/)

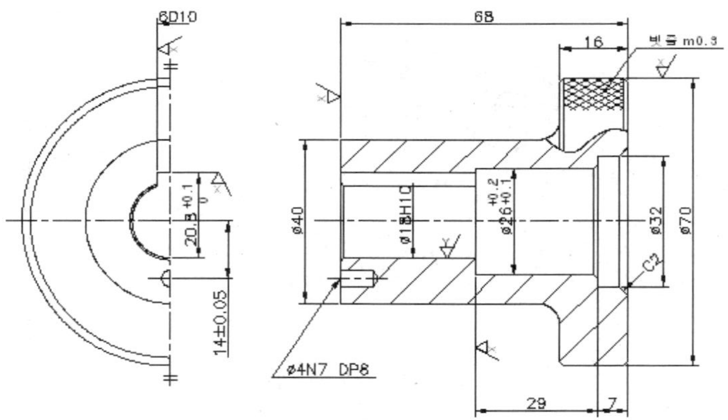

1. 키 홈 치수 "6D10"은 KS 도표 편람(KS B1311-74)에 의거 적용하는 축지름 17~22사이에서 묻힘 키(구배 키) 치수에 따라 치수 6mm에 정밀도 D10급이라는 뜻이다. 작업자들은 단순히 따라 그리기만 하지 말고 치수표에 의거하여 정확하게 작업하기 바란다.
2. 세로 치수 20.8의 수치와 허용차 상한치 +0.1, 하한치 0의 공차도 KS 도표 편람(KS B1311-74)에 준하여 적용된 값이다.

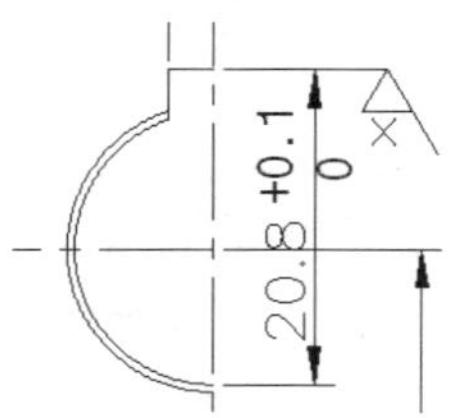

3. 키 홈의 다듬질 정도 표기도 임의로 하는 것이 아니고 KS에서 지정한 정도에 따른다.

해설 기계-14 링크장치 부품도 #2, 4, 5, 6

"고주파 열처리 HRC45~60"은 고주파로 하는 열처리를 뜻하며 로크 웰 경도기 C 스케일로 측정을 했을 때 경도가 45~60 범위 내에 들어야 한다는 표기이다. 고강도를 요하는 부품에 일반 재질을 사용했을 때 제 성능을 발휘하지 못하므로 열처리를 하여 강도를 높여준다.

4, X/ (Y/)

고주파 열처리 HRC45~60

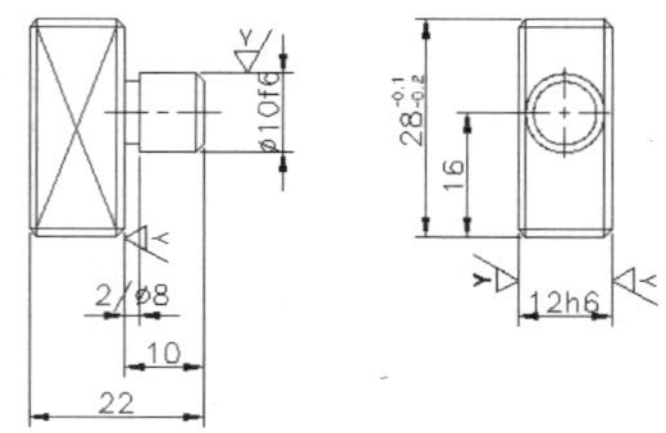

제도부품 : 1,2,3,4,6
제한시간 : 5시간

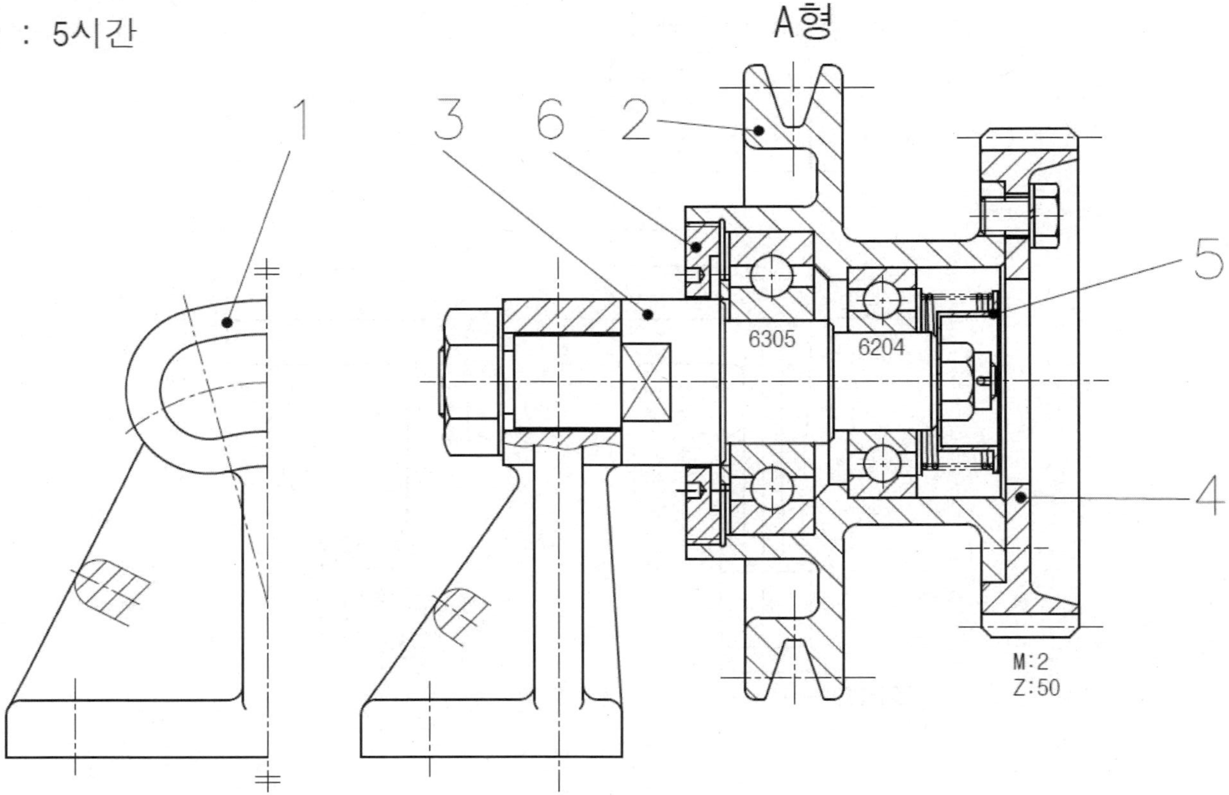

65. 기계-15	공개도면 3 - 동력전달장치

1, ∀ (W/∀, X/∀, Y/∀)

주:가공하지 않은 주조부 명청색 도장

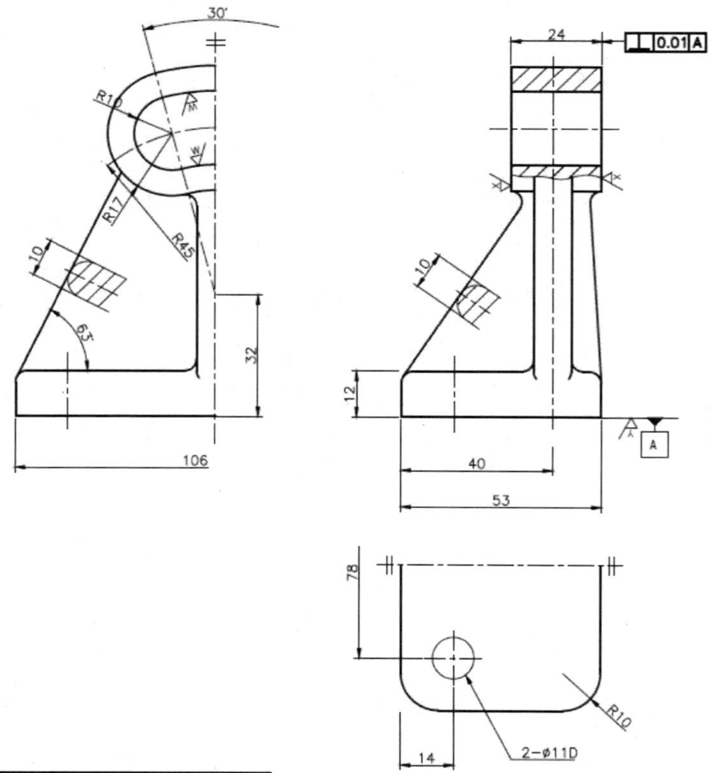

66. 기계-16	동력전달장치 부품도 #1

4, (W, X, Y)

기어 치부 고주파경화 HRC40~44

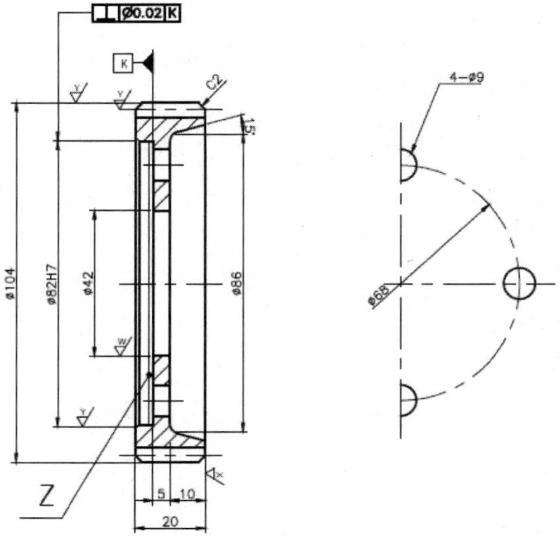

스퍼 기어 요목표		
기어 치형		표 준
공구	치 형	보 통 이
	모 듈	2
	압력각	20°
잇 수		50
피치원 지름		100
전체 이높이		4.5
다듬질 방법		호 브 절 삭
정 밀 도		KS B 1405, 2급

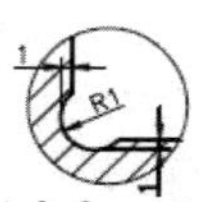

"Z"부 상세도

6, X (Y)

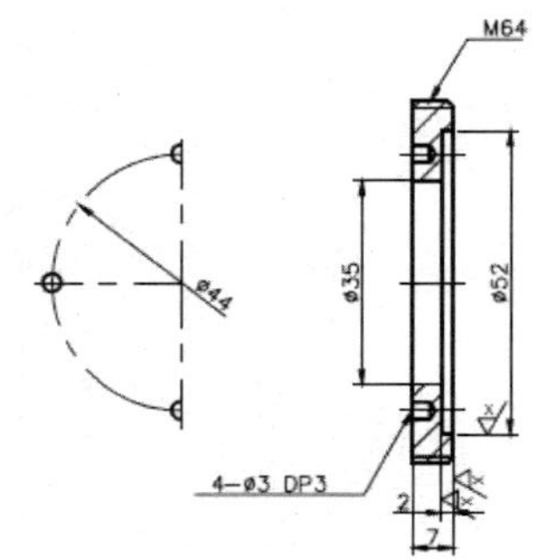

67. 기계-17	동력전달장치 부품도 #4, 6

해설 기계-16 동력전달장치 부품도 #1

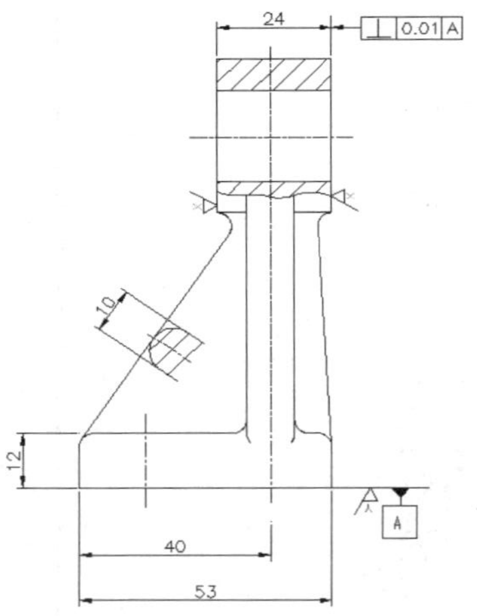

▲ 그림 1

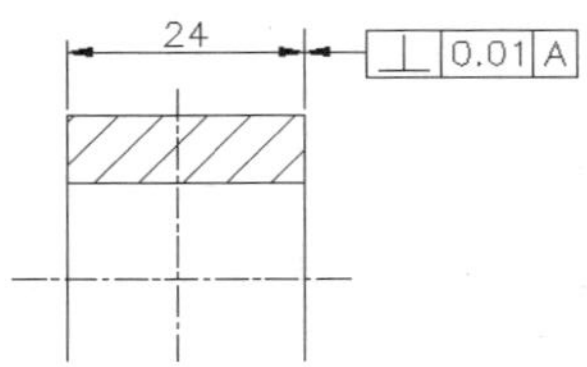

▲ 그림 2

"그림 2"는 기하공차(형상공차) 직각도를 정의한 것으로 기준면 A(그림 3)를 기준으로 상단 측면의 직각도를 정의한 것이다.(그림 2)

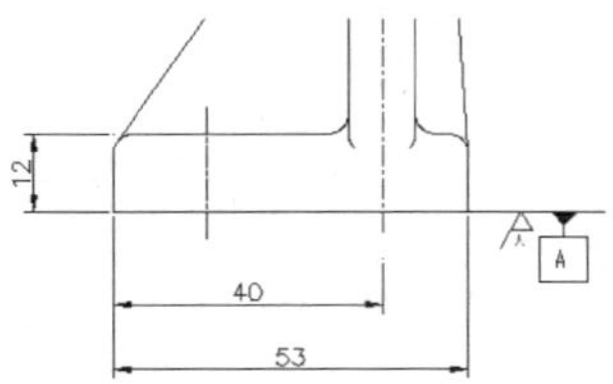

▲ 그림 3

기하학적 공차는 명령어 "Tol"을 사용하여 다음과 같이 정의하면 된다.

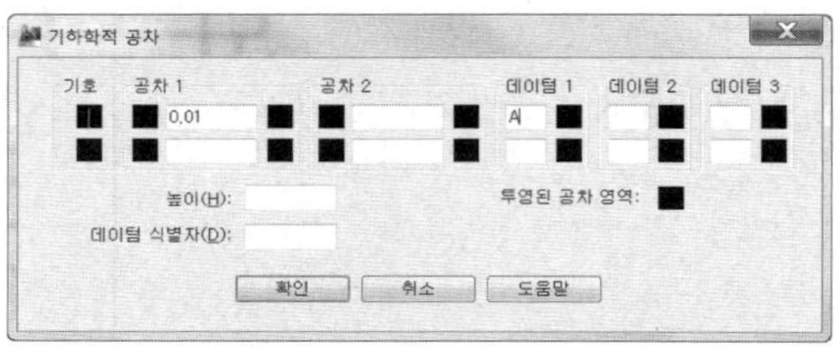

해설 기계-17 동력전달장치 부품도 #4, 6

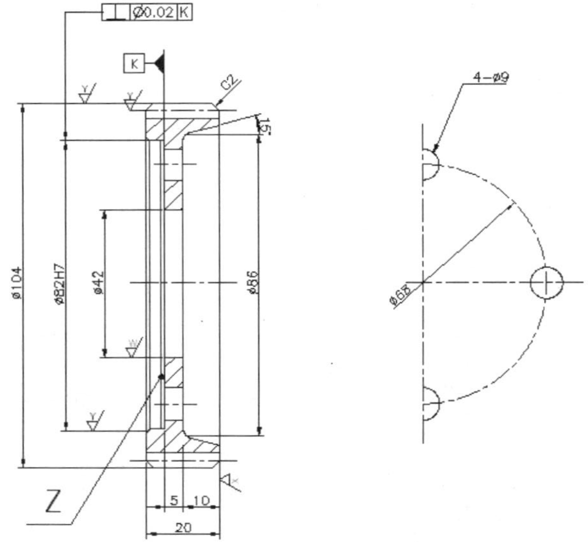

스퍼 기어는 요목표(표 1)를 작성하여야 한다. 아래 계산식을 기준으로 계산하면 된다.

** 관련 계산식 **

피치 원경(PCD)=M×Z

바깥지름(D)=PCD+2M

전체 이높이(H)=2.25×M

스퍼 기어 요목표		
기어치형		표준
공구	치형	보통이
	모듈	2
	압력각	20°
잇수		50
피치원 지름		100
전체 이높이		4.5
다듬질 방법		호브 절삭
정밀도		KS B 1405, 2급

▲ 표 1

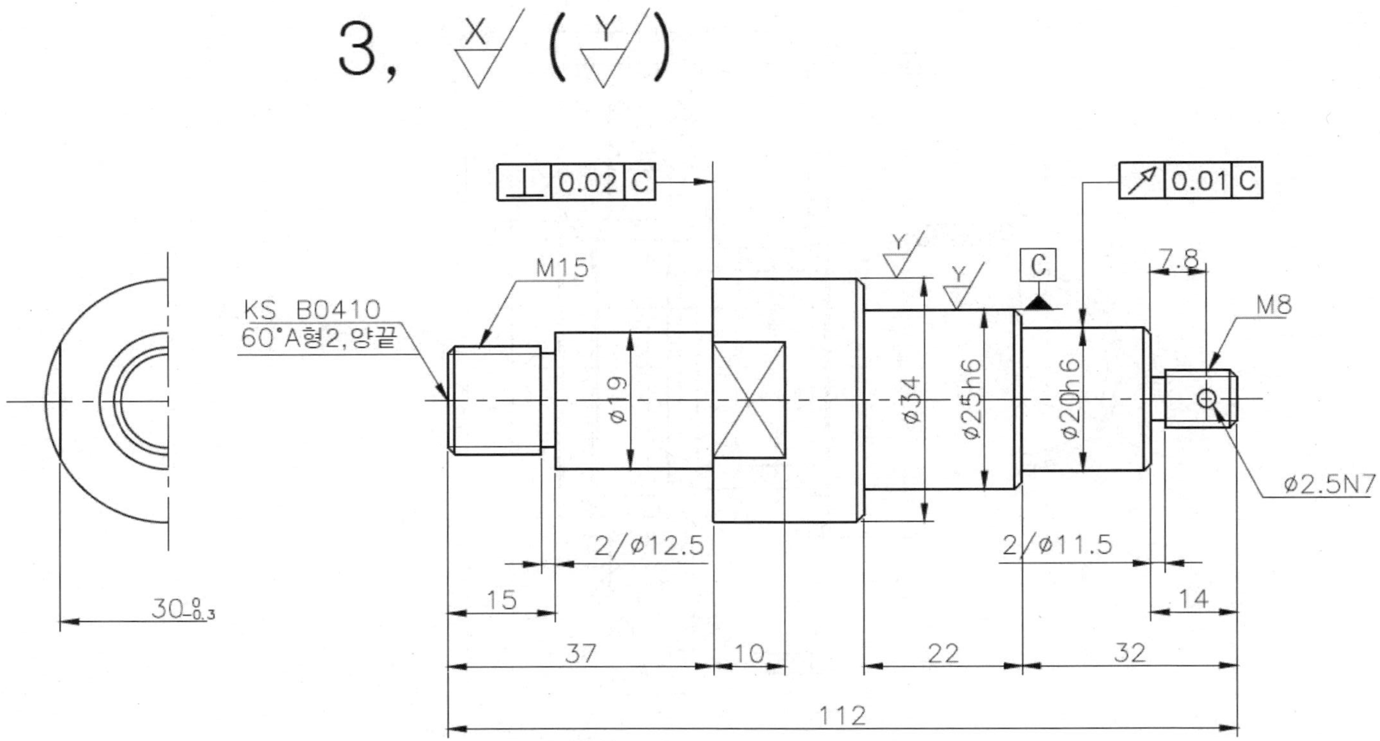

68. 기계-18	동력전달장치 부품도 #3

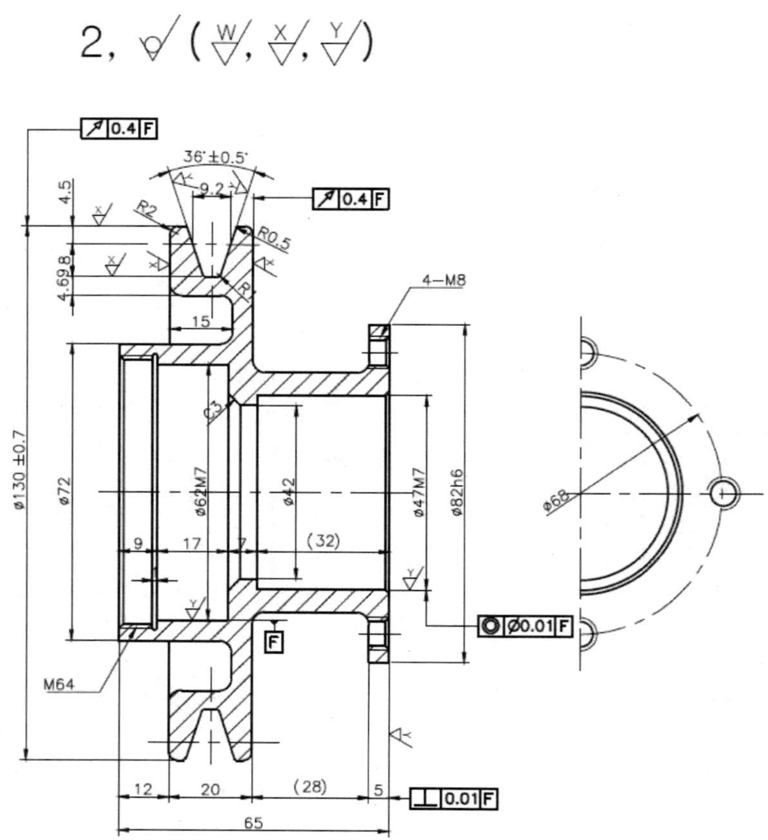

69. 기계-19 | 동력전달장치 부품도 #2

해설 기계-18 동력전달장치 부품도 #3

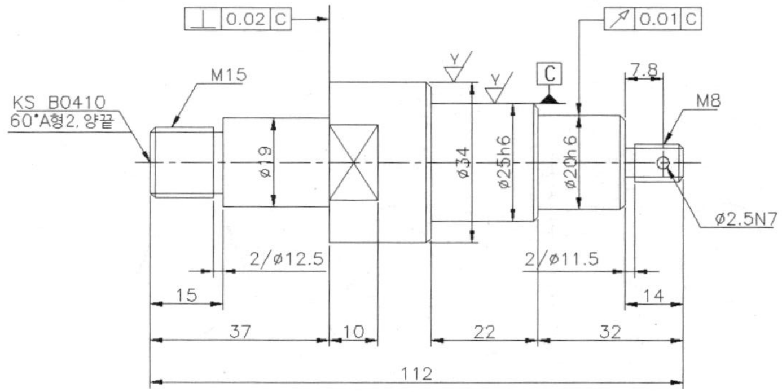

1. "KS B0410 60°A형2, 양끝"은 긴 축을 가공할 때 선반에서 축을 잡아 주기 위한 구멍을 양쪽에 작업하라는 뜻으로 세부 치수(KS 규격표)는 표기하지 않고 지시만 표기한다.
2. "∅25h6"과 "∅20h6"은 깊은 홈 볼베어링 6305와 6204가 조립되는 축으로 KS B 2023에 의거한 치수이다.

참고

베어링 넘버 4자리 숫자의 의미는?

예 6305- 단열, 보통 하중용, 안지름 05×5=25mm짜리 베어링임을 알 수 있다.

1열	형식	1, 2, 3	복열 자동 조심형
		6, 7	단열
		N	원통롤러
2열	지름 번호	0, 1	특별 경하중
		2	경 하중
		3	보통 하중
		4	큰 하중
3열	안지름 번호	00	10mm
		01	12mm
		03	17mm
		04	04×5=20mm

• 베어링은 4자리의 숫자는 표와 같은 의미를 갖는다.

해설 기계-19 동력전달장치 부품도 #2

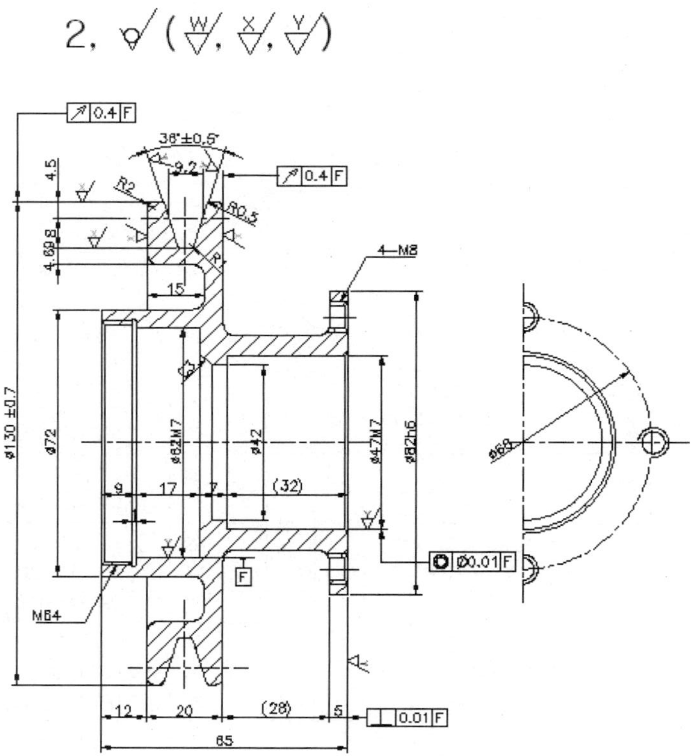

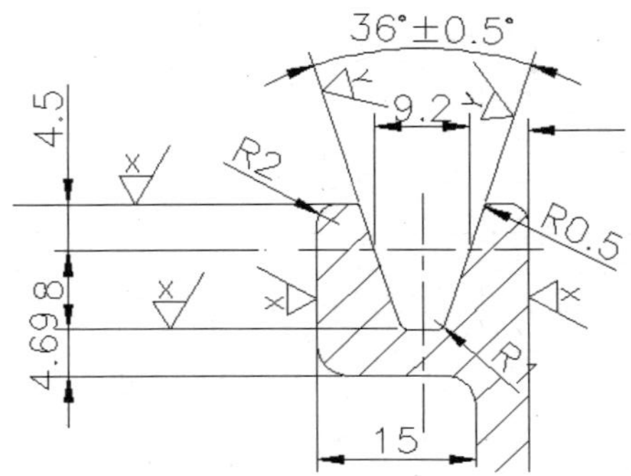

V 벨트 풀리는 동력을 전달하는 회전체 중 하나이며 M, A, B, C, D, E형으로 크기에 따라 나뉘며 아래 KS 규격에 의거하여 작업하여야 한다.

- V 벨트 풀리의 호칭은 형별(M~E)과 호칭지름(바깥지름)이다. 규격을 적용할 때는 형별과 바깥지름을 기준으로 규격을 찾아 적용한다.

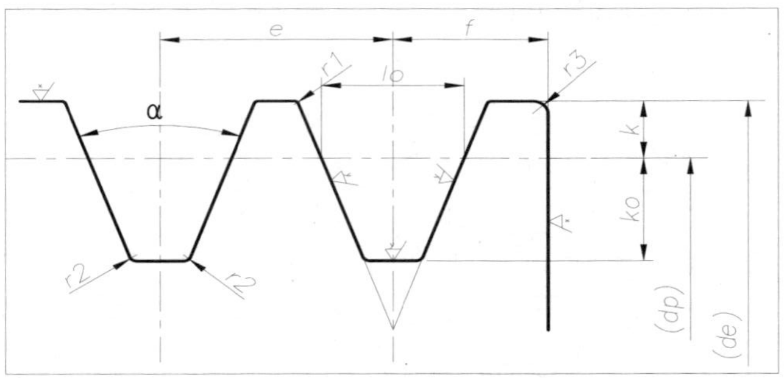

형별	호칭경(de)	$\alpha_\circ$	lo	k	ko	e	f	r1	r2	r3	(참고) 벨트의 두께
M	50 이상 71 이하 71 초과 90 이하 90 초과	34 36 38	8.0	2.7	6.3	-	9.5	0.2~0.5	0.5~1.0	1~2	5.5
A	71 이상 100 이하 **100 초과 125 이하** 125 초과	34 **36** 38	**9.2**	**4.5**	**8.0**	**15.0**	**10.0**	**0.2~0.5**	**0.5~1.0**	**1~2**	**9**
B	125 이상 160 이하 160 초과 200 이하 200 초과	34 36 38	12.5	5.5	9.5	19.0	12.5	0.2~0.5	0.5~1.0	1~2	11
C	200 이상 250 이하 250 초과 315 이하 315 초과	34 36 38	16.9	7.0	12.0	25.5	17.0	0.2~0.5	1.0~1.6	2~3	14
D	355 이상 450 이하 450 초과	36 38	24.6	9.5	15.5	37.0	24.0	0.2~0.5	1.6~2.0	3~4	19
E	500 이상 630 이하 630 초과	36 38	28.7	12.7	19.3	44.5	29.0	0.2·0.5	1.6~2.0	4~5	25.5

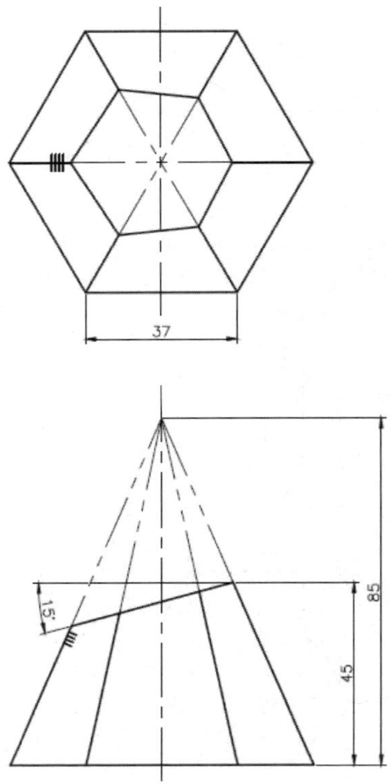

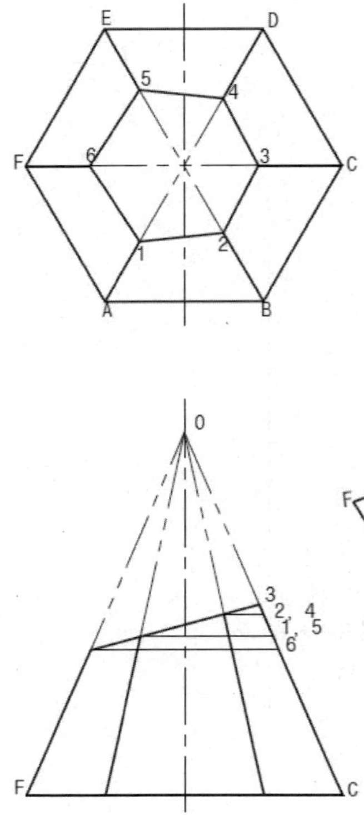

* 0-F 또는 0-C에서 교점을 잡는 이유는 그 경계가 실제 길이(실장)가 보이는 곳이기 때문이다.

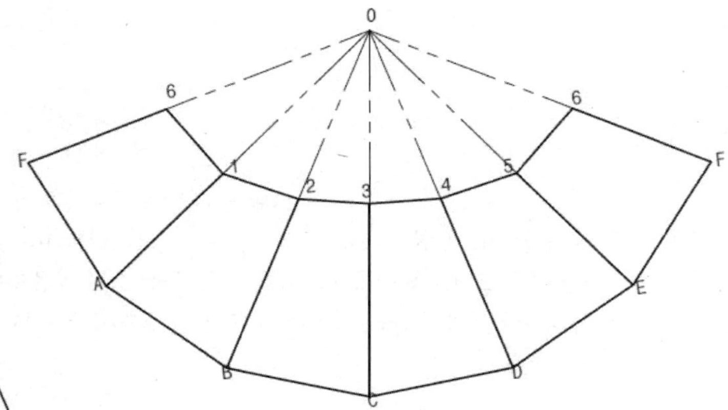

전개도

70. 기계-20 | 판금 전개도 01

해설 기계-20 판금 전개도 01

판금 전개도는 기계 설비에서 공기 조화에 사용되는 덕트나 그 밖에 얇은 판재를 이용하여 제작하는 현장에서 사용된다.

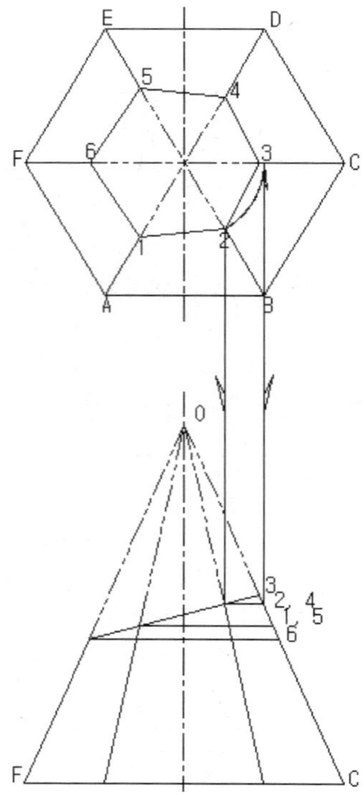

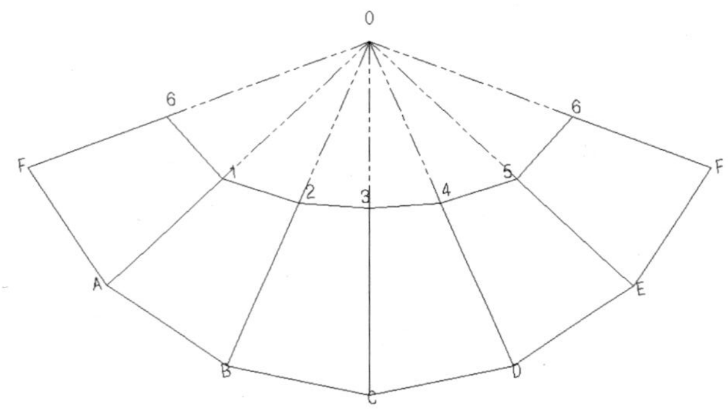

판금 전개에서 실장(실제 길이)을 구하는 것이 중요하다. 위 그림에서 점 2는 0-B상에 있을 때는 실제 길이보다 짧아진 상태로 관측되지만 0-C의 위치로 옮겨지면 실제 길이가 된다. 위 그림에서 실제 길이가 되는 것은 정면도 0-C나 0-F에서만 실제 길이가 된다.

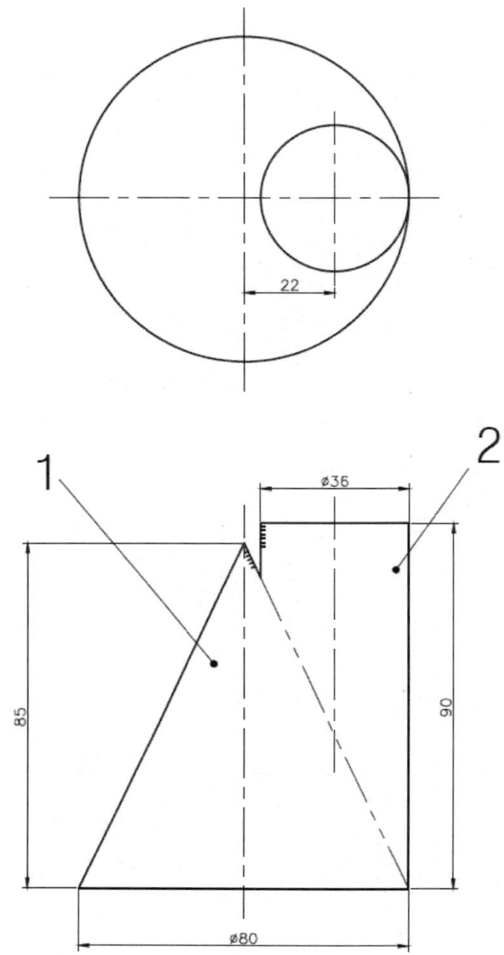

71. 기계-21 | 판금 전개도 1/2

각 교점을 연결하는 곡선은 SPLINE을 사용하면 된다.
전개도#2 에서 분할 점은 DDPTYPE을 변경하고 DIVIDE명령을 사용한다.

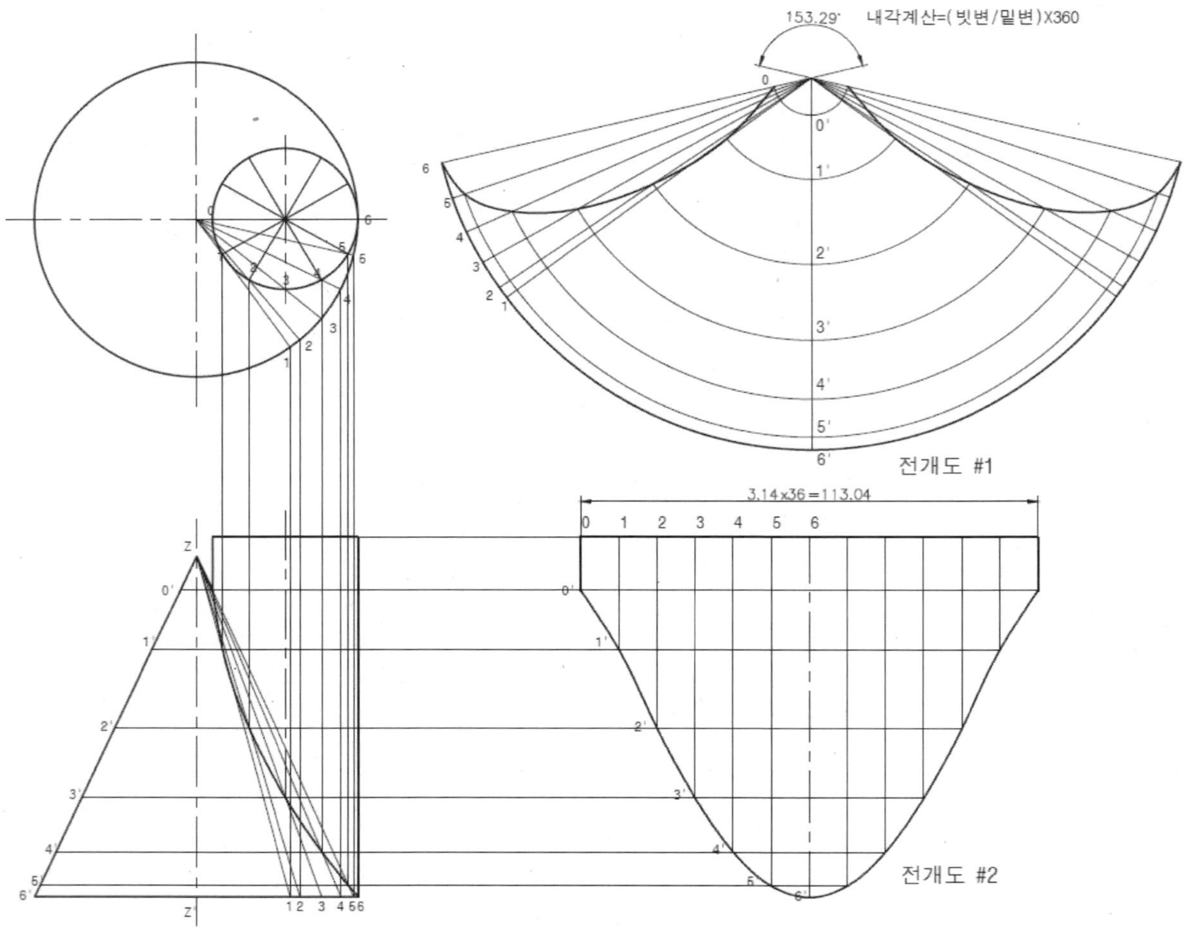

72. 기계-22 | 판금 전개도 2/2

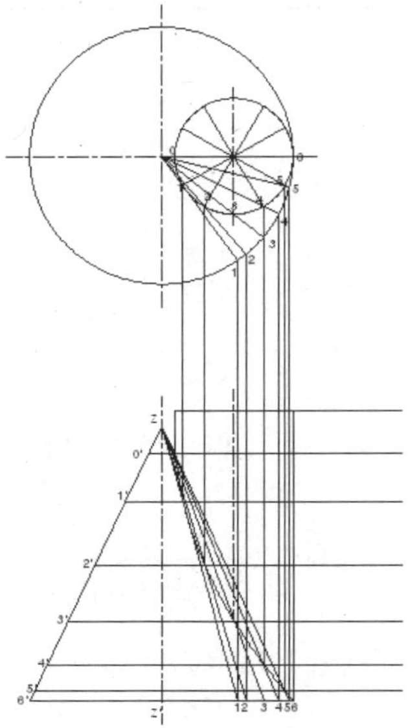

▲ 상관점 잡기

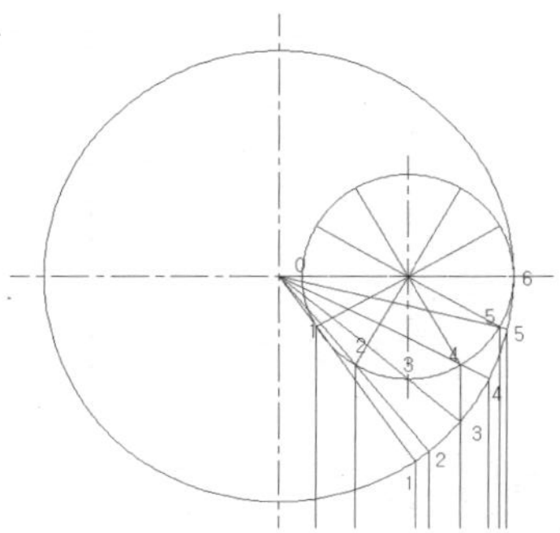

▲ 그림 1

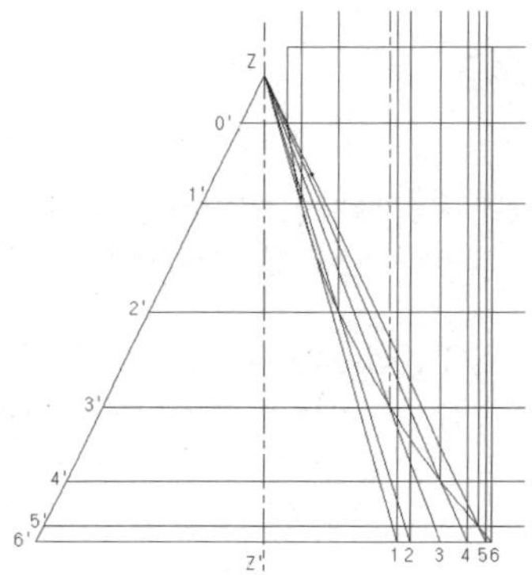

▲ 그림 2

지름이 36인 원통을 평면에서 12등분(더 정밀하게 하려면 24등분한다.)하여 (그림 1) 지름이 80인 원뿔과의 상관 점들을 잡는다. 그 점들을 Spline으로 연결하여 상관선을 그린다.(그림 2)

원통의 전개는 지름×π=원주(펼친 길이), 원뿔은(빗변/밑변)×360=내각으로 계산하여 그린다.

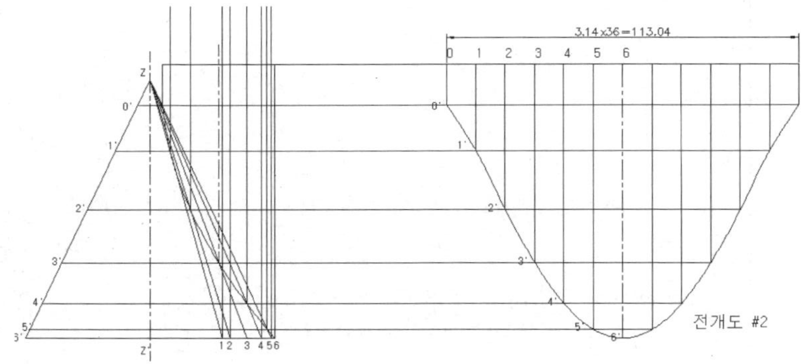

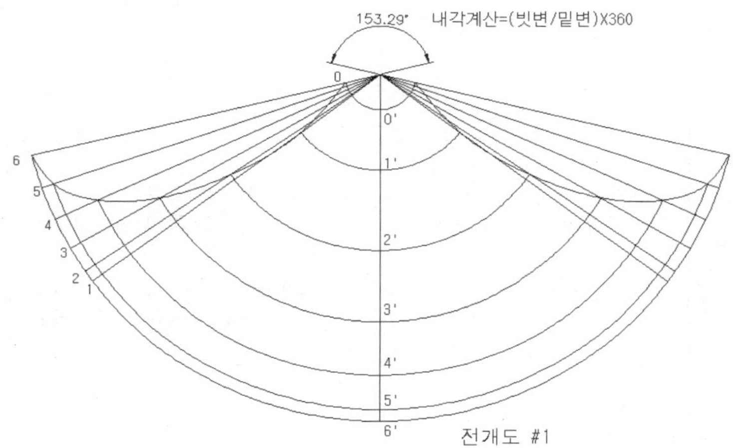

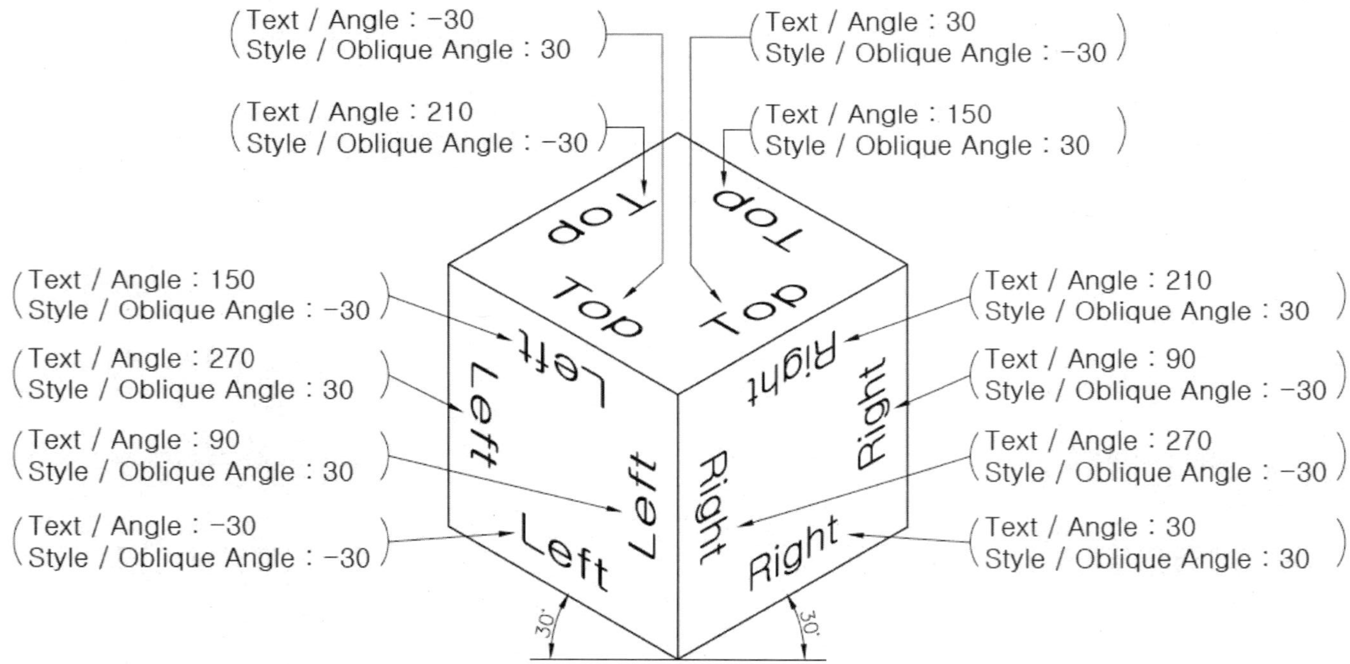

73. ISO-01	등각 투영을 이용한 글자 삽입

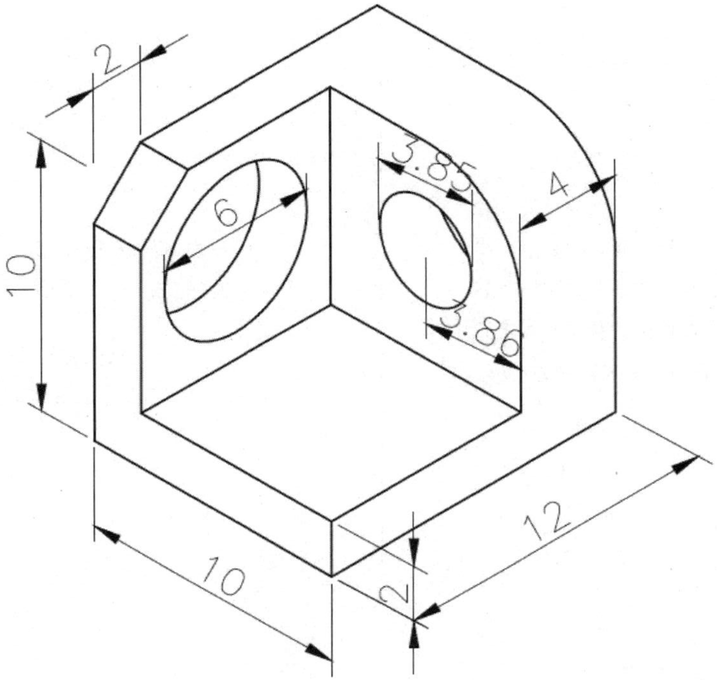

74. ISO-02	Isometric 연습 - 01

해설 ISO-02 Isometric 연습 - 01

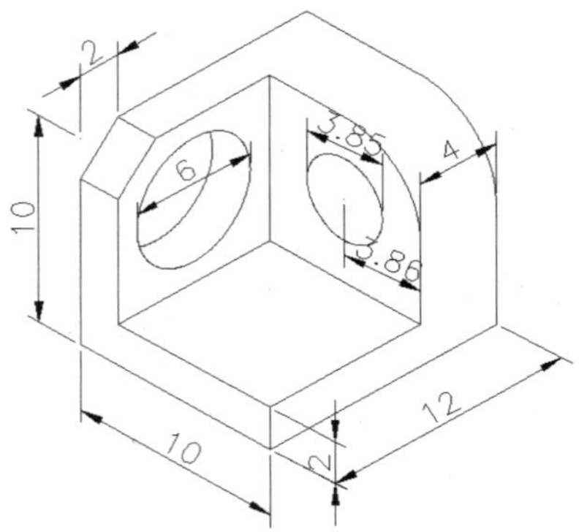

1. 아이소매트릭으로 전환은 하단부 스냅 위에 커서를 두고 마우스 우측 버튼을 눌러 "설정(S)"에서 "등각투영 스냅"을 선택한다.

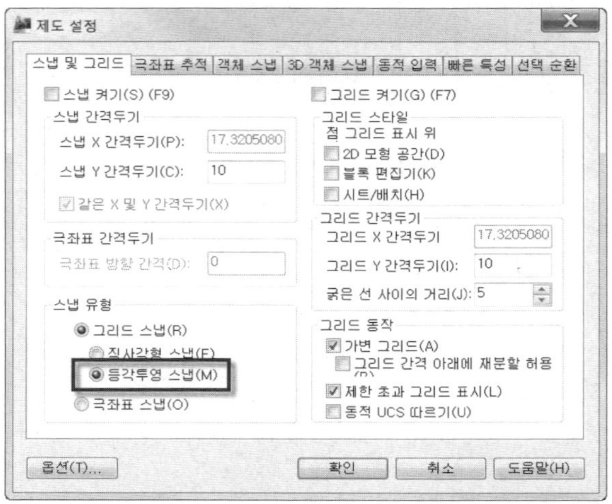

2. 변경된 커서를 각 면에 맞게 전환할 때는 Ctrl+E 또는 F5키를 누르면 된다.

3. Line 명령을 실행하여 육면체의 외곽을 그린다.(그림 1) F8를 눌러 직교 모드에서 마우스로 방향을 잡고 길이만 입력하여 그린다.

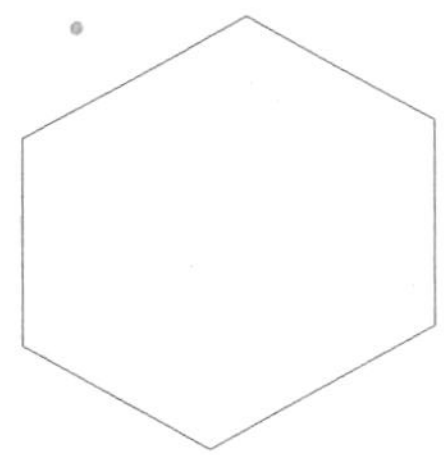

▲ 그림 1

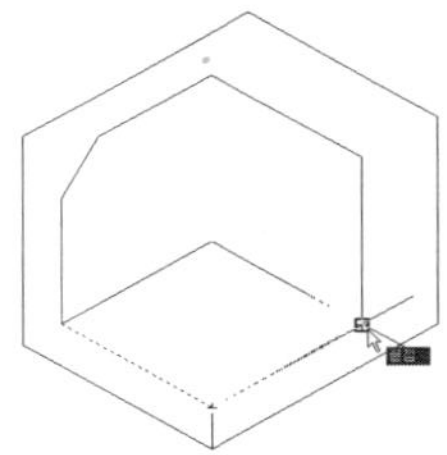

▲ 그림 2

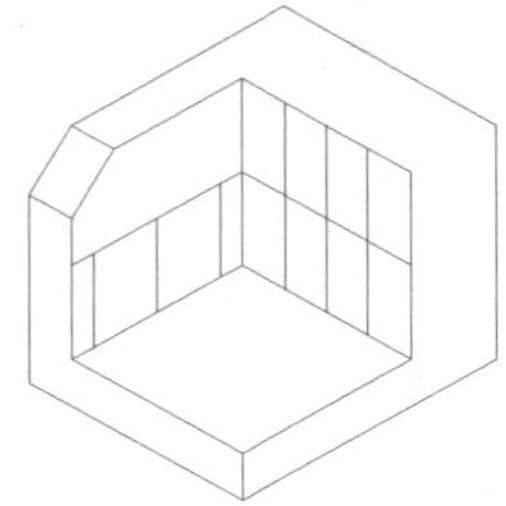

▲ 그림 3

4. 직교 모드 상태에서 평행한 방향의 요소는 복사하여 처리한다.(그림 2)

5. 타원은 Ellipse 명령의 Isocircle을 적용하여 그린다. 타원의 중심점을 선으로 그린다음(그림 3) Ellipse 명령을 실행한다. 방향이 맞지 않으면 방향을 전환하여 맞추면서 작업한다.

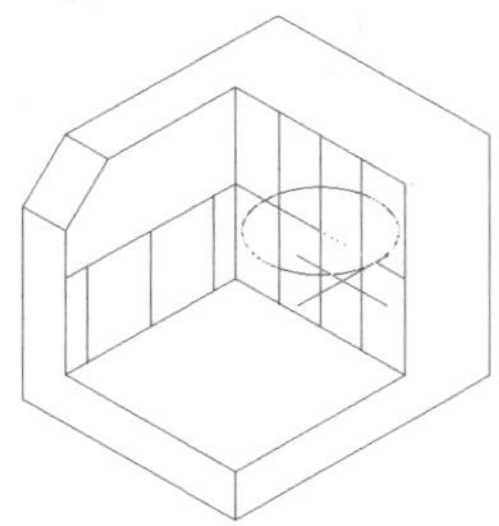

▲ 그림 4

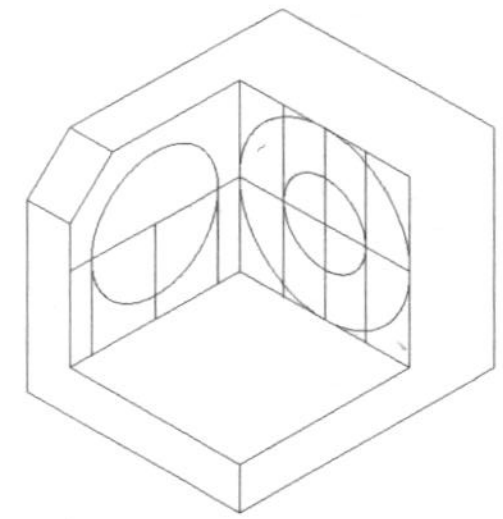

▲ 그림 5

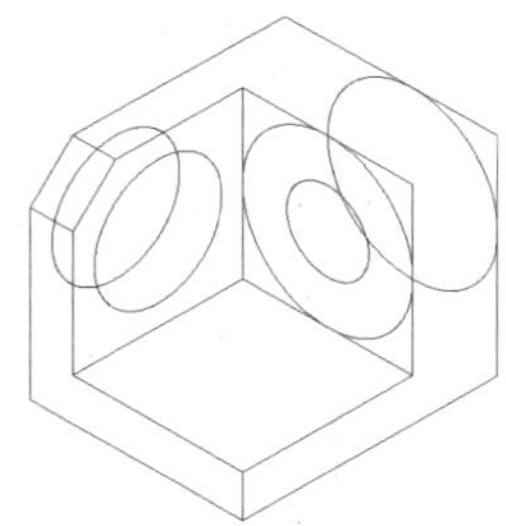

▲ 그림 6

명령: EL
타원의 축 끝점 지정 또는 [호(A)/중심(C)/등각원(I)]: **I** ← Isocircle 옵션이다.
등각원의 중심점 지정: ← 중심점을 지정한다.
등각원의 반지름 지정 또는 [지름(D)]: 〈등각평면 오른쪽〉 〈등각평면 왼쪽〉 ← F5로 방향을 전환하면서 잡아놓은 타원의 교점을 잡는다.

6. 평행한 방향에 있는 타원은 복사한다.(그림 6)
7. Trim으로 정리하여 완성한다.(그림 7)

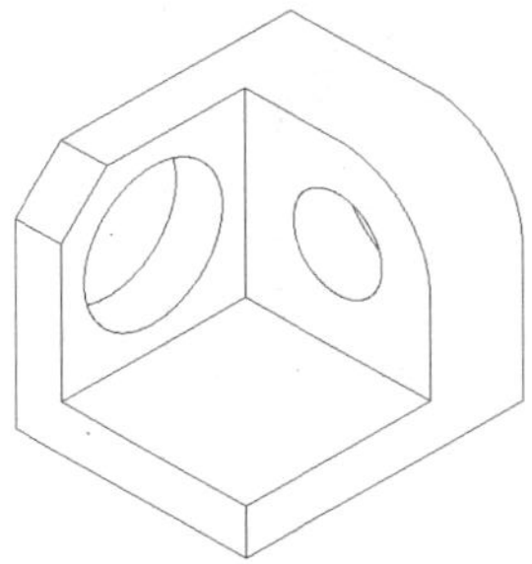

▲ 그림 7

✸ 등각투영한 도형에 치수기입하기

1. 정렬 치수기입으로 치수기입을 한다.  (그림 8)
2. Dimedit의 "기울기(O)" 옵션을 적용한다.(그림 9, 10)

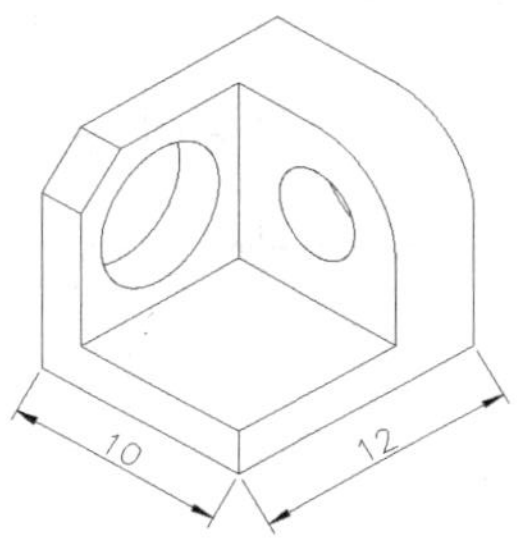

▲ 그림 8

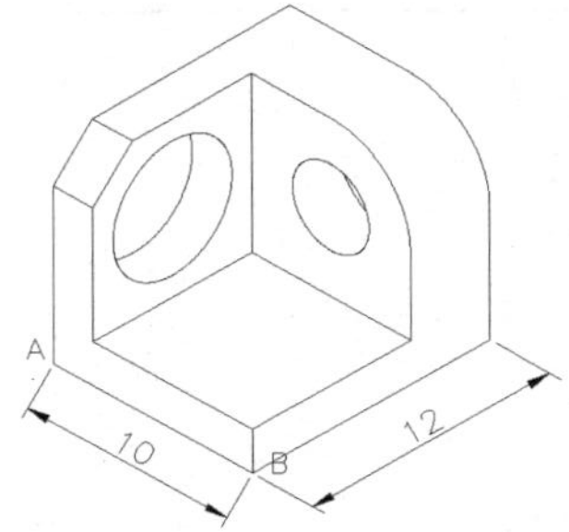

▲ 그림 9

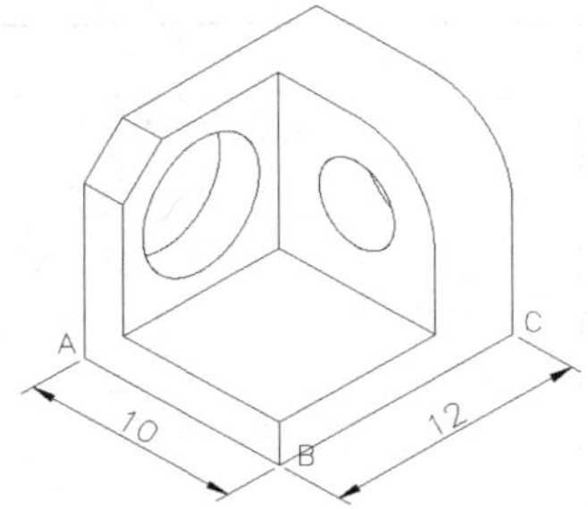

▲ 그림 10

명령: dimedit
치수 편집의 유형 입력 [홈(H)/새로 만들기(N)/회전(R)/기울기(O)] 〈홈(H)〉: **O** ← 기울기 옵션 "O"을 입력한다.
객체 선택: ← 대상을 선택한다.
객체 선택: ← 더 이상 대상이 없으면 엔터한다.
기울기 각도 입력(없는 경우 엔터키): ← 일치한 방향의 A점(B점)을 잡는다.
두 번째 점을 지정: ← 일치한 방향의 B점(C점)을 잡는다.

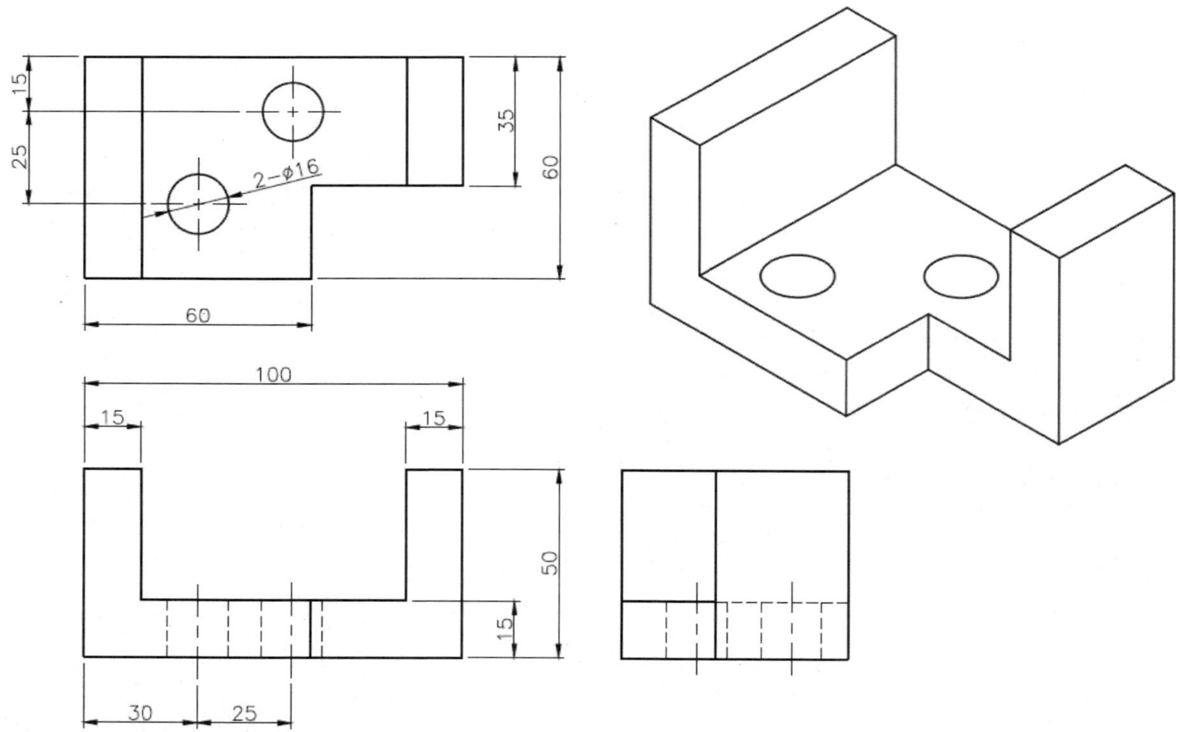

75. ISO-03 | Isometric 연습 - 02

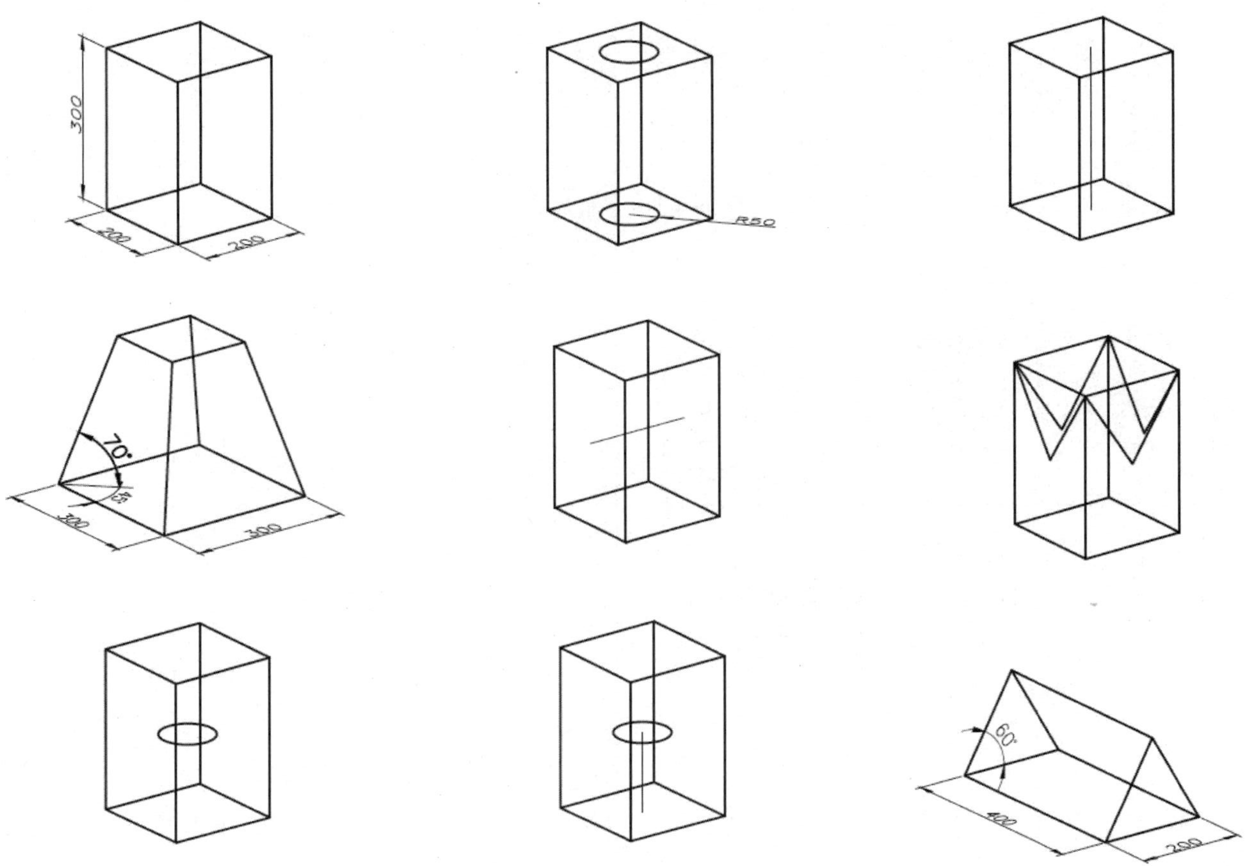

76. SF-01	3차원 기초 개념 익히기

해설 SF-01 3차원 기초 개념 익히기

3차원은 x, y, z 좌표까지 생각하며 작업하므로 2차원보다 어렵고 공간 감각을 요구한다. 2차원 명령을 모르는 상태에서 3차원을 작업할 수 없으므로 2차원을 소홀히 하지 않도록 한다.

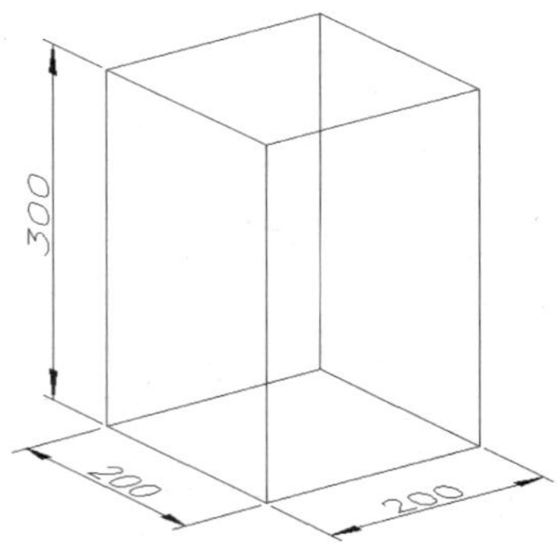

1. 시점을 변경한다.(그림 1)

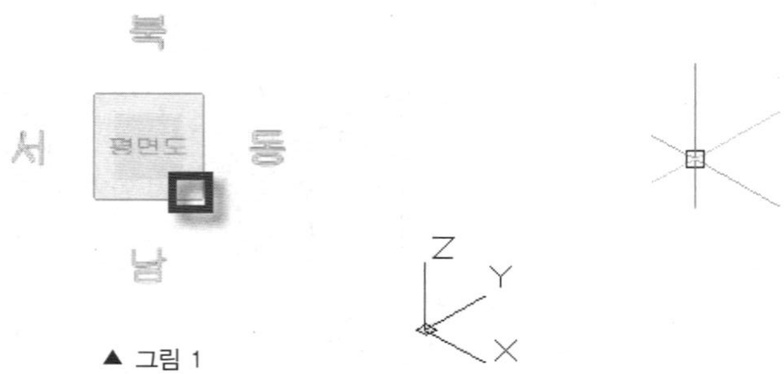

▲ 그림 1

2. Line 명령으로 가로 200, 세로 200 사각형을 그린다.(그림 2)

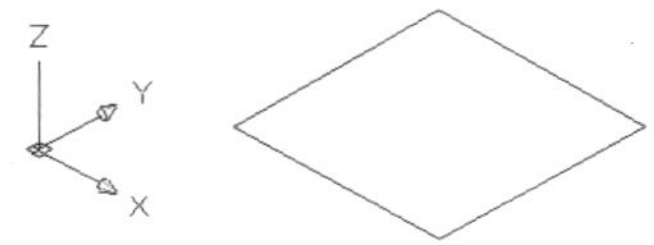

▲ 그림 2

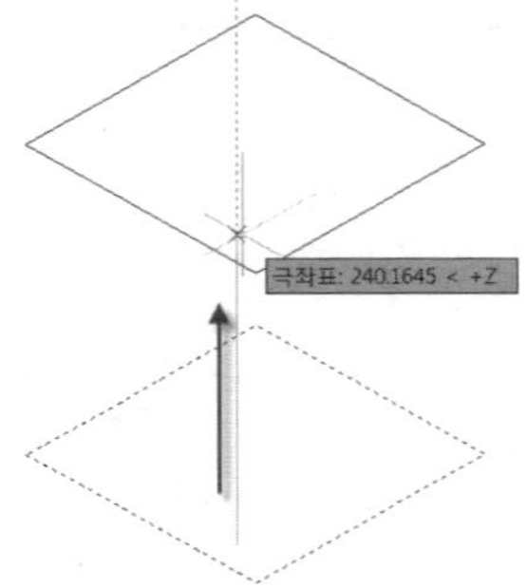

▲ 그림 3

3. Z축으로 300만큼 복사한다.

구 버전에서는 지원되지 않던 커서의 "Z축 추적 기능"을 사용해도 좋으나 정확하게 Z축으로 진행할 때는 @x, y, z 좌표 입력방식을 사용한다.(그림 4)

명령: Cp
객체 선택: 반대 구석 지정: 4개를 찾음 ← 대상을 선택한다.
객체 선택: ← 대상이 더 이상 없으면 그냥 엔터한다.
기준점 지정 또는 [변위(D)] 〈변위〉: ← 임의의 점을 지정한다.
두 번째 점 지정 또는 〈첫 번째 점을 변위로 사용〉: **@0,0,300** ← x, y는 0으로 하고 Z값만 주면 된다.

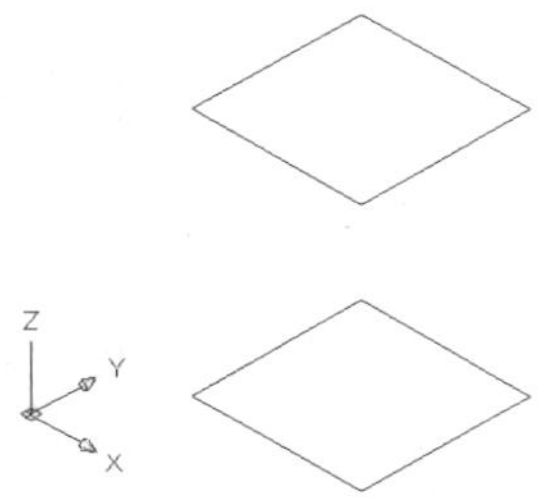

▲ 그림 4

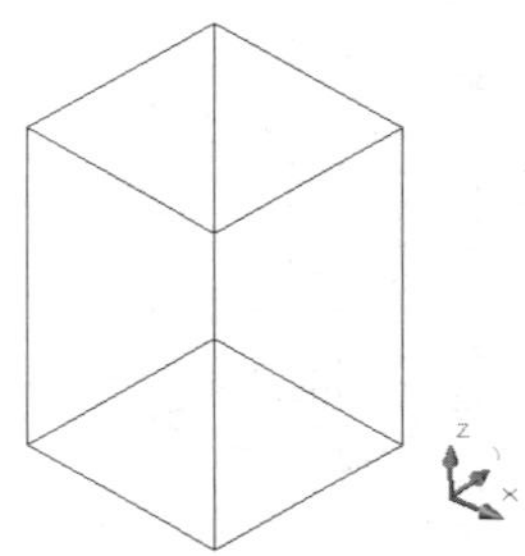

▲ 그림 5

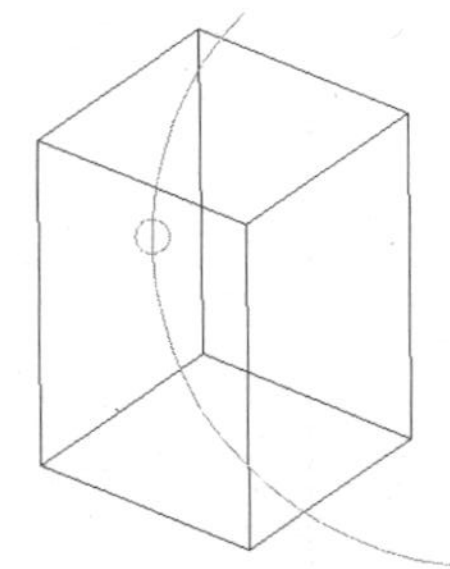

▲ 그림 6

4. 꼭짓점끼리 Line으로 연결하여 완성한다.(그림 5)
5. 그림 D처럼 선이 겹쳐 보일 때는 "3dorbit" 명령으로 시점을 조절한다.(그림 6)

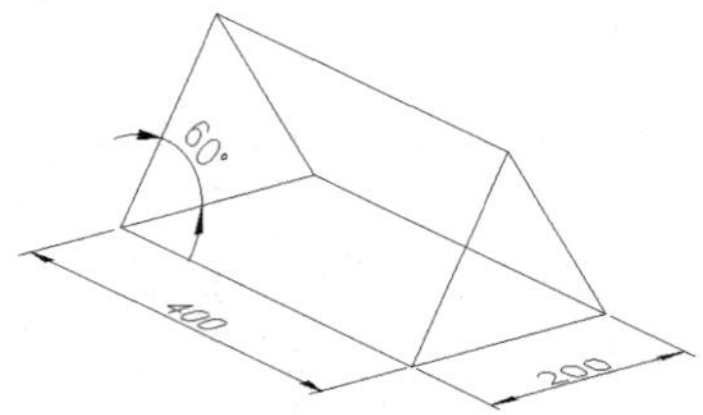

이 예제의 키 포인트는 삼각형을 그리는 데에 있다.

1. 작업면을 측면으로 세운다.

① 먼저 "Ucsman"으로 "UCS가 변경될 때 뷰를 평면으로 업데이트"를 체크한다.(뷰를 변경하면 변경된 뷰에 X, Y 평면이 일치하게 하는 옵션이다.)

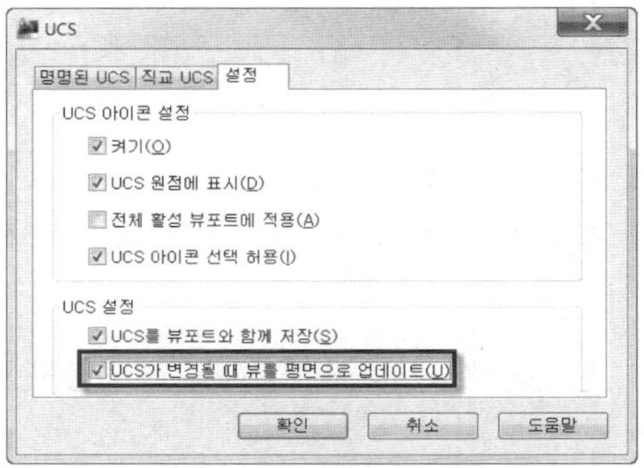

② 뷰를 정면이나, 측면으로 변경한다. 여기서는 우측면으로 설정한다.

2. Polygon으로 삼각형을 그린다.

한 변이 200인 정삼각형을 그린다.

3. 정면도 뷰로 전환한다.

선으로 보이는 삼각형을 선택해서 400만큼 수평방향으로 복사한다.

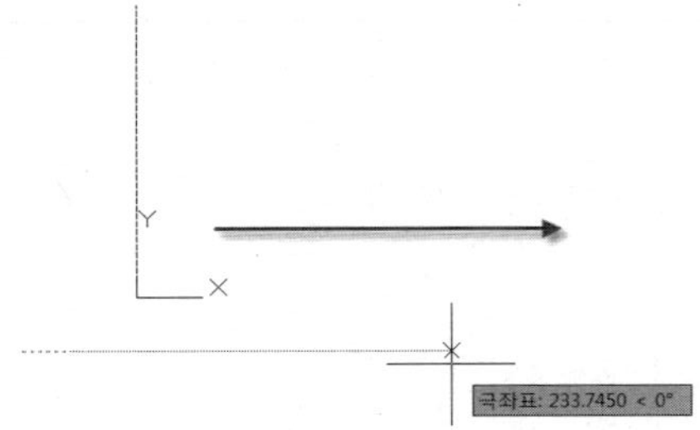

4. 평면도 뷰로 변경한 후 "뷰큐브"의 "홈"을 이용하여 투영뷰로 전환한다.

5. 꼭짓점끼리 선으로 연결하여 완성한다.

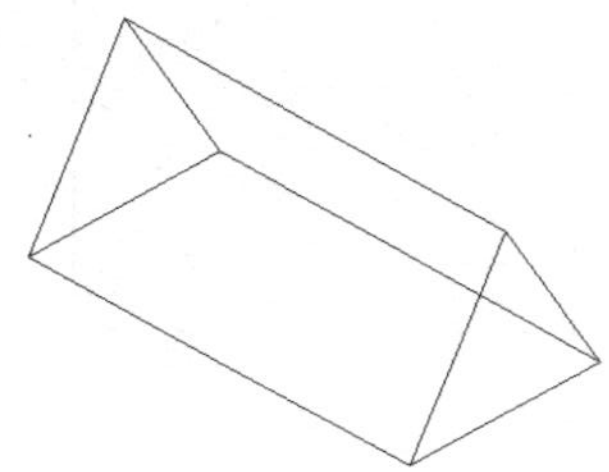

▲ 완성도

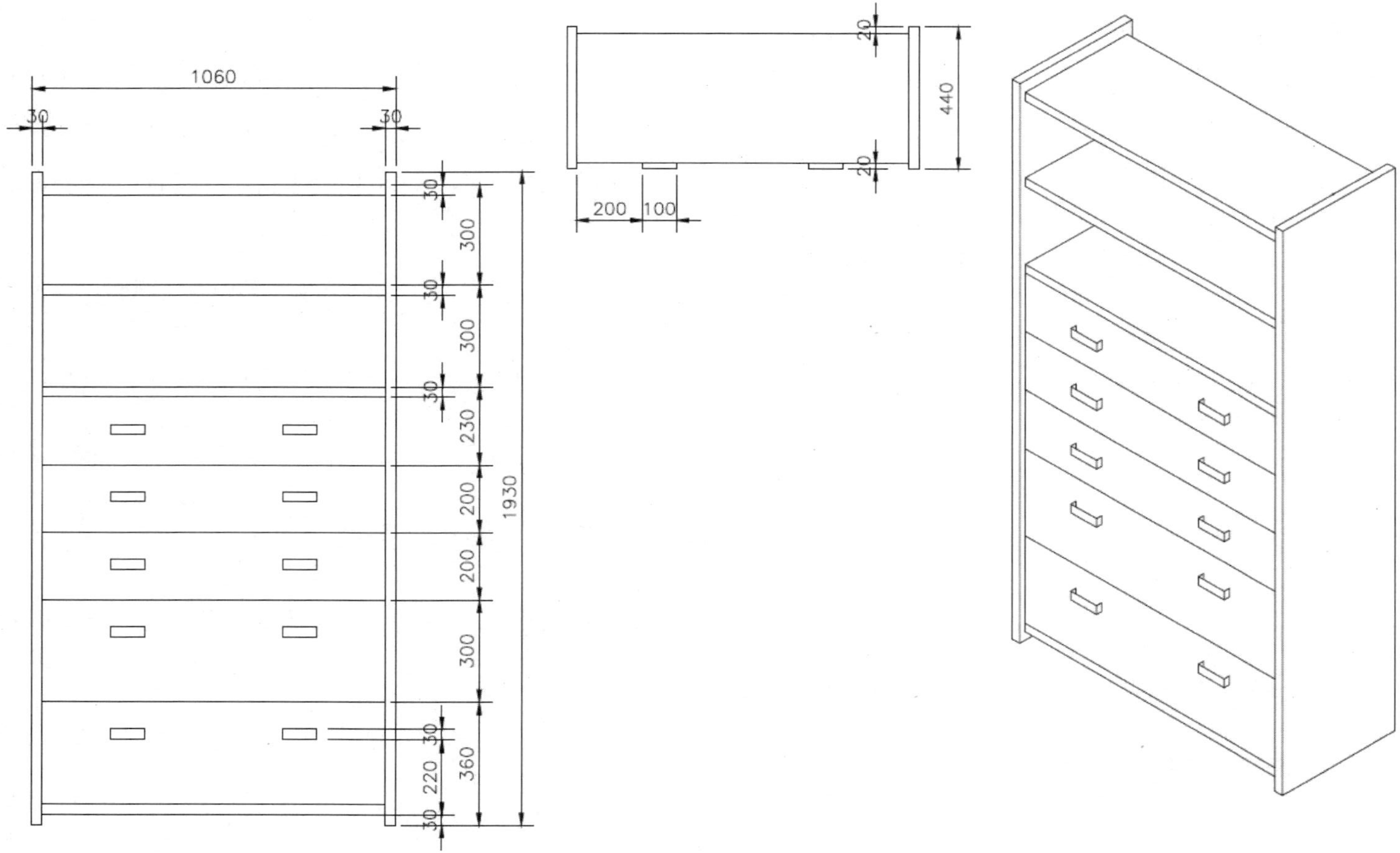

77. SF-02 면 처리 연습 (서랍장)

해설 SF-02 면 처리 연습 - 서랍장

3차원은 실제 물체를 만드는 것처럼 하나하나 독립된 물체로 작업을 하며 평면도를 기본으로 그려서 변형하는 것이 좋다.

1. 평면도를 작성하되 Rectang 명령으로 2개의 사각형을 그린다. 나머지 하나는 나중에 Mirror하면 된다.

2. 뷰를 전환한다.

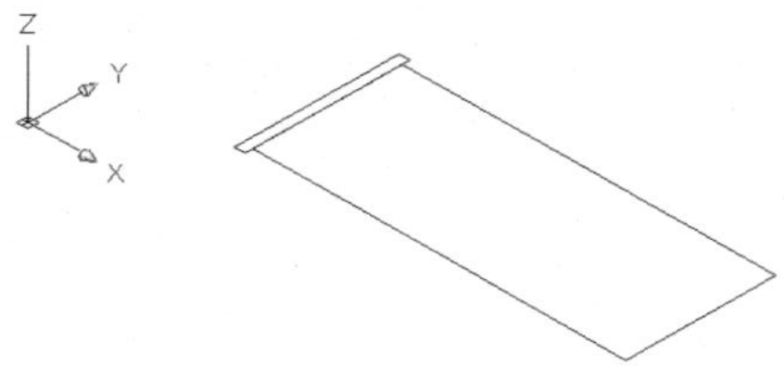

3. Ch 명령으로 두께를 각각 1930, 30을 적용한다.

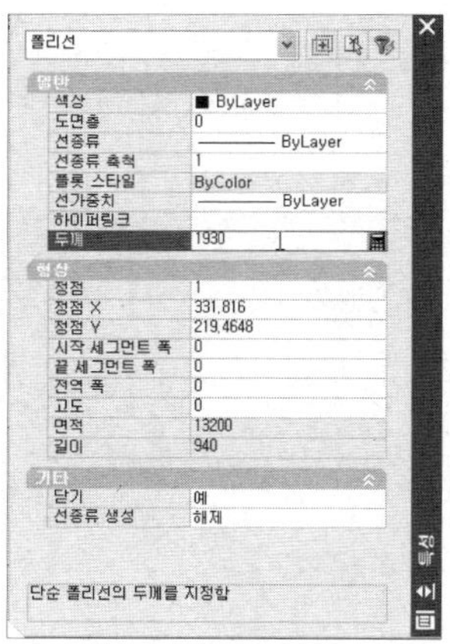

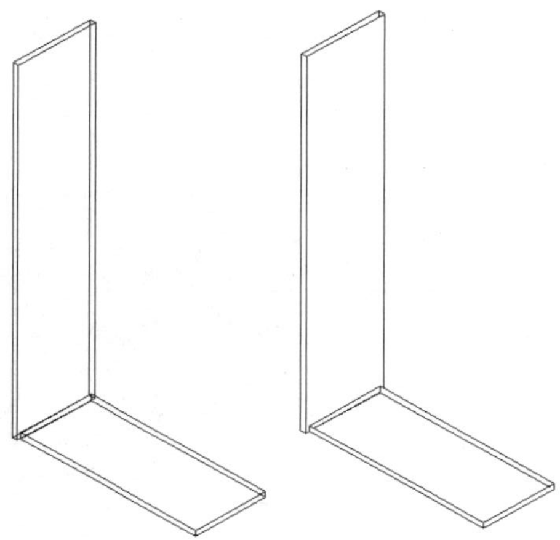

4. Hide 명령을 실행해 보면 위, 아래 면이 없으므로 3dface 명령으로 면을 만든다. 꼭짓점 수만큼 선택하여 처리하면 된다.

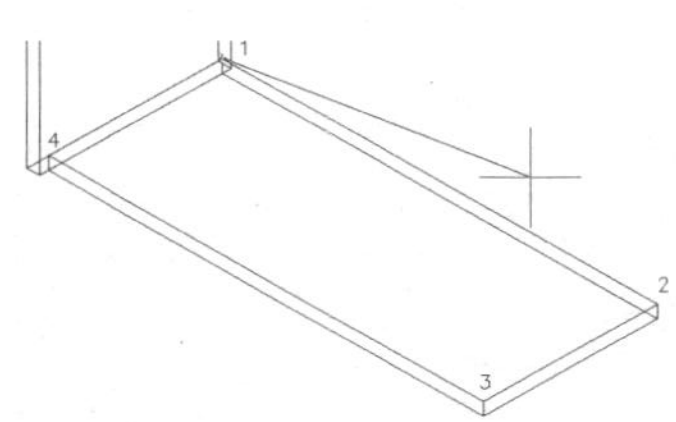

▲ 3dface는 꼭짓점 수만큼만!

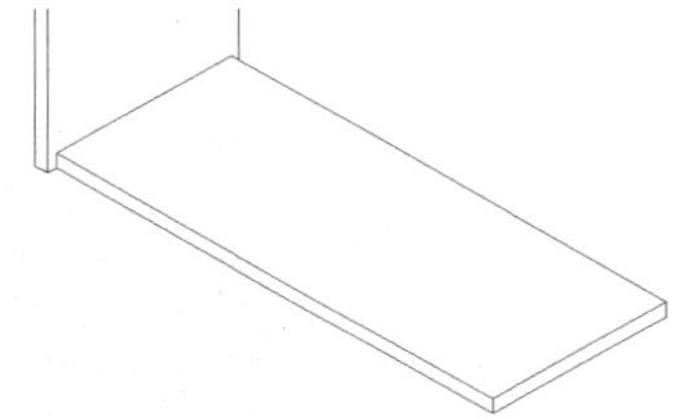

▲ 면 처리 후 Hide

명령: 3DFACE
첫 번째 점 지정 또는 [숨김(I)]: ←①
두 번째 점 지정 또는 [숨김(I)]: ←②
세 번째 점 지정 또는 [숨김(I)] 〈나가기〉: ←③
네 번째 점 지정 또는 [숨김(I)] 〈3면 작성〉: ←④
세 번째 점 지정 또는 [숨김(I)] 〈나가기〉: ← 그냥 엔터해서 끝낸다. Line 그리던 습관으로 포인트를 지정하면 삼각형 면이 하나 더 생성된다.

☞ 아랫면도 같은 방법으로 면을 만들거나 Copy 명령으로 평행 복사한다.

5. 높이 1930짜리 판도 위아래 3Dface로 면을 생성한다.

6. 아랫 판을 Z축으로 30만큼 이동시킨 후 정면도에 표기된 간격으로 복사하여 단을 형성한다.

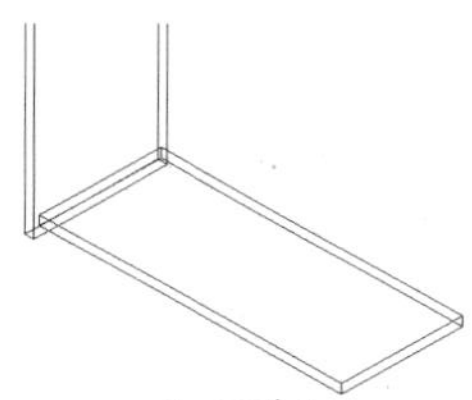

▲ 그림 1

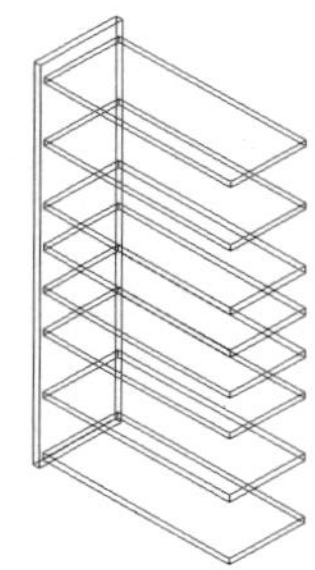

▲ 그림 2

✸ Z축으로 30만큼 이동(그림 1)

명령: M
객체 선택: 반대 구석 지정: 3개를 찾음 ← 대상을 선택한다.
객체 선택:
기준점 지정 또는 [변위(D)] 〈변위〉: ← 임의의 점을 지정한다.
두 번째 점 지정 또는 〈첫 번째 점을 변위로 사용〉: **@0,0,30** ← Z축으로 30만큼 이동한다.

✸ Z축으로 복사(그림 2)

명령: cp
객체 선택: ← 크로싱 박스로 한 번에 여러 개의 대상을 선택한다.
객체 선택:
기준점 지정 또는 [변위(D)] 〈변위〉: ← 임의의 점을 지정한다.
두 번째 점 지정 또는 〈첫 번째 점을 변위로 사용〉: **@0,0,300** ← 하단부터 누적된 값을 적용해 나간다.
두 번째 점 지정 또는 [종료(E)/명령 취소(U)] 〈나가기〉: **@0,0,600**
두 번째 점 지정 또는 [종료(E)/명령 취소(U)] 〈나가기〉: **@0,0,800**
두 번째 점 지정 또는 [종료(E)/명령 취소(U)] 〈나가기〉: **@0,0,1000**
두 번째 점 지정 또는 [종료(E)/명령 취소(U)] 〈나가기〉: **@0,0,1200**
두 번째 점 지정 또는 [종료(E)/명령 취소(U)] 〈나가기〉: **@0,0,1500**
두 번째 점 지정 또는 [종료(E)/명령 취소(U)] 〈나가기〉: **@0,0,1800**
두 번째 점 지정 또는 [종료(E)/명령 취소(U)] 〈나가기〉:

참고

또 다른 방법을 알아보자.

1. View를 정면도 뷰로 변경한다. (“Ucsman”으로 “UCS가 변경될 때 뷰를 평면으로 업데이트”를 체크되어 있어야 한다.)

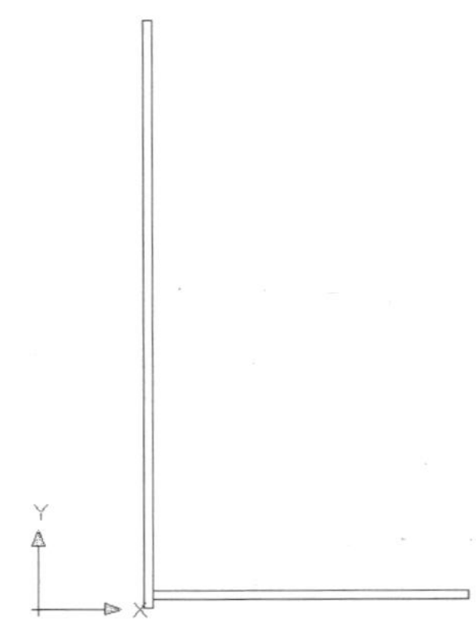

2. Copy하기

명령: cp
객체 선택: ← 크로싱 박스로 한 번에 여러 개의 대상을 선택한다.
객체 선택:
기준점 지정 또는 [변위(D)] 〈변위〉: ← 임의의 점을 지정한다.
두 번째 점 지정 또는 〈첫 번째 점을 변위로 사용〉: 〈직교 켜기〉 **300** ← 직교 모드 상태에서 마우스로 진행방향을 잡고 거리만 입력한다.
두 번째 점 지정 또는 [종료(E)/명령 취소(U)] 〈나가기〉: **600**
두 번째 점 지정 또는 [종료(E)/명령 취소(U)] 〈나가기〉: **800**
두 번째 점 지정 또는 [종료(E)/명령 취소(U)] 〈나가기〉: **1000**
두 번째 점 지정 또는 [종료(E)/명령 취소(U)] 〈나가기〉: **1200**
두 번째 점 지정 또는 [종료(E)/명령 취소(U)] 〈나가기〉: **1500**
두 번째 점 지정 또는 [종료(E)/명령 취소(U)] 〈나가기〉: **1800**
두 번째 점 지정 또는 [종료(E)/명령 취소(U)] 〈나가기〉:

☞ 좌표만 다를 뿐 결과는 “그림 B”와 동일하다.

7. 앞면을 3Dface로 처리한다.

그림과 같이 4점을 지정하여 면을 만든다.

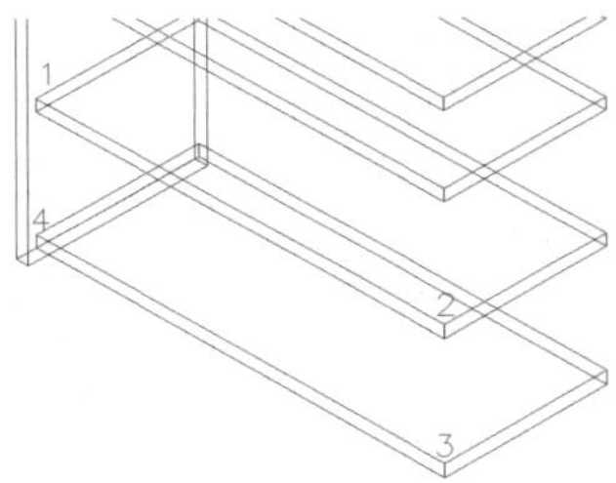

▲ Before

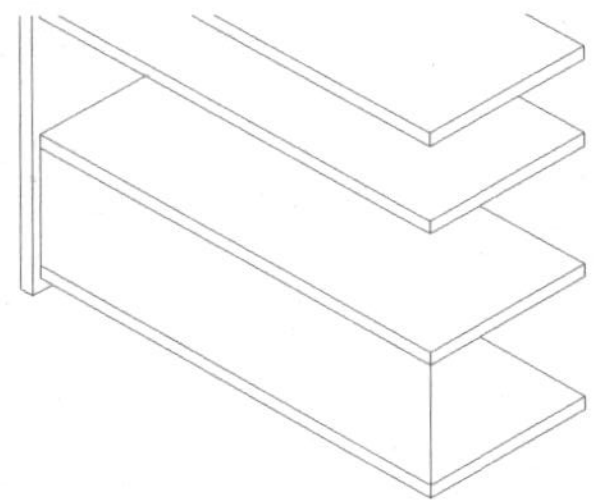

▲ After(Hide)

3dface는 얇은 면으로 접해 있는 모서리는 투영된다. 면 처리가 끝난 후 일괄적으로 앞쪽으로 떼어 주면 된다.

8. 같은 방법으로 앞면을 처리한다.(그림 3)

9. 평면에서 Pline으로 손잡이를 그린다.(그림 4)

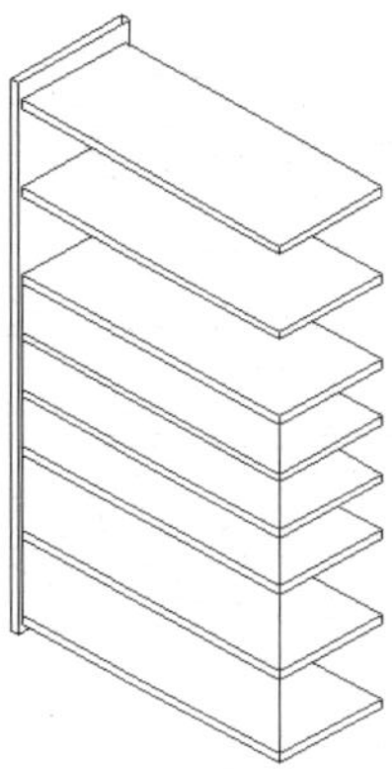

▲ 그림 3

▲ 그림 4

10. 뷰를 변경하고 Ch 명령으로 두께를 30 적용한다.(그림 5)

11. 정확한 위치를 잡기 위해 이동한다.(그림 6)

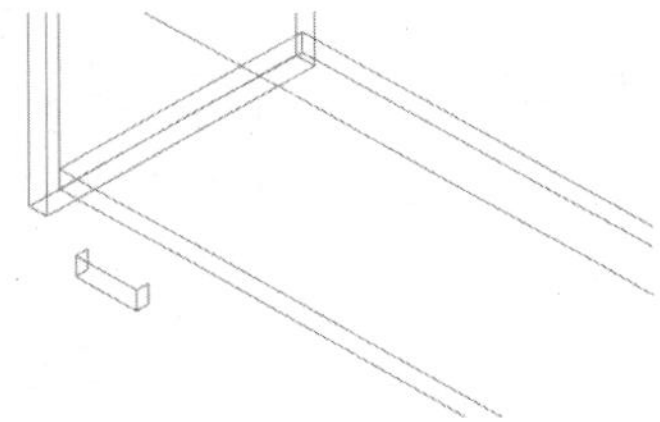

▲ 그림 5

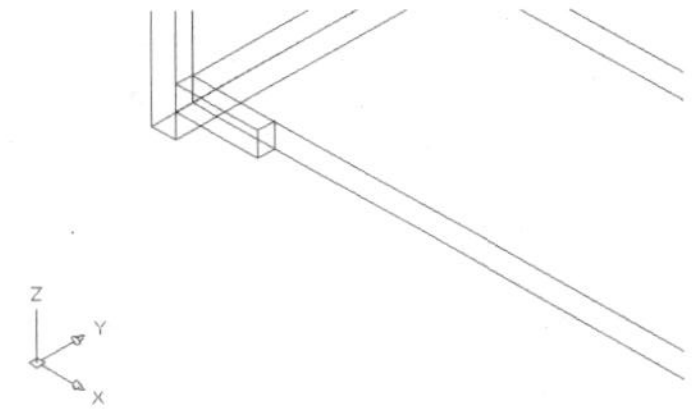

▲ 그림 6

좌표를 보고 그 좌표 방향에 맞게 위치 값을 줘서 Move로 위치를 잡는다. 여기서는 x축으로 200, Y축으로 0, Z축으로 220을 주면 된다.(그림 7)

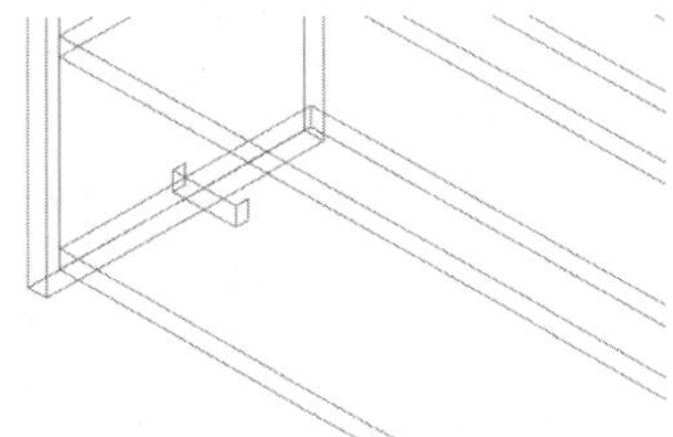

▲ 그림 7

12. 뷰를 변경하여 복사한다.(그림 8) 

13. 방향에 맞춰 다중 복사한다.(그림 9)

14. 좌측 편의 1930길이 판까지 함께 Mirror로 마무리한다.(그림 10)

15. 평면으로 뷰를 전환하여 앞면 -Y방향으로 면 처리를 떼어 놓는다.(그림 11, 12)

▲ 그림 8

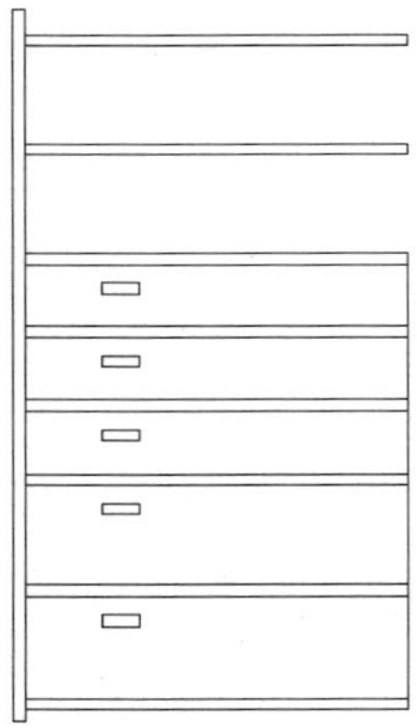

▲ 그림 9

▲ 그림 10

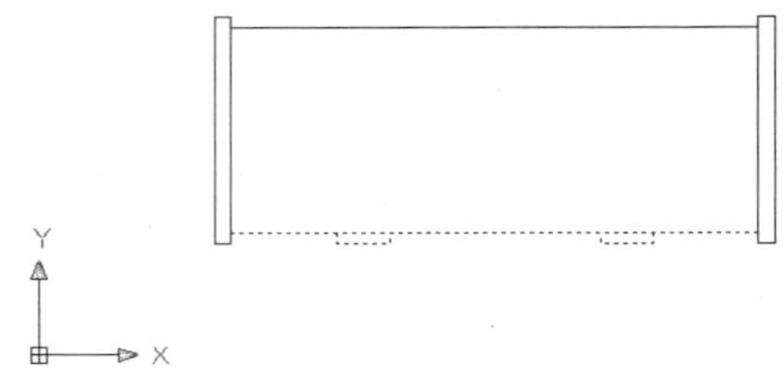

▲ 그림 11

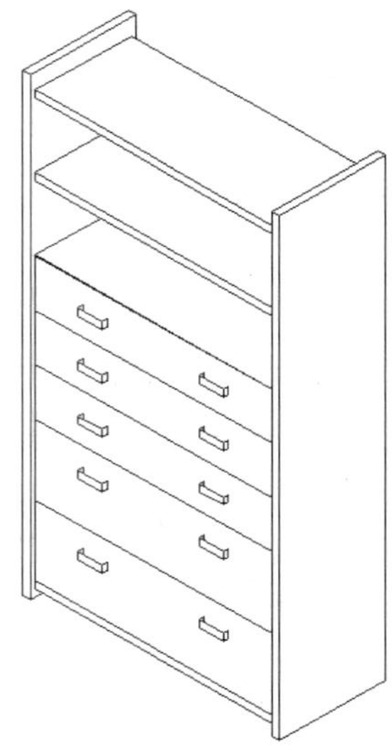

▲ 그림 12

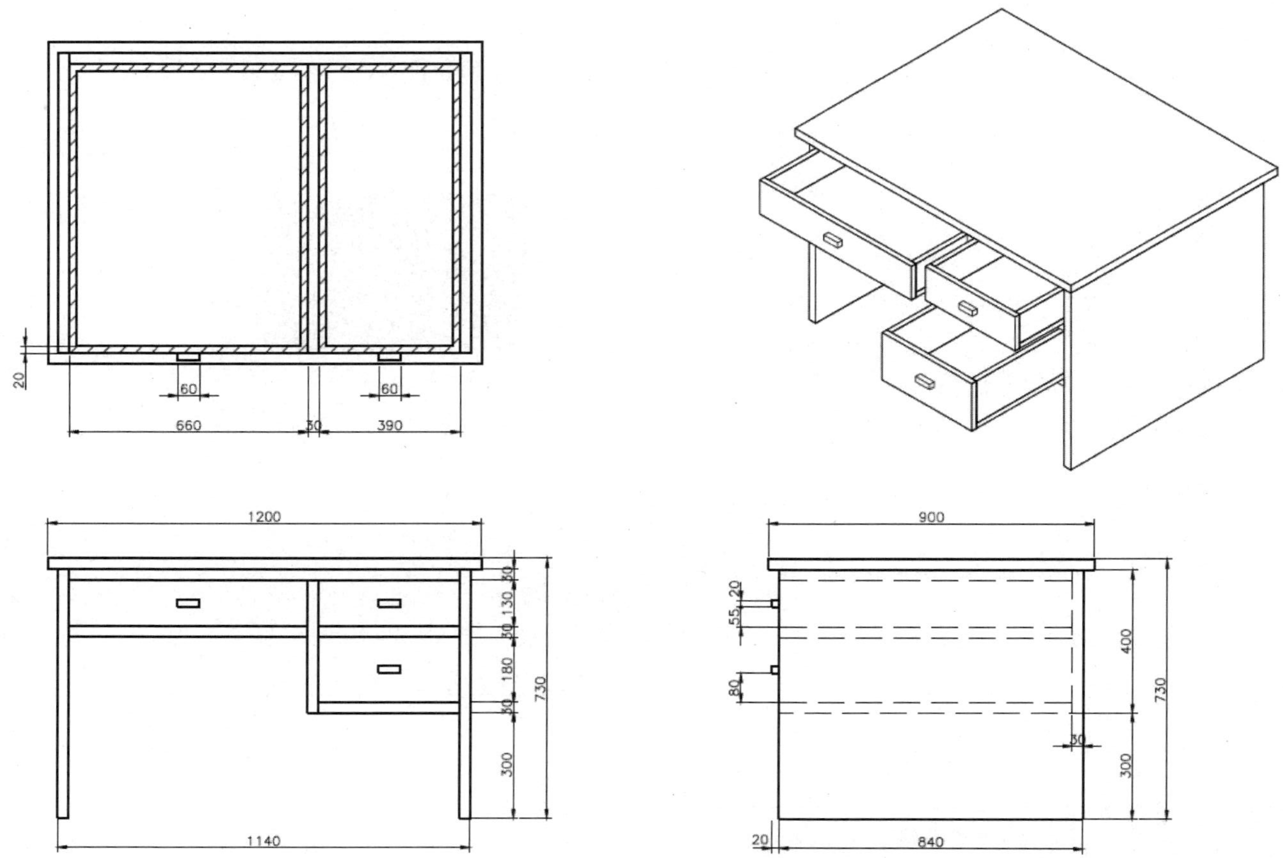

78. SF-03 면 처리 연습 (책상)

해설 SF-03 면 처리 연습(책상)

메쉬상자로 그린다.

✱ 책상 몸체 그리기

1. 뷰를 변경한다.
2. 메쉬상자로 책상의 상판을 그린다. (그림 1)

명령: MESH
현재 설정된 부드럽기 정도: 0
옵션 입력 [상자(B)/원추(C)/원통(CY)/피라미드(P)/구(S)/쐐기(W)/토러스(T)/설정(SE)] ⟨상자⟩: **SE** ← 다듬기 분할을 변경하기 위함이다.
부드럽기 정도 또는 [다듬기(T)] 지정 ⟨0⟩: **T** ← 다듬기 분할을 변경하기 위함이다.

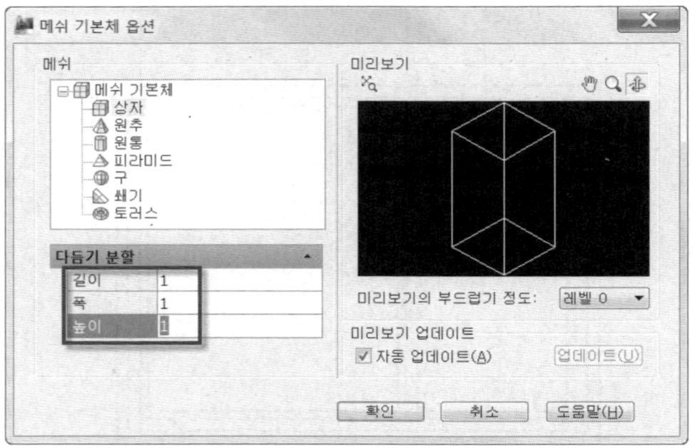

옵션 입력 [상자(B)/원추(C)/원통(CY)/피라미드(P)/구(S)/쐐기(W)/토러스(T)/설정(SE)] ⟨상자⟩: **B**
첫 번째 구석 지정 또는 [중심(C)]: ← 임의의 점을 지정한다.
반대 구석 지정 또는 [정육면체(C)/길이(L)]: **L** ← 길이를 입력하기 위한 옵션이다.
길이 지정 ⟨1200.0000⟩: **1200**
폭 지정 ⟨900.0000⟩: **900**
높이 지정 또는 [2점(2P)] ⟨0.0001⟩: **30**

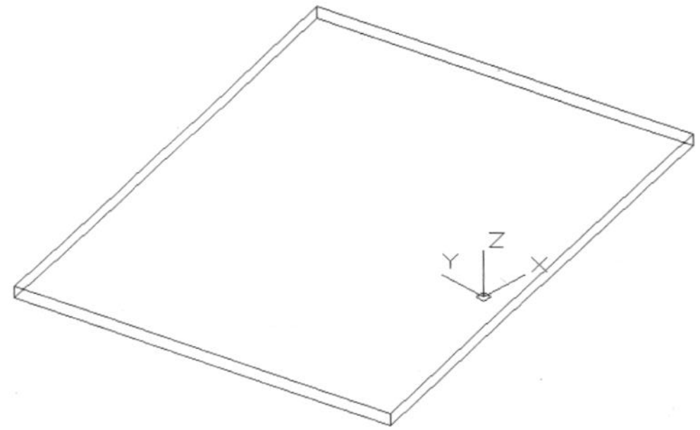

3. 같은 명령으로 옆판을 그린다.(그림 2)

가로 30, 세로 840, 높이 700 정확한 위치로 이동시키려면 시작 위치는 상판의 어느 끝점을 "그림 2"와 같이 위치를 잡았다면 Move 명령으로 @30,30 만큼 이동시킨다.(그림 3)

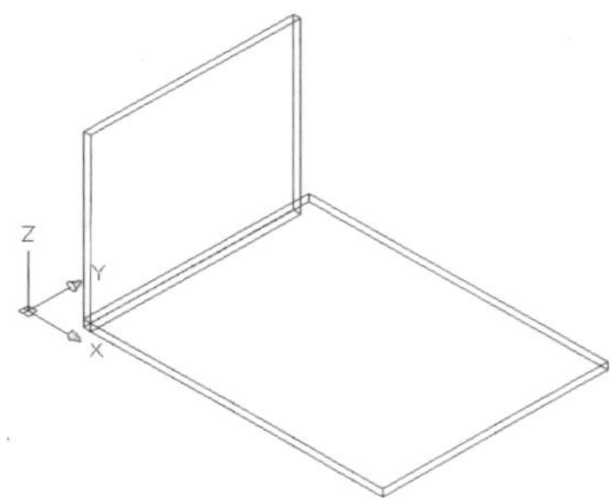

▲ 그림 2

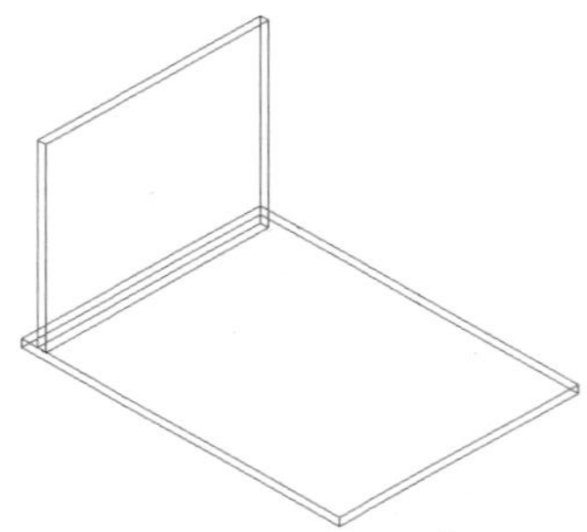

▲ 그림 3

4. 상판을 Z축으로 700(@0,0,700)만큼 이동시킨다.(그림 4)

5. 평면에서 Mirror 명령으로 측면 판을 대칭복사한다.(그림 5)

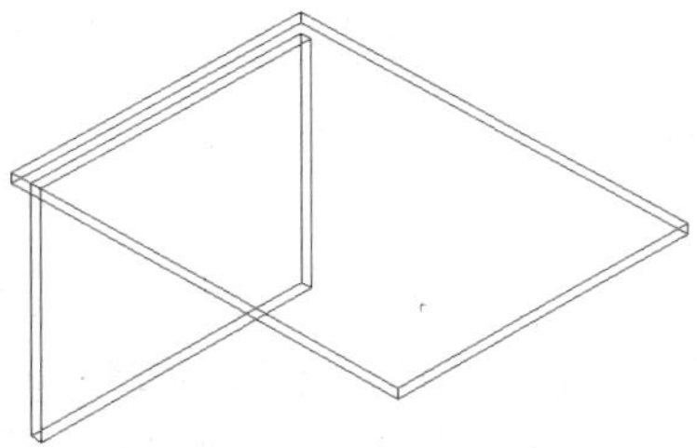

▲ 그림 4

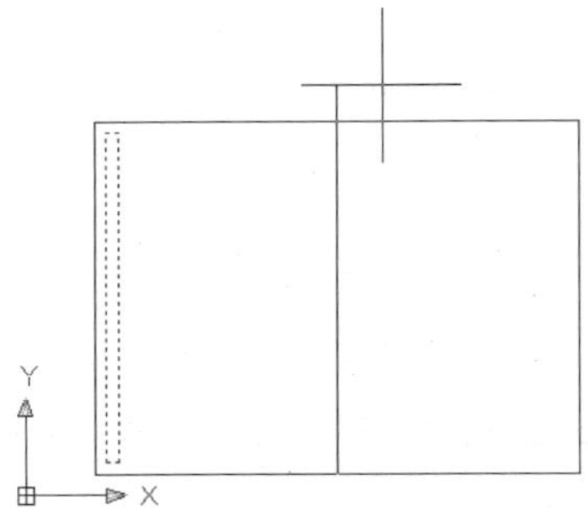

▲ 그림 5

6. 다시 뷰를 전환한 뒤에 상판 바로 아래 판(가로 1080, 세로 810, 두께 30)을 메쉬상자로 그려 위치를 잡는다.(그림 6)

7. 서랍을 나누는 판들(660×810×30, 30×810×370, 390×810×30)도 그려서 위치를 잡는다.(그림 7)

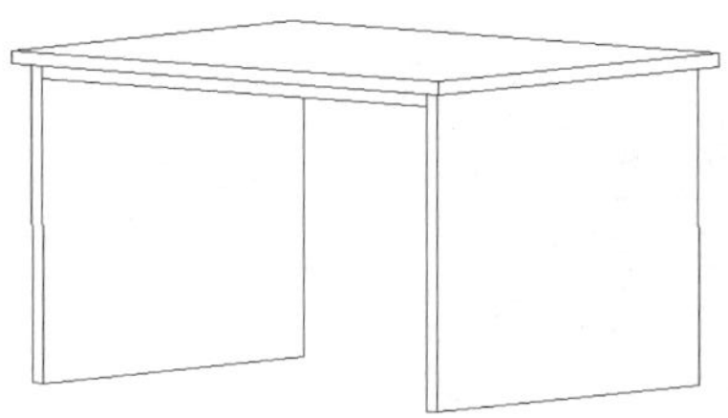

▲ 그림 6

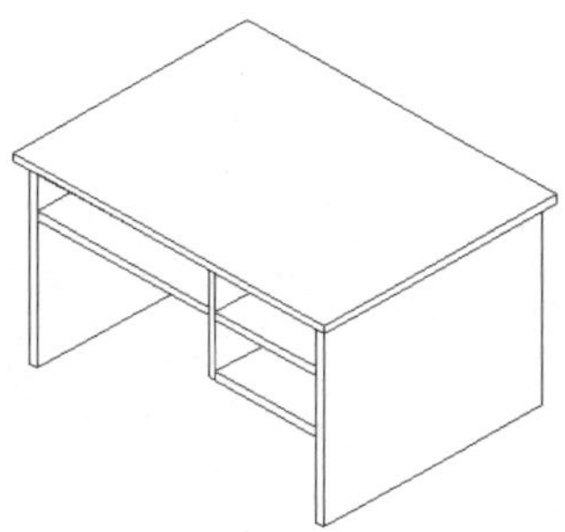

▲ 그림 7

8. 뒷 판(1080×30×370)을 그려서 위치를 잡아준다.(그림 8)

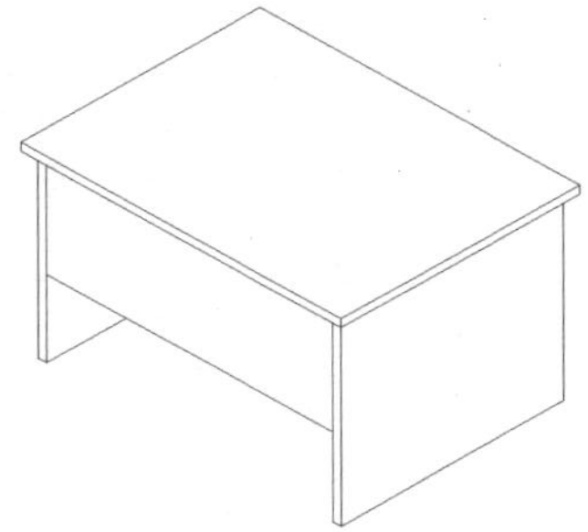

▲ 그림 8

✸ 서랍 그리기

다음 크기로 큰 서랍을 메쉬상자 명령으로 만들고 손잡이도 위치를 잡는다.(그림 9)

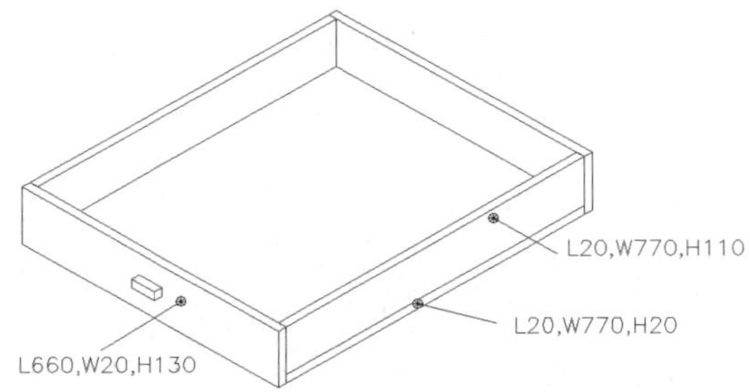

▲ 그림 9

크기가 다른 서랍들은 다시 그리지 않고 Stretch로 변형시킬 수 있다.(그림 11, 11)

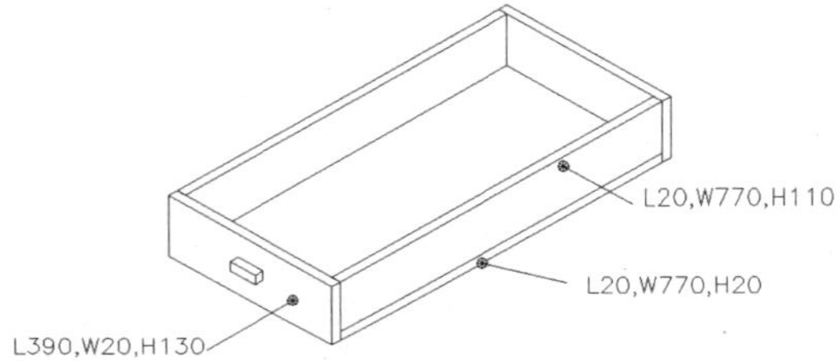

▲ 그림 10

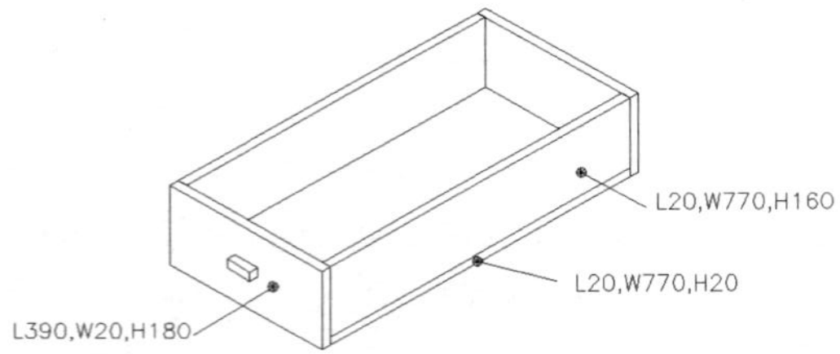

▲ 그림 11

✸ 서랍 손잡이 그리기

Pline으로 그려서 가로 60, 세로 20, 두께 20으로 윗면만 3dface로 막아준다. (그림 12)

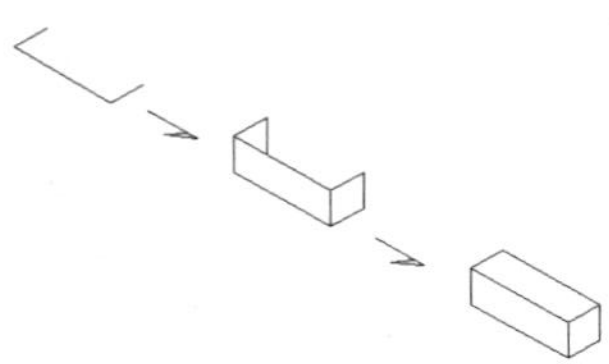
▲ 그림 12

위치를 잡아 작업을 마무리한다. 서랍들은 손잡이까지 포함하여 Wblock으로 설정하여 불러오면 위치 잡기가 편하다.

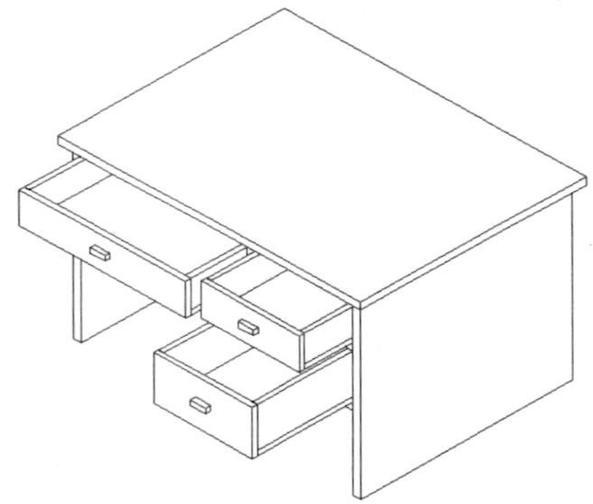
▲ 완성도

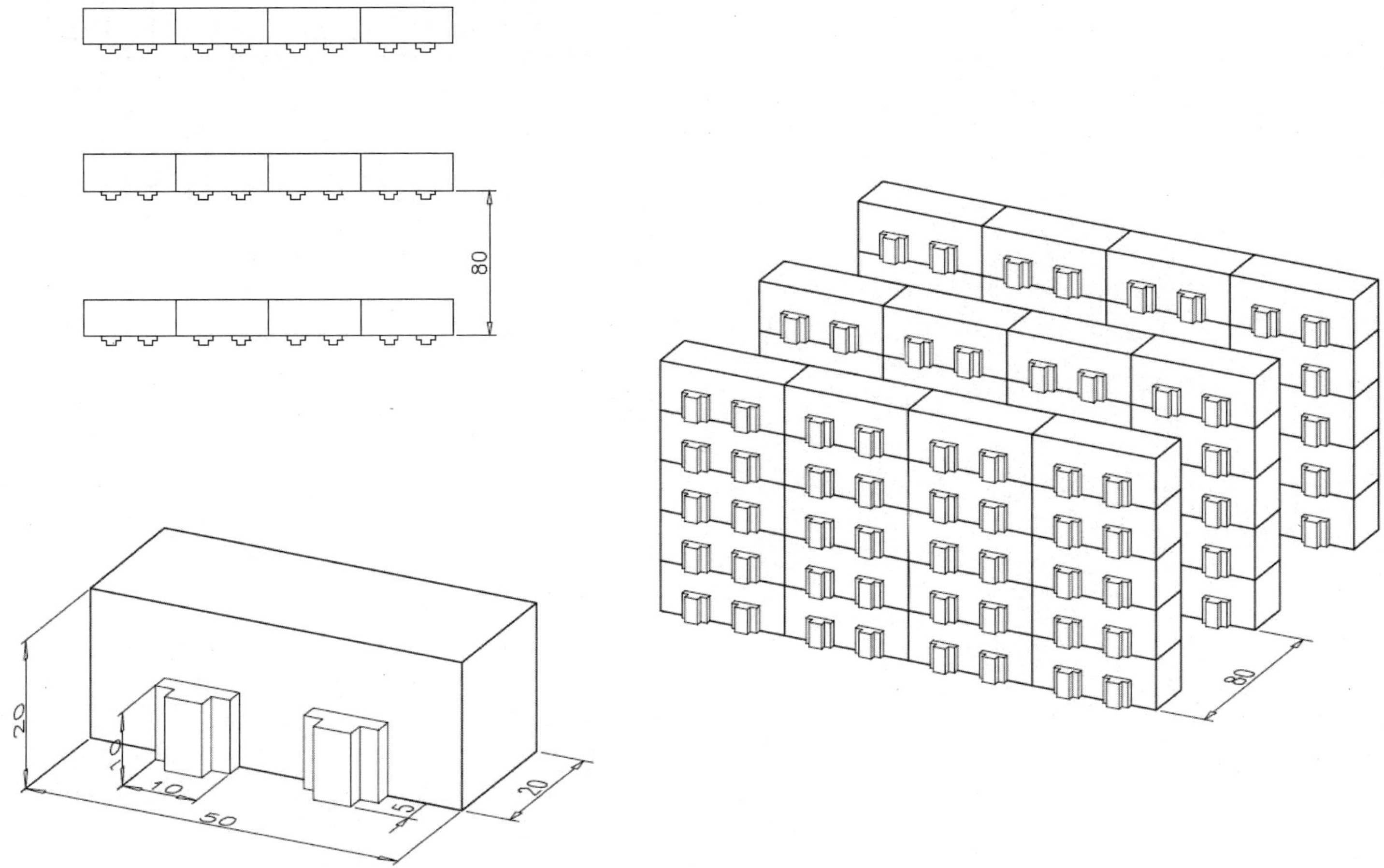

79. SF-04 | 3DArray의 Rectangle 옵션

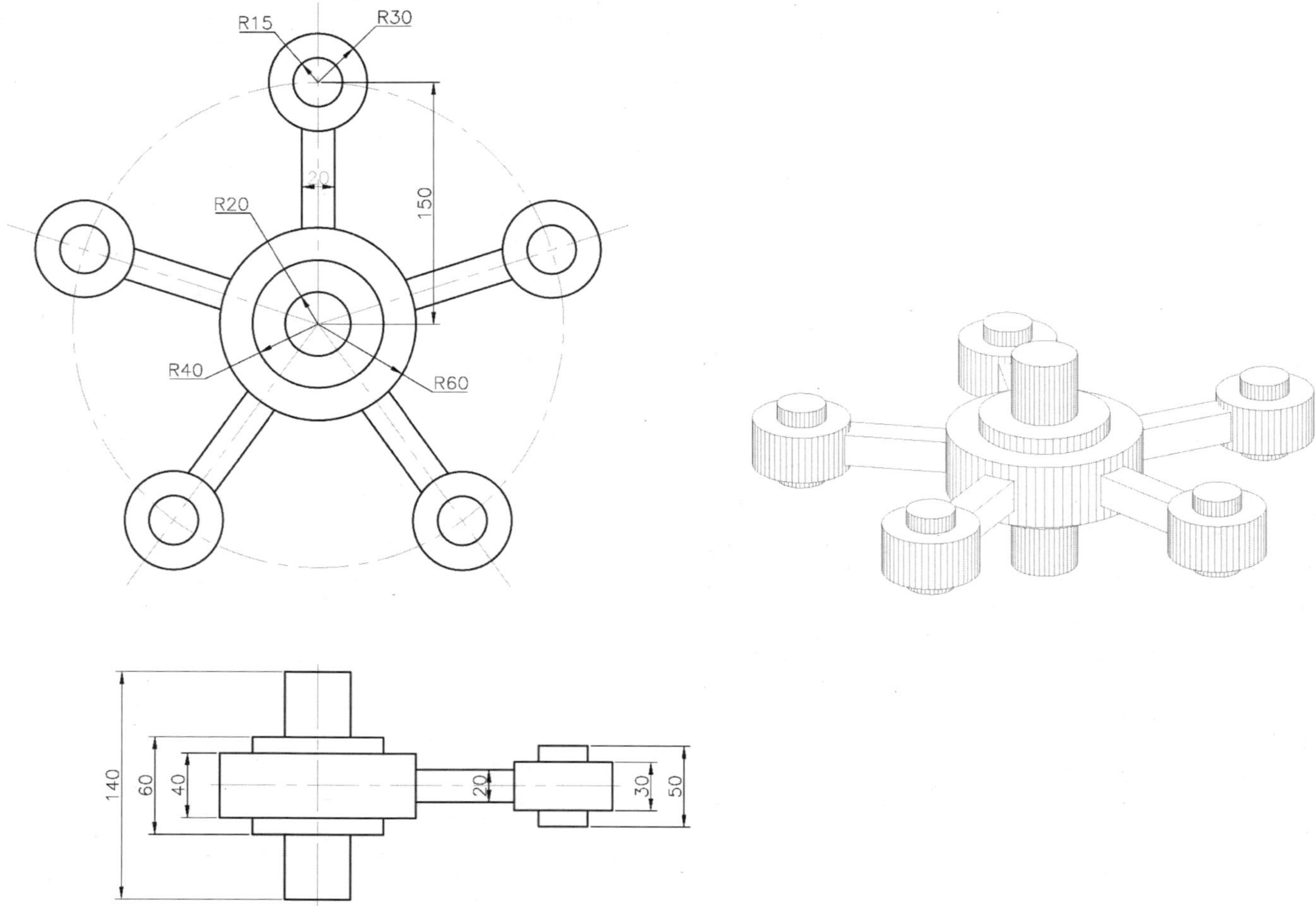

80. SF-05	3Darray의 Polar옵션을 이용

해설 SF-04 3Darray의 Rectangle 옵션

다음 3차원 물체를 작업 후 3Darray 명령의 Rectangle 옵션을 응용한다.

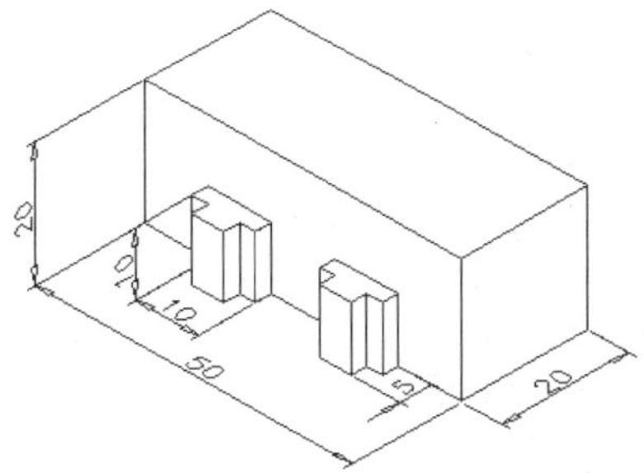

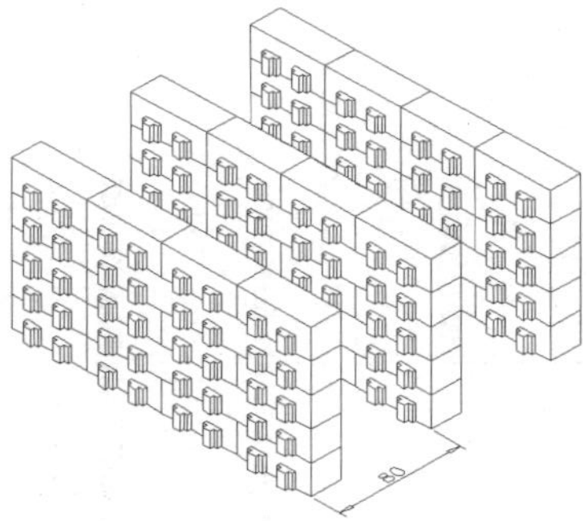

명령: 3darray
객체 선택: ← 대상을 선택한다.
객체 선택:
배열의 유형 입력 [직사각형(R)/원형(P)] 〈R〉: ← 기본 값이 Rectang일 때는 엔터한다.
행 수 입력(---) 〈1〉: **3** ← y축 방향의 배열 수를 입력한다.
열 수 입력(|||) 〈1〉: **4** ← x축 방향의 배열 수를 입력한다.
레벨 수 입력(...) 〈1〉: **5** ← z축 방향의 배열 수를 입력한다.
행 사이의 거리를 지정(---): **80** ← y축 방향의 배열 거리를 입력한다.
열 사이의 거리를 지정(|||): **50** ← x축 방향의 배열 거리를 입력한다.
레벨 사이의 거리를 지정(...): **20** ← z축 방향의 배열 거리를 입력한다.

해설 SF-05 3Darray의 Polar 옵션

Z축 방향이 배열 중심축과 일치하면 2차원의 Array 명령을 사용하여도 관계없다.

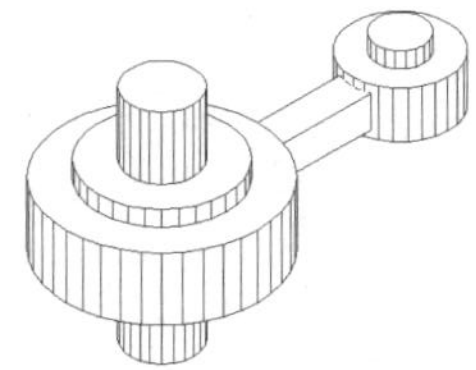

▲ 그림 1

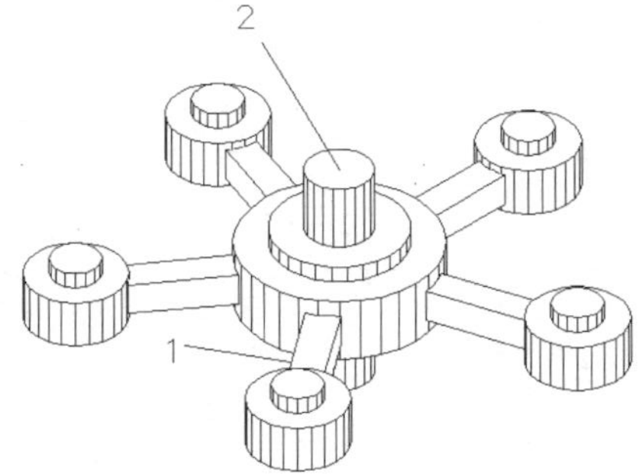

▲ 그림 2

1. 치수에 의거하여 모델링을 한다.(그림 1)
2. 3Darray의 Polar 옵션을 적용한다.

명령: 3DARRAY
객체 선택: ← 대상을 선택한다.
객체 선택:
배열의 유형 입력 [직사각형(R)/원형(P)] 〈R〉: **P** ← 원형 배열 옵션 "P"를 입력한다.
배열에서 항목 수 입력: **5** ← 배열 수를 입력한다.
채우기할 각도 지정(+=ccw, -=cw) 〈360〉: ← 배열될 범위 각도를 입력한다.
배열된 객체를 회전하겠습니까? [예(Y)/아니오(N)] 〈Y〉: ← 중심을 향해 회전하면서 배열된다.
배열의 중심점 지정: ← 중심점 ①을 지정한다.
회전축 상의 두 번째 점 지정: ← 중심점 ②를 지정한다.

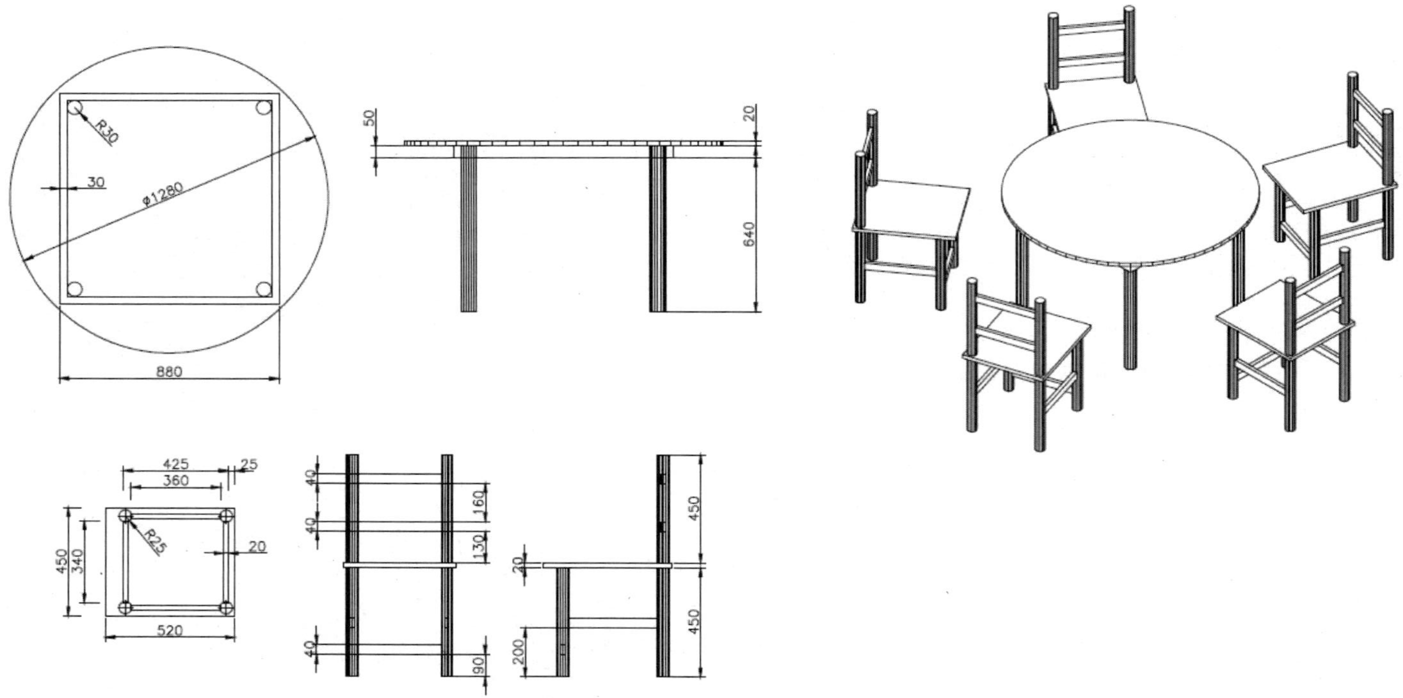

81. SF-06 | Surface 응용 실습 - 01

해설 **SF-06** Surface 응용 실습 - 01

평면도를 그려서 두께를 적용하고 메쉬 기본체 명령을 응용하여 작업한다.

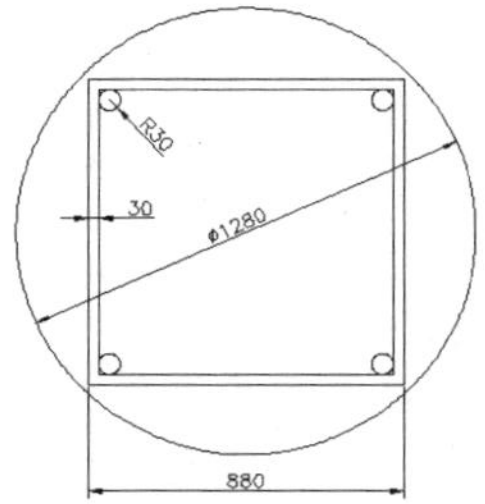

▲ 그림 1

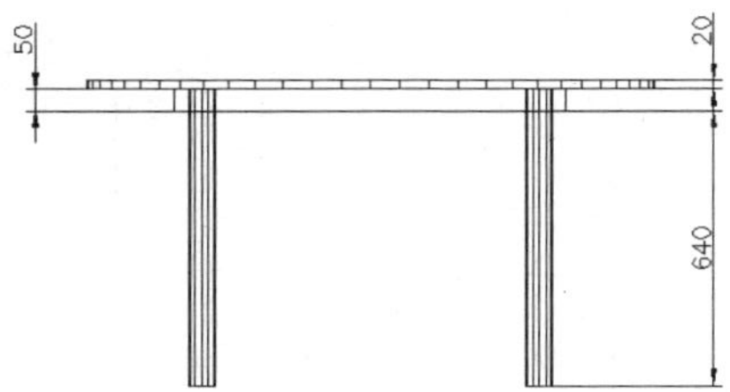

▲ 그림 2

✸ 원형탁자 그리기

1. 평면도를 그린다.(그림 1)
2. Ch 명령으로 각각의 두께를 적용한다.(그림 3)

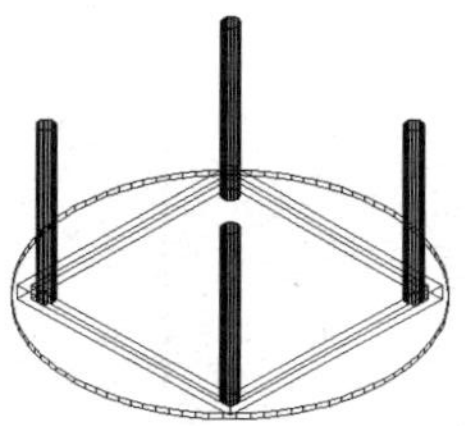

▲ 그림 3

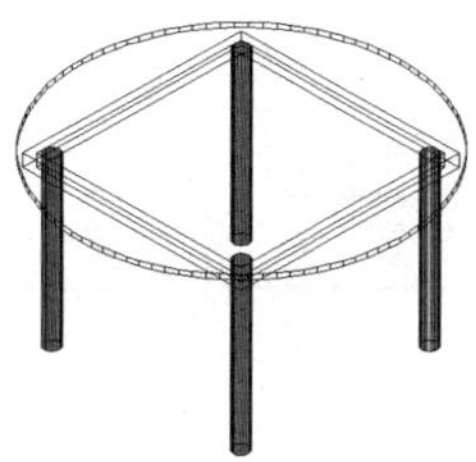

▲ 그림 4

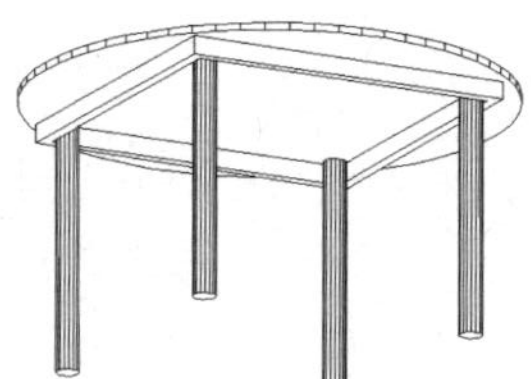

▲ 그림 5

3. 그림 2의 치수에 의거하여 Ch 명령이나, Move 명령으로 Z축으로의 높이를 조정한다.(그림 4)

✰ "그림 5"는 다른 시점에서 Hide 처리한 결과이다.

✸ 의자 그리기

다음 치수(그림 6, 7)에 의거하여 평면도를 그려서 Ch 명령으로 변형시키거나 메쉬상자 명령을 적용하여 그린다. Pline으로 독립된 도형으로 그리는 것이 좋다.

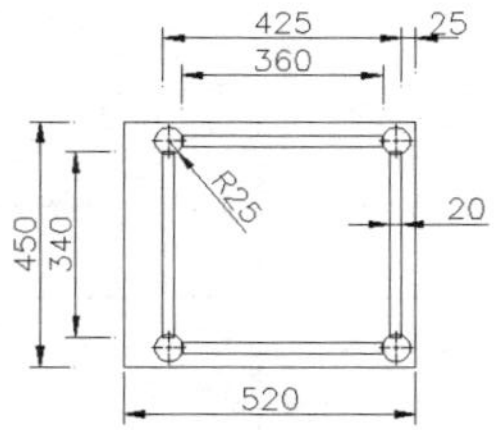

▲ 그림 6

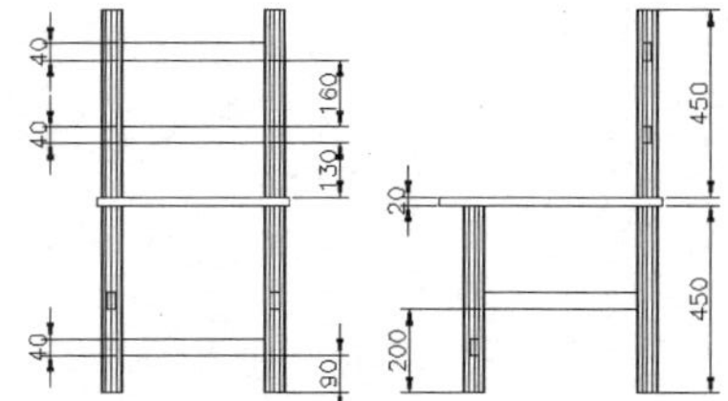

▲ 그림 7

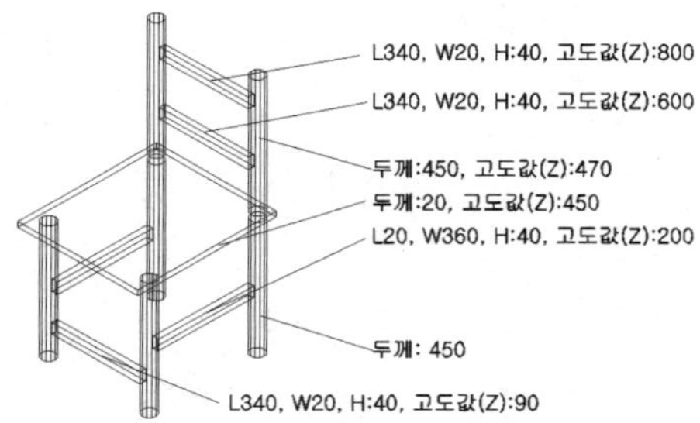

▲ 그림 7

완성이 되면 책상과 의자를 배열하여 마무리한다.

▲ 완성도

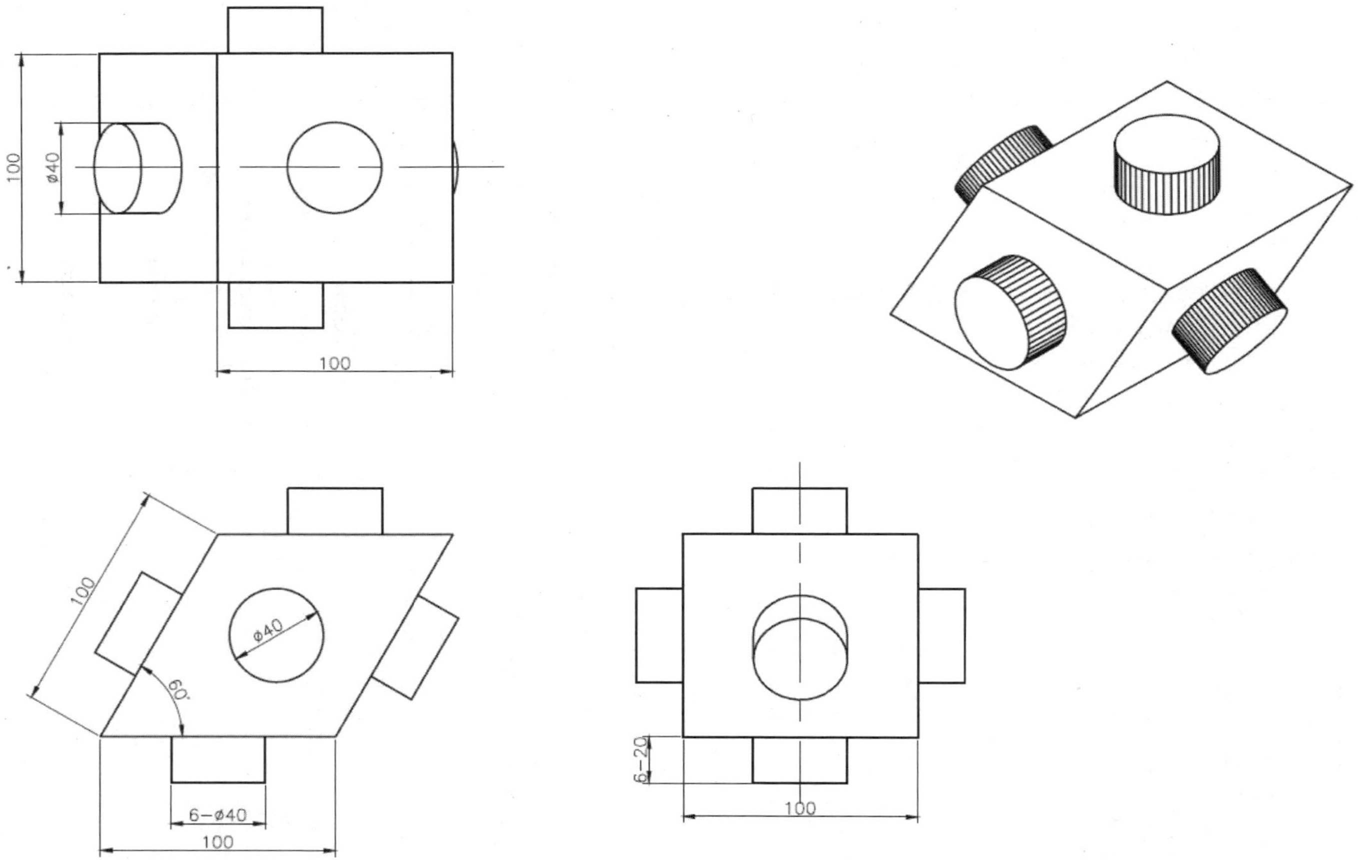

82. SF-07	Surface 응용 실습 - 02

해설 SF-07 Surface 응용 실습 - 02

이 예제는 UCS 연습 예제로써 사용자가 작업면을 설정하는 연습을 할 수 있다. 도면에서 평면을 그리지 않고 정면을 그려 변형하면 쉽다.

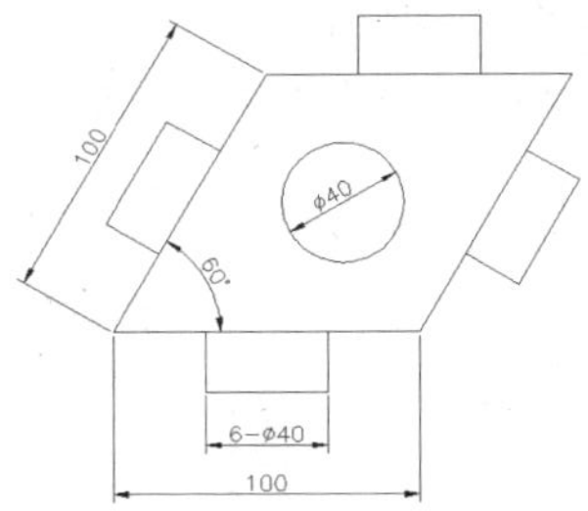

▲ 그림 1

1. 정면도 뷰로 변경한다.

   ("Ucsman"으로 "UCS가 변경될 때 뷰를 평면으로 업데이트"에 체크되어 있어야 한다.)

2. Pline으로 마름모 형태를 그린다.(그림 2)

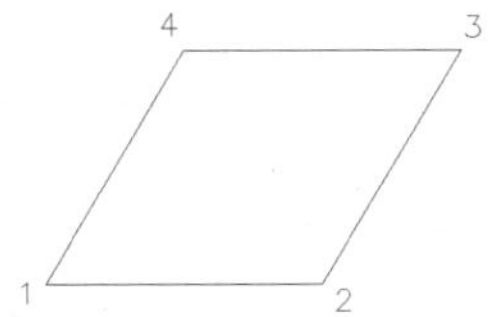

▲ 그림 2

명령: pl
시작점 지정: ← 임의의 점을 지정한다. ①
현재의 선 폭은 0.0000임
다음 점 지정 또는 [호(A)/반폭(H)/길이(L)/명령 취소(U)/폭(W)]: **〈직교 켜기〉 100** ← ②
다음 점 지정 또는 [호(A)/닫기(C)/반폭(H)/길이(L)/명령 취소(U)/폭(W)]: **@100<60** ← ③
다음 점 지정 또는 [호(A)/닫기(C)/반폭(H)/길이(L)/명령 취소(U)/폭(W)]: **100** ← ④
다음 점 지정 또는 [호(A)/닫기(C)/반폭(H)/길이(L)/명령 취소(U)/폭(W)]: **c**

3. 원기둥이 그려질 위치를 잡기 위해 대각선을 그리고 뷰를 변경한다.

   마름모 때문에 이상하게 보일 것이다.

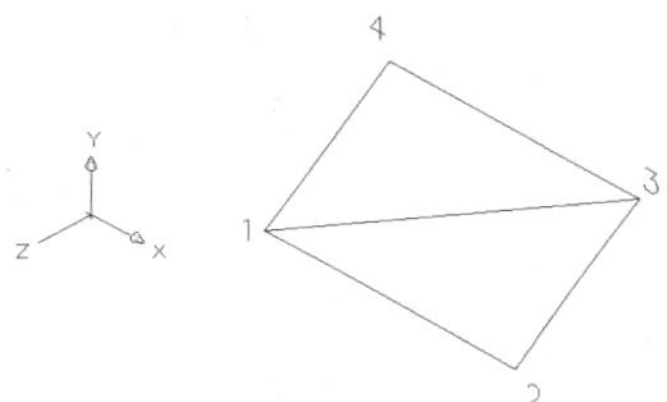

4. Ch 명령으로 두께를 -100 적용한다.(그림 3)

   Z축의 방향을 고려하여 두께의 부호를 결정한다.

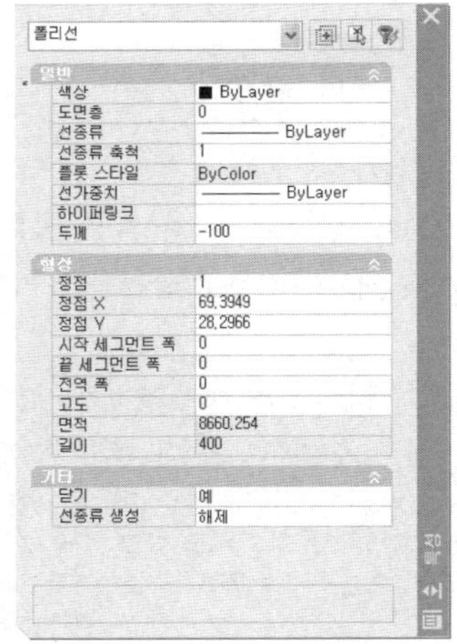

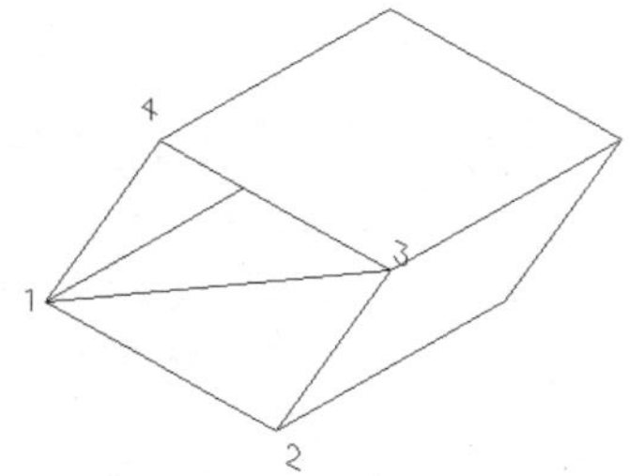

▲ 그림 3

5. 대각선의 중간에 원기둥을 그린다.

   원을 그린 다음(그림 4), Ch 명령으로 두께를 적용한다.(그림 5)

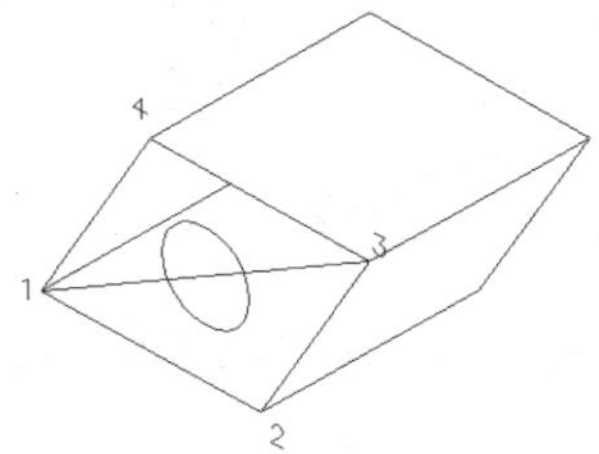

▲ 그림 4

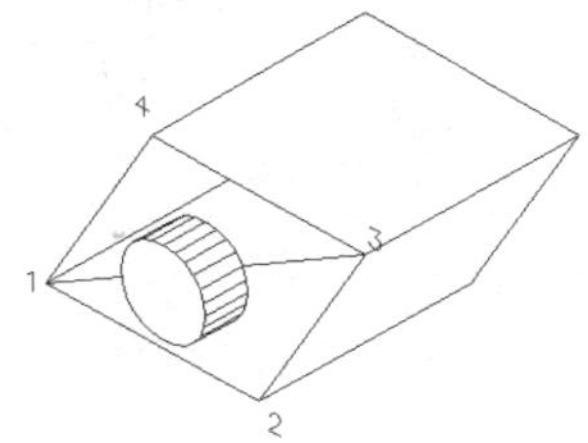

▲ 그림 5

6. 3Dface로 ①점에서 ④점까지 지정하여 면을 만든다. 대각선은 지운다.(그림 6)

7. 평면 뷰로 전환하여 방금 만든 3Dface 면과 원기둥을 뒤쪽으로 Mirror한다.(그림 7)

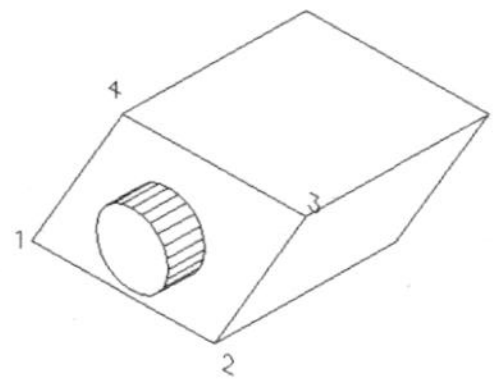

▲ 그림 6

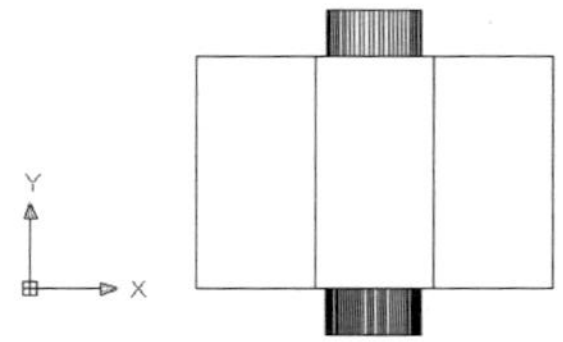

▲ 그림 7

8. 남동 등각투영 뷰로 전환하여 윗면에 대각선을 그려 원기둥을 만든다.(그림 8, 9)

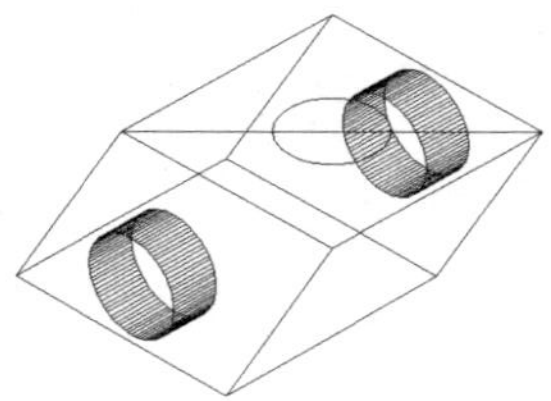
▲ 그림 8

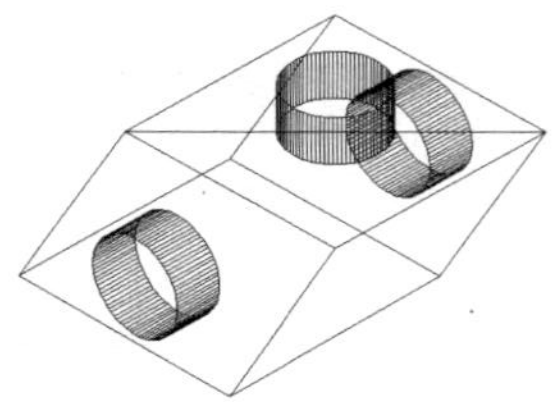
▲ 그림 9

9. 대각선을 지우고 우측 뷰를 전환한다. (그림 10)

10. Mirror하여 원기둥을 아래쪽으로 대칭복사한다.(그림 11)

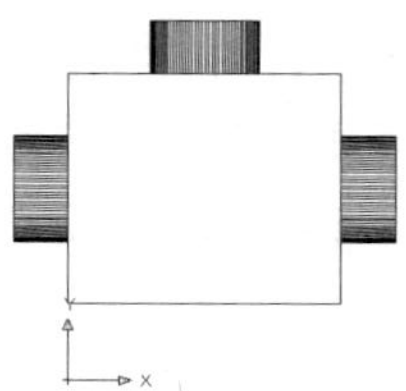
▲ 그림 10

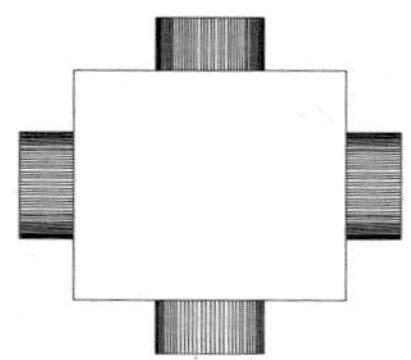
▲ 그림 11

11. 남동 등각투영 뷰로 전환하여 복사된 원기둥의 위치를 바로 잡는다. 작업 방향이 맞지 않으므로 평면 뷰로 전환했다가 다시 남동 등각투영 뷰로 전환하여 대각선을 그려 원기둥의 위치를 바로 잡는다.(그림 12, 13)

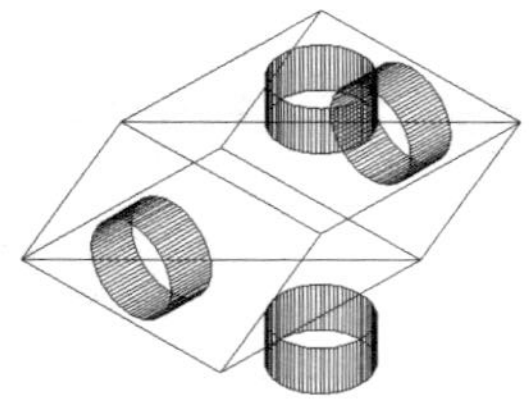
▲ 그림 12

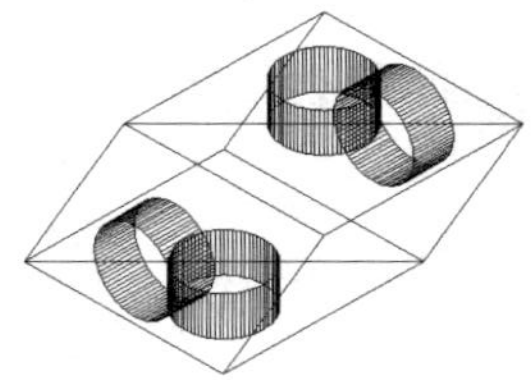
▲ 그림 13

12. 측면에 작업면을 설정하여 원기둥을 그린다.(그림 14, 15)

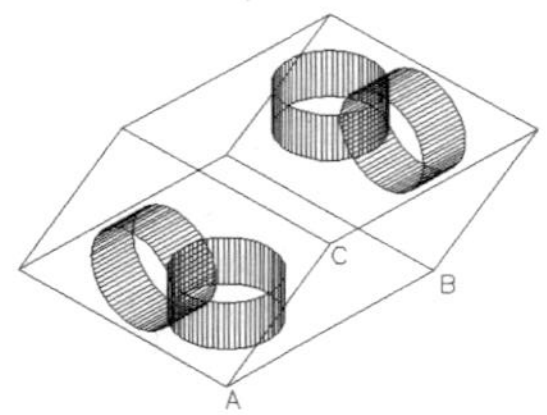

▲ 그림 14

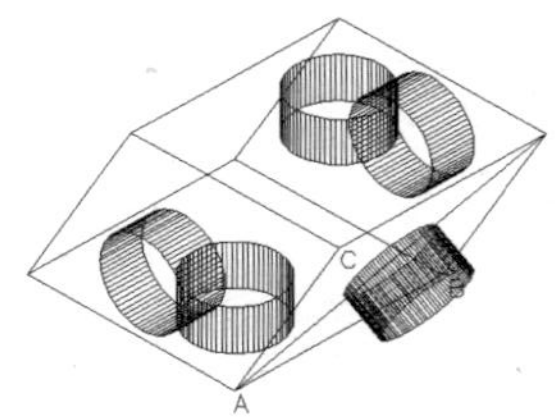

▲ 그림 15

명령: ucs
현재 UCS 이름: *표도*
UCS의 원점 지정 또는 [면(F)/이름(NA)/객체(OB)/이전(P)/뷰(V)/표준(W)/X(X)/Y(Y)/Z(Z)/Z축(ZA)] 〈표준〉: ← 원점을 지정한다. A
X축에서 점 지정 또는 〈수락(A)〉: ← 0° 방향을 지정한다. B
XY 평면에서 점 지정 또는 〈수락(A)〉: ← 면의 기울기를 지정한다. C

13. 북서 등각투영 뷰로 전환하여 위와 같은 방법으로 원기둥을 그려 작업을 완성한다.(그림 16, 17)

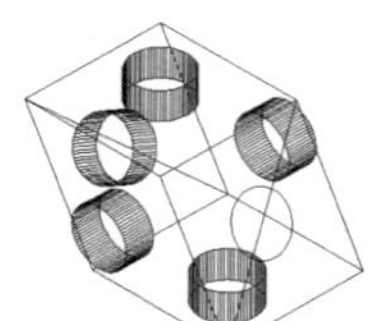
▲ 그림 16

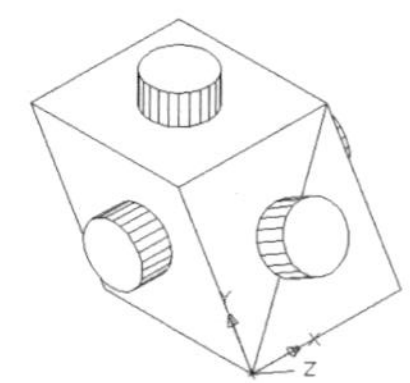
▲ 그림 17

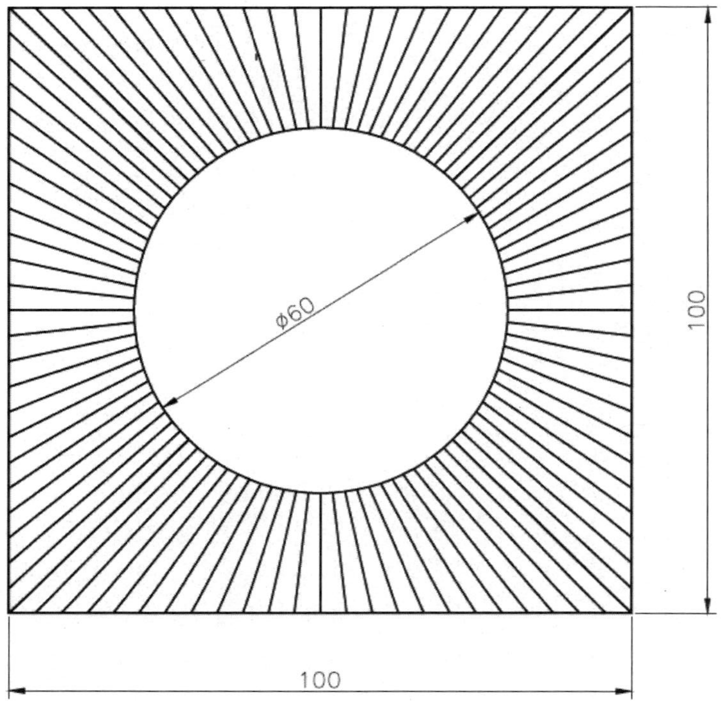

83.SF-08	Surface 응용 실습 - 03

해설 SF-08 Surface 응용 실습 - 03

Rulesurf(직선보간 면 처리)명령을 연습하는 예제로써 원을 4조각으로 분리하고 Line은 한 변을 2개로 분리하여 서로 마주 보는 요소끼리 면 처리를 실행한다.

1. Line으로 50인 선을 그리고 시작점에 지름이 60인 원을 그린다.(그림 1)
3. 원을 50만큼 Y방향으로 이동시킨다.(그림 2)
4. 중심점으로 대각선을 그린다.(그림 3)
5. Trim으로 정리하고 지워서 한 부분만 남긴다.(그림 4)

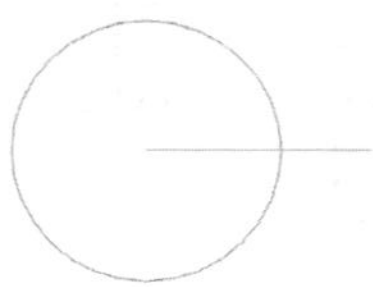
▲ 그림 1

▲ 그림 2

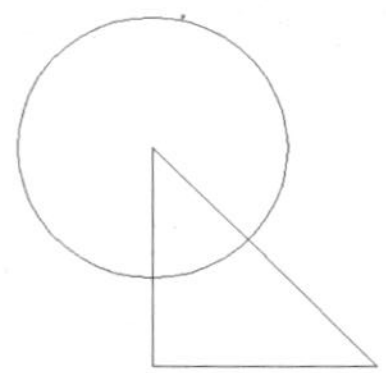
▲ 그림 3

▲ 그림 4

6. 면의 개수를 늘리기 위해 Surftab1 명령으로 기본 값 6을 12로 변경하고 Rulesurf(직선보간 곡면처리)를 실행한다. (그림 5)
7. Mirror로 좌우 대칭복사 후 대각방향으로 Mirror하여 한 면을 만든다.(그림 6)

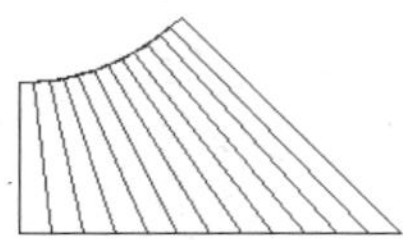
▲ 그림 5

8. 남동 등각투영 뷰로 전환하여 만들어진 면을 Z축으로 100만큼 복사하여 올린다.(그림 7)
9. 정면도 뷰로 전환하여 아래쪽의 면들을 선택하여 Array를 2개, 90° 범위 내에서 원형 배열을 한다.(그림 8, 9)

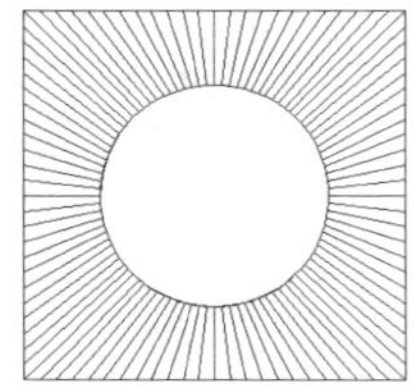
▲ 그림 6

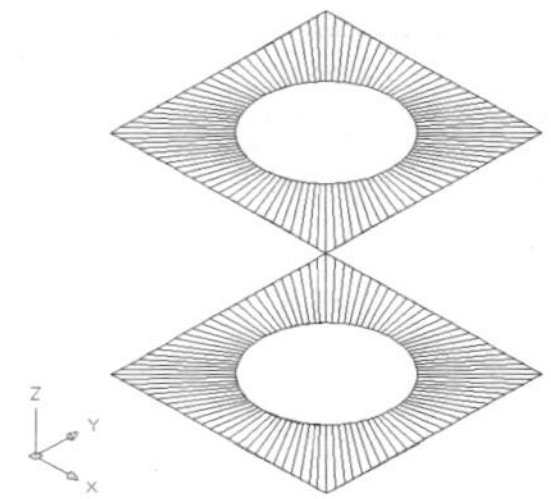
▲ 그림 7

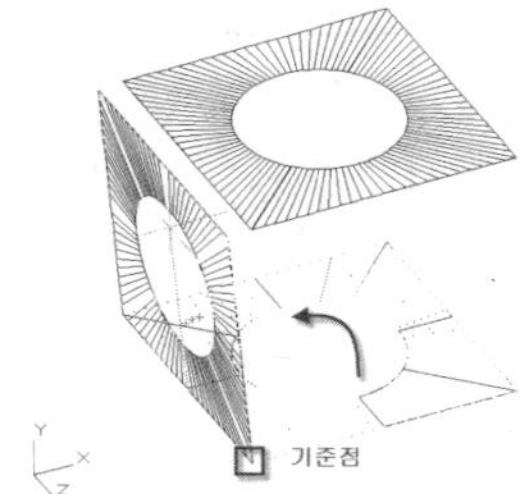

▲ 그림 8

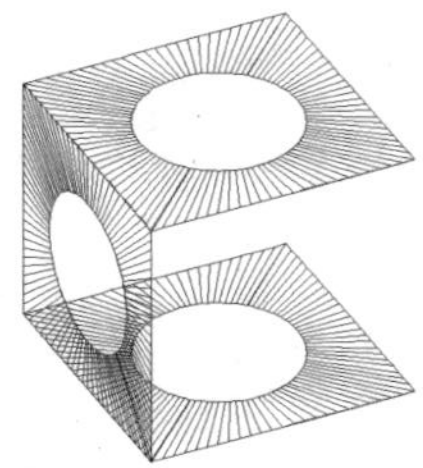
▲ 그림 9

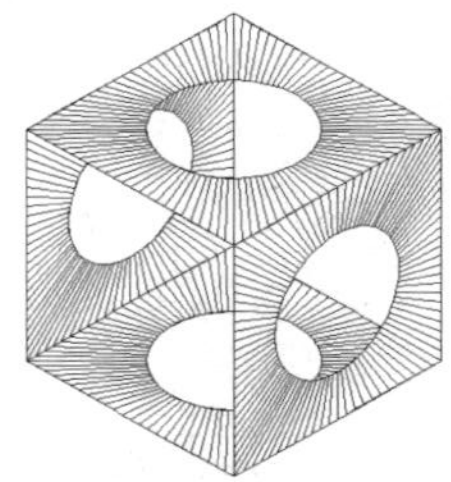
▲ 그림 10

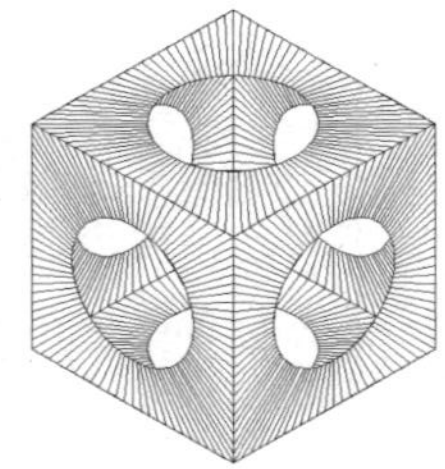
▲ 완성도

위쪽의 면들도 같은 방법으로 Array한다.(그림 10)
뷰를 전환해서 Hide 해 보면 앞·뒤 면만 처리되어 있지 않다.

10. 우측이나 좌측 뷰 로 전환하여 9번 항과 같은 요령으로 Array로 면을 배열하여 완성한다.

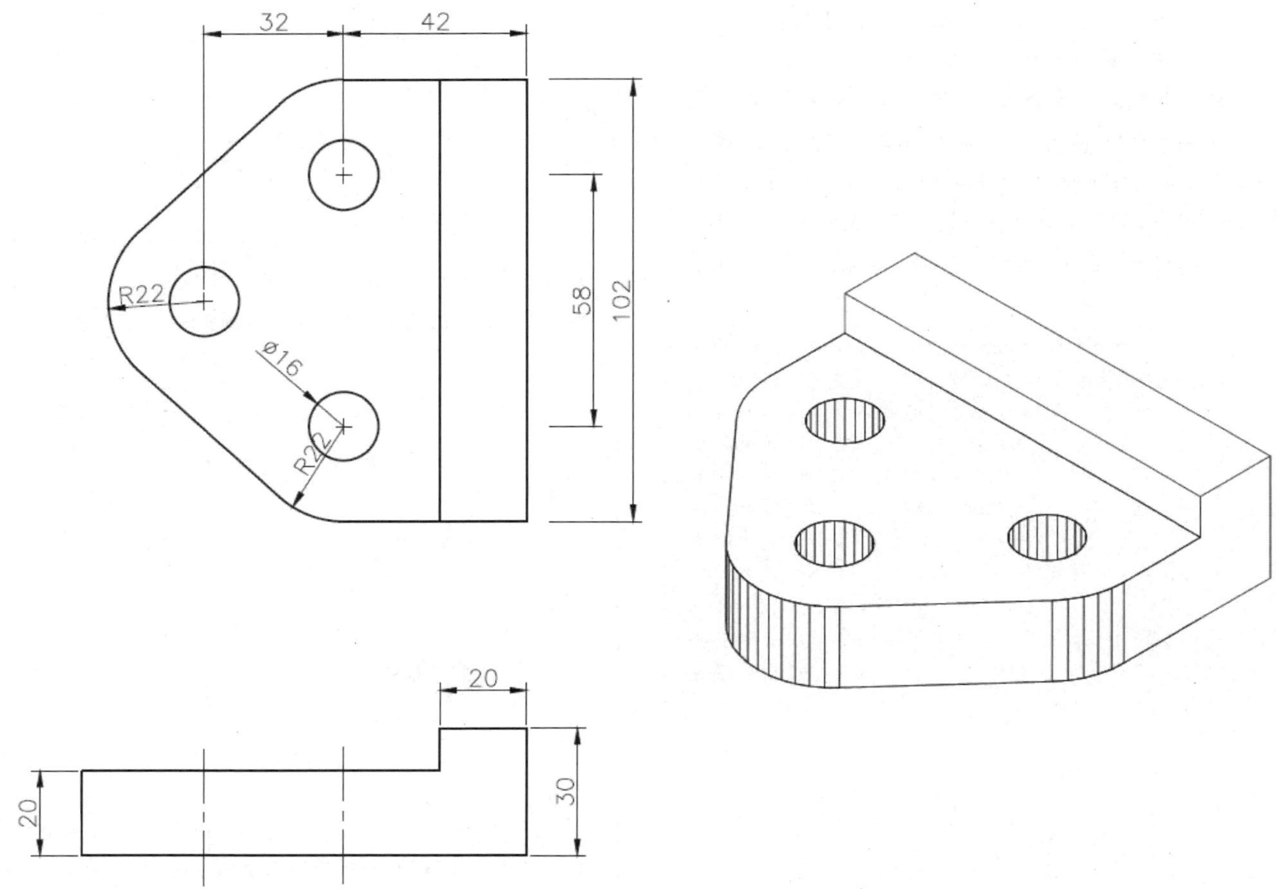

84. SF-09 | Surface 응용 실습 - 04

해설 SF-09 Surface 응용 실습 - 04

솔리드 모델링으로 하면 간단하나 서피스 모델링으로 하면 둥근 부분 처리가 복잡하다. 3차원 작업은 도면층을 만들어 분류 작업을 하지 않으면 복잡하므로 꼭 Layer를 만들어 분류하여 작업하기 바란다.

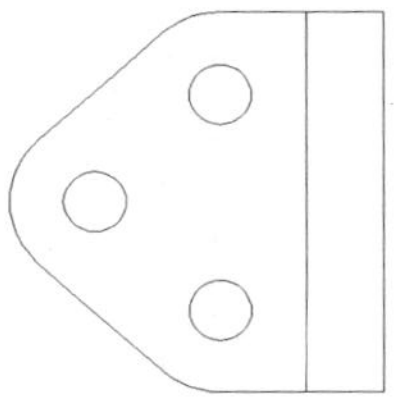

▲ 그림 1

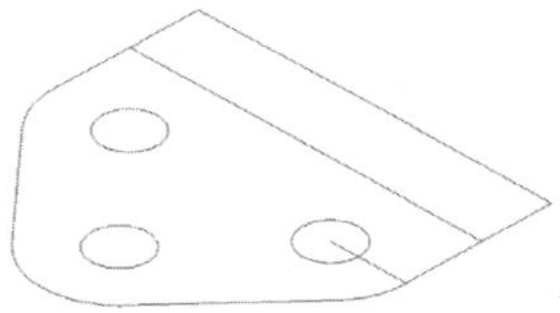

▲ 그림 2

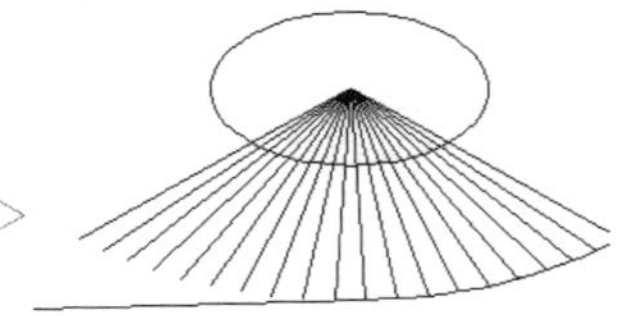

▲ 그림 3

1. 도면에 근거하여 평면을 그린다.(그림 1)
2. 남서등각 투영 뷰로 전환한다.
3. 원의 중심점에서 Line을 긋는다.(그림 2)
4. 그 선을 Array로 90° 내에서 20개 원형 배열한다.(그림 3)
5. 한 칸만 남기고 삭제하고 그 한 칸에 3Dface를 적용하는데 Invisible 옵션을 적용하여 면의 경계가 보이지 않도록 한다.

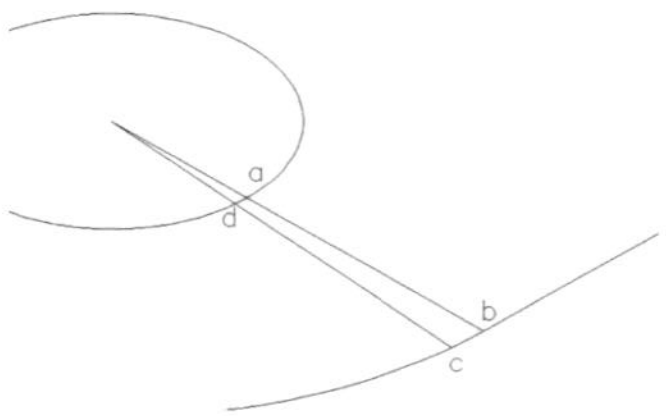

▲ 그림 4

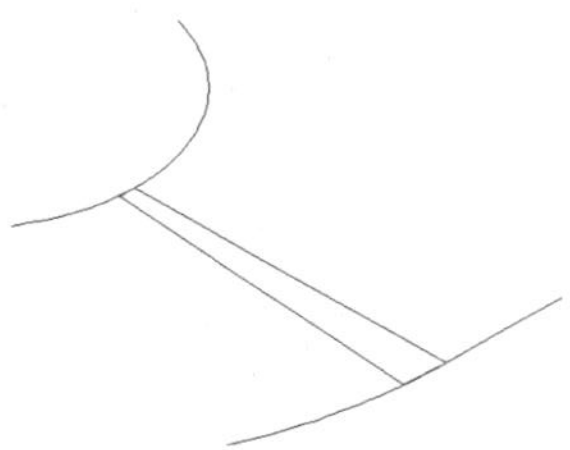

▲ 그림 5

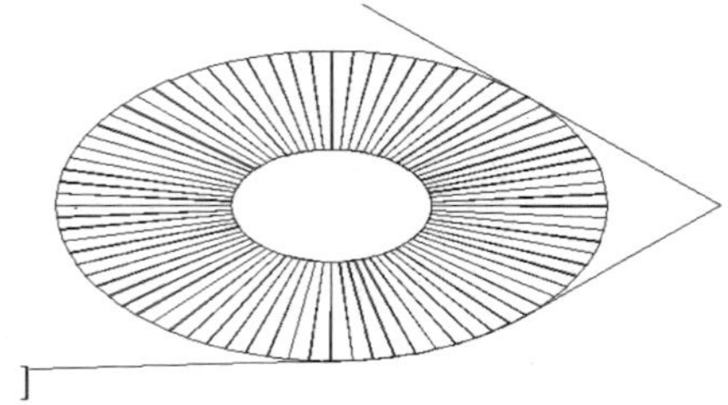

▲ 그림 6

명령: 3dface
첫 번째 점 지정 또는 [숨김(I)]: I ← 경계 감추기 옵션이다.
첫 번째 점 지정 또는 [숨김(I)]: ← a
두 번째 점 지정 또는 [숨김(I)]: I ← 경계 감추기 옵션이다.
두 번째 점 지정 또는 [숨김(I)]: ← b
세 번째 점 지정 또는 [숨김(I)] 〈종료〉: i
세 번째 점 지정 또는 [숨김(I)] 〈종료〉: ← c
네 번째 점 지정 또는 [숨김(I)] 〈3면 작성〉: i
네 번째 점 지정 또는 [숨김(I)] 〈3면 작성〉: ← d
세 번째 점 지정 또는 [숨김(I)] 〈종료〉: ← 엔터하여 종료한다.

6. 보조선을 지우면 경계를 감췄기 때문에 아무것도 없는 상태로 보인다. Splframe 명령으로 "0"을 "1"로 변경하고 Regen 명령을 실행하면 감췄던 경계가 보여서(그림 6) 편집이 가능해진다. 보이는 면을 선택하여 Array 명령으로 360° 범위 내에서 80개 원형 배열한다.

   현재 보이는 면은 원래 감춰진 면의 경계가 감춰진 것들이 강제로 보이는 것이다. 작업 완료 후 Splframe 명령에서 값을 0으로 변경하고 Regen을 실행해야 한다.(그림 7)
7. 다른 곳으로 복사한다.(그림 8)

   3Dface로 형성된 면들은 Layer를 따로 관리하는 것이 좋다.

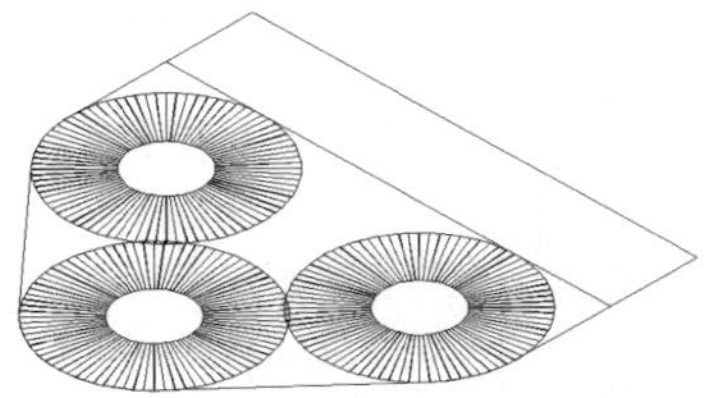

▲ 그림 7

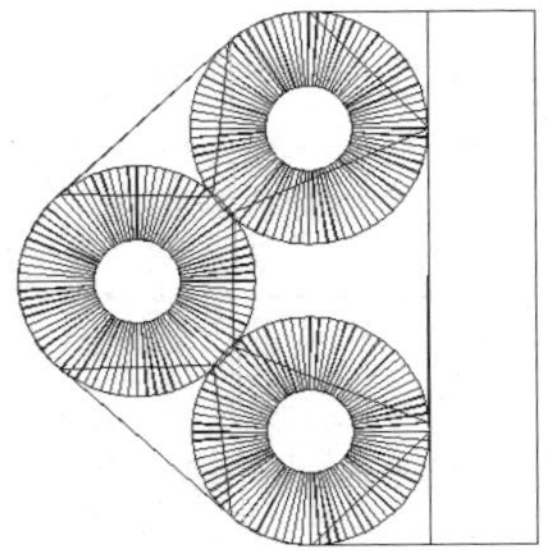

▲ 그림 8

8. 비어 있는 공간들을 3Dface의 Invisible 옵션을 적용하여 면을 만든다. 현재 면의 감춘 면의 경계를 강제로 보이게 한 상태이므로 Invisible 옵션을 적용해서 3Dface를 해도 경계가 나타나므로 주의한다.(그림 9)
9. 만들어진 면만 선택하여 Z축으로 20만큼 복사한다.(그림 10)
   Layer를 분류하여 외곽선 Layer를 동결한 상태에서 복사한다.

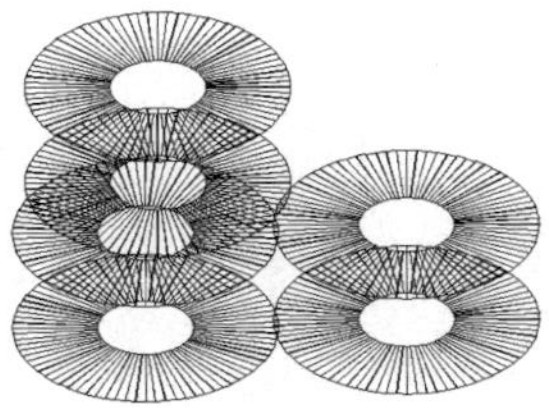

▲ 그림 9

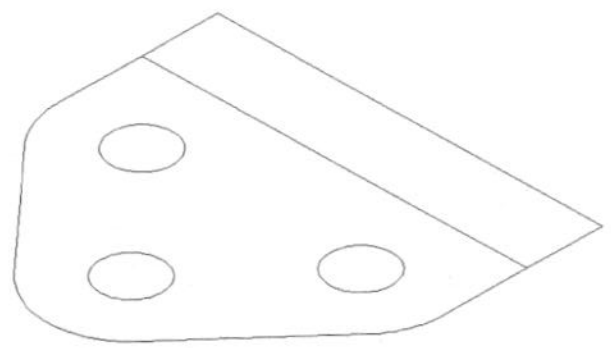

▲ 그림 10

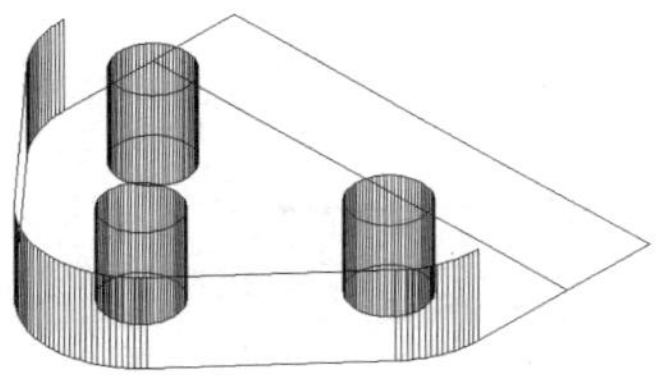

▲ 그림 11

10. 3Dface의 Layer를 동결시키고 외곽선 Layer를 해동시킨다.(그림 11)
11. 원은 두께를 적용하면 위아래가 막힌 상태가 되므로 원을 지우고 안지름과 바깥지름이 16인 Donut를 그린 다음 Ch 명령으로 두께를 20 적용한다.(그림 12)
12. 3Dface로 옆면을 만든다.(그림 13)

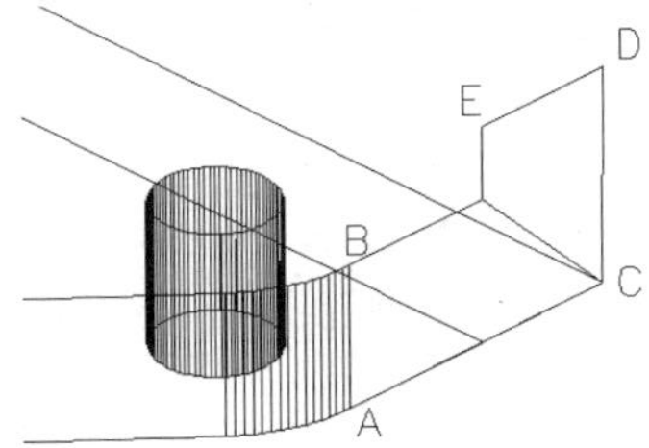

▲ 그림 12

명령: 3DFACE
첫 번째 점 지정 또는 [숨김(I)]: ← A
두 번째 점 지정 또는 [숨김(I)]: ← B
세 번째 점 지정 또는 [숨김(I)] 〈종료〉: **I** ← 경계를 감추기 위한 옵션이다.
세 번째 점 지정 또는 [숨김(I)] 〈종료〉: **@22<0** ← C
네 번째 점 지정 또는 [숨김(I)] 〈3면 작성〉:
세 번째 점 지정 또는 [숨김(I)] 〈종료〉: **@0,0,30** ← D
네 번째 점 지정 또는 [숨김(I)] 〈3면 작성〉: **I** ← 경계를 감추기 위한 옵션이다.
네 번째 점 지정 또는 [숨김(I)] 〈3면 작성〉: **@20<180** ← E
세 번째 점 지정 또는 [숨김(I)] 〈종료〉:

13. 반대편으로 복사하고 3Dface 도면층을 해동하고 Splframe을 "0"으로 변경 후 뷰를 남동등각 투영 뷰로 전환 후 Hide를 실행한다.(그림 14)

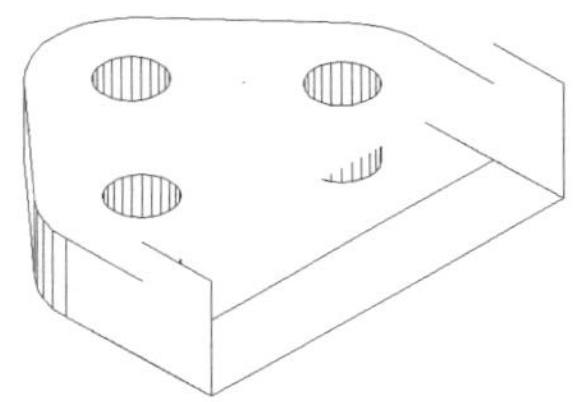

▲ 그림 13

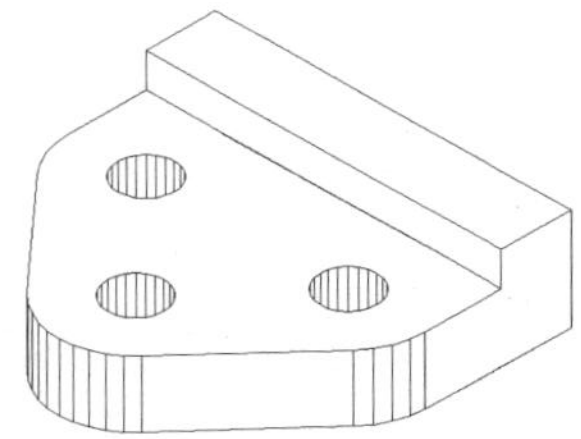

▲ 완성도

14. 바닥에 선을 지우고 3Dface 처리를 하는데 그 선이 지나가는 경계가 감춰져야 하므로 주의한다.

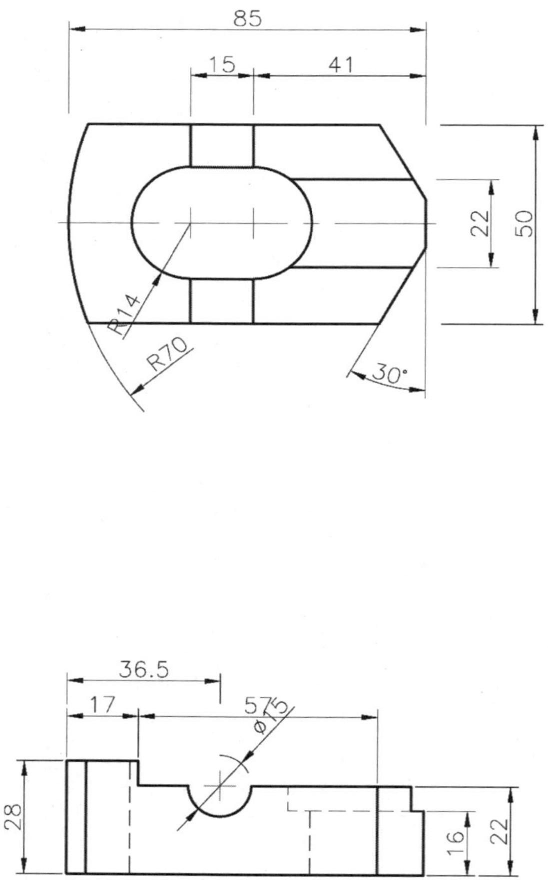

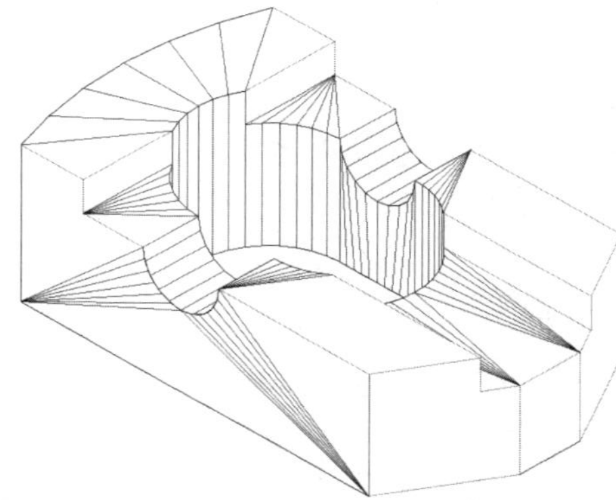

85. SF-10	Surface 응용 실습 - 05

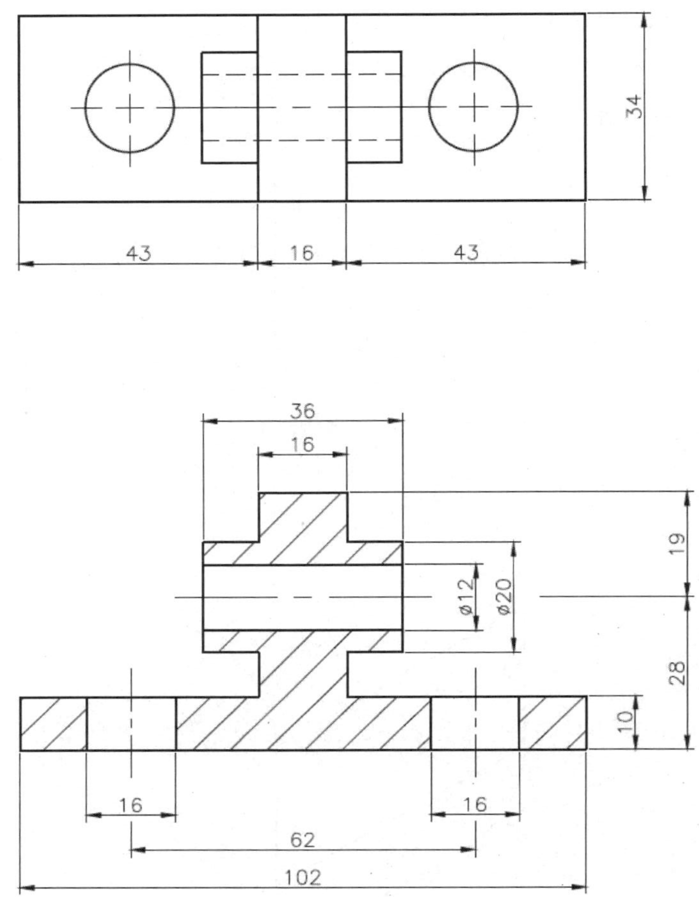

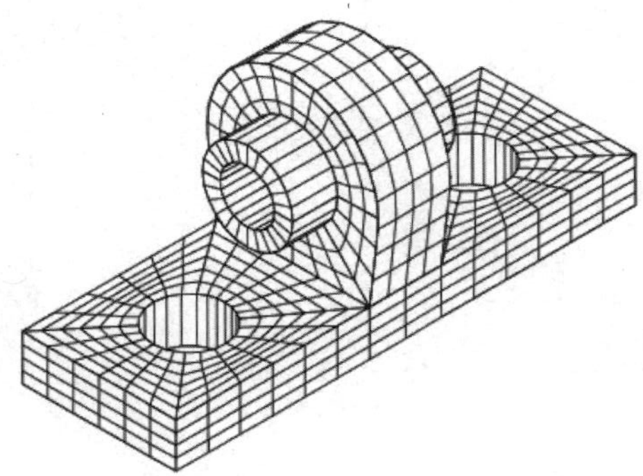

86.SF-11	Surface 응용 실습 - 06

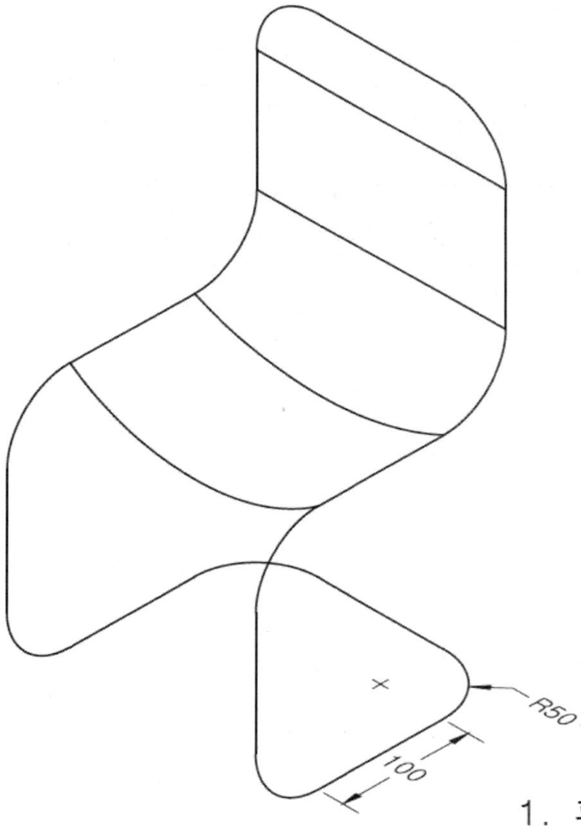

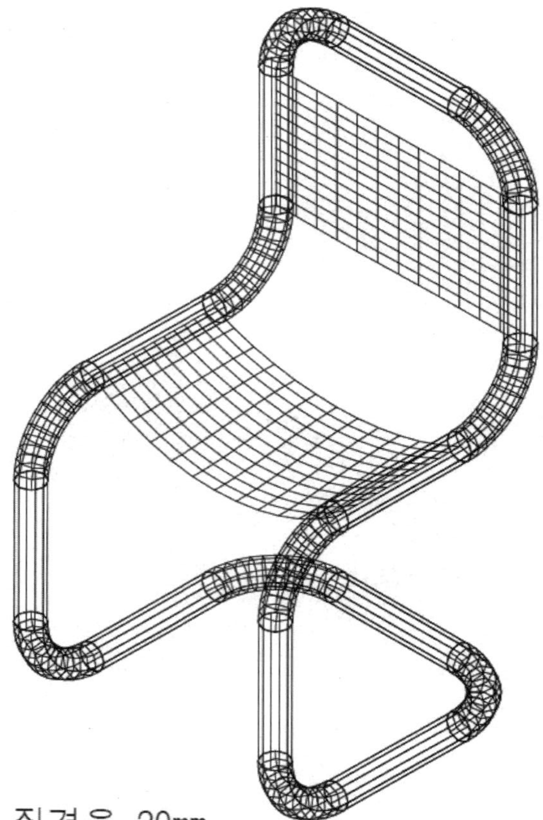

1. 파이프의 직경은 20mm
2. TAB, REV, EDGESURF 응용

87.SF-12	Surface 응용 실습 - 07

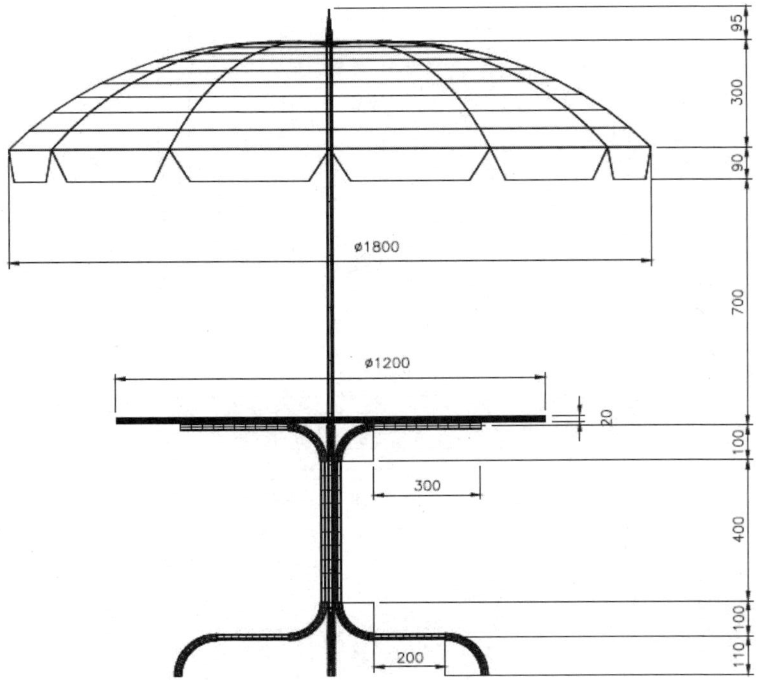

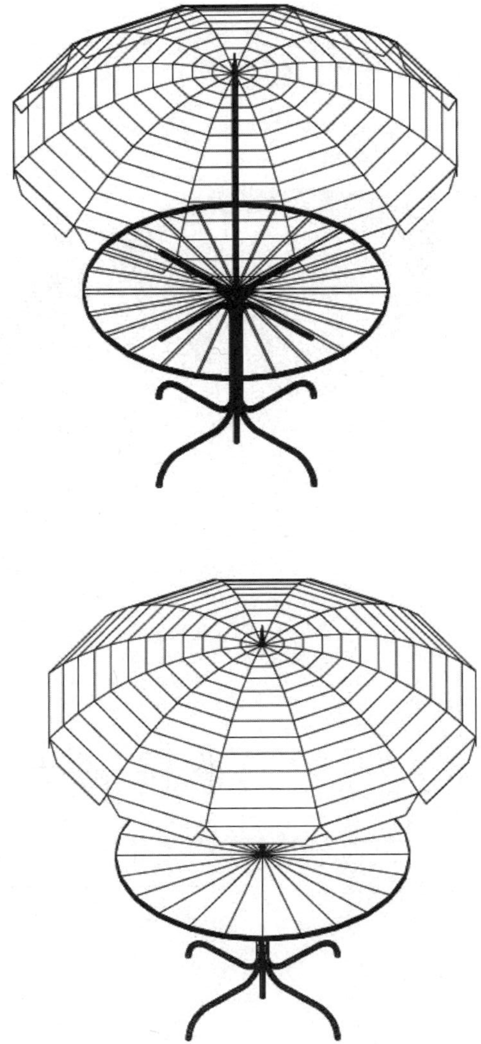

88.SF-13	Surface 응용 실습 - 08

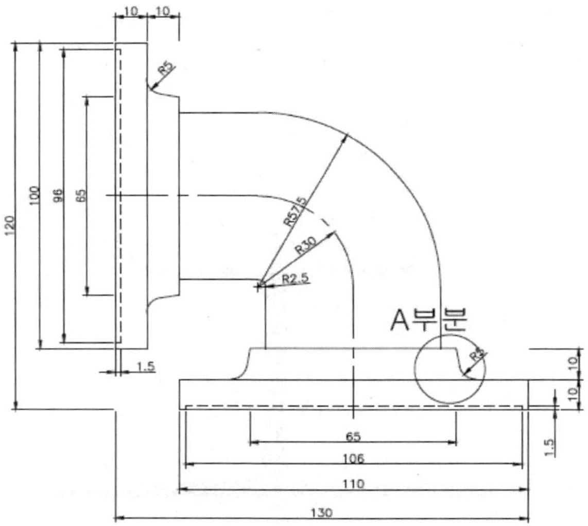

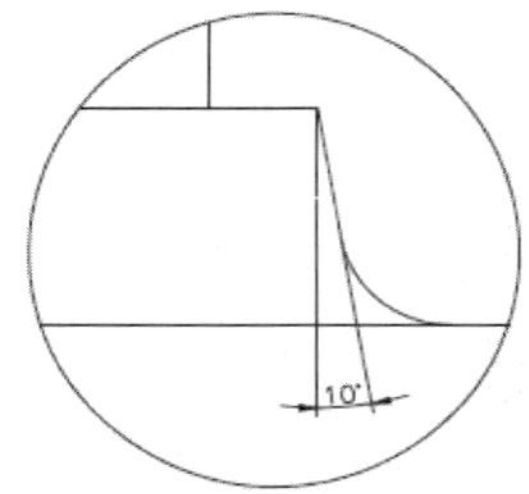

A부분 상세도

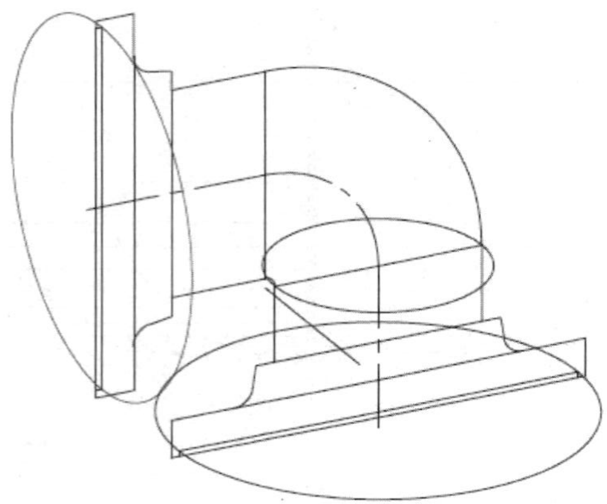

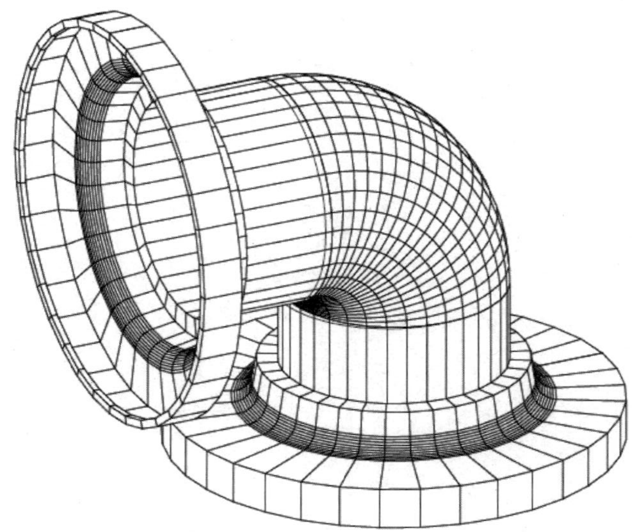

89.SF-14	Surface 응용 실습 - 09(Revsurf)

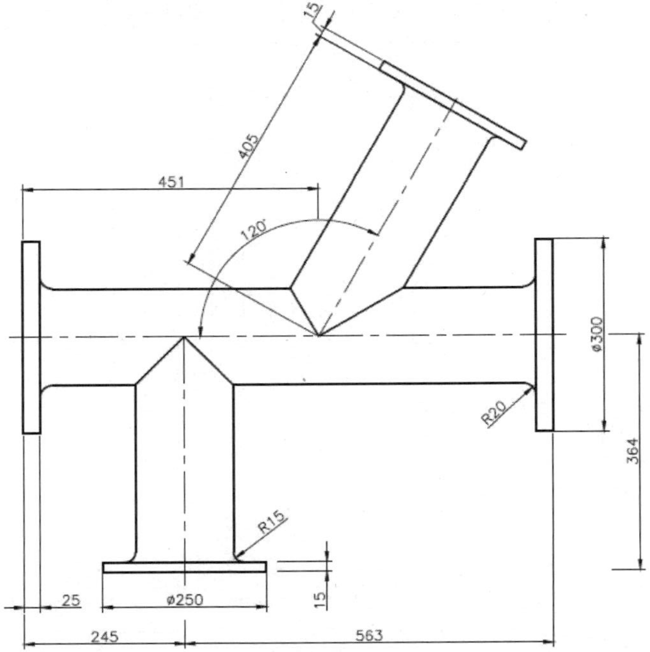

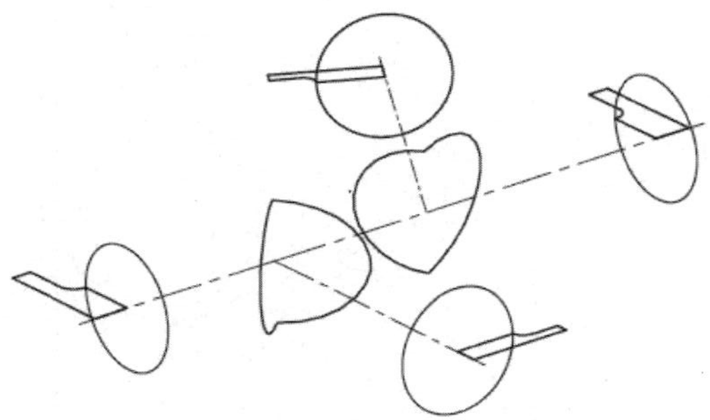

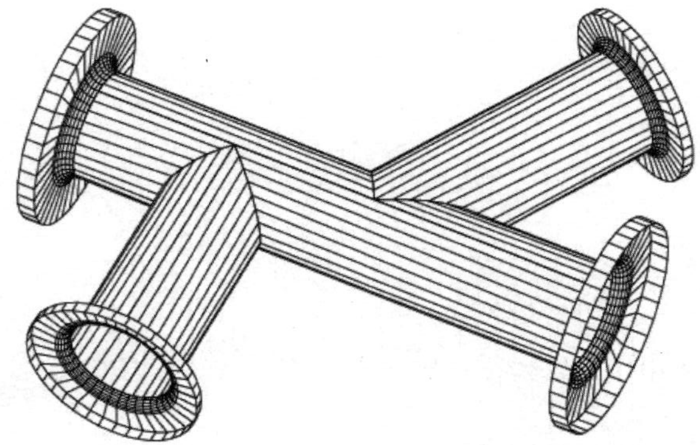

90.SF-15	Surface 응용 실습 - 10

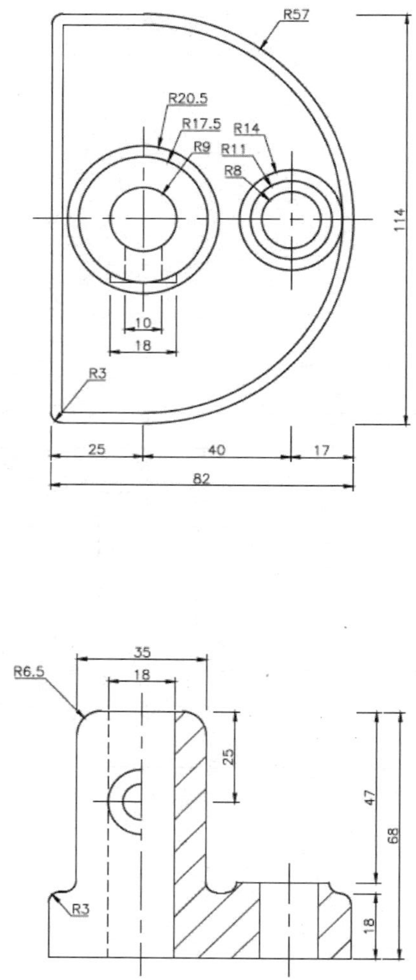

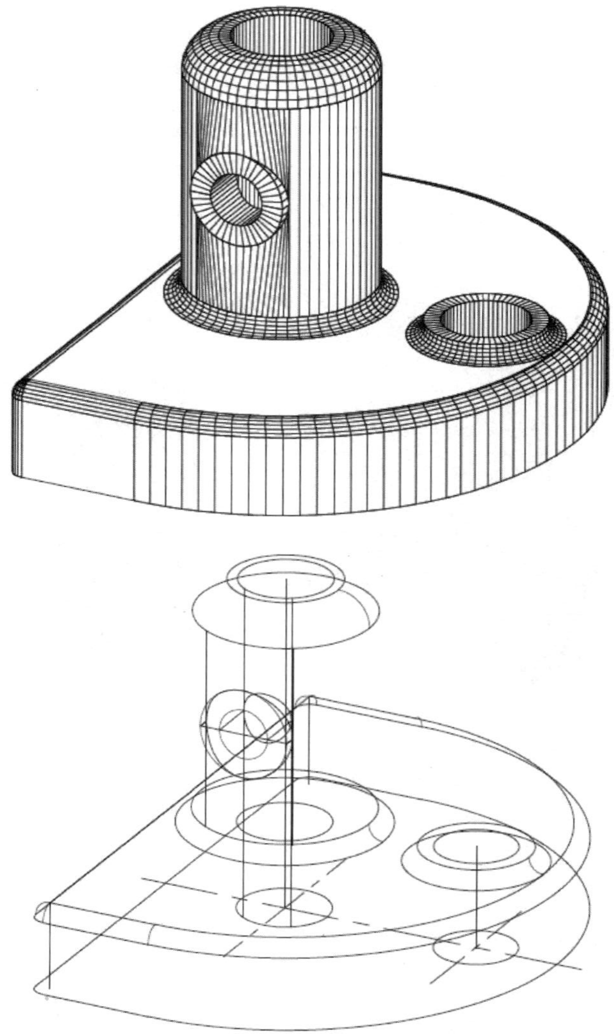

91.SF-16	Surface 종합 응용 실습 - 01

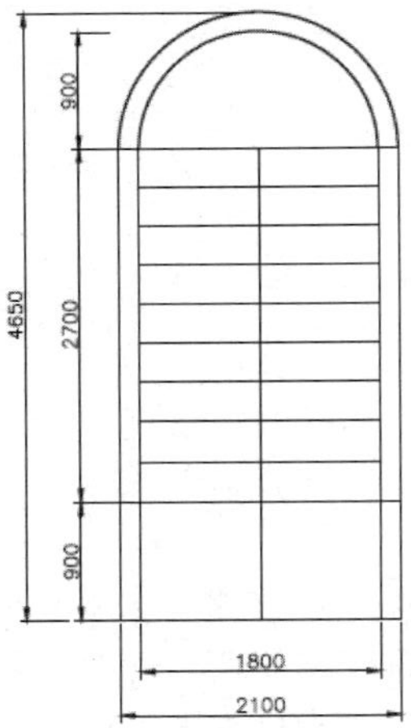

평면도

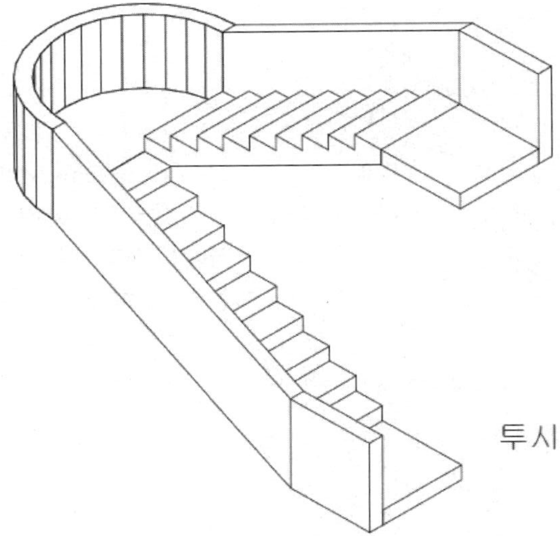

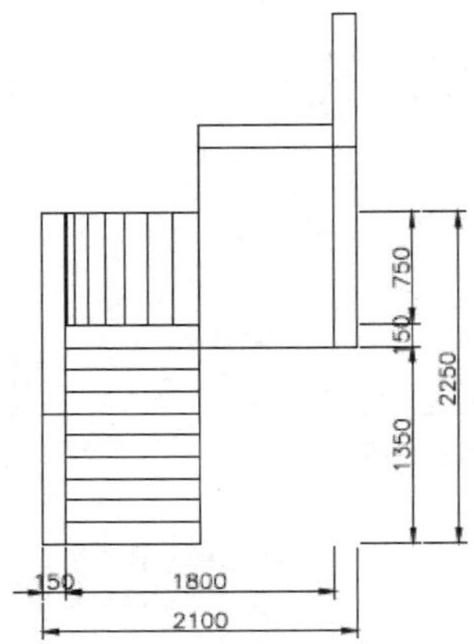

정면도

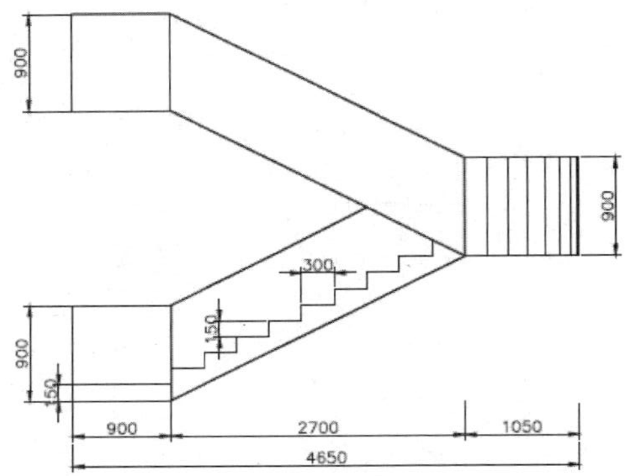

측면도

92.SF-17	Surface 종합 응용 실습 - 02

해설 SF-14 Surface 응용 실습 - 09

Revsurf 명령을 적용하여 해결한다.

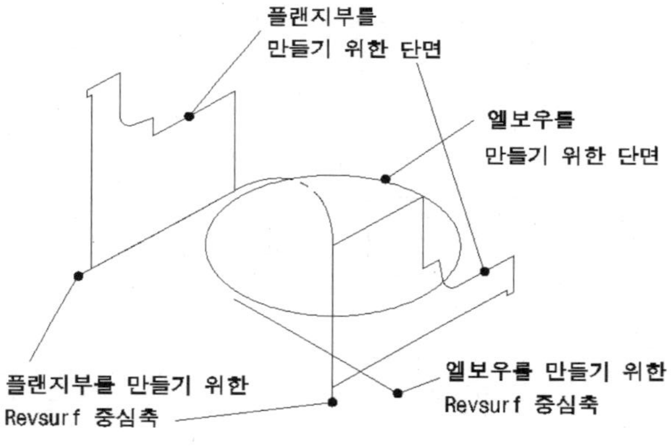

뷰를 측면 뷰로 변경한 후 플랜지 부위의 단면을 그린다. 엘보 부분은 평면뷰에서 원을 그려서 회전축을 그린 다음 Revsurf 명령으로 처리한다.

Surftab1, Surftab2 둘 다 값을 조정하여 작업한다.

해설 SF-15 Surface 응용 실습 - 10

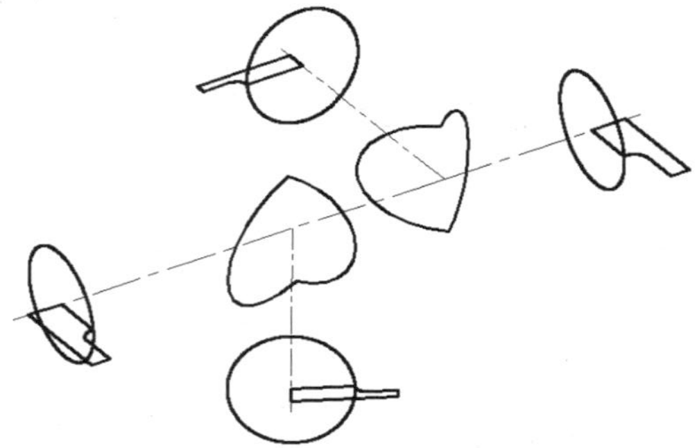

▲ 모서리만 그린다.

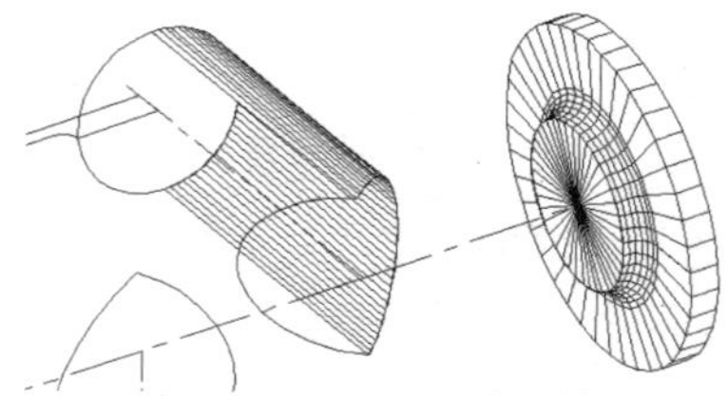

▲ Rulesurf, Revsurf를 적용

끝단은 단면의 형상으로 Revsurf 명령으로, 파이프 직선 부분은 마주보는 Arc끼리 Rulesurf 명령을 이용하여 모델링한다.

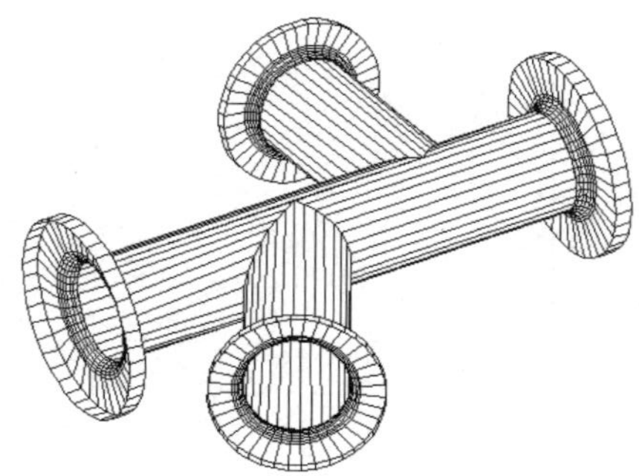

▲ 완성도

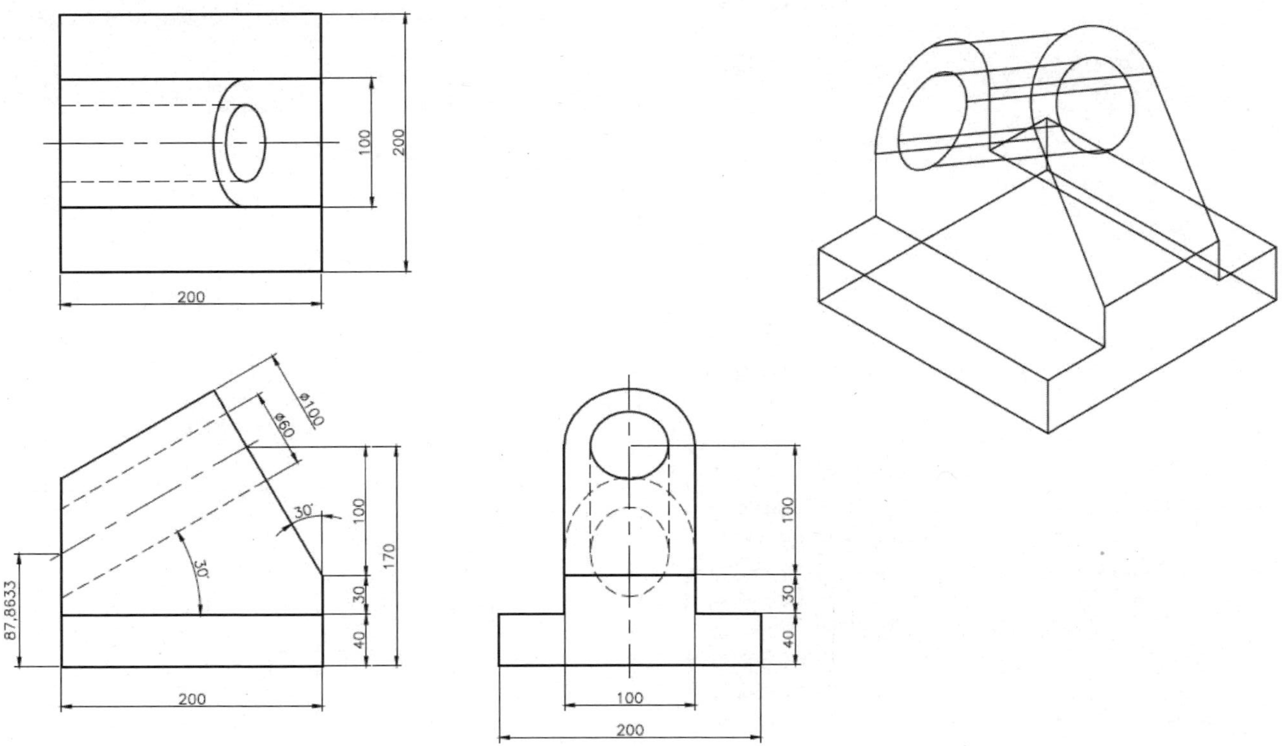

93.SOL-01 | Solid 기초 실습 - 01

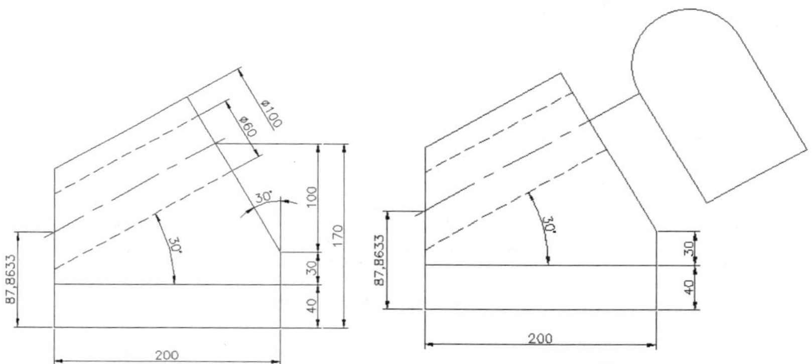

▲ 그림 1

1. 정면도의 기울어진 단면의 형상을 그린다.(그림 1)
2. UCS를 기울어진 면에 맞춘다.(그림 2, 3)

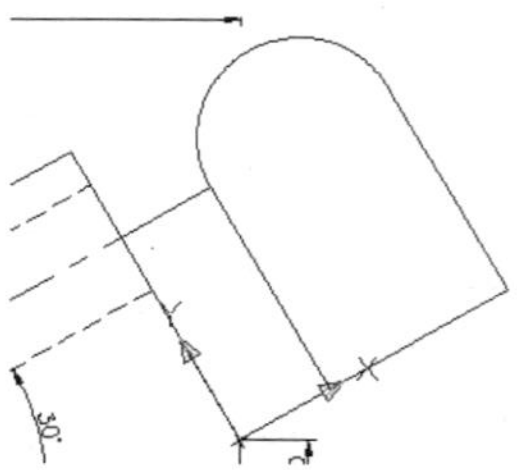

▲ 그림 2

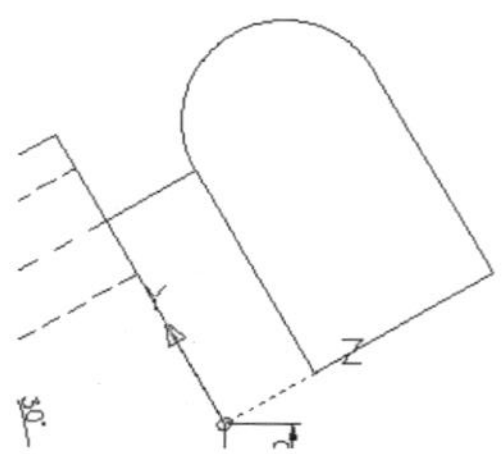

▲ 그림 3

명령: UCS
현재 UCS 이름: *표준*
UCS의 원점 지정 또는 [면(F)/이름(NA)/객체(OB)/이전(P)/뷰(V)/표준(W)/X(X)/Y(Y)/Z(Z)/Z축(ZA)] 〈표준〉: ← 원점으로 쓰일 ①점을 지정한다.
X축에서 점 지정 또는 〈수락(A)〉: ← 0° 방향 즉, X축 방향을 지정한다. ②
XY 평면에서 점 지정 또는 〈수락(A)〉 ← 면의 기울기를 지정한다. ③

3. UCS를 Y축 90° 회전시켜 면의 정면으로 잡는다.(그림 3)
4. 단면도 Rotate3d로 회전시켜 작업 면에 일치시켜(그림 4) Extrude로 돌출시킨다.

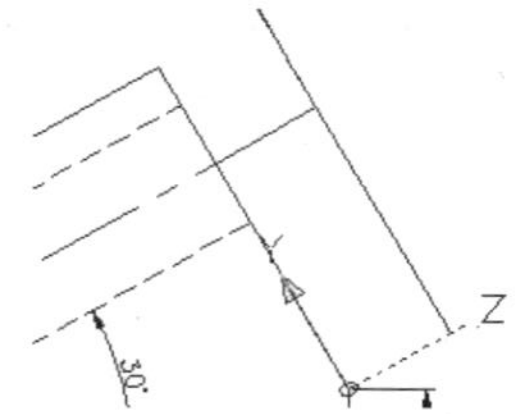

▲ 그림 4

명령: rotate3d
현재 각도 설정: 측정 방향=시계 반대방향 기준 방향=0
객체 선택: 1개를 찾음 ← 대상을 선택한다.
객체 선택:
축 위에 첫 번째 점을 지정하거나 다음을 사용하여 축을 정의
[객체(O)/최종(L)/뷰(V)/X축(X)/Y축(Y)/Z축(Z)/2점(2)]: **y** ← Y축을 선택한다.
다음 위의 점을 지정: Y 축 〈0,0,0〉: ← 선택한 도형의 좌측 한쪽 구석점을 지정한다.
회전 각도 지정 또는 [참조(R)]: **90** ← 90°를 입력한다.

5. Extrude로 −220 정도 돌출시킨다.(그림 5)

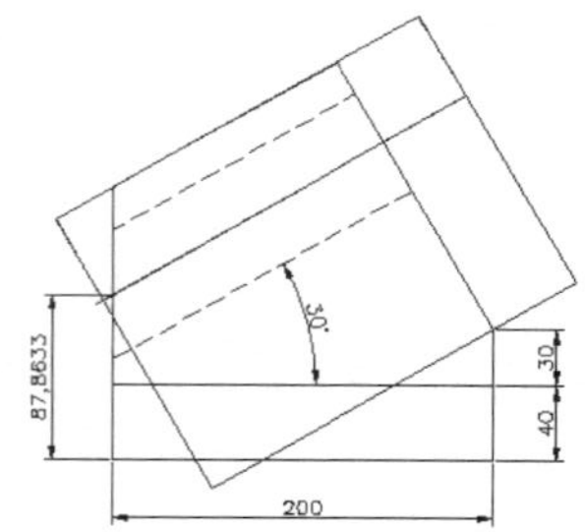

▲ 그림 5

명령: ext ← Extrude의 단축 명령이다.
현재 와이어프레임 밀도: ISOLINES=4
객체 선택: 1개를 찾음
객체 선택:
돌출 높이 지정 또는 [경로(P)]: **−220** ← 방향을 반대로 돌출시켰다.
돌출에 대한 테이퍼 각도 지정 〈0〉:

6. UCS를 표준(WCS)으로 복원하고 측면도를 이용하여 하단을 만든다. 하단 모양만 두고 삭제하고 Pedit의 Join이나 Bpoly 명령을 사용하여 폐각형으로 만들어(그림 6) Extrude를 200을 한다. 하단을 Rotate3d(3D 회전)로 Y축을 90° 회전시켜 방향을 맞춘다.

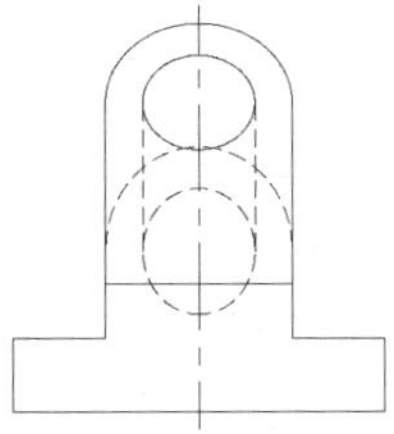

▲ 그림 6

▲ 그림 7

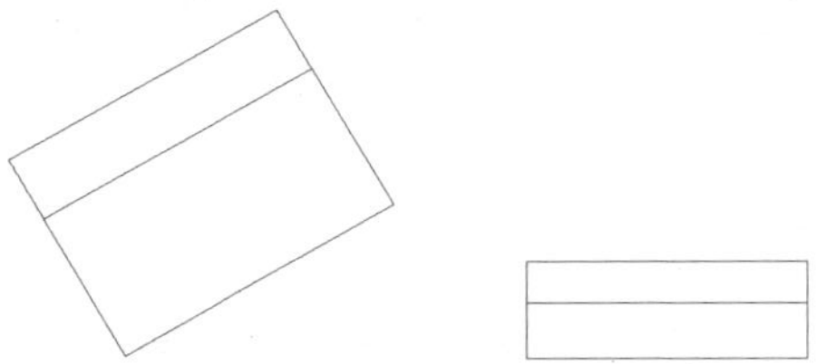

▲ 그림 8

7. 남동등각 투영 뷰로 전환하여 물체끼리 위치를 잡는다.(그림 9, 10)

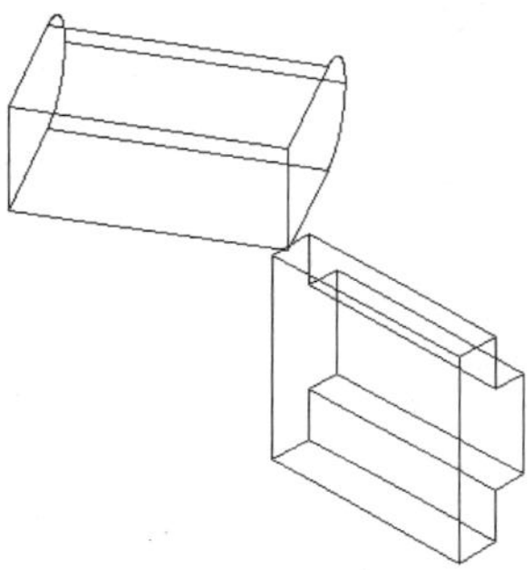

▲ 그림 9

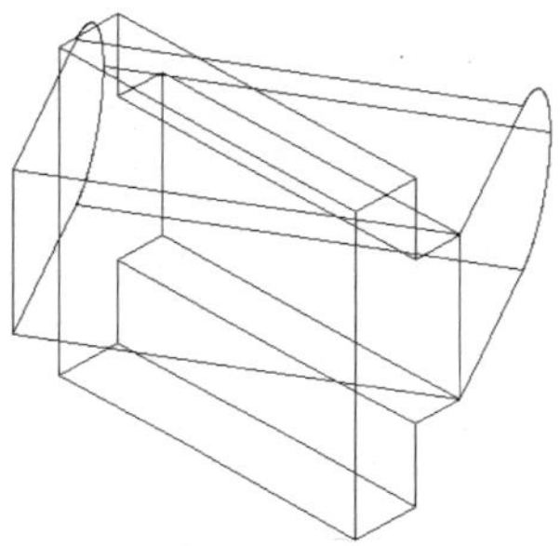

▲ 그림 10

8. Union으로 둘을 결합 시킨다.(그림 11)

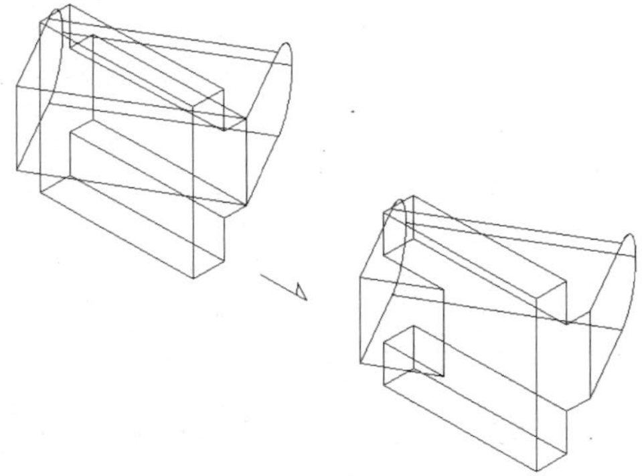

▲ 그림 11

9. 솔리드 원통 명령으로 지름 60, 높이 250짜리 원기둥을 그린다. (그림 12)

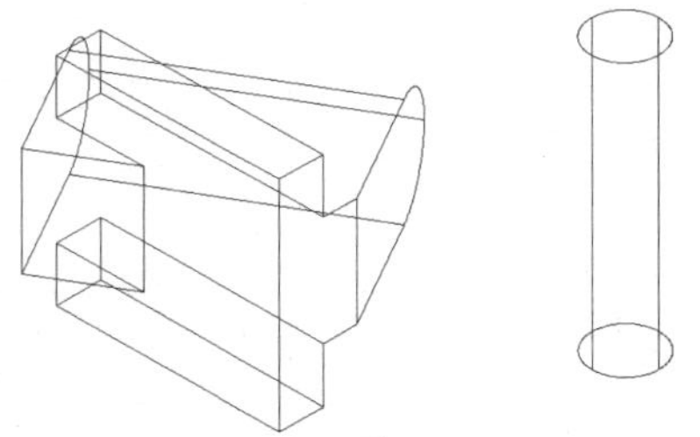

▲ 그림 12

10. 본체에 원기둥을 Align 명령으로 2점을 지정하여 정렬시킨다.(그림 13, 14)

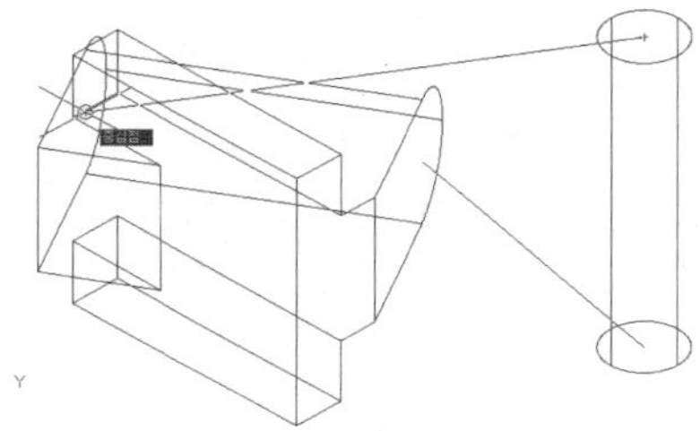

▲ 그림 13

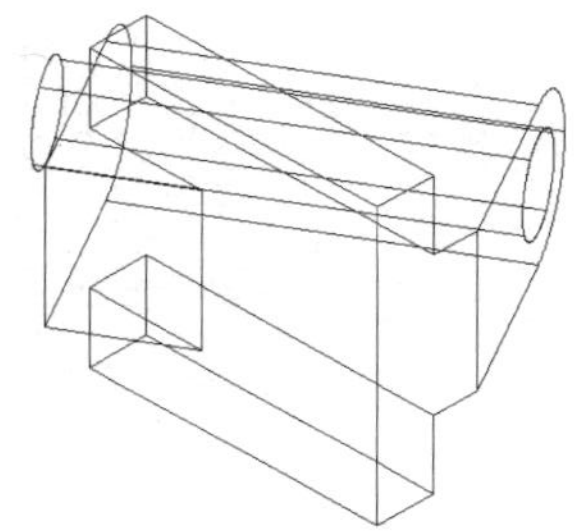

▲ 그림 14

11. 불 연산 차집합으로 원기둥을 뺀다. (그림 15)

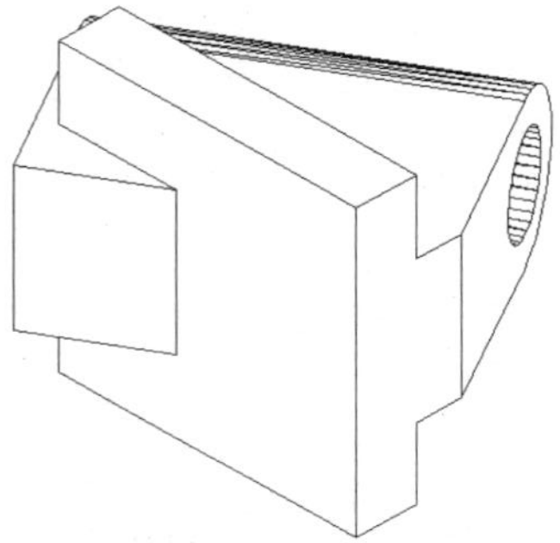

▲ 그림 15

12. 평면 뷰에서 빼낼 모양을 Pline 폐각형으로 그리고 Extrude로 200만큼 돌출시킨다.(그림 16, 17)

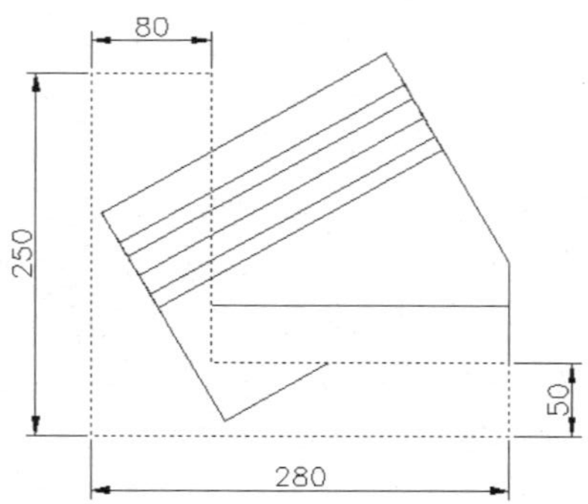

▲ 그림 16

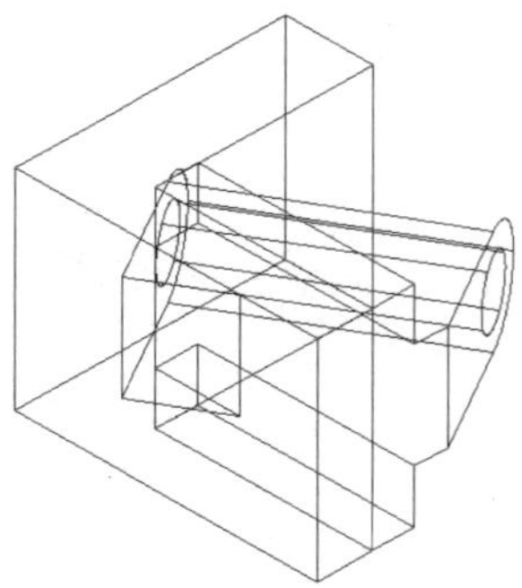

▲ 그림 17

13. 불 연산 차집합으로 방금 만든 솔리드 객체를 뺀다. (그림 18)

14. Rotate3D로 바로 세워 완성한다.(그림 19)

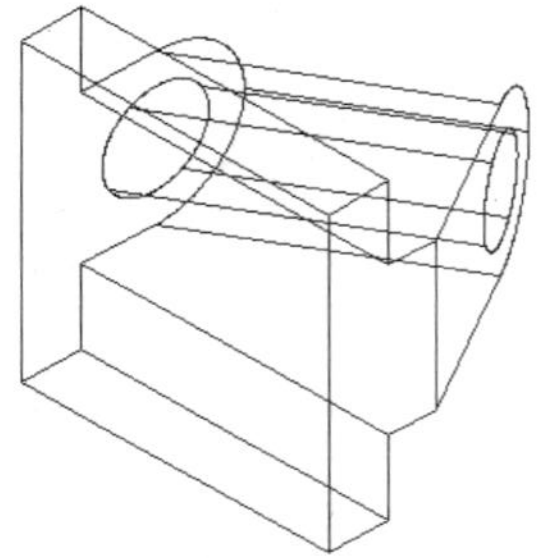

▲ 그림 18

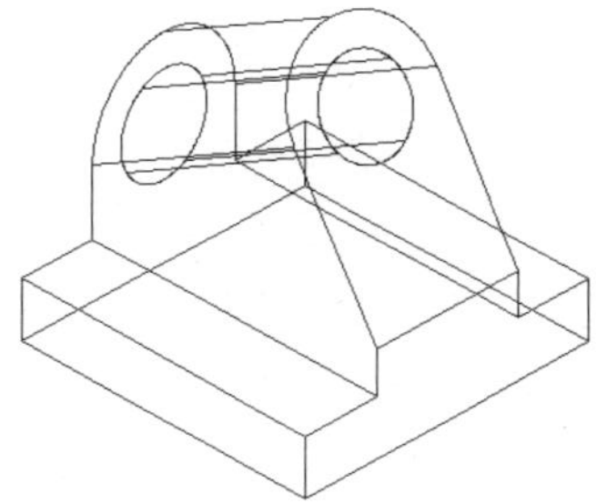

▲ 그림 19

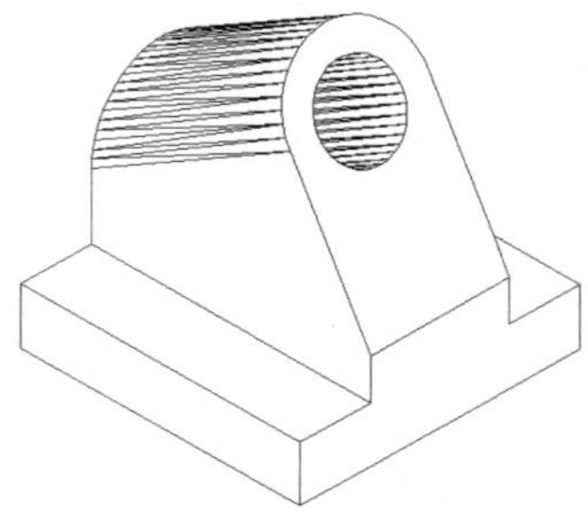

▲ Hide한 상태

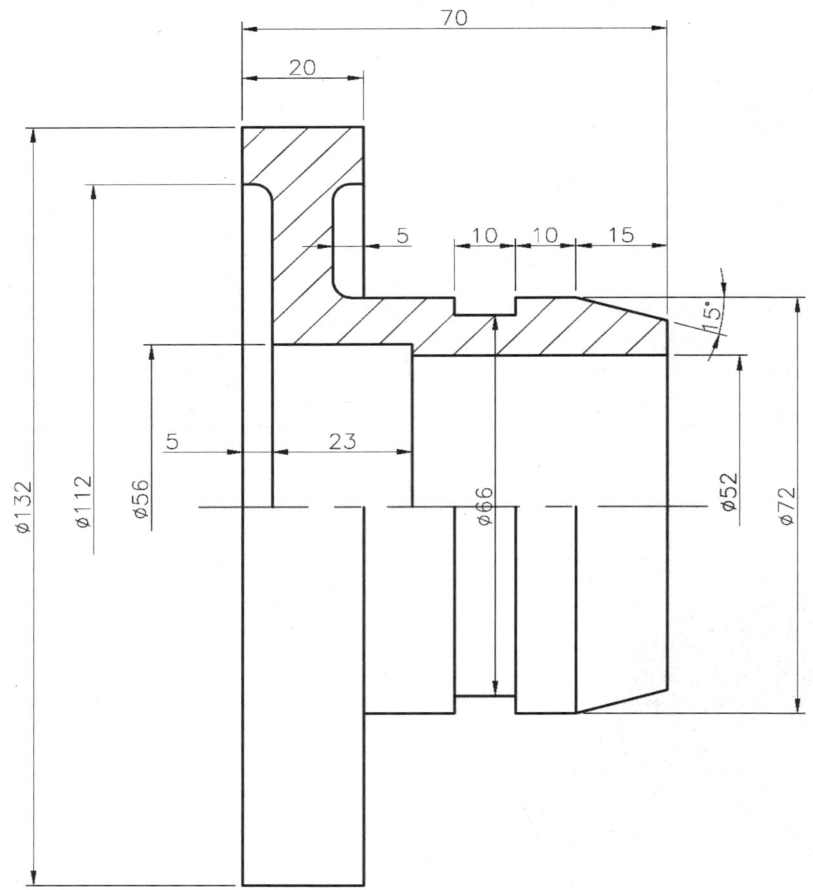

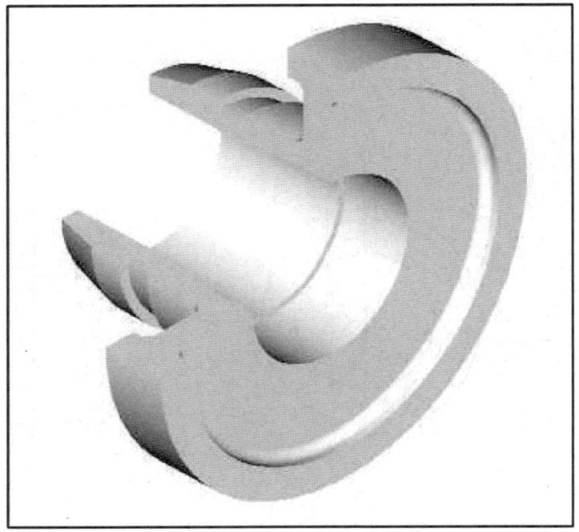

94.SOL-02	Solid 기초실습 - 02(기계 부품)

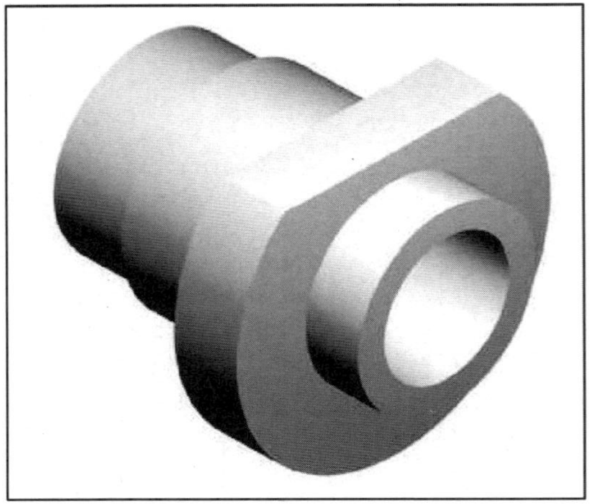

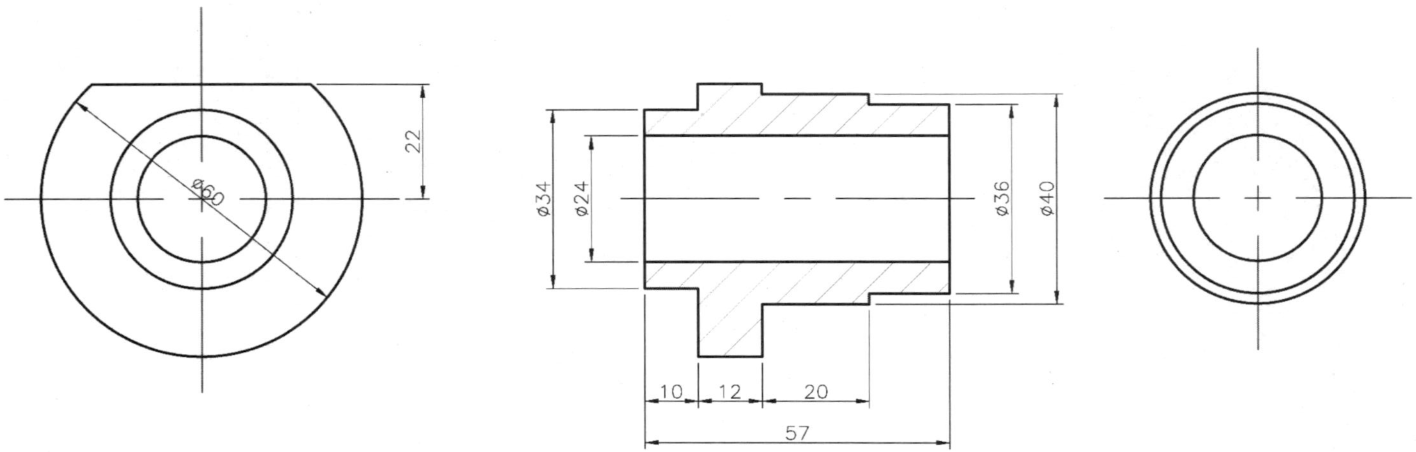

95.SOL-03	Solid 기초실습 - 03(기계 부품)

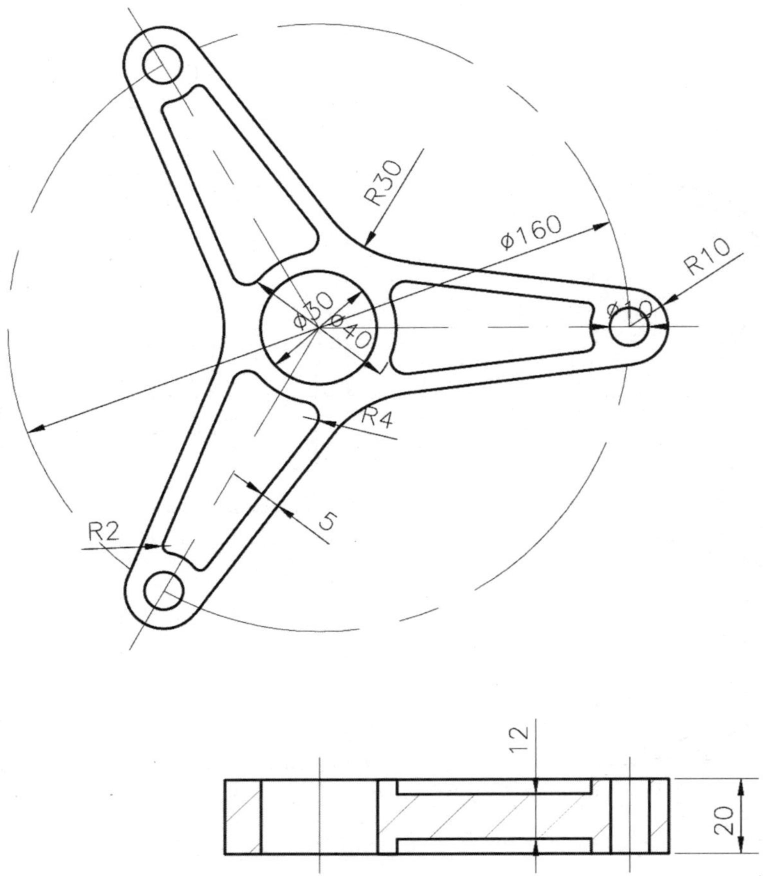

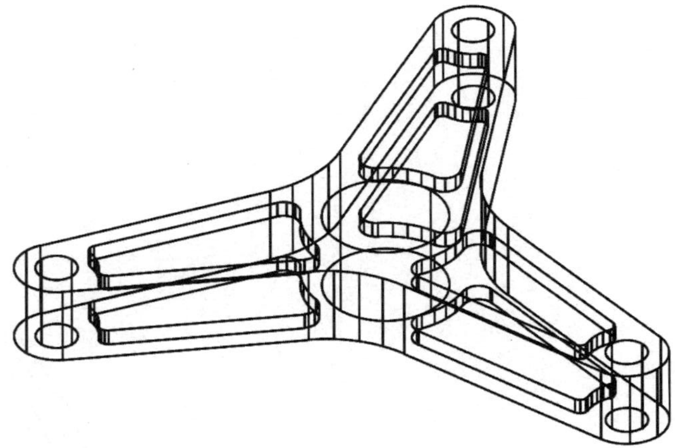

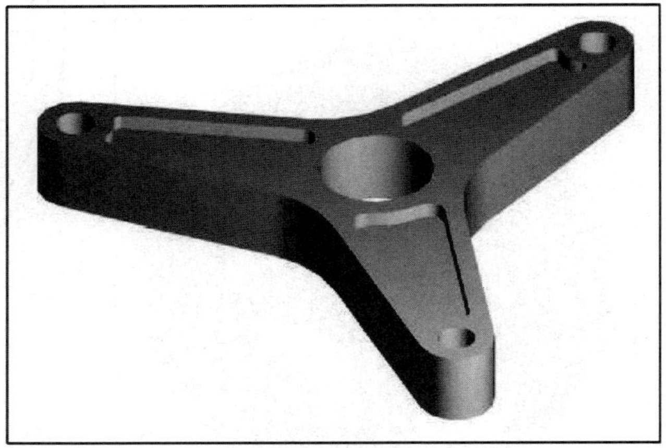

96.SOL-04	Soild 기초실습 - 04(기계 부품)

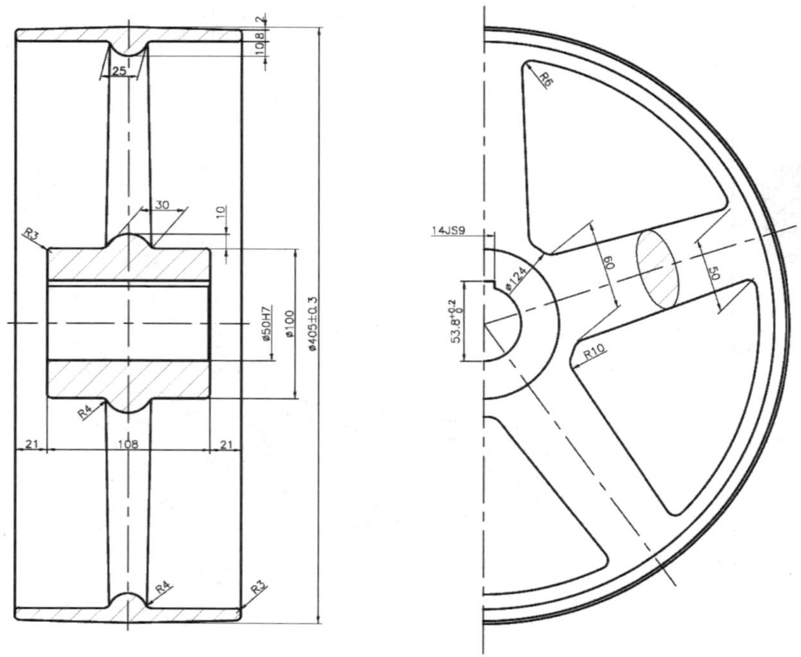

97.SOL-05	Soild 기초실습 - 05(평 벨트 풀리)

해설 SOL-02 Solid 기초 실습 - 02(기계 부품)

단면을 폐각형으로 그린 다음(그림 1) 중심축 AB로 하여 솔리드 회전(Revolve) 처리를 270°만 한다.(그림 2)

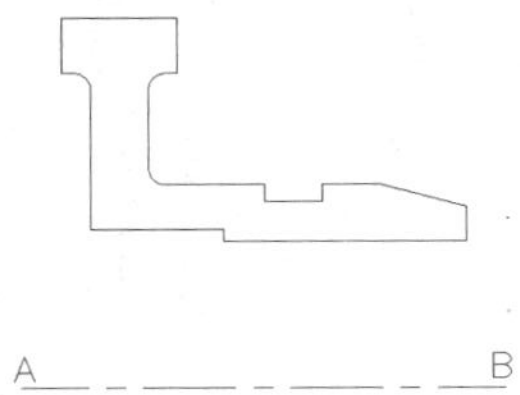

▲ 그림 1

▲ 그림 2

명령: _revolve
현재 와이어프레임 밀도: ISOLINES=4
객체 선택: ← 대상을 선택한다.
객체 선택:
회전 축에 대한 시작점 지정 또는 다음에 의해 축 지정 [객체(O)/X 축(X)/Y 축(Y)]: **O**
← 그려진 축이 있으면 Object 옵션으로 선택한다.
객체 선택: ← 그려놓은 직선 AB를 선택한다.
회전 각도 지정 〈360〉: **270** ← 솔리드 생성 회전 범위를 지정한다.

해설 SOL-05 Solid 기초 실습 - 05(평벨트 풀리)

1. 독립된 도형으로 단면을 그리되 Fillet 부분을 없애고 직선으로 만든다.(그림 1)
2. 중심선을 기준으로 Revolve한다. (그림 2)
3. 풀리 암의 단면을 Ellipse로 가로 30, 세로 60짜리 타원을 그린다.(그림 3)

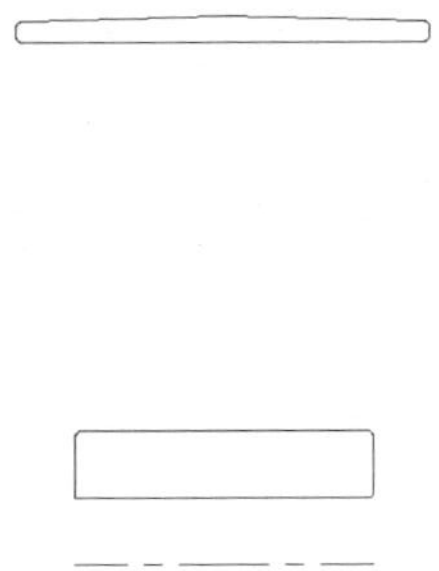

▲ 그림 1

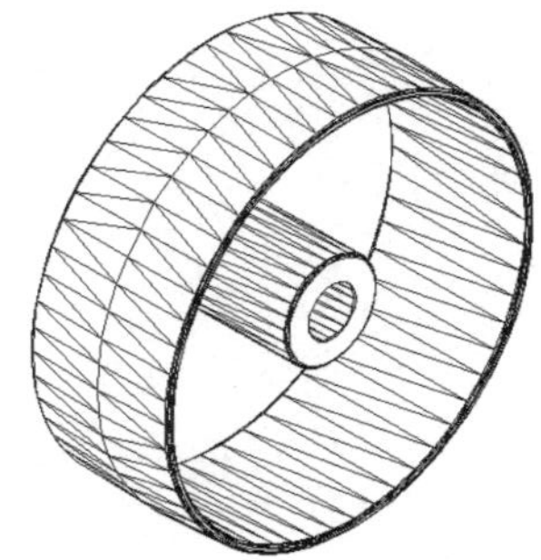

▲ 그림 2

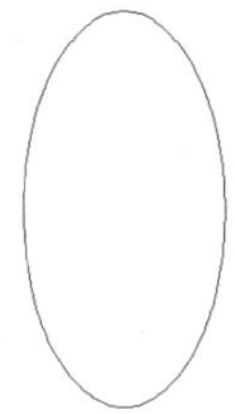

▲ 그림 3

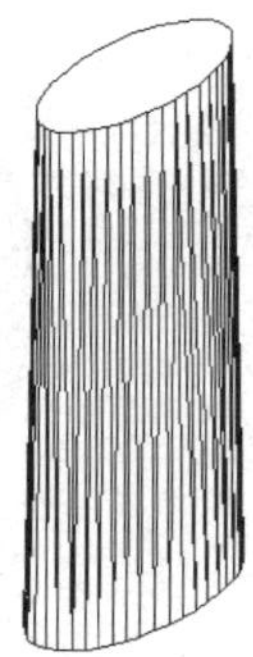

▲ 그림 4

4. Extrude 명령으로 길이153, 기울기 1°로 돌출시킨다.(그림 4)

주의 : Pellipse가 값이 "0"일 때는 Extrude 명령이 적용되지 않는다.

5. 정확한 위치로 옮긴 다음 3Darray 명령으로 5개, 360° 범위 내에 원형 배열한다.(그림 4)

▲ 그림 4

6. Union으로 결합시킨다.(그림 5)

7. 암 연결부의 단면을 그려 Revolve한다.(그림 6, 7)

▲ 그림 5

▲ 그림 6

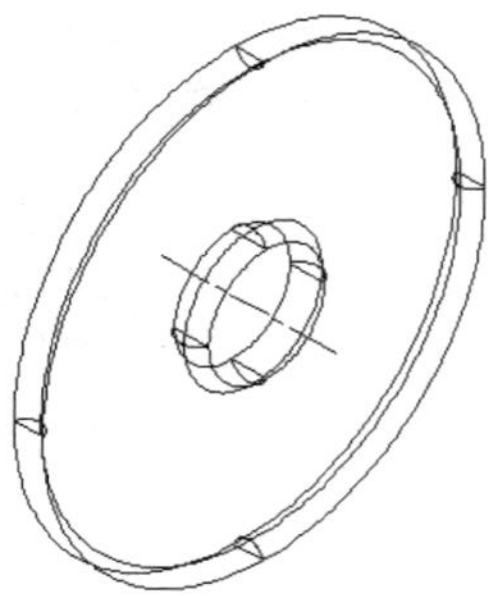

▲ 그림 7

8. 위치를 잡아 Union시킨다.(그림 8)

9. 모서리들을 반지름 4, 6, 10으로 Fillet 처리하고 키 홈 상자를 그려 교차시킨 후 불 연산 차집합으로 뺀다.(그림 9)

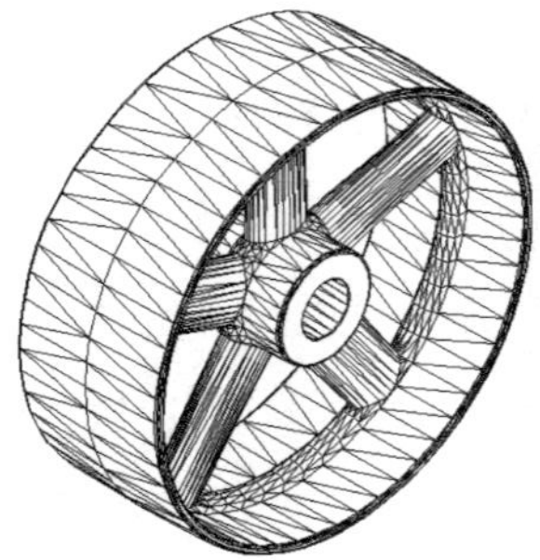

▲ 그림 8

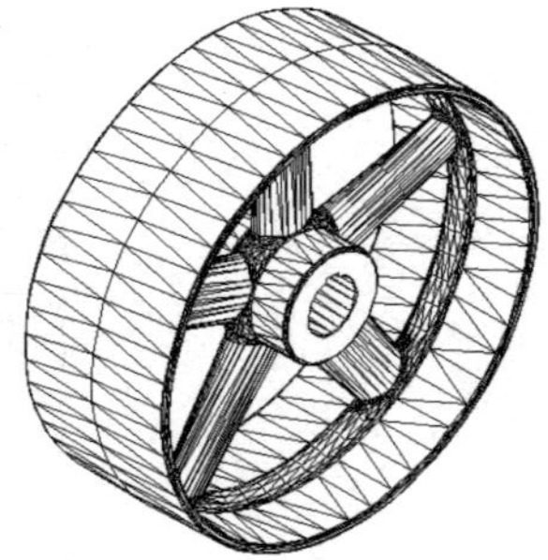

▲ 그림 9

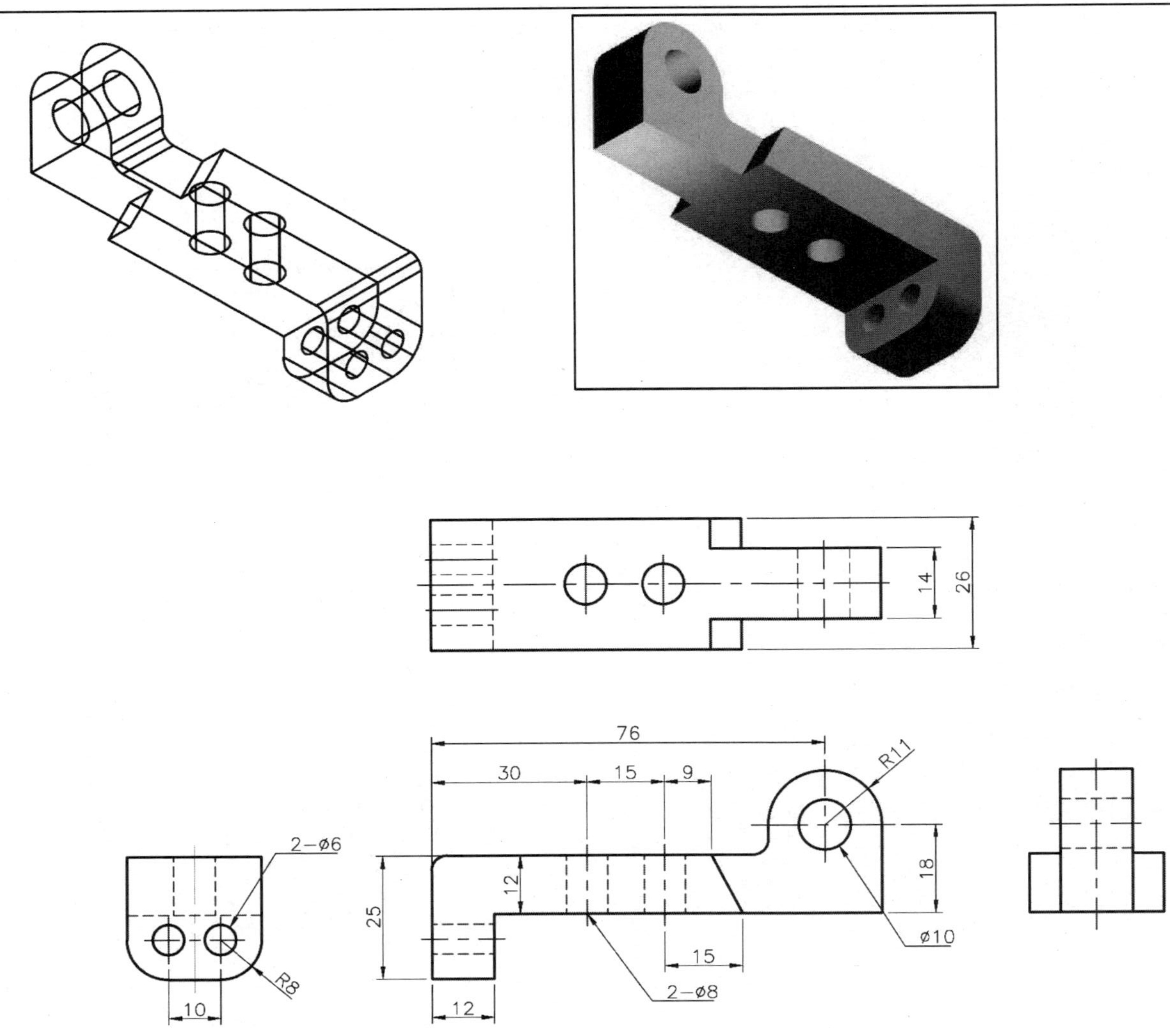

98.SOL-06	Soild 실습 - 06(기계 부품)

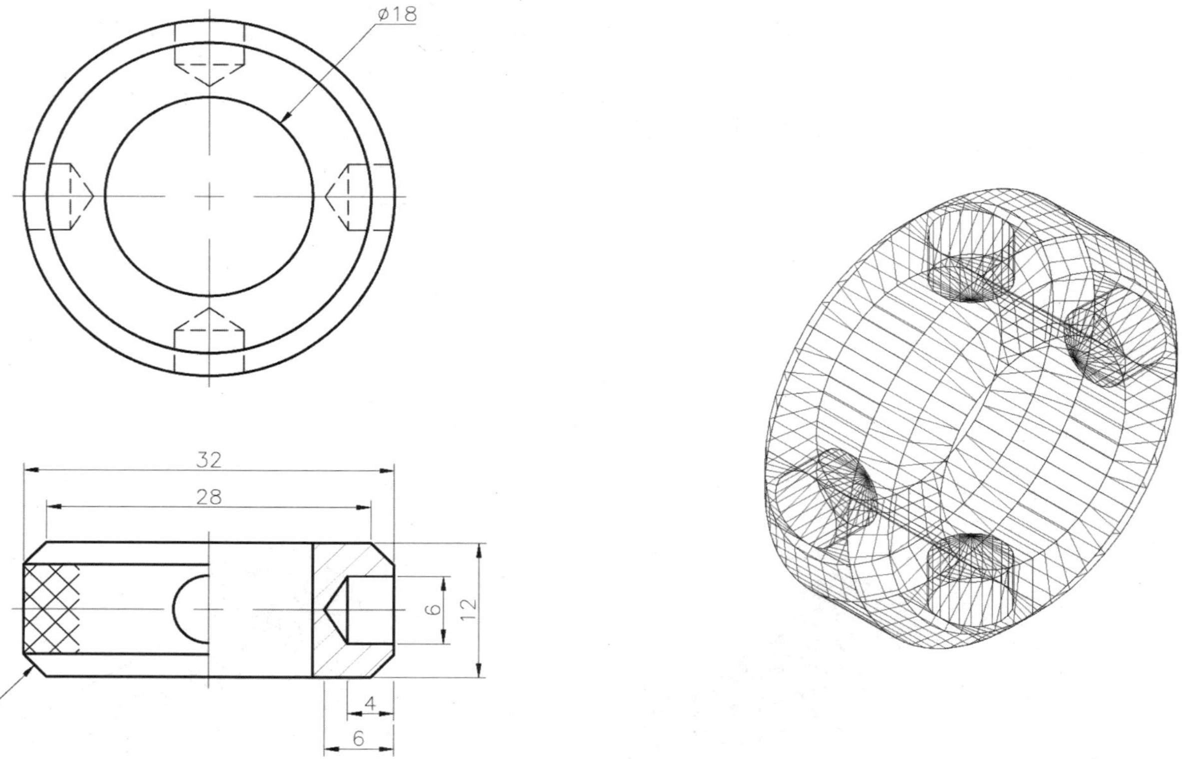

99.SOL-07	Soild 실습 - 07(기계 부품)

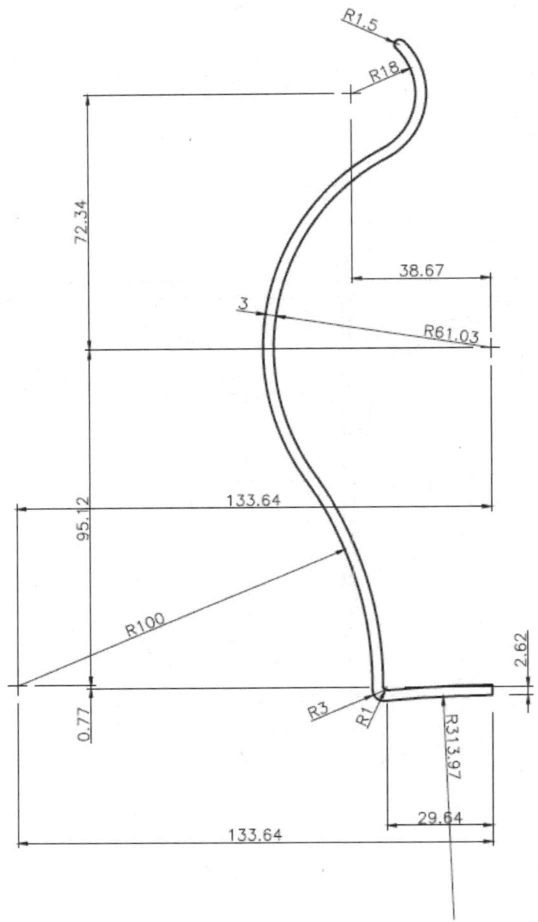

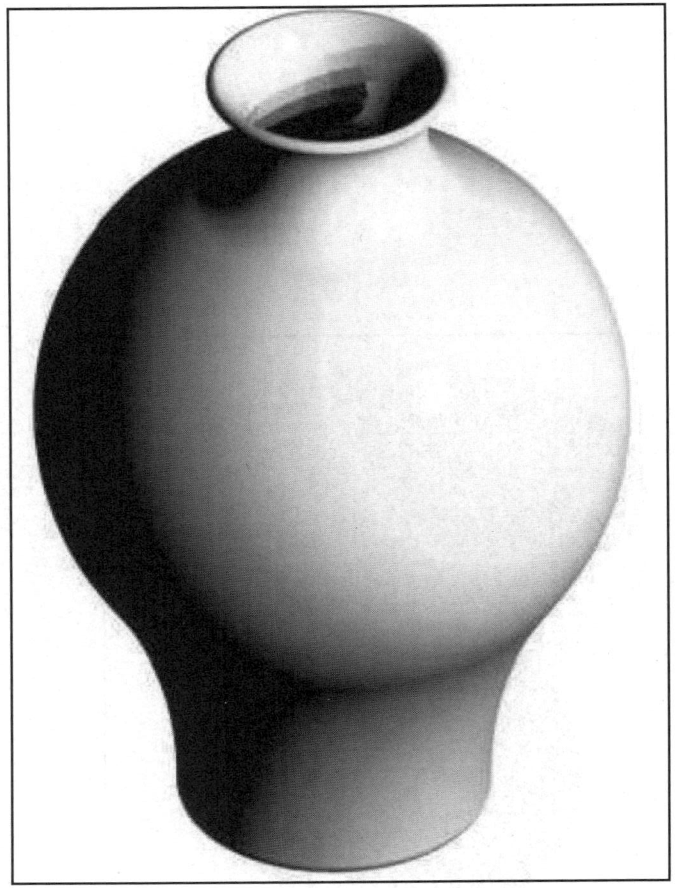

100.SOL-08	화병 그리기

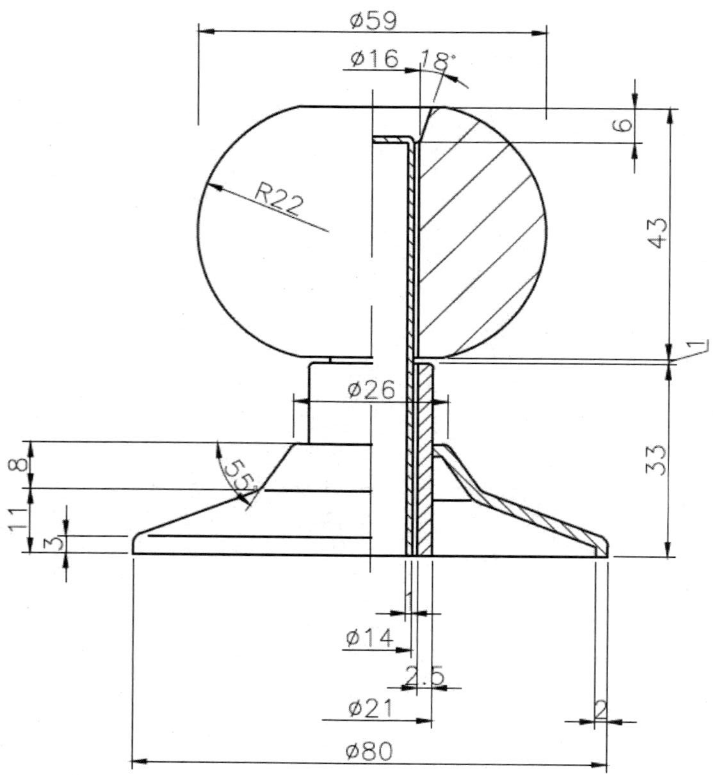

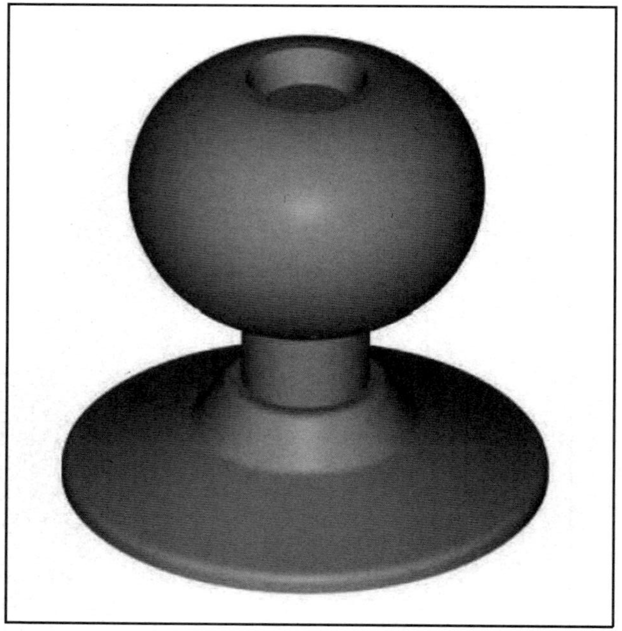

101.SOL-9	도어 실린더

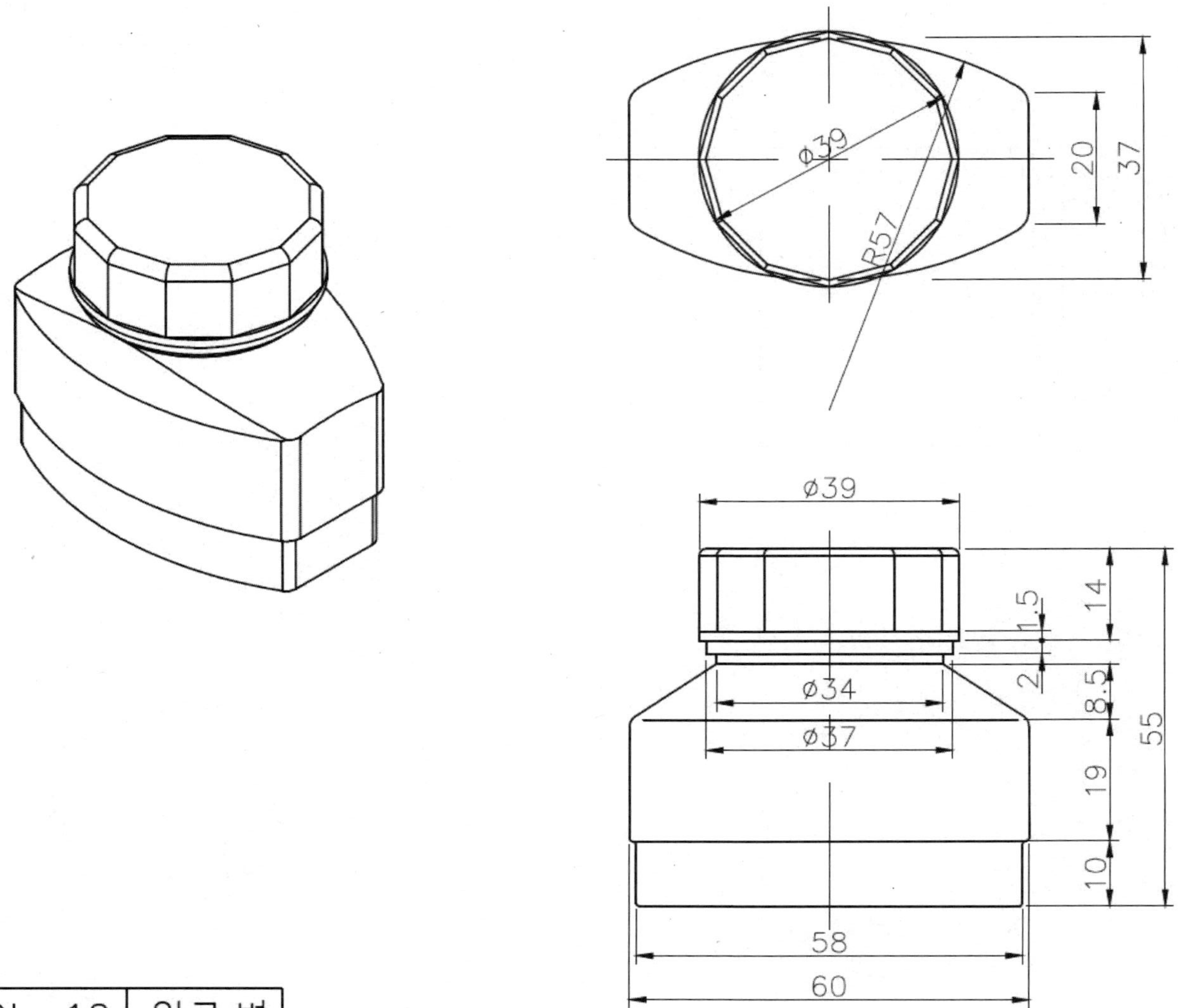

102.SOL-10	잉크 병

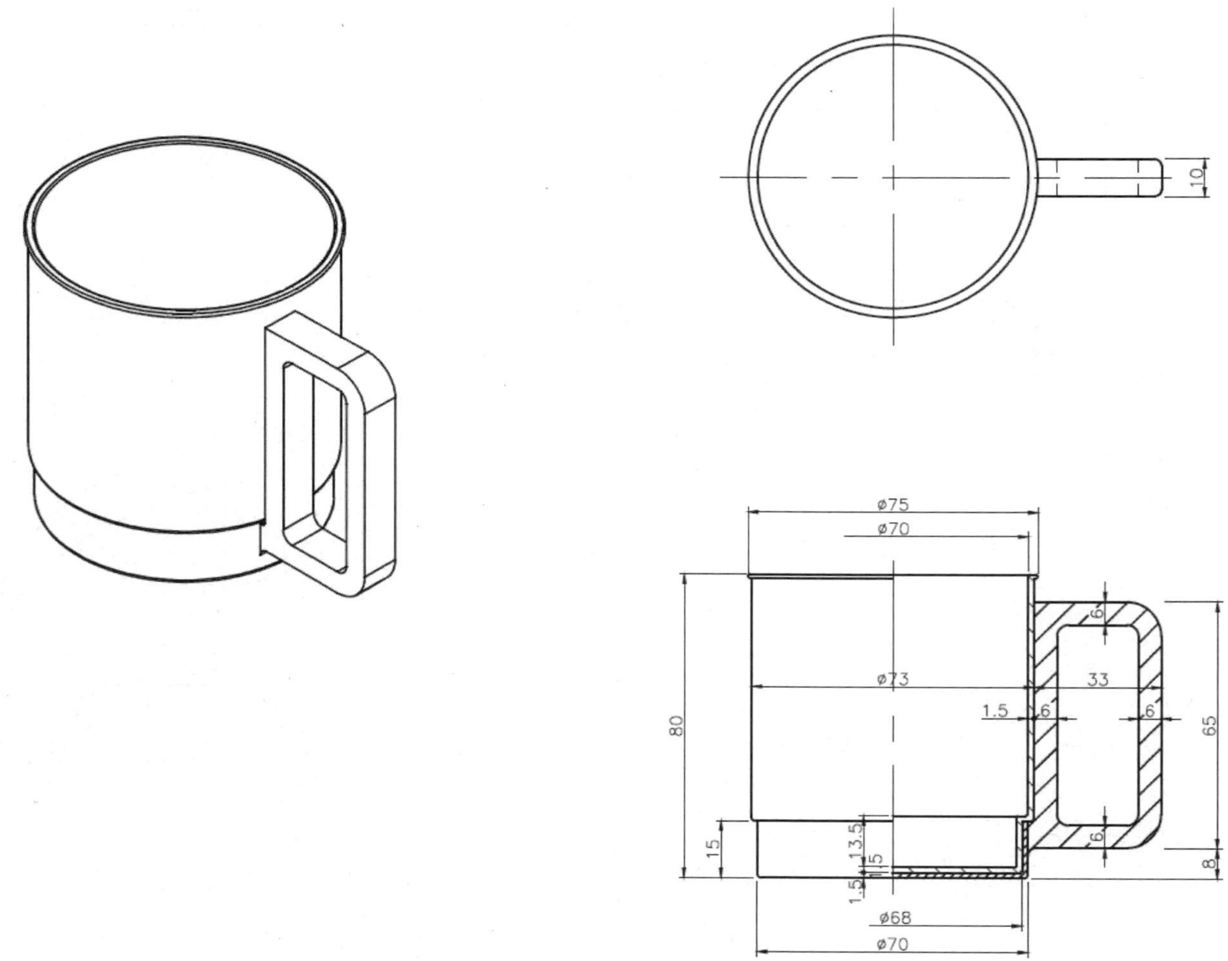

103.SOL-11	컵

해설 SOL-09 도어 실린더

단면을 치수대로 독립된 도형으로 그린 후 Revolve한다.(그림 1, 2)

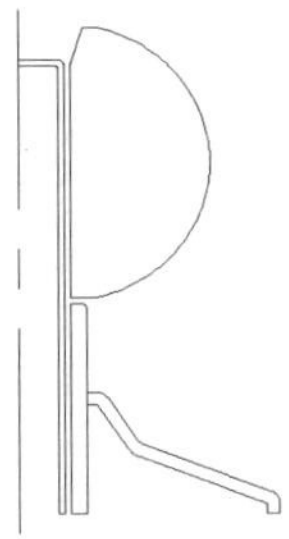

▲ 그림 1

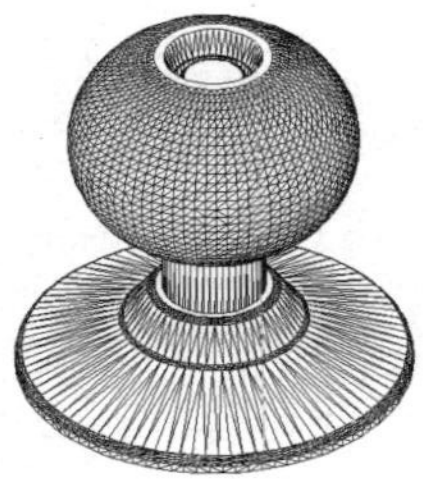

▲ 그림 2

해설 SOL-11 컵

1. 컵은 단면을 독립된 도형으로 그려서 Revolve한다.(그림 1, 2)

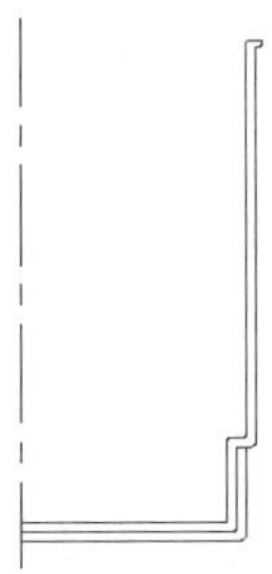

▲ 그림 1

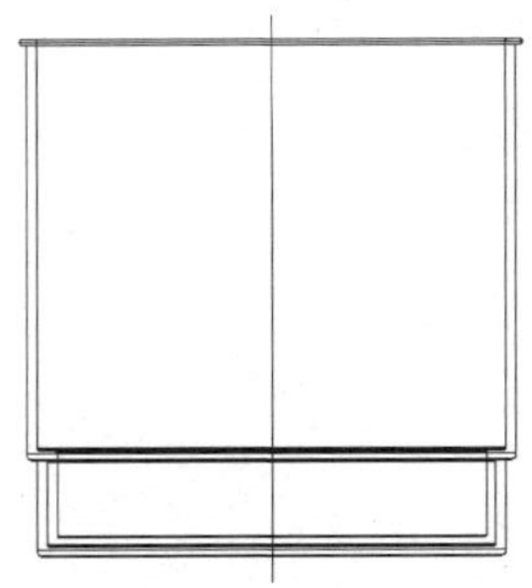

▲ 그림 2

2. 손잡이는 단면을 그려서 10만큼 Extrude하여 안쪽 솔리드는 Subtract하여 빼낸다.(그림 3, 4)
3. Rotate3D로 회전시켜 세우고 위치를 잡아 완성한다.(그림 5, 6)

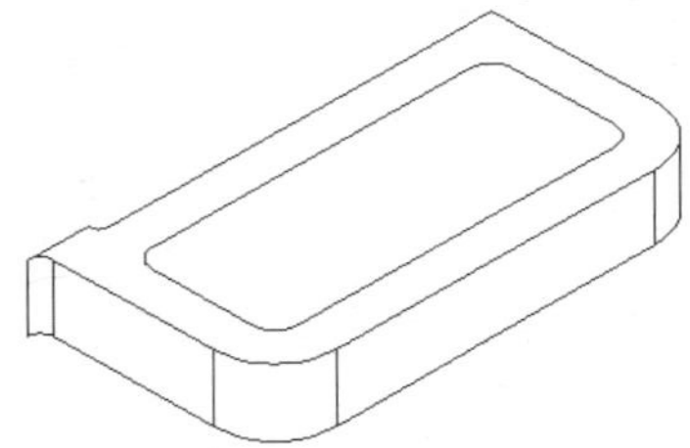

▲ 그림 3

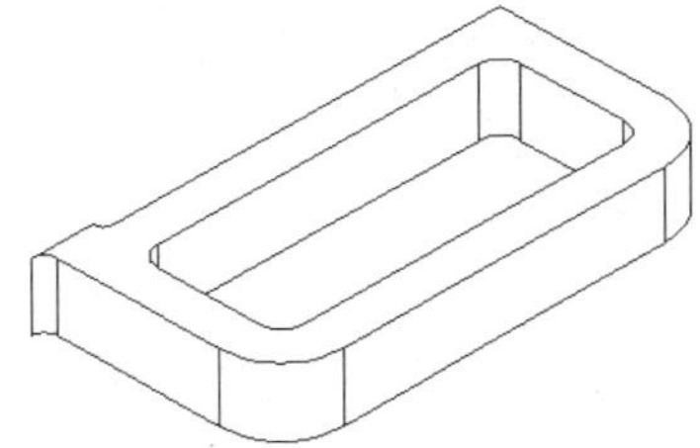

▲ 그림 4

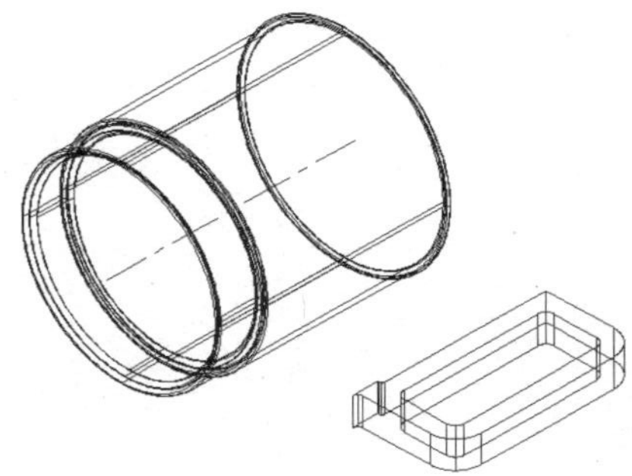

▲ 그림 5

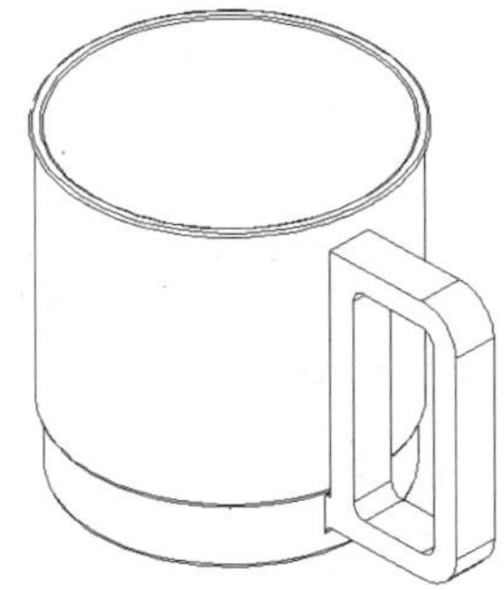

▲ 그림 6(완성도)

AutoCAD 2012

인 쇄 2013년 1월 5일 정가 28,000원
발 행 2013년 1월 10일

지 은 이 김남국 · 정은채
펴 낸 이 정병국

펴 낸 데 웅보출판사
주 소 서울시 마포구 성산동 260-34
전 화 (02) 326-1497
팩 스 (02) 326-1843

등록번호 2-1033호
등 록 일 1991년 5월 30일

홈페이지 www.woongbo.co.kr
I S B N 978-89-8462-368-2 93560